Delphi - Die Referenz

tewi Verlag GmbH

WindowThek

Delphi – Die Referenz

Herausgegeben von der Borland GmbH Deutschland

Die Deutsche Bibliothek – CIP-Einheitsaufnahme

Borland GmbH Deutschland:
Delphi – Die Referenz
Michael Starke – München: tewi Verlag, 1995
   ISBN 3-89362-414-7

Alle Rechte vorbehalten. Ohne ausdrückliche, schriftliche Genehmigung des Herausgebers ist es nicht gestattet, das Buch oder Teile daraus in irgendeiner Form durch Fotokopie, Mikrofilm oder ein anderes Verfahren zu vervielfältigen oder zu verbreiten. Dasselbe gilt für das Recht der öffentlichen Wiedergabe.

Der Verlag macht darauf aufmerksam, daß die genannten Firmen- und Markenzeichen sowie Produktbezeichnungen in der Regel marken-, patent-, oder warenzeichenrechtlichem Schutz unterliegen.

Die Herausgeber übernehmen keine Gewähr für die Funktionsfähigkeit beschriebener Verfahren, Programme oder Schaltungen.

98 97 96 95
10 9 8 7 6 5 4 3 2

© 1995 by tewi Verlag GmbH
Riesstraße 25/Haus D, 80992 München

Gestaltung/Konzeption: TypoConcept, München
Herstellung: Ivonne Sellier & Michaela Koller
Satz: Michael Maier
Druck: Wiener Verlag, Himberg

ISBN 3-89362-414-7

Inhaltsverzeichnis

Vorwort	In eigener Sache...	9
Kapitel 1	Seite Standard	11
	MainMenu	11
	PopupMenü	15
	Label	22
	Edit	41
	Memo	66
	Button	92
	Checkbox	112
	RadioButton	133
	ListBox	154
	ComboBox	179
	ScrollBar	203
	GroupBox	222
	RadioGroup	241
	Panel	259
Kapitel 2	Seite Zusätzlich	277
	BitBtn	277
	SpeedButton	296
	TabSet	313
	Notebook	333
	TabbedNotebook	353
	MaskEdit	369
	Outline	395
	StringGrid	421
	DrawGrid	449
	Image	476
	Shape	493
	Bevel	507
	Header	518
	Scrollbox	532

KAPITEL 3	**SEITE DATENZUGRIFF**	**553**
	DataSource	553
	Table	557
	Query	582
	StoredProc	601
	Database	621
	BatchMove	630
	Report	634
KAPITEL 4	**SEITE DATENSTEUERUNG**	**641**
	DBGrid	641
	DBNavigator	666
	DBText	684
	DBEdit	702
	DBMemo	727
	DBImage	752
	DBListBox	773
	DBComboBox	798
	DBCheckBox	823
	DBRadioGroup	846
	DBLookupList	866
	DBLookupCombo	888
KAPITEL 5	**SEITE DIALOGE**	**913**
	OpenDialog	913
	SaveDialog	920
	FontDialog	927
	ColorDialog	932
	PrintDialog	938
	PrinterSetupDialog	944
	FindDialog	948
	ReplaceDialog	953
KAPITEL 6	**SEITE SYSTEM**	**959**
	Timer	959
	PaintBox	961
	FileListBox	979
	DirectoryListBox	1003
	DriveComboBox	1027

	FilterComboBox	1049
	MediaPlayer	1072
	OLE-Container	1096
	DDEClientConv	1117
	DDEClientItem	1129
	DDEServerConv	1133
	DDEServerItem	1138
KAPITEL 7	**SEITE VBX**	**1145**
	BiSwitch	1145
	BiGauge	1156
	BiPict	1161
	ChartFX	1167
	STICHWORTVERZEICHNIS	**1179**

Inhaltsverzeichnis

VORWORT

In eigener Sache...

Mit diesem Buch halten Sie eine komplette Referenz der Werkzeugpalette und damit aller Komponenten von Borland Delphi in Händen. Dieses Buch entstand während der Arbeit zu »Borland Delphi – Das Buch«.

Schon während meiner Tätigkeit als Product Manager für die Bereiche Pascal und Delphi bei Borland bemerkte ich, daß eine Referenz dieser Komponenten unverzichtbar für die tägliche Arbeit ist. So machte ich mich zu diesem Zeitpunkt in meiner Freizeit ans Werk, möglichst viele Informationen über diese nützlichen Geister von Borland zu sammeln. Da sich Delphi allerdings noch im Entwicklungsstadium befand, war diese Arbeit oft mühevoll und viele Ergebnisse mußten mit neuen Testversionen bearbeitet werden. Zum Schluß bemerkte ich zum Entsetzen des Verlags in Gestalt der treu zu ihren Autoren stehenden Rosa Riebl, daß die Referenz allein schon ein ganzes dickes Buch ergibt. Denn bis jetzt ist es drucktechnisch noch nicht möglich, ein Buch in hoher Qualität mit mehr als 1200 Seiten zu binden.

Wir entschlossen uns also, zwei Bücher zu Delphi zu veröffentlichen:

»*Borland Delphi – Das Buch*« als Wegbegleiter, Einführung und tägliche Hilfe durch alle Gebiete von Borland Delphi, und

»*Borland Delphi – Die Referenz*« als unverzichtbare Referenz aller Komponenten.

Dabei möchte ich natürlich erwähnen, daß das zuerst genannte Buch nicht von mir allein, sondern von einem Team von hochkarätigen Autoren entworfen wurde.

In dem nun vorliegenden Buch erhalten Sie eine klar gegliederte Beschreibung aller Eigenschaften, Ereignisse und aller anderen Elemente der Komponenten von Borland Delphi. Um eine Suche von der Oberfläche von Borland Delphi zu diesem Buch und von diesem Buch zurück zur Oberfläche von Borland Delphi zu erleichtern, haben wir die Reihenfolge der Kapitel und der darin beschriebenen Komponenten streng an der Reihenfolge der Komponenten in der Werkzeugpalette von Borland Delphi ausgerichtet. Suchen Sie zum Beispiel eine Komponente aus der Palettenseite »System«, schauen Sie einfach an der entsprechenden Stelle im Kapitel »System« nach. Genauso verfahren Sie mit allen anderen Komponenten.

Auch habe ich alle Eigenschaften zu jeder Komponente aufgeführt, um störende Textverweise zu vermeiden. Wer kennt das nicht: Hat man endlich das gesuchte Thema gefunden, erfährt man an der entsprechenden Stelle, daß 10 Seiten vorher

Vorwort

und 230 Seiten nachher sowieso viel mehr beschrieben wurde als unter dem gefundenen Eintrag. Dieses Drama werden Sie in diesem Buch nicht erleiden.

Dieses Buch ist natürlich nicht durch die Hand des Autors allein entstanden. Um allen zu danken, müßte ich sicherlich ein neues Buch beginnen, da der Platz in diesem Werk schon sehr knapp bemessen ist. Ich möchte mich daher auf die drei wichtigsten Stützpfeiler dieses Werks konzentrieren.

Als erstes möchte ich meinen besonderen Dank an alle Mitarbeiter der Firma Borland Deutschland GmbH in Langen richten, bei der ich bis 1994 als Product Manager für die Bereiche Delphi und Pascal tätig war. Bei meiner Arbeit am Buch wurde ich mit Informationen und Dokumentationen kräftig unterstützt.

Auch sei an den armen Setzer des Buchs, Michael Maier, ein kleines Dankeschön gerichtet. Ihm ist das Titelbild des Buchs gewidmet. Danken möchte ich auch noch Rosa Riebl vom tewi Verlag, die nie daran gezweifelt hat, daß ich den Abgabetermin für das Manuskript nicht einhalten werde.

Zum Schluß möchte ich Ihnen als ideale Ergänzung zu dieser Referenz noch das Werk »Borland Delphi – Das Buch« ans Herz legen. Dort erfahren Sie mehr über die Themen Windows-Programmierung, Datenbankentwicklung und SQL, Client-/Server-Systeme und Programmierung in ObjectPascal.

Sie haben mit den beiden Büchern garantiert die richtige Wahl getroffen – und dies nicht nur, weil die Firma Borland als Herausgeber fungiert.

Viel Spaß mit dieser Referenz wünscht Ihnen

tschuess und Pascal, – Michael Starke

KAPITEL 1

Seite Standard

Komponentenname: MainMenu
Klassenname: TMainMenu

Beschreibung:

Die Komponente MainMenu enthält eine zu füllende Menüleiste und die zugehörigen Menüs, die herunterklappen, wenn Menüs und Untermenüs definiert werden. Zuerst fügen Sie diese Komponente in Ihre Applikation auf das Formular und dann klicken sie zweimal kurz hintereinander auf die Komponente im Formular. Dadurch wird der Menü-Designer aktiviert.

Mit dem Menü-Designer können Sie Ihrem Formular ein vordefiniertes oder von Ihnen selbst entworfenes Menü hinzufügen. Im Menü-Designer schreiben Sie die gewünschten Menüeinträge direkt in das Fenster des Menü-Designers. Sie können Menüeinträge hinzufügen oder löschen oder sie durch einfaches Ziehen-und-Ablegen während des Entwurfs neu anordnen.

Die Menüpunkte in der Menüleiste und ihre Dropdown-Menüs bilden alle Nachfolger des Objekts Items, das vom Typ TMenuItem ist. In einem Programm kann man die Eigenschaft Items nutzen, um ein bestimmtes Kommando im Menü zu erreichen. Mit der Eigenschaft AutoMerge und den Methoden Merge und Unmerge kann man Menüs aus verschiedenen Formularen mischen.

Sie können Menüs auch während der Laufzeit durch Ihr Programm modifizieren, um dem Anwender zusätzliche Informationen oder weitere Optionen mitzugeben. Während Sie den Menü-Designer von Delphi dazu verwenden, ihre Anwendungsmenüs optisch zu entwerfen, sorgt der darunterliegende Code für den eigentlichen Sinn der Menüs. Dazu müssen Sie bei jedem Menüpunkt das Ereignis OnClick mit einer sinnvollen Behandlungsroutine verbinden. Sie können Ihre eigenen Anwendungsmenüs entwerfen oder die zu Delphi gehörigen vorbereiteten Menüschablonen verwenden.

Eigenschaften:

property AutoMerge: Boolean;
Die Eigenschaft AutoMerge legt fest, ob die Hauptmenüs (TMainMenu) von Formularen außerhalb des Hauptformulars zur Laufzeit in Nicht-MDI-Anwendungen mit dem Hauptmenü des Hauptformulars zusammengeblendet werden. Die Voreinstellung ist False. Um die Menüs eines Formulars in das Hauptmenü des Hauptformulars einzublenden, setzen Sie die Eigenschaft AutoMerge auf True. Vergewissern Sie sich, daß die Eigenschaft AutoMerge des Hauptmenüs des Hauptformulars False bleibt. Wie sich die Menüs beim Zusammenblenden mischen, hängt vom Wert der Eigenschaft GroupIndex für jedes Menüelement ab.

Bei MDI-Anwendungen geschieht das Zusammenblenden der Menüs automatisch. In einer MDI-Anwendung müssen Sie sicherstellen, daß der AutoMerge-Wert des Hauptmenüs des übergeordneten Fensters False ist; andernfalls verschwindet das Hauptmenü des übergeordneten Formulars, wenn ein untergeordnetes Formular angezeigt wird.

property ComponentIndex: Integer;
Die Eigenschaft ComponentIndex zeigt die Position einer Komponente in der Eigenschaftsliste Components ihres Besitzers an. Die erste Komponente in der Liste hat den ComponentIndex-Wert 0, die zweite hat den Wert 1, die dritte den Wert 2 etc. Diese Eigenschaft ist nur zur Laufzeit und dann auch nur im Read-Only-Modus benutzbar.

property Items[Index: Integer]: TMenuItem;
Für Menüeinträge liefert Items Zugriff auf einen Untereintrag eines Menüeintrags (TMenuItem) durch seine Position in der Liste der Untereinträge. Der Wert von Index ist die Position des Untereintrags innerhalb des Arrays. Beinhaltet eine Anwendung beispielsweise ein aufklappbares Standard-Dateimenü, bezieht sich FileMenu.Items[2] auf den Befehl zum Speichern.

Für Hauptmenüs und Popup-Menüs bietet die Eigenschaft Items Zugriff auf einen Menüeintrag in der Hauptmenüleiste beziehungsweise im Popup-Menü und ist sowohl bei Erzeugung als auch zur Laufzeit verfügbar.

property Name: TComponentName;
Die Eigenschaft Name enthält den Namen der Komponente, wie er von anderen Komponenten für den Zugriff verwendet wird. Delphi weist als Vorgabewerte sequentielle Namen zu, die auf dem Typ der Komponente basieren, also etwa für Buttons »Button1«, »Button2« etc. Dies können Sie gemäß Ihrer Vorstellungen abändern. Komponentennamen sollten ausdrücklich nur zur Entwurfszeit geändert werden.

property Owner: TComponent;
Die Eigenschaft Owner teilt Ihnen mit, welche Komponente zu welcher Komponente gehört. Dem Formular gehören alle Komponenten, die auf ihm vorhanden sind. Umgekehrt gehört das Formular zur Anwendung. Gehört eine Komponente A einer anderen Komponente B, wird der Speicher der Komponente A freigegeben, wenn der Speicher der Komponente B freigegeben wird. Es werden also folgerichtig alle

Komponenten des Formulars gelöscht, wenn das Formular gelöscht wird. Außerdem wird natürlich der Speicher für das Formular und dessen Komponenten freigegeben, wenn der Speicher der Anwendung selbst freigegeben wird.

property Tag: Longint;
Die Eigenschaft Tag speichert einen Integerwert als Element einer Komponente. Tag wird von Delphi nicht verwendet und steht damit zur freien Verfügung

Ereignisse:

Methoden:

constructor Create;
Create weist Speicher zu, um das Objekt und damit die Komponente zu erzeugen und nach Bedarf seine Daten zu initialisieren. Jedes Objekt kann eine Methode Create besitzen, die individuell so angepaßt ist, daß sie diese bestimmte Art von Objekt erzeugt. Im Normalfall benötigen sie diese Methoden nicht, da Borland Delphi alles unternimmt, um Ihre Anwendung und die darin enthaltenen Komponenten zu erzeugen. Sollten Sie allerdings ein Ereignis oder die Initialisierung eines Wertes einer selbst geschaffenen Komponente zur Zeit der Erzeugung einstellen wollen, können Sie dies in der Methode Create erledigen. Dazu benötigen Sie aber genaue Kenntnisse und Techniken der OOP. Ansonsten sollten Sie Create unverändert lassen und nicht aufrufen.

function FindItem(Value: Word; Kind: TFindItemKind): TMenuItem;
Die Methode FindItem liefert den Menüeintrag eines Menü-Handles, eines Menü-Befehls oder eines Menü-Tastenkürzels, der zu dem Wert des Parameters Value paßt. Kind kann folgende Werte annehmen:

fkCommand	von der Windows-Botschaft WM_COMMAND verwendete Menübefehlsnummer
fkHandle	Menü-Handle
fkShortCut	Menütastenkürzel

Beispiel:
Sie wollen den Namen eines Menüeintrags MainMenu1 mit dem Shortcut F2 durch ein definiertes Label Label1 anzeigen lassen. Mit FindItem können Sie den Namen des zum Shortcut gehörenden Menüeintrags herbeiholen:

```
procedure TBspForm.Button1Click(Sender: TObject);
var
  ItemName: TMenuItem;
begin
  ItemName := MainMenu1.FindItem(VK_F2, fkShortCut);
  Label1.Caption := ItemName.Name;
end;
```

procedure Free;
Die Methode Free entfernt das Objekt und gibt den dazugehörigen Speicher frei. Haben Sie das Objekt unter Verwendung der Methode Create erzeugt, so benutzen Sie zum Entfernen und für die Freigabe des Speichers die Methode Free. Free gelingt auch dann, wenn das Objekt selbst nicht mehr existiert (zum Beispiel durch einen vorherigen Aufruf von Free). Delphi erledigt dies für die Objekte der Bibliothek visueller Komponenten automatisch.

Sie sollten also niemals eine Komponente innerhalb Ihrer Anwendung entfernen. Falls Sie ein Formular freigeben wollen, rufen Sie die Methode Release auf, um das Formular zu löschen und dessen benutzten Speicher freizugeben.

function GetHelpContext(Value: Word; ByCommand: Boolean): THelpContext;
Die Methode GetHelpContext gibt die zu der Komponente gehörende Kontextnummer in der Hilfe zurück, falls eine Hilfe explizit definiert wurde.

procedure InsertComponent(AComponent: TComponent);
InsertComponent macht die Komponente zum Besitzer der im Parameter AComponent übergebenen Komponente. Die Komponente wird am Ende der Array-Eigenschaft Components hinzugefügt. Die eingefügte Komponente darf keinen Namen haben (keinen für die Eigenschaft Name spezifizierten Wert) oder der Name muß sich eindeutig von allen anderen in der Components-Liste unterscheiden. Wird die Besitzerkomponente entfernt, so wird auch AComponent gelöscht.

procedure Merge(Menu: TMainMenu);
Die Methode Merge verbindet bei Nicht-MDI-Anwendungen das Hauptmenü eines Formulars mit dem Hauptmenü eines anderen Formulars. Benutzt beispielsweise Ihre Anwendung das Hauptmenü des ersten Formulars als Hauptmenü der Anwendung, und zeigt Ihre Anwendung ein zweites Formular an, so können Sie Merge aufrufen, um das Hauptmenü des zweiten Formulars mit dem Hauptmenü der Anwendung zu verbinden.

Spezifizieren Sie das mit diesem Menü zu verbindende Menü durch den Parameter Menu. In Abhängigkeit zur Eigenschaft GroupIndex der Menüeinträge des Hauptmenüs können die verbundenen Menüeinträge gleichartige Einträge in der Menüleiste ersetzen. Mit der Eigenschaft Automerge geschieht dieses Verbinden automatisch.

procedure RemoveComponent(AComponent: TComponent);
RemoveComponent entfernt die Komponente, die im Parameter AComponent festgelegt ist, aus der Komponentenliste Components. Die Position in der Liste wird zu Nil.

procedure Unmerge(Menu: TMainMenu);
Die Methode Unmerge kehrt bei nicht-MDI-Anwendungen die Ereignisse der Methode Merge um.

Komponentenname:	PopupMenu
Klassenname:	TPopupMenu

Beschreibung:

TPopupMenu bildet ein Popup-Menü, das zur Laufzeit mit der rechten Maustaste für Formulare und Dialogelemente verfügbar wird. Dazu müssen Sie der Eigenschaft PopupMenu eines Formulars oder Dialogelements den Namen einer Komponente TPopupMenu zuweisen. Beim Entwurf eines Popup-Menüs fügen Sie zuerst die Komponente PopupMenu in das Formular und doppelklicken darauf, um den Menu-Designer zu öffnen.

Mit dem Menü-Designer können Sie Ihrem Formular ein vordefiniertes oder von Ihnen selbst entworfenes Popup-Menü hinzufügen. Im Menü-Designer schreiben Sie die gewünschten Menüeinträge direkt in das Fenster des Menü-Designers. Sie können Menüeinträge hinzufügen oder löschen oder sie durch einfaches Ziehen-und-Ablegen während des Entwurfs neu anordnen.

Die Menüpunkte in der Menüleiste und ihre Dropdown-Menüs bilden alle Nachfolger des Objekts Items, das vom Typ TMenuItem ist. In einem Programm kann man die Eigenschaft Items nutzen, um ein bestimmtes Kommando im Popup-Menü zu erreichen. Soll das Popup-Menü nach Anklicken des zugehörigen Dialogelements mit der rechten Maustaste angezeigt werden, setzen sie die Eigenschaft AutoPopup auf True. Soll die Anzeige des Popup-Menüs per Programm gesteuert werden, benutzen sie die Methode Popup.

Für Popup-Menüs existiert eine OnPopup-Routine, mit dem man festlegen kann, was unmittelbar vor Aufpoppen des Popup-Menüs passieren soll, z.B. Speichern von Daten oder ähnliches.

Eigenschaften:

property Alignment...
Alignment legt die Ausrichtung fest und hängt vom Typ der Komponente ab:

Alignment für die Komponenten Label, Memo und Panel:

property Alignment: TAlignment;
Alignment legt fest, wie Text innerhalb der Komponente ausgerichtet wird. Mögliche Werte:

taLeftJustify	Der Text wird linksbündig dargestellt.
taCenter	Der Text wird zentriert dargestellt.
taRightJustify	Der Text wird rechtsbündig dargestellt.

Alignment für die Komponenten CheckBox und RadioButton:

property Alignment: TLeftRight;
Alignment legt die Ausrichtung des Titels fest. Mögliche Werte:

taLeftJustify	Der Titel wird linksbündig dargestellt.
taRightJustify	Der Titel wird rechtsbündig dargestellt.

Alignment für die Komponente PopupMenu:

property Alignment: TPopupAlignment;
Alignment legt fest, wo das Popup-Menü erscheint, wenn der Anwender die rechte Maustaste drückt. Möglichen Werte:

paLeft	Das Popup-Menü erscheint mit der oberen linken Ecke unter dem Mauszeiger.
paCenter	Das Popup-Menü erscheint mit der Mitte der Oberkante unter dem Mauszeiger.
paRight	Das Popup-Menü erscheint mit der oberen rechten Ecke unter dem Mauszeiger.

Alignment für die Komponenten:

BCDField	DateTimeField	StringField
BooleanField	FloatField	TimeField
CurrencyField	IntegerField	WordField
DateField	SmallintField	

property Alignment: TAlignment;
Alignment wird dazu verwendet, die Daten in einem Feld zu zentrieren oder nach links bzw. rechts auszurichten. Mögliche Werte:

taLeftJustify	Der Inhalt des Datensatzes wird linksbündig dargestellt.
taCenter	Der Inhalt des Datensatzes wird zentriert dargestellt.
taRightJustify	Der Inhalt des Datensatzes wird rechtsbündig dargestellt.

property AutoPopup: Boolean;
Die Eigenschaft AutoPopup legt fest, ob das Popup-Menü angezeigt wird, wenn der Benutzer mit der rechten Maustaste auf diejenige Komponente klickt, für die dieses Menü als Wert ihrer Eigenschaft PopupMenu gesetzt wurde. True bedeutet, daß das Popup-Menü durch einen Klick mit der rechten Maustaste angezeigt wird. Der Wert False bedeutet das Gegenteil. Die Standard-Einstellung ist True. Wenn AutoPopup False ist, müssen Sie zum Anzeigen eines Popup-Menüs die Methode Popup verwenden.

property ComponentCount: Integer;
Die Eigenschaft ComponentCount zeigt die Anzahl der Komponenten an, denen diese Komponente gehört (siehe dazu auch Eigenschaft Components). ComponentCount ist immer um 1 größer als der höchste Component-Index, weil ComponentIndex bei 0 und nicht bei 1 beginnt (zum Beispiel von 0 bis 9 oder von 0 bis 99).

property ComponentIndex: Integer;
Die Eigenschaft ComponentIndex zeigt die Position einer Komponente in der Eigenschaftsliste Components ihres Besitzers an. Die erste Komponente in der Liste hat den ComponentIndex-Wert 0, die zweite hat den Wert 1, die dritte den Wert 2 etc. Diese Eigenschaft ist nur zur Laufzeit und dann auch nur im Read-Only-Modus benutzbar.

property Components[Index: Integer]: TComponent;
Das Array Components beinhaltet eine Liste aller Komponenten, denen diese Komponente gehört. Sie können die Eigenschaft Components verwenden, um auf diese im Besitz der Komponente befindlichen Komponenten zuzugreifen, etwa auf die Dialogelemente eines Formulars. Die Eigenschaft Components kann zum Beispiel nützlich sein, wenn Sie sich auf Komponenten über eine Nummer beziehen müssen und nicht über den Komponentennamen. Alle Komponenten auf einem Formular gehören zu dem Formular und erscheinen daher auch in der Liste Components des Formulars.

property Handle: ...;
Der Typ der Eigenschaft Handle ist abhängig von der jeweiligen Komponente. In allgemeinen gilt: Sollte eine Windows-API-Funktion ein Handle der betreffenden Komponente verlangen, setzen Sie dazu die jeweilige Eigenschaft Handle der betreffenden Komponente ein. Verlangt eine Windows-API-Funktion zum Beispiel das Handle Ihrer gesamten Anwendung, benutzen Sie am besten die Eigenschaft Handle des Objekts TApplication. Hier die Übersicht der verschiedenen Typen der Eigenschaft Handle:

Handle für die Komponenten:

Bitmap	property Handle: HBitmap;
Brush	property Handle: HBrush;
Canvas	property Handle: HDC;
Font	property Handle: HFont;
Icon	property Handle: HIcon;
Metafile	property Handle: HMetafile;
Pen	property Handle: HPen;

Handle gibt Ihnen den Zugriff auf das Handle des jeweiligen GDI-Objekts, damit Sie auf dieses zugreifen können. Benötigen Sie zum Beispiel zum Aufruf einer Windows-API-Funktion ein Handle auf ein Stiftobjekt oder ein Bitmap-Objekt, können Sie dazu das Handle der Komponente Pen beziehungsweise der Komponente Bitmap benutzen.

Handle für das Object TApplication und die folgenden Komponenten:

Bevel	DBText	Memo
BitBtn	DirectoryListBox	Notebook
Button	DrawGrid	OLEContainer
CheckBox	DriveComboBox	Outline
ComboBox	Edit	PaintBox
DBCheckBox	FileListBox	Panel

DBComboBox	FilterComboBox	RadioButton
DBEdit	FindDialog	RadioGroup
DBGrid	Form	ReplaceDialog
DBImage	GroupBox	ScrollBar
DBListBox	Header	ScrollBox
DBLookupCombo	Image	Shape
DBLookupList	Label	SpeedButton
DBMemo	ListBox	StringGrid
DBNavigator	MaskEdit	TabbedNotebook
DBRadioGroup	MediaPlayer	TabSet

property Handle: HWND;
Handle ermöglicht Ihnen Zugriff auf das Handle der jeweiligen Komponente (z.B. Fenster-Handle, Dialog-Handle etc.). Dieses Handle wird von einigen Windows-API-Funktionen beim Aufruf erwartet. Sie können in diesem Fall das Handle der jeweils betroffenen Komponente oder – falls das Handle Ihrer Anwendung gefordert wird – das Handle des Objekts TApplication übergeben.

Handle für die Komponenten:

MainMenu	MenuItem	PopupMenu

property Handle: HMENU;
Sollte eine Windows-API-Funktion ein Handle eines Menüs, Menü-Eintrags oder eines lokalen Menüs verlangen, können Sie dazu die Eigenschaft Handle von MainMenu, MenuItem und PopupMenu benutzen.

Handle für die Komponente Printer:

property Handle: HDC;
Handle beinhaltet das Handle des jeweiligen Druckerobjektes TPrinter der Komponente Printer.

Handle für die Komponente DataBase:

property Handle: HDBIDB;
Um direkte Aufrufe in die Richtung der Borland Database-Engine-(BDE)-API zu tätigen, benötigen Sie ein Handle der jeweiligen Datenbank-Komponente. Dazu dient Ihnen die Eigenschaft Handle der Komponente DataBase. Sie erlaubt Ihnen Zugriffe auf Funktionen des BDE-API, die nicht in der VCL-Bibliothek integriert wurden. Bevor Sie allerdings diese Funktionen aufrufen, sollten Sie prüfen, ob diese Funktion möglicherweise schon in der VCL-Bibliothek gekapselt wurde.

Handle für das Object TSession:

Delphi erzeugt eine Komponente Session vom Typ TSession immer dann, wenn eine Anwendung ausgeführt wird. Sessions sollten nicht von Ihnen erzeugt oder zerstört werden. Session erlaubt globale Prüfung über Datenbankverbindungen. Die Eigenschaft Databases von Session ist ein Array von allen aktiven Datenbanken in der Sitzung. Die Eigenschaft DatabaseCount vom Typ Integer gibt die Anzahl der aktiven Datenbanken in der Sitzung an.

property Handle: HDBISES;
Mit dieser Eigenschaft Handle können Sie direkte Aufrufe an die Borland-Datenbank-Engine, bezogen auf eine bestimmte Sitzung (Session/TSession) machen. Die Komponente Session werden Sie kaum benutzen. Die wichtigsten Funktionen der BDE-API sind in der VCL-Bibliothek gekapselt und ersparen Ihnen diesen Weg.

Handle für die die Komponenten Table, Query und StoredProc:

property Handle: HDBICur;
Ebenfalls für direkte Zugriffe auf Funktionen der BDE-API und unter normalen Umständen nicht zu benutzen, da die wichtigsten BDP-API-Funktionen via VCL-Bibliothek einen einfacheren Zugriff ermöglichen.

property HelpContext: THelpContext;
Die Eigenschaft HelpContext stellt eine Kontextnummer für die Verwendung beim Aufruf kontextbezogener Online-Hilfe bereit. Jeder Hilfebildschirm des Hilfesystems sollte eine eindeutige Kontextnummer besitzen. Ist in der Anwendung eine Komponente selektiert, so wird nach Betätigen von F1 ein Hilfebildschirm angezeigt. Welcher Hilfebildschirm angezeigt wird, hängt vom Wert der Eigenschaft HelpContext ab.

property Items[Index: Integer]: TMenuItem;
Für Menüeinträge liefert Items Zugriff auf einen Untereintrag eines Menüeintrags (TMenuItem) durch seine Position in der Liste der Untereinträge. Der Wert von Index ist die Position des Untereintrags innerhalb des Arrays. Beinhaltet eine Anwendung beispielsweise ein aufklappbares Standard-Dateimenü, bezieht sich FileMenu.Items[2] auf den Befehl zum Speichern.

Für Popup-Menüs und Hauptmenüs bietet die Eigenschaft Items Zugriff auf einen Menüeintrag im Popup-Menü beziehungsweise in der Hauptmenüleiste Menü und ist sowohl bei Erzeugung als auch zur Laufzeit verfügbar.

property Name: TComponentName;
Die Eigenschaft Name enthält den Namen der Komponente, wie er von anderen Komponenten für den Zugriff verwendet wird. Delphi weist als Vorgabewerte sequentielle Namen zu, die auf dem Typ der Komponente basieren, also etwa für Buttons »Button1«, »Button2« etc. Dies können Sie gemäß Ihrer Vorstellungen abändern. Komponentennamen sollten ausdrücklich nur zur Entwurfszeit geändert werden.

property Owner: TComponent;
Die Eigenschaft Owner teilt Ihnen mit, welche Komponente zu welcher Komponente gehört. Dem Formular gehören alle Komponenten, die auf ihm vorhanden sind. Umgekehrt gehört das Formular zur Anwendung. Gehört eine Komponente A einer anderen Komponente B, wird der Speicher der Komponente A freigegeben, wenn der Speicher der Komponente B freigegeben wird. Es werden also folgerichtig alle Komponenten des Formulars gelöscht, wenn das Formular gelöscht wird. Außerdem wird natürlich der Speicher für das Formular und dessen Komponenten freigegeben, wenn der Speicher der Anwendung selbst freigegeben wird.

property PopupComponent: TComponent;
Die Eigenschaft PopupComponent enthält den Namen der Komponente, die das Popup-Menü anzeigte und auf die der Anwender zuletzt geklickt hat. Falls Ihre Anwendung mehrere Dialogelemente besitzt, die das gleiche Popup-Menü verwenden, können Sie PopupComponent verwenden, um abzufragen, welches dieser Elemente zuletzt das Menü angezeigt hatte.

property Tag: Longint;
Die Eigenschaft Tag kann einen Integerwert als Element einer Komponente speichern. Tag wird von Delphi nirgendwo benutzt und steht Ihnen damit zur freien Verfügung.

Ereignisse:

property OnPopup: TNotifyEvent;
Das Ereignis OnPopup tritt immer dann ein, wenn ein Popup-Menü erscheint, bei dem entweder der Anwender die Komponente mit der rechten Maustaste geklickt hat und AutoPopup des Popup-Menüs auf True eingestellt ist, oder weil die Methode Popup ausgeführt wird. Verwenden Sie die Ereignisbehandlungs-Routine OnPopup, wenn Sie eine besondere Verarbeitung möchten, die durchgeführt wird, bevor das Popup-Menü der Komponente erscheint.

OnPopup ist vom Typ

```
TNotifyEvent = procedure (Sender: TObject) of object;
```

Der Typ TNotifyEvent weist also auf eine Methode, die das Popup-Ereignis eines Objekts behandelt.

Der Parameter Sender ist das Dialogelement, bei dem dieses Ereignis ausgelöst wurde. Diese Methode meldet der Komponente nur, daß ein Popup-Ereignis eingetreten ist.

Methoden:

constructor Create;
Create weist Speicher zu, um das Objekt und damit die Komponente zu erzeugen und nach Bedarf seine Daten zu initialisieren. Jedes Objekt kann eine Methode Create besitzen, die individuell so angepaßt ist, daß sie diese bestimmte Art von Objekt erzeugt. Im Normalfall benötigen sie diese Methode nicht, da Borland Delphi alles unternimmt, um Ihre Anwendung und die darin enthaltenen Komponenten zu erzeugen. Wollen Sie allerdings ein Ereignis oder die Initialisierung eines Wertes einer selbst geschaffenen Komponente zur Zeit der Erzeugung einstellen, können Sie dies in der Methode Create erledigen. Dazu benötigen Sie aber genaue Kenntnisse und Techniken der OOP. Ansonsten sollten Sie Create unverändert lassen und nicht aufrufen.

function FindComponent(const AName: string): TComponent;
Die Methode FindComponent gibt im Array Components die Komponente zurück, deren Name zum String im Parameter AName paßt. FindComponent beachtet dabei keine Groß-/Kleinschreibung.

Beispiel: Es existiert ein Button »Button1« in Ihrer Anwendung. Um die eigentliche Komponente »TButton1« im Array Components zurückzugeben, rufen Sie FindComponents wie folgt auf:

```
FindComponents('Button1');
```

function FindItem(Value: Word; Kind: TFindItemKind): TMenuItem;

Die Methode FindItem liefert den Menüeintrag eines Menü-Handle, eines Menübefehls oder eines Menütastenkürzels, der zu dem Wert des Parameters Value paßt. Kind kann folgende Werte annehmen:

fkCommand	von der Windows-Botschaft WM_COMMAND verwendete Menübefehlsnummer
fkHandle	Menü-Handle
fkShortCut	Menütastenkürzel

Beispiel:
Sie wollen den Namen eines Menüeintrags von PopupMenu1 mit dem Shortcut F2 durch ein definiertes Label »Label1« anzeigen lassen. Mit FindItem können sie den Namen des zum Shortcut gehörenden Menüeintrags herbeiholen:

```
procedure TBspForm.Button1Click(Sender: TObject);
var
  ItemName: TMenuItem;
begin
  ItemName := PopupMenu1.FindItem(VK_F2, fkShortCut);
  Label1.Caption := ItemName.Name;
end;
```

procedure Free;

Die Methode Free entfernt das Objekt und gibt den dazugehörigen Speicher frei. Haben Sie das Objekt unter Verwendung der Methode Create erzeugt, so benutzen Sie zum Entfernen und für die Freigabe des Speichers die Methode Free. Free gelingt auch dann, wenn das Objekt selbst nicht mehr existiert (zum Beispiel durch einen vorherigen Aufruf von Free. Delphi erledigt dies für Objekte der Bibliothek visueller Komponenten automatisch. Sie sollten also niemals eine Komponente innerhalb ihrer Anwendung entfernen.

Falls Sie ein Formular freigeben wollen, rufen Sie die Methode Release auf, um das Formular zu löschen und dessen benutzten Speicher freizugeben.

procedure InsertComponent(AComponent: TComponent);

InsertComponent macht die Komponente zum Besitzer der im Parameter AComponent übergebenen Komponente. Die Komponente wird am Ende der Array-Eigenschaft Components hinzugefügt. Die eingefügte Komponente darf keinen Namen haben (keinen für die Eigenschaft Name spezifizierten Wert) oder der Name muß sich eindeutig von allen anderen in der Components-Liste unterscheiden. Wird die Besitzerkomponente entfernt, so wird auch AComponent gelöscht.

procedure Popup(X, Y: Integer);
Die Methode Popup zeigt auf dem Bildschirm an den in Pixeln angegebenen Koordinaten ein Popup-Menü an. Die Koordinaten werden durch die Werte X und Y angegeben.

procedure RemoveComponent(AComponent: TComponent);
RemoveComponent entfernt die Komponente, die im Parameter AComponent festgelegt ist, aus der Komponentenliste Components. Die Position in der Liste wird zu Nil.

Komponentenname: Label
Klassenname: TLabel

Beschreibung:

Mit der Komponente TLabel wird in einem Formular ein Text angezeigt. Der Text eines Labels entspricht der Eigenschaft Caption. Die Verwendung eines Tastenkürzels ist möglich. Dabei wird die Komponente aktiviert, die in der Eigenschaft FocusControl eingetragen ist.

Mit der Eigenschaft Alignment legen Sie die Ausrichtung des Texts von Caption fest. Die Größe eines Labels verändert sich automatisch mit der Größe eines Fensters, wenn sie die Eigenschaft AutoSize auf True setzen. Mit WordWrap = True lassen Sie den Textumbruch zu, der dann in Kraft tritt, wenn der Text länger als die maximale Länge der Anwendung ist. Soll zum Beispiel in einer Grafik das Label transparent, also durchsichtig, angezeigt werden, setzen Sie die Eigenschaft Transparent auf True.

Eigenschaften:

property Align: TAlign;
Die Eigenschaft Align legt fest, wie Dialogelemente zum Beispiel im Formular ausgerichtet werden. Mögliche Werte:

alNone	Die Komponente bleibt an der Einfügeposition im Formular (Standardeinstellung).
alTop	Die Komponente wird an die Oberkante des Formulars verschoben und an seine Breite angepaßt. Die Höhe der Komponente bleibt unverändert.
alBottom	Die Komponente wird an die Unterkante des Formulars verschoben und an seine Breite angepaßt. Die Höhe der Komponente bleibt unverändert.
alLeft	Die Komponente wird an die linke Kante des Formulars verschoben und an seine Höhe angepaßt. Die Breite der Komponente bleibt unverändert.

alRight	Die Komponente wird an die rechte Kante des Formulars verschoben und an seine Höhe angepaßt. Die Breite der Komponente bleibt unverändert.
alClient	Die Größe der Komponente wird an den Client-Bereich eines Formulars angepaßt. Ist ein Teil des Client-Bereichs bereits von einer anderen Komponente besetzt, füllt die Komponente den verbleibenden Teil des Client-Bereichs aus.

Wird zum Beispiel ein Formular, das Besitzer eines Labels ist, in der Größe verändert, werden die Komponenten innerhalb des Formulars neu ausgerichtet. Die Verwendung der Eigenschaft Align ist dann sinnvoll, wenn ein Dialogelement an einer Position des Formulars stehenbleiben soll, auch wenn sich die Größe des Formulars ändert.

property Alignment...
Alignment legt die Ausrichtung fest und hängt von dem Typ der Komponente ab:

Alignment für die Komponenten Label, Memo und Panel:

property Alignment: TAlignment;
Alignment legt fest, wie Text innerhalb der Komponente ausgerichtet wird. Mögliche Werte:

taLeftJustify	Der Text wird linksbündig dargestellt.
taCenter	Der Text wird zentriert dargestellt.
taRightJustify	Der Text wird rechtsbündig dargestellt.

Alignment für die Komponenten CheckBox und RadioButton:

property Alignment: TLeftRight;
Alignment legt die Ausrichtung des Titels fest. Mögliche Werte:

taLeftJustify	Der Titel wird linksbündig dargestellt.
taRightJustify	Der Titel wird rechtsbündig dargestellt.

Alignment für die Komponente PopupMenu:

property Alignment: TPopupAlignment;
Alignment legt fest, wo das Popup-Menü erscheint, wenn der Anwender die rechte Maustaste drückt. Mögliche Werte:

paLeft	Das Popup-Menü erscheint mit der oberen linken Ecke unter dem Mauszeiger.
paCenter	Das Popup-Menü erscheint mit der Mitte der Oberkante unter dem Mauszeiger.
paRight	Das Popup-Menü erscheint mit der oberen rechten Ecke unter dem Mauszeiger.

Alignment für die Komponenten:

BCDField	DateTimeField	StringField
BooleanField	FloatField	TimeField
CurrencyField	IntegerField	WordField
DateField	SmallintField	

property Alignment: TAlignment;
Alignment wird dazu verwendet, die Daten in einem Feld zu zentrieren oder nach links bzw. rechts auszurichten. Mögliche Werte:

taLeftJustify	Der Inhalt des Datensatzes wird linksbündig dargestellt.
taCenter	Der Inhalt des Datensatzes wird zentriert dargestellt.
taRightJustify	Der Inhalt des Datensatzes wird rechtsbündig dargestellt.

property AutoSize: Boolean;
Ist AutoSize True, paßt sich die Label-Komponente an die Breite und die Länge des aktuellen Strings in der Eigenschaft Caption des Labels an. Wenn Sie Text in ein Label eingeben, während AutoSize auf True gesetzt ist, wird das Label mit jedem neu eingegebenen Zeichen größer.

Wenn Sie die Schriftgröße des Texts ändern, paßt sich das Label an die neue Schriftgröße an. Wenn AutoSize False ist, wird die Größe des Labels nicht von der Länge des Strings in seiner Eigenschaft Caption beeinflußt. Die Standard-Einstellung ist True.

property BoundsRect: TRect;
Die Eigenschaft BoundsRect liefert das Begrenzungsrechteck der Komponente – ausgedrückt im Koordinatensystem des übergeordneten Dialogelements – zurück. Mit BoundsRect ersetzen und erleichtern Sie sich somit die Abfrage der einzelnen Werte für die Eigenschaften Left, Top, Width und Height.

property Caption: String;
Die Eigenschaft Caption ist der Text, der in der Komponente angezeigt wird, wie zum Beispiel in der Titelleiste des Formulars.

property Color: TColor;
Die Eigenschaft Color legt für alle Komponenten mit Ausnahme des Dialogfensters die Farbe fest (Hintergrundfarbe eines Formulars oder eines Dialogelements oder Grafikobjekts).

Ist die Eigenschaft ParentColor auf True gesetzt, bewirkt eine Änderung der Eigenschaft Color einer Komponente A automatisch eine Änderung der Eigenschaft Color aller Komponenten, die als Besitzer die Komponente A haben. Wenn Sie der Eigenschaft Color eines Dialogelements einen Wert zuweisen, wird seine Eigenschaft ParentColor automatisch auf False gesetzt. Mögliche Werte sind:

clBlack	Schwarz
clMaroon	Rotbraun
clGreen	Grün
clOlive	Olivgrün

clNavy	Marineblau
clPurple	Violett
clTeal	Petrol
clGray	Grau
clSilver	Silber
clRed	Rot
clLime	Limonengrün
clBlue	Blau
clFuchsia	Pink
clAqua	Karibikblau
clWhite	Weiß

(Systemfarben von Windows:)

clBackground	Aktuelle Windows-Hintergrundfarbe
clActiveCaption	Aktuelle Farbe der Titelleiste des aktiven Fensters
clInactiveCaption	Aktuelle Farbe der Titelleiste der inaktiven Fenster
clMenu	Aktuelle Hintergrundfarbe der Menüs
clWindow	Aktuelle Hintergrundfarbe der Fenster
clWindowFrame	Aktuelle Farbe der Fensterrahmen
clMenuText	Aktuelle Farbe vom Menütext
clWindowText	Aktuelle Farbe vom Fenstertext
clCaptionText	Aktuelle Textfarbe der Titelleiste des aktiven Fensters
clActiveBorder	Aktuelle Rahmenfarbe des aktiven Fensters
clInactiveBorder	Aktuelle Rahmenfarbe der inaktiven Fenster
clAppWorkSpace	Aktuelle Farbe des Arbeitsbereichs der Anwendung
clHighlight	Aktuelle Hintergrundfarbe vom ausgewählten Text
clHighlightText	Aktuelle Farbe vom ausgewählten Text
clBtnFace	Aktuelle Farbe einer Schalterfläche
clBtnShadow	Aktuelle Schattenfarbe eines Schalters
clGrayText	Aktuelle Farbe von grau dargestelltem Text
clBtnText	Aktuelle Farbe von Text auf einem Schalter
clInactiveCaptionText	Aktuelle Textfarbe in der Titelleiste eines inaktiven Fensters
clBtnHighlight	Aktuelle Farbe der Markierung eines Schalters

Mit einem Doppelklick auf Color öffnet sich das Farbschema von Windows, in dem Sie auch eigene Farben zusammenstellen können.

property ComponentIndex: Integer;
Die Eigenschaft ComponentIndex zeigt die Position einer Komponente in der Eigenschaftsliste Components ihres Besitzers an. Die erste Komponente in der Liste hat den ComponentIndex-Wert 0, die zweite hat den Wert 1, die dritte den Wert 2 etc. Diese Eigenschaft ist nur zur Laufzeit und dann auch nur im Read-Only-Modus benutzbar.

property Controls[Index: Integer]: TControl;
Controls ist ein Array aller untergeordneten Komponenten der Komponente. Controls ist dann von Nutzen, wenn Sie auf die untergeordneten Komponenten über die Zahl statt über den Namen zugreifen müssen.

property Cursor: TCursor;
Mit der Eigenschaft Cursor stellen Sie das Aussehen des Cursors ein, wenn dieser auf die Komponente zeigt.

Mögliche Werte sind:

crDefault	crArrow	crCross
crIBeam	crSize	crSizeNESW
crSizeNS	crSizeNWSE	crSizeWE
crUpArrow	crHourglass	crDrag
crNoDrop	crHSplit	crVSplit

property DragCursor: TCursor;
Die Eigenschaft DragCursor bestimmt die Form des Mauszeigers, wenn sich der Zeiger über einer Komponente befindet, die ein gezogenes Objekt akzeptieren kann. Mögliche Werte sind mit denen der Eigenschaft Cursor identisch.

property DragMode: TDragMode;
Die Eigenschaft DragMode legt das Ziehen-und-Ablegen-Verhalten einer Komponente fest. Mögliche Werte sind:

dmAutomatic	Wenn dmAutomatic ausgewählt ist, ist das Dialogelement bereit, gezogen zu werden; der Anwender klickt nur und zieht es dann.
dmManual	Wenn dmManual ausgewählt ist, kann das Dialogelement nicht gezogen werden, bevor die Anwendung die Methode BeginDrag aufgerufen hat.

Ist die Eigenschaft DragMode einer Komponente dmAutomatic, kann die Anwendung dies zur Laufzeit durch Einstellung des Werts dmManual deaktivieren.

property Enabled: Boolean;
Die Eigenschaft Enabled bestimmt, ob die Komponente auf Maus-, Tastatur- und Timer-Ereignisse reagiert. Wenn Enabled auf True gesetzt ist, reagiert die Komponente normal. Ist Enabled hingegen False, ignoriert das Dialogelement Maus- und Tastaturereignisse. Bei einer Timer-Komponente werden die für das OnTimer-Ereignis deaktivierten Komponenten (Dialogelemente) grau dargestellt.

property FocusControl: TWinControl;
Die Eigenschaft FocusControl verknüpft die Komponente mit einer anderen Komponente (zum Beispiel mit einer Komponente Edit). Falls die Caption des Labels ein Tastenkürzel beinhaltet, wird bei Benützung dieses Kürzels die in FocusControl eingetragene Komponente zum fokussierten Dialogelement. Der Titel eines Labels bezeichnet häufig den Zweck einer anderen Komponente oder gibt Auskunft über die

anstehende Aktion, zum Beispiel: »Geben Sie Ihren Namen ein, und drücken Sie danach die RETURN- oder ENTER-Taste«.

property Font: TFont;
Die Eigenschaft Font legt den Font und die Eigenschaften dieses Fonts der Komponente fest. Sie haben die Möglichkeit, diese Werte im Objectinspektor oder – wesentlich komfortabler –, mit Hilfe eines Doppelklicks auf diese Eigenschaft einen Dialog zu öffnen, der alle möglichen Werte anzeigt.

property Handle: ...;
Der Typ der Eigenschaft Handle ist abhängig von der jeweiligen Komponente. In allgemeinen gilt: Sollte eine Windows-API-Funktion ein Handle der betreffenden Komponente verlangen, setzen Sie dazu die jeweilige Eigenschaft Handle der betreffenden Komponente ein. Verlangt eine Windows-API-Funktion zum Beispiel das Handle Ihrer gesamten Anwendung, benutzen Sie am besten die Eigenschaft Handle des Objekts TApplication. Hier die Übersicht der verschiedenen Typen der Eigenschaft Handle:

Handle für die Komponenten:

Bitmap	property Handle: HBitmap;
Brush	property Handle: HBrush;
Canvas	property Handle: HDC;
Font	property Handle: HFont;
Icon	property Handle: HIcon;
Metafile	property Handle: HMetafile;
Pen	property Handle: Hpen;

Handle gibt Ihnen den Zugriff auf das Handle des jeweiligen GDI-Objekts, damit Sie auf dieses zugreifen können. Benötigen Sie zum Beispiel zum Aufruf einer Windows-API-Funktion ein Handle auf ein Stiftobjekt oder ein Bitmap-Objekt, können Sie dazu das Handle der Komponente Pen beziehungsweise der Komponente Bitmap benutzen.

Handle für das Object TApplication und die folgenden Komponenten:

Bevel	DBText	Memo
BitBtn	DirectoryListBox	Notebook
Button	DrawGrid	OLEContainer
CheckBox	DriveComboBox	Outline
ComboBox	Edit	PaintBox
DBCheckBox	FileListBox	Panel
DBComboBox	FilterComboBox	RadioButton
DBEdit	FindDialog	RadioGroup
DBGrid	Form	ReplaceDialog
DBImage	GroupBox	ScrollBar
DBListBox	Header	ScrollBox
DBLookupCombo	Image	Shape
DBLookupList	Label	SpeedButton

DBMemo	ListBox	StringGrid
DBNavigator	MaskEdit	TabbedNotebook
DBRadioGroup	MediaPlayer	TabSet

property Handle: HWND;
Handle ermöglicht Ihnen Zugriff auf das Handle der jeweiligen Komponente (z.B. Fenster-Handle, Dialog-Handle etc.). Dieses Handle wird von einigen Windows-API-Funktionen beim Aufruf erwartet. Sie können in diesem Fall das Handle der jeweils betroffenen Komponente oder – falls das Handle Ihrer Anwendung gefordert wird – das Handle des Objekts TApplication übergeben.

Handle für die Komponenten:

MainMenu	MenuItem	PopupMenu

property Handle: HMENU;
Sollte eine Windows-API-Funktion ein Handle eines Menüs, Menü-Eintrags oder eines lokalen Menü verlangen, können Sie dazu die Eigenschaft Handle von MainMenu, MenuItem und PopupMenu benutzen.

Handle für die Komponente Printer:

property Handle: HDC;
Handle beinhaltet das Handle des jeweiligen Druckerobjektes TPrinter der Komponente Printer.

Handle für die Komponente DataBase:

property Handle: HDBIDB;
Um direkte Aufrufe in die Richtung des Borland Database-Engine-(BDE)-API zu tätigen, benötigen Sie ein Handle der jeweiligen Datenbank-Komponente. Dazu dient Ihnen die Eigenschaft Handle der Komponente DataBase. Sie erlaubt Ihnen Zugriffe auf Funktionen des BDE-API, die nicht in der VCL-Bibliothek integriert wurden. Bevor Sie allerdings diese Funktionen aufrufen, sollten Sie prüfen, ob diese Funktion möglicherweise schon in der VCL-Bibliothek gekapselt wurde.

Handle für das Object TSession:

Delphi erzeugt eine Komponente Session vom Typ TSession immer dann, wenn eine Anwendung ausgeführt wird. Sessions sollten nicht von Ihnen erzeugt oder zerstört werden. Session erlaubt globale Prüfung über Datenbankverbindungen. Die Eigenschaft Databases von Session ist ein Array von allen aktiven Datenbanken in der Sitzung. Die Eigenschaft DatabaseCount vom Typ Integer gibt die Anzahl der aktiven Datenbanken in der Sitzung an.

property Handle: HDBISES;
Mit dieser Eigenschaft Handle können Sie direkte Aufrufe an die Borland-Datenbank-Engine – bezogen auf eine bestimmte Sitzung (Session/TSession) – machen. Die Komponente Session werden Sie kaum benutzen. Die wichtigsten Funktionen der BDE-API sind in der VCL-Bibliothek gekapselt und ersparen Ihnen diesen Weg.

Handle für die die Komponenten Table, Query und StoredProc:

property Handle: HDBICur;
Ebenfalls für direkte Zugriffe auf Funktionen der BDE-API und unter normalen Umständen nicht zu benutzen, da die wichtigsten BDP-API-Funktionen via VCL-Bibliothek einen einfacheren Zugriff ermöglichen.

property Height: Integer;
Die Eigenschaft Height eines Dialogelements legt die Höhe der Komponente in Pixel fest.

property Hint: string;
Die Eigenschaft Hint ist der Text-String, der erscheinen kann, wenn ein OnHint-Ereignis eintritt, also wenn der Benutzer den Cursor über die Komponente bewegt. Wie der String angezeigt wird, bestimmt der Code in der Ereignisbehandlungs-Routine OnHint. Sie können eine Schnellhilfe, d.h. ein Fenster, das einen Hilfetext enthält, für eine Komponente erscheinen lassen, wenn der Anwender den Mauszeiger über das Dialogelement führt und dort kurz verweilt. Dies funktioniert wie folgt:

1. Spezifizieren Sie für jede Komponente, die einen Schnellhinweis anzeigen soll, einen Hint-Wert.
2. Setzen Sie die Eigenschaft ShowHint des Bedienfelds auf True.
3. Setzen Sie die Eigenschaft ShowHint der Anwendung zur Laufzeit auf True.

Sie können Hint gleichzeitig sowohl für ein Hilfehinweisfenster als auch für die Verwendung innerhalb der Behandlungsroutine OnHint spezifizieren, indem Sie zwei durch das Zeichen | (das »oder« oder Pipe-Symbol) getrennte Werte angeben, also beispielsweise:

```
Edit1.Hint := 'Aufforderung|Geben Sie den richtigen Wert ein';
```

Der String »Aufforderung« erscheint im Hilfehinweisfenster und der String »Geben Sie den richtigen Wert ein« erscheint wie in der Ereignisbehandlungs-Routine OnHint spezifiziert.

property Left: Integer;
Die Eigenschaft Left bestimmt die horizontalen Koordinaten in Pixeln der linken Kante einer Komponente relativ zum Formular. Für Formulare ist der Wert der Eigenschaft Left relativ zum Bildschirm (ebenfalls in Pixeln).

property Name: TComponentName;
Die Eigenschaft Name enthält den Namen der Komponente wie er von anderen Komponenten für den Zugriff verwendet wird. Delphi weist als Vorgabewerte sequentielle Namen zu, die auf dem Typ der Komponente basieren, also etwa für Buttons »Button1«, »Button2« etc. Dies können Sie gemäß Ihrer Vorstellungen abändern. Komponentennamen sollten ausdrücklich nur zur Entwurfszeit geändert werden.

property Owner: TComponent;
Die Eigenschaft Owner teilt ihnen mit, welche Komponente zu welcher Komponente gehört. Dem Formular gehören alle Komponenten, die auf ihm vorhanden sind. Umgekehrt gehört das Formular zur Anwendung. Gehört eine Komponente A einer

anderen Komponente B, wird der Speicher der Komponente A freigegeben, wenn der Speicher der Komponente B freigegeben wird. Es werden also folgerichtig alle Komponenten des Formular gelöscht, wenn das Formular gelöscht wird. Außerdem wird natürlich der Speicher für das Formular und dessen Komponenten freigegeben, wenn der Speicher der Anwendung selbst freigegeben wird.

property Parent: TWinControl;
Die Eigenschaft Parent enthält den Namen der übergeordneten Komponente. Wenn eine Komponente A eine andere Komponente B enthält, sind die in B enthaltenen Komponenten untergeordnete Komponenten von A. Wenn Ihre Anwendung beispielsweise drei Buttons in einer GroupBox enthält, ist die GroupBox das übergeordnete Element der drei Buttons und die Button-Schaltfelder sind der GroupBox untergeordnet.

Parent und Owner sind leider etwas verwirrend. Daher hier eine kleine Entwirrung:

Ein Formular ist der Besitzer aller darauf enthaltenen Komponenten, unabhängig davon, ob sie ein Fensterelement sind. Für unser Beispiel mit den drei Button und der GroupBox bedeutet dies: Der Besitzer der Buttons ist immer das Formular, aber die GroupBox ist das übergeordnete Element.

Wenn Sie einen neuen Dialog erzeugen, müssen Sie dem neuen Dialogelement einen Wert der Eigenschaft Parent zuweisen. Üblicherweise sind dies Formulare, Bedienfelder, GroupBoxen oder andere Dialoge, die andere Elemente enthalten können. Es ist möglich, jedes Element als das Übergeordnete zuzuweisen, aber das darin enthaltene Dialogelement wird wahrscheinlich überschrieben.

Wird das übergeordnete Element gelöscht, werden auch alle Elemente, die ihm untergeordnet sind, gelöscht.

property ParentColor: Boolean;
Die Eigenschaft ParentColor bestimmt, wo eine Komponente nach ihrer Farbeigenschaft suchen soll. Falls ParentColor True ist, verwendet die Komponente die Farbe der Eigenschaft der übergeordneten Komponente.

Ist ParentColor False, verwendet die Komponente ihre eigene Eigenschaft Color. Durch Verwendung von ParentColor können Sie sicherstellen, daß alle Komponenten auf einem Formular das gleiche Erscheinungsbild haben.

property ParentFont: Boolean;
Die Eigenschaft ParentFont bestimmt, wo eine Komponente nach ihrer Fonteigenschaft suchen soll. Falls ParentFont True ist, verwendet die Komponente den Font der Eigenschaft der übergeordneten Komponente.

Ist ParentFont True, verwendet die Komponente ihre eigene Eigenschaft Font. Durch Verwendung von ParentFont können Sie sicherstellen, daß alle Komponenten auf einem Formular das gleiche Erscheinungsbild haben.

property ParentShowHint: Boolean;
Die Eigenschaft ParentShowHint bestimmt, wo eine Komponente nach ihrer Hint-Eigenschaft suchen soll. Falls ParentShowHint True ist, verwendet die Komponente die Hint-Eigenschaft der übergeordneten Komponente.

Ist ParentShowHint True, verwendet die Komponente seine ihre Eigenschaft Hint. Durch Verwendung von ParentShowHint können Sie sicherstellen, daß alle Komponenten auf einem Formular das gleiche Erscheinungsbild haben.

property PopupMenu: TPopupMenu;
Die Eigenschaft PopupMenu legt den Namen des Popup-Menüs fest, das erscheint, wenn der Anwender die Komponente auswählt oder die rechte Maustaste drückt (beim Wert True für AutoPopup des Popup) oder wenn die Methode Popup des Popup-Menüs ausgeführt wird.

property ShowAccelChar: Boolean;
Die Eigenschaft ShowAccelChar bestimmt, wie das Und-Zeichen »&« in der Beschriftung eines Labels erscheint. Falls ShowAccelChar True ist, erscheint das Zeichen »&« als ein Unterstrich unter dem nächsten rechten Zeichen in der Beschriftung und zeigt so an, daß das unterstrichene Zeichen ein Tastenkürzelzeichen ist. Wenn ShowAccelChar False ist, erscheint das Zeichen »&« einfach als »&«:

Beispiel:
Der Text einer Komponente lautet: '&Hallo'. Bei ShowAccelChar=True erscheint der Text als

<u>H</u>allo

ansonsten erscheint der Text als

&Hallo.

property ShowHint: Boolean;
Die Eigenschaft ShowHint bestimmt, ob das Dialogelement eine Schnellhilfe anzeigen soll, wenn der Mauszeiger eine Weile auf ihm verweilt. Die Schnellhilfe entspricht dem Wert der Eigenschaft Hint, die in einem Feld direkt unterhalb des Elements angezeigt wird. Wenn die Eigenschaft ShowHint den Wert True hat, kann die Schnellhilfe erscheinen.

Ist ShowHint False, kann die Schnellhilfe auch angezeigt werden, wenn ParentShowHint auf True gesetzt wurde, und die Eigenschaft ShowHint der übergeordneten Komponente ebenfalls auf True gesetzt wurde.

property Tag: Longint;
Die Eigenschaft Tag kann einen Integerwert als Element einer Komponente speichern. Tag wird von Delphi nirgendwo benutzt und steht Ihnen damit zur freien Verfügung

property Top: Integer;
Die Eigenschaft Top gibt die y-Koordinate in Pixeln der linken oberen Ecke eines Dialogelements relativ zum Formular an. Bei Formularen wird der Wert der Eigenschaft Top in Pixeln relativ zum Bildschirm angegeben.

property Transparent: Boolean;
Die Eigenschaft Transparent bestimmt, ob eine Komponente transparent ist. Eine auf eine Bitmap gelegte transparente Komponente würde diese nicht verdecken.

Würde man beispielsweise die Länder in einer auf ein Formular gelegten Bitmap der Weltkarte mit Hilfe von Labels benennen, könnte man die Karte und deren Namen gleichzeitig anschauen.

property Visible: Boolean;
Die Eigenschaft Visible bestimmt, ob eine Komponente auf dem Bildschirm sichtbar ist (True) oder nicht (False).

property Width: integer;
Die Eigenschaft Width bestimmt die Breite einer Komponente gemessen in Pixel.

property WordWrap: Boolean;
Die Eigenschaft WordWrap gibt an, ob der Text in der Komponente am rechten Rand in eine neue Zeile umbricht, um in das Dialogelement hineinzupassen. Die Komponente muß so groß sein, daß mindestens eine Zeile zum Editieren angezeigt werden kann, auch wenn WordWrap den Wert True hat.

Ereignisse:

property OnClick: TNotifyEvent;
Das Ereignis OnClick erscheint, wenn der Benutzer auf die Komponente klickt. In einem Formular tritt OnClick ein, wenn der Benutzer auf eine freie Stelle im Formular oder auf eine inaktive Komponente klickt.

OnClick ist vom Typ

```
TNotifyEvent = procedure (Sender: TObject) of object;
```

Der Typ TNotifyEvent weist also auf eine Methode, die das Anklicken eines Objekts behandelt. Der Parameter Sender ist das Dialogelement, das angeklickt wurde.

property OnDblClick: TNotifyEvent;
Das Ereignis OnClick erscheint, wenn der Benutzer auf die Komponente einen Doppelklick ausführt. In einem Formular tritt das Ereignis OnDblClick ein, wenn der Benutzer auf eine freie Stelle im Formular oder auf eine inaktive Komponente einen Doppelklick ausführt.

OnDblClick ist vom Typ

```
TNotifyEvent = procedure (Sender: TObject) of object;
```

Der Typ TNotifyEvent weist also auf eine Methode, die das Doppelklicken eines Objekts behandelt. Der Parameter Sender ist das Dialogelement, das mit einem Doppelklick bearbeitet wurde.

property OnDragDrop: TDragDropEvent;
Das Ereignis OnDragDrop tritt ein, wenn der Anwender ein gezogenes Objekt ablegt. Verwenden Sie die Ereignisbehandlungs-Routine OnDragDrop, um festzulegen, was passieren soll, wenn der Anwender ein Objekt ablegt.

OnDragClick ist vom Typ

```
TDragDropEvent = procedure(Sender, Source: TObject; X, Y: Integer) of object;
```

Der Typ TDragDropEvent zeigt also auf eine Methode, die das Ablegen eines gezogenen Objekts behandelt. Der Parameter Source des Ereignisses OnDragDrop ist das abzulegende Objekt, und der Parameter Sender ist das Dialogelement, auf dem das Objekt abgelegt wurde. Die Parameter X und Y sind die Koordinaten des Mauszeigers, der über dem Dialogelement positioniert wird.

property OnDragOver: TDragOverEvent;
Das Ereignis OnDragOver tritt ein, wenn der Anwender ein Objekt über eine Komponente zieht. Üblicherweise werden Sie ein Ereignis OnDragOver verwenden, um ein Objekt zu akzeptieren, damit der Anwender es ablegen kann.

OnDragClick ist vom Typ

```
TDragOverEvent = procedure(Sender, Source: TObject; X, Y: Integer; State:
                 TDragState; var Accept: Boolean) of object;
```

Der Typ TDragOverEvent zeigt also auf eine Methode, die das Ziehen eines Objekts über ein anderes Objekt behandelt. Der Parameter Source ist das gezogene Objekt, Sender ist das Objekt, über das Source gezogen wurde, X und Y sind die Koordinaten des Mauszeigers, der über dem Dialogelement positioniert wird in Pixeln, State ist der Status des gezogenen Objekts in Verbindung zum darübergezogenen Objekt, und Accept legt fest, ob der Sender das Ziehobjekt erkennt. Accept wird nicht per Voreinstellung auf True oder False gesetzt; Sie müssen die passenden Werte selbst zuweisen.

Das Ereignis OnDragOver akzeptiert ein Objekt, wenn der Parameter Accept True ist. Durch Ändern des Werts der Eigenschaft DragCursor können Sie das Erscheinungsbild des Cursors beeinflussen. Dies können Sie entweder während des Entwickelns oder zur Laufzeit, bevor ein Ereignis OnDragOver eintritt, durchführen.

property OnEndDrag: TEndDragEvent;
Das Ereignis OnEndDrag tritt immer dann ein, wenn das Ziehen eines Objekts abgeschlossen oder abgebrochen wird. Wenn Sie eine besondere Behandlung haben möchten, wenn das Ziehen beendet wird, verwenden Sie die Ereignisbehandlungs-Routine OnEndDrag.

OnEndDrag ist vom Typ

```
TEndDragEvent = procedure(Sender, Target: TObject; X, Y: Integer) of object;
```

Der Typ TEndDragEvent zeigt also auf eine Methode, die das Anhalten des Ziehens eines Objekts behandelt. Der Sender ist das Objekt, das gezogen wird, Target ist das Objekt, zu dem Sender hingezogen wird, und X und Y sind die dazugehörigen Bildschirmkoordinaten des Mauszeigers, der über dem Dialogelement positioniert wird. Falls das gezogene Objekt abgelegt und durch das Dialogelement akzeptiert wurde, ist der Parameter Target des Ereignisses OnEndDrag True. Wenn das Objekt nicht erfolgreich abgelegt wurde, beträgt der Wert Target Nil.

property OnMouseDown: TMouseEvent;
Das Ereignis OnMouseDown tritt ein, wenn der Anwender eine Maustaste zu dem Zeitpunkt drückt, an dem sich der Mauszeiger über einem Dialogelement befindet.

OnMouseDown ist vom Typ

```
TMouseEvent=procedure (Sender: TObject; Button: TMouseButton; Shift: TShiftState;
                      X, Y: Integer) of object;
```

Der Typ TMouseEvent weist also auf eine Methode zur Bearbeitung von Maustasten-Ereignissen hin. Der Parameter Button gibt an, welche Maustaste gedrückt wurde, während SHIFT Auskunft darüber gibt, welche UMSCHALT- (UMSCHALT, STRG oder ALT) bzw. Maustasten gedrückt waren, während die das Mausereignis verur-sachende Maustaste gedrückt oder losgelassen wurde. X und Y sind die Bildschirmkoordinaten des Mauszeigers in Pixel. Der Parameter Button des Ereignisses OnMouseDown zeigt an, welche Maustaste gedrückt wurde. Durch Verwenden des Parameters Shift der Ereignisbehandlungs-Routine OnMouseDown können Sie auf den Status der Maus- und Umschalttasten reagieren. Umschalttasten sind die Tasten UMSCHALT, STRG und ALT.

property OnMouseMove: TMouseMoveEvent;
Das Ereignis OnMouseMove tritt ein, wenn der Anwender den Mauszeiger bewegt und dieser sich bereits über einem Dialogelement befindet.

OnMouseMove ist vom Typ

```
TMouseMoveEvent = procedure(Sender: TObject; Shift: TShiftState;  X, Y: Integer)
                      of object;
```

Der Typ TMouseMoveEvent zeigt also auf eine Methode, die Mausereignisse infolge einer Mausbewegung verarbeitet. Der Parameter Button gibt an, welche Maustaste gedrückt wurde, während Shift anzeigt, welche UMSCHALT- (UMSCHALT, STRG oder ALT) bzw. Maustasten während der Mausbewegung gedrückt waren. X und Y sind die Bildschirmkoordinaten des Mauszeigers in Pixel. Durch Verwenden des Parameters Shift können Sie auf den Status der Maus- und Umschalttasten reagieren. Umschalttasten sind die Tasten UMSCHALT, STRG und ALT.

property OnMouseUp: TMouseEvent;
Das Ereignis OnMouseUp tritt ein, wenn der Anwender die gedrückte Maustaste wieder freigibt, wenn sich der Mauszeiger über einer Komponente befindet.

Die Ereignisbehandlungs-Routine OnMouseUp kann auf Betätigungen der rechten, mittleren und linken Maustasten reagieren sowie auf Maustastenkombinationen mit Umschalttasten (Tasten UMSCHALT, STRG und ALT).

OnMouseUp ist vom Typ

```
TMouseEvent = procedure (Sender: TObject; Button: TMouseButton; Shift: TShiftState;
                      X, Y: Integer) of object;
```

Der Typ TMouseEvent zeigt also auf eine Methode zur Bearbeitung von Maustasten-Ereignissen hin. Der Parameter Button gibt an, welche Maustaste gedrückt wurde,

während Shift Auskunft darüber gibt, welche UMSCHALT- (UMSCHALT, STRG oder ALT) bzw. Maustasten gedrückt waren, während die das Mausereignis verursachende Maustaste gedrückt oder losgelassen wurde. X und Y sind die Bildschirmkoordinaten des Mauszeigers in Pixeln.

Methoden:

procedure BeginDrag(Immediate: Boolean);
Die Methode BeginDrag leitet den Ziehvorgang einer Komponente ein. Wenn der Parameter Immediate auf True gesetzt ist, wird der Mauszeiger auf den Wert der Eigenschaft DragCursor gesetzt und der Ziehvorgang beginnt. Ist Immediate False, wird der Mauszeiger nicht auf den Wert der Eigenschaft DragCursor gesetzt, und der Ziehvorgang wird erst eingeleitet, wenn der Anwender den Mauszeiger mindestens 5 Pixel bewegt. Auf diese Weise kann die Komponente Mausklicks akzeptieren, ohne einen Ziehvorgang einzuleiten. Ihre Anwendung muß die Methode BeginDrag zum Einleiten eines Ziehvorgangs nur aufrufen, wenn DragMode auf dmManual gesetzt ist.

procedure BringToFront;
Die Methode BringToFront setzt eine Komponente innerhalb einer übergeordneten Komponente vor alle anderen Komponenten. BringToFront hilft insbesondere sicherzustellen, daß ein Formular sichtbar ist. Verwenden Sie diese Methode, wenn Sie die Reihenfolge überlappender Komponenten in einem Formular neu festlegen wollen.

Die Reihenfolge, in der Komponenten übereinander gelagert werden (Z-Reihenfolge), hängt davon ab, ob es sich um fensterähnliche oder um nicht-fensterähnliche Komponenten handelt. Die Reihenfolge arbeitet nach dem Prinzip, daß die zuletzt eingefügte Komponente die oberste und damit sichtbare Komponente ist.

Mit der Methode BringToFront einer Komponente würde diese Komponente ganz nach oben auf den Stapel kommen und somit sichtbar sein.

Bei der Stapelung ist zu beachten, daß fensterähnliche Komponenten immer auf nicht-fensterähnlichen Komponenten gestapelt werden. Ein Aufruf von BringToFront einer nicht-fensterähnlichen Komponente bewirkt also gar nichts, wenn oben auf dem Stapel eine fensterähnliche Komponente liegt.

Die folgenden Komponenten zählen zu den fensterähnlichen Komponenten:

BitBtn	DBNavigator	MediaPlayer
Button	DBRadioGroup	Memo
CheckBox	DirectoryListBox	Notebook
ComboBox	DrawGrid	OLEContainer
DBCheckBox	DriveComboBox	Outline
DBComboBox	Edit	Panel
DBEdit	FileListBox	RadioButton
DBGrid	FilterComboBox	RadioGroup
DBImage	Form	ScrollBar

DBListBox	GroupBox	ScrollBox
DBLookupCombo	Header	StringGrid
DBLookupList	ListBox	TabbedNotebook
DBMemo	MaskEdit	TabSet

Die nun folgenden Komponenten zählen zu den nicht-fensterähnlichen Komponenten:

Bevel	Label	SpeedButton
DBText	PaintBox	Image
Shape		

function CanFocus: Boolean;
CanFocus stellt fest, ob eine Komponente den Eingabefokus erhalten kann. CanFocus gibt True zurück, wenn die Eigenschaften Visible und Enabled sowohl der Komponente als auch der übergeordneten Komponenten auf True gesetzt sind. Sind nicht alle Eigenschaften Visible und Enabled dieser Komponenten auf True gesetzt, liefert CanFocus False zurück.

function ClientToScreen(Point: TPoint): TPoint;
Die Methode ClientToScreen übersetzt den angegebenen Punkt aus Client-Bereichkoordinaten in globale Bildschirmkoordinaten. In Client-Bereichkoordinaten entspricht der Punkt (0, 0) der oberen linken Ecke des Client-Bereichs der Komponente. In Bildschirmkoordinaten entspricht (0, 0) der oberen linken Ecke des Bildschirms. Mit den Methoden ClientToScreen und ScreenToClient rechnen Sie Positionen aus dem Koordinatensystem einer Komponente A in das Koordinatensystem einer Komponente B um.

Beispiel:
Umrechnung der Koordinaten einer Komponente A in die Koordinaten einer Komponente B (TPoint ist ein Record mit den Feldern X und Y):

```
TPoint =   record
       X   : integer;
       Y   : integer;
END;
VAR
   Koord: TPoint;
Koord:= B.ScreenToClient(A.ClientToScreen(Koord));
```

constructor Create;
Create weist Speicher zu, um das Objekt und damit die Komponente zu erzeugen und nach Bedarf seine Daten zu initialisieren. Jedes Objekt kann eine Methode Create besitzen, die individuell so angepaßt ist, daß sie diese bestimmte Art von Objekt erzeugt. Im Normalfall benötigen Sie diese Methoden nicht, da Borland Delphi alles unternimmt, um Ihre Anwendung und die darin enthaltenen Komponenten zu erzeugen. Sollten Sie allerdings ein Ereignis oder die Initialisierung eines Wertes einer selbst geschaffenen Komponente zur Zeit der Erzeugung einstellen wollen, können Sie dies in der Methode Create erledigen. Dazu benötigen Sie aber genaue

Kenntnisse und Techniken der OOP. Ansonsten sollten Sie Create unverändert lassen und nicht aufrufen.

function Dragging: Boolean;
Die Methode Dragging gibt an, ob eine Komponente gezogen wird. Wenn Dragging True zurückgibt, wird die Komponente gezogen.

procedure EndDrag(Drop: Boolean);
Die Methode EndDrag verhindert, daß eine Komponente weiter gezogen wird. Wenn der Parameter Drop True ist, wird die gezogene Komponente abgelegt. Ist Drop False, wird die Komponente nicht abgelegt und der Vorgang wird abgebrochen.

function FindComponent(const AName: string): TComponent;
Die Methode FindComponent gibt im Array Components die Komponente zurück, deren Name zum String im Parameter AName paßt. FindComponent beachtet dabei keine Groß-/Kleinschreibung.

Beispiel:

Es existiert ein Button Button1 in ihrer Anwendung. Um die eigentliche Komponente TButton1 im Array Components zurückzugeben, rufen Sie FindComponents wie folgt auf:

```
FindComponents('Button1');
```

function Focused: Boolean;
Focused wird verwendet, um zu bestimmen, ob ein Fensterdialogelement den Fokus besitzt und deshalb das aktive Dialogelement in ActiveControl ist.

procedure Free;
Die Methode Free entfernt das Objekt und gibt den dazugehörigen Speicher frei. Haben Sie das Objekt unter Verwendung der Methode Create erzeugt, so benutzen Sie zum Entfernen und für die Freigabe des Speichers die Methode Free. Free gelingt auch dann, wenn das Objekt selbst nicht mehr existiert (zum Beispiel durch einen vorherigen Aufruf von Free. Delphi erledigt dies für Objekte der Bibliothek visueller Komponenten automatisch.

Sie sollten also niemals eine Komponente innerhalb ihrer Anwendung entfernen.

Falls Sie ein Formular freigeben wollen, rufen Sie die Methode Release auf, um das Formular zu löschen und dessen benutzten Speicher freizugeben.

function GetTextBuf(Buffer: PChar; BufSize: Integer): Integer;
Die Methode GetTextBuf holt den Text der Komponente und kopiert ihn in den Puffer als Null-terminierten String (Ende der Zeichenkette wird mit 0 angegeben), auf den Buffer zeigt. Die maximale Länge des Strings wird mit BufSize (siehe dazu GetTextLen) festgelegt. In BufSize wird nach der Ausführung die Anzahl der Zeichen des Strings zu finden sein. Diese Methode ist vor allem dann sehr nützlich, wenn mit Strings größer als 256 Zeichen gearbeitet wird. Der Typ STRING kann nicht mehr als 256 Zeichen aufnehmen. Dabei entfällt aber das erste Element in diesem Typ auf die Längenangabe des Strings, so daß nur noch maximal 255 Zeichen möglich sind. Ein

PChar ist ein Zeiger auf das erste Zeichen einer Zeichenkette. Eine derart definierte Zeichenkette besitzt keine Längenangabe, sondern trägt eine 0 am Ende der Kette, daher auch der Name Null-terminierter String. Ein PChar kann die maximal Größe von 64 Kbyte erreichen. Die maximal Anzahl der Zeichen ist also auf 64 Kbyte und nicht auf 255 Zeichen beschränkt (siehe auch GetTextLen und SetTextBuf).

function GetTextLen: Integer;
Die Methode GetTextLen gibt die Länge des Textes der Komponente zurück. Dieser Wert kann für BufSize in GetTextBuf verwenden werden (siehe auch GetTextBuf und SetTextBuf).

procedure Hide;
Die Methode Hide versteckt eine Komponente, sie ist also nicht mehr auf dem Bildschirm sichtbar. Dabei wird die Eigenschaft Visible auf False gesetzt. Dabei ist eine Komponente aber weiterhin aktiv, das heißt, kann bearbeitet werden.

procedure Invalidate;
Die Methode Invalidate erzwingt das Neuzeichnen einer Komponente sobald dies möglich ist.

procedure InsertComponent(AComponent: TComponent);
InsertComponent macht die Komponente zum Besitzer der im Parameter AComponent übergebenen Komponente. Die Komponente wird am Ende der Array-Eigenschaft Components hinzugefügt. Die eingefügte Komponente darf keinen Namen haben (keinen für die Eigenschaft Name spezifizierten Wert) oder der Name muß sich eindeutig von allen anderen in der Components-Liste unterscheiden. Wird die Besitzerkomponente entfernt, so wird auch AComponent gelöscht.

procedure Refresh;
Die Methode Refresh reagiert je nach Art der Komponente, ob Daten oder die Komponenten selbst neu gezeichnet werden. Die Methode Refresh kann also jedes Bild auf dem Bildschirm löschen und alle Dialogelemente neuzeichnen beziehungsweise Datensätze einer Datei erneut einlesen.

Innerhalb der Implementation von Refresh beim Neuzeichen von Komponenten wird die Methode Invalidate und dann die Methode Update aufgerufen.

Beim Refresh von Daten sei eines zu beachten: Durch Refresh können sich die angezeigten Daten unerwartet verändern und so den Anwender verwirren. Ein Dialog oder eine andere Mitteilung, die dem Anwender den Refresh der Daten mitteilt, wäre somit wohl angebracht und von äußerster Nützlichkeit.

procedure RemoveComponent(AComponent: TComponent);
RemoveComponent entfernt die Komponente, die im Parameter AComponent festgelegt ist, aus der Komponentenliste Components. Die Position in der Liste wird zu Nil.

procedure Repaint;
Die Methode Repaint fordert das Dialogelement auf, dessen Bild auf dem Bildschirm neu zu zeichnen, ohne jedoch das bereits Erschienene zu löschen. Um vor dem Neuzeichnen zu löschen, müssen Sie anstelle von Repaint die Methode Refresh aufrufen.

procedure ScaleBy(M, D: Integer);
Die Methode ScaleBy skaliert eine Komponente um einen Prozentsatz ihrer ursprünglichen Größe. Der Parameter M ist der Multiplikator und der Parameter D der Divisor. Wenn Sie beispielsweise die Größe des Dialogelements auf 66% seines ursprünglichen Formats ändern möchten, geben Sie in M den Wert 66 und in D den Wert 100 an (66/100). Bei der Vergrößerung gehen Sie einfach den umgekehrten Weg: Vergrößerung um 66% bedeutet nichts anderes als M=166 und D=100.

function ScreenToClient(Point: TPoint): TPoint;
Die Methode ScreenToClient wird verwendet, um den Koordinatenpunkt in Pixeln der Komponente auf dem Bildschirm zu bestimmen. ScreenToClient gibt die X- und Y-Koordinaten in einem Record des Typs TPoint zurück.

procedure SendToBack;
Die Methode SendToBack setzt eine Komponente innerhalb einer übergeordneten Komponente hinter alle anderen Komponenten. Die Reihenfolge, in der Komponenten übereinander gelagert werden (Z-Reihenfolge), hängt davon ab, ob es sich um fensterähnliche oder um nicht-fensterähnliche Komponenten handelt. Die Reihenfolge arbeitet nach dem Prinzip, daß die zuletzt eingefügte Komponente die oberste und damit sichtbare Komponente ist.

Mit der Methode SendToBack einer Komponente würde diese Komponente ganz nach unten auf den Stapel kommen und somit sichtbar sein.

Bei der Stapelung ist zu beachten, daß fensterähnliche Komponenten immer auf nicht-fensterähnlichen Komponenten gestapelt werden. Ein Aufruf von SendToBack einer fensterähnlichen Komponenten bewirkt also gar nichts, wenn unter dem Stapel eine nicht-fensterähnliche Komponente liegt (siehe auch BringToFront).

Die folgenden Komponenten zählen zu den fensterähnlichen Komponenten:

BitBtn	DBNavigator	MediaPlayer
Button	DBRadioGroup	Memo
CheckBox	DirectoryListBox	Notebook
ComboBox	DrawGrid	OLEContainer
DBCheckBox	DriveComboBox	Outline
DBComboBox	Edit	Panel
DBEdit	FileListBox	RadioButton
DBGrid	FilterComboBox	RadioGroup
DBImage	Form	ScrollBar
DBListBox	GroupBox	ScrollBox
DBLookupCombo	Header	StringGrid
DBLookupList	ListBox	TabbedNotebook
DBMemo	MaskEdit	TabSet

Die nun folgenden Komponenten zählen zu den nicht-fensterähnlichen Komponenten:

Bevel	Label	SpeedButton
DBText	PaintBox	Image
Shape		

function ScreenToClient(Point: TPoint): TPoint;
Die Methode ScreenToClient wird verwendet, um den Koordinatenpunkt des Dialogelements in Pixeln auf dem Bildschirm zu bestimmen. ScreenToClient gibt die X- und Y-Koordinaten in einem Record des Typs TPoint zurück.

procedure SetBounds(ALeft, ATop, AWidth, AHeight: Integer);
Die Methode SetBounds setzt die Begrenzungseigenschaften der Komponente, nämlich Left, Top, Width und Height auf die Werte, die in den entsprechenden Werten ALeft, ATop, AWidth und AHeight übergeben werden. SetBounds erlaubt Ihnen, mehr als eine Begrenzungseigenschaft der Komponente zur gleichen Zeit einzustellen. Obwohl Sie immer einzelne Begrenzungen einstellen können, erlaubt Ihnen die Verwendung von SetBounds, mehrere Änderungen auf einmal durchzuführen, ohne daß jedesmal das Dialogfenster neu gezeichnet werden muß.

procedure SetTextBuf(Buffer: PChar);
Die Methode SetTextBuf ersetzt den Text in einer Komponente durch den Text in Buffer. Buffer muß auf einen mit Null abgeschlossenen String zeigen (siehe auch GetTextBuf und GetTextLen).

procedure Show;
Die Methode Show bringt eine Komponente sichtbar auf dem Bildschirm, indem die Eigenschaft Visible auf True eingestellt wird. Falls die Methode Show eines Formulars aufgerufen wird und das Formular undurchsichtig ist, versucht Show, das Formular sichtbar zu machen, indem sie das Formular mit der Methode BringToFront in den Vordergrund bringt. Ein Formular verfügt zusätzlich über die Methode ShowModal, um einen modalen Dialog erzeugen zu können. Ein modaler Dialog muß bearbeitet und geschlossen werden. Ein SendToBack hätte also keinen Erfolg.

procedure Update;
In der Methode Update wird die API-Funktion UpdateWindow von Windows aufgerufen, die alle beim Zeichnen entstandenen und noch nicht erledigten Meldungen bearbeitet.

UpdateWindows ist definiert als

```
procedure UpdateWindow(Wnd: HWnd);
```

Die Routine UpdateWindow aktualisiert den Client-Bereich des angegebenen Fensters, indem sie eine WM_PAINT-Meldung an das Fenster sendet, wenn der Aktualisierungsbereich für das Fenster nicht leer ist. Die Routine UpdateWindow sendet eine WM_PAINT-Meldung unter Umgehung der Anwendungswarteschlange direkt an die Fensterfunktion des gegebenen Fensters. Wenn der Aktualisierungsbereich

leer ist, wird keine Meldung gesendet. Der Parameter Wnd bezeichnet das Fenster oder besser das Handle des Fensters, das aktualisiert werden soll.

Komponentenname: Edit
Klassenname: TEdit

Beschreibung:

Benutzen Sie die Komponente Edit, um eine Editierzeile in Ihr Formular zu setzen und um zum Beispiel Informationen vom Anwender zu erlangen, indem er Daten in eine Editierzeile eingibt. Editierzeilen können dem Anwender auch Informationen anzeigen.

Wenn jemand Daten in eine Editierzeile eingibt oder das Programm dem Anwender in der Editierzeile Informationen anzeigt, ändert sich der Wert der Eigenschaft Text. Durch Prüfung des Werts der Eigenschaft Modified kann Ihr Programm mitteilen, ob sich der Wert von Text geändert hat. Um die Anzahl der Zeichen, die Anwender in die Editierzeile eingeben können, zu limitieren, benutzen Sie die Eigenschaft MaxLength.

Sie können den Text in der Editierzeile auf Groß- und Kleinschreibung mit der Eigenschaft CharCase limitieren.

Wenn Sie den Anwender davon abhalten möchten, den Wert der Text-Eigenschaft zu ändern, setzen Sie die Eigenschaft ReadOnly auf True.

Sie können wählen, um den Text in einer Editierzeile automatisch selektieren zu lassen. Wann immer er das aktive Element wird, benutzen Sie die Eigenschaft AutoSelect. Zur Laufzeit können Sie den gesamten Text in der Editierzeile mit der Methode SelectAll selektieren. Um herauszufinden, welcher Text in der Editierzeile selektiert wurde oder um selektierten Text zu ersetzen, benutzen Sie die Eigenschaft SelText. Um die Selektierung eines Textes aufzuheben, rufen Sie die Methode ClearSelection auf. Um nur einen Teil des Texts zu selektieren oder um herauszufinden, welcher Teil des Texts selektiert ist, benutzen Sie die Eigenschaften SelStart und SelLength.

Sie können Text aus einer Editierzeile ausschneiden oder in die Editierzeile kopieren oder einfügen. Benutzen Sie dazu die Methoden CutToClipboard, CopyToClipboard und PasteFromClipboard. Ihr Programm kann eine Editierzeile benutzen, die ein spezifiziertes Zeichen anders anzeigt als das aktuell eingegebene Zeichen. Wenn die Editierzeile benutzt wird, um ein Passwort einzugeben, kann der eingegebene Text nicht gelesen werden. Spezifizieren Sie das spezielle Zeichen mit der Eigenschaft PasswordChar.

Soll sich die Editierzeile sich automatisch einer Größenveränderung der Schrift anpassen, benutzen Sie die Eigenschaft AutoSize.

Eigenschaften:

property Align: TAlign;
Die Eigenschaft Align legt fest, wie Dialogelemente zum Beispiel im Formular ausgerichtet werden. Mögliche Werte:

alNone	Die Komponente bleibt an der Einfügeposition im Formular (Standardeinstellung).
alTop	Die Komponente wird an die Oberkante des Formulars verschoben und an seine Breite angepaßt. Die Höhe der Komponente bleibt unverändert.
alBottom	Die Komponente wird an die Unterkante des Formulars verschoben und an seine Breite angepaßt. Die Höhe der Komponente bleibt unverändert.
alLeft	Die Komponente wird an die linke Kante des Formulars verschoben und an seine Höhe angepaßt. Die Breite der Komponente bleibt unverändert.
alRight	Die Komponente wird an die rechte Kante des Formulars verschoben und an seine Höhe angepaßt. Die Breite der Komponente bleibt unverändert.
alClient	Die Größe der Komponente wird an den Client-Bereich eines Formulars angepaßt. Ist ein Teil des Client-Bereichs bereits von einer anderen Komponente besetzt, füllt die Komponente den verbleibenden Teil des Client-Bereichs aus.

Wird zum Beispiel ein Formular, das Besitzer eines Labels ist, in der Größe verändert, werden die Komponenten innerhalb des Formulars neu ausgerichtet. Die Verwendung der Eigenschaft Align ist dann sinnvoll, wenn ein Dialogelement an einer Position des Formulars stehenbleiben soll, auch wenn sich die Größe des Formulars ändert.

property AutoSelect: Boolean;
Die Eigenschaft AutoSelect legt fest, ob der Text in einer Komponente automatisch ausgewählt wird, wenn der Anwender die Komponente über die Tabulatortaste ansteuert. Ist AutoSelect auf True gesetzt, wird der Text ausgewählt.

property AutoSize: Boolean;
Ist die Eigenschaft AutoSize auf True gesetzt, ändert sich die Höhe des Editierfeldes, um Änderungen in der Schriftgröße des Textes auszugleichen. Hat die Komponente keinen Rahmen (BorderStyle=bsNone), hat die Änderung dieser Eigenschaft keine Auswirkungen.

property BorderStyle: TBorderStyle;
BorderStyle legt fest, ob diese Komponenten einen Rahmen haben. Dies sind die möglichen Werte:

bsNone	Kein sichtbarer Rahmen
bsSingle	Rahmen mit einfacher Rahmenlinie

Weitere, nur bei manchen Komponenten (mehr oder weniger sogar nur die Komponente vom Typ TForm, also ein Formular) mögliche Werte:

bsSizeable	Größenveränderlicher Standardrahmen
bsDialog	Nicht größenveränderlich; Standardrahmen für Dialogfenster

Hat eine Komponente zusätzlich die Eigenschaft AutoSize und wird diese auf True gesetzt, paßt die Komponente seine Größe automatisch an, wenn sich die Schriftgröße des Textes ändert. Damit AutoSize wirksam wird, müssen Sie die Eigenschaft BorderStyle auf bsSingle setzen.

property BoundsRect: TRect;
Die Eigenschaft BoundsRect liefert das Begrenzungsrechteck der Komponente – ausgedrückt im Koordinatensystem des übergeordneten Dialogelements – zurück. Mit BoundsRect ersetzen und erleichtern Sie sich somit die Abfrage der einzelnen Werte für die Eigenschaften Left, Top, Width und Height.

property CharCase: TEditCharCase;
Die Eigenschaft CharCase ermittelt den Wert für die Groß-/Kleinschreibung der Eigenschaft Text des Editierfeldes. Mögliche Werte:

ecLowerCase	Der Text wird nur in Kleinbuchstaben angezeigt.
ecNormal	Der Text wird in gemischter Groß-/Kleinschreibung angezeigt.
ecUpperCase	Der Text wird nur in Großbuchstaben angezeigt.

property Color: TColor;
Die Eigenschaft Color legt für alle Komponenten mit Ausnahme des Dialogfensters die Farbe fest (Hintergrundfarbe eines Formulars, eines Dialogelements oder eines Grafikobjekts).

Ist die Eigenschaft ParentColor auf True gesetzt, bewirkt eine Änderung der Eigenschaft Color einer Komponente A automatisch eine Änderung der Eigenschaft Color aller Komponenten, die als Besitzer die Komponente A haben. Wenn Sie der Eigenschaft Color eines Dialogelements einen Wert zuweisen, wird seine Eigenschaft ParentColor automatisch auf False gesetzt. Mögliche Werte sind:

clBlack	Schwarz
clMaroon	Rotbraun
clGreen	Grün
clOlive	Olivgrün
clNavy	Marineblau
clPurple	Violett
clTeal	Petrol
clGray	Grau
clSilver	Silber
clRed	Rot
clLime	Limonengrün
clBlue	Blau
clFuchsia	Pink
clAqua	Karibikblau

clWhite   Weiß

(Systemfarben von Windows:)

clBackground	Aktuelle Windows-Hintergrundfarbe
clActiveCaption	Aktuelle Farbe der Titelleiste des aktiven Fensters
clInactiveCaption	Aktuelle Farbe der Titelleiste der inaktiven Fenster
clMenu	Aktuelle Hintergrundfarbe der Menüs
clWindow	Aktuelle Hintergrundfarbe der Fenster
clWindowFrame	Aktuelle Farbe der Fensterrahmen
clMenuText	Aktuelle Farbe vom Menütext
clWindowText	Aktuelle Farbe vom Fenstertext
clCaptionText	Aktuelle Textfarbe der Titelleiste des aktiven Fensters
clActiveBorder	Aktuelle Rahmenfarbe des aktiven Fensters
clInactiveBorder	Aktuelle Rahmenfarbe der inaktiven Fenster
clAppWorkSpace	Aktuelle Farbe des Arbeitsbereichs der Anwendung
clHighlight	Aktuelle Hintergrundfarbe vom ausgewähltem Text
clHighlightText	Aktuelle Farbe vom ausgewähltem Text
clBtnFace	Aktuelle Farbe einer Schalterfläche
clBtnShadow	Aktuelle Schattenfarbe eines Schalters
clGrayText	Aktuelle Farbe von grau dargestelltem Text
clBtnText	Aktuelle Farbe von Text auf einem Schalter
clInactiveCaptionText	Aktuelle Textfarbe in der Titelleiste eines inaktiven Fensters
clBtnHighlight	Aktuelle Farbe der Markierung eines Schalters

Mit einem Doppelklick auf Color öffnet sich das Farbschema von Windows, in dem Sie auch eigene Farben zusammenstellen können.

property ComponentIndex: Integer;
Die Eigenschaft ComponentIndex zeigt die Position einer Komponente in der Eigenschaftsliste Components ihres Besitzers an. Die erste Komponente in der Liste hat den ComponentIndex-Wert 0, die zweite hat den Wert 1, die dritte den Wert 2 etc. Diese Eigenschaft ist nur zur Laufzeit und dann auch nur im Read-Only-Modus benutzbar.

property Controls[Index: Integer]: TControl;
Controls ist ein Array aller untergeordneten Komponenten der Komponente. Controls ist dann von Nutzen, wenn Sie auf die untergeordneten Komponenten über die Zahl statt über den Namen zugreifen müssen.

property Ctl3D: Boolean;
Die Eigenschaft Ctl3D legt fest, ob ein Dialogelement ein dreidimensionales (3-D) oder zweidimensionales Aussehen besitzt. Wenn Ctl3D True ist, erscheint das Dialogelement dreidimensional. Die Voreinstellung von Ctl3D ist True. Wenn die Eigenschaft ParentCtl3D einer Komponente auf True gesetzt ist, verändert jede Modifikation der Eigenschaft Ctl3D des übergeordneten Dialogelements automatisch auch die Eigenschaft Ctl3D des Dialogelements.

Achtung: Damit Ctl3D überhaupt funktioniert, muß sich die dynamische Link-Bibliothek CTL3DV2.DLL im Suchpfad befinden. Idealerweise sollte sich diese Datei im System-Verzeichnis von Windows aufhalten.

property Cursor: TCursor;
Mit der Eigenschaft Cursor stellen Sie das Aussehen des Cursors ein, wenn dieser auf die Komponente zeigt.

Mögliche Werte sind:

crDefault	crArrow	crCross
crIBeam	crSize	crSizeNESW
crSizeNS	crSizeNWSE	crSizeWE
crUpArrow	crHourglass	crDrag
crNoDrop	crHSplit	crVSplit

property DragCursor: TCursor;
Die Eigenschaft DragCursor bestimmt die Form des Mauszeigers, wenn sich der Zeiger über einer Komponente befindet, die ein gezogenes Objekt akzeptieren kann. Mögliche Werte sind mit denen der Eigenschaft Cursor identisch.

property DragMode: TDragMode;
Die Eigenschaft DragMode legt das Ziehen-und-Ablegen-Verhalten einer Komponente fest. Mögliche Werte sind:

dmAutomatic	Wenn dmAutomatic ausgewählt ist, ist das Dialogelement bereit, gezogen zu werden; der Anwender klickt nur und zieht es dann.
dmManual	Wenn dmManual ausgewählt ist, kann das Dialogelement nicht gezogen werden, bevor die Anwendung die Methode BeginDrag aufgerufen hat.

Ist die Eigenschaft DragMode einer Komponente dmAutomatic, kann die Anwendung dies zur Laufzeit durch Einstellung des Werts dmManual deaktivieren.

property Enabled: Boolean;
Die Eigenschaft Enabled bestimmt, ob die Komponente auf Maus-, Tastatur- und Timer-Ereignisse reagiert. Wenn Enabled auf True gesetzt ist, reagiert die Komponente normal. Ist Enabled hingegen False, ignoriert das Dialogelement Maus- und Tastaturereignisse. Bei einer Timer-Komponente werden die für das OnTimer-Ereignis deaktivierten Komponenten (Dialogelemente) grau dargestellt.

property Font: TFont;
Die Eigenschaft Font legt den Font und die Eigenschaften dieses Fonts der Komponente fest. Sie haben die Möglichkeit, diese Werte im Objectinspektor oder – wesentlich komfortabler – mit Hilfe eines Doppelklicks auf diese Eigenschaft einen Dialog zu öffnen, der alle möglichen Werte anzeigt.

property Handle: ...;
Der Typ der Eigenschaft Handle ist abhängig von der jeweiligen Komponente. In allgemeinen gilt: Sollte eine Windows-API-Funktion ein Handle der betreffenden

Komponente verlangen, setzen Sie dazu die jeweilige Eigenschaft Handle der betreffenden Komponente ein. Verlangt eine Windows-API-Funktion zum Beispiel das Handle Ihrer gesamten Anwendung, benutzen Sie am besten die Eigenschaft Handle des Objekts TApplication. Hier die Übersicht der verschiedenen Typen der Eigenschaft Handle:

Handle für die Komponenten:

Bitmap	property Handle: HBitmap;
Brush	property Handle: HBrush;
Canvas	property Handle: HDC;
Font	property Handle: HFont;
Icon	property Handle: HIcon;
Metafile	property Handle: HMetafile;
Pen	property Handle: HPen;

Handle gibt Ihnen den Zugriff auf das Handle des jeweiligen GDI-Objekts, damit Sie auf dieses zugreifen können. Benötigen Sie zum Beispiel zum Aufruf einer Windows-API-Funktion ein Handle auf ein Stift-, oder Bitmap-Objekt, können Sie dazu das Handle der Komponente Pen beziehungsweise der Komponente Bitmap benutzen.

Handle für das Object TApplication und die folgenden Komponenten:

Bevel	DBText	Memo
BitBtn	DirectoryListBox	Notebook
Button	DrawGrid	OLEContainer
CheckBox	DriveComboBox	Outline
ComboBox	Edit	PaintBox
DBCheckBox	FileListBox	Panel
DBComboBox	FilterComboBox	RadioButton
DBEdit	FindDialog	RadioGroup
DBGrid	Form	ReplaceDialog
DBImage	GroupBox	ScrollBar
DBListBox	Header	ScrollBox
DBLookupCombo	Image	Shape
DBLookupList	Label	SpeedButton
DBMemo	ListBox	StringGrid
DBNavigator	MaskEdit	TabbedNotebook
DBRadioGroup	MediaPlayer	TabSet

property Handle: HWND;
Handle ermöglicht bietet Ihnen Zugriff auf das Handle der jeweiligen Komponente (z.B. Fenster-Handle, Dialog-Handle, etc.). Dieses Handle wird von einigen Windows-API-Funktionen beim Aufruf erwartet. Sie können in diesem Fall das Handle der jeweils betroffenen Komponente oder – falls das Handle Ihrer Anwendung gefordert wird – das Handle des Objekts TApplication übergeben.

Handle für die Komponenten:

MainMenu   MenuItem   PopupMenu

property Handle: HMENU;
Sollte eine Windows-API-Funktion ein Handle eines Menüs, Menü-Eintrags oder eines lokalen Menüs verlangen, können Sie dazu die Eigenschaft Handle von MainMenu, MenuItem und PopupMenu benutzen.

Handle für die Komponente Printer:

property Handle: HDC;
Handle beinhaltet das Handle des jeweiligen Druckerobjektes TPrinter der Komponente Printer.

Handle für die Komponente DataBase:

property Handle: HDBIDB;
Um direkte Aufrufe in die Richtung des Borland-Database-Engine-(BDE)-API zu tätigen, benötigen Sie ein Handle der jeweiligen Datenbank-Komponente. Dazu dient Ihnen die Eigenschaft Handle der Komponente DataBase. Sie erlaubt Ihnen Zugriffe auf Funktionen des BDE-API, die nicht in die VCL-Bibliothek integriert wurden. Bevor Sie allerdings diese Funktionen aufrufen, sollten Sie prüfen, ob diese Funktion möglicherweise schon in der VCL-Bibliothek gekapselt wurde.

Handle für das Object TSession:

Delphi erzeugt eine Komponente Session vom Typ TSession immer dann, wenn eine Anwendung ausgeführt wird. Sessions sollten nicht von Ihnen erzeugt oder zerstört werden. Session erlaubt globale Prüfung über Datenbankverbindungen. Die Eigenschaft Databases von Session ist ein Array von allen aktiven Datenbanken in der Sitzung. Die Eigenschaft DatabaseCount vom Typ Integer gibt die Anzahl der aktiven Datenbanken in der Sitzung.

property Handle: HDBISES;
Mit dieser Eigenschaft Handle können Sie direkte Aufrufe an die Borland Datenbank-Engine – bezogen auf eine bestimmte Sitzung (Session/TSession) – machen. Die Komponente Session werden Sie kaum benutzen. Die wichtigsten Funktionen der BDE-API sind in der VCL-Bibliothek gekapselt und ersparen Ihnen diesen Weg.

Handle für die die Komponenten Table, Query und StoredProc:

property Handle: HDBICur;
Ebenfalls für direkte Zugriffe auf Funktionen der BDE-API und unter normalen Umständen nicht zu benutzen, da die wichtigsten BDP-API-Funktionen via VCL-Bibliothek einen einfacheren Zugriff ermöglichen.

property Height: Integer;
Die Eigenschaft Height eines Dialogelements legt die Höhe der Komponente in Pixeln fest.

property HelpContext: THelpContext;
Die Eigenschaft HelpContext stellt eine Kontextnummer für die Verwendung beim Aufruf kontextbezogener Online-Hilfe bereit. Jeder Hilfebildschirm des Hilfesystems

sollte eine eindeutige Kontextnummer besitzen. Ist in der Anwendung eine Komponente selektiert, wird nach Betätigen von F1 ein Hilfebildschirm angezeigt. Welcher Hilfebildschirm angezeigt wird, hängt vom Wert der Eigenschaft HelpContext ab.

property HideSelection: Boolean;
Die Eigenschaft HideSelection bestimmt, ob ein selektierter Text oder Text in einem Editier- oder Memofeld selektiert bleibt, auch wenn der Fokus zu einem anderen Dialogelement wechselt. Ist HideSelection True gesetzt, bleibt der Text nur solange selektiert, wie der Fokus beim Dialogelement bleibt.

property Hint: string;
Die Eigenschaft Hint ist der Text-String, der erscheinen kann, wenn ein OnHint-Ereignis eintritt, also wenn der Benutzer den Cursor über die Komponente bewegt. Wie der String angezeigt wird, bestimmt der Code in der Ereignisbehandlungs-Routine OnHint. Sie können eine Schnellhilfe, d.h. ein Fenster, das einen Hilfetext enthält, für eine Komponente erscheinen lassen, wenn der Anwender den Mauszeiger über das Dialogelement führt und dort kurz verweilt. Dies funktioniert wie folgt:

1. Spezifizieren Sie für jede Komponente, die einen Schnellhinweis anzeigen soll, einen Hint-Wert.
2. Setzen Sie die Eigenschaft ShowHint des Bedienfelds auf True.
3. Setzen Sie die Eigenschaft ShowHint der Anwendung zur Laufzeit auf True.

Sie können Hint gleichzeitig sowohl für ein Hilfehinweisfenster als auch für die Verwendung innerhalb der Behandlungsroutine OnHint spezifizieren, indem Sie zwei durch das Zeichen | (das »oder« oder Pipe-Symbol) getrennte Werte angeben, also beispielsweise:

```
Edit1.Hint := 'Aufforderung|Geben Sie den richtigen Wert ein';
```

Der String »Aufforderung« erscheint im Hilfehinweisfenster und der String »Geben Sie den richtigen Wert ein« erscheint wie in der Ereignisbehandlungs-Routine OnHint spezifiziert.

property Left: Integer;
Die Eigenschaft Left bestimmt die horizontalen Koordinaten in Pixeln der linken Kante einer Komponente relativ zum Formular. Für Formulare ist der Wert der Eigenschaft Left relativ zum Bildschirm (ebenfalls in Pixeln).

property MaxLength: Integer;
Die Eigenschaft MaxLength spezifiziert die Maximalzahl von Zeichen, die der Benutzer in die Komponente eingeben kann. Der Vorgabewert für MaxLength ist 0, d.h., es gibt keine Begrenzung für die Anzahl der Zeichen, die die Komponente enthalten kann.

property Modified: Boolean;
Die Eigenschaft Modified überprüft, ob der Text einer Kompoenente seit seiner Erzeugung oder seit zum letzten Mal die Eigenschaft Modified auf False gesetzt wurde, geändert worden ist. Ist Modified True, so hat sich der Text geändert.

property Name: TComponentName;
Die Eigenschaft Name enthält den Namen der Komponente wie er von anderen Komponenten für den Zugriff verwendet wird. Delphi weist als Vorgabewerte sequentielle Namen zu, die auf dem Typ der Komponente basieren, also etwa für Buttons »Button1«, »Button2« etc. Diese können Sie gemäß Ihrer Vorstellungen abändern. Komponentennamen sollten ausdrücklich nur zur Entwurfszeit geändert werden.

property OEMConvert: Boolean;
Die Eigenschaft OEMConvert bestimmt, ob der Text in dem Dialogelement in OEM-Zeichen konvertiert wird. Falls True, wird der Text konvertiert. Wenn False, verbleiben die Zeichen als ANSI-Zeichen. Der Standardwert ist False. Sie sollten den Text in OEM-Zeichen konvertiert haben, wenn der Text Dateinamen beinhaltet, da DOS als Betriebssystem nur ASCII-Zeichen versteht. So können zum Beispiel Umlaute, die in ANSI kodiert sind, unter DOS nur noch als teilweise merkwürdige Grafiksymbole gelesen werden.

property Owner: TComponent;
Die Eigenschaft Owner teilt Ihnen mit, welche Komponente zu welcher Komponente gehört. Dem Formular gehören alle Komponenten, die auf ihm vorhanden sind. Umgekehrt gehört das Formular zur Anwendung. Gehört eine Komponente A einer anderen Komponente B, wird der Speicher der Komponente A freigegeben, wenn der Speicher der Komponente B freigegeben wird. Es werden also folgerichtig alle Komponenten des Formulars gelöscht, wenn das Formular gelöscht wird. Außerdem wird natürlich der Speicher für das Formular und dessen Komponenten freigegeben, wenn der Speicher der Anwendung selbst freigegeben wird.

property Parent: TWinControl;
Die Eigenschaft Parent enthält den Namen der übergeordneten Komponente. Wenn eine Komponente A eine andere Komponente B enthält, sind die in B enthaltenen Komponenten untergeordnete Komponenten von A. Wenn Ihre Anwendung beispielsweise drei Buttons in einer GroupBox enthält, dann ist die GroupBox das übergeordnete Element der drei Buttons und die Button-Schaltfelder sind der GroupBox untergeordnet.

Parent und Owner sind leider etwas verwirrend. Daher hier eine kleine Entwirrung:

Ein Formular ist der Besitzer aller darin enthaltenen Komponenten, unabhängig davon, ob sie ein Fensterelement sind. Für unser Beispiel mit den drei Buttons und der GroupBox bedeutet dies: Der Besitzer der Buttons ist immer das Formular, aber die GroupBox ist das übergeordnete Element.

Wenn Sie einen neuen Dialog erzeugen, müssen Sie dem neuen Dialogelement einen Wert der Eigenschaft Parent zuweisen. Üblicherweise sind dies Formulare, Bedienfelder, GroupBoxen oder andere Dialoge, die andere Elemente enthalten können. Es ist möglich, jedes Element als das Übergeordnete zuzuweisen, aber das darin enthaltene Dialogelement wird wahrscheinlich überschrieben.

Wird das übergeordnete Element gelöscht, werden auch alle Elemente, die ihm untergeordnet sind, gelöscht.

property ParentColor: Boolean;
Die Eigenschaft ParentColor bestimmt, wo eine Komponente nach ihrer Farbeigenschaft suchen soll. Falls ParentColor True ist, verwendet die Komponente die Farbe der Eigenschaft der übergeordneten Komponente.

Ist ParentColor False, verwendet die Komponente ihre eigene Eigenschaft Color. Durch Verwendung von ParentColor können Sie sicherstellen, daß alle Komponenten auf einem Formular das gleiche Erscheinungsbild haben.

property ParentCtl3D: Boolean;
Die Eigenschaft ParentCtl3D bestimmt, wo eine Komponente nach ihrer Eigenschaft Ctl3D suchen muß. IstParentCtl3D auf True gesetzt, verwendet die Komponente die Dimensionen der Eigenschaft Ctl3D von deren übergeordneter Komponente. Wenn ParentCtl3D False ist, verwendet die Komponente ihre eigene Eigenschaft Ctl3D. Durch Verwendung von ParentCtl3D stellen Sie sicher, daß alle Komponenten auf einem Formular das gleiche Erscheinungsbild haben. Wenn Sie beispielsweise möchten, daß alle Komponenten auf einem Formular ein dreidimensionales Erscheinungsbild haben, setzen Sie die Eigenschaft Ctl3D des Formulars auf True und die Eigenschaft ParentCtl3D jeder Komponente auf True.

property ParentFont: Boolean;
ParentFont bestimmt, wo eine Komponente nach ihrer Fonteigenschaft suchen soll. Falls ParentFont True ist, verwendet die Komponente den Font der Eigenschaft der übergeordneten Komponente.

Ist ParentFont True, verwendet die Komponente ihre eigene Eigenschaft Font. Durch Verwendung von ParentFont können Sie sicherstellen, daß alle Komponenten auf einem Formular das gleiche Erscheinungsbild haben.

property ParentShowHint: Boolean;
Die Eigenschaft ParentShowHint bestimmt, wo eine Komponente nach ihrer Hint-Eigenschaft suchen soll. Falls ParentShowHint True ist, verwendet die Komponente die Hint-Eigenschaft der übergeordneten Komponente.

Ist ParentShowHint True, verwendet die Komponente seine eigene Eigenschaft Hint. Durch Verwendung von ParentShowHint können Sie sicherstellen, daß alle Komponenten auf einem Formular das gleiche Erscheinungsbild haben.

property PasswordChar: Char;
Mit PasswordChar erzeugen Sie eine Komponente, die spezielle Zeichen anstelle des eingegebenen Texts anzeigt. Standardmäßig enthält PasswordChar das Null-Zeichen (#0), was bedeutet, daß das Dialogelement den Text normal darstellt.

Beispiel:
Geben Sie in PasswordChar einen Stern ein (*), erscheint eine Eingabe des Anwenders nur als Sterne.

property PopupMenu: TPopupMenu;
Die Eigenschaft PopupMenu legt den Namen des Popup-Menüs fest, das erscheint, wenn der Anwender die Komponente auswählt oder die rechte Maustaste drückt

(bei True für AutoPopup des Popup), oder wenn die Methode Popup des Popup-Menüs ausgeführt wird.

property ReadOnly: Boolean;
Die Eigenschaft ReadOnly hängt davon ab, um welche Art von Komponenten es sich bei der Komponente mit dieser Eigenschaft handelt.

ReadOnly für datensensitive Komponenten und Eigabefelder:

ReadOnly bestimmt, ob der Anwender den Inhalt einer Komponente ändern darf. Falls ReadOnly True ist, kann der Anwender den Inhalt nicht ändern. Wenn ReadOnly False ist, kann der Anwender den Inhalt abändern. Die Eigenschaft ReadOnly bestimmt bei datensensitiven Komponenten, ob der Anwender die Komponente verwenden kann, um ein Feld in einem Datensatz zu bearbeiten oder ob er die Komponente nur zur Anzeige von Daten verwenden darf. Falls ReadOnly False ist, kann der Anwender den Wert des Felds ändern, solange der Datensatz zum Bearbeiten freigegeben ist. Ist Eigenschaft ReadOnly eines Datengitters True, kann der Anwender keine neue Zeile einfügen.

Zu dieser Gruppe von Komponenten zählen:

DBCheckBox	DBListBox	DBRadioGroup
DBComboBox	DBLookupCombo	Edit
DBEdit	DBLookupList	MaskEdit
DBGrid	DBMemo	Memo
DBImage		

ReadOnly für Tabellen:

Mit ReadOnly verhindern Sie, daß Benutzer Daten in der Tabelle ändern können.

Achtung: Denken Sie daran, Eigenschaft Active auf False zu setzen, bevor Sie ReadOnly ändern.

Zu dieser Gruppe von Komponenten zählen:

TTable

ReadOnly für Feldkomponenten

ReadOnly kann die Modifikation eines Feldes sperren. Hat diese Eigenschaft den Wert False, kann ein Feld verändert werden. Um die Änderung eines Feldes zu verhindern, setzen Sie ReadOnly auf True. In TDBGrid werden bei Tabulatorsprüngen die Felder mit der Eigenschaft ReadOnly übersprungen.

Zu dieser Gruppe von Komponenten gehören:

BCDField	DateTimeField	SmallintField
BlobField	FloatField	StringField
BooleanField	GraphicField	TimeField
BytesField	IntegerField	VarBytesField
CurrencyField	MemoField	WordField
DateField		

property SelLength: Integer;
Die Eigenschaft SelLength gibt die Länge (in Zeichen) des in der Komponente ausgewählten Texts an. Mit SelLength und der Eigenschaft SelStart legen Sie fest, welcher Teil des Texts in der Komponente ausgewählt wird. Sie können die Anzahl der ausgewählten Zeichen durch eine Änderung von SelLength erreichen. Wenn der Wert für SelStart geändert wird, ändert sich entsprechend der Wert von SelLength. Die Komponente muß aktiv sein, wenn Sie den Wert von SelLength ändern wollen.

property SelStart: Integer;
SelStart gibt die Anfangsposition des markierten Teils eines Texts in der Komponente zurück. Sie können SelStart zusammen mit der Eigenschaft SelLength verwenden, um einen Teil des Textes auszuwählen. Legen Sie das Zeichen, ab dessen Position Sie die Markierung des Texts beginnen möchten, als Wert von SelStart fest.

Wenn der Wert von SelStart geändert wird, ändert sich entsprechend auch der Wert von SelLength. Die Komponente muß aktiv sein, wenn Sie den Wert von SelLength ändern wollen.

property SelText: string;
Die Eigenschaft SelText enthält den ausgewählten Teil des Textes der Komponente. Sie können sie verwenden, um zu bestimmen, was der markierte Text enthält oder Sie können den markierten Text ändern, indem Sie einen neuen String angeben. Falls momentan kein Text markiert ist, wird der String in SelText an der Cursor-Position im Text eingefügt.

property ShowHint: Boolean;
Die Eigenschaft ShowHint bestimmt, ob das Dialogelement eine Schnellhilfe anzeigen soll, wenn der Mauszeiger eine Weile auf ihm verweilt. Die Schnellhilfe entspricht dem Wert der Eigenschaft Hint, die in einem Feld direkt unterhalb des Elements angezeigt wird. Wenn die Eigenschaft ShowHint den Wert True hat, kann die Schnellhilfe erscheinen.

Ist ShowHint False, kann die Schnellhilfe auch angezeigt werden, wenn ParentShowHint auf True gesetzt wurde, und die Eigenschaft ShowHint der übergeordneten Komponente ebenfalls auf True gesetzt wurde.

property Showing: Boolean;
Die Eigenschaft Showing legt fest, ob eine Komponente momentan auf dem Bildschirm angezeigt wird. Falls die Eigenschaft Visible einer Komponente und aller übergeordneten Komponenten in der übergeordneten Hierarchie True ist, ist Showing auch True. Wenn einer der Vorfahren der Komponente den Wert False als Wert für die Eigenschaft Visible hat, ist auch Showing False.

property TabOrder: TTabOrder;
Die Eigenschaft TabOrder bestimmt die Position einer Komponente in der Tabulatorreihenfolge, in der Komponenten den Fokus erhalten, wenn der Anwender die Taste TAB drückt. Anfänglich ist die Tabulatorreihenfolge immer die Reihenfolge, in der die Komponenten dem Formular hinzugefügt wurden. Der Wert der Eigenschaft TabOrder ist für jede Komponente auf dem Formular einmalig. Die erste dem For-

mular hinzugefügte Komponente hat den Wert 0 von TabOrder, die zweite hat 1, die dritte 2 usw.

Falls Sie dem Wert der Eigenschaft TabOrder einer Komponente den gleichen Wert einer anderen Komponente zuweisen, numeriert Delphi automatisch die Werte für alle anderen Komponenten neu. Angenommen, eine Komponente ist beispielsweise die sechste Komponente in der Tabulatorreihenfolge. Wenn Sie den Wert der Eigenschaft TabOrder der Komponente auf 3 ändern (dies macht die Komponente zu der vierten in der Tabulatorreihenfolge), wird die Komponente, die die vierte war, nun zur fünften und die Komponente, die die fünfte war, wird jetzt die sechste.

property TabStop: Boolean;
Die Eigenschaft TabStop bestimmt, ob der Anwender diese Komponente mit der Taste TAB anspringen kann. Falls TabStop True ist, befindet sich die Komponente in der Tabulatorreihenfolge. Wenn TabStop False ist, ist das Dialogelement nicht in der Tabulatorreihenfolge.

property Tag: Longint;
Die Eigenschaft Tag kann einen Integerwert als Element einer Komponente speichern. Tag wird von Delphi nirgendwo benutzt und steht Ihnen damit zur freien Verfügung

property Text: TCaption;
Die Eigenschaft Text einer Komponente legt den Text fest, der in der Komponente erscheint. Der voreingestellte Text ist der Name des Elements. Ihr Programm kann den Wert von Text zum Einsetzen in das Programm benutzen oder um dem Anwender Daten darzustellen. Die maximale Länge des Strings in der Eigenschaft Text ist 255 Zeichen. Der Wert der Eigenschaft Text einer Maskeneditier-Zeile (MaskEdit) oder Datenbankeditier-Zeile (DBEdit) oder eines Datenbankmemos (DBMemo) enthält den Text und die literalen Maskenzeichen, spezifiziert mit der Eigenschaft EditText, wenn der Anwender die Maskenzeichen mit dem Text speichern läßt. Wenn die Maskenzeichen nicht gespeichert werden, enthält sie der Text nicht.

Die Eigenschaft Text einer Datenbank-Editierzeile oder eines Datenbankmemos ist nur zur Laufzeit verfügbar. Sie sollten der Eigenschaft Text nicht oft einen neuen Wert zuweisen. Falls die Datenmenge den Status »nur lesen« bekommt, wenn der neue Wert Text zugewiesen wird, würde sich der Feldinhalt nicht ändern. Dazu sollten Sie den Wert des darunterliegenden Feldes durch Einsatz der Eigenschaft Field der Editier-Zeile ändern.

Beispiel:
```
DBEdit1.Field.AsString := 'Ein neuer Text und ein neuer Wert';
```

property Top: Integer;
Die Eigenschaft Top gibt die y-Koordinate in Pixeln der linken oberen Ecke eines Dialogelements relativ zum Formular an. Bei Formularen wird der Wert der Eigenschaft Top in Pixeln relativ zum Bildschirm angegeben.

property Visible: Boolean;
Die Eigenschaft Visible bestimmt, ob eine Komponente auf dem Bildschirm sichtbar ist (True) oder nicht (False).

property Width: integer;
Die Eigenschaft Width bestimmt die Breite einer Komponente gemessen in Pixel.

Ereignisse:

property OnChange: TNotifyEvent;
Das Ereignis OnChange erscheint, wenn der Inhalt einer Komponente oder eines Objekts sich ändert. Bei grafischen Objekten tritt OnChange ein, wenn sich die Grafik, die vom Objekt gekapselt wird, ändert. Zum Beispiel tritt das Ereignis OnChange für einen Stift ein, wenn die Eigenschaften Color, Mode, Style oder Width des TPen-Objekts geändert werden. Bei Komponenten tritt OnChange ein, wenn der Hauptwert oder die Hauptwerte der Komponente geändert werden.

Bei Kombinationsfenstern tritt das Ereignis OnChange auch ein, wenn ein Element in der aufklappbaren Liste gewählt wird. Bei String-Listen-Ojekten tritt das Ereignis OnChange ein, wenn sich eine Änderung für einen String ergibt, der in der String-Liste gespeichert ist.

OnChange ist von Typ

```
TNotifyEvent = procedure (Sender: TObject) of object;
```

Der Typ TNotifyEvent weist also auf eine Methode, die das Anklicken eines Objekts behandelt. Der Parameter Sender ist das Dialogelement, das angeklickt wurde.

property OnClick: TNotifyEvent;
Das Ereignis OnClick erscheint, wenn der Benutzer auf die Komponente klickt. In einem Formular tritt OnClick ein, wenn der Benutzer auf eine freie Stelle im Formular oder auf eine inaktive Komponente klickt.

OnClick ist vom Typ

```
TNotifyEvent = procedure (Sender: TObject) of object;
```

Der Typ TNotifyEvent weist also auf eine Methode, die das Anklicken eines Objekts behandelt. Der Parameter Sender ist das Dialogelement, das angeklickt wurde.

property OnDblClick: TNotifyEvent;
Das Ereignis OnClick erscheint, wenn der Benutzer auf die Komponente einen Doppelklick ausführt. In einem Formular tritt das Ereignis OnDblClick ein, wenn der Benutzer auf eine freie Stelle im Formular oder auf eine inaktive Komponente doppelklickt.

OnDblClick ist vom Typ

```
TNotifyEvent = procedure (Sender: TObject) of object;
```

Der Typ TNotifyEvent weist also auf eine Methode, die das Doppelklicken eines Objekts behandelt. Der Parameter Sender ist das Dialogelement, das mit einem Doppelklick bearbeitet wurde.

property OnDragDrop: TDragDropEvent;
Das Ereignis OnDragDrop tritt ein, wenn der Anwender ein gezogenes Objekt ablegt. Verwenden Sie die Ereignisbehandlungs-Routine OnDragDrop um festzulegen, was passieren soll, wenn der Anwender ein Objekt ablegt.

OnDragClick ist vom Typ

```
TDragDropEvent = procedure(Sender, Source: TObject; X, Y: Integer) of object;
```

Der Typ TDragDropEvent zeigt also auf eine Methode, die das Ablegen eines gezogenen Objekts behandelt. Der Parameter Source des Ereignisses OnDragDrop ist das abzulegende Objekt und der Parameter Sender ist das Dialogelement, auf das das Objekt abgelegt wurde. Die Parameter X und Y sind die Koordinaten des Mauszeigers, der über dem Dialogelement positioniert wird.

property OnDragOver: TDragOverEvent;
Das Ereignis OnDragOver tritt ein, wenn der Anwender ein Objekt über eine Komponente zieht. Üblicherweise werden Sie ein Ereignis OnDragOver verwenden, um ein Objekt zu akzeptieren, damit der Anwender es ablegen kann.

OnDragClick ist vom Typ

```
TDragOverEvent = procedure(Sender, Source: TObject; X, Y: Integer;
                State: TDragState; var Accept: Boolean) of object;
```

Der Typ TDragOverEvent zeigt also auf eine Methode, die das Ziehen eines Objekts über ein anderes Objekt behandelt. Der Parameter Source ist das gezogene Objekt, Sender ist das Objekt, über das Source gezogen wurde, X und Y sind die Koordinaten des Mauszeigers, der über dem Dialogelement positioniert wird, in Pixeln, State ist der Status des gezogenen Objekts in Verbindung zum darübergezogenen Objekt, und Accept legt fest, ob der Sender das Ziehobjekt erkennt. Accept wird nicht per Voreinstellung auf True oder False gesetzt; Sie müssen die passenden Werte selbst zuweisen.

Das Ereignis OnDragOver akzeptiert ein Objekt, wenn der Parameter Accept True ist. Durch Ändern des Werts der Eigenschaft DragCursor können Sie das Erscheinungsbild des Cursors beeinflussen. Dies können Sie entweder während des Entwickelns oder zur Laufzeit, bevor eine Ereignis OnDragOver eintritt, durchführen.

property OnEndDrag: TEndDragEvent;
Das Ereignis OnEndDrag tritt immer dann ein, wenn das Ziehen eines Objekts abgeschlossen oder abgebrochen wird. Wenn Sie eine besondere Behandlung haben möchten, wenn das Ziehen beendet wird, verwenden Sie die Ereignisbehandlungs-Routine OnEndDrag.

OnEndDrag ist vom Typ

```
TEndDragEvent = procedure(Sender, Target: TObject; X, Y: Integer) of object;
```

Der Typ TEndDragEvent zeigt also auf eine Methode, die das Anhalten des Ziehens eines Objekts behandelt. Der Sender ist das gezogene Objekt, Target ist das Objekt, zu dem Sender hingezogen wird, und X und Y sind die dazugehörigen Bildschirmkoordinaten des Mauszeigers, der über dem Dialogelement positioniert wird. Falls das gezogene Objekt abgelegt und durch das Dialogelement akzeptiert wurde, ist der Parameter Target des Ereignisses OnEndDrag True. Wenn das Objekt nicht erfolgreich abgelegt wurde, beträgt der Wert Target Nil.

property OnEnter: TNotifyEvent;
OnEnter tritt ein, wenn eine Komponente aktiviert wird. Wenn Sie eine besondere Behandlung festlegen möchten, wenn eine Komponente aktiviert wird, verwenden Sie die Ereignisbehandlungs-Routine OnEnter.

OnEnter erscheint nicht, wenn Sie zwischen Formularen oder einer anderen Windows-Anwendung und Ihrer Anwendung umschalten. OnEnter für eine Komponente des Typs TPanel oder THeader tritt nie ein, da Bedienfelder oder Header keinen Fokus erhalten können. Somit ist OnEnter dort vollkommen nutzlos. Sie haben diese Ereignisbehandlung aber geerbt.

OnEnter ist vom Typ

```
TNotifyEvent = procedure (Sender: TObject) of object;
```

Der Typ TNotifyEvent weist also auf eine Methode, die das Doppelklicken eines Objekts behandelt. Der Parameter Sender ist das Dialogelement, das mit einem Doppelklick bearbeitet wurde.

property OnExit: TNotifyEvent;
OnExit erscheint, wenn der Eingabefokus einer Komponente an eine andere übergeben wird. OnExit tritt nicht ein, wenn Sie zwischen Formularen oder zwischen einer Windows-Anwendung und Ihrer Anwendung umschalten. OnExit tritt bei den Komponenten Panel und Speedbutton nicht ein, da diese niemals den Fokus erhalten.

OnExit ist von Typ

```
TNotifyEvent = procedure (Sender: TObject) of object;
```

Der Typ TNotifyEvent weist also auf eine Methode, die das Doppelklicken eines Objekts behandelt. Der Parameter Sender ist das Dialogelement, das mit einem Doppelklick bearbeitet wurde.

property OnKeyDown: TKeyEvent;
OnKeyDown erscheint, wenn der Anwender eine beliebige Taste drückt, während die Komponente den Fokus hat. Verwenden Sie OnKeyDown, um eine besondere Behandlung festzulegen, die ausgeführt wird, wenn eine Taste gedrückt wird. Der Handler OnKeyDown kann auf alle Tasten der Tastatur, einschließlich Funktionstasten und Tastenkombinationen mit den Tasten UMSCHALT, ALT und STRG sowie betätigten Maustasten reagieren.

OnKeyDown ist vom Typ

```
TKeyEvent = procedure (Sender: TObject; var Key: Word; Shift: TShiftState)
                of object;
```

Der Typ TKeyEvent weist also auf eine Methode, die Tastaturereignisse verarbeitet. Der Parameter Key steht für die Taste und Shift und kann die folgenden Werte annehmen:

ssShift	UMSCHALTTASTE (SHIFT) wird festgehalten
ssAlt	linke ALT-Taste wird festgehalten
[ssAlt, ssCtrl]	ALTGR-Taste wird festgehalten
ssCtrl	Taste STRG wird festgehalten
ssLeft	Linke Maustaste wird festgehalten
ssMiddle	Mittlere Maustaste wird festgehalten
ssDouble	Rechte und linke Maustaste werden gleichzeitig festgehalten

property OnKeyPress: TKeyPressEvent;
OnKeyPress erscheint, wenn der Anwender eine einzelne Zeichentaste drückt.

OnKeyPress ist vom Typ

```
TKeyPressEvent = procedure (Sender: TObject; var Key: Char) of object;
```

TKeyPressEvent weist also auf eine Methode, die einen Tastendruck für ein einzelnes Zeichen verarbeitet. Der Parameter Key gibt die Taste an und ist vom Typ Char; deshalb registriert OnKeyPress das ASCII-Zeichen der gedrückten Taste. Tasten, die nicht mit einem ASCII-Zeichen übereinstimmen (UMSCHALT oder F1, beispielsweise) werden kein OnKeyPress erzeugen. Tastenkombinationen (wie UMSCHALT+A) erzeugen nur ein Ereignis des Typs OnKeyPress (in diesem Beispiel ergibt UMSCHALT+A einen Wert Key von »A«, wenn die Feststelltaste ausgeschaltet ist). Falls Sie auf Nicht-ASCII-Tasten oder -Tastenkombinationen reagieren möchten, verwenden Sie die Ereignisbehandlungs-Routinen OnKeyDown oder OnKeyUp.

property OnKeyUp: TKeyEvent;
OnKeyUp erscheint, wenn der Anwender die gedrückte Taste wieder losläßt. OnKeyUp kann auf alle Tasten der Tastatur, einschließlich Funktionstasten und Tastenkombinationen mit den Tasten UMSCHALT, ALT und STRG sowie betätigten Maustasten reagieren.

```
TKeyEvent = procedure (Sender: TObject; var Key: Word; Shift: TShiftState) of object;
```

Der Typ TKeyEvent weist also auf eine Methode, die Tastaturereignisse verarbeitet. Der Parameter Key steht für die Taste und Shift und kann die folgenden Werte annehmen:

ssShift	UMSCHALTTASTE (SHIFT) wird festgehalten
ssAlt	linke ALT-Taste wird festgehalten
[ssAlt, ssCtrl]	ALTGR-Taste wird festgehalten
ssCtrl	Taste STRG wird festgehalten
ssLeft	Linke Maustaste wird festgehalten
ssMiddle	Mittlere Maustaste wird festgehalten
ssDouble	Rechte und linke Maustaste werden gleichzeitig festgehalten

property OnMouseDown: TMouseEvent;
Ereignis OnMouseDown tritt ein, wenn der Anwender eine Maustaste zu dem Zeitpunkt drückt, an dem sich der Mauszeiger über einem Dialogelement befindet.

OnMouseDown ist vom Typ

```
TMouseEvent=procedure (Sender: TObject; Button: TMouseButton; Shift: TShiftState;
                      X, Y: Integer) of object;
```

Der Typ TMouseEvent weist also auf eine Methode zur Bearbeitung von Maustasten-Ereignissen hin. Der Parameter Button gibt an, welche Maustaste gedrückt wurde, während Shift Auskunft darüber gibt, welche UMSCHALT- (UMSCHALT, STRG oder ALT) bzw. Maustasten gedrückt waren, während die das Mausereignis verursachende Maustaste gedrückt oder losgelassen wurde. X und Y sind die Bildschirmkoordinaten des Mauszeigers in Pixeln. Der Parameter Button des Ereignisses OnMouseDown zeigt an, welche Maustaste gedrückt wurde. Durch Verwenden des Parameters Shift der Ereignisbehandlungs-Routine OnMouseDown können Sie auf den Status der Maus- und Umschalttasten reagieren. Umschalttasten sind die Tasten UMSCHALT, STRG und ALT.

property OnMouseMove: TMouseMoveEvent;
Das Ereignis OnMouseMove tritt ein, wenn der Anwender den Mauszeiger bewegt und dieser sich bereits über einem Dialogelement befindet.

OnMouseMove ist vom Typ

```
TMouseMoveEvent = procedure(Sender: TObject; Shift: TShiftState;  X, Y: Integer)
                  of object;
```

Der Typ TMouseMoveEvent zeigt also auf eine Methode, die Mausereignisse infolge Mausbewegung verarbeitet. Der Parameter Button gibt an, welche Maustaste gedrückt wurde, während Shift anzeigt, welche UMSCHALT- (UMSCHALT, STRG oder ALT) bzw. Maustasten während der Mausbewegung gedrückt waren. X und Y sind die Bildschirmkoordinaten des Mauszeigers in Pixel Durch Verwenden des Parameters Shift können Sie auf den Status der Maus- und Umschalttasten reagieren. Umschalttasten sind die Tasten UMSCHALT, STRG und ALT.

property OnMouseUp: TMouseEvent;
Das Ereignis OnMouseUp tritt ein, wenn der Anwender die gedrückte Maustaste wieder freigibt, während sich der Mauszeiger über einer Komponente befindet.

Die Ereignisbehandlungs-Routine OnMouseUp kann auf Betätigungen der rechten, mittleren und linken Maustasten reagieren sowie auf Maustastenkombinationen mit Umschalttasten (Tasten UMSCHALT, STRG und ALT).

OnMouseUp ist vom Typ

```
TMouseEvent = procedure (Sender: TObject; Button: TMouseButton; Shift:
                        TShiftState; X, Y: Integer) of object;
```

Der Typ TMouseEvent zeigt also auf eine Methode zur Bearbeitung von Maustasten-Ereignissen. Der Parameter Button gibt an, welche Maustaste gedrückt wurde, während Shift Auskunft darüber gibt, welche Umschalt- (UMSCHALT, STRG oder ALT) bzw. Maustasten gedrückt waren, während die das Mausereignis verursachende Maustaste gedrückt oder losgelassen wurde. X und Y sind die Bildschirmkoordinaten des Mauszeigers in Pixeln.

Methoden:

procedure BeginDrag(Immediate: Boolean);
Die Methode BeginDrag leitet den Ziehvorgang einer Komponente ein. Wenn der Parameter Immediate auf True gesetzt ist, wird der Mauszeiger auf den Wert der Eigenschaft DragCursor gesetzt und der Ziehvorgang beginnt. Ist Immediate False, wird der Mauszeiger nicht auf den Wert der Eigenschaft DragCursor gesetzt, und der Ziehvorgang wird erst eingeleitet, wenn der Anwender den Mauszeiger mindestens 5 Pixel bewegt. Auf diese Weise kann die Komponente Mausklicks akzeptieren, ohne einen Ziehvorgang einzuleiten.

Ihre Anwendung muß die Methode BeginDrag zum Einleiten eines Ziehvorgangs nur aufrufen, wenn DragMode auf dmManual gesetzt ist.

procedure BringToFront;
Die Methode BringToFront setzt eine Komponente innerhalb einer übergeordneten Komponente vor alle anderen Komponenten. BringToFront hilft insbesondere sicherzustellen, daß ein Formular sichtbar ist. Verwenden Sie diese Methode, wenn Sie die Reihenfolge überlappender Komponenten in einem Formular neu festlegen wollen.

Die Reihenfolge, in der Komponenten übereinander gelagert werden (Z-Reihenfolge), hängt davon ab, ob es sich um fensterähnliche oder um nicht-fensterähnliche Komponenten handelt. Die Reihenfolge arbeitet nach dem Prinzip, daß die zuletzt eingefügte Komponente die oberste und damit sichtbare Komponente ist.

Mit der Methode BringToFront würde diese Komponente ganz nach oben auf den Stapel kommen und somit sichtbar sein.

Bei der Stapelung ist zu beachten, daß fensterähnliche Komponenten immer auf nicht-fensterähnlichen Komponenten gestapelt werden. Ein Aufruf von BringToFront einer nicht-fensterähnlichen Komponente bewirkt also gar nichts, wenn oben auf dem Stapel eine fensterähnliche Komponente liegt.

Die folgenden Komponenten zählen zu den fensterähnlichen Komponenten:

BitBtn	DBNavigator	MediaPlayer
Button	DBRadioGroup	Memo
CheckBox	DirectoryListBox	Notebook
ComboBox	DrawGrid	OLEContainer
DBCheckBox	DriveComboBox	Outline
DBComboBox	Edit	Panel
DBEdit	FileListBox	RadioButton
DBGrid	FilterComboBox	RadioGroup
DBImage	Form	ScrollBar

DBListBox	GroupBox	ScrollBox
DBLookupCombo	Header	StringGrid
DBLookupList	ListBox	TabbedNotebook
DBMemo	MaskEdit	TabSet

Die nun folgenden Komponenten zählen zu den nicht-fensterähnlichen Komponenten:

Bevel	Label	SpeedButton
DBText	PaintBox	Image
Shape		

function CanFocus: Boolean;
CanFocus stellt fest, ob eine Komponente den Eingabefokus erhalten kann. CanFocus gibt True zurück, wenn die Eigenschaften Visible und Enabled sowohl der Komponente als auch der übergeordneten Komponenten auf True gesetzt sind. Sind nicht alle Eigenschaften Visible und Enabled dieser Komponenten auf True gesetzt, liefert CanFocus False zurück.

procedure Clear;
Die Art und Weise der Methode Clear hängt von den jeweiligen Komponenten ab:

Clear für die Standard-Komponenten:

TClipboard	TDBEdit	TFileListBox
TList	TDBListBox	TFilterComboBox
TStringList	TDBMemo	TListBox
TString	TDirectoryListBox	TMaskEdit
TComboBox	TDriveComboBox	TMemo
TDBComboBox	TEdit	TOutline

Clear löscht alle Text-Einträge aus dem Komponenten. Beim TClipboard wird der gesamte Inhalt der Zwischenablage gelöscht, inbesondere geschieht dies bei bei Copy- und Cut-Ereignissen automatisch, bevor Daten in das Clipboard eingefügt werden.

Clear für die Feldkomponenten:

TBCDField	TCurrencyField	TGraphicField
TStringField	TBlobField	TDateField
TIntegerField	TimeField	TBooleanField
TDateTimeField	TMemoField	TVarBytesField
TBytesField	TFloatField	TSmallintField
TWordField		

Clear setzt den Wert des Feldes auf NULL.

Clear für die Komponente TFieldDefs:

Clear setzt alle Werte der Eigenschaft Items zurück. Dadurch werden alle Objekte vom Typ TFieldDef aus der Komponente TFieldDefs gelöscht.

Clear für die Komponente TIndexDefs:

Clear setzt alle Werte der Eigenschaft Items zurück. Dadurch werden alle Objekte vom Typ TIndexDef aus der Komponente TFieldDefs gelöscht.

Clear für die Komponente TParam:

Clear setzt die Komponente auf 0 zurück, und löscht alle bisher zugewiesenen Daten. Die Eigenschaften Name, DataType und ParamType bleiben unverändert.

Clear für die Komponente TParams:

Clear löscht alle Parameterinformationen aus der Eigenschaft Items.

procedure ClearSelection;
ClearSelection löscht den ausgewählten beziehungsweise markierten Text aus der Komponente.

function ClientToScreen(Point: TPoint): TPoint;
Die Methode ClientToScreen übersetzt den angegebenen Punkt aus Client-Bereichkoordinaten in globale Bildschirmkoordinaten. In Client-Bereichkoordinaten entspricht der Punkt (0, 0) der oberen linken Ecke des Client-Bereichs der Komponente. In Bildschirmkoordinaten entspricht (0, 0) der oberen linken Ecke des Bildschirms. Mit den Methoden ClientToScreen und ScreenToClient rechnen Sie Positionen aus dem Koordinatensystem einer Komponente A in das Koordinatensystem einer Komponente B um.

Beispiel:
Umrechnung der Koordinaten einer Komponente A in die Koordinaten einer Komponente B (TPoint ist ein Record mit den Feldern X und Y):

```
TPoint = record
       X : integer;
       Y : integer;
END;
VAR
    Koord: TPoint;
Koord:= B.ScreenToClient(A.ClientToScreen(Koord));
```

procedure CopyToClipboard;
CopyToClipboard kopiert den in der Komponente markierten Text in die Zwischenablage. Bei TDBImage wird das markierte Bild in das Clipboard kopiert.

constructor Create;
Create weist Speicher zu, um das Objekt und damit die Komponente zu erzeugen und nach Bedarf seine Daten zu initialisieren. Jedes Objekt kann eine Methode Create besitzen, die individuell so angepaßt ist, daß sie diese bestimmte Art von Objekt erzeugt. Im Normalfall benötigen sie diese Methoden nicht, da Borland Delphi alles unternimmt, um Ihre Anwendung und die darin enthaltenen Komponenten zu erzeugen. Sollten Sie allerdings ein Ereignis oder die Initialisierung eines Wertes einer selbst geschaffenen Komponente zur Zeit der Erzeugung einstellen wollen, können Sie dies in der Methode Create erledigen. Dazu benötigen Sie aber genaue Kenntnisse und Techniken der OOP. Ansonsten sollten Sie Create unverändert lassen und nicht aufrufen.

procedure CutToClipboard
CutToClipboard kopiert den in der Komponente markierten Text in die Zwischenablage und löscht den Text aus der Komponente. Bei TDBImage wird das markierte Bild gelöscht und in das Clipboard kopiert.

function Dragging: Boolean;
Die Methode Dragging gibt an, ob eine Komponente gezogen wird. Wenn Dragging True zurückgibt, wird die Komponente gezogen.

procedure EndDrag(Drop: Boolean);
Die Methode EndDrag verhindert, daß eine Komponente weiter gezogen wird. Wenn der Parameter Drop True ist, wird die gezogene Komponente abgelegt. Ist Drop False, wird die Komponente nicht abgelegt und der Vorgang wird abgebrochen.

function FindComponent(const AName: string): TComponent;
Die Methode FindComponent gibt im Array Components die Komponente zurück, deren Name zum String im Parameter AName paßt. FindComponent beachtet dabei keine Groß-/Kleinschreibung.

Beispiel:
Es existiert ein Button »Button1« in ihrer Anwendung. Um die eigentliche Komponente TButton1 im Array Components zurückzugeben, rufen Sie FindComponents wie folgt auf:

```
FindComponents('Button1');
```

function Focused: Boolean;
Focused wird verwendet, um zu bestimmen, ob ein Fensterdialogelement den Fokus besitzt und deshalb das aktive Dialogelement in ActiveControl ist.

procedure Free;
Die Methode Free entfernt das Objekt und gibt den dazugehörigen Speicher frei. Haben Sie das Objekt unter Verwendung der Methode Create erzeugt, so benutzen Sie zum Entfernen und für die Freigabe des Speichers die Methode Free. Free gelingt auch dann, wenn das Objekt selbst nicht mehr existiert (zum Beispiel durch einen vorherigen Aufruf von Free. Delphi erledigt dies für Objekte der Bibliothek visueller Komponenten automatisch.

Sie sollten also niemals eine Komponente innerhalb Ihrer Anwendung entfernen.

Falls Sie ein Formular freigeben wollen, rufen Sie die Methode Release auf, um das Formular zu löschen und dessen benutzten Speicher freizugeben.

function GetSelTextBuf(Buffer: PChar; BufSize: Integer): Integer;
GetSelTextBuf kopiert den markierten Text aus einer Komponente in den Puffer, auf den der Parameter Buffer weist. Der Parameter BufSize bezeichnet dabei die Größe des Puffers (in Anzahl der Zeichen) beziehungsweise nach Ausführung der Methode die Anzahl der kopierten Zeichen.

function GetTextBuf(Buffer: PChar; BufSize: Integer): Integer;
Die Methode GetTextBuf holt den Text der Komponente und kopiert ihn in den Puffer als Null-terminierten String (Ende der Zeichenkette wird mit 0 angegeben), auf den Buffer zeigt. Die maximale Länge des Strings wird mit BufSize (siehe dazu GetTextLen) festgelegt. In BufSize ist nach der Ausführung die Anzahl der Zeichen des Strings zu finden. Diese Methode ist vor allem dann sehr nützlich, wenn mit String größer als 256 Zeichen gearbeitet wird. Der Typ STRING kann nicht mehr als 256 Zeichen aufnehmen. Dabei entfällt aber das erste Element in diesem Typ auf die Längenangabe des Strings, so daß nur noch maximal 255 Zeichen möglich sind. Ein PChar ist ein Zeiger auf das erste Zeichen einer Zeichenkette. Eine derart definiert Zeichenkette besitzt keine Längenangabe, sondern trägt eine 0 am Ende der Kette, daher auch der Name Null-terminierter String. Ein PChar kann die maximal Größe von 64 Kbyte erreichen. Die maximal Anzahl der Zeichen ist also auf 64 Kbyte und nicht auf 255 Zeichen beschränkt (siehe auch GetTextLen und SetTextBuf).

function GetTextLen: Integer;
Die Methode GetTextLen gibt die Länge des Textes der Komponente zurück. Dieser Wert kann für BufSize in GetTextBuf verwenden werden (siehe auch GetTextBuf und SetTextBuf).

procedure Hide;
Die Methode Hide versteckt eine Komponente, sie ist also nicht mehr auf dem Bildschirm sichtbar. Dabei wird die Eigenschaft Visible auf False gesetzt. Dabei ist eine Komponente aber weiterhin aktiv, das heißt, sie kann bearbeitet werden.

procedure Invalidate;
Die Methode Invalidate erzwingt das Neuzeichnen einer Komponente sobald dies möglich ist.

procedure InsertComponent(AComponent: TComponent);
InsertComponent macht die Komponente zum Besitzer der im Parameter AComponent übergebenen Komponente. Die Komponente wird am Ende der Array-Eigenschaft Components hinzugefügt. Die eingefügte Komponente darf keinen Namen haben (keinen für die Eigenschaft Name spezifizierten Wert) oder der Name muß sich eindeutig von allen anderen in der Components-Liste unterscheiden. Wird die Besitzerkomponente entfernt, wird auch AComponent gelöscht.

procedure PasteFromClipboard;
PasteFromClipboard kopiert den Inhalt der Zwischenablage in die Komponente an die Position des aktuellen Cursors.

procedure Refresh;
Die Methode Refresh reagiert je nach Art der Komponente, ob Daten oder die Komponenten selbst neu gezeichnet werden. Die Methode Refresh kann also jedes Bild auf dem Bildschirm löschen und alle Dialogelemente neuzeichnen beziehungsweise Datensätze einer Datei erneut einlesen.

Innerhalb der Implementation von Refresh beim Neuzeichnen von Komponenten wird die Methode Invalidate und dann die Methode Update aufgerufen.

Beim Refresh von Daten sei eines zu beachten: Durch Refresh können sich die angezeigten Daten unerwartet verändern und so den Anwender verwirren. Ein Dialog oder eine andere Mitteilung, der dem Anwender den Refresh der Daten mitteilt, wäre somit wohl angebracht und von äußerster Nützlichkeit.

procedure RemoveComponent(AComponent: TComponent);
RemoveComponent entfernt die Komponente, die im Parameter AComponent festgelegt ist, aus der Komponentenliste Components. Die Position in der Liste wird zu Nil.

procedure Repaint;
Die Methode Repaint fordert das Dialogelement auf, dessen Bild auf dem Bildschirm neu zu zeichnen, ohne jedoch das bereits Erschienene zu löschen. Um vor dem Neuzeichnen zu löschen, müssen Sie anstelle von Repaint die Methode Refresh aufrufen.

procedure ScaleBy(M, D: Integer);
Die Methode ScaleBy skaliert eine Komponente um einen Prozentsatz ihrer ursprünglichen Größe. Der Parameter M ist der Multiplikator und der Parameter D der Divisor. Wenn Sie beispielsweise die Größe des Dialogelements auf 66% seines ursprünglichen Formats ändern möchten, geben Sie in M den Wert 66 und in D den Wert 100 an (66/100). Bei der Vergrößerung gehen Sie einfach den umgekehrten Weg: Vergrößerung um 66% bedeutet nichts anderes als M=166 und D=100.

function ScreenToClient(Point: TPoint): TPoint;
Die Methode ScreenToClient wird verwendet, um den Koordinatenpunkt der Komponente auf dem Bildschirm in Pixeln zu bestimmen. ScreenToClient gibt die X- und Y-Koordinaten in einem Record des Typs TPoint zurück.

procedure ScrollBy(DeltaX, DeltaY: Integer);
ScrollBy scrollt den Inhalt einer Komponente. Statt der Methode ScrollBy sollten Sie in Normalfall lieber mit den eingebauten Bildlauf-Leisten arbeiten, es sei denn, diese Leisten wären für Ihre Programm-Idee aus irgend einem Grund nicht brauchbar.

DeltaX enthält die Veränderung in Pixeln in Richtung der X-Achse. Ein positiver Wert von DeltaX verschiebt den Inhalt nach rechts, ein negativer Wert verschiebt den Inhalt nach links. DeltaY bezeichnet die Veränderungen in Pixeln in Richtung der Y-Achse. Ein positiver Wert von DeltaY verschiebt den Inhalt nach unten, ein negativer Wert verschiebt den Inhalt nach oben.

procedure SelectAll;
SelectAll wählt den gesamten Inhalt einer Komponente (Text oder Bild) aus.

procedure SendToBack;
Die Methode SendToBack setzt eine Komponente innerhalb einer übergeordneten Komponente hinter alle anderen Komponenten. Die Reihenfolge, in der Komponenten übereinander gelagert werden (Z-Reihenfolge), hängt davon ab, ob es sich um fensterähnliche oder um nicht-fensterähnliche Komponente handelt. Die Reihenfolge arbeitet nach dem Prinzip, daß die zuletzt eingefügte Komponente die oberste und damit sichtbare Komponente ist.

Mit SendToBack kommt diese Komponente ganz nach unten auf den Stapel und ist somit sichtbar.

Bei der Stapelung ist zu beachten, daß fensterähnliche Komponenten immer auf nicht-fensterähnlichen Komponenten gestapelt werden. Ein Aufruf von SendToBack einer fensterähnlichen Komponenten bewirkt also gar nichts, wenn unter dem Stapel eine nicht-fensterähnliche Komponente liegt (siehe auch BringToFront).

Die folgenden Komponenten zählen zu den fensterähnlichen Komponenten:

BitBtn	DBNavigator	MediaPlayer
Button	DBRadioGroup	Memo
CheckBox	DirectoryListBox	Notebook
ComboBox	DrawGrid	OLEContainer
DBCheckBox	DriveComboBox	Outline
DBComboBox	Edit	Panel
DBEdit	FileListBox	RadioButton
DBGrid	FilterComboBox	RadioGroup
DBImage	Form	ScrollBar
DBListBox	GroupBox	ScrollBox
DBLookupCombo	Header	StringGrid
DBLookupList	ListBox	TabbedNotebook
DBMemo	MaskEdit	TabSet

Die nun folgenden Komponenten zählen zu den nicht-fensterähnlichen Komponenten:

Bevel	Label	SpeedButton
DBText	PaintBox	Image
Shape		

procedure SetBounds(ALeft, ATop, AWidth, AHeight: Integer);
Die Methode SetBounds setzt die Begrenzungseigenschaften der Komponente Left, Top, Width und Height auf die Werte, die in den entsprechenden Werten ALeft, ATop, AWidth und AHeight übergeben werden. SetBounds erlaubt Ihnen, mehr als eine Begrenzungseigenschaft der Komponente zur gleichen Zeit einzustellen. Obwohl Sie immer einzelne Begrenzungen einstellen können, erlaubt Ihnen die Verwendung von SetBounds, mehrere Änderungen auf einmal durchzuführen, ohne daß jedesmal das Dialogfenster neu gezeichnet werden muß.

procedure SetFocus;
SetFocus übergibt den Focus an die Komponente. Bei Formularen ruft das jeweilige Formular die Methode SetFocus des standardmäßig aktiven Dialogelements auf.

procedure SetSelTextBuf(Buffer: PChar);
SetSelTextBuf ersetzt den markierten Text einer Komponente durch den Inhalt von Buffer. Buffer muß auf einen mit Null abgeschlossenen String zeigen.

procedure SetTextBuf(Buffer: PChar);
Die Methode SetTextBuf ersetzt den Text einer Komponente durch den Text in Buffer. Buffer muß auf einen mit Null abgeschlossenen String zeigen (siehe auch GetTextBuf und GetTextLen).

procedure Show;
Die Methode Show bringt eine Komponente sichtbar auf dem Bildschirm, indem die Eigenschaft Visible auf True eingestellt wird. Falls die Methode Show eines Formulars aufgerufen wird und das Formular ist undurchsichtig, versucht Show, das Formular sichtbar zu machen, indem sie das Formular mit der Methode BringToFront in den Vordergrund bringt. Ein Formular verfügt zusätzlich über die Methode ShowModal, um einen modalen Dialog erzeugen zu können. Ein modaler Dialog muß bearbeitet und geschlossen werden. Ein SendToBack hätte also keinen Erfolg.

procedure Update;
In der Methode Update wird die API-Funktion UpdateWindow von Windows aufgerufen, die alle beim Zeichnen entstandenen und noch nicht erledigten Meldungen bearbeitet.

UpdateWindows ist definiert als

```
procedure UpdateWindow(Wnd: HWnd);
```

Die Routine UpdateWindow aktualisiert den Client-Bereich des angegebenen Fensters, indem sie eine WM_PAINT-Meldung an das Fenster sendet, wenn der Aktualisierungsbereich für das Fenster nicht leer ist. Die Routine UpdateWindow sendet eine WM_PAINT-Meldung unter Umgehung der Anwendungswarteschlange direkt an die Fensterfunktion des gegebenen Fensters. Wenn der Aktualisierungsbereich leer ist, wird keine Meldung gesendet. Der Parameter Wnd bezeichnet das Fenster oder besser das Handle des Fensters, das aktualisiert werden soll.

Komponentenname: Memo
Klassenname: TMemo

Beschreibung:

Mit der Komponente Memo wird Text ausgegeben und die Möglichkeit geboten, etwa wie bei der Komponente Edit Text einzugeben. Mit der Komponente Memo lassen sich anders als bei Edit auch Mehrzeilentexte anzeigen oder ausgeben. Der Text in Memo entspricht dem Wert der Eigenschaft Text. Die Eigenschaft Modified zeigt an, ob sich der Wert von Text geändert hat. Mit der Eigenschaft MaxLength läßt sich die Anzahl der in das Memo eingebaren Zeichen begrenzen.

Eigenschaften:

property Align: TAlign;
Die Eigenschaft Align legt fest, wie Dialogelemente zum Beispiel im Formular ausgerichtet werden. Mögliche Werte:

alNone	Die Komponente bleibt an der Einfügeposition im Formular. (Standardeinstellung).
alTop	Die Komponente wird an die Oberkante des Formulars verschoben und an seine Breite angepaßt. Die Höhe der Komponente bleibt unverändert.
alBottom	Die Komponente wird an die Unterkante des Formulars verschoben und an seine Breite angepaßt. Die Höhe der Komponente bleibt unverändert.
alLeft	Die Komponente wird an die linke Kante des Formulars verschoben und an seine Höhe angepaßt. Die Breite der Komponente bleibt unverändert.
alRight	Die Komponente wird an die rechte Kante des Formulars verschoben und an seine Höhe angepaßt. Die Breite der Komponente bleibt unverändert.
alClient	Die Größe der Komponente wird an den Client-Bereich eines Formulars angepaßt. Ist ein Teil des Client-Bereichs bereits von einer anderen Komponente besetzt, füllt die Komponente den verbleibenden Teil des Client-Bereichs aus.

Wird zum Beispiel ein Formular, das Besitzer eines Labels ist, in der Größe verändert, werden die Komponenten innerhalb des Formulars neu ausgerichtet. Die Verwendung der Eigenschaft Align ist dann sinnvoll, wenn ein Dialogelement an einer Position des Formulars stehenbleiben soll, auch wenn sich die Größe des Formulars ändert.

property Alignment...
Alignment legt die Ausrichtung fest und hängt vom Typ der Komponente ab:

Alignment für die Komponenten Label, Memo und Panel:

property Alignment: TAlignment;
Alignment legt fest, wie Text innerhalb der Komponente ausgerichtet wird. Mögliche Werte:

taLeftJustify	Der Text wird linksbündig dargestellt
taCenter	Der Text wird zentriert dargestellt
taRightJustify	Der Text wird rechtsbündig dargestellt

Alignment für die Komponenten CheckBox und RadioButton:

property Alignment: TLeftRight;
Alignment legt die Ausrichtung des Titels fest. Mögliche Werte:

taLeftJustify	Der Titel wird linksbündig dargestellt.
taRightJustify	Der Titel wird rechtsbündig dargestellt.

Alignment für die Komponente PopupMenu:

property Alignment: TPopupAlignment;
Alignment legt fest, wo das Popup-Menü erscheint, wenn der Anwender die rechte Maustaste drückt. Mögliche Werte:

paLeft   Das Popup-Menü erscheint mit der oberen linken Ecke unter dem Mauszeiger.
paCenter   Das Popup-Menü erscheint mit der Mitte der Oberkante unter dem Mauszeiger.
paRight   Das Popup-Menü erscheint mit der oberen rechten Ecke unter dem Mauszeiger.

Alignment für die Komponenten:

BCDField	DateTimeField	StringField
BooleanField	FloatField	TimeField
CurrencyField	IntegerField	WordField
DateField	SmallintField	

property Alignment: TAlignment;
Mit Alignment zentrieren Sie Daten in einem Feld oder richten sie nach links bzw. rechts aus. Mögliche Werte:

taLeftJustify   Der Inhalt des Datensatzes wird linksbündig dargestellt.
taCenter   Der Inhalt des Datensatzes wird zentriert dargestellt.
taRightJustify   Der Inhalt des Datensatzes wird rechtbündig dargestellt.

property BorderStyle: TBorderStyle;
BorderStyle legt fest, ob die Komponenten einen Rahmen haben. Dies sind die möglichen Werte:

bsNone   Kein sichtbarer Rahmen
bsSingle   Rahmen mit einfacher Rahmenlinie

Witere nur bei manchen Komponenten (mehr oder weniger sogar nur die Komponente vom Typ TForm, also ein Formular) mögliche Werte:

bsSizeable   Größenveränderlicher Standardrahmen
bsDialog   Nicht größenveränderlich; Standardrahmen für Dialogfenster

Hat eine Komponente zusätzlich die Eigenschaft AutoSize und wird diese auf True gesetzt, paßt die Komponente ihre Größe automatisch an, wenn sich die Schriftgröße des Textes ändert. Damit AutoSize wirksam wird, müssen Sie die Eigenschaft BorderStyle auf bsSingle setzen.

property BoundsRect: TRect;
Die Eigenschaft BoundsRect liefert das Begrenzungsrechteck der Komponente – ausgedrückt im Koordinatensystem des übergeordneten Dialogelements – zurück. Mit BoundsRect ersetzen und erleichtern Sie sich somit die Abfrage der einzelnen Werte für die Eigenschaften Left, Top, Width und Height.

property Color: TColor;
Die Eigenschaft Color legt für alle Komponenten mit Ausnahme des Dialogfensters die Farbe fest (Hintergrundfarbe eines Formulars oder eines Dialogelements oder Grafikobjekts).

Ist die Eigenschaft ParentColor auf True gesetzt, bewirkt eine Änderung der Eigenschaft Color einer Komponente A automatisch eine Änderung der Eigenschaft Color aller Komponenten, die als Besitzer die Komponente A haben. Wenn Sie der Eigenschaft Color eines Dialogelements einen Wert zuweisen, wird seine Eigenschaft ParentColor automatisch auf False gesetzt. Mögliche Werte sind:

clBlack	Schwarz
clMaroon	Rotbraun
clGreen	Grün
clOlive	Olivgrün
clNavy	Marineblau
clPurple	Violett
clTeal	Petrol
clGray	Grau
clSilver	Silber
clRed	Rot
clLime	Limonengrün
clBlue	Blau
clFuchsia	Pink
clAqua	Karibikblau
clWhite	Weiß

(Systemfarben von Windows:)

clBackground	Aktuelle Windows-Hintergrundfarbe
clActiveCaption	Aktuelle Farbe der Titelleiste des aktiven Fensters
clInactiveCaption	Aktuelle Farbe der Titelleiste der inaktiven Fenster
clMenu	Aktuelle Hintergrundfarbe der Menüs
clWindow	Aktuelle Hintergrundfarbe der Fenster
clWindowFrame	Aktuelle Farbe der Fensterrahmen
clMenuText	Aktuelle Farbe vom Menütext
clWindowText	Aktuelle Farbe vom Fenstertext
clCaptionText	Aktuelle Textfarbe der Titelleiste des aktiven Fensters
clActiveBorder	Aktuelle Rahmenfarbe des aktiven Fensters
clInactiveBorder	Aktuelle Rahmenfarbe der inaktiven Fenster
clAppWorkSpace	Aktuelle Farbe des Arbeitsbereichs der Anwendung
clHighlight	Aktuelle Hintergrundfarbe vom ausgewählten Text
clHighlightText	Aktuelle Farbe vom ausgewählten Text
clBtnFace	Aktuelle Farbe einer Schalterfläche
clBtnShadow	Aktuelle Schattenfarbe eines Schalters
clGrayText	Aktuelle Farbe von grau dargestelltem Text
clBtnText	Aktuelle Farbe von Text auf einem Schalter
clInactiveCaptionText	Aktuelle Textfarbe in der Titelleiste eines inaktiven Fensters
clBtnHighlight	Aktuelle Farbe der Markierung eines Schalters

Mit einem Doppelklick auf Color öffnet sich das Farbschema von Windows, in dem Sie auch eigene Farben zusammenstellen können.

property ComponentIndex: Integer;
Die Eigenschaft ComponentIndex zeigt die Position einer Komponente in der Eigenschaftsliste Components ihres Besitzers an. Die erste Komponente in der Liste hat den ComponentIndex-Wert 0, die zweite hat den Wert 1, die dritte den Wert 2 etc. Diese Eigenschaft ist nur zur Laufzeit und dann auch nur im Read-Only-Modus benutzbar.

property Controls[Index: Integer]: TControl;
Controls ist ein Array aller untergeordneten Komponenten der Komponente. Controls ist dann von Nutzen, wenn Sie auf die untergeordneten Komponenten über die Zahl statt über den Namen zugreifen müssen.

property Ctl3D: Boolean;
Die Eigenschaft Ctl3D legt fest, ob ein Dialogelement ein dreidimensionales (3-D) oder zweidimensionales Aussehen besitzt. Wenn Ctl3D True ist, erscheint das Dialogelement dreidimensional. Die Voreinstellung von Ctl3D ist True. Wenn die Eigenschaft ParentCtl3D einer Komponente auf True gesetzt ist, verändert jede Modifikation der Eigenschaft Ctl3D des übergeordneten Dialogelements automatisch auch die Eigenschaft Ctl3D des Dialogelements.

Achtung: Damit Ctl3D überhaupt funktioniert, muß sich die dynamische Link-Bibliothek CTL3DV2.DLL im Suchpfad befinden. Idealerweise sollte sich diese Datei im System-Verzeichnis von Windows aufhalten.

property Cursor: TCursor;
Mit der Eigenschaft Cursor stellen Sie das Aussehen des Cursors ein, wenn dieser auf die Komponente zeigt.

Mögliche Werte sind:

crDefault	crArrow	crCross
crIBeam	crSize	crSizeNESW
crSizeNS	crSizeNWSE	crSizeWE
crUpArrow	crHourglass	crDrag
crNoDrop	crHSplit	crVSplit

property DragCursor: TCursor;
Die Eigenschaft DragCursor bestimmt die Form des Mauszeigers, wenn sich der Zeiger über einer Komponente befindet, die ein gezogenes Objekt akzeptieren kann. Mögliche Werte sind mit denen der Eigenschaft Cursor identisch.

property DragMode: TDragMode;
Die Eigenschaft DragMode legt das Ziehen-und-Ablegen-Verhalten einer Komponente fest. Mögliche Werte sind:

dmAutomatic	Wenn dmAutomatic ausgewählt ist, ist das Dialogelement bereit, gezogen zu werden; der Anwender klickt nur und zieht es dann.
dmManual	Wenn dmManual ausgewählt ist, kann das Dialogelement nicht gezogen werden, bevor die Anwendung die Methode BeginDrag aufgerufen hat.

Ist die Eigenschaft DragMode einer Komponente dmAutomatic, kann die Anwendung dies zur Laufzeit durch Einstellung des Werts dmManual deaktivieren.

property Enabled: Boolean;
Die Eigenschaft Enabled bestimmt, ob die Komponente auf Maus-, Tastatur- und Timer-Ereignisse reagiert. Wenn Enabled auf True gesetzt ist, reagiert die Komponente normal. Ist Enabled hingegen False, ignoriert das Dialogelement Maus- und Tastaturereignisse. Bei einer Timer-Komponente werden die für das OnTimer-Ereignis deaktivierten Komponenten (Dialogelemente) grau dargestellt.

property Font: TFont;
Die Eigenschaft Font legt den Font und die Eigenschaften dieses Fonts der Komponente fest. Sie haben die Möglichkeit, diese Werte im Objectinspektor oder – wesentlich komfortabler – mit Hilfe eines Doppelklicks auf diese Eigenschaft einen Dialog zu öffnen, der alle möglichen Werte anzeigt.

property Handle: ...;
Der Typ der Eigenschaft Handle ist abhängig von der jeweiligen Komponente. In allgemeinen gilt: Sollte eine Windows-API-Funktion ein Handle der betreffenden Komponente verlangen, setzen Sie dazu die jeweilige Eigenschaft Handle der betreffenden Komponente ein. Verlangt eine Windows-API-Funktion zum Beispiel das Handle Ihrer gesamten Anwendung, benutzen Sie am besten die Eigenschaft Handle des Objekts TApplication. Hier die Übersicht der verschiedenen Typen der Eigenschaft Handle:

<u>Handle für die Komponenten:</u>

Bitmap	property Handle: HBitmap;
Brush	property Handle: HBrush;
Canvas	property Handle: HDC;
Font	property Handle: HFont;
Icon	property Handle: HIcon;
Metafile	property Handle: HMetafile;
Pen	property Handle: HPen;

Handle gibt Ihnen den Zugriff auf das Handle des jeweiligen GDI-Objekts, damit Sie auf dieses zugreifen können. Benötigen Sie zum Beispiel zum Aufruf einer Windows-API-Funktion ein Handle auf ein Stiftobjekt oder ein Bitmap-Objekt, dann können Sie dazu das Handle der Komponente Pen beziehungsweise der Komponente Bitmap benutzen.

<u>Handle für das Object TApplication und die folgenden Komponenten:</u>

Bevel	DBText	Memo
BitBtn	DirectoryListBox	Notebook
Button	DrawGrid	OLEContainer
CheckBox	DriveComboBox	Outline
ComboBox	Edit	PaintBox
DBCheckBox	FileListBox	Panel
DBComboBox	FilterComboBox	RadioButton

DBEdit	FindDialog	RadioGroup
DBGrid	Form	ReplaceDialog
DBImage	GroupBox	ScrollBar
DBListBox	Header	ScrollBox
DBLookupCombo	Image	Shape
DBLookupList	Label	SpeedButton
DBMemo	ListBox	StringGrid
DBNavigator	MaskEdit	TabbedNotebook
DBRadioGroup	MediaPlayer	TabSet

property Handle: HWND;
Handle ermöglicht Ihnen Zugriff auf das Handle der jeweiligen Komponente (z.B. Fenster-Handle, Dialog-Handle, etc.). Dieses Handle wird von einigen Windows-API-Funktionen beim Aufruf erwartet. Sie können in diesem Fall das Handle der jeweils betroffenen Komponente oder – falls das Handle Ihrer Anwendung gefordert wird – das Handle des Objekts TApplication übergeben.

Handle für die Komponenten:

MainMenu	MenuItem	PopupMenu

property Handle: HMENU;
Sollte eine Windows-API-Funktion ein Handle eines Menüs, Menü-Eintrags oder eines lokalen Menüs verlangen, können Sie dazu die Eigenschaft Handle von MainMenu, MenuItem und PopupMenu benutzen.

Handle für die Komponente Printer:

property Handle: HDC;
Handle beinhaltet das Handle des jeweiligen Druckerobjektes TPrinter der Komponente Printer.

Handle für die Komponente DataBase:

property Handle: HDBIDB;
Um direkte Aufrufe in die Richtung des Borland-Database-Engine-(BDE)-API zu tätigen benötigen Sie ein Handle der jeweiligen Datenbank-Komponente. Dazu dient Ihnen die Eigenschaft Handle der Komponente DataBase. Diese erlaubt Ihnen Zugriffe auf Funktionen des BDE-API, die nicht in die VCL-Bibliothek integriert wurden. Bevor Sie allerdings diese Funktionen aufrufen, sollten Sie prüfen, ob diese Funktion möglicherweise schon in der VCL-Bibliothek gekapselt wurde.

Handle für das Object TSession:

Delphi erzeugt eine Komponente Session vom Typ TSession immer dann, wenn eine Anwendung ausgeführt wird. Sessions sollten nicht von Ihnen erzeugt oder zerstört werden. Session erlaubt globale Prüfung über Datenbankverbindungen. Die Eigenschaft Databases von Session ist ein Array von allen aktiven Datenbanken in der Sitzung. Die Eigenschaft DatabaseCount vom Typ Integer gibt die Anzahl der aktiven Datenbanken in der Sitzung.

property Handle: HDBISES;
Mit Handle können Sie direkte Aufrufe an die Borland-Datenbank-Engine – bezogen auf eine bestimmte Sitzung (Session/TSession) – machen. Die Komponente Session werden Sie kaum benutzen. Die wichtigsten Funktionen der BDE-API sind in der VCL-Bibliothek gekapselt und ersparen Ihnen diesen Weg.

Handle für die die Komponenten Table, Query und StoredProc:

property Handle: HDBICur;
Ebenfalls für direkte Zugriffe auf Funktionen der BDE-API und unter normalen Umständen nicht zu benutzen, da die wichtigsten BDP-API-Funktionen via VCL-Bibliothek einen einfacheren Zugriff ermöglichen.

property Height: Integer;
Die Eigenschaft Height eines Dialogelements legt die Höhe der Komponente in Pixeln fest.

property HelpContext: THelpContext;
Die Eigenschaft HelpContext stellt eine Kontextnummer für die Verwendung beim Aufruf kontextbezogener Online-Hilfe bereit. Jeder Hilfebildschirm des Hilfesystems sollte eine eindeutige Kontextnummer besitzen. Ist in der Anwendung eine Komponente selektiert, so wird nach Betätigen von F1 ein Hilfebildschirm angezeigt. Welcher Hilfebildschirm angezeigt wird, hängt vom Wert der Eigenschaft HelpContext ab.

property HideSelection: Boolean;
Die Eigenschaft HideSelection bestimmt, ob ein selektierter Text oder Text in einem Editier- oder Memofeld selektiert bleibt, auch wenn der Fokus zu einem anderen Dialog-Element wechselt. Ist HideSelection True gesetzt, bleibt der Text nur solange selektiert, wie der Fokus beim Dialogelement bleibt.

property Hint: string;
Die Eigenschaft Hint ist der Text-String, der erscheint, wenn ein OnHint-Ereignis eintritt, also der Benutzer den Cursor über die Komponente bewegt. Wie der String angezeigt wird, bestimmt der Code in der Ereignisbehandlungs-Routine OnHint. Sie können eine Schnellhilfe, d.h. ein Fenster, das einen Hilfetext enthält, für eine Komponente erscheinen lassen, wenn der Anwender den Mauszeiger über das Dialogelement führt und dort kurz verweilt. Dies funktioniert wie folgt:

1. Spezifizieren Sie für jede Komponente, die einen Schnellhinweis anzeigen soll, einen Hint-Wert.
2. Setzen Sie die Eigenschaft ShowHint des Bedienfelds auf True.
3. Setzen Sie die Eigenschaft ShowHint der Anwendung zur Laufzeit auf True.

Sie können Hint gleichzeitig sowohl für ein Hilfehinweisfenster als auch für die Verwendung innerhalb der Behandlungsroutine OnHint spezifizieren, indem Sie zwei durch das Zeichen | (das »oder« oder Pipe-Symbol) getrennte Werte angeben, also beispielsweise:

```
Edit1.Hint := 'Aufforderung|Geben Sie den richtigen Wert ein';
```

Der String »Aufforderung« erscheint im Hilfehinweisfenster und der String »Geben Sie den richtigen Wert ein« erscheint wie in der Ereignisbehandlungs-Routine On-Hint spezifiziert.

property Left: Integer;
Die Eigenschaft Left bestimmt die horizontalen Koordinaten in Pixeln der linken Kante einer Komponente relativ zum Formular. Für Formulare ist der Wert der Eigenschaft Left relativ zu den Bildschirmkoordinaten (ebenfalls in Pixeln).

property Lines: TStrings;
Lines enthält die Anzahl der Textzeilen in einer Memo-Komponente. Für die Komponente TDBMemo ist die Eigenschaft Lines allein zur Laufzeit verfügbar.

property MaxLength: Integer;
Die Eigenschaft MaxLength spezifiziert die maximale Zahl von Zeichen, die der Benutzer in einer Komponente eingeben darf. Der Vorgabewert für MaxLength ist 0, dies steht für eine unbegrenzte Anzahl von Zeichen in der Komponente.

property Modified: Boolean;
Die Eigenschaft Modified überprüft, ob der Text einer Komponente seit seiner Erzeugung oder seit zum letzten Mal die Eigenschaft Modified auf False gesetzt wurde, geändert worden ist. Ist Modified True, hat sich der Text geändert.

property Name: TComponentName;
Die Eigenschaft Name enthält den Namen der Komponente wie er von anderen Komponenten für den Zugriff verwendet wird. Delphi weist als Vorgabewerte sequentielle Namen zu, die auf dem Typ der Komponente basieren, also etwa für Buttons »Button1«, »Button2« etc. Diese können Sie gemäß Ihrer Vorstellungen abändern. Komponentennamen sollten ausdrücklich nur zur Entwurfszeit geändert werden.

property OEMConvert: Boolean;
Die Eigenschaft OEMConvert bestimmt, ob der Text im Dialogelement in OEM-Zeichen konvertiert wird. Falls True, wird der Text konvertiert. Wenn False, verbleiben die Zeichen als ANSI-Zeichen. Der Standardwert ist False. Sie sollten den Text in OEM-Zeichen konvertieren, wenn der Text Dateinamen enthält, da DOS als Betriebssystem nur ASCII-Zeichen versteht. So können zum Beispiel Umlaute, die in ANSI kodiert sind, unter DOS nur noch als teilweise merkwürdige Grafiksymbole gelesen werden.

property Owner: TComponent;
Die Eigenschaft Owner teilt Ihnen mit, welche Komponente zu welcher Komponente gehört. Dem Formular gehören alle Komponenten, die auf ihm vorhanden sind. Umgekehrt gehört das Formular zur Anwendung. Gehört eine Komponente A einer anderen Komponente B, wird der Speicher der Komponente A freigegeben, wenn der Speicher der Komponente B freigegeben wird. Es werden also folgerichtig alle Komponenten des Formulars gelöscht, wenn das Formular gelöscht wird. Außerdem wird natürlich der Speicher für das Formular und dessen Komponenten freigegeben, wenn der Speicher der Anwendung selbst freigegeben wird.

property Parent: TWinControl;
Die Eigenschaft Parent enthält den Namen der übergeordneten Komponente. Wenn eine Komponente A eine andere Komponente B enthält, sind die in B enthaltenen Komponenten untergeordnete Komponenten von A. Wenn Ihre Anwendung beispielsweise drei Buttons in einer GroupBox enthält, ist die GroupBox das übergeordnete Element der drei Buttons und die Button-Schaltfelder sind der GroupBox untergeordnet.

Parent und Owner sind leider etwas verwirrend. Daher hier eine kleine Entwirrung:

Ein Formular ist der Besitzer aller darin enthaltenen Komponenten, unabhängig davon, ob sie ein Fensterelement sind. Für unser Beispiel mit den drei Button und der GroupBox bedeutet dies: Der Besitzer der Buttons ist immer das Formular, aber die GroupBox ist das übergeordnete Element.

Wenn Sie einen neuen Dialog erzeugen, müssen Sie dem neuen Dialogelement einen Wert der Eigenschaft Parent zuweisen. Üblicherweise sind dies Formulare, Bedienfelder, GroupBoxen oder andere Dialoge, die andere Elemente enthalten können. Es ist möglich, jedes Element als das Übergeordnete zuzuweisen, aber das darin enthaltene Dialogelement wird wahrscheinlich überschrieben.

Wird das übergeordnete Element gelöscht, werden auch alle Elemente, die ihm untergeordnet sind, gelöscht.

property ParentColor: Boolean;
Die Eigenschaft ParentColor bestimmt, wo eine Komponente nach der Farbeigenschaft suchen soll. Falls ParentColor True ist, verwendet die Komponente die Farbe der Eigenschaft der übergeordneten Komponente.

Ist ParentColor False, verwendet die Komponente die eigene Eigenschaft Color. Durch Verwendung von ParentColor können Sie sicherstellen, daß alle Komponenten auf einem Formular das gleiche Erscheinungsbild haben.

property ParentCtl3D: Boolean;
Die Eigenschaft ParentCtl3D bestimmt, wo eine Komponente nach der Eigenschaft Ctl3D suchen muß. Ist ParentCtl3D auf True gesetzt, verwendet die Komponente die Dimensionen der Eigenschaft Ctl3D der übergeordneten Komponente. Wenn ParentCtl3D False ist, verwendet die Komponente ihre eigene Eigenschaft Ctl3D. Durch Verwendung von ParentCtl3D stellen Sie sicher, daß alle Komponenten auf einem Formular das gleiche Erscheinungsbild haben. Wenn Sie beispielsweise möchten, daß alle Komponenten auf einem Formular ein dreidimensionales Erscheinungsbild haben, setzen Sie die Eigenschaft Ctl3D des Formulars auf True und die Eigenschaft ParentCtl3D jeder Komponente auf True.

property ParentFont: Boolean;
Die Eigenschaft ParentFont bestimmt, wo eine Komponente nach ihrer Fonteigenschaft suchen soll. Ist ParentFont True, verwendet die Komponente den Font der übergeordneten Komponente.

Ist ParentFont True, verwendet die Komponente ihre eigene Eigenschaft Font. Durch Verwendung von ParentFont können Sie sicherstellen, daß alle Komponenten auf einem Formular das gleiche Erscheinungsbild haben.

property ParentShowHint: Boolean;
Die Eigenschaft ParentShowHint bestimmt, wo eine Komponente nach ihrer Hinteigenschaft suchen soll. Falls ParentShowHint True ist, verwendet die Komponente die Hint-Eigenschaft der übergeordneten Komponente.

Ist ParentShowHint True, verwendet die Komponente ihre eigene Eigenschaft Hint. Durch Verwendung von ParentShowHint können Sie sicherstellen, daß alle Komponenten auf einem Formular das gleiche Erscheinungsbild haben.

property PopupMenu: TPopupMenu;
Die Eigenschaft PopupMenu legt den Namen des Popup-Menüs fest, das erscheint, wenn der Anwender die Komponente auswählt oder die rechte Maustaste drückt (bei True für AutoPopup des Popup), oder wenn die Methode Popup des Popup-Menüs ausgeführt wird.

property ReadOnly: Boolean;
Die Eigenschaft ReadOnly hängt davon ab, um welche Art von Komponente es sich bei der Komponente mit dieser Eigenschaft handelt.

ReadOnly für datensensitive Komponenten und Eigabefelder:

ReadOnly bestimmt, ob der Anwender den Inhalt einer Komponente ändern darf. Falls ReadOnly True ist, kann der Anwender den Inhalt nicht ändern. Wenn ReadOnly False ist, kann der Anwender den Inhalt abändern. Die Eigenschaft ReadOnly bestimmt bei datensensitiven Komponenten, ob der Anwender die Komponente verwenden kann, um ein Feld in einem Datensatz zu bearbeiten oder ob er die Komponete nur zur Anzeige von Daten verwenden darf. Falls ReadOnly False ist, kann der Anwender den Wert des Felds ändern, solange der Datensatz zum Bearbeiten freigegeben ist. Ist die Eigenschaft ReadOnly eines Datengitters True, kann der Anwender keine neue Zeile einfügen.

Zu dieser Gruppe von Komponenten zählen:

DBCheckBox	DBListBox	DBRadioGroup
DBComboBox	DBLookupCombo	Edit
DBEdit	DBLookupList	MaskEdit
DBGrid	DBMemo	Memo
DBImage		

ReadOnly für Tabellen:

Mit ReadOnly verhindern Sie, daß Benutzer Daten in der Tabelle ändern können. Achtung: Denken Sie daran, die Eigenschaft Active auf False zu setzen , bevor Sie ReadOnly ändern.

Zu dieser Gruppe von Komponenten zählen:

TTable

ReadOnly für Feldkomponenten:

ReadOnly sperrt die Modifikation eines Feldes. Ist diese Eigenschaft False, kann ein Feld verändert werden. Um die Änderung eines Feldes zu verhindern, setzen Sie ReadOnly auf True. In TDBGrid werden bei Tabulatorsprüngen die Felder mit der Eigenschaft ReadOnly übersprungen.

Zu dieser Gruppe von Komponenten gehören:

BCDField	DateTimeField	SmallintField
BlobField	FloatField	StringField
BooleanField	GraphicField	TimeField
BytesField	IntegerField	VarBytesField
CurrencyField	MemoField	WordField
DateField		

property ScrollBars: TScrollStyle;
ScrollBars bestimmt, ob eine Komponente eine Bildlauf-Leiste besitzt. Folgende Werte sind möglich:

scNone	keine Bildlaufleiste
scHorizontal	horizontale Bildlaufleiste
scVertical	vertikale Bildlaufleiste
scBoth	beide Bildlaufleisten

property SelLength: Integer;
Die Eigenschaft SelLength gibt die Länge (in Zeichen) des in der Komponente ausgewählten Texts an. Mit SelLength und der Eigenschaft SelStart legen Sie fest, welcher Teil des Texts in der Komponente ausgewählt wird. Sie bestimmen die Anzahl der ausgewählten Zeichen durch eine Änderung von SelLength. Wenn der Wert für SelStart geändert wird, ändert sich entsprechend der Wert von SelLength. Die Komponente muß dabei aktiv sein.

property SelStart: Integer;
SelStart gibt die Anfangsposition des markierten Teils eines Texts in der Komponente zurück. Sie können SelStart zusammen mit der Eigenschaft SelLength verwenden, um einen Teil des Textes auszuwählen. Legen Sie das Zeichen, ab dessen Position Sie die Markierung des Texts beginnen möchten, als Wert von SelStart fest.

Wenn der Wert von SelStart geändert wird, ändert sich entsprechend auch der Wert von SelLength. Die Komponente muß aktiv sein, wenn Sie den Wert von SelLength ändern wollen.

property SelText: string;
Die Eigenschaft SelText enthält den ausgewählten Teil des Texts der Komponente. Sie können sie verwenden, um zu bestimmen, was der markierte Text enthält oder Sie können den markierten Text ändern, indem Sie einen neuen String angeben. Falls kein Text markiert ist, wird der String in SelText an der Cursor-Position im Text eingefügt.

property ShowHint: Boolean;
Die Eigenschaft ShowHint bestimmt, ob das Dialogelement eine Schnellhilfe anzeigen soll, wenn der Mauszeiger eine Weile auf ihm verweilt. Die Schnellhilfe entspricht dem Wert der Eigenschaft Hint, die in einem Feld direkt unterhalb des Elements angezeigt wird. Ist ShowHint True, kann die Schnellhilfe erscheinen.

Ist ShowHint False, kann die Schnellhilfe auch angezeigt werden, wenn ParentShowHint auf True gesetzt wurde, und die Eigenschaft ShowHint der übergeordneten Komponente ebenfalls auf True gesetzt wurde.

property Showing: Boolean;
Die Eigenschaft Showing legt fest, ob eine Komponente momentan auf dem Bildschirm angezeigt wird. Falls die Eigenschaft Visible einer Komponente und aller übergeordneten Komponenten in der übergeordneten Hierarchie True ist, ist Showing auch True. Wenn einer der Vorfahren der Komponente den Wert False als Wert für die Eigenschaft Visible hat, dann ist auch Showing False.

property TabOrder: TTabOrder;
Die Eigenschaft TabOrder bestimmt die Position einer Komponente in der Tabulatorreihenfolge, in der Komponenten den Fokus erhalten, wenn der Anwender die Taste TAB drückt. Anfänglich ist die Tabulatorreihenfolge immer die Reihenfolge, in der die Komponenten dem Formular hinzugefügt wurden. Der Wert der Eigenschaft TabOrder ist für jede Komponente auf dem Formular einmalig. Die erste dem Formular hinzugefügte Komponente hat den Wert 0 von TabOrder, die zweite hat 1, die dritte 2 usw.

Falls Sie den gleichen Wert der Eigenschaft TabOrder einer Komponente einer anderen Komponente zuweisen, numeriert Delphi automatisch die Werte für alle anderen Komponenten neu. Angenommen, eine Komponente ist die sechste Komponente in der Tabulatorreihenfolge. Wenn Sie den Wert der Eigenschaft TabOrder der Komponente auf 3 ändern (dies macht die Komponente zu der vierten in der Tabulatorreihenfolge), wird die Komponente, die die vierte war, nun zur fünften und die Komponente, die die fünfte war, wird jetzt die sechste.

property TabStop: Boolean;
Die Eigenschaft TabStop bestimmt, ob der Anwender diese Komponente mit der Taste TAB anspringen kann. Falls TabStop True ist, befindet sich die Komponente in der Tabulatorreihenfolge. Wenn TabStop False ist, ist das Dialogelement nicht in der Tabulatorreihenfolge.

property Tag: Longint;
Die Eigenschaft Tag kann einen Integerwert als Element einer Komponente speichern. Tag wird von Delphi nirgendwo benutzt und steht Ihnen damit zur freien Verfügung.

property Text: TCaption;
Die Eigenschaft Text einer Komponente legt den Text fest, der in der Komponente erscheint. Der voreingestellte Text ist der Name des Elements. Ihr Programm kann den Wert von Text zum Einsetzen in das Programm benutzen, oder um dem An-

wender Daten darzustellen. Die maximale Länge des Strings in der Eigenschaft Text ist 255 Zeichen. Der Wert der Eigenschaft Text einer Maskeneditier-Zeile (MaskEdit), einer Datenbankeditier-Zeile (DBEdit) oder eines Datenbankmemos (DBMemo) enthält den Text und die literalen Maskenzeichen, spezifiziert mit der Eigenschaft Edit-Text, wenn der Anwender die Maskenzeichen mit dem Text speichern läßt. Wenn die Maskenzeichen nicht gespeichert werden, enthält der Text diese nicht.

Die Eigenschaft Text einer Datenbankeditier-Zeile oder eines Datenbankmemos ist nur zur Laufzeit verfügbar. Sie sollten der Eigenschaft Text selten einen neuen Wert zuweisen. Falls die Datenmenge den Status »nur lesen« bekommt, wenn der neue Wert Text zugewiesen wird, würde sich der Feldinhalt nicht ändern. Dazu sollten Sie den Wert des darunterliegenden Feldes mit der Eigenschaft Field der Editierzeile ändern.

Beispiel:
DBEdit1.Field.AsString := 'Ein neuer Text und ein neuer Wert';

property Top: Integer;
Die Eigenschaft Top gibt die y-Koordinate in Pixeln der linken oberen Ecke eines Dialogelements relativ zum Formular an. Bei Formularen wird der Wert der Eigenschaft Top in Pixeln relativ zum Bildschirm angegeben.

property Visible: Boolean;
Die Eigenschaft Visible bestimmt, ob eine Komponente auf dem Bildschirm sichtbar ist (True) oder nicht (False).

property WantReturns: Boolean;
WantReturns bestimmt, ob sich die mit der Eingabetaste in den Komponenten Memo und DBMemo eingegebenen Zeilenumbrüche auswirken. Bei True wird ein Zeilenumbruch in das Memo eingegeben, ansonsten wird die Betätigung der Return-Taste zur Verarbeitung an das Formular weitergegeben. Bei dem Wert False kann aber mit Hilfe der Tasten-Kombination STRG+RETURN ebenfalls ein Zeilenumbruch in die Komponente eingesetzt werden.

property WantTabs: Boolean;
WantTabs legt fest, ob Tabulatoren in den Komponenten Memo und DBMemo aktiviert sind. Bei True werden sie aktiviert, ansonst werden sie ignoriert.

Ist WantTabs True, können Sie *nicht* mit Hilfe der TAB-Taste zur nächsten Komponente eines Formulars springen.

property Width: integer;
Die Eigenschaft Width bestimmt die Breite einer Komponente gemessen in Pixeln.

property WordWrap: Boolean;
Die Eigenschaft WordWrap gibt an, ob der Text in der Komponente am rechten Rand in eine neue Zeile umspringt, damit er in das Dialogelement hineinpaßt. Die Komponente muß so groß sein, daß mindestens eine Zeile zum Editieren angezeigt werden kann, auch wenn WordWrap den Wert True hat.

Ereignisse:

property OnChange: TNotifyEvent;
Das Ereignis OnChange erscheint, wenn der Inhalt einer Komponente oder eines Objekts sich ändert. Bei grafischen Objekten tritt OnChange ein, wenn sich die Grafik, die vom Objekt gekapselt wird, ändert. Zum Beispiel tritt das Ereignis OnChange für einen Stift ein, wenn die Eigenschaften Color, Mode, Style oder Width des TPen-Objekts geändert werden. Bei Komponenten tritt OnChange ein, wenn der Hauptwert oder die Hauptwerte der Komponente geändert werden.

Bei Kombinationsfenstern tritt das Ereignis OnChange auch ein, wenn ein Element in der aufklappbaren Liste gewählt wird. Bei String-Listen-Ojekten tritt das Ereignis OnChange ein, wenn sich eine Änderung für einen String ergibt, der in der String-Liste gespeichert ist.

OnChange ist von Typ

```
TNotifyEvent = procedure (Sender: TObject) of object;
```

Der Typ TNotifyEvent weist also auf eine Methode, die das Anklicken eines Objekts behandelt.

Der Parameter Sender ist das Dialogelement, das angeklickt wurde.

property OnClick: TNotifyEvent;
Das Ereignis OnClick erscheint, wenn der Benutzer auf die Komponente klickt. In einem Formular tritt OnClick ein, wenn der Benutzer auf eine freie Stelle im Formular oder auf eine inaktive Komponente klickt.

OnClick ist vom Typ

```
TNotifyEvent = procedure (Sender: TObject) of object;
```

Der Typ TNotifyEvent weist also auf eine Methode, die das Anklicken eines Objekts behandelt. Der Parameter Sender ist das Dialogelement, das angeklickt wurde.

property OnDblClick: TNotifyEvent;
Das Ereignis OnClick erscheint, wenn der Benutzer auf die Komponente einen Doppelklick ausführt. In einem Formular tritt das Ereignis OnDblClick ein, wenn der Benutzer auf eine freie Stelle im Formular oder auf eine inaktive Komponente ein Doppelklick ausführt.

OnDblClick ist vom Typ

```
TNotifyEvent = procedure (Sender: TObject) of object;
```

Der Typ TNotifyEvent weist also auf eine Methode, welche das Dppelklicken eines Objekts behandelt. Der Parameter Sender ist das Dialogelement, das mit einem Doppelklick bearbeitet wurde.

property OnDragDrop: TDragDropEvent;
Das Ereignis OnDragDrop tritt ein, wenn der Anwender ein gezogenes Objekt ablegt. Verwenden Sie die Ereignisbehandlungs-Routine OnDragDrop, um festzulegen, was passieren soll, wenn der Anwender ein Objekt ablegt.

OnDragClick ist vom Typ

```
TDragDropEvent = procedure(Sender, Source: TObject; X, Y: Integer) of object;
```

Der Typ TDragDropEvent zeigt also auf eine Methode, die das Ablegen eines gezogenen Objekts behandelt. Der Parameter Source des Ereignisses OnDragDrop ist das abzulegende Objekt und der Parameter Sender ist das Dialogelement, auf das das Objekt abgelegt wurde. Die Parameter X und Y sind die Koordinaten des Mauszeigers, der über dem Dialogelement positioniert wird.

```
property OnDragOver: TDragOverEvent;
```

Das Ereignis OnDragOver tritt ein, wenn der Anwender ein Objekt über eine Komponente zieht.

Üblicherweise werden Sie ein Ereignis OnDragOver verwenden, um ein Objekt zu akzeptieren, damit der Anwender es ablegen kann.

OnDragClick ist vom Typ

```
TDragOverEvent = procedure(Sender, Source: TObject; X, Y: Integer;
                State: TDragState; var Accept: Boolean) of object;
```

Der Typ TDragOverEvent zeigt also auf eine Methode, die das Ziehen eines Objekts über ein anderes Objekt behandelt. Der Parameter Source ist das gezogene Objekt, Sender ist das Objekt, über das Source gezogen wurde, X und Y sind die Koordinaten des Mauszeigers, der über dem Dialogelement positioniert wird, in Pixeln, State ist der Status des gezogenen Objekts in Verbindung zum darübergezogenen Objekt, und Accept legt fest, ob der Sender das Ziehobjekt erkennt. Accept wird nicht per Voreinstellung auf True oder False gesetzt; Sie müssen die passenden Werte selbst zuweisen.

Das Ereignis OnDragOver akzeptiert ein Objekt, wenn der Parameter Accept True ist. Durch Ändern des Werts der Eigenschaft DragCursor können Sie das Erscheinungsbild des Cursors beeinflussen. Dies können Sie entweder während des Entwikkelns oder zur Laufzeit, bevor eine Ereignis OnDragOver eintritt, durchführen.

property OnEndDrag: TEndDragEvent;
Das Ereignis OnEndDrag tritt immer dann ein, wenn das Ziehen eines Objekts abgeschlossen oder abgebrochen wird. Wenn Sie eine besondere Behandlung haben möchten, wenn das Ziehen beendet wird, verwenden Sie die Ereignisbehandlungs-Routine OnEndDrag.

OnEndDrag ist vom Typ

```
TEndDragEvent = procedure(Sender, Target: TObject; X, Y: Integer) of object;
```

Der Typ TEndDragEvent zeigt also auf eine Methode, die das Anhalten des Ziehens eines Objekts behandelt.

Der Sender ist das Objekt, das gezogen wird, Target ist das Objekt, zu dem Sender hingezogen wird, und X und Y sind die dazugehörigen Bildschirmkoordinaten des Mauszeigers, der über dem Dialogelement positioniert wird. Falls das gezogene Objekt abgelegt und durch das Dialogelement akzeptiert wurde, ist der Parameter Target des Ereignisses OnEndDrag True. Wenn das Objekt nicht erfolgreich abgelegt wurde, beträgt der Wert Target Nil.

property OnEnter: TNotifyEvent;
OnEnter tritt ein, wenn eine Komponente aktiviert wird. Wenn Sie eine besondere Behandlung bei der Aktivierung einer Komponente festlegen möchten, verwenden Sie die Ereignisbehandlungsroutine OnEnter.

OnEnter erscheint nicht, wenn Sie zwischen Formularen oder einer anderen Windows-Anwendung und Ihrer Anwendung umschalten. OnEnter für eine Komponente des Typs TPanel oder THeader tritt nie ein, da Bedienfelder oder Header keinen Fokus erhalten können. Somit ist dort OnEnter vollkommen nutzlos. Sie haben diese Ereignisbehandlung aber geerbt.

OnEnter ist vom Typ

```
TNotifyEvent = procedure (Sender: TObject) of object;
```

Der Typ TNotifyEvent weist also auf eine Methode, die das Doppelklicken eines Objekts behandelt. Der Parameter Sender ist das Dialogelement, das mit einem Doppelklick bearbeitet wurde.

property OnExit: TNotifyEvent;
OnExit erscheint, wenn der Eingabefokus einer Komponente an eine andere übergeben wird. OnExit tritt nicht ein, wenn Sie zwischen Formularen oder zwischen einer Windows-Anwendung und Ihrer Anwendung umschalten. OnExit tritt bei den Komponenten Panel und Speedbutton nicht ein, da diese niemals den Fokus erhalten.

OnExit ist von Typ

```
TNotifyEvent = procedure (Sender: TObject) of object;
```

Der Typ TNotifyEvent weist also auf eine Methode, die das Doppelklicken eines Objekts behandelt. Der Parameter Sender ist das Dialogelement, das mit einem Doppelklick bearbeitet wurde.

property OnKeyDown: TKeyEvent;
OnKeyDown tritt ein, wenn der Anwender eine beliebige Taste drückt, während die Komponente den Fokus hat. Verwenden Sie OnKeyDown, um eine besondere Behandlung festzulegen, die ausgeführt wird, wenn eine Taste gedrückt wird. Der Handler OnKeyDown kann auf alle Tasten der Tastatur, einschließlich Funktionstasten und Tastenkombinationen mit den Tasten UMSCHALT, ALT und STRG sowie betätigten Maustasten reagieren.

OnKeyDown ist vom Typ

```
TKeyEvent = procedure (Sender: TObject; var Key: Word; Shift: TShiftState)
            of object;
```

Der Typ TKeyEvent weist also auf eine Methode, die Tastaturereignisse verarbeitet. Der Parameter Key steht für die Taste und Shift und kann die folgenden Wert annehmen:

ssShift	UMSCHALTTASTE (SHIFT) wird festgehalten
ssAlt	linke ALT-Taste wird festgehalten
[ssAlt, ssCtrl]	ALTGR-Taste wird fesntgehalten
ssCtrl	Taste STRG wird festgehalten
ssLeft	Linke Maustaste wird festgehalten
ssMiddle	Mittlere Maustaste wird festgehalten
ssDouble	Rechte und linke Maustaste werden gleichzeitig festgehalten

property OnKeyPress: TKeyPressEvent;
OnKeyPress erscheint, wenn der Anwender eine einzelne Zeichentaste drückt.

OnKeyPress ist vom Typ

```
TKeyPressEvent = procedure (Sender: TObject; var Key: Char) of object;
```

TKeyPressEvent weist also auf eine Methode, die einen Tastendruck für ein einzelnes Zeichen verarbeitet. Der Parameter Key gibt die Taste an. Der Parameter Key ist vom Typ Char; deshalb registriert OnKeyPress das ASCII-Zeichen der gedrückten Taste. Tasten, die nicht mit einem ASCII-Zeichen übereinstimmen (beispielsweise UMSCHALT oder F1) werden kein OnKeyPress erzeugen. Tastennkombinationen (wie UMSCHALT+A) erzeugen nur ein Ereignis des Typs OnKeyPress (in diesem Beispiel ergibt UMSCHALT+A einen Wert Key von »A«, wenn die Feststelltaste ausgeschaltet ist). Falls Sie auf Nicht-ASCII-Tasten oder -Tastenkombinationen reagieren möchten, verwenden Sie die Ereignisbehandlungs-Routinen OnKeyDown oder OnKeyUp.

property OnKeyUp: TKeyEvent;
OnKeyUp tritt ein, wenn der Anwender die gedrückte Taste wieder losläßt. OnKeyUp kann auf alle Tasten der Tastatur, einschließlich Funktionstasten und Tastenkombinationen mit den Tasten UMSCHALT, ALT und STRG sowie betätigten Maustasten reagieren.

```
TKeyEvent = procedure (Sender: TObject; var Key: Word; Shift: TShiftState) of object;
```

Der Typ TKeyEvent weist also auf eine Methode, die Tastaturereignisse verarbeitet. Der Parameter Key steht für die Taste; Shift kann die folgenden Wert annehmen:

ssShift	UMSCHALTTASTE (SHIFT) wird festgehalten
ssAlt	linke ALT-Taste wird festgehalten
[ssAlt, ssCtrl]	ALTGR-Taste wird fesntgehalten
ssCtrl	Taste STRG wird festgehalten
ssLeft	Linke Maustaste wird festgehalten
ssMiddle	Mittlere Maustaste wird festgehalten
ssDouble	Rechte und linke Maustaste werden gleichzeitig festgehalten

property OnMouseDown: TMouseEvent;
Ereignis OnMouseDown tritt ein, wenn der Anwender eine Maustaste zu dem Zeitpunkt drückt, an dem sich der Mauszeiger über einem Dialogelement befindet.

OnMouseDown ist vom Typ

```
TMouseEvent=procedure (Sender: TObject; Button: TMouseButton; Shift: TShiftState;
                X, Y: Integer) of object;
```

Der Typ TMouseEvent weist also auf eine Methode zur Bearbeitung von Maustasten-Ereignissen hin. Der Parameter Button gibt an, welche Maustaste gedrückt wurde, während Shift Auskunft darüber gibt, welche Umschalt- (UMSCHALT, STRG oder ALT) bzw. Maustasten gedrückt waren, während die das Mausereignis verursachende Maustaste gedrückt oder losgelassen wurde. X und Y sind die Bildschirmkoordinaten des Mauszeigers in Pixel. Der Parameter Button des Ereignisses OnMouseDown zeigt an, welche Maustaste gedrückt wurde. Durch Verwenden des Parameters Shift der Ereignisbehandlungs-Routine OnMouseDown können Sie auf den Status der Maus- und Umschalttasten reagieren. Umschalttasten sind die Tasten UMSCHALT, STRG und ALT.

property OnMouseMove: TMouseMoveEvent;
Das Ereignis OnMouseMove tritt ein, wenn der Anwender den Mauszeiger bewegt und dieser sich bereits über einem Dialogelement befindet.

OnMouseMove ist vom Typ

```
TMouseMoveEvent = procedure(Sender: TObject; Shift: TShiftState;  X, Y: Integer) of
object;
```

Der Typ TMouseMoveEvent zeigt also auf eine Methode, die Mausereignisse infolge Mausbewegung verarbeitet. Der Parameter Button gibt an, welche Maustaste gedrückt wurde, während Shift anzeigt, welche UMSCHALT- (UMSCHALT, STRG oder ALT) bzw. Maustasten während der Mausbewegung gedrückt waren. X und Y sind die Bildschirmkoordinaten des Mauszeigers in Pixeln. Durch Verwenden des Parameters Shift können Sie auf den Status der Maus- und Umschalttasten reagieren. Umschalttasten sind die Tasten UMSCHALT, STRG und ALT.

property OnMouseUp: TMouseEvent;
Das Ereignis OnMouseUp tritt ein, wenn der Anwender die gedrückte Maustaste wieder freigibt, wenn sich der Mauszeiger über einer Komponente befindet.

Die Ereignisbehandlungs-Routine OnMouseUp kann auf Betätigung der rechten, mittleren und linken Maustasten reagieren, sowie auf Maustastenkombinationen mit Umschalttasten (Tasten UMSCHALT, STRG und ALT).

OnMouseUp ist vom Typ

```
TMouseEvent = procedure (Sender: TObject; Button: TMouseButton; Shift: TShiftState;
                X, Y: Integer) of object;
```

Der Typ TMouseEvent zeigt also auf eine Methode zur Bearbeitung von Maustasten-Ereignissen hin. Der Parameter Button gibt an, welche Maustaste gedrückt wurde,

während Shift Auskunft darüber gibt, welche Umschalt- (UMSCHALT, STRG oder ALT) bzw. Maustasten gedrückt waren, während die das Mausereignis verursachende Maustaste gedrückt oder losgelassen wurde. X und Y sind die Bildschirmkoordinaten des Mauszeigers in Pixeln.

Methoden:

procedure BeginDrag(Immediate: Boolean);
Die Methode BeginDrag leitet den Ziehvorgang einer Komponente ein. Wenn der Parameter Immediate auf True gesetzt ist, wird der Mauszeiger auf den Wert der Eigenschaft DragCursor gesetzt und der Ziehvorgang beginnt. Ist Immediate False, wird der Mauszeiger nicht auf den Wert der Eigenschaft DragCursor gesetzt, und der Ziehvorgang wird erst eingeleitet, wenn der Anwender den Mauszeiger mindestens 5 Pixel bewegt. Auf diese Weise kann die Komponente Mausklicks akzeptieren, ohne einen Ziehvorgang einzuleiten.

Ihre Anwendung muß die Methode BeginDrag zum Einleiten eines Ziehvorgangs nur aufrufen, wenn DragMode auf dmManual gesetzt ist.

procedure BringToFront;
Die Methode BringToFront setzt eine Komponente innerhalb einer übergeordneten Komponente vor alle anderen Komponenten. BringToFront hilft insbesondere sicherzustellen, daß ein Formular sichtbar ist. Verwenden Sie diese Methode, wenn Sie die Reihenfolge überlappender Komponenten in einem Formular neu festlegen wollen.

Die Reihenfolge, in der Komponenten übereinander gelagert werden (Z-Reihenfolge), hängt davon ab, ob es sich um fensterähnliche oder um nicht-fensterähnliche Komponenten handelt. Die Reihenfolge arbeitet nach dem Prinzip, daß die zuletzt eingefügte Komponente die oberste und damit sichtbare Komponente ist.

Mit der Methode BringToFront einer Komponente kommt diese Komponente ganz nach oben auf den Stapel und ist somit sichtbar.

Bei der Stapelung ist zu beachten, daß fensterähnliche Komponenten immer auf nicht-fensterähnlichen Komponenten gestapelt werden. Ein Aufruf von BringToFront einer nicht-fensterähnlichen Komponenten bewirkt also gar nichts, wenn oben auf dem Stapel eine fensterähnliche Komponente liegt.

Die folgenden Komponenten zählen zu den fensterähnlichen Komponenten:

BitBtn	DBNavigator	MediaPlayer
Button	DBRadioGroup	Memo
CheckBox	DirectoryListBox	Notebook
ComboBox	DrawGrid	OLEContainer
DBCheckBox	DriveComboBox	Outline
DBComboBox	Edit	Panel
DBEdit	FileListBox	RadioButton
DBGrid	FilterComboBox	RadioGroup
DBImage	Form	ScrollBar

DBListBox	GroupBox	ScrollBox
DBLookupCombo	Header	StringGrid
DBLookupList	ListBox	TabbedNotebook
DBMemo	MaskEdit	TabSet

Die nun folgenden Komponenten zählen zu den nicht-fensterähnlichen Komponenten:

Bevel	Label	SpeedButton
DBText	PaintBox	
Image	Shape	

function CanFocus: Boolean;
CanFocus stellt fest, ob eine Komponente den Eingabefokus erhalten kann. CanFocus gibt True zurück, wenn die Eigenschaften Visible und Enabled sowohl der Komponente als auch der übergeordneten Komponenten auf True gesetzt sind. Sind nicht alle Eigenschaften Visible und Enabled dieser Komponenten auf True gesetzt, liefert CanFocus False zurück.

procedure Clear;
Die Art und Weise der Methode Clear hängt von den jeweiligen Komponenten ab:

Clear für die Standard-Komponenten:

TClipboard	TDBEdit	TFileListBox
TList	TDBListBox	TFilterComboBox
TStringList	TDBMemo	TListBox
TStrings	TDirectoryListBox	TMaskEdit
TComboBox	TDriveComboBox	TMemo
TDBComboBox	TEdit	TOutline

Clear löscht alle Text-Einträge aus dem Komponenten. Beim TClipboard wird der gesamte Inhalt der Zwischenablage gelöscht. Dies geschieht bei bei Copy- und bei Cut-Ereignissen automatisch, bevor Daten in das Clipboard eingefügt werden.

Clear für die Feldkomponenten:

TBCDField	TCurrencyField	TGraphicField
TStringField	TBlobField	TDateField
TIntegerField	TimeField	TBooleanField
TDateTimeField	TMemoField	TVarBytesField
TBytesField	TFloatField	TSmallintField
TWordField		

Clear setzt den Wert des Feldes auf NULL.

Clear für die Komponente TFieldDefs:

Clear setzt alle Werte der Eigenschaft Items zurück. Dadurch werden alle Objekte vom Typ TFieldDef aus der Komponente TFieldDefs gelöscht.

Clear für die Komponente TIndexDefs:

Clear setzt alle Werte der Eigenschaft Items zurück. Dadurch werden alle Objekte vom Typ TIndexDef aus der Komponente TFieldDefs gelöscht.

Clear für die Komponente TParam:

Clear setzt die Komponente auf 0 zurück, und löscht alle bisher zugewiesenen Daten. Die Eigenschaften Name, DataType und ParamType bleiben unverändert.

Clear für die Komponente TParams:

Clear löscht alle Parameterinformationen aus der Eigenschaft Items.

procedure ClearSelection;
ClearSelection löscht den ausgewählten beziehungsweise markierten Text aus der Komponente.

function ClientToScreen(Point: TPoint): TPoint;
Die Methode ClientToScreen übersetzt den angegebenen Punkt aus Client-Bereichkoordinaten in globale Bildschirmkoordinaten. In Client-Bereichkoordinaten entspricht der Punkt (0, 0) der oberen linken Ecke des Client-Bereichs der Komponente. In Bildschirmkoordinaten entspricht (0, 0) der oberen linken Ecke des Bildschirms. Mit den Methoden ClientToScreen und ScreenToClient rechnen Sie Positionen aus dem Koordinatensystem einer Komponente A in das Koordinatensystem einer Komponente B um.

Beispiel:
Umrechnung der Koordinaten einer Komponente A in die Koordinaten einer Komponente B (TPoint ist ein Record mit den Feldern X und Y):

```
TPoint =  record
      X  : integer;
      Y  : integer;
END;
VAR
   Koord: TPoint;
Koord:= B.ScreenToClient(A.ClientToScreen(Koord));
```

procedure CopyToClipboard;
CopyToClipboard kopiert den in der Komponente markierte Text in die Zwischenablage. Bei TDBImage wird das markierte Bild in das Clipboard kopiert.

constructor Create;
Create weist Speicher zu, um das Objekt und damit die Komponente zu erzeugen und nach Bedarf seine Daten zu initialisieren. Jedes Objekt kann eine Methode Create besitzen, die individuell so angepaßt ist, daß sie diese bestimmte Art von Objekt erzeugt. Im Normalfall benötigen sie diese Methoden nicht, da Borland Delphi alles unternimmt, um Ihre Anwendung und die darin enthaltenen Komponenten zu erzeugen. Sollten Sie allerdings ein Ereignis oder die Initialisierung eines Wertes einer selbst geschaffenen Komponente zur Zeit der Erzeugung einstellen wollen, erledigen Sie dies in der Methode Create. Dazu benötigen Sie aber genaue Kenntnisse und Techniken der OOP. Ansonsten sollten Sie Create unverändert lassen und nicht aufrufen.

procedure CutToClipboard
CutToClipboard kopiert den in der Komponente markierten Text in die Zwischenablage und löscht den Text aus der Komponente. Bei TDBImage wird das markierte Bild gelöscht und in das Clipboard kopiert.

function Dragging: Boolean;
Die Methode Dragging gibt an, ob eine Komponente gezogen wird. Dies ist der Fall, wenn Dragging True zurückgibt.

procedure EndDrag(Drop: Boolean);
Die Methode EndDrag verhindert, daß eine Komponente weiter gezogen wird. Wenn der Parameter Drop True ist, wird die gezogene Komponente abgelegt. Ist Drop False, wird die Komponente nicht abgelegt und der Vorgang wird abgebrochen.

function FindComponent(const AName: string): TComponent;
Die Methode FindComponent gibt im Array Components die Komponente zurück, deren Name zum String im Parameter AName paßt. FindComponent beachtet dabei keine Groß-/Kleinschreibung.

Beispiel:
Es existiert ein Button »Button1« in ihrer Anwendung. Um die eigentliche Komponente TButton1 im Array Components zurückzugeben, rufen Sie FindComponents wie folgt auf:

```
FindComponents('Button1');
```

function Focused: Boolean;
Focused wird verwendet, um zu bestimmen, ob ein Fensterdialogelement den Fokus besitzt und deshalb das aktive Dialogelement in ActiveControl ist.

procedure Free;
Die Methode Free entfernt das Objekt und gibt den dazugehörigen Speicher frei. Haben Sie das Objekt unter Verwendung der Methode Create erzeugt, benutzen Sie zum Entfernen und für die Freigabe des Speichers die Methode Free. Free gelingt auch dann, wenn das Objekt selbst nicht mehr existiert (zum Beispiel durch einen vorherigen Aufruf von Free. Delphi erledigt dies für Objekte der Bibliothek visueller Komponenten automatisch.

Sie sollten also niemals eine Komponente innerhalb ihrer Anwendung entfernen.

Falls Sie ein Formular freigeben wollen, rufen Sie die Methode Release auf, um das Formular zu löschen und dessen benutzten Speicher freizugeben.

function GetSelTextBuf(Buffer: PChar; BufSize: Integer): Integer;
GetSelTextBuf kopiert den markierten Text aus einer Komponente in den Puffer, auf den der Parameter Buffer weist. Der Parameter BufSize bezeichnet dabei die Größe des Puffers (in Anzahl der Zeichen) beziehungsweise nach Ausführung der Methode die Anzahl der kopierten Zeichen.

function GetTextBuf(Buffer: PChar; BufSize: Integer): Integer;
Die Methode GetTextBuf holt den Text der Komponente und kopiert ihn als Nullterminierten String in den Puffer (Ende der Zeichenkette wird mit 0 angegeben), auf den Buffer zeigt. Die maximale Länge des Strings wird mit BufSize (siehe dazu GetTextLen) festgelegt. In BufSize ist nach der Ausführung die Anzahl der Zeichen des Strings zu finden. Diese Methode ist vor allem dann sehr nützlich, wenn mit Strings größer als 256 Zeichen gearbeitet wird. Der Typ STRING kann nicht mehr als 256 Zeichen aufnehmen. Dabei entfällt aber das erste Element in diesem Typ auf die Längenangabe des Strings, so daß nur noch maximal 255 Zeichen möglich sind. Ein PChar ist ein Zeiger auf das erste Zeichen einer Zeichenkette. Eine derart definierte Zeichenkette besitzt keine Längenangabe, sondern trägt eine 0 am Ende der Kette, daher auch der Name Null-terminierter String. Ein PChar kann die maximal Größe von 64 Kbyte erreichen. Die maximal Anzahl der Zeichen ist also auf 64 Kbyte und nicht auf 255 Zeichen beschränkt (siehe auch GetTextLen und SetTextBuf).

function GetTextLen: Integer;
Die Methode GetTextLen gibt die Länge des Textes der Komponente zurück. Dieser Wert kann für BufSize in GetTextBuf verwenden werden (siehe auch GetTextBuf und SetTextBuf).

procedure Hide;
Die Methode Hide versteckt eine Komponente, sie ist also nicht mehr auf dem Bildschirm sichtbar. Dazu wird ihre Eigenschaft Visible auf False gesetzt. Die Komponente ist aber weiterhin aktiv, kann also bearbeitet werden.

procedure InsertComponent(AComponent: TComponent);
InsertComponent macht die Komponente zum Besitzer der im Parameter AComponent übergebenen Komponente. Die Komponente wird am Ende der Array-Eigenschaft Components hinzugefügt. Die eingefügte Komponente darf keinen Namen haben (keinen für die Eigenschaft Name spezifizierten Wert) oder der Name muß sich eindeutig von allen anderen in der Components-Liste unterscheiden. Wird die Besitzerkomponente entfernt, so wird auch AComponent gelöscht.

procedure RemoveComponent(AComponent: TComponent);
RemoveComponent entfernt die Komponente, die im Parameter AComponent festgelegt ist, aus der Komponentenliste Components. Die Position in der Liste wird zu Nil.

procedure Invalidate;
Die Methode Invalidate erzwingt das Neuzeichnen einer Komponente, sobald dies möglich ist.

procedure PasteFromClipboard;
PasteFromClipboard kopiert den Inhalt der Zwischenablage in die Komponente an die aktuelle Cursorposition.

procedure Refresh;
Die Methode Refresh reagiert je nach Art der Komponente, ob Daten oder die Komponenten selbst neu gezeichnet werden. Die Methode Refresh kann also jedes Bild

auf dem Bildschirm löschen und alle Dialogelemente neuzeichnen beziehungsweise Datensätze einer Datei erneut einlesen.

Innerhalb der Implementation von Refresh beim Neuzeichen von Komponenten wird die Methode Invalidate und dann die Methode Update aufgerufen.

Beim Refresh von Daten sei eines zu beachten: Durch Refresh können sich die angezeigten Daten unerwartet verändern und so den Anwender verwirren. Ein Dialog oder eine andere Mitteilung, der dem Anwender den Refresh der Daten mitteilt, wäre somit wohl angebracht und von äußerster Nützlichkeit.

procedure RemoveComponent(AComponent: TComponent);
RemoveComponent entfernt die Komponente, die im Parameter AComponent festgelegt ist, aus der Komponentenliste Components. Die Position in der Liste wird zu Nil.

procedure Repaint;
Die Methode Repaint fordert das Dialogelement auf, sein Bild auf dem Bildschirm neu zu zeichnen, ohne jedoch das bereits Erschienene zu löschen. Um vor dem Neuzeichnen zu löschen, müssen Sie anstelle von Repaint die Methode Refresh aufrufen.

procedure ScaleBy(M, D: Integer);
Die Methode ScaleBy skaliert eine Komponente um einen Prozentsatz ihrer ursprünglichen Größe. Der Parameter M ist der Multiplikator und der Parameter D der Divisor. Wenn Sie beispielsweise die Größe des Dialogelements auf 66% seines ursprünglichen Formats ändern möchten, geben Sie in M den Wert 66 und in D den Wert 100 an (66/100). Bei der Vergrößerung gehen Sie einfach den umgekehrten Weg: Vergrößerung um 66% bedeutet nichts anderes als M=166 und D=100.

function ScreenToClient(Point: TPoint): TPoint;
Die Methode ScreenToClient wird verwendet, um den Koordinatenpunkt in Pixeln der Komponente auf dem Bildschirm zu bestimmen. ScreenToClient gibt die X- und Y-Koordinaten in einem Record des Typs TPoint zurück.

procedure ScrollBy(DeltaX, DeltaY: Integer);
ScrollBy scrollt den Inhalt einer Komponente. Statt der Methode ScrollBy sollten Sie in Normalfall lieber mit den eingebauten Bildlaufleisten arbeiten, es sei denn, diese Leisten wären für Ihre Programm-Idee aus irgend einem Grund nicht brauchbar.

DeltaX enthält die Veränderung in Pixeln in Richtung der X-Achse. Ein positiver Wert von DeltaX verschiebt den Inhalt nach rechts, ein negativer Wert verschiebt den Inhalt nach links. DeltaY bezeichnet die Veränderungen in Pixeln in Richtung der Y-Achse. Ein positiver Wert von DeltaY verschiebt den Inhalt nach unten, ein negativer Wert verschiebt den Inhalt nach oben.

procedure SelectAll;
SelectAll wählt den gesamten Inhalt einer Komponente (Text oder Bild) aus.

procedure SendToBack;
Die Methode SendToBack setzt eine Komponente innerhalb einer übergeordneten Komponente hinter alle anderen Komponenten. Die Reihenfolge, in der Komponen-

ten übereinander gelagert werden (Z-Reihenfolge), hängt davon ab, ob es sich um fensterähnliche oder um nicht-fensterähnliche Komponenten handelt. Die Reihenfolge arbeitet nach dem Prinzip, daß die zuletzt eingefügte Komponente die oberste und damit nicht sichtbare Komponente ist.

Mit der Methode SendToBack einer Komponente würde diese Komponente ganz nach unten auf den Stapel kommen und somit nicht sichtbar sein.

Bei der Stapelung ist zu beachten, daß fensterähnliche Komponenten immer auf nicht-fensterähnlichen Komponenten gestapelt werden. Ein Aufruf von SendToBack einer fensterähnlichen Komponenten bewirkt also gar nichts, wenn unter dem Stapel eine nicht-fensterähnliche Komponente liegt (siehe auch BringToFront).

Die folgenden Komponenten zählen zu den fensterähnlichen Komponenten:

BitBtn	DBNavigator	MediaPlayer
Button	DBRadioGroup	Memo
CheckBox	DirectoryListBox	Notebook
ComboBox	DrawGrid	OLEContainer
DBCheckBox	DriveComboBox	Outline
DBComboBox	Edit	Panel
DBEdit	FileListBox	RadioButton
DBGrid	FilterComboBox	RadioGroup
DBImage	Form	ScrollBar
DBListBox	GroupBox	ScrollBox
DBLookupCombo	Header	StringGrid
DBLookupList	ListBox	TabbedNotebook
DBMemo	MaskEdit	TabSet

Die nun folgenden Komponenten zählen zu den nicht-fensterähnlichen Komponenten:

Bevel	Label	SpeedButton
DBText	PaintBox	Image
Shape		

procedure SetBounds(ALeft, ATop, AWidth, AHeight: Integer);
Die Methode SetBounds setzt die Begrenzungseigenschaften der Komponente Left, Top, Width und Height auf die Werte, die in den entsprechenden Werten ALeft, ATop, AWidth und AHeight übergeben werden. SetBounds erlaubt Ihnen, mehr als eine Begrenzungseigenschaft der Komponente zur gleichen Zeit einzustellen. Obwohl Sie immer einzelne Begrenzungen einstellen können, erlaubt Ihnen die Verwendung von SetBounds, mehrere Änderungen auf einmal durchzuführen, ohne daß jedesmal das Dialogfenster neu gezeichnet werden muß.

procedure SetFocus;
SetFocus übergibt den Fokus an die Komponente. Bei Formularen ruft das jeweilige Formular die Methode SetFocus des standardmäßig aktiven Dialogelements auf.

procedure SetSelTextBuf(Buffer: PChar);
SetSelTextBuf ersetzt den markierten Text einer Komponente durch den in Buffer enthaltenen Text.

procedure SetTextBuf(Buffer: PChar);
Die Methode SetTextBuf ersetzt den Text in einer Komponente durch den Text in Buffer. Buffer muß auf einen mit Null abgeschlossenen String zeigen. (siehe auch GetTextBuf und GetTextLen).

procedure Show;
Die Methode Show bringt eine Komponente sichtbar auf dem Bildschirm, indem die Eigenschaft Visible auf True eingestellt wird. Falls die Methode Show eines Formulars aufgerufen wird und das Formular ist undurchsichtig, versucht Show das Formular sichtbar zu machen, indem sie das Formular mit der Methode BringToFront in den Vordergrund bringt. Ein Formular verfügt zusätzlich über die Methode ShowModal, um einen modalen Dialog erzeugen zu können. Ein modaler Dialog muß bearbeitet und geschlossen werden. Ein SendToBack hätte also keinen Erfolg.

procedure Update;
In der Methode Update wird die API-Funktion UpdateWindow von Windows aufgerufen, die alle beim Zeichnen entstandenen und noch nicht erledigten Meldungen bearbeitet. UpdateWindows ist definiert als

```
procedure UpdateWindow(Wnd: HWnd);
```

Die Routine UpdateWindow aktualisiert den Client-Bereich des angegebenen Fensters, indem sie eine WM_PAINT-Meldung an das Fenster sendet, wenn der Aktualisierungsbereich für das Fenster nicht leer ist. Die Routine UpdateWindow sendet eine WM_PAINT-Meldung unter Umgehung der Anwendungswarteschlange direkt an die Fensterfunktion des gegebenen Fensters. Wenn der Aktualisierungsbereich leer ist, wird keine Meldung gesendet. Der Parameter Wnd bezeichnet das Fenster oder besser das Handle des Fensters, das aktualisiert werden soll.

Komponentenname: Button
Klassenname: TButton

Beschreibung:

Eine Komponente Button stellt einen Schalter dar. Buttons werden sehr oft in Dialogfenstern benutzt. Ein Button mit einer Voreinstellung ist der Button, dessen Ereignisbehandlungs-Routine OnClick ausgeführt wird, wenn der Benutzer die Taste ENTER betätigt, während er das Dialogfenster benutzt. Um einen solchen Button aufzubauen, setzen Sie die Eigenschaft Default des Button auf True. Ein Abbruch-Button wird immer dann ausgeführt wird, wenn der Benutzer die Taste ESC betätigt, während er sich im Dialogfenster befindet.

Eigenschaften:

property Align: TAlign;
Die Eigenschaft Align legt fest, wie Dialogelemente zum Beispiel im Formular ausgerichtet werden. Mögliche Werte:

alNone	Die Komponente bleibt an der Einfügeposition im Formular (Standardeinstellung).
alTop	Die Komponente wird an die Oberkante des Formulars verschoben und an seine Breite angepaßt. Die Höhe der Komponente bleibt unverändert.
alBottom	Die Komponente wird an die Unterkante des Formulars verschoben und an seine Breite angepaßt. Die Höhe der Komponente bleibt unverändert.
alLeft	Die Komponente wird an die linke Kante des Formulars verschoben und an seine Höhe angepaßt. Die Breite der Komponente bleibt unverändert.
alRight	Die Komponente wird an die rechte Kante des Formulars verschoben und an seine Höhe angepaßt. Die Breite der Komponente bleibt unverändert.
alClient	Die Größe der Komponente wird an den Client-Bereich eines Formulars angepaßt. Ist ein Teil des Client-Bereichs bereits von einer anderen Komponente besetzt, füllt die Komponente den verbleibenden Teil des Client-Bereichs aus.

Wird zum Beispiel ein Formular, das Besitzer eines Labels ist, in der Größe verändert, werden die Komponenten innerhalb des Formulars neu ausgerichtet. Die Verwendung der Eigenschaft Align ist dann sinnvoll, wenn ein Dialogelement an einer Position des Formulars stehenbleiben soll, auch wenn sich die Größe des Formulars ändert.

property BoundsRect: TRect;
Die Eigenschaft BoundsRect liefert das Begrenzungsrechteck der Komponente – ausgedrückt im Koordinatensystem des übergeordneten Dialogelements – zurück. Mit BoundsRect ersetzen und erleichtern Sie sich somit die Abfrage der einzelnen Werte für die Eigenschaften Left, Top, Width und Height.

property Cancel: Boolean;
Cancel gibt an, ob ein Schalter oder ein Bitmap-Schalter ein Cancel- bzw. Abbruch-Schalter ist. Ist Cancel True, wird die Ereignisbehandlungs-Routine OnClick für den Schalter ausgeführt, wenn der Anwender Esc drückt. Zwar kann es in Ihrer Anwendung mehr als einen Schalter geben, der als Abbruchschalter gekennzeichnet ist, das Formular ruft aber die OnClick-Ereignisbehandlungs-Routine nur für den ersten sichtbaren Schalter in der Tabulatorreihenfolge auf.

property Caption: String;
Die Eigenschaft Caption ist der Text, der in der Komponente angezeigt wird. Wie zum Beispiel in der Titelleiste des Formulars.

property ComponentIndex: Integer;
Die Eigenschaft ComponentIndex zeigt die Position einer Komponente in der Eigenschaftsliste Components ihres Besitzers an. Die erste Komponente in der Liste hat den ComponentIndex-Wert 0, die zweite hat den Wert 1, die dritte den Wert 2 etc. Diese Eigenschaft ist nur zur Laufzeit und dann auch nur im Read-Only-Modus benutzbar.

property Controls[Index: Integer]: TControl;
Controls ist ein Array aller untergeordneten Komponenten der Komponente. Controls ist dann von Nutzen, wenn Sie auf die untergeordneten Komponenten über die Zahl statt über den Namen zugreifen müssen.

property Cursor: TCursor;
Mit der Eigenschaft Cursor stellen Sie das Aussehen des Cursors ein, wenn dieser auf die Komponente zeigt.

Mögliche Werte sind:

crDefault	crArrow	crCross
crIBeam	crSize	crSizeNESW
crSizeNS	crSizeNWSE	crSizeWE
crUpArrow	crHourglass	crDrag
crNoDrop	crHSplit	crVSplit

property Default: Boolean;
Default gibt an, ob ein Button oder BitBtn der voreingestellte Schalter (Default=True) ist. Ist ein Schalter voreingestellt, wird er immer dann ausgelöst, wenn Sie die RETURN-Taste drücken, es sei denn, es wurde ein anderer Schalter ausgewählt. Die Behandlung dieser Aktion wird über die Eigenschaft OnClick gesteuert. Ein Schalter ist immer dann der sogenannte voreingestellte Schalter, wenn Sie keinen Schalter oder den voreingestellten Schalter ausgewählt haben.

property DragCursor: TCursor;
Die Eigenschaft DragCursor bestimmt die Form des Mauszeigers, wenn sich der Zeiger über einer Komponente befindet, die ein gezogenes Objekt akzeptieren kann. Mögliche Werte sind mit denen der Eigenschaft Cursor identisch.

property DragMode: TDragMode;
Die Eigenschaft DragMode legt das Ziehen-und-Ablegen-Verhalten einer Komponente fest. Mögliche Werte sind:

dmAutomatic	Wenn dmAutomatic ausgewählt ist, ist das Dialogelement bereit, gezogen zu werden; der Anwender klickt nur und zieht es dann.
dmManual	Wenn dmManual ausgewählt ist, kann das Dialogelement nicht gezogen werden, bevor die Anwendung die Methode BeginDrag aufgerufen hat.

Ist die Eigenschaft DragMode einer Komponente dmAutomatic, kann die Anwendung dies zur Laufzeit durch Einstellung des Werts dmManual deaktivieren.

property Enabled: Boolean;
Die Eigenschaft Enabled bestimmt, ob die Komponente auf Maus-, Tastatur- und Timer-Ereignisse reagiert. Ist Enabled auf True gesetzt, reagiert die Komponente normal. Ist Enabled hingegen False, ignoriert das Dialogelement Maus- und Tastaturereignisse. Bei einer Timer-Komponente werden die für das OnTimer-Ereignis deaktivierten Komponenten (Dialogelemente) grau dargestellt.

property Font: TFont;
Die Eigenschaft Font legt den Font und die Eigenschaften dieses Fonts der Komponente fest. Sie haben die Möglichkeit, diese Werte im Objectinspektor oder – wesentlich komfortabler – mit Hilfe eines Doppelklicks auf diese Eigenschaft einen Dialog zu öffnen, der alle möglichen Werte anzeigt.

property Handle: ...;
Der Typ der Eigenschaft Handle ist abhängig von der jeweiligen Komponente. In allgemeinen gilt: Sollte eine Windows-API-Funktion ein Handle der betreffenden Komponente verlangen, setzen Sie dazu die jeweilige Eigenschaft Handle der betreffenden Komponente ein. Verlangt eine Windows-API-Funktion zum Beispiel das Handle Ihrer gesamten Anwendung, verwenden Sie am besten die Eigenschaft Handle des Objekts TApplication. Hier die Übersicht der verschiedenen Typen der Eigenschaft Handle:

Handle für die Komponenten:

Bitmap	property Handle: HBitmap;
Brush	property Handle: HBrush;
Canvas	property Handle: HDC;
Font	property Handle: HFont;
Icon	property Handle: HIcon;
Metafile	property Handle: HMetafile;
Pen	property Handle: HPen;

Handle gibt Ihnen den Zugriff auf das Handle des jeweiligen GDI-Objekts. Benötigen Sie zum Beispiel zum Aufruf einer Windows-API-Funktion ein Handle auf ein Stiftobjekt oder ein Bitmap-Objekt, verwenden Sie das Handle der Komponente Pen beziehungsweise der Komponente Bitmap.

Handle für das Object TApplication und die folgenden Komponenten:

Bevel	DBText	Memo
BitBtn	DirectoryListBox	Notebook
Button	DrawGrid	OLEContainer
CheckBox	DriveComboBox	Outline
ComboBox	Edit	PaintBox
DBCheckBox	FileListBox	Panel
DBComboBox	FilterComboBox	RadioButton
DBEdit	FindDialog	RadioGroup
DBGrid	Form	ReplaceDialog
DBImage	GroupBox	ScrollBar
DBListBox	Header	ScrollBox

DBLookupCombo	Image	Shape
DBLookupList	Label	SpeedButton
DBMemo	ListBox	StringGrid
DBNavigator	MaskEdit	TabbedNotebook
DBRadioGroup	MediaPlayer	TabSet

property Handle: HWND;
Handle ermöglicht Ihnen Zugriff auf das Handle der jeweiligen Komponente (z.B. Fenster-Handle, Dialog-Handle etc.). Dieses Handle wird von einigen Windows-API-Funktionen beim Aufruf erwartet. Sie können in diesem Fall das Handle der jeweils betroffenen Komponente oder – falls das Handle Ihrer Anwendung gefordert wird – das Handle des Objekts TApplication übergeben.

Handle für die Komponenten:

MainMenu	MenuItem	PopupMenu

property Handle: HMENU;
Sollte eine Windows-API-Funktion ein Handle eines Menüs, Menü-Eintrags oder eines lokalen Menüs verlangen, können Sie dazu die Eigenschaft Handle von MainMenu, MenuItem und PopupMenu benutzen.

Handle für die Komponente Printer:

property Handle: HDC;
Handle beinhaltet das Handle des jeweiligen Druckerobjekts TPrinter der Komponente Printer.

Handle für die Komponente DataBase:

property Handle: HDBIDB;
Um direkte Aufrufe in die Richtung des Borland-Database-Engine-(BDE)-API zu tätigen, benötigen Sie ein Handle der jeweiligen Datenbank-Komponente. Dazu dient Ihnen die Eigenschaft Handle der Komponente DataBase. Sie erlaubt Ihnen Zugriffe auf Funktionen des BDE-API, die nicht in der VCL-Bibliothek integriert wurden. Bevor Sie allerdings diese Funktionen aufrufen, sollten Sie prüfen, ob diese Funktion möglicherweise schon in der VCL-Bibliothek gekapselt wurde.

Handle für das Object TSession:

Delphi erzeugt eine Komponente Session vom Typ TSession immer dann, wenn eine Anwendung ausgeführt wird. Sessions sollten nicht von Ihnen erzeugt oder zerstört werden. Session erlaubt globale Prüfung über Datenbankverbindungen. Die Eigenschaft Databases von Session ist ein Array von allen aktiven Datenbanken in der Sitzung. Die Eigenschaft DatabaseCount vom Typ Integer zeigt die Anzahl der aktiven Datenbanken in der Sitzung.

property Handle: HDBISES;
Mit Handle können Sie direkte Aufrufe an die Borland-Datenbank-Engine bezogen auf eine bestimmte Sitzung (Session/TSession) durchführen. Die Komponente Session werden Sie kaum benutzen müssen. Die wichtigsten Funktionen der BDE-API sind in der VCL-Bibliothek gekapselt und ersparen Ihnen diesen Weg.

Handle für die die Komponenten Table, Query und StoredProc:

property Handle: HDBICur;
Ebenfalls für direkte Zugriffe auf Funktionen der BDE-API und unter normalen Umständen nicht zu verwenden, da die wichtigsten BDP-API-Funktionen via VCL-Bibliothek einen einfacheren Zugriff ermöglichen.

property Height: Integer;
Die Eigenschaft Height eines Dialogelements legt die Höhe der Komponente in Pixeln fest.

property HelpContext: THelpContext;
Die Eigenschaft HelpContext stellt eine Kontextnummer für die Verwendung beim Aufruf kontextbezogener Online-Hilfe bereit. Jeder Hilfebildschirm des Hilfesystems muß eine eindeutige Kontextnummer besitzen. Ist in der Anwendung eine Komponente selektiert, wird nach Betätigen von F1 ein Hilfebildschirm angezeigt. Welcher Hilfebildschirm angezeigt wird, hängt vom Wert der Eigenschaft HelpContext ab.

property Hint: string;
Die Eigenschaft Hint ist der Text-String, der erscheint, wenn ein OnHint-Ereignis eintritt, also wenn der Benutzer den Cursor über die Komponente bewegt. Wie der String angezeigt wird, bestimmt der Code in der Ereignisbehandlungs-Routine OnHint. Sie können eine Schnellhilfe, d.h. ein Fenster, das einen Hilfetext enthält, für eine Komponente erscheinen lassen, wenn der Anwender den Mauszeiger über das Dialogelement führt und dort kurz verweilt. Dies funktioniert wie folgt:

1. Spezifizieren Sie für jede Komponente, die einen Schnellhinweis anzeigen soll, einen Hint-Wert.
2. Setzen Sie die Eigenschaft ShowHint des Bedienfelds auf True.
3. Setzen Sie die Eigenschaft ShowHint der Anwendung zur Laufzeit auf True.

Sie können Hint gleichzeitig sowohl für ein Hilfehinweisfenster als auch für die Verwendung innerhalb der Behandlungsroutine OnHint spezifizieren, indem Sie zwei durch das Zeichen | (das »oder« oder Pipe-Symbol) getrennte Werte angeben, also beispielsweise:

```
Edit1.Hint := 'Aufforderung|Geben Sie den richtigen Wert ein';
```

Der String »Aufforderung« erscheint im Hilfehinweisfenster, und der String »Geben Sie den richtigen Wert ein« erscheint wie in der Ereignisbehandlungs-Routine OnHint spezifiziert.

property Left: Integer;
Die Eigenschaft Left bestimmt die horizontalen Koordinaten in Pixeln der linken Kante einer Komponente relativ zum Formular. Für Formulare ist der Wert der Eigenschaft Left relativ zu den Koordinaten des Bildschirms (ebenfalls in Pixeln).

property ModalResult: TModalResult;
Mit der Eigenschaft ModalResult kann man das Resulttat der Buttons und damit eines modalen Dialogs festlegen. Folgende Konstanten sind mögliche Werte von ModalResult:

Kapitel 1

Konstante	Wert (real)	Bedeutung
mrNone	0	neutral, unbestimmt
mrOk	idOK (1)	Der Dialog wurde mit dem Okay-Button beendet
mrCancel	idCancel (2)	Der Dialog wurde mit dem Cancel-Button beendet (Abbruch)
mrAbort	idAbort (3)	Der Dialog wurde mit dem Abort-Button beendet (Abbruch)
mrRetry	idRetry (4)	Der Dialog wurde mit dem Retry-Button beendet (Wiederholen)
mrIgnore	idIgnore (5)	Der Dialog wurde mit dem Ignore-Button beendet (Ignorieren)
mrYes	idYes (6)	Der Dialog wurde mit dem Yes-Button beendet (Ja)
mrNo	idNo (7)	Der Dialog wurde mit dem No-Button beendet (Nein)
mrAll	mrNo + 1 (8)	Der Dialog wurde mit dem All-Button beendet (Alles)

Entsprechend sollten Sie natürlich einen Button, der mrOk als Wert für ModalResult zurückgibt auch definieren. Eine Unaufmerksamkeit bei dieser Eigenschaft genügt, und ein Cancel-Button liefert den Wert mrOk zurück. Statt zum Beispiel das Formatieren der Festplatte abzubrechen, lösen Sie mit dem Cancel-Button die ultimative Vernichtung ihrer (hoffentlich nicht!) wichtigen Daten aus.

property Name: TComponentName;
Die Eigenschaft Name enthält den Namen der Komponente, wie er von anderen Komponenten für den Zugriff verwendet wird. Delphi weist als Vorgabewerte sequentielle Namen zu, die auf dem Typ der Komponente basieren, also etwa für Buttons »Button1«, »Button2« etc. Diese können Sie gemäß Ihrer Vorstellung abändern. Komponentennamen sollten ausdrücklich nur zur Entwurfszeit geändert werden.

property OEMConvert: Boolean;
Die Eigenschaft OEMConvert bestimmt, ob der Text im Dialogelement in OEM-Zeichen konvertiert wird. Bei True wird der Text konvertiert, bei False verbleiben die Zeichen im ANSI-Zeichensatz. Der Standardwert ist False. Sie sollten den Text in OEM-Zeichen konvertiert haben, wenn der Text Dateinamen enthält, da DOS als Betriebssystem nur ASCII-Zeichen versteht. So können Umlaute, die in ANSI kodiert sind, unter DOS nur noch als teilweise merkwürdige Grafiksymbole gelesen werden.

property Owner: TComponent;
Die Eigenschaft Owner gibt an, welche Komponente zu welcher Komponente gehört. Dem Formular gehören alle Komponenten, die auf ihm vorhanden sind. Umgekehrt gehört das Formular zur Anwendung. Gehört eine Komponente A einer anderen Komponente B, wird der Speicher der Komponente A freigegeben, wenn der Spei-

cher der Komponente B freigegeben wird. Es werden also folgerichtig alle Komponenten des Formular gelöscht, wenn das Formular gelöscht wird. Außerdem wird natürlich der Speicher für das Formular und seine Komponenten freigegeben, wenn der Speicher der Anwendung selbst freigegeben wird.

property Parent: TWinControl;
Die Eigenschaft Parent enthält den Namen der übergeordneten Komponente. Wenn eine Komponente A eine andere Komponente B enthält, sind die in B enthaltenen Komponenten untergeordnete Komponenten von A. Wenn Ihre Anwendung beispielsweise drei Buttons in einer GroupBox enthält, ist die GroupBox das übergeordnete Element der drei Buttons und die Button-Schaltfelder sind der GroupBox untergeordnet.

Parent und Owner sind leider etwas verwirrend. Daher hier eine kleine Entwirrung:

Ein Formular ist der Besitzer aller darauf enthaltenen Komponenten, unabhängig davon, ob sie ein Fensterelement sind. Für unser Beispiel mit den drei Button und der GroupBox bedeutet dies: Der Besitzer der Buttons ist immer das Formular, aber die GroupBox ist das übergeordnete Element.

Wenn Sie einen neuen Dialog erzeugen, müssen Sie dem neuen Dialogelement einen Wert der Eigenschaft Parent zuweisen. Üblicherweise sind dies Formulare, Bedienfelder, GroupBoxen oder andere Dialoge, die andere Komponenten-Elemente enthalten können. Es ist möglich, jedes Element als das Übergeordnete zuzuweisen, aber das darin enthaltene Dialogelement wird wahrscheinlich überschrieben.

Wird das übergeordnete Element gelöscht, werden auch alle Elemente, die ihm untergeordnet sind, gelöscht.

property ParentFont: Boolean;
Die Eigenschaft ParentFont bestimmt, wo eine Komponente nach ihrer Fonteigenschaft suchen soll. Falls ParentFont True ist, verwendet die Komponente den Font der übergeordneten Komponente.

Wenn ParentFont True ist, verwendet die Komponente ihre eigene Eigenschaft Font. Durch Verwendung von ParentFont können Sie sicherstellen, daß alle Komponenten auf einem Formular das gleiche Erscheinungsbild haben.

property ParentShowHint: Boolean;
Die Eigenschaft ParentShowHint bestimmt, wo eine Komponente nach ihrer Hint-Eigenschaft suchen soll. Falls ParentShowHint True ist, verwendet die Komponente die Hint-Eigenschaft der übergeordneten Komponente.

Ist ParentShowHint True, verwendet die Komponente ihre eigene Eigenschaft Hint. Durch Verwendung von ParentShowHint können Sie sicherstellen, daß alle Komponenten auf einem Formular das gleiche Erscheinungsbild haben.

property PopupMenu: TPopupMenu;
Die Eigenschaft PopupMenu legt den Namen des Popup-Menüs fest, das erscheint, wenn der Anwender die Komponente auswählt oder die rechte Maustaste drückt

(bei True für AutoPopup des Popup) oder wenn die Methode Popup des Popup-Menüs ausgeführt wird.

property ShowHint: Boolean;
Die Eigenschaft ShowHint bestimmt, ob das Dialogelement eine Schnellhilfe anzeigen soll, wenn der Mauszeiger eine Weile auf ihm verweilt. Die Schnellhilfe entspricht dem Wert der Eigenschaft Hint, die in einem Feld direkt unterhalb des Elements angezeigt wird. Wenn die Eigenschaft ShowHint True ist, wird die Schnellhilfe dargestellt.

Ist ShowHint False, kann die Schnellhilfe auch angezeigt werden, wenn ParentShowHint auf True gesetzt wurde, und die Eigenschaft ShowHint der übergeordneten Komponente ebenfalls auf True gesetzt wurde.

property Showing: Boolean;
Die Eigenschaft Showing legt fest, ob eine Komponente momentan auf dem Bildschirm angezeigt wird. Falls die Eigenschaft Visible einer Komponente und aller übergeordneten Komponenten in der übergeordneten Hierarchie True ist, ist Showing ebenfalls True. Wenn einer der Vorfahren der Komponente den Wert False als Wert für die Eigenschaft Visible hat, ist automatisch auch Showing False.

property TabOrder: TTabOrder;
Die Eigenschaft TabOrder bestimmt die Nummer einer Komponente in der Tabulatorreihenfolge, in der die Komponenten den Fokus erhalten, wenn der Anwender TAB drückt. Anfänglich ist die Tabulatorreihenfolge immer die Reihenfolge, in der die Komponenten in das Formular hinzugefügt wurden. Der Wert der Eigenschaft TabOrder ist für jede Komponente auf dem Formular einmalig. Die erste dem Formular hinzugefügte Komponente hat den Wert 0 von TabOrder, die zweite hat 1, die dritte 2 usw.

Falls Sie dem Wert der Eigenschaft TabOrder einer Komponente den Wert einer anderen Komponente zuweisen, numeriert Delphi automatisch alle anderen Werte neu. Angenommen, eine Komponente ist beispielsweise die sechste Komponente in der Tabulatorreihenfolge. Wenn Sie den Wert der Eigenschaft TabOrder der Komponente auf 3 ändern (dies macht die Komponente zu der vierten in der Tabulatorreihenfolge), wird die Komponente, die die vierte war, nun zur fünften und die Komponente, die die fünfte war, wird jetzt die sechste.

property TabStop: Boolean;
Die Eigenschaft TabStop bestimmt, ob der Anwender diese Komponente mit TAB anspringen kann. Falls TabStop True ist, befindet sich die Komponente in der Tabulatorreihenfolge. Wenn TabStop False ist, ist das Dialogelement nicht in der Tabulatorreihenfolge enthalten.

property Tag: Longint;
Die Eigenschaft Tag speichert einen Integerwert als Element einer Komponente. Tag wird von Delphi nicht verwendet und steht Ihnen damit zur freien Verfügung.

property Top: Integer;
Die Eigenschaft Top gibt die y-Koordinate in Pixeln der linken oberen Ecke eines Dialogelements relativ zum Formular an. Bei Formularen wird der Wert der Eigenschaft Top in Pixeln relativ zu den Koordinaten des Bildschirms angegeben.

property Visible: Boolean;
Die Eigenschaft Visible bestimmt, ob eine Komponente auf dem Bildschirm sichtbar ist (True) oder nicht (False).

property Width: integer;
Die Eigenschaft Width gibt die Breite einer Komponente gemessen in Pixeln an.

Ereignisse:

property OnClick: TNotifyEvent;
Das Ereignis OnClick tritt ein, wenn der Benutzer auf die Komponente klickt. In einem Formular tritt OnClick ein, wenn der Benutzer auf eine freie Stelle im Formular oder auf eine inaktive Komponente klickt.

OnClick ist vom Typ

```
TNotifyEvent = procedure (Sender: TObject) of object;
```

Der Typ TNotifyEvent weist also auf eine Methode, die das Anklicken eines Objekts behandelt. Der Parameter Sender ist das Dialogelement, das angeklickt wurde.

property OnDragDrop: TDragDropEvent;
Das Ereignis OnDragDrop tritt ein, wenn der Anwender ein gezogenes Objekt ablegt. Verwenden Sie die Ereignisbehandlungs-Routine OnDragDrop, um festzulegen, was passieren soll, wenn der Anwender ein Objekt ablegt.

OnDragClick ist vom Typ

```
TDragDropEvent = procedure(Sender, Source: TObject; X, Y: Integer) of object;
```

Der Typ TDragDropEvent zeigt also auf eine Methode, die das Ablegen eines gezogenen Objekts behandelt. Der Parameter Source des Ereignisses OnDragDrop ist das abzulegende Objekt und der Parameter Sender ist das Dialogelement, auf das das Objekt abgelegt wurde. Die Parameter X und Y sind die Koordinaten des Mauszeigers, der über dem Dialogelement positioniert wird.

property OnDragOver: TDragOverEvent;
Das Ereignis OnDragOver tritt ein, wenn der Anwender ein Objekt über eine Komponente zieht. Üblicherweise werden Sie ein Ereignis OnDragOver verwenden, um ein Objekt zu akzeptieren, damit der Anwender es ablegen kann.

OnDragClick ist vom Typ

```
TDragOverEvent = procedure(Sender, Source: TObject; X, Y: Integer;
                    State: TDragState; var Accept: Boolean) of object;
```

Der Typ TDragOverEvent zeigt also auf eine Methode, dir das Ziehen eines Objekts über ein anderes Objekt behandelt. Der Parameter Source ist das gezogene Objekt, Sender ist das Objekt, über das Source gezogen wurde, X und Y sind die Koordinaten des Mauszeigers, der über dem Dialogelement positioniert wird in Pixeln, State ist der Status des gezogenen Objekts in Verbindung zum darübergezogenen Objekt. Accept legt fest, ob der Sender das Ziehobjekt erkennt. Accept wird nicht per Voreinstellung auf True oder False gesetzt; Sie müssen die passenden Werte selbst zuweisen.

Das Ereignis OnDragOver akzeptiert ein Objekt, wenn der Parameter Accept True ist. Durch Ändern des Werts der Eigenschaft DragCursor können Sie das Erscheinungsbild des Cursors beeinflussen. Dies können Sie entweder während der Entwicklung oder zur Laufzeit, bevor ein Ereignis OnDragOver eintritt, durchführen.

property OnEndDrag: TEndDragEvent;
Das Ereignis OnEndDrag tritt immer dann ein, wenn das Ziehen eines Objekts abgeschlossen oder abgebrochen wird. Wenn Sie eine besondere Behandlung haben möchten, wenn das Ziehen beendet ist, verwenden Sie die Ereignisbehandlungs-Routine OnEndDrag.

OnEndDrag ist vom Typ

```
TEndDragEvent = procedure(Sender, Target: TObject; X, Y: Integer) of object;
```

Der Typ TEndDragEvent zeigt also auf eine Methode, die das Anhalten des Ziehens eines Objekts behandelt.

Der Sender ist das Objekt, das gezogen wird. Target ist das Objekt, zu dem Sender hingezogen wird, und X und Y sind die dazugehörigen Bildschirmkoordinaten des Mauszeigers, der über dem Dialogelement positioniert wird. Falls das gezogene Objekt abgelegt und durch das Dialogelement akzeptiert wurde, ist der Parameter Target des Ereignisses OnEndDrag True. Wenn das Objekt nicht erfolgreich abgelegt wurde, beträgt der Wert Target Nil.

property OnEnter: TNotifyEvent;
OnEnter tritt ein, wenn eine Komponente aktiviert wird. Wenn Sie eine besondere Behandlung festlegen möchten, falls eine Komponente aktiviert wird, verwenden Sie die Ereignisbehandlungs-Routine OnEnter.

OnEnter tritt nicht ein, wenn Sie zwischen Formularen oder einer anderen Windows-Anwendung und Ihrer Anwendung umschalten. OnEnter für eine Komponente des Typs TPanel oder THeader tritt nie ein, da Bedienfelder oder Header keinen Fokus erhalten können. Somit ist dort OnEnter vollkommen nutzlos. Sie haben diese Ereignisbehandlung aber geerbt.

OnEnter ist vom Typ

```
TNotifyEvent = procedure (Sender: TObject) of object;
```

Der Typ TNotifyEvent weist also auf eine Methode, die das Doppelklicken eines Objekts behandelt. Der Parameter Sender ist das Dialogelement, das mit einem Doppelklick bearbeitet wurde.

property OnExit: TNotifyEvent;
OnExit tritt ein, wenn der Eingabefokus einer Komponente an eine andere übergeben wird. OnExit tritt nicht ein, wenn Sie zwischen Formularen oder zwischen einer Windows-Anwendung und Ihrer Anwendung umschalten. OnExit tritt bei den Komponenten Panel und Speedbutton nicht ein, da diese niemals den Fokus erhalten.

OnExit ist vom Typ

```
TNotifyEvent = procedure (Sender: TObject) of object;
```

Der Typ TNotifyEvent weist also auf eine Methode, die das Doppelklicken eines Objekts behandelt. Der Parameter Sender ist das Dialogelement, das mit einem Doppelklick bearbeitet wurde.

property OnKeyDown: TKeyEvent;
OnKeyDown tritt ein, wenn der Anwender eine beliebige Taste drückt, während die Komponente den Fokus hat. Verwenden Sie OnKeyDown, um eine besondere Behandlung festzulegen, die ausgeführt wird, wenn eine Taste gedrückt wird. Der Handler OnKeyDown kann auf alle Tasten der Tastatur, einschließlich Funktionstasten und Tastenkombinationen mit den Tasten UMSCHALT, ALT und STRG sowie betätigten Maustasten reagieren.

OnKeyDown ist vom Typ

```
TKeyEvent = procedure (Sender: TObject; var Key: Word; Shift: TShiftState) of
        object;
```

Der Typ TKeyEvent weist also auf eine Methode, die Tastaturereignisse verarbeitet. Der Parameter Key steht für die Taste; Shift kann die folgenden Wert annehmen:

ssShift	UMSCHALTTASTE (SHIFT) wird festgehalten
ssAlt	linke ALT-Taste wird festgehalten
[ssAlt, ssCtrl]	ALTGR-Taste wird fesntgehalten
ssCtrl	Taste STRG wird festgehalten
ssLeft	Linke Maustaste wird festgehalten
ssMiddle	Mittlere Maustaste wird festgehalten
ssDouble	Rechte und linke Maustaste werden gleichzeitig festgehalten

property OnKeyPress: TKeyPressEvent;
OnKeyPress tritt ein, wenn der Anwender eine einzelne Zeichentaste drückt.

OnKeyPress ist vom Typ

```
TKeyPressEvent = procedure (Sender: TObject; var Key: Char) of object;
```

TKeyPressEvent weist also auf eine Methode, die einen Tastendruck für ein einzelnes Zeichen verarbeitet. Der Parameter Key gibt die Taste an. Der Parameter Key ist vom Typ Char; deshalb registriert OnKeyPress das ASCII-Zeichen der gedrückten Taste. Tasten, die nicht mit einem ASCII-Zeichen übereinstimmen (beispielsweise UMSCHALT oder F1) erzeugen kein OnKeyPress. Tastenkombinationen (wie UMSCHALT+A) erzeugen nur ein Ereignis des Typs OnKeyPress (in diesem Beispiel ergibt UM-

SCHALT+A einen Wert Key von »A«, wenn die FESTSTELLTASTE ausgeschaltet ist). Falls Sie auf Nicht-ASCII-Tasten oder -Tastenkombinationen reagieren möchten, verwenden Sie die Ereignisbehandlungs-Routinen OnKeyDown oder OnKeyUp.

property OnKeyUp: TKeyEvent;
OnKeyUp tritt ein, wenn der Anwender die gedrückte Taste wieder losläßt. OnKeyUp kann auf alle Tasten der Tastatur, einschließlich Funktionstasten und Tastenkombinationen mit den Tasten UMSCHALT, ALT und STRG sowie betätigten Maustasten reagieren.

```
TKeyEvent = procedure (Sender: TObject; var Key: Word; Shift: TShiftState)
                      of object;
```

Der Typ TKeyEvent weist also auf eine Methode, die Tastaturereignisse verarbeitet. Der Parameter Key steht für die Taste; Shift kann die folgenden Wert annehmen:

ssShift	UMSCHALTTASTE (SHIFT) wird festgehalten
ssAlt	linke ALT-Taste wird festgehalten
[ssAlt, ssCtrl]	ALTGR-Taste wird fesntgehalten
ssCtrl	Taste STRG wird festgehalten
ssLeft	Linke Maustaste wird festgehalten
ssMiddle	Mittlere Maustaste wird festgehalten
ssDouble	Rechte und linke Maustaste werden gleichzeitig festgehalten

property OnMouseDown: TMouseEvent;
Das Ereignis OnMouseDown tritt ein, wenn der Anwender eine Maustaste zu dem Zeitpunkt drückt, an dem sich der Mauszeiger über einem Dialogelement befindet.

OnMouseDown ist vom Typ

```
TMouseEvent=procedure (Sender: TObject; Button: TMouseButton; Shift: TShiftState;
                       X, Y: Integer) of object;
```

Der Typ TMouseEvent weist also auf eine Methode zur Bearbeitung von Maustasten-Ereignissen. Der Parameter Button gibt an, welche Maustaste gedrückt wurde, während Shift Auskunft darüber gibt, welche Umschalt- (UMSCHALT, STRG oder ALT) bzw. Maustasten gedrückt waren, während die das Mausereignis verursachende Maustaste gedrückt oder losgelassen wurde. X und Y sind die Bildschirmkoordinaten des Mauszeigers in Pixeln. Der Parameter Button des Ereignisses OnMouseDown zeigt an, welche Maustaste gedrückt wurde. Durch Verwenden des Parameters Shift der Ereignisbehandlungs-Routine OnMouseDown können Sie auf den Status der Maus- und UMSCHALTTASTEN reagieren. Umschalttasten sind die Tasten UMSCHALT, STRG und ALT.

property OnMouseMove: TMouseMoveEvent;
Das Ereignis OnMouseMove tritt ein, wenn der Anwender den Mauszeiger bewegt und dieser sich bereits über einem Dialogelement befindet.

OnMouseMove ist vom Typ

```
TMouseMoveEvent = procedure(Sender: TObject; Shift: TShiftState; X, Y: Integer) of
object;
```

Der Typ TMouseMoveEvent zeigt also auf eine Methode, die Mausereignisse infolge Mausbewegung verarbeitet. Der Parameter Button gibt an, welche Maustaste gedrückt wurde, während SHIFT anzeigt, welche UMSCHALT- (UMSCHALT, STRG oder ALT) bzw. Maustasten während der Mausbewegung gedrückt waren. X und Y sind die Bildschirmkoordinaten des Mauszeigers in Pixeln. Durch Verwenden des Parameters Shift können Sie auf den Status der Maus- und Umschalttasten reagieren. Umschalttasten sind die Tasten UMSCHALT, STRG und ALT.

property OnMouseUp: TMouseEvent;
Das Ereignis OnMouseUp tritt ein, wenn der Anwender die gedrückte Maustaste wieder freigibt, wenn sich der Mauszeiger über einer Komponente befindet.

Die Ereignisbehandlungs-Routine OnMouseUp kann auf Betätigungen der rechten, mittleren und linken Maustasten reagieren sowie auf Maustastenkombinationen mit Umschalttasten (Tasten UMSCHALT, STRG und ALT).

OnMouseUp ist vom Typ

```
TMouseEvent = procedure (Sender: TObject; Button: TMouseButton; Shift: TShiftState;
                X, Y: Integer) of object;
```

Der Typ TMouseEvent zeigt also auf eine Methode zur Bearbeitung von Maustasten-Ereignissen hin. Der Parameter Button gibt an, welche Maustaste gedrückt wurde, während Shift Auskunft darüber gibt, welche UMSCHALT- (UMSCHALT, STRG oder ALT) bzw. Maustasten gedrückt waren, während die das Mausereignis verursachende Maustaste gedrückt oder losgelassen wurde. X und Y sind die Bildschirmkoordinaten des Mauszeigers in Pixeln.

Methoden:

procedure BeginDrag(Immediate: Boolean);
Die Methode BeginDrag leitet den Ziehvorgang einer Komponente ein. Ist der Parameter Immediate True, wird der Mauszeiger auf den Wert der Eigenschaft DragCursor gesetzt und der Ziehvorgang beginnt. Ist Immediate False, wird der Mauszeiger nicht auf den Wert der Eigenschaft DragCursor gesetzt. Der Ziehvorgang wird erst dann eingeleitet, wenn der Anwender den Mauszeiger mindestens 5 Pixel bewegt. Auf diese Weise kann die Komponente Mausklicks akzeptieren, ohne einen Ziehvorgang einzuleiten.

Ihre Anwendung muß die Methode BeginDrag zum Einleiten eines Ziehvorgangs nur aufrufen, wenn DragMode auf dmManual gesetzt ist.

procedure BringToFront;
Die Methode BringToFront setzt eine Komponente innerhalb einer übergeordneten Komponente vor alle anderen Komponenten. BringToFront hilft insbesondere sicherzustellen, daß ein Formular sichtbar ist. Verwenden Sie diese Methode, wenn sie die Reihenfolge überlappender Komponenten in einem Formular neu festlegen wollen.

Die Reihenfolge, in der Komponenten übereinander gelagert werden (Z-Reihenfolge), hängt davon ab, ob es sich um fensterähnliche oder um nicht-fensterähnliche Komponente handelt. Die Reihenfolge arbeitet nach dem Prinzip, daß die zuletzt eingefügte Komponente die oberste und damit sichtbare Komponente ist.

Mit der Methode BringToFront einer Komponente würde diese Komponente ganz nach oben auf den Stapel kommen und somit sichtbar sein.

Bei der Stapelung ist zu beachten, daß fensterähnliche Komponenten immer auf nicht-fensterähnlichen Komponenten gestapelt werden. Ein Aufruf von BringToFront einer nicht-fensterähnlichen Komponenten bewirkt also gar nichts, wenn oben auf dem Stapel eine fensterähnliche Komponente liegt.

Die folgenden Komponenten zählen zu den fensterähnlichen Komponenten:

BitBtn	DBNavigator	MediaPlayer
Button	DBRadioGroup	Memo
CheckBox	DirectoryListBox	Notebook
ComboBox	DrawGrid	OLEContainer
DBCheckBox	DriveComboBox	Outline
DBComboBox	Edit	Panel
DBEdit	FileListBox	RadioButton
DBGrid	FilterComboBox	RadioGroup
DBImage	Form	ScrollBar
DBListBox	GroupBox	ScrollBox
DBLookupCombo	Header	StringGrid
DBLookupList	ListBox	TabbedNotebook
DBMemo	MaskEdit	TabSet

Die nun folgenden Komponenten zählen zu den nicht-fensterähnlichen Komponenten:

Bevel	Label	SpeedButton
DBText	PaintBox	Image
Shape		

function CanFocus: Boolean;
CanFocus stellt fest, ob eine Komponente den Eingabefokus besitzt. CanFocus gibt True zurück, wenn die Eigenschaften Visible und Enabled sowohl der Komponente als auch der übergeordneten Komponenten auf True gesetzt sind. Sind nicht alle Eigenschaften Visible und Enabled dieser Komponenten auf True gesetzt, liefert CanFocus False zurück.

procedure Click...;
Click für die Komponenten:

BitBtn	MenuItem
Button	SpeedButton

procedure Click;
Click simuliert einen Mausklick, als hätte der Anwender ein Menü-Element oder einen Button angeklickt, und führt den Code aus, der an das Ereignis OnClick angehängt ist.

Click für die Komponente DBNavigator:

procedure Click(Button: TNavigateBtn);
Click simuliert einen Mausklick, so als hätte der Benutzer einen Schalter im Datenbank-Navigator angeklickt, und führt den in das OnClick-Ereignis eingehängten Programm-Code aus. Geben Sie den Schalter, auf den sich die Methode Click bezieht, im Parameter Button an.

function ClientToScreen(Point: TPoint): TPoint;
Die Methode ClientToScreen übersetzt den angegebenen Punkt aus Client-Bereichskoordinaten in globale Bildschirmkoordinaten. In Client-Bereichkoordinaten entspricht der Punkt (0, 0) der oberen linken Ecke des Client-Bereichs der Komponente. In Bildschirmkoordinaten entspricht (0, 0) der oberen linken Ecke des Bildschirms. Mit den Methoden ClientToScreen und ScreenToClient rechnen Sie Positionen aus dem Koordinatensystem einer Komponente A in das Koordinatensystem einer Komponente B um.

Beispiel:
Umrechnung der Koordinaten einer Komponente A in die Koordinaten einer Komponente B (TPoint ist ein Record mit den Feldern X und Y):

```
TPoint =  record
       X : integer;
       Y : integer;
END;
VAR
   Koord: TPoint;
Koord:= B.ScreenToClient(A.ClientToScreen(Koord));
```

constructor Create;
Create weist Speicher zu, um das Objekt und damit die Komponente zu erzeugen und nach Bedarf seine Daten zu initialisieren. Jedes Objekt kann eine Methode Create besitzen, die individuell so angepaßt ist, daß sie diese bestimmte Art von Objekt erzeugt. Im Normalfall benötigen sie diese Methoden nicht, da Borland Delphi alles unternimmt, um Ihre Anwendung und die darin enthaltenen Komponenten zu erzeugen. Sollten Sie allerdings ein Ereignis oder die Initialisierung eines Wertes einer selbst geschaffenen Komponente zur Zeit der Erzeugung einstellen wollen, erledigen Sie dies in der Methode Create. Dazu benötigen Sie aber genaue Kenntnisse und Techniken der OOP. Ansonsten sollten Sie Create unverändert lassen und nicht aufrufen.

function Dragging: Boolean;
Die Methode Dragging gibt an, ob eine Komponente gezogen wird. Wenn Dragging True zurückgibt, wird die Komponente gezogen.

procedure EndDrag(Drop: Boolean);
Die Methode EndDrag verhindert, daß eine Komponente weiter gezogen wird. Wenn der Parameter Drop True ist, wird die gezogene Komponente abgelegt. Ist Drop False, wird die Komponente nicht abgelegt und der Vorgang wird abgebrochen.

function FindComponent(const AName: string): TComponent;
Die Methode FindComponent gibt im Array Components die Komponente zurück, deren Name zum String im Parameter AName paßt. FindComponent beachtet dabei keine Groß-/Kleinschreibung.

Beispiel:
In ihrer Anwendung gibt es einen Button »Button1«. Um die eigentliche Komponente TButton1 im Array Components zurückzugeben, rufen Sie FindComponents wie folgt auf:

```
FindComponents('Button1');
```

function Focused: Boolean;
Focused wird verwendet, um zu bestimmen, ob ein Fensterdialog-Element den Fokus besitzt und deshalb das aktive Dialogelement in ActiveControl ist.

procedure Free;
Die Methode Free entfernt das Objekt und gibt den dazugehörigen Speicher frei. Haben Sie das Objekt unter Verwendung der Methode Create erzeugt, so verwenden Sie zum Entfernen und für die Freigabe des Speichers die Methode Free. Free gelingt auch dann, wenn das Objekt selbst nicht mehr existiert (zum Beispiel durch einen vorherigen Aufruf von Free. Delphi erledigt dies für Objekte der Bibliothek visueller Komponenten automatisch.

Sie sollten also niemals eine Komponente innerhalb ihrer Anwendung entfernen.

Falls Sie ein Formular freigeben wollen, rufen Sie die Methode Release auf, um das Formular zu löschen und dessen benutzten Speicher freizugeben.

function GetTextBuf(Buffer: PChar; BufSize: Integer): Integer;
Die Methode GetTextBuf holt den Text der Komponente und kopiert ihn in den Puffer als Null-terminierten String (Ende der Zeichenkette wird mit 0 angegeben), auf den Buffer zeigt. Die maximale Länge des Strings wird mit BufSize (siehe dazu GetTextLen) festgelegt. In BufSize wird nach der Ausführung die Anzahl der Zeichen des Strings zu finden sein. Diese Methode ist vor allem dann sehr nützlich, wenn mit String größer als 256 Zeichen gearbeitet wird. Der Typ STRING kann nicht mehr als 256 Zeichen aufnehmen. Dabei entfällt aber das erste Element in diesem Typ auf die Längenangabe des Strings, so daß nur noch maximal 255 Zeichen möglich sind. Ein PChar ist ein Zeiger auf das erste Zeichen einer Zeichenkette. Eine derart definierte Zeichenkette besitzt keine Längenangabe, sondern trägt eine 0 am Ende der Kette, daher auch der Name Null-terminierter String. Ein PChar kann die maximal Größe von 64 Kbyte erreichen. Die maximale Anzahl der Zeichen ist also auf 64 Kbyte und nicht auf 255 Zeichen beschränkt (siehe auch GetTextLen und SetTextBuf).

function GetTextLen: Integer;
Die Methode GetTextLen gibt die Länge des Textes der Komponente zurück. Dieser Wert kann für BufSize in GetTextBuf verwendet werden (siehe auch GetTextBuf und SetTextBuf).

procedure Hide;
Die Methode Hide versteckt eine Komponente, sie ist also nicht mehr auf dem Bildschirm sichtbar. Dabei wird die Eigenschaft Visible auf False gesetzt. Dabei ist eine Komponente aber weiterhin aktiv, das heißt, kann bearbeitet werden.

procedure Invalidate;
Die Methode Invalidate erzwingt das Neuzeichnen einer Komponente, sobald dies möglich ist.

procedure InsertComponent(AComponent: TComponent);
InsertComponent macht die Komponente zum Besitzer der im Parameter AComponent übergebenen Komponente. Die Komponente wird am Ende der Array-Eigenschaft Components hinzugefügt. Die eingefügte Komponente darf keinen Namen haben (keinen für die Eigenschaft Name spezifizierten Wert) oder der Name muß sich eindeutig von allen anderen in der Components-Liste unterscheiden. Wird die Besitzerkomponente entfernt, so wird auch AComponent gelöscht.

procedure Refresh;
Die Methode Refresh reagiert je nach Art der Komponente, ob Daten oder die Komponenten selbst neu gezeichnet werden. Die Methode Refresh kann also jedes Bild auf dem Bildschirm löschen und alle Dialogelemente neuzeichnen beziehungsweise Datensätze einer Datei erneut einlesen.

Innerhalb der Implementation von Refresh beim Neuzeichnen von Komponenten wird die Methode Invalidate und dann die Methode Update aufgerufen.

Beim Refresh von Daten sei eines zu beachten: Durch Refresh können sich die angezeigten Daten unerwartet verändern und so den Anwender verwirren. Ein Dialog oder eine andere Mitteilung, der dem Anwender den Refresh der Daten mitteilt, wäre somit wohl angebracht und von äußerster Nützlichkeit.

procedure RemoveComponent(AComponent: TComponent);
RemoveComponent entfernt die Komponente, die im Parameter AComponent festgelegt ist, aus der Komponentenliste Components. Die Position in der Liste wird zu Nil.

procedure Repaint;
Die Methode Repaint fordert das Dialogelement auf, dessen Bild auf dem Bildschirm neu zu zeichnen, ohne jedoch das bereits Erschienene zu löschen. Um vor dem Neuzeichnen zu löschen, müssen Sie anstelle von Repaint die Methode Refresh aufrufen.

procedure ScaleBy(M, D: Integer);
Die Methode ScaleBy skaliert eine Komponente um einen Prozentsatz ihrer ursprünglichen Größe. Der Parameter M ist der Multiplikator und der Parameter D der Divisor. Wenn Sie beispielsweise die Größe des Dialogelements auf 66% seines ursprünglichen Formats ändern möchten, geben Sie in M den Wert 66 und in D den

Wert 100 an (66/100). Bei der Vergrößerung gehen Sie einfach den umgekehrten Weg: Vergrößerung um 66% bedeutet nichts anderes als M=166 und D=100.

function ScreenToClient(Point: TPoint): TPoint;
Die Methode ScreenToClient wird verwendet, um den Koordinatenpunkt in Pixeln der Komponente auf dem Bildschirm zu bestimmen. ScreenToClient gibt die X- und Y-Koordinaten in einem Record des Typs TPoint zurück.

procedure ScrollBy(DeltaX, DeltaY: Integer);
ScrollBy scrollt den Inhalt einer Komponente. Statt der Methode ScrollBy sollten Sie im Normalfall lieber mit den eingebauten Bildlauf-Leisten arbeiten, es sei denn, diese Leisten wären für Ihre Programm-Idee aus irgendeinem Grund nicht brauchbar.

DeltaX enthält die Veränderung in Pixeln in Richtung der X-Achse. Ein positiver Wert von DeltaX verschiebt den Inhalt nach rechts, ein negativer Wert verschiebt den Inhalt nach links. DeltaY bezeichnet die Veränderungen in Pixeln in Richtung der Y-Achse. Ein positiver Wert von DeltaY verschiebt den Inhalt nach unten, ein negativer Wert verschiebt den Inhalt nach oben.

procedure SendToBack;
Die Methode SendToBack setzt eine Komponente innerhalb einer übergeordneten Komponente hinter alle anderen Komponenten. Die Reihenfolge, in der Komponenten übereinander gelagert werden (Z-Reihenfolge), hängt davon ab, ob es sich um fensterähnliche oder um nicht-fensterähnliche Komponenten handelt. Die Reihenfolge arbeitet nach dem Prinzip, daß die zuletzt eingefügte Komponente die oberste und damit sichtbare Komponente ist.

Mit der Methode SendToBack einer Komponente würde diese Komponente ganz nach unten auf den Stapel kommen und somit nicht sichtbar sein.

Bei der Stapelung ist zu beachten, daß fensterähnliche Komponenten immer auf nicht-fensterähnlichen Komponenten gestapelt werden. Ein Aufruf von SendToBack einer fensterähnlichen Komponenten bewirkt also gar nichts, wenn unter dem Stapel eine nicht-fensterähnliche Komponente liegt (siehe auch BringToFront).

Die folgenden Komponenten zählen zu den fensterähnlichen Komponenten:

BitBtn	DBNavigator	MediaPlayer
Button	DBRadioGroup	Memo
CheckBox	DirectoryListBox	Notebook
ComboBox	DrawGrid	OLEContainer
DBCheckBox	DriveComboBox	Outline
DBComboBox	Edit	Panel
DBEdit	FileListBox	RadioButton
DBGrid	FilterComboBox	RadioGroup
DBImage	Form	ScrollBar
DBListBox	GroupBox	ScrollBox
DBLookupCombo	Header	StringGrid
DBLookupList	ListBox	TabbedNotebook
DBMemo	MaskEdit	TabSet

Die nun folgenden Komponenten zählen zu den nicht-fensterähnlichen Komponenten:

Bevel	Label	SpeedButton
DBText	PaintBox	Image
Shape		

procedure SetBounds(ALeft, ATop, AWidth, AHeight: Integer);
Die Methode SetBounds setzt die Begrenzungseigenschaften der Komponente Left, Top, Width und Height auf die Werte, die in den entsprechenden Werten ALeft, ATop, AWidth und AHeight übergeben werden. SetBounds erlaubt Ihnen, mehr als eine Begrenzungseigenschaft der Komponente zur gleichen Zeit einzustellen. Obwohl Sie immer einzelne Begrenzungen einstellen können, erlaubt Ihnen die Verwendung von SetBounds, mehrere Änderungen auf einmal durchzuführen, ohne daß jedesmal das Dialogfenster neu gezeichnet werden muß.

procedure SetFocus;
SetFocus übergibt den Focus an die Komponente. Bei Formularen ruft das jeweilige Formular die Methode SetFocus des standardmäßig aktiven Dialogelements auf.

procedure SetTextBuf(Buffer: PChar);
Die Methode SetTextBuf ersetzt den Text in einer Komponente durch den Text in Buffer. Buffer muß auf einen mit Null abgeschlossenen String zeigen (siehe auch GetTextBuf und GetTextLen).

procedure Show;
Die Methode Show bringt eine Komponente sichtbar auf dem Bildschirm, indem die Eigenschaft Visible auf True eingestellt wird. Falls die Methode Show eines Formulars aufgerufen wird und das Formular ist undurchsichtig, versucht Show das Formular sichtbar zu machen, indem sie das Formular mit der Methode BringToFront in den Vordergrund bringt. Ein Formular verfügt zusätzlich über die Methode ShowModal, um einen modalen Dialog erzeugen zu können. Ein modaler Dialog muß bearbeitet und geschlossen werden. Ein SendToBack hätte also keinen Erfolg.

procedure Update;
In der Methode Update wird die API-Funktion UpdateWindow von Windows aufgerufen, die alle beim Zeichnen entstandenen und noch nicht erledigten Meldungen bearbeitet. UpdateWindows ist definiert als

```
procedure UpdateWindow(Wnd: HWnd);
```

Die Routine UpdateWindow aktualisiert den Client-Bereich des angegebenen Fensters, indem sie eine WM_PAINT-Meldung an das Fenster sendet, wenn der Aktualisierungsbereich für das Fenster nicht leer ist. Die Routine UpdateWindow sendet eine WM_PAINT-Meldung unter Umgehung der Anwendungswarteschlange direkt an die Fensterfunktion des gegebenen Fensters. Wenn der Aktualisierungsbereich leer ist, wird keine Meldung gesendet. Der Parameter Wnd bezeichnet das Fenster oder besser das Handle des Fensters, das aktualisiert werden soll.

Komponentenname: CheckBox
Klassenname: TCheckBox

Beschreibung:

Eine Checkbox präsentiert dem Benutzer eine Option, das heißt der Benutzer kann eine Checkbox anklicken, um eine bestimmte Option auszuwählen (ankreuzen) oder abzuwählen.

Eigenschaften:

property Align: TAlign;
Die Eigenschaft Align legt fest, wie Dialogelemente zum Beispiel im Formular ausgerichtet werden. Mögliche Werte:

alNone	Die Komponente bleibt an der Einfügeposition im Formular (Standardeinstellung).
alTop	Die Komponente wird an die Oberkante des Formulars verschoben und an seine Breite angepaßt. Die Höhe der Komponente bleibt unverändert.
alBottom	Die Komponente wird an die Unterkante des Formulars verschoben und an seine Breite angepaßt. Die Höhe der Komponente bleibt unverändert.
alLeft	Die Komponente wird an die linke Kante des Formulars verschoben und an seine Höhe angepaßt. Die Breite der Komponente bleibt unverändert.
alRight	Die Komponente wird an die rechte Kante des Formulars verschoben und an seine Höhe angepaßt. Die Breite der Komponente bleibt unverändert.
alClient	Die Größe der Komponente wird an den Client-Bereich eines Formulars angepaßt. Ist ein Teil des Client-Bereichs bereits von einer anderen Komponente besetzt, füllt die Komponente den verbleibenden Teil des Client-Bereichs aus.

Wird zum Beispiel ein Formular, das Besitzer eines Labels ist, in der Größe verändert, werden die Komponenten innerhalb des Formulars neu ausgerichtet. Die Verwendung der Eigenschaft Align ist dann sinnvoll, wenn ein Dialogelement an einer Position des Formulars stehenbleiben soll, auch wenn sich die Größe des Formulars ändert.

property Alignment...
Alignment legt die Ausrichtung fest und hängt vom Typ der Komponente ab:

Alignment für die Komponenten Label, Memo und Panel:

property Alignment: TAlignment;
Alignment legt fest, wie Text innerhalb der Komponente ausgerichtet wird. Mögliche Werte:

taLeftJustify	Der Text wird linksbündig dargestellt.
taCenter	Der Text wird zentriert dargestellt.
taRightJustify	Der Text wird rechtsbündig dargestellt.

Alignment für die Komponenten CheckBox und RadioButton:

property Alignment: TLeftRight;
Alignment legt die Ausrichtung des Titels fest. Mögliche Werte:

taLeftJustify	Der Titel wird linksbündig dargestellt.
taRightJustify	Der Titel wird rechtsbündig dargestellt.

Alignment für die Komponente PopupMenu:

property Alignment: TPopupAlignment;
Alignment legt fest, wo das Popup-Menü erscheint, wenn der Anwender die rechte Maustaste drückt. Mögliche Werte:

paLeft	Das Popup-Menü erscheint mit der oberen linken Ecke unter dem Mauszeiger.
paCenter	Das Popup-Menü erscheint mit der Mitte der Oberkante unter dem Mauszeiger.
paRight	Das Popup-Menü erscheint mit der oberen rechten Ecke unter dem Mauszeiger.

Alignment für die Komponenten:

BCDField	DateTimeFieldStringField
BooleanField	FloatFieldTimeField
CurrencyField	IntegerFieldWordField
DateField	SmallintField

property Alignment: TAlignment;
Alignment wird dazu verwendet, die Daten in einem Feld zu zentrieren oder nach links bzw. rechts auszurichten. Mögliche Werte:

taLeftJustify	Der Inhalt des Datensatzes wird linksbündig dargestellt.
taCenter	Der Inhalt des Datensatzes wird zentriert dargestellt.
taRightJustify	Der Inhalt des Datensatzes wird rechtsbündig dargestellt.

property AllowGrayed: Boolean;
AllowGrayed bestimmt, ob eine Checkbox zwei oder drei Zustände annehmen kann. AllowGrayed = False bedeutet, daß das Markierungsfeld durch Anklicken entweder markiert oder die vorhandene Markierung aufgehoben wird. Dies ist die Voreinstellung. AllowGrayed = True bedeutet, daß das Markierungsfeld durch Anklicken entweder markiert, grau dargestellt oder die Markierung entfernt wird.

property BoundsRect: TRect;
Die Eigenschaft BoundsRect liefert das Begrenzungsrechteck der Komponente – ausgedrückt im Koordinatensystem des übergeordneten Dialogelements – zurück. Mit BoundsRect ersetzen und erleichtern Sie sich somit die Abfrage der einzelnen Werte für die Eigenschaften Left, Top, Width und Height.

property Caption: String;
Die Eigenschaft Caption ist der Text, der in der Komponente angezeigt wird. Zum Beispiel in der Titelleiste des Formulars.

property Checked: Boolean;
Checked stellt fest, ob eine Option in einer Komponente ausgewählt wird. Mögliche Werte:

Für die Komponenten Checkbox und TDBCheckbox:

True	Die Checkbox ist ausgewählt (»angekreuzt«, checked)
False	Die Checkbox ist nicht ausgewählt. False kann zutreffen, wenn die Eigenschaft State der Checkbox cbGrayed (die Checkbox wird grau angezeigt) oder cbUnChecked (die Checkbox ist nicht markiert) ist.

Für die Komponente RadioButton:

True	Ein schwarzer Kreis erscheint in der Komponente, der RadioButton ist ausgewählt.
False	Es wird kein schwarzer Kreis in der Komponente angezeigt, der RadioButton ist nicht ausgewählt.

Für die Komponente TMenuItem:

True	Neben dem Menüeintrag erscheint ein Markierungszeichen, der Eintrag ist ausgewählt.
False	Es erscheint kein Markierungszeichen, der Eintrag ist nicht ausgewählt.

property Color: TColor;
Die Eigenschaft Color legt für alle Komponenten mit Ausnahme des Dialogfensters die Farbe fest (Hintergrundfarbe eines Formulars oder eines Dialogelements oder Grafikobjekts).

Ist die Eigenschaft ParentColor auf True gesetzt, bewirkt eine Änderung der Eigenschaft Color einer Komponente A automatisch die Änderung der Eigenschaft Color aller Komponenten, die als Besitzer die Komponente A haben. Wenn Sie der Eigenschaft Color eines Dialogelements einen Wert zuweisen, wird seine Eigenschaft ParentColor automatisch auf False gesetzt. Mögliche Werte sind:

clBlack	Schwarz
clMaroon	Rotbraun
clGreen	Grün
clOlive	Olivgrün
clNavy	Marineblau
clPurple	Violett
clTeal	Petrol
clGray	Grau
clSilver	Silber
clRed	Rot

clLime   Limonengrün
clBlue   Blau
clFuchsia   Pink
clAqua   Karibikblau
clWhite   Weiß

(Systemfarben von Windows:)

clBackground   Aktuelle Windows-Hintergrundfarbe
clActiveCaption   Aktuelle Farbe der Titelleiste des aktiven Fensters
clInactiveCaption   Aktuelle Farbe der Titelleiste der inaktiven Fenster
clMenu   Aktuelle Hintergrundfarbe der Menüs
clWindow   Aktuelle Hintergrundfarbe der Fenster
clWindowFrame   Aktuelle Farbe der Fensterrahmen
clMenuText   Aktuelle Farbe vom Menütext
clWindowText   Aktuelle Farbe vom Fenstertext
clCaptionText   Aktuelle Textfarbe der Titelleiste des aktiven Fensters
clActiveBorder   Aktuelle Rahmenfarbe des aktiven Fensters
clInactiveBorder   Aktuelle Rahmenfarbe der inaktiven Fenster
clAppWorkSpace   Aktuelle Farbe des Arbeitsbereichs der Anwendung
clHighlight   Aktuelle Hintergrundfarbe vom ausgewählten Text
clHighlightText   Aktuelle Farbe vom ausgewählten Text
clBtnFace   Aktuelle Farbe einer Schalterfläche
clBtnShadow   Aktuelle Schattenfarbe eines Schalters
clGrayText   Aktuelle Farbe von grau dargestelltem Text
clBtnText   Aktuelle Farbe von Text auf einem Schalter
clInactiveCaptionText   Aktuelle Textfarbe in der Titelleiste eines inaktiven
                          Fensters
clBtnHighlight   Aktuelle Farbe der Markierung eines Schalters

Mit einem Doppelklick auf Color öffnet sich das Farbschema von Windows, in dem Sie auch eigene Farben zusammenstellen können.

property ComponentIndex: Integer;
Die Eigenschaft ComponentIndex zeigt die Position einer Komponente in der Eigenschaftsliste Components ihres Besitzers an. Die erste Komponente in der Liste hat den ComponentIndex-Wert 0, die zweite den Wert 1, die dritte den Wert 2 etc. Diese Eigenschaft ist nur zur Laufzeit und dann auch nur im Read-Only-Modus benutzbar.

property Controls[Index: Integer]: TControl;
Controls ist ein Array aller untergeordneten Komponenten der Komponente. Controls ist dann von Nutzen, wenn Sie auf die untergeordneten Komponenten über die Zahl statt über den Namen zugreifen müssen.

property Ctl3D: Boolean;
Die Eigenschaft Ctl3D legt fest, ob ein Dialogelement ein dreidimensionales (3-D) oder zweidimensionales Aussehen besitzt. Wenn Ctl3D True ist, erscheint das Dialogelement dreidimensional. Die Voreinstellung von Ctl3D ist True. Wenn die Eigen-

schaft ParentCtl3D einer Komponente auf True gesetzt ist, verändert jede Modifikation der Eigenschaft Ctl3D des übergeordneten Dialogelements automatisch auch die Eigenschaft Ctl3D des Dialogelements.

Achtung: Damit Ctl3D überhaupt funktioniert, muß sich die dynamische Link-Bibliothek CTL3DV2.DLL im Suchpfad befinden. Idealerweise sollte sich diese Datei im System-Verzeichnis von Windows aufhalten.

property Cursor: TCursor;
Mit der Eigenschaft Cursor stellen Sie das Aussehen des Cursors ein, wenn dieser auf die Komponente zeigt.

Mögliche Werte sind:

crDefault	crArrow	crCross
crIBeam	crSize	crSizeNESW
crSizeNS	crSizeNWSE	crSizeWE
crUpArrow	crHourglass	crDrag
crNoDrop	crHSplit	crVSplit

property DragCursor: TCursor;
Die Eigenschaft DragCursor bestimmt die Form des Mauszeigers, wenn sich der Zeiger über einer Komponente befindet, die ein gezogenes Objekt akzeptieren kann. Mögliche Werte sind mit denen der Eigenschaft Cursor identisch.

property DragMode: TDragMode;
Die Eigenschaft DragMode legt das Ziehen-und-Ablegen-Verhalten einer Komponente fest. Mögliche Werte sind:

dmAutomatic   Wenn dmAutomatic ausgewählt ist, ist das Dialogelement bereit, gezogen zu werden; der Anwender klickt nur und zieht es dann.

dmManual   Wenn dmManual ausgewählt ist, kann das Dialogelement nicht gezogen werden, bevor die Anwendung die Methode BeginDrag aufgerufen hat.

Ist die Eigenschaft DragMode einer Komponente dmAutomatic, kann die Anwendung dies zur Laufzeit durch Einstellung des Werts dmManual deaktivieren.

property Enabled: Boolean;
Die Eigenschaft Enabled bestimmt, ob die Komponente auf Maus-, Tastatur- und Timer-Ereignisse reagiert. Wenn Enabled auf True gesetzt ist, reagiert die Komponente normal. Ist Enabled hingegen False, ignoriert das Dialogelement Maus- und Tastaturereignisse. Bei einer Timer-Komponente werden die für das OnTimer-Ereignis deaktivierten Komponenten-Dialogelemente grau dargestellt.

property Font: TFont;
Die Eigenschaft Font legt den Font und die Eigenschaften des Fonts der Komponente fest. Sie haben die Möglichkeit, diese Werte im Objectinspektor oder – wesentlich komfortabler – mit Hilfe eines Doppelklicks auf diese Eigenschaft einen Dialog zu öffnen, der alle möglichen Werte anzeigt.

Handle für die Komponenten:

Bitmap	property Handle: HBitmap;
Brush	property Handle: HBrush;
Canvas	property Handle: HDC;
Font	property Handle: HFont;
Icon	property Handle: HIcon;
Metafile	property Handle: HMetafile;
Pen	property Handle: HPen;

Handle gibt Ihnen den Zugriff auf das Handle des jeweiligen GDI-Objekts. Benötigen Sie zum Beispiel für den Aufruf einer Windows-API-Funktion ein Handle auf ein Stiftobjekt oder ein Bitmap-Objekt, dann können Sie dazu das Handle der Komponente Pen beziehungsweise der Komponente Bitmap benutzen.

Handle für das Object TApplication und die folgenden Komponenten:

Bevel	DBText	Memo
BitBtn	DirectoryListBox	Notebook
Button	DrawGrid	OLEContainer
CheckBox	DriveComboBox	Outline
ComboBox	Edit	PaintBox
DBCheckBox	FileListBox	Panel
DBComboBox	FilterComboBox	RadioButton
DBEdit	FindDialog	RadioGroup
DBGrid	Form	ReplaceDialog
DBImage	GroupBox	ScrollBar
DBListBox	Header	ScrollBox
DBLookupCombo	Image	Shape
DBLookupList	Label	SpeedButton
DBMemo	ListBox	StringGrid
DBNavigator	MaskEdit	TabbedNotebook
DBRadioGroup	MediaPlayer	TabSet

property Handle: HWND;
Handle ermöglicht Ihnen den Zugriff auf das Handle der jeweiligen Komponente (z.B. Fenster-Handle, Dialog-Handle etc.). Dieses Handle wird von einigen Windows-API-Funktionen beim Aufruf erwartet. Sie können in diesem Fall das Handle der jeweils betroffenen Komponente oder – falls das Handle Ihrer Anwendung gefordert wird – das Handle des Objekts TApplication übergeben.

Handle für die Komponenten:

MainMenu	MenuItem	PopupMenu

property Handle: HMENU;
Sollte eine Windows-API-Funktion ein Handle eines Menüs oder Menü-Eintrags oder eines lokalen Menüs verlangen, dann können Sie dazu die Eigenschaft Handle von MainMenu, MenuItem und PopupMenu benutzen.

Handle für die Komponente Printer:

property Handle: HDC;
Handle enthält das Handle des jeweiligen Druckerobjektes TPrinter der Komponente Printer.

Handle für die Komponente DataBase:

property Handle: HDBIDB;
Um direkte Aufrufe in die Richtung des Borland Database-Engine (BDE)-API zu tätigen, benötigen Sie ein Handle der jeweiligen Datenbank-Komponente. Dazu dient Ihnen die Eigenschaft Handle der Komponente DataBase. Dies erlaubt Ihnen Zugriffe auf Funktionen des BDE-API, die nicht in der VCL-Bibliothek integriert wurden. Bevor Sie allerdings diese Funktionen aufrufen, sollten Sie prüfen, ob diese Funktion möglicherweise schon in der VCL-Bibliothek gekapselt wurde.

Handle für das Object TSession:

Delphi erzeugt eine Komponente Session vom Typ TSession immer dann, wenn eine Anwendung ausgeführt wird. Sessions sollten nicht von Ihnen erzeugt oder zerstört werden. Session erlaubt eine globale Prüfung über Datenbankverbindungen. Die Eigenschaft Databases von Session ist ein Array von allen aktiven Datenbanken in der Sitzung. Die Eigenschaft DatabaseCount vom Typ Integer gibt die Anzahl der aktiven Datenbanken in der Sitzung.

property Handle: HDBISES;
Mit der Eigenschaft Handle können Sie direkte Aufrufe an die Borland-Datenbank-Engine, bezogen auf eine bestimmte Sitzung (Session/TSession), machen. Die Komponente Session werden Sie kaum benutzen müssen. Die wichtigsten Funktionen des BDE-API sind in der VCL-Bibliothek gekapselt und ersparen Ihnen diesen Weg.

Handle für die Komponenten Table, Query und StoredProc:

property Handle: HDBICur;
Ebenfalls für direkte Zugriffe auf Funktionen des BDE-API und unter normalen Umständen nicht zu benutzen, da die wichtigsten BDP-API-Funktionen via VCL-Bibliothek einen einfacheren Zugriff ermöglichen.

property Height: Integer;
Die Eigenschaft Height eines Dialogelements legt die Höhe der Komponente in Pixeln fest.

property HelpContext: THelpContext;
Die Eigenschaft HelpContext stellt eine Kontextnummer für die Verwendung beim Aufruf kontextbezogener Online-Hilfe bereit. Jeder Hilfebildschirm des Hilfesystems sollte eine eindeutige Kontextnummer besitzen. Ist in der Anwendung eine Komponente selektiert, so wird nach Betätigen von F1 ein Hilfebildschirm angezeigt. Welcher Hilfebildschirm angezeigt wird, hängt vom Wert der Eigenschaft HelpContext ab.

property Hint: string;
Die Eigenschaft Hint ist der Text-String, der erscheinen kann, wenn ein OnHint-Ereignis eintritt, also wenn der Benutzer den Cursor über die Komponente bewegt. Wie der String angezeigt wird, bestimmt der Code in der Ereignisbehandlungs-Routine OnHint. Sie können eine Schnellhilfe, d.h. ein Fenster, das einen Hilfetext enthält, für eine Komponente erscheinen lassen, wenn der Anwender den Mauszeiger über das Dialogelement führt und dort kurz verweilt. Dies funktioniert wie folgt:

1. Spezifizieren Sie für jede Komponente, die einen Schnellhinweis anzeigen soll, einen Hint-Wert.
2. Setzen Sie die Eigenschaft ShowHint des Bedienfelds auf True.
3. Setzen Sie die Eigenschaft ShowHint der Anwendung zur Laufzeit auf True.

Sie können Hint gleichzeitig sowohl für ein Hilfehinweisfenster als auch für die Verwendung innerhalb der Behandlungsroutine OnHint spezifizieren, indem Sie zwei durch das Zeichen | (das »oder« oder Pipe-Symbol) getrennte Werte angeben, also beispielsweise:

```
Edit1.Hint := 'Aufforderung|Geben Sie den richtigen Wert ein';
```

Der String »Aufforderung« erscheint im Hilfehinweisfenster und der String »Geben Sie den richtigen Wert ein« erscheint wie in der Ereignisbehandlungs-Routine OnHint angegeben.

property Left: Integer;
Die Eigenschaft Left bestimmt die horizontalen Koordinaten der linken Kante einer Komponente relativ zum Formular (in Pixeln). Für Formulare ist der Wert der Eigenschaft Left relativ zum Bildschirm (ebenfalls in Pixeln).

property Name: TComponentName;
Die Eigenschaft Name enthält den Namen der Komponente, wie er von anderen Komponenten für den Zugriff verwendet wird. Delphi weist als Vorgabewerte sequentielle Namen zu, die auf dem Typ der Komponente basieren, also etwa für Buttons »Button1«, »Button2« etc. Dies können Sie gemäß Ihrer Vorstellungen abändern. Komponentennamen sollten ausdrücklich nur zur Entwurfszeit geändert werden.

property Owner: TComponent;
Die Eigenschaft Owner teilt Ihnen mit, welche Komponente zu welcher Komponente gehört. Dem Formular gehören alle Komponenten, die auf ihm vorhanden sind. Umgekehrt gehört das Formular zur Anwendung. Gehört eine Komponente A einer anderen Komponente B, wird der Speicher der Komponente A freigegeben, wenn der Speicher der Komponente B freigegeben wird. Es werden also folgerichtig alle Komponenten des Formulars gelöscht, wenn das Formular gelöscht wird. Außerdem wird natürlich der Speicher für das Formular und dessen Komponenten freigegeben, wenn der Speicher der Anwendung selbst freigegeben wird.

property Parent: TWinControl;
Die Eigenschaft Parent enthält den Namen der übergeordneten Komponente. Wenn eine Komponente A eine andere Komponente B enthält , sind die in B enthaltenen Komponenten untergeordnete Komponenten von A. Wenn Ihre Anwendung bei-

spielsweise drei Buttons in einer GroupBox enthält, dann ist die GroupBox das übergeordnete Element der drei Buttons und die Button-Schaltfelder sind der GroupBox untergeordnet.

Parent und Owner sind leider etwas verwirrend. Daher hier eine kleine Entwirrung:

Ein Formular ist der Besitzer aller darauf enthaltenen Komponenten, unabhängig davon, ob sie ein Fensterelement sind. Für unser Beispiel mit den drei Buttons und der GroupBox bedeutet dies: Der Besitzer der Buttons ist immer das Formular, aber die GroupBox ist das übergeordnete Element.

Wenn Sie einen neuen Dialog erzeugen, müssen Sie dem neuen Dialogelement einen Wert der Eigenschaft Parent zuweisen. Üblicherweise sind dies Formulare, Bedienfelder, GroupBoxen oder andere Dialoge, die andere Komponenten-Elemente enthalten können. Es ist möglich, jedes Element als das übergeordnete zuzuweisen, aber das darin enthaltene Dialogelement wird wahrscheinlich überschrieben.

Wird das übergeordnete Element gelöscht, dann werden auch alle Elemente, die ihm untergeordnet sind, gelöscht.

property ParentColor: Boolean;
Die Eigenschaft ParentColor bestimmt, wo eine Komponente nach ihren Farbeigenschaft suchen soll. Falls ParentColor True ist, verwendet die Komponente die Farbe der Eigenschaft der übergeordneten Komponente.

Wenn ParentColor False ist, verwendet die Komponente ihre eigene Eigenschaft Color. Durch Verwendung von ParentColor können Sie sicherstellen, daß alle Komponenten auf einem Formular das gleiche Erscheinungsbild haben.

property ParentCtl3D: Boolean;
Die Eigenschaft ParentCtl3D bestimmt, wo eine Komponente nach ihrer Eigenschaft Ctl3D suchen muß. IstParentCtl3D auf True gesetzt, verwendet die Komponente die Dimensionen der Eigenschaft Ctl3D von ihrer übergeordneten Komponente. Wenn ParentCtl3D False ist, verwendet die Komponente ihre eigene Eigenschaft Ctl3D. Durch Verwendung von ParentCtl3D stellen Sie sicher, daß alle Komponenten auf einem Formular das gleiche Erscheinungsbild haben. Wenn Sie beispielsweise möchten, daß alle Komponenten auf einem Formular ein dreidimensionales Erscheinungsbild haben, setzen Sie die Eigenschaft Ctl3D des Formulars auf True und die Eigenschaft ParentCtl3D jeder Komponente auf True.

property ParentFont: Boolean;
Die Eigenschaft ParentFont bestimmt, wo eine Komponente nach ihrer Fonteigenschaft suchen soll. Falls ParentFont True ist, verwendet die Komponente den Font der Eigenschaft der übergeordneten Komponente.

Wenn ParentFont False ist, verwendet die Komponente ihre eigene Eigenschaft Font. Durch Verwendung von ParentFont können Sie sicherstellen, daß alle Komponenten auf einem Formular das gleiche Erscheinungsbild haben.

property ParentShowHint: Boolean;
Die Eigenschaft ParentShowHint bestimmt, wo eine Komponente nach ihrer Hinteigenschaft suchen soll. Falls ParentShowHint True ist, verwendet die Komponente die Hint-Eigenschaft der übergeordneten Komponente.

Ist ParentShowHint False, verwendet die Komponente ihre eigene Eigenschaft Hint. Durch Verwendung von ParentShowHint können Sie sicherstellen, daß alle Komponenten auf einem Formular das gleiche Erscheinungsbild haben.

property PopupMenu: TPopupMenu;
Die Eigenschaft PopupMenu legt den Namen des Popup-Menüs fest, das erscheint, wenn der Anwender die Komponente auswählt oder die rechte Maustaste drückt (bei dem Wert True für AutoPopup des Popup) oder wenn die Methode Popup des Popup-Menüs ausgeführt wird.

property ShowHint: Boolean;
Die Eigenschaft ShowHint bestimmt, ob das Dialogelement eine Schnellhilfe anzeigen soll, wenn der Mauszeiger eine Weile auf ihm verweilt. Die Schnellhilfe entspricht dem Wert der Eigenschaft Hint, die in einem Feld direkt unterhalb des Elements angezeigt wird. Wenn die Eigenschaft ShowHint den Wert True hat, kann die Schnellhilfe erscheinen.

Ist ShowHint False, kann die Schnellhilfe auch angezeigt werden, wenn ParentShowHint auf True gesetzt wurde und die Eigenschaft ShowHint der übergeordneten Komponente ebenfalls auf True gesetzt wurde.

property Showing: Boolean;
Die Eigenschaft Showing legt fest, ob eine Komponente momentan auf dem Bildschirm angezeigt wird oder nicht. Falls die Eigenschaft Visible einer Komponente und aller übergeordneten Komponenten in der übergeordneten Hierarchie True ist, ist Showing auch True. Wenn einer der Vorfahren der Komponente den Wert False als Wert für die Eigenschaft Visible hat, dann ist auch Showing False.

property State: TCheckBoxState;
Mit State können Sie die verschiedenen Zustände bestimmen, die eine Checkbox oder DBCheckbox annehmen kann. Mögliche Werte:

Wert	Bedeutung
cbUnchecked	nicht markiert
cbChecked	markiert
cbGrayed	grau dargestellt (weder markiert noch nicht-markiert)

property TabOrder: TTabOrder;
Die Eigenschaft TabOrder bestimmt die Position einer Komponente in der Tabulatorreihenfolge, in der Komponenten den Fokus erhalten, wenn der Anwender die Taste TAB drückt. Anfänglich ist die Tabulatorreihenfolge immer die Reihenfolge, in der die Komponenten in das Formular hinzugefügt wurden. Der Wert der Eigenschaft TabOrder ist für jede Komponente auf dem Formular einmalig. Die erste dem For-

mular hinzugefügte Komponente hat den Wert 0 von TabOrder, die zweite hat 1, die dritte 2 usw.

Falls Sie den Wert der Eigenschaft TabOrder einer Komponente den gleichen Wert einer anderen Komponente zuweisen, numeriert Delphi automatisch die Werte für alle anderen Komponenten neu. Angenommen, eine Komponente ist beispielsweise die sechste Komponente in der Tabulatorreihenfolge. Wenn Sie den Wert der Eigenschaft TabOrder der Komponente auf 3 ändern (dies macht die Komponente zur vierten in der Tabulatorreihenfolge), wird die Komponente, die die vierte war, nun zur fünften und die Komponente, die die fünfte war, wird jetzt die sechste.

property TabStop: Boolean;
Die Eigenschaft TabStop bestimmt, ob der Anwender diese Komponente mit der Taste TAB anspringen kann. Falls TabStop True ist, befindet sich die Komponente in der Tabulatorreihenfolge. Wenn TabStop False ist, ist das Dialogelement nicht in der Tabulatorreihenfolge.

property Tag: Longint;
Die Eigenschaft Tag kann einen Integerwert als Element einer Komponente speichern. Tag wird von Delphi nicht benutzt und steht Ihnen damit zur freien Verfügung.

property Top: Integer;
Die Eigenschaft Top gibt die y-Koordinate der linken oberen Ecke eines Dialogelements relativ zum Formular in Pixeln an. Bei Formularen wird der Wert der Eigenschaft Top in Pixeln relativ zum Bildschirm angegeben.

property Visible: Boolean;
Die Eigenschaft Visible bestimmt, ob eine Komponente auf dem Bildschirm sichtbar ist (True) oder nicht (False).

property Width: integer;
Die Eigenschaft Width ist die Breite einer Komponente, gemessen in Pixeln.

Ereignisse:

property OnClick: TNotifyEvent;
Das Ereignis OnClick erscheint, wenn der Benutzer auf die Komponente klickt. In einem Formular tritt OnClick ein, wenn der Benutzer auf eine freie Stelle im Formular oder eine inaktive Komponente klickt.

OnClick ist vom Typ

```
TNotifyEvent = procedure (Sender: TObject) of object;
```

Der Typ TNotifyEvent weist auf eine Methode, die das Anklicken eines Objekts behandelt. Der Parameter Sender ist das Dialogelement, das angeklickt wurde.

property OnDragDrop: TDragDropEvent;
Das Ereignis OnDragDrop tritt ein, wenn der Anwender ein gezogenes Objekt ablegt. Verwenden Sie die Ereignisbehandlungs-Routine OnDragDrop, um festzulegen, was passieren soll, wenn der Anwender ein Objekt ablegt.

OnDragClick ist vom Typ

```
TDragDropEvent = procedure(Sender, Source: TObject; X, Y: Integer) of object;
```

Der Typ TDragDropEvent zeigt also auf eine Methode, die das Ablegen eines gezogenen Objekts behandelt. Der Parameter Source des Ereignisses OnDragDrop ist das abzulegende Objekt und der Parameter Sender ist das Dialogelement, auf das das Objekt abgelegt wurde. Die Parameter X und Y sind die Koordinaten des Mauszeigers, der über dem Dialogelement positioniert wird.

property OnDragOver: TDragOverEvent;
Das Ereignis OnDragOver tritt ein, wenn der Anwender ein Objekt über eine Komponente zieht.

Üblicherweise werden Sie ein Ereignis OnDragOver verwenden, um ein Objekt zu akzeptieren, damit der Anwender es ablegen kann.

OnDragClick ist vom Typ

```
TDragOverEvent = procedure(Sender, Source: TObject; X, Y: Integer;
                State: TDragState; var Accept: Boolean) of object;
```

Der Typ TDragOverEvent zeigt also auf eine Methode, die das Ziehen eines Objekts über ein anderes Objekt behandelt. Der Parameter Source ist das gezogene Objekt, Sender ist das Objekt, über das Source gezogen wurde, X und Y sind die Koordinaten des Mauszeigers, der über dem Dialogelement positioniert wird, in Pixeln; State ist der Status des gezogenen Objekts in Verbindung zum darübergezogenen Objekt, und Accept legt fest, ob der Sender das Ziehobjekt erkennt. Accept wird nicht per Voreinstellung auf True oder False gesetzt; Sie müssen die passenden Werte selbst zuweisen.

Das Ereignis OnDragOver akzeptiert ein Objekt, wenn der Parameter Accept True ist. Durch Ändern des Werts der Eigenschaft DragCursor können Sie das Erscheinungsbild des Cursors beeinflussen. Dies können Sie entweder während des Entwickelns oder zur Laufzeit, bevor ein Ereignis OnDragOver eintritt, durchführen.

property OnEndDrag: TEndDragEvent;
Das Ereignis OnEndDrag tritt immer dann ein, wenn das Ziehen eines Objekts abgeschlossen oder abgebrochen wird. Wenn Sie eine besondere Behandlung haben möchten, sobald das Ziehen beendet wird, verwenden Sie die Ereignisbehandlungs-Routine OnEndDrag. OnEndDrag ist vom Typ

```
TEndDragEvent = procedure(Sender, Target: TObject; X, Y: Integer) of object;
```

Der Typ TEndDragEvent zeigt also auf eine Methode, die das Anhalten des Ziehens eines Objekts behandelt.

Der Sender ist das Objekt, das gezogen wird, Target ist das Objekt, zu dem Sender hingezogen wird, und X und Y sind die dazugehörigen Bildschirmkoordinaten des Mauszeigers, der über dem Dialogelement positioniert wird. Falls das gezogene Objekt abgelegt und durch das Dialogelement akzeptiert wurde, ist der Parameter Target des Ereignisses OnEndDrag True. Wenn das Objekt nicht erfolgreich abgelegt wurde, beträgt der Wert von Target Nil.

property OnEnter: TNotifyEvent;
OnEnter tritt ein, wenn eine Komponente aktiviert wird. Wenn Sie eine besondere Behandlung festlegen möchten, wenn eine Komponente aktiviert wird, verwenden Sie die Ereignisbehandlungsroutine OnEnter.

OnEnter erscheint nie, wenn Sie zwischen Formularen oder einer anderen Windows-Anwendung und Ihrer Anwendung umschalten. OnEnter für eine Komponente des Typs TPanel oder THeader tritt nie ein, da Bedienfelder oder Header keinen Fokus erhalten können. Somit ist dort OnEnter vollkommen nutzlos. Sie haben diese Ereignisbehandlung aber geerbt.

OnEnter ist vom Typ

```
TNotifyEvent = procedure (Sender: TObject) of object;
```

Der Typ TNotifyEvent weist auf eine Methode, die das Doppelklicken eines Objekts behandelt. Der Parameter Sender ist das Dialogelement, das mit einem Doppelklick bearbeitet wurde.

property OnExit: TNotifyEvent;
OnExit erscheint, wenn der Eingabefokus einer Komponente an eine andere übergeben wird. OnExit tritt nicht ein, wenn Sie zwischen Formularen oder zwischen einer Windows-Anwendung und Ihrer Anwendung umschalten. OnExit tritt bei den Komponenten Panel und Speedbutton nicht ein, da diese niemals den Fokus erhalten.

OnExit ist vom Typ

```
TNotifyEvent = procedure (Sender: TObject) of object;
```

Der Typ TNotifyEvent weist auf eine Methode, die das Doppelklicken eines Objekts behandelt. Der Parameter Sender ist das Dialogelement, das mit einem Doppelklick bearbeitet wurde.

property OnKeyDown: TKeyEvent;
OnKeyDown tritt ein, wenn der Anwender irgendeine Taste drückt, während die Komponente den Fokus hat. Verwenden Sie OnKeyDown, um eine besondere Behandlung festzulegen, die ausgeführt wird, wenn eine Taste gedrückt wird. Der Handler OnKeyDown kann auf alle Tasten der Tastatur, einschließlich Funktionstasten und Tastenkombinationen mit den Tasten UMSCHALT, ALT und STRG sowie betätigten Maustasten reagieren.

OnKeyDown ist vom Typ

```
TKeyEvent = procedure (Sender: TObject; var Key: Word; Shift: TShiftState)
            of object;
```

Der Typ TKeyEvent weist auf eine Methode, die Tastaturereignisse verarbeitet. Der Parameter Key steht für die Taste; Shift kann die folgenden Wert annehmen:

ssShift	Umschalttaste wird festgehalten
ssAlt	Taste ALT wird festgehalten
ssCtrl	Taste STRG wird festgehalten
ssLeft	Linke Maustaste wird festgehalten
ssMiddle	Mittlere Maustaste wird festgehalten
ssDouble	Rechte und linke Maustaste werden gleichzeitig festgehalten

property OnKeyPress: TKeyPressEvent;
OnKeyPress erscheint, wenn der Anwender eine einzelne Zeichentaste drückt.

OnKeyPress ist vom Typ

```
TKeyPressEvent = procedure (Sender: TObject; var Key: Char) of object;
```

TKeyPressEvent weist auf eine Methode, die einen Tastendruck für ein einzelnes Zeichen verarbeitet. Der Parameter Key gibt die Taste an. Der Parameter Key ist vom Typ Char; deshalb registriert OnKeyPress das ASCII-Zeichen der gedrückten Taste. Tasten, die nicht mit einem ASCII-Zeichen übereinstimmen (beispielsweise UMSCHALT oder F1), werden kein OnKeyPress erzeugen. Tastenkombinationen (wie UMSCHALT+A) erzeugen nur ein Ereignis des Typs OnKeyPress (in diesem Beispiel ergibt UMSCHALT+A einen Wert Key von »A«, wenn die FESTSTELLTASTE ausgeschaltet ist). Falls Sie auf Nicht-ASCII-Tasten oder -Tastenkombinationen reagieren möchten, verwenden Sie die Ereignisbehandlungs-Routinen OnKeyDown oder OnKeyUp.

property OnKeyUp: TKeyEvent;
OnKeyUp tritt ein, wenn der Anwender die gedrückte Taste wieder losläßt. OnKeyUp kann auf alle Tasten der Tastatur, einschließlich Funktionstasten und Tastenkombinationen mit den Tasten UMSCHALT, ALT und STRG sowie betätigten Maustasten reagieren.

```
TKeyEvent = procedure (Sender: TObject; var Key: Word; Shift: TShiftState)
                of object;
```

Der Typ TKeyEvent weist auf eine Methode, die Tastaturereignisse verarbeitet. Der Parameter Key steht für die Taste; Shift kann die folgenden Werte annehmen:

ssShift	Umschalttaste wird festgehalten
ssAlt	Taste ALT wird festgehalten
ssCtrl	Taste STRG wird festgehalten
ssLeft	Linke Maustaste wird festgehalten
ssMiddle	Mittlere Maustaste wird festgehalten
ssDouble	Rechte und linke Maustaste werden gleichzeitig festgehalten

property OnMouseDown: TMouseEvent;
Das Ereignis OnMouseDown tritt ein, wenn der Anwender eine Maustaste zu dem Zeitpunkt drückt, an dem sich der Mauszeiger über einem Dialogelement befindet.

OnMouseDown ist vom Typ

```
TMouseEvent=procedure (Sender: TObject; Button: TMouseButton; Shift: TShiftState;
                X, Y: Integer) of object;
```

Der Typ TMouseEvent weist auf eine Methode zur Bearbeitung von Maustasten-Ereignissen hin. Der Parameter Button gibt an, die Maustaste gedrückt wurde, während Shift Auskunft darüber gibt, die UMSCHALT- (UMSCHALT, STRG oder ALT) bzw. Maustasten gedrückt waren, während die das Mausereignis verursachende Maustaste gedrückt oder losgelassen wurde. X und Y sind die Bildschirmkoordinaten des Mauszeigers in Pixeln. Der Parameter Button des Ereignisses OnMouseDown zeigt an, die Maustaste gedrückt wurde. Durch Verwenden des Parameters Shift der Ereignisbehandlungs-Routine OnMouseDown können Sie auf den Status der Maus- und Umschalttasten reagieren. Umschalttasten sind die Tasten UMSCHALT, STRG und ALT.

property OnMouseMove: TMouseMoveEvent;
Das Ereignis OnMouseMove tritt ein, wenn der Anwender den Mauszeiger bewegt und dieser sich bereits über einem Dialogelement befindet.

OnMouseMove ist vom Typ

```
TMouseMoveEvent = procedure(Sender: TObject; Shift: TShiftState; X, Y: Integer)
                  of object;
```

Der Typ TMouseMoveEvent zeigt also auf eine Methode, die Mausereignisse infolge von Mausbewegungen verarbeitet. Der Parameter Button gibt an, die Maustaste gedrückt wurde, während Shift anzeigt, die UMSCHALT- (UMSCHALT, STRG oder ALT) bzw. Maustasten während der Mausbewegung gedrückt waren. X und Y sind die Bildschirmkoordinaten des Mauszeigers in Pixeln. Durch Verwenden des Parameters Shift können Sie auf den Status der Maus- und Umschalttasten reagieren. Umschalttasten sind die Tasten UMSCHALT, STRG und ALT.

property OnMouseUp: TMouseEvent;
Das Ereignis OnMouseUp tritt ein, wenn der Anwender die gedrückte Maustaste wieder freigibt, wenn sich der Mauszeiger über einer Komponente befindet.

Die Ereignisbehandlungs-Routine OnMouseUp kann auf Betätigungen der rechten, mittleren und linken Maustasten reagieren sowie auf Maustastenkombinationen mit UMSCHALTTASTEN (Tasten UMSCHALT, STRG und ALT).

OnMouseUp ist vom Typ

```
TMouseEvent = procedure (Sender: TObject; Button: TMouseButton; Shift: TShiftState;
                  X, Y: Integer) of object;
```

Der Typ TMouseEvent zeigt auf eine Methode zur Bearbeitung von Maustasten-Ereignissen. Der Parameter Button gibt an, die Maustaste gedrückt wurde, während Shift Auskunft darüber gibt, die UMSCHALT- (UMSCHALT, STRG oder ALT) bzw. Maustasten gedrückt waren, während die das Mausereignis verursachende Maustaste gedrückt oder losgelassen wurde. X und Y sind die Bildschirmkoordinaten des Mauszeigers in Pixeln.

Methoden:

procedure BeginDrag(Immediate: Boolean);
Die Methode BeginDrag leitet den Ziehvorgang einer Komponente ein. Wenn der Parameter Immediate auf True gesetzt ist, wird der Mauszeiger auf den Wert der Eigenschaft DragCursor gesetzt und der Ziehvorgang beginnt. Ist Immediate False, wird der Mauszeiger nicht auf den Wert der Eigenschaft DragCursor gesetzt und der Ziehvorgang wird erst eingeleitet, wenn der Anwender den Mauszeiger um mindestens 5 Pixel bewegt. Auf diese Weise kann die Komponente Mausklicks akzeptieren, ohne einen Ziehvorgang einzuleiten.

Ihre Anwendung muß die Methode BeginDrag zum Einleiten eines Ziehvorgangs nur aufrufen, wenn DragMode auf dmManual gesetzt ist.

procedure BringToFront;
Die Methode BringToFront setzt eine Komponente innerhalb einer übergeordneten Komponente vor alle anderen Komponenten. BringToFront hilft insbesondere sicherzustellen, daß ein Formular sichtbar ist. Verwenden Sie diese Methode, wenn Sie die Reihenfolge überlappender Komponenten in einem Formular neu festlegen wollen.

Die Reihenfolge, in der Komponenten übereinander gelagert werden (Z-Reihenfolge), hängt davon ab, ob es sich um fensterähnliche oder um nicht-fensterähnliche Komponenten handelt. Die Reihenfolge arbeitet nach dem Prinzip, daß die zuletzt eingefügte Komponente die oberste und damit sichtbare Komponente ist.

Mit der Methode BringToFront einer Komponente kommt diese Komponente ganz nach oben auf den Stapel und wird somit sichtbar.

Bei der Stapelung ist zu beachten, daß fensterähnliche Komponenten immer auf nicht-fensterähnlichen Komponenten gestapelt werden. Ein Aufruf von BringToFront einer nicht-fensterähnlichen Komponenten bewirkt also gar nichts, wenn oben auf dem Stapel eine fensterähnliche Komponente liegt.

Die folgenden Komponenten zählen zu den fensterähnlichen Komponenten:

BitBtn	DBNavigator	MediaPlayer
Button	DBRadioGroup	Memo
CheckBox	DirectoryListBox	Notebook
ComboBox	DrawGrid	OLEContainer
DBCheckBox	DriveComboBox	Outline
DBComboBox	Edit	Panel
DBEdit	FileListBox	RadioButton
DBGrid	FilterComboBox	RadioGroup
DBImage	Form	ScrollBar
DBListBox	GroupBox	ScrollBox
DBLookupCombo	Header	StringGrid
DBLookupList	ListBox	TabbedNotebook
DBMemo	MaskEdit	TabSet

Die nun folgenden Komponenten zählen zu den nicht-fensterähnlichen Komponenten:

Bevel	Label	SpeedButton
DBText	PaintBox	Image
Shape		

function CanFocus: Boolean;
CanFocus stellt fest, ob eine Komponente den Eingabefokus erhalten kann. CanFocus gibt True zurück, wenn die Eigenschaften Visible und Enabled sowohl der Komponente, als auch der übergeordneten Komponenten auf True gesetzt sind. Sind nicht alle Eigenschaften Visible und Enabled dieser Komponenten auf True gesetzt, liefert CanFocus False zurück.

function ClientToScreen(Point: TPoint): TPoint;
Die Methode ClientToScreen übersetzt den angegebenen Punkt aus Client-Bereichskoordinaten in globale Bildschirmkoordinaten. In Client-Bereichskoordinaten entspricht der Punkt (0, 0) der oberen linken Ecke des Client-Bereichs der Komponente. In Bildschirmkoordinaten entspricht (0, 0) der oberen linken Ecke des Bildschirms. Mit den Methoden ClientToScreen und ScreenToClient rechnen Sie Positionen aus dem Koordinatensystem einer Komponente A in das Koordinatensystem einer Komponente B um.

Beispiel: Umrechnung der Koordinaten einer Komponente A in die Koordinaten einer Komponente B (TPoint ist ein Record mit den Feldern X und Y):

```
TPoint = record
    X : integer;
    Y : integer;
END;

VAR
    Koord: TPoint;
Koord:= B.ScreenToClient(A.ClientToScreen(Koord));
```

constructor Create;
Create weist Speicher zu, um das Objekt und damit die Komponente zu erzeugen und nach Bedarf seine Daten zu initialisieren. Jedes Objekt kann eine Methode Create besitzen, die individuell so angepaßt ist, daß sie diese bestimmte Art von Objekt erzeugt. Im Normalfall benötigen Sie diese Methoden nicht, da Borland Delphi alles unternimmt, um Ihre Anwendung und die darin enthaltenen Komponenten zu erzeugen. Sollten Sie allerdings ein Ereignis oder die Initialisierung eines Wertes einer selbst geschaffenen Komponente zur Zeit der Erzeugung einstellen wollen, dann können Sie dies in der Methode Create erledigen. Dazu benötigen Sie aber genaue Kenntnisse und Techniken der OOP. Ansonsten sollten Sie Create unverändert lassen und nicht aufrufen.

function Dragging: Boolean;
Die Methode Dragging gibt an, ob eine Komponente gezogen wird. Wenn Dragging True zurückgibt, wird die Komponente gezogen.

procedure EndDrag(Drop: Boolean);
Die Methode EndDrag verhindert, daß eine Komponente weiter gezogen wird. Wenn der Parameter Drop True ist, wird die gezogene Komponente abgelegt. Ist Drop False, wird die Komponente nicht abgelegt und der Vorgang abgebrochen.

function FindComponent(const AName: string): TComponent;
Die Methode FindComponent gibt im Array Components die Komponente zurück, deren Name zum String im Parameter AName paßt. FindComponent beachtet dabei keine Groß-/Kleinschreibung.

Beispiel: Es existiert ein Button Button1 in Ihrer Anwendung. Um die eigentliche Komponente TButton1 im Array Components zurückzugeben, rufen Sie FindComponents wie folgt auf:

```
FindComponents('Button1');
```

function Focused: Boolean;
Focused wird verwendet, um zu bestimmen, ob ein Fensterdialogelement den Fokus besitzt und deshalb das aktive Dialogelement in ActiveControl ist.

procedure Free;
Die Methode Free entfernt das Objekt und gibt den dazugehörigen Speicher frei. Haben Sie das Objekt unter Verwendung der Methode Create erzeugt, so benutzen Sie zum Entfernen und für die Freigabe des Speichers die Methode Free. Free gelingt auch dann, wenn das Objekt selbst nicht mehr existiert (zum Beispiel durch einen vorherigen Aufruf von Free. Delphi erledigt dies für Objekte der Bibliothek visueller Komponenten automatisch.

Sie sollten also niemals eine Komponente innerhalb ihrer Anwendung entfernen.

Falls Sie ein Formular freigeben wollen, rufen Sie die Methode Release auf, um das Formular zu löschen und dessen benutzten Speicher freizugeben.

function GetTextBuf(Buffer: PChar; BufSize: Integer): Integer;
Die Methode GetTextBuf holt den Text der Komponente und kopiert ihn in den Puffer als Null-terminierten String (Ende der Zeichenkette wird mit 0 angegeben), auf den Buffer zeigt. Die maximale Länge des Strings wird mit BufSize (siehe dazu GetTextLen) festgelegt. In BufSize ist nach der Ausführung die Anzahl der Zeichen des Strings zu finden. Diese Methode ist vor allem dann sehr nützlich, wenn mit Strings größer als 256 Zeichen gearbeitet wird. Der Typ STRING kann nicht mehr als 256 Zeichen aufnehmen. Dabei entfällt aber das erste Element in diesem Typ auf die Längenangabe des Strings, so daß nur noch maximal 255 Zeichen möglich sind. Ein PChar ist ein Zeiger auf das erste Zeichen einer Zeichenkette. Eine derart definierte Zeichenkette besitzt keine Längenangabe, sondern trägt eine 0 am Ende der Kette, daher auch der Name Null-terminierter String. Ein PChar kann die maximale Größe von 64 Kbyte erreichen. Die maximale Anzahl der Zeichen ist also auf 64 Kbyte und nicht auf 255 Zeichen beschränkt (siehe auch GetTextLen und SetTextBuf).

function GetTextLen: Integer;
Die Methode GetTextLen gibt die Länge des Textes der Komponente zurück. Dieser Wert kann für BufSize in GetTextBuf verwendet werden (siehe auch GetTextBuf und SetTextBuf).

procedure Hide;
Die Methode Hide versteckt eine Komponente, sie ist also nicht mehr auf dem Bildschirm sichtbar. Dabei wird die Eigenschaft Visible auf False gesetzt. Dabei ist eine Komponente aber weiterhin aktiv, das heißt, sie kann bearbeitet werden.

procedure Invalidate;
Die Methode Invalidate erzwingt das Neuzeichnen einer Komponente, sobald dies möglich ist.

procedure InsertComponent(AComponent: TComponent);
InsertComponent macht die Komponente zum Besitzer der im Parameter AComponent übergebenen Komponente. Die Komponente wird am Ende der Array-Eigenschaft Components hinzugefügt. Die eingefügte Komponente darf keinen Namen haben (keinen für die Eigenschaft Name spezifizierten Wert) oder der Name muß sich eindeutig von allen anderen in der Components-Liste unterscheiden. Wird die Besitzerkomponente entfernt, so wird auch AComponent gelöscht.

procedure Refresh;
Die Methode Refresh reagiert je nach Art der Komponente, ob Daten oder die Komponenten selbst neu gezeichnet werden. Die Methode Refresh kann also jedes Bild auf dem Bildschirm löschen und alle Dialogelemente neuzeichnen beziehungsweise Datensätze einer Datei erneut einlesen.

Innerhalb der Implementation von Refresh beim Neuzeichnen von Komponenten wird erst die Methode Invalidate und dann die Methode Update aufgerufen.

Beim Refresh von Daten ist zu beachten: Durch Refresh können sich die angezeigten Daten unerwartet verändern und so den Anwender verwirren. Ein Dialog oder eine andere Mitteilung, die dem Anwender den Refresh der Daten mitteilt, wäre somit wohl angebracht und von äußerster Nützlichkeit.

procedure RemoveComponent(AComponent: TComponent);
RemoveComponent entfernt die Komponente, die im Parameter AComponent festgelegt ist, aus der Komponentenliste Components. Die Position in der Liste wird zu Nil.

procedure Repaint;
Die Methode Repaint fordert das Dialogelement auf, dessen Bild auf dem Bildschirm neu zu zeichnen, ohne jedoch das bereits Erschienene zu löschen. Um vor dem Neuzeichnen zu löschen, müssen Sie anstelle von Repaint die Methode Refresh aufrufen.

procedure ScaleBy(M, D: Integer);
Die Methode ScaleBy skaliert eine Komponente um einen Prozentsatz ihrer ursprünglichen Größe. Der Parameter M ist der Multiplikator und der Parameter D der Divisor. Wenn Sie beispielsweise die Größe des Dialogelements auf 66% seines ursprünglichen Formats ändern möchten, geben Sie in M den Wert 66 und in D den

Wert 100 an (66/100). Bei der Vergrößerung gehen Sie einfach den umgekehrten Weg: Vergrößerung um 66% bedeutet nichts anderes als M=166 und D=100.

function ScreenToClient(Point: TPoint): TPoint;
Die Methode ScreenToClient wird verwendet, um den Koordinatenpunkt der Komponente auf dem Bildschirm in Pixeln zu bestimmen. ScreenToClient gibt die X- und Y-Koordinaten in einem Record des Typs TPoint zurück.

procedure ScrollBy(DeltaX, DeltaY: Integer);
ScrollBy scrollt den Inhalt einer Komponente. Statt der Methode ScrollBy sollten Sie im Normalfall lieber mit den eingebauten Bildlauf-Leisten arbeiten, es sei denn, diese Leisten wären für Ihre Programm-Idee aus irgendeinem Grund nicht brauchbar.

DeltaX enthält die Veränderung in Pixeln in Richtung der X-Achse. Ein positiver Wert von DeltaX verschiebt den Inhalt nach rechts, ein negativer Wert verschiebt den Inhalt nach links. DeltaY bezeichnet die Veränderungen in Pixeln in Richtung der Y-Achse. Ein positiver Wert von DeltaY verschiebt den Inhalt nach unten, ein negativer Wert verschiebt den Inhalt nach oben.

procedure SendToBack;
Die Methode SendToBack setzt eine Komponente innerhalb einer übergeordneten Komponente hinter alle anderen Komponenten. Die Reihenfolge, in der Komponenten übereinander gelagert werden (Z-Reihenfolge), hängt davon ab, ob es sich um fensterähnliche oder um nicht-fensterähnliche Komponente handelt. Die Reihenfolge arbeitet nach dem Prinzip, daß die zuletzt eingefügte Komponente die oberste und damit sichtbare Komponente ist.

Mit der Methode SendToBack einer Komponente kommt diese Komponente ganz nach unten auf den Stapel und wird somit nicht sichtbar.

Bei der Stapelung ist zu beachten, daß fensterähnliche Komponenten immer auf nicht-fensterähnlichen Komponenten gestapelt werden. Ein Aufruf von SendToBack einer fensterähnlichen Komponente bewirkt also gar nichts, wenn unter dem Stapel eine nicht-fensterähnliche Komponente liegt (siehe auch BringToFront).

Die folgenden Komponenten zählen zu den fensterähnlichen Komponenten:

BitBtn	DBNavigator	MediaPlayer
Button	DBRadioGroup	Memo
CheckBox	DirectoryListBox	Notebook
ComboBox	DrawGrid	OLEContainer
DBCheckBox	DriveComboBox	Outline
DBComboBox	Edit	Panel
DBEdit	FileListBox	RadioButton
DBGrid	FilterComboBox	RadioGroup
DBImage	Form	ScrollBar
DBListBox	GroupBox	ScrollBox
DBLookupCombo	Header	StringGrid
DBLookupList	ListBox	TabbedNotebook
DBMemo	MaskEdit	TabSet

Die nun folgenden Komponenten zählen zu den nicht-fensterähnlichen Komponenten:

Bevel	Label	SpeedButton
DBText	PaintBox	Image
Shape		

procedure SetBounds(ALeft, ATop, AWidth, AHeight: Integer);
Die Methode SetBounds setzt die Begrenzungseigenschaften der Komponente Left, Top, Width und Height auf die Werte, die in den entsprechenden Werten ALeft, ATop, AWidth und AHeight übergeben werden. SetBounds erlaubt Ihnen, mehr als eine Begrenzungseigenschaft der Komponente zur gleichen Zeit einzustellen. Obwohl Sie immer einzelne Begrenzungen einstellen können, erlaubt Ihnen die Verwendung von SetBounds, mehrere Änderungen auf einmal durchzuführen, ohne daß jedesmal das Dialogfenster neu gezeichnet werden muß.

procedure SetFocus;
SetFocus übergibt den Focus an die Komponente. Bei Formularen ruft das jeweilige Formular die Methode SetFocus des standardmäßig aktiven Dialogelements auf.

procedure SetTextBuf(Buffer: PChar);
Die Methode SetTextBuf ersetzt den Text in einer Komponente durch den Text in Buffer. Buffer muß auf einen mit Null abgeschlossenen String zeigen (siehe auch GetTextBuf und GetTextLen).

procedure Show;
Die Methode Show bringt eine Komponente sichtbar auf dem Bildschirm, indem die Eigenschaft Visible auf True eingestellt wird. Falls die Methode Show eines Formulars aufgerufen wird und das Formular ist undurchsichtig, versucht Show das Formular sichtbar zu machen, indem sie das Formular mit der Methode BringToFront in den Vordergrund bringt. Ein Formular verfügt zusätzlich über die Methode ShowModal, um einen modalen Dialog erzeugen zu können. Ein modaler Dialog muß bearbeitet und geschlossen werden. Ein SendToBack hätte also keinen Erfolg.

procedure Update;
In der Methode Update wird die API-Funktion UpdateWindow von Windows aufgerufen, die alle beim Zeichnen entstandenen und noch nicht erledigten Meldungen bearbeitet.

UpdateWindows ist definiert als

```
procedure UpdateWindow(Wnd: HWnd);
```

Die Routine UpdateWindow aktualisiert den Client-Bereich des angegebenen Fensters, indem sie eine WM_PAINT-Meldung an das Fenster sendet, wenn der Aktualisierungsbereich für das Fenster nicht leer ist. Die Routine UpdateWindow sendet eine WM_PAINT-Meldung unter Umgehung der Anwendungswarteschlange direkt an die Fensterfunktion des gegebenen Fensters. Wenn der Aktualisierungsbereich leer ist, wird keine Meldung gesendet. Der Parameter Wnd bezeichnet das Fenster oder besser das Handle des Fensters, das aktualisiert werden soll.

Komponentenname: RadioButton
Klassenname: TRadioButton

Beschreibung:

Die Komponente RadioButton bildet ein Optionsschaltfeld von Windows. Man kann mit solchen Radiobuttons eine Reihe sich gegenseitig ausschließender Optionen darstellen. Daher auch der Name Radiobutton. Erinnern Sie sich einmal an die alten Radios mit Schaltern zur Wahl des Senders: Wird ein Schalter gedrückt, dann wird der bis dahin eingedrückte Schalter (und damit der bis dahin gehörte Sender) deaktiviert. Es kann also bei einer Gruppe von RadioButtons nur einer zur gleichen Zeit aktiv sein.

Eigenschaften:

property Align: TAlign;
Die Eigenschaft Align legt fest, wie Dialogelemente zum Beispiel im Formular ausgerichtet werden. Mögliche Werte:

alNone	Die Komponente bleibt an der Einfügeposition im Formular (Standardeinstellung).
alTop	Die Komponente wird an die Oberkante des Formulars verschoben und an seine Breite angepaßt. Die Höhe der Komponente bleibt unverändert.
alBottom	Die Komponente wird an die Unterkante des Formulars verschoben und an seine Breite angepaßt. Die Höhe der Komponente bleibt unverändert.
alLeft	Die Komponente wird an die linke Kante des Formulars verschoben und an seine Höhe angepaßt. Die Breite der Komponente bleibt unverändert.
alRight	Die Komponente wird an die rechte Kante des Formulars verschoben und an seine Höhe angepaßt. Die Breite der Komponente bleibt unverändert.
alClient	Die Größe der Komponente wird an den Client-Bereich eines Formulars angepaßt. Ist ein Teil des Client-Bereichs bereits von einer anderen Komponente besetzt, füllt die Komponente den verbleibenden Teil des Client-Bereichs aus.

Wird zum Beispiel ein Formular, das Besitzer eines Labels ist, in der Größe verändert, werden die Komponenten innerhalb des Formulars neu ausgerichtet. Die Verwendung der Eigenschaft Align ist dann sinnvoll, wenn ein Dialogelement an einer Position des Formulars stehenbleiben soll, auch wenn sich die Größe des Formulars ändert.

property Alignment...
Alignment legt die Ausrichtung fest und hängt vom Typ der Komponente ab:

Alignment für die Komponenten Label, Memo und Panel:

property Alignment: TAlignment;
Alignment legt fest, wie Text innerhalb der Komponente ausgerichtet wird. Mögliche Werte:

taLeftJustify	Der Text wird linksbündig dargestellt.
taCenter	Der Text wird zentriert dargestellt.
taRightJustify	Der Text wird rechtbündig dargestellt.

Alignment für die Komponenten CheckBox und RadioButton:

property Alignment: TLeftRight;
Alignment legt die Ausrichtung des Titels fest. Mögliche Werte:

taLeftJustify	Der Titel wird linksbündig dargestellt.
taRightJustify	Der Titel wird rechtbündig dargestellt.

Alignment für die Komponente PopupMenu:

property Alignment: TPopupAlignment;
Alignment legt fest, wo das Popup-Menü erscheint, wenn der Anwender die rechte Maustaste drückt. Mögliche Werte:

paLeft	Das Popup-Menü erscheint mit der oberen linken Ecke unter dem Mauszeiger.
paCenter	Das Popup-Menü erscheint mit der Mitte der Oberkante unter dem Mauszeiger.
paRight	Das Popup-Menü erscheint mit der oberen rechten Ecke unter dem Mauszeiger.

Alignment für die Komponenten:

BCDField	DateTimeField	StringField
BooleanField	FloatField	TimeField
CurrencyField	IntegerField	WordField
DateField	SmallintField	

property Alignment: TAlignment;
Alignment wird dazu verwendet, die Daten in einem Feld zu zentrieren oder nach links bzw. rechts auszurichten. Mögliche Werte:

taLeftJustify	Der Inhalt des Datensatzes wird linksbündig dargestellt.
taCenter	Der Inhalt des Datensatzes wird zentriert dargestellt.
taRightJustify	Der Inhalt des Datensatzes wird rechtbündig dargestellt.

property BoundsRect: TRect;
Die Eigenschaft BoundsRect liefert das Begrenzungsrechteck der Komponente – ausgedrückt im Koordinatensystem des übergeordneten Dialogelements – zurück. Mit BoundsRect ersetzen und erleichtern Sie sich somit die Abfrage der einzelnen Werte für die Eigenschaften Left, Top, Width und Height.

property Caption: String;
Die Eigenschaft Caption ist der Text, der in der Komponente angezeigt wird. Zum Beispiel in der Titelleiste des Formulars.

property Checked: Boolean;
Checked stellt fest, ob eine Option in einer Komponente ausgewählt wird. Mögliche Werte:

Für die Komponenten Checkbox und TDBCheckbox:

True	Die Checkbox ist ausgewählt (»angekreuzt« (checked))
False	Die Checkbox ist nicht ausgewählt. False kann zutreffen, wenn die Eigenschaft State der Checkbox cbGrayed (die Checkbox wird grau angezeigt) oder cbUnChecked (die Checkbox ist nicht markiert) ist.

Für die Komponente RadioButton:

True	Ein schwarzer Kreis erscheint in der Komponente, der Radio-Button ist ausgewählt.
False	Es wird kein schwarzer Kreis in der Komponente angezeigt, der RadioButton ist nicht ausgewählt.

Für die Komponente TMenuItem:

True	Neben dem Menüeintrag erscheint ein Markierungszeichen, der Eintrag ist ausgewählt.
False	Es erscheint kein Markierungszeichen, der Eintrag ist nicht ausgewählt.

property Color: TColor;
Die Eigenschaft Color legt für alle Komponenten mit Ausnahme des Dialogfensters die Farbe fest (Hintergrundfarbe eines Formulars oder eines Dialogelements oder Grafikobjekts).

Ist die Eigenschaft ParentColor auf True gesetzt, bewirkt eine Änderung der Eigenschaft Color einer Komponente A automatisch eine Änderung der Eigenschaft Color aller Komponenten, die als Besitzer die Komponente A haben. Wenn Sie der Eigenschaft Color eines Dialogelements einen Wert zuweisen, wird seine Eigenschaft ParentColor automatisch auf False gesetzt. Mögliche Werte sind:

clBlack	Schwarz
clMaroon	Rotbraun
clGreen	Grün
clOlive	Olivgrün
clNavy	Marineblau
clPurple	Violett
clTeal	Petrol
clGray	Grau
clSilver	Silber
clRed	Rot

clLime   Limonengrün
clBlue   Blau
clFuchsia   Pink
clAqua   Karibikblau
clWhite   Weiß

(Systemfarben von Windows:)

clBackground	Aktuelle Windows-Hintergrundfarbe
clActiveCaption	Aktuelle Farbe der Titelleiste des aktiven Fensters
clInactiveCaption	Aktuelle Farbe der Titelleiste der inaktiven Fenster
clMenu	Aktuelle Hintergrundfarbe der Menüs
clWindow	Aktuelle Hintergrundfarbe der Fenster
clWindowFrame	Aktuelle Farbe der Fensterrahmen
clMenuText	Aktuelle Farbe vom Menütext
clWindowText	Aktuelle Farbe vom Fenstertext
clCaptionText	Aktuelle Textfarbe der Titelleiste des aktiven Fensters
clActiveBorder	Aktuelle Rahmenfarbe des aktiven Fensters
clInactiveBorder	Aktuelle Rahmenfarbe der inaktiven Fenster
clAppWorkSpace	Aktuelle Farbe des Arbeitsbereichs der Anwendung
clHighlight	Aktuelle Hintergrundfarbe vom ausgewählten Text
clHighlightText	Aktuelle Farbe vom ausgewählten Text
clBtnFace	Aktuelle Farbe einer Schalterfläche
clBtnShadow	Aktuelle Schattenfarbe eines Schalters
clGrayText	Aktuelle Farbe von grau dargestelltem Text
clBtnText	Aktuelle Farbe von Text auf einem Schalter
clInactiveCaptionText	Aktuelle Textfarbe in der Titelleiste eines inaktiven Fensters
clBtnHighlight	Aktuelle Farbe der Markierung eines Schalters

Mit einem Doppelklick auf Color öffnet sich das Farbschema von Windows, in dem Sie auch eigene Farben zusammenstellen können.

property ComponentIndex: Integer;
Die Eigenschaft ComponentIndex zeigt die Position einer Komponente in der Eigenschaftsliste Components ihres Besitzers an. Die erste Komponente in der Liste hat den ComponentIndex-Wert 0, die zweite hat den Wert 1, die dritte den Wert 2 etc. Diese Eigenschaft ist nur zur Laufzeit und dann auch nur im Read-Only-Modus benutzbar.

property Controls[Index: Integer]: TControl;
Controls ist ein Array aller untergeordneten Komponenten der Komponente. Controls ist dann von Nutzen, wenn Sie auf die untergeordneten Komponenten über die Zahl statt über den Namen zugreifen müssen.

property Ctl3D: Boolean;
Die Eigenschaft Ctl3D legt fest, ob ein Dialogelement ein dreidimensionales (3-D) oder zweidimensionales Aussehen besitzt. Wenn Ctl3D True ist, erscheint das Dia-

logelement dreidimensional. Die Voreinstellung von Ctl3D ist True. Wenn die Eigenschaft ParentCtl3D einer Komponente auf True gesetzt ist, verändert jede Modifikation der Eigenschaft Ctl3D des übergeordneten Dialogelements automatisch auch die Eigenschaft Ctl3D des Dialogelements.

Achtung: Damit Ctl3D überhaupt funktioniert, muß sich die dynamische Link-Bibliothek CTL3DV2.DLL im Suchpfad befinden. Idealerweise sollte sich diese Datei im System-Verzeichnis von Windows aufhalten.

property Cursor: TCursor;
Mit der Eigenschaft Cursor stellen Sie das Aussehen des Cursors ein, wenn dieser auf die Komponente zeigt.

Mögliche Werte sind:

crDefault	crArrow	crCross
crIBeam	crSize	crSizeNESW
crSizeNS	crSizeNWSE	crSizeWE
crUpArrow	crHourglass	crDrag
crNoDrop	crHSplit	crVSplit

property DragCursor: TCursor;
Die Eigenschaft DragCursor bestimmt die Form des Mauszeigers, wenn sich der Zeiger über einer Komponente befindet, die ein gezogenes Objekt akzeptieren kann. Mögliche Werte sind mit denen der Eigenschaft Cursor identisch.

property DragMode: TDragMode;
Die Eigenschaft DragMode legt das Ziehen-und-Ablegen-Verhalten einer Komponente fest. Mögliche Werte sind:

dmAutomatic	Wenn dmAutomatic ausgewählt ist, ist das Dialogelement bereit, gezogen zu werden; der Anwender klickt nur und zieht es dann.
dmManual	Wenn dmManual ausgewählt ist, kann das Dialogelement nicht gezogen werden, bevor die Anwendung die Methode BeginDrag aufgerufen hat.

Ist die Eigenschaft DragMode einer Komponente dmAutomatic, kann die Anwendung dies zur Laufzeit durch Einstellung des Werts dmManual deaktivieren.

property Enabled: Boolean;
Die Eigenschaft Enabled bestimmt, ob die Komponente auf Maus-, Tastatur- und Timer-Ereignisse reagiert. Wenn Enabled auf True gesetzt ist, reagiert die Komponente normal. Ist Enabled hingegen False, ignoriert das Dialogelement Maus- und Tastaturereignisse. Bei einer Timer-Komponente werden die für das OnTimer-Ereignis deaktivierten Komponenten-Dialogelemente grau dargestellt.

property Font: TFont;
Die Eigenschaft Font legt den Font und die Eigenschaften des Fonts der Komponente fest. Sie haben die Möglichkeit, diese Werte im Objectinspektor oder – wesentlich

komfortabler – mit Hilfe eines Doppelklicks auf diese Eigenschaft einen Dialog zu öffnen, der alle möglichen Werte anzeigt.

property Handle: ...;
Handle für die Komponenten:

Bitmap	property Handle: HBitmap;
Brush	property Handle: HBrush;
Canvas	property Handle: HDC;
Font	property Handle: HFont;
Icon	property Handle: HIcon;
Metafile	property Handle: HMetafile;
Pen	property Handle: HPen;

Handle gibt Ihnen den Zugriff auf das Handle des jeweiligen GDI-Objekts. Benötigen Sie zum Beispiel für den Aufruf einer Windows-API-Funktion ein Handle auf ein Stiftobjekt oder ein Bitmap-Objekt, dann können Sie dazu das Handle der Komponente Pen, beziehungsweise der Komponente Bitmap benutzen.

Handle für das Object TApplication und die folgenden Komponenten:

Bevel	DBText	Memo
BitBtn	DirectoryListBox	Notebook
Button	DrawGrid	OLEContainer
CheckBox	DriveComboBox	Outline
ComboBox	Edit	PaintBox
DBCheckBox	FileListBox	Panel
DBComboBox	FilterComboBox	RadioButton
DBEdit	FindDialog	RadioGroup
DBGrid	Form	ReplaceDialog
DBImage	GroupBox	ScrollBar
DBListBox	Header	ScrollBox
DBLookupCombo	Image	Shape
DBLookupList	Label	SpeedButton
DBMemo	ListBox	StringGrid
DBNavigator	MaskEdit	TabbedNotebook
DBRadioGroup	MediaPlayer	TabSet

property Handle: HWND;
Handle ermöglicht Ihnen Zugriff auf das Handle der jeweiligen Komponente (z.B. Fenster-Handle, Dialog-Handle etc.). Dieses Handle wird von einigen Windows-API-Funktionen beim Aufruf erwartet. Sie können in diesem Fall das Handle der jeweils betroffenen Komponente oder – falls das Handle Ihrer Anwendung gefordert wird – das Handle des Objekts TApplication übergeben.

Handle für die Komponenten:

MainMenu	MenuItem	PopupMenu

property Handle: HMENU;
Sollte eine Windows-API-Funktion ein Handle eines Menüs, oder Menü-Eintrags oder eines lokalen Menüs verlangen, können Sie dazu die Eigenschaft Handle von MainMenu, MenuItem und PopupMenu benutzen.

Handle für die Komponente Printer:

property Handle: HDC;
Handle enthält das Handle des jeweiligen Druckerobjekts TPrinter der Komponente Printer.

Handle für die Komponente DataBase:

property Handle: HDBIDB;
Um direkte Aufrufe in die Richtung des Borland Database-Engine (BDE)-API zu tätigen, benötigen Sie ein Handle der jeweiligen Datenbank-Komponente. Dazu dient Ihnen die Eigenschaft Handle der Komponente DataBase. Dies erlaubt Ihnen Zugriffe auf Funktionen des BDE-API, die nicht in der VCL-Bibliothek integriert wurden. Bevor Sie allerdings diese Funktionen aufrufen, sollten Sie prüfen, ob diese Funktion möglicherweise schon in der VCL-Bibliothek gekapselt wurde.

Handle für das Object TSession:

Delphi erzeugt eine Komponente Session vom Typ TSession immer dann, wenn eine Anwendung ausgeführt wird. Sessions sollten nicht von Ihnen erzeugt oder zerstört werden. Session erlaubt globale Prüfung über Datenbankverbindungen. Die Eigenschaft Databases von Session ist ein Array von allen aktiven Datenbanken in der Sitzung. Die Eigenschaft DatabaseCount vom Typ Integer gibt die Anzahl der aktiven Datenbanken in der Sitzung.

property Handle: HDBISES;
Mit der Eigenschaft Handle können Sie direkte Aufrufe an die Borland-Datenbank-Engine, bezogen auf eine bestimmte Sitzung (Session/TSession), machen. Die Komponente Session werden Sie kaum benutzen müssen. Die wichtigsten Funktionen des BDE-API sind in der VCL-Bibliothek gekapselt und ersparen Ihnen diesen Weg.

Handle für die Komponenten Table, Query und StoredProc:

property Handle: HDBICur;
Ebenfalls für direkte Zugriffe auf Funktionen des BDE-API und unter normalen Umständen nicht zu benutzen, da die wichtigsten BDP-API-Funktionen via VCL-Bibliothek einen einfacheren Zugriff ermöglichen.

property Height: Integer;
Die Eigenschaft Height eines Dialogelements legt die Höhe der Komponente in Pixeln fest.

property HelpContext: THelpContext;
Die Eigenschaft HelpContext stellt eine Kontextnummer für die Verwendung beim Aufruf kontextbezogener Online-Hilfe bereit. Jeder Hilfebildschirm des Hilfesystems sollte eine eindeutige Kontextnummer besitzen. Ist in der Anwendung eine Komponente selektiert, so wird nach Betätigen von F1 ein Hilfebildschirm angezeigt. Wel-

cher Hilfebildschirm angezeigt wird, hängt vom Wert der Eigenschaft HelpContext ab.

property Hint: string;
Die Eigenschaft Hint ist der Text-String, der erscheinen kann, wenn ein OnHint-Ereignis eintritt, also wenn der Benutzer den Cursor über die Komponente bewegt. Wie der String angezeigt wird, bestimmt der Code in der Ereignisbehandlungs-Routine OnHint. Sie können eine Schnellhilfe, d.h. ein Fenster, das einen Hilfetext enthält, für eine Komponente erscheinen lassen, wenn der Anwender den Mauszeiger über das Dialogelement führt und dort kurz verweilt. Dies funktioniert wie folgt:

1. Spezifizieren Sie für jede Komponente, die einen Schnellhinweis anzeigen soll, einen Hint-Wert.
2. Setzen Sie die Eigenschaft ShowHint des Bedienfelds auf True.
3. Setzen Sie die Eigenschaft ShowHint der Anwendung zur Laufzeit auf True.

Sie können Hint gleichzeitig sowohl für ein Hilfehinweisfenster als auch für die Verwendung innerhalb der Behandlungsroutine OnHint spezifizieren, indem Sie zwei durch das Zeichen | (das »oder« oder Pipe-Symbol) getrennte Werte angeben, also beispielsweise:

```
Edit1.Hint := 'Aufforderung|Geben Sie den richtigen Wert ein';
```

Der String »Aufforderung« erscheint im Hilfehinweisfenster und der String »Geben Sie den richtigen Wert ein« erscheint wie in der Ereignisbehandlungs-Routine OnHint spezifiziert.

property Left: Integer;
Die Eigenschaft Left bestimmt die horizontalen Koordinaten der linken Kante einer Komponente relativ zum Formular in Pixeln. Für Formulare ist der Wert der Eigenschaft Left relativ zum Bildschirm (ebenfalls in Pixeln).

property Name: TComponentName;
Die Eigenschaft Name enthält den Namen der Komponente, wie er von anderen Komponenten für den Zugriff verwendet wird. Delphi weist als Vorgabewerte sequentielle Namen zu, die auf dem Typ der Komponente basieren, also etwa für Buttons »Button1«, »Button2« etc. Dies können Sie gemäß Ihrer Vorstellungen abändern. Komponentennamen sollten ausdrücklich nur zur Entwurfszeit geändert werden.

property Owner: TComponent;
Die Eigenschaft Owner teilt Ihnen mit, die Komponente zu welcher Komponente gehört. Dem Formular gehören alle Komponenten, die auf ihm vorhanden sind. Umgekehrt gehört das Formular zur Anwendung. Gehört eine Komponente A einer anderen Komponente B, wird der Speicher der Komponente A freigegeben, wenn der Speicher der Komponente B freigegeben wird. Es werden also folgerichtig alle Komponenten des Formulars gelöscht, wenn das Formular gelöscht wird. Außerdem wird natürlich der Speicher für das Formular und dessen Komponenten freigegeben, wenn der Speicher der Anwendung selbst freigegeben wird.

property Parent: TWinControl;
Die Eigenschaft Parent enthält den Namen der übergeordneten Komponente. Wenn eine Komponente A eine andere Komponente B enthält, sind die in B enthaltenen Komponenten untergeordnete Komponenten von A. Wenn Ihre Anwendung beispielsweise drei Buttons in einer GroupBox enthält, dann ist die GroupBox das übergeordnete Element der drei Buttons und die Button-Schaltfelder sind der GroupBox untergeordnet.

Parent und Owner sind leider etwas verwirrend. Daher hier eine kleine Entwirrung:

Ein Formular ist der Besitzer aller darauf enthaltenen Komponenten, unabhängig davon, ob sie ein Fensterelement sind. Für unser Beispiel mit den drei Buttons und der GroupBox bedeutet dies: Der Besitzer der Buttons ist immer das Formular, aber die GroupBox ist das übergeordnete Element.

Wenn Sie einen neuen Dialog erzeugen, müssen Sie dem neuen Dialogelement einen Wert der Eigenschaft Parent zuweisen. Üblicherweise sind dies Formulare, Bedienfelder, GroupBoxen oder andere Dialoge, die andere Komponenten-Elemente enthalten können. Es ist möglich, jedes Element als das übergeordnete zuzuweisen, aber das darin enthaltene Dialogelement wird wahrscheinlich überschrieben.

Wird das übergeordnete Element gelöscht, dann werden auch alle Elemente, die ihm untergeordnet sind, gelöscht.

property ParentColor: Boolean;
Die Eigenschaft ParentColor bestimmt, wo eine Komponente nach ihren Farbeigenschaft suchen soll. Falls ParentColor True ist, verwendet die Komponente die Farbe der Eigenschaft der übergeordneten Komponente.

Wenn ParentColor False ist, verwendet die Komponente ihre eigene Eigenschaft Color. Durch Verwendung von ParentColor können Sie sicherstellen, daß alle Komponenten auf einem Formular das gleiche Erscheinungsbild haben.

property ParentCtl3D: Boolean;
Die Eigenschaft ParentCtl3D bestimmt, wo eine Komponente nach ihrer Eigenschaft Ctl3D suchen muß. IstParentCtl3D auf True gesetzt, verwendet die Komponente die Dimensionen der Eigenschaft Ctl3D von deren übergeordneten Komponente. Wenn ParentCtl3D False ist, verwendet die Komponente ihre eigene Eigenschaft Ctl3D. Durch Verwendung von ParentCtl3D stellen Sie sicher, daß alle Komponenten auf einem Formular das gleiche Erscheinungsbild haben. Wenn Sie beispielsweise möchten, daß alle Komponenten auf einem Formular ein dreidimensionales Erscheinungsbild haben, setzen Sie die Eigenschaft Ctl3D des Formulars auf True und die Eigenschaft ParentCtl3D jeder Komponente ebenfalls auf True.

property ParentFont: Boolean;
Die Eigenschaft ParentFont bestimmt, wo eine Komponente nach ihrer Fonteigenschaft suchen soll. Falls ParentFont True ist, verwendet die Komponente den Font der Eigenschaft der übergeordneten Komponente.

Wenn ParentFont False ist, verwendet die Komponente ihre eigene Eigenschaft Font. Durch Verwendung von ParentFont können Sie sicherstellen, daß alle Komponenten auf einem Formular das gleiche Erscheinungsbild haben.

property ParentShowHint: Boolean;
Die Eigenschaft ParentShowHint bestimmt, wo eine Komponente nach dessen Hinteigenschaft suchen soll. Falls ParentShowHint True ist, verwendet die Komponente die Hint-Eigenschaft der übergeordneten Komponente.

Ist ParentShowHint False, verwendet die Komponente ihre eigene Eigenschaft Hint. Durch Verwendung von ParentShowHint können Sie sicherstellen, daß alle Komponenten auf einem Formular das gleiche Erscheinungsbild haben.

property PopupMenu: TPopupMenu;
Die Eigenschaft PopupMenu legt den Namen des Popup-Menüs fest, das erscheint, wenn der Anwender die Komponente auswählt oder die rechte Maustaste drückt (bei dem Wert True für AutoPopup des Popup) oder wenn die Methode Popup des Popup-Menüs ausgeführt wird.

property ShowHint: Boolean;
Die Eigenschaft ShowHint bestimmt, ob das Dialogelement eine Schnellhilfe anzeigen soll, wenn der Mauszeiger eine Weile auf ihm verweilt. Die Schnellhilfe entspricht dem Wert der Eigenschaft Hint, die in einem Feld direkt unterhalb des Elements angezeigt wird. Wenn die Eigenschaft ShowHint den Wert True hat, kann die Schnellhilfe erscheinen.

Ist ShowHint False, kann die Schnellhilfe auch angezeigt werden, wenn ParentShowHint auf True gesetzt wurde und die Eigenschaft ShowHint der übergeordneten Komponente ebenfalls auf True gesetzt wurde.

property Showing: Boolean;
Die Eigenschaft Showing legt fest, ob eine Komponente momentan auf dem Bildschirm angezeigt wird oder nicht. Falls die Eigenschaft Visible einer Komponente und aller übergeordneten Komponenten in der übergeordneten Hierarchie True ist, ist Showing auch True. Wenn einer der Vorfahren der Komponente den Wert False als Wert für die Eigenschaft Visible hat, dann ist auch Showing False.

property TabOrder: TTabOrder;
Die Eigenschaft TabOrder bestimmt die Position einer Komponente in der Tabulatorreihenfolge, in der Komponenten den Fokus erhalten, wenn der Anwender die Taste TAB drückt. Anfänglich ist die Tabulatorreihenfolge immer die Reihenfolge, in der die Komponenten in das Formular hinzugefügt wurden. Der Wert der Eigenschaft TabOrder ist für jede Komponente auf dem Formular einmalig. Die erste dem Formular hinzugefügte Komponente hat den TabOrder-Wert 0, die zweite hat 1, die dritte 2 usw.

Falls Sie den Wert der Eigenschaft TabOrder einer Komponente den gleichen Wert einer anderen Komponente zuweisen, numeriert Delphi automatisch die Werte für alle anderen Komponenten neu. Angenommen, eine Komponente ist beispielsweise die sechste Komponente in der Tabulatorreihenfolge. Wenn Sie den Wert der Eigen-

schaft TabOrder der Komponente auf 3 ändern (dies macht die Komponente zu der vierten in der Tabulatorreihenfolge), wird die Komponente, die die vierte war, nun zur fünften und die Komponente, die die fünfte war, wird jetzt die sechste.

property TabStop: Boolean;
Die Eigenschaft TabStop bestimmt, ob der Anwender diese Komponente mit der Taste TAB anspringen kann. Falls TabStop True ist, befindet sich die Komponente in der Tabulatorreihenfolge. Wenn TabStop False ist, ist das Dialogelement nicht in der Tabulatorreihenfolge.

property Tag: Longint;
Die Eigenschaft Tag kann einen Integerwert als Element einer Komponente speichern. Tag wird von Delphi nicht benutzt und steht Ihnen damit zur freien Verfügung

property Top: Integer;
Die Eigenschaft Top gibt die y-Koordinate der linken oberen Ecke eines Dialogelements relativ zum Formular in Pixeln an. Bei Formularen wird der Wert der Eigenschaft Top in Pixeln relativ zum Bildschirm angegeben.

property Visible: Boolean;
Die Eigenschaft Visible bestimmt, ob eine Komponente auf dem Bildschirm sichtbar ist (True) oder nicht (False).

property Width: integer;
Die Eigenschaft Width ist die Breite einer Komponente gemessen in Pixeln.

Ereignisse:

property OnClick: TNotifyEvent;
Das Ereignis OnClick erscheint, wenn der Benutzer auf die Komponente klickt. In einem Formular tritt OnClick ein, wenn der Benutzer auf eine freie Stelle im Formular oder eine inaktive Komponente klickt.

OnClick ist vom Typ

```
TNotifyEvent = procedure (Sender: TObject) of object;
```

Der Typ TNotifyEvent weist auf eine Methode, die das Anklicken eines Objekts behandelt. Der Parameter Sender ist das Dialogelement, das angeklickt wurde.

property OnDblClick: TNotifyEvent;
Das Ereignis OnClick erscheint, wenn der Benutzer auf die Komponente einen Doppelklick ausführt. In einem Formular tritt das Ereignis OnDblClick ein, wenn der Benutzer auf eine freie Stelle im Formular oder eine inaktive Komponente einen Doppelklick ausführt.

OnDblClick ist vom Typ

```
TNotifyEvent = procedure (Sender: TObject) of object;
```

Der Typ TNotifyEvent weist auf eine Methode, die das Doppelklicken eines Objekts behandelt. Der Parameter Sender ist das Dialogelement, das mit einem Doppelklick bearbeitet wurde.

property OnDragDrop: TDragDropEvent;
Das Ereignis OnDragDrop tritt ein, wenn der Anwender ein gezogenes Objekt ablegt. Verwenden Sie die Ereignisbehandlungs-Routine OnDragDrop, um festzulegen, was passieren soll, wenn der Anwender ein Objekt ablegt.

OnDragClick ist vom Typ

```
TDragDropEvent = procedure(Sender, Source: TObject; X, Y: Integer) of object;
```

Der Typ TDragDropEvent zeigt also auf eine Methode, die das Ablegen eines gezogenen Objekts behandelt. Der Parameter Source des Ereignisses OnDragDrop ist das abzulegende Objekt und der Parameter Sender ist das Dialogelement, auf das das Objekt abgelegt wurde. Die Parameter X und Y sind die Koordinaten des Mauszeigers, der über dem Dialogelement positioniert wird.

property OnDragOver: TDragOverEvent;
Das Ereignis OnDragOver tritt ein, wenn der Anwender ein Objekt über eine Komponente zieht. Üblicherweise werden Sie ein Ereignis OnDragOver verwenden, um ein Objekt zu akzeptieren, damit der Anwender es ablegen kann.

OnDragClick ist vom Typ

```
TDragOverEvent = procedure(Sender, Source: TObject; X, Y: Integer;
                           State: TDragState; var Accept: Boolean) of object;
```

Der Typ TDragOverEvent zeigt also auf eine Methode, die das Ziehen eines Objekts über ein anderes Objekt behandelt. Der Parameter Source ist das gezogene Objekt, Sender ist das Objekt, über das Source gezogen wurde, X und Y sind die Koordinaten des Mauszeigers, der über dem Dialogelement positioniert wird, in Pixeln, State ist der Status des gezogenen Objekts in Verbindung zum darübergezogenen Objekt, und Accept legt fest, ob der Sender das Ziehobjekt erkennt. Accept wird nicht per Voreinstellung auf True oder False gesetzt; Sie müssen die passenden Werte selbst zuweisen.

Das Ereignis OnDragOver akzeptiert ein Objekt, wenn der Parameter Accept True ist. Durch Ändern des Werts der Eigenschaft DragCursor können Sie das Erscheinungsbild des Cursors beeinflussen. Dies können Sie entweder während des Entwickelns oder zur Laufzeit, bevor das Ereignis OnDragOver eintritt, durchführen.

property OnEndDrag: TEndDragEvent;
Das Ereignis OnEndDrag tritt immer dann ein, wenn das Ziehen eines Objekts abgeschlossen oder abgebrochen wird. Wenn Sie eine besondere Behandlung haben möchten, sobald das Ziehen beendet wird, verwenden Sie die Ereignisbehandlungs-Routine OnEndDrag.

OnEndDrag ist vom Typ

`TEndDragEvent = procedure(Sender, Target: TObject; X, Y: Integer) of object;`

Der Typ TEndDragEvent zeigt also auf eine Methode, die das Anhalten des Ziehens eines Objekts behandelt. Der Sender ist das Objekt, was gezogen wird, Target ist das Objekt, zu dem Sender hingezogen wird, und X und Y sind die dazugehörigen Bildschirmkoordinaten des Mauszeigers, der über dem Dialogelement positioniert wird. Falls das gezogene Objekt abgelegt und durch das Dialogelement akzeptiert wurde, ist der Parameter Target des Ereignisses OnEndDrag True. Wenn das Objekt nicht erfolgreich abgelegt wurde, beträgt der Wert von Target Nil.

property OnEnter: TNotifyEvent;
OnEnter tritt ein, wenn eine Komponente aktiviert wird. Wenn Sie eine besondere Behandlung festlegen möchten, wenn eine Komponente aktiviert wird, verwenden Sie die Ereignisbehandlungsroutine OnEnter.

OnEnter erscheint nie, wenn Sie zwischen Formularen oder einer anderen Windows-Anwendung und Ihrer Anwendung umschalten. OnEnter für eine Komponente des Typs TPanel oder THeader tritt nie ein, da Bedienfelder oder Header keinen Fokus erhalten können. Somit ist dort OnEnter vollkommen nutzlos. Sie haben diese Ereignisbehandlung aber geerbt.

OnEnter ist vom Typ

`TNotifyEvent = procedure (Sender: TObject) of object;`

Der Typ TNotifyEvent weist auf eine Methode, die das Doppelklicken eines Objekts behandelt. Der Parameter Sender ist das Dialogelement, das mit einem Doppelklick bearbeitet wurde.

property OnExit: TNotifyEvent;
OnExit erscheint, wenn der Eingabefokus einer Komponente an eine andere übergeben wird. OnExit tritt nicht ein, wenn Sie zwischen Formularen oder zwischen einer Windows-Anwendung und Ihrer Anwendung umschalten. OnExit tritt bei den Komponenten Panel und Speedbutton nicht ein, da diese niemals den Fokus erhalten.

OnExit ist vom Typ

`TNotifyEvent = procedure (Sender: TObject) of object;`

Der Typ TNotifyEvent weist auf eine Methode, die das Doppelklicken eines Objekts behandelt.

Der Parameter Sender ist das Dialogelement, das mit einem Doppelklick bearbeitet wurde.

property OnKeyDown: TKeyEvent;
OnKeyDown tritt ein, wenn der Anwender irgendeine Taste drückt, während die Komponente den Fokus hat. Verwenden Sie OnKeyDown, um eine besondere Behandlung festzulegen, die ausgeführt wird, wenn eine Taste gedrückt wird. Der Handler OnKeyDown kann auf alle Tasten der Tastatur, einschließlich Funktionsta-

sten und Tastenkombinationen mit den Tasten UMSCHALT, ALT und STRG sowie betätigten Maustasten reagieren.

OnKeyDown ist vom Typ

```
TKeyEvent = procedure (Sender: TObject; var Key: Word; Shift: TShiftState)
                 of object;
```

Der Typ TKeyEvent weist auf eine Methode, die Tastaturereignisse verarbeitet. Der Parameter Key steht für die Taste; Shift kann die folgenden Werte annehmen:

ssShift	Umschalttaste wird festgehalten
ssAlt	Taste ALT wird festgehalten
ssCtrl	Taste STRG wird festgehalten
ssLeft	Linke Maustaste wird festgehalten
ssMiddle	Mittlere Maustaste wird festgehalten
ssDouble	Rechte und linke Maustaste werden gleichzeitig festgehalten

property OnKeyPress: TKeyPressEvent;
OnKeyPress erscheint, wenn der Anwender eine einzelne Zeichentaste drückt.

OnKeyPress ist vom Typ

```
TKeyPressEvent = procedure (Sender: TObject; var Key: Char) of object;
```

TKeyPressEvent weist auf eine Methode, die einen Tastendruck für ein einzelnes Zeichen verarbeitet. Der Parameter Key gibt die Taste an. Der Parameter Key ist vom Typ Char; deshalb registriert OnKeyPress das ASCII-Zeichen der gedrückten Taste. Tasten, die nicht mit einem ASCII-Zeichen übereinstimmen (beispielsweise UMSCHALT oder F1), werden kein OnKeyPress erzeugen. Tastenkombinationen (wie UMSCHALT+A) erzeugen nur ein Ereignis des Typs OnKeyPress (in diesem Beispiel ergibt UMSCHALT+A einen Wert Key von »A«, wenn die Feststelltaste ausgeschaltet ist). Falls Sie auf Nicht-ASCII-Tasten oder Tastenkombinationen reagieren möchten, verwenden Sie die Ereignisbehandlungs-Routinen OnKeyDown oder OnKeyUp.

property OnKeyUp: TKeyEvent;
OnKeyUp tritt ein, wenn der Anwender die gedrückte Taste wieder losläßt. OnKeyUp kann auf alle Tasten der Tastatur, einschließlich Funktionstasten und Tastenkombinationen mit den Tasten UMSCHALT, ALT und STRG sowie betätigten Maustasten reagieren.

```
TKeyEvent = procedure (Sender: TObject; var Key: Word; Shift: TShiftState)
                 of object;
```

Der Typ TKeyEvent weist auf eine Methode, die Tastaturereignisse verarbeitet. Der Parameter Key steht für die Taste und Shift und kann die folgenden Wert annehmen:

ssShift	Umschalttaste wird festgehalten
ssAlt	Taste ALT wird festgehalten
ssCtrl	Taste STRG wird festgehalten

ssLeft	Linke Maustaste wird festgehalten
ssMiddle	Mittlere Maustaste wird festgehalten
ssDouble	Rechte und linke Maustaste werden gleichzeitig festgehalten

property OnMouseDown: TMouseEvent;
Das Ereignis OnMouseDown tritt ein, wenn der Anwender eine Maustaste zu dem Zeitpunkt drückt, an dem sich der Mauszeiger über einem Dialogelement befindet.

OnMouseDown ist vom Typ

```
TMouseEvent=procedure (Sender: TObject; Button: TMouseButton; Shift: TShiftState;
            X, Y: Integer) of object;
```

Der Typ TMouseEvent weist auf eine Methode zur Bearbeitung von Maustasten-Ereignissen hin. Der Parameter Button gibt an, die Maustaste gedrückt wurde, während Shift Auskunft darüber gibt, die UMSCHALT- (UMSCHALT, STRG oder ALT) bzw. Maustasten gedrückt waren, während die das Mausereignis verursachende Maustaste gedrückt oder losgelassen wurde. X und Y sind die Bildschirmkoordinaten des Mauszeigers in Pixeln. Der Parameter Button des Ereignisses OnMouseDown zeigt an, die Maustaste gedrückt wurde. Durch Verwenden des Parameters Shift der Ereignisbehandlungs-Routine OnMouseDown können Sie auf den Status der Maus- und Umschalttasten reagieren. UMSCHALTTASTEN sind die Tasten UMSCHALT, STRG und ALT.

property OnMouseMove: TMouseMoveEvent;
Das Ereignis OnMouseMove tritt ein, wenn der Anwender den Mauszeiger bewegt und dieser sich bereits über einem Dialogelement befindet.

OnMouseMove ist vom Typ

```
TMouseMoveEvent = procedure(Sender: TObject; Shift: TShiftState; X, Y: Integer)
                  of object;
```

Der Typ TMouseMoveEvent zeigt also auf eine Methode, die Mausereignisse infolge von Mausbewegungen verarbeitet. Der Parameter Button gibt an, die Maustaste gedrückt wurde, während Shift anzeigt, die UMSCHALT- (UMSCHALT, STRG oder ALT) bzw. Maustasten während der Mausbewegung gedrückt waren. X und Y sind die Bildschirmkoordinaten des Mauszeigers in Pixeln. Durch Verwenden des Parameters Shift können Sie auf den Status der Maus- und Umschalttasten reagieren. UMSCHALTTASTEN sind die Tasten UMSCHALT, STRG und ALT.

property OnMouseUp: TMouseEvent;
Das Ereignis OnMouseUp tritt ein, wenn der Anwender die gedrückte Maustaste wieder freigibt, wenn sich der Mauszeiger über einer Komponente befindet.

Die Ereignisbehandlungs-Routine OnMouseUp kann auf Betätigungen der rechten, mittleren und linken Maustasten reagieren sowie auf Maustastenkombinationen mit UMSCHALTTASTEN (Tasten UMSCHALT, STRG und ALT).

OnMouseUp ist vom Typ

TMouseEvent = procedure (Sender: TObject; Button: TMouseButton; Shift: TShiftState;
                        X, Y: Integer) of object;

Der Typ TMouseEvent zeigt also auf eine Methode zur Bearbeitung von Maustasten-Ereignissen hin. Der Parameter Button gibt an, die Maustaste gedrückt wurde, während Shift Auskunft darüber gibt, die UMSCHALT- (UMSCHALT, STRG oder ALT) bzw. Maustasten gedrückt waren, während die das Mausereignis verursachende Maustaste gedrückt oder losgelassen wurde. X und Y sind die Bildschirmkoordinaten des Mauszeigers in Pixeln.

Methoden:

procedure BeginDrag(Immediate: Boolean);
Die Methode BeginDrag leitet den Ziehvorgang einer Komponente ein. Wenn der Parameter Immediate auf True gesetzt ist, wird der Mauszeiger auf den Wert der Eigenschaft DragCursor gesetzt und der Ziehvorgang beginnt. Ist Immediate False, wird der Mauszeiger nicht auf den Wert der Eigenschaft DragCursor gesetzt und der Ziehvorgang wird erst eingeleitet, wenn der Anwender den Mauszeiger um mindestens 5 Pixel bewegt. Auf diese Weise kann die Komponente Mausklicks akzeptieren, ohne einen Ziehvorgang einzuleiten.

Ihre Anwendung muß die Methode BeginDrag zum Einleiten eines Ziehvorgangs nur aufrufen, wenn DragMode auf dmManual gesetzt ist.

procedure BringToFront;
Die Methode BringToFront setzt eine Komponente innerhalb einer übergeordneten Komponente vor alle anderen Komponenten. BringToFront hilft insbesondere sicherzustellen, daß ein Formular sichtbar ist. Verwenden Sie diese Methode, wenn Sie die Reihenfolge überlappender Komponenten in einem Formular neu festlegen wollen.

Die Reihenfolge, in der Komponenten übereinander gelagert werden (Z-Reihenfolge), hängt davon ab, ob es sich um fensterähnliche oder um nicht-fensterähnliche Komponenten handelt. Die Reihenfolge arbeitet nach dem Prinzip, daß die zuletzt eingefügte Komponente die oberste und damit sichtbare Komponente ist.

Mit der Methode BringToFront einer Komponente kommt diese Komponente ganz nach oben auf den Stapel und wird somit sichtbar.

Bei der Stapelung ist zu beachten, daß fensterähnliche Komponenten immer auf nicht-fensterähnlichen Komponenten gestapelt werden. Ein Aufruf von BringToFront einer nicht-fensterähnlichen Komponente bewirkt also gar nichts, wenn oben auf dem Stapel eine fensterähnliche Komponente liegt.

Die folgenden Komponenten zählen zu den fensterähnlichen Komponenten:

BitBtn	DBNavigator	MediaPlayer
Button	DBRadioGroup	Memo
CheckBox	DirectoryListBox	Notebook
ComboBox	DrawGrid	OLEContainer

DBCheckBox	DriveComboBox	Outline
DBComboBox	Edit	Panel
DBEdit	FileListBox	RadioButton
DBGrid	FilterComboBox	RadioGroup
DBImage	Form	ScrollBar
DBListBox	GroupBox	ScrollBox
DBLookupCombo	Header	StringGrid
DBLookupList	ListBox	TabbedNotebook
DBMemo	MaskEdit	TabSet

Die nun folgenden Komponenten zählen zu den nicht-fensterähnlichen Komponenten:

Bevel	Label	SpeedButton
DBText	PaintBox	Image
Shape		

function CanFocus: Boolean;
CanFocus stellt fest, ob eine Komponente den Eingabefokus erhalten kann. CanFocus gibt True zurück, wenn die Eigenschaften Visible und Enabled sowohl der Komponente als auch der übergeordneten Komponenten auf True gesetzt sind. Sind nicht alle Eigenschaften Visible und Enabled dieser Komponenten auf True gesetzt, liefert CanFocus False zurück.

function ClientToScreen(Point: TPoint): TPoint;
Die Methode ClientToScreen übersetzt den angegebenen Punkt aus Client-Bereichskoordinaten in globale Bildschirmkoordinaten. In Client-Bereichskoordinaten entspricht der Punkt (0, 0) der oberen linken Ecke des Client-Bereichs der Komponente. In Bildschirmkoordinaten entspricht (0, 0) der oberen linken Ecke des Bildschirms. Mit den Methoden ClientToScreen und ScreenToClient rechnen Sie Positionen aus dem Koordinatensystem einer Komponente A in das Koordinatensystem einer Komponente B um.

Beispiel: Umrechnung der Koordinaten einer Komponente A in die Koordinaten einer Komponente B (TPoint ist ein Record mit den Feldern X und Y):

```
TPoint = record
       X : integer;
       Y : integer;
END;
VAR
   Koord: TPoint;
Koord:= B.ScreenToClient(A.ClientToScreen(Koord));
```

constructor Create;
Create weist Speicher zu, um das Objekt und damit die Komponente zu erzeugen und nach Bedarf seine Daten zu initialisieren. Jedes Objekt kann eine Methode Create besitzen, die individuell so angepaßt ist, daß sie diese bestimmte Art von Objekt erzeugt. Im Normalfall benötigen Sie diese Methoden nicht, da Borland Delphi alles unternimmt, um Ihre Anwendung und die darin enthaltenen Komponenten zu

erzeugen. Sollten Sie allerdings ein Ereignis oder die Initialisierung eines Wertes einer selbst geschaffenen Komponente zur Zeit der Erzeugung einstellen wollen, dann können Sie dies in der Methode Create erledigen. Dazu benötigen Sie aber genaue Kenntnisse und Techniken der OOP. Ansonsten sollten Sie Create unverändert lassen und nicht aufrufen.

function Dragging: Boolean;
Die Methode Dragging gibt an, ob eine Komponente gezogen wird. Wenn Dragging True zurückgibt, wird die Komponente gezogen.

procedure EndDrag(Drop: Boolean);
Die Methode EndDrag verhindert, daß eine Komponente weiter gezogen wird. Wenn der Parameter Drop True ist, wird die gezogene Komponente abgelegt. Ist Drop False, wird die Komponente nicht abgelegt und der Vorgang wird abgebrochen.

function FindComponent(const AName: string): TComponent;
Die Methode FindComponent gibt im Array Components die Komponente zurück, deren Name zum String im Parameter AName paßt. FindComponent beachtet dabei keine Groß-/Kleinschreibung.

Beispiel: Es existiert ein Button Button1 in Ihrer Anwendung. Um die eigentliche Komponente TButton1 im Array Components zurückzugeben, rufen Sie FindComponents wie folgt auf:

```
FindComponents('Button1'):
```

function Focused: Boolean;
Focused wird verwendet, um zu bestimmen, ob ein Fensterdialogelement den Fokus besitzt und deshalb das aktive Dialogelement in ActiveControl ist.

procedure Free;
Die Methode Free entfernt das Objekt und gibt den dazugehörigen Speicher frei. Haben Sie das Objekt unter Verwendung der Methode Create erzeugt, so benutzen Sie zum Entfernen und für die Freigabe des Speichers die Methode Free. Free gelingt auch dann, wenn das Objekt selbst nicht mehr existiert (zum Beispiel durch einen vorherigen Aufruf von Free). Delphi erledigt dies für Objekte der Bibliothek visueller Komponenten automatisch.

Sie sollten also niemals eine Komponente innerhalb ihrer Anwendung entfernen.

Falls Sie ein Formular freigeben wollen, rufen Sie die Methode Release auf, um das Formular zu löschen und dessen benutzten Speicher freizugeben.

function GetTextBuf(Buffer: PChar; BufSize: Integer): Integer;
Die Methode GetTextBuf holt den Text der Komponente und kopiert ihn in den Puffer als Null-terminierten String (Ende der Zeichenkette wird mit 0 angegeben), auf den Buffer zeigt. Die maximale Länge des Strings wird mit BufSize (siehe dazu GetTextLen) festgelegt. In BufSize wird nach der Ausführung die Anzahl der Zeichen des Strings zu finden sein. Diese Methode ist vor allem dann sehr nützlich, wenn mit Strings größer als 256 Zeichen gearbeitet wird. Der Typ STRING kann nicht mehr als

256 Zeichen aufnehmen. Dabei entfällt aber das erste Element in diesem Typ auf die Längenangabe des Strings, so daß nur noch maximal 255 Zeichen möglich sind. Ein PChar ist ein Zeiger auf das erste Zeichen einer Zeichenkette. Eine derart definierte Zeichenkette besitzt keine Längenangabe, sondern trägt eine 0 am Ende der Kette, daher auch der Name Null-terminierter String. Ein PChar kann die maximal Größe von 64 Kbyte erreichen. Die maximale Anzahl der Zeichen ist also auf 64 Kbyte und nicht auf 255 Zeichen beschränkt (siehe auch GetTextLen und SetTextBuf).

function GetTextLen: Integer;
Die Methode GetTextLen gibt die Länge des Textes der Komponente zurück. Dieser Wert kann für BufSize in GetTextBuf verwendet werden (siehe auch GetTextBuf und SetTextBuf).

procedure Hide;
Die Methode Hide versteckt eine Komponente, sie ist also nicht mehr auf dem Bildschirm sichtbar. Dabei wird die Eigenschaft Visible auf False gesetzt. Dabei ist eine Komponente aber weiterhin aktiv, das heißt, kann bearbeitet werden.

procedure Invalidate;
Die Methode Invalidate erzwingt das Neuzeichnen einer Komponente, sobald dies möglich ist.

procedure InsertComponent(AComponent: TComponent);
InsertComponent macht die Komponente zum Besitzer der im Parameter AComponent übergebenen Komponente. Die Komponente wird am Ende der Array-Eigenschaft Components hinzugefügt. Die eingefügte Komponente darf keinen Namen haben (keinen für die Eigenschaft Name spezifizierten Wert) oder der Name muß sich eindeutig von allen anderen in der Components-Liste unterscheiden. Wird die Besitzerkomponente entfernt, so wird auch AComponent gelöscht.

procedure Refresh;
Die Methode Refresh reagiert je nach Art der Komponente, ob Daten oder die Komponenten selbst neu gezeichnet werden. Die Methode Refresh kann also jedes Bild auf dem Bildschirm löschen und alle Dialogelemente neuzeichnen beziehungsweise Datensätze einer Datei erneut einlesen.

Innerhalb der Implementation von Refresh beim Neuzeichnen von Komponenten wird die Methode Invalidate und dann die Methode Update aufgerufen.

Beim Refresh von Daten ist zu beachten: Durch Refresh können sich die angezeigten Daten unerwartet verändern und so den Anwender verwirren. Ein Dialog oder eine andere Mitteilung, die dem Anwender den Refresh der Daten mitteilt, wäre somit wohl angebracht und von äußerster Nützlichkeit.

procedure RemoveComponent(AComponent: TComponent);
RemoveComponent entfernt die Komponente, die im Parameter AComponent festgelegt ist, aus der Komponentenliste Components. Die Position in der Liste wird zu Nil.

procedure Repaint;
Die Methode Repaint fordert das Dialogelement auf, dessen Bild auf dem Bildschirm neu zu zeichnen, ohne jedoch das bereits Erschienene zu löschen. Um vor dem Neuzeichnen zu löschen, müssen Sie anstelle von Repaint die Methode Refresh aufrufen.

procedure ScaleBy(M, D: Integer);
Die Methode ScaleBy skaliert eine Komponente um einen Prozentsatz ihrer ursprünglichen Größe. Der Parameter M ist der Multiplikator und der Parameter D der Divisor. Wenn Sie beispielsweise die Größe des Dialogelements auf 66% seines ursprünglichen Formats ändern möchten, geben Sie in M den Wert 66 und in D den Wert 100 an (66/100). Bei der Vergrößerung gehen Sie einfach den umgekehrten Weg: Vergrößerung um 66% bedeutet nichts anderes als M=166 und D=100.

function ScreenToClient(Point: TPoint): TPoint;
Die Methode ScreenToClient wird verwendet, um den Koordinatenpunkt der Komponente auf dem Bildschirm in Pixeln zu bestimmen. ScreenToClient gibt die X- und Y-Koordinaten in einem Record des Typs TPoint zurück.

procedure ScrollBy(DeltaX, DeltaY: Integer);
ScrollBy scrollt den Inhalt einer Komponente. Statt der Methode ScrollBy sollten Sie in Normalfall lieber mit den eingebauten Bildlauf-Leisten arbeiten, es sei denn, diese Leisten wären für Ihre Programm-Idee aus irgendeinem Grund nicht brauchbar.

DeltaX enthält die Veränderung in Pixeln in Richtung der X-Achse. Ein positiver Wert von DeltaX verschiebt den Inhalt nach rechts, ein negativer Wert verschiebt den Inhalt nach links. DeltaY bezeichnet die Veränderungen in Pixeln in Richtung der Y-Achse. Ein positiver Wert von DeltaY verschiebt den Inhalt nach unten, ein negativer Wert verschiebt den Inhalt nach oben.

procedure SendToBack;
Die Methode SendToBack setzt eine Komponente innerhalb einer übergeordneten Komponente hinter alle anderen Komponenten. Die Reihenfolge, in der Komponenten übereinander gelagert werden (Z-Reihenfolge), hängt davon ab, ob es sich um fensterähnliche oder um nicht-fensterähnliche Komponenten handelt. Die Reihenfolge arbeitet nach dem Prinzip, daß die zuletzt eingefügte Komponente die oberste und damit sichtbare Komponente ist.

Mit der Methode SendToBack einer Komponente würde diese Komponente ganz nach unten auf den Stapel kommen und somit nicht sichtbar sein.

Bei der Stapelung ist zu beachten, daß fensterähnliche Komponenten immer auf nicht-fensterähnlichen Komponenten gestapelt werden. Ein Aufruf von SendToBack einer fensterähnlichen Komponente bewirkt also gar nichts, wenn unter dem Stapel eine nicht-fensterähnliche Komponente liegt (siehe auch BringToFront).

Die folgenden Komponenten zählen zu den fensterähnlichen Komponenten:

BitBtn	DBNavigator	MediaPlayer
Button	DBRadioGroup	Memo
CheckBox	DirectoryListBox	Notebook
ComboBox	DrawGrid	OLEContainer

DBCheckBox	DriveComboBox	Outline
DBComboBox	Edit	Panel
DBEdit	FileListBox	RadioButton
DBGrid	FilterComboBox	RadioGroup
DBImage	Form	ScrollBar
DBListBox	GroupBox	ScrollBox
DBLookupCombo	Header	StringGrid
DBLookupList	ListBox	TabbedNotebook
DBMemo	MaskEdit	TabSet

Die nun folgenden Komponenten zählen zu den nicht-fensterähnlichen Komponenten:

Bevel	Label	SpeedButton
DBText	PaintBox	Image
Shape		

procedure SetBounds(ALeft, ATop, AWidth, AHeight: Integer);
Die Methode SetBounds setzt die Begrenzungseigenschaften der Komponente Left, Top, Width und Height auf die Werte, die in den entsprechenden Werten ALeft, ATop, AWidth und AHeight übergeben werden. SetBounds erlaubt Ihnen, mehr als eine Begrenzungseigenschaft der Komponente zur gleichen Zeit einzustellen. Obwohl Sie immer einzelne Begrenzungen einstellen können, erlaubt Ihnen die Verwendung von SetBounds, mehrere Änderungen auf einmal durchzuführen, ohne daß jedesmal das Dialogfenster neu gezeichnet werden muß.

procedure SetFocus;
SetFocus übergibt den Focus an die Komponente. Bei Formularen ruft das jeweilige Formular die Methode SetFocus des standardmäßig aktiven Dialogelements auf.

procedure SetTextBuf(Buffer: PChar);
Die Methode SetTextBuf ersetzt den Text in einer Komponente durch den Text in Buffer. Buffer muß auf einen mit Null abgeschlossenen String zeigen (siehe auch GetTextBuf und GetTextLen).

procedure Show;
Die Methode Show bringt eine Komponente sichtbar auf dem Bildschirm, indem die Eigenschaft Visible auf True eingestellt wird. Falls die Methode Show eines Formulars aufgerufen wird und das Formular ist unsichtbar, versucht Show das Formular sichtbar zu machen, indem sie das Formular mit der Methode BringToFront in den Vordergrund bringt. Ein Formular verfügt zusätzlich über die Methode ShowModal, um einen modalen Dialog erzeugen zu können. Ein modaler Dialog muß bearbeitet und geschlossen werden. Ein SendToBack hätte also keinen Erfolg.

procedure Update;
In der Methode Update wird die API-Funktion UpdateWindow von Windows aufgerufen, die alle beim Zeichnen entstandenen und noch nicht erledigten Meldungen bearbeitet.

UpdateWindows ist definiert als

```
procedure UpdateWindow(Wnd: HWnd);
```

Die Routine UpdateWindow aktualisiert den Client-Bereich des angegebenen Fensters, indem sie eine WM_PAINT-Meldung an das Fenster sendet, wenn der Aktualisierungsbereich für das Fenster nicht leer ist. Die Routine UpdateWindow sendet eine WM_PAINT-Meldung unter Umgehung der Anwendungswarteschlange direkt an die Fensterfunktion des gegebenen Fensters. Wenn der Aktualisierungsbereich leer ist, wird keine Meldung gesendet. Der Parameter Wnd bezeichnet das Fenster oder besser das Handle des Fensters, das aktualisiert werden soll.

Komponentenname: ListBox
Klassenname: TListBox

Beschreibung:

Die Komponente ListBox stellt ein Listenfeld dar. In einer Listbox wird eine Liste angezeigt, aus der ein oder mehrere Elemente ausgewählt werden können. Diese Liste ist der Wert der Eigenschaft Items. Die Eigenschaft ItemIndex zeigt an, dies Element gerade ausgewählt wurde. Mit den Methoden Add, Delete und Insert des Objekts Items, das vom Typ TStrings ist, lassen sich Elemente anfügen, löschen und einfügen.

Beispiel:
Fügen Sie einen String in ein ListBox-Listenfeld ein:

```
MyListBox.Items.Add('Neues Element der ListBox MyListBox');
```

Eigenschaften:

property Align: TAlign;
Die Eigenschaft Align legt fest, wie Dialogelemente zum Beispiel im Formular ausgerichtet werden. Mögliche Werte:

alNone	Die Komponente bleibt an der Einfügeposition im Formular (Standardeinstellung).
alTop	Die Komponente wird an die Oberkante des Formulars verschoben und an seine Breite angepaßt. Die Höhe der Komponente bleibt unverändert.
alBottom	Die Komponente wird an die Unterkante des Formulars verschoben und an seine Breite angepaßt. Die Höhe der Komponente bleibt unverändert.
alLeft	Die Komponente wird an die linke Kante des Formulars verschoben und an seine Höhe angepaßt. Die Breite der Komponente bleibt unverändert.

alRight	Die Komponente wird an die rechte Kante des Formulars verschoben und an seine Höhe angepaßt. Die Breite der Komponente bleibt unverändert.
alClient	Die Größe der Komponente wird an den Client-Bereich eines Formulars angepaßt. Ist ein Teil des Client-Bereichs bereits von einer anderen Komponente besetzt, füllt die Komponente den verbleibenden Teil des Client-Bereichs aus.

Wird zum Beispiel ein Formular, das Besitzer eines Labels ist, in der Größe verändert, werden die Komponenten innerhalb des Formulars neu ausgerichtet. Die Verwendung der Eigenschaft Align ist dann sinnvoll, wenn ein Dialogelement an einer Position des Formulars stehenbleiben soll, auch wenn sich die Größe des Formulars ändert.

property BorderStyle: TBorderStyle;
BorderStyle legt fest, ob diese Komponenten einen Rahmen haben. Dies sind die möglichen Werte:

bsNone	Kein sichtbarer Rahmen
bsSingle	Rahmen mit einfacher Rahmenlinie

weitere nur bei manchen Komponenten (mehr oder weniger sogar nur die Komponente vom Typ TForm, also ein Formular) mögliche Werte:

bsSizeable	Größenveränderlicher Standardrahmen
bsDialog	Nicht größenveränderlich; Standardrahmen für Dialogfenster

Hat eine Komponente zusätzlich die Eigenschaft AutoSize und wird diese auf True gesetzt, paßt die Komponente die Größe des Rahmens automatisch an, wenn sich die Schriftgröße des Textes ändert. Damit AutoSize wirksam wird, müssen Sie die Eigenschaft BorderStyle auf bsSingle setzen.

property Canvas: TCanvas;
Canvas stellt einen Bereich zum Anfertigen von Zeichnungen zur Verfügung. Je nach Komponente kann die Art und Weise von Canvas variieren:

<u>Canvas für die Komponenten Form, Image und PaintBox:</u>

Canvas stellt den Zugriff auf eine Zeichenoberfläche zur Verfügung, die Sie bei der Implementierung einer Behandlungsroutine für das OnPaint-Ereignis eines Formulars, eines Bildes oder eines Zeichenfensters verwenden können. Allerdings: Es ist nur der Lesezugriff erlaubt.

<u>Canvas für die Komponenten ComboBox, DirectoryListBox, FileListBox, ListBox und Outline:</u>

Canvas stellt den Zugriff auf eine Zeichenoberfläche zur Verfügung, die Sie bei der Implementierung einer Behandlungsroutine für das OnDrawItem-Ereignis eines besitzergezeichneten Listenfensters, Kombinationsfensters oder Gliederungsdialogelements verwenden können. Allerdings: Es ist nur der Lesezugriff erlaubt.

Canvas für die Komponenten DrawGrid und StringGrid:

Canvas stellt den Zugriff auf eine Zeichenoberfläche zur Verfügung, die Sie bei der Implementierung einer Behandlungsroutine für das Ereignis OnDrawCell oder OnDrawDataCell eines Gitternetz-Dialogelements verwenden können. Allerdings: Es ist nur der Lesezugriff erlaubt.

Canvas für die Komponente TPrinter:

Canvas repräsentiert für ein Druckerobjekt die Oberfläche der Seite, die aktuell gedruckt wird. Einige Drucker unterstützen keine Grafik und können hiermit nicht unterstützt werden. Es ist nur der Lesezugriff erlaubt.

Canvas für die Komponente TBitmap:

Canvas gibt Ihnen Zugriff auf eine Zeichenoberfläche, die die Bitmap repräsentiert. Wenn Sie auf die Zeichenfläche zeichnen, modifizieren Sie im Endeffekt damit die zugrundeliegende Bitmap.

property BoundsRect: TRect;
Die Eigenschaft BoundsRect liefert das Begrenzungsrechteck der Komponente – ausgedrückt im Koordinatensystem des übergeordneten Dialogelements – zurück. Mit BoundsRect ersetzen und erleichtern Sie sich somit die Abfrage der einzelnen Werte für die Eigenschaften Left, Top, Width und Height.

property Color: TColor;
Die Eigenschaft Color legt für alle Komponenten mit Ausnahme des Dialogfensters die Farbe fest (Hintergrundfarbe eines Formulars oder eines Dialogelements oder Grafikobjekts).

Ist die Eigenschaft ParentColor auf True gesetzt, bewirkt eine Änderung der Eigenschaft Color einer Komponente A automatisch eine Änderung der Eigenschaft Color aller Komponenten, die als Besitzer die Komponente A haben. Wenn Sie der Eigenschaft Color eines Dialogelements einen Wert zuweisen, wird seine Eigenschaft ParentColor automatisch auf False gesetzt. Mögliche Werte sind:

clBlack	Schwarz
clMaroon	Rotbraun
clGreen	Grün
clOlive	Olivgrün
clNavy	Marineblau
clPurple	Violett
clTeal	Petrol
clGray	Grau
clSilver	Silber
clRed	Rot
clLime	Limonengrün
clBlue	Blau
clFuchsia	Pink
clAqua	Karibikblau
clWhite	Weiß

(Systemfarben von Windows:)

clBackground	Aktuelle Windows-Hintergrundfarbe
clActiveCaption	Aktuelle Farbe der Titelleiste des aktiven Fensters
clInactiveCaption	Aktuelle Farbe der Titelleiste der inaktiven Fenster
clMenu	Aktuelle Hintergrundfarbe der Menüs
clWindow	Aktuelle Hintergrundfarbe der Fenster
clWindowFrame	Aktuelle Farbe der Fensterrahmen
clMenuText	Aktuelle Farbe vom Menütext
clWindowText	Aktuelle Farbe vom Fenstertext
clCaptionText	Aktuelle Textfarbe der Titelleiste des aktiven Fensters
clActiveBorder	Aktuelle Rahmenfarbe des aktiven Fensters
clInactiveBorder	Aktuelle Rahmenfarbe der inaktiven Fenster
clAppWorkSpace	Aktuelle Farbe des Arbeitsbereichs der Anwendung
clHighlight	Aktuelle Hintergrundfarbe vom ausgewählten Text
clHighlightText	Aktuelle Farbe vom ausgewählten Text
clBtnFace	Aktuelle Farbe einer Schalterfläche
clBtnShadow	Aktuelle Schattenfarbe eines Schalters
clGrayText	Aktuelle Farbe von grau dargestelltem Text
clBtnText	Aktuelle Farbe von Text auf einem Schalter
clInactiveCaptionText	Aktuelle Textfarbe in der Titelleiste eines inaktiven Fensters
clBtnHighlight	Aktuelle Farbe der Markierung eines Schalters

Mit einem Doppelklick auf Color öffnet sich das Farbschema von Windows, in dem Sie auch eigene Farben zusammenstellen können.

property Columns: Longint;
Columns gibt die Anzahl der Spalten in einer Komponente an. Geben Sie die gewünschte Anzahl der Spalten einer Komponente als Wert von Columns an.

property ComponentIndex: Integer;
Die Eigenschaft ComponentIndex zeigt die Position einer Komponente in der Eigenschaftsliste Components ihres Besitzers an. Die erste Komponente in der Liste hat den ComponentIndex-Wert 0, die zweite hat den Wert 1, die dritte den Wert 2 etc. Diese Eigenschaft ist nur zur Laufzeit und dann auch nur im Read-Only-Modus benutzbar.

property Controls[Index: Integer]: TControl;
Controls ist ein Array aller untergeordneten Komponenten der Komponente. Controls ist dann von Nutzen, wenn Sie auf die untergeordneten Komponenten über die Zahl statt über den Namen zugreifen müssen.

property Ctl3D: Boolean;
Die Eigenschaft Ctl3D legt fest, ob ein Dialogelement ein dreidimensionales (3-D) oder zweidimensionales Aussehen besitzt. Wenn Ctl3D True ist, erscheint das Dialogelement dreidimensional. Die Voreinstellung von Ctl3D ist True. Wenn die Eigenschaft ParentCtl3D einer Komponente auf True gesetzt ist, verändert jede Modifika-

tion der Eigenschaft Ctl3D des übergeordneten Dialogelements automatisch auch die Eigenschaft Ctl3D des Dialogelements.

Achtung: Damit Ctl3D überhaupt funktioniert, muß sich die dynamische Link-Bibliothek CTL3DV2.DLL im Suchpfad befinden. Idealerweise sollte sich diese Datei im System-Verzeichnis von Windows aufhalten.

property Cursor: TCursor;
Mit der Eigenschaft Cursor stellen Sie das Aussehen des Cursors ein, wenn dieser auf die Komponente zeigt.

Mögliche Werte sind:

crDefault	crArrow	crCross
crIBeam	crSize	crSizeNESW
crSizeNS	crSizeNWSE	crSizeWE
crUpArrow	crHourglass	crDrag
crNoDrop	crHSplit	crVSplit

property DragCursor: TCursor;
Die Eigenschaft DragCursor bestimmt die Form des Mauszeigers, wenn sich der Zeiger über einer Komponente befindet, die ein gezogenes Objekt akzeptieren kann. Mögliche Werte sind mit denen der Eigenschaft Cursor identisch.

property DragMode: TDragMode;
Die Eigenschaft DragMode legt das Ziehen-und-Ablegen-Verhalten einer Komponente fest. Mögliche Werte sind:

dmAutomatic	Wenn dmAutomatic ausgewählt ist, ist das Dialogelement bereit, gezogen zu werden; der Anwender klickt nur und zieht es dann.
dmManual	Wenn dmManual ausgewählt ist, kann das Dialogelement nicht gezogen werden, bevor die Anwendung die Methode BeginDrag aufgerufen hat.

Ist die Eigenschaft DragMode einer Komponente dmAutomatic, kann die Anwendung dies zur Laufzeit durch Einstellung des Werts dmManual deaktivieren.

property Enabled: Boolean;
Die Eigenschaft Enabled bestimmt, ob die Komponente auf Maus-, Tastatur- und Timer-Ereignisse reagiert. Wenn Enabled auf True gesetzt ist, reagiert die Komponente normal. Ist Enabled hingegen False, ignoriert das Dialogelement Maus- und Tastaturereignisse. Bei einer Timer-Komponente werden die für das OnTimer-Ereignis deaktivierten Komponenten (Dialogelemente) grau dargestellt.

property ExtendedSelect: Boolean;
ExtendedSelect legt fest, ob Sie einen Elementbereich in der Listbox auswählen können. ExtendedSelect kooperiert mit der Eigenschaft MultiSelect. Ist MultiSelect False, macht ExtendedSelect keinen Sinn und bleibt unberücksichtigt, da Sie Anwender dadurch nicht mehr als ein Element der Listbox zur gleichen Zeit auswählen können. Sind MultiSelect und ExtendedSelect auf True gesetzt, können Sie ein Element aus-

wählen, die Taste UMSCHALT gedrückt halten und ein anderes zusätzliches Element auswählen. Alle zwischen den beiden markierten Elementen befindlichen Elemente werden dabei ebenfalls ausgewählt. Sie müssen dabei die Taste STRG gleichzeitig drücken, um nicht aufeinander folgende Elemente auszuwählen und die Taste UMSCHALT drücken, um einen zusammenhängenden Elementbereich auszuwählen. Ist ExtendedSelect auf False gesetzt, können Sie mehrere Elemente markieren, ohne mit den Tasten UMSCHALT oder STRG zu arbeiten. Es ist dann jedoch nicht möglich, einen Elementbereich in einem Arbeitsgang auszuwählen.

property Font: TFont;
Die Eigenschaft Font legt den Font und die Eigenschaften des Fonts der Komponente fest. Sie haben die Möglichkeit, diese Werte im Objectinspektor oder – wesentlich komfortabler – mit Hilfe eines Doppelklicks auf diese Eigenschaft einen Dialog zu öffnen, der alle möglichen Werte anzeigt.

property Handle: ...;
Handle für die Komponenten:

Bitmap	property Handle: HBitmap;
Brush	property Handle: HBrush;
Canvas	property Handle: HDC;
Font	property Handle: HFont;
Icon	property Handle: HIcon;
Metafile	property Handle: HMetafile;
Pen	property Handle: HPen;

Handle gibt Ihnen den Zugriff auf das Handle des jeweiligen GDI-Objekts. Benötigen Sie zum Beispiel für den Aufruf einer Windows-API-Funktion ein Handle auf ein Stiftobjekt oder ein Bitmap-Objekt, dann können Sie dazu das Handle der Komponente Pen beziehungsweise der Komponente Bitmap benutzen.

Handle für das Object TApplication und die folgenden Komponenten:

Bevel	DBText	Memo
BitBtn	DirectoryListBox	Notebook
Button	DrawGrid	OLEContainer
CheckBox	DriveComboBox	Outline
ComboBox	Edit	PaintBox
DBCheckBox	FileListBox	Panel
DBComboBox	FilterComboBox	RadioButton
DBEdit	FindDialog	RadioGroup
DBGrid	Form	ReplaceDialog
DBImage	GroupBox	ScrollBar
DBListBox	Header	ScrollBox
DBLookupCombo	Image	Shape
DBLookupList	Label	SpeedButton
DBMemo	ListBox	StringGrid
DBNavigator	MaskEdit	TabbedNotebook
DBRadioGroup	MediaPlayer	TabSet

property Handle: HWND;
Handle ermöglicht Ihnen Zugriff auf das Handle der jeweiligen Komponente (z.B. Fenster-Handle, Dialog-Handle etc.). Dieses Handle wird von einigen Windows-API-Funktionen beim Aufruf erwartet. Sie können in diesem Fall das Handle der jeweils betroffenen Komponente oder – falls das Handle Ihrer Anwendung gefordert wird – das Handle des Objekts TApplication übergeben.

Handle für die Komponenten:

MainMenu   MenuItem   PopupMenu

property Handle: HMENU;
Sollte eine Windows-API-Funktion ein Handle eines Menüs oder Menü-Eintrags oder eines lokalen Menüs verlangen, dann können Sie dazu die Eigenschaft Handle von MainMenu, MenuItem und PopupMenu benutzen.

Handle für die Komponente Printer:

property Handle: HDC;
Handle beinhaltet das Handle des jeweiligen Druckerobjektes TPrinter der Komponente Printer.

Handle für die Komponente DataBase:

property Handle: HDBIDB;
Um direkte Aufrufe in die Richtung des Borland Database-Engine-(BDE)-API zu tätigen, benötigen Sie ein Handle der jeweiligen Datenbank-Komponente. Dazu dient Ihnen die Eigenschaft Handle der Komponente DataBase. Dies erlaubt Ihnen Zugriffe auf Funktionen des BDE-API, die nicht in der VCL-Bibliothek integriert wurden. Bevor Sie allerdings diese Funktionen aufrufen, sollten Sie prüfen, ob diese Funktion möglicherweise schon in der VCL-Bibliothek gekapselt wurde.

Handle für das Object TSession:

Delphi erzeugt eine Komponente Session vom Typ TSession immer dann, wenn eine Anwendung ausgeführt wird. Sessions sollten nicht von Ihnen erzeugt oder zerstört werden. Session erlaubt globale Prüfung über Datenbankverbindungen. Die Eigenschaft Databases von Session ist ein Array von allen aktiven Datenbanken in der Sitzung. Die Eigenschaft DatabaseCount vom Typ Integer gibt die Anzahl der aktiven Datenbanken in der Sitzung.

property Handle: HDBISES;
Mit der Eigenschaft Handle können Sie direkte Aufrufe an die Borland-Datenbank-Engine, bezogen auf eine bestimmte Sitzung (Session/TSession), machen. Die Komponente Session werden Sie kaum benutzen müssen. Die wichtigsten Funktionen des BDE-API sind in der VCL-Bibliothek gekapselt und ersparen Ihnen diesen Weg.

Handle für die Komponenten Table, Query und StoredProc:

property Handle: HDBICur;
Ebenfalls für direkte Zugriffe auf Funktionen des BDE-API und unter normalen Umständen nicht zu benutzen, da die wichtigsten BDP-API-Funktionen via VCL-Bibliothek einen einfacheren Zugriff ermöglichen.

property Height: Integer;
Die Eigenschaft Height eines Dialogelements legt die Höhe der Komponente in Pixeln fest.

property HelpContext: THelpContext;
Die Eigenschaft HelpContext stellt eine Kontextnummer für die Verwendung beim Aufruf kontextbezogener Online-Hilfe bereit. Jeder Hilfebildschirm des Hilfesystems sollte eine eindeutige Kontextnummer besitzen. Ist in der Anwendung eine Komponente selektiert, so wird nach Betätigen von F1 ein Hilfebildschirm angezeigt. Welcher Hilfebildschirm angezeigt wird, hängt vom Wert der Eigenschaft HelpContext ab.

property Hint: string;
Die Eigenschaft Hint ist der Text-String, der erscheinen kann, wenn ein OnHint-Ereignis eintritt, also wenn der Benutzer den Cursor über die Komponente bewegt. Wie der String angezeigt wird, bestimmt der Code in der Ereignisbehandlungs-Routine OnHint. Sie können eine Schnellhilfe, d.h. ein Fenster, das einen Hilfetext enthält, für eine Komponente erscheinen lassen, wenn der Anwender den Mauszeiger über das Dialogelement führt und dort kurz verweilt. Dies funktioniert wie folgt:

1. Spezifizieren Sie für jede Komponente, die einen Schnellhinweis anzeigen soll, einen Hint-Wert.
2. Setzen Sie die Eigenschaft ShowHint des Bedienfelds auf True.
3. Setzen Sie die Eigenschaft ShowHint der Anwendung zur Laufzeit auf True.

Sie können Hint gleichzeitig sowohl für ein Hilfehinweisfenster als auch für die Verwendung innerhalb der Behandlungsroutine OnHint spezifizieren, indem Sie zwei durch das Zeichen | (das »oder« oder Pipe-Symbol) getrennte Werte angeben, also beispielsweise:

```
Edit1.Hint := 'Aufforderung|Geben Sie den richtigen Wert ein';
```

Der String »Aufforderung« erscheint im Hilfehinweisfenster und der String »Geben Sie den richtigen Wert ein« erscheint wie in der Ereignisbehandlungs-Routine OnHint spezifiziert.

property IntegralHeight: Boolean;
IntegralHeight bestimmt die Gestaltung der Komponente. Bei IntegralHeight = True wird die ListBox so gezeichnet, daß nur die Elemente gezeigt werden, die vollständig in vertikaler Richtung hineinpassen.

Dabei wird der untere Rand der ListBox bis unter das letzte vollständig angezeigte Element verschoben.

Ist IntegralHeight = False, dann ist die Listbox durch den Wert der Eigenschaft ItemHeight begrenzt.

Bei dem Wert lbOwerDrawVariable für die Eigenschaft Style wird IntegralHeight nicht beachtet. Erst der Wert lsOwnerDrawFixed für Style macht IntegralHeight aktiv.

property ItemHeight: Integer;
ItemHeight bedeutet die Höhe in Pixeln eines Eintrags in der Komponente, wenn die Eigenschaft Style den Wert lsOwnerDrawFixed hat. Hat Style den Wert lsStandard oder lsOwnerDrawVariable, dann wird ItemHeight ignoriert.

property ItemIndex: Integer;
Der Wert ItemIndex ist die Ordinalzahl des selektierten Elements der Komponente.

Der Wert -1 bedeutet, daß kein Element selektiert wurde. Zur Laufzeit selektieren Sie im Programm ein Element, indem Sie den Index des Elements in diese Eigenschaft einsetzen. Dabei beginnt die Zählung der Elemente bei 0. 0 ist also das erste Element.

Besitzt die Komponente die Eigenschaft MultiSelect und ist diese auf True gesetzt, dann finden Sie bei mehreren ausgewählten Elementen in ItemIndex den Wert für das fokusierte (das zuletzt ausgewählte) Element.

property Items: TStrings;
Items beinhaltet Strings, die als Elemente in Listboxen erscheinen.

Der Typ TStrings von Items liefert Ihnen eine Reihe von Methoden zum Bearbeiten und Einfügen der Strings, aber dazu mehr am Schluß der Definition von Items. TString hat zwar keine Möglichkeit, Strings zu speichern, kann aber die Speichermöglichkeiten der Komponente nutzen.

Mit Methoden wie Add, Delete, Insert, Move und Exchange eines String-Objekts kann man Strings hinzufügen, löschen, einfügen, bewegen und austauschen.

property Left: Integer;
Die Eigenschaft Left bestimmt die horizontalen Koordinaten der linken Kante einer Komponente relativ zum Formular in Pixeln. Für Formulare ist der Wert der Eigenschaft Left relativ zum Bildschirm (ebenfalls in Pixeln).

property MaxLength: Integer;
Die Eigenschaft MaxLength spezifiziert die Maximalzahl von Zeichen, die der Benutzer in die Komponente eingeben kann. Der Vorgabewert für MaxLength ist 0, d.h. es gibt keine Begrenzung für die Anzahl der Zeichen, die die Komponente enthalten kann.

property Modified: Boolean;
Die Eigenschaft Modified überprüft, ob der Text einer Komponente seit seiner Erzeugung oder zuletzt die Eigenschaft Modified auf False gesetzt wurde, geändert worden ist. Ist Modified True, so hat sich der Text geändert.

property MultiSelect: Boolean;
MultiSelect bestimmt, ob ein Benutzer mehr als ein Element auf einmal aus einer Liste selektieren kann. Falls MultiSelect True ist, kann der Anwender mehrere Einträge auswählen. Wenn MultiSelect False ist, können in der Komponente mehrere Einträge zur gleichen Zeit ausgewählt werden.

property Name: TComponentName;
Die Eigenschaft Name enthält den Namen der Komponente wie er von anderen Komponenten für den Zugriff verwendet wird. Delphi weist als Vorgabewerte sequentielle Namen zu, die auf dem Typ der Komponente basieren, also etwa für Buttons »Button1«, »Button2« etc. Dies können Sie gemäß Ihrer Vorstellungen abändern. Komponentennamen sollten ausdrücklich nur zur Entwurfszeit geändert werden.

property Owner: TComponent;
Die Eigenschaft Owner teilt Ihnen mit, die Komponente zu welcher Komponente gehört. Dem Formular gehören alle Komponenten, die auf ihm vorhanden sind. Umgekehrt gehört das Formular zur Anwendung. Gehört eine Komponente A einer anderen Komponente B, wird der Speicher der Komponente A freigegeben, wenn der Speicher der Komponente B freigegeben wird. Es werden also folgerichtig alle Komponenten des Formulars gelöscht, wenn das Formular gelöscht wird. Außerdem wird natürlich der Speicher für das Formular und dessen Komponenten freigegeben, wenn der Speicher der Anwendung selbst freigegeben wird.

property Parent: TWinControl;
Die Eigenschaft Parent enthält den Namen der übergeordneten Komponente. Wenn eine Komponente A eine andere Komponente B enthält, sind die in B enthaltenen Komponenten untergeordnete Komponenten von A. Wenn Ihre Anwendung beispielsweise drei Buttons in einer GroupBox enthält, dann ist die GroupBox das übergeordnete Element der drei Buttons und die Button-Schaltfelder sind der GroupBox untergeordnet.

Parent und Owner sind leider etwas verwirrend. Daher hier eine kleine Entwirrung:

Ein Formular ist der Besitzer aller darauf enthaltenen Komponenten, unabhängig davon, ob sie ein Fensterelement sind. Für unser Beispiel mit den drei Buttons und der GroupBox bedeutet dies: Der Besitzer der Buttons ist immer das Formular, aber die GroupBox ist das übergeordnete Element.

Wenn Sie einen neuen Dialog erzeugen, müssen Sie dem neuen Dialogelement einen Wert der Eigenschaft Parent zuweisen. Üblicherweise sind dies Formulare, Bedienfelder, GroupBoxen oder andere Dialoge, die andere Komponenten-Elemente enthalten können. Es ist möglich, jedes Element als das übergeordnete zuzuweisen, aber das darin enthaltene Dialogelement wird wahrscheinlich überschrieben.

Wird das übergeordnete Element gelöscht, dann werden auch alle Elemente, die ihm untergeordnet sind, gelöscht.

property ParentColor: Boolean;
Die Eigenschaft ParentColor bestimmt, wo eine Komponente nach ihren Farbeigenschaft suchen soll. Falls ParentColor True ist, verwendet die Komponente die Farbe der Eigenschaft der übergeordneten Komponente.

Wenn ParentColor False ist, verwendet die Komponente ihre eigene Eigenschaft Color. Durch Verwendung von ParentColor können Sie sicherstellen, daß alle Komponenten auf einem Formular das gleiche Erscheinungsbild haben.

property ParentCtl3D: Boolean;
Die Eigenschaft ParentCtl3D bestimmt, wo eine Komponente nach ihrer Eigenschaft Ctl3D suchen muß. IstParentCtl3D auf True gesetzt, verwendet die Komponente die Dimensionen der Eigenschaft Ctl3D von deren übergeordneten Komponente. Wenn ParentCtl3D False ist, verwendet die Komponente ihre eigene Eigenschaft Ctl3D. Durch Verwendung von ParentCtl3D stellen Sie sicher, daß alle Komponenten auf einem Formular das gleiche Erscheinungsbild haben. Wenn Sie beispielsweise möchten, daß alle Komponenten auf einem Formular ein dreidimensionales Erscheinungsbild haben, setzen Sie die Eigenschaft Ctl3D des Formulars auf True und die Eigenschaft ParentCtl3D jeder Komponente auf True.

property ParentFont: Boolean;
Die Eigenschaft ParentFont bestimmt, wo eine Komponente nach ihrer Fonteigenschaft suchen soll. Falls ParentFont True ist, verwendet die Komponente den Font der Eigenschaft der übergeordneten Komponente.

Wenn ParentFont False ist, verwendet die Komponente ihre eigene Eigenschaft Font. Durch Verwendung von ParentFont können Sie sicherstellen, daß alle Komponenten auf einem Formular das gleiche Erscheinungsbild haben.

property ParentShowHint: Boolean;
Die Eigenschaft ParentShowHint bestimmt, wo eine Komponente nach dessen Hinteigenschaft suchen soll. Falls ParentShowHint True ist, verwendet die Komponente die Hint-Eigenschaft der übergeordneten Komponente.

Ist ParentShowHint False, verwendet die Komponente ihre eigene Eigenschaft Hint. Durch Verwendung von ParentShowHint können Sie sicherstellen, daß alle Komponenten auf einem Formular das gleiche Erscheinungsbild haben.

property PopupMenu: TPopupMenu;
Die Eigenschaft PopupMenu legt den Namen des Popup-Menüs fest, das erscheint, wenn der Anwender die Komponente auswählt oder die rechte Maustaste drückt (bei dem Wert True für AutoPopup des Popup) oder wenn die Methode Popup des Popup-Menüs ausgeführt wird.

property SelCount: Integer;
SelCount gibt die Anzahl der in der Komponente ausgewählten Elemente an, wenn die Eigenschaft MultiSelect True ist. Falls die Eigenschaft MultiSelect False ist, kann nur ein Eintrag ausgewählt werden. Wenn keine Einträge ausgewählt sind, hat SelCount den Wert -1.

property Selected[X: Integer]: Boolean;
Selected legt fest, ob ein bestimmter Eintrag in einer Komponente ausgewählt ist. Der Parameter X bedeutet die Position in der Komponente, auf dessen Element verwiesen wird.

Ist das Element ausgewählt, dann ist Selected True.

property ShowHint: Boolean;
Die Eigenschaft ShowHint bestimmt, ob das Dialogelement eine Schnellhilfe anzeigen soll, wenn der Mauszeiger eine Weile auf ihm verweilt. Die Schnellhilfe entspricht dem Wert der Eigenschaft Hint, die in einem Feld direkt unterhalb des Elements angezeigt wird. Wenn die Eigenschaft ShowHint den Wert True hat, kann die Schnellhilfe erscheinen.

Ist ShowHint False, kann die Schnellhilfe auch angezeigt werden, wenn ParentShowHint auf True gesetzt wurde und die Eigenschaft ShowHint der übergeordneten Komponente ebenfalls auf True gesetzt wurde.

property Showing: Boolean;
Die Eigenschaft Showing legt fest, ob eine Komponente momentan auf dem Bildschirm angezeigt wird oder nicht. Falls die Eigenschaft Visible einer Komponente und aller übergeordneten Komponenten in der übergeordneten Hierarchie True ist, ist Showing auch True. Wenn einer der Vorfahren der Komponente den Wert False als Wert für die Eigenschaft Visible hat, dann ist auch Showing False.

property Sorted: Boolean;
Sorted legt fest, ob die Elemente einer Komponente (z.B. Listbox) in alphabetischer Reihenfolge sortiert werden oder nicht.

property Style: TListBoxStyle
Mit Style können Sie bestimmen, wie ein Listenfenster seine Elemente anzeigt. Standardmäßig ist Style lbStandard. Dies bedeutet, daß das Listenfenster jedes Element als String anzeigt. Durch Ändern des Werts von Style können Sie Listenfenster mit grafischen Elementen erzeugen, die grafische Elemente oder solche mit fixierter oder variabler Höhe enthalten. Mögliche Werte:

Wert	Bedeutung
lbStandard	Alle Einträge sind Strings, mit jedem Eintrag in der gleichen Höhe.
lbOwnerDrawFixed	Jeder Eintrag in dem Listenfenster ist in der Höhe durch die Eigenschaft ItemHeight festgelegt.
lbOwnerDrawVariable	Einträge in dem Listenfenster können von variabler Höhe sein.

property TabOrder: TTabOrder;
Die Eigenschaft TabOrder bestimmt die Position einer Komponente in der Tabulatorreihenfolge, in der Komponenten den Fokus erhalten, wenn der Anwender die Taste TAB drückt. Anfänglich ist die Tabulatorreihenfolge immer die Reihenfolge, in der

die Komponenten in das Formular hinzugefügt wurden. Der Wert der Eigenschaft TabOrder ist für jede Komponente auf dem Formular einmalig. Die erste dem Formular hinzugefügte Komponente hat den TabOrder-Wert 0, die zweite hat 1, die dritte 2 usw.

Falls Sie den Wert der Eigenschaft TabOrder einer Komponente den gleichen Wert einer anderen Komponente zuweisen, numeriert Delphi automatisch die Werte für alle anderen Komponenten neu. Angenommen, eine Komponente ist beispielsweise die sechste Komponente in der Tabulatorreihenfolge. Wenn Sie den Wert der Eigenschaft TabOrder der Komponente auf 3 ändern (dies macht die Komponente zu der vierten in der Tabulatorreihenfolge), wird die Komponente, die die vierte war, nun zur fünften und die Komponente, die die fünfte war, wird jetzt die sechste.

property TabStop: Boolean;
Die Eigenschaft TabStop bestimmt, ob der Anwender diese Komponente mit der Taste TAB anspringen kann. Falls TabStop True ist, befindet sich die Komponente in der Tabulatorreihenfolge. Wenn TabStop False ist, ist das Dialogelement nicht in der Tabulatorreihenfolge.

property Tag: Longint;
Die Eigenschaft Tag kann einen Integerwert als Element einer Komponente speichern. Tag wird von Delphi nicht benutzt und steht Ihnen damit zur freien Verfügung.

property Top: Integer;
Die Eigenschaft Top gibt die y-Koordinate der linken oberen Ecke eines Dialogelements relativ zum Formular in Pixeln an. Bei Formularen wird der Wert der Eigenschaft Top in Pixeln relativ zum Bildschirm angegeben.

property TopIndex: Integer;
TopIndex bedeutet die Indexnummer des obersten Elements in ListBoxen.

Mit TopIndex können Sie frei wählen, dies Element als erstes in der ListBox angezeigt werden soll.

property Visible: Boolean;
Die Eigenschaft Visible bestimmt, ob eine Komponente auf dem Bildschirm sichtbar ist (True) oder nicht (False).

property Width: integer;
Die Eigenschaft Width bestimmt die Breite einer Komponente, gemessen in Pixel.

Ereignisse:

property OnClick: TNotifyEvent;
Das Ereignis OnClick erscheint, wenn der Benutzer auf die Komponente klickt. In einem Formular tritt OnClick ein, wenn der Benutzer auf eine freie Stelle im Formular oder eine inaktive Komponente klickt.

OnClick ist vom Typ

```
TNotifyEvent = procedure (Sender: TObject) of object;
```

Der Typ TNotifyEvent weist auf eine Methode, die das Anklicken eines Objekts behandelt. Der Parameter Sender ist das Dialogelement, das angeklickt wurde.

property OnDblClick: TNotifyEvent;
Das Ereignis OnDblClick erscheint, wenn der Benutzer auf die Komponente einen Doppelklick ausführt. In einem Formular tritt das Ereignis OnDblClick ein, wenn der Benutzer auf eine freie Stelle im Formular oder eine inaktive Komponente einen Doppelklick ausführt.

OnDblClick ist vom Typ

```
TNotifyEvent = procedure (Sender: TObject) of object;
```

Der Typ TNotifyEvent weist auf eine Methode, die das Doppelklicken eines Objekts behandelt. Der Parameter Sender ist das Dialogelement, das mit einem Doppelklick bearbeitet wurde.

property OnDragDrop: TDragDropEvent;
Das Ereignis OnDragDrop tritt ein, wenn der Anwender ein gezogenes Objekt ablegt. Verwenden Sie die Ereignisbehandlungs-Routine OnDragDrop, um festzulegen, was passieren soll, wenn der Anwender ein Objekt ablegt.

OnDragClick ist vom Typ

```
TDragDropEvent = procedure(Sender, Source: TObject; X, Y: Integer) of object;
```

Der Typ TDragDropEvent zeigt also auf eine Methode, die das Ablegen eines gezogenen Objekts behandelt. Der Parameter Source des Ereignisses OnDragDrop ist das abzulegende Objekt und der Parameter Sender ist das Dialogelement, auf das das Objekt abgelegt wurde. Die Parameter X und Y sind die Koordinaten des Mauszeigers, der über dem Dialogelement positioniert wird.

property OnDragOver: TDragOverEvent;
Das Ereignis OnDragOver tritt ein, wenn der Anwender ein Objekt über eine Komponente zieht. Üblicherweise werden Sie ein Ereignis OnDragOver verwenden, um ein Objekt zu akzeptieren, damit der Anwender es ablegen kann.

OnDragClick ist vom Typ

```
TDragOverEvent = procedure(Sender, Source: TObject; X, Y: Integer;
                State: TDragState; var Accept: Boolean) of object;
```

Der Typ TDragOverEvent zeigt also auf eine Methode, die das Ziehen eines Objekts über ein anderes Objekt behandelt. Der Parameter Source ist das gezogene Objekt, Sender ist das Objekt, über das Source gezogen wurde, X und Y sind die Koordinaten des Mauszeigers, der über dem Dialogelement positioniert wird, in Pixeln; State ist der Status des gezogenen Objekts in Verbindung zum darübergezogenen Objekt; und Accept legt fest, ob der Sender das Ziehobjekt erkennt. Accept wird nicht per Voreinstellung auf True oder False gesetzt; Sie müssen die passenden Werte selbst zuweisen.

Das Ereignis OnDragOver akzeptiert ein Objekt, wenn der Parameter Accept True ist. Durch Ändern des Werts der Eigenschaft DragCursor können Sie das Erscheinungsbild des Cursors beeinflussen. Dies können Sie entweder während des Entwikkelns oder zur Laufzeit, bevor ein Ereignis OnDragOver eintritt, durchführen.

property OnDrawItem: TDrawItemEvent;

OnDrawItem tritt dann ein, wenn ein Element in einem selbstgezeichneten Umriß, ListBoxen oder GroupBoxen wie RadioGroups erneut dargestellt werden muß.

OnDrawItem ist vom Typ

```
TDrawItemEvent = procedure(ListBox: TListBox; Index: Integer; Rect: Trect;
                State: TOwnerDrawState) of object;
```

TDrawItemEvent zeigt also auf eine Methode, die das Zeichnen eines Elements in einer Komponente, das durch die übergeordnete Komponente gezeichnet wird, behandelt. Der Parameter Index ist die Position des Elements in der Komponente, Rect ist der Bereich in der Komponente, in dem das Element gezeichnet werden soll, und State ist der aktuelle Status des Elements. Die möglichen Werte von State:

odSelected	Das Element wurde selektiert.
odDisabled	Das gesamte Listenfeld wurde deaktiviert.
odFocused	Das aktuelle Element besitzt den Fokus.

property OnEndDrag: TEndDragEvent;

Das Ereignis OnEndDrag tritt immer dann ein, wenn das Ziehen eines Objekts abgeschlossen oder abgebrochen wird. Falls Sie eine besondere Behandlung haben möchten, sobald das Ziehen beendet wird, verwenden Sie die Ereignisbehandlungs-Routine OnEndDrag.

OnEndDrag ist vom Typ

```
TEndDragEvent = procedure(Sender, Target: TObject; X, Y: Integer) of object;
```

Der Typ TEndDragEvent zeigt also auf eine Methode, die das Anhalten des Ziehens eines Objekts behandelt.

Der Sender ist das Objekt, was gezogen wird, Target ist das Objekt, zu dem Sender hingezogen wird, und X und Y sind die dazugehörigen Bildschirmkoordinaten des Mauszeigers, der über dem Dialogelement positioniert wird. Falls das gezogene Objekt abgelegt und durch das Dialogelement akzeptiert wurde, ist der Parameter Target des Ereignisses OnEndDrag True. Wenn das Objekt nicht erfolgreich abgelegt wurde, beträgt der Wert von Target Nil.

property OnEnter: TNotifyEvent;

OnEnter tritt ein, wenn eine Komponente aktiviert wird. Wenn Sie eine besondere Behandlung festlegen möchten, wenn eine Komponente aktiviert wird, verwenden Sie die Ereignisbehandlungsroutine OnEnter.

OnEnter erscheint nie, wenn Sie zwischen Formularen oder einer anderen Windows-Anwendung und Ihrer Anwendung umschalten. OnEnter für eine Komponente des Typs TPanel oder THeader tritt nie ein, da Bedienfelder oder Header keinen Fokus erhalten können. Somit ist dort OnEnter vollkommen nutzlos. Sie haben diese Ereignisbehandlung aber geerbt.

OnEnter ist vom Typ

```
TNotifyEvent = procedure (Sender: TObject) of object;
```

Der Typ TNotifyEvent weist auf eine Methode, die das Doppelklicken eines Objekts behandelt. Der Parameter Sender ist das Dialogelement, das mit einem Doppelklick bearbeitet wurde.

property OnExit: TNotifyEvent;
OnExit erscheint, wenn der Eingabefokus einer Komponente an eine andere übergeben wird. OnExit tritt nicht ein, wenn Sie zwischen Formularen oder zwischen einer Windows-Anwendung und Ihrer Anwendung umschalten. OnExit tritt bei den Komponenten Panel und Speedbutton nicht ein, da diese niemals den Fokus erhalten.

OnExit ist vom Typ

```
TNotifyEvent = procedure (Sender: TObject) of object;
```

Der Typ TNotifyEvent weist auf eine Methode, die das Doppelklicken eines Objekts behandelt. Der Parameter Sender ist das Dialogelement, das mit einem Doppelklick bearbeitet wurde.

property OnKeyDown: TKeyEvent;
OnKeyDown tritt ein, wenn der Anwender irgendeine Taste drückt, während die Komponente den Fokus hat. Verwenden Sie OnKeyDown, um eine besondere Behandlung festzulegen, die ausgeführt wird, wenn eine Taste gedrückt wird. Der Handler OnKeyDown kann auf alle Tasten der Tastatur, einschließlich Funktionstasten und Tastenkombinationen mit den Tasten UMSCHALT, ALT und STRG sowie betätigten Maustasten reagieren.

OnKeyDown ist vom Typ

```
TKeyEvent = procedure (Sender: TObject; var Key: Word; Shift: TShiftState)
                      of object;
```

Der Typ TKeyEvent weist auf eine Methode, die Tastaturereignisse verarbeitet. Der Parameter Key steht für die Taste und Shift und kann die folgenden Werte annehmen:

ssShift	UMSCHALTTASTE wird festgehalten
ssAlt	Taste ALT wird festgehalten
ssCtrl	Taste STRG wird festgehalten
ssLeft	Linke Maustaste wird festgehalten
ssMiddle	Mittlere Maustaste wird festgehalten
ssDouble	Rechte und linke Maustaste werden gleichzeitig festgehalten

property OnKeyPress: TKeyPressEvent;
OnKeyPress erscheint, wenn der Anwender eine einzelne Zeichentaste drückt.

OnKeyPress ist vom Typ

```
TKeyPressEvent = procedure (Sender: TObject; var Key: Char) of object;
```

TKeyPressEvent weist auf eine Methode, die einen Tastendruck für ein einzelnes Zeichen verarbeitet. Der Parameter Key gibt die Taste an. Der Parameter Key ist vom Typ Char; deshalb registriert OnKeyPress das ASCII-Zeichen der gedrückten Taste. Tasten, die nicht mit einem ASCII-Zeichen übereinstimmen (beispielsweise UMSCHALT oder F1), werden kein OnKeyPress erzeugen. Tastenkombinationen (wie UMSCHALT+A) erzeugen nur ein Ereignis des Typs OnKeyPress (in diesem Beispiel ergibt UMSCHALT+A einen Wert Key von »A«, wenn die FESTSTELLTASTE ausgeschaltet ist). Falls Sie auf Nicht-ASCII-Tasten oder Tastenkombinationen reagieren möchten, verwenden Sie die Ereignisbehandlungs-Routinen OnKeyDown oder OnKeyUp.

property OnKeyUp: TKeyEvent;
OnKeyUp tritt ein, wenn der Anwender die gedrückte Taste wieder losläßt. OnKeyUp kann auf alle Tasten der Tastatur, einschließlich Funktionstasten und Tastenkombinationen mit den Tasten UMSCHALT, ALT und STRG sowie betätigten Maustasten reagieren.

```
TKeyEvent = procedure (Sender: TObject; var Key: Word; Shift: TShiftState)
                    of object;
```

Der Typ TKeyEvent weist auf eine Methode, die Tastaturereignisse verarbeitet. Der Parameter Key steht für die Taste und Shift und kann die folgenden Werte annehmen:

ssShift	UMSCHALTTASTE wird festgehalten
ssAlt	Taste ALT wird festgehalten
ssCtrl	Taste STRG wird festgehalten
ssLeft	Linke Maustaste wird festgehalten
ssMiddle	Mittlere Maustaste wird festgehalten
ssDouble	Rechte und linke Maustaste werden gleichzeitig festgehalten

property OnMeasureItem: TMeasureItemEvent;
OnMeasureItem tritt ein, wenn eine Anwendung ein Element in einer selbstgezeichneten Listbox oder RadioGroup mit unterschiedlichen Stilen neu darstellen muß. Dies bedeutet, daß für die ListBox die Eigenschaft Style den Wert lbOwnerDraw-Variable hat oder für eine RadioGroup die Eigenschaft Style den Wert csOwnerDrawVariable hat. Nach OnMeasureItem tritt OnDrawItem ein, das das Element in der erfaßten Größe wiedergibt.

OnMeasureItem ist vom Typ

```
TMeasureItemEvent = procedure(ListBox: TListBox; Index: Integer;
                    var Height: Integer) of object;
```

TMeasureItemEvent zeigt also auf eine Methode zum Ausmessen eines Elements in einer Komponente. Index gibt die Position des Elements in der Komponente und Height dessen Höhe in Pixeln an.

property OnMouseDown: TMouseEvent;
Das Ereignis OnMouseDown tritt ein, wenn der Anwender eine Maustaste zu dem Zeitpunkt drückt, an dem sich der Mauszeiger über einem Dialogelement befindet.

OnMouseDown ist vom Typ

```
TMouseEvent=procedure (Sender: TObject; Button: TMouseButton; Shift: TShiftState;
                      X, Y: Integer) of object;
```

Der Typ TMouseEvent weist auf eine Methode zur Bearbeitung von Maustasten-Ereignissen hin. Der Parameter Button gibt an, die Maustaste gedrückt wurde, während Shift Auskunft darüber gibt, die UMSCHALT- (UMSCHALT, STRG oder ALT) bzw. Maustasten gedrückt waren, während die das Mausereignis verursachende Maustaste gedrückt oder losgelassen wurde. X und Y sind die Bildschirmkoordinaten des Mauszeigers in Pixeln. Der Parameter Button des Ereignisses OnMouseDown zeigt an, die Maustaste gedrückt wurde. Durch Verwenden des Parameters Shift der Ereignisbehandlungs-Routine OnMouseDown können Sie auf den Status der Maus- und Umschalttasten reagieren. UMSCHALTTASTEN sind die Tasten UMSCHALT, STRG und ALT.

property OnMouseMove: TMouseMoveEvent;
Das Ereignis OnMouseMove tritt ein, wenn der Anwender den Mauszeiger bewegt und dieser sich bereits über einem Dialogelement befindet.

OnMouseMove ist vom Typ

```
TMouseMoveEvent = procedure(Sender: TObject; Shift: TShiftState;  X, Y: Integer) of
                           object;
```

Der Typ TMouseMoveEvent zeigt also auf eine Methode, die Mausereignisse infolge von Mausbewegungen verarbeitet. Der Parameter Button gibt an, die Maustaste gedrückt wurde, während Shift anzeigt, die UMSCHALT- (UMSCHALT, STRG oder ALT) bzw. Maustasten während der Mausbewegung gedrückt waren. X und Y sind die Bildschirmkoordinaten des Mauszeigers in Pixeln. Durch Verwenden des Parameters Shift können Sie auf den Status der Maus- und Umschalttasten reagieren. Umschalttasten sind die Tasten UMSCHALT, STRG und ALT.

property OnMouseUp: TMouseEvent;
Das Ereignis OnMouseUp tritt ein, wenn der Anwender die gedrückte Maustaste wieder freigibt, wenn sich der Mauszeiger über einer Komponente befindet.

Die Ereignisbehandlungs-Routine OnMouseUp kann auf Betätigungen der rechten, mittleren und linken Maustasten reagieren sowie auf Maustastenkombinationen mit Umschalttasten (Tasten UMSCHALT, STRG und ALT).

OnMouseUp ist vom Typ

```
TMouseEvent = procedure (Sender: TObject; Button: TMouseButton; Shift: TShiftState;
                        X, Y: Integer) of object;
```

Der Typ TMouseEvent zeigt also auf eine Methode zur Bearbeitung von Maustasten-Ereignissen hin. Der Parameter Button gibt an, die Maustaste gedrückt wurde, während Shift Auskunft darüber gibt, die UMSCHALT- (UMSCHALT, STRG oder ALT) bzw. Maustasten gedrückt waren, während die das Mausereignis verursachende Maustaste gedrückt oder losgelassen wurde. X und Y sind die Bildschirmkoordinaten des Mauszeigers in Pixeln.

Methoden:

procedure BeginDrag(Immediate: Boolean);
Die Methode BeginDrag leitet den Ziehvorgang einer Komponente ein. Wenn der Parameter Immediate auf True gesetzt ist, wird der Mauszeiger auf den Wert der Eigenschaft DragCursor gesetzt und der Ziehvorgang beginnt. Ist Immediate False, wird der Mauszeiger nicht auf den Wert der Eigenschaft DragCursor gesetzt und der Ziehvorgang wird erst eingeleitet, wenn der Anwender den Mauszeiger um mindestens 5 Pixel bewegt. Auf diese Weise kann die Komponente Mausklicks akzeptieren, ohne einen Ziehvorgang einzuleiten.

Ihre Anwendung muß die Methode BeginDrag zum Einleiten eines Ziehvorgangs nur aufrufen, wenn DragMode auf dmManual gesetzt ist.

procedure BringToFront;
Die Methode BringToFront setzt eine Komponente innerhalb einer übergeordneten Komponente vor alle anderen Komponenten. BringToFront hilft insbesondere sicherzustellen, daß ein Formular sichtbar ist. Verwenden Sie diese Methode, wenn sie die Reihenfolge überlappender Komponenten in einem Formular neu festlegen wollen.

Die Reihenfolge, in der Komponenten übereinander gelagert werden (Z-Reihenfolge), hängt davon ab, ob es sich um fensterähnliche oder um nicht-fensterähnliche Komponenten handelt. Die Reihenfolge arbeitet nach dem Prinzip, daß die zuletzt eingefügte Komponente die oberste und damit sichtbare Komponente ist.

Mit der Methode BringToFront einer Komponente würde diese Komponente ganz nach oben auf den Stapel kommen und somit sichtbar sein.

Bei der Stapelung ist zu beachten, daß fensterähnliche Komponenten immer auf nicht-fensterähnlichen Komponenten gestapelt werden. Ein Aufruf von BringToFront einer nicht-fensterähnlichen Komponente bewirkt also gar nichts, wenn oben auf dem Stapel eine fensterähnliche Komponente liegt.

Die folgenden Komponenten zählen zu den fensterähnlichen Komponenten:

BitBtn	DBNavigator	MediaPlayer
Button	DBRadioGroup	Memo
CheckBox	DirectoryListBox	Notebook
ComboBox	DrawGrid	OLEContainer
DBCheckBox	DriveComboBox	Outline
DBComboBox	Edit	Panel
DBEdit	FileListBox	RadioButton
DBGrid	FilterComboBox	RadioGroup
DBImage	Form	ScrollBar
DBListBox	GroupBox	ScrollBox
DBLookupCombo	Header	StringGrid
DBLookupList	ListBox	TabbedNotebook

DBMemo   MaskEdit   TabSet

Die nun folgenden Komponenten zählen zu den nicht-fensterähnlichen Komponenten:

Bevel   Label   SpeedButton
DBText   PaintBox   Image
Shape

function CanFocus: Boolean;
CanFocus stellt fest, ob eine Komponente den Eingabefokus erhalten kann. CanFocus gibt True zurück, wenn die Eigenschaften Visible und Enabled sowohl der Komponente als auch der übergeordneten Komponenten auf True gesetzt sind. Sind nicht alle Eigenschaften Visible und Enabled dieser Komponenten auf True gesetzt, liefert CanFocus False zurück.

procedure Clear;
Die Art und Weise der Methode Clear hängt von den jeweiligen Komponenten ab:

Clear für die Standard-Komponenten:

TClipboard	TDBEdit	TFileListBox
TList	TDBListBox	TFilterComboBox
TStringList	TDBMemo	TListBox
TStrings	TDirectoryListBox	TMaskEdit
TComboBox	TDriveComboBox	TMemo
TDBComboBox	TEdit	TOutline

Clear löscht alle Texteintragungen beziehungsweise Text-Einträge aus den Komponenten. Beim TClipboard wird der gesamte Inhalt der Zwischenablage gelöscht, vor allem geschieht dies bei bei Copy- und bei Cut-Ereignissen automatisch, ehe Daten in das Clipboard eingefügt werden.

Clear für die Feldkomponenten:

TBCDField	TCurrencyField	GraphicField
TStringField	TBlobField	TDateField
TIntegerField	TTimeField	TBooleanField
TDateTimeField	TMemoField	TVarBytesField
TBytesField	TFloatField	TSmallintField
TWordField		

Clear setzt den Wert des Feldes auf NULL.

Clear für die Komponente TFieldDefs:

Clear setzt alle Werte der Eigenschaft Items zurück. Dadurch werden alle Objekte vom Typ TFieldDef aus der Komponente TFieldDefs gelöscht.

Clear für die Komponente TIndexDefs:

Clear setzt alle Werte der Eigenschaft Items zurück. Dadurch werden alle Objekte vom Typ TIndexDef aus der Komponente TFieldDefs gelöscht.

Clear für die Komponente TParam:

Clear setzt die Komponente zurück, also auf 0, und löscht alle bisher zugewiesenen Daten. Die Eigenschaften Name, DataType und ParamType bleiben unverändert.

Clear für die Komponente TParams:

Clear löscht alle Parameterinformationen aus der Eigenschaft Items.

function ClientToScreen(Point: TPoint): TPoint;
Die Methode ClientToScreen übersetzt den angegebenen Punkt aus Client-Bereichskoordinaten in globale Bildschirmkoordinaten. In Client-Bereichskoordinaten entspricht der Punkt (0, 0) der oberen linken Ecke des Client-Bereichs der Komponente. In Bildschirmkoordinaten entspricht (0, 0) der oberen linken Ecke des Bildschirms. Mit den Methoden ClientToScreen und ScreenToClient rechnen Sie Positionen aus dem Koordinatensystem einer Komponente A in das Koordinatensystem einer Komponente B um.

Beispiel: Umrechnung der Koordinaten einer Komponente A in die Koordinaten einer Komponente B (TPoint ist ein Record mit den Feldern X und Y):

```
TPoint = record
       X : integer;
       Y : integer;
END;

VAR
   Koord: TPoint;
Koord:= B.ScreenToClient(A.ClientToScreen(Koord));
```

constructor Create;
Create weist Speicher zu, um das Objekt und damit die Komponente zu erzeugen und nach Bedarf seine Daten zu initialisieren. Jedes Objekt kann eine Methode Create besitzen, die individuell so angepaßt ist, daß sie diese bestimmte Art von Objekt erzeugt. Im Normalfall benötigen Sie diese Methoden nicht, da Borland Delphi alles unternimmt, um Ihre Anwendung und die darin enthaltenen Komponenten zu erzeugen. Sollten Sie allerdings ein Ereignis oder die Initialisierung eines Wertes einer selbst geschaffenen Komponente zur Zeit der Erzeugung einstellen wollen, dann können Sie dies in der Methode Create erledigen. Dazu benötigen Sie aber genaue Kenntnisse und Techniken der OOP. Ansonsten sollten Sie Create unverändert lassen und nicht aufrufen.

function Dragging: Boolean;
Die Methode Dragging gibt an, ob eine Komponente gezogen wird. Wenn Dragging True zurückgibt, wird die Komponente gezogen.

procedure EndDrag(Drop: Boolean);
Die Methode EndDrag verhindert, daß eine Komponente weiter gezogen wird. Wenn der Parameter Drop True ist, wird die gezogene Komponente abgelegt. Ist Drop False, wird die Komponente nicht abgelegt und der Vorgang wird abgebrochen.

function FindComponent(const AName: string): TComponent;
Die Methode FindComponent gibt im Array Components die Komponente zurück, deren Name zum String im Parameter AName paßt. FindComponent beachtet dabei keine Groß-/Kleinschreibung.

Beispiel: Es existiert ein Button »Button1« in Ihrer Anwendung. Um die eigentliche Komponente TButton1 im Array Components zurückzugeben, rufen Sie FindComponents wie folgt auf:

```
FindComponents('Button1');
```

function Focused: Boolean;
Focused wird verwendet, um zu bestimmen, ob ein Fensterdialogelement den Fokus besitzt und deshalb das aktive Dialogelement in ActiveControl ist.

procedure Free;
Die Methode Free entfernt das Objekt und gibt den dazugehörigen Speicher frei. Haben Sie das Objekt unter Verwendung der Methode Create erzeugt, so benutzen Sie zum Entfernen und für die Freigabe des Speichers die Methode Free. Free gelingt auch dann, wenn das Objekt selbst nicht mehr existiert (zum Beispiel durch einen vorherigen Aufruf von Free). Delphi erledigt dies für Objekte der Bibliothek visueller Komponenten automatisch.

Sie sollten also niemals eine Komponente innerhalb ihrer Anwendung entfernen.

Falls Sie ein Formular freigeben wollen, rufen Sie die Methode Release auf, um das Formular zu löschen und dessen benutzten Speicher freizugeben.

function GetTextBuf(Buffer: PChar; BufSize: Integer): Integer;
Die Methode GetTextBuf holt den Text der Komponente und kopiert ihn in den Puffer als Null-terminierten String (Ende der Zeichenkette wird mit 0 angegeben) auf den Buffer zeigt. Die maximale Länge des Strings wird mit BufSize (siehe dazu GetTextLen) festgelegt. In BufSize wird nach der Ausführung die Anzahl der Zeichen des Strings zu finden sein. Diese Methode ist vor allem dann sehr nützlich, wenn mit Strings größer als 256 Zeichen gearbeitet wird. Der Typ STRING kann nicht mehr als 256 Zeichen aufnehmen. Dabei entfällt aber das erste Element in diesem Typ auf die Längenangabe des Strings, so daß nur noch maximal 255 Zeichen möglich sind. Ein PChar ist ein Zeiger auf das erste Zeichen einer Zeichenkette. Eine derart definierte Zeichenkette besitzt keine Längenangabe, sondern trägt eine 0 am Ende der Kette, daher auch der Name Null-terminierter String. Ein PChar kann die maximal Größe von 64 Kbyte erreichen. Die maximale Anzahl der Zeichen ist also auf 64 Kbyte und nicht auf 255 Zeichen beschränkt (siehe auch GetTextLen und SetTextBuf).

function GetTextLen: Integer;
Die Methode GetTextLen gibt die Länge des Textes der Komponente zurück. Dieser Wert kann für BufSize in GetTextBuf verwendet werden (siehe auch GetTextBuf und SetTextBuf).

procedure Hide;
Die Methode Hide versteckt eine Komponente, sie ist also nicht mehr auf dem Bildschirm sichtbar. Dabei wird die Eigenschaft Visible auf False gesetzt. Dabei ist eine Komponente aber weiterhin aktiv, das heißt, kann bearbeitet werden.

procedure Invalidate;
Die Methode Invalidate erzwingt das Neuzeichnen einer Komponente, sobald dies möglich ist.

procedure InsertComponent(AComponent: TComponent);
InsertComponent macht die Komponente zum Besitzer der im Parameter AComponent übergebenen Komponente. Die Komponente wird am Ende der Array-Eigenschaft Components hinzugefügt. Die eingefügte Komponente darf keinen Namen haben (keinen für die Eigenschaft Name spezifizierten Wert) oder der Name muß sich eindeutig von allen anderen in der Components-Liste unterscheiden. Wird die Besitzerkomponente entfernt, so wird auch AComponent gelöscht.

function ItemAtPos(Pos: TPoint; Existing: Boolean): Integer;
ItemAtPos gibt den Index-Wert eines Elements einer Listbox oder eines Tabset zurück. Pos benennt den abzufragenden Punkt in der Komponente (in Pixeln). Wenn Pos auf eine Stelle nach dem letzten Item der Komponente zeigt, dann gibt IndexAtPos den Wert für das letzte Element der Komponente zurück.

Wenn Sie den Parameter Existing auf True gesetzt haben, dann gibt ItemAtPos -1 zurück, falls an der Stelle Pos kein Element existiert. Bei Existing = False wird der Wert des letzten Elements zurückgegeben, wenn Pos nicht auf ein nicht-existierendes Element zeigt.

function ItemRect(Item: Integer): TRect;
ItemRect gibt das Rechteck zurück, das den im Parameter Item spezifizierten Eintrag umgibt. Hiermit ist wohl mehr oder weniger die Ausdehnung des Elements der Komponente gemeint.

procedure Refresh;
Die Methode Refresh reagiert je nach Art der Komponente, ob Daten oder die Komponenten selbst neu gezeichnet werden. Die Methode Refresh kann also jedes Bild auf dem Bildschirm löschen und alle Dialogelemente neuzeichnen beziehungsweise Datensätze einer Datei erneut einlesen.

Innerhalb der Implementation von Refresh beim Neuzeichnen von Komponenten wird die Methode Invalidate und dann die Methode Update aufgerufen.

Beim Refresh von Daten ist zu beachten: Durch Refresh können sich die angezeigten Daten unerwartet verändern und so den Anwender verwirren. Ein Dialog oder eine andere Mitteilung, die dem Anwender den Refresh der Daten mitteilt, wäre somit wohl angebracht und von äußerster Nützlichkeit.

procedure RemoveComponent(AComponent: TComponent);
RemoveComponent entfernt die Komponente, die im Parameter AComponent festgelegt ist, aus der Komponentenliste Components. Die Position in der Liste wird zu Nil.

procedure Repaint;
Die Methode Repaint fordert das Dialogelement auf, dessen Bild auf dem Bildschirm neu zu zeichnen, ohne jedoch das bereits Erschienene zu löschen. Um vor dem Neuzeichnen zu löschen, müssen Sie anstelle von Repaint die Methode Refresh aufrufen.

procedure ScaleBy(M, D: Integer);
Die Methode ScaleBy skaliert eine Komponente um einen Prozentsatz ihrer ursprünglichen Größe. Der Parameter M ist der Multiplikator und der Parameter D der Divisor. Wenn Sie beispielsweise die Größe des Dialogelements auf 66% seines ursprünglichen Formats ändern möchten, geben Sie in M den Wert 66 und in D den Wert 100 an (66/100). Bei der Vergrößerung gehen Sie einfach den umgekehrten Weg: Vergrößerung um 66% bedeutet nichts anderes als M=166 und D=100.

function ScreenToClient(Point: TPoint): TPoint;
Die Methode ScreenToClient wird verwendet, um den Koordinatenpunkt (in Pixeln) der Komponente auf dem Bildschirm zu bestimmen. ScreenToClient gibt die X- und Y-Koordinaten in einem Record des Typs TPoint zurück.

procedure ScrollBy(DeltaX, DeltaY: Integer);
ScrollBy scrollt den Inhalt einer Komponente. Statt der Methode ScrollBy sollten Sie im Normalfall lieber mit den eingebauten Bildlauf-Leisten arbeiten, es sei denn, diese Leisten wären für Ihre Programm-Idee aus irgendeinem Grund nicht brauchbar.

DeltaX enthält die Veränderung in Pixeln in Richtung der X-Achse. Ein positiver Wert von DeltaX verschiebt den Inhalt nach rechts, ein negativer Wert verschiebt den Inhalt nach links. DeltaY bezeichnet die Veränderungen in Pixeln in Richtung der Y-Achse. Ein positiver Wert von DeltaY verschiebt den Inhalt nach unten, ein negativer Wert verschiebt den Inhalt nach oben.

procedure SendToBack;
Die Methode SendToBack setzt eine Komponente innerhalb einer übergeordneten Komponente hinter alle anderen Komponenten. Die Reihenfolge, in der Komponenten übereinander gelagert werden (Z-Reihenfolge), hängt davon ab, ob es sich um fensterähnliche oder um nicht-fensterähnliche Komponenten handelt. Die Reihenfolge arbeitet nach dem Prinzip, daß die zuletzt eingefügte Komponente die oberste und damit sichtbare Komponente ist.

Mit der Methode SendToBack einer Komponente würde diese Komponente ganz nach unten auf den Stapel kommen und somit nicht sichtbar sein.

Bei der Stapelung ist zu beachten, daß fensterähnliche Komponenten immer auf nicht-fensterähnlichen Komponenten gestapelt werden. Ein Aufruf von SendToBack einer fensterähnlichen Komponente bewirkt also gar nichts, wenn unter dem Stapel eine nicht-fensterähnliche Komponente liegt (siehe auch BringToFront).

Die folgenden Komponenten zählen zu den fensterähnlichen Komponenten:

BitBtn	DBNavigator	MediaPlayer
Button	DBRadioGroup	Memo
CheckBox	DirectoryListBox	Notebook
ComboBox	DrawGrid	OLEContainer

DBCheckBox	DriveComboBox	Outline
DBComboBox	Edit	Panel
DBEdit	FileListBox	RadioButton
DBGrid	FilterComboBox	RadioGroup
DBImage	Form	ScrollBar
DBListBox	GroupBox	ScrollBox
DBLookupCombo	Header	StringGrid
DBLookupList	ListBox	TabbedNotebook
DBMemo	MaskEdit	TabSet

Die nun folgenden Komponenten zählen zu den nicht-fensterähnlichen Komponenten:

Bevel	Label	SpeedButton
DBText	PaintBox	Image
Shape		

procedure SetBounds(ALeft, ATop, AWidth, AHeight: Integer);
Die Methode SetBounds setzt die Begrenzungseigenschaften der Komponente Left, Top, Width und Height auf die Werte, die in den entsprechenden Werten ALeft, ATop, AWidth und AHeight übergeben werden. SetBounds erlaubt Ihnen, mehr als eine Begrenzungseigenschaft der Komponente zur gleichen Zeit einzustellen. Obwohl Sie immer einzelne Begrenzungen einstellen können, erlaubt Ihnen die Verwendung von SetBounds, mehrere Änderungen auf einmal durchzuführen, ohne daß jedesmal das Dialogfenster neu gezeichnet werden muß.

procedure SetFocus;
SetFocus übergibt den Focus an die Komponente. Bei Formularen ruft das jeweilige Formular die Methode SetFocus des standardmäßig aktiven Dialogelements auf.

procedure SetTextBuf(Buffer: PChar);
Die Methode SetTextBuf ersetzt den Text in einer Komponente durch den Text in Buffer. Buffer muß auf einen mit Null abgeschlossenen String zeigen (siehe auch GetTextBuf und GetTextLen).

procedure Show;
Die Methode Show bringt eine Komponente nicht sichtbar auf dem Bildschirm, indem die Eigenschaft Visible auf True eingestellt wird. Falls die Methode Show eines Formulars aufgerufen wird und das Formular ist undurchsichtig, versucht Show das Formular nicht sichtbar zu machen, indem sie das Formular mit der Methode BringToFront in den Vordergrund bringt. Ein Formular verfügt zusätzlich über die Methode Show-Modal, um einen modalen Dialog erzeugen zu können. Ein modaler Dialog muß bearbeitet und geschlossen werden. Ein SendToBack hätte also keinen Erfolg.

procedure Update;
In der Methode Update wird die API-Funktion UpdateWindow von Windows aufgerufen, die alle beim Zeichnen entstandenen und noch nicht erledigten Meldungen bearbeitet.

UpdateWindows ist definiert als

```
procedure UpdateWindow(Wnd: HWnd);
```

Die Routine UpdateWindow aktualisiert den Client-Bereich des angegebenen Fensters, indem sie eine WM_PAINT-Meldung an das Fenster sendet, wenn der Aktualisierungsbereich für das Fenster nicht leer ist. Die Routine UpdateWindow sendet eine WM_PAINT-Meldung unter Umgehung der Anwendungswarteschlange direkt an die Fensterfunktion des gegebenen Fensters. Wenn der Aktualisierungsbereich leer ist, wird keine Meldung gesendet. Der Parameter Wnd bezeichnet das Fenster oder besser das Handle des Fensters, das aktualisiert werden soll.

Komponentenname:	**ComboBox**
Klassenname:	**TComboBox**

Beschreibung:

ComboBox ist ein Element, das eine Editierzeile mit einer Liste kombiniert, wie etwa eine Listbox. Sie können entweder Text in die Editierzeile eingeben oder einen Eintrag aus der Liste selektieren.

Wenn Sie Daten in das Fenster eingeben, ändert sich der Wert der Eigenschaft Text.

Eigenschaften:

property Align: TAlign;
Die Eigenschaft Align legt fest, wie Dialogelemente zum Beispiel im Formular ausgerichtet werden. Mögliche Werte:

alNone	Die Komponente bleibt an der Einfügeposition im Formular (Standardeinstellung).
alTop	Die Komponente wird an die Oberkante des Formulars verschoben und an seine Breite angepaßt. Die Höhe der Komponente bleibt unverändert.
alBottom	Die Komponente wird an die Unterkante des Formulars verschoben und an seine Breite angepaßt. Die Höhe der Komponente bleibt unverändert.
alLeft	Die Komponente wird an die linke Kante des Formulars verschoben und an seine Höhe angepaßt. Die Breite der Komponente bleibt unverändert.
alRight	Die Komponente wird an die rechte Kante des Formulars verschoben und an seine Höhe angepaßt. Die Breite der Komponente bleibt unverändert.
alClient	Die Größe der Komponente wird an den Client-Bereich eines Formulars angepaßt. Ist ein Teil des Client-Bereichs bereits von einer anderen Komponente besetzt, füllt die Komponente den verbleibenden Teil des Client-Bereichs aus.

Wird zum Beispiel ein Formular, das Besitzer eines Labels ist, in der Größe verändert, werden die Komponenten innerhalb des Formulars neu ausgerichtet. Die Verwendung der Eigenschaft Align ist dann sinnvoll, wenn ein Dialogelement an einer Position des Formulars stehenbleiben soll, auch wenn sich die Größe des Formulars ändert.

property BoundsRect: TRect;
Die Eigenschaft BoundsRect liefert das Begrenzungsrechteck der Komponente – ausgedrückt im Koordinatensystem des übergeordneten Dialogelements – zurück. Mit BoundsRect ersetzen und erleichtern Sie sich somit die Abfrage der einzelnen Werte für die Eigenschaften Left, Top, Width und Height.

property Canvas: TCanvas;
Canvas stellt einen Bereich zum Anfertigen von Zeichnungen zur Verfügung. Je nach Komponente kann die Art und Weise von Canvas variieren:

Canvas für die Komponenten Form, Image und PaintBox:

Canvas stellt den Zugriff auf eine Zeichenoberfläche zur Verfügung, die Sie bei der Implementierung einer Behandlungsroutine für das OnPaint-Ereignis eines Formulars, eines Bildes oder eines Zeichenfensters verwenden können. Allerdings: Es ist nur der Lesezugriff erlaubt.

Canvas für die Komponenten ComboBox, DirectoryListBox, FileListBox, ListBox und Outline:

Canvas stellt den Zugriff auf eine Zeichenoberfläche zur Verfügung, die Sie bei der Implementierung einer Behandlungsroutine für das OnDrawItem-Ereignis eines vom Besitzer gezeichneten Listenfensters, Kombinationsfensters oder Gliederungsdialogelements verwenden können. Allerdings: Es ist nur der Lesezugriff erlaubt.

Canvas für die Komponenten DrawGrid und StringGrid:

Canvas stellt den Zugriff auf eine Zeichenoberfläche zur Verfügung, die Sie bei der Implementierung einer Behandlungsroutine für das Ereignis OnDrawCell oder OnDrawDataCell eines Gitternetz-Dialogelements verwenden können. Allerdings: Es ist nur der Lesezugriff erlaubt.

Canvas für die Komponente TPrinter:

Canvas repräsentiert für ein Druckerobjekt die Oberfläche der Seite, die aktuell gedruckt wird. Einige Drucker unterstützen keine Grafik und können hiermit nicht unterstützt werden. Es ist nur der Lesezugriff erlaubt.

Canvas für die Komponente TBitmap:

Canvas gibt Ihnen Zugriff auf eine Zeichenoberfläche, die die Bitmap repräsentiert. Wenn Sie auf die Zeichenfläche zeichnen, modifizieren Sie im Endeffekt damit die zugrundeliegende Bitmap.

property BoundsRect: TRect;
Die Eigenschaft BoundsRect liefert das Begrenzungsrechteck der Komponente – ausgedrückt im Koordinatensystem des übergeordneten Dialogelements – zurück. Mit

BoundsRect ersetzen und erleichtern Sie sich somit die Abfrage der einzelnen Werte für die Eigenschaften Left, Top, Width und Height.

property Color: TColor;
Die Eigenschaft Color legt für alle Komponenten mit Ausnahme des Dialogfensters die Farbe fest (Hintergrundfarbe eines Formulars oder eines Dialogelements oder Grafikobjekts).

Ist die Eigenschaft ParentColor auf True gesetzt, bewirkt eine Änderung der Eigenschaft Color einer Komponente A automatisch eine Änderung der Eigenschaft Color aller Komponenten, die als Besitzer die Komponente A haben. Wenn Sie der Eigenschaft Color eines Dialogelements einen Wert zuweisen, wird seine Eigenschaft ParentColor automatisch auf False gesetzt. Mögliche Werte sind:

clBlack	Schwarz
clMaroon	Rotbraun
clGreen	Grün
clOlive	Olivgrün
clNavy	Marineblau
clPurple	Violett
clTeal	Petrol
clGray	Grau
clSilver	Silber
clRed	Rot
clLime	Limonengrün
clBlue	Blau
clFuchsia	Pink
clAqua	Karibikblau
clWhite	Weiß

(Systemfarben von Windows:)

clBackground	Aktuelle Windows-Hintergrundfarbe
clActiveCaption	Aktuelle Farbe der Titelleiste des aktiven Fensters
clInactiveCaption	Aktuelle Farbe der Titelleiste der inaktiven Fenster
clMenu	Aktuelle Hintergrundfarbe der Menüs
clWindow	Aktuelle Hintergrundfarbe der Fenster
clWindowFrame	Aktuelle Farbe der Fensterrahmen
clMenuText	Aktuelle Farbe vom Menütext
clWindowText	Aktuelle Farbe vom Fenstertext
clCaptionText	Aktuelle Textfarbe der Titelleiste des aktiven Fensters
clActiveBorder	Aktuelle Rahmenfarbe des aktiven Fensters
clInactiveBorder	Aktuelle Rahmenfarbe der inaktiven Fenster
clAppWorkSpace	Aktuelle Farbe des Arbeitsbereichs der Anwendung
clHighlight	Aktuelle Hintergrundfarbe vom ausgewählten Text
clHighlightText	Aktuelle Farbe vom ausgewählten Text
clBtnFace	Aktuelle Farbe einer Schalterfläche
clBtnShadow	Aktuelle Schattenfarbe eines Schalters

clGrayText   Aktuelle Farbe von grau dargestelltem Text
clBtnText   Aktuelle Farbe von Text auf einem Schalter
clInactiveCaptionText   Aktuelle Textfarbe in der Titelleiste eines inaktiven Fensters
clBtnHighlight   Aktuelle Farbe der Markierung eines Schalters

Mit einem Doppelklick auf Color öffnet sich das Farbschema von Windows, in dem Sie auch eigene Farben zusammenstellen können.

property ComponentIndex: Integer;
Die Eigenschaft ComponentIndex zeigt die Position einer Komponente in der Eigenschaftsliste Components ihres Besitzers an. Die erste Komponente in der Liste hat den ComponentIndex-Wert 0, die zweite hat den Wert 1, die dritte den Wert 2 etc. Diese Eigenschaft ist nur zur Laufzeit und dann auch nur im Read-Only-Modus benutzbar.

property Controls[Index: Integer]: TControl;
Controls ist ein Array aller untergeordneten Komponenten der Komponente. Controls ist dann von Nutzen, wenn Sie auf die untergeordneten Komponenten über die Zahl statt über den Namen zugreifen müssen.

property Ctl3D: Boolean;
Die Eigenschaft Ctl3D legt fest, ob ein Dialogelement ein dreidimensionales (3-D) oder zweidimensionales Aussehen besitzt. Wenn Ctl3D True ist, erscheint das Dialogelement dreidimensional. Die Voreinstellung von Ctl3D ist True. Wenn die Eigenschaft ParentCtl3D einer Komponente auf True gesetzt ist, verändert jede Modifikation der Eigenschaft Ctl3D des übergeordneten Dialogelements automatisch auch die Eigenschaft Ctl3D des Dialogelements.

Achtung: Damit Ctl3D überhaupt funktioniert, muß sich die dynamische Link-Bibliothek CTL3DV2.DLL im Suchpfad befinden. Idealerweise sollte sich diese Datei im System-Verzeichnis von Windows aufhalten.

property Cursor: TCursor;
Mit der Eigenschaft Cursor stellen Sie das Aussehen des Cursors ein, wenn dieser auf die Komponente zeigt.

Mögliche Werte sind:

crDefault	crArrow	crCross
crIBeam	crSize	crSizeNESW
crSizeNS	crSizeNWSE	crSizeWE
crUpArrow	crHourglass	crDrag
crNoDrop	crHSplit	crVSplit

property DragCursor: TCursor;
Die Eigenschaft DragCursor bestimmt die Form des Mauszeigers, wenn sich der Zeiger über einer Komponente befindet, die ein gezogenes Objekt akzeptieren kann. Mögliche Werte sind mit denen der Eigenschaft Cursor identisch.

property DragMode: TDragMode;
Die Eigenschaft DragMode legt das Ziehen-und-Ablegen-Verhalten einer Komponente fest. Mögliche Werte sind:

dmAutomatic	Wenn dmAutomatic ausgewählt ist, ist das Dialogelement bereit, gezogen zu werden; der Anwender klickt nur und zieht es dann.
dmManual	Wenn dmManual ausgewählt ist, kann das Dialogelement nicht gezogen werden, bevor die Anwendung die Methode BeginDrag aufgerufen hat.

Ist die Eigenschaft DragMode einer Komponente dmAutomatic, kann die Anwendung dies zur Laufzeit durch Einstellung des Werts dmManual deaktivieren.

property DropDownCount: Integer;
DropDownCount bestimmt die Länge der Aufklappliste einer ComboBox. Die Standard-Einstellung reicht für acht Elemente ohne Bildlauf. Ist DropDownCount größer als die Anzahl der Elemente, wird die Aufklappliste genau nach dem letzen Element beendet.

property Enabled: Boolean;
Die Eigenschaft Enabled bestimmt, ob die Komponente auf Maus-, Tastatur- und Timer-Ereignisse reagiert. Wenn Enabled auf True gesetzt ist, reagiert die Komponente normal. Ist Enabled hingegen False, ignoriert das Dialogelement Maus- und Tastaturereignisse. Bei einer Timer-Komponente werden die für das OnTimer-Ereignis deaktivierten Komponenten (Dialogelemente) grau dargestellt.

property Font: TFont;
Die Eigenschaft Font legt den Font und die Eigenschaften des Fonts der Komponente fest. Sie haben die Möglichkeit, diese Werte im Objectinspektor oder – wesentlich komfortabler – mit Hilfe eines Doppelklicks auf diese Eigenschaft einen Dialog zu öffnen, der alle möglichen Werte anzeigt.

property Handle: ...;
Der Typ der Eigenschaft Handle ist abhängig von der jeweiligen Komponente. Im allgemeinen gilt: Sollte eine Windows-API-Funktion ein Handle der betreffenden Komponente verlangen, dann setzen Sie dazu die jeweilige Eigenschaft Handle der betreffenden Komponente ein. Verlangt eine Windows-API-Funktion zum Beispiel das Handle Ihrer gesamten Anwendung, dann benutzen Sie am besten die Eigenschaft Handle des Objekts TApplication. Hier die Übersicht der verschiedenen Typen der Eigenschaft Handle:

Handle für die Komponenten:

Bitmap	property Handle: HBitmap;
Brush	property Handle: HBrush;
Canvas	property Handle: HDC;
Font	property Handle: HFont;

Icon   property Handle: HIcon;
Metafile   property Handle: HMetafile;
Pen   property Handle: HPen;

Handle gibt Ihnen den Zugriff auf das Handle des jeweiligen GDI-Objekts. Benötigen Sie zum Beispiel für den Aufruf einer Windows-API-Funktion ein Handle auf ein Stiftobjekt oder ein Bitmap-Objekt, dann können Sie dazu das Handle der Komponente Pen beziehungsweise der Komponente Bitmap benutzen.

Handle für das Object TApplication und die folgenden Komponenten:

Bevel	DBText	Memo
BitBtn	DirectoryListBox	Notebook
Button	DrawGrid	OLEContainer
CheckBox	DriveComboBox	Outline
ComboBox	Edit	PaintBox
DBCheckBox	FileListBox	Panel
DBComboBox	FilterComboBox	RadioButton
DBEdit	FindDialog	RadioGroup
DBGrid	Form	ReplaceDialog
DBImage	GroupBox	ScrollBar
DBListBox	Header	ScrollBox
DBLookupCombo	Image	Shape
DBLookupList	Label	SpeedButton
DBMemo	ListBox	StringGrid
DBNavigator	MaskEdit	TabbedNotebook
DBRadioGroup	MediaPlayer	TabSet

property Handle: HWND;
Handle ermöglicht Ihnen Zugriff auf das Handle der jeweiligen Komponente (z.B. Fenster-Handle, Dialog-Handle etc.). Dieses Handle wird von einigen Windows-API-Funktionen beim Aufruf erwartet. Sie können in diesem Fall das Handle der jeweils betroffenen Komponente oder – falls das Handle Ihrer Anwendung gefordert wird – das Handle des Objekts TApplication übergeben.

Handle für die Komponenten:

MainMenu	MenuItem	PopupMenu

property Handle: HMENU;
Sollte eine Windows-API-Funktion ein Handle eines Menüs oder Menü-Eintrags oder eines lokalen Menüs verlangen, dann können Sie dazu die Eigenschaft Handle von MainMenu, MenuItem und PopupMenu benutzen.

Handle für die Komponente Printer:

property Handle: HDC;
Handle beinhaltet das Handle des jeweiligen Druckerobjektes TPrinter der Komponente Printer.

Handle für die Komponente DataBase:

property Handle: HDBIDB;
Um direkte Aufrufe in die Richtung des Borland Database-Engine-(BDE)-API zu tätigen, benötigen Sie ein Handle der jeweiligen Datenbank-Komponente. Dazu dient Ihnen die Eigenschaft Handle der Komponente DataBase. Dies erlaubt Ihnen Zugriffe auf Funktionen des BDE-API, die nicht in der VCL-Bibliothek integriert wurden. Bevor Sie allerdings diese Funktionen aufrufen, sollten Sie prüfen, ob diese Funktion möglicherweise schon in der VCL-Bibliothek gekapselt wurde.

Handle für das Object TSession:

Delphi erzeugt eine Komponente Session vom Typ TSession immer dann, wenn eine Anwendung ausgeführt wird. Sessions sollten nicht von Ihnen erzeugt oder zerstört werden. Session erlaubt globale Prüfung über Datenbankverbindungen. Die Eigenschaft Databases von Session ist ein Array von allen aktiven Datenbanken in der Sitzung. Die Eigenschaft DatabaseCount vom Typ Integer gibt die Anzahl der aktiven Datenbanken in der Sitzung.

property Handle: HDBISES;
Mit der Eigenschaft Handle können Sie direkte Aufrufe an die Borland-Datenbank-Engine, bezogen auf eine bestimmte Sitzung (Session/TSession), machen. Die Komponente Session werden Sie kaum benutzen müssen. Die wichtigsten Funktionen des BDE-API sind in der VCL-Bibliothek gekapselt und ersparen Ihnen diesen Weg.

Handle für die Komponenten Table, Query und StoredProc:

property Handle: HDBICur;
Ebenfalls für direkte Zugriffe auf Funktionen des BDE-API und unter normalen Umständen nicht zu benutzen, da die wichtigsten BDP-API-Funktionen via VCL-Bibliothek einen einfacheren Zugriff ermöglichen.

property Height: Integer;
Die Eigenschaft Height eines Dialogelements legt die Höhe der Komponente in Pixeln fest.

property HelpContext: THelpContext;
Die Eigenschaft HelpContext stellt eine Kontextnummer für die Verwendung beim Aufruf kontextbezogener Online-Hilfe bereit. Jeder Hilfebildschirm des Hilfesystems sollte eine eindeutige Kontextnummer besitzen. Ist in der Anwendung eine Komponente selektiert, so wird nach Betätigen von F1 ein Hilfebildschirm angezeigt. Welcher Hilfebildschirm angezeigt wird, hängt vom Wert der Eigenschaft HelpContext ab.

property Hint: string;
Die Eigenschaft Hint ist der Text-String, der erscheinen kann, wenn ein OnHint-Ereignis eintritt, also wenn der Benutzer den Cursor über die Komponente bewegt. Wie der String angezeigt wird, bestimmt der Code in der Ereignisbehandlungs-Routine OnHint. Sie können eine Schnellhilfe, d.h. ein Fenster, das einen Hilfetext enthält, für eine Komponente erscheinen lassen, wenn der Anwender den Mauszeiger über das Dialogelement führt und dort kurz verweilt. Dies funktioniert wie folgt:

1. Spezifizieren Sie für jede Komponente, die einen Schnellhinweis anzeigen soll, einen Hint-Wert.
2. Setzen Sie die Eigenschaft ShowHint des Bedienfelds auf True.
3. Setzen Sie die Eigenschaft ShowHint der Anwendung zur Laufzeit auf True.

Sie können Hint gleichzeitig sowohl für ein Hilfehinweisfenster als auch für die Verwendung innerhalb der Behandlungsroutine OnHint spezifizieren, indem Sie zwei durch das Zeichen | (das »oder« oder Pipe-Symbol) getrennte Werte angeben, also beispielsweise:

```
Edit1.Hint := 'Aufforderung|Geben Sie den richtigen Wert ein';
```

Der String »Aufforderung« erscheint im Hilfehinweisfenster und der String »Geben Sie den richtigen Wert ein« erscheint wie in der Ereignisbehandlungs-Routine OnHint spezifiziert.

property ItemHeight: Integer;
ItemHeight bedeutet die Höhe eines Eintrags in der Komponente in Pixeln, wenn die Eigenschaft Style den Wert lsOwnerDrawFixed hat. Hat Style den Wert lsStandard oder lsOwnerDrawVariable, dann wird ItemHeight ignoriert.

property ItemIndex: Integer;
Der Wert ItemIndex ist die Ordinalzahl des selektierten Elements der Komponente.

Der Wert -1 bedeutet, daß kein Element selektiert wurde. Zur Laufzeit selektieren Sie im Programm ein Element, indem Sie den Index des Elements in diese Eigenschaft einsetzen. Dabei beginnt die Zählung der Elemente bei 0. 0 ist also das erste Element.

Besitzt die Komponente die Eigenschaft MultiSelect und ist diese auf True gesetzt, finden Sie bei mehreren ausgewählten Elementen in ItemIndex den Wert für das fokusierte (das zuletzt ausgewählte) Element.

property Items: TStrings;
Items enthält Strings, die als Elemente in Listboxen erscheinen.

Der Typ TStrings von Items liefert Ihnen eine Reihe von Methoden zum Bearbeiten und Einfügen der Strings, aber dazu mehr am Schluß der Definition von Items. TString hat zwar keine Möglichkeit, Strings zu speichern, kann aber die Speichermöglichkeiten der Komponente nutzen.

Mit Methoden wie Add, Delete, Insert, Move und Exchange eines String-Objekts kann man Strings hinzufügen, löschen, einfügen, bewegen und austauschen.

property Left: Integer;
Die Eigenschaft Left bestimmt die horizontalen Koordinaten in Pixeln der linken Kante einer Komponente relativ zum Formular. Für Formulare ist der Wert der Eigenschaft Left relativ zum Bildschirm (ebenfalls in Pixeln).

property MaxLength: Integer;
Die Eigenschaft MaxLength spezifiziert die Maximalzahl von Zeichen, die der Benutzer in die Komponente eingeben kann. Der Vorgabewert für MaxLength ist 0,

d.h. es gibt keine Begrenzung für die Anzahl der Zeichen, die die Komponente enthalten kann.

property Name: TComponentName;
Die Eigenschaft Name enthält den Namen der Komponente wie er von anderen Komponenten für den Zugriff verwendet wird. Delphi weist als Vorgabewerte sequentielle Namen zu, die auf dem Typ der Komponente basieren, also etwa für Buttons »Button1«, »Button2« etc. Dies können Sie gemäß Ihrer Vorstellungen abändern. Komponentennamen sollten ausdrücklich nur zur Entwurfszeit geändert werden.

property Owner: TComponent;
Die Eigenschaft Owner teilt Ihnen mit, die Komponente zu welcher Komponente gehört. Dem Formular gehören alle Komponenten, die auf ihm vorhanden sind. Umgekehrt gehört das Formular zur Anwendung. Gehört eine Komponente A einer anderen Komponente B, wird der Speicher der Komponente A freigegeben, wenn der Speicher der Komponente B freigegeben wird. Es werden also folgerichtig alle Komponenten des Formulars gelöscht, wenn das Formular gelöscht wird. Außerdem wird natürlich der Speicher für das Formular und dessen Komponenten freigegeben, wenn der Speicher der Anwendung selbst freigegeben wird.

property Parent: TWinControl;
Die Eigenschaft Parent enthält den Namen der übergeordneten Komponente. Wenn eine Komponente A eine andere Komponente B enthält, sind die in B enthaltenen Komponenten untergeordnete Komponenten von A. Wenn Ihre Anwendung beispielsweise drei Buttons in einer GroupBox enthält, dann ist die GroupBox das übergeordnete Element der drei Buttons und die Button-Schaltfelder sind der GroupBox untergeordnet.

Parent und Owner sind leider etwas verwirrend. Daher hier eine kleine Entwirrung:

Ein Formular ist der Besitzer aller darauf enthaltenen Komponenten, unabhängig davon, ob sie ein Fensterelement sind. Für unser Beispiel mit den drei Buttons und der GroupBox bedeutet dies: Der Besitzer der Buttons ist immer das Formular, aber die GroupBox ist das übergeordnete Element.

Wenn Sie einen neuen Dialog erzeugen, müssen Sie dem neuen Dialogelement einen Wert der Eigenschaft Parent zuweisen. Üblicherweise sind dies Formulare, Bedienfelder, GroupBoxen oder andere Dialoge, die andere Komponenten (Elemente) enthalten können. Es ist möglich, jedes Element als das übergeordnete zuzuweisen, aber das darin enthaltene Dialogelement wird wahrscheinlich überschrieben.

Wird das übergeordnete Element gelöscht, dann werden auch alle Elemente, die ihm untergeordnet sind, gelöscht.

property ParentColor: Boolean;
Die Eigenschaft ParentColor bestimmt, wo eine Komponente nach ihren Farbeigenschaft suchen soll. Falls ParentColor True ist, verwendet die Komponente die Farbe der Eigenschaft der übergeordneten Komponente.

Wenn ParentColor False ist, verwendet die Komponente ihre eigene Eigenschaft Color. Durch Verwendung von ParentColor können Sie sicherstellen, daß alle Komponenten auf einem Formular das gleiche Erscheinungsbild haben.

property ParentCtl3D: Boolean;
Die Eigenschaft ParentCtl3D bestimmt, wo eine Komponente nach ihrer Eigenschaft Ctl3D suchen muß. IstParentCtl3D auf True gesetzt, verwendet die Komponente die Dimensionen der Eigenschaft Ctl3D von deren übergeordneten Komponente. Wenn ParentCtl3D False ist, verwendet die Komponente ihre eigene Eigenschaft Ctl3D. Durch Verwendung von ParentCtl3D stellen Sie sicher, daß alle Komponenten auf einem Formular das gleiche Erscheinungsbild haben. Wenn Sie beispielsweise möchten, daß alle Komponenten auf einem Formular ein dreidimensionales Erscheinungsbild haben, setzen Sie die Eigenschaft Ctl3D des Formulars auf True und die Eigenschaft ParentCtl3D jeder Komponente auf True.

property ParentFont: Boolean;
Die Eigenschaft ParentFont bestimmt, wo eine Komponente nach ihrer Fonteigenschaft suchen soll. Falls ParentFont True ist, verwendet die Komponente den Font der Eigenschaft der übergeordneten Komponente.

Wenn ParentFont False ist, verwendet die Komponente ihre eigene Eigenschaft Font. Durch Verwendung von ParentFont können Sie sicherstellen, daß alle Komponenten auf einem Formular das gleiche Erscheinungsbild haben.

property ParentShowHint: Boolean;
Die Eigenschaft ParentShowHint bestimmt, wo eine Komponente nach dessen Hinteigenschaft suchen soll. Falls ParentShowHint True ist, verwendet die Komponente die Hint-Eigenschaft der übergeordneten Komponente.

Ist ParentShowHint False, verwendet die Komponente ihre eigene Eigenschaft Hint. Durch Verwendung von ParentShowHint können Sie sicherstellen, daß alle Komponenten auf einem Formular das gleiche Erscheinungsbild haben.

property PopupMenu: TPopupMenu;
Die Eigenschaft PopupMenu legt den Namen des Popup-Menüs fest, das erscheint, wenn der Anwender die Komponente auswählt oder die rechte Maustaste drückt (bei dem Wert True für AutoPopup des Popup) oder wenn die Methode Popup des Popup-Menüs ausgeführt wird.

property SelLength: Integer;
Die Eigenschaft SelLength gibt die Länge (in Zeichen) des in der Komponente ausgewählten Textes an. Mit SelLength und der Eigenschaft SelStart legen Sie fest, dier Teil des Textes in der Komponente ausgewählt wird. Sie können die Anzahl der ausgewählten Zeichen durch eine Änderung von SelLength erreichen. Wenn der Wert für SelStart geändert wird, ändert sich entsprechend der Wert von SelLength. Die Komponente muß aktiv sein, wenn Sie den Wert von SelLength ändern wollen.

property SelStart: Integer;
SelStart gibt die Anfangsposition des markierten Teils eines Textes in der Komponente zurück. Sie können SelStart zusammen mit der Eigenschaft SelLength verwen-

den, um einen Teil des Textes auszuwählen. Legen Sie das Zeichen, ab dessen Position Sie die Markierung des Textes beginnen möchten, als Wert von SelStart fest.

Wenn der Wert von SelStart geändert wird, ändert sich entsprechend auch der Wert von SelLength. Die Komponente muß aktiv sein, wenn Sie den Wert von SelLeng ändern wollen.

property SelText: string;
Die Eigenschaft SelText enthält den ausgewählten Teil des Textes der Komponente. Sie können sie verwenden, um zu bestimmen, was der markierte Text enthält oder Sie können den markierten Text ersetzen, indem Sie einen neuen String angeben. Falls momentan kein Text markiert ist, wird der String in SelText an der Cursor-Position im Text eingefügt.

property ShowHint: Boolean;
Die Eigenschaft ShowHint bestimmt, ob das Dialogelement eine Schnellhilfe anzeigen soll, wenn der Mauszeiger eine Weile auf ihm verweilt. Die Schnellhilfe entspricht dem Wert der Eigenschaft Hint, die in einem Feld direkt unterhalb des Elements angezeigt wird. Wenn die Eigenschaft ShowHint den Wert True hat, kann die Schnellhilfe erscheinen.

Ist ShowHint False, kann die Schnellhilfe auch angezeigt werden, wenn ParentShowHint auf True gesetzt wurde und die Eigenschaft ShowHint der übergeordneten Komponente ebenfalls auf True gesetzt wurde.

property Showing: Boolean;
Die Eigenschaft Showing legt fest, ob eine Komponente momentan auf dem Bildschirm angezeigt wird oder nicht. Falls die Eigenschaft Visible einer Komponente und aller übergeordneten Komponenten in der übergeordneten Hierarchie True ist, ist Showing auch True. Wenn einer der Vorfahren der Komponente den Wert False als Wert für die Eigenschaft Visible hat, dann ist auch Showing False.

property Sorted: Boolean;
Sorted legt fest, ob die Elemente einer Komponente (z.B. Listbox) in alphabetischer Reihenfolge sortiert werden oder nicht.

property Style: TComboBoxStyle;
Mit Style können Sie festlegen, wie eine Combobox seine Elemente anzeigt. Standardmäßig ist Style auf csDropDown gesetzt, was bedeutet, daß die Combobox jedes Element als String in einer nicht editierbaren Liste anzeigt. Mögliche Werte:

Wert	Bedeutung
csDropDown	Erzeugt eine nicht editierbare Liste mit einem Editierfeld, in dem der Anwender Text eingeben kann. Alle Einträge sind Strings der gleichen Höhe. In DBComboBox zeigt das Kombinationsfenster den Inhalt der Felder des aktuellen Datensatzes an. Der Anwender kann einen anderen Eintrag aus der nicht editierbaren Liste auswählen und den Wert des Felds ändern oder einen neuen Wert in das Editierfeld eingeben.
csSimple	Erzeugt ein Editierfeld ohne eine Liste. In DBComboboxen wird der gegenwärtige Inhalt des verknüpften Felds in dem Kombinationsfenster angezeigt. Durch Eingeben eines neuen Werts kann der Anwender den Inhalt des Felds ändern.
csDropDownList	Erzeugt eine nicht editierbare Liste ohne das angehängte Editierfeld, so daß der Anwender einen Eintrag nicht ändern oder einen neuen Eintrag hinzufügen kann. Alle Einträge sind Strings der gleichen Höhe. In DBComboBoxen bleibt das Editierfeld leer, bis der gegenwärtige Inhalt des Felds mit dem angegebenen Eintrag Items in der nicht editierbaren Liste übereinstimmt. Der Anwender kann den Inhalt des Felds nur ändern, wenn er einen der Strings aus der nicht editierbaren Liste auswählt.
csOwnerDrawFixed	Jedes Element in der ComboBox ist in der Höhe durch die Eigenschaft ItemHeight festgelegt. In DBComboBoxen bleibt die ComboBox leer, bis der gegenwärtige Inhalt des Felds mit dem angegebenen Eintrag Items in der nicht editierbaren Liste übereinstimmt. Der Anwender kann den Inhalt des Felds nur ändern, wenn er einen der Strings aus der nicht editierbaren Liste auswählt.
csOwnerDrawVariable	Elemente in der ComboBox können von variabler Höhe sein.In DBComboBoxen bleibt die ComboBox leer, bis der gegenwärtige Inhalt des Felds mit dem angegebenen Eintrag Items in der nicht editierbaren Liste übereinstimmt. Der Anwender kann den Inhalt des Felds nur ändern, wenn er einen der Strings aus der nicht editierbaren Liste auswählt.

property TabOrder: TTabOrder;
Die Eigenschaft TabOrder bestimmt die Position einer Komponente in der Tabulatorreihenfolge, in der Komponenten den Fokus erhalten, wenn der Anwender die Taste TAB drückt. Anfänglich ist die Tabulatorreihenfolge immer die Reihenfolge, in der die Komponenten in das Formular hinzugefügt wurden. Der Wert der Eigenschaft TabOrder ist für jede Komponente auf dem Formular einmalig. Die erste dem For-

mular hinzugefügte Komponente hat den TabOrder-Wert 0, die zweite hat 1, die dritte 2 usw.

Falls Sie den Wert der Eigenschaft TabOrder einer Komponente den gleichen Wert einer anderen Komponente zuweisen, numeriert Delphi automatisch die Werte für alle anderen Komponenten neu. Angenommen, eine Komponente ist beispielsweise die sechste Komponente in der Tabulatorreihenfolge. Wenn Sie den Wert der Eigenschaft TabOrder der Komponente auf 3 ändern (dies macht die Komponente zu der vierten in der Tabulatorreihenfolge), wird die Komponente, die die vierte war, nun zur fünften und die Komponente, die die fünfte war, wird jetzt die sechste.

property TabStop: Boolean;
Die Eigenschaft TabStop bestimmt, ob der Anwender diese Komponente mit der Taste TAB anspringen kann. Falls TabStop True ist, befindet sich die Komponente in der Tabulatorreihenfolge. Wenn TabStop False ist, ist das Dialogelement nicht in der Tabulatorreihenfolge.

property Tag: Longint;
Die Eigenschaft Tag kann einen Integerwert als Element einer Komponente speichern. Tag wird von Delphi nicht benutzt und steht Ihnen damit zur freien Verfügung

property Top: Integer;
Die Eigenschaft Top gibt die y-Koordinate der linken oberen Ecke eines Dialogelements relativ zum Formular in Pixeln an. Bei Formularen wird der Wert der Eigenschaft Top in Pixeln relativ zum Bildschirm angegeben.

property Visible: Boolean;
Die Eigenschaft Visible bestimmt, ob eine Komponente auf dem Bildschirm nicht sichtbar ist (True) oder nicht (False).

property Width: integer;
Die Eigenschaft Width bestimmt die Breite einer Komponente, gemessen in Pixeln.

Ereignisse:

property OnChange: TNotifyEvent;
Das Ereignis OnChange erscheint, wenn der Inhalt einer Komponente oder eines Objekts sich ändert. Bei grafischen Objekten tritt OnChange ein, wenn sich die Grafik, die vom Objekt gekapselt wird, ändert. Zum Beispiel tritt das Ereignis OnChange für einen Stift ein, wenn die Eigenschaften Color, Mode, Style oder Width des TPen-Objekts geändert werden. Bei Komponenten tritt OnChange ein, wenn der Hauptwert oder die Hauptwerte der Komponente geändert werden.

Bei Kombinationsfenstern tritt das Ereignis OnChange auch ein, wenn ein Element in der aufklappbaren Liste gewählt wird. Bei String-Listen-Ojekten tritt das Ereignis OnChange ein, wenn sich eine Änderung für einen String ergibt, der in der String-Liste gespeichert ist.

OnChange ist vom Typ

```
TNotifyEvent = procedure (Sender: TObject) of object;
```

Der Typ TNotifyEvent weist auf eine Methode, die das Anklicken eines Objekts behandelt. Der Parameter Sender ist das Dialogelement, das angeklickt wurde.

property OnClick: TNotifyEvent;
Das Ereignis OnClick erscheint, wenn der Benutzer auf die Komponente klickt. In einem Formular tritt OnClick ein, wenn der Benutzer auf eine freie Stelle im Formular oder eine inaktive Komponente klickt.

OnClick ist vom Typ

```
TNotifyEvent = procedure (Sender: TObject) of object;
```

Der Typ TNotifyEvent weist auf eine Methode, die das Anklicken eines Objekts behandelt. Der Parameter Sender ist das Dialogelement, das angeklickt wurde.

property OnDblClick: TNotifyEvent;
Das Ereignis OnClick erscheint, wenn der Benutzer auf die Komponente einen Doppelklick ausführt. In einem Formular tritt das Ereignis OnDblClick ein, wenn der Benutzer auf eine freie Stelle im Formular oder eine inaktive Komponente einen Doppelklick ausführt.

OnDblClick ist vom Typ

```
TNotifyEvent = procedure (Sender: TObject) of object;
```

Der Typ TNotifyEvent weist auf eine Methode, die das Doppelklicken eines Objekts behandelt. Der Parameter Sender ist das Dialogelement, das mit einem Doppelklick bearbeitet wurde.

property OnDragDrop: TDragDropEvent;
Das Ereignis OnDragDrop tritt ein, wenn der Anwender ein gezogenes Objekt ablegt. Verwenden Sie die Ereignisbehandlungs-Routine OnDragDrop, um festzulegen, was passieren soll, wenn der Anwender ein Objekt ablegt.

OnDragClick ist vom Typ

```
TDragDropEvent = procedure(Sender, Source: TObject; X, Y: Integer) of object;
```

Der Typ TDragDropEvent zeigt also auf eine Methode, die das Ablegen eines gezogenen Objekts behandelt. Der Parameter Source des Ereignisses OnDragDrop ist das abzulegende Objekt und der Parameter Sender ist das Dialogelement, auf das das Objekt abgelegt wurde. Die Parameter X und Y sind die Koordinaten des Mauszeigers, der über dem Dialogelement positioniert wird.

property OnDragOver: TDragOverEvent;
Das Ereignis OnDragOver tritt ein, wenn der Anwender ein Objekt über eine Komponente zieht. Üblicherweise werden Sie ein Ereignis OnDragOver verwenden, um ein Objekt zu akzeptieren, damit der Anwender es ablegen kann.

OnDragClick ist vom Typ

```
TDragOverEvent = procedure(Sender, Source: TObject; X, Y: Integer;
                    State: TDragState; var Accept: Boolean) of object;
```

Der Typ TDragOverEvent zeigt also auf eine Methode, die das Ziehen eines Objekts über ein anderes Objekt behandelt. Der Parameter Source ist das gezogene Objekt, Sender ist das Objekt, über das Source gezogen wurde, X und Y sind die Koordinaten des Mauszeigers, der über dem Dialogelement positioniert, wird (in Pixeln), State ist der Status des gezogenen Objekts in Verbindung zum darübergezogenen Objekt und Accept legt fest, ob der Sender das Ziehobjekt erkennt. Accept wird nicht per Voreinstellung auf True oder False gesetzt; Sie müssen die passenden Werte selbst zuweisen.

Das Ereignis OnDragOver akzeptiert ein Objekt, wenn der Parameter Accept True ist. Durch Ändern des Werts der Eigenschaft DragCursor können Sie das Erscheinungsbild des Cursors beeinflussen. Dies können Sie entweder während des Entwikkelns oder zur Laufzeit, bevor ein Ereignis OnDragOver eintritt, durchführen.

property OnDrawItem: TDrawItemEvent;
OnDrawItem tritt dann ein, wenn ein Element in einem selbstgezeichneten Umriß, ListBoxen oder GroupBoxen wie RadioGroups erneut dargestellt werden muß.

OnDrawItem ist vom Typ

```
TDrawItemEvent = procedure(ListBox: TListBox; Index: Integer; Rect: Trect;
                           State: TOwnerDrawState) of object;
```

TDrawItemEvent zeigt also auf eine Methode, die das Zeichnen eines Elements in einer Komponente, das durch die übergeordnete Komponente gezeichnet wird, behandelt. Der Parameter Index ist die Position des Elements in der Komponente, Rect ist der Bereich in der Komponente, in dem das Element gezeichnet werden soll, und State ist der aktuelle Status des Elements. Die möglichen Werte von State:

odSelected	Das Element wurde selektiert.
odDisabled	Das gesamte Listenfeld wurde deaktiviert.
odFocused	Das aktuelle Element besitzt den Fokus.

property OnDropDown: TNotifyEvent;
OnDropDown tritt immer dann ein, wenn der Anwender eine Auflistklappe von z.B. einer ComboBox herunterklappt.

OnDropDown ist vom Typ

```
TNotifyEvent = procedure (Sender: TObject) of object;
```

Der Typ TNotifyEvent weist auf eine Methode, die das Anklicken eines Objekts behandelt. Der Parameter Sender ist das Dialogelement, das angeklickt wurde.

property OnEndDrag: TEndDragEvent;
Das Ereignis OnEndDrag tritt immer dann ein, wenn das Ziehen eines Objekts abgeschlossen oder abgebrochen wird. Falls Sie eine besondere Behandlung haben möchten, sobald das Ziehen beendet wird, verwenden Sie die Ereignisbehandlungs-Routine OnEndDrag.

OnEndDrag ist vom Typ

```
TEndDragEvent = procedure(Sender, Target: TObject; X, Y: Integer) of object;
```

Der Typ TEndDragEvent zeigt also auf eine Methode, die das Anhalten des Ziehens eines Objekts behandelt. Der Sender ist das Objekt, was gezogen wird, Target ist das Objekt, zu dem Sender hingezogen wird, und X und Y sind die dazugehörigen Bildschirmkoordinaten des Mauszeigers, der über dem Dialogelement positioniert wird. Falls das gezogene Objekt abgelegt und durch das Dialogelement akzeptiert wurde, ist der Parameter Target des Ereignisses OnEndDrag True. Wenn das Objekt nicht erfolgreich abgelegt wurde, beträgt der Wert von Target Nil.

property OnEnter: TNotifyEvent;
OnEnter tritt ein, wenn eine Komponente aktiviert wird. Wenn Sie eine besondere Behandlung festlegen möchten, wenn eine Komponente aktiviert wird, verwenden Sie die Ereignisbehandlungsroutine OnEnter.

OnEnter erscheint nie, wenn Sie zwischen Formularen oder einer anderen Windows-Anwendung und Ihrer Anwendung umschalten. OnEnter für eine Komponente des Typs TPanel oder THeader tritt nie ein, da Bedienfelder oder Header keinen Fokus erhalten können. Somit ist dort OnEnter vollkommen nutzlos. Sie haben diese Ereignisbehandlung aber geerbt.

OnEnter ist vom Typ

```
TNotifyEvent = procedure (Sender: TObject) of object;
```

Der Typ TNotifyEvent weist auf eine Methode, die das Doppelklicken eines Objekts behandelt. Der Parameter Sender ist das Dialogelement, das mit einem Doppelklick bearbeitet wurde.

property OnExit: TNotifyEvent;
OnExit erscheint, wenn der Eingabefokus einer Komponente an eine andere übergeben wird. OnExit tritt nicht ein, wenn Sie zwischen Formularen oder zwischen einer Windows-Anwendung und Ihrer Anwendung umschalten. OnExit tritt bei den Komponenten Panel und Speedbutton nicht ein, da diese niemals den Fokus erhalten.

OnExit ist vom Typ

```
TNotifyEvent = procedure (Sender: TObject) of object;
```

Der Typ TNotifyEvent weist auf eine Methode, die das Doppelklicken eines Objekts behandelt. Der Parameter Sender ist das Dialogelement, das mit einem Doppelklick bearbeitet wurde.

property OnKeyDown: TKeyEvent;
OnKeyDown tritt ein, wenn der Anwender irgendeine Taste drückt, während die Komponente den Fokus hat. Verwenden Sie OnKeyDown, um eine besondere Behandlung festzulegen, die ausgeführt wird, wenn eine Taste gedrückt wird. Der Handler OnKeyDown kann auf alle Tasten der Tastatur, einschließlich Funktionstasten und Tastenkombinationen mit den Tasten UMSCHALT, ALT und STRG sowie betätigten Maustasten reagieren.

OnKeyDown ist vom Typ

```
TKeyEvent = procedure (Sender: TObject; var Key: Word; Shift: TShiftState)
                      of object;
```

Der Typ TKeyEvent weist auf eine Methode, die Tastaturereignisse verarbeitet. Der Parameter Key steht für die Taste und Shift und kann die folgenden Werte annehmen:

ssShift	UMSCHALTTASTE wird festgehalten
ssAlt	Taste ALT wird festgehalten
ssCtrl	Taste STRG wird festgehalten
ssLeft	Linke Maustaste wird festgehalten
ssMiddle	Mittlere Maustaste wird festgehalten
ssDouble	Rechte und linke Maustaste werden gleichzeitig festgehalten

property OnKeyPress: TKeyPressEvent;
OnKeyPress erscheint, wenn der Anwender eine einzelne Zeichentaste drückt.

OnKeyPress ist vom Typ

```
TKeyPressEvent = procedure (Sender: TObject; var Key: Char) of object;
```

TKeyPressEvent weist auf eine Methode, die einen Tastendruck für ein einzelnes Zeichen verarbeitet. Der Parameter Key gibt die Taste an. Der Parameter Key ist vom Typ Char; deshalb registriert OnKeyPress das ASCII-Zeichen der gedrückten Taste. Tasten, die nicht mit einem ASCII-Zeichen übereinstimmen (beispielsweise UMSCHALT oder F1), werden kein OnKeyPress erzeugen. Tastenkombinationen (wie UMSCHALT+A) erzeugen nur ein Ereignis des Typs OnKeyPress (in diesem Beispiel ergibt UMSCHALT+A einen Wert Key von »A«, wenn die FESTSTELLTASTE ausgeschaltet ist). Falls Sie auf Nicht-ASCII-Tasten oder Tastenkombinationen reagieren möchten, verwenden Sie die Ereignisbehandlungs-Routinen OnKeyDown oder OnKeyUp.

property OnKeyUp: TKeyEvent;
OnKeyUp tritt ein, wenn der Anwender die gedrückte Taste wieder losläßt. OnKeyUp kann auf alle Tasten der Tastatur, einschließlich Funktionstasten und Tastenkombinationen mit den Tasten UMSCHALT, ALT und STRG sowie betätigten Maustasten reagieren.

```
TKeyEvent = procedure (Sender: TObject; var Key: Word; Shift: TShiftState)
                      of object;
```

Der Typ TKeyEvent weist auf eine Methode, die Tastaturereignisse verarbeitet. Der Parameter Key steht für die Taste und Shift und kann die folgenden Werte annehmen:

ssShift	UMSCHALTTASTE wird festgehalten
ssAlt	Taste ALT wird festgehalten
ssCtrl	Taste STRG wird festgehalten
ssLeft	Linke Maustaste wird festgehalten
ssMiddle	Mittlere Maustaste wird festgehalten
ssDouble	Rechte und linke Maustaste werden gleichzeitig festgehalten

property OnMeasureItem: TMeasureItemEvent;
OnMeasureItem tritt ein, wenn eine Anwendung ein Element in einer selbstgezeichneten Listbox oder RadioGroup mit unterschiedlichen Stilen neu darstellen muß. Dies bedeutet, daß für die ListbBox die Eigenschaft Style den Wert lbOwnerDraw-Variable hat oder für eine RadioGroup die Eigenschaft Style den Wert csOwnerDrawVariable hat. Nach OnMeasureItem tritt OnDrawItem ein, das das Element in der erfaßten Größe wiedergibt.

OnMeasureItem ist vom Typ

```
TMeasureItemEvent = procedure(ListBox: TListBox; Index: Integer;
                    var Height: Integer) of object;
```

TMeasureItemEvent zeigt also auf eine Methode zum Ausmessen eines Elements in einer Komponente hin. Index gibt die Position des Elements in der Komponente und Height dessen Höhe in Pixeln an.

Methoden:

procedure BeginDrag(Immediate: Boolean);
Die Methode BeginDrag leitet den Ziehvorgang einer Komponente ein. Wenn der Parameter Immediate auf True gesetzt ist, wird der Mauszeiger auf den Wert der Eigenschaft DragCursor gesetzt und der Ziehvorgang beginnt. Ist Immediate False, wird der Mauszeiger nicht auf den Wert der Eigenschaft DragCursor gesetzt, und der Ziehvorgang wird erst eingeleitet, wenn der Anwender den Mauszeiger um mindestens 5 Pixel bewegt. Auf diese Weise kann die Komponente Mausklicks akzeptieren, ohne einen Ziehvorgang einzuleiten.

Ihre Anwendung muß die Methode BeginDrag zum Einleiten eines Ziehvorgangs nur aufrufen, wenn DragMode auf dmManual gesetzt ist.

procedure BringToFront;
Die Methode BringToFront setzt eine Komponente innerhalb einer übergeordneten Komponente vor alle anderen Komponenten. BringToFront hilft insbesondere sicherzustellen, daß ein Formular nicht sichtbar ist. Verwenden Sie diese Methode, wenn Sie die Reihenfolge überlappender Komponenten in einem Formular neu festlegen wollen.

Die Reihenfolge, in der Komponenten übereinander gelagert werden (Z-Reihenfolge), hängt davon ab, ob es sich um fensterähnliche oder um nicht-fensterähnliche Komponenten handelt. Die Reihenfolge arbeitet nach dem Prinzip, daß die zuletzt eingefügte Komponente die oberste und damit nicht sichtbare Komponente ist.

Mit der Methode BringToFront einer Komponente würde diese Komponente ganz nach oben auf den Stapel kommen und somit nicht sichtbar sein.

Bei der Stapelung ist zu beachten, daß fensterähnliche Komponenten immer auf nicht-fensterähnlichen Komponenten gestapelt werden. Ein Aufruf von BringToFront einer nicht-fensterähnlichen Komponente bewirkt also gar nichts, wenn oben auf dem Stapel eine fensterähnliche Komponente liegt.

SEITE STANDARD

BitBtn	DBNavigator	MediaPlayer
Button	DBRadioGroup	Memo
CheckBox	DirectoryListBox	Notebook
ComboBox	DrawGrid	OLEContainer
DBCheckBox	DriveComboBox	Outline
DBComboBox	Edit	Panel
DBEdit	FileListBox	RadioButton
DBGrid	FilterComboBox	RadioGroup
DBImage	Form	ScrollBar
DBListBox	GroupBox	ScrollBox
DBLookupCombo	Header	StringGrid
DBLookupList	ListBox	TabbedNotebook
DBMemo	MaskEdit	TabSet

Die nun folgenden Komponenten zählen zu den nicht-fensterähnlichen Komponenten:

Bevel	Label	SpeedButton
DBText	PaintBox	Image
Shape		

function CanFocus: Boolean;
CanFocus stellt fest, ob eine Komponente den Eingabefokus erhalten kann. CanFocus gibt True zurück, wenn die Eigenschaften Visible und Enabled sowohl der Komponente als auch der übergeordneten Komponenten auf True gesetzt sind. Sind nicht alle Eigenschaften Visible und Enabled dieser Komponenten auf True gesetzt, liefert CanFocus False zurück.

procedure Clear;
Die Art und Weise der Methode Clear hängt von den jeweiligen Komponenten ab:

Clear für die Standard-Komponenten:

TClipboard	TDBEdit	TFileListBox
TList	TDBListBox	TFilterComboBox
TStringList	TDBMemo	TListBox
TStrings	TDirectoryListBox	TMaskEdit
TComboBox	TDriveComboBox	TMemo
TDBComboBox	TEdit	TOutline

Clear löscht alle Texteintragungen beziehungsweise Text-Einträge aus den Komponenten. Beim TClipboard wird der gesamte Inhalt der Zwischenablage gelöscht, vor allem geschieht dies bei Copy- und bei Cut-Ereignissen automatisch, bevor Daten in das Clipboard eingefügt werden.

Clear für die Feldkomponenten:

TBCDField	TCurrencyField	TGraphicField
TStringField	TBlobField	TDateField
TIntegerField	TTimeField	TBooleanField

TDateTimeField   TMemoField   TVarBytesField
TBytesField   TFloatField   TSmallintField
TWordField

Clear setzt den Wert des Feldes auf NULL.

Clear für die Komponente TFieldDefs:

Clear setzt alle Werte der Eigenschaft Items zurück. Dadurch werden alle Objekte vom Typ TFieldDef aus der Komponente TFieldDefs gelöscht.

Clear für die Komponente TIndexDefs:

Clear setzt alle Werte der Eigenschaft Items zurück. Dadurch werden alle Objekte vom Typ TIndexDef aus der Komponente TFieldDefs gelöscht.

Clear für die Komponente TParam:

Clear setzt die Komponente zurück, also auf 0, und löscht alle bisher zugewiesenen Daten. Die Eigenschaften Name, DataType und ParamType bleiben unverändert.

Clear für die Komponente TParams:

Clear löscht alle Parameterinformationen aus der Eigenschaft Items.

function ClientToScreen(Point: TPoint): TPoint;

Die Methode ClientToScreen übersetzt den angegebenen Punkt aus Client-Bereichskoordinaten in globale Bildschirmkoordinaten. In Client-Bereichskoordinaten entspricht der Punkt (0, 0) der oberen linken Ecke des Client-Bereichs der Komponente. In Bildschirmkoordinaten entspricht (0, 0) der oberen linken Ecke des Bildschirms. Mit den Methoden ClientToScreen und ScreenToClient rechnen Sie Positionen aus dem Koordinatensystem einer Komponente A in das Koordinatensystem einer Komponente B um.

Beispiel: Umrechnung der Koordinaten einer Komponente A in die Koordinaten einer Komponente B (TPoint ist ein Record mit den Feldern X und Y):

```
TPoint =  record
       X  : integer;
       Y  : integer;
END;

VAR
    Koord: TPoint;
Koord:= B.ScreenToClient(A.ClientToScreen(Koord));
```

constructor Create;

Create weist Speicher zu, um das Objekt und damit die Komponente zu erzeugen und nach Bedarf seine Daten zu initialisieren. Jedes Objekt kann eine Methode Create besitzen, die individuell so angepaßt ist, daß sie diese bestimmte Art von Objekt erzeugt. Im Normalfall benötigen Sie diese Methoden nicht, da Borland Delphi alles unternimmt, um Ihre Anwendung und die darin enthaltenen Komponenten zu erzeugen. Sollten Sie allerdings ein Ereignis oder die Initialisierung eines Wertes einer selbst geschaffenen Komponente zur Zeit der Erzeugung einstellen wollen, dann können Sie dies in der Methode Create erledigen. Dazu benötigen Sie aber genaue Kenntnisse und Techniken der OOP. Ansonsten sollten Sie Create unverändert lassen und nicht aufrufen.

function Dragging: Boolean;
Die Methode Dragging gibt an, ob eine Komponente gezogen wird. Wenn Dragging True zurückgibt, wird die Komponente gezogen.

procedure EndDrag(Drop: Boolean);
Die Methode EndDrag verhindert, daß eine Komponente weiter gezogen wird. Wenn der Parameter Drop True ist, wird die gezogene Komponente abgelegt. Ist Drop False, wird die Komponente nicht abgelegt und der Vorgang abgebrochen.

function FindComponent(const AName: string): TComponent;
Die Methode FindComponent gibt im Array Components die Komponente zurück, deren Name zum String im Parameter AName paßt. FindComponent beachtet dabei keine Groß-/Kleinschreibung.

Beispiel: Es existiert ein Button »Button1« in Ihrer Anwendung. Um die eigentliche Komponente TButton1 im Array Components zurückzugeben, rufen Sie FindComponents wie folgt auf:

```
FindComponents('Button1');
```

function Focused: Boolean;
Focused wird verwendet, um zu bestimmen, ob ein Fensterdialogelement den Fokus besitzt und deshalb das aktive Dialogelement in ActiveControl ist.

procedure Free;
Die Methode Free entfernt das Objekt und gibt den dazugehörigen Speicher frei. Haben Sie das Objekt unter Verwendung der Methode Create erzeugt, so benutzen Sie zum Entfernen und für die Freigabe des Speichers die Methode Free. Free gelingt auch dann, wenn das Objekt selbst nicht mehr existiert (zum Beispiel durch einen vorherigen Aufruf von Free). Delphi erledigt dies für Objekte der Bibliothek visueller Komponenten automatisch.

Sie sollten also niemals eine Komponente innerhalb ihrer Anwendung entfernen.

Falls Sie ein Formular freigeben wollen, rufen Sie die Methode Release auf, um das Formular zu löschen und dessen benutzten Speicher freizugeben.

function GetTextBuf(Buffer: PChar; BufSize: Integer): Integer;
Die Methode GetTextBuf holt den Text der Komponente und kopiert ihn in den Puffer als Null-terminierten String (Ende der Zeichenkette wird mit 0 angegeben), auf den Buffer zeigt. Die maximale Länge des Strings wird mit BufSize (siehe dazu GetTextLen) festgelegt. In BufSize wird nach der Ausführung die Anzahl der Zeichen des Strings zu finden sein. Diese Methode ist vor allem dann sehr nützlich, wenn mit Strings größer als 256 Zeichen gearbeitet wird. Der Typ STRING kann nicht mehr als 256 Zeichen aufnehmen. Dabei entfällt aber das erste Element in diesem Typ auf die Längenangabe des Strings, so daß nur noch maximal 255 Zeichen möglich sind. Ein

PChar ist ein Zeiger auf das erste Zeichen einer Zeichenkette. Eine derart definierte Zeichenkette besitzt keine Längenangabe, sondern trägt eine 0 am Ende der Kette, daher auch der Name Null-terminierter String. Ein PChar kann die maximale Größe von 64 Kbyte erreichen. Die maximale Anzahl der Zeichen ist also auf 64 Kbyte und nicht auf 255 Zeichen beschränkt (siehe auch GetTextLen und SetTextBuf).

function GetTextLen: Integer;
Die Methode GetTextLen gibt die Länge des Textes der Komponente zurück. Dieser Wert kann für BufSize in GetTextBuf verwendet werden (siehe auch GetTextBuf und SetTextBuf).

procedure Hide;
Die Methode Hide versteckt eine Komponente, sie ist also nicht mehr auf dem Bildschirm nicht sichtbar. Dabei wird die Eigenschaft Visible auf False gesetzt. Dabei ist eine Komponente aber weiterhin aktiv, das heißt, kann bearbeitet werden.

procedure Invalidate;
Die Methode Invalidate erzwingt das Neuzeichnen einer Komponente, sobald dies möglich ist.

procedure InsertComponent(AComponent: TComponent);
InsertComponent macht die Komponente zum Besitzer der im Parameter AComponent übergebenen Komponente. Die Komponente wird am Ende der Array-Eigenschaft Components hinzugefügt. Die eingefügte Komponente darf keinen Namen haben (keinen für die Eigenschaft Name spezifizierten Wert) oder der Name muß sich eindeutig von allen anderen in der Components-Liste unterscheiden. Wird die Besitzerkomponente entfernt, so wird auch AComponent gelöscht.

procedure Refresh;
Die Methode Refresh reagiert je nach Art der Komponente, ob Daten oder die Komponenten selbst neu gezeichnet werden. Die Methode Refresh kann also jedes Bild auf dem Bildschirm löschen und alle Dialogelemente neuzeichnen beziehungsweise Datensätze einer Datei erneut einlesen.

Innerhalb der Implementation von Refresh beim Neuzeichnen von Komponenten wird die Methode Invalidate und dann die Methode Update aufgerufen.

Beim Refresh von Daten ist zu beachten: Durch Refresh können sich die angezeigten Daten unerwartet verändern und so den Anwender verwirren. Ein Dialog oder eine andere Mitteilung, die dem Anwender den Refresh der Daten mitteilt, wäre somit wohl angebracht und von äußerster Nützlichkeit.

procedure RemoveComponent(AComponent: TComponent);
RemoveComponent entfernt die Komponente, die im Parameter AComponent festgelegt ist, aus der Komponentenliste Components. Die Position in der Liste wird zu Nil.

procedure Repaint;
Die Methode Repaint fordert das Dialogelement auf, dessen Bild auf dem Bildschirm neu zu zeichnen, ohne jedoch das bereits Erschienene zu löschen. Um vor dem Neuzeichnen zu löschen, müssen Sie anstelle von Repaint die Methode Refresh aufrufen.

procedure ScaleBy(M, D: Integer);
Die Methode ScaleBy skaliert eine Komponente um einen Prozentsatz ihrer ursprünglichen Größe. Der Parameter M ist der Multiplikator und der Parameter D der Divisor. Wenn Sie beispielsweise die Größe des Dialogelements auf 66% seines ursprünglichen Formats ändern möchten, geben Sie in M den Wert 66 und in D den Wert 100 an (66/100). Bei der Vergrößerung gehen Sie einfach den umgekehrten Weg: Vergrößerung um 66% bedeutet nichts anderes als M=166 und D=100.

function ScreenToClient(Point: TPoint): TPoint;
Die Methode ScreenToClient wird verwendet, um den Koordinatenpunkt der Komponente auf dem Bildschirm in Pixeln zu bestimmen. ScreenToClient gibt die X- und Y-Koordinaten in einem Record des Typs TPoint zurück.

procedure ScrollBy(DeltaX, DeltaY: Integer);
ScrollBy scrollt den Inhalt einer Komponente. Statt der Methode ScrollBy sollten Sie im Normalfall lieber mit den eingebauten Bildlauf-Leisten arbeiten, es sei denn, diese Leisten wären für Ihre Programm-Idee aus irgendeinem Grund nicht brauchbar.

DeltaX enthält die Veränderung in Pixeln in Richtung der X-Achse. Ein positiver Wert von DeltaX verschiebt den Inhalt nach rechts, ein negativer Wert verschiebt den Inhalt nach links. DeltaY bezeichnet die Veränderungen in Pixeln in Richtung der Y-Achse. Ein positiver Wert von DeltaY verschiebt den Inhalt nach unten, ein negativer Wert verschiebt den Inhalt nach oben.

procedure SelectAll;
SelectAll wählt den gesamten Inhalt einer Komponente (Text oder Bild) aus.

procedure SendToBack;
Die Methode SendToBack setzt eine Komponente innerhalb einer übergeordneten Komponente hinter alle anderen Komponenten. Die Reihenfolge, in der Komponenten übereinander gelagert werden (Z-Reihenfolge), hängt davon ab, ob es sich um fensterähnliche oder um nicht-fensterähnliche Komponenten handelt. Die Reihenfolge arbeitet nach dem Prinzip, daß die zuletzt eingefügte Komponente die oberste und damit nicht sichtbare Komponente ist.

Mit der Methode SendToBack einer Komponente würde diese Komponente ganz nach unten auf den Stapel kommen und somit nicht sichtbar sein.

Bei der Stapelung ist zu beachten, daß fensterähnliche Komponenten immer auf nicht-fensterähnlichen Komponenten gestapelt werden. Ein Aufruf von SendToBack einer fensterähnlichen Komponente bewirkt also gar nichts, wenn unter dem Stapel eine nicht-fensterähnliche Komponente liegt (siehe auch BringToFront).

Die folgenden Komponenten zählen zu den fensterähnlichen Komponenten:

BitBtn	DBNavigator	MediaPlayer
Button	DBRadioGroup	Memo
CheckBox	DirectoryListBox	Notebook
ComboBox	DrawGrid	OLEContainer
DBCheckBox	DriveComboBox	Outline
DBComboBox	Edit	Panel

DBEdit	FileListBox	RadioButton
DBGrid	FilterComboBox	RadioGroup
DBImage	Form	ScrollBar
DBListBox	GroupBox	ScrollBox
DBLookupCombo	Header	StringGrid
DBLookupList	ListBox	TabbedNotebook
DBMemo	MaskEdit	TabSet

Die nun folgenden Komponenten zählen zu den nicht-fensterähnlichen Komponenten:

Bevel	Label	SpeedButton
DBText	PaintBox	Image
Shape		

procedure SetBounds(ALeft, ATop, AWidth, AHeight: Integer);
Die Methode SetBounds setzt die Begrenzungseigenschaften der Komponente Left, Top, Width und Height auf die Werte, die in den entsprechenden Werten ALeft, ATop, AWidth und AHeight übergeben werden. SetBounds erlaubt Ihnen, mehr als eine Begrenzungseigenschaft der Komponente zur gleichen Zeit einzustellen. Obwohl Sie immer einzelne Begrenzungen einstellen können, erlaubt Ihnen die Verwendung von SetBounds, mehrere Änderungen auf einmal durchzuführen, ohne daß jedesmal das Dialogfenster neu gezeichnet werden muß.

procedure SetFocus;
SetFocus übergibt den Focus an die Komponente. Bei Formularen ruft das jeweilige Formular die Methode SetFocus des standardmäßig aktiven Dialogelements auf.

procedure SetTextBuf(Buffer: PChar);
Die Methode SetTextBuf ersetzt den Text in einer Komponente durch den Text in Buffer. Buffer muß auf einen mit Null abgeschlossenen String zeigen (siehe auch GetTextBuf und GetTextLen).

procedure Show;
Die Methode Show bringt eine Komponente nicht sichtbar auf dem Bildschirm, indem die Eigenschaft Visible auf True eingestellt wird. Falls die Methode Show eines Formulars aufgerufen wird und das Formular ist undurchsichtig, versucht Show das Formular nicht sichtbar zu machen, indem sie das Formular mit der Methode BringToFront in den Vordergrund bringt. Ein Formular verfügt zusätzlich über die Methode Show-Modal, um einen modalen Dialog erzeugen zu können. Ein modaler Dialog muß bearbeitet und geschlossen werden. Ein SendToBack hätte also keinen Erfolg.

procedure Update;
In der Methode Update wird die API-Funktion UpdateWindow von Windows aufgerufen, die alle beim Zeichnen entstandenen und noch nicht erledigten Meldungen bearbeitet.

UpdateWindows ist definiert als

```
procedure UpdateWindow(Wnd: HWnd);
```

Die Routine UpdateWindow aktualisiert den Client-Bereich des angegebenen Fensters, indem sie eine WM_PAINT-Meldung an das Fenster sendet, wenn der Aktualisierungsbereich für das Fenster nicht leer ist. Die Routine UpdateWindow sendet eine WM_PAINT-Meldung unter Umgehung der Anwendungswarteschlange direkt an die Fensterfunktion des gegebenen Fensters. Wenn der Aktualisierungsbereich leer ist, wird keine Meldung gesendet. Der Parameter Wnd bezeichnet das Fenster oder besser das Handle des Fensters, das aktualisiert werden soll.

Komponentenname: ScrollBar
Klassenname: TScrollBar

Beschreibung:

Die Komponente ScrollBar ist eine Bildlaufleiste zum Blättern in einem Fenster, Formular oder Dialogelement. In der Ereignisbehandlungs-Routine OnScroll ist die Routine zu schreiben, die das Verhalten des Fensters, Formulars oder Dialogelements als Reaktion auf das Blättern bestimmt. Der Wert der Eigenschaft LargeChange bestimmt, wie weit sich der Positionszeiger bewegt, wenn die Bildlaufleiste auf den beiden Seiten des Positionszeigers angeklickt wird. Analog bestimmt die Eigenschaft SmallChange, wie weit sich der Positionszeiger bewegt, wenn die Pfeile an den Enden der Bildlaufleiste angeklickt oder der Positionszeiger mit den Pfeiltasten der Tastatur bewegt wird.

Eigenschaften:

property Align: TAlign;
Die Eigenschaft Align legt fest, wie Dialogelemente zum Beispiel im Formular ausgerichtet werden. Mögliche Werte:

alNone	Die Komponente bleibt an der Einfügeposition im Formular (Standardeinstellung).
alTop	Die Komponente wird an die Oberkante des Formulars verschoben und an seine Breite angepaßt. Die Höhe der Komponente bleibt unverändert.
alBottom	Die Komponente wird an die Unterkante des Formulars verschoben und an seine Breite angepaßt. Die Höhe der Komponente bleibt unverändert.
alLeft	Die Komponente wird an die linke Kante des Formulars verschoben und an seine Höhe angepaßt. Die Breite der Komponente bleibt unverändert.
alRight	Die Komponente wird an die rechte Kante des Formulars verschoben und an seine Höhe angepaßt. Die Breite der Komponente bleibt unverändert.

alClient   Die Größe der Komponente wird an den Client-Bereich eines Formulars angepaßt. Ist ein Teil des Client-Bereichs bereits von einer anderen Komponente besetzt, füllt die Komponente den verbleibenden Teil des Client-Bereichs aus.

Wird zum Beispiel ein Formular, das Besitzer eines Labels ist, in der Größe verändert, werden die Komponenten innerhalb des Formulars neu ausgerichtet. Die Verwendung der Eigenschaft Align ist dann sinnvoll, wenn ein Dialogelement an einer Position des Formulars stehenbleiben soll, auch wenn sich die Größe des Formulars ändert.

property BoundsRect: TRect;
Die Eigenschaft BoundsRect liefert das Begrenzungsrechteck der Komponente – ausgedrückt im Koordinatensystem des übergeordneten Dialogelements – zurück. Mit BoundsRect ersetzen und erleichtern Sie sich somit die Abfrage der einzelnen Werte für die Eigenschaften Left, Top, Width und Height.

property ComponentIndex: Integer;
Die Eigenschaft ComponentIndex zeigt die Position einer Komponente in der Eigenschaftsliste Components ihres Besitzers an. Die erste Komponente in der Liste hat den ComponentIndex-Wert 0, die zweite hat den Wert 1, die dritte den Wert 2 etc. Diese Eigenschaft ist nur zur Laufzeit und dann auch nur im Read-Only-Modus benutzbar.

property Controls[Index: Integer]: TControl;
Controls ist ein Array aller untergeordneten Komponenten der Komponente. Controls ist dann von Nutzen, wenn Sie auf die untergeordneten Komponenten über die Zahl statt über den Namen zugreifen müssen.

property Ctl3D: Boolean;
Die Eigenschaft Ctl3D legt fest, ob ein Dialogelement ein dreidimensionales (3-D) oder zweidimensionales Aussehen besitzt. Wenn Ctl3D True ist, erscheint das Dialogelement dreidimensional. Die Voreinstellung von Ctl3D ist True. Wenn die Eigenschaft ParentCtl3D einer Komponente auf True gesetzt ist, verändert jede Modifikation der Eigenschaft Ctl3D des übergeordneten Dialogelements automatisch auch die Eigenschaft Ctl3D des Dialogelements.

Achtung: Damit Ctl3D überhaupt funktioniert, muß sich die dynamische Link-Bibliothek CTL3DV2.DLL im Suchpfad befinden. Idealerweise sollte sich diese Datei im System-Verzeichnis von Windows aufhalten.

property Cursor: TCursor;
Mit der Eigenschaft Cursor stellen Sie das Aussehen des Cursors ein, wenn dieser auf die Komponente zeigt.

Mögliche Werte sind:

crDefault	crArrow	crCross
crIBeam	crSize	crSizeNESW
crSizeNS	crSizeNWSE	crSizeWE
crUpArrow	crHourglass	crDrag

crNoDrop   crHSplit   crVSplit

property DragCursor: TCursor;
Die Eigenschaft DragCursor bestimmt die Form des Mauszeigers, wenn sich der Zeiger über einer Komponente befindet, die ein gezogenes Objekt akzeptieren kann. Mögliche Werte sind mit denen der Eigenschaft Cursor identisch.

property DragMode: TDragMode;
Die Eigenschaft DragMode legt das Ziehen-und-Ablegen-Verhalten einer Komponente fest. Mögliche Werte sind:

dmAutomatic	Wenn dmAutomatic ausgewählt ist, ist das Dialogelement bereit, gezogen zu werden; der Anwender klickt nur und zieht es dann.
dmManual	Wenn dmManual ausgewählt ist, kann das Dialogelement nicht gezogen werden, bevor die Anwendung die Methode BeginDrag aufgerufen hat.

Ist die Eigenschaft DragMode einer Komponente dmAutomatic, kann die Anwendung dies zur Laufzeit durch Einstellung des Werts dmManual deaktivieren.

property Enabled: Boolean;
Die Eigenschaft Enabled bestimmt, ob die Komponente auf Maus-, Tastatur- und Timer-Ereignisse reagiert. Wenn Enabled auf True gesetzt ist, reagiert die Komponente normal. Ist Enabled hingegen False, ignoriert das Dialogelement Maus- und Tastaturereignisse. Bei einer Timer-Komponente werden die für das OnTimer-Ereignis deaktivierten Komponenten (Dialogelemente) grau dargestellt.

property Handle: ...;
Der Typ der Eigenschaft Handle ist abhängig von der jeweiligen Komponente. Im allgemeinen gilt: Sollte eine Windows-API-Funktion ein Handle der betreffenden Komponente verlangen, dann setzen Sie dazu die jeweilige Eigenschaft Handle der betreffenden Komponente ein. Verlangt eine Windows-API-Funktion zum Beispiel das Handle Ihrer gesamten Anwendung, dann benutzen Sie am besten die Eigenschaft Handle des Objekts TApplication. Hier die Übersicht der verschiedenen Typen der Eigenschaft Handle:

<u>Handle für die Komponenten:</u>

Bitmap	property Handle: HBitmap;
Brush	property Handle: HBrush;
Canvas	property Handle: HDC;
Font	property Handle: HFont;
Icon	property Handle: HIcon;
Metafile	property Handle: HMetafile;
Pen	property Handle: HPen;

Handle gibt Ihnen den Zugriff auf das Handle des jeweiligen GDI-Objekts. Benötigen Sie zum Beispiel für den Aufruf einer Windows-API-Funktion ein Handle auf ein Stiftobjekt oder ein Bitmap-Objekt, dann können Sie dazu das Handle der Komponente Pen beziehungsweise der Komponente Bitmap benutzen.

Handle für das Object TApplication und die folgenden Komponenten:

Bevel	DBText	Memo
BitBtn	DirectoryListBox	Notebook
Button	DrawGrid	OLEContainer
CheckBox	DriveComboBox	Outline
ComboBox	Edit	PaintBox
DBCheckBox	FileListBox	Panel
DBComboBox	FilterComboBox	RadioButton
DBEdit	FindDialog	RadioGroup
DBGrid	Form	ReplaceDialog
DBImage	GroupBox	ScrollBar
DBListBox	Header	ScrollBox
DBLookupCombo	Image	Shape
DBLookupList	Label	SpeedButton
DBMemo	ListBox	StringGrid
DBNavigator	MaskEdit	TabbedNotebook
DBRadioGroup	MediaPlayer	TabSet

property Handle: HWND;
Handle ermöglicht Ihnen Zugriff auf das Handle der jeweiligen Komponente (z.B. Fenster-Handle, Dialog-Handle etc.). Dieses Handle wird von einigen Windows-API-Funktionen beim Aufruf erwartet. Sie können in diesem Fall das Handle der jeweils betroffenen Komponente oder – falls das Handle Ihrer Anwendung gefordert wird – das Handle des Objekts TApplication übergeben.

Handle für die Komponenten:

MainMenu	MenuItem	PopupMenu

property Handle: HMENU;
Sollte eine Windows-API-Funktion ein Handle eines Menüs oder Menü-Eintrags oder eines lokalen Menüs verlangen, dann können Sie dazu die Eigenschaft Handle von MainMenu, MenuItem und PopupMenu benutzen.

Handle für die Komponente Printer:

property Handle: HDC;
Handle beinhaltet das Handle des jeweiligen Druckerobjektes TPrinter der Komponente Printer.

Handle für die Komponente DataBase:

property Handle: HDBIDB;
Um direkte Aufrufe in die Richtung des Borland Database-Engine-(BDE)-API zu tätigen, benötigen Sie ein Handle der jeweiligen Datenbank-Komponente. Dazu dient Ihnen die Eigenschaft Handle der Komponente DataBase. Dies erlaubt Ihnen Zugriffe auf Funktionen des BDE-API, die nicht in der VCL-Bibliothek integriert wurden.

Bevor Sie allerdings diese Funktionen aufrufen, sollten Sie prüfen, ob diese Funktion möglicherweise schon in der VCL-Bibliothek gekapselt wurde.

Handle für das Object TSession:

Delphi erzeugt eine Komponente Session vom Typ TSession immer dann, wenn eine Anwendung ausgeführt wird. Sessions sollten nicht von Ihnen erzeugt oder zerstört werden. Session erlaubt globale Prüfung über Datenbankverbindungen. Die Eigenschaft Databases von Session ist ein Array von allen aktiven Datenbanken in der Sitzung. Die Eigenschaft DatabaseCount vom Typ Integer gibt die Anzahl der aktiven Datenbanken in der Sitzung.

property Handle: HDBISES;
Mit der Eigenschaft Handle können Sie direkte Aufrufe an die Borland-Datenbank-Engine, bezogen auf eine bestimmte Sitzung (Session/TSession), machen. Die Komponente Session werden Sie kaum benutzen müssen. Die wichtigsten Funktionen des BDE-API sind in der VCL-Bibliothek gekapselt und ersparen Ihnen diesen Weg.

Handle für die die Komponenten Table, Query und StoredProc:

property Handle: HDBICur;
Ebenfalls für direkte Zugriffe auf Funktionen des BDE-API und unter normalen Umständen nicht zu benutzen, da die wichtigsten BDP-API-Funktionen via VCL-Bibliothek einen einfacheren Zugriff ermöglichen.

property Height: Integer;
Die Eigenschaft Height eines Dialogelements legt die Höhe der Komponente in Pixeln fest.

property HelpContext: THelpContext;
Die Eigenschaft HelpContext stellt eine Kontextnummer für die Verwendung beim Aufruf kontextbezogener Online-Hilfe bereit. Jeder Hilfebildschirm des Hilfesystems sollte eine eindeutige Kontextnummer besitzen. Ist in der Anwendung eine Komponente selektiert, so wird nach Betätigen von F1 ein Hilfebildschirm angezeigt. Welcher Hilfebildschirm angezeigt wird, hängt vom Wert der Eigenschaft HelpContext ab.

property Hint: string;
Die Eigenschaft Hint ist der Text-String, der erscheinen kann, wenn ein OnHint-Ereignis eintritt, also wenn der Benutzer den Cursor über die Komponente bewegt. Wie der String angezeigt wird, bestimmt der Code in der Ereignisbehandlungs-Routine OnHint. Sie können eine Schnellhilfe, d.h. ein Fenster, das einen Hilfetext enthält, für eine Komponente erscheinen lassen, wenn der Anwender den Mauszeiger über das Dialogelement führt und dort kurz verweilt. Dies funktioniert wie folgt:

1. Spezifizieren Sie für jede Komponente, die einen Schnellhinweis anzeigen soll, einen Hint-Wert.
2. Setzen Sie die Eigenschaft ShowHint des Bedienfelds auf True.
3. Setzen Sie die Eigenschaft ShowHint der Anwendung zur Laufzeit auf True.

Sie können Hint gleichzeitig sowohl für ein Hilfehinweisfenster als auch für die Verwendung innerhalb der Behandlungsroutine OnHint spezifizieren, indem Sie zwei durch das Zeichen | (das »oder« oder »Pipe«-Symbol) getrennte Werte angeben, also beispielsweise:

```
Edit1.Hint := 'Aufforderung|Geben Sie den richtigen Wert ein';
```

Der String »Aufforderung« erscheint im Hilfehinweisfenster und der String »Geben Sie den richtigen Wert ein« erscheint wie in der Ereignisbehandlungs-Routine OnHint spezifiziert.

property Kind: TScrollBarKind ;
Kind legt die Art eines Scrollbars fest. Mögliche Werte:

sbHorizontal	Scrollbar ist horizontal
sbVertical	Scrollbar ist vertikal

Für ControlScrollBar (Bildlaufleisten für Formulare und Positionszeiger, auf die über die Eigenschaften HorzScrollBar und VertScrollBar zugegriffen wird) ist die Eigenschaft Kind nur zum Lesen und nur während der Laufzeit verfügbar.

property LargeChange: TScrollBarInc;
Die Eigenschaft LargeChange bestimmt, wie weit sich der Positionszeiger verschiebt, wenn Sie den Scollbar auf einer der beiden Seiten anklicken oder die Bild-Auf- oder Bild-Ab-Tasten drücken. Ist LargeChange auf 500 gesetzt, so verschiebt sich der Positionszeiger jeweils um 500 Positionen.

Wie groß der Abstand zwischen einer und der nächsten Position ist, hängt von der Differenz zwischen dem der Eigenschaft Max und der Eigenschaft Min ab. Ist Max 2000 und Min 1000, so müßten Sie den Scrollbar zweimal anklicken, um den Positionszeiger von einem Ende zum anderen zu verschieben.

property Left: Integer;
Die Eigenschaft Left bestimmt die horizontalen Koordinaten der linken Kante einer Komponente relativ zum Formular in Pixeln. Für Formulare ist der Wert der Eigenschaft Left relativ zum Bildschirm (ebenfalls in Pixeln).

property Max: Integer;
Max legt gemeinsam mit der Eigenschaft Min die Anzahl der möglichen Positionen fest, die der Positionszeiger auf dem Scrollbar einnehmen kann. Die Eigenschaften LargeChange und SmallChange benutzen diese Anzahl, um die zu verschiebende Weite des Positionszeigers zu bestimmen.

Beispiel:

```
Max=6000
Min=0
LargeChange=1000
SmallChange=100
```

Der Positionszeiger kann 6000 (Max-Min) verschiedene Positionen einnehmen. Ist der Positionszeiger an einem Ende des Scrollbars angelangt, dann benötigen Sie sechs »Klicks« auf der einen Seite der Zeigerleiste, damit der Zeiger die untere Seite erreicht (Max/LargeChange). Klicken Sie jedoch die Pfeile an den Außenseiten des Scrollbars an, dann müssen Sie diesen Vorgang insgesamt 60mal ausführen, damit der Zeiger wieder an das andere Ende des Scrollbars gelangt (Max/SmallChange).

property Min: Integer;
Min legt zusammen mit der Eigenschaft Max die Anzahl möglicher Positionen fest, die ein Positionszeiger auf einem Scrollbar einnehmen kann. Näheres siehe Max.

property Name: TComponentName;
Die Eigenschaft Name enthält den Namen der Komponente wie er von anderen Komponenten für den Zugriff verwendet wird. Delphi weist als Vorgabewerte sequentielle Namen zu, die auf dem Typ der Komponente basieren, also etwa für Buttons »Button1«, »Button2« etc. Dies können Sie gemäß Ihrer Vorstellungen abändern. Komponentennamen sollten ausdrücklich nur zur Entwurfszeit geändert werden.

property Owner: TComponent;
Die Eigenschaft Owner teilt Ihnen mit, die Komponente zu welcher Komponente gehört. Dem Formular gehören alle Komponenten, die auf ihm vorhanden sind. Umgekehrt gehört das Formular zur Anwendung. Gehört eine Komponente A einer anderen Komponente B, wird der Speicher der Komponente A freigegeben, wenn der Speicher der Komponente B freigegeben wird. Es werden also folgerichtig alle Komponenten des Formulars gelöscht, wenn das Formular gelöscht wird. Außerdem wird natürlich der Speicher für das Formular und dessen Komponenten freigegeben, wenn der Speicher der Anwendung selbst freigegeben wird.

property Parent: TWinControl;
Die Eigenschaft Parent enthält den Namen der übergeordneten Komponente. Wenn eine Komponente A eine andere Komponente B enthält, sind die in B enthaltenen Komponenten untergeordnete Komponenten von A. Wenn Ihre Anwendung beispielsweise drei Buttons in einer GroupBox enthält, dann ist die GroupBox das übergeordnete Element der drei Buttons und die Button-Schaltfelder sind der GroupBox untergeordnet.

Parent und Owner sind leider etwas verwirrend. Daher hier eine kleine Entwirrung:

Ein Formular ist der Besitzer aller darauf enthaltenen Komponenten, unabhängig davon, ob sie ein Fensterelement sind. Für unser Beispiel mit den drei Buttons und der GroupBox bedeutet dies: Der Besitzer der Buttons ist immer das Formular, aber die GroupBox ist das übergeordnete Element.

Wenn Sie einen neuen Dialog erzeugen, müssen Sie dem neuen Dialogelement einen Wert der Eigenschaft Parent zuweisen. Üblicherweise sind dies Formulare, Bedienfelder, GroupBoxen oder andere Dialoge, die andere Komponenten-Elemente enthalten können. Es ist möglich, jedes Element als das übergeordnete zuzuweisen, aber das darin enthaltene Dialogelement wird wahrscheinlich überschrieben.

Wird das übergeordnete Element gelöscht, dann werden auch alle Elemente, die ihm untergeordnet sind, gelöscht.

property ParentCtl3D: Boolean;
Die Eigenschaft ParentCtl3D bestimmt, wo eine Komponente nach ihrer Eigenschaft Ctl3D suchen muß. IstParentCtl3D auf True gesetzt, verwendet die Komponente die Dimensionen der Eigenschaft Ctl3D von deren übergeordneten Komponente. Wenn ParentCtl3D False ist, verwendet die Komponente ihre eigene Eigenschaft Ctl3D. Durch Verwendung von ParentCtl3D stellen Sie sicher, daß alle Komponenten auf einem Formular das gleiche Erscheinungsbild haben. Wenn Sie beispielsweise möchten, daß alle Komponenten auf einem Formular ein dreidimensionales Erscheinungsbild haben, setzen Sie die Eigenschaft Ctl3D des Formulars auf True und die Eigenschaft ParentCtl3D jeder Komponente auf True.

property ParentShowHint: Boolean;
Die Eigenschaft ParentShowHint bestimmt, wo eine Komponente nach dessen Hinteigenschaft suchen soll. Falls ParentShowHint True ist, verwendet die Komponente die Hint-Eigenschaft der übergeordneten Komponente.

Ist ParentShowHint False, verwendet die Komponente ihre eigene Eigenschaft Hint. Durch Verwendung von ParentShowHint können Sie sicherstellen, daß alle Komponenten auf einem Formular das gleiche Erscheinungsbild haben.

property PopupMenu: TPopupMenu;
Die Eigenschaft PopupMenu legt den Namen des Popup-Menüs fest, das erscheint, wenn der Anwender die Komponente auswählt oder die rechte Maustaste drückt (bei dem Wert True für AutoPopup des Popup) oder wenn die Methode Popup des Popup-Menüs ausgeführt wird.

property Position: Integer;
Position legt die Lage des Positionszeigers auf dem Scrollbar fest. Ändert sich der Positionszeiger, dann ändert sich automatisch der Wert für Position.

property ShowHint: Boolean;
Die Eigenschaft ShowHint bestimmt, ob das Dialogelement eine Schnellhilfe anzeigen soll, wenn der Mauszeiger eine Weile auf ihm verweilt. Die Schnellhilfe entspricht dem Wert der Eigenschaft Hint, die in einem Feld direkt unterhalb des Elements angezeigt wird. Wenn die Eigenschaft ShowHint den Wert True hat, kann die Schnellhilfe erscheinen.

Ist ShowHint False, kann die Schnellhilfe auch angezeigt werden, wenn ParentShowHint auf True gesetzt wurde, und die Eigenschaft ShowHint der übergeordneten Komponente ebenfalls auf True gesetzt wurde.

property Showing: Boolean;
Die Eigenschaft Showing legt fest, ob eine Komponente momentan auf dem Bildschirm angezeigt wird oder nicht. Falls die Eigenschaft Visible einer Komponente und aller übergeordneten Komponenten in der übergeordneten Hierarchie True ist, ist Showing auch True. Wenn einer der Vorfahren der Komponente den Wert False als Wert für die Eigenschaft Visible hat, dann ist auch Showing False.

property SmallChange: TScrollBarInc;
SmallChange bestimmt, wie weit der Positionszeiger bewegt wird, wenn Sie die Pfeile an den Enden des Scrollbars anklicken. Näheres dazu siehe Eigenschaft Max.

property TabOrder: TTabOrder;
Die Eigenschaft TabOrder bestimmt die Position einer Komponente in der Tabulatorreihenfolge, in der Komponenten den Fokus erhalten, wenn der Anwender die Taste TAB drückt. Anfänglich ist die Tabulatorreihenfolge immer die Reihenfolge, in der die Komponenten in das Formular hinzugefügt wurden. Der Wert der Eigenschaft TabOrder ist für jede Komponente auf dem Formular einmalig. Die erste dem Formular hinzugefügte Komponente hat den TabOrder-Wert 0, die zweite hat 1, die dritte 2 usw.

Falls Sie den Wert der Eigenschaft TabOrder einer Komponente den gleichen Wert einer anderen Komponente zuweisen, numeriert Delphi automatisch die Werte für alle anderen Komponenten neu. Angenommen, eine Komponente ist beispielsweise die sechste Komponente in der Tabulatorreihenfolge. Wenn Sie den Wert der Eigenschaft TabOrder der Komponente auf 3 ändern (dies macht die Komponente zu der vierten in der Tabulatorreihenfolge), wird die Komponente, die die vierte war, nun zur fünften und die Komponente, die die fünfte war, wird jetzt die sechste.

property TabStop: Boolean;
Die Eigenschaft TabStop bestimmt, ob der Anwender diese Komponente mit der Taste TAB anspringen kann. Falls TabStop True ist, befindet sich die Komponente in der Tabulatorreihenfolge. Wenn TabStop False ist, ist das Dialogelement nicht in der Tabulatorreihenfolge.

property Tag: Longint;
Die Eigenschaft Tag kann einen Integerwert als Element einer Komponente speichern. Tag wird von Delphi nicht benutzt und steht Ihnen damit zur freien Verfügung.

property Top: Integer;
Die Eigenschaft Top gibt die y-Koordinate der linken oberen Ecke eines Dialogelements relativ zum Formular in Pixeln an. Bei Formularen wird der Wert der Eigenschaft Top in Pixeln relativ zum Bildschirm angegeben.

property Visible: Boolean;
Die Eigenschaft Visible bestimmt, ob eine Komponente auf dem Bildschirm nicht sichtbar ist (True) oder nicht (False).

property Width: integer;
Die Eigenschaft Width bestimmt die Breite einer Komponente, gemessen in Pixeln.

Ereignisse:

property OnChange: TNotifyEvent;
Das Ereignis OnChange erscheint, wenn der Inhalt einer Komponente oder eines Objekts sich ändert. Bei grafischen Objekten tritt OnChange ein, wenn sich die Grafik, die vom Objekt gekapselt wird, ändert. Zum Beispiel tritt das Ereignis OnChange für einen Stift ein, wenn die Eigenschaften Color, Mode, Style oder Width des TPen

Objekts geändert werden. Bei Komponenten tritt OnChange ein, wenn der Hauptwert oder die Hauptwerte der Komponente geändert werden.

Bei Kombinationsfenstern tritt das Ereignis OnChange auch ein, wenn ein Element in der aufklappbaren Liste gewählt wird. Bei String-Listen-Objekten tritt das Ereignis OnChange ein, wenn sich eine Änderung für einen String ergibt, der in der String-Liste gespeichert ist.

OnChange ist vom Typ

```
TNotifyEvent = procedure (Sender: TObject) of object;
```

Der Typ TNotifyEvent weist auf eine Methode, die das Anklicken eines Objekts behandelt. Der Parameter Sender ist das Dialogelement, das angeklickt wurde.

property OnClick: TNotifyEvent;
Das Ereignis OnClick erscheint, wenn der Benutzer auf die Komponente klickt. In einem Formular tritt OnClick ein, wenn der Benutzer auf eine freie Stelle im Formular oder eine inaktive Komponente klickt.

OnClick ist vom Typ

```
TNotifyEvent = procedure (Sender: TObject) of object;
```

Der Typ TNotifyEvent weist auf eine Methode, die das Anklicken eines Objekts behandelt. Der Parameter Sender ist das Dialogelement, das angeklickt wurde.

property OnDragDrop: TDragDropEvent;
Das Ereignis OnDragDrop tritt ein, wenn der Anwender ein gezogenes Objekt ablegt. Verwenden Sie die Ereignisbehandlungs-Routine OnDragDrop, um festzulegen, was passieren soll, wenn der Anwender ein Objekt ablegt.

OnDragClick ist vom Typ

```
TDragDropEvent = procedure(Sender, Source: TObject; X, Y: Integer) of object;
```

Der Typ TDragDropEvent zeigt also auf eine Methode, die das Ablegen eines gezogenen Objekts behandelt. Der Parameter Source des Ereignisses OnDragDrop ist das abzulegende Objekt und der Parameter Sender ist das Dialogelement, auf das das Objekt abgelegt wurde. Die Parameter X und Y sind die Koordinaten des Mauszeigers, der über dem Dialogelement positioniert wird.

property OnDragOver: TDragOverEvent;
Das Ereignis OnDragOver tritt ein, wenn der Anwender ein Objekt über eine Komponente zieht. Üblicherweise werden Sie ein Ereignis OnDragOver verwenden, um ein Objekt zu akzeptieren, damit der Anwender es ablegen kann.

OnDragClick ist vom Typ

```
TDragOverEvent = procedure(Sender, Source: TObject; X, Y: Integer;
                           State: TDragState; var Accept: Boolean) of object;
```

Der Typ TDragOverEvent zeigt also auf eine Methode, die das Ziehen eines Objekts über ein anderes Objekt behandelt. Der Parameter Source ist das gezogene Objekt,

Sender ist das Objekt, über das Source gezogen wurde, X und Y sind die Koordinaten des Mauszeigers, der über dem Dialogelement positioniert wird, in Pixeln, State ist der Status des gezogenen Objekts in Verbindung zum darübergezogenen Objekt, und Accept legt fest, ob der Sender das Ziehobjekt erkennt. Accept wird nicht per Voreinstellung auf True oder False gesetzt; Sie müssen die passenden Werte selbst zuweisen.

Das Ereignis OnDragOver akzeptiert ein Objekt, wenn der Parameter Accept True ist. Durch Ändern des Werts der Eigenschaft DragCursor können Sie das Erscheinungsbild des Cursors beeinflussen. Dies können Sie entweder während des Entwikkelns oder zur Laufzeit, bevor ein Ereignis OnDragOver eintritt, durchführen.

property OnEndDrag: TEndDragEvent;
Das Ereignis OnEndDrag tritt immer dann ein, wenn das Ziehen eines Objekts abgeschlossen oder abgebrochen wird. Wenn Sie eine besondere Behandlung haben möchten, sobald das Ziehen beendet wird, verwenden Sie die Ereignisbehandlungs-Routine OnEndDrag.

OnEndDrag ist vom Typ

```
TEndDragEvent = procedure(Sender, Target: TObject; X, Y: Integer) of object;
```

Der Typ TEndDragEvent zeigt also auf eine Methode, die das Anhalten des Ziehens eines Objekts behandelt. Der Sender ist das Objekt, das gezogen wird, Target ist das Objekt, zu dem Sender hingezogen wird, und X und Y sind die dazugehörigen Bildschirmkoordinaten des Mauszeigers, der über dem Dialogelement positioniert wird. Falls das gezogene Objekt abgelegt und durch das Dialogelement akzeptiert wurde, ist der Parameter Target des Ereignisses OnEndDrag True. Wenn das Objekt nicht erfolgreich abgelegt wurde, beträgt der Wert von Target Nil.

property OnEnter: TNotifyEvent;
OnEnter tritt ein, wenn eine Komponente aktiviert wird. Wenn Sie eine besondere Behandlung festlegen möchten, wenn eine Komponente aktiviert wird, verwenden Sie die Ereignisbehandlungsroutine OnEnter.

OnEnter erscheint nie, wenn Sie zwischen Formularen oder einer anderen Windows-Anwendung und Ihrer Anwendung umschalten. OnEnter für eine Komponente des Typs TPanel oder THeader tritt nie ein, da Bedienfelder oder Header keinen Fokus erhalten können. Somit ist dort OnEnter vollkommen nutzlos. Sie haben diese Ereignisbehandlung aber geerbt.

OnEnter ist vom Typ

```
TNotifyEvent = procedure (Sender: TObject) of object;
```

Der Typ TNotifyEvent weist auf eine Methode, die das Doppelklicken eines Objekts behandelt. Der Parameter Sender ist das Dialogelement, das mit einem Doppelklick bearbeitet wurde.

property OnExit: TNotifyEvent;
OnExit erscheint, wenn der Eingabefokus einer Komponente an eine andere übergeben wird. OnExit tritt nicht ein, wenn Sie zwischen Formularen oder zwischen einer

Windows-Anwendung und Ihrer Anwendung umschalten. OnExit tritt bei den Komponenten Panel und Speedbutton nicht ein, da diese niemals den Fokus erhalten.

OnExit ist vom Typ

```
TNotifyEvent = procedure (Sender: TObject) of object;
```

Der Typ TNotifyEvent weist auf eine Methode, die das Doppelklicken eines Objekts behandelt. Der Parameter Sender ist das Dialogelement, das mit einem Doppelklick bearbeitet wurde.

property OnKeyDown: TKeyEvent;
OnKeyDown tritt ein, wenn der Anwender irgendeine Taste drückt, während die Komponente den Fokus hat. Verwenden Sie OnKeyDown, um eine besondere Behandlung festzulegen, die ausgeführt wird, wenn eine Taste gedrückt wird. Der Handler OnKeyDown kann auf alle Tasten der Tastatur, einschließlich Funktionstasten und Tastenkombinationen mit den Tasten UMSCHALT, ALT und STRG sowie betätigten Maustasten reagieren.

OnKeyDown ist vom Typ

```
TKeyEvent = procedure (Sender: TObject; var Key: Word; Shift: TShiftState)
                      of object;
```

Der Typ TKeyEvent weist auf eine Methode, die Tastaturereignisse verarbeitet. Der Parameter Key steht für die Taste und Shift und kann die folgenden Werte annehmen:

ssShift	UMSCHALTTASTE wird festgehalten
ssAlt	Taste ALT wird festgehalten
ssCtrl	Taste STRG wird festgehalten
ssLeft	Linke Maustaste wird festgehalten
ssMiddle	Mittlere Maustaste wird festgehalten
ssDouble	Rechte und linke Maustaste werden gleichzeitig festgehalten

property OnKeyPress: TKeyPressEvent;
OnKeyPress erscheint, wenn der Anwender eine einzelne Zeichentaste drückt.

OnKeyPress ist vom Typ

```
TKeyPressEvent = procedure (Sender: TObject; var Key: Char) of object;
```

TKeyPressEvent weist auf eine Methode, die einen Tastendruck für ein einzelnes Zeichen verarbeitet. Der Parameter Key gibt die Taste an. Der Parameter Key ist vom Typ Char; deshalb registriert OnKeyPress das ASCII-Zeichen der gedrückten Taste. Tasten, die nicht mit einem ASCII-Zeichen übereinstimmen (beispielsweise UMSCHALT oder F1), werden kein OnKeyPress erzeugen. Tastenkombinationen (wie UMSCHALT+A) erzeugen nur ein Ereignis des Typs OnKeyPress (in diesem Beispiel ergibt UMSCHALT+A einen Wert Key von »A«, wenn die FESTSTELLTASTE ausgeschaltet ist). Falls Sie auf Nicht-ASCII-Tasten oder Tastenkombinationen reagieren möchten, verwenden Sie die Ereignisbehandlungs-Routinen OnKeyDown oder OnKeyUp.

property OnKeyUp: TKeyEvent;
OnKeyUp tritt ein, wenn der Anwender die gedrückte Taste wieder losläßt. OnKeyUp kann auf alle Tasten der Tastatur, einschließlich Funktionstasten und Tastenkombinationen mit den Tasten UMSCHALT, ALT und STRG sowie betätigten Maustasten reagieren.

```
TKeyEvent = procedure (Sender: TObject; var Key: Word; Shift: TShiftState)
                of object;
```

Der Typ TKeyEvent weist auf eine Methode, die Tastaturereignisse verarbeitet. Der Parameter Key steht für die Taste und Shift und kann die folgenden Werte annehmen:

ssShift	UMSCHALTTASTE wird festgehalten
ssAlt	Taste ALT wird festgehalten
ssCtrl	Taste STRG wird festgehalten
ssLeft	Linke Maustaste wird festgehalten
ssMiddle	Mittlere Maustaste wird festgehalten
ssDouble	Rechte und linke Maustaste werden gleichzeitig festgehalten

property OnScroll: TScrollEvent;
OnScroll tritt immer auf, sobald Sie den Scrollbar benutzen, also scrollen.

OnScroll ist vom Typ

```
TScrollEvent = procedure(Sender: TObject; ScrollCode: TScrollCode;
                var ScrollPos: Integer) of object;
```
TScrollEvent zeigt also auf eine Methode, die das Scrollen eines Scrollbars bearbeitet.

ScrollCode kann folgende Werte einnehmen:

scLineUp	Wert für eine Position nach oben (vertikal) oder nach links (horizontal).
scLineDown	Wert für eine Position nach unten (vertikal) oder nach rechts (horizontal).
scPageUp	Zum Beispiel über die PAGEUP-Taste. Es folgte ein großer Sprung (LargeChange) nach oben (vertikal) oder nach links (horizontal).
scPageDown	Zum Beispiel über die PAGEDOWN-Taste. Es folgte ein großer Sprung (LargeChange) nach unten (vertikal) oder nach rechts (horizontal).
scPosition	Die Positionierung des Zeigers mit Hilfe der Maus (ziehen).
scTrack	Es erfolgte eine Bewegung des Positionszeigers.
scTop	Der Positionszeiger wurde ganz nach oben (vertikal) oder ganz nach links (horizontal) bewegt.
scBottom	Der Positionszeiger wurde ganz nach unten (vertikal) oder ganz nach rechts (horizontal) bewegt.

scEndScroll   Wert für das Ende eines Ziehvorgangs des Positionszeigers mit der Maus.

ScrollPos enthält die Position des Positionszeigers.

Methoden:

procedure BeginDrag(Immediate: Boolean);
Die Methode BeginDrag leitet den Ziehvorgang einer Komponente ein. Wenn der Parameter Immediate auf True gesetzt ist, wird der Mauszeiger auf den Wert der Eigenschaft DragCursor gesetzt und der Ziehvorgang beginnt. Ist Immediate False, wird der Mauszeiger nicht auf den Wert der Eigenschaft DragCursor gesetzt und der Ziehvorgang wird erst eingeleitet, wenn der Anwender den Mauszeiger um mindestens 5 Pixel bewegt. Auf diese Weise kann die Komponente Mausklicks akzeptieren, ohne einen Ziehvorgang einzuleiten.

Ihre Anwendung muß die Methode BeginDrag zum Einleiten eines Ziehvorgangs nur aufrufen, wenn DragMode auf dmManual gesetzt ist.

procedure BringToFront;
Die Methode BringToFront setzt eine Komponente innerhalb einer übergeordneten Komponente vor alle anderen Komponenten. BringToFront hilft insbesondere sicherzustellen, daß ein Formular nicht sichtbar ist. Verwenden Sie diese Methode, wenn Sie die Reihenfolge überlappender Komponenten in einem Formular neu festlegen wollen.

Die Reihenfolge, in der Komponenten übereinander gelagert werden (Z-Reihenfolge), hängt davon ab, ob es sich um fensterähnliche oder um nicht-fensterähnliche Komponenten handelt. Die Reihenfolge arbeitet nach dem Prinzip, daß die zuletzt eingefügte Komponente die oberste und damit nicht sichtbare Komponente ist.

Mit der Methode BringToFront einer Komponente würde diese Komponente ganz nach oben auf den Stapel kommen und somit nicht sichtbar sein.

Bei der Stapelung ist zu beachten, daß fensterähnliche Komponenten immer auf nicht-fensterähnlichen Komponenten gestapelt werden. Ein Aufruf von BringToFront einer nicht-fensterähnlichen Komponente bewirkt also gar nichts, wenn oben auf dem Stapel eine fensterähnliche Komponente liegt.

Die folgenden Komponenten zählen zu den fensterähnlichen Komponenten:

BitBtn	DBNavigator	MediaPlayer
Button	DBRadioGroup	Memo
CheckBox	DirectoryListBox	Notebook
ComboBox	DrawGrid	OLEContainer
DBCheckBox	DriveComboBox	Outline
DBComboBox	Edit	Panel
DBEdit	FileListBox	RadioButton
DBGrid	FilterComboBox	RadioGroup
DBImage	Form	ScrollBar
DBListBox	GroupBox	ScrollBox

DBLookupCombo	Header	StringGrid
DBLookupList	ListBox	TabbedNotebook
DBMemo	MaskEdit	TabSet

Die nun folgenden Komponenten zählen zu den nicht-fensterähnlichen Komponenten:

Bevel	Label	SpeedButton
DBText	PaintBox	Image
Shape		

function CanFocus: Boolean;
CanFocus stellt fest, ob eine Komponente den Eingabefokus erhalten kann. CanFocus gibt True zurück, wenn die Eigenschaften Visible und Enabled sowohl der Komponente als auch der übergeordneten Komponenten auf True gesetzt sind. Sind nicht alle Eigenschaften Visible und Enabled dieser Komponenten auf True gesetzt, liefert CanFocus False zurück.

constructor Create;
Create weist Speicher zu, um das Objekt und damit die Komponente zu erzeugen und nach Bedarf seine Daten zu initialisieren. Jedes Objekt kann eine Methode Create besitzen, die individuell so angepaßt ist, daß sie diese bestimmte Art von Objekt erzeugt. Im Normalfall benötigen Sie diese Methoden nicht, da Borland Delphi alles unternimmt, um Ihre Anwendung und die darin enthaltenen Komponenten zu erzeugen. Sollten Sie allerdings ein Ereignis oder die Initialisierung eines Wertes einer selbst geschaffenen Komponente zur Zeit der Erzeugung einstellen wollen, dann können Sie dies in der Methode Create erledigen. Dazu benötigen Sie aber genaue Kenntnisse und Techniken der OOP. Ansonsten sollten Sie Create unverändert lassen und nicht aufrufen.

function ClientToScreen(Point: TPoint): TPoint;
Die Methode ClientToScreen übersetzt den angegebenen Punkt aus Client-Bereichskoordinaten in globale Bildschirmkoordinaten. In Client-Bereichskoordinaten entspricht der Punkt (0, 0) der oberen linken Ecke des Client-Bereichs der Komponente. In Bildschirmkoordinaten entspricht (0, 0) der oberen linken Ecke des Bildschirms. Mit den Methoden ClientToScreen und ScreenToClient rechnen Sie Positionen aus dem Koordinatensystem einer Komponente A in das Koordinatensystem einer Komponente B um.

Beispiel: Umrechnung der Koordinaten einer Komponente A in die Koordinaten einer Komponente B (TPoint ist ein Record mit den Feldern X und Y):

```
TPoint =  record
      X  : integer;
      Y  : integer;
END;

VAR
   Koord: TPoint;
Koord:= B.ScreenToClient(A.ClientToScreen(Koord));
```

function Dragging: Boolean;
Die Methode Dragging gibt an, ob eine Komponente gezogen wird. Wenn Dragging True zurückgibt, wird die Komponente gezogen.

procedure EndDrag(Drop: Boolean);
Die Methode EndDrag verhindert, daß eine Komponente weiter gezogen wird. Wenn der Parameter Drop True ist, wird die gezogene Komponente abgelegt. Ist Drop False, wird die Komponente nicht abgelegt und der Vorgang abgebrochen.

function FindComponent(const AName: string): TComponent;
Die Methode FindComponent gibt im Array Components die Komponente zurück, deren Name zum String im Parameter AName paßt. FindComponent beachtet dabei keine Groß-/Kleinschreibung.

Beispiel: Es existiert ein Button Button1 in Ihrer Anwendung. Um die eigentliche Komponente TButton1 im Array Components zurückzugeben, rufen Sie FindComponents wie folgt auf:

```
FindComponents('Button1');
```

function Focused: Boolean;
Focused wird verwendet, um zu bestimmen, ob ein Fensterdialogelement den Fokus besitzt und deshalb das aktive Dialogelement in ActiveControl ist.

procedure Free;
Die Methode Free entfernt das Objekt und gibt den dazugehörigen Speicher frei. Haben Sie das Objekt unter Verwendung der Methode Create erzeugt, so benutzen Sie zum Entfernen und für die Freigabe des Speichers die Methode Free. Free gelingt auch dann, wenn das Objekt selbst nicht mehr existiert (zum Beispiel durch einen vorherigen Aufruf von Free. Delphi erledigt dies für Objekte der Bibliothek visueller Komponenten automatisch.

Sie sollten also niemals eine Komponente innerhalb Ihrer Anwendung entfernen.

Falls Sie ein Formular freigeben wollen, rufen Sie die Methode Release auf, um das Formular zu löschen und dessen benutzten Speicher freizugeben.

function GetTextBuf(Buffer: PChar; BufSize: Integer): Integer;
Die Methode GetTextBuf holt den Text der Komponente und kopiert ihn in den Puffer, auf den Buffer zeigt, als Null-terminierten String (Ende der Zeichenkette wird mit 0 angegeben). Die maximale Länge des Strings wird mit BufSize (siehe dazu GetTextLen) festgelegt. In BufSize wird nach der Ausführung die Anzahl der Zeichen des Strings zu finden sein. Diese Methode ist vor allem dann sehr nützlich, wenn mit Strings größer als 256 Zeichen gearbeitet wird. Der Typ STRING kann nicht mehr als 256 Zeichen aufnehmen. Dabei entfällt aber das erste Element in diesem Typ auf die Längenangabe des Strings, so daß nur noch maximal 255 Zeichen möglich sind. Ein PChar ist ein Zeiger auf das erste Zeichen einer Zeichenkette. Eine derart definierte Zeichenkette besitzt keine Längenangabe, sondern trägt eine 0 am Ende der Kette, daher auch der Name Null-terminierter String. Ein PChar kann die maximal Größe von 64 Kbyte erreichen. Die maximale Anzahl der Zeichen ist also

auf 64 Kbyte und nicht auf 255 Zeichen beschränkt (siehe auch GetTextLen und SetTextBuf).

function GetTextLen: Integer;
Die Methode GetTextLen gibt die Länge des Textes der Komponente zurück. Dieser Wert kann für BufSize in GetTextBuf verwendet werden (siehe auch GetTextBuf und SetTextBuf).

procedure Hide;
Die Methode Hide versteckt eine Komponente, sie ist also nicht mehr auf dem Bildschirm nicht sichtbar. Dabei wird die Eigenschaft Visible auf False gesetzt. Dabei ist eine Komponente aber weiterhin aktiv, das heißt, kann bearbeitet werden.

procedure Invalidate;
Die Methode Invalidate erzwingt das Neuzeichnen einer Komponente, sobald dies möglich ist.

procedure InsertComponent(AComponent: TComponent);
InsertComponent macht die Komponente zum Besitzer der im Parameter AComponent übergebenen Komponente. Die Komponente wird am Ende der Array-Eigenschaft Components hinzugefügt. Die eingefügte Komponente darf keinen Namen haben (keinen für die Eigenschaft Name spezifizierten Wert) oder der Name muß sich eindeutig von allen anderen in der Components-Liste unterscheiden. Wird die Besitzerkomponente entfernt, so wird auch AComponent gelöscht.

procedure Refresh;
Die Methode Refresh reagiert je nach Art der Komponente, ob Daten oder die Komponenten selbst neu gezeichnet werden. Die Methode Refresh kann also jedes Bild auf dem Bildschirm löschen und alle Dialogelemente neuzeichnen beziehungsweise Datensätze einer Datei erneut einlesen.

Innerhalb der Implementation von Refresh beim Neuzeichnen von Komponenten wird erst die Methode Invalidate und dann die Methode Update aufgerufen.

Beim Refresh von Daten ist zu beachten: Durch Refresh können sich die angezeigten Daten unerwartet verändern und so den Anwender verwirren. Ein Dialog oder eine andere Mitteilung, die dem Anwender den Refresh der Daten mitteilt, wäre somit wohl angebracht und von äußerster Nützlichkeit.

procedure RemoveComponent(AComponent: TComponent);
RemoveComponent entfernt die Komponente, die im Parameter AComponent festgelegt ist, aus der Komponentenliste Components. Die Position in der Liste wird zu Nil.

procedure Repaint;
Die Methode Repaint fordert das Dialogelement auf, dessen Bild auf dem Bildschirm neu zu zeichnen, ohne jedoch das bereits Erschienene zu löschen. Um vor dem Neuzeichnen zu löschen, müssen Sie anstelle von Repaint die Methode Refresh aufrufen.

procedure ScaleBy(M, D: Integer);
Die Methode ScaleBy skaliert eine Komponente um einen Prozentsatz ihrer ursprünglichen Größe. Der Parameter M ist der Multiplikator und der Parameter D der Divisor. Wenn Sie beispielsweise die Größe des Dialogelements auf 66% seines ursprünglichen Formats ändern möchten, geben Sie in M den Wert 66 und in D den Wert 100 an (66/100). Bei der Vergrößerung gehen Sie einfach den umgekehrten Weg: Vergrößerung um 66% bedeutet nichts anderes als M=166 und D=100.

function ScreenToClient(Point: TPoint): TPoint;
Die Methode ScreenToClient wird verwendet, um den Koordinatenpunkt der Komponente auf dem Bildschirm in Pixeln zu bestimmen. ScreenToClient gibt die X- und Y-Koordinaten in einem Record des Typs TPoint zurück.

procedure SendToBack;
Die Methode SendToBack setzt eine Komponente innerhalb einer übergeordneten Komponente hinter alle anderen Komponenten. Die Reihenfolge, in der Komponenten übereinander gelagert werden (Z-Reihenfolge), hängt davon ab, ob es sich um fensterähnliche oder um nicht-fensterähnliche Komponenten handelt. Die Reihenfolge arbeitet nach dem Prinzip, daß die zuletzt eingefügte Komponente die oberste und damit nicht sichtbare Komponente ist.

Mit der Methode SendToBack einer Komponente kommt diese Komponente ganz nach unten auf den Stapel und wird somit nicht sichtbar.

Bei der Stapelung ist zu beachten, daß fensterähnliche Komponenten immer auf nicht-fensterähnlichen Komponenten gestapelt werden. Ein Aufruf von SendToBack einer fensterähnlichen Komponente bewirkt also gar nichts, wenn unter dem Stapel eine nicht-fensterähnliche Komponente liegt (siehe auch BringToFront).

Die folgenden Komponenten zählen zu den fensterähnlichen Komponenten:

BitBtn	DBNavigator	MediaPlayer
Button	DBRadioGroup	Memo
CheckBox	DirectoryListBox	Notebook
ComboBox	DrawGrid	OLEContainer
DBCheckBox	DriveComboBox	Outline
DBComboBox	Edit	Panel
DBEdit	FileListBox	RadioButton
DBGrid	FilterComboBox	RadioGroup
DBImage	Form	ScrollBar
DBListBox	GroupBox	ScrollBox
DBLookupCombo	Header	StringGrid
DBLookupList	ListBox	TabbedNotebook
DBMemo	MaskEdit	TabSet

Die nun folgenden Komponenten zählen zu den nicht-fensterähnlichen Komponenten:

Bevel	Label	SpeedButton
DBText	PaintBox	Image
Shape		

procedure SetBounds(ALeft, ATop, AWidth, AHeight: Integer);
Die Methode SetBounds setzt die Begrenzungseigenschaften der Komponente Left, Top, Width und Height auf die Werte, die in den entsprechenden Werten ALeft, ATop, AWidth und AHeight übergeben werden. SetBounds erlaubt Ihnen, mehr als eine Begrenzungseigenschaft der Komponente zur gleichen Zeit einzustellen. Obwohl Sie immer einzelne Begrenzungen einstellen können, erlaubt Ihnen die Verwendung von SetBounds, mehrere Änderungen auf einmal durchzuführen, ohne daß jedesmal das Dialogfenster neu gezeichnet werden muß.

procedure SetFocus;
SetFocus übergibt den Focus an die Komponente. Bei Formularen ruft das jeweilige Formular die Methode SetFocus des standardmäßig aktiven Dialogelements auf.

procedure SetParams(APosition, AMin, AMax: Integer);
SetParams setzt die Werte für die Eigenschaften Position, Min und Max in einem Durchgang.

procedure SetSelTextBuf(Buffer: PChar);
SetSelTextBuf löscht den markierten Text einer Komponente durch den Text aus dem mit Buffer angezeigten Puffer.

procedure SetTextBuf(Buffer: PChar);
Die Methode SetTextBuf ersetzt den Text in einer Komponente durch den Text in Buffer. Buffer muß auf einen mit Null abgeschlossenen String zeigen (siehe auch GetTextBuf und GetTextLen).

procedure Show;
Die Methode Show bringt eine Komponente nicht sichtbar auf dem Bildschirm, indem die Eigenschaft Visible auf True eingestellt wird. Falls die Methode Show eines Formulars aufgerufen wird und das Formular ist undurchsichtig, versucht Show das Formular nicht sichtbar zu machen, indem sie das Formular mit der Methode BringToFront in den Vordergrund bringt. Ein Formular verfügt zusätzlich über die Methode Show-Modal, um einen modalen Dialog erzeugen zu können. Ein modaler Dialog muß bearbeitet und geschlossen werden. Ein SendToBack hätte also keinen Erfolg.

procedure Update;
In der Methode Update wird die API-Funktion UpdateWindow von Windows aufgerufen, die alle beim Zeichnen entstandenen und noch nicht erledigten Meldungen bearbeitet.

UpdateWindows ist definiert als

```
procedure UpdateWindow(Wnd: HWnd);
```

Die Routine UpdateWindow aktualisiert den Client-Bereich des angegebenen Fensters, indem sie eine WM_PAINT-Meldung an das Fenster sendet, wenn der Aktualisierungsbereich für das Fenster nicht leer ist. Die Routine UpdateWindow sendet eine WM_PAINT-Meldung unter Umgehung der Anwendungswarteschlange direkt an die Fensterfunktion des gegebenen Fensters. Wenn der Aktualisierungsbereich leer ist, wird keine Meldung gesendet. Der Parameter Wnd bezeichnet das Fenster oder besser das Handle des Fensters, das aktualisiert werden soll.

Komponentenname:	**GroupBox**
Klassenname:	**TGroupBox**

Beschreibung:

Die Komponente GroupBox ist eine Standard-Windows-Gruppe. Benutzen Sie eine Gruppenkomponente, um verwandte Elemente in Ihrem Formular anzuordnen. Die meistens gemeinsam angeordneten Elemente in einer Gruppe sind Radiobuttons und Checkboxes. Doch Sie können im Prinzip alle visuellen Komponenten in eine GroupBox ablegen. Elemente einer GroupBox »wandern« mit, wenn eine GroupBox verschoben wird.

Eigenschaften:

property Align: TAlign;
Die Eigenschaft Align legt fest, wie Dialogelemente zum Beispiel im Formular ausgerichtet werden. Mögliche Werte:

alNone	Die Komponente bleibt an der Einfügeposition im Formular (Standardeinstellung).
alTop	Die Komponente wird an die Oberkante des Formulars verschoben und an seine Breite angepaßt. Die Höhe der Komponente bleibt unverändert.
alBottom	Die Komponente wird an die Unterkante des Formulars verschoben und an seine Breite angepaßt. Die Höhe der Komponente bleibt unverändert.
alLeft	Die Komponente wird an die linke Kante des Formulars verschoben und an seine Höhe angepaßt. Die Breite der Komponente bleibt unverändert.
alRight	Die Komponente wird an die rechte Kante des Formulars verschoben und an seine Höhe angepaßt. Die Breite der Komponente bleibt unverändert.
alClient	Die Größe der Komponente wird an den Client-Bereich eines Formulars angepaßt. Ist ein Teil des Client-Bereichs bereits von einer anderen Komponente besetzt, füllt die Komponente den verbleibenden Teil des Client-Bereichs aus.

Wird zum Beispiel ein Formular, das Besitzer eines Labels ist, in der Größe verändert, werden die Komponenten innerhalb des Formulars neu ausgerichtet. Die Verwendung der Eigenschaft Align ist dann sinnvoll, wenn ein Dialogelement an einer Position des Formulars stehenbleiben soll, auch wenn sich die Größe des Formulars ändert.

property Caption: String;
Die Eigenschaft Caption ist der Text, der in der Komponente angezeigt wird. Zum Beispiel in der Titelleiste des Formulars.

property Color: TColor;
Die Eigenschaft Color legt für alle Komponenten mit Ausnahme des Dialogfensters die Farbe fest (Hintergrundfarbe eines Formulars oder eines Dialogelements oder Grafikobjekts).

Ist die Eigenschaft ParentColor auf True gesetzt, bewirkt eine Änderung der Eigenschaft Color einer Komponente A automatisch eine Änderung der Eigenschaft Color aller Komponenten, die als Besitzer die Komponente A haben. Wenn Sie der Eigenschaft Color eines Dialogelements einen Wert zuweisen, wird seine Eigenschaft ParentColor automatisch auf False gesetzt. Mögliche Werte sind:

clBlack	Schwarz
clMaroon	Rotbraun
clGreen	Grün
clOlive	Olivgrün
clNavy	Marineblau
clPurple	Violett
clTeal	Petrol
clGray	Grau
clSilver	Silber
clRed	Rot
clLime	Limonengrün
clBlue	Blau
clFuchsia	Pink
clAqua	Karibikblau
clWhite	Weiß

(Systemfarben von Windows:)

clBackground	Aktuelle Windows-Hintergrundfarbe
clActiveCaption	Aktuelle Farbe der Titelleiste des aktiven Fensters
clInactiveCaption	Aktuelle Farbe der Titelleiste der inaktiven Fenster
clMenu	Aktuelle Hintergrundfarbe der Menüs
clWindow	Aktuelle Hintergrundfarbe der Fenster
clWindowFrame	Aktuelle Farbe der Fensterrahmen
clMenuText	Aktuelle Farbe vom Menütext
clWindowText	Aktuelle Farbe vom Fenstertext
clCaptionText	Aktuelle Textfarbe der Titelleiste des aktiven Fensters

clActiveBorder	Aktuelle Rahmenfarbe des aktiven Fensters
clInactiveBorder	Aktuelle Rahmenfarbe der inaktiven Fenster
clAppWorkSpace	Aktuelle Farbe des Arbeitsbereichs der Anwendung
clHighlight	Aktuelle Hintergrundfarbe vom ausgewählten Text
clHighlightText	Aktuelle Farbe vom ausgewählten Text
clBtnFace	Aktuelle Farbe einer Schalterfläche
clBtnShadow	Aktuelle Schattenfarbe eines Schalters
clGrayText	Aktuelle Farbe von grau dargestelltem Text
clBtnText	Aktuelle Farbe von Text auf einem Schalter
clInactiveCaptionText	Aktuelle Textfarbe in der Titelleiste eines inaktiven Fensters
clBtnHighlight	Aktuelle Farbe der Markierung eines Schalters

Mit einem Doppelklick auf Color öffnet sich das Farbschema von Windows, in dem Sie auch eigene Farben zusammenstellen können.

property ComponentIndex: Integer;
Die Eigenschaft ComponentIndex zeigt die Position einer Komponente in der Eigenschaftsliste Components ihres Besitzers an. Die erste Komponente in der Liste hat den ComponentIndex-Wert 0, die zweite hat den Wert 1, die dritte den Wert 2 etc. Diese Eigenschaft ist nur zur Laufzeit und dann auch nur im Read-Only-Modus benutzbar.

property Controls[Index: Integer]: TControl;
Controls ist ein Array aller untergeordneten Komponenten der Komponente. Controls ist dann von Nutzen, wenn Sie auf die untergeordneten Komponenten über die Zahl statt über den Namen zugreifen müssen.

property Ctl3D: Boolean;
Die Eigenschaft Ctl3D legt fest, ob ein Dialogelement ein dreidimensionales (3-D) oder zweidimensionales Aussehen besitzt. Wenn Ctl3D True ist, erscheint das Dialogelement dreidimensional. Die Voreinstellung von Ctl3D ist True. Wenn die Eigenschaft ParentCtl3D einer Komponente auf True gesetzt ist, verändert jede Modifikation der Eigenschaft Ctl3D des übergeordneten Dialogelements automatisch auch die Eigenschaft Ctl3D des Dialogelements.

Achtung: Damit Ctl3D überhaupt funktioniert, muß sich die dynamische Link-Bibliothek CTL3DV2.DLL im Suchpfad befinden. Idealerweise sollte sich diese Datei im System-Verzeichnis von Windows aufhalten.

property Cursor: TCursor;
Mit der Eigenschaft Cursor stellen Sie das Aussehen des Cursors ein, wenn dieser auf die Komponente zeigt. Mögliche Werte sind:

crDefault	crArrow	crCross
crIBeam	crSize	crSizeNESW
crSizeNS	crSizeNWSE	crSizeWE
crUpArrow	crHourglass	crDrag
crNoDrop	crHSplit	crVSplit

property DragCursor: TCursor;
Die Eigenschaft DragCursor bestimmt die Form des Mauszeigers, wenn sich der Zeiger über einer Komponente befindet, die ein gezogenes Objekt akzeptieren kann. Mögliche Werte sind mit denen der Eigenschaft Cursor identisch.

property DragMode: TDragMode;
Die Eigenschaft DragMode legt das Ziehen-und-Ablegen-Verhalten einer Komponente fest. Mögliche Werte sind:

dmAutomatic	Wenn dmAutomatic ausgewählt ist, ist das Dialogelement bereit, gezogen zu werden; der Anwender klickt nur und zieht es dann.
dmManual	Wenn dmManual ausgewählt ist, kann das Dialogelement nicht gezogen werden, bevor die Anwendung die Methode BeginDrag aufgerufen hat.

Ist die Eigenschaft DragMode einer Komponente dmAutomatic, kann die Anwendung dies zur Laufzeit durch Einstellung des Werts dmManual deaktivieren.

property Enabled: Boolean;
Die Eigenschaft Enabled bestimmt, ob die Komponente auf Maus-, Tastatur- und Timer-Ereignisse reagiert. Wenn Enabled auf True gesetzt ist, reagiert die Komponente normal. Ist Enabled hingegen False, ignoriert das Dialogelement Maus- und Tastaturereignisse. Bei einer Timer-Komponente werden die für das OnTimer-Ereignis deaktivierten Komponenten (Dialogelemente) grau dargestellt.

property Font: TFont;
Die Eigenschaft Font legt den Font und die Eigenschaften des Fonts der Komponente fest. Sie haben die Möglichkeit, diese Werte im Objectinspektor oder – wesentlich komfortabler – mit Hilfe eines Doppelklicks auf diese Eigenschaft einen Dialog zu öffnen, der alle möglichen Werte anzeigt.

property Handle: ...;
Der Typ der Eigenschaft Handle ist abhängig von der jeweiligen Komponente. Im allgemeinen gilt: Sollte eine Windows-API-Funktion ein Handle der betreffenden Komponente verlangen, dann setzen Sie dazu die jeweilige Eigenschaft Handle der betreffenden Komponente ein. Verlangt eine Windows-API-Funktion zum Beispiel das Handle Ihrer gesamten Anwendung, dann benutzen Sie am besten die Eigenschaft Handle des Objekts TApplication. Hier die Übersicht der verschiedenen Typen der Eigenschaft Handle:

Handle für die Komponenten:

Bitmap	property Handle: HBitmap;
Brush	property Handle: HBrush;
Canvas	property Handle: HDC;
Font	property Handle: HFont;
Icon	property Handle: HIcon;
Metafile	property Handle: HMetafile;
Pen	property Handle: HPen;

Handle gibt Ihnen den Zugriff auf das Handle des jeweiligen GDI-Objekts, damit Sie auf dieses zugreifen können. Benötigen Sie zum Beispiel für den Aufruf einer Windows-API-Funktion ein Handle auf ein Stiftobjekt oder ein Bitmap-Objekt, dann können Sie dazu das Handle der Komponente Pen beziehungsweise der Komponente Bitmap benutzen.

Handle für das Objekt TApplication und die folgenden Komponenten:

Bevel	DBText	Memo
BitBtn	DirectoryListBox	Notebook
Button	DrawGrid	OLEContainer
CheckBox	DriveComboBox	Outline
ComboBox	Edit	PaintBox
DBCheckBox	FileListBox	Panel
DBComboBox	FilterComboBox	RadioButton
DBEdit	FindDialog	RadioGroup
DBGrid	Form	ReplaceDialog
DBImage	GroupBox	ScrollBar
DBListBox	Header	ScrollBox
DBLookupCombo	Image	Shape
DBLookupList	Label	SpeedButton
DBMemo	ListBox	StringGrid
DBNavigator	MaskEdit	TabbedNotebook
DBRadioGroup	MediaPlayer	TabSet

property Handle: HWND;
Handle ermöglicht Ihnen den Zugriff auf das Handle der jeweiligen Komponente (z.B. Fenster-Handle, Dialog-Handle etc.). Dieses Handle wird von einigen Windows-API-Funktionen beim Aufruf erwartet. Sie können in diesem Fall das Handle der jeweils betroffenen Komponente oder – falls das Handle Ihrer Anwendung gefordert wird – das Handle des Objekts TApplication übergeben.

Handle für die Komponenten:

MainMenu	MenuItem	PopupMenu

property Handle: HMENU;
Sollte eine Windows-API-Funktion ein Handle eines Menüs oder Menü-Eintrags oder eines lokalen Menüs verlangen, dann können Sie dazu die Eigenschaft Handle von MainMenu, MenuItem und PopupMenu benutzen.

Handle für die Komponente Printer:

property Handle: HDC;
Handle enthält das Handle des jeweiligen Druckerobjektes TPrinter der Komponente Printer.

Handle für die Komponente DataBase:

property Handle: HDBIDB;
Um direkte Aufrufe in die Richtung des Borland Database-Engine-(BDE)-API zu tätigen, benötigen Sie ein Handle der jeweiligen Datenbank-Komponente. Dazu dient Ihnen die Eigenschaft Handle der Komponente DataBase. Dies erlaubt Ihnen Zugriffe auf Funktionen des BDE-API, die nicht in der VCL-Bibliothek integriert wurden. Bevor Sie allerdings diese Funktionen aufrufen, sollten Sie prüfen, ob diese Funktion möglicherweise schon in der VCL-Bibliothek gekapselt wurde.

Handle für das Objekt TSession:

Delphi erzeugt eine Komponente Session vom Typ TSession immer dann, wenn eine Anwendung ausgeführt wird. Sessions sollten nicht von Ihnen erzeugt oder zerstört werden. Session erlaubt eine globale Prüfung über Datenbankverbindungen. Die Eigenschaft Databases von Session ist ein Array von allen aktiven Datenbanken in der Sitzung. Die Eigenschaft DatabaseCount vom Typ Integer enthält die Anzahl der aktiven Datenbanken in der Sitzung.

property Handle: HDBISES;
Mit der Eigenschaft Handle können Sie direkte Aufrufe an die Borland-Datenbank-Engine, bezogen auf eine bestimmte Sitzung (Session/TSession), machen. Die Komponente Session werden Sie kaum benutzen müssen. Die wichtigsten Funktionen des BDE-API sind in der VCL-Bibliothek gekapselt und ersparen Ihnen diesen Weg.

Handle für die die Komponenten Table, Query und StoredProc:

property Handle: HDBICur;
Ebenfalls für direkte Zugriffe auf Funktionen des BDE-API und unter normalen Umständen nicht zu benutzen, da die wichtigsten BDP-API-Funktionen via VCL-Bibliothek einen einfacheren Zugriff ermöglichen.

property Height: Integer;
Die Eigenschaft Height eines Dialogelements legt die Höhe der Komponente in Pixeln fest.

property HelpContext: THelpContext;
Die Eigenschaft HelpContext stellt eine Kontextnummer für die Verwendung beim Aufruf kontextbezogener Online-Hilfe bereit. Jeder Hilfebildschirm des Hilfesystems sollte eine eindeutige Kontextnummer besitzen. Ist in der Anwendung eine Komponente selektiert, so wird nach Betätigen von F1 ein Hilfebildschirm angezeigt. Welcher Hilfebildschirm angezeigt wird, hängt vom Wert der Eigenschaft HelpContext ab.

property Hint: string;
Die Eigenschaft Hint ist der Text-String, der erscheinen kann, wenn ein OnHint-Ereignis eintritt, also wenn der Benutzer den Cursor über die Komponente bewegt. Wie der String angezeigt wird, bestimmt der Code in der Ereignisbehandlungs-Routine OnHint. Sie können eine Schnellhilfe, d.h. ein Fenster, das einen Hilfetext enthält, für eine Komponente erscheinen lassen, wenn der Anwender den Mauszeiger über das Dialogelement führt und dort kurz verweilt. Dies funktioniert wie folgt:

1. Spezifizieren Sie für jede Komponente, die einen Schnellhinweis anzeigen soll, einen Hint-Wert.
2. Setzen Sie die Eigenschaft ShowHint des Bedienfelds auf True.
3. Setzen Sie die Eigenschaft ShowHint der Anwendung zur Laufzeit auf True.

Sie können Hint gleichzeitig sowohl für ein Hilfehinweisfenster als auch für die Verwendung innerhalb der Behandlungsroutine OnHint spezifizieren, indem Sie zwei durch das Zeichen | (das »oder« oder »Pipe«-Symbol) getrennte Werte angeben, also beispielsweise:

```
Edit1.Hint := 'Aufforderung|Geben Sie den richtigen Wert ein';
```

Der String »Aufforderung« erscheint im Hilfehinweisfenster und der String »Geben Sie den richtigen Wert ein« erscheint wie in der Ereignisbehandlungs-Routine OnHint spezifiziert.

property Left: Integer;
Die Eigenschaft Left bestimmt die horizontalen Koordinaten der linken Kante einer Komponente relativ zum Formular in Pixeln. Für Formulare ist der Wert der Eigenschaft Left relativ zum Bildschirm (ebenfalls in Pixeln).

property Name: TComponentName;
Die Eigenschaft Name enthält den Namen der Komponente wie er von anderen Komponenten für den Zugriff verwendet wird. Delphi weist als Vorgabewerte sequentielle Namen zu, die auf dem Typ der Komponente basieren, also etwa für Buttons »Button1«, »Button2« etc. Dies können Sie gemäß Ihrer Vorstellungen abändern. Komponentennamen sollten ausdrücklich nur zur Entwurfszeit geändert werden.

property Owner: TComponent;
Die Eigenschaft Owner teilt Ihnen mit, die Komponente zu welcher Komponente gehört. Dem Formular gehören alle Komponenten, die auf ihm vorhanden sind. Umgekehrt gehört das Formular zur Anwendung. Gehört eine Komponente A einer anderen Komponente B, wird der Speicher der Komponente A freigegeben, wenn der Speicher der Komponente B freigegeben wird. Es werden also folgerichtig alle Komponenten des Formulars gelöscht, wenn das Formular gelöscht wird. Außerdem wird natürlich der Speicher für das Formular und dessen Komponenten freigegeben, wenn der Speicher der Anwendung selbst freigegeben wird.

property Parent: TWinControl;
Die Eigenschaft Parent enthält den Namen der übergeordneten Komponente. Wenn eine Komponente A eine andere Komponente B enthält, sind die in B enthaltenen Komponenten untergeordnete Komponenten von A. Wenn Ihre Anwendung beispielsweise drei Buttons in einer GroupBox enthält, dann ist die GroupBox das übergeordnete Element der drei Buttons und die Button-Schaltfelder sind der GroupBox untergeordnet.

Parent und Owner sind leider etwas verwirrend. Daher hier eine kleine Entwirrung:

Ein Formular ist der Besitzer aller darauf enthaltenen Komponenten, unabhängig davon, ob sie ein Fensterelement sind. Für unser Beispiel mit den drei Buttons und der GroupBox bedeutet dies: Der Besitzer der Buttons ist immer das Formular, aber die GroupBox ist das übergeordnete Element.

Wenn Sie einen neuen Dialog erzeugen, müssen Sie dem neuen Dialogelement einen Wert der Eigenschaft Parent zuweisen. Üblicherweise sind dies Formulare, Bedienfelder, GroupBoxen oder andere Dialoge, die andere Komponenten-Elemente enthalten können. Es ist möglich, jedes Element als das übergeordnete zuzuweisen, aber das darin enthaltene Dialogelement wird wahrscheinlich überschrieben.

Wird das übergeordnete Element gelöscht, dann werden auch alle Elemente, die ihm untergeordnet sind, gelöscht.

property ParentColor: Boolean;
Die Eigenschaft ParentColor bestimmt, wo eine Komponente nach ihren Farbeigenschaft suchen soll. Falls ParentColor True ist, verwendet die Komponente die Farbe der Eigenschaft der übergeordneten Komponente.

Wenn ParentColor False ist, verwendet die Komponente ihre eigene Eigenschaft Color. Durch Verwendung von ParentColor können Sie sicherstellen, daß alle Komponenten auf einem Formular das gleiche Erscheinungsbild haben.

property ParentCtl3D: Boolean;
Die Eigenschaft ParentCtl3D bestimmt, wo eine Komponente nach ihrer Eigenschaft Ctl3D suchen muß. IstParentCtl3D auf True gesetzt, verwendet die Komponente die Dimensionen der Eigenschaft Ctl3D von deren übergeordneten Komponente. Wenn ParentCtl3D False ist, verwendet die Komponente ihre eigene Eigenschaft Ctl3D. Durch Verwendung von ParentCtl3D stellen Sie sicher, daß alle Komponenten auf einem Formular das gleiche Erscheinungsbild haben. Wenn Sie beispielsweise möchten, daß alle Komponenten auf einem Formular ein dreidimensionales Erscheinungsbild haben, setzen Sie die Eigenschaft Ctl3D des Formulars auf True und die Eigenschaft ParentCtl3D jeder Komponente auf True.

property ParentFont: Boolean;
Die Eigenschaft ParentFont bestimmt, wo eine Komponente nach ihrer Fonteigenschaft suchen soll. Falls ParentFont True ist, verwendet die Komponente den Font der Eigenschaft der übergeordneten Komponente.

Wenn ParentFont False ist, verwendet die Komponente ihre eigene Eigenschaft Font. Durch Verwendung von ParentFont können Sie sicherstellen, daß alle Komponenten auf einem Formular das gleiche Erscheinungsbild haben.

property ParentShowHint: Boolean;
Die Eigenschaft ParentShowHint bestimmt, wo eine Komponente nach dessen Hinteigenschaft suchen soll. Falls ParentShowHint True ist, verwendet die Komponente die Hint-Eigenschaft der übergeordneten Komponente.

Ist ParentShowHint False, verwendet die Komponente ihre eigene Eigenschaft Hint. Durch Verwendung von ParentShowHint können Sie sicherstellen, daß alle Komponenten auf einem Formular das gleiche Erscheinungsbild haben.

property PopupMenu: TPopupMenu;
Die Eigenschaft PopupMenu legt den Namen des Popup-Menüs fest, das erscheint, wenn der Anwender die Komponente auswählt oder die rechte Maustaste drückt (bei dem Wert True für AutoPopup des Popup) oder wenn die Methode Popup des Popup-Menüs ausgeführt wird.

property ShowHint: Boolean;
Die Eigenschaft ShowHint bestimmt, ob das Dialogelement eine Schnellhilfe anzeigen soll, wenn der Mauszeiger eine Weile auf ihm verweilt. Die Schnellhilfe entspricht dem Wert der Eigenschaft Hint, die in einem Feld direkt unterhalb des Elements angezeigt wird. Wenn die Eigenschaft ShowHint den Wert True hat, kann die Schnellhilfe erscheinen.

Ist ShowHint False, kann die Schnellhilfe auch angezeigt werden, wenn ParentShowHint auf True gesetzt wurde und die Eigenschaft ShowHint der übergeordneten Komponente ebenfalls auf True gesetzt wurde.

property Showing: Boolean;
Die Eigenschaft Showing legt fest, ob eine Komponente momentan auf dem Bildschirm angezeigt wird oder nicht. Falls die Eigenschaft Visible einer Komponente und aller übergeordneten Komponenten in der übergeordneten Hierarchie True ist, ist Showing auch True. Wenn einer der Vorfahren der Komponente den Wert False als Wert für die Eigenschaft Visible hat, dann ist auch Showing False.

property TabOrder: TTabOrder;
Die Eigenschaft TabOrder bestimmt die Position einer Komponente in der Tabulatorreihenfolge, in der Komponenten den Fokus erhalten, wenn der Anwender die Taste TAB drückt. Anfänglich ist die Tabulatorreihenfolge immer die Reihenfolge, in der die Komponenten in das Formular hinzugefügt wurden. Der Wert der Eigenschaft TabOrder ist für jede Komponente auf dem Formular einmalig. Die erste dem Formular hinzugefügte Komponente hat den TabOrder-Wert 0, die zweite hat 1, die dritte 2 usw.

Falls Sie den Wert der Eigenschaft TabOrder einer Komponente den gleichen Wert einer anderen Komponente zuweisen, numeriert Delphi automatisch die Werte für alle anderen Komponenten neu. Angenommen, eine Komponente ist beispielsweise die sechste Komponente in der Tabulatorreihenfolge. Wenn Sie den Wert der Eigenschaft TabOrder der Komponente auf 3 ändern (dies macht die Komponente zu der vierten in der Tabulatorreihenfolge), wird die Komponente, die die vierte war, nun zur fünften und die Komponente, die die fünfte war, wird jetzt die sechste.

property TabStop: Boolean;
Die Eigenschaft TabStop bestimmt, ob der Anwender diese Komponente mit der Taste TAB anspringen kann. Falls TabStop True ist, befindet sich die Komponente in der Tabulatorreihenfolge. Wenn TabStop False ist, ist das Dialogelement nicht in der Tabulatorreihenfolge.

property Tag: Longint;
Die Eigenschaft Tag kann einen Integerwert als Element einer Komponente speichern. Tag wird von Delphi nicht benutzt und steht Ihnen damit zur freien Verfügung

property Top: Integer;
Die Eigenschaft Top gibt die y-Koordinate der linken oberen Ecke eines Dialogelements relativ zum Formular in Pixeln an. Bei Formularen wird der Wert der Eigenschaft Top in Pixeln relativ zum Bildschirm angegeben.

property Visible: Boolean;
Die Eigenschaft Visible bestimmt, ob eine Komponente auf dem Bildschirm nicht sichtbar ist (True) oder nicht (False).

property Width: integer;
Die Eigenschaft Width bestimmt die Breite einer Komponente, gemessen in Pixeln.

Ereignisse:

property OnClick: TNotifyEvent;
Das Ereignis OnClick erscheint, wenn der Benutzer auf die Komponente klickt. In einem Formular tritt OnClick ein, wenn der Benutzer auf eine freie Stelle im Formular oder eine inaktive Komponente klickt.

OnClick ist vom Typ

```
TNotifyEvent = procedure (Sender: TObject) of object;
```

Der Typ TNotifyEvent weist auf eine Methode, die das Anklicken eines Objekts behandelt. Der Parameter Sender ist das Dialogelement, das angeklickt wurde.

property OnDblClick: TNotifyEvent;
Das Ereignis OnClick erscheint, wenn der Benutzer auf die Komponente einen Doppelklick ausführt. In einem Formular tritt das Ereignis OnDblClick ein, wenn der Benutzer auf eine freie Stelle im Formular oder eine inaktive Komponente einen Doppelklick ausführt.

OnDblClick ist vom Typ

```
TNotifyEvent = procedure (Sender: TObject) of object;
```

Der Typ TNotifyEvent weist auf eine Methode, die das Doppelklicken eines Objekts behandelt. Der Parameter Sender ist das Dialogelement, das mit einem Doppelklick bearbeitet wurde.

property OnDragDrop: TDragDropEvent;
Das Ereignis OnDragDrop tritt ein, wenn der Anwender ein gezogenes Objekt ablegt. Verwenden Sie die Ereignisbehandlungs-Routine OnDragDrop, um festzulegen, was passieren soll, wenn der Anwender ein Objekt ablegt.

OnDragClick ist vom Typ

```
TDragDropEvent = procedure(Sender, Source: TObject; X, Y: Integer) of  object;
```

Der Typ TDragDropEvent zeigt also auf eine Methode, die das Ablegen eines gezogenen Objekts behandelt. Der Parameter Source des Ereignisses OnDragDrop ist das abzulegende Objekt und der Parameter Sender ist das Dialogelement, auf das das Objekt abgelegt wurde. Die Parameter X und Y sind die Koordinaten des Mauszeigers, der über dem Dialogelement positioniert wird.

property OnDragOver: TDragOverEvent;
Das Ereignis OnDragOver tritt ein, wenn der Anwender ein Objekt über eine Komponente zieht.

Üblicherweise werden Sie ein Ereignis OnDragOver verwenden, um ein Objekt zu akzeptieren, damit der Anwender es ablegen kann.

OnDragClick ist vom Typ

```
TDragOverEvent = procedure(Sender, Source: TObject; X, Y: Integer;
                           State: TDragState; var Accept: Boolean) of object;
```

Der Typ TDragOverEvent zeigt also auf eine Methode, die das Ziehen eines Objekts über ein anderes Objekt behandelt. Der Parameter Source ist das gezogene Objekt, Sender ist das Objekt, über das Source gezogen wurde, X und Y sind die Koordinaten des Mauszeigers, der über dem Dialogelement positioniert wird, in Pixeln, State ist der Status des gezogenen Objekts in Verbindung zum darübergezogenen Objekt, und Accept legt fest, ob der Sender das Ziehobjekt erkennt. Accept wird nicht per Voreinstellung auf True oder False gesetzt; Sie müssen die passenden Werte selbst zuweisen.

Das Ereignis OnDragOver akzeptiert ein Objekt, wenn der Parameter Accept True ist. Durch Ändern des Werts der Eigenschaft DragCursor können Sie das Erscheinungsbild des Cursors beeinflussen. Dies können Sie entweder während des Entwickelns oder zur Laufzeit, bevor ein Ereignis OnDragOver eintritt, durchführen.

property OnEndDrag: TEndDragEvent;
Das Ereignis OnEndDrag tritt immer dann ein, wenn das Ziehen eines Objekts abgeschlossen oder abgebrochen wird. Wenn Sie eine besondere Behandlung haben möchten, sobald das Ziehen beendet wird, verwenden Sie die Ereignisbehandlungs-Routine OnEndDrag.

OnEndDrag ist vom Typ

```
TEndDragEvent = procedure(Sender, Target: TObject; X, Y: Integer) of object;
```

Der Typ TEndDragEvent zeigt also auf eine Methode, die das Anhalten des Ziehens eines Objekts behandelt.

Der Sender ist das Objekt, das gezogen wird, Target ist das Objekt, zu dem Sender hingezogen wird, und X und Y sind die dazugehörigen Bildschirmkoordinaten des Mauszeigers, der über dem Dialogelement positioniert wird. Falls das gezogene Objekt abgelegt und durch das Dialogelement akzeptiert wurde, ist der Parameter Target des Ereignisses OnEndDrag True. Wenn das Objekt nicht erfolgreich abgelegt wurde, beträgt der Wert von Target Nil.

property OnEnter: TNotifyEvent;
OnEnter tritt ein, wenn eine Komponente aktiviert wird. Wenn Sie eine besondere Behandlung festlegen möchten, wenn eine Komponente aktiviert wird, verwenden Sie die Ereignisbehandlungsroutine OnEnter.

OnEnter erscheint nie, wenn Sie zwischen Formularen oder einer anderen Windows-Anwendung und Ihrer Anwendung umschalten. OnEnter für eine Komponente des Typs TPanel oder THeader tritt nie ein, da Bedienfelder oder Header keinen Fokus erhalten können. Somit ist dort OnEnter vollkommen nutzlos. Sie haben diese Ereignisbehandlung aber geerbt.

OnEnter ist vom Typ

```
TNotifyEvent = procedure (Sender: TObject) of object;
```

Der Typ TNotifyEvent weist auf eine Methode, die das Doppelklicken eines Objekts behandelt. Der Parameter Sender ist das Dialogelement, das mit einem Doppelklick bearbeitet wurde.

property OnExit: TNotifyEvent;
OnExit erscheint, wenn der Eingabefokus einer Komponente an eine andere übergeben wird. OnExit tritt nicht ein, wenn Sie zwischen Formularen oder zwischen einer Windows-Anwendung und Ihrer Anwendung umschalten. OnExit tritt bei den Komponenten Panel und Speedbutton nicht ein, da diese niemals den Fokus erhalten.

OnExit ist vom Typ

```
TNotifyEvent = procedure (Sender: TObject) of object;
```

Der Typ TNotifyEvent weist auf eine Methode, die das Doppelklicken eines Objekts behandelt. Der Parameter Sender ist das Dialogelement, das mit einem Doppelklick bearbeitet wurde.

property OnMouseDown: TMouseEvent;
Ereignis OnMouseDown tritt ein, wenn der Anwender eine Maustaste zu dem Zeitpunkt drückt, an dem sich der Mauszeiger über einem Dialogelement befindet.

OnMouseDown ist vom Typ

```
TMouseEvent=procedure (Sender: TObject; Button: TMouseButton; Shift: TShiftState;
            X, Y: Integer) of object;
```

Der Typ TMouseEvent weist auf eine Methode zur Bearbeitung von Maustasten-Ereignissen hin. Der Parameter Button gibt an, die Maustaste gedrückt wurde, während Shift Auskunft darüber gibt, die UMSCHALT- (UMSCHALT, STRG oder ALT) bzw. Maustasten gedrückt waren, während die das Mausereignis verursachende Maustaste gedrückt oder losgelassen wurde. X und Y sind die Bildschirmkoordinaten des Mauszeigers in Pixeln. Der Parameter Button des Ereignisses OnMouseDown zeigt an, die Maustaste gedrückt wurde. Durch Verwenden des Parameters Shift der Ereignisbehandlungs-Routine OnMouseDown können Sie auf den Status der Maus-

und UMSCHALTTASTEN reagieren. Umschalttasten sind die Tasten UMSCHALT, STRG und ALT.

property OnMouseMove: TMouseMoveEvent;
Das Ereignis OnMouseMove tritt ein, wenn der Anwender den Mauszeiger bewegt und dieser sich bereits über einem Dialogelement befindet.

OnMouseMove ist vom Typ

```
TMouseMoveEvent = procedure(Sender: TObject; Shift: TShiftState; X, Y: Integer)
                    of object;
```

Der Typ TMouseMoveEvent zeigt also auf eine Methode, die Mausereignisse infolge von Mausbewegungen verarbeitet. Der Parameter Button gibt an, die Maustaste gedrückt wurde, während Shift anzeigt, die UMSCHALT- (UMSCHALT, STRG oder ALT) bzw. Maustasten während der Mausbewegung gedrückt waren. X und Y sind die Bildschirmkoordinaten des Mauszeigers in Pixeln. Durch Verwenden des Parameters Shift können Sie auf den Status der Maus- und Umschalttasten reagieren. Umschalttasten sind die Tasten UMSCHALT, STRG und ALT.

property OnMouseUp: TMouseEvent;
Das Ereignis OnMouseUp tritt ein, wenn der Anwender die gedrückte Maustaste wieder freigibt, wenn sich der Mauszeiger über einer Komponente befindet.

Die Ereignisbehandlungs-Routine OnMouseUp kann auf Betätigungen der rechten, mittleren und linken Maustasten reagieren sowie auf Maustastenkombinationen mit Umschalttasten (Tasten UMSCHALT, STRG und ALT).

OnMouseUp ist vom Typ

```
TMouseEvent = procedure (Sender: TObject; Button: TMouseButton; Shift: TShiftState;
                    X, Y: Integer) of object;
```

Der Typ TMouseEvent zeigt also auf eine Methode zur Bearbeitung von Maustasten-Ereignissen. Der Parameter Button gibt an, die Maustaste gedrückt wurde, während Shift Auskunft darüber gibt, die UMSCHALT- (UMSCHALT, STRG oder ALT) bzw. Maustasten gedrückt waren, während die das Mausereignis verursachende Maustaste gedrückt oder losgelassen wurde. X und Y sind die Bildschirmkoordinaten des Mauszeigers in Pixeln.

Methoden:

procedure BeginDrag(Immediate: Boolean);
Die Methode BeginDrag leitet den Ziehvorgang einer Komponente ein. Wenn der Parameter Immediate auf True gesetzt ist, wird der Mauszeiger auf den Wert der Eigenschaft DragCursor gesetzt und der Ziehvorgang beginnt. Ist Immediate False, wird der Mauszeiger nicht auf den Wert der Eigenschaft DragCursor gesetzt, und der Ziehvorgang wird erst eingeleitet, wenn der Anwender den Mauszeiger um mindestens 5 Pixel bewegt. Auf diese Weise kann die Komponente Mausklicks akzeptieren, ohne einen Ziehvorgang einzuleiten.

Ihre Anwendung muß die Methode BeginDrag zum Einleiten eines Ziehvorgangs nur aufrufen, wenn DragMode auf dmManual gesetzt ist.

procedure BringToFront;
Die Methode BringToFront setzt eine Komponente innerhalb einer übergeordneten Komponente vor alle anderen Komponenten. BringToFront hilft insbesondere sicherzustellen, daß ein Formular nicht sichtbar ist. Verwenden Sie diese Methode, wenn Sie die Reihenfolge überlappender Komponenten in einem Formular neu festlegen wollen.

Die Reihenfolge, in der Komponenten übereinander gelagert werden (Z-Reihenfolge), hängt davon ab, ob es sich um fensterähnliche oder um nicht-fensterähnliche Komponenten handelt. Die Reihenfolge arbeitet nach dem Prinzip, daß die zuletzt eingefügte Komponente die oberste und damit nicht sichtbare Komponente ist.

Mit der Methode BringToFront einer Komponente würde diese Komponente ganz nach oben auf den Stapel kommen und somit nicht sichtbar sein.

Bei der Stapelung ist zu beachten, daß fensterähnliche Komponenten immer auf nicht-fensterähnlichen Komponenten gestapelt werden. Ein Aufruf von BringToFront einer nicht-fensterähnlichen Komponente bewirkt also gar nichts, wenn oben auf dem Stapel eine fensterähnliche Komponente liegt.

Die folgenden Komponenten zählen zu den fensterähnlichen Komponenten:

BitBtn	DBNavigator	MediaPlayer
Button	DBRadioGroup	Memo
CheckBox	DirectoryListBox	Notebook
ComboBox	DrawGrid	OLEContainer
DBCheckBox	DriveComboBox	Outline
DBComboBox	Edit	Panel
DBEdit	FileListBox	RadioButton
DBGrid	FilterComboBox	RadioGroup
DBImage	Form	ScrollBar
DBListBox	GroupBox	ScrollBox
DBLookupCombo	Header	StringGrid
DBLookupList	ListBox	TabbedNotebook
DBMemo	MaskEdit	TabSet

Die nun folgenden Komponenten zählen zu den nicht-fensterähnlichen Komponenten:

Bevel	Label	SpeedButton
DBText	PaintBox	Image
Shape		

function CanFocus: Boolean;
CanFocus stellt fest, ob eine Komponente den Eingabefokus erhalten kann. CanFocus gibt True zurück, wenn die Eigenschaften Visible und Enabled sowohl der Kompo-

nente als auch der übergeordneten Komponenten auf True gesetzt sind. Sind nicht alle Eigenschaften Visible und Enabled dieser Komponenten auf True gesetzt, liefert CanFocus False zurück.

function ClientToScreen(Point: TPoint): TPoint;
Die Methode ClientToScreen übersetzt den angegebenen Punkt aus Client-Bereichskoordinaten in globale Bildschirmkoordinaten. In Client-Bereichskoordinaten entspricht der Punkt (0, 0) der oberen linken Ecke des Client-Bereichs der Komponente. In Bildschirmkoordinaten entspricht (0, 0) der oberen linken Ecke des Bildschirms. Mit den Methoden ClientToScreen und ScreenToClient rechnen Sie Positionen aus dem Koordinatensystem einer Komponente A in das Koordinatensystem einer Komponente B um.

Beispiel: Umrechnung der Koordinaten einer Komponente A in die Koordinaten einer Komponente B (TPoint ist ein Record mit den Feldern X und Y):

```
TPoint =  record
          X : integer;
          Y : integer;
END;

VAR
   Koord: Tpoint;
Koord:= B.ScreenToClient(A.ClientToScreen(Koord));
```

function ContainsControl(Control: TControl): Boolean;
ContainsControl zeigt an, ob eine angegebene Komponente innerhalb dieser Komponente existiert. True bedeutet, daß die Komponente (Control) innerhalb dieser Komponente existiert.

constructor Create;
Create weist Speicher zu, um das Objekt und damit die Komponente zu erzeugen und nach Bedarf seine Daten zu initialisieren. Jedes Objekt kann eine Methode Create besitzen, die individuell so angepaßt ist, daß sie diese bestimmte Art von Objekt erzeugt. Im Normalfall benötigen Sie diese Methoden nicht, da Borland Delphi alles unternimmt, um Ihre Anwendung und die darin enthaltenen Komponenten zu erzeugen. Sollten Sie allerdings ein Ereignis oder die Initialisierung eines Wertes einer selbst geschaffenen Komponente zur Zeit der Erzeugung einstellen wollen, dann können Sie dies in der Methode Create erledigen. Dazu benötigen Sie aber genaue Kenntnisse und Techniken der OOP. Ansonsten sollten Sie Create unverändert lassen und nicht aufrufen.

function Dragging: Boolean;
Die Methode Dragging gibt an, ob eine Komponente gezogen wird. Wenn Dragging True zurückgibt, wird die Komponente gezogen.

procedure EndDrag(Drop: Boolean);
Die Methode EndDrag verhindert, daß eine Komponente weiter gezogen wird. Wenn der Parameter Drop True ist, wird die gezogene Komponente abgelegt. Ist

Drop False, wird die Komponente nicht abgelegt und der Vorgang wird abgebrochen.

function FindComponent(const AName: string): TComponent;
Die Methode FindComponent gibt im Array Components die Komponente zurück, deren Name zum String im Parameter AName paßt. FindComponent beachtet dabei keine Groß-/Kleinschreibung.

Beispiel: Es existiert ein Button »Button1« in Ihrer Anwendung. Um die eigentliche Komponente TButton1 im Array Components zurückzugeben, rufen Sie FindComponents wie folgt auf:

```
FindComponents('Button1');
```

function Focused: Boolean;
Focused wird verwendet, um zu bestimmen, ob ein Fensterdialogelement den Fokus besitzt und deshalb das aktive Dialogelement in ActiveControl ist.

procedure Free;
Die Methode Free entfernt das Objekt und gibt den dazugehörigen Speicher frei. Haben Sie das Objekt unter Verwendung der Methode Create erzeugt, so benutzen Sie zum Entfernen und für die Freigabe des Speichers die Methode Free. Free gelingt auch dann, wenn das Objekt selbst nicht mehr existiert (zum Beispiel durch einen vorherigen Aufruf von Free. Delphi erledigt dies für Objekte der Bibliothek visueller Komponenten automatisch.

Sie sollten also niemals eine Komponente innerhalb ihrer Anwendung entfernen.

Falls Sie ein Formular freigeben wollen, rufen Sie die Methode Release auf, um das Formular zu löschen und dessen benutzten Speicher freizugeben.

function GetTextBuf(Buffer: PChar; BufSize: Integer): Integer;
Die Methode GetTextBuf holt den Text der Komponente und kopiert ihn in den Puffer als Null-terminierten String (Ende der Zeichenkette wird mit 0 angegeben), auf den Buffer zeigt. Die maximale Länge des Strings wird mit BufSize (siehe dazu GetTextLen) festgelegt. In BufSize wird nach der Ausführung die Anzahl der Zeichen des Strings zu finden sein. Diese Methode ist vor allem dann sehr nützlich, wenn mit Strings größer als 256 Zeichen gearbeitet wird. Der Typ STRING kann nicht mehr als 256 Zeichen aufnehmen. Dabei entfällt aber das erste Element in diesem Typ auf die Längenangabe des Strings, so daß nur noch maximal 255 Zeichen möglich sind. Ein PChar ist ein Zeiger auf das erste Zeichen einer Zeichenkette. Eine derart definierte Zeichenkette besitzt keine Längenangabe, sondern trägt eine 0 am Ende der Kette, daher auch der Name Null-terminierter String. Ein PChar kann die maximale Größe von 64 Kbyte erreichen. Die maximale Anzahl der Zeichen ist also auf 64 Kbyte und nicht auf 255 Zeichen beschränkt (siehe auch GetTextLen und SetTextBuf).

function GetTextLen: Integer;
Die Methode GetTextLen gibt die Länge des Textes der Komponente zurück. Dieser Wert kann für BufSize in GetTextBuf verwendet werden (siehe auch GetTextBuf und SetTextBuf).

procedure Hide;
Die Methode Hide versteckt eine Komponente, sie ist also nicht mehr auf dem Bildschirm nicht sichtbar. Dabei wird die Eigenschaft Visible auf False gesetzt. Dabei ist eine Komponente aber weiterhin aktiv, das heißt, sie kann bearbeitet werden.

procedure Invalidate;
Die Methode Invalidate erzwingt das Neuzeichnen einer Komponente, sobald dies möglich ist.

procedure InsertComponent(AComponent: TComponent);
InsertComponent macht die Komponente zum Besitzer der im Parameter AComponent übergebenen Komponente. Die Komponente wird am Ende der Array-Eigenschaft Components hinzugefügt. Die eingefügte Komponente darf keinen Namen haben (keinen für die Eigenschaft Name spezifizierten Wert) oder der Name muß sich eindeutig von allen anderen in der Components-Liste unterscheiden. Wird die Besitzerkomponente entfernt, so wird auch AComponent gelöscht.

procedure Refresh;
Die Methode Refresh reagiert je nach Art der Komponente, ob Daten oder die Komponenten selbst neu gezeichnet werden. Die Methode Refresh kann also jedes Bild auf dem Bildschirm löschen und alle Dialogelemente neuzeichnen beziehungsweise Datensätze einer Datei erneut einlesen.

Innerhalb der Implementation von Refresh beim Neuzeichnen von Komponenten wird die Methode Invalidate und dann die Methode Update aufgerufen.

Beim Refresh von Daten ist zu beachten: Durch Refresh können sich die angezeigten Daten unerwartet verändern und so den Anwender verwirren. Ein Dialog oder eine andere Mitteilung, die dem Anwender den Refresh der Daten mitteilt, wäre somit wohl angebracht und von äußerster Nützlichkeit.

procedure RemoveComponent(AComponent: TComponent);
RemoveComponent entfernt die Komponente, die im Parameter AComponent festgelegt ist, aus der Komponentenliste Components. Die Position in der Liste wird zu Nil.

procedure Repaint;
Die Methode Repaint fordert das Dialogelement auf, sich auf dem Bildschirm neu zu zeichnen, ohne jedoch die darunterliegende Fläche zuvor zu löschen. Um vor dem Neuzeichnen zu löschen, müssen Sie anstelle von Repaint die Methode Refresh aufrufen.

procedure ScaleBy(M, D: Integer);
Die Methode ScaleBy skaliert eine Komponente um einen Prozentsatz ihrer ursprünglichen Größe. Der Parameter M ist der Multiplikator und der Parameter D der Divisor. Wenn Sie beispielsweise die Größe des Dialogelements auf 66% seines ursprünglichen Formats ändern möchten, geben Sie in M den Wert 66 und in D den Wert 100 an (66/100). Bei der Vergrößerung gehen Sie einfach den umgekehrten Weg: Vergrößerung um 66% bedeutet nichts anderes als M=166 und D=100.

function ScreenToClient(Point: TPoint): TPoint;
Die Methode ScreenToClient wird verwendet, um den Koordinatenpunkt in Pixeln der Komponente auf dem Bildschirm zu bestimmen. ScreenToClient gibt die X- und Y-Koordinaten in einem Record des Typs TPoint zurück.

procedure ScrollBy(DeltaX, DeltaY: Integer);
ScrollBy scrollt den Inhalt einer Komponente. Statt der Methode ScrollBy sollten Sie im Normalfall lieber mit den eingebauten Bildlauf-Leisten arbeiten, es sei denn, diese Leisten wären für Ihre Programm-Idee aus irgendeinem Grund nicht brauchbar.

DeltaX enthält die Veränderung in Pixeln in Richtung der X-Achse. Ein positiver Wert von DeltaX verschiebt den Inhalt nach rechts, ein negativer Wert verschiebt den Inhalt nach links. DeltaY bezeichnet die Veränderungen in Pixeln in Richtung der Y-Achse. Ein positiver Wert von DeltaY verschiebt den Inhalt nach unten, ein negativer Wert verschiebt den Inhalt nach oben.

procedure SendToBack;
Die Methode SendToBack setzt eine Komponente innerhalb einer übergeordneten Komponente hinter alle anderen Komponenten. Die Reihenfolge, in der Komponenten übereinander gelagert werden (Z-Reihenfolge), hängt davon ab, ob es sich um fensterähnliche oder um nicht-fensterähnliche Komponenten handelt. Die Reihenfolge arbeitet nach dem Prinzip, daß die zuletzt eingefügte Komponente die oberste und damit nicht sichtbare Komponente ist.

Mit der Methode SendToBack einer Komponente würde diese Komponente ganz nach unten auf den Stapel kommen und somit nicht sichtbar sein.

Bei der Stapelung ist zu beachten, daß fensterähnliche Komponenten immer auf nicht-fensterähnlichen Komponenten gestapelt werden. Ein Aufruf von SendToBack einer fensterähnlichen Komponente bewirkt also gar nichts, wenn unter dem Stapel eine nicht-fensterähnliche Komponente liegt (siehe auch BringToFront).

Die folgenden Komponenten zählen zu den fensterähnlichen Komponenten:

BitBtn	DBNavigator	MediaPlayer
Button	DBRadioGroup	Memo
CheckBox	DirectoryListBox	Notebook
ComboBox	DrawGrid	OLEContainer
DBCheckBox	DriveComboBox	Outline
DBComboBox	Edit	Panel
DBEdit	FileListBox	RadioButton
DBGrid	FilterComboBox	RadioGroup
DBImage	Form	ScrollBar
DBListBox	GroupBox	ScrollBox
DBLookupCombo	Header	StringGrid
DBLookupList	ListBox	TabbedNotebook
DBMemo	MaskEdit	TabSet

Die nun folgenden Komponenten zählen zu den nicht-fensterähnlichen Komponenten:

Bevel   Label   SpeedButton
DBText   PaintBox   Image
Shape

procedure SetBounds(ALeft, ATop, AWidth, AHeight: Integer);
Die Methode SetBounds setzt die Begrenzungseigenschaften der Komponente Left, Top, Width und Height auf die Werte, die in den entsprechenden Werten ALeft, ATop, AWidth und AHeight übergeben werden. SetBounds erlaubt Ihnen, mehr als eine Begrenzungseigenschaft der Komponente zur gleichen Zeit einzustellen. Obwohl Sie immer einzelne Begrenzungen einstellen können, erlaubt Ihnen die Verwendung von SetBounds, mehrere Änderungen auf einmal durchzuführen, ohne daß jedesmal das Dialogfenster neu gezeichnet werden muß.

procedure SetFocus;
SetFocus übergibt den Focus an die Komponente. Bei Formularen ruft das jeweilige Formular die Methode SetFocus des standardmäßig aktiven Dialogelements auf.

procedure SetSelTextBuf(Buffer: PChar);
SetSelTextBuf löscht den markierten Text einer Komponente durch den Text aus dem mit Buffer angezeigten Puffer.

procedure SetTextBuf(Buffer: PChar);
Die Methode SetTextBuf ersetzt den Text in einer Komponente durch den Text in Buffer. Buffer muß auf einen mit Null abgeschlossenen String zeigen (siehe auch GetTextBuf und GetTextLen).

procedure Show;
Die Methode Show bringt eine Komponente nicht sichtbar auf dem Bildschirm, indem die Eigenschaft Visible auf True eingestellt wird. Falls die Methode Show eines Formulars aufgerufen wird und das Formular ist undurchsichtig, versucht Show das Formular nicht sichtbar zu machen, indem sie das Formular mit der Methode BringToFront in den Vordergrund bringt. Ein Formular verfügt zusätzlich über die Methode Show-Modal, um einen modalen Dialog erzeugen zu können. Ein modaler Dialog muß bearbeitet und geschlossen werden. Ein SendToBack hätte also keinen Erfolg.

procedure Update;
In der Methode Update wird die API-Funktion UpdateWindow von Windows aufgerufen, die alle beim Zeichnen entstandenen und noch nicht erledigten Meldungen bearbeitet.

UpdateWindows ist definiert als

```
procedure UpdateWindow(Wnd: HWnd);
```

Die Routine UpdateWindow aktualisiert den Client-Bereich des angegebenen Fensters, indem sie eine WM_PAINT-Meldung an das Fenster sendet, wenn der Aktualisierungsbereich für das Fenster nicht leer ist. Die Routine UpdateWindow sendet eine WM_PAINT-Meldung unter Umgehung der Anwendungswarteschlange direkt an die Fensterfunktion des gegebenen Fensters. Wenn der Aktualisierungsbereich

leer ist, wird keine Meldung gesendet. Der Parameter Wnd bezeichnet das Fenster oder besser das Handle des Fensters, das aktualisiert werden soll.

Komponentenname:	RadioGroup
Klassenname:	TRadioGroup

Beschreibung:

Eine RadioGroup (zu deutsch Schaltfeldgruppenfenster) ist ein Gruppenfenster, in dem RadioButtons enthalten sind. Die RadioButtons werden in die Gruppe eingefügt, wenn Strings als Werte der Eigenschaft Items eingegeben werden. Jeder String in Items läßt den RadioButton in einer Gruppe mit dem String als Titel des RadioButton erscheinen.

Eigenschaften:

property Align: TAlign;
Die Eigenschaft Align legt fest, wie Dialogelemente zum Beispiel im Formular ausgerichtet werden. Mögliche Werte:

alNone	Die Komponente bleibt an der Einfügeposition im Formular (Standardeinstellung).
alTop	Die Komponente wird an die Oberkante des Formulars verschoben und an seine Breite angepaßt. Die Höhe der Komponente bleibt unverändert.
alBottom	Die Komponente wird an die Unterkante des Formulars verschoben und an seine Breite angepaßt. Die Höhe der Komponente bleibt unverändert.
alLeft	Die Komponente wird an die linke Kante des Formulars verschoben und an seine Höhe angepaßt. Die Breite der Komponente bleibt unverändert.
alRight	Die Komponente wird an die rechte Kante des Formulars verschoben und an seine Höhe angepaßt. Die Breite der Komponente bleibt unverändert.
alClient	Die Größe der Komponente wird an den Client-Bereich eines Formulars angepaßt. Ist ein Teil des Client-Bereichs bereits von einer anderen Komponente besetzt, füllt die Komponente den verbleibenden Teil des Client-Bereichs aus.

Wird zum Beispiel ein Formular, das Besitzer eines Labels ist, in der Größe verändert, werden die Komponenten innerhalb des Formulars neu ausgerichtet. Die Verwendung der Eigenschaft Align ist dann sinnvoll, wenn ein Dialogelement an einer Position des Formulars stehenbleiben soll, auch wenn sich die Größe des Formulars ändert.

property BoundsRect: TRect;
Die Eigenschaft BoundsRect liefert das Begrenzungsrechteck der Komponente – ausgedrückt im Koordinatensystem des übergeordneten Dialogelements – zurück. Mit BoundsRect ersetzen und erleichtern Sie sich somit die Abfrage der einzelnen Werte für die Eigenschaften Left, Top, Width und Height.

property Caption: String;
Die Eigenschaft Caption ist der Text, der in der Komponente angezeigt wird. Zum Beispiel in der Titelleiste des Formulars.

property Color: TColor;
Die Eigenschaft Color legt für alle Komponenten mit Ausnahme des Dialogfensters die Farbe fest (Hintergrundfarbe eines Formulars oder eines Dialogelements oder Grafikobjekts).

Ist die Eigenschaft ParentColor auf True gesetzt, bewirkt eine Änderung der Eigenschaft Color einer Komponente A automatisch eine Änderung der Eigenschaft Color aller Komponenten, die als Besitzer die Komponente A haben. Wenn Sie der Eigenschaft Color eines Dialogelements einen Wert zuweisen, wird seine Eigenschaft ParentColor automatisch auf False gesetzt. Mögliche Werte sind:

clBlack	Schwarz
clMaroon	Rotbraun
clGreen	Grün
clOlive	Olivgrün
clNavy	Marineblau
clPurple	Violett
clTeal	Petrol
clGray	Grau
clSilver	Silber
clRed	Rot
clLime	Limonengrün
clBlue	Blau
clFuchsia	Pink
clAqua	Karibikblau
clWhite	Weiß

(Systemfarben von Windows:)

clBackground	Aktuelle Windows-Hintergrundfarbe
clActiveCaption	Aktuelle Farbe der Titelleiste des aktiven Fensters
clInactiveCaption	Aktuelle Farbe der Titelleiste der inaktiven Fenster
clMenu	Aktuelle Hintergrundfarbe der Menüs
clWindow	Aktuelle Hintergrundfarbe der Fenster
clWindowFrame	Aktuelle Farbe der Fensterrahmen
clMenuText	Aktuelle Farbe vom Menütext
clWindowText	Aktuelle Farbe vom Fenstertext
clCaptionText	Aktuelle Textfarbe der Titelleiste des aktiven Fensters

clActiveBorder	Aktuelle Rahmenfarbe des aktiven Fensters
clInactiveBorder	Aktuelle Rahmenfarbe der inaktiven Fenster
clAppWorkSpace	Aktuelle Farbe des Arbeitsbereichs der Anwendung
clHighlight	Aktuelle Hintergrundfarbe vom ausgewählten Text
clHighlightText	Aktuelle Farbe vom ausgewählten Text
clBtnFace	Aktuelle Farbe einer Schalterfläche
clBtnShadow	Aktuelle Schattenfarbe eines Schalters
clGrayText	Aktuelle Farbe von grau dargestelltem Text
clBtnText	Aktuelle Farbe von Text auf einem Schalter
clInactiveCaptionText	Aktuelle Textfarbe in der Titelleiste eines inaktiven Fensters
clBtnHighlight	Aktuelle Farbe der Markierung eines Schalters

Mit einem Doppelklick auf Color öffnet sich das Farbschema von Windows, in dem Sie auch eigene Farben zusammenstellen können.

property Columns: Longint;
Columns gibt die Anzahl der Spalten in einer Komponente an. Geben Sie die gewünschte Anzahl der Spalten einer Komponente als Wert von Columns an.

property ComponentIndex: Integer;
Die Eigenschaft ComponentIndex zeigt die Position einer Komponente in der Eigenschaftsliste Components ihres Besitzers an. Die erste Komponente in der Liste hat den ComponentIndex-Wert 0, die zweite hat den Wert 1, die dritte den Wert 2 etc. Diese Eigenschaft ist nur zur Laufzeit und dann auch nur im Read-Only-Modus benutzbar.

property Controls[Index: Integer]: TControl;
Controls ist ein Array aller untergeordneten Komponenten der Komponente. Controls ist dann von Nutzen, wenn Sie auf die untergeordneten Komponenten über die Zahl statt über den Namen zugreifen müssen.

property Ctl3D: Boolean;
Die Eigenschaft Ctl3D legt fest, ob ein Dialogelement ein dreidimensionales (3-D) oder zweidimensionales Aussehen besitzt. Wenn Ctl3D True ist, erscheint das Dialogelement dreidimensional. Die Voreinstellung von Ctl3D ist True. Wenn die Eigenschaft ParentCtl3D einer Komponente auf True gesetzt ist, verändert jede Modifikation der Eigenschaft Ctl3D des übergeordneten Dialogelements automatisch auch die Eigenschaft Ctl3D des Dialogelements.

Achtung: Damit Ctl3D überhaupt funktioniert, muß sich die dynamische Link-Bibliothek CTL3DV2.DLL im Suchpfad befinden. Idealerweise sollte sich diese Datei im System-Verzeichnis von Windows aufhalten.

property Cursor: TCursor;
Mit der Eigenschaft Cursor stellen Sie das Aussehen des Cursors ein, wenn dieser auf die Komponente zeigt.

Mögliche Werte sind:

crDefault	crArrow	crCross
crIBeam	crSize	crSizeNESW
crSizeNS	crSizeNWSE	crSizeWE
crUpArrow	crHourglass	crDrag
crNoDrop	crHSplit	crVSplit

property DragCursor: TCursor;
Die Eigenschaft DragCursor bestimmt die Form des Mauszeigers, wenn sich der Zeiger über einer Komponente befindet, die ein gezogenes Objekt akzeptieren kann. Mögliche Werte sind mit denen der Eigenschaft Cursor identisch.

property DragMode: TDragMode;
Die Eigenschaft DragMode legt das Ziehen-und-Ablegen-Verhalten einer Komponente fest. Mögliche Werte sind:

dmAutomatic	Wenn dmAutomatic ausgewählt ist, ist das Dialogelement bereit, gezogen zu werden; der Anwender klickt nur und zieht es dann.
dmManual	Wenn dmManual ausgewählt ist, kann das Dialogelement nicht gezogen werden, bevor die Anwendung die Methode BeginDrag aufgerufen hat.

Ist die Eigenschaft DragMode einer Komponente dmAutomatic, kann die Anwendung dies zur Laufzeit durch Einstellung des Werts dmManual deaktivieren.

property Enabled: Boolean;
Die Eigenschaft Enabled bestimmt, ob die Komponente auf Maus-, Tastatur- und Timer-Ereignisse reagiert. Wenn Enabled auf True gesetzt ist, reagiert die Komponente normal. Ist Enabled hingegen False, ignoriert das Dialogelement Maus- und Tastaturereignisse. Bei einer Timer-Komponente werden die für das OnTimer-Ereignis deaktivierten Komponenten (Dialogelemente) grau dargestellt.

property Font: TFont;
Die Eigenschaft Font legt den Font und die Eigenschaften des Fonts der Komponente fest. Sie haben die Möglichkeit, diese Werte im Objectinspektor oder – wesentlich komfortabler – mit Hilfe eines Doppelklicks auf diese Eigenschaft einen Dialog zu öffnen, der alle möglichen Werte anzeigt.

property Handle: ...;
Der Typ der Eigenschaft Handle ist abhängig von der jeweiligen Komponente. In allgemeinen gilt: Sollte eine Windows-API-Funktion ein Handle der betreffenden Komponente verlangen, dann setzen Sie dazu die jeweilige Eigenschaft Handle der betreffenden Komponente ein. Verlangt eine Windows-API-Funktion zum Beispiel das Handle Ihrer gesamten Anwendung, dann benutzen Sie am besten die Eigenschaft Handle des Objekts TApplication. Hier die Übersicht der verschiedenen Typen der Eigenschaft Handle:

Handle für die Komponenten:

Bitmap	property Handle: HBitmap;
Brush	property Handle: HBrush;
Canvas	property Handle: HDC;
Font	property Handle: HFont;
Icon	property Handle: HIcon;
Metafile	property Handle: HMetafile;
Pen	property Handle: HPen;

Handle gibt Ihnen den Zugriff auf das Handle des jeweiligen GDI-Objekts. Benötigen Sie zum Beispiel für den Aufruf einer Windows-API-Funktion ein Handle auf ein Stiftobjekt oder ein Bitmap-Objekt, dann können Sie dazu das Handle der Komponente Pen beziehungsweise der Komponente Bitmap benutzen.

Handle für das Objekt TApplication und die folgenden Komponenten:

Bevel	DBText	Memo
BitBtn	DirectoryListBox	Notebook
Button	DrawGrid	OLEContainer
CheckBox	DriveComboBox	Outline
ComboBox	Edit	PaintBox
DBCheckBox	FileListBox	Panel
DBComboBox	FilterComboBox	RadioButton
DBEdit	FindDialog	RadioGroup
DBGrid	Form	ReplaceDialog
DBImage	GroupBox	ScrollBar
DBListBox	Header	ScrollBox
DBLookupCombo	Image	Shape
DBLookupList	Label	SpeedButton
DBMemo	ListBox	StringGrid
DBNavigator	MaskEdit	TabbedNotebook
DBRadioGroup	MediaPlayer	TabSet

property Handle: HWND;
Handle bietet Ihnen Zugriff auf das Handle der jeweiligen Komponente (z.B. Fenster-Handle, Dialog-Handle etc.). Dieses Handle wird von einigen Windows-API-Funktionen beim Aufruf erwartet. Sie können in diesem Fall das Handle der jeweils betroffenen Komponente oder – falls das Handle Ihrer Anwendung gefordert wird – das Handle des Objekts TApplication übergeben.

Handle für die Komponenten:

MainMenu	MenuItem	PopupMenu

property Handle: HMENU;
Sollte eine Windows-API-Funktion ein Handle eines Menüs oder Menü-Eintrags oder eines lokalen Menüs verlangen, dann können Sie dazu die Eigenschaft Handle von MainMenu, MenuItem und PopupMenu benutzen.

Handle für die Komponente Printer:

property Handle: HDC;
Handle enthält das Handle des jeweiligen Druckerobjekts TPrinter der Komponente Printer.

Handle für die Komponente DataBase:

property Handle: HDBIDB;
Um direkte Aufrufe in die Richtung des Borland Database-Engine-(BDE)-API zu tätigen, benötigen Sie ein Handle der jeweiligen Datenbank-Komponente. Dazu dient Ihnen die Eigenschaft Handle der Komponente DataBase. Dies erlaubt Ihnen Zugriffe auf Funktionen des BDE-API, die nicht in der VCL-Bibliothek integriert wurden. Bevor Sie allerdings diese Funktionen aufrufen, sollten Sie prüfen, ob diese Funktionen möglicherweise schon in der VCL-Bibliothek gekapselt wurde.

Handle für das Object TSession:

Delphi erzeugt eine Komponente Session vom Typ TSession immer dann, wenn eine Anwendung ausgeführt wird. Sessions sollten nicht von Ihnen erzeugt oder zerstört werden. Session erlaubt eine globale Prüfung über Datenbankverbindungen. Die Eigenschaft Databases von Session ist ein Array von allen aktiven Datenbanken in der Sitzung. Die Eigenschaft DatabaseCount vom Typ Integer gibt die Anzahl der aktiven Datenbanken in der Sitzung.

property Handle: HDBISES;
Mit der Eigenschaft Handle können Sie direkte Aufrufe an die Borland-Datenbank-Engine, bezogen auf eine bestimmte Sitzung (Session/TSession), durchführen. Die Komponente Session werden Sie kaum benutzen müssen. Die wichtigsten Funktionen des BDE-API sind in der VCL-Bibliothek gekapselt und ersparen Ihnen diesen Weg.

Handle für die die Komponenten Table, Query und StoredProc:

property Handle: HDBICur;
Ebenfalls für direkte Zugriffe auf Funktionen des BDE-API und unter normalen Umständen nicht zu benutzen, da die wichtigsten BDP-API-Funktionen via VCL-Bibliothek einen einfacheren Zugriff ermöglichen.

property Height: Integer;
Die Eigenschaft Height eines Dialogelements legt die Höhe der Komponente in Pixeln fest.

property HelpContext: THelpContext;
Die Eigenschaft HelpContext stellt eine Kontextnummer für die Verwendung beim Aufruf kontextbezogener Online-Hilfe bereit. Jeder Hilfebildschirm des Hilfesystems sollte eine eindeutige Kontextnummer besitzen. Ist in der Anwendung eine Komponente selektiert, so wird nach Betätigen von F1 ein Hilfebildschirm angezeigt. Welcher Hilfebildschirm angezeigt wird, hängt vom Wert der Eigenschaft HelpContext ab.

property Hint: string;
Die Eigenschaft Hint ist der Text-String, der erscheinen kann, wenn ein OnHint-Ereignis eintritt, also wenn der Benutzer den Cursor über die Komponente bewegt. Wie der String angezeigt wird, bestimmt der Code in der Ereignisbehandlungs-Routine OnHint. Sie können eine Schnellhilfe, d.h. ein Fenster, das einen Hilfetext enthält, für eine Komponente erscheinen lassen, wenn der Anwender den Mauszeiger über das Dialogelement führt und dort kurz verweilt. Dies funktioniert wie folgt:

1. Spezifizieren Sie für jede Komponente, die einen Schnellhinweis anzeigen soll, einen Hint-Wert.
2. Setzen Sie die Eigenschaft ShowHint des Bedienfelds auf True.
3. Setzen Sie die Eigenschaft ShowHint der Anwendung zur Laufzeit auf True.

Sie können Hint gleichzeitig sowohl für ein Hilfehinweisfenster als auch für die Verwendung innerhalb der Behandlungsroutine OnHint spezifizieren, indem Sie zwei durch das Zeichen | (das »oder« oder Pipe-Symbol) getrennte Werte angeben, also beispielsweise:

```
Edit1.Hint := 'Aufforderung|Geben Sie den richtigen Wert ein';
```

Der String »Aufforderung« erscheint im Hilfehinweisfenster und der String »Geben Sie den richtigen Wert ein« erscheint wie in der Ereignisbehandlungs-Routine OnHint spezifiziert.

property ItemIndex: Integer;
Der Wert ItemIndex ist die Ordinalzahl des selektierten Elements der Komponente.

Der Wert -1 bedeutet, daß kein Element selektiert wurde. Zur Laufzeit selektieren Sie im Programm ein Element, indem Sie den Index des Elements in diese Eigenschaft einsetzen. Dabei beginnt die Zählung der Elemente bei 0. 0 ist also das erste Element.

Besitzt die Komponente die Eigenschaft MultiSelect und ist diese auf True gesetzt, dann finden Sie bei mehreren ausgewählten Elementen in ItemIndex den Wert für das fokusierte (das zuletzt ausgewählte) Element.

property Items: TStrings;
Items enthält Strings, die als Elemente in Listboxen erscheinen.

Der Typ TStrings von Items liefert Ihnen eine Reihe von Methoden zum Bearbeiten und Einfügen der Strings, aber dazu mehr am Schluß der Definition von Items. TString hat zwar keine Möglichkeit, Strings zu speichern, kann aber die Speichermöglichkeiten der Komponente nutzen.

Mit Methoden wie Add, Delete, Insert, Move und Exchange eines String-Objekts kann man Strings hinzufügen, löschen, einfügen, bewegen und austauschen.

property Left: Integer;
Die Eigenschaft Left bestimmt die horizontalen Koordinaten der linken Kante einer Komponente relativ zum Formular in Pixeln. Für Formulare ist der Wert der Eigenschaft Left relativ zum Bildschirm (ebenfalls in Pixeln).

property Name: TComponentName;
Die Eigenschaft Name enthält den Namen der Komponente wie er von anderen Komponenten für den Zugriff verwendet wird. Delphi weist als Vorgabewerte sequentielle Namen zu, die auf dem Typ der Komponente basieren, also etwa für Buttons »Button1«, »Button2« etc. Dies können Sie gemäß Ihrer Vorstellungen abändern. Komponentennamen sollten ausdrücklich nur zur Entwurfszeit geändert werden.

property Owner: TComponent;
Die Eigenschaft Owner teilt Ihnen mit, die Komponente zu welcher Komponente gehört. Dem Formular gehören alle Komponenten, die auf ihm vorhanden sind. Umgekehrt gehört das Formular zur Anwendung. Gehört eine Komponente A einer anderen Komponente B, wird der Speicher der Komponente A freigegeben, wenn der Speicher der Komponente B freigegeben wird. Es werden also folgerichtig alle Komponenten des Formulars gelöscht, wenn das Formular gelöscht wird. Außerdem wird natürlich der Speicher für das Formular und dessen Komponenten freigegeben, wenn der Speicher der Anwendung selbst freigegeben wird.

property Parent: TWinControl;
Die Eigenschaft Parent enthält den Namen der übergeordneten Komponente. Wenn eine Komponente A eine andere Komponente B enthält, sind die in B enthaltenen Komponenten untergeordnete Komponenten von A. Wenn Ihre Anwendung beispielsweise drei Buttons in einer GroupBox enthält, dann ist die GroupBox das übergeordnete Element der drei Buttons und die Button-Schaltfelder sind der GroupBox untergeordnet.

Parent und Owner sind leider etwas verwirrend. Daher hier eine kleine Entwirrung:

Ein Formular ist der Besitzer aller darauf enthaltenen Komponenten, unabhängig davon, ob sie ein Fensterelement sind. Für unser Beispiel mit den drei Buttons und der GroupBox bedeutet dies: Der Besitzer der Buttons ist immer das Formular, aber die GroupBox ist das übergeordnete Element.

Wenn Sie einen neuen Dialog erzeugen, müssen Sie dem neuen Dialogelement einen Wert der Eigenschaft Parent zuweisen. Üblicherweise sind dies Formulare, Bedienfelder, GroupBoxen oder andere Dialoge, die andere Komponenten Elemente enthalten können. Es ist möglich, jedes Element als das übergeordnete zuzuweisen, aber das darin enthaltene Dialogelement wird wahrscheinlich überschrieben.

Wird das übergeordnete Element gelöscht, dann werden auch alle Elemente, die ihm untergeordnet sind, gelöscht.

property ParentColor: Boolean;
Die Eigenschaft ParentColor bestimmt, wo eine Komponente nach ihren Farbeigenschaft suchen soll. Falls ParentColor True ist, verwendet die Komponente die Farbe der Eigenschaft der übergeordneten Komponente.

Wenn ParentColor False ist, verwendet die Komponente ihre eigene Eigenschaft Color. Durch Verwendung von ParentColor können Sie sicherstellen, daß alle Komponenten auf einem Formular das gleiche Erscheinungsbild haben.

property ParentCtl3D: Boolean;
Die Eigenschaft ParentCtl3D bestimmt, wo eine Komponente nach ihrer Eigenschaft Ctl3D suchen muß. IstParentCtl3D auf True gesetzt, verwendet die Komponente die Dimensionen der Eigenschaft Ctl3D von deren übergeordneten Komponente. Wenn ParentCtl3D False ist, verwendet die Komponente ihre eigene Eigenschaft Ctl3D. Durch Verwendung von ParentCtl3D stellen Sie sicher, daß alle Komponenten auf einem Formular das gleiche Erscheinungsbild haben. Wenn Sie beispielsweise möchten, daß alle Komponenten auf einem Formular ein dreidimensionales Erscheinungsbild haben, setzen Sie die Eigenschaft Ctl3D des Formulars auf True und die Eigenschaft ParentCtl3D jeder Komponente auf True.

property ParentFont: Boolean;
Die Eigenschaft ParentFont bestimmt, wo eine Komponente nach ihrer Fonteigenschaft suchen soll. Falls ParentFont True ist, verwendet die Komponente den Font der Eigenschaft der übergeordneten Komponente.

Wenn ParentFont False ist, verwendet die Komponente ihre eigene Eigenschaft Font. Durch Verwendung von ParentFont können Sie sicherstellen, daß alle Komponenten auf einem Formular das gleiche Erscheinungsbild haben.

property ParentShowHint: Boolean;
Die Eigenschaft ParentShowHint bestimmt, wo eine Komponente nach dessen Hinteigenschaft suchen soll. Falls ParentShowHint True ist, verwendet die Komponente die Hint-Eigenschaft der übergeordneten Komponente.

Ist ParentShowHint False, verwendet die Komponente ihre eigene Eigenschaft Hint. Durch Verwendung von ParentShowHint können Sie sicherstellen, daß alle Komponenten auf einem Formular das gleiche Erscheinungsbild haben.

property PopupMenu: TPopupMenu;
Die Eigenschaft PopupMenu legt den Namen des Popup-Menüs fest, das erscheint, wenn der Anwender die Komponente auswählt, die rechte Maustaste drückt (bei dem Wert True für AutoPopup des Popup) oder wenn die Methode Popup des Popup-Menüs ausgeführt wird.

property ShowHint: Boolean;
Die Eigenschaft ShowHint bestimmt, ob das Dialogelement eine Schnellhilfe anzeigen soll, wenn der Mauszeiger eine Weile auf ihm verweilt. Die Schnellhilfe entspricht dem Wert der Eigenschaft Hint, die in einem Feld direkt unterhalb des Elements angezeigt wird. Wenn die Eigenschaft ShowHint den Wert True hat, kann die Schnellhilfe erscheinen.

Ist ShowHint False, kann die Schnellhilfe auch angezeigt werden, wenn ParentShowHint auf True gesetzt wurde und die Eigenschaft ShowHint der übergeordneten Komponente ebenfalls auf True gesetzt wurde.

property Showing: Boolean;
Die Eigenschaft Showing legt fest, ob eine Komponente momentan auf dem Bildschirm angezeigt wird oder nicht. Falls die Eigenschaft Visible einer Komponente und aller übergeordneten Komponenten in der übergeordneten Hierarchie True ist,

ist Showing auch True. Wenn einer der Vorfahren der Komponente den Wert False als Wert für die Eigenschaft Visible hat, dann ist auch Showing False.

property TabOrder: TTabOrder;
Die Eigenschaft TabOrder bestimmt die Position einer Komponente in der Tabulatorreihenfolge, in der Komponenten den Fokus erhalten, wenn der Anwender die Taste TAB drückt. Anfänglich ist die Tabulatorreihenfolge immer die Reihenfolge, in der die Komponenten in das Formular hinzugefügt wurden. Der Wert der Eigenschaft TabOrder ist für jede Komponente auf dem Formular einmalig. Die erste dem Formular hinzugefügte Komponente hat den TabOrder-Wert 0, die zweite 1, die dritte 2 usw.

Falls Sie dem Wert der Eigenschaft TabOrder einer Komponente den gleichen Wert einer anderen Komponente zuweisen, numeriert Delphi automatisch die Werte für alle anderen Komponenten neu. Angenommen, eine Komponente ist beispielsweise die sechste Komponente in der Tabulatorreihenfolge. Wenn Sie den Wert der Eigenschaft TabOrder der Komponente auf 3 ändern (dies macht die Komponente zu der vierten in der Tabulatorreihenfolge), wird die Komponente, die die vierte war, nun zur fünften und die Komponente, die die fünfte war, wird jetzt die sechste.

property TabStop: Boolean;
Die Eigenschaft TabStop bestimmt, ob der Anwender diese Komponente mit der Taste TAB anspringen kann. Falls TabStop True ist, befindet sich die Komponente in der Tabulatorreihenfolge. Wenn TabStop False ist, ist das Dialogelement nicht in der Tabulatorreihenfolge.

property Tag: Longint;
Die Eigenschaft Tag kann einen Integerwert als Element einer Komponente speichern. Tag wird von Delphi nirgendwo benutzt und steht Ihnen damit zur freien Verfügung

property Top: Integer;
Die Eigenschaft Top gibt die y-Koordinate der linken oberen Ecke eines Dialogelements relativ zum Formular in Pixeln an. Bei Formularen wird der Wert der Eigenschaft Top in Pixeln relativ zum Bildschirm angegeben.

property Visible: Boolean;
Die Eigenschaft Visible bestimmt, ob eine Komponente auf dem Bildschirm nicht sichtbar ist (True) oder nicht (False).

property Width: integer;
Die Eigenschaft Width bestimmt die Breite einer Komponente, gemessen in Pixeln.

Ereignisse:

property OnClick: TNotifyEvent;
Das Ereignis OnClick erscheint, wenn der Benutzer auf die Komponente klickt. In einem Formular tritt OnClick ein, wenn der Benutzer auf eine freie Stelle im Formular oder eine inaktive Komponente klickt.

OnClick ist vom Typ

```
TNotifyEvent = procedure (Sender: TObject) of object;
```

Der Typ TNotifyEvent weist auf eine Methode, die das Anklicken eines Objekts behandelt. Der Parameter Sender ist das Dialogelement, das angeklickt wurde.

property OnDragDrop: TDragDropEvent;
Das Ereignis OnDragDrop tritt ein, wenn der Anwender ein gezogenes Objekt ablegt. Verwenden Sie die Ereignisbehandlungs-Routine OnDragDrop, um festzulegen, was passieren soll, wenn der Anwender ein Objekt ablegt.

OnDragClick ist vom Typ

```
TDragDropEvent = procedure(Sender, Source: TObject; X, Y: Integer) of object;
```

Der Typ TDragDropEvent zeigt also auf eine Methode, die das Ablegen eines gezogenen Objekts behandelt. Der Parameter Source des Ereignisses OnDragDrop ist das abzulegende Objekt und der Parameter Sender ist das Dialogelement, auf das das Objekt abgelegt wurde. Die Parameter X und Y sind die Koordinaten des Mauszeigers, der über dem Dialogelement positioniert wird.

property OnDragOver: TDragOverEvent;
Das Ereignis OnDragOver tritt ein, wenn der Anwender ein Objekt über eine Komponente zieht. Üblicherweise werden Sie ein Ereignis OnDragOver verwenden, um ein Objekt zu akzeptieren, damit der Anwender es ablegen kann.

OnDragClick ist vom Typ

```
TDragOverEvent = procedure(Sender, Source: TObject; X, Y: Integer;
                State: TDragState; var Accept: Boolean) of object;
```

Der Typ TDragOverEvent zeigt also auf eine Methode, die das Ziehen eines Objekts über ein anderes Objekt behandelt. Der Parameter Source ist das gezogene Objekt, Sender ist das Objekt, über das Source gezogen wurde, X und Y sind die Koordinaten des Mauszeigers, der über dem Dialogelement positioniert wird, in Pixeln; State ist der Status des gezogenen Objekts in Verbindung zum darübergezogenen Objekt, und Accept legt fest, ob der Sender das Ziehobjekt erkennt. Accept wird nicht per Voreinstellung auf True oder False gesetzt; Sie müssen die passenden Werte selbst zuweisen.

Das Ereignis OnDragOver akzeptiert ein Objekt, wenn der Parameter Accept True ist. Durch Ändern des Werts der Eigenschaft DragCursor können Sie das Erscheinungsbild des Cursors beeinflussen. Dies können Sie entweder während des Entwickelns oder zur Laufzeit, bevor ein Ereignis OnDragOver eintritt, durchführen.

property OnEndDrag: TEndDragEvent;
Das Ereignis OnEndDrag tritt immer dann ein, wenn das Ziehen eines Objekts abgeschlossen oder abgebrochen wird. Wenn Sie eine besondere Behandlung haben möchten, sobald das Ziehen beendet wird, verwenden Sie die Ereignisbehandlungs-Routine OnEndDrag.

OnEndDrag ist vom Typ

`TEndDragEvent = procedure(Sender, Target: TObject; X, Y: Integer) of object;`

Der Typ TEndDragEvent zeigt also auf eine Methode, die das Anhalten des Ziehens eines Objekts behandelt. Der Sender ist das Objekt, das gezogen wird, Target ist das Objekt, zu dem Sender hingezogen wird, und X und Y sind die dazugehörigen Bildschirmkoordinaten des Mauszeigers, der über dem Dialogelement positioniert wird. Falls das gezogene Objekt abgelegt und durch das Dialogelement akzeptiert wurde, ist der Parameter Target des Ereignisses OnEndDrag True. Wenn das Objekt nicht erfolgreich abgelegt wurde, beträgt der Wert von Target Nil.

property OnEnter: TNotifyEvent;
OnEnter tritt ein, wenn eine Komponente aktiviert wird. Wenn Sie eine besondere Behandlung festlegen möchten, wenn eine Komponente aktiviert wird, verwenden Sie die Ereignisbehandlungsroutine OnEnter.

OnEnter erscheint nie, wenn Sie zwischen Formularen oder einer anderen Windows-Anwendung und Ihrer Anwendung umschalten. OnEnter für eine Komponente des Typs TPanel oder THeader tritt nie ein, da Bedienfelder oder Header keinen Fokus erhalten können. Somit ist dort OnEnter vollkommen nutzlos. Sie haben diese Ereignisbehandlung aber geerbt.

OnEnter ist vom Typ

`TNotifyEvent = procedure (Sender: TObject) of object;`

Der Typ TNotifyEvent weist auf eine Methode, die das Doppelklicken eines Objekts behandelt. Der Parameter Sender ist das Dialogelement, das mit einem Doppelklick bearbeitet wurde.

property OnExit: TNotifyEvent;
OnExit erscheint, wenn der Eingabefokus einer Komponente an eine andere übergeben wird. OnExit tritt nicht ein, wenn Sie zwischen Formularen oder zwischen einer Windows-Anwendung und Ihrer Anwendung umschalten. OnExit tritt bei den Komponenten Panel und Speedbutton nicht ein, da diese niemals den Fokus erhalten.

OnExit ist vom Typ

`TNotifyEvent = procedure (Sender: TObject) of object;`

Der Typ TNotifyEvent weist auf eine Methode, die das Doppelklicken eines Objekts behandelt. Der Parameter Sender ist das Dialogelement, das mit einem Doppelklick bearbeitet wurde.

Methoden:

procedure BeginDrag(Immediate: Boolean);
Die Methode BeginDrag leitet den Ziehvorgang einer Komponente ein. Wenn der Parameter Immediate auf True gesetzt ist, wird der Mauszeiger auf den Wert der Eigenschaft DragCursor gesetzt und der Ziehvorgang beginnt. Ist Immediate False, wird der Mauszeiger nicht auf den Wert der Eigenschaft DragCursor gesetzt, und

der Ziehvorgang wird erst eingeleitet, wenn der Anwender den Mauszeiger um mindestens 5 Pixel bewegt. Auf diese Weise kann die Komponente Mausklicks akzeptieren, ohne einen Ziehvorgang einzuleiten.

Ihre Anwendung muß die Methode BeginDrag zum Einleiten eines Ziehvorgangs nur aufrufen, wenn DragMode auf dmManual gesetzt ist.

procedure BringToFront;
Die Methode BringToFront setzt eine Komponente innerhalb einer übergeordneten Komponente vor alle anderen Komponenten. BringToFront hilft insbesondere sicherzustellen, daß ein Formular nicht sichtbar ist. Verwenden Sie diese Methode, wenn Sie die Reihenfolge überlappender Komponenten in einem Formular neu festlegen wollen.

Die Reihenfolge, in der Komponenten übereinander gelagert werden (Z-Reihenfolge), hängt davon ab, ob es sich um fensterähnliche oder um nicht-fensterähnliche Komponenten handelt. Die Reihenfolge arbeitet nach dem Prinzip, daß die zuletzt eingefügte Komponente die oberste und damit nicht sichtbare Komponente ist.

Mit der Methode BringToFront einer Komponente würde diese Komponente ganz nach oben auf den Stapel kommen und somit nicht sichtbar sein.

Bei der Stapelung ist zu beachten, daß fensterähnliche Komponenten immer auf nicht-fensterähnlichen Komponenten gestapelt werden. Ein Aufruf von BringToFront einer nicht-fensterähnlichen Komponente bewirkt also gar nichts, wenn oben auf dem Stapel eine fensterähnliche Komponente liegt.

Die folgenden Komponenten zählen zu den fensterähnlichen Komponenten:

BitBtn	DBNavigator	MediaPlayer
Button	DBRadioGroup	Memo
CheckBox	DirectoryListBox	Notebook
ComboBox	DrawGrid	OLEContainer
DBCheckBox	DriveComboBox	Outline
DBComboBox	Edit	Panel
DBEdit	FileListBox	RadioButton
DBGrid	FilterComboBox	RadioGroup
DBImage	Form	ScrollBar
DBListBox	GroupBox	ScrollBox
DBLookupCombo	Header	StringGrid
DBLookupList	ListBox	TabbedNotebook
DBMemo	MaskEdit	TabSet

Die nun folgenden Komponenten zählen zu den nicht-fensterähnlichen Komponenten:

Bevel	Label	SpeedButton
DBText	PaintBox	Image
Shape		

function CanFocus: Boolean;
CanFocus stellt fest, ob eine Komponente den Eingabefokus erhalten kann. CanFocus gibt True zurück, wenn die Eigenschaften Visible und Enabled sowohl der Komponente als auch der übergeordneten Komponenten auf True gesetzt sind. Sind nicht alle Eigenschaften Visible und Enabled dieser Komponenten auf True gesetzt, liefert CanFocus False zurück.

function ClientToScreen(Point: TPoint): TPoint;
Die Methode ClientToScreen übersetzt den angegebenen Punkt aus Client-Bereichskoordinaten in globale Bildschirmkoordinaten. In Client-Bereichskoordinaten entspricht der Punkt (0, 0) der oberen linken Ecke des Client-Bereichs der Komponente. In Bildschirmkoordinaten entspricht (0, 0) der oberen linken Ecke des Bildschirms. Mit den Methoden ClientToScreen und ScreenToClient rechnen Sie Positionen aus dem Koordinatensystem einer Komponente A in das Koordinatensystem einer Komponente B um.

Beispiel: Umrechnung der Koordinaten einer Komponente A in die Koordinaten einer Komponente B (TPoint ist ein Record mit den Feldern X und Y):

```
TPoint = record
       X : integer;
       Y : integer;
END;
VAR
   Koord: TPoint;
Koord:= B.ScreenToClient(A.ClientToScreen(Koord));
```

procedure CopyToClipboard;
CopyToClipboard kopiert den in der Komponente markierten Text in die Zwischenablage. Bei TDBImage wird das markierte Bild in das Clipboard kopiert.

function ContainsControl(Control: TControl): Boolean;
ContainsControl zeigt an, ob eine angegebene Komponente innerhalb dieser Komponente existiert. True bedeutet, daß die Komponente (Control) innerhalb dieser Komponente existiert.

constructor Create;
Create weist Speicher zu, um das Objekt und damit die Komponente zu erzeugen und nach Bedarf seine Daten zu initialisieren. Jedes Objekt kann eine Methode Create besitzen, die individuell so angepaßt ist, daß sie diese bestimmte Art von Objekt erzeugt. Im Normalfall benötigen Sie diese Methoden nicht, da Borland Delphi alles unternimmt, um Ihre Anwendung und die darin enthaltenen Komponenten zu erzeugen. Sollten Sie allerdings ein Ereignis oder die Initialisierung eines Wertes einer selbst geschaffenen Komponente zur Zeit der Erzeugung einstellen wollen, dann können Sie dies in der Methode Create erledigen. Dazu benötigen Sie aber genaue Kenntnisse und Techniken der OOP. Ansonsten sollten Sie Create unverändert lassen und nicht aufrufen.

function Dragging: Boolean;
Die Methode Dragging gibt an, ob eine Komponente gezogen wird. Wenn Dragging True zurückgibt, wird die Komponente gezogen.

procedure EndDrag(Drop: Boolean);
Die Methode EndDrag verhindert, daß eine Komponente weiter gezogen wird. Wenn der Parameter Drop True ist, wird die gezogene Komponente abgelegt. Ist Drop False, wird die Komponente nicht abgelegt und der Vorgang abgebrochen.

function FindComponent(const AName: string): TComponent;
Die Methode FindComponent gibt im Array Components die Komponente zurück, deren Name zum String im Parameter AName paßt. FindComponent beachtet dabei keine Groß-/Kleinschreibung.

Beispiel: Es existiert ein Button »Button1« in Ihrer Anwendung. Um die eigentliche Komponente TButton1 im Array Components zurückzugeben, rufen Sie FindComponents wie folgt auf:

```
FindComponents('Button1');
```

function Focused: Boolean;
Focused wird verwendet, um zu bestimmen, ob ein Fensterdialogelement den Fokus besitzt und deshalb das aktive Dialogelement in ActiveControl ist.

procedure Free;
Die Methode Free entfernt das Objekt und gibt den dazugehörigen Speicher frei. Haben Sie das Objekt unter Verwendung der Methode Create erzeugt, so benutzen Sie zum Entfernen und für die Freigabe des Speichers die Methode Free. Free gelingt auch dann, wenn das Objekt selbst nicht mehr existiert (zum Beispiel durch einen vorherigen Aufruf von Free. Delphi erledigt dies für Objekte der Bibliothek visueller Komponenten automatisch.

Sie sollten also niemals eine Komponente innerhalb ihrer Anwendung entfernen.

Falls Sie ein Formular freigeben wollen, rufen Sie die Methode Release auf, um das Formular zu löschen und dessen benutzten Speicher freizugeben.

function GetTextBuf(Buffer: PChar; BufSize: Integer): Integer;
Die Methode GetTextBuf holt den Text der Komponente und kopiert ihn in den Puffer als Null-terminierten String (Ende der Zeichenkette wird mit 0 angegeben), auf den Buffer zeigt. Die maximale Länge des Strings wird mit BufSize (siehe dazu GetTextLen) festgelegt. In BufSize wird nach der Ausführung die Anzahl der Zeichen des Strings zu finden sein. Diese Methode ist vor allem dann sehr nützlich, wenn mit Strings größer als 256 Zeichen gearbeitet wird. Der Typ STRING kann nicht mehr als 256 Zeichen aufnehmen. Dabei entfällt aber das erste Element in diesem Typ auf die Längenangabe des Strings, so daß nur noch maximal 255 Zeichen möglich sind. Ein PChar ist ein Zeiger auf das erste Zeichen einer Zeichenkette. Eine derart definierte Zeichenkette besitzt keine Längenangabe, sondern trägt eine 0 am Ende der Kette, daher auch der Name Null-terminierter String. Ein PChar kann die maximale Größe von 64 Kbyte erreichen. Die maximale Anzahl der Zeichen ist also auf 64 Kbyte und nicht auf 255 Zeichen beschränkt (siehe auch GetTextLen und SetTextBuf).

function GetTextLen: Integer;
Die Methode GetTextLen gibt die Länge des Textes der Komponente zurück. Dieser Wert kann für BufSize in GetTextBuf verwendet werden (siehe auch GetTextBuf und SetTextBuf).

procedure Hide;
Die Methode Hide versteckt eine Komponente, sie ist also nicht mehr auf dem Bildschirm nicht sichtbar. Dabei wird die Eigenschaft Visible auf False gesetzt. Dabei ist eine Komponente aber weiterhin aktiv, das heißt, sie kann bearbeitet werden.

procedure Invalidate;
Die Methode Invalidate erzwingt das Neuzeichnen einer Komponente, sobald dies möglich ist.

procedure InsertComponent(AComponent: TComponent);
InsertComponent macht die Komponente zum Besitzer der im Parameter AComponent übergebenen Komponente. Die Komponente wird am Ende der Array-Eigenschaft Components hinzugefügt. Die eingefügte Komponente darf keinen Namen haben (keinen für die Eigenschaft Name spezifizierten Wert) oder der Name muß sich eindeutig von allen anderen in der Components-Liste unterscheiden. Wird die Besitzerkomponente entfernt, so wird auch AComponent gelöscht.

procedure Refresh;
Die Methode Refresh reagiert je nach Art der Komponente, ob Daten oder die Komponenten selbst neu gezeichnet werden. Die Methode Refresh kann also jedes Bild auf dem Bildschirm löschen und alle Dialogelemente neuzeichnen beziehungsweise Datensätze einer Datei erneut einlesen.

Innerhalb der Implementation von Refresh beim Neuzeichnen von Komponenten wird die Methode Invalidate und dann die Methode Update aufgerufen.

Beim Refresh von Daten ist zu beachten: Durch Refresh können sich die angezeigten Daten unerwartet verändern und so den Anwender verwirren. Ein Dialog oder eine andere Mitteilung, die dem Anwender den Refresh der Daten mitteilt, wäre somit wohl angebracht und von äußerster Nützlichkeit.

procedure RemoveComponent(AComponent: TComponent);
RemoveComponent entfernt die Komponente, die im Parameter AComponent festgelegt ist, aus der Komponentenliste Components. Die Position in der Liste wird zu Nil.

procedure Repaint;
Die Methode Repaint fordert das Dialogelement auf, dessen Bild auf dem Bildschirm neu zu zeichnen, ohne jedoch die darunterliegende Fläche zu löschen. Um vor dem Neuzeichnen zu löschen, müssen Sie anstelle von Repaint die Methode Refresh aufrufen.

procedure ScaleBy(M, D: Integer);
Die Methode ScaleBy skaliert eine Komponente um einen Prozentsatz ihrer ursprünglichen Größe. Der Parameter M ist der Multiplikator und der Parameter D der Divisor. Wenn Sie beispielsweise die Größe des Dialogelements auf 66% seines ur-

sprünglichen Formats ändern möchten, geben Sie in M den Wert 66 und in D den Wert 100 an (66/100). Bei der Vergrößerung gehen Sie einfach den umgekehrten Weg: Vergrößerung um 66% bedeutet nichts anderes als M=166 und D=100.

function ScreenToClient(Point: TPoint): TPoint;
Die Methode ScreenToClient wird verwendet, um den Koordinatenpunkt der Komponente auf dem Bildschirm in Pixeln zu bestimmen. ScreenToClient gibt die X- und Y-Koordinaten in einem Record des Typs TPoint zurück.

procedure ScrollBy(DeltaX, DeltaY: Integer);
ScrollBy scrollt den Inhalt einer Komponente. Statt der Methode ScrollBy sollten Sie im Normalfall lieber mit den eingebauten Bildlauf-Leisten arbeiten, es sei denn, diese Leisten wären für Ihre Programm-Idee aus irgendeinem Grund nicht brauchbar.

DeltaX enthält die Veränderung in Pixeln in Richtung der X-Achse. Ein positiver Wert von DeltaX verschiebt den Inhalt nach rechts, ein negativer Wert verschiebt den Inhalt nach links. DeltaY bezeichnet die Veränderungen in Pixeln in Richtung der Y-Achse. Ein positiver Wert von DeltaY verschiebt den Inhalt nach unten, ein negativer Wert verschiebt den Inhalt nach oben.

procedure SendToBack;
Die Methode SendToBack setzt eine Komponente innerhalb einer übergeordneten Komponente hinter alle anderen Komponenten. Die Reihenfolge, in der Komponenten übereinander gelagert werden (Z-Reihenfolge), hängt davon ab, ob es sich um fensterähnliche oder um nicht-fensterähnliche Komponenten handelt. Die Reihenfolge arbeitet nach dem Prinzip, daß die zuletzt eingefügte Komponente die oberste und damit nicht sichtbare Komponente ist.

Mit der Methode SendToBack einer Komponente kommt diese Komponente ganz nach unten auf den Stapel und wird somit nicht sichtbar.

Bei der Stapelung ist zu beachten, daß fensterähnliche Komponenten immer auf nicht-fensterähnlichen Komponenten gestapelt werden. Ein Aufruf von SendToBack einer fensterähnlichen Komponente bewirkt also gar nichts, wenn unter dem Stapel eine nicht-fensterähnliche Komponente liegt (siehe auch BringToFront).

Die folgenden Komponenten zählen zu den fensterähnlichen Komponenten:

BitBtn	DBNavigator	MediaPlayer
Button	DBRadioGroup	Memo
CheckBox	DirectoryListBox	Notebook
ComboBox	DrawGrid	OLEContainer
DBCheckBox	DriveComboBox	Outline
DBComboBox	Edit	Panel
DBEdit	FileListBox	RadioButton
DBGrid	FilterComboBox	RadioGroup
DBImage	Form	ScrollBar
DBListBox	GroupBox	ScrollBox
DBLookupCombo	Header	StringGrid
DBLookupList	ListBox	TabbedNotebook

DBMemo   MaskEdit   TabSet

Die nun folgenden Komponenten zählen zu den nicht-fensterähnlichen Komponenten:

Bevel   Label   SpeedButton
DBText   PaintBox   Image
Shape

procedure SetBounds(ALeft, ATop, AWidth, AHeight: Integer);
Die Methode SetBounds setzt die Begrenzungseigenschaften der Komponente Left, Top, Width und Height auf die Werte, die in den entsprechenden Werten ALeft, ATop, AWidth und AHeight übergeben werden. SetBounds erlaubt Ihnen, mehr als eine Begrenzungseigenschaft der Komponente zur gleichen Zeit einzustellen. Obwohl Sie immer einzelne Begrenzungen einstellen können, erlaubt Ihnen die Verwendung von SetBounds, mehrere Änderungen auf einmal durchzuführen, ohne daß jedesmal das Dialogfenster neu gezeichnet werden muß.

procedure SetFocus;
SetFocus übergibt den Focus an die Komponente. Bei Formularen ruft das jeweilige Formular die Methode SetFocus des standardmäßig aktiven Dialogelements auf.

procedure SetTextBuf(Buffer: PChar);
Die Methode SetTextBuf ersetzt den Text in einer Komponente durch den Text in Buffer. Buffer muß auf einen mit Null abgeschlossenen String zeigen (siehe auch GetTextBuf und GetTextLen).

procedure Show;
Die Methode Show bringt eine Komponente nicht sichtbar auf dem Bildschirm, indem die Eigenschaft Visible auf True eingestellt wird. Falls die Methode Show eines Formulars aufgerufen wird und das Formular ist undurchsichtig, versucht Show das Formular nicht sichtbar zu machen, indem sie das Formular mit der Methode BringToFront in den Vordergrund bringt. Ein Formular verfügt zusätzlich über die Methode Show-Modal, um einen modalen Dialog erzeugen zu können. Ein modaler Dialog muß bearbeitet und geschlossen werden. Ein SendToBack hätte also keinen Erfolg.

procedure Update;
In der Methode Update wird die API-Funktion UpdateWindow von Windows aufgerufen, die alle beim Zeichnen entstandenen und noch nicht erledigten Meldungen bearbeitet.

UpdateWindows ist definiert als

```
procedure UpdateWindow(Wnd: HWnd);
```

Die Routine UpdateWindow aktualisiert den Client-Bereich des angegebenen Fensters, indem sie eine WM_PAINT-Meldung an das Fenster sendet, wenn der Aktualisierungsbereich für das Fenster nicht leer ist. Die Routine UpdateWindow sendet eine WM_PAINT-Meldung unter Umgehung der Anwendungswarteschlange direkt an die Fensterfunktion des gegebenen Fensters. Wenn der Aktualisierungsbereich

leer ist, wird keine Meldung gesendet. Der Parameter Wnd bezeichnet das Fenster oder besser das Handle des Fensters, das aktualisiert werden soll.

Komponentenname: Panel
Klassenname: TPanel

Beschreibung:

Die Komponente Panel dient zum Einrichten von Bedienfeldern auf einem Formular, in denen andere Komponenten untergebracht werden können. Ein gutes Beispiel dafür sind die sogenanten SpeedBars mit den darin enthaltenen SpeedButtons.

Eigenschaften:

property Align: TAlign;
Die Eigenschaft Align legt fest, wie Dialogelemente zum Beispiel im Formular ausgerichtet werden. Mögliche Werte:

alNone	Die Komponente bleibt an der Einfügeposition im Formular (Standardeinstellung).
alTop	Die Komponente wird an die Oberkante des Formulars verschoben und an seine Breite angepaßt. Die Höhe der Komponente bleibt unverändert.
alBottom	Die Komponente wird an die Unterkante des Formulars verschoben und an seine Breite angepaßt. Die Höhe der Komponente bleibt unverändert.
alLeft	Die Komponente wird an die linke Kante des Formulars verschoben und an seine Höhe angepaßt. Die Breite der Komponente bleibt unverändert.
alRight	Die Komponente wird an die rechte Kante des Formulars verschoben und an seine Höhe angepaßt. Die Breite der Komponente bleibt unverändert.
alClient	Die Größe der Komponente wird an den Client-Bereich eines Formulars angepaßt. Ist ein Teil des Client-Bereichs bereits von einer anderen Komponente besetzt, füllt die Komponente den verbleibenden Teil des Client-Bereichs aus.

Wird zum Beispiel ein Formular, das Besitzer eines Labels ist, in der Größe verändert, werden die Komponenten innerhalb des Formulars neu ausgerichtet. Die Verwendung der Eigenschaft Align ist dann sinnvoll, wenn ein Dialogelement an einer Position des Formulars stehenbleiben soll, auch wenn sich die Größe des Formulars ändert.

property BoundsRect: TRect;
Die Eigenschaft BoundsRect liefert das Begrenzungsrechteck der Komponente – ausgedrückt im Koordinatensystem des übergeordneten Dialogelements – zurück. Mit

BoundsRect ersetzen und erleichtern Sie sich somit die Abfrage der einzelnen Werte für die Eigenschaften Left, Top, Width und Height.

property Caption: String;
Die Eigenschaft Caption ist der Text, der in der Komponente angezeigt wird. Zum Beispiel in der Titelleiste des Formulars.

property Color: TColor;
Die Eigenschaft Color legt für alle Komponenten mit Ausnahme des Dialogfensters die Farbe fest (Hintergrundfarbe eines Formulars oder eines Dialogelements oder Grafikobjekts).

Ist die Eigenschaft ParentColor auf True gesetzt, bewirkt eine Änderung der Eigenschaft Color einer Komponente A automatisch eine Änderung der Eigenschaft Color aller Komponenten, die als Besitzer die Komponente A haben. Wenn Sie der Eigenschaft Color eines Dialogelements einen Wert zuweisen, wird seine Eigenschaft ParentColor automatisch auf False gesetzt. Mögliche Werte sind:

clBlack	Schwarz
clMaroon	Rotbraun
clGreen	Grün
clOlive	Olivgrün
clNavy	Marineblau
clPurple	Violett
clTeal	Petrol
clGray	Grau
clSilver	Silber
clRed	Rot
clLime	Limonengrün
clBlue	Blau
clFuchsia	Pink
clAqua	Karibikblau
clWhite	Weiß

(Systemfarben von Windows:)

clBackground	Aktuelle Windows-Hintergrundfarbe
clActiveCaption	Aktuelle Farbe der Titelleiste des aktiven Fensters
clInactiveCaption	Aktuelle Farbe der Titelleiste der inaktiven Fenster
clMenu	Aktuelle Hintergrundfarbe der Menüs
clWindow	Aktuelle Hintergrundfarbe der Fenster
clWindowFrame	Aktuelle Farbe der Fensterrahmen
clMenuText	Aktuelle Farbe vom Menütext
clWindowText	Aktuelle Farbe vom Fenstertext
clCaptionText	Aktuelle Textfarbe der Titelleiste des aktiven Fensters
clActiveBorder	Aktuelle Rahmenfarbe des aktiven Fensters
clInactiveBorder	Aktuelle Rahmenfarbe der inaktiven Fenster
clAppWorkSpace	Aktuelle Farbe des Arbeitsbereichs der Anwendung

clHighlight	Aktuelle Hintergrundfarbe vom ausgewählten Text
clHighlightText	Aktuelle Farbe vom ausgewählten Text
clBtnFace	Aktuelle Farbe einer Schalterfläche
clBtnShadow	Aktuelle Schattenfarbe eines Schalters
clGrayText	Aktuelle Farbe von grau dargestelltem Text
clBtnText	Aktuelle Farbe von Text auf einem Schalter
clInactiveCaptionText	Aktuelle Textfarbe in der Titelleiste eines inaktiven Fensters
clBtnHighlight	Aktuelle Farbe der Markierung eines Schalters

Mit einem Doppelklick auf Color öffnet sich das Farbschema von Windows, in dem Sie auch eigene Farben zusammenstellen können.

property Columns: Longint;
Columns gibt die Anzahl der Spalten in einer Komponente an. Geben Sie die gewünscht Anzahl der Spalten einer Komponente als Wert von Columns an.

property ComponentIndex: Integer;
Die Eigenschaft ComponentIndex zeigt die Position einer Komponente in der Eigenschaftsliste Components ihres Besitzers an. Die erste Komponente in der Liste hat den ComponentIndex-Wert 0, die zweite hat den Wert 1 die dritte den Wert 2 etc. Diese Eigenschaft ist nur zur Laufzeit und dann auch nur im Read-Only-Modus benutzbar.

property Controls[Index: Integer]: TControl;
Controls ist ein Array aller untergeordneten Komponenten der Komponente. Controls ist dann von Nutzen, wenn Sie auf die untergeordneten Komponenten über die Zahl statt über den Namen zugreifen müssen.

property Ctl3D: Boolean;
Die Eigenschaft Ctl3D legt fest, ob ein Dialogelement ein dreidimensionales (3-D) oder zweidimensionales Aussehen besitzt. Wenn Ctl3D True ist, erscheint das Dialogelement dreidimensional. Die Voreinstellung von Ctl3D ist True. Wenn die Eigenschaft ParentCtl3D einer Komponente auf True gesetzt ist, verändert jede Modifikation der Eigenschaft Ctl3D des übergeordneten Dialogelements automatisch auch die Eigenschaft Ctl3D des Dialogelements.

Achtung: Damit Ctl3D überhaupt funktioniert, muß sich die dynamische Link-Bibliothek CTL3DV2.DLL im Suchpfad befinden. Idealerweise sollte sich diese Datei im System-Verzeichnis von Windows aufhalten.

property Cursor: TCursor;
Mit der Eigenschaft Cursor stellen Sie das Aussehen des Cursors ein, wenn dieser auf die Komponente zeigt. Mögliche Werte sind:

crDefault	crArrow	crCross
crIBeam	crSize	crSizeNESW
crSizeNS	crSizeNWSE	crSizeWE
crUpArrow	crHourglass	crDrag
crNoDrop	crHSplit	crVSplit

property DragCursor: TCursor;
Die Eigenschaft DragCursor bestimmt die Form des Mauszeigers, wenn sich der Zeiger über einer Komponente befindet, die ein gezogenes Objekt akzeptieren kann. Mögliche Werte sind mit denen der Eigenschaft Cursor identisch.

property DragMode: TDragMode;
Die Eigenschaft DragMode legt das Ziehen-und-Ablegen-Verhalten einer Komponente fest. Mögliche Werte sind:

dmAutomatic	Wenn dmAutomatic ausgewählt ist, ist das Dialogelement bereit, gezogen zu werden; der Anwender klickt nur und zieht es dann.
dmManual	Wenn dmManual ausgewählt ist, kann das Dialogelement nicht gezogen werden, bevor die Anwendung die Methode BeginDrag aufgerufen hat.

Ist die Eigenschaft DragMode einer Komponente dmAutomatic, kann die Anwendung dies zur Laufzeit durch Einstellung des Werts dmManual deaktivieren.

property Enabled: Boolean;
Die Eigenschaft Enabled bestimmt, ob die Komponente auf Maus-, Tastatur- und Timer-Ereignisse reagiert. Wenn Enabled auf True gesetzt ist, reagiert die Komponente normal. Ist Enabled hingegen False, ignoriert das Dialogelement Maus- und Tastaturereignisse. Bei einer Timer-Komponente werden die für das OnTimer-Ereignis deaktivierten Komponenten (Dialogelemente) grau dargestellt.

property Font: TFont;
Die Eigenschaft Font legt den Font und die Eigenschaften des Fonts der Komponente fest. Sie haben die Möglichkeit, diese Werte im Objectinspektor oder – wesentlich komfortabler – mit Hilfe eines Doppelklicks auf diese Eigenschaft einen Dialog zu öffnen, der alle möglichen Werte anzeigt.

property Handle: ...;
Der Typ der Eigenschaft Handle ist abhängig von der jeweiligen Komponente. Im allgemeinen gilt: Sollte eine Windows-API-Funktion ein Handle der betreffenden Komponente verlangen, dann setzen Sie dazu die jeweilige Eigenschaft Handle der betreffenden Komponente ein. Verlangt eine Windows-API-Funktion zum Beispiel das Handle Ihrer gesamten Anwendung, dann benutzen Sie am besten die Eigenschaft Handle des Objekts TApplication. Hier die Übersicht der verschiedenen Typen der Eigenschaft Handle:

Handle für die Komponenten:

Bitmap	property Handle: HBitmap;
Brush	property Handle: HBrush;
Canvas	property Handle: HDC;
Font	property Handle: HFont;
Icon	property Handle: HIcon;
Metafile	property Handle: HMetafile;
Pen	property Handle: HPen;

Handle gibt Ihnen den Zugriff auf das Handle des jeweiligen GDI-Objekts. Benötigen Sie zum Beispiel für den Aufruf einer Windows-API-Funktion ein Handle auf ein Stiftobjekt oder ein Bitmap-Objekt, dann können Sie dazu das Handle der Komponente Pen beziehungsweise der Komponente Bitmap benutzen.

Handle für das Object TApplication und die folgenden Komponenten:

Bevel	DBText	Memo
BitBtn	DirectoryListBox	Notebook
Button	DrawGrid	OLEContainer
CheckBox	DriveComboBox	Outline
ComboBox	Edit	PaintBox
DBCheckBox	FileListBox	Panel
DBComboBox	FilterComboBox	RadioButton
DBEdit	FindDialog	RadioGroup
DBGrid	Form	ReplaceDialog
DBImage	GroupBox	ScrollBar
DBListBox	Header	ScrollBox
DBLookupCombo	Image	Shape
DBLookupList	Label	SpeedButton
DBMemo	ListBox	StringGrid
DBNavigator	MaskEdit	TabbedNotebook
DBRadioGroup	MediaPlayer	TabSet

property Handle: HWND;
Handle ermöglicht Ihnen den Zugriff auf das Handle der jeweiligen Komponente (z.B. Fenster-Handle, Dialog-Handle, etc.). Dieses Handle wird von einigen Windows-API-Funktionen beim Aufruf erwartet. Sie können in diesem Fall das Handle der jeweils betroffenen Komponente oder – falls das Handle Ihrer Anwendung gefordert wird – das Handle des Objekts TApplication übergeben.

Handle für die Komponenten:

MainMenu	MenuItem	PopupMenu

property Handle: HMENU;
Sollte eine Windows-API-Funktion ein Handle eines Menüs oder Menü-Eintrags oder eines lokalen Menüs verlangen, dann können Sie dazu die Eigenschaft Handle von MainMenu, MenuItem und PopupMenu benutzen.

Handle für die Komponente Printer:

property Handle: HDC;
Handle enthält das Handle des jeweiligen Druckerobjekts TPrinter der Komponente Printer.

Handle für die Komponente DataBase:

property Handle: HDBIDB;
Um direkte Aufrufe in die Richtung des Borland-Database-Engine (BDE)-API zu tätigen, benötigen Sie ein Handle der jeweiligen Datenbank-Komponente. Dazu dient

Ihnen die Eigenschaft Handle der Komponente DataBase. Dies erlaubt Ihnen Zugriffe auf Funktionen des BDE-API, die nicht in der VCL-Bibliothek integriert wurden. Bevor Sie allerdings diese Funktionen aufrufen, sollten Sie prüfen, ob diese Funktion möglicherweise schon in der VCL-Bibliothek gekapselt wurde.

Handle für das Object TSession:

Delphi erzeugt eine Komponente Session vom Typ TSession immer dann, wenn eine Anwendung ausgeführt wird. Sessions sollten nicht von Ihnen erzeugt oder zerstört werden. Session erlaubt globale Prüfung über Datenbankverbindungen. Die Eigenschaft Databases von Session ist ein Array von allen aktiven Datenbanken in der Sitzung. Die Eigenschaft DatabaseCount vom Typ Integer gibt die Anzahl der aktiven Datenbanken in der Sitzung.

property Handle: HDBISES;
Mit der Eigenschaft Handle können Sie direkte Aufrufe an die Borland-Datenbank-Engine, bezogen auf eine bestimmte Sitzung (Session/TSession), machen. Die Komponente Session werden Sie kaum benutzen müssen. Die wichtigsten Funktionen des BDE-API sind in der VCL-Bibliothek gekapselt und ersparen Ihnen diesen Weg.

Handle für die die Komponenten Table, Query und StoredProc:

property Handle: HDBICur;
Ebenfalls für direkte Zugriffe auf Funktionen des BDE-API und unter normalen Umständen nicht zu benutzen, da die wichtigsten BDP-API-Funktionen via VCL-Bibliothek einen einfacheren Zugriff ermöglichen.

property Height: Integer;
Die Eigenschaft Height eines Dialogelements legt die Höhe der Komponente in Pixeln fest.

property HelpContext: THelpContext;
Die Eigenschaft HelpContext stellt eine Kontextnummer für die Verwendung beim Aufruf kontextbezogener Online-Hilfe bereit. Jeder Hilfebildschirm des Hilfesystems sollte eine eindeutige Kontextnummer besitzen. Ist in der Anwendung eine Komponente selektiert, so wird nach Betätigen von F1 ein Hilfebildschirm angezeigt. Welcher Hilfebildschirm angezeigt wird, hängt vom Wert der Eigenschaft HelpContext ab.

property HideSelection: Boolean;
Die Eigenschaft HideSelection bestimmt, ob ein selektierter Text oder Text in einem Editier- oder Memofeld selektiert bleibt, auch wenn der Fokus zu einem anderen Dialogelement wechselt. Ist HideSelection True gesetzt, bleibt der Text nur so lange selektiert, wie der Fokus beim Dialogelement bleibt.

property Hint: string;
Die Eigenschaft Hint ist der Text-String, der erscheinen kann, wenn ein OnHint-Ereignis eintritt, also wenn der Benutzer den Cursor über die Komponente bewegt. Wie der String angezeigt wird, bestimmt der Code in der Ereignisbehandlungs-Routine OnHint. Sie können eine Schnellhilfe, d.h. ein Fenster, das einen Hilfetext

enthält, für eine Komponente erscheinen lassen, wenn der Anwender den Mauszeiger über das Dialogelement führt und dort kurz verweilt. Dies funktioniert wie folgt:

1. Spezifizieren Sie für jede Komponente, die einen Schnellhinweis anzeigen soll, einen Hint-Wert.
2. Setzen Sie die Eigenschaft ShowHint des Bedienfelds auf True.
3. Setzen Sie die Eigenschaft ShowHint der Anwendung zur Laufzeit auf True.

Sie können Hint gleichzeitig sowohl für ein Hilfehinweisfenster als auch für die Verwendung innerhalb der Behandlungsroutine OnHint spezifizieren, indem Sie zwei durch das Zeichen | (das »oder« oder Pipe-Symbol) getrennte Werte angeben, also beispielsweise:

```
Edit1.Hint := 'Aufforderung|Geben Sie den richtigen Wert ein';
```

Der String »Aufforderung« erscheint im Hilfehinweisfenster und der String »Geben Sie den richtigen Wert ein« erscheint wie in der Ereignisbehandlungs-Routine OnHint spezifiziert.

property Items: TStrings;
Items enthält Strings, die als Elemente in Listboxen erscheinen.

Der Typ TStrings von Items liefert Ihnen eine Reihe von Methoden zum Bearbeiten und Einfügen der Strings, aber dazu mehr am Schluß der Definition von Items. TString hat zwar keine Möglichkeit, Strings zu speichern, kann aber die Speichermöglichkeiten der Komponente nutzen. Mit Methoden wie Add, Delete, Insert, Move und Exchange eines String-Objekts kann man Strings hinzufügen, löschen, einfügen, bewegen und austauschen.

property ItemIndex: Integer;
Der Wert ItemIndex ist die Ordinalzahl des selektierten Elements der Komponente.

Der Wert -1 bedeutet, daß kein Element selektiert wurde. Zur Laufzeit selektieren Sie im Programm ein Element, indem Sie den Index des Elements in diese Eigenschaft einsetzen. Dabei beginnt die Zählung der Elemente bei 0. 0 ist also das erste Element.

Besitzt die Komponente die Eigenschaft MultiSelect und ist diese auf True gesetzt, dann finden Sie bei mehreren ausgewählten Elementen in ItemIndex den Wert für das fokusierte (das zuletzt ausgewählte) Element.

property Left: Integer;
Die Eigenschaft Left bestimmt die horizontalen Koordinaten der linken Kante einer Komponente relativ zum Formular in Pixeln. Für Formulare ist der Wert der Eigenschaft Left relativ zum Bildschirm (ebenfalls in Pixeln).

property Name: TComponentName;
Die Eigenschaft Name enthält den Namen der Komponente wie er von anderen Komponenten für den Zugriff verwendet wird. Delphi weist als Vorgabewerte sequentielle Namen zu, die auf dem Typ der Komponente basieren, also etwa für Buttons »Button1«, »Button2« etc. Dies können Sie gemäß Ihrer Vorstellungen abändern. Komponentennamen sollten ausdrücklich nur zur Entwurfszeit geändert werden.

property Owner: TComponent;
Die Eigenschaft Owner teilt Ihnen mit, die Komponente zu welcher Komponente gehört. Dem Formular gehören alle Komponenten, die auf ihm vorhanden sind. Umgekehrt gehört das Formular zur Anwendung. Gehört eine Komponente A einer anderen Komponente B, wird der Speicher der Komponente A freigegeben, wenn der Speicher der Komponente B freigegeben wird. Es werden also folgerichtig alle Komponenten des Formulars gelöscht, wenn das Formular gelöscht wird. Außerdem wird natürlich der Speicher für das Formular und dessen Komponente freigegeben, wenn der Speicher der Anwendung selbst freigegeben wird.

property Parent: TWinControl;
Die Eigenschaft Parent enthält den Namen der übergeordneten Komponente. Wenn eine Komponente A eine andere Komponente B enthält, sind die in B enthaltenen Komponenten untergeordnete Komponenten von A. Wenn Ihre Anwendung beispielsweise drei Buttons in einer GroupBox enthält, dann ist die GroupBox das übergeordnete Element der drei Buttons und die Button-Schaltfelder sind der GroupBox untergeordnet.

Parent und Owner sind leider etwas verwirrend. Daher hier eine kleine Entwirrung:

Ein Formular ist der Besitzer aller darauf enthaltenen Komponenten, unabhängig davon, ob sie ein Fensterelement sind. Für unser Beispiel mit den drei Buttons und der GroupBox bedeutet dies: Der Besitzer der Buttons ist immer das Formular, aber die GroupBox ist das übergeordnete Element.

Wenn Sie einen neuen Dialog erzeugen, müssen Sie dem neuen Dialogelement einen Wert der Eigenschaft Parent zuweisen. Üblicherweise sind dies Formulare, Bedienfelder, GroupBoxen oder andere Dialoge, die andere Komponenten-Elemente enthalten können. Es ist möglich, jedes Element als das übergeordnete zuzuweisen, aber das darin enthaltene Dialogelement wird wahrscheinlich überschrieben.

Wird das übergeordnete Element gelöscht, dann werden auch alle Elemente, die ihm untergeordnet sind, gelöscht.

property ParentColor: Boolean;
Die Eigenschaft ParentColor bestimmt, wo eine Komponente nach ihren Farbeigenschaft suchen soll. Falls ParentColor True ist, verwendet die Komponente die Farbe der Eigenschaft der übergeordneten Komponente.

Wenn ParentColor False ist, verwendet die Komponente ihre eigene Eigenschaft Color. Durch Verwendung von ParentColor können Sie sicherstellen, daß alle Komponenten auf einem Formular das gleiche Erscheinungsbild haben.

property ParentCtl3D: Boolean;
Die Eigenschaft ParentCtl3D bestimmt, wo eine Komponente nach ihrer Eigenschaft Ctl3D suchen muß. Ist ParentCtl3D auf True gesetzt, verwendet die Komponente die Dimensionen der Eigenschaft Ctl3D von deren übergeordneten Komponente. Wenn ParentCtl3D False ist, verwendet die Komponente ihre eigene Eigenschaft Ctl3D. Durch Verwendung von ParentCtl3D stellen Sie sicher, daß alle Komponenten auf einem Formular das gleiche Erscheinungsbild haben. Wenn Sie beispielsweise

möchten, daß alle Komponenten auf einem Formular ein dreidimensionales Erscheinungsbild haben, setzen Sie die Eigenschaft Ctl3D des Formulars auf True und die Eigenschaft ParentCtl3D jeder Komponente auf True.

property ParentFont: Boolean;
Die Eigenschaft ParentFont bestimmt, wo eine Komponente nach ihrer Fonteigenschaft suchen soll. Falls ParentFont True ist, verwendet die Komponente den Font der Eigenschaft der übergeordneten Komponente.

Wenn ParentFont False ist, verwendet die Komponente ihre eigene Eigenschaft Font. Durch Verwendung von ParentFont können Sie sicherstellen, daß alle Komponenten auf einem Formular das gleiche Erscheinungsbild haben.

property ParentShowHint: Boolean;
Die Eigenschaft ParentShowHint bestimmt, wo eine Komponente nach dessen Hinteigenschaft suchen soll. Falls ParentShowHint True ist, verwendet die Komponente die Hint-Eigenschaft der übergeordneten Komponente.

Ist ParentShowHint False, verwendet die Komponente ihre eigene Eigenschaft Hint. Durch Verwendung von ParentShowHint können Sie sicherstellen, daß alle Komponenten auf einem Formular das gleiche Erscheinungsbild haben.

property PopupMenu: TPopupMenu;
Die Eigenschaft PopupMenu legt den Namen des Popup-Menüs fest, das erscheint, wenn der Anwender die Komponente auswählt oder die rechte Maustaste drückt (bei dem Wert True für AutoPopup des Popup) oder wenn die Methode Popup des Popup-Menüs ausgeführt wird.

property ShowHint: Boolean;
Die Eigenschaft ShowHint bestimmt, ob das Dialogelement eine Schnellhilfe anzeigen soll, wenn der Mauszeiger eine Weile auf ihm verweilt. Die Schnellhilfe entspricht dem Wert der Eigenschaft Hint, die in einem Feld direkt unterhalb des Elements angezeigt wird. Wenn die Eigenschaft ShowHint den Wert True hat, kann die Schnellhilfe erscheinen.

Ist ShowHint False, kann die Schnellhilfe auch angezeigt werden, wenn ParentShowHint auf True gesetzt wurde und die Eigenschaft ShowHint der übergeordneten Komponente ebenfalls auf True gesetzt wurde.

property Showing: Boolean;
Die Eigenschaft Showing legt fest, ob eine Komponente momentan auf dem Bildschirm angezeigt wird oder nicht. Falls die Eigenschaft Visible einer Komponente und aller übergeordneten Komponenten in der übergeordneten Hierarchie True ist, ist Showing auch True. Wenn einer der Vorfahren der Komponente den Wert False als Wert für die Eigenschaft Visible hat, dann ist auch Showing False.

property TabOrder: TTabOrder;
Die Eigenschaft TabOrder bestimmt die Position einer Komponente in der Tabulatorreihenfolge, in der Komponenten den Fokus erhalten, wenn der Anwender die Taste TAB drückt. Anfänglich ist die Tabulatorreihenfolge immer die Reihenfolge, in der die Komponenten in das Formular hinzugefügt wurden. Der Wert der Eigenschaft

TabOrder ist für jede Komponente auf dem Formular einmalig. Die erste dem Formular hinzugefügte Komponente hat den TabOrder-Wert 0, die zweite hat 1, die dritte 2 usw.

Falls Sie dem Wert der Eigenschaft TabOrder einer Komponente den gleichen Wert einer anderen Komponente zuweisen, numeriert Delphi automatisch die Werte für alle anderen Komponenten neu. Angenommen, eine Komponente ist beispielsweise die sechste Komponente in der Tabulatorreihenfolge. Wenn Sie den Wert der Eigenschaft TabOrder der Komponente auf 3 ändern (dies macht die Komponente zu der vierten in der Tabulatorreihenfolge), wird die Komponente, die die vierte war, nun zur fünften und die Komponente, die die fünfte war, wird jetzt die sechste.

property TabStop: Boolean;
Die Eigenschaft TabStop bestimmt, ob der Anwender diese Komponente mit der Taste TAB anspringen kann. Falls TabStop True ist, befindet sich die Komponente in der Tabulatorreihenfolge. Wenn TabStop False ist, ist das Dialogelement nicht in der Tabulatorreihenfolge.

property Tag: Longint;
Die Eigenschaft Tag kann einen Integerwert als Element einer Komponente speichern. Tag wird von Delphi nicht benutzt und steht Ihnen damit zur freien Verfügung.

property Top: Integer;
Die Eigenschaft Top gibt die y-Koordinate der linken oberen Ecke eines Dialogelements relativ zum Formular in Pixeln an. Bei Formularen wird der Wert der Eigenschaft Top in Pixeln relativ zum Bildschirm angegeben.

property Visible: Boolean;
Die Eigenschaft Visible bestimmt, ob eine Komponente auf dem Bildschirm nicht sichtbar ist (True) oder nicht (False).

property Width: integer;
Die Eigenschaft Width bestimmt die Breite einer Komponente, gemessen in Pixeln.

Ereignisse:

property OnClick: TNotifyEvent;
Das Ereignis OnClick erscheint, wenn der Benutzer auf die Komponente klickt. In einem Formular tritt OnClick ein, wenn der Benutzer auf eine freie Stelle im Formular oder eine inaktive Komponente klickt.

OnClick ist vom Typ

```
TNotifyEvent = procedure (Sender: TObject) of object;
```

Der Typ TNotifyEvent weist auf eine Methode, die das Anklicken eines Objekts behandelt. Der Parameter Sender ist das Dialogelement, das angeklickt wurde.

property OnDragDrop: TDragDropEvent;
Das Ereignis OnDragDrop tritt ein, wenn der Anwender ein gezogenes Objekt ablegt. Verwenden Sie die Ereignisbehandlungs-Routine OnDragDrop, um festzulegen, was passieren soll, wenn der Anwender ein Objekt ablegt.

OnDragClick ist vom Typ

```
TDragDropEvent = procedure(Sender, Source: TObject; X, Y: Integer) of object;
```

Der Typ TDragDropEvent zeigt also auf eine Methode, die das Ablegen eines gezogenen Objekts behandelt. Der Parameter Source des Ereignisses OnDragDrop ist das abzulegende Objekt und der Parameter Sender ist das Dialogelement, auf das das Objekt abgelegt wurde. Die Parameter X und Y sind die Koordinaten des Mauszeigers, der über dem Dialogelement positioniert wird.

property OnDragOver: TDragOverEvent;
Das Ereignis OnDragOver tritt ein, wenn der Anwender ein Objekt über eine Komponente zieht. Üblicherweise werden Sie ein Ereignis OnDragOver verwenden, um ein Objekt zu akzeptieren, damit der Anwender es ablegen kann.

OnDragClick ist vom Typ

```
TDragOverEvent = procedure(Sender, Source: TObject; X, Y: Integer;
                State: TDragState; var Accept: Boolean) of object;
```

Der Typ TDragOverEvent zeigt also auf eine Methode, die das Ziehen eines Objekts über ein anderes Objekt behandelt. Der Parameter Source ist das gezogene Objekt, Sender ist das Objekt, über das Source gezogen wurde, X und Y sind die Koordinaten des Mauszeigers, der über dem Dialogelement positioniert wird, in Pixeln; State ist der Status des gezogenen Objekts in Verbindung zum darübergezogenen Objekt, und Accept legt fest, ob der Sender das Ziehobjekt erkennt. Accept wird nicht per Voreinstellung auf True oder False gesetzt; Sie müssen die passenden Werte selbst zuweisen.

Das Ereignis OnDragOver akzeptiert ein Objekt, wenn der Parameter Accept True ist. Durch Ändern des Werts der Eigenschaft DragCursor können Sie das Erscheinungsbild des Cursors beeinflussen. Dies können Sie entweder während des Entwickelns oder zur Laufzeit, bevor ein Ereignis OnDragOver eintritt, durchführen.

property OnEndDrag: TEndDragEvent;
Das Ereignis OnEndDrag tritt immer dann ein, wenn das Ziehen eines Objekts abgeschlossen oder abgebrochen wird. Wenn Sie eine besondere Behandlung haben möchten, sobald das Ziehen beendet wird, verwenden Sie die Ereignisbehandlungs-Routine OnEndDrag.

OnEndDrag ist vom Typ

```
TEndDragEvent = procedure(Sender, Target: TObject; X, Y: Integer) of object;
```

Der Typ TEndDragEvent zeigt also auf eine Methode, die das Anhalten des Ziehens eines Objekts behandelt.

Der Sender ist das Objekt, was gezogen wird, Target ist das Objekt, zu dem Sender hingezogen wird, und X und Y sind die dazugehörigen Bildschirmkoordinaten des Mauszeigers, der über dem Dialogelement positioniert wird. Falls das gezogene Objekt abgelegt und durch das Dialogelement akzeptiert wurde, ist der Parameter Target des Ereignisses OnEndDrag True. Wenn das Objekt nicht erfolgreich abgelegt wurde, beträgt der Wert von Target Nil.

property OnEnter: TNotifyEvent;
OnEnter tritt ein, wenn eine Komponente aktiviert wird. Wenn Sie eine besondere Behandlung festlegen möchten, wenn eine Komponente aktiviert wird, verwenden Sie die Ereignisbehandlungsroutine OnEnter.

OnEnter erscheint nie, wenn Sie zwischen Formularen oder einer anderen Windows-Anwendung und Ihrer Anwendung umschalten. OnEnter für eine Komponente des Typs TPanel oder THeader tritt nie ein, da Bedienfelder oder Header keinen Fokus erhalten können. Somit ist dort OnEnter vollkommen nutzlos. Sie haben diese Ereignisbehandlung aber geerbt.

OnEnter ist vom Typ

```
TNotifyEvent = procedure (Sender: TObject) of object;
```

Der Typ TNotifyEvent weist auf eine Methode, die das Doppelklicken eines Objekts behandelt. Der Parameter Sender ist das Dialogelement, das mit einem Doppelklick bearbeitet wurde.

property OnExit: TNotifyEvent;
OnExit erscheint, wenn der Eingabefokus einer Komponente an eine andere übergeben wird. OnExit tritt nicht ein, wenn Sie zwischen Formularen oder zwischen einer Windows-Anwendung und Ihrer Anwendung umschalten. OnExit tritt bei den Komponenten Panel und Speedbutton nicht ein, da diese niemals den Fokus erhalten.

OnExit ist vom Typ

```
TNotifyEvent = procedure (Sender: TObject) of object;
```

Der Typ TNotifyEvent weist auf eine Methode, die das Doppelklicken eines Objekts behandelt. Der Parameter Sender ist das Dialogelement, das mit einem Doppelklick bearbeitet wurde.

Methoden:

procedure BeginDrag(Immediate: Boolean);
Die Methode BeginDrag leitet den Ziehvorgang einer Komponente ein. Wenn der Parameter Immediate auf True gesetzt ist, wird der Mauszeiger auf den Wert der Ei-

genschaft DragCursor gesetzt und der Ziehvorgang beginnt. Ist Immediate False, wird der Mauszeiger nicht auf den Wert der Eigenschaft DragCursor gesetzt, und der Ziehvorgang wird erst eingeleitet, wenn der Anwender den Mauszeiger um mindestens 5 Pixel bewegt. Auf diese Weise kann die Komponente Mausklicks akzeptieren, ohne einen Ziehvorgang einzuleiten.

Ihre Anwendung muß die Methode BeginDrag zum Einleiten eines Ziehvorgangs nur aufrufen, wenn DragMode auf dmManual gesetzt ist.

procedure BringToFront;
Die Methode BringToFront setzt eine Komponente innerhalb einer übergeordneten Komponente vor alle anderen Komponenten. BringToFront hilft insbesondere sicherzustellen, daß ein Formular nicht sichtbar ist. Verwenden Sie diese Methode, wenn Sie die Reihenfolge überlappender Komponenten in einem Formular neu festlegen wollen.

Die Reihenfolge, in der Komponenten übereinander gelagert werden (Z-Reihenfolge), hängt davon ab, ob es sich um fensterähnliche oder um nicht-fensterähnliche Komponenten handelt. Die Reihenfolge arbeitet nach dem Prinzip, daß die zuletzt eingefügte Komponente die oberste und damit nicht sichtbare Komponente ist.

Mit der Methode BringToFront einer Komponente kommt diese Komponente ganz nach oben auf den Stapel und wird somit nicht sichtbar.

Bei der Stapelung ist zu beachten, daß fensterähnliche Komponenten immer auf nicht-fensterähnlichen Komponenten gestapelt werden. Ein Aufruf von BringToFront einer nicht-fensterähnlichen Komponente bewirkt also gar nichts, wenn oben auf dem Stapel eine fensterähnliche Komponente liegt.

Die folgenden Komponenten zählen zu den fensterähnlichen Komponenten:

BitBtn	DBNavigator	MediaPlayer
Button	DBRadioGroup	Memo
CheckBox	DirectoryListBox	Notebook
ComboBox	DrawGrid	OLEContainer
DBCheckBox	DriveComboBox	Outline
DBComboBox	Edit	Panel
DBEdit	FileListBox	RadioButton
DBGrid	FilterComboBox	RadioGroup
DBImage	Form	ScrollBar
DBListBox	GroupBox	ScrollBox
DBLookupCombo	Header	StringGrid
DBLookupList	ListBox	TabbedNotebook
DBMemo	MaskEdit	TabSet

Die nun folgenden Komponenten zählen zu den nicht-fensterähnlichen Komponenten:

Bevel	Label	SpeedButton
DBText	PaintBox	Image
Shape		

function CanFocus: Boolean;
CanFocus stellt fest, ob eine Komponente den Eingabefokus erhalten kann. CanFocus gibt True zurück, wenn die Eigenschaften Visible und Enabled sowohl der Komponente als auch der übergeordneten Komponenten auf True gesetzt sind. Sind nicht alle Eigenschaften Visible und Enabled dieser Komponenten auf True gesetzt, liefert CanFocus False zurück.

function ClientToScreen(Point: TPoint): TPoint;
Die Methode ClientToScreen übersetzt den angegebenen Punkt aus Client-Bereichskoordinaten in globale Bildschirmkoordinaten. In Client-Bereichskoordinaten entspricht der Punkt (0, 0) der oberen linken Ecke des Client-Bereichs der Komponente. In Bildschirmkoordinaten entspricht (0, 0) der oberen linken Ecke des Bildschirms. Mit den Methoden ClientToScreen und ScreenToClient rechnen Sie Positionen aus dem Koordinatensystem einer Komponente A in das Koordinatensystem einer Komponente B um.

Beispiel: Umrechnung der Koordinaten einer Komponente A in die Koordinaten einer Komponente B (TPoint ist ein Record mit den Feldern X und Y):

```
TPoint =  record
      X  : integer;
      Y  : integer;
END;
VAR
   Koord: TPoint;
Koord:= B.ScreenToClient(A.ClientToScreen(Koord));
```

function ContainsControl(Control: TControl): Boolean;
ContainsControl zeigt an, ob eine angegebene Komponente innerhalb dieser Komponente existiert. True bedeutet, daß die Komponente (Control) innerhalb dieser Komponente existiert.

constructor Create;
Create weist Speicher zu, um das Objekt und damit die Komponente zu erzeugen und nach Bedarf seine Daten zu initialisieren. Jedes Objekt kann eine Methode Create besitzen, die individuell so angepaßt ist, daß sie diese bestimmte Art von Objekt erzeugt. Im Normalfall benötigen Sie diese Methoden nicht, da Borland Delphi alles unternimmt, um Ihre Anwendung und die darin enthaltenen Komponenten zu erzeugen. Sollten Sie allerdings ein Ereignis oder die Initialisierung eines Wertes einer selbst geschaffenen Komponente zur Zeit der Erzeugung einstellen wollen, dann können Sie dies in der Methode Create erledigen. Dazu benötigen Sie aber genaue Kenntnisse und Techniken der OOP. Ansonsten sollten Sie Create unverändert lassen und nicht aufrufen.

function Dragging: Boolean;
Die Methode Dragging gibt an, ob eine Komponente gezogen wird. Wenn Dragging True zurückgibt, wird die Komponente gezogen.

procedure EndDrag(Drop: Boolean);
Die Methode EndDrag verhindert, daß eine Komponente weiter gezogen wird. Wenn der Parameter Drop True ist, wird die gezogene Komponente abgelegt. Ist Drop False, wird die Komponente nicht abgelegt und der Vorgang wird abgebrochen.

function FindComponent(const AName: string): TComponent;
Die Methode FindComponent gibt im Array Components die Komponente zurück, deren Name zum String im Parameter AName paßt. FindComponent beachtet dabei keine Groß-/Kleinschreibung.

Beispiel: Es existiert ein Button Button1 in Ihrer Anwendung. Um die eigentliche Komponente TButton1 im Array Components zurückzugeben, rufen Sie FindComponents wie folgt auf:

```
FindComponents('Button1');
```

function Focused: Boolean;
Focused wird verwendet, um zu bestimmen, ob ein Fensterdialogelement den Fokus besitzt und deshalb das aktive Dialogelement in ActiveControl ist.

procedure Free;
Die Methode Free entfernt das Objekt und gibt den dazugehörigen Speicher frei. Haben Sie das Objekt unter Verwendung der Methode Create erzeugt, so benutzen Sie zum Entfernen und für die Freigabe des Speichers die Methode Free. Free gelingt auch dann, wenn das Objekt selbst nicht mehr existiert (zum Beispiel durch einen vorherigen Aufruf von Free). Delphi erledigt dies für Objekte der Bibliothek visueller Komponenten automatisch.

Sie sollten also niemals eine Komponente innerhalb ihrer Anwendung entfernen.

Falls Sie ein Formular freigeben wollen, rufen Sie die Methode Release auf, um das Formular zu löschen und dessen benutzten Speicher freizugeben.

function GetTextBuf(Buffer: PChar; BufSize: Integer): Integer;
Die Methode GetTextBuf holt den Text der Komponente und kopiert ihn in den Puffer, auf den Buffer zeigt, als Null-terminierten String (Ende der Zeichenkette wird mit 0 angegeben). Die maximale Länge des Strings wird mit BufSize (siehe dazu GetTextLen) festgelegt. In BufSize wird nach der Ausführung die Anzahl der Zeichen des Strings zu finden sein. Diese Methode ist vor allem dann sehr nützlich, wenn mit Strings größer als 256 Zeichen gearbeitet wird. Der Typ STRING kann nicht mehr als 256 Zeichen aufnehmen. Dabei entfällt aber das erste Element in diesem Typ auf die Längenangabe des Strings, so daß nur noch maximal 255 Zeichen möglich sind. Ein PChar ist ein Zeiger auf das erste Zeichen einer Zeichenkette. Eine derart definierte Zeichenkette besitzt keine Längenangabe, sondern trägt eine 0 am Ende der Kette, daher auch der Name Null-terminierter String. Ein PChar kann die maximale Größe von 64 Kbyte erreichen. Die maximale Anzahl der Zeichen ist also auf 64 Kbyte und nicht auf 255 Zeichen beschränkt (siehe auch GetTextLen und SetTextBuf).

function GetTextLen: Integer;
Die Methode GetTextLen gibt die Länge des Textes der Komponente zurück. Dieser Wert kann für BufSize in GetTextBuf verwendet werden (siehe auch GetTextBuf und SetTextBuf).

procedure Hide;
Die Methode Hide versteckt eine Komponente, sie ist also nicht mehr auf dem Bildschirm nicht sichtbar. Dabei wird die Eigenschaft Visible auf False gesetzt. Dabei ist eine Komponente aber weiterhin aktiv, das heißt, kann bearbeitet werden.

procedure Invalidate;
Die Methode Invalidate erzwingt das Neuzeichnen einer Komponente, sobald dies möglich ist.

procedure InsertComponent(AComponent: TComponent);
InsertComponent macht die Komponente zum Besitzer der im Parameter AComponent übergebenen Komponente. Die Komponente wird am Ende der Array-Eigenschaft Components hinzugefügt. Die eingefügte Komponente darf keinen Namen haben (keinen für die Eigenschaft Name spezifizierten Wert) oder der Name muß sich eindeutig von allen anderen in der Components-Liste unterscheiden. Wird die Besitzerkomponente entfernt, so wird auch AComponent gelöscht.

procedure Refresh;
Die Methode Refresh reagiert je nach Art der Komponente, ob Daten oder die Komponenten selbst neu gezeichnet werden. Die Methode Refresh kann also jedes Bild auf dem Bildschirm löschen und alle Dialogelemente neuzeichnen beziehungsweise Datensätze einer Datei erneut einlesen.

Innerhalb der Implementation von Refresh beim Neuzeichnen von Komponenten wird die Methode Invalidate und dann die Methode Update aufgerufen.

Beim Refresh von Daten ist zu beachten: Durch Refresh können sich die angezeigten Daten unerwartet verändern und so den Anwender verwirren. Ein Dialog oder eine andere Mitteilung, die dem Anwender den Refresh der Daten mitteilt, wäre somit wohl angebracht und von äußerster Nützlichkeit.

procedure RemoveComponent(AComponent: TComponent);
RemoveComponent entfernt die Komponente, die im Parameter AComponent festgelegt ist, aus der Komponentenliste Components. Die Position in der Liste wird zu Nil.

procedure Repaint;
Die Methode Repaint fordert das Dialogelement auf, dessen Bild auf dem Bildschirm neu zu zeichnen, ohne jedoch zuvor die darunterliegende Fläche zu löschen. Um vor dem Neuzeichnen zu löschen, müssen Sie anstelle von Repaint die Methode Refresh aufrufen.

procedure ScaleBy(M, D: Integer);
Die Methode ScaleBy skaliert eine Komponente um einen Prozentsatz ihrer ursprünglichen Größe. Der Parameter M ist der Multiplikator und der Parameter D der Divisor. Wenn Sie beispielsweise die Größe des Dialogelements auf 66% seines ur-

sprünglichen Formats ändern möchten, geben Sie in M den Wert 66 und in D den Wert 100 an (66/100). Bei der Vergrößerung gehen Sie einfach den umgekehrten Weg: Vergrößerung um 66% bedeutet nichts anderes als M=166 und D=100.

function ScreenToClient(Point: TPoint): TPoint;
Die Methode ScreenToClient wird verwendet, um den Koordinatenpunkt der Komponente auf dem Bildschirm in Pixeln zu bestimmen. ScreenToClient gibt die X- und Y-Koordinaten in einem Record des Typs TPoint zurück.

procedure ScrollBy(DeltaX, DeltaY: Integer);
ScrollBy scrollt den Inhalt einer Komponente. Statt der Methode ScrollBy sollten Sie im Normalfall lieber mit den eingebauten Bildlauf-Leisten arbeiten, es sei denn, diese Leisten wären für Ihre Programm-Idee aus irgendeinem Grund nicht brauchbar.

DeltaX enthält die Veränderung in Pixeln in Richtung der X-Achse. Ein positiver Wert von DeltaX verschiebt den Inhalt nach rechts, ein negativer Wert verschiebt den Inhalt nach links. DeltaY bezeichnet die Veränderungen in Pixeln in Richtung der Y-Achse. Ein positiver Wert von DeltaY verschiebt den Inhalt nach unten, ein negativer Wert verschiebt den Inhalt nach oben.

procedure SendToBack;
Die Methode SendToBack setzt eine Komponente innerhalb einer übergeordneten Komponente hinter alle anderen Komponenten. Die Reihenfolge, in der Komponenten übereinander gelagert werden (Z-Reihenfolge), hängt davon ab, ob es sich um fensterähnliche oder um nicht-fensterähnliche Komponenten handelt. Die Reihenfolge arbeitet nach dem Prinzip, daß die zuletzt eingefügte Komponente die oberste und damit nicht sichtbare Komponente ist. Mit der Methode SendToBack einer Komponente kommt diese Komponente ganz nach unten auf den Stapel und wird nicht sichtbar.

Bei der Stapelung ist zu beachten, daß fensterähnliche Komponenten immer auf nicht-fensterähnlichen Komponenten gestapelt werden. Ein Aufruf von SendToBack einer fensterähnlichen Komponente bewirkt also gar nichts, wenn unter dem Stapel eine nicht-fensterähnliche Komponente liegt (siehe auch BringToFront).

Die folgenden Komponenten zählen zu den fensterähnlichen Komponenten:

BitBtn	DBNavigator	MediaPlayer
Button	DBRadioGroup	Memo
CheckBox	DirectoryListBox	Notebook
ComboBox	DrawGrid	OLEContainer
DBCheckBox	DriveComboBox	Outline
DBComboBox	Edit	Panel
DBEdit	FileListBox	RadioButton
DBGrid	FilterComboBox	RadioGroup
DBImage	Form	ScrollBar
DBListBox	GroupBox	ScrollBox
DBLookupCombo	Header	StringGrid
DBLookupList	ListBox	TabbedNotebook
DBMemo	MaskEdit	TabSet

Die nun folgenden Komponenten zählen zu den nicht-fensterähnlichen Komponenten:

Bevel	Label	SpeedButton
DBText	PaintBox	Image
Image	Shape	

procedure SetBounds(ALeft, ATop, AWidth, AHeight: Integer);
Die Methode SetBounds setzt die Begrenzungseigenschaften der Komponente Left, Top, Width und Height auf die Werte, die in den entsprechenden Werten ALeft, ATop, AWidth und AHeight übergeben werden. SetBounds erlaubt Ihnen, mehr als eine Begrenzungseigenschaft der Komponente zur gleichen Zeit einzustellen. Obwohl Sie immer einzelne Begrenzungen einstellen können, erlaubt Ihnen die Verwendung von SetBounds, mehrere Änderungen auf einmal durchzuführen, ohne daß jedesmal das Dialogfenster neu gezeichnet werden muß.

procedure SetFocus;
SetFocus übergibt den Focus an die Komponente. Bei Formularen ruft das jeweilige Formular die Methode SetFocus des standardmäßig aktiven Dialogelements auf.

procedure SetTextBuf(Buffer: PChar);
Die Methode SetTextBuf ersetzt den Text in einer Komponente durch den Text in Buffer. Buffer muß auf einen mit Null abgeschlossenen String zeigen (siehe auch GetTextBuf und GetTextLen).

procedure Show;
Die Methode Show bringt eine Komponente nicht sichtbar auf dem Bildschirm, indem die Eigenschaft Visible auf True eingestellt wird. Falls die Methode Show eines Formulars aufgerufen wird und das Formular ist undurchsichtig, versucht Show das Formular nicht sichtbar zu machen, indem sie das Formular mit der Methode BringToFront in den Vordergrund bringt. Ein Formular verfügt zusätzlich über die Methode Show-Modal, um einen modalen Dialog erzeugen zu können. Ein modaler Dialog muß bearbeitet und geschlossen werden. Ein SendToBack hätte also keinen Erfolg.

procedure Update;
In der Methode Update wird die API-Funktion UpdateWindow von Windows aufgerufen, die alle beim Zeichnen entstandenen und noch nicht erledigten Meldungen bearbeitet. UpdateWindows ist definiert als

```
procedure UpdateWindow(Wnd: HWnd);
```

Die Routine UpdateWindow aktualisiert den Client-Bereich des angegebenen Fensters, indem sie eine WM_PAINT-Meldung an das Fenster sendet, wenn der Aktualisierungsbereich für das Fenster nicht leer ist. Die Routine UpdateWindow sendet eine WM_PAINT-Meldung unter Umgehung der Anwendungswarteschlange direkt an die Fensterfunktion des gegebenen Fensters. Wenn der Aktualisierungsbereich leer ist, wird keine Meldung gesendet. Der Parameter Wnd bezeichnet das Fenster oder besser das Handle des Fensters, das aktualisiert werden soll.

KAPITEL 2

Seite Zusätzlich

Komponentenname:	**BitBtn**
Klassenname:	**TBitBtn**

Beschreibung:

BitBtn bildet einen Schalter (Button) mit einer passenden Bitmap. Dabei können Sie auf vordefinierte BitBtn-Typen zurückgreifen (z.B.: OK, Abbrechen etc.), aber auch eigene BitBtn mit selbstgemachten Bitmaps aufbauen. Ein BitBtn ist im Prinzip nichts anderes als ein Button mit einer Bitmap. Anwender können also mit diesen BitBtn Aktionen (z.B.: in Dialogen) auslösen (Bestätigungen und anderes). Zu den näheren Möglichkeiten verweisen wir auf die einzelnen Eigenschaften, Ereignisse und Methoden von BitBtn.

Eigenschaften:

property Align: TAlign;
Die Eigenschaft Align legt fest, wie Dialogelemente zum Beispiel im Formular ausgerichtet werden. Mögliche Werte:

alNone	Die Komponente bleibt an der Einfügeposition im Formular (Standardeinstellung).
alTop	Die Komponente wird an die Oberkante des Formulars verschoben und an seine Breite angepaßt. Die Höhe der Komponente bleibt unverändert.
alBottom	Die Komponente wird an die Unterkante des Formulars verschoben und an seine Breite angepaßt. Die Höhe der Komponente bleibt unverändert.
alLeft	Die Komponente wird an die linke Kante des Formulars verschoben und an seine Höhe angepaßt. Die Breite der Komponente bleibt unverändert.
alRight	Die Komponente wird an die rechte Kante des Formulars verschoben und an seine Höhe angepaßt. Die Breite der Komponente bleibt unverändert.
alClient	Die Größe der Komponente wird an den Client-Bereich eines Formulars angepaßt. Ist ein Teil des Client-Bereichs bereits von

einer anderen Komponente besetzt, füllt die Komponente den verbleibenden Teil des Client-Bereichs aus.

Wird zum Beispiel ein Formular, das Besitzer eines Labels ist, in der Größe verändert, werden die Komponenten innerhalb des Formulars neu ausgerichtet. Die Verwendung der Eigenschaft Align ist dann sinnvoll, wenn ein Dialogelement an einer Position des Formulars stehenbleiben soll, auch wenn sich die Größe des Formulars ändert.

property BoundsRect: TRect;
Die Eigenschaft BoundsRect liefert das Begrenzungsrechteck der Komponente – ausgedrückt im Koordinatensystem des übergeordneten Dialogelements – zurück. Mit BoundsRect ersetzen und erleichtern Sie sich somit die Abfrage der einzelnen Werte für die Eigenschaften Left, Top, Width und Height.

property Cancel: Boolean;
Cancel gibt an, ob ein Schalter oder ein Bitmap-Schalter ein Cancel- bzw. Abbruch-Schalter ist. Wenn Cancel True ist, wird die Ereignisbehandlungs-Routine OnClick für den Schalter ausgeführt, wenn der Anwender Esc drückt. Zwar kann es in Ihrer Anwendung mehr als einen Schalter geben, der als Abbruchschalter gekennzeichnet ist, das Formular ruft aber die OnClick-Ereignisbehandlungs-Routine nur für den ersten sichtbaren Schalter in der Tabulatorreihenfolge auf.

property Caption: String;
Die Eigenschaft Caption ist der Text, der in der Komponente angezeigt wird. Zum Beispiel in der Titelleiste des Formulars.

property ComponentIndex: Integer;
Die Eigenschaft ComponentIndex zeigt die Position einer Komponente in der Eigenschaftsliste Components ihres Besitzers an. Die erste Komponente in der Liste hat den ComponentIndex-Wert 0, die zweite hat den Wert 1, die dritte den Wert 2 etc. Diese Eigenschaft ist nur zur Laufzeit und dann auch nur im Read-Only-Modus benutzbar.

property Controls[Index: Integer]: TControl;
Controls ist ein Array aller untergeordneten Komponenten der Komponente. Controls ist dann von Nutzen, wenn Sie auf die untergeordneten Komponenten über die Zahl statt über den Namen zugreifen müssen.

property Cursor: TCursor;
Mit der Eigenschaft Cursor stellen Sie das Aussehen des Cursors ein, wenn dieser auf die Komponente zeigt. Mögliche Werte sind:

crDefault	crArrow	crCross
crIBeam	crSize	crSizeNESW
crSizeNS	crSizeNWSE	crSizeWE
crUpArrow	crHourglass	crDrag
crNoDrop	crHSplit	crVSplit

property Default: Boolean;
Default gibt an, ob ein Button oder BitBtn der voreingestellte Schalter (Default=True) ist.

Ist ein Schalter voreingestellt, dann wird der Schalter immer dann ausgelöst, wenn Sie die ENTER- oder RETURN-Taste drücken, es sei denn, es wurde ein anderer Schalter ausgewählt. Die Behandlung dieser Aktion wird über die Eigenschaft OnClick gesteuert. Ein Schalter ist immer dann der sogenannte voreingestellte Schalter, wenn Sie keinen oder den voreingestellten Schalter ausgewählt haben.

property DragCursor: TCursor;
Die Eigenschaft DragCursor bestimmt die Form des Mauszeigers, wenn sich der Zeiger über einer Komponente befindet, die ein gezogenes Objekt akzeptieren kann. Mögliche Werte sind mit denen der Eigenschaft Cursor identisch.

property DragMode: TDragMode;
Die Eigenschaft DragMode legt das Ziehen-und-Ablegen-Verhalten einer Komponente fest. Mögliche Werte sind:

dmAutomatic	Wenn dmAutomatic ausgewählt ist, ist das Dialogelement bereit, gezogen zu werden; der Anwender klickt nur und zieht es dann.
dmManual	Wenn dmManual ausgewählt ist, kann das Dialogelement nicht gezogen werden, bevor die Anwendung die Methode BeginDrag aufgerufen hat.

Ist die Eigenschaft DragMode einer Komponente dmAutomatic, kann die Anwendung dies zur Laufzeit durch Einstellung des Werts dmManual deaktivieren.

property Enabled: Boolean;
Die Eigenschaft Enabled bestimmt, ob die Komponente auf Maus-, Tastatur- und Timer-Ereignisse reagiert. Wenn Enabled auf True gesetzt ist, reagiert die Komponente normal. Ist Enabled hingegen False, ignoriert das Dialogelement Maus- und Tastaturereignisse. Bei einer Timer-Komponente werden die für das OnTimer-Ereignis deaktivierten Komponenten-Dialogelemente grau dargestellt.

property Font: TFont;
Die Eigenschaft Font legt den Font und die Eigenschaften des Fonts der Komponente fest. Sie haben die Möglichkeit, diese Werte im Objectinspektor oder – wesentlich komfortabler – mit Hilfe eines Doppelklicks auf diese Eigenschaft einen Dialog zu öffnen, der alle möglichen Werte anzeigt.

property Glyph: TBitmap;
Mit Glyph legen Sie das Bitmap fest, das auf einem ausgewählten BitBtn oder einem SpeedButton erscheinen soll. Dabei öffnet sich ein Dialog, in dem Sie das Bitmap einladen können. Zur Bearbeitung und Erstellung von Bitmaps müssen Sie den Bitmap-Editor explizit aufrufen. Dieser Aufruf wäre in diesem Dialog sicherlich ebenfalls sehr wünschenswert.

Ein solches Bitmap kann bis zu 4 einzelne Bilder enthalten. Das jeweilige Bild dieser Bitmap erscheint beim jeweiligen Zustand des Schalters. So lassen sich unterschiedliche Bilder für Schalter-Zustände wie nicht aktiv, heruntergedrückt, selektiert etc. definieren. In der folgenden Tabelle finden Sie die möglichen Bildpositionen und die dazu passenden Schalterzustände einer Bitmap. Die Bildposition wird von links nach rechts gezählt. So ist das erste Bild in einer Bitmap das erste Bild von links:

Position im Bitmap	Schalterzustand
Bild 1	Der Schalter ist nicht selektiert. Enthält eine Bitmap keine weiteren Bilder, dann verwendet Delphi dieses Bild auch für alle anderen Zustände.
Bild 2	Der Schalter ist nicht aktiv, kann also nicht selektiert werden.
Bild 3	Der Schalter wurde angeklickt (wurde heruntergedrückt).
Bild 4	Der Schalter bleibt heruntergedrückt (nur für SpeedButtons).

Haben Sie mehrere Bilder in einer Bitmap, so müssen Sie deren Anzahl mit der Eigenschaft NumGlyphs spezifizieren. Alle Bilder müssen von gleicher Größe sein und nebeneinander in einer Zeile stehen.

property Height: Integer;
Die Eigenschaft Height eines Dialogelements legt die Höhe der Komponente in Pixeln fest.

property HelpContext: THelpContext;
Die Eigenschaft HelpContext stellt eine Kontextnummer für die Verwendung beim Aufruf kontextbezogener Online-Hilfe bereit. Jeder Hilfebildschirm des Hilfesystems sollte eine eindeutige Kontextnummer besitzen. Ist in der Anwendung eine Komponente selektiert, so wird nach Betätigen von F1 ein Hilfebildschirm angezeigt. Welcher Hilfebildschirm angezeigt wird, hängt vom Wert der Eigenschaft HelpContext ab.

property Hint: string;
Die Eigenschaft Hint ist der Text-String, der erscheinen kann, wenn ein OnHint-Ereignis eintritt, also wenn der Benutzer den Cursor über die Komponente bewegt. Wie der String angezeigt wird, bestimmt der Code in der Ereignisbehandlungs-Routine OnHint. Sie können eine Schnellhilfe, d.h. ein Fenster, das einen Hilfetext enthält, für eine Komponente erscheinen lassen, wenn der Anwender den Mauszeiger über das Dialogelement führt und dort kurz verweilt. Dies funktioniert wie folgt:

1. Spezifizieren Sie für jede Komponente, die einen Schnellhinweis anzeigen soll, einen Hint-Wert.
2. Setzen Sie die Eigenschaft ShowHints des Bedienfelds auf True.
3. Setzen Sie die Eigenschaft ShowHint der Anwendung zur Laufzeit auf True.

Sie können Hint gleichzeitig sowohl für ein Hilfehinweisfenster als auch für die Verwendung innerhalb der Behandlungsroutine OnHint spezifizieren, indem Sie zwei durch ein Zeichen | (das »oder« oder Pipe-Symbol) abgeteilte Werte angeben, also beispielsweise:

```
Edit1.Hint:= 'Aufforderung|Geben Sie den richtigen Wert ein';
```

Der String »Aufforderung« erscheint im Hilfehinweisfenster und der String »Geben Sie den richtigen Wert ein« erscheint wie in der Ereignisbehandlungs-Routine OnHint spezifiziert.

property Kind: TBitBtnKind;
Mit Kind legen Sie die Art eines BitBtn fest. Mögliche Werte:

Wert	Bedeutung
bkCustom	Frei definierbares BitBtn (via Glyph, ModalResult und OnClick)
bkOK	OK-Button
bkCancel	Abbrechen-Button
bkYes	Ja-Button
bkNo	Nein-Button
bkHelp	Hilfe-Button. Aktiviert die Windows-Hilfe mit der unter HelpFile angegebenen Hilfe-Datei. Die Eigenschaft HelpContext gibt den Index für die Hilfe des Buttons in der Hilfe-Datei an.
bkClose	Schließen-Button
bkAbort	Abbrechen-Button
bkRetry	Wiederholen-Button
bkIgnore	Ignorieren-Button
bkAll	Alles-Button

property Layout: TButtonLayout;
Mit Layout bestimmen Sie das Layout eines BitBtn und eines SpeedButton. Mögliche Werte:

Wert	Bedeutung
blGlyphLeft	Das Bild erscheint an der linken Seite des Buttons.
blGlyphRight	Das Bild erscheint an der rechten Seite des Buttons.
blGlyphTop	Das Bild erscheint am oberen Rand des Buttons.
blGlyphBottom	Das Bild erscheint am unteren Rand des Buttons.

property Left: Integer;
Die Eigenschaft Left bestimmt die horizontalen Koordinaten in Pixeln der linken Kante einer Komponente relativ zum Formular. Für Formulare ist der Wert der Eigenschaft Left relativ zum Bildschirm (ebenfalls in Pixeln).

property Margin: Integer;
Mit Margin legen Sie die Anzahl der Pixel zwischen dem Rand eines Bildes und dem Rand des Buttons fest. Der Rand, auf den Bezug genommen wird, hängt von der Eigenschaft Layout ab. Beispiel:

```
Layout=blGlyphLeft
```

Margin ist der Abstand zwischen dem linken Rand des Bildes und dem linken Rand des Buttons. Bei einem Wert –1 für Margin werden das Bild und der Text aus Caption zentriert.

property ModalResult: TModalResult;
Mit der Eigenschaft ModalResult kann man das Resultat der Buttons und damit eines modalen Dialogs festlegen. Folgende Konstanten sind mögliche Werte von ModalResult:

Konstante	Wert (real)	Bedeutung
mrNone	0	neutral, unbestimmt
mrOk	idOK (1)	Der Dialog wurde mit dem OkaY-Button beendet
mrCancel	idCancel (2)	Der Dialog wurde mit dem Cancel-Button beendet (Abbruch)
mrAbort	idAbort (3)	Der Dialog wurde mit dem Abort-Button beendet (Abbruch)
mrRetry	idRetry (4)	Der Dialog wurde mit dem RetrY-Button beendet (Wiederholen)
mrIgnore	idIgnore (5)	Der Dialog wurde mit dem Ignore-Button beendet (Ignorieren)
mrYes	idYes (6)	Der Dialog wurde mit dem Yes-Button beendet (Ja)
mrNo	idNo (7)	Der Dialog wurde mit dem No-Button beendet (Nein)
mrAll	mrNo + 1 (8)	Der Dialog wurde mit dem All-Button beendet (Alles)

Entsprechend sollten Sie natürlich einen Button, der ein mrOk als Wert für ModalResult zurückgibt, auch als einen solchen Button definieren. Eine Unaufmerksamkeit bei dieser Eigenschaft genügt und ein Cancel-Button liefert den Wert mrOk zurück. Statt zum Beispiel das Formatieren der Festplatte abzubrechen, lösen Sie mit dem Cancel-Button die ultimative Vernichtung Ihrer (hoffentlich nicht!) wichtigen Daten aus.

property Name: TComponentName;
Die Eigenschaft Name enthält den Namen der Komponente wie er von anderen Komponenten für den Zugriff verwendet wird. Delphi weist als Vorgabewerte sequentielle Namen zu, die auf dem Typ der Komponente basieren, also etwa für Buttons »Button1«, »Button2« etc. Dies können Sie gemäß Ihrer Vorstellungen abändern. Komponentennamen sollten ausdrücklich nur zur Entwurfszeit geändert werden.

property NumGlyphs: TNumGlyphs;
Mit NumGlyphs legen Sie die Anzahl der Bilder fest, die sich in der mit Glyph festgelegten Bitmap befinden.

Befinden sich mehr als ein Bild in der Bitmap, dann müssen Sie mit Hilfe von NumGlyphs die Anzahl der in der Bitmap befindlichen Bilder festlegen. Alle Bilder müssen die gleiche Größe haben und direkt nebeneinander in einer Zeile stehen. Gültige Werte für NumGlyphs sind 1 bis 4. Der Standardwert ist 1. Näheres dazu finden Sie unter der Eigenschaft Glyphs).

property Owner: TComponent;
Die Eigenschaft Owner teilt Ihnen mit, welche Komponente zu welcher Komponente gehört. Dem Formular gehören alle Komponenten, die auf ihm vorhanden sind. Umgekehrt gehört das Formular zur Anwendung. Gehört eine Komponente A einer anderen Komponente B, wird der Speicher der Komponente A freigegeben, wenn der Speicher der Komponente B freigegeben wird. Es werden also folgerichtig alle Komponenten des Formulars gelöscht, wenn das Formular gelöscht wird. Außerdem wird natürlich der Speicher für das Formular und dessen Komponenten freigegeben, wenn der Speicher der Anwendung selbst freigegeben wird.

property Parent: TWinControl;
Die Eigenschaft Parent enthält den Namen der übergeordneten Komponente. Wenn eine Komponente A eine andere Komponente B enthält, sind die in B enthaltenen Komponenten untergeordnete Komponenten von A. Wenn Ihre Anwendung beispielsweise drei Buttons in einer GroupBox enthält, dann ist die GroupBox das übergeordnete Element der drei Buttons und die Button-Schaltfelder sind der GroupBox untergeordnet.

Parent und Owner sind leider etwas verwirrend. Daher hier eine kleine Entwirrung:

Ein Formular ist der Besitzer aller darauf enthaltenen Komponenten, egal, ob sie ein Fensterelement sind oder nicht. Für unser Beispiel mit den drei Buttons und der GroupBox bedeutet dies: Der Besitzer der Buttons ist immer das Formular, aber die GroupBox ist das übergeordnete Element.

Wenn Sie einen neuen Dialog erzeugen, müssen Sie dem neuen Dialogelement einen Wert der Eigenschaft Parent zuweisen. Üblicherweise sind dies Formulare, Bedienfelder, GroupBoxen oder andere Dialoge, die Komponenten-Elemente enthalten können. Es ist möglich, jedes Element als das übergeordnete zuzuweisen, aber das darin enthaltene Dialogelement wird wahrscheinlich überschrieben.

Wird das übergeordnete Element gelöscht, dann werden auch alle Elemente, die ihm untergeordnet sind, gelöscht.

property ParentFont: Boolean;
Die Eigenschaft ParentFont bestimmt, wo eine Komponente nach ihrer Fonteigenschaft suchen soll. Falls ParentFont True ist, verwendet die Komponente den Font der Eigenschaft der übergeordneten Komponente.

Wenn ParentFont False ist, verwendet die Komponente ihre eigene Eigenschaft Font. Durch Verwendung von ParentFont können Sie sicherstellen, daß alle Komponenten auf einem Formular das gleiche Erscheinungsbild haben.

property ParentShowHint: Boolean;
Die Eigenschaft ParentShowHint bestimmt, wo eine Komponente nach ihrer Hinteigenschaft suchen soll. Falls ParentShowHint True ist, verwendet die Komponente die Hint-Eigenschaft der übergeordneten Komponente.

Ist ParentShowHint False, verwendet die Komponente ihre eigene Eigenschaft Hint. Durch Verwendung von ParentShowHint können Sie sicherstellen, daß alle Komponenten auf einem Formular das gleiche Erscheinungsbild haben.

property PopupMenu: TPopupMenu;
Die Eigenschaft PopupMenu legt den Namen des Popup-Menüs fest, das erscheint, wenn der Anwender die Komponente auswählt, die rechte Maustaste drückt (bei dem Wert True für AutoPopup des Popup) oder wenn die Methode Popup des Popup-Menüs ausgeführt wird.

property ShowHint: Boolean;
Die Eigenschaft ShowHint bestimmt, ob das Dialogelement eine Schnellhilfe anzeigen soll, falls der Mauszeiger eine Weile auf ihm verweilt. Die Schnellhilfe entspricht dem Wert der Eigenschaft Hint, die in einem Feld direkt unterhalb des Elements angezeigt wird. Wenn die Eigenschaft ShowHint den Wert True hat, kann die Schnellhilfe erscheinen.

Ist ShowHint False kann die Schnellhilfe auch angezeigt werden, wenn ParentShowHint auf True gesetzt wurde und die Eigenschaft ShowHint der übergeordneten Komponente ebenfalls auf True gesetzt wurde.

property Showing: Boolean;
Die Eigenschaft Showing legt fest, ob eine Komponente momentan auf dem Bildschirm angezeigt wird oder nicht. Falls die Eigenschaft Visible einer Komponente und aller übergeordneten Komponenten in der übergeordneten Hierarchie True ist, ist Showing auch True. Wenn einer der Vorfahren der Komponente den Wert False als Wert für die Eigenschaft Visible hat, dann ist auch Showing False.

property Spacing: Integer;
Mit Spacing legen Sie fest, wo das Bild und der Text auf einem BitBtn oder einem SpeedButton erscheinen soll. Spacing bestimmt die Anzahl der Pixel zwischen dem Bild aus der Eigenschaft Glyph und dem Text aus der Eigenschaft Caption. Ist Spacing positiv, dann bedeutet Spacing die Anzahl der Pixel zwischen dem Bild und dem Text. Ist Spacing auf 0 gesetzt, dann befindet sich kein Freiraum zwischen dem Bild und dem Text. Ist Spacing negativ, dann erscheint der Text zentriert zwischen dem Bild und dem Rand des Buttons.

property Style: TButtonStyle;
Mit Style legen Sie das Erscheinungsbild des Buttons fest. Mögliche Werte:

Wert	Bedeutung
bsAutoDetect	Das Programm testet, ob Windows Version 3.x oder eine neuere Version aktiv ist. Danach richtet sich dann das Aussehen.
bsWin31	Das normale Windows 3.1-Erscheinungsbild (unabhängig von der Windows-Version).
bsNew	Das neue Erscheinungsbild für Bitmap-Schalter (unabhängig von der Windows-Version).

property TabOrder: TTabOrder;
Die Eigenschaft TabOrder bestimmt die Position einer Komponente in der Tabulatorreihenfolge, in der Komponenten den Fokus erhalten, wenn der Anwender die Taste TAB drückt. Anfänglich ist die Tabulatorreihenfolge immer die Reihenfolge, in der die Komponenten in das Formular hinzugefügt wurden. Der Wert der Eigenschaft TabOrder ist für jede Komponente auf dem Formular einmalig. Die erste dem Formular hinzugefügte Komponente hat den Wert 0 von TabOrder, die zweite hat 1, die dritte 2 usw.

Falls Sie den Wert der Eigenschaft TabOrder einer Komponente den gleichen Wert einer anderen Komponente zuweisen, numeriert Delphi automatisch die Werte für alle anderen Komponenten neu. Angenommen, eine Komponente ist beispielsweise die sechste Komponente in der Tabulatorreihenfolge. Wenn Sie den Wert der Eigenschaft TabOrder der Komponente auf 3 ändern (dies macht die Komponente zu der vierten in der Tabulatorreihenfolge), wird die Komponente, die die vierte war, nun zur fünften und die Komponente, die die fünfte war, wird jetzt die sechste.

property TabStop: Boolean;
Die Eigenschaft TabStop bestimmt, ob der Anwender diese Komponente mit der Taste TAB anspringen kann. Falls TabStop True ist, befindet sich die Komponente in der Tabulatorreihenfolge. Wenn TabStop False ist, ist das Dialogelement nicht in der Tabulatorreihenfolge.

property Tag: Longint;
Die Eigenschaft Tag kann einen Integerwert als Element einer Komponente speichern. Tag wird von Delphi nicht benutzt und steht Ihnen damit zur freien Verfügung.

property Top: Integer;
Die Eigenschaft Top gibt die Y-Koordinate in Pixeln der linken oberen Ecke eines Dialogelements relativ zum Formular an. Bei Formularen wird der Wert der Eigenschaft Top in Pixeln relativ zum Bildschirm angegeben.

property Visible: Boolean;
Die Eigenschaft Visible bestimmt, ob eine Komponente auf dem Bildschirm sichtbar ist (True) oder nicht (False).

property Width: integer;
Die Eigenschaft Width bestimmt die Breite einer Komponente, gemessen in Pixeln.

Ereignisse:

property OnClick: TNotifyEvent;
Das Ereignis OnClick erscheint, wenn der Benutzer auf die Komponente klickt. In einem Formular tritt OnClick ein, wenn der Benutzer auf eine freie Stelle im Formular oder eine inaktive Komponente klickt.

OnClick ist vom Typ

```
TNotifyEvent = procedure (Sender: TObject) of object;
```

Der Typ TNotifyEvent weist auf eine Methode, die das Anklicken eines Objekts behandelt. Der Parameter Sender ist das Dialogelement, das angeklickt wurde.

property OnDragDrop: TDragDropEvent;
Das Ereignis OnDragDrop tritt ein, wenn der Anwender ein gezogenes Objekt ablegt. Verwenden Sie die Ereignisbehandlungs-Routine OnDragDrop, um festzulegen, was passieren soll, wenn der Anwender ein Objekt ablegt.

OnDragClick ist vom Typ

```
TDragDropEvent = procedure (Sender, Source: TObject; X, Y: Integer) of object;
```

Der Typ TDragDropEvent zeigt also auf eine Methode, die das Ablegen eines gezogenen Objekts behandelt. Der Parameter Source des Ereignisses OnDragDrop ist das abzulegende Objekt und der Parameter Sender ist das Dialogelement, auf dem das Objekt abgelegt wurde. Die Parameter X und Y sind die Koordinaten des Mauszeigers, der über dem Dialogelement positioniert wird.

property OnDragOver: TDragOverEvent;
Das Ereignis OnDragOver tritt ein, wenn der Anwender ein Objekt über eine Komponente zieht. Üblicherweise werden Sie ein Ereignis OnDragOver verwenden, um ein Objekt zu akzeptieren, damit der Anwender es ablegen kann.

OnDragClick ist vom Typ

```
TDragOverEvent = procedure(Sender, Source: TObject; X, Y: Integer;
                           State: TDragState; var Accept: Boolean) of object;
```

Der Typ TDragOverEvent zeigt also auf eine Methode, die das Ziehen eines Objekts über ein anderes Objekt behandelt. Der Parameter Source ist das gezogene Objekt, Sender ist das Objekt, über das Source gezogen wurde, X und Y sind die Koordinaten des Mauszeigers, der über dem Dialogelement positioniert wird in Pixeln, State ist der Status des gezogenen Objekts in Verbindung zum darübergezogenen Objekt, und Accept legt fest, ob der Sender das Ziehobjekt erkennt. Accept wird nicht per Voreinstellung auf True oder False gesetzt; Sie müssen die passenden Werte selbst zuweisen.

Das Ereignis OnDragOver akzeptiert ein Objekt, wenn der Parameter Accept True ist. Durch Ändern des Werts der Eigenschaft DragCursor können Sie das Erscheinungsbild des Cursors beeinflussen. Dies können Sie entweder während des Entwickelns oder zur Laufzeit, bevor ein Ereignis OnDragOver eintritt, durchführen.

property OnEndDrag: TEndDragEvent;
Das Ereignis OnEndDrag tritt immer dann ein, wenn das Ziehen eines Objekts abgeschlossen oder abgebrochen wird. Wenn Sie eine besondere Behandlung haben möchten, wenn das Ziehen beendet wird, verwenden Sie die Ereignisbehandlungs-Routine OnEndDrag. OnEndDrag ist vom Typ

```
TEndDragEvent = procedure(Sender, Target: TObject; X, Y: Integer) of object;
```

Der Typ TEndDragEvent zeigt also auf eine Methode, die das Anhalten des Ziehens eines Objekts behandelt. Der Sender ist das Objekt, das gezogen wird, Target ist das Objekt, zu dem Sender hingezogen wird, und X und Y sind die dazugehörigen Bildschirmkoordinaten des Mauszeigers, der über dem Dialogelement positioniert wird. Falls das gezogene Objekt abgelegt und durch das Dialogelement akzeptiert wurde, ist der Parameter Target des Ereignisses OnEndDrag True. Wenn das Objekt nicht erfolgreich abgelegt wurde, beträgt der Wert von Target Nil.

property OnEnter: TNotifyEvent;
OnEnter tritt ein, wenn eine Komponente aktiviert wird. Wenn Sie eine besondere Behandlung festlegen möchten, wenn eine Komponente aktiviert wird, verwenden Sie die Ereignisbehandlungs-Routine OnEnter.

OnEnter erscheint nie, wenn Sie zwischen Formularen oder einer anderen Windows-Anwendung und Ihrer Anwendung umschalten. OnEnter für eine Komponente des Typs TPanel oder THeader tritt nie ein, da Bedienfelder oder Header keinen Fokus erhalten können. Somit ist dort OnEnter vollkommen nutzlos. Sie haben diese Ereignisbehandlung aber geerbt.

OnEnter ist vom Typ

```
TNotifyEvent = procedure (Sender: TObject) of object;
```

Der Typ TNotifyEvent weist auf eine Methode, die das Doppelklicken eines Objekts behandelt. Der Parameter Sender ist das Dialogelement, das mit einem Doppelklick bearbeitet wurde.

property OnExit: TNotifyEvent;
OnExit erscheint, wenn der Eingabefokus einer Komponente an eine andere übergeben wird. OnExit tritt nicht ein, wenn Sie zwischen Formularen oder zwischen einer Windows-Anwendung und Ihrer Anwendung umschalten. OnExit tritt bei den Komponenten Panel und Speedbutton nicht ein, da diese niemals den Fokus erhalten.

OnExit ist vom Typ

```
TNotifyEvent = procedure (Sender: TObject) of object;
```

Der Typ TNotifyEvent weist auf eine Methode, die das Doppelklicken eines Objekts behandelt. Der Parameter Sender ist das Dialogelement, das mit einem Doppelklick bearbeitet wurde.

property OnKeyDown: TKeyEvent;
OnKeyDown tritt ein, wenn der Anwender irgendeine Taste drückt, während die Komponente den Fokus hat. Verwenden Sie OnKeyDown, um eine besondere Behandlung festzulegen, die ausgeführt wird, wenn eine Taste gedrückt wird. Der Handler OnKeyDown kann auf alle Tasten der Tastatur, einschließlich Funktionstasten und Tastenkombinationen mit den Tasten UMSCHALT, ALT und STRG sowie betätigten Maustasten reagieren.

OnKeyDown ist vom Typ

```
TKeyEvent = procedure (Sender: TObject; var Key: Word; Shift: TShiftState)
            of object;
```

Der Typ TKeyEvent weist auf eine Methode, die Tastaturereignisse verarbeitet. Der Parameter Key steht für die Taste und Shift und kann die folgenden Werte annehmen:

ssShift	UMSCHALTTASTE (SHIFT) wird festgehalten
ssAlt	linke ALT-Taste wird festgehalten
[ssAlt, ssCtrl]	ALTGR-Taste wird festgehalten
ssCtrl	Taste STRG wird festgehalten
ssLeft	Linke Maustaste wird festgehalten
ssMiddle	Mittlere Maustaste wird festgehalten
ssDouble	Rechte und linke Maustaste werden gleichzeitig festgehalten

property OnKeyPress: TKeyPressEvent;
OnKeyPress erscheint, wenn der Anwender eine einzelne Zeichentaste drückt.

OnKeyPress ist vom Typ

```
TKeyPressEvent = procedure (Sender: TObject; var Key: Char) of object;
```

TKeyPressEvent weist auf eine Methode, die einen Tastendruck für ein einzelnes Zeichen verarbeitet. Der Parameter Key gibt die Taste an. Der Parameter Key ist vom Typ Char; deshalb registriert OnKeyPress das ASCII-Zeichen der gedrückten Taste. Tasten, die nicht mit einem ASCII-Zeichen übereinstimmen (beispielsweise UMSCHALT oder F1), werden kein OnKeyPress erzeugen. Tastenkombinationen (wie UMSCHALT+A) erzeugen nur ein Ereignis des Typs OnKeyPress (in diesem Beispiel ergibt UMSCHALT+A einen Wert Key von »A«, wenn die Feststelltaste ausgeschaltet ist). Falls Sie auf Nicht-ASCII-Tasten oder Tastenkombinationen reagieren möchten, verwenden Sie die Ereignisbehandlungsroutinen OnKeyDown oder OnKeyUp.

property OnKeyUp: TKeyEvent;
OnKeyUp tritt ein, wenn der Anwender die gedrückte Taste wieder losläßt. OnKeyUp kann auf alle Tasten der Tastatur, einschließlich Funktionstasten und Tastenkombinationen mit den Tasten UMSCHALT, ALT und STRG sowie betätigten Maustasten reagieren.

```
TKeyEvent = procedure (Sender: TObject; var Key: Word; Shift: TShiftState)
            of object;
```

Der Typ TKeyEvent weist auf eine Methode, die Tastaturereignisse verarbeitet. Der Parameter Key steht für die Taste und Shift und kann die folgenden Werte annehmen:

ssShift	Umschalttaste (Shift) wird festgehalten
ssAlt	linke Alt-Taste wird festgehalten
[ssAlt, ssCtrl]	AltGr-Taste wird festgehalten
ssCtrl	Taste Strg wird festgehalten
ssLeft	Linke Maustaste wird festgehalten
ssMiddle	Mittlere Maustaste wird festgehalten
ssDouble	Rechte und linke Maustaste werden gleichzeitig festgehalten

property OnMouseDown: TMouseEvent;
Ereignis OnMouseDown tritt ein, wenn der Anwender eine Maustaste zu dem Zeitpunkt drückt, an dem sich der Mauszeiger über einem Dialogelement befindet.

OnMouseDown ist vom Typ

```
TMouseEvent = procedure (Sender: TObject; Button: TMouseButton;
                        Shift: TShiftState; X, Y: Integer) of object;
```

Der Typ TMouseEvent weist auf eine Methode zur Bearbeitung von Maustasten-Ereignissen hin. Der Parameter Button gibt an, welche Maustaste gedrückt wurde, während Shift Auskunft darüber gibt, welche Umschalt- (Umschalt, Strg oder Alt) bzw. Maustasten gedrückt waren, während die das Mausereignis verursachende Maustaste gedrückt oder losgelassen wurde. X und Y sind die Bildschirmkoordinaten des Mauszeigers in Pixeln. Der Parameter Button des Ereignisses OnMouseDown zeigt an, welche Maustaste gedrückt wurde. Durch Verwenden des Parameters Shift der Ereignisbehandlungs-Routine OnMouseDown können Sie auf den Status der Maus- und Umschalttasten reagieren. Umschalttasten sind die Tasten Umschalt, Strg und Alt.

property OnMouseMove: TMouseMoveEvent;
Das Ereignis OnMouseMove tritt ein, wenn der Anwender den Mauszeiger bewegt und dieser sich bereits über einem Dialogelement befindet.

OnMouseMove ist vom Typ

```
TMouseMoveEvent = procedure(Sender: TObject; Shift: TShiftState; X, Y: Integer)
                           of object;
```

Der Typ TMouseMoveEvent zeigt also auf eine Methode, die Mausereignisse infolge einer Mausbewegung verarbeitet. Der Parameter Button gibt an, welche Maustaste gedrückt wurde, während Shift anzeigt, welche Umschalt- (Umschalt, Strg oder Alt) bzw. Maustasten während der Mausbewegung gedrückt waren. X und Y sind die Bildschirmkoordinaten des Mauszeigers in Pixeln. Durch Verwenden des Parameters Shift können Sie auf den Status der Maus- und Umschalttasten reagieren. Umschalttasten sind die Tasten Umschalt, Strg und Alt.

property OnMouseUp: TMouseEvent;
Das Ereignis OnMouseUp tritt ein, wenn der Anwender die gedrückte Maustaste wieder freigibt, wenn sich der Mauszeiger über einer Komponente befindet.

Die Ereignisbehandlungs-Routine OnMouseUp kann auf Betätigungen der rechten, mittleren und linken Maustasten reagieren sowie auf Maustastenkombinationen mit Umschalttasten (Tasten UMSCHALT, STRG und ALT).

OnMouseUp ist vom Typ

```
TMouseEvent = procedure (Sender: TObject; Button: TMouseButton; Shift: TShiftState;
                        X, Y: Integer) of object;
```

Der Typ TMouseEvent zeigt also auf eine Methode zur Bearbeitung von Maustasten-Ereignissen hin. Der Parameter Button gibt an, welche Maustaste gedrückt wurde, während Shift Auskunft darüber gibt, welche UMSCHALT- (UMSCHALT, STRG oder ALT) bzw. Maustasten gedrückt waren, während die das Mausereignis verursachende Maustaste gedrückt oder losgelassen wurde. X und Y sind die Bildschirmkoordinaten des Mauszeigers in Pixeln.

Methoden:

procedure BeginDrag(Immediate: Boolean);
Die Methode BeginDrag leitet den Ziehvorgang einer Komponente ein. Wenn der Parameter Immediate auf True gesetzt ist, wird der Mauszeiger auf den Wert der Eigenschaft DragCursor gesetzt und der Ziehvorgang beginnt. Ist Immediate False, wird der Mauszeiger nicht auf den Wert der Eigenschaft DragCursor gesetzt, und der Ziehvorgang wird erst eingeleitet, wenn der Anwender den Mauszeiger mindestens um 5 Pixel bewegt. Auf diese Weise kann die Komponente Mausklicks akzeptieren, ohne einen Ziehvorgang einzuleiten.

Ihre Anwendung muß die Methode BeginDrag zum Einleiten eines Ziehvorgangs nur aufrufen, wenn DragMode auf dmManual gesetzt ist.

procedure BringToFront;
Die Methode BringToFront setzt eine Komponente innerhalb einer übergeordneten Komponente vor alle anderen Komponenten. BringToFront hilft insbesondere sicherzustellen, daß ein Formular sichtbar ist. Verwenden Sie diese Methode, wenn Sie die Reihenfolge überlappender Komponenten in einem Formular neu festlegen wollen.

Die Reihenfolge, in der Komponenten übereinander gelagert werden (Z-Reihenfolge), hängt davon ab, ob es sich um fensterähnliche oder um nicht-fensterähnliche Komponente handelt. Die Reihenfolge arbeitet nach dem Prinzip, daß die zuletzt eingefügte Komponente die oberste und damit sichtbare Komponente ist.

Mit der Methode BringToFront einer Komponente würde diese Komponente ganz nach oben auf den Stapel kommen und somit sichtbar sein.

Bei der Stapelung ist zu beachten, daß fensterähnliche Komponenten immer auf nicht-fensterähnlichen Komponenten gestapelt werden. Ein Aufruf von BringTo-

Front einer nicht-fensterähnlichen Komponente bewirkt also gar nichts, wenn oben auf dem Stapel eine fensterähnliche Komponente liegt.

Die folgenden Komponenten zählen zu den fensterähnlichen Komponenten:

BitBtn	DBNavigator	MediaPlayer
Button	DBRadioGroup	Memo
CheckBox	DirectoryListBox	Notebook
ComboBox	DrawGrid	OLEContainer
DBCheckBox	DriveComboBox	Outline
DBComboBox	Edit	Panel
DBEdit	FileListBox	RadioButton
DBGrid	FilterComboBox	RadioGroup
DBImage	Form	ScrollBar
DBListBox	GroupBox	ScrollBox
DBLookupCombo	Header	StringGrid
DBLookupList	ListBox	TabbedNotebook
DBMemo	MaskEdit	TabSet

Die nun folgenden Komponenten zählen zu den nicht-fensterähnlichen Komponenten:

Bevel	Label	SpeedButton
DBText	PaintBox	Image
Shape		

function CanFocus: Boolean;
CanFocus stellt fest, ob eine Komponente den Eingabefokus erhalten kann. CanFocus gibt True zurück, wenn die Eigenschaften Visible und Enabled sowohl der Komponente als auch der übergeordneten Komponenten auf True gesetzt sind. Sind nicht alle Eigenschaften Visible und Enabled dieser Komponenten auf True gesetzt, liefert CanFocus False zurück.

procedure Click...;

Click für die Komponenten:

BitBtn	MenuItem
Button	SpeedButton

procedure Click;
Click simuliert einen Mausklick, als hätte der Anwender ein Menüelement oder ein Button angeklickt, und führt jeglichen Code aus, der an das Ereignis OnClick angehängt ist.

Click für die Komponente DBNavigator:

procedure Click(Button: TNavigateBtn);
Click simuliert einen Mausklick, so als hätte der Benutzer einen Schalter im Datenbanknavigator angeklickt, und führt den an das OnClick-Ereignis angehängten Pro-

gramm-Code aus. Geben Sie den Schalter, auf den sich die Methode Click bezieht, im Parameter Button an.

function ClientToScreen(Point: TPoint): TPoint;
Die Methode ClientToScreen übersetzt den angegebenen Punkt aus Client-Bereichskoordinaten in globale Bildschirmkoordinaten. In Client-Bereichskoordinaten entspricht der Punkt (0, 0) der oberen linken Ecke des Client-Bereichs der Komponente. In Bildschirmkoordinaten entspricht (0, 0) der oberen linken Ecke des Bildschirms. Mit den Methoden ClientToScreen und ScreenToClient rechnen Sie Positionen aus dem Koordinatensystem einer Komponente A in das Koordinatensystem einer Komponente B um.

Beispiel: Umrechnung der Koordinaten einer Komponente A in die Koordinaten einer Komponente B (TPoint ist ein Record mit den Feldern X und Y):

```
TPoint =   record
       X  : integer;
       Y  : integer;
END;
VAR
    Koord: TPoint;
Koord:= B.ScreenToClient(A.ClientToScreen(Koord));
```

constructor Create;
Create weist Speicher zu, um das Objekt und damit die Komponente zu erzeugen und nach Bedarf seine Daten zu initialisieren. Jedes Objekt kann eine Methode Create besitzen, die individuell so angepaßt ist, daß sie diese bestimmte Art von Objekt erzeugt. Im Normalfall benötigen Sie diese Methoden nicht, da Borland Delphi alles unternimmt, um Ihre Anwendung und die darin enthaltenen Komponenten zu erzeugen. Sollten Sie allerdings ein Ereignis oder die Initialisierung eines Wertes einer selbst geschaffenen Komponente zur Zeit der Erzeugung einstellen wollen, dann können Sie dies in der Methode Create erledigen. Dazu benötigen Sie aber genaue Kenntnisse und Techniken der OOP. Ansonsten sollten Sie Create unverändert lassen und nicht aufrufen.

function Dragging: Boolean;
Die Methode Dragging gibt an, ob eine Komponente gezogen wird. Wenn Dragging True zurückgibt, wird die Komponente gezogen.

procedure EndDrag(Drop: Boolean);
Die Methode EndDrag verhindert, daß eine Komponente weiter gezogen wird. Wenn der Parameter Drop True ist, wird die gezogene Komponente abgelegt. Ist Drop False, wird die Komponente nicht abgelegt und der Vorgang wird abgebrochen.

function FindComponent(const AName: string): TComponent;
Die Methode FindComponent gibt im Array Components die Komponente zurück, deren Name zum String im Parameter AName paßt. FindComponent beachtet dabei keine Groß-/Kleinschreibung.

Beispiel: Es existiert ein Button »Button1« in Ihrer Anwendung. Um die eigentliche Komponente TButton1 im Array Components zurückzugeben, rufen Sie FindComponents wie folgt auf:

```
FindComponents('Button1');
```

function Focused: Boolean;
Focused wird verwendet, um zu bestimmen, ob ein Fensterdialogelement den Fokus besitzt und deshalb das aktive Dialogelement in ActiveControl ist.

procedure Free;
Die Methode Free entfernt das Objekt und gibt den dazugehörigen Speicher frei. Haben Sie das Objekt unter Verwendung der Methode Create erzeugt, so benutzen Sie zum Entfernen und für die Freigabe des Speichers die Methode Free. Free gelingt auch dann, wenn das Objekt selbst nicht mehr existiert (zum Beispiel durch einen vorherigen Aufruf von Free). Delphi erledigt dies für Objekte der Bibliothek visueller Komponenten automatisch.

Sie sollten also niemals eine Komponente innerhalb Ihrer Anwendung entfernen.

Falls Sie ein Formular freigeben wollen, rufen Sie die Methode Release auf, um das Formular zu löschen und dessen benutzten Speicher freizugeben.

function GetTextBuf(Buffer: PChar; BufSize: Integer): Integer;
Die Methode GetTextBuf holt den Text der Komponente und kopiert ihn in den Puffer als Null-terminierten String (Ende der Zeichenkette wird mit 0 angegeben), auf den Buffer zeigt. Die maximale Länge des Strings wird mit BufSize (siehe dazu GetTextLen) festgelegt. In BufSize wird nach der Ausführung die Anzahl der Zeichen des Strings zu finden sein. Diese Methode ist vor allem dann sehr nützlich, wenn mit Strings größer als 256 Zeichen gearbeitet wird. Der Typ STRING kann nicht mehr als 256 Zeichen aufnehmen. Dabei entfällt aber das erste Element in diesem Typ auf die Längenangabe des Strings, so daß nur noch maximal 255 Zeichen möglich sind. Ein PChar ist ein Zeiger auf das erste Zeichen einer Zeichenkette. Eine derart definierte Zeichenkette besitzt keine Längenangabe, sondern trägt eine 0 am Ende der Kette, daher auch der Name Null-terminierter String. Ein PChar kann die maximale Größe von 64 Kbyte erreichen. Die maximale Anzahl der Zeichen ist also auf 64 Kbyte und nicht auf 255 Zeichen beschränkt (siehe auch GetTextLen und SetTextBuf).

function GetTextLen: Integer;
Die Methode GetTextLen gibt die Länge des Textes der Komponente zurück. Dieser Wert kann für BufSize in GetTextBuf verwendet werden (siehe auch GetTextBuf und SetTextBuf).

procedure Hide;
Die Methode Hide versteckt eine Komponente, sie ist also nicht mehr auf dem Bildschirm sichtbar. Dabei wird die Eigenschaft Visible auf False gesetzt. Dabei ist eine Komponente aber weiterhin aktiv, das heißt, sie kann bearbeitet werden.

procedure Invalidate;
Die Methode Invalidate erzwingt das Neuzeichnen einer Komponente, sobald dies möglich ist.

procedure InsertComponent(AComponent: TComponent);
InsertComponent macht die Komponente zum Besitzer der im Parameter AComponent übergebenen Komponente. Die Komponente wird am Ende der Array-Eigenschaft Components hinzugefügt. Die eingefügte Komponente darf keinen Namen haben (keinen für die Eigenschaft Name spezifizierten Wert) oder der Name muß sich eindeutig von allen anderen in der Components-Liste unterscheiden. Wird die Besitzerkomponente entfernt, so wird auch AComponent gelöscht.

procedure Refresh;
Die Methode Refresh reagiert je nach Art der Komponente, ob Daten oder die Komponenten selbst neu gezeichnet werden. Die Methode Refresh kann also jedes Bild auf dem Bildschirm löschen und alle Dialogelemente neu zeichnen beziehungsweise Datensätze einer Datei erneut einlesen. Innerhalb der Implementation von Refresh beim Neuzeichnen von Komponenten wird die Methode Invalidate und dann die Methode Update aufgerufen.

Beim Refresh von Daten ist zu beachten: Durch Refresh können sich die angezeigten Daten unerwartet verändern und den Anwender verwirren. Ein Dialog oder eine andere Mitteilung, die dem Anwender den Refresh der Daten mitteilt, wäre somit wohl angebracht und von äußerster Nützlichkeit.

procedure RemoveComponent(AComponent: TComponent);
RemoveComponent entfernt die Komponente, die im Parameter AComponent festgelegt ist, aus der Komponentenliste Components. Die Position in der Liste wird zu Nil.

procedure Repaint;
Die Methode Repaint fordert das Dialogelement auf, sich auf dem Bildschirm neu zu zeichnen, ohne jedoch die von ihm überdeckte Fläche zuvor zu löschen. Um die Fläche vor dem Neuzeichnen zu löschen, müssen Sie anstelle von Repaint die Methode Refresh aufrufen.

procedure ScaleBy(M, D: Integer);
Die Methode ScaleBy skaliert eine Komponente um einen Prozentsatz ihrer ursprünglichen Größe. Der Parameter M ist der Multiplikator und der Parameter D der Divisor. Wenn Sie beispielsweise die Größe des Dialogelements auf 66% seines ursprünglichen Formats ändern möchten, geben Sie in M den Wert 66 und in D den Wert 100 an (66/100). Bei der Vergrößerung gehen Sie einfach den umgekehrten Weg: Vergrößerung um 66% bedeutet nichts anderes als M=166 und D=100.

function ScreenToClient(Point: TPoint): TPoint;
Die Methode ScreenToClient wird verwendet, um den Koordinatenpunkt in Pixeln der Komponente auf dem Bildschirm zu bestimmen. ScreenToClient gibt die X- und Y-Koordinaten in einem Record des TypsTPoint zurück.

procedure ScrollBy(DeltaX, DeltaY: Integer);
ScrollBy scrollt den Inhalt einer Komponente. Statt mit der Methode ScrollBy sollten Sie im Normalfall lieber mit den eingebauten Bildlauf-Leisten arbeiten, es sei denn, diese Leisten wären für Ihre Programm-Idee aus irgendeinem Grund nicht brauchbar.

DeltaX enthält die Veränderung in Pixeln in Richtung der X-Achse. Ein positiver Wert von DeltaX verschiebt den Inhalt nach rechts, ein negativer Wert verschiebt den Inhalt nach links. DeltaY bezeichnet die Veränderungen in Pixeln in Richtung der Y-Achse. Ein positiver Wert von DeltaY verschiebt den Inhalt nach unten, ein negativer Wert verschiebt den Inhalt nach oben.

procedure SendToBack;
Die Methode SendToBack setzt eine Komponente innerhalb einer übergeordneten Komponente hinter alle anderen Komponenten. Die Reihenfolge, in der Komponenten übereinander gelagert werden (Z-Reihenfolge), hängt davon ab, ob es sich um fensterähnliche oder um nicht-fensterähnliche Komponenten handelt. Die Reihenfolge arbeitet nach dem Prinzip, daß die zuletzt eingefügte Komponente die oberste und damit sichtbare Komponente ist.

Mit der Methode SendToBack einer Komponente würde diese Komponente ganz nach unten auf den Stapel kommen und somit nicht sichtbar sein.

Bei der Stapelung ist zu beachten, daß fensterähnliche Komponenten immer auf nicht-fensterähnlichen Komponenten gestapelt werden. Ein Aufruf von SendToBack einer fensterähnlichen Komponente bewirkt also gar nichts, wenn unter dem Stapel eine nicht-fensterähnliche Komponente liegt (siehe auch BringToFront).

Die folgenden Komponenten zählen zu den fensterähnlichen Komponenten:

BitBtn	DBNavigator	MediaPlayer
Button	DBRadioGroup	Memo
CheckBox	DirectoryListBox	Notebook
ComboBox	DrawGrid	OLEContainer
DBCheckBox	DriveComboBox	Outline
DBComboBox	Edit	Panel
DBEdit	FileListBox	RadioButton
DBGrid	FilterComboBox	RadioGroup
DBImage	Form	ScrollBar
DBListBox	GroupBox	ScrollBox
DBLookupCombo	Header	StringGrid
DBLookupList	ListBox	TabbedNotebook
DBMemo	MaskEdit	TabSet

Die nun folgenden Komponenten zählen zu den nicht-fensterähnlichen Komponenten:

Bevel	Label	SpeedButton
DBText	PaintBox	Image
Shape		

procedure SetBounds(ALeft, ATop, AWidth, AHeight: Integer);
Die Methode SetBounds setzt die Begrenzungseigenschaften der Komponente, Left, Top, Width und Height auf die Werte, die in den entsprechenden Werten ALeft, ATop, AWidth und AHeight übergeben werden. SetBounds erlaubt Ihnen, mehr als eine Begrenzungseigenschaft der Komponente zur gleichen Zeit einzustellen. Ob-

wohl Sie immer einzelne Begrenzungen einstellen können, erlaubt Ihnen die Verwendung von SetBounds, mehrere Änderungen auf einmal durchzuführen, ohne daß jedesmal das Dialogfenster neu gezeichnet werden muß.

procedure SetFocus;
SetFocus übergibt den Fokus an die Komponente. Bei Formularen ruft das jeweilige Formular die Methode SetFocus des standardmäßig aktiven Dialogelements auf.

procedure SetTextBuf(Buffer: PChar);
Die Methode SetTextBuf ersetzt den Text in einer Komponente durch den Text in Buffer. Buffer muß auf einen mit Null abgeschlossenen String zeigen (siehe auch GetTextBuf und GetTextLen).

procedure Show;
Die Methode Show bringt eine Komponente sichtbar auf dem Bildschirm, indem die Eigenschaft Visible auf True eingestellt wird. Falls die Methode Show eines Formulars aufgerufen wird und das Formular ist undurchsichtig, versucht Show das Formular sichtbar zu machen, indem sie das Formular mit der Methode BringToFront in den Vordergrund bringt. Ein Formular verfügt zusätzlich über die Methode ShowModal, um einen modalen Dialog erzeugen zu können. Ein modaler Dialog muß bearbeitet und geschlossen werden. Ein SendToBack hätte also keinen Erfolg.

procedure Update;
In der Methode Update wird die API-Funktion UpdateWindow von Windows aufgerufen, die alle beim Zeichnen entstandenen und noch nicht erledigten Meldungen bearbeitet. UpdateWindows ist definiert als

```
procedure UpdateWindow(Wnd: HWnd);
```

Die Routine UpdateWindow aktualisiert den Client-Bereich des angegebenen Fensters, indem sie eine WM_PAINT-Meldung an das Fenster sendet, wenn der Aktualisierungsbereich für das Fenster nicht leer ist. Die Routine UpdateWindow sendet eine WM_PAINT-Meldung unter Umgehung der Anwendungswarteschlange direkt an die Fensterfunktion des gegebenen Fensters. Wenn der Aktualisierungsbereich leer ist, wird keine Meldung gesendet. Der Parameter Wnd bezeichnet das Fenster oder besser das Handle des Fensters, das aktualisiert werden soll.

Komponentenname: SpeedButton
Klassenname: TSpeedButton

Beschreibung:

SpeedButton sind kleine Buttons, die meist auf einer Leiste (Panel/TPanel) zusammengefaßt werden. Diese Buttons lösen Aktionen aus, die mit Hilfe dieser Buttons schneller erreichbar sind als mit Hilfe der entsprechenden Menüpunkte. Beispiel für Aktionen von SpeedButtons: Drucken, Kopieren in die Zwischenablage etc. Speedbuttons tragen auf der Oberfläche ein Bild (Bitmap), um symbolisch den Sinn ihres

Daseins zu beschreiben. Die Werkzeugpalette von Delphi ist ein gutes Beispiel für den Einsatz dieser Buttons. Näheres dazu in der Beschreibung der Eigenschaften und Methoden.

Eigenschaften:

property Align: TAlign;
Die Eigenschaft Align legt fest, wie Dialogelemente zum Beispiel im Formular ausgerichtet werden. Mögliche Werte:

alNone	Die Komponente bleibt an der Einfügeposition im Formular (Standardeinstellung).
alTop	Die Komponente wird an die Oberkante des Formulars verschoben und an seine Breite angepaßt. Die Höhe der Komponente bleibt unverändert.
alBottom	Die Komponente wird an die Unterkante des Formulars verschoben und an seine Breite angepaßt. Die Höhe der Komponente bleibt unverändert.
alLeft	Die Komponente wird an die linke Kante des Formulars verschoben und an seine Höhe angepaßt. Die Breite der Komponente bleibt unverändert.
alRight	Die Komponente wird an die rechte Kante des Formulars verschoben und an seine Höhe angepaßt. Die Breite der Komponente bleibt unverändert.
alClient	Die Größe der Komponente wird an den Client-Bereich eines Formulars angepaßt. Ist ein Teil des Client-Bereichs bereits von einer anderen Komponente besetzt, füllt die Komponente den verbleibenden Teil des Client-Bereichs aus.

Wird zum Beispiel ein Formular, das Besitzer eines Labels ist, in der Größe verändert, werden die Komponenten innerhalb des Formulars neu ausgerichtet. Die Verwendung der Eigenschaft Align ist dann sinnvoll, wenn ein Dialogelement an einer Position des Formulars stehenbleiben soll, auch wenn sich die Größe des Formulars ändert.

property AllowAllUp: Boolean;
Mit AllowAllUp legen Sie fest, ob alle SpeedButtons einer Gruppe (auf einer Leiste), gleichzeitig im nicht-ausgewählten Zustand (nicht heruntergedrückt) sein können. Dies ähnelt dem Prinzip der RadioButtons.

AllowAllUp findet nur Verwendung, wenn mehrere SpeedButtons in einer Gruppe (auf einer Leiste) zusammengefaßt worden sind (siehe Eigenschaft Groupindex).

AllowAllUp=False bedeutet, daß einer der Speedbuttons einer Gruppe zu jeder Zeit heruntergedrückt sein muß.

Nur durch das Herunterdrücken/Aktivieren eines anderen SpeedButtons aus der Gruppe befreit den vorher heruntergedrückten SpeedButton.

property BoundsRect: TRect;
Die Eigenschaft BoundsRect liefert das Begrenzungsrechteck der Komponente – ausgedrückt im Koordinatensystem des übergeordneten Dialogelements – zurück. Mit BoundsRect ersetzen und erleichtern Sie sich somit die Abfrage der einzelnen Werte für die Eigenschaften Left, Top, Width und Height.

property Caption: String;
Die Eigenschaft Caption ist der Text, der in der Komponente angezeigt wird. Zum Beispiel in der Titelleiste des Formulars.

property ComponentIndex: Integer;
Die Eigenschaft ComponentIndex zeigt die Position einer Komponente in der Eigenschaftsliste Components ihres Besitzers an. Die erste Komponente in der Liste hat den ComponentIndex-Wert 0, die zweite hat den Wert 1, die dritte den Wert 2 etc. Diese Eigenschaft ist nur zur Laufzeit und dann auch nur im Read-Only-Modus benutzbar.

property Controls[Index: Integer]: TControl;
Controls ist ein Array aller untergeordneten Komponenten der Komponente. Controls ist dann von Nutzen, wenn Sie auf die untergeordneten Komponenten über die Zahl statt über den Namen zugreifen müssen.

property Cursor: TCursor;
Mit der Eigenschaft Cursor stellen Sie das Aussehen des Cursors ein, wenn dieser auf die Komponente zeigt.

Mögliche Werte sind:

crDefault	crArrow	crCross
crIBeam	crSize	crSizeNESW
crSizeNS	crSizeNWSE	crSizeWE
crUpArrow	crHourglass	crDrag
crNoDrop	crHSplit	crVSplit

property Down: Boolean;
Down legt fest, ob ein SpeedButton-Schalter in nicht gedrücktem (nicht ausgewähltem) oder heruntergedrücktem (ausgewähltem) Zustand erscheint. (siehe auch Eigenschaft AllAllUp und GroupIndex).

property DragCursor: TCursor;
Die Eigenschaft DragCursor bestimmt die Form des Mauszeigers, wenn sich der Zeiger über einer Komponente befindet, die ein gezogenes Objekt akzeptieren kann. Mögliche Werte sind mit denen der Eigenschaft Cursor identisch.

property DragMode: TDragMode;
Die Eigenschaft DragMode legt das Ziehen-und-Ablegen-Verhalten einer Komponente fest. Mögliche Werte sind:

dmAutomatic	Wenn dmAutomatic ausgewählt ist, ist das Dialogelement bereit, gezogen zu werden; der Anwender klickt nur und zieht es dann.

dmManual   Wenn dmManual ausgewählt ist, kann das Dialogelement nicht
                        gezogen werden, bevor die Anwendung die Methode Begin-
                        Drag aufgerufen hat.

Ist die Eigenschaft DragMode einer Komponente dmAutomatic, kann die Anwendung dies zur Laufzeit durch Einstellung des Werts dmManual deaktivieren.

property Enabled: Boolean;
Die Eigenschaft Enabled bestimmt, ob die Komponente auf Maus-, Tastatur- und Timer-Ereignisse reagiert. Wenn Enabled auf True gesetzt ist, reagiert die Komponente normal. Ist Enabled hingegen False, ignoriert das Dialogelement Maus- und Tastaturereignisse. Bei einer Timer-Komponente werden die für das OnTimer-Ereignis deaktivierten Komponenten-Dialogelemente grau dargestellt.

property Font: TFont;
Die Eigenschaft Font legt den Font und die Eigenschaften des Fonts der Komponente fest. Sie haben die Möglichkeit, diese Werte im Objectinspektor oder – wesentlich komfortabler – mit Hilfe eines Doppelklicks auf diese Eigenschaft einen Dialog zu öffnen, der alle möglichen Werte anzeigt.

property Glyph: TBitmap;
Mit Glyph legen Sie die Bitmap fest, die auf einem ausgewählten BitBtn oder einem SpeedButton erscheinen soll. Dabei öffnet sich ein Dialog, in dem Sie die Bitmap einladen können. Zur Bearbeitung und Erstellung von Bitmaps müssen Sie den Bitmap-Editor explizit aufrufen. Dieser Aufruf wäre in diesem Dialog sicherlich ebenfalls sehr wünschenswert.

Eine solche Bitmap kann bis zu 4 einzelne Bilder beinhalten. Das jeweilige Bild dieser Bitmap erscheint beim jeweiligen Zustand des Schalters. So lassen sich unterschiedliche Bilder für Schalter-Zustände wie nicht aktiv, heruntergedrückt, selektiert etc. definieren. Hier die möglichen Bildpositionen und die dazu passenden Schalterzustände einer Bitmap. Die Bildposition wird von links nach rechts gezählt. So ist das erste Bild in einer Bitmap das erste Bild von links:

Bitmap-Position	Schalterzustand
Bild 1	Der Schalter ist nicht selektiert. Beinhaltet eine Bitmap keine weiteren Bilder, dann verwendet Delphi dieses Bild auch für alle anderen Zustände.
Bild 2	Der Schalter ist nicht aktiv, kann also nicht selektiert werden.
Bild 3	Der Schalter wurde angeklickt (wurde heruntergedrückt).
Bild 4	Der Schalter bleibt heruntergedrückt (nur für SpeedButtons).

Haben Sie mehrere Bilder in einer Bitmap, so müssen Sie deren Anzahl mit der Eigenschaft NumGlyphs spezifizieren. Alle Bilder müssen von gleicher Größe sein und nebeneinander in einer Zeile stehen.

property GroupIndex: Integer;
GroupIndex bestimmt, welche SpeedButtons in einer Gruppe zusammengefaßt sind.

Der Vorgabewert ist 0, d.h. sie gehören zu keiner Gruppe. SpeedButtons mit demselben Wert für GroupIndex (aber verschieden von 0) gehören zu/und arbeiten in einer Gruppe. Dazu siehe auch die Eigenschaft AllowAllUp und Down.

property Handle: ...;
Der Typ der Eigenschaft Handle ist abhängig von der jeweiligen Komponente. Im allgemeinen gilt: Sollte eine Windows-API-Funktion ein Handle der betreffenden Komponente verlangen, dann setzen Sie dazu die jeweilige Eigenschaft Handle der betreffenden Komponente ein. Verlangt eine Windows-API-Funktion zum Beispiel das Handle Ihrer gesamten Anwendung, dann benutzen Sie am besten die Eigenschaft Handle des Objekts TApplication. Hier die Übersicht der verschiedenen Typen der Eigenschaft Handle:

Handle für die Komponenten:

Bitmap	property Handle: HBitmap;
Brush	property Handle: HBrush;
Canvas	property Handle: HDC;
Font	property Handle: HFont;
Icon	property Handle: HIcon;
Metafile	property Handle: HMetafile;
Pen	property Handle: HPen;

Handle gibt Ihnen den Zugriff auf das Handle des jeweiligen GDI-Objekts, damit Sie auf dieses zugreifen können. Benötigen Sie zum Beispiel zum Aufruf einer Windows-API-Funktion ein Handle auf ein Stiftobjekt oder ein Bitmap-Objekt, dann können Sie dazu das Handle der Komponente Pen beziehungsweise der Komponente Bitmap benutzen.

Handle für das Objekt TApplication und die folgenden Komponenten:

Bevel	DBText	Memo
BitBtn	DirectoryListBox	Notebook
Button	DrawGrid	OLEContainer
CheckBox	DriveComboBox	Outline
ComboBox	Edit	PaintBox
DBCheckBox	FileListBox	Panel
DBComboBox	FilterComboBox	RadioButton
DBEdit	FindDialog	RadioGroup
DBGrid	Form	ReplaceDialog
DBImage	GroupBox	ScrollBar
DBListBox	Header	ScrollBox
DBLookupCombo	Image	Shape
DBLookupList	Label	SpeedButton
DBMemo	ListBox	StringGrid
DBNavigator	MaskEdit	TabbedNotebook
DBRadioGroup	MediaPlayer	TabSet

property Handle: HWND;
Handle ermöglicht Ihnen Zugriff auf das Handle der jeweiligen Komponente (z.B.: Fenster-Handle, Dialog-Handle etc.). Dieses Handle wird von einigen Windows-API-Funktionen beim Aufruf erwartet. Sie können in diesem Fall das Handle der jeweils betroffenen Komponente oder – falls das Handle Ihrer Anwendung gefordert wird – das Handle des Objekts TApplication übergeben.

Handle für die Komponenten:

MainMenu   MenuItem   PopupMenu

property Handle: HMENU;
Sollte eine Windows-API-Funktion ein Handle eines Menüs oder Menü-Eintrags oder eines lokalen Menüs verlangen, können Sie dazu die Eigenschaft Handle von MainMenu, MenuItem und PopupMenu benutzen.

Handle für die Komponente Printer:

property Handle: HDC;
Handle beinhaltet das Handle des jeweiligen Druckerobjektes TPrinter der Komponente Printer.

Handle für die Komponente DataBase:

property Handle: HDBIDB;
Um direkte Aufrufe in die Richtung des Borland Database-Engine-(BDE)-API zu tätigen, benötigen Sie ein Handle der jeweiligen Datenbank-Komponente. Dazu dient Ihnen die Eigenschaft Handle der Komponente DataBase. Dies erlaubt Ihnen Zugriffe auf Funktionen des BDE-API, die nicht in die VCL-Bibliothek integriert wurden. Bevor Sie allerdings diese Funktionen aufrufen, sollten Sie prüfen, ob diese Funktion nicht doch schon in der VCL-Bibliothek gekapselt wurde.

Handle für das Objekt TSession:

Delphi erzeugt eine Komponente Session vom Typ TSession immer dann, wenn eine Anwendung ausgeführt wird. Sessions sollten nicht von Ihnen erzeugt oder zerstört werden. Session erlaubt die globale Prüfung über Datenbankverbindungen. Die Eigenschaft Databases von Session ist ein Array von allen aktiven Datenbanken in der Sitzung. Die Eigenschaft DatabaseCount vom Typ Integer gibt die Anzahl der aktiven Datenbanken in der Sitzung.

property Handle: HDBISES;
Mit der Eigenschaft Handle können Sie direkte Aufrufe an die Borland-Datenbank-Engine, bezogen auf eine bestimmte Sitzung (Session/TSession), machen. Die Komponente Session werden Sie im Prinzip nicht benutzen müssen. Die wichtigsten Funktionen des BDE-API sind in der VCL-Bibliothek gekapselt und ersparen Ihnen diesen Weg.

Handle für die Komponenten Table, Query und StoredProc:
property Handle: HDBICur;
Ebenfalls für direkte Zugriffe auf Funktionen des BDE-API und unter normalen Umständen nicht zu benutzen, da die wichtigsten BDP-API-Funktionen via der VCL-Bibliothek einen einfacheren Zugriff ermöglichen.

property Height: Integer;
Die Eigenschaft Height eines Dialogelements legt die Höhe der Komponente in Pixeln fest.

property Hint: string;
Die Eigenschaft Hint ist der Text-String, der erscheinen kann, wenn ein OnHint-Ereignis eintritt, also wenn der Benutzer den Cursor über die Komponente bewegt. Wie der String angezeigt wird, bestimmt der Code in der Ereignisbehandlungs-Routine OnHint. Sie können eine Schnellhilfe, d.h. ein Fenster, das einen Hilfetext enthält, für eine Komponente erscheinen lassen, wenn der Anwender den Mauszeiger über das Dialogelement führt und dort kurz verweilt. Dies funktioniert wie folgt:

1. Spezifizieren Sie für jede Komponente, die einen Schnellhinweis anzeigen soll, einen Hint-Wert.
2. Setzen Sie die Eigenschaft ShowHints des Bedienfelds auf True.
3. Setzen Sie die Eigenschaft ShowHint der Anwendung zur Laufzeit auf True.

Sie können Hint gleichzeitig sowohl für ein Hilfehinweisfenster als auch für die Verwendung innerhalb der Behandlungsroutine OnHint spezifizieren, indem Sie zwei durch ein Zeichen | (das »oder« oder Pipe-Symbol) abgeteilte Werte angeben, also beispielsweise:

```
Edit1.Hint:= 'Aufforderung|Geben Sie den richtigen Wert ein';
```

Der String »Aufforderung« erscheint im Hilfehinweisfenster und der String »Geben Sie den richtigen Wert ein« erscheint wie in der Ereignisbehandlungs-Routine OnHint spezifiziert.

property Layout: TButtonLayout;
Mit Layout bestimmen Sie das Layout eines BitBtn und eines SpeedButtons. Mögliche Werte:

Wert	Bedeutung
blGlyphLeft	Das Bild erscheint an der linken Seite des Buttons.
blGlyphRight	Das Bild erscheint an der rechten Seite des Buttons.
blGlyphTop	Das Bild erscheint am oberen Rand des Buttons.
blGlyphBottom	Das Bild erscheint am unteren Rand des Buttons.

property Left: Integer;
Die Eigenschaft Left bestimmt die horizontalen Koordinaten in Pixeln der linken Kante einer Komponente relativ zum Formular. Für Formulare ist der Wert der Eigenschaft Left relativ zum Bildschirm (ebenfalls in Pixeln).

property Margin: Integer;
Mit Margin legen Sie die Anzahl der Pixel zwischen dem Rand eines Bildes der Bitmap und dem Rand des Buttons fest. Der Rand, auf den Bezug genommen wird, hängt von der Eigenschaft Layout ab. Beispiel:

```
Layout=blGlyphLeft
```

Margin zwischen dem linken Rand des Bildes und dem linken Rand des Buttons. Bei einem Wert –1 für Margin werden das Bild und der Text aus Caption zentriert.

property Name: TComponentName;
Die Eigenschaft Name enthält den Namen der Komponente wie er von anderen Komponenten für den Zugriff verwendet wird. Delphi weist als Vorgabewerte sequentielle Namen zu, die auf dem Typ der Komponente basieren, also etwa für Buttons »Button1«, »Button2« etc. Dies können Sie gemäß Ihrer Vorstellungen abändern. Komponentennamen sollten ausdrücklich nur zur Entwurfszeit geändert werden.

property NumGlyphs: TNumGlyphs;
Mit NumGlyphs legen Sie die Anzahl der Bilder fest, die sich in der mit Glyph festgelegten Bitmap befinden. Befindet sich mehr als ein Bild in der Bitmap, dann müssen Sie mit Hilfe von NumGlyphs die Anzahl der in der Bitmap befindlichen Bilder festlegen. Alle Bilder müssen die gleiche Größe haben und direkt nebeneinander in einer Zeile stehen. Gültige Werte für NumGlyphs sind 1 bis 4. Der Standardwert ist 1. (Näheres dazu bitte unter Eigenschaft Glyphs nachsehen.)

property Owner: TComponent;
Die Eigenschaft Owner teilt Ihnen mit, welche Komponente zu welcher Komponente gehört. Dem Formular gehören alle Komponenten, die auf ihm vorhanden sind. Umgekehrt gehört das Formular zur Anwendung. Gehört eine Komponente A einer anderen Komponente B, wird der Speicher der Komponente A freigegeben, wenn der Speicher der Komponente B freigegeben wird. Es werden also folgerichtig alle Komponenten des Formulars gelöscht, wenn das Formular gelöscht wird. Außerdem wird natürlich der Speicher für das Formular und dessen Komponenten freigegeben, wenn der Speicher der Anwendung selbst freigegeben wird.

property Parent: TWinControl;
Die Eigenschaft Parent enthält den Namen der übergeordneten Komponente. Wenn eine Komponente A eine andere Komponente B enthält, sind die in B enthaltenen Komponente untergeordnete Komponenten von A. Wenn Ihre Anwendung beispielsweise drei Buttons in einer GroupBox enthält, dann ist die GroupBox das übergeordnete Element der drei Buttons und die Button-Schaltfelder sind der GroupBox untergeordnet.

Parent und Owner sind leider etwas verwirrend. Daher hier eine kleine Entwirrung:

Ein Formular ist der Besitzer aller darauf enthaltenen Komponenten, egal, ob sie ein Fensterelement sind oder nicht. Für unser Beispiel mit den drei Buttons und der GroupBox bedeutet dies: Der Besitzer der Buttons ist immer das Formular, aber die GroupBox ist das übergeordnete Element.

Wenn Sie einen neuen Dialog erzeugen, müssen Sie dem neuen Dialogelement einen Wert der Eigenschaft Parent zuweisen. Üblicherweise sind dies Formulare, Bedienfelder, GroupBoxen oder Dialoge, die andere Komponenten-Elemente enthalten können. Es ist möglich, jedes Element als das übergeordnete zuzuweisen, aber das darin enthaltene Dialogelement wird wahrscheinlich überschrieben.

Wird das übergeordnete Element gelöscht, werden auch alle Elemente, die ihm untergeordnet sind, gelöscht.

property ParentFont: Boolean;
Die Eigenschaft ParentFont bestimmt, wo eine Komponente nach ihrer Fonteigenschaft suchen soll. Falls ParentFont True ist, verwendet die Komponente den Font der übergeordneten Komponente.

Ist ParentFont False, verwendet die Komponente ihre eigene Eigenschaft Font. Durch Verwendung von ParentFont können Sie sicherstellen, daß alle Komponenten auf einem Formular das gleiche Erscheinungsbild haben.

property ParentShowHint: Boolean;
Die Eigenschaft ParentShowHint bestimmt, wo eine Komponente nach ihrer Hinteigenschaft suchen soll. Falls ParentShowHint True ist, verwendet die Komponente die Hint-Eigenschaft der übergeordneten Komponente.

Ist ParentShowHint False, verwendet die Komponente ihre eigene Eigenschaft Hint. Durch Verwendung von ParentShowHint können Sie sicherstellen, daß alle Komponenten auf einem Formular das gleiche Erscheinungsbild haben.

property ShowHint: Boolean;
Die Eigenschaft ShowHint bestimmt, ob das Dialogelement eine Schnellhilfe anzeigen soll, wenn der Mauszeiger eine Weile auf ihm verweilt. Die Schnellhilfe entspricht dem Wert der Eigenschaft Hint, die in einem Feld direkt unterhalb des Elements angezeigt wird. Wenn die Eigenschaft ShowHint den Wert True hat, kann die Schnellhilfe erscheinen.

Ist ShowHint False, kann die Schnellhilfe auch angezeigt werden, wenn ParentShowHint auf True gesetzt wurde und die Eigenschaft ShowHint der übergeordneten Komponente ebenfalls auf True gesetzt wurde.

property Showing: Boolean;
Die Eigenschaft Showing legt fest, ob eine Komponente momentan auf dem Bildschirm angezeigt wird oder nicht. Falls die Eigenschaft Visible einer Komponente und aller übergeordneten Komponenten in der übergeordneten Hierarchie True ist, ist Showing auch True. Wenn einer der Vorfahren der Komponente den Wert False als Wert für die Eigenschaft Visible hat, dann ist auch Showing False.

property Spacing: Integer;
Mit Spacing legen Sie fest, wo das Bild und der Text auf einem BitBtn oder einem SpeedButton erscheinen soll. Spacing bestimmt die Anzahl der Pixel zwischen dem Bild aus der Eigenschaft Glyph und dem Text aus der Eigenschaft Caption. Ist Spacing positiv, dann bedeutet Spacing die Anzahl der Pixel zwischen dem Bild und dem Text. Ist Spacing auf 0 gesetzt, dann befindet sich kein Freiraum zwischen dem

Bild und dem Text. Ist Spacing negativ, dann erscheint der Text zentriert zwischen dem Bild und dem Rand des Buttons.

property Tag: Longint;
Die Eigenschaft Tag kann einen Integerwert als Element einer Komponente speichern. Tag wird von Delphi nicht benutzt und steht Ihnen damit zur freien Verfügung

property Top: Integer;
Die Eigenschaft Top gibt die Y-Koordinate in Pixeln der linken oberen Ecke eines Dialogelements relativ zum Formular an. Bei Formularen wird der Wert der Eigenschaft Top in Pixeln relativ zum Bildschirm angegeben.

property Visible: Boolean;
Die Eigenschaft Visible bestimmt, ob eine Komponente auf dem Bildschirm sichtbar ist (True) oder nicht (False).

property Width: integer;
Die Eigenschaft Width bestimmt die Breite einer Komponente, gemessen in Pixeln.

Ereignisse:

property OnClick: TNotifyEvent;
Das Ereignis OnClick erscheint, wenn der Benutzer auf die Komponente klickt. In einem Formular tritt OnClick ein, wenn der Benutzer auf eine freie Stelle im Formular oder eine inaktive Komponente klickt.

OnClick ist vom Typ

```
TNotifyEvent = procedure (Sender: TObject) of object;
```

Der Typ TNotifyEvent weist auf eine Methode, die das Anklicken eines Objekts behandelt. Der Parameter Sender ist das Dialogelement, das angeklickt wurde.

property OnDblClick: TNotifyEvent;
Das Ereignis OnClick erscheint, wenn der Benutzer auf die Komponente einen Doppelklick ausführt. In einem Formular tritt das Ereignis OnDblClick ein, wenn der Benutzer auf eine freie Stelle im Formular oder eine inaktive Komponente ein Doppelklick ausführt.

OnDblClick ist vom Typ

```
TNotifyEvent = procedure (Sender: TObject) of object;
```

Der Typ TNotifyEvent weist auf eine Methode, die das Doppelklicken eines Objekts behandelt. Der Parameter Sender ist das Dialogelement, das mit einem Doppelklick bearbeitet wurde.

property OnMouseDown: TMouseEvent;
Ereignis OnMouseDown tritt ein, wenn der Anwender eine Maustaste zu dem Zeitpunkt drückt, an dem sich der Mauszeiger über einem Dialogelement befindet.

OnMouseDown ist vom Typ

```
TMouseEvent=procedure (Sender: TObject; Button: TMouseButton; Shift: TShiftState;
                      X, Y: Integer) of object;
```

Der Typ TMouseEvent weist auf eine Methode zur Bearbeitung von Maustasten-Ereignissen hin. Der Parameter Button gibt an, welche Maustaste gedrückt wurde, während Shift Auskunft darüber gibt, welche UMSCHALT- (UMSCHALT, STRG oder ALT) bzw. Maustasten gedrückt waren, während die das Mausereignis verursachende Maustaste gedrückt oder losgelassen wurde. X und Y sind die Bildschirmkoordinaten des Mauszeigers in Pixeln. Der Parameter Button des Ereignisses OnMouseDown zeigt an, welche Maustaste gedrückt wurde. Durch Verwenden des Parameters Shift der Ereignisbehandlungs-Routine OnMouseDown können Sie auf den Status der Maus- und Umschalttasten reagieren. Umschalttasten sind die Tasten UMSCHALT, STRG und ALT.

property OnMouseMove: TMouseMoveEvent;
Das Ereignis OnMouseMove tritt ein, wenn der Anwender den Mauszeiger bewegt und dieser sich bereits über einem Dialogelement befindet.

OnMouseMove ist vom Typ

```
TMouseMoveEvent = procedure(Sender: TObject; Shift: TShiftState;  X, Y: Integer)
                  of object;
```

Der Typ TMouseMoveEvent zeigt also auf eine Methode, die Mausereignisse infolge einer Mausbewegung verarbeitet. Der Parameter Button gibt an, welche Maustaste gedrückt wurde, während Shift anzeigt, welche UMSCHALT- (UMSCHALT, STRG oder ALT) bzw. Maustasten während der Mausbewegung gedrückt waren. X und Y sind die Bildschirmkoordinaten des Mauszeigers in Pixeln. Durch Verwenden des Parameters Shift können Sie auf den Status der Maus- und Umschalttasten reagieren. Umschalttasten sind die Tasten UMSCHALT, STRG und ALT.

property OnMouseUp: TMouseEvent;
Das Ereignis OnMouseUp tritt ein, wenn der Anwender die gedrückte Maustaste wieder freigibt, wenn sich der Mauszeiger über einer Komponente befindet.

Die Ereignisbehandlungs-Routine OnMouseUp kann auf Betätigungen der rechten, mittleren und linken Maustasten reagieren sowie auf Maustastenkombinationen mit Umschalttasten (Tasten UMSCHALT, STRG und ALT).

OnMouseUp ist vom Typ

```
TMouseEvent = procedure (Sender: TObject; Button: TMouseButton; Shift: TShiftState;
                        X, Y: Integer) of object;
```

Der Typ TMouseEvent zeigt also auf eine Methode zur Bearbeitung von Maustasten-Ereignissen hin. Der Parameter Button gibt an, welche Maustaste gedrückt wurde, während Shift Auskunft darüber gibt, welche UMSCHALT- (UMSCHALT, STRG oder ALT) bzw. Maustasten gedrückt waren, während die das Mausereignis verursachende

Maustaste gedrückt oder losgelassen wurde. X und Y sind die Bildschirmkoordinaten des Mauszeigers in Pixeln.

Methoden:

procedure BeginDrag(Immediate: Boolean);
Die Methode BeginDrag leitet den Ziehvorgang einer Komponente ein. Wenn der Parameter Immediate auf True gesetzt ist, wird der Mauszeiger auf den Wert der Eigenschaft DragCursor gesetzt und der Ziehvorgang beginnt. Ist Immediate False, wird der Mauszeiger nicht auf den Wert der Eigenschaft DragCursor gesetzt, und der Ziehvorgang wird erst eingeleitet, wenn der Anwender den Mauszeiger mindestens um 5 Pixel bewegt. Auf diese Weise kann die Komponente Mausklicks akzeptieren, ohne einen Ziehvorgang einzuleiten.

Ihre Anwendung muß die Methode BeginDrag zum Einleiten eines Ziehvorgangs nur aufrufen, wenn DragMode auf dmManual gesetzt ist.

procedure BringToFront;
Die Methode BringToFront setzt eine Komponente innerhalb einer übergeordneten Komponente vor alle anderen Komponenten. BringToFront hilft insbesondere sicherzustellen, daß ein Formular sichtbar ist. Verwenden Sie diese Methode, wenn Sie die Reihenfolge überlappender Komponenten in einem Formular neu festlegen wollen.

Die Reihenfolge, in der Komponenten übereinander gelagert werden (Z-Reihenfolge), hängt davon ab, ob es sich um fensterähnliche oder um nicht-fensterähnliche Komponenten handelt. Die Reihenfolge arbeitet nach dem Prinzip, daß die zuletzt eingefügte Komponente die oberste und damit sichtbare Komponente ist. Mit der Methode BringToFront einer Komponente würde diese Komponente ganz nach oben auf den Stapel kommen und somit sichtbar sein. Bei der Stapelung ist zu beachten, daß fensterähnliche Komponenten immer auf nicht-fensterähnlichen Komponenten gestapelt werden. Ein Aufruf von BringToFront einer nicht-fensterähnlichen Komponente bewirkt also gar nichts, wenn oben auf dem Stapel eine fensterähnliche Komponente liegt. Die folgenden Komponenten zählen zu den fensterähnlichen Komponenten:

BitBtn	DBNavigator	MediaPlayer
Button	DBRadioGroup	Memo
CheckBox	DirectoryListBox	Notebook
ComboBox	DrawGrid	OLEContainer
DBCheckBox	DriveComboBox	Outline
DBComboBox	Edit	Panel
DBEdit	FileListBox	RadioButton
DBGrid	FilterComboBox	RadioGroup
DBImage	Form	ScrollBar
DBListBox	GroupBox	ScrollBox
DBLookupCombo	Header	StringGrid
DBLookupList	ListBox	TabbedNotebook
DBMemo	MaskEdit	TabSet

KAPITEL 2

Die nun folgenden Komponenten zählen zu den nicht-fensterähnlichen Komponenten:

Bevel	Label	SpeedButton
DBText	PaintBox	Image
Shape		

function CanFocus: Boolean;
CanFocus stellt fest, ob eine Komponente den Eingabefokus erhalten kann. CanFocus gibt True zurück, wenn die Eigenschaften Visible und Enabled sowohl der Komponente als auch der übergeordneten Komponenten auf True gesetzt sind. Sind nicht alle Eigenschaften Visible und Enabled dieser Komponenten auf True gesetzt, liefert CanFocus False zurück.

procedure Click...;

Click für die Komponenten:

BitBtn	MenuItem
Button	SpeedButton

procedure Click;
Click simuliert einen Mausklick, als hätte der Anwender ein Menüelement oder ein Button angeklickt, und führt jeglichen Code aus, der an das Ereignis OnClick angehängt ist.

Click für die Komponente DBNavigator:

procedure Click(Button: TNavigateBtn);
Click simuliert einen Mausklick, so als hätte der Benutzer einen Schalter im Datenbanknavigator angeklickt, und führt den an das OnClick-Ereignis angehängten Programm-Code aus. Geben Sie den Schalter, auf den sich die Methode Click bezieht, im Parameter Button an.

function ClientToScreen(Point: TPoint): TPoint;
Die Methode ClientToScreen übersetzt den angegebenen Punkt aus Client-Bereichskoordinaten in globale Bildschirmkoordinaten. In Client-Bereichskoordinaten entspricht der Punkt (0, 0) der oberen linken Ecke des Client-Bereichs der Komponente. In Bildschirmkoordinaten entspricht (0, 0) der oberen linken Ecke des Bildschirms. Mit den Methoden ClientToScreen und ScreenToClient rechnen Sie Positionen aus dem Koordinatensystem einer Komponente A in das Koordinatensystem einer Komponente B um.

Beispiel: Umrechnung der Koordinaten einer Komponente A in die Koordinaten einer Komponente B (TPoint ist ein Record mit den Feldern X und Y):

```
TPoint = record
       X : integer;
       Y : integer;
END;
VAR
   Koord: TPoint;
```

```
Koord:= B.ScreenToClient(A.ClientToScreen(Koord));
```

constructor Create;
Create weist Speicher zu, um das Objekt und damit die Komponente zu erzeugen und nach Bedarf seine Daten zu initialisieren. Jedes Objekt kann eine Methode Create besitzen, die individuell so angepaßt ist, daß sie diese bestimmte Art von Objekt erzeugt. Im Normalfall benötigen Sie diese Methoden nicht, da Borland Delphi alles unternimmt, um Ihre Anwendung und die darin enthaltenen Komponenten zu erzeugen. Sollten Sie allerdings ein Ereignis oder die Initialisierung eines Wertes einer selbst geschaffenen Komponente zur Zeit der Erzeugung einstellen wollen, dann können Sie dies in der Methode Create erledigen. Dazu benötigen Sie aber genaue Kenntnisse und Techniken der OOP. Ansonsten sollten Sie Create unverändert lassen und nicht aufrufen.

function Dragging: Boolean;
Die Methode Dragging gibt an, ob eine Komponente gezogen wird. Wenn Dragging True zurückgibt, wird die Komponente gezogen.

procedure EndDrag(Drop: Boolean);
Die Methode EndDrag verhindert, daß eine Komponente weiter gezogen wird. Wenn der Parameter Drop True ist, wird die gezogene Komponente abgelegt. Ist Drop False, wird die Komponente nicht abgelegt und der Vorgang wird abgebrochen.

function FindComponent(const AName: string): TComponent;
Die Methode FindComponent gibt im Array Components die Komponente zurück, deren Name zum String im Parameter AName paßt. FindComponent beachtet dabei keine Groß-/Kleinschreibung.

Beispiel: Es existiert ein Button »Button1« in Ihrer Anwendung. Um die eigentliche Komponente TButton1 im Array Components zurückzugeben, rufen Sie FindComponents wie folgt auf:

```
FindComponents('Button1');
```

function Focused: Boolean;
Focused wird verwendet, um zu bestimmen, ob ein Fensterdialogelement den Fokus besitzt und deshalb das aktive Dialogelement in ActiveControl ist.

procedure Free;
Die Methode Free entfernt das Objekt und gibt den dazugehörigen Speicher frei. Haben Sie das Objekt unter Verwendung der Methode Create erzeugt, so benutzen Sie zum Entfernen und für die Freigabe des Speichers die Methode Free. Free gelingt auch dann, wenn das Objekt selbst nicht mehr existiert (zum Beispiel durch einen vorherigen Aufruf von Free). Delphi erledigt dies für Objekte der Bibliothek visueller Komponenten automatisch. Sie sollten also niemals eine Komponente innerhalb Ihrer Anwendung entfernen.

Falls Sie ein Formular freigeben wollen, rufen Sie die Methode Release auf, um das Formular zu löschen und dessen benutzten Speicher freizugeben.

function GetTextBuf(Buffer: PChar; BufSize: Integer): Integer;
Die Methode GetTextBuf holt den Text der Komponente und kopiert ihn in den Puffer als Null-terminierten String (Ende der Zeichenkette wird mit 0 angegeben), auf den Buffer zeigt. Die maximale Länge des Strings wird mit BufSize (siehe dazu GetTextLen) festgelegt. In BufSize wird nach der Ausführung die Anzahl der Zeichen des Strings zu finden sein. Diese Methode ist vor allem dann sehr nützlich, wenn mit Strings größer als 256 Zeichen gearbeitet wird. Der Typ STRING kann nicht mehr als 256 Zeichen aufnehmen. Dabei entfällt aber das erste Element in diesem Typ auf die Längenangabe des Strings, so daß nur noch maximal 255 Zeichen möglich sind. Ein PChar ist ein Zeiger auf das erste Zeichen einer Zeichenkette. Eine derart definierte Zeichenkette besitzt keine Längenangabe, sondern trägt eine 0 am Ende der Kette, daher auch der Name Null-terminierter String. Ein PChar kann die maximale Größe von 64 Kbyte erreichen. Die maximale Anzahl der Zeichen ist also auf 64 Kbyte und nicht auf 255 Zeichen beschränkt (siehe auch GetTextLen und SetTextBuf).

function GetTextLen: Integer;
Die Methode GetTextLen gibt die Länge des Textes der Komponente zurück. Dieser Wert kann für BufSize in GetTextBuf verwendet werden (siehe auch GetTextBuf und SetTextBuf).

procedure Hide;
Die Methode Hide versteckt eine Komponente, sie ist also nicht mehr auf dem Bildschirm sichtbar. Dabei wird die Eigenschaft Visible auf False gesetzt. Dabei ist eine Komponente aber weiterhin aktiv, das heißt sie kann bearbeitet werden.

procedure Invalidate;
Die Methode Invalidate erzwingt das Neuzeichnen einer Komponente, sobald dies möglich ist.

procedure InsertComponent(AComponent: TComponent);
InsertComponent macht die Komponente zum Besitzer der im Parameter AComponent übergebenen Komponente. Die Komponente wird am Ende der Array-Eigenschaft Components hinzugefügt. Die eingefügte Komponente darf keinen Namen haben (keinen für die Eigenschaft Name spezifizierten Wert) oder der Name muß sich eindeutig von allen anderen in der Components-Liste unterscheiden. Wird die Besitzerkomponente entfernt, so wird auch AComponent gelöscht.

procedure Refresh;
Die Methode Refresh reagiert je nach Art der Komponente, ob Daten oder die Komponenten selbst neu gezeichnet werden. Die Methode Refresh kann also jedes Bild auf dem Bildschirm löschen und alle Dialogelemente neu zeichnen beziehungsweise Datensätze einer Datei erneut einlesen.

Innerhalb der Implementation von Refresh beim Neuzeichnen von Komponenten wird die Methode Invalidate und dann die Methode Update aufgerufen.

Beim Refresh von Daten ist zu beachten: Durch Refresh können sich die angezeigten Daten unerwartet verändern und den Anwender verwirren. Ein Dialog oder eine andere Mitteilung, die dem Anwender den Refresh der Daten mitteilt, wäre somit wohl angebracht und von äußerster Nützlichkeit.

procedure RemoveComponent(AComponent: TComponent);
RemoveComponent entfernt die Komponente, die im Parameter AComponent festgelegt ist, aus der Komponentenliste Components. Die Position in der Liste wird zu Nil.

procedure Repaint;
Die Methode Repaint fordert das Dialogelement auf, dessen Bild auf dem Bildschirm neu zu zeichnen, ohne jedoch das bereits erschienene zu löschen. Um vor dem Neuzeichnen zu löschen, müssen Sie anstelle von Repaint die Methode Refresh aufrufen.

procedure ScaleBy(M, D: Integer);
Die Methode ScaleBy skaliert eine Komponente um einen Prozentsatz ihrer ursprünglichen Größe. Der Parameter M ist der Multiplikator und der Parameter D der Divisor. Wenn Sie beispielsweise die Größe des Dialogelements auf 66% seines ursprünglichen Formats ändern möchten, geben Sie in M den Wert 66 und in D den Wert 100 an (66/100). Bei der Vergrößerung gehen Sie einfach den umgekehrten Weg: Vergrößerung um 66% bedeutet nichts anderes als M=166 und D=100.

function ScreenToClient(Point: TPoint): TPoint;
Die Methode ScreenToClient wird verwendet, um den Koordinatenpunkt in Pixeln der Komponente auf dem Bildschirm zu bestimmen. ScreenToClient gibt die X- und Y-Koordinaten in einem Record des Typs TPoint zurück.

procedure SendToBack;
Die Methode SendToBack setzt eine Komponente innerhalb einer übergeordneten Komponente hinter alle anderen Komponenten. Die Reihenfolge, in der Komponenten übereinander gelagert werden (Z-Reihenfolge), hängt davon ab, ob es sich um fensterähnliche oder um eine nicht-fensterähnliche Komponente handelt. Die Reihenfolge arbeitet nach dem Prinzip, daß die zuletzt eingefügte Komponente die oberste und damit sichtbare Komponente ist.

Mit der Methode SendToBack einer Komponente würde diese Komponente ganz nach unten auf den Stapel kommen und somit nicht sichtbar sein.

Bei der Stapelung ist zu beachten, daß fensterähnliche Komponenten immer auf nicht-fensterähnlichen Komponenten gestapelt werden. Ein Aufruf von SendToBack einer fensterähnlichen Komponente bewirkt also gar nichts, wenn unter dem Stapel eine nicht-fensterähnliche Komponente liegt (siehe auch BringToFront).

Die folgenden Komponenten zählen zu den fensterähnlichen Komponenten:

BitBtn	DBNavigator	MediaPlayer
Button	DBRadioGroup	Memo
CheckBox	DirectoryListBox	Notebook
ComboBox	DrawGrid	OLEContainer
DBCheckBox	DriveComboBox	Outline
DBComboBox	Edit	Panel
DBEdit	FileListBox	RadioButton
DBGrid	FilterComboBox	RadioGroup
DBImage	Form	ScrollBar

Kapitel 2

DBListBox	GroupBox	ScrollBox
DBLookupCombo	Header	StringGrid
DBLookupList	ListBox	TabbedNotebook
DBMemo	MaskEdit	TabSet

Die nun folgenden Komponenten zählen zu den nicht-fensterähnlichen Komponenten:

Bevel	Label	SpeedButton
DBText	PaintBox	Image
Shape		

procedure SetBounds(ALeft, ATop, AWidth, AHeight: Integer);
Die Methode SetBounds setzt die Begrenzungseigenschaften der Komponente Left, Top, Width und Height auf die Werte, die in den entsprechenden Werten ALeft, ATop, AWidth und AHeight übergeben werden. SetBounds erlaubt Ihnen, mehr als eine Begrenzungseigenschaft der Komponente zur gleichen Zeit einzustellen. Obwohl Sie immer einzelne Begrenzungen einstellen können, erlaubt Ihnen die Verwendung von SetBounds, mehrere Änderungen auf einmal durchzuführen, ohne daß jedesmal das Dialogfenster neu gezeichnet werden muß.

procedure SetTextBuf(Buffer: PChar);
Die Methode SetTextBuf ersetzt den Text in einer Komponente durch den Text in Buffer. Buffer muß auf einen mit Null abgeschlossenen String zeigen (siehe auch GetTextBuf und GetTextLen).

procedure Show;
Die Methode Show bringt eine Komponente sichtbar auf dem Bildschirm, indem die Eigenschaft Visible auf True eingestellt wird. Falls die Methode Show eines Formulars aufgerufen wird und das Formular ist undurchsichtig, versucht Show das Formular sichtbar zu machen, indem sie das Formular mit der Methode BringToFront in den Vordergrund bringt. Ein Formular verfügt zusätzlich über die Methode Show-Modal, um einen modalen Dialog erzeugen zu können. Ein modaler Dialog muß bearbeitet und geschlossen werden. Ein SendToBack hätte also keinen Erfolg.

procedure Update;
In der Methode Update wird die API-Funktion UpdateWindow von Windows aufgerufen, die alle beim Zeichnen entstandenen und noch nicht erledigten Meldungen bearbeitet.

UpdateWindows ist definiert als

```
procedure UpdateWindow(Wnd: HWnd);
```

Die Routine UpdateWindow aktualisiert den Client-Bereich des angegebenen Fensters, indem sie eine WM_PAINT-Meldung an das Fenster sendet, wenn der Aktualisierungsbereich für das Fenster nicht leer ist. Die Routine UpdateWindow sendet eine WM_PAINT-Meldung unter Umgehung der Anwendungswarteschlange direkt an die Fensterfunktion des gegebenen Fensters. Wenn der Aktualisierungsbereich

leer ist, wird keine Meldung gesendet. Der Parameter Wnd bezeichnet das Fenster oder besser das Handle des Fensters, das aktualisiert werden soll.

Komponentenname:	**TabSet**
Klassenname:	**TTabSet**

Beschreibung:

Die Komponente TabSet liefert Ihnen horizontale Register, mit denen Sie durch Anklicken Aktionen anstoßen. TabSets werden gewöhnlich in Notebook-Dialogelementen zur Anzeige von Seiten innerhalb desselben Dialogfensters verwendet. TabSets erzeugen Sie dadurch, daß Sie die entsprechenden Strings als Wert der Eigenschaft Tabs spezifizieren. Zu jedem String wird ein TabSet erzeugt.

Eigenschaften:

property Align: TAlign;
Die Eigenschaft Align legt fest, wie Dialogelemente zum Beispiel im Formular ausgerichtet werden. Mögliche Werte:

alNone	Die Komponente bleibt an der Einfügeposition im Formular (Standardeinstellung).
alTop	Die Komponente wird an die Oberkante des Formulars verschoben und an seine Breite angepaßt. Die Höhe der Komponente bleibt unverändert.
alBottom	Die Komponente wird an die Unterkante des Formulars verschoben und an seine Breite angepaßt. Die Höhe der Komponente bleibt unverändert.
alLeft	Die Komponente wird an die linke Kante des Formulars verschoben und an seine Höhe angepaßt. Die Breite der Komponente bleibt unverändert.
alRight	Die Komponente wird an die rechte Kante des Formulars verschoben und an seine Höhe angepaßt. Die Breite der Komponente bleibt unverändert.
alClient	Die Größe der Komponente wird an den Client-Bereich eines Formulars angepaßt. Ist ein Teil des Client-Bereichs bereits von einer anderen Komponente besetzt, füllt die Komponente den verbleibenden Teil des Client-Bereichs aus.

Wird zum Beispiel ein Formular, das Besitzer eines Labels ist, in der Größe verändert, werden die Komponenten innerhalb des Formulars neu ausgerichtet. Die Verwendung der Eigenschaft Align ist dann sinnvoll, wenn ein Dialogelement an einer Position des Formulars stehenbleiben soll, auch wenn sich die Größe des Formulars ändert.

property AutoScroll: Boolean;
Mit AutoScroll legen Sie fest, ob in einem TabSet automatisch ScrollBars angezeigt werden, wenn in der Komponente nicht genügend Platz zur Verfügung steht, um alle TabSets anzuzeigen (Einstellung True).

property BackgroundColor: TColor;
Mit BackgroundColor legen Sie die Hintergrundfarbe für TabSet fest. Der Hintergrundbereich des TabSets ist die Fläche zwischen den TabSets und dem Rahmen der Komponente. Mögliche Werte:

clBlack	Schwarz
clMaroon	Rotbraun
clGreen	Grün
clOlive	Olivgrün
clNavy	Marineblau
clPurple	Violett
clTeal	Petrol
clGray	Grau
clSilver	Silber
clRed	Rot
clLime	Limonengrün
clBlue	Blau
clFuchsia	Pink
clAqua	Karibikblau
clWhite	Weiß

(Systemfarben von Windows:)

clBackground	Aktuelle Windows-Hintergrundfarbe
clActiveCaption	Aktuelle Farbe der Titelleiste des aktiven Fensters
clInactiveCaption	Aktuelle Farbe der Titelleiste der inaktiven Fenster
clMenu	Aktuelle Hintergrundfarbe der Menüs
clWindow	Aktuelle Hintergrundfarbe der Fenster
clWindowFrame	Aktuelle Farbe der Fensterrahmen
clMenuText	Aktuelle Farbe vom Menütext
clWindowText	Aktuelle Farbe vom Fenstertext
clCaptionText	Aktuelle Textfarbe der Titelleiste des aktiven Fensters
clActiveBorder	Aktuelle Rahmenfarbe des aktiven Fensters
clInactiveBorder	Aktuelle Rahmenfarbe der inaktiven Fenster
clAppWorkSpace	Aktuelle Farbe des Arbeitsbereichs der Anwendung
clHighlight	Aktuelle Hintergrundfarbe vom ausgewählten Text
clHighlightText	Aktuelle Farbe vom ausgewählten Text
clBtnFace	Aktuelle Farbe einer Schalterfläche
clBtnShadow	Aktuelle Schattenfarbe eines Schalters
clGrayText	Aktuelle Farbe von grau dargestelltem Text
clBtnText	Aktuelle Farbe von Text auf einem Schalter

clInactiveCaptionText   Aktuelle Textfarbe in der Titelleiste eines inaktiven
                         Fensters
clBtnHighlight   Aktuelle Farbe der Markierung eines Schalters

property Canvas: TCanvas;
Canvas stellt den Zugriff auf eine Zeichenoberfläche zur Verfügung. Diese können Sie aber erst einsetzen, wenn Sie dem Ereignis OnPaint eine Methode zugeordnet haben.

property ComponentIndex: Integer;
Die Eigenschaft ComponentIndex zeigt die Position einer Komponente in der Eigenschaftsliste Components ihres Besitzers an. Die erste Komponente in der Liste hat den ComponentIndex-Wert 0, die zweite hat den Wert 1, die dritte den Wert 2 etc. Diese Eigenschaft ist nur zur Laufzeit und dann auch nur im Read-Only-Modus benutzbar.

property Controls[Index: Integer]: TControl;
Controls ist ein Array aller untergeordneten Komponenten der Komponente. Controls ist dann von Nutzen, wenn Sie auf die untergeordneten Komponenten über die Zahl statt über den Namen zugreifen müssen.

property Cursor: TCursor;
Mit der Eigenschaft Cursor stellen Sie das Aussehen des Cursors ein, wenn dieser auf die Komponente zeigt.

Mögliche Werte sind:

crDefault	crArrow	crCross
crIBeam	crSize	crSizeNESW
crSizeNS	crSizeNWSE	crSizeWE
crUpArrow	crHourglass	crDrag
crNoDrop	crHSplit	crVSplit

property DragCursor: TCursor;
Die Eigenschaft DragCursor bestimmt die Form des Mauszeigers, wenn sich der Zeiger über einer Komponente befindet, die ein gezogenes Objekt akzeptieren kann. Mögliche Werte sind mit denen der Eigenschaft Cursor identisch.

property DragMode: TDragMode;
Die Eigenschaft DragMode legt das Ziehen-und-Ablegen-Verhalten einer Komponente fest. Mögliche Werte sind:

dmAutomatic   Wenn dmAutomatic ausgewählt ist, ist das Dialogelement bereit, gezogen zu werden; der Anwender klickt nur und zieht es dann.
dmManual   Wenn dmManual ausgewählt ist, kann das Dialogelement nicht gezogen werden, bevor die Anwendung die Methode BeginDrag aufgerufen hat.

Ist die Eigenschaft DragMode einer Komponente dmAutomatic, kann die Anwendung dies zur Laufzeit durch Einstellung des Werts dmManual deaktivieren.

property Enabled: Boolean;
Die Eigenschaft Enabled bestimmt, ob die Komponente auf Maus-, Tastatur- und Timer-Ereignisse reagiert. Wenn Enabled auf True gesetzt ist, reagiert die Komponente normal. Ist Enabled hingegen False, ignoriert das Dialogelement Maus- und Tastaturereignisse. Bei einer Timer-Komponente werden die für das OnTimer-Ereignis deaktivierten Komponenten-Dialogelemente grau dargestellt.

property EndMargin: Integer;
EndMargin bestimmt die Entfernung zwischen dem am weitesten rechts stehenden Register und dem rechten Rand der Komponente TabSet in Pixeln. Der voreingestellte Wert ist 5. Zusammen mit der Eigenschaft StartMargin spielt EndMargin eine Rolle bei der Ermittlung der Anzahl der Register, die in TabSet passen.

property FirstIndex: Integer;
FirstIndex kennzeichnet das erste Register von links. Der Startwert lautet 0. Mit jedem neuen Register in der Komponente TabSet erhöht sich der mögliche Wert von FirstIndex um 1. Soll zum Beispiel bei 5 Registern das fünfte Register ganz links stehen, so tragen Sie den Wert 4 (Anzahl der Register minus 1) in die Eigenschaft FirstIndex ein.

property Font: TFont;
Die Eigenschaft Font legt den Font und die Eigenschaften des Fonts der Komponente fest. Sie haben die Möglichkeit, diese Werte im Objectinspektor oder – wesentlich komfortabler – mit Hilfe eines Doppelklicks auf diese Eigenschaft einen Dialog zu öffnen, der alle möglichen Werte anzeigt.

property Handle: ...;
Der Typ der Eigenschaft Handle ist abhängig von der jeweiligen Komponente. Im allgemeinen gilt: Sollte eine Windows-API-Funktion ein Handle der betreffenden Komponente verlangen, dann setzen Sie dazu die jeweilige Eigenschaft Handle der betreffenden Komponente ein. Verlangt eine Windows-API-Funktion zum Beispiel das Handle Ihrer gesamten Anwendung, benutzen Sie am besten die Eigenschaft Handle des Objekts TApplication. Hier die Übersicht der verschiedenen Typen der Eigenschaft Handle:

Handle für die Komponenten:

Bitmap	property Handle: HBitmap;
Brush	property Handle: HBrush;
Canvas	property Handle: HDC;
Font	property Handle: HFont;
Icon	property Handle: HIcon;
Metafile	property Handle: HMetafile;
Pen	property Handle: HPen;

Handle gibt Ihnen den Zugriff auf das Handle des jeweiligen GDI-Objekts, damit Sie auf dieses zugreifen können. Benötigen Sie zum Beispiel zum Aufruf einer Windows-API-Funktion ein Handle auf ein Stiftobjekt oder ein Bitmap-Objekt, dann können Sie dazu das Handle der Komponente Pen beziehungsweise der Komponente Bitmap benutzen.

Handle für das Objekt TApplication und die folgenden Komponenten:

Bevel	DBText	Memo
BitBtn	DirectoryListBox	Notebook
Button	DrawGrid	OLEContainer
CheckBox	DriveComboBox	Outline
ComboBox	Edit	PaintBox
DBCheckBox	FileListBox	Panel
DBComboBox	FilterComboBox	RadioButton
DBEdit	FindDialog	RadioGroup
DBGrid	Form	ReplaceDialog
DBImage	GroupBox	ScrollBar
DBListBox	Header	ScrollBox
DBLookupCombo	Image	Shape
DBLookupList	Label	SpeedButton
DBMemo	ListBox	StringGrid
DBNavigator	MaskEdit	TabbedNotebook
DBRadioGroup	MediaPlayer	TabSet

property Handle: HWND;
Handle ermöglicht Ihnen Zugriff auf das Handle der jeweiligen Komponente (z.B.: Fenster-Handle, Dialog-Handle etc.). Dieses Handle wird von einigen Windows-API-Funktionen beim Aufruf erwartet. Sie können in diesem Fall das Handle der jeweils betroffenen Komponente oder – falls das Handle Ihrer Anwendung gefordert wird – das Handle des Objekts TApplication übergeben.

Handle für die Komponenten:

MainMenu	MenuItem	PopupMenu

property Handle: HMENU;
Sollte eine Windows-API-Funktion ein Handle eines Menüs, Menü-Eintrags oder eines lokalen Menüs verlangen, können Sie dazu die Eigenschaft Handle von Main-Menu, MenuItem und PopupMenu benutzen.

Handle für die Komponente Printer:

property Handle: HDC;
Handle enthält das Handle des jeweiligen Druckerobjektes TPrinter der Komponente Printer.

Handle für die Komponente DataBase:

property Handle: HDBIDB;
Um direkte Aufrufe in die Richtung des Borland-Database-Engine-(BDE)-API zu tätigen, benötigen Sie ein Handle der jeweiligen Datenbank-Komponente. Dazu dient Ihnen die Eigenschaft Handle der Komponente DataBase. Dies erlaubt Ihnen Zugriffe auf Funktionen des BDE-API, die nicht in die VCL-Bibliothek integriert wurden. Bevor Sie allerdings diese Funktionen aufrufen, sollten Sie prüfen, ob diese Funktion nicht doch schon in der VCL-Bibliothek gekapselt wurde.

Handle für das Objekt TSession:

Delphi erzeugt eine Komponente Session vom Typ TSession immer dann, wenn eine Anwendung ausgeführt wird. Sessions sollten nicht von Ihnen erzeugt oder zerstört werden. Session erlaubt die globale Prüfung über Datenbankverbindungen. Die Eigenschaft Databases von Session ist ein Array von allen aktiven Datenbanken in der Sitzung. Die Eigenschaft DatabaseCount vom Typ Integer gibt die Anzahl der aktiven Datenbanken in der Sitzung.

property Handle: HDBISES;
Mit der Eigenschaft Handle können Sie direkte Aufrufe an die Borland-Datenbank-Engine, bezogen auf eine bestimmte Sitzung (Session/TSession), machen. Die Komponente Session werden Sie im Prinzip nicht benutzen müssen. Die wichtigsten Funktionen des BDE-API sind in der VCL-Bibliothek gekapselt und ersparen Ihnen diesen Weg.

Handle für die Komponenten Table, Query und StoredProc:

property Handle: HDBICur;
Ebenfalls für direkte Zugriffe auf Funktionen des BDE-API und unter normalen Umständen nicht zu benutzen, da die wichtigsten BDP-API-Funktionen via der VCL-Bibliothek einen einfacheren Zugriff ermöglichen.

property Height: Integer;
Die Eigenschaft Height eines Dialogelements legt die Höhe der Komponente in Pixeln fest.

property HelpContext: THelpContext;
Die Eigenschaft HelpContext stellt eine Kontextnummer für die Verwendung beim Aufruf kontextbezogener Online-Hilfe bereit. Jeder Hilfebildschirm des Hilfesystems sollte eine eindeutige Kontextnummer besitzen. Ist in der Anwendung eine Komponente selektiert, so wird nach Betätigen von F1 ein Hilfebildschirm angezeigt. Welcher Hilfebildschirm angezeigt wird, hängt vom Wert der Eigenschaft HelpContext ab.

property Hint: string;
Die Eigenschaft Hint ist der Text-String, der erscheinen kann, wenn ein OnHint-Ereignis eintritt, also wenn der Benutzer den Cursor über die Komponente bewegt. Wie der String angezeigt wird, bestimmt der Code in der Ereignisbehandlungs-Routine OnHint. Sie können eine Schnellhilfe, d.h. ein Fenster, das einen Hilfetext enthält, für eine Komponente erscheinen lassen, wenn der Anwender den Mauszeiger über das Dialogelement führt und dort kurz verweilt. Dies funktioniert wie folgt:

1. Spezifizieren Sie für jede Komponente, die einen Schnellhinweis anzeigen soll, einen Hint-Wert.
2. Setzen Sie die Eigenschaft ShowHints des Bedienfelds auf True.
3. Setzen Sie die Eigenschaft ShowHint der Anwendung zur Laufzeit auf True.

Sie können Hint gleichzeitig sowohl für ein Hilfehinweisfenster als auch für die Verwendung innerhalb der Behandlungsroutine OnHint spezifizieren, indem Sie

zwei durch ein Zeichen | (das »oder« oder Pipe-Symbol) abgeteilte Werte angeben, also beispielsweise:

`Edit1.Hint:= 'Aufforderung|Geben Sie den richtigen Wert ein';`

Der String »Aufforderung« erscheint im Hilfehinweisfenster und der String »Geben Sie den richtigen Wert ein« erscheint wie in der Ereignisbehandlungs-Routine On-Hint spezifiziert.

property Left: Integer;
Die Eigenschaft Left bestimmt die horizontalen Koordinaten in Pixeln der linken Kante einer Komponente relativ zum Formular. Für Formulare ist der Wert der Eigenschaft Left relativ zum Bildschirm (ebenfalls in Pixeln).

property Name: TComponentName;
Die Eigenschaft Name enthält den Namen der Komponente wie er von anderen Komponenten für den Zugriff verwendet wird. Delphi weist als Vorgabewerte sequentielle Namen zu, die auf dem Typ der Komponente basieren, also etwa für Buttons »Button1«, »Button2« etc. Dies können Sie gemäß Ihrer Vorstellungen abändern. Komponentennamen sollten ausdrücklich nur zur Entwurfszeit geändert werden.

property Owner: TComponent;
Die Eigenschaft Owner teilt Ihnen mit, welche Komponente zu welcher Komponente gehört. Dem Formular gehören alle Komponenten, die auf ihm vorhanden sind. Umgekehrt gehört das Formular zur Anwendung. Gehört eine Komponente A einer anderen Komponente B, wird der Speicher der Komponente A freigegeben, wenn der Speicher der Komponente B freigegeben wird. Es werden also folgerichtig alle Komponenten des Formulars gelöscht, wenn das Formular gelöscht wird. Außerdem wird natürlich der Speicher für das Formular und dessen Komponenten freigegeben, wenn der Speicher der Anwendung selbst freigegeben wird.

property Parent: TWinControl;
Die Eigenschaft Parent enthält den Namen der übergeordneten Komponente. Wenn eine Komponente A eine andere Komponente B enthält, sind die in B enthaltenen Komponenten untergeordnete Komponenten von A. Wenn Ihre Anwendung beispielsweise drei Buttons in einer GroupBox enthält, dann ist die GroupBox das übergeordnete Element der drei Buttons und die Button-Schaltfelder sind der GroupBox untergeordnet.

Parent und Owner sind leider etwas verwirrend. Daher hier eine kleine Entwirrung:

Ein Formular ist der Besitzer aller darauf enthaltenen Komponenten, egal, ob sie ein Fensterelement sind oder nicht. Für unser Beispiel mit den drei Buttons und der GroupBox bedeutet dies: Der Besitzer der Buttons ist immer das Formular, aber die GroupBox ist das übergeordnete Element.

Wenn Sie einen neuen Dialog erzeugen, müssen Sie dem neuen Dialogelement einen Wert der Eigenschaft Parent zuweisen. Üblicherweise sind dies Formulare, Bedienfelder, GroupBoxen oder Dialoge, die andere Komponenten-Elemente enthalten können. Es ist möglich, jedes Element als das übergeordnete zuzuweisen, aber das darin enthaltene Dialogelement wird wahrscheinlich überschrieben.

Wird das übergeordnete Element gelöscht, werden auch alle Elemente, die ihm untergeordnet sind, gelöscht.

property ParentShowHint: Boolean;
Die Eigenschaft ParentShowHint bestimmt, wo eine Komponente nach ihrer Hinteigenschaft suchen soll. Falls ParentShowHint True ist, verwendet die Komponente die Hint-Eigenschaft der übergeordneten Komponente.

Ist ParentShowHint False, verwendet die Komponente ihre eigene Eigenschaft Hint. Durch Verwendung von ParentShowHint können Sie sicherstellen, daß alle Komponenten auf einem Formular das gleiche Erscheinungsbild haben.

property SelectedColor: TColor;
SelectedColor bestimmt die Farbe des ausgewählten Registers in der Komponente. Mögliche Werte:

clBlack	Schwarz
clMaroon	Rotbraun
clGreen	Grün
clOlive	Olivgrün
clNavy	Marineblau
clPurple	Violett
clTeal	Petrol
clGray	Grau
clSilver	Silber
clRed	Rot
clLime	Limonengrün
clBlue	Blau
clFuchsia	Pink
clAqua	Karibikblau
clWhite	Weiß

(Systemfarben von Windows:)

clBackground	Aktuelle Windows-Hintergrundfarbe
clActiveCaption	Aktuelle Farbe der Titelleiste des aktiven Fensters
clInactiveCaption	Aktuelle Farbe der Titelleiste der inaktiven Fenster
clMenu	Aktuelle Hintergrundfarbe der Menüs
clWindow	Aktuelle Hintergrundfarbe der Fenster
clWindowFrame	Aktuelle Farbe der Fensterrahmen
clMenuText	Aktuelle Farbe vom Menütext
clWindowText	Aktuelle Farbe vom Fenstertext
clCaptionText	Aktuelle Textfarbe der Titelleiste des aktiven Fensters
clActiveBorder	Aktuelle Rahmenfarbe des aktiven Fensters
clInactiveBorder	Aktuelle Rahmenfarbe der inaktiven Fenster
clAppWorkSpace	Aktuelle Farbe des Arbeitsbereichs der Anwendung
clHighlight	Aktuelle Hintergrundfarbe vom ausgewählten Text
clHighlightText	Aktuelle Farbe vom ausgewählten Text

clBtnFace	Aktuelle Farbe einer Schalterfläche
clBtnShadow	Aktuelle Schattenfarbe eines Schalters
clGrayText	Aktuelle Farbe von grau dargestelltem Text
clBtnText	Aktuelle Farbe von Text auf einem Schalter
clInactiveCaptionText	Aktuelle Textfarbe in der Titelleiste eines inaktiven Fensters
clBtnHighlight	Aktuelle Farbe der Markierung eines Schalters

property ShowHint: Boolean;
Die Eigenschaft ShowHint bestimmt, ob das Dialogelement eine Schnellhilfe anzeigen soll, wenn der Mauszeiger eine Weile auf ihm verweilt. Die Schnellhilfe entspricht dem Wert der Eigenschaft Hint, die in einem Feld direkt unterhalb des Elements angezeigt wird. Wenn die Eigenschaft ShowHint den Wert True hat, kann die Schnellhilfe erscheinen.

Ist ShowHint False, kann die Schnellhilfe auch angezeigt werden, wenn ParentShowHint auf True gesetzt wurde und die Eigenschaft ShowHint der übergeordneten Komponente ebenfalls auf True gesetzt wurde.

property Showing: Boolean;
Die Eigenschaft Showing legt fest, ob eine Komponente momentan auf dem Bildschirm angezeigt wird oder nicht. Ist die Eigenschaft Visible einer Komponente und aller übergeordneten Komponenten in der übergeordneten Hierarchie True, ist Showing auch True. Wenn einer der Vorfahren der Komponente den Wert False als Wert für die Eigenschaft Visible hat, ist auch Showing False.

property StartMargin: Integer;
StartMargin bestimmt, wie weit das erste Register von der linken Kante der gesamten Komponente (in Pixeln) angezeigt wird. Der Standardwert beträgt 5. Siehe dazu auch die Eigenschaft EndMargin.

property Style: TTabStyle;
Style bestimmt, wie ein Register erscheint. Mögliche Werte:

tsStandard	Jedes Register hat die Standardgröße und das Standarderscheinungsbild.
tsOwnerDraw	Jedes Register hat die durch die Eigenschaft TabHeight festgelegte Höhe und Breite.

Tabs mit grafischen Elementen können Objekte anders als Strings anzeigen, wie beispielsweise Bitmaps, erfordern aber einen höheren Programmieraufwand, da Ihre Anwendung Information benötigt, wie sie das Bild für jedes Register übertragen soll.

Soll ein Element in einem Register vom Typ tsOwnerDraw angezeigt werden, treten zwei Ereignisse auf. Zuerst wird das Ereignis OnMeasureTab ausgelöst. Dort sollte eine Methode definiert werden, die die benötigte Breite des Registers berechnet, um das Element aufnehmen zu können.

Zum Schluß folgt das Ereignis OnDrawTab. Dieses Ereignis sollte mit einer Methode verbunden sein, welches das Register mit den Werten zeichnet.

property TabHeight: Integer;
TabHeight bestimmt die Höhe eines Tabs, wenn die Eigenschaft Style des Dialogelements tsOwnerDraw ist.

property TabIndex: Integer;
TabIndex bestimmt, welches Register momentan ausgewählt ist.

0 bedeutet das erste Register in der Komponente, 1 steht für das zweite Register. –1 bedeutet, daß kein Register definiert worden ist. TabIndex kann als Index auf das Array der Eigenschaft Tabs verwendet werden.

Ein neuer Wert an TabIndex zugewiesen, löst die Ereignisse OnClick und danach OnChange aus.

property Tabs: TStrings:
Die Eigenschaft Tabs enthält eine Liste von Text-Strings, die auf den Registern erscheinen. Für jeden String in der Eigenschaft Tabs wird ein neues Register erzeugt, um den Textstring anzuzeigen. Während der Programmentwicklung geben Sie unter Verwendung des Stringlisten-Editors die Text-Strings ein, die Sie auf den Registern dargestellt haben möchten. Klicken Sie zweimal auf die Wertespalte der Eigenschaft Tabs, um den Stringlisten-Editor anzuzeigen. Sie können auch Strings zur Laufzeit in der Eigenschaft Tabs ändern.

property Tabs: TStrings:
Tabs stellt eine Liste von Text-Strings dar. Jede Zeile der Eigenschaft Tabs ist gleichbedeutend mit einem Register, der String ist dabei der Name, der auf den Registern erscheint. Durch das Anklicken der Eigenschaft Tabs im Objekt-Inspektor öffnet sich ein Dialog, in dem Sie die Strings für Ihre Register eintragen können.

property Tag: Longint;
Die Eigenschaft Tag kann einen Integerwert als Element einer Komponente speichern. Tag wird von Delphi nicht benutzt und steht Ihnen damit zur freien Verfügung.

property Top: Integer;
Die Eigenschaft Top gibt die Y-Koordinate in Pixeln der linken oberen Ecke eines Dialogelements relativ zum Formular an. Bei Formularen wird der Wert der Eigenschaft Top in Pixeln relativ zum Bildschirm angegeben.

property UnselectedColor: TColor;
Mit UnselectedColor legen Sie die Farbe der Register fest, die zur Zeit nicht markiert beziehungsweise aktiv sind. Mögliche Werte:

clBlack	Schwarz
clMaroon	Rotbraun
clGreen	Grün
clOlive	Olivgrün
clNavy	Marineblau
clPurple	Violett
clTeal	Petrol
clGray	Grau

clSilver	Silber
clRed	Rot
clLime	Limonengrün
clBlue	Blau
clFuchsia	Pink
clAqua	Karibikblau
clWhite	Weiß

(Systemfarben von Windows:)

clBackground	Aktuelle Windows-Hintergrundfarbe
clActiveCaption	Aktuelle Farbe der Titelleiste des aktiven Fensters
clInactiveCaption	Aktuelle Farbe der Titelleiste der inaktiven Fenster
clMenu	Aktuelle Hintergrundfarbe der Menüs
clWindow	Aktuelle Hintergrundfarbe der Fenster
clWindowFrame	Aktuelle Farbe der Fensterrahmen
clMenuText	Aktuelle Farbe vom Menütext
clWindowText	Aktuelle Farbe vom Fenstertext
clCaptionText	Aktuelle Textfarbe der Titelleiste des aktiven Fensters
clActiveBorder	Aktuelle Rahmenfarbe des aktiven Fensters
clInactiveBorder	Aktuelle Rahmenfarbe der inaktiven Fenster
clAppWorkSpace	Aktuelle Farbe des Arbeitsbereichs der Anwendung
clHighlight	Aktuelle Hintergrundfarbe vom ausgewählten Text
clHighlightText	Aktuelle Farbe vom ausgewählten Text
clBtnFace	Aktuelle Farbe einer Schalterfläche
clBtnShadow	Aktuelle Schattenfarbe eines Schalters
clGrayText	Aktuelle Farbe von grau dargestelltem Text
clBtnText	Aktuelle Farbe von Text auf einem Schalter
clInactiveCaptionText	Aktuelle Textfarbe in der Titelleiste eines inaktiven Fensters
clBtnHighlight	Aktuelle Farbe der Markierung eines Schalters

property Visible: Boolean;
Die Eigenschaft Visible bestimmt, ob eine Komponente auf dem Bildschirm sichtbar ist (True) oder nicht (False).

property VisibleTabs: Integer;
VisibleTabs enthält die Anzahl der momentan in der Komponente sichtbaren Register.

property Width: integer;
Die Eigenschaft Width bestimmt die Breite einer Komponente, gemessen in Pixeln.

Ereignisse:

property OnChange: TNotifyEvent;
Das Ereignis OnChange erscheint, wenn der Inhalt einer Komponente oder eines Objekts sich ändert. Bei grafischen Objekten tritt OnChange ein, wenn sich die Grafik, die vom Objekt gekapselt wird, ändert. Zum Beispiel tritt das Ereignis OnChange

für einen Stift ein, wenn die Eigenschaften Color, Mode, Style oder Width des TPen-Objekts geändert werden. Bei Komponenten tritt OnChange ein, wenn der Hauptwert oder die Hauptwerte der Komponente geändert werden.

Bei Kombinationsfenstern tritt das Ereignis OnChange auch ein, wenn ein Element in der aufklappbaren Liste gewählt wird. Bei String-Listen-Objekten tritt das Ereignis OnChange ein, wenn sich eine Änderung für einen String ergibt, der in der String-Liste gespeichert ist.

OnChange ist vom Typ

```
TNotifyEvent = procedure (Sender: TObject) of object;
```

Der Typ TNotifyEvent weist auf eine Methode, die das Anklicken eines Objekts behandelt. Der Parameter Sender ist das Dialogelement, das angeklickt wurde.

property OnClick: TNotifyEvent;
Das Ereignis OnClick erscheint, wenn der Benutzer auf die Komponente klickt. In einem Formular tritt OnClick ein, wenn der Benutzer auf eine freie Stelle im Formular oder eine inaktive Komponente klickt.

OnClick ist vom Typ

```
TNotifyEvent = procedure (Sender: TObject) of object;
```

Der Typ TNotifyEvent weist auf eine Methode, die das Anklicken eines Objekts behandelt. Der Parameter Sender ist das Dialogelement, das angeklickt wurde.

property OnDragDrop: TDragDropEvent;
Das Ereignis OnDragDrop tritt ein, wenn der Anwender ein gezogenes Objekt ablegt. Verwenden Sie die Ereignisbehandlungs-Routine OnDragDrop, um festzulegen, was passieren soll, wenn der Anwender ein Objekt ablegt.

OnDragClick ist vom Typ

```
TDragDropEvent = procedure(Sender, Source: TObject; X, Y: Integer) of object;
```

Der Typ TDragDropEvent zeigt also auf eine Methode, die das Ablegen eines gezogenen Objekts behandelt. Der Parameter Source des Ereignisses OnDragDrop ist das abzulegende Objekt und der Parameter Sender ist das Dialogelement, auf dem das Objekt abgelegt wurde. Die Parameter X und Y sind die Koordinaten des Mauszeigers, der über dem Dialogelement positioniert wird.

property OnDragOver: TDragOverEvent;
Das Ereignis OnDragOver tritt ein, wenn der Anwender ein Objekt über eine Komponente zieht. Üblicherweise werden Sie ein Ereignis OnDragOver verwenden, um ein Objekt zu akzeptieren, damit der Anwender es ablegen kann.

OnDragClick ist vom Typ

```
TDragOverEvent = procedure(Sender, Source: TObject; X, Y: Integer;
                           State: TDragState; var Accept: Boolean) of object;
```

Der Typ TDragOverEvent zeigt also auf eine Methode, die das Ziehen eines Objekts über ein anderes Objekt behandelt. Der Parameter Source ist das gezogene Objekt, Sender ist das Objekt, über das Source gezogen wurde, X und Y sind die Koordinaten des Mauszeigers, der über dem Dialogelement positioniert wird, in Pixeln. State ist der Status des gezogenen Objekts in Verbindung zum darübergezogenen Objekt, und Accept legt fest, ob der Sender das Ziehobjekt erkennt. Accept wird nicht per Voreinstellung auf True oder False gesetzt; Sie müssen die passenden Werte selbst zuweisen.

Das Ereignis OnDragOver akzeptiert ein Objekt, wenn der Parameter Accept True ist. Durch Ändern des Werts der Eigenschaft DragCursor können Sie das Erscheinungsbild des Cursors beeinflussen. Dies können Sie entweder während des Entwikkelns oder zur Laufzeit, bevor ein Ereignis OnDragOver eintritt, durchführen.

property OnDrawTab: TDrawTabEvent;

OnDrawTab tritt immer dann ein, wenn ein Register einer TabSet-Komponente mit dem Wert für Style = tsOwnerDraw erneut dargestellt werden muß. Dies geschieht zum Beispiel immer dann, wenn Sie ein Register auswählen. Hier sollten Sie dann eine Methode einfügen, um das Register neu zu zeichnen.

OnDrawTab ist vom Typ

```
TDrawTabEvent = procedure(Sender: TObject; TabCanvas: TCanvas; R: Trect;
                          Index: Integer; Selected: Boolean) of object;
```

TDrawTabEvent zeigt also auf eine Methode, die das Neuzeichnen eines Elements eines Registers, das von einem übergeordneten Fenster gezeichnet wird, behandelt.

TabCanvas ist die Zeichenfläche, auf der das Element gezeichnet wird (siehe Eigenschaft Canvas und Ereignis OnMeasureTab). Index ist die Position des Registers in der Komponente. Der Parameter R ist der Bereich (X,Y) im Register, in dem der Eintrag gezeichnet werden soll, und Selected legt fest, ob das Register im Moment selektiert ist.

property OnEndDrag: TEndDragEvent;

Das Ereignis OnEndDrag tritt immer dann ein, wenn das Ziehen eines Objekts abgeschlossen oder abgebrochen wird. Wenn Sie eine besondere Behandlung haben möchten, wenn das Ziehen beendet wird, verwenden Sie die Ereignisbehandlungs-Routine OnEndDrag.

OnEndDrag ist vom Typ

```
TEndDragEvent = procedure(Sender, Target: TObject; X, Y: Integer) of object;
```

Der Typ TEndDragEvent zeigt also auf eine Methode, die das Anhalten des Ziehens eines Objekts behandelt. Der Sender ist das Objekt, das gezogen wird, Target ist das Objekt, zu dem Sender hingezogen wird, und X und Y sind die dazugehörigen Bildschirmkoordinaten des Mauszeigers, der über dem Dialogelement positioniert wird. Falls das gezogene Objekt abgelegt und durch das Dialogelement akzeptiert wurde, ist der Parameter Target des Ereignisses OnEndDrag True. Wenn das Objekt nicht erfolgreich abgelegt wurde, beträgt der Wert von Target Nil.

property OnEnter: TNotifyEvent;
OnEnter tritt ein, wenn eine Komponente aktiviert wird. Wenn Sie eine besondere Behandlung festlegen möchten, sobald eine Komponente aktiviert wird, verwenden Sie die Ereignisbehandlungsroutine OnEnter.

OnEnter erscheint nie, wenn Sie zwischen Formularen oder einer anderen Windows-Anwendung und Ihrer Anwendung umschalten. OnEnter für eine Komponente des Typs TPanel oder THeader tritt nie ein, da Bedienfelder oder Header keinen Fokus erhalten können. Somit ist dort OnEnter vollkommen nutzlos. Sie haben diese Ereignisbehandlung aber geerbt.

OnEnter ist vom Typ

```
TNotifyEvent = procedure (Sender: TObject) of object;
```

Der Typ TNotifyEvent weist auf eine Methode, die das Doppelklicken eines Objekts behandelt. Der Parameter Sender ist das Dialogelement, das mit einem Doppelklick bearbeitet wurde.

property OnExit: TNotifyEvent;
OnExit erscheint, wenn der Eingabefokus einer Komponente an eine andere übergeben wird. OnExit tritt nicht ein, wenn Sie zwischen Formularen oder zwischen einer Windows-Anwendung und Ihrer Anwendung umschalten. OnExit tritt bei den Komponenten Panel und Speedbutton nicht ein, da diese niemals den Fokus erhalten.

OnExit ist vom Typ

```
TNotifyEvent = procedure (Sender: TObject) of object;
```

Der Typ TNotifyEvent weist auf eine Methode, die das Doppelklicken eines Objekts behandelt. Der Parameter Sender ist das Dialogelement, das mit einem Doppelklick bearbeitet wurde.

property OnMeasureTab: TMeasureTabEvent;
OnMeasureTab tritt immer dann ein, wenn die Eigenschaft Style der Komponente auf tsOwnerDraw eingestellt ist und ein Register in der Komponente neu angezeigt werden muß. Dieses Ereignis sollten Sie mit einer Methode verbinden, die die erforderliche Breite berechnet, um das Register mit dem eventuell eingefügten Element neu zu zeichnen (siehe auch die Eigenschaft Ereignis Canvas und das Ereignis OnDrawTab. OnMeasureTab tritt immer (danach) auf, wenn das Ereignis OnDrawTab ausgelöst worden ist. Die zu berechnende Breite ist daher auch dem Ereignis OnDrawTab beziehungsweise der Ereignisbehandlungs-Routine OnDrawTab zu entnehmen.

OnMeasureTab ist vom Typ

```
TMeasureTabEvent = procedure(Sender: TObject; Index: Integer;
                    var TabWidth: Integer) of object;
```

TMeasureTabEvent weist auf eine Methode zur Vermessung eines Registers in einer Komponente hin. Es ist die Aufgabe der Methode Programms, die Registerbreite korrekt zu berechnen und zurückzugeben, da sie davon abhängt, ob das eventuell eingefügte Element (z.B.: Bitmap) im Register enthalten ist (gilt nur, falls die Eigenschaft Style=tsOwnerDraw ist). Index gibt die Position des Registers in der Komponente und TabWidth dessen Breite an.

Methoden:

procedure BeginDrag(Immediate: Boolean);

Die Methode BeginDrag leitet den Ziehvorgang einer Komponente ein. Wenn der Parameter Immediate auf True gesetzt ist, wird der Mauszeiger auf den Wert der Eigenschaft DragCursor gesetzt und der Ziehvorgang beginnt. Ist Immediate False, wird der Mauszeiger nicht auf den Wert der Eigenschaft DragCursor gesetzt, und der Ziehvorgang wird erst eingeleitet, wenn der Anwender den Mauszeiger mindestens um 5 Pixel bewegt. Auf diese Weise kann die Komponente Mausklicks akzeptieren, ohne einen Ziehvorgang einzuleiten.

Ihre Anwendung muß die Methode BeginDrag zum Einleiten eines Ziehvorgangs nur aufrufen, wenn DragMode auf dmManual gesetzt ist.

procedure BringToFront;

Die Methode BringToFront setzt eine Komponente innerhalb einer übergeordneten Komponente vor alle anderen Komponenten. BringToFront hilft insbesondere sicherzustellen, daß ein Formular sichtbar ist. Verwenden Sie diese Methode, wenn Sie die Reihenfolge überlappender Komponenten in einem Formular neu festlegen wollen.

Die Reihenfolge, in der Komponenten übereinander gelagert werden (Z-Reihenfolge), hängt davon ab, ob es sich um eine fensterähnliche oder um eine nichtfensterähnliche Komponente handelt. Die Reihenfolge arbeitet nach dem Prinzip, daß die zuletzt eingefügte Komponente die oberste und damit sichtbare Komponente ist.

Mit der Methode BringToFront einer Komponente würde diese Komponente ganz nach oben auf den Stapel kommen und somit sichtbar sein.

Bei der Stapelung ist zu beachten, daß fensterähnliche Komponenten immer auf nicht-fensterähnlichen Komponenten gestapelt werden. Ein Aufruf von BringToFront einer nicht-fensterähnlichen Komponente bewirkt also gar nichts, wenn oben auf dem Stapel eine fensterähnliche Komponente liegt.

Die folgenden Komponenten zählen zu den fensterähnlichen Komponenten:

BitBtn	DBNavigator	MediaPlayer
Button	DBRadioGroup	Memo
CheckBox	DirectoryListBox	Notebook
ComboBox	DrawGrid	OLEContainer
DBCheckBox	DriveComboBox	Outline
DBComboBox	Edit	Panel
DBEdit	FileListBox	RadioButton
DBGrid	FilterComboBox	RadioGroup
DBImage	Form	ScrollBar

DBListBox   GroupBox   ScrollBox
DBLookupCombo   Header   StringGrid
DBLookupList   ListBox   TabbedNotebook
DBMemo   MaskEdit   TabSet

Die nun folgenden Komponenten zählen zu den nicht-fensterähnlichen Komponenten:

Bevel   Label   SpeedButton
DBText   PaintBox   Image
Shape

function CanFocus: Boolean;
CanFocus stellt fest, ob eine Komponente den Eingabefokus erhalten kann. CanFocus gibt True zurück, wenn die Eigenschaften Visible und Enabled sowohl der Komponente als auch der übergeordneten Komponenten auf True gesetzt sind. Sind nicht alle Eigenschaften Visible und Enabled dieser Komponenten auf True gesetzt, liefert CanFocus False zurück.

function ClientToScreen(Point: TPoint): TPoint;
Die Methode ClientToScreen übersetzt den angegebenen Punkt aus Client-Bereichskoordinaten in globale Bildschirmkoordinaten. In Client-Bereichskoordinaten entspricht der Punkt (0, 0) der oberen linken Ecke des Client-Bereichs der Komponente. In Bildschirmkoordinaten entspricht (0, 0) der oberen linken Ecke des Bildschirms. Mit den Methoden ClientToScreen und ScreenToClient rechnen Sie Positionen aus dem Koordinatensystem einer Komponente A in das Koordinatensystem einer Komponente B um.

Beispiel: Umrechnung der Koordinaten einer Komponente A in die Koordinaten einer Komponente B (TPoint ist ein Record mit den Feldern X und Y):

```
TPoint = record
       X : integer;
       Y : integer;
END;
VAR
   Koord: TPoint;
Koord:= B.ScreenToClient(A.ClientToScreen(Koord));
```

constructor Create;
Create weist Speicher zu, um das Objekt und damit die Komponente zu erzeugen und nach Bedarf seine Daten zu initialisieren. Jedes Objekt kann eine Methode Create besitzen, die individuell so angepaßt ist, daß sie diese bestimmte Art von Objekt erzeugt. Im Normalfall benötigen Sie diese Methoden nicht, da Borland Delphi alles unternimmt, um Ihre Anwendung und die darin enthaltenen Komponenten zu erzeugen. Sollten Sie allerdings ein Ereignis oder die Initialisierung eines Wertes einer selbst geschaffenen Komponente zur Zeit der Erzeugung einstellen wollen, dann können Sie dies in der Methode Create erledigen. Dazu benötigen Sie aber genaue Kenntnisse und Techniken der OOP. Ansonsten sollten Sie Create unverändert lassen und nicht aufrufen.

function Dragging: Boolean;
Die Methode Dragging gibt an, ob eine Komponente gezogen wird. Wenn Dragging True zurückgibt, wird die Komponente gezogen.

procedure EndDrag(Drop: Boolean);
Die Methode EndDrag verhindert, daß eine Komponente weiter gezogen wird. Wenn der Parameter Drop True ist, wird die gezogene Komponente abgelegt. Ist Drop False, wird die Komponente nicht abgelegt und der Vorgang wird abgebrochen.

function FindComponent(const AName: string): TComponent;
Die Methode FindComponent gibt im Array Components die Komponente zurück, deren Name zum String im Parameter AName paßt. FindComponent beachtet dabei keine Groß-/Kleinschreibung.

Beispiel: Es existiert ein Button Button1 in Ihrer Anwendung. Um die eigentliche Komponente TButton1 im Array Components zurückzugeben, rufen Sie FindComponents wie folgt auf:

```
FindComponents('Button1');
```

function Focused: Boolean;
Focused wird verwendet, um zu bestimmen, ob ein Fensterdialogelement den Fokus besitzt und deshalb das aktive Dialogelement in ActiveControl ist.

procedure Free;
Die Methode Free entfernt das Objekt und gibt den dazugehörigen Speicher frei. Haben Sie das Objekt unter Verwendung der Methode Create erzeugt, so benutzen Sie zum Entfernen und für die Freigabe des Speichers die Methode Free. Free gelingt auch dann, wenn das Objekt selbst nicht mehr existiert (zum Beispiel durch einen vorherigen Aufruf von Free). Delphi erledigt dies für Objekte der Bibliothek visueller Komponenten automatisch.

Sie sollten niemals eine Komponente innerhalb Ihrer Anwendung entfernen.

Falls Sie ein Formular freigeben wollen, rufen Sie die Methode Release auf, um das Formular zu löschen und dessen benutzten Speicher freizugeben.

function GetTextBuf(Buffer: PChar; BufSize: Integer): Integer;
Die Methode GetTextBuf holt den Text der Komponente und kopiert ihn in den Puffer als Null-terminierten String (Ende der Zeichenkette wird mit 0 angegeben), auf den Buffer zeigt. Die maximale Länge des Strings wird mit BufSize (siehe dazu GetTextLen) festgelegt. In BufSize wird nach der Ausführung die Anzahl der Zeichen des Strings zu finden sein. Diese Methode ist vor allem dann sehr nützlich, wenn mit Strings größer als 256 Zeichen gearbeitet wird. Der Typ STRING kann nicht mehr als 256 Zeichen aufnehmen. Dabei entfällt aber das erste Element in diesem Typ auf die Längenangabe des Strings, so daß nur noch maximal 255 Zeichen möglich sind. Ein PChar ist ein Zeiger auf das erste Zeichen einer Zeichenkette. Eine derart definierte Zeichenkette besitzt keine Längenangabe, sondern trägt eine 0 am Ende der Kette, daher auch der Name Null-terminierter String. Ein PChar kann die maximale Größe

von 64 Kbyte erreichen. Die maximale Anzahl der Zeichen ist also auf 64 Kbyte und nicht auf 255 Zeichen beschränkt (siehe auch GetTextLen und SetTextBuf).

function GetTextLen: Integer;
Die Methode GetTextLen gibt die Länge des Textes der Komponente zurück. Dieser Wert kann für BufSize in GetTextBuf verwendet werden (siehe auch GetTextBuf und SetTextBuf).

procedure Hide;
Die Methode Hide versteckt eine Komponente, sie ist also nicht mehr auf dem Bildschirm sichtbar. Dabei wird die Eigenschaft Visible auf False gesetzt. Dabei ist eine Komponente aber weiterhin aktiv, das heißt kann bearbeitet werden.

procedure Invalidate;
Die Methode Invalidate erzwingt das Neuzeichnen einer Komponente, sobald dies möglich ist.

procedure InsertComponent(AComponent: TComponent);
InsertComponent macht die Komponente zum Besitzer der im Parameter AComponent übergebenen Komponente. Die Komponente wird am Ende der Array-Eigenschaft Components hinzugefügt. Die eingefügte Komponente darf keinen Namen haben (keinen für die Eigenschaft Name spezifizierten Wert) oder der Name muß sich eindeutig von allen anderen in der Components-Liste unterscheiden. Wird die Besitzerkomponente entfernt, so wird auch AComponent gelöscht.

function ItemAtPos(Pos: TPoint; Existing: Boolean): Integer;
ItemAtPos gibt den Index-Wert eines Elements einer Listbox oder eines Tabset zurück. Pos benennt den abzufragenden Punkt in der Komponente (in Pixeln). Wenn Pos auf eine Stelle nach dem letzten Item der Komponente zeigt, dann gibt IndexAtPos den Wert für das letze Element der Komponente zurück.

Wenn Sie den Parameter Existing auf True gesetzt haben, dann gibt ItemAtPos –1 zurück, falls an der Stelle Pos kein Element existiert. Bei Existing = False wird der Wert des letzten Elements zurückgegeben, wenn Pos nicht auf ein nicht-existierendes Element zeigt.

function ItemRect(Item: Integer): TRect;
ItemRect gibt das Rechteck zurück, das den im Parameter Item spezifizierten Eintrag umgibt. Hiermit ist wohl mehr oder weniger die Ausdehnung des Elements der Komponente gemeint.

procedure Refresh;
Die Methode Refresh reagiert je nach Art der Komponente, ob Daten oder die Komponenten selbst neu gezeichnet werden. Die Methode Refresh kann also jedes Bild auf dem Bildschirm löschen und alle Dialogelemente neu zeichnen beziehungsweise Datensätze einer Datei erneut einlesen.

Innerhalb der Implementation von Refresh beim Neuzeichnen von Komponenten wird die Methode Invalidate und dann die Methode Update aufgerufen.

Beim Refresh von Daten ist zu beachten: Durch Refresh können sich die angezeigten Daten unerwartet verändern und den Anwender verwirren. Ein Dialog oder eine andere Mitteilung, die dem Anwender den Refresh der Daten mitteilt, wäre somit wohl angebracht und von äußerster Nützlichkeit.

procedure RemoveComponent(AComponent: TComponent);
RemoveComponent entfernt die Komponente, die im Parameter AComponent festgelegt ist, aus der Komponentenliste Components. Die Position in der Liste wird zu Nil.

procedure Repaint;
Die Methode Repaint fordert das Dialogelement auf, dessen Bild auf dem Bildschirm neu zu zeichnen, ohne jedoch das bereits erschienene zu löschen. Um vor dem Neuzeichnen zu löschen, müssen Sie anstelle von Repaint die Methode Refresh aufrufen.

procedure ScaleBy(M, D: Integer);
Die Methode ScaleBy skaliert eine Komponente um einen Prozentsatz ihrer ursprünglichen Größe. Der Parameter M ist der Multiplikator und der Parameter D der Divisor. Wenn Sie beispielsweise die Größe des Dialogelements auf 66% seines ursprünglichen Formats ändern möchten, geben Sie in M den Wert 66 und in D den Wert 100 an (66/100). Bei der Vergrößerung gehen Sie einfach den umgekehrten Weg: Vergrößerung um 66% bedeutet nichts anderes als M=166 und D=100.

function ScreenToClient(Point: TPoint): TPoint;
Die Methode ScreenToClient wird verwendet, um den Koordinatenpunkt in Pixeln der Komponente auf dem Bildschirm zu bestimmen. ScreenToClient gibt die X- und Y-Koordinaten in einem Record des Typs TPoint zurück.

procedure ScrollBy(DeltaX, DeltaY: Integer);
ScrollBy scrollt den Inhalt einer Komponente. Statt mit der Methode ScrollBy sollten Sie im Normalfall lieber mit den eingebauten Bildlauf-Leisten arbeiten, es sei denn, diese Leisten wären für Ihre Programm-Idee aus irgendeinem Grund nicht brauchbar.

DeltaX enthält die Veränderung in Pixeln in Richtung der X-Achse. Ein positiver Wert von DeltaX verschiebt den Inhalt nach rechts, ein negativer Wert verschiebt den Inhalt nach links. DeltaY bezeichnet die Veränderungen in Pixeln in Richtung der Y-Achse. Ein positiver Wert von DeltaY verschiebt den Inhalt nach unten, ein negativer Wert verschiebt den Inhalt nach oben.

procedure SelectNext(Direction: Boolean);
Mit SelectNext wählen Sie das nächste Register der Komponente aus. Dadurch wird – falls nötig – ein Bildlauf der Komponente ausgeführt, um das nächste Register sichtbar zu machen.

Mit Direction bestimmen Sie, ob das Register zur linken oder zur rechten Seite ausgewählt wird. Direction = True bedeutet, daß das Register zur rechten Seite ausgewählt wird. Wenn Sie diese Methode aufrufen, wird das Ereignis OnClick ausgeführt, als ob Sie das Register per Mausklick ausgewählt hätten.

procedure SendToBack;
Die Methode SendToBack setzt eine Komponente innerhalb einer übergeordneten Komponente hinter alle anderen Komponenten. Die Reihenfolge, in der Komponenten übereinander gelagert werden (Z-Reihenfolge), hängt davon ab, ob es sich um fensterähnliche oder um nicht-fensterähnlichen Komponente handelt. Die Reihenfolge arbeitet nach dem Prinzip, daß die zuletzt eingefügte Komponente die oberste und damit sichtbare Komponente ist.

Mit der Methode SendToBack einer Komponente würde diese Komponente ganz nach unten auf den Stapel kommen und somit nicht sichtbar sein.

Bei der Stapelung ist zu beachten, daß fensterähnliche Komponenten immer auf nicht-fensterähnlichen Komponenten gestapelt werden. Ein Aufruf von SendToBack einer fensterähnlichen Komponente bewirkt also gar nichts, wenn unter dem Stapel eine nicht-fensterähnliche Komponente liegt (siehe auch BringToFront).

Die folgenden Komponenten zählen zu den fensterähnlichen Komponenten:

BitBtn	DBNavigator	MediaPlayer
Button	DBRadioGroup	Memo
CheckBox	DirectoryListBox	Notebook
ComboBox	DrawGrid	OLEContainer
DBCheckBox	DriveComboBox	Outline
DBComboBox	Edit	Panel
DBEdit	FileListBox	RadioButton
DBGrid	FilterComboBox	RadioGroup
DBImage	Form	ScrollBar
DBListBox	GroupBox	ScrollBox
DBLookupCombo	Header	StringGrid
DBLookupList	ListBox	TabbedNotebook
DBMemo	MaskEdit	TabSet

Die nun folgenden Komponenten zählen zu den nicht-fensterähnlichen Komponenten:

Bevel	Label	SpeedButton
DBText	PaintBox	Image
Shape		

procedure SetBounds(ALeft, ATop, AWidth, AHeight: Integer);
Die Methode SetBounds setzt die Begrenzungseigenschaften der Komponente, Left, Top, Width und Height auf die Werte, die in den entsprechenden Werten ALeft, ATop, AWidth und AHeight übergeben werden. SetBounds erlaubt Ihnen, mehr als eine Begrenzungseigenschaft der Komponente zur gleichen Zeit einzustellen. Obwohl Sie immer einzelne Begrenzungen einstellen können, erlaubt Ihnen die Verwendung von SetBounds, mehrere Änderungen auf einmal durchzuführen, ohne daß jedesmal das Dialogfenster neu gezeichnet werden muß.

procedure SetFocus;
SetFocus übergibt den Fokus an die Komponente. Bei Formularen ruft das jeweilige Formular die Methode SetFocus des standardmäßig aktiven Dialogelements auf.

procedure SetTextBuf(Buffer: PChar);
Die Methode SetTextBuf ersetzt den Text in einer Komponente durch den Text in Buffer. Buffer muß auf einen mit Null abgeschlossenen String zeigen (siehe auch GetTextBuf und GetTextLen).

procedure Show;
Die Methode Show bringt eine Komponente sichtbar auf dem Bildschirm, indem die Eigenschaft Visible auf True eingestellt wird. Falls die Methode Show eines Formulars aufgerufen wird und das Formular ist undurchsichtig, versucht Show das Formular sichtbar zu machen, indem sie das Formular mit der Methode BringToFront in den Vordergrund bringt. Ein Formular verfügt zusätzlich über die Methode ShowModal, um einen modalen Dialog erzeugen zu können. Ein modaler Dialog muß bearbeitet und geschlossen werden. Ein SendToBack hätte also keinen Erfolg.

procedure Update;
In der Methode Update wird die API-Funktion UpdateWindow von Windows aufgerufen, die alle beim Zeichnen entstandenen und noch nicht erledigten Meldungen bearbeitet.

UpdateWindows ist definiert als

```
procedure UpdateWindow(Wnd: HWnd);
```

Die Routine UpdateWindow aktualisiert den Client-Bereich des angegebenen Fensters, indem sie eine WM_PAINT-Meldung an das Fenster sendet, wenn der Aktualisierungsbereich für das Fenster nicht leer ist. Die Routine UpdateWindow sendet eine WM_PAINT-Meldung unter Umgehung der Anwendungswarteschlange direkt an die Fensterfunktion des gegebenen Fensters. Wenn der Aktualisierungsbereich leer ist, wird keine Meldung gesendet. Der Parameter Wnd bezeichnet das Fenster oder besser das Handle des Fensters, das aktualisiert werden soll.

Komponentenname: Notebook
Klassenname: TNotebook

Beschreibung:

Mit Notebook können Sie mehrere Seiten anzeigen, wobei jede Seite ihre eigenen Dialogelemente enthalten kann. Notebook wird (sinnvollerweise) häufig zusammen mit TabSet eingesetzt. Die Seiten werden in der Eigenschaft Pages als Strings erzeugt (wie die Register in TabSet in der Eigenschaft Tabs).

Eigenschaften:

property ActivePage: string;
Mit ActivePage legen Sie fest, welche Seite der Komponente angezeigt wird. Der Wert von ActivePage muß einer der Strings sein, die in der Eigenschaft Pages enthalten sind.

property Align: TAlign;
Die Eigenschaft Align legt fest, wie Dialogelemente zum Beispiel im Formular ausgerichtet werden. Mögliche Werte:

alNone	Die Komponente bleibt an der Einfügeposition im Formular (Standardeinstellung).
alTop	Die Komponente wird an die Oberkante des Formulars verschoben und an seine Breite angepaßt. Die Höhe der Komponente bleibt unverändert.
alBottom	Die Komponente wird an die Unterkante des Formulars verschoben und an seine Breite angepaßt. Die Höhe der Komponente bleibt unverändert.
alLeft	Die Komponente wird an die linke Kante des Formulars verschoben und an seine Höhe angepaßt. Die Breite der Komponente bleibt unverändert.
alRight	Die Komponente wird an die rechte Kante des Formulars verschoben und an seine Höhe angepaßt. Die Breite der Komponente bleibt unverändert.
alClient	Die Größe der Komponente wird an den Client-Bereich eines Formulars angepaßt. Ist ein Teil des Client-Bereichs bereits von einer anderen Komponente besetzt, füllt die Komponente den verbleibenden Teil des Client-Bereichs aus.

Wird zum Beispiel ein Formular, das Besitzer eines Labels ist, in der Größe verändert, werden die Komponenten innerhalb des Formulars neu ausgerichtet. Die Verwendung der Eigenschaft Align ist dann sinnvoll, wenn ein Dialogelement an einer Position des Formulars stehenbleiben soll, auch wenn sich die Größe des Formulars ändert.

property BoundsRect: TRect;
Die Eigenschaft BoundsRect liefert das Begrenzungsrechteck der Komponente – ausgedrückt im Koordinatensystem des übergeordneten Dialogelements – zurück. Mit BoundsRect ersetzen und erleichtern Sie sich somit die Abfrage der einzelnen Werte für die Eigenschaften Left, Top, Width und Height.

property Color: TColor;
Die Eigenschaft Color legt für alle Komponenten mit Ausnahme des Dialogfensters die Farbe fest (Hintergrundfarbe eines Formulars oder eines Dialogelements oder Grafikobjekts).

Ist die Eigenschaft ParentColor auf True gesetzt, bewirkt eine Änderung der Eigenschaft Color einer Komponente A automatisch eine Änderung der Eigenschaft Color aller Komponenten, die als Besitzer die Komponente A haben. Wenn Sie der Eigenschaft Color eines Dialogelements einen Wert zuweisen, wird seine Eigenschaft ParentColor automatisch auf False gesetzt. Mögliche Werte sind:

clBlack	Schwarz
clMaroon	Rotbraun
clGreen	Grün
clOlive	Olivgrün
clNavy	Marineblau
clPurple	Violett
clTeal	Petrol
clGray	Grau
clSilver	Silber
clRed	Rot
clLime	Limonengrün
clBlue	Blau
clFuchsia	Pink
clAqua	Karibikblau
clWhite	Weiß

(Systemfarben von Windows)

clBackground	Aktuelle Windows-Hintergrundfarbe
clActiveCaption	Aktuelle Farbe der Titelleiste des aktiven Fensters
clInactiveCaption	Aktuelle Farbe der Titelleiste der inaktiven Fenster
clMenu	Aktuelle Hintergrundfarbe der Menüs
clWindow	Aktuelle Hintergrundfarbe der Fenster
clWindowFrame	Aktuelle Farbe der Fensterrahmen
clMenuText	Aktuelle Farbe vom Menütext
clWindowText	Aktuelle Farbe vom Fenstertext
clCaptionText	Aktuelle Textfarbe der Titelleiste des aktiven Fensters
clActiveBorder	Aktuelle Rahmenfarbe des aktiven Fensters
clInactiveBorder	Aktuelle Rahmenfarbe der inaktiven Fenster
clAppWorkSpace	Aktuelle Farbe des Arbeitsbereichs der Anwendung
clHighlight	Aktuelle Hintergrundfarbe vom ausgewählten Text
clHighlightText	Aktuelle Farbe vom ausgewählten Text
clBtnFace	Aktuelle Farbe einer Schalterfläche
clBtnShadow	Aktuelle Schattenfarbe eines Schalters
clGrayText	Aktuelle Farbe von grau dargestelltem Text
clBtnText	Aktuelle Farbe von Text auf einem Schalter
clInactiveCaptionText	Aktuelle Textfarbe in der Titelleiste eines inaktiven Fensters
clBtnHighlight	Aktuelle Farbe der Markierung eines Schalters

Mit einem Doppelklick auf Color öffnet sich das Farbschema von Windows, in dem Sie auch eigene Farben zusammenstellen können.

property ComponentCount: Integer;
ComponentCount gibt die Anzahl der Komponenten an, die sich im Besitz der Komponente befinden, wie sie in der Array-Eigenschaft Components verzeichnet sind. Beispielsweise enthält die Eigenschaft ComponentCount eines Formulars die gleiche Zahl an Elementen wie die Liste Components eines Formulars.

Bitte bedenken Sie, daß der Startwert von ComponentsCount bei 1 liegt und nicht, wie bei Components bei 0. Daher ist der Wert von ComponentsCount in der Regel immer eine Einheit größer als der Wert von Components.

property ComponentIndex: Integer;
Die Eigenschaft ComponentIndex zeigt die Position einer Komponente in der Eigenschaftsliste Components ihres Besitzers an. Die erste Komponente in der Liste hat den ComponentIndex-Wert 0, die zweite hat den Wert 1, die dritte den Wert 2 etc. Diese Eigenschaft ist nur zur Laufzeit und dann auch nur im Read-Only-Modus benutzbar.

property Components[Index: Integer]: TComponent;
Components stellt eine Liste aller Komponenten dar, die sich im Besitz einer Komponente befinden. Components können Sie zum Beispiel dazu verwenden, um auf diese im Besitz der Komponente befindlichen Komponenten zuzugreifen, etwa auf die Dialogelemente eines Formulars.

Sollten Sie sich auf eine von einer anderen Komponente in Besitz befindlichen Komponente via einer Nummer beziehen müssen, dann kann Ihnen diese Eigenschaft von großem Nutzen sein.

Components bezieht sich auf alle Komponenten, die sich im Besitz einer Komponente befinden. Die Eigenschaft Controls dagegen bezieht sich auf alle Dialogelemente/Fenster, die einer Komponente untergeordnet sind. Das Feld Components ist also mindestens so groß oder größer wie Controls, aber das Feld Control kann nie größer sein als das Feld Components.

property ControlCount: Integer;
ControlCount gibt für ein Dialogelement die Anzahl der ihm untergeordneten Dialogelemente/Fenster an. Die untergeordneten Dialogelemente sind in der Eigenschaft Controls aufgelistet. Der Start-Wert von ControlsCount liegt bei 1 für das erste Element.

property Controls[Index: Integer]: TControl;
Controls ist ein Array aller untergeordneten Komponenten der Komponente. Controls ist dann von Nutzen, wenn Sie auf die untergeordneten Komponenten über die Zahl statt über den Namen zugreifen müssen.

property Ctl3D: Boolean;
Die Eigenschaft Ctl3D legt fest, ob ein Dialogelement ein dreidimensionales (3-D) oder zweidimensionales Aussehen besitzt. Wenn Ctl3D True ist, erscheint das Dialogelement dreidimensional. Die Voreinstellung von Ctl3D ist True. Wenn die Eigenschaft ParentCtl3D einer Komponente auf True gesetzt ist, verändert jede Modifika-

tion der Eigenschaft Ctl3D des übergeordneten Dialogelements automatisch auch die Eigenschaft Ctl3D des Dialogelements.

Achtung: Damit Ctl3D überhaupt funktioniert, muß sich die dynamische Link-Bibliothek CTL3DV2.DLL im Suchpfad befinden. Idealerweise sollte sich diese Datei im System-Verzeichnis von Windows aufhalten.

property Cursor: TCursor;
Mit der Eigenschaft Cursor stellen Sie das Aussehen des Cursors ein, wenn dieser auf die Komponente zeigt.

Mögliche Werte sind:

crDefault	crArrow	crCross
crIBeam	crSize	crSizeNESW
crSizeNS	crSizeNWSE	crSizeWE
crUpArrow	crHourglass	crDrag
crNoDrop	crHSplit	crVSplit

property DragCursor: TCursor;
Die Eigenschaft DragCursor bestimmt die Form des Mauszeigers, wenn sich der Zeiger über einer Komponente befindet, die ein gezogenes Objekt akzeptieren kann. Mögliche Werte sind mit denen der Eigenschaft Cursor identisch.

property DragMode: TDragMode;
Die Eigenschaft DragMode legt das Ziehen-und-Ablegen-Verhalten einer Komponente fest. Mögliche Werte sind:

dmAutomatic   Wenn dmAutomatic ausgewählt ist, ist das Dialogelement bereit, gezogen zu werden; der Anwender klickt nur und zieht es dann.

dmManual   Wenn dmManual ausgewählt ist, kann das Dialogelement nicht gezogen werden, bevor die Anwendung die Methode BeginDrag aufgerufen hat.

Ist die Eigenschaft DragMode einer Komponente dmAutomatic, kann die Anwendung dies zur Laufzeit durch Einstellung des Werts dmManual deaktivieren.

property Enabled: Boolean;
Die Eigenschaft Enabled bestimmt, ob die Komponente auf Maus-, Tastatur- und Timer-Ereignisse reagiert. Wenn Enabled auf True gesetzt ist, reagiert die Komponente normal. Ist Enabled hingegen False, ignoriert das Dialogelement Maus- und Tastaturereignisse. Bei einer Timer-Komponente werden die für das OnTimer-Ereignis deaktivierten Komponenten-Dialogelemente grau dargestellt.

property Font: TFont;
Die Eigenschaft Font legt den Font und die Eigenschaften des Fonts der Komponente fest. Sie haben die Möglichkeit, diese Werte im Objectinspektor zu ändern oder – wesentlich komfortabler – mit Hilfe eines Doppelklicks auf diese Eigenschaft einen Dialog zu öffnen, der alle möglichen Werte anzeigt.

property Handle: ...;
Der Typ der Eigenschaft Handle ist abhängig von der jeweiligen Komponente. Im allgemeinen gilt: Sollte eine Windows-API-Funktion ein Handle der betreffenden Komponente verlangen, dann setzen Sie dazu die jeweilige Eigenschaft Handle der betreffenden Komponente ein. Verlangt eine Windows-API-Funktion zum Beispiel das Handle Ihrer gesamten Anwendung, dann benutzen Sie am besten die Eigenschaft Handle des Objekts TApplication. Hier die Übersicht der verschiedenen Typen der Eigenschaft Handle:

Handle für die Komponenten:

Bitmap	property Handle: HBitmap;
Brush	property Handle: HBrush;
Canvas	property Handle: HDC;
Font	property Handle: HFont;
Icon	property Handle: HIcon;
Metafile	property Handle: HMetafile;
Pen	property Handle: HPen;

Handle gibt Ihnen den Zugriff auf das Handle des jeweiligen GDI-Objekts, damit Sie auf dieses zugreifen können. Benötigen Sie zum Beispiel zum Aufruf einer Windows-API-Funktion ein Handle auf ein Stiftobjekt oder ein Bitmap-Objekt, dann können Sie dazu das Handle der Komponente Pen beziehungsweise der Komponente Bitmap benutzen.

Handle für das Objekt TApplication und die folgenden Komponenten:

Bevel	DBText	Memo
BitBtn	DirectoryListBox	Notebook
Button	DrawGrid	OLEContainer
CheckBox	DriveComboBox	Outline
ComboBox	Edit	PaintBox
DBCheckBox	FileListBox	Panel
DBComboBox	FilterComboBox	RadioButton
DBEdit	FindDialog	RadioGroup
DBGrid	Form	ReplaceDialog
DBImage	GroupBox	ScrollBar
DBListBox	Header	ScrollBox
DBLookupCombo	Image	Shape
DBLookupList	Label	SpeedButton
DBMemo	ListBox	StringGrid
DBNavigator	MaskEdit	TabbedNotebook
DBRadioGroup	MediaPlayer	TabSet

property Handle: HWND;
Handle ermöglicht Ihnen Zugriff auf das Handle der jeweiligen Komponente (z.B.: Fenster-Handle, Dialog-Handle etc.). Dieses Handle wird von einigen Windows-API-Funktionen beim Aufruf erwartet. Sie können in diesem Fall das Handle der jeweils

betroffenen Komponente oder – falls das Handle Ihrer Anwendung gefordert wird – das Handle des Objekts TApplication übergeben.

Handle für die Komponenten:

MainMenu   MenuItem   PopupMenu

property Handle: HMENU;
Sollte eine Windows-API-Funktion ein Handle eines Menüs, Menü-Eintrags oder eines lokalen Menüs verlangen, dann können Sie dazu die Eigenschaft Handle von MainMenu, MenuItem und PopupMenu benutzen.

Handle für die Komponente Printer:

property Handle: HDC;
Handle enthält das Handle des jeweiligen Druckerobjektes TPrinter der Komponente Printer.

Handle für die Komponente DataBase:

property Handle: HDBIDB;
Um direkte Aufrufe in die Richtung des Borland Database-Engine-(BDE)-API zu tätigen, benötigen Sie ein Handle der jeweiligen Datenbank-Komponente. Dazu dient Ihnen die Eigenschaft Handle der Komponente DataBase. Dies erlaubt Ihnen Zugriffe auf Funktionen des BDE-API, die nicht in die VCL-Bibliothek integriert wurden. Bevor Sie allerdings diese Funktionen aufrufen, sollten Sie prüfen, ob diese Funktion nicht doch schon in der VCL-Bibliothek gekapselt wurde.

Handle für das Objekt TSession:

Delphi erzeugt eine Komponente Session vom Typ TSession immer dann, wenn eine Anwendung ausgeführt wird. Sessions sollten nicht von Ihnen erzeugt oder zerstört werden. Session erlaubt die globale Prüfung über Datenbankverbindungen. Die Eigenschaft Databases von Session ist ein Array von allen aktiven Datenbanken in der Sitzung. Die Eigenschaft DatabaseCount vom Typ Integer gibt die Anzahl der aktiven Datenbanken in der Sitzung.

property Handle: HDBISES;
Mit der Eigenschaft Handle können Sie direkte Aufrufe an die Borland-Daten-bank-Engine, bezogen auf eine bestimmte Sitzung (Session/TSession), machen. Die Komponente Session werden Sie im Prinzip nicht benutzen müssen. Die wichtigsten Funktionen des BDE-API sind in der VCL-Bibliothek gekapselt und ersparen Ihnen diesen Weg.

Handle für die Komponenten Table, Query und StoredProc:

property Handle: HDBICur;
Ebenfalls für direkte Zugriffe auf Funktionen des BDE-API und unter normalen Umständen nicht zu benutzen, da die wichtigsten BDP-API-Funktionen via der VCL-Bibliothek einen einfacheren Zugriff ermöglichen.

property Height: Integer;
Die Eigenschaft Height eines Dialogelements legt die Höhe der Komponente in Pixeln fest.

property HelpContext: THelpContext;
Die Eigenschaft HelpContext stellt eine Kontextnummer für die Verwendung beim Aufruf kontextbezogener Online-Hilfe bereit. Jeder Hilfebildschirm des Hilfesystems sollte eine eindeutige Kontextnummer besitzen. Ist in der Anwendung eine Komponente selektiert, so wird nach Betätigen von F1 ein Hilfebildschirm angezeigt. Welcher Hilfebildschirm angezeigt wird, hängt vom Wert der Eigenschaft HelpContext ab.

property Left: Integer;
Die Eigenschaft Left bestimmt die horizontalen Koordinaten in Pixeln der linken Kante einer Komponente relativ zum Formular. Für Formulare ist der Wert der Eigenschaft Left relativ zum Bildschirm (ebenfalls in Pixeln).

property Name: TComponentName;
Die Eigenschaft Name enthält den Namen der Komponente wie er von anderen Komponenten für den Zugriff verwendet wird. Delphi weist als Vorgabewerte sequentielle Namen zu, die auf dem Typ der Komponente basieren, also etwa für Buttons »Button1«, »Button2« etc. Dies können Sie gemäß Ihrer Vorstellungen abändern. Komponentennamen sollten ausdrücklich nur zur Entwurfszeit geändert werden.

property Owner: TComponent;
Die Eigenschaft Owner teilt Ihnen mit, welche Komponente zu welcher Komponente gehört. Dem Formular gehören alle Komponenten, die auf ihm vorhanden sind. Umgekehrt gehört das Formular zur Anwendung. Gehört eine Komponente A einer anderen Komponente B, wird der Speicher der Komponente A freigegeben, wenn der Speicher der Komponente B freigegeben wird. Es werden also folgerichtig alle Komponenten des Formulars gelöscht, wenn das Formular gelöscht wird. Außerdem wird natürlich der Speicher für das Formular und dessen Komponenten freigegeben, wenn der Speicher der Anwendung selbst freigegeben wird.

property PageIndex: Integer;
Mit PageIndex legen Sie fest, welche Seite angezeigt wird. Ein Ändern des PageIndex-Werts ändert die Seite im Dialogelement. Der Startwert von PageIndex ist 0 für die erste Seite.

property Pages: TStrings;
In Pages fügen Sie Strings für alle gewünschten Seiten ein. Jede Zeile in Pages ergibt eine Seite. Bei einem Doppelklick auf die Eigenschaft Pages im Objekt-Inspektor öffnet sich eine Dialogbox, in der Sie die Seiten eintragen können.

property Parent: TWinControl;
Die Eigenschaft Parent enthält den Namen der übergeordneten Komponente. Wenn eine Komponente A eine andere Komponente B enthält, sind die in B enthaltenen Komponenten untergeordnete Komponenten von A. Wenn Ihre Anwendung beispielsweise drei Buttons in einer GroupBox enthält, dann ist die GroupBox das über-

geordnete Element der drei Buttons und die Button-Schaltfelder sind der GroupBox untergeordnet.

Parent und Owner sind leider etwas verwirrend. Daher hier eine kleine Entwirrung:

Ein Formular ist der Besitzer aller darauf enthaltenen Komponenten, egal, ob sie ein Fensterelement sind oder nicht. Für unser Beispiel mit den drei Buttons und der GroupBox bedeutet dies: Der Besitzer der Buttons ist immer das Formular, aber die GroupBox ist das übergeordnete Element.

Wenn Sie einen neuen Dialog erzeugen, müssen Sie dem neuen Dialogelement einen Wert der Eigenschaft Parent zuweisen. Üblicherweise sind dies Formulare, Bedienfelder, GroupBoxen oder Dialoge, die andere Komponenten-Elemente enthalten können. Es ist möglich, jedes Element als das übergeordnete zuzuweisen, aber das darin enthaltene Dialogelement wird wahrscheinlich überschrieben.

Wird das übergeordnete Element gelöscht, werden auch alle Elemente, die ihm untergeordnet sind, gelöscht.

property ParentColor: Boolean;
Die Eigenschaft ParentColor bestimmt, wo eine Komponente nach ihrer Farbeigenschaft suchen soll. Falls ParentColor True ist, verwendet die Komponente die Farbe der Eigenschaft der übergeordneten Komponente.

Wenn ParentColor False ist, verwendet die Komponente ihre eigene Eigenschaft Color. Durch Verwendung von ParentColor können Sie sicherstellen, daß alle Komponenten auf einem Formular das gleiche Erscheinungsbild haben.

property ParentCtl3D: Boolean;
Die Eigenschaft ParentCtl3D bestimmt, wo eine Komponente nach ihrer Eigenschaft Ctl3D suchen muß. Ist ParentCtl3D auf True gesetzt, verwendet die Komponente die Dimensionen der Eigenschaft Ctl3D von dessen übergeordneter Komponente. Wenn ParentCtl3D False ist, verwendet die Komponente ihre eigene Eigenschaft Ctl3D. Durch Verwendung von ParentCtl3D stellen Sie sicher, daß alle Komponenten auf einem Formular das gleiche Erscheinungsbild haben. Wenn Sie beispielsweise möchten, daß alle Komponenten auf einem Formular ein dreidimensionales Erscheinungsbild haben, setzen Sie die Eigenschaft Ctl3D des Formulars auf True und die Eigenschaft ParentCtl3D jeder Komponente auf True.

property ParentFont: Boolean;
Die Eigenschaft ParentFont bestimmt, wo eine Komponente nach ihrer Fonteigenschaft suchen soll. Falls ParentFont True ist, verwendet die Komponente den Font der Eigenschaft der übergeordneten Komponente.

Ist ParentFont False, verwendet die Komponente ihre eigene Eigenschaft Font. Durch Verwendung von ParentFont können Sie sicherstellen, daß alle Komponenten auf einem Formular das gleiche Erscheinungsbild haben.

property ParentShowHint: Boolean;
Die Eigenschaft ParentShowHint bestimmt, wo eine Komponente nach ihrer Hinteigenschaft suchen soll. Falls ParentShowHint True ist, verwendet die Komponente die Hint-Eigenschaft der übergeordneten Komponente.

Ist ParentShowHint False, verwendet die Komponente ihre eigene Eigenschaft Hint. Durch Verwendung von ParentShowHint können Sie sicherstellen, daß alle Komponenten auf einem Formular das gleiche Erscheinungsbild haben.

property PopupMenu: TPopupMenu;
Die Eigenschaft PopupMenu legt den Namen des Popup-Menüs fest, das erscheint, wenn der Anwender die Komponente auswählt oder die rechte Maustaste drückt (bei dem Wert True für AutoPopup des Popup) oder wenn die Methode Popup des Popup-Menüs ausgeführt wird.

property ShowHint: Boolean;
Die Eigenschaft ShowHint bestimmt, ob das Dialogelement eine Schnellhilfe anzeigen soll, wenn der Mauszeiger eine Weile auf ihm verweilt. Die Schnellhilfe entspricht dem Wert der Eigenschaft Hint, die in einem Feld direkt unterhalb des Elements angezeigt wird. Wenn die Eigenschaft ShowHint den Wert True hat, kann die Schnellhilfe erscheinen.

Ist ShowHint False, kann die Schnellhilfe auch angezeigt werden, wenn ParentShowHint auf True gesetzt wurde und die Eigenschaft ShowHint der übergeordneten Komponente ebenfalls auf True gesetzt wurde.

property Showing: Boolean;
Die Eigenschaft Showing legt fest, ob eine Komponente momentan auf dem Bildschirm angezeigt wird oder nicht. Falls die Eigenschaft Visible einer Komponente und aller übergeordneten Komponenten in der übergeordneten Hierarchie True ist, ist Showing auch True. Wenn einer der Vorfahren der Komponente den Wert False als Wert für die Eigenschaft Visible hat, dann ist auch Showing False.

property TabOrder: TTabOrder;
Die Eigenschaft TabOrder bestimmt die Position einer Komponente in der Tabulatorreihenfolge, in der Komponenten den Fokus erhalten, wenn der Anwender die Taste TAB drückt. Anfänglich ist die Tabulatorreihenfolge immer die Reihenfolge, in der die Komponenten in das Formular hinzugefügt wurden. Der Wert der Eigenschaft TabOrder ist für jede Komponente auf dem Formular einmalig. Die erste dem Formular hinzugefügte Komponente hat den Wert 0 von TabOrder, die zweite 1, die dritte 2 usw.

Falls Sie dem Wert der Eigenschaft TabOrder einer Komponente den gleichen Wert einer anderen Komponente zuweisen, numeriert Delphi automatisch die Werte für alle anderen Komponenten neu. Angenommen, eine Komponente ist beispielsweise die sechste Komponente in der Tabulatorreihenfolge. Wenn Sie den Wert der Eigenschaft TabOrder der Komponente auf 3 ändern (dies macht die Komponente zu der vierten in der Tabulatorreihenfolge), wird die Komponente, die die vierte war, nun zur fünften und die Komponente, die die fünfte war, wird jetzt die sechste.

property TabStop: Boolean;
Die Eigenschaft TabStop bestimmt, ob der Anwender diese Komponente mit der Taste TAB anspringen kann. Falls TabStop True ist, befindet sich die Komponente in der Tabulatorreihenfolge. Wenn TabStop False ist, ist das Dialogelement nicht in der Tabulatorreihenfolge.

property Tag: Longint;
Die Eigenschaft Tag kann einen Integerwert als Element einer Komponente speichern. Tag wird von Delphi nicht benutzt und steht Ihnen damit zur freien Verfügung

property Top: Integer;
Die Eigenschaft Top gibt die Y-Koordinate in Pixeln der linken oberen Ecke eines Dialogelements relativ zum Formular an. Bei Formularen wird der Wert der Eigenschaft Top in Pixeln relativ zum Bildschirm angegeben.

property Visible: Boolean;
Die Eigenschaft Visible bestimmt, ob eine Komponente auf dem Bildschirm sichtbar ist (True) oder nicht (False).

property Width: integer;
Die Eigenschaft Width bestimmt die Breite einer Komponente, gemessen in Pixeln.

Ereignisse:

property OnClick: TNotifyEvent;
Das Ereignis OnClick erscheint, wenn der Benutzer auf die Komponente klickt. In einem Formular tritt OnClick ein, wenn der Benutzer auf eine freie Stelle im Formular oder auf eine inaktive Komponente klickt.

OnClick ist vom Typ

```
TNotifyEvent = procedure (Sender: TObject) of object;
```

Der Typ TNotifyEvent weist auf eine Methode, die das Anklicken eines Objekts behandelt. Der Parameter Sender ist das Dialogelement, das angeklickt wurde.

property OnDblClick: TNotifyEvent;
Das Ereignis OnClick erscheint, wenn der Benutzer auf die Komponente einen Doppelklick ausführt. In einem Formular tritt das Ereignis OnDblClick ein, wenn der Benutzer auf eine freie Stelle im Formular oder eine inaktive Komponente einen Doppelklick ausführt.

OnDblClick ist vom Typ

```
TNotifyEvent = procedure (Sender: TObject) of object;
```

Der Typ TNotifyEvent weist auf eine Methode, die das Doppelklicken eines Objekts behandelt. Der Parameter Sender ist das Dialogelement, das mit einem Doppelklick bearbeitet wurde.

property OnDragDrop: TDragDropEvent;
Das Ereignis OnDragDrop tritt ein, wenn der Anwender ein gezogenes Objekt ablegt. Verwenden Sie die Ereignisbehandlungs-Routine OnDragDrop, um festzulegen, was passieren soll, wenn der Anwender ein Objekt ablegt.

OnDragClick ist vom Typ

```
TDragDropEvent = procedure(Sender, Source: TObject; X, Y: Integer) of object;
```

Der Typ TDragDropEvent zeigt also auf eine Methode, die das Ablegen eines gezogenen Objekts behandelt. Der Parameter Source des Ereignisses OnDragDrop ist das abzulegende Objekt und der Parameter Sender ist das Dialogelement, auf dem das Objekt abgelegt wurde. Die Parameter X und Y sind die Koordinaten des Mauszeigers, der über dem Dialogelement positioniert wird.

property OnDragOver: TDragOverEvent;
Das Ereignis OnDragOver tritt ein, wenn der Anwender ein Objekt über eine Komponente zieht.

Üblicherweise werden Sie ein Ereignis OnDragOver verwenden, um ein Objekt zu akzeptieren, damit der Anwender es ablegen kann.

OnDragClick ist vom Typ

```
TDragOverEvent = procedure(Sender, Source: TObject; X, Y: Integer;
                           State: TDragState; var Accept: Boolean) of object;
```

Der Typ TDragOverEvent zeigt also auf eine Methode, die das Ziehen eines Objekts über ein anderes Objekt behandelt. Der Parameter Source ist das gezogene Objekt, Sender ist das Objekt, über das Source gezogen wurde, X und Y sind die Koordinaten des Mauszeigers, der über dem Dialogelement positioniert wird, in Pixeln, State ist der Status des gezogenen Objekts in Verbindung zum darübergezogenen Objekt, und Accept legt fest, ob der Sender das Ziehobjekt erkennt. Accept wird nicht per Voreinstellung auf True oder False gesetzt; Sie müssen die passenden Werte selbst zuweisen.

Das Ereignis OnDragOver akzeptiert ein Objekt, wenn der Parameter Accept True ist. Durch Ändern des Werts der Eigenschaft DragCursor können Sie das Erscheinungsbild des Cursors beeinflussen. Dies können Sie entweder während des Entwickelns oder zur Laufzeit, bevor ein Ereignis OnDragOver eintritt, durchführen.

property OnEndDrag: TEndDragEvent;
Das Ereignis OnEndDrag tritt immer dann ein, wenn das Ziehen eines Objekts abgeschlossen oder abgebrochen wird. Wenn Sie eine besondere Behandlung haben möchten, wenn das Ziehen beendet wird, verwenden Sie die Ereignisbehandlungs-Routine OnEndDrag.

OnEndDrag ist vom Typ

```
TEndDragEvent = procedure(Sender, Target: TObject; X, Y: Integer) of object;
```

Der Typ TEndDragEvent zeigt also auf eine Methode, die das Anhalten des Ziehens eines Objekts behandelt. Der Sender ist das Objekt, das gezogen wird, Target ist das

Objekt, zu dem Sender hingezogen wird, und X und Y sind die dazugehörigen Bildschirmkoordinaten des Mauszeigers, der über dem Dialogelement positioniert wird. Falls das gezogene Objekt abgelegt und durch das Dialogelement akzeptiert wurde, ist der Parameter Target des Ereignisses OnEndDrag True. Wenn das Objekt nicht erfolgreich abgelegt wurde, beträgt der Wert von Target Nil.

property OnEnter: TNotifyEvent;
OnEnter tritt ein, wenn eine Komponente aktiviert wird. Wenn Sie eine besondere Behandlung festlegen möchten, wenn eine Komponente aktiviert wird, verwenden Sie die Ereignisbehandlungsroutine OnEnter.

OnEnter erscheint nie, wenn Sie zwischen Formularen oder einer anderen Windows-Anwendung und Ihrer Anwendung umschalten. OnEnter für eine Komponente des Typs TPanel oder THeader tritt nie ein, da Bedienfelder oder Header keinen Fokus erhalten können. Somit ist dort OnEnter vollkommen nutzlos. Sie haben diese Ereignisbehandlung aber geerbt.

OnEnter ist vom Typ

```
TNotifyEvent = procedure (Sender: TObject) of object;
```

Der Typ TNotifyEvent weist auf eine Methode, die das Doppelklicken eines Objekts behandelt. Der Parameter Sender ist das Dialogelement, das mit einem Doppelklick bearbeitet wurde.

property OnExit: TNotifyEvent;
OnExit erscheint, wenn der Eingabefokus einer Komponente an eine andere übergeben wird. OnExit tritt nicht ein, wenn Sie zwischen Formularen oder zwischen einer Windows-Anwendung und Ihrer Anwendung umschalten. OnExit tritt bei den Komponenten Panel und Speedbutton nicht ein, da diese niemals den Fokus erhalten.

OnExit ist vom Typ

```
TNotifyEvent = procedure (Sender: TObject) of object;
```

Der Typ TNotifyEvent weist auf eine Methode, die das Doppelklicken eines Objekts behandelt. Der Parameter Sender ist das Dialogelement, das mit einem Doppelklick bearbeitet wurde.

property OnMouseDown: TMouseEvent;
Das Ereignis OnMouseDown tritt ein, wenn der Anwender eine Maustaste zu dem Zeitpunkt drückt, an dem sich der Mauszeiger über einem Dialogelement befindet.

OnMouseDown ist vom Typ

```
TMouseEvent=procedure (Sender: TObject; Button: TMouseButton;
                      Shift: TShiftState; X, Y: Integer) of object;
```

Der Typ TMouseEvent weist auf eine Methode zur Bearbeitung von Maustasten-Ereignissen hin. Der Parameter Button gibt an, welche Maustaste gedrückt wurde, während Shift Auskunft darüber gibt, welche UMSCHALT- (UMSCHALT, STRG oder ALT) bzw. Maustasten gedrückt waren, während die das Mausereignis verursachende

Maustaste gedrückt oder losgelassen wurde. X und Y sind die Bildschirmkoordinaten des Mauszeigers in Pixeln. Der Parameter Button des Ereignisses OnMouseDown zeigt an, welche Maustaste gedrückt wurde. Durch Verwenden des Parameters Shift der Ereignisbehandlungs-Routine OnMouseDown können Sie auf den Status der Maus- und Umschalttasten reagieren. Umschalttasten sind die Tasten UMSCHALT, STRG und ALT.

property OnMouseMove: TMouseMoveEvent;
Das Ereignis OnMouseMove tritt ein, wenn der Anwender den Mauszeiger bewegt und dieser sich bereits über einem Dialogelement befindet.

OnMouseMove ist vom Typ

```
TMouseMoveEvent = procedure(Sender: TObject; Shift: TShiftState; X, Y: Integer)
                  of object;
```

Der Typ TMouseMoveEvent zeigt also auf eine Methode, die Mausereignisse infolge einer Mausbewegung verarbeitet. Der Parameter Button gibt an, welche Maustaste gedrückt wurde, während Shift anzeigt, welche UMSCHALT- (UMSCHALT, STRG oder ALT) bzw. Maustasten während der Mausbewegung gedrückt waren. X und Y sind die Bildschirmkoordinaten des Mauszeigers in Pixeln. Durch Verwenden des Parameters Shift können Sie auf den Status der Maus- und Umschalttasten reagieren. Umschalttasten sind die Tasten UMSCHALT, STRG und ALT.

property OnMouseUp: TMouseEvent;
Das Ereignis OnMouseUp tritt ein, wenn der Anwender die gedrückte Maustaste wieder freigibt, wenn sich der Mauszeiger über einer Komponente befindet.

Die Ereignisbehandlungs-Routine OnMouseUp kann auf Betätigungen der rechten, mittleren und linken Maustasten reagieren sowie auf Maustastenkombinationen mit Umschalttasten (Tasten UMSCHALT, STRG und ALT).

OnMouseUp ist vom Typ

```
TMouseEvent = procedure (Sender: TObject; Button: TMouseButton; Shift: TShiftState;
                   X, Y: Integer) of object;
```

Der Typ TMouseEvent zeigt also auf eine Methode zur Bearbeitung von Maustasten-Ereignissen hin. Der Parameter Button gibt an, welche Maustaste gedrückt wurde, während Shift Auskunft darüber gibt, welche UMSCHALT- (UMSCHALT, STRG oder ALT) bzw. Maustasten gedrückt waren, während die das Mausereignis verursachende Maustaste gedrückt oder losgelassen wurde. X und Y sind die Bildschirmkoordinaten des Mauszeigers in Pixeln.

property OnPageChanged: TNotifyEvent;
OnPageChanged tritt immer dann ein, nachdem eine neue als aktive Seite ausgewählt wurde.

OnPageChanged ist vom Typ

```
TNotifyEvent = procedure (Sender: TObject) of object;
```

Der Typ TNotifyEvent weist auf eine Methode, die das Doppelklicken eines Objekts behandelt. Der Parameter Sender ist das Dialogelement, das mit einem Doppelklick bearbeitet wurde.

Methoden:

procedure BeginDrag(Immediate: Boolean);
Die Methode BeginDrag leitet den Ziehvorgang einer Komponente ein. Wenn der Parameter Immediate auf True gesetzt ist, wird der Mauszeiger auf den Wert der Eigenschaft DragCursor gesetzt und der Ziehvorgang beginnt. Ist Immediate False, wird der Mauszeiger nicht auf den Wert der Eigenschaft DragCursor gesetzt, und der Ziehvorgang wird erst eingeleitet, wenn der Anwender den Mauszeiger mindestens um 5 Pixel bewegt. Auf diese Weise kann die Komponente Mausklicks akzeptieren, ohne einen Ziehvorgang einzuleiten.

Ihre Anwendung muß die Methode BeginDrag zum Einleiten eines Ziehvorgangs nur aufrufen, wenn DragMode auf dmManual gesetzt ist.

procedure BringToFront;
Die Methode BringToFront setzt eine Komponente innerhalb einer übergeordneten Komponente vor alle anderen Komponenten. BringToFront hilft insbesondere sicherzustellen, daß ein Formular sichtbar ist. Verwenden Sie diese Methode, wenn Sie die Reihenfolge überlappender Komponenten in einem Formular neu festlegen wollen.

Die Reihenfolge, in der Komponenten übereinander gelagert werden (Z-Reihenfolge), hängt davon ab, ob es sich um fensterähnliche oder um nicht-fensterähnliche Komponente handelt. Die Reihenfolge arbeitet nach dem Prinzip, daß die zuletzt eingefügte Komponente die oberste und damit sichtbare Komponente ist.

Mit der Methode BringToFront einer Komponente würde diese Komponente ganz nach oben auf den Stapel kommen und somit sichtbar sein.

Bei der Stapelung ist zu beachten, daß fensterähnliche Komponenten immer auf nicht-fensterähnlichen Komponenten gestapelt werden. Ein Aufruf von BringToFront einer nicht-fensterähnlichen Komponente bewirkt also gar nichts, wenn oben auf dem Stapel eine fensterähnliche Komponente liegt.

Die folgenden Komponenten zählen zu den fensterähnlichen Komponenten:

BitBtn	DBNavigator	MediaPlayer
Button	DBRadioGroup	Memo
CheckBox	DirectoryListBox	Notebook
ComboBox	DrawGrid	OLEContainer
DBCheckBox	DriveComboBox	Outline
DBComboBox	Edit	Panel
DBEdit	FileListBox	RadioButton
DBGrid	FilterComboBox	RadioGroup
DBImage	Form	ScrollBar
DBListBox	GroupBox	ScrollBox
DBLookupCombo	Header	StringGrid

DBLookupList	ListBox	TabbedNotebook
DBMemo	MaskEdit	TabSet

Die nun folgenden Komponenten zählen zu den nicht-fensterähnlichen Komponenten:

Bevel	Label	SpeedButton
DBText	PaintBox	Image
Shape

function CanFocus: Boolean;
CanFocus stellt fest, ob eine Komponente den Eingabefokus erhalten kann. CanFocus gibt True zurück, wenn die Eigenschaften Visible und Enabled sowohl der Komponente als auch der übergeordneten Komponenten auf True gesetzt sind. Sind nicht alle Eigenschaften Visible und Enabled dieser Komponenten auf True gesetzt, liefert CanFocus False zurück.

function ClientToScreen(Point: TPoint): TPoint;
Die Methode ClientToScreen übersetzt den angegebenen Punkt aus Client-Bereichskoordinaten in globale Bildschirmkoordinaten. In Client-Bereichskoordinaten entspricht der Punkt (0, 0) der oberen linken Ecke des Client-Bereichs der Komponente. In Bildschirmkoordinaten entspricht (0, 0) der oberen linken Ecke des Bildschirms. Mit den Methoden ClientToScreen und ScreenToClient rechnen Sie Positionen aus dem Koordinatensystem einer Komponente A in das Koordinatensystem einer Komponente B um.

Beispiel: Umrechnung der Koordinaten einer Komponente A in die Koordinaten einer Komponente B (TPoint ist ein Record mit den Feldern X und Y):

```
TPoint = record
       X : integer;
       Y : integer;
END;
VAR
   Koord: TPoint;
Koord:= B.ScreenToClient(A.ClientToScreen(Koord));
```

function ContainsControl(Control: TControl): Boolean;
ContainsControl gibt an, ob ein angegebenes Dialogelement innerhalb einer Komponente existiert (Rückgabe-Wert=True).

constructor Create;
Create weist Speicher zu, um das Objekt und damit die Komponente zu erzeugen und nach Bedarf seine Daten zu initialisieren. Jedes Objekt kann eine Methode Create besitzen, die individuell so angepaßt ist, daß sie diese bestimmte Art von Objekt erzeugt. Im Normalfall benötigen Sie diese Methoden nicht, da Borland Delphi alles unternimmt, um Ihre Anwendung und die darin enthaltenen Komponenten zu erzeugen. Sollten Sie allerdings ein Ereignis oder die Initialisierung eines Wertes einer selbst geschaffenen Komponente zur Zeit der Erzeugung einstellen wollen, dann können Sie dies in der Methode Create erledigen. Dazu benötigen Sie aber genaue

Kenntnisse und Techniken der OOP. Ansonsten sollten Sie Create unverändert lassen und nicht aufrufen.

function Dragging: Boolean;
Die Methode Dragging gibt an, ob eine Komponente gezogen wird. Wenn Dragging True zurückgibt, wird die Komponente gezogen.

procedure EndDrag(Drop: Boolean);
Die Methode EndDrag verhindert, daß eine Komponente weiter gezogen wird. Wenn der Parameter Drop True ist, wird die gezogene Komponente abgelegt. Ist Drop False, wird die Komponente nicht abgelegt und der Vorgang wird abgebrochen.

function FindComponent(const AName: string): TComponent;
Die Methode FindComponent gibt im Array Components die Komponente zurück, deren Name zum String im Parameter AName paßt. FindComponent beachtet dabei keine Groß-/Kleinschreibung.

Beispiel: Es existiert ein Button Button1 in Ihrer Anwendung. Um die eigentliche Komponente TButton1 im Array Components zurückzugeben, rufen Sie FindComponents wie folgt auf:

```
FindComponents('Button1');
```

function Focused: Boolean;
Focused wird verwendet, um zu bestimmen, ob ein Fensterdialogelement den Fokus besitzt und deshalb das aktive Dialogelement in ActiveControl ist.

procedure Free;
Die Methode Free entfernt das Objekt und gibt den dazugehörigen Speicher frei. Haben Sie das Objekt unter Verwendung der Methode Create erzeugt, so benutzen Sie zum Entfernen und für die Freigabe des Speichers die Methode Free. Free gelingt auch dann, wenn das Objekt selbst nicht mehr existiert (zum Beispiel durch einen vorherigen Aufruf von Free). Delphi erledigt dies für Objekte der Bibliothek visueller Komponenten automatisch.

Sie sollten also niemals eine Komponente innerhalb Ihrer Anwendung entfernen.

Falls Sie ein Formular freigeben wollen, rufen Sie die Methode Release auf, um das Formular zu löschen und dessen benutzten Speicher freizugeben.

function GetTextBuf(Buffer: PChar; BufSize: Integer): Integer;
Die Methode GetTextBuf holt den Text der Komponente und kopiert ihn in den Puffer als Null-terminierten String (Ende der Zeichenkette wird mit 0 angegeben), auf den Buffer zeigt. Die maximale Länge des Strings wird mit BufSize (siehe dazu GetTextLen) festgelegt. In BufSize wird nach der Ausführung die Anzahl der Zeichen des Strings zu finden sein. Diese Methode ist vor allem dann sehr nützlich, wenn mit Strings größer als 256 Zeichen gearbeitet wird. Der Typ STRING kann nicht mehr als 256 Zeichen aufnehmen. Dabei entfällt aber das erste Element in diesem Typ auf die Längenangabe des Strings, so daß nur noch maximal 255 Zeichen möglich sind. Ein PChar ist ein Zeiger auf das erste Zeichen einer Zeichenkette. Eine derart definierte

Zeichenkette besitzt keine Längenangabe, sondern trägt eine 0 am Ende der Kette, daher auch der Name Null-terminierter String. Ein PChar kann die maximale Größe von 64 Kbyte erreichen. Die maximale Anzahl der Zeichen ist also auf 64 Kbyte und nicht auf 255 Zeichen beschränkt (siehe auch GetTextLen und SetTextBuf).

function GetTextLen: Integer;
Die Methode GetTextLen gibt die Länge des Textes der Komponente zurück. Dieser Wert kann für BufSize in GetTextBuf verwendet werden (siehe auch GetTextBuf und SetTextBuf).

procedure Hide;
Die Methode Hide versteckt eine Komponente, sie ist also nicht mehr auf dem Bildschirm sichtbar. Dabei wird die Eigenschaft Visible auf False gesetzt. Dabei ist eine Komponente aber weiterhin aktiv, das heißt kann bearbeitet werden.

procedure InsertComponent(AComponent: TComponent);
InsertComponent macht die Komponente zum Besitzer der im Parameter AComponent übergebenen Komponente. Die Komponente wird am Ende der Array-Eigenschaft Components hinzugefügt. Die eingefügte Komponente darf keinen Namen haben (keinen für die Eigenschaft Name spezifizierten Wert) oder der Name muß sich eindeutig von allen anderen in der Components-Liste unterscheiden. Wird die Besitzerkomponente entfernt, so wird auch AComponent gelöscht.

procedure InsertControl(AControl: TControl);
Die Methode InsertControl fügt ein Dialogelement in die Eigenschaft Controls eines Fensterdialogelements ein, wobei das eingefügte Dialogelement zu einem untergeordneten und das es beinhaltende zu einem übergeordneten Dialogelement wird. Das eingefügte Dialogelement ist der Wert des Parameters AControl.

procedure InsertControl(AControl: TControl);
Mit InsertControl fügen Sie ein Dialogelement in die Eigenschaft Controls eines Fensterdialogelements ein, wobei die eingefügte Komponente zu einem untergeordneten Dialogelement wird. Der Parameter AControl bezeichnet die einzufügende Komponente.

procedure Invalidate;
Die Methode Invalidate erzwingt das Neuzeichnen einer Komponente sobald dies möglich ist.

procedure Refresh;
Die Methode Refresh reagiert je nach Art der Komponente, ob Daten oder die Komponenten selbst neu gezeichnet werden. Die Methode Refresh kann also jedes Bild auf dem Bildschirm löschen und alle Dialogelemente neu zeichnen beziehungsweise Datensätze einer Datei erneut einlesen.

Innerhalb der Implementation von Refresh beim Neuzeichnen von Komponenten wird die Methode Invalidate und dann die Methode Update aufgerufen.

Beim Refresh von Daten ist zu beachten: Durch Refresh können sich die angezeigten Daten unerwartet verändern und den Anwender verwirren. Ein Dialog oder eine andere Mitteilung, die dem Anwender den Refresh der Daten mitteilt, wäre somit wohl angebracht und von äußerster Nützlichkeit.

procedure RemoveComponent(AComponent: TComponent);
RemoveComponent entfernt die Komponente, die im Parameter AComponent festgelegt ist, aus der Komponentenliste Components. Die Position in der Liste wird zu Nil.

procedure Repaint;
Die Methode Repaint fordert das Dialogelement auf, dessen Bild auf dem Bildschirm neu zu zeichnen, ohne jedoch das bereits erschienene zu löschen. Um vor dem Neuzeichnen zu löschen, müssen Sie anstelle von Repaint die Methode Refresh aufrufen.

procedure ScaleBy(M, D: Integer);
Die Methode ScaleBy skaliert eine Komponente um einen Prozentsatz ihrer ursprünglichen Größe. Der Parameter M ist der Multiplikator und der Parameter D der Divisor. Wenn Sie beispielsweise die Größe des Dialogelements auf 66% seines ursprünglichen Formats ändern möchten, geben Sie in M den Wert 66 und in D den Wert 100 an (66/100). Bei der Vergrößerung gehen Sie einfach den umgekehrten Weg: Vergrößerung um 66% bedeutet nichts anderes als M=166 und D=100.

function ScreenToClient(Point: TPoint): TPoint;
Die Methode ScreenToClient wird verwendet, um den Koordinatenpunkt in Pixeln der Komponente auf dem Bildschirm zu bestimmen. ScreenToClient gibt die X- und Y-Koordinaten in einem Record des Typs TPoint zurück.

procedure ScrollBy(DeltaX, DeltaY: Integer);
ScrollBy scrollt den Inhalt einer Komponente. Statt mit der Methode ScrollBy sollten Sie im Normalfall lieber mit den eingebauten Bildlauf-Leisten arbeiten, es sei denn, diese Leisten wären für Ihre Programm-Idee aus irgendeinem Grund nicht brauchbar.

DeltaX enthält die Veränderung in Pixeln in Richtung der X-Achse. Ein positiver Wert von DeltaX verschiebt den Inhalt nach rechts, ein negativer Wert verschiebt den Inhalt nach links. DeltaY bezeichnet die Veränderungen in Pixeln in Richtung der Y-Achse. Ein positiver Wert von DeltaY verschiebt den Inhalt nach unten, ein negativer Wert verschiebt den Inhalt nach oben.

procedure SendToBack;
Die Methode SendToBack setzt eine Komponente innerhalb einer übergeordneten Komponente hinter alle anderen Komponenten. Die Reihenfolge, in der Komponenten übereinander gelagert werden (Z-Reihenfolge), hängt davon ab, ob es sich um fensterähnliche oder um nicht-fensterähnliche Komponenten handelt. Die Reihenfolge arbeitet nach dem Prinzip, daß die zuletzt eingefügte Komponente die oberste und damit sichtbare Komponente ist.

Mit der Methode SendToBack einer Komponente würde diese Komponente ganz nach unten auf den Stapel kommen und somit nicht sichtbar sein.

Bei der Stapelung ist zu beachten, daß fensterähnliche Komponenten immer auf nicht-fensterähnlichen Komponenten gestapelt werden. Ein Aufruf von SendToBack einer fensterähnlichen Komponente bewirkt also gar nichts, wenn unter dem Stapel eine nicht-fensterähnliche Komponente liegt (siehe auch BringToFront).

Die folgenden Komponenten zählen zu den fensterähnlichen Komponenten:

BitBtn	DBNavigator	MediaPlayer
Button	DBRadioGroup	Memo
CheckBox	DirectoryListBox	Notebook
ComboBox	DrawGrid	OLEContainer
DBCheckBox	DriveComboBox	Outline
DBComboBox	Edit	Panel
DBEdit	FileListBox	RadioButton
DBGrid	FilterComboBox	RadioGroup
DBImage	Form	ScrollBar
DBListBox	GroupBox	ScrollBox
DBLookupCombo	Header	StringGrid
DBLookupList	ListBox	TabbedNotebook
DBMemo	MaskEdit	TabSet

Die nun folgenden Komponenten zählen zu den nicht-fensterähnlichen Komponenten:

Bevel	Label	SpeedButton
DBText	PaintBox	Image
Shape		

procedure SetBounds(ALeft, ATop, AWidth, AHeight: Integer);
Die Methode SetBounds setzt die Begrenzungseigenschaften der Komponente Left, Top, Width und Height auf die Werte, die in den entsprechenden Werten ALeft, ATop, AWidth und AHeight übergeben werden. SetBounds erlaubt Ihnen, mehr als eine Begrenzungseigenschaft der Komponente zur gleichen Zeit einzustellen. Obwohl Sie immer einzelne Begrenzungen einstellen können, erlaubt Ihnen die Verwendung von SetBounds, mehrere Änderungen auf einmal durchzuführen, ohne daß jedesmal das Dialogfenster neu gezeichnet werden muß.

procedure SetFocus;
SetFocus übergibt den Fokus an die Komponente. Bei Formularen ruft das jeweilige Formular die Methode SetFocus des standardmäßig aktiven Dialogelements auf.

procedure SetTextBuf(Buffer: PChar);
Die Methode SetTextBuf ersetzt den Text in einer Komponente durch den Text in Buffer. Buffer muß auf einen mit Null abgeschlossenen String zeigen (siehe auch GetTextBuf und GetTextLen).

procedure Show;
Die Methode Show bringt eine Komponente sichtbar auf dem Bildschirm, indem die Eigenschaft Visible auf True eingestellt wird. Falls die Methode Show eines Formulars aufgerufen wird und das Formular ist undurchsichtig, versucht Show das Formular sichtbar zu machen, indem sie das Formular mit der Methode BringToFront in den Vordergrund bringt. Ein Formular verfügt zusätzlich über die Methode Show-

Modal, um einen modalen Dialog erzeugen zu können. Ein modaler Dialog muß bearbeitet und geschlossen werden. Ein SendToBack hätte also keinen Erfolg.

procedure Update;
In der Methode Update wird die API-Funktion UpdateWindow von Windows aufgerufen, die alle beim Zeichnen entstandenen und noch nicht erledigten Meldungen bearbeitet.

UpdateWindows ist definiert als

```
procedure UpdateWindow(Wnd: HWnd);
```

Die Routine UpdateWindow aktualisiert den Client-Bereich des angegebenen Fensters, indem sie eine WM_PAINT-Meldung an das Fenster sendet, wenn der Aktualisierungsbereich für das Fenster nicht leer ist. Die Routine UpdateWindow sendet eine WM_PAINT-Meldung unter Umgehung der Anwendungswarteschlange direkt an die Fensterfunktion des gegebenen Fensters. Wenn der Aktualisierungsbereich leer ist, wird keine Meldung gesendet. Der Parameter Wnd bezeichnet das Fenster oder besser das Handle des Fensters, das aktualisiert werden soll.

Komponentenname: TabbedNotebook
Klassenname: TTabbedNotebook

Beschreibung:

TabbedNotebook enthält mehrere Seiten, jede mit ihren eigenen Dialogelementen. TabbedNotbook ist eine Art Kombination der Komponenten TabSet und Notebook.

Eigenschaften:

property ActivePage: string;
Mit ActivePage legen Sie fest, welche Seite der Komponente angezeigt wird. Der Wert von ActivePage muß einer der Strings sein, die in der Eigenschaft Pages enthalten sind.

property Align: TAlign;
Die Eigenschaft Align legt fest, wie Dialogelemente zum Beispiel im Formular ausgerichtet werden. Mögliche Werte:

alNone	Die Komponente bleibt an der Einfügeposition im Formular (Standardeinstellung).
alTop	Die Komponente wird an die Oberkante des Formulars verschoben und an seine Breite angepaßt. Die Höhe der Komponente bleibt unverändert.
alBottom	Die Komponente wird an die Unterkante des Formulars verschoben und an seine Breite angepaßt. Die Höhe der Komponente bleibt unverändert.

alLeft	Die Komponente wird an die linke Kante des Formulars verschoben und an seine Höhe angepaßt. Die Breite der Komponente bleibt unverändert.
alRight	Die Komponente wird an die rechte Kante des Formulars verschoben und an seine Höhe angepaßt. Die Breite der Komponente bleibt unverändert.
alClient	Die Größe der Komponente wird an den Client-Bereich eines Formulars angepaßt. Ist ein Teil des Client-Bereichs bereits von einer anderen Komponente besetzt, füllt die Komponente den verbleibenden Teil des Client-Bereichs aus.

Wird zum Beispiel ein Formular, das Besitzer eines Labels ist, in der Größe verändert, werden die Komponenten innerhalb des Formulars neu ausgerichtet. Die Verwendung der Eigenschaft Align ist dann sinnvoll, wenn ein Dialogelement an einer Position des Formulars stehenbleiben soll, auch wenn sich die Größe des Formulars ändert.

property BoundsRect: TRect;
Die Eigenschaft BoundsRect liefert das Begrenzungsrechteck der Komponente – ausgedrückt im Koordinatensystem des übergeordneten Dialogelements – zurück. Mit BoundsRect ersetzen und erleichtern Sie sich somit die Abfrage der einzelnen Werte für die Eigenschaften Left, Top, Width und Height.

property ComponentIndex: Integer;
Die Eigenschaft ComponentIndex zeigt die Position einer Komponente in der Eigenschaftsliste Components ihres Besitzers an. Die erste Komponente in der Liste hat den ComponentIndex-Wert 0, die zweite hat den Wert 1, die dritte den Wert 2 etc. Diese Eigenschaft ist nur zur Laufzeit und dann auch nur im Read-Only-Modus benutzbar.

property ControlCount: Integer;
ControlCount gibt für ein Dialogelement die Anzahl der ihm untergeordneten Dialogelemente/Fenster an. Die untergeordneten Dialogelemente sind in der Eigenschaft Controls aufgelistet. Der Start-Wert von ControlsCount liegt bei 1 für das erste Element.

property Controls[Index: Integer]: TControl;
Controls ist ein Array aller untergeordneten Komponenten der Komponente. Controls ist dann von Nutzen, wenn Sie auf die untergeordneten Komponenten über die Zahl statt über den Namen zugreifen müssen.

property Cursor: TCursor;
Mit der Eigenschaft Cursor stellen Sie das Aussehen des Cursors ein, wenn dieser auf die Komponente zeigt. Mögliche Werte sind:

crDefault	crArrow	crCross
crIBeam	crSize	crSizeNESW
crSizeNS	crSizeNWSE	crSizeWE
crUpArrow	crHourglass	crDrag
crNoDrop	crHSplit	crVSplit

property DragCursor: TCursor;
Die Eigenschaft DragCursor bestimmt die Form des Mauszeigers, wenn sich der Zeiger über einer Komponente befindet, die ein gezogenes Objekt akzeptieren kann. Mögliche Werte sind mit denen der Eigenschaft Cursor identisch.

property DragMode: TDragMode;
Die Eigenschaft DragMode legt das Ziehen-und-Ablegen-Verhalten einer Komponente fest. Mögliche Werte sind:

dmAutomatic	Wenn dmAutomatic ausgewählt ist, ist das Dialogelement bereit, gezogen zu werden; der Anwender klickt nur und zieht es dann.
dmManual	Wenn dmManual ausgewählt ist, kann das Dialogelement nicht gezogen werden, bevor die Anwendung die Methode BeginDrag aufgerufen hat.

Ist die Eigenschaft DragMode einer Komponente dmAutomatic, kann die Anwendung dies zur Laufzeit durch Einstellung des Werts dmManual deaktivieren.

property Enabled: Boolean;
Die Eigenschaft Enabled bestimmt, ob die Komponente auf Maus-, Tastatur- und Timer-Ereignisse reagiert. Wenn Enabled auf True gesetzt ist, reagiert die Komponente normal. Ist Enabled hingegen False, ignoriert das Dialogelement Maus- und Tastaturereignisse. Bei einer Timer-Komponente werden die für das OnTimer-Ereignis deaktivierten Komponenten-Dialogelemente grau dargestellt.

property Font: TFont;
Die Eigenschaft Font legt den Font und die Eigenschaften des Fonts der Komponente fest. Sie haben die Möglichkeit, diese Werte im Objectinspektor zu ändern oder – wesentlich komfortabler – mit Hilfe eines Doppelklicks auf diese Eigenschaft einen Dialog zu öffnen, der alle möglichen Werte anzeigt.

property Handle: ...;
Der Typ der Eigenschaft Handle ist abhängig von der jeweiligen Komponente. Im allgemeinen gilt: Sollte eine Windows-API-Funktion ein Handle der betreffenden Komponente verlangen, dann setzen Sie dazu die jeweilige Eigenschaft Handle der betreffenden Komponente ein. Verlangt eine Windows-API-Funktion zum Beispiel das Handle Ihrer gesamten Anwendung, dann benutzen Sie am besten die Eigenschaft Handle des Objekts TApplication. Hier die Übersicht der verschiedenen Typen der Eigenschaft Handle:

Handle für die Komponenten:

Bitmap	property Handle: HBitmap;
Brush	property Handle: HBrush;
Canvas	property Handle: HDC;
Font	property Handle: HFont;
Icon	property Handle: HIcon;
Metafile	property Handle: HMetafile;
Pen	property Handle: HPen;

Kapitel 2

Handle gibt Ihnen den Zugriff auf das Handle des jeweiligen GDI-Objekts, damit Sie auf dieses zugreifen können. Benötigen Sie zum Beispiel zum Aufruf einer Windows-API-Funktion ein Handle auf ein Stiftobjekt oder ein Bitmap-Objekt, dann können Sie dazu das Handle der Komponente Pen beziehungsweise der Komponente Bitmap benutzen.

Handle für das Objekt TApplication und die folgenden Komponenten:

Bevel	DBText	Memo
BitBtn	DirectoryListBox	Notebook
Button	DrawGrid	OLEContainer
CheckBox	DriveComboBox	Outline
ComboBox	Edit	PaintBox
DBCheckBox	FileListBox	Panel
DBComboBox	FilterComboBox	RadioButton
DBEdit	FindDialog	RadioGroup
DBGrid	Form	ReplaceDialog
DBImage	GroupBox	ScrollBar
DBListBox	Header	ScrollBox
DBLookupCombo	Image	Shape
DBLookupList	Label	SpeedButton
DBMemo	ListBox	StringGrid
DBNavigator	MaskEdit	TabbedNotebook
DBRadioGroup	MediaPlayer	TabSet

property Handle: HWND;
Handle ermöglicht Ihnen Zugriff auf das Handle der jeweiligen Komponente (z.B.: Fenster-Handle, Dialog-Handle etc.). Dieses Handle wird von einigen Windows-API-Funktionen beim Aufruf erwartet. Sie können in diesem Fall das Handle der jeweils betroffenen Komponente oder – falls das Handle Ihrer Anwendung gefordert wird – das Handle des Objekts TApplication übergeben.

Handle für die Komponenten:

MainMenu	MenuItem	PopupMenu

property Handle: HMENU;
Sollte eine Windows-API-Funktion ein Handle eines Menüs, Menü-Eintrags oder eines lokalen Menüs verlangen, können Sie dazu die Eigenschaft Handle von MainMenu, MenuItem und PopupMenu benutzen.

Handle für die Komponente Printer:

property Handle: HDC;
Handle enthält das Handle des jeweiligen Druckerobjektes TPrinter der Komponente Printer.

Handle für die Komponente DataBase:

property Handle: HDBIDB;
Um direkte Aufrufe in die Richtung des Borland Database-Engine-(BDE)-API zu tätigen, benötigen Sie ein Handle der jeweiligen Datenbank-Komponente. Dazu dient Ihnen die Eigenschaft Handle der Komponente DataBase. Dies erlaubt Ihnen Zugriffe auf Funktionen des BDE-API, die nicht in die VCL-Bibliothek integriert wurden. Bevor Sie allerdings diese Funktionen aufrufen, sollten Sie prüfen, ob diese Funktion nicht doch schon in der VCL-Bibliothek gekapselt wurde.

Handle für das Objekt TSession:

Delphi erzeugt eine Komponente Session vom Typ TSession immer dann, wenn eine Anwendung ausgeführt wird. Sessions sollten nicht von Ihnen erzeugt oder zerstört werden. Session erlaubt die globale Prüfung über Datenbankverbindungen. Die Eigenschaft Databases von Session ist ein Array von allen aktiven Datenbanken in der Sitzung. Die Eigenschaft DatabaseCount vom Typ Integer gibt die Anzahl der aktiven Datenbanken in der Sitzung an.

property Handle: HDBISES;
Mit der Eigenschaft Handle können Sie direkte Aufrufe an die Borland-Datenbank-Engine, bezogen auf eine bestimmte Sitzung (Session/TSession), machen. Die Komponente Session werden Sie im Prinzip nicht benutzen müssen. Die wichtigsten Funktionen des BDE-API sind in der VCL-Bibliothek gekapselt und ersparen Ihnen diesen Weg.

Handle für die Komponenten Table, Query und StoredProc:

property Handle: HDBICur;
Ebenfalls für direkte Zugriffe auf Funktionen des BDE-API und unter normalen Umständen nicht zu benutzen, da die wichtigsten BDP-API-Funktionen über die VCL-Bibliothek einen einfacheren Zugriff ermöglichen.

property Height: Integer;
Die Eigenschaft Height eines Dialogelements legt die Höhe der Komponente in Pixeln fest.

property HelpContext: THelpContext;
Die Eigenschaft HelpContext stellt eine Kontextnummer für die Verwendung beim Aufruf kontextbezogener Online-Hilfe bereit. Jeder Hilfebildschirm des Hilfesystems sollte eine eindeutige Kontextnummer besitzen. Ist in der Anwendung eine Komponente selektiert, so wird nach Betätigen von F1 ein Hilfebildschirm angezeigt. Welcher Hilfebildschirm angezeigt wird, hängt vom Wert der Eigenschaft HelpContext ab.

property Hint: string;
Die Eigenschaft Hint ist der Text-String, der erscheinen kann, wenn ein OnHint-Ereignis eintritt, also wenn der Benutzer den Cursor über die Komponente bewegt. Wie der String angezeigt wird, bestimmt der Code in der Ereignisbehandlungs-Routine OnHint. Sie können eine Schnellhilfe, d.h. ein Fenster, das einen Hilfetext enthält, für eine Komponente erscheinen lassen, wenn der Anwender den Mauszeiger über das Dialogelement führt und dort kurz verweilt. Dies funktioniert wie folgt:

1. Spezifizieren Sie für jede Komponente, die einen Schnellhinweis anzeigen soll, einen Hint-Wert.
2. Setzen Sie die Eigenschaft ShowHints des Bedienfelds auf True.
3. Setzen Sie die Eigenschaft ShowHint der Anwendung zur Laufzeit auf True.

Sie können Hint gleichzeitig sowohl für ein Hilfehinweisfenster als auch für die Verwendung innerhalb der Behandlungsroutine OnHint spezifizieren, indem Sie zwei durch ein Zeichen | (das »oder« oder Pipe-Symbol) abgeteilte Werte angeben, also beispielsweise:

```
Edit1.Hint:= 'Aufforderung|Geben Sie den richtigen Wert ein';
```

Der String »Aufforderung« erscheint im Hilfehinweisfenster und der String »Geben Sie den richtigen Wert ein« erscheint wie in der Ereignisbehandlungs-Routine OnHint spezifiziert.

property Left: Integer;
Die Eigenschaft Left bestimmt die horizontalen Koordinaten in Pixeln der linken Kante einer Komponente relativ zum Formular. Für Formulare ist der Wert der Eigenschaft Left relativ zum Bildschirm (ebenfalls in Pixeln).

property Name: TComponentName;
Die Eigenschaft Name enthält den Namen der Komponente wie er von anderen Komponenten für den Zugriff verwendet wird. Delphi weist als Vorgabewerte sequentielle Namen zu, die auf dem Typ der Komponente basieren, also etwa für Buttons »Button1«, »Button2« etc. Dies können Sie gemäß Ihrer Vorstellungen abändern. Komponentennamen sollten ausdrücklich nur zur Entwurfszeit geändert werden.

property Owner: TComponent;
Die Eigenschaft Owner teilt Ihnen mit, welche Komponente zu welcher Komponente gehört. Dem Formular gehören alle Komponenten, die auf ihm vorhanden sind. Umgekehrt gehört das Formular zur Anwendung. Gehört eine Komponente A einer anderen Komponente B, wird der Speicher der Komponente A freigegeben, wenn der Speicher der Komponente B freigegeben wird. Es werden also folgerichtig alle Komponenten des Formulars gelöscht, wenn das Formular gelöscht wird. Außerdem wird natürlich der Speicher für das Formular und dessen Komponenten freigegeben, wenn der Speicher der Anwendung selbst freigegeben wird.

property PageIndex: Integer;
Mit PageIndex legen Sie fest, welche Seite angezeigt wird. Ein Ändern des PageIndex-Werts ändert die Seite in dem Dialogelement. Der Startwert von PageIndex ist 0 für die erste Seite.

property Pages: TStrings;
In Pages fügen Sie Strings für alle gewünschten Seiten ein. Jede Zeile in Pages ergibt eine Seite. Bei einem Doppelklick auf die Eigenschaft Pages im Objekt-Inspektor öffnet sich eine Dialogbox, in der Sie die Seiten eintragen können.

property Parent: TWinControl;
Die Eigenschaft Parent enthält den Namen der übergeordneten Komponente. Wenn eine Komponente A eine andere Komponente B enthält, sind die in B enthaltenen

Komponenten untergeordnete Komponenten von A. Wenn Ihre Anwendung beispielsweise drei Buttons in einer GroupBox enthält, dann ist die GroupBox das übergeordnete Element der drei Buttons und die Button-Schaltfelder sind der GroupBox untergeordnet.

Parent und Owner sind leider etwas verwirrend. Daher hier eine kleine Entwirrung:

Ein Formular ist der Besitzer aller darauf enthaltenen Komponenten, egal, ob sie ein Fensterelement sind oder nicht. Für unser Beispiel mit den drei Buttons und der GroupBox bedeutet dies: Der Besitzer der Buttons ist immer das Formular, aber die GroupBox ist das übergeordnete Element.

Wenn Sie einen neuen Dialog erzeugen, müssen Sie dem neuen Dialogelement einen Wert der Eigenschaft Parent zuweisen. Üblicherweise sind dies Formulare, Bedienfelder, GroupBoxen oder andere Dialoge, die Komponenten-Elemente enthalten können. Es ist möglich, jedes Element als das übergeordnete zuzuweisen, aber das darin enthaltene Dialogelement wird wahrscheinlich überschrieben.

Wird das übergeordnete Element gelöscht, werden auch alle Elemente, die ihm untergeordnet sind, gelöscht.

property ParentColor: Boolean;
Die Eigenschaft ParentColor bestimmt, wo eine Komponente nach ihrer Farbeigenschaft suchen soll. Falls ParentColor True ist, verwendet die Komponente die Farbe der Eigenschaft der übergeordneten Komponente.

Wenn ParentColor False ist, verwendet die Komponente ihre eigene Eigenschaft Color. Durch Verwendung von ParentColor können Sie sicherstellen, daß alle Komponenten auf einem Formular das gleiche Erscheinungsbild haben.

property ParentCtl3D: Boolean;
Die Eigenschaft ParentCtl3D bestimmt, wo eine Komponente nach ihrer Eigenschaft Ctl3D suchen muß. Ist ParentCtl3D auf True gesetzt, verwendet die Komponente die Dimensionen der Eigenschaft Ctl3D von dessen übergeordneter Komponente. Wenn ParentCtl3D False ist, verwendet die Komponente ihre eigene Eigenschaft Ctl3D. Durch Verwendung von ParentCtl3D stellen Sie sicher, daß alle Komponenten auf einem Formular das gleiche Erscheinungsbild haben. Wenn Sie beispielsweise möchten, daß alle Komponenten auf einem Formular ein dreidimensionales Erscheinungsbild haben, setzen Sie die Eigenschaft Ctl3D des Formulars auf True und die Eigenschaft ParentCtl3D jeder Komponente auf True.

property ParentFont: Boolean;
Die Eigenschaft ParentFont bestimmt, wo eine Komponente nach ihrer Fonteigenschaft suchen soll. Falls ParentFont True ist, verwendet die Komponente den Font der Eigenschaft der übergeordneten Komponente.

Ist ParentFont False, verwendet die Komponente ihre eigene Eigenschaft Font. Durch Verwendung von ParentFont können Sie sicherstellen, daß alle Komponenten auf einem Formular das gleiche Erscheinungsbild haben.

property ParentShowHint: Boolean;
Die Eigenschaft ParentShowHint bestimmt, wo eine Komponente nach ihrer Hinteigenschaft suchen soll. Falls ParentShowHint True ist, verwendet die Komponente die Hint-Eigenschaft der übergeordneten Komponente.

Ist ParentShowHint False, verwendet die Komponente ihre eigene Eigenschaft Hint. Durch Verwendung von ParentShowHint können Sie sicherstellen, daß alle Komponenten auf einem Formular das gleiche Erscheinungsbild haben.

property ShowHint: Boolean;
Die Eigenschaft ShowHint bestimmt, ob das Dialogelement eine Schnellhilfe anzeigen soll, wenn der Mauszeiger eine Weile auf ihm verweilt. Die Schnellhilfe entspricht dem Wert der Eigenschaft Hint, die in einem Feld direkt unterhalb des Elements angezeigt wird. Wenn die Eigenschaft ShowHint den Wert True hat, kann die Schnellhilfe erscheinen.

Ist ShowHint False, kann die Schnellhilfe auch angezeigt werden, wenn ParentShowHint auf True gesetzt wurde und die Eigenschaft ShowHint der übergeordneten Komponente ebenfalls auf True gesetzt wurde.

property Showing: Boolean;
Die Eigenschaft Showing legt fest, ob eine Komponente momentan auf dem Bildschirm angezeigt wird oder nicht. Falls die Eigenschaft Visible einer Komponente und aller übergeordneten Komponenten in der übergeordneten Hierarchie True ist, ist Showing auch True. Wenn einer der Vorfahren der Komponente den Wert False als Wert für die Eigenschaft Visible hat, dann ist auch Showing False.

property TabOrder: TTabOrder;
Die Eigenschaft TabOrder bestimmt die Position einer Komponente in der Tabulatorreihenfolge, in der Komponenten den Fokus erhalten, wenn der Anwender die Taste TAB drückt. Anfänglich ist die Tabulatorreihenfolge immer die Reihenfolge, in der die Komponenten in das Formular hinzugefügt wurden. Der Wert der Eigenschaft TabOrder ist für jede Komponente auf dem Formular einmalig. Die erste dem Formular hinzugefügte Komponente hat den Wert 0 von TabOrder, die zweite 1, die dritte 2 usw.

Falls Sie dem Wert der Eigenschaft TabOrder einer Komponente den gleichen Wert einer anderen Komponente zuweisen, numeriert Delphi automatisch die Werte für alle anderen Komponenten neu. Angenommen, eine Komponente ist beispielsweise die sechste Komponente in der Tabulatorreihenfolge. Wenn Sie den Wert der Eigenschaft TabOrder der Komponente auf 3 ändern (dies macht die Komponente zu der vierten in der Tabulatorreihenfolge), wird die Komponente, die die vierte war, nun zur fünften und die Komponente, die die fünfte war, wird jetzt die sechste.

property TabsPerRow: Integer
TabsPerRow legt die Anzahl der Register fest, die in einer Reihe oben in der Komponente erscheinen. Falls mehr Seitenregister erscheinen, als in eine Reihe passen, werden mehrere Zeilen angezeigt.

property TabStop: Boolean;
Die Eigenschaft TabStop bestimmt, ob der Anwender diese Komponente mit der Taste TAB anspringen kann. Falls TabStop True ist, befindet sich die Komponente in der Tabulatorreihenfolge. Wenn TabStop False ist, ist das Dialogelement nicht in der Tabulatorreihenfolge.

property Tag: Longint;
Die Eigenschaft Tag kann einen Integerwert als Element einer Komponente speichern. Tag wird von Delphi nicht benutzt und steht Ihnen damit zur freien Verfügung

property Top: Integer;
Die Eigenschaft Top gibt die Y-Koordinate in Pixeln der linken oberen Ecke eines Dialogelements relativ zum Formular an. Bei Formularen wird der Wert der Eigenschaft Top in Pixeln relativ zum Bildschirm angegeben.

property Visible: Boolean;
Die Eigenschaft Visible bestimmt, ob eine Komponente auf dem Bildschirm sichtbar ist (True) oder nicht (False).

property Width: integer;
Die Eigenschaft Width bestimmt die Breite einer Komponente, gemessen in Pixeln.

Ereignisse:

property OnChange: TNotifyEvent;
Das Ereignis OnChange erscheint, wenn der Inhalt einer Komponente oder eines Objekts sich ändert. Bei grafischen Objekten tritt OnChange ein, wenn sich die Grafik, die vom Objekt gekapselt wird, ändert. Zum Beispiel tritt das Ereignis OnChange für einen Stift ein, wenn die Eigenschaften Color, Mode, Style oder Width des TPen-Objekts geändert werden. Bei Komponenten tritt OnChange ein, wenn der Hauptwert oder die Hauptwerte der Komponente geändert werden.

Bei Kombinationsfenstern tritt das Ereignis OnChange auch ein, wenn ein Element in der aufklappbaren Liste gewählt wird. Bei String-Listen-Objekten tritt das Ereignis OnChange ein, wenn sich eine Änderung für einen String ergibt, der in der String-Liste gespeichert ist.

OnChange ist vom Typ

```
TNotifyEvent = procedure (Sender: TObject) of object;
```

Der Typ TNotifyEvent weist auf eine Methode, die das Anklicken eines Objekts behandelt. Der Parameter Sender ist das Dialogelement, das angeklickt wurde.

property OnClick: TNotifyEvent;
Das Ereignis OnClick erscheint, wenn der Benutzer auf die Komponente klickt. In einem Formular tritt OnClick ein, wenn der Benutzer auf eine freie Stelle im Formular oder eine inaktive Komponente klickt.

OnClick ist vom Typ

```
TNotifyEvent = procedure (Sender: TObject) of object;
```

Der Typ TNotifyEvent weist auf eine Methode, die das Anklicken eines Objekts behandelt. Der Parameter Sender ist das Dialogelement, das angeklickt wurde.

property OnEnter: TNotifyEvent;
OnEnter tritt ein, wenn eine Komponente aktiviert wird. Wenn Sie eine besondere Behandlung festlegen möchten, wenn eine Komponente aktiviert wird, verwenden Sie die Ereignisbehandlungsroutine OnEnter.

OnEnter erscheint nie, wenn Sie zwischen Formularen oder einer anderen Windows-Anwendung und Ihrer Anwendung umschalten. OnEnter für eine Komponente des Typs TPanel oder THeader tritt nie ein, da Bedienfelder oder Header keinen Fokus erhalten können. Somit ist dort OnEnter vollkommen nutzlos. Sie haben diese Ereignisbehandlung aber geerbt.

OnEnter ist vom Typ

```
TNotifyEvent = procedure (Sender: TObject) of object;
```

Der Typ TNotifyEvent weist auf eine Methode, die das Doppelklicken eines Objekts behandelt. Der Parameter Sender ist das Dialogelement, das mit einem Doppelklick bearbeitet wurde.

property OnExit: TNotifyEvent;
OnExit erscheint, wenn der Eingabefokus einer Komponente an eine andere übergeben wird. OnExit tritt nicht ein, wenn Sie zwischen Formularen oder zwischen einer Windows-Anwendung und Ihrer Anwendung umschalten. OnExit tritt bei den Komponenten Panel und Speedbutton nicht ein, da diese niemals den Fokus erhalten.

OnExit ist vom Typ

```
TNotifyEvent = procedure (Sender: TObject) of object;
```

Der Typ TNotifyEvent weist auf eine Methode, die das Doppelklicken eines Objekts behandelt. Der Parameter Sender ist das Dialogelement, das mit einem Doppelklick bearbeitet wurde.

Methoden:

procedure BeginDrag(Immediate: Boolean);
Die Methode BeginDrag leitet den Ziehvorgang einer Komponente ein. Wenn der Parameter Immediate auf True gesetzt ist, wird der Mauszeiger auf den Wert der Eigenschaft DragCursor gesetzt und der Ziehvorgang beginnt. Ist Immediate False, wird der Mauszeiger nicht auf den Wert der Eigenschaft DragCursor gesetzt, und der Ziehvorgang wird erst eingeleitet, wenn der Anwender den Mauszeiger mindestens um 5 Pixel bewegt. Auf diese Weise kann die Komponente Mausklicks akzeptieren, ohne einen Ziehvorgang einzuleiten.

Ihre Anwendung muß die Methode BeginDrag zum Einleiten eines Ziehvorgangs nur aufrufen, wenn DragMode auf dmManual gesetzt ist.

procedure BringToFront;
Die Methode BringToFront setzt eine Komponente innerhalb einer übergeordneten Komponente vor alle anderen Komponenten. BringToFront hilft insbesondere sicherzustellen, daß ein Formular sichtbar ist. Verwenden Sie diese Methode, wenn Sie die Reihenfolge überlappender Komponenten in einem Formular neu festlegen wollen.

Die Reihenfolge, in der Komponenten übereinander gelagert werden (Z-Reihenfolge), hängt davon ab, ob es sich um fensterähnliche oder um nicht-fensterähnliche Komponenten handelt. Die Reihenfolge arbeitet nach dem Prinzip, daß die zuletzt eingefügte Komponente die oberste und damit sichtbare Komponente ist.

Mit der Methode BringToFront einer Komponente würde diese Komponente ganz nach oben auf den Stapel kommen und somit sichtbar sein.

Bei der Stapelung ist zu beachten, daß fensterähnliche Komponenten immer auf nicht-fensterähnlichen Komponenten gestapelt werden. Ein Aufruf von BringToFront einer nicht-fensterähnlichen Komponente bewirkt also gar nichts, wenn oben auf dem Stapel eine fensterähnliche Komponente liegt.

Die folgenden Komponenten zählen zu den fensterähnlichen Komponenten:

BitBtn	DBNavigator	MediaPlayer
Button	DBRadioGroup	Memo
CheckBox	DirectoryListBox	Notebook
ComboBox	DrawGrid	OLEContainer
DBCheckBox	DriveComboBox	Outline
DBComboBox	Edit	Panel
DBEdit	FileListBox	RadioButton
DBGrid	FilterComboBox	RadioGroup
DBImage	Form	ScrollBar
DBListBox	GroupBox	ScrollBox
DBLookupCombo	Header	StringGrid
DBLookupList	ListBox	TabbedNotebook
DBMemo	MaskEdit	TabSet

Die nun folgenden Komponenten zählen zu den nicht-fensterähnlichen Komponenten:

Bevel	Label	SpeedButton
DBText	PaintBox	Image
Shape		

function CanFocus: Boolean;
CanFocus stellt fest, ob eine Komponente den Eingabefokus erhalten kann. CanFocus gibt True zurück, wenn die Eigenschaften Visible und Enabled sowohl der Komponente als auch der übergeordneten Komponenten auf True gesetzt sind. Sind nicht alle Eigenschaften Visible und Enabled dieser Komponenten auf True gesetzt, liefert CanFocus False zurück.

function ClientToScreen(Point: TPoint): TPoint;
Die Methode ClientToScreen übersetzt den angegebenen Punkt aus Client-Bereichskoordinaten in globale Bildschirmkoordinaten. In Client-Bereichskoordinaten entspricht der Punkt (0, 0) der oberen linken Ecke des Client-Bereichs der Komponente. In Bildschirmkoordinaten entspricht (0, 0) der oberen linken Ecke des Bildschirms. Mit den Methoden ClientToScreen und ScreenToClient rechnen Sie Positionen aus dem Koordinatensystem einer Komponente A in das Koordinatensystem einer Komponente B um.

Beispiel: Umrechnung der Koordinaten einer Komponente A in die Koordinaten einer Komponente B (TPoint ist ein Record mit den Feldern X und Y):

```
    TPoint =  record
        X  : integer;
        Y  : integer;
    END;
VAR
    Koord: TPoint;
Koord:= B.ScreenToClient(A.ClientToScreen(Koord));
```

function ContainsControl(Control: TControl): Boolean;
ContainsControl gibt an, ob ein angegebenes Dialogelement innerhalb einer Komponente existiert (Rückgabewert=True).

constructor Create;
Create weist Speicher zu, um das Objekt und damit die Komponente zu erzeugen und nach Bedarf seine Daten zu initialisieren. Jedes Objekt kann eine Methode Create besitzen, die individuell so angepaßt ist, daß sie diese bestimmte Art von Objekt erzeugt. Im Normalfall benötigen Sie diese Methoden nicht, da Borland Delphi alles unternimmt, um Ihre Anwendung und die darin enthaltenen Komponenten zu erzeugen. Sollten Sie allerdings ein Ereignis oder die Initialisierung eines Wertes einer selbst geschaffenen Komponente zur Zeit der Erzeugung einstellen wollen, dann können Sie dies in der Methode Create erledigen. Dazu benötigen Sie aber genaue Kenntnisse und Techniken der OOP. Ansonsten sollten Sie Create unverändert lassen und nicht aufrufen.

function Dragging: Boolean;
Die Methode Dragging gibt an, ob eine Komponente gezogen wird. Wenn Dragging True zurückgibt, wird die Komponente gezogen.

procedure EndDrag(Drop: Boolean);
Die Methode EndDrag verhindert, daß eine Komponente weiter gezogen wird. Wenn der Parameter Drop True ist, wird die gezogene Komponente abgelegt. Ist Drop False, wird die Komponente nicht abgelegt und der Vorgang wird abgebrochen.

function FindComponent(const AName: string): TComponent;
Die Methode FindComponent gibt im Array Components die Komponente zurück, deren Name zum String im Parameter AName paßt. FindComponent beachtet dabei keine Groß-/Kleinschreibung.

Beispiel: Es existiert ein Button Button1 in Ihrer Anwendung. Um die eigentliche Komponente TButton1 im Array Components zurückzugeben, rufen Sie FindComponents wie folgt auf:

```
FindComponents('Button1');
```

function Focused: Boolean;
Focused wird verwendet, um zu bestimmen, ob ein Fensterdialogelement den Fokus besitzt und deshalb das aktive Dialogelement in ActiveControl ist.

procedure Free;
Die Methode Free entfernt das Objekt und gibt den dazugehörigen Speicher frei. Haben Sie das Objekt unter Verwendung der Methode Create erzeugt, so benutzen Sie zum Entfernen und für die Freigabe des Speichers die Methode Free. Free gelingt auch dann, wenn das Objekt selbst nicht mehr existiert (zum Beispiel durch einen vorherigen Aufruf von Free. Delphi erledigt dies für Objekte der Bibliothek visueller Komponenten automatisch.

Sie sollten also niemals eine Komponente innerhalb Ihrer Anwendung entfernen.

Falls Sie ein Formular freigeben wollen, rufen Sie die Methode Release auf, um das Formular zu löschen und den reservierten Speicher freizugeben.

function GetIndexForPage(const PageName: string): Integer;
GetIndexForPage ermittelt aus dem Parameter PageName (der Text-String der Seite!!!) den Index der Seite (PageIndex).

function GetTextBuf(Buffer: PChar; BufSize: Integer): Integer;
Die Methode GetTextBuf holt den Text der Komponente und kopiert ihn in den Puffer als Null-terminierten String (Ende der Zeichenkette wird mit 0 angegeben), auf den Buffer zeigt. Die maximale Länge des Strings wird mit BufSize (siehe dazu GetTextLen) festgelegt. In BufSize wird nach der Ausführung die Anzahl der Zeichen des Strings zu finden sein. Diese Methode ist vor allem dann sehr nützlich, wenn mit Strings größer als 256 Zeichen gearbeitet wird. Der Typ STRING kann nicht mehr als 256 Zeichen aufnehmen. Dabei entfällt aber das erste Element in diesem Typ auf die Längenangabe des Strings, so daß nur noch maximal 255 Zeichen möglich sind. Ein PChar ist ein Zeiger auf das erste Zeichen einer Zeichenkette. Eine derart definierte Zeichenkette besitzt keine Längenangabe, sondern trägt eine 0 am Ende der Kette, daher auch der Name Null-terminierter String. Ein PChar kann die maximale Größe von 64 Kbyte erreichen. Die maximale Anzahl der Zeichen ist also auf 64 Kbyte und nicht auf 255 Zeichen beschränkt (siehe auch GetTextLen und SetTextBuf).

function GetTextLen: Integer;
Die Methode GetTextLen gibt die Länge des Textes der Komponente zurück. Dieser Wert kann für BufSize in GetTextBuf verwendet werden (siehe auch GetTextBuf und SetTextBuf).

procedure Hide;
Die Methode Hide versteckt eine Komponente, sie ist also nicht mehr auf dem Bildschirm sichtbar. Dabei wird die Eigenschaft Visible auf False gesetzt. Dabei ist eine Komponente aber weiterhin aktiv, das heißt kann bearbeitet werden.

procedure InsertControl(AControl: TControl);
Mit InsertControl fügen Sie ein Dialogelement in die Eigenschaft Controls eines Fensterdialogelements ein, wobei die eingefügte Komponente zu einem untergeordneten Dialogelement wird. Der Parameter AControl bezeichnet die einzufügende Komponente.

procedure InsertComponent(AComponent: TComponent);
InsertComponent macht die Komponente zum Besitzer der im Parameter AComponent übergebenen Komponente. Die Komponente wird am Ende der Array-Eigenschaft Components hinzugefügt. Die eingefügte Komponente darf keinen Namen haben (keinen für die Eigenschaft Name spezifizierten Wert) oder der Name muß sich eindeutig von allen anderen in der Components-Liste unterscheiden. Wird die Besitzerkomponente entfernt, so wird auch AComponent gelöscht.

procedure Invalidate;
Die Methode Invalidate erzwingt das Neuzeichnen einer Komponente, sobald dies möglich ist.

procedure Refresh;
Die Methode Refresh reagiert je nach Art der Komponente, ob Daten oder die Komponenten selbst neu gezeichnet werden. Die Methode Refresh kann also jedes Bild auf dem Bildschirm löschen und alle Dialogelemente neu zeichnen beziehungsweise Datensätze einer Datei erneut einlesen.

Innerhalb der Implementation von Refresh beim Neuzeichnen von Komponenten wird die Methode Invalidate und dann die Methode Update aufgerufen.

Beim Refresh von Daten ist zu beachten: Durch Refresh können sich die angezeigten Daten unerwartet verändern und den Anwender verwirren. Ein Dialog oder eine andere Mitteilung, die dem Anwender den Refresh der Daten mitteilt, wäre angebracht und von äußerster Nützlichkeit.

procedure RemoveComponent(AComponent: TComponent);
RemoveComponent entfernt die Komponente, die im Parameter AComponent festgelegt ist, aus der Komponentenliste Components. Die Position in der Liste wird zu Nil.

procedure Repaint;
Die Methode Repaint fordert das Dialogelement auf, dessen Bild auf dem Bildschirm neu zu zeichnen, ohne jedoch das bereits erschienene zu löschen. Um vor dem Neuzeichnen zu löschen, müssen Sie anstelle von Repaint die Methode Refresh aufrufen.

procedure ScaleBy(M, D: Integer);
Die Methode ScaleBy skaliert eine Komponente um einen Prozentsatz ihrer ursprünglichen Größe. Der Parameter M ist der Multiplikator und der Parameter D der Divisor. Wenn Sie beispielsweise die Größe des Dialogelements auf 66% seines ursprünglichen Formats ändern möchten, geben Sie in M den Wert 66 und in D den Wert 100 an (66/100). Bei der Vergrößerung gehen Sie einfach den umgekehrten Weg: Vergrößerung um 66% bedeutet nichts anderes als M=166 und D=100.

function ScreenToClient(Point: TPoint): TPoint;
Die Methode ScreenToClient wird verwendet, um den Koordinatenpunkt in Pixeln der Komponente auf dem Bildschirm zu bestimmen. ScreenToClient gibt die X- und Y-Koordinaten in einem Record des Typs TPoint zurück.

procedure ScrollBy(DeltaX, DeltaY: Integer);
ScrollBy scrollt den Inhalt einer Komponente. Statt mit der Methode ScrollBy sollten Sie im Normalfall lieber mit den eingebauten Bildlauf-Leisten arbeiten, es sei denn, diese Leisten wären für Ihre Programm-Idee aus irgendeinem Grund nicht brauchbar.

DeltaX enthält die Veränderung in Pixeln in Richtung der X-Achse. Ein positiver Wert von DeltaX verschiebt den Inhalt nach rechts, ein negativer Wert verschiebt den Inhalt nach links. DeltaY bezeichnet die Veränderungen in Pixeln in Richtung der Y-Achse. Ein positiver Wert von DeltaY verschiebt den Inhalt nach unten, ein negativer Wert verschiebt den Inhalt nach oben.

procedure SendToBack;
Die Methode SendToBack setzt eine Komponente innerhalb einer übergeordneten Komponente hinter alle anderen Komponenten. Die Reihenfolge, in der Komponenten übereinander gelagert werden (Z-Reihenfolge), hängt davon ab, ob es sich um fensterähnliche oder um nicht-fensterähnliche Komponenten handelt. Die Reihenfolge arbeitet nach dem Prinzip, daß die zuletzt eingefügte Komponente die oberste und damit sichtbare Komponente ist.

Mit der Methode SendToBack einer Komponente würde diese Komponente ganz nach unten auf den Stapel kommen und somit nicht sichtbar sein.

Bei der Stapelung ist zu beachten, daß fensterähnliche Komponenten immer auf nicht-fensterähnlichen Komponenten gestapelt werden. Ein Aufruf von SendToBack einer fensterähnlichen Komponente bewirkt also gar nichts, wenn unter dem Stapel eine nicht-fensterähnliche Komponente liegt (siehe auch BringToFront).

Die folgenden Komponenten zählen zu den fensterähnlichen Komponenten:

BitBtn	DBNavigator	MediaPlayer
Button	DBRadioGroup	Memo
CheckBox	DirectoryListBox	Notebook
ComboBox	DrawGrid	OLEContainer
DBCheckBox	DriveComboBox	Outline
DBComboBox	Edit	Panel
DBEdit	FileListBox	RadioButton
DBGrid	FilterComboBox	RadioGroup
DBImage	Form	ScrollBar
DBListBox	GroupBox	ScrollBox
DBLookupCombo	Header	StringGrid
DBLookupList	ListBox	TabbedNotebook
DBMemo	MaskEdit	TabSet

Die nun folgenden Komponenten zählen zu den nicht-fensterähnlichen Komponenten:

Bevel	Label	SpeedButton
DBText	PaintBox	Image
Shape		

procedure SetBounds(ALeft, ATop, AWidth, AHeight: Integer);
Die Methode SetBounds setzt die Begrenzungseigenschaften der Komponente, Left, Top, Width und Height auf die Werte, die in den entsprechenden Werten ALeft, ATop, AWidth und AHeight übergeben werden. SetBounds erlaubt Ihnen, mehr als eine Begrenzungseigenschaft der Komponente zur gleichen Zeit einzustellen. Obwohl Sie immer einzelne Begrenzungen einstellen können, erlaubt Ihnen die Verwendung von SetBounds, mehrere Änderungen auf einmal durchzuführen, ohne daß jedesmal das Dialogfenster neu gezeichnet werden muß.

procedure SetFocus;
SetFocus übergibt den Fokus an die Komponente. Bei Formularen ruft das jeweilige Formular die Methode SetFocus des standardmäßig aktiven Dialogelements auf.

procedure SetTabFocus(Index: Integer);
Mit SetTabFocus können Sie die aktive Seite in der Komponente wechseln. Index bezeichnet den Wert für PageIndex der gewählten Seite.

procedure SetTextBuf(Buffer: PChar);
Die Methode SetTextBuf ersetzt den Text in einer Komponente durch den Text in Buffer. Buffer muß auf einen mit Null abgeschlossenen String zeigen (siehe auch GetTextBuf und GetTextLen).

procedure Show;
Die Methode Show bringt eine Komponente sichtbar auf dem Bildschirm, indem die Eigenschaft Visible auf True eingestellt wird. Falls die Methode Show eines Formulars aufgerufen wird und das Formular ist undurchsichtig, versucht Show das Formular sichtbar zu machen, indem sie das Formular mit der Methode BringToFront in den Vordergrund bringt. Ein Formular verfügt zusätzlich über die Methode ShowModal, um einen modalen Dialog erzeugen zu können. Ein modaler Dialog muß bearbeitet und geschlossen werden. Ein SendToBack hätte keinen Erfolg.

procedure Update;
In der Methode Update wird die API-Funktion UpdateWindow von Windows aufgerufen, die alle beim Zeichnen entstandenen und noch nicht erledigten Meldungen bearbeitet. UpdateWindows ist definiert als

```
procedure UpdateWindow(Wnd: HWnd);
```

Die Routine UpdateWindow aktualisiert den Client-Bereich des angegebenen Fensters, indem sie eine WM_PAINT-Meldung an das Fenster sendet, wenn der Aktualisierungsbereich für das Fenster nicht leer ist. Die Routine UpdateWindow sendet eine WM_PAINT-Meldung unter Umgehung der Anwendungswarteschlange direkt an die Fensterfunktion des gegebenen Fensters. Wenn der Aktualisierungsbereich

leer ist, wird keine Meldung gesendet. Der Parameter Wnd bezeichnet das Fenster oder besser das Handle des Fensters, das aktualisiert werden soll.

Komponentenname: MaskEdit
Klassenname: TMaskEdit

Beschreibung:

Eine Editierzeile mit Maske ist der Komponente Edit sehr ähnlich. Allerdings kann mit der Komponente MaskEdit die Eingabe ungültiger Zeichen verhindert werden beziehungsweise können die eingegebenen Daten formatiert werden.

Eigenschaften:

property Align: TAlign;
Die Eigenschaft Align legt fest, wie Dialogelemente zum Beispiel im Formular ausgerichtet werden. Mögliche Werte:

alNone	Die Komponente bleibt an der Einfügeposition im Formular (Standardeinstellung).
alTop	Die Komponente wird an die Oberkante des Formulars verschoben und an seine Breite angepaßt. Die Höhe der Komponente bleibt unverändert.
alBottom	Die Komponente wird an die Unterkante des Formulars verschoben und an seine Breite angepaßt. Die Höhe der Komponente bleibt unverändert.
alLeft	Die Komponente wird an die linke Kante des Formulars verschoben und an seine Höhe angepaßt. Die Breite der Komponente bleibt unverändert.
alRight	Die Komponente wird an die rechte Kante des Formulars verschoben und an seine Höhe angepaßt. Die Breite der Komponente bleibt unverändert.
alClient	Die Größe der Komponente wird an den Client-Bereich eines Formulars angepaßt. Ist ein Teil des Client-Bereichs bereits von einer anderen Komponente besetzt, füllt die Komponente den verbleibenden Teil des Client-Bereichs aus.

Wird zum Beispiel ein Formular, das Besitzer eines Labels ist, in der Größe verändert, werden die Komponenten innerhalb des Formulars neu ausgerichtet. Die Verwendung der Eigenschaft Align ist dann sinnvoll, wenn ein Dialogelement an einer Position des Formulars stehenbleiben soll, auch wenn sich die Größe des Formulars ändert.

property AutoSelect: Boolean;
Die Eigenschaft AutoSelect legt fest, ob der Text in einer Komponente automatisch ausgewählt wird, wenn der Anwender die Komponente über die Tabulatortaste ansteuert. Ist AutoSelect auf True gesetzt, wird der Text ausgewählt.

property AutoSize: Boolean;
Ist die Eigenschaft AutoSize auf True gesetzt, ändert sich die Höhe des Editierfeldes, um Änderungen der Schriftgröße des Textes auszugleichen. Hat die Komponente keine Rahmen (BorderStyle=bsNone), dann hat die Änderung dieser Eigenschaft keine Auswirkungen.

property BorderStyle: TBorderStyle;
BorderStyle legt fest, ob diese Komponenten einen Rahmen haben. Dies sind die möglichen Werte:

bsNone	Kein sichtbarer Rahmen
bsSingle	Rahmen mit einfacher Rahmenlinie

weitere nur bei manchen Komponenten (mehr oder weniger sogar nur die Komponente vom Typ TForm, also ein Formular) mögliche Werte:

bsSizeable	Größenveränderlicher Standardrahmen
bsDialog	Nicht größenveränderlich; Standardrahmen für Dialogfenster

Hat eine Komponente zusätzlich die Eigenschaft AutoSize und wird diese auf True gesetzt, paßt die Komponente ihre Größe automatisch an, wenn sich die Schriftgröße des Textes ändert. Damit AutoSize wirksam wird, müssen Sie die Eigenschaft BorderStyle auf bsSingle setzen.

property BoundsRect: TRect;
Die Eigenschaft BoundsRect liefert das Begrenzungsrechteck der Komponente – ausgedrückt im Koordinatensystem des übergeordneten Dialogelements – zurück. Mit BoundsRect ersetzen und erleichtern Sie sich somit die Abfrage der einzelnen Werte für die Eigenschaften Left, Top, Width und Height.

property CharCase: TEditCharCase;
Die Eigenschaft CharCase ermittelt den Wert für die Groß-/Kleinschreibung der Eigenschaft Text des Editierfeldes. Mögliche Werte:

ecLowerCase	Der Text wird nur in Kleinbuchstaben angezeigt.
ecNormal	Der Text wird in gemischter Groß-/Kleinschreibung angezeigt.
ecUpperCase	Der Text wird nur in Großbuchstaben angezeigt.

property Color: TColor;
Die Eigenschaft Color legt für alle Komponenten mit Ausnahme des Dialogfensters die Farbe fest (Hintergrundfarbe eines Formulars oder eines Dialogelements oder Grafikobjekts).

Ist die Eigenschaft ParentColor auf True gesetzt, bewirkt eine Änderung der Eigenschaft Color einer Komponente A automatisch eine Änderung der Eigenschaft Color aller Komponenten, die als Besitzer die Komponente A haben. Wenn Sie der Eigenschaft Color eines Dialogelements einen Wert zuweisen, wird seine Eigenschaft ParentColor automatisch auf False gesetzt. Mögliche Werte sind:

clBlack	Schwarz
clMaroon	Rotbraun
clGreen	Grün

clOlive	Olivgrün
clNavy	Marineblau
clPurple	Violett
clTeal	Petrol
clGray	Grau
clSilver	Silber
clRed	Rot
clLime	Limonengrün
clBlue	Blau
clFuchsia	Pink
clAqua	Karibikblau
clWhite	Weiß

(Systemfarben von Windows)

clBackground	Aktuelle Windows-Hintergrundfarbe
clActiveCaption	Aktuelle Farbe der Titelleiste des aktiven Fensters
clInactiveCaption	Aktuelle Farbe der Titelleiste der inaktiven Fenster
clMenu	Aktuelle Hintergrundfarbe der Menüs
clWindow	Aktuelle Hintergrundfarbe der Fenster
clWindowFrame	Aktuelle Farbe der Fensterrahmen
clMenuText	Aktuelle Farbe vom Menütext
clWindowText	Aktuelle Farbe vom Fenstertext
clCaptionText	Aktuelle Textfarbe der Titelleiste des aktiven Fensters
clActiveBorder	Aktuelle Rahmenfarbe des aktiven Fensters
clInactiveBorder	Aktuelle Rahmenfarbe der inaktiven Fenster
clAppWorkSpace	Aktuelle Farbe des Arbeitsbereichs der Anwendung
clHighlight	Aktuelle Hintergrundfarbe vom ausgewählten Text
clHighlightText	Aktuelle Farbe vom ausgewählten Text
clBtnFace	Aktuelle Farbe einer Schalterfläche
clBtnShadow	Aktuelle Schattenfarbe eines Schalters
clGrayText	Aktuelle Farbe von grau dargestelltem Text
clBtnText	Aktuelle Farbe von Text auf einem Schalter
clInactiveCaptionText	Aktuelle Textfarbe in der Titelleiste eines inaktiven Fensters
clBtnHighlight	Aktuelle Farbe der Markierung eines Schalters

Mit einem Doppelklick auf Color öffnet sich das Farbschema von Windows, in dem Sie auch eigene Farben zusammenstellen können.

property ComponentIndex: Integer;
Die Eigenschaft ComponentIndex zeigt die Position einer Komponente in der Eigenschaftsliste Components ihres Besitzers an. Die erste Komponente in der Liste hat den ComponentIndex-Wert 0, die zweite hat den Wert 1, die dritte den Wert 2 etc. Diese Eigenschaft ist nur zur Laufzeit und dann auch nur im Read-Only-Modus benutzbar.

property Controls[Index: Integer]: TControl;
Controls ist ein Array aller untergeordneten Komponenten der Komponente. Controls ist dann von Nutzen, wenn Sie auf die untergeordneten Komponenten über die Zahl statt über den Namen zugreifen müssen.

property Ctl3D: Boolean;
Die Eigenschaft Ctl3D legt fest, ob ein Dialogelement ein dreidimensionales (3-D) oder zweidimensionales Aussehen besitzt. Wenn Ctl3D True ist, erscheint das Dialogelement dreidimensional. Die Voreinstellung von Ctl3D ist True. Wenn die Eigenschaft ParentCtl3D einer Komponente auf True gesetzt ist, verändert jede Modifikation der Eigenschaft Ctl3D des übergeordneten Dialogelements automatisch auch die Eigenschaft Ctl3D des Dialogelements.

Achtung: Damit Ctl3D überhaupt funktioniert, muß sich die dynamische Link-Bibliothek CTL3DV2.DLL im Suchpfad befinden. Idealerweise sollte diese Datei sich im System-Verzeichnis von Windows aufhalten.

property Cursor: TCursor;
Mit der Eigenschaft Cursor stellen Sie das Aussehen des Cursors ein, wenn dieser auf die Komponente zeigt.

Mögliche Werte sind:

crDefault	crArrow	crCross
crIBeam	crSize	crSizeNESW
crSizeNS	crSizeNWSE	crSizeWE
crUpArrow	crHourglass	crDrag
crNoDrop	crHSplit	crVSplit

property DragCursor: TCursor;
Die Eigenschaft DragCursor bestimmt die Form des Mauszeigers, wenn sich der Zeiger über einer Komponente befindet, die ein gezogenes Objekt akzeptieren kann. Mögliche Werte sind mit denen der Eigenschaft Cursor identisch.

property DragMode: TDragMode;
Die Eigenschaft DragMode legt das Ziehen-und-Ablegen-Verhalten einer Komponente fest. Mögliche Werte sind:

dmAutomatic	Wenn dmAutomatic ausgewählt ist, ist das Dialogelement bereit, gezogen zu werden; der Anwender klickt nur und zieht es dann.
dmManual	Wenn dmManual ausgewählt ist, kann das Dialogelement nicht gezogen werden, bevor die Anwendung die Methode BeginDrag aufgerufen hat.

Ist die Eigenschaft DragMode einer Komponente dmAutomatic, kann die Anwendung dies zur Laufzeit durch Einstellung des Werts dmManual deaktivieren.

property EditMask: string;
Mit EditMask legen Sie die Maske fest, durch die die eingegebenen Daten eingeschränkt werden. Mit Hilfe des Ereignis OnValidate können Sie die Prüfung übernehmen. Hier die Zeichen und deren Bedeutung:

Zeichen	Bedeutung in der Maske
!	Führende Leerzeichen erscheinen nicht in den Daten. Ohne ! erscheinen abschließende Leerzeichen nicht in den Daten.
>	Alle folgenden Zeichen sind bis zum Ende der Maske oder bis ein Zeichen < auftritt Großbuchstaben.
<	Alle folgenden Zeichen sind bis zum Ende der Maske oder bis ein Zeichen > auftritt Kleinbuchstaben.
<>	keine Prüfung der Groß-/Kleinschreibung.
\	Verwenden Sie dieses Zeichen, wenn Sie eines der Maskensonderzeichen literal in den Daten verwenden möchten (um also < als < darzustellen und nicht als Prüfungszeichen).
L	Ausschließlich ein Buchstabe des Alphabets wird erlaubt.
l	Erlaubt einen Buchstaben des Alphabets an dieser Stelle.
A	Ausschließlich ein alphanumerisches Zeichen ist erlaubt (A-Z, a-z, 0-9).
a	Der Buchstabe a erlaubt ein alphanumerisches Zeichen an dieser Stelle.
C	Verlangt einen Buchstaben an dieser Stelle.
c	Erlaubt einen Buchstaben an dieser Stelle.
0	Fordert ausschließlich ein numerisches Zeichen an dieser Stelle.
9	Erlaubt ein numerisches Zeichen an dieser Stelle.
#	Erlaubt ein numerisches Zeichen oder ein Plus- oder Minuszeichen an dieser Stelle.
:	Trennt Stunden, Minuten und Sekunden in Zeitangaben (Die Darstellung hängt auch von der Konfiguration von Windows ab).
/	Trennt Tage, Monate und Jahre in Datumsangaben (Die Darstellung hängt auch von der Konfiguration von Windows ab).
;	Wird verwendet, um Masken zu trennen.
_	Setzt automatisch ein Leerzeichen in die Editierzeile ein. Wenn Sie Zeichen in das Feld eingeben, überspringt der Cursor das Leerzeichen. Wenn Sie mit dem Eigenschaftseditor EditMask arbeiten, können Sie das Zeichen, das einen Leerschritt repräsentiert, ändern. Sie können diesen Wert aber auch in einem Programm ändern.

Die folgenden Zeichen sind typisierte Konstanten, die in der Unit Mask deklariert werden:

DefaultBlank: _
Leerzeichen in der Maske werden durch das Zeichen _ dargestellt.

MaskFieldSeparator: ;
Das Zeichen ; trennt die Felder einer Maske.

MaskNoSave: 0
0 bedeutet, daß die Maske nicht als Teil der Daten gespeichert wird. 1 hingegen bedeutet, daß die Maske als Teil der Daten gespeichert wird. Eine Telefonnummer könnte z.B. Klammern um die Vorwahl als Teil der Maske besitzen. Wenn MaskNoSave 0 ist, werden diese Klammern nicht zu einem Teil der Daten. Die Größe des Feldes wird geringfügig kleiner.

property EditText: string;
EditText bedeutet den Wert der Eigenschaft Text, der zur Laufzeit im Editierfeld mit der in der Eigenschaft EditMask angegebenen Maske erscheint. EditText enthält genau das, was der Anwender zur Laufzeit im Editierfeld tatsächlich sieht, also die durch die Eingabemaske gefilterten Eingabedaten.

property Enabled: Boolean;
Die Eigenschaft Enabled bestimmt, ob die Komponente auf Maus-, Tastatur- und Timer-Ereignisse reagiert. Wenn Enabled auf True gesetzt ist, reagiert die Komponente normal. Ist Enabled hingegen False, ignoriert das Dialogelement Maus- und Tastaturereignisse. Bei einer Timer-Komponente werden die für das OnTimer-Ereignis deaktivierten Komponenten-Dialogelemente grau dargestellt.

property Font: TFont;
Die Eigenschaft Font legt den Font und die Eigenschaften des Fonts der Komponente fest. Sie haben die Möglichkeit, diese Werte im Objectinspektor zu ändern oder – wesentlich komfortabler – mit Hilfe eines Doppelklicks auf diese Eigenschaft einen Dialog zu öffnen, der alle möglichen Werte anzeigt.

property Handle: ...;
Der Typ der Eigenschaft Handle ist abhängig von der jeweiligen Komponente. Im allgemeinen gilt: Sollte eine Windows-API-Funktion ein Handle der betreffenden Komponente verlangen, dann setzen Sie dazu die jeweilige Eigenschaft Handle der betreffenden Komponente ein. Verlangt eine Windows-API-Funktion zum Beispiel das Handle Ihrer gesamten Anwendung, dann benutzen Sie am besten die Eigenschaft Handle des Objekts TApplication. Hier die Übersicht der verschiedenen Typen der Eigenschaft Handle:

Handle für die Komponenten:

Bitmap	property Handle: HBitmap;
Brush	property Handle: HBrush;
Canvas	property Handle: HDC;
Font	property Handle: HFont;
Icon	property Handle: HIcon;
Metafile	property Handle: HMetafile;
Pen	property Handle: HPen;

Handle gibt Ihnen den Zugriff auf das Handle des jeweiligen GDI-Objekts, damit Sie auf dieses zugreifen können. Benötigen Sie zum Beispiel zum Aufruf einer Windows-API-Funktion ein Handle auf ein Stiftobjekt oder ein Bitmap-Objekt, dann können Sie dazu das Handle der Komponente Pen beziehungsweise der Komponente Bitmap benutzen.

Handle für das Objekt TApplication und die folgenden Komponenten:

Bevel	DBText	Memo
BitBtn	DirectoryListBox	Notebook
Button	DrawGrid	OLEContainer
CheckBox	DriveComboBox	Outline
ComboBox	Edit	PaintBox
DBCheckBox	FileListBox	Panel
DBComboBox	FilterComboBox	RadioButton
DBEdit	FindDialog	RadioGroup
DBGrid	Form	ReplaceDialog
DBImage	GroupBox	ScrollBar
DBListBox	Header	ScrollBox
DBLookupCombo	Image	Shape
DBLookupList	Label	SpeedButton
DBMemo	ListBox	StringGrid
DBNavigator	MaskEdit	TabbedNotebook
DBRadioGroup	MediaPlayer	TabSet

property Handle: HWND;
Handle ermöglicht Ihnen Zugriff auf das Handle der jeweiligen Komponente (z.B.: Fenster-Handle, Dialog-Handle etc.). Dieses Handle wird von einigen Windows-API-Funktionen beim Aufruf erwartet. Sie können in diesem Fall das Handle der jeweils betroffenen Komponente oder – falls das Handle Ihrer Anwendung gefordert wird – das Handle des Objekts TApplication übergeben.

Handle für die Komponenten:

MainMenu	MenuItem	PopupMenu

property Handle: HMENU;
Sollte eine Windows-API-Funktion ein Handle eines Menüs, Menü-Eintrags oder eines lokalen Menüs verlangen, können Sie dazu die Eigenschaft Handle von MainMenu, MenuItem und PopupMenu benutzen.

Handle für die Komponente Printer:

property Handle: HDC;
Handle enthält das Handle des jeweiligen Druckerobjektes TPrinter der Komponente Printer.

Handle für die Komponente DataBase:

property Handle: HDBIDB;
Um direkte Aufrufe in die Richtung des Borland Database-Engine-(BDE)-API zu tätigen, benötigen Sie ein Handle der jeweiligen Datenbank-Komponente. Dazu dient Ihnen die Eigenschaft Handle der Komponente DataBase. Dies erlaubt Ihnen Zugriffe auf Funktionen des BDE-API, die nicht in die VCL-Bibliothek integriert wurden. Bevor Sie allerdings diese Funktionen aufrufen, sollten Sie prüfen, ob diese Funktion nicht doch schon in der VCL-Bibliothek gekapselt wurde.

Handle für das Objekt TSession:

Delphi erzeugt eine Komponente Session vom Typ TSession immer dann, wenn eine Anwendung ausgeführt wird. Sessions sollten nicht von Ihnen erzeugt oder zerstört werden. Session erlaubt die globale Prüfung über Datenbankverbindungen. Die Eigenschaft Databases von Session ist ein Array von allen aktiven Datenbanken in der Sitzung. Die Eigenschaft DatabaseCount vom Typ Integer gibt die Anzahl der aktiven Datenbanken in der Sitzung.

property Handle: HDBISES;
Mit der Eigenschaft Handle können Sie direkte Aufrufe an die Borland-Datenbank-Engine, bezogen auf eine bestimmte Sitzung (Session/TSession), machen. Die Komponente Session werden Sie im Prinzip nicht benutzen müssen. Die wichtigsten Funktionen des BDE-API sind in der VCL-Bibliothek gekapselt und ersparen Ihnen diesen Weg.

Handle für die die Komponenten Table, Query und StoredProc:

property Handle: HDBICur;
Ebenfalls für direkte Zugriffe auf Funktionen des BDE-API und unter normalen Umständen nicht zu benutzen, da die wichtigsten BDP-API-Funktionen via der VCL-Bibliothek einen einfacheren Zugriff ermöglichen.

property Height: Integer;
Die Eigenschaft Height eines Dialogelements legt die Höhe der Komponente in Pixeln fest.

property HelpContext: THelpContext;
Die Eigenschaft HelpContext stellt eine Kontextnummer für die Verwendung beim Aufruf kontextbezogener Online-Hilfe bereit. Jeder Hilfebildschirm des Hilfesystems sollte eine eindeutige Kontextnummer besitzen. Ist in der Anwendung eine Komponente selektiert, so wird nach Betätigen von F1 ein Hilfebildschirm angezeigt. Welcher Hilfebildschirm angezeigt wird, hängt vom Wert der Eigenschaft HelpContext ab.

property Hint: string;
Die Eigenschaft Hint ist der Text-String, der erscheinen kann, wenn ein OnHint-Ereignis eintritt, also wenn der Benutzer den Cursor über die Komponente bewegt. Wie der String angezeigt wird, bestimmt der Code in der Ereignisbehandlungs-Routine OnHint. Sie können eine Schnellhilfe, d.h. ein Fenster, das einen Hilfetext

enthält, für eine Komponente erscheinen lassen, wenn der Anwender den Mauszeiger über das Dialogelement führt und dort kurz verweilt. Dies funktioniert wie folgt:
1. Spezifizieren Sie für jede Komponente, die einen Schnellhinweis anzeigen soll, einen Hint-Wert.
2. Setzen Sie die Eigenschaft ShowHints des Bedienfelds auf True.
3. Setzen Sie die Eigenschaft ShowHint der Anwendung zur Laufzeit auf True.

Sie können Hint gleichzeitig sowohl für ein Hilfehinweisfenster als auch für die Verwendung innerhalb der Behandlungsroutine OnHint spezifizieren, indem Sie zwei durch ein Zeichen | (das »oder« oder Pipe-Symbol) abgeteilte Werte angeben, also beispielsweise:

```
Edit1.Hint:= 'Aufforderung|Geben Sie den richtigen Wert ein';
```

Der String »Aufforderung« erscheint im Hilfehinweisfenster und der String »Geben Sie den richtigen Wert ein« erscheint wie in der Ereignisbehandlungs-Routine OnHint spezifiziert.

property IsMasked: Boolean;
IsMasked legt fest, ob eine Maske für die im Datenbank- oder Masken-Editierfenster angezeigten Daten existiert (also ob die Eigenschaft EditMask einen Wert hat). Ist IsMasked True, so existiert eine Maske.

property Left: Integer;
Die Eigenschaft Left bestimmt die horizontalen Koordinaten in Pixeln der linken Kante einer Komponente relativ zum Formular. Für Formulare ist der Wert der Eigenschaft Left relativ zum Bildschirm (ebenfalls in Pixeln).

property MaxLength: Integer;
Die Eigenschaft MaxLength spezifiziert die Maximalzahl von Zeichen, die der Benutzer in die Komponente eingeben kann. Der Vorgabewert für MaxLength ist 0, d.h. es gibt keine Begrenzung für die Anzahl der Zeichen, die die Komponente enthalten kann.

property Modified: Boolean;
Die Eigenschaft Modified überprüft, ob der Text einer Komponente seit seiner Erzeugung oder seit zum letzten Mal die Eigenschaft Modified auf False gesetzt wurde, geändert worden ist. Ist Modified True, so hat sich der Text geändert.

property Name: TComponentName;
Die Eigenschaft Name enthält den Namen der Komponente wie er von anderen Komponenten für den Zugriff verwendet wird. Delphi weist als Vorgabewerte sequentielle Namen zu, die auf dem Typ der Komponente basieren, also etwa für Buttons »Button1«, »Button2« etc. Dies können Sie gemäß Ihrer Vorstellungen abändern. Komponentennamen sollten ausdrücklich nur zur Entwurfszeit geändert werden.

property Owner: TComponent;
Die Eigenschaft Owner teilt Ihnen mit, welche Komponente zu welcher Komponente gehört. Dem Formular gehören alle Komponenten, die auf ihm vorhanden sind. Umgekehrt gehört das Formular zur Anwendung. Gehört eine Komponente A einer

anderen Komponente B, wird der Speicher der Komponente A freigegeben, wenn der Speicher der Komponente B freigegeben wird. Es werden also folgerichtig alle Komponenten des Formulars gelöscht, wenn das Formular gelöscht wird. Außerdem wird natürlich der Speicher für das Formular und dessen Komponenten freigegeben, wenn der Speicher der Anwendung selbst freigegeben wird.

property Parent: TWinControl;
Die Eigenschaft Parent enthält den Namen der übergeordneten Komponente. Wenn eine Komponente A eine andere Komponente B enthält, sind die in B enthaltenen Komponenten untergeordnete Komponenten von A. Wenn Ihre Anwendung beispielsweise drei Buttons in einer GroupBox enthält, dann ist die GroupBox das übergeordnete Element der drei Buttons und die Button-Schaltfelder sind der GroupBox untergeordnet.

Parent und Owner sind leider etwas verwirrend. Daher hier eine kleine Entwirrung:

Ein Formular ist der Besitzer aller darauf enthaltenen Komponenten, egal, ob sie ein Fensterelement sind oder nicht. Für unser Beispiel mit den drei Buttons und der GroupBox bedeutet: Der Besitzer der Buttons ist immer das Formular, aber die GroupBox ist das übergeordnete Element.

Wenn Sie einen neuen Dialog erzeugen, müssen Sie dem neuen Dialogelement einen Wert der Eigenschaft Parent zuweisen. Üblicherweise sind dies Formulare, Bedienfelder, GroupBoxen oder andere Dialoge, die Komponenten-Elemente enthalten können. Es ist möglich, jedes Element als das übergeordnete zuzuweisen, aber das darin enthaltene Dialogelement wird wahrscheinlich überschrieben.

Wird das übergeordnete Element gelöscht, werden auch alle Elemente, die ihm untergeordnet sind, gelöscht.

property ParentColor: Boolean;
Die Eigenschaft ParentColor bestimmt, wo eine Komponente nach ihrer Farbeigenschaft suchen soll. Falls ParentColor True ist, verwendet die Komponente die Farbe der Eigenschaft der übergeordneten Komponente.

Wenn ParentColor False ist, verwendet die Komponente ihre eigene Eigenschaft Color. Durch Verwendung von ParentColor können Sie sicherstellen, daß alle Komponenten auf einem Formular das gleiche Erscheinungsbild haben.

property ParentCtl3D: Boolean;
Die Eigenschaft ParentCtl3D bestimmt, wo eine Komponente nach ihrer Eigenschaft Ctl3D suchen muß. Ist ParentCtl3D auf True gesetzt, verwendet die Komponente die Dimensionen der Eigenschaft Ctl3D von dessen übergeordneter Komponente. Wenn ParentCtl3D False ist, verwendet die Komponente ihre eigene Eigenschaft Ctl3D. Durch Verwendung von ParentCtl3D stellen Sie sicher, daß alle Komponenten auf einem Formular das gleiche Erscheinungsbild haben. Wenn Sie beispielsweise möchten, daß alle Komponenten auf einem Formular ein dreidimensionales Erscheinungsbild haben, setzen Sie die Eigenschaft Ctl3D des Formulars auf True und die Eigenschaft ParentCtl3D jeder Komponente auf True.

property ParentFont: Boolean;
Die Eigenschaft ParentFont bestimmt, wo eine Komponente nach ihrer Fonteigenschaft suchen soll. Falls ParentFont True ist, verwendet die Komponente den Font der Eigenschaft der übergeordneten Komponente.

Ist ParentFont False, verwendet die Komponente ihre eigene Eigenschaft Font. Durch Verwendung von ParentFont können Sie sicherstellen, daß alle Komponenten auf einem Formular das gleiche Erscheinungsbild haben.

property ParentShowHint: Boolean;
Die Eigenschaft ParentShowHint bestimmt, wo eine Komponente nach ihrer Hinteigenschaft suchen soll. Falls ParentShowHint True ist, verwendet die Komponente die Hint-Eigenschaft der übergeordneten Komponente.

Ist ParentShowHint False, verwendet die Komponente ihre eigene Eigenschaft Hint. Durch Verwendung von ParentShowHint können Sie sicherstellen, daß alle Komponenten auf einem Formular das gleiche Erscheinungsbild haben.

property PasswordChar: Char;
Die Eigenschaft PasswordChar erlaubt Ihnen, eine Komponente zu erzeugen, die spezielle Zeichen anstelle des eingegebenen Texts anzeigt. Standardmäßig enthält PasswordChar das Null-Zeichen (#0), was bedeutet, daß das Dialogelement den Text normal darstellt.

Beispiel: Geben Sie in PasswordChar einen Stern ein (*), sehen Sie anstelle der Eingabe des Anwenders lauter Sterne:

property PopupMenu: TPopupMenu;
Die Eigenschaft PopupMenu legt den Namen des Popup-Menüs fest, das erscheint, wenn der Anwender die Komponente auswählt oder die rechte Maustaste drückt (bei dem Wert True für AutoPopup des Popup) oder wenn die Methode Popup des Popup-Menüs ausgeführt wird.

property ReadOnly: Boolean;
Die Eigenschaft ReadOnly hängt davon ab, um welche Art von Komponente es sich bei der Komponente mit dieser Eigenschaft handelt.

<u>ReadOnly für datensensitive Komponenten und Eigabefelder:</u>

ReadOnly bestimmt, ob der Anwender den Inhalt einer Komponente ändern darf. Falls ReadOnly True ist, kann der Anwender den Inhalt nicht ändern. Wenn ReadOnly False ist, kann der Anwender den Inhalt abändern. Die Eigenschaft ReadOnly bestimmt bei datensensitiven Komponenten, ob der Anwender die Komponente verwenden kann, um ein Feld in einem Datensatz zu bearbeiten oder ob er die Komponente nur zur Anzeige von Daten verwenden kann. Falls ReadOnly False ist, kann der Anwender den Wert des Felds ändern, solange der Datensatz zum Bearbeiten freigegeben ist. Ist die Eigenschaft ReadOnly eines Datengitters True, dann kann der Anwender keine neue Zeile einfügen.

Zu dieser Gruppe von Komponenten zählen:

DBCheckBox	DBListBox	DBRadioGroup
DBComboBox	DBLookupCombo	Edit
DBEdit	DBLookupList	MaskEdit
DBGrid	DBMemo	Memo
DBImage		

ReadOnly für Tabellen:

Benutzen Sie ReadOnly, um zu verhindern, daß Benutzer Daten in der Tabelle ändern können. Achtung: Denken Sie daran, die Eigenschaft Active auf False zu setzen, bevor Sie ReadOnly ändern.

Zu dieser Gruppe von Komponenten zählen:

TTable

ReadOnly für Feldkomponenten

ReadOnly kann Modifikation eines Feldes sperren. Hat diese Eigenschaft den Wert False, kann ein Feld verändert werden. Um die Änderung eines Feldes zu verhindern, setzen Sie ReadOnly auf True. In TDBGrid werden bei Tabulatorsprüngen die Felder mit der Eigenschaft ReadOnly übersprungen.

Zu dieser Gruppe von Komponenten gehören:

BCDField	DateTimeField	SmallintField
BlobField	FloatField	StringField
BooleanField	GraphicField	TimeField
BytesField	IntegerField	VarBytesField
CurrencyField	MemoField	WordField
DateField		

property SelLength: Integer;
Die Eigenschaft SelLength gibt die Länge (in Zeichen) des in der Komponente ausgewählten Texts an. Mit SelLength und der Eigenschaft SelStart legen Sie fest, welcher Teil des Texts in der Komponente ausgewählt wird. Sie können die Anzahl der ausgewählten Zeichen durch eine Änderung von SelLength erreichen. Wenn der Wert für SelStart geändert wird, ändert sich entsprechend der Wert von SelLength. Die Komponente muß die aktive Komponente sein, wenn Sie den Wert von SelLength ändern wollen.

property SelStart: Integer;
SelStart gibt die Anfangsposition des markierten Teils eines Texts in der Komponente zurück. Sie können SelStart zusammen mit der Eigenschaft SelLength verwenden, um einen Teil des Textes auszuwählen. Legen Sie das Zeichen, ab dessen Position Sie die Markierung des Texts beginnen möchten, als Wert von SelStart fest.

Wenn der Wert von SelStart geändert wird, ändert sich entsprechend auch der Wert von SelLength. Die Komponente muß die aktive Komponente sein, wenn Sie den Wert von SelLength ändern wollen.

property SelText: string;
Die Eigenschaft SelText enthält den ausgewählten Teil des Texts der Komponente. Sie können sie verwenden, um zu bestimmen, was der markierte Text enthält oder Sie können den markierten Text ersetzen, indem Sie einen neuen String angeben. Falls kein Text momentan markiert ist, wird der String in SelText an der Cursorposition im Text eingefügt.

property ShowHint: Boolean;
Die Eigenschaft ShowHint bestimmt, ob das Dialogelement eine Schnellhilfe anzeigen soll, wenn der Mauszeiger eine Weile auf ihm verweilt. Die Schnellhilfe entspricht dem Wert der Eigenschaft Hint, die in einem Feld direkt unterhalb des Elements angezeigt wird. Wenn die Eigenschaft ShowHint den Wert True hat, kann die Schnellhilfe erscheinen.

Ist ShowHint False, kann die Schnellhilfe auch angezeigt werden, wenn ParentShowHint auf True gesetzt wurde und die Eigenschaft ShowHint der übergeordneten Komponente ebenfalls auf True gesetzt wurde.

property Showing: Boolean;
Die Eigenschaft Showing legt fest, ob eine Komponente momentan auf dem Bildschirm angezeigt wird oder nicht. Falls die Eigenschaft Visible einer Komponente und aller übergeordneten Komponenten in der übergeordneten Hierarchie True ist, ist Showing auch True. Wenn einer der Vorfahren der Komponente den Wert False als Wert für die Eigenschaft Visible hat, dann ist auch Showing False.

property TabOrder: TTabOrder;
Die Eigenschaft TabOrder bestimmt die Position einer Komponente in der Tabulatorreihenfolge, in der Komponenten den Fokus erhalten, wenn der Anwender die Taste TAB drückt. Anfänglich ist die Tabulatorreihenfolge immer die Reihenfolge, in der die Komponenten in das Formular hinzugefügt wurden. Der Wert der Eigenschaft TabOrder ist für jede Komponente auf dem Formular einmalig. Die erste dem Formular hinzugefügte Komponente hat den Wert 0 von TabOrder, die zweite hat 1, die dritte 2 usw.

Falls Sie den Wert der Eigenschaft TabOrder einer Komponente den gleichen Wert einer anderen Komponente zuweisen, numeriert Delphi automatisch die Werte für alle anderen Komponenten neu. Angenommen, eine Komponente ist beispielsweise die sechste Komponente in der Tabulatorreihenfolge. Wenn Sie den Wert der Eigenschaft TabOrder der Komponente auf 3 ändern (dies macht die Komponente zu der vierten in der Tabulatorreihenfolge), wird die Komponente, die die vierte war, nun zur fünften und die Komponente, die die fünfte war, wird jetzt die sechste.

property TabStop: Boolean;
Die Eigenschaft TabStop bestimmt, ob der Anwender diese Komponente mit der Taste TAB anspringen kann. Falls TabStop True ist, befindet sich die Komponente in der Tabulatorreihenfolge. Wenn TabStop False ist, ist das Dialogelement nicht in der Tabulatorreihenfolge.

property Tag: Longint;
Die Eigenschaft Tag kann einen Integerwert als Element einer Komponente speichern. Tag wird von Delphi nicht benutzt und steht Ihnen damit zur freien Verfügung

property Text: TCaption;
Die Eigenschaft Text einer Komponente legt den Text fest, der in der Komponente erscheint. Der voreingestellte Text ist der Name des Elements. Ihr Programm kann den Wert von Text zum Einsetzen in das Programm benutzen oder um dem Anwender Daten darzustellen. Die maximale Länge des Strings in der Eigenschaft Text ist 255 Zeichen. Der Wert der Eigenschaft Text einer Maskeneditierzeile (MaskEdit) oder Datenbankeditierzeile (DBEdit) oder eines Datenbankmemos (DBMemo) enthält den Text und die literalen Maskenzeichen, spezifiziert mit der Eigenschaft Edit-Text, wenn der Anwender die Maskenzeichen mit dem Text speichern läßt. Wenn die Maskenzeichen nicht gespeichert werden, enthält der Text diese nicht.

Die Eigenschaft Text einer Datenbank-Editierzeile oder eines Datenbankmemos ist nur zur Laufzeit verfügbar. Sie sollten der Eigenschaft Text nicht oft einen neuen Wert zuweisen. Falls die Datenmenge den Status »nur lesen« bekommt, wenn der neue Wert Text zugewiesen wird, würde sich der Feldinhalt nicht ändern. Dazu sollten Sie den Wert des darunterliegenden Feldes durch Einsatz der Eigenschaft Field der Editierzeile ändern.

Beispiel:

```
DBEdit1.Field.AsString:= 'Ein neuer Text und ein neuer Wert';
```

property Top: Integer;
Die Eigenschaft Top gibt die Y-Koordinate in Pixeln der linken oberen Ecke eines Dialogelements relativ zum Formular an. Bei Formularen wird der Wert der Eigenschaft Top in Pixeln relativ zum Bildschirm angegeben.

property Visible: Boolean;
Die Eigenschaft Visible bestimmt, ob eine Komponente auf dem Bildschirm sichtbar ist (True) oder nicht (False).

property Width: integer;
Die Eigenschaft Width bestimmt die Breite einer Komponente, gemessen in Pixeln.

Ereignisse:

property OnChange: TNotifyEvent;
Das Ereignis OnChange erscheint, wenn der Inhalt einer Komponente oder eines Objekts sich ändert. Bei grafischen Objekten tritt OnChange ein, wenn sich die Grafik, die vom Objekt gekapselt wird, ändert. Zum Beispiel tritt das Ereignis OnChange für einen Stift ein, wenn die Eigenschaften Color, Mode, Style oder Width des TPen-Objekts geändert werden. Bei Komponenten tritt OnChange ein, wenn der Hauptwert oder die Hauptwerte der Komponente geändert werden.

Bei Kombinationsfenstern tritt das Ereignis OnChange auch ein, wenn ein Element in der aufklappbaren Liste gewählt wird. Bei String-Listen-Objekten tritt das Ereignis

OnChange ein, wenn sich eine Änderung für einen String ergibt, der in der String-Liste gespeichert ist.

OnChange ist vom Typ

```
TNotifyEvent = procedure (Sender: TObject) of object;
```

Der Typ TNotifyEvent weist auf eine Methode, die das Anklicken eines Objekts behandelt. Der Parameter Sender ist das Dialogelement, das angeklickt wurde.

property OnClick: TNotifyEvent;
Das Ereignis OnClick erscheint, wenn der Benutzer auf die Komponente klickt. In einem Formular tritt OnClick ein, wenn der Benutzer auf eine freie Stelle im Formular oder auf eine inaktive Komponente klickt.

OnClick ist vom Typ

```
TNotifyEvent = procedure (Sender: TObject) of object;
```

Der Typ TNotifyEvent weist auf eine Methode, die das Anklicken eines Objekts behandelt. Der Parameter Sender ist das Dialogelement, das angeklickt wurde.

property OnDblClick: TNotifyEvent;
Das Ereignis OnClick erscheint, wenn der Benutzer auf die Komponente einen Doppelklick ausführt. In einem Formular tritt das Ereignis OnDblClick ein, wenn der Benutzer auf eine freie Stelle im Formular oder auf eine inaktive Komponente einen Doppelklick ausführt.

OnDblClick ist vom Typ

```
TNotifyEvent = procedure (Sender: TObject) of object;
```

Der Typ TNotifyEvent weist auf eine Methode, die das Doppelklicken eines Objekts behandelt. Der Parameter Sender ist das Dialogelement, das mit einem Doppelklick bearbeitet wurde.

property OnDragDrop: TDragDropEvent;
Das Ereignis OnDragDrop tritt ein, wenn der Anwender ein gezogenes Objekt ablegt. Verwenden Sie die Ereignisbehandlungs-Routine OnDragDrop, um festzulegen, was passieren soll, wenn der Anwender ein Objekt ablegt.

OnDragClick ist vom Typ

```
TDragDropEvent = procedure(Sender, Source: TObject; X, Y: Integer) of object;
```

Der Typ TDragDropEvent zeigt auf eine Methode, die das Ablegen eines gezogenen Objekts behandelt. Der Parameter Source des Ereignisses OnDragDrop ist das abzulegende Objekt und der Parameter Sender ist das Dialogelement, auf dem das Objekt abgelegt wurde. Die Parameter X und Y sind die Koordinaten des Mauszeigers, der über dem Dialogelement positioniert wird.

property OnDragOver: TDragOverEvent;
Das Ereignis OnDragOver tritt ein, wenn der Anwender ein Objekt über eine Komponente zieht.

Üblicherweise werden Sie ein Ereignis OnDragOver verwenden, um ein Objekt zu akzeptieren, damit der Anwender es ablegen kann.

OnDragClick ist vom Typ

```
TDragOverEvent = procedure(Sender, Source: TObject; X, Y: Integer;
                    State: TDragState; var Accept: Boolean) of object;
```

Der Typ TDragOverEvent zeigt also auf eine Methode, die das Ziehen eines Objekts über ein anderes Objekt behandelt. Der Parameter Source ist das gezogene Objekt, Sender ist das Objekt, über das Source gezogen wurde, X und Y sind die Koordinaten des Mauszeigers, der über dem Dialogelement positioniert wird in Pixeln. State ist der Status des gezogenen Objekts in Verbindung zum darübergezogenen Objekt, und Accept legt fest, ob der Sender das Ziehobjekt erkennt. Accept wird nicht per Voreinstellung auf True oder False gesetzt; Sie müssen die passenden Werte selbst zuweisen.

Das Ereignis OnDragOver akzeptiert ein Objekt, wenn der Parameter Accept True ist. Durch Ändern des Werts der Eigenschaft DragCursor können Sie das Erscheinungsbild des Cursors beeinflussen. Dies können Sie entweder während des Entwickelns oder zur Laufzeit, bevor ein Ereignis OnDragOver eintritt, durchführen.

property OnEndDrag: TEndDragEvent;
Das Ereignis OnEndDrag tritt immer dann ein, wenn das Ziehen eines Objekts abgeschlossen oder abgebrochen wird. Wenn Sie eine besondere Behandlung haben möchten, wenn das Ziehen beendet wird, verwenden Sie die Ereignisbehandlungs-Routine OnEndDrag.

OnEndDrag ist vom Typ

```
TEndDragEvent = procedure(Sender, Target: TObject; X, Y: Integer) of object;
```

Der Typ TEndDragEvent zeigt also auf eine Methode, die das Anhalten des Ziehens eines Objekts behandelt. Der Sender ist das Objekt, das gezogen wird, Target ist das Objekt, zu dem Sender hingezogen wird, und X und Y sind die dazugehörigen Bildschirmkoordinaten des Mauszeigers, der über dem Dialogelement positioniert wird. Falls das gezogene Objekt abgelegt und durch das Dialogelement akzeptiert wurde, ist der Parameter Target des Ereignisses OnEndDrag True. Wenn das Objekt nicht erfolgreich abgelegt wurde, beträgt der Wert von Target Nil.

property OnEnter: TNotifyEvent;
OnEnter tritt ein, wenn eine Komponente aktiviert wird. Wenn Sie eine besondere Behandlung festlegen möchten, wenn eine Komponente aktiviert wird, verwenden Sie die Ereignisbehandlungsroutine OnEnter.

OnEnter erscheint nie, wenn Sie zwischen Formularen oder einer anderen Windows-Anwendung und Ihrer Anwendung umschalten. OnEnter für eine Komponente des Typs TPanel oder THeader tritt nie ein, da Bedienfelder oder Header keinen Fokus erhalten können. Somit ist dort OnEnter vollkommen nutzlos. Sie haben diese Ereignisbehandlung aber geerbt.

OnEnter ist vom Typ

```
TNotifyEvent = procedure (Sender: TObject) of object;
```

Der Typ TNotifyEvent weist auf eine Methode, die das Doppelklicken eines Objekts behandelt. Der Parameter Sender ist das Dialogelement, das mit einem Doppelklick bearbeitet wurde.

property OnExit: TNotifyEvent;
OnExit erscheint, wenn der Eingabefokus einer Komponente an eine andere übergeben wird. OnExit tritt nicht ein, wenn Sie zwischen Formularen oder zwischen einer Windows-Anwendung und Ihrer Anwendung umschalten. OnExit tritt bei den Komponenten Panel und Speedbutton nicht ein, da diese niemals den Fokus erhalten.

OnExit ist vom Typ

```
TNotifyEvent = procedure (Sender: TObject) of object;
```

Der Typ TNotifyEvent weist auf eine Methode, die das Doppelklicken eines Objekts behandelt. Der Parameter Sender ist das Dialogelement, das mit einem Doppelklick bearbeitet wurde.

property OnKeyDown: TKeyEvent;
OnKeyDown tritt ein, wenn der Anwender irgendeine Taste drückt, während die Komponente den Fokus hat. Verwenden Sie OnKeyDown, um eine besondere Behandlung festzulegen, die ausgeführt wird, wenn eine Taste gedrückt wird. Der Handler OnKeyDown kann auf alle Tasten der Tastatur, einschließlich Funktionstasten und Tastenkombinationen mit den Tasten UMSCHALT, ALT und STRG sowie betätigten Maustasten reagieren.

OnKeyDown ist vom Typ

```
TKeyEvent = procedure (Sender: TObject; var Key: Word; Shift: TShiftState)
                of object;
```

Der Typ TKeyEvent weist auf eine Methode, die Tastaturereignisse verarbeitet. Der Parameter Key steht für die Taste und Shift und kann die folgenden Werte annehmen:

ssShift	UMSCHALTTASTE (SHIFT) wird festgehalten
ssAlt	linke ALT-Taste wird festgehalten
[ssAlt, ssCtrl]	ALTGR-Taste wird festgehalten
ssCtrl	Taste STRG wird festgehalten
ssLeft	Linke Maustaste wird festgehalten
ssMiddle	Mittlere Maustaste wird festgehalten
ssDouble	Rechte und linke Maustaste werden gleichzeitig festgehalten

property OnKeyPress: TKeyPressEvent;
OnKeyPress erscheint, wenn der Anwender eine einzelne Zeichentaste drückt.

OnKeyPress ist vom Typ

```
TKeyPressEvent = procedure (Sender: TObject; var Key: Char) of object;
```

TKeyPressEvent weist auf eine Methode, die einen Tastendruck für ein einzelnes Zeichen verarbeitet. Der Parameter Key gibt die Taste an. Der Parameter Key ist vom Typ Char; deshalb registriert OnKeyPress das ASCII-Zeichen der gedrückten Taste. Tasten, die nicht mit einem ASCII-Zeichen übereinstimmen (UMSCHALT oder F1, beispielsweise) werden kein OnKeyPress erzeugen. Tastenkombinationen (wie UMSCHALT+A) erzeugen nur ein Ereignis des Typs OnKeyPress (in diesem Beispiel ergibt UMSCHALT+A einen Wert Key von »A«, wenn die FESTSTELLTASTE ausgeschaltet ist). Falls Sie auf Nicht-ASCII-Tasten oder Tastenkombinationen reagieren möchten, verwenden Sie die Ereignisbehandlungsroutinen OnKeyDown oder OnKeyUp.

property OnKeyUp: TKeyEvent;
OnKeyUp tritt ein, wenn der Anwender die gedrückte Taste wieder losläßt. OnKeyUp kann auf alle Tasten der Tastatur, einschließlich Funktionstasten und Tastenkombinationen mit den Tasten UMSCHALT, ALT und STRG sowie betätigten Maustasten reagieren.

```
TKeyEvent = procedure (Sender: TObject; var Key: Word; Shift: TShiftState)
                      of object;
```

Der Typ TKeyEvent weist auf eine Methode, die Tastaturereignisse verarbeitet. Der Parameter Key steht für die Taste und Shift und kann die folgenden Werte annehmen:

ssShift	UMSCHALTTASTE (SHIFT) wird festgehalten
ssAlt	linke ALT-Taste wird festgehalten
[ssAlt, ssCtrl]	ALTGR-Taste wird festgehalten
ssCtrl	Taste STRG wird festgehalten
ssLeft	Linke Maustaste wird festgehalten
ssMiddle	Mittlere Maustaste wird festgehalten
ssDouble	Rechte und linke Maustaste werden gleichzeitig festgehalten

property OnMouseDown: TMouseEvent;
Das Ereignis OnMouseDown tritt ein, wenn der Anwender eine Maustaste zu dem Zeitpunkt drückt, an dem sich der Mauszeiger über einem Dialogelement.

OnMouseDown ist vom Typ

```
TMouseEvent=procedure (Sender: TObject; Button: TMouseButton; Shift: TShiftState;
                       X, Y: Integer) of object;
```

Der Typ TMouseEvent weist auf eine Methode zur Bearbeitung von Maustasten-Ereignissen. Der Parameter Button gibt an, welche Maustaste gedrückt wurde, während Shift Auskunft darüber gibt, welche UMSCHALT- (UMSCHALT, STRG oder ALT) bzw. Maustasten gedrückt waren, während die das Mausereignis verursachende Maustaste gedrückt oder losgelassen wurde. X und Y sind die Bildschirmkoordinaten des Mauszeigers in Pixeln. Der Parameter Button des Ereignisses OnMouseDown zeigt an, welche Maustaste gedrückt wurde. Durch Verwenden des Parameters Shift der Ereignisbehandlungs-Routine OnMouseDown können Sie auf den Status der

Maus- und Umschalttasten reagieren. Umschalttasten sind die Tasten UMSCHALT, STRG und ALT.

property OnMouseMove: TMouseMoveEvent;
Das Ereignis OnMouseMove tritt ein, wenn der Anwender den Mauszeiger bewegt und dieser sich bereits über einem Dialogelement befindet.

OnMouseMove ist vom Typ

```
TMouseMoveEvent = procedure(Sender: TObject; Shift: TShiftState; X, Y: Integer)
                    of object;
```

Der Typ TMouseMoveEvent zeigt also auf eine Methode, die Mausereignisse infolge einer Mausbewegung verarbeitet. Der Parameter Button gibt an, welche Maustaste gedrückt wurde, während Shift anzeigt, welche UMSCHALT- (UMSCHALT, STRG oder ALT) bzw. Maustasten während der Mausbewegung gedrückt waren. X und Y sind die Bildschirmkoordinaten des Mauszeigers in Pixeln. Durch Verwenden des Parameters Shift können Sie auf den Status der Maus- und Umschalttasten reagieren. Umschalttasten sind die Tasten UMSCHALT, STRG und ALT.

property OnMouseUp: TMouseEvent;
Das Ereignis OnMouseUp tritt ein, wenn der Anwender die gedrückte Maustaste wieder freigibt, wenn sich der Mauszeiger über einer Komponente befindet.

Die Ereignisbehandlungs-Routine OnMouseUp kann auf Betätigungen der rechten, mittleren und linken Maustasten reagieren sowie auf Maustastenkombinationen mit Umschalttasten (Tasten UMSCHALT, STRG und ALT).

OnMouseUp ist vom Typ

```
TMouseEvent = procedure (Sender: TObject; Button: TMouseButton;
                    Shift: TShiftState; X, Y: Integer) of object;
```

Der Typ TMouseEvent zeigt also auf eine Methode zur Bearbeitung von Maustasten-Ereignissen hin. Der Parameter Button gibt an, welche Maustaste gedrückt wurde, während Shift Auskunft darüber gibt, welche UMSCHALT- (UMSCHALT, STRG oder ALT) bzw. Maustasten gedrückt waren, während die das Mausereignis verursachende Maustaste gedrückt oder losgelassen wurde. X und Y sind die Bildschirmkoordinaten des Mauszeigers in Pixeln.

Methoden:

procedure BeginDrag(Immediate: Boolean);
Die Methode BeginDrag leitet den Ziehvorgang einer Komponente ein. Wenn der Parameter Immediate auf True gesetzt ist, wird der Mauszeiger auf den Wert der Eigenschaft DragCursor gesetzt und der Ziehvorgang beginnt. Ist Immediate False, wird der Mauszeiger nicht auf den Wert der Eigenschaft DragCursor gesetzt, und der Ziehvorgang wird erst eingeleitet, wenn der Anwender den Mauszeiger mindestens um 5 Pixel bewegt. Auf diese Weise kann die Komponente Mausklicks akzeptieren, ohne einen Ziehvorgang einzuleiten.

Ihre Anwendung muß die Methode BeginDrag zum Einleiten eines Ziehvorgangs nur aufrufen, wenn DragMode auf dmManual gesetzt ist.

procedure BringToFront;
Die Methode BringToFront setzt eine Komponente innerhalb einer übergeordneten Komponente vor alle anderen Komponenten. BringToFront hilft insbesondere sicherzustellen, daß ein Formular sichtbar ist. Verwenden Sie diese Methode, wenn Sie die Reihenfolge überlappender Komponenten in einem Formular neu festlegen wollen.

Die Reihenfolge, in der Komponenten übereinander gelagert werden (Z-Reihenfolge), hängt davon ab, ob es sich um fensterähnliche oder um nicht-fensterähnliche Komponenten handelt. Die Reihenfolge arbeitet nach dem Prinzip, daß die zuletzt eingefügte Komponente die oberste und damit sichtbare Komponente ist.

Mit der Methode BringToFront einer Komponente würde diese Komponente ganz nach oben auf den Stapel kommen und somit sichtbar sein.

Bei der Stapelung ist zu beachten, daß fensterähnliche Komponenten immer auf nicht-fensterähnlichen Komponenten gestapelt werden. Ein Aufruf von BringToFront einer nicht-fensterähnlichen Komponente bewirkt also gar nichts, wenn oben auf dem Stapel eine fensterähnliche Komponente liegt.

Die folgenden Komponenten zählen zu den fensterähnlichen Komponenten:

BitBtn	DBNavigator	MediaPlayer
Button	DBRadioGroup	Memo
CheckBox	DirectoryListBox	Notebook
ComboBox	DrawGrid	OLEContainer
DBCheckBox	DriveComboBox	Outline
DBComboBox	Edit	Panel
DBEdit	FileListBox	RadioButton
DBGrid	FilterComboBox	RadioGroup
DBImage	Form	ScrollBar
DBListBox	GroupBox	ScrollBox
DBLookupCombo	Header	StringGrid
DBLookupList	ListBox	TabbedNotebook
DBMemo	MaskEdit	TabSet

Die nun folgenden Komponenten zählen zu den nicht-fensterähnlichen Komponenten:

Bevel	Label	SpeedButton
DBText	PaintBox	Image
Shape		

function CanFocus: Boolean;
CanFocus stellt fest, ob eine Komponente den Eingabefokus erhalten kann. CanFocus gibt True zurück, wenn die Eigenschaften Visible und Enabled sowohl der Komponente als auch der übergeordneten Komponenten auf True gesetzt sind. Sind nicht

alle Eigenschaften Visible und Enabled dieser Komponenten auf True gesetzt, liefert CanFocus False zurück.

procedure Clear;
Die Art und Weise der Methode Clear hängt von den jeweiligen Komponenten ab:

Clear für die Standard-Komponenten:

TClipboard	TDBEdit	TFileListBox
TList	TDBListBox	TFilterComboBox
TStringList	TDBMemo	TListBox
TStrings	TDirectoryListBox	TMaskEdit
TComboBox	TDriveComboBox	TMemo
TDBComboBox	TEdit	Toutline

Clear löscht alle Texteintragungen beziehungsweise Text-Einträge aus den Komponenten. Beim TClipboard wird der gesamte Inhalt der Zwischenablage gelöscht, vor allem geschieht dies bei bei CopY- und bei Cut-Ereignissen automatisch bevor Daten in das Clipboard eingefügt werden.

Clear für die Feldkomponenten:

TBCDField	TCurrencyField	TGraphicField
TStringField	TBlobField	TDateField
TIntegerField	TTimeField	TBooleanField
TDateTimeField	TMemoField	TVarBytesField
TBytesField	TFloatField	TSmallintField
TWordField		

Clear setzt den Wert des Feldes auf NULL.

Clear für die Komponente TFieldDefs:

Clear setzt alle Werte der Eigenschaft Items zurück. Dadurch werden alle Objekte vom Typ TFieldDef aus der Komponente TFieldDefs gelöscht.

Clear für die Komponente TIndexDefs:

Clear setzt alle Werte der Eigenschaft Items zurück. Dadurch werden alle Objekte vom Typ TIndexDef aus der Komponente TFieldDefs gelöscht.

Clear für die Komponente TParam:

Clear setzt die Komponente zurück, also auf 0 und löscht alle bisher zugewiesenen Daten. Die Eigenschaften Name, DataType und ParamType bleiben unverändert.

Clear für die Komponente TParams:

Clear löscht alle Parameterinformationen aus der Eigenschaft Items.

procedure ClearSelection;
ClearSelection löscht den ausgewählten beziehungsweise markierten Text aus der Komponente.

function ClientToScreen(Point: TPoint): TPoint;
Die Methode ClientToScreen übersetzt den angegebenen Punkt aus Client-Bereichskoordinaten in globale Bildschirmkoordinaten. In Client-Bereichskoordinaten entspricht der Punkt (0, 0) der oberen linken Ecke des Client-Bereichs der Komponente. In Bildschirmkoordinaten entspricht (0, 0) der oberen linken Ecke des Bildschirms. Mit den Methoden ClientToScreen und ScreenToClient rechnen Sie Positionen aus dem Koordinatensystem einer Komponente A in das Koordinatensystem einer Komponente B um.

Beispiel: Umrechnung der Koordinaten einer Komponente A in die Koordinaten einer Komponente B (TPoint ist ein Record mit den Feldern X und Y):

```
TPoint =  record
       X  : integer;
       Y  : integer;
END;
VAR
   Koord: TPoint;
Koord:= B.ScreenToClient(A.ClientToScreen(Koord));
```

procedure CopyToClipboard;
CopyToClipboard kopiert den in der Komponente markierten Text in die Zwischenablage. Bei TDBImage wird das markierte Bild in das Clipboard kopiert.

constructor Create;
Create weist Speicher zu, um das Objekt und damit die Komponente zu erzeugen und nach Bedarf seine Daten zu initialisieren. Jedes Objekt kann eine Methode Create besitzen, die individuell so angepaßt ist, daß sie diese bestimmte Art von Objekt erzeugt. Im Normalfall benötigen Sie diese Methoden nicht, da Borland Delphi alles unternimmt, um Ihre Anwendung und die darin enthaltenen Komponenten zu erzeugen. Sollten Sie allerdings ein Ereignis oder die Initialisierung eines Wertes einer selbst geschaffenen Komponente zur Zeit der Erzeugung einstellen wollen, dann können Sie dies in der Methode Create erledigen. Dazu benötigen Sie aber genaue Kenntnisse und Techniken der OOP. Ansonsten sollten Sie Create unverändert lassen und nicht aufrufen.

procedure CutToClipboard
CutToClipboard kopiert den in der Komponente markierten Text in die Zwischenablage und löscht den Text aus der Komponente. Bei TDBImage wird das markierte Bild gelöscht und in das Clipboard kopiert.

function Dragging: Boolean;
Die Methode Dragging gibt an, ob eine Komponente gezogen wird. Wenn Dragging True zurückgibt, wird die Komponente gezogen.

procedure EndDrag(Drop: Boolean);
Die Methode EndDrag verhindert, daß eine Komponente weiter gezogen wird. Wenn der Parameter Drop True ist, wird die gezogene Komponente abgelegt. Ist Drop False, wird die Komponente nicht abgelegt und der Vorgang wird abgebrochen.

function FindComponent(const AName: string): TComponent;
Die Methode FindComponent gibt im Array Components die Komponente zurück, deren Name zum String im Parameter AName paßt. FindComponent beachtet dabei keine Groß-/Kleinschreibung.

Beispiel: Es existiert ein Button Button1 in Ihrer Anwendung. Um die eigentliche Komponente TButton1 im Array Components zurückzugeben, rufen Sie FindComponents wie folgt auf:

```
FindComponents('Button1');
```

function Focused: Boolean;
Focused wird verwendet, um zu bestimmen, ob ein Fensterdialogelement den Fokus besitzt und deshalb das aktive Dialogelement in ActiveControl ist.

procedure Free;
Die Methode Free entfernt das Objekt und gibt den dazugehörigen Speicher frei. Haben Sie das Objekt unter Verwendung der Methode Create erzeugt, so benutzen Sie zum Entfernen und für die Freigabe des Speichers die Methode Free. Free gelingt auch dann, wenn das Objekt selbst nicht mehr existiert (zum Beispiel durch einen vorherigen Aufruf von Free. Delphi erledigt dies für Objekte der Bibliothek visueller Komponenten automatisch.

Sie sollten also niemals eine Komponente innerhalb Ihrer Anwendung entfernen.

Falls Sie ein Formular freigeben wollen, rufen Sie die Methode Release auf, um das Formular zu löschen und dessen benutzten Speicher freizugeben.

function GetSelTextBuf(Buffer: PChar; BufSize: Integer): Integer;
GetSelTextBuf kopiert den markierten Text aus einer Komponente in den Puffer, auf den der Parameter Buffer Buffer weist. Der Parameter BufSize bezeichnet dabei die Größe des Puffers (in Anzahl der Zeichen) beziehungsweise nach Ausführung der Methode die Anzahl der kopierten Zeichen.

function GetTextBuf(Buffer: PChar; BufSize: Integer): Integer;
Die Methode GetTextBuf holt den Text der Komponente und kopiert ihn in den Puffer als Null-terminierten String (Ende der Zeichenkette wird mit 0 angegeben), auf den Buffer zeigt. Die maximale Länge des Strings wird mit BufSize (siehe dazu GetTextLen) festgelegt. In BufSize wird nach der Ausführung die Anzahl der Zeichen des Strings zu finden sein. Diese Methode ist vor allem dann sehr nützlich, wenn mit Strings größer als 256 Zeichen gearbeitet wird. Der Typ STRING kann nicht mehr als 256 Zeichen aufnehmen. Dabei entfällt aber das erste Element in diesem Typ auf die Längenangabe des Strings, so daß nur noch maximal 255 Zeichen möglich sind. Ein PChar ist ein Zeiger auf das erste Zeichen einer Zeichenkette. Eine derart definierte Zeichenkette besitzt keine Längenangabe, sondern trägt eine 0 am Ende der Kette,

daher auch der Name Null-terminierter String. Ein PChar kann die maximale Größe von 64 Kbyte erreichen. Die maximale Anzahl der Zeichen ist also auf 64 Kbyte und nicht auf 255 Zeichen beschränkt (siehe auch GetTextLen und SetTextBuf).

function GetTextLen: Integer;
Die Methode GetTextLen gibt die Länge des Textes der Komponente zurück. Dieser Wert kann für BufSize in GetTextBuf verwendet werden (siehe auch GetTextBuf und SetTextBuf).

procedure Hide;
Die Methode Hide versteckt eine Komponente, sie ist also nicht mehr auf dem Bildschirm sichtbar. Dabei wird die Eigenschaft Visible auf False gesetzt. Dabei ist eine Komponente aber weiterhin aktiv, das heißt kann bearbeitet werden.

procedure InsertComponent(AComponent: TComponent);
InsertComponent macht die Komponente zum Besitzer der im Parameter AComponent übergebenen Komponente. Die Komponente wird am Ende der Array-Eigenschaft Components hinzugefügt. Die eingefügte Komponente darf keinen Namen haben (keinen für die Eigenschaft Name spezifizierten Wert) oder der Name muß sich eindeutig von allen anderen in der Components-Liste unterscheiden. Wird die Besitzerkomponente entfernt, so wird auch AComponent gelöscht.

procedure Invalidate;
Die Methode Invalidate erzwingt das Neuzeichnen einer Komponente sobald dies möglich ist.

procedure PasteFromClipboard;
PasteFromClipboard kopiert den Inhalt der Zwischenablage in die Komponente an die Position des aktuellen Cursors.

procedure Refresh;
Die Methode Refresh reagiert je nach Art der Komponente, ob Daten oder die Komponenten selbst neu gezeichnet werden. Die Methode Refresh kann also jedes Bild auf dem Bildschirm löschen und alle Dialogelemente neu zeichnen beziehungsweise Datensätze einer Datei erneut einlesen.

Innerhalb der Implementation von Refresh beim Neuzeichnen von Komponenten wird erst die Methode Invalidate und dann die Methode Update aufgerufen.

Beim Refresh von Daten ist zu beachten: Durch Refresh können sich die angezeigten Daten unerwartet verändern und den Anwender verwirren. Ein Dialog oder eine andere Mitteilung, die dem Anwender den Refresh der Daten mitteilt, wäre somit wohl angebracht und von äußerster Nützlichkeit.

procedure RemoveComponent(AComponent: TComponent);
RemoveComponent entfernt die Komponente, die im Parameter AComponent festgelegt ist, aus der Komponentenliste Components. Die Position in der Liste wird zu Nil.

procedure Repaint;
Die Methode Repaint fordert das Dialogelement auf, dessen Bild auf dem Bildschirm neu zu zeichnen, ohne jedoch das bereits Dargestellte zu löschen. Um vor dem Neuzeichnen zu löschen, müssen Sie anstelle von Repaint die Methode Refresh aufrufen.

procedure ScaleBy(M, D: Integer);
Die Methode ScaleBy skaliert eine Komponente um einen Prozentsatz ihrer ursprünglichen Größe. Der Parameter M ist der Multiplikator und der Parameter D der Divisor. Wenn Sie beispielsweise die Größe des Dialogelements auf 66% seines ursprünglichen Formats ändern möchten, geben Sie in M den Wert 66 und in D den Wert 100 an (66/100). Bei der Vergrößerung gehen Sie einfach den umgekehrten Weg: Vergrößerung um 66% bedeutet nichts anderes als M=166 und D=100.

function ScreenToClient(Point: TPoint): TPoint;
Die Methode ScreenToClient wird verwendet, um den Koordinatenpunkt in Pixeln der Komponente auf dem Bildschirm zu bestimmen. ScreenToClient gibt die X- und Y-Koordinaten in einem Record des Typs TPoint zurück.

procedure ScrollBy(DeltaX, DeltaY: Integer);
ScrollBy scrollt den Inhalt einer Komponente. Statt mit der Methode ScrollBy sollten Sie im Normalfall lieber mit den eingebauten Bildlauf-Leisten arbeiten, es sei denn, diese Leisten wären für Ihre Programm-Idee aus irgendeinem Grund nicht brauchbar.

DeltaX enthält die Veränderung in Pixeln in Richtung der X-Achse. Ein positiver Wert von DeltaX verschiebt den Inhalt nach rechts, ein negativer Wert verschiebt den Inhalt nach links. DeltaY bezeichnet die Veränderungen in Pixeln in Richtung der Y-Achse. Ein positiver Wert von DeltaY verschiebt den Inhalt nach unten, ein negativer Wert verschiebt den Inhalt nach oben.

procedure SelectAll;
SelectAll wählt den gesamten Inhalt einer Komponente (Text oder Bild) aus.

procedure SendToBack;
Die Methode SendToBack setzt eine Komponente innerhalb einer übergeordneten Komponente hinter alle anderen Komponenten. Die Reihenfolge, in der Komponenten übereinander gelagert werden (Z-Reihenfolge), hängt davon ab, ob es sich um fensterähnliche oder um nicht-fensterähnliche Komponenten handelt. Die Reihenfolge arbeitet nach dem Prinzip, daß die zuletzt eingefügte Komponente die oberste und damit sichtbare Komponente ist.

Mit der Methode SendToBack einer Komponente würde diese Komponente ganz nach unten auf den Stapel kommen und somit nicht sichtbar sein.

Bei der Stapelung ist zu beachten, daß fensterähnliche Komponenten immer auf nicht-fensterähnlichen Komponenten gestapelt werden. Ein Aufruf von SendToBack einer fensterähnlichen Komponenten bewirkt also gar nichts, wenn unter dem Stapel eine nicht-fensterähnliche Komponente liegt (siehe auch BringToFront).

Die folgenden Komponenten zählen zu den fensterähnlichen Komponenten:

BitBtn	DBNavigator	MediaPlayer
Button	DBRadioGroup	Memo
CheckBox	DirectoryListBox	Notebook
ComboBox	DrawGrid	OLEContainer
DBCheckBox	DriveComboBox	Outline
DBComboBox	Edit	Panel
DBEdit	FileListBox	RadioButton
DBGrid	FilterComboBox	RadioGroup
DBImage	Form	ScrollBar
DBListBox	GroupBox	ScrollBox
DBLookupCombo	Header	StringGrid
DBLookupList	ListBox	TabbedNotebook
DBMemo	MaskEdit	TabSet

Die nun folgenden Komponenten zählen zu den nicht-fensterähnlichen Komponenten:

Bevel	Label	SpeedButton
DBText	PaintBox	Image
Shape		

procedure SetBounds(ALeft, ATop, AWidth, AHeight: Integer);
Die Methode SetBounds setzt die Begrenzungseigenschaften der Komponente, Left, Top, Width und Height auf die Werte, die in den entsprechenden Werten ALeft, ATop, AWidth und AHeight übergeben werden. SetBounds erlaubt Ihnen, mehr als eine Begrenzungseigenschaft der Komponente zur gleichen Zeit einzustellen. Obwohl Sie immer einzelne Begrenzungen einstellen können, erlaubt Ihnen die Verwendung von SetBounds, mehrere Änderungen auf einmal durchzuführen, ohne daß jedesmal das Dialogfenster neu gezeichnet werden muß.

procedure SetFocus;
SetFocus übergibt den Fokus an die Komponente. Bei Formularen ruft das jeweilige Formular die Methode SetFocus des standardmäßig aktiven Dialogelements auf.

procedure SetSelTextBuf(Buffer: PChar);
SetSelTextBuf ersetzt den markierten Text einer Komponente durch den Text aus dem mit Buffer angezeigten Puffer.

procedure SetTextBuf(Buffer: PChar);
Die Methode SetTextBuf ersetzt den Text in einer Komponente durch den Text in Buffer. Buffer muß auf einen mit Null abgeschlossenen String zeigen. (siehe auch GetTextBuf und GetTextLen).

procedure Show;
Die Methode Show bringt eine Komponente sichtbar auf dem Bildschirm, indem die Eigenschaft Visible auf True eingestellt wird. Falls die Methode Show eines Formulars aufgerufen wird und das Formular ist undurchsichtig, versucht Show das Formular sichtbar zu machen, indem sie das Formular mit der Methode BringToFront in

den Vordergrund bringt. Ein Formular verfügt zusätzlich über die Methode Show-Modal, um einen modalen Dialog erzeugen zu können. Ein modaler Dialog muß bearbeitet und geschlossen werden. Ein SendToBack hätte also keinen Erfolg.

procedure Update;
In der Methode Update wird die API-Funktion UpdateWindow von Windows aufgerufen, die alle beim Zeichnen entstandenen und noch nicht erledigten Meldungen bearbeitet.

UpdateWindows ist definiert als

```
procedure UpdateWindow(Wnd: HWnd);
```

Die Routine UpdateWindow aktualisiert den Client-Bereich des angegebenen Fensters, indem sie eine WM_PAINT-Meldung an das Fenster sendet, wenn der Aktualisierungsbereich für das Fenster nicht leer ist. Die Routine UpdateWindow sendet eine WM_PAINT-Meldung unter Umgehung der Anwendungswarteschlange direkt an die Fensterfunktion des gegebenen Fensters. Wenn der Aktualisierungsbereich leer ist, wird keine Meldung gesendet. Der Parameter Wnd bezeichnet das Fenster oder besser das Handle des Fensters, das aktualisiert werden soll.

procedure ValidateEdit;
ValidateEdit prüft die Eingabe (also den Wert der Eigenschaft Text) auf fehlende oder falsche Zeichen. Wird ein solches Zeichen gefunden, wird die Exception EDB-EditError ausgelöst. Andernfalls kann man sicher sein, daß alle benötigten Zeichen auch eingegeben worden sind.

Komponentenname:	Outline
Klassenname:	TOutline

Beschreibung:

Outline wird für vielstufige Datenstrukturen verwendet. Man benutzt solche Strukturen, um Information visuell in einem hierarchischen Baum zu organisieren. Jedes Element einer Struktur ist in einem Objekt TOutlineNode enthalten. Eine mögliche Anwendugen ist zum Beispiel die Baumstruktur der Verzeichnisse einer Festplatte.

Eigenschaften:

property Align: TAlign;
Die Eigenschaft Align legt fest, wie Dialogelemente zum Beispiel im Formular ausgerichtet werden. Mögliche Werte:

alNone	Die Komponente bleibt an der Einfügeposition im Formular (Standardeinstellung).
alTop	Die Komponente wird an die Oberkante des Formulars verschoben und an seine Breite angepaßt. Die Höhe der Komponente bleibt unverändert.

alBottom	Die Komponente wird an die Unterkante des Formulars verschoben und an seine Breite angepaßt. Die Höhe der Komponente bleibt unverändert.
alLeft	Die Komponente wird an die linke Kante des Formulars verschoben und an seine Höhe angepaßt. Die Breite der Komponente bleibt unverändert.
alRight	Die Komponente wird an die rechte Kante des Formulars verschoben und an seine Höhe angepaßt. Die Breite der Komponente bleibt unverändert.
alClient	Die Größe der Komponente wird an den Client-Bereich eines Formulars angepaßt. Ist ein Teil des Client-Bereichs bereits von einer anderen Komponente besetzt, füllt die Komponente den verbleibenden Teil des Client-Bereichs aus.

Wird zum Beispiel ein Formular, das Besitzer eines Labels ist, in der Größe verändert, werden die Komponenten innerhalb des Formulars neu ausgerichtet. Die Verwendung der Eigenschaft Align ist dann sinnvoll, wenn ein Dialogelement an einer Position des Formulars stehenbleiben soll, auch wenn sich die Größe des Formulars ändert.

property BorderStyle: TBorderStyle;
BorderStyle legt fest, ob die Komponenten einen Rahmen haben. Dies sind die möglichen Werte:

bsNone	Kein sichtbarer Rahmen
bsSingle	Rahmen mit einfacher Rahmenlinie

Weitere nur bei manchen Komponenten (mehr oder weniger sogar nur die Komponente vom Typ TForm, also ein Formular) mögliche Werte:

bsSizeable	Größenveränderlicher Standardrahmen
bsDialog	Nicht größenveränderlich; Standardrahmen für Dialogfenster

Hat eine Komponente zusätzlich die Eigenschaft AutoSize und wird diese auf True gesetzt, paßt die Komponente ihre Größe automatisch an, wenn sich die Schriftgröße des Textes ändert. Damit AutoSize wirksam wird, müssen Sie die Eigenschaft BorderStyle auf bsSingle setzen.

property BoundsRect: TRect;
Die Eigenschaft BoundsRect liefert das Begrenzungsrechteck der Komponente – ausgedrückt im Koordinatensystem des übergeordneten Dialogelements – zurück. Mit BoundsRect ersetzen und erleichtern Sie sich somit die Abfrage der einzelnen Werte für die Eigenschaften Left, Top, Width und Height.

property Canvas: TCanvas;
Canvas stellt den Zugriff auf eine Zeichenoberfläche zur Verfügung. Diese können Sie aber erst einsetzen, wenn Sie dem Ereignis OnPaint eine Methode zugeordnet haben.

property Color: TColor;
Die Eigenschaft Color legt für alle Komponenten mit Ausnahme des Dialogfensters die Farbe fest (Hintergrundfarbe eines Formulars oder eines Dialogelements oder Grafikobjekts).

Ist die Eigenschaft ParentColor auf True gesetzt, bewirkt eine Änderung der Eigenschaft Color einer Komponente A automatisch eine Änderung der Eigenschaft Color aller Komponenten, die als Besitzer die Komponente A haben. Wenn Sie der Eigenschaft Color eines Dialogelements einen Wert zuweisen, wird seine Eigenschaft ParentColor automatisch auf False gesetzt. Mögliche Werte sind:

clBlack	Schwarz
clMaroon	Rotbraun
clGreen	Grün
clOlive	Olivgrün
clNavy	Marineblau
clPurple	Violett
clTeal	Petrol
clGray	Grau
clSilver	Silber
clRed	Rot
clLime	Limonengrün
clBlue	Blau
clFuchsia	Pink
clAqua	Karibikblau
clWhite	Weiß

(Systemfarben von Windows)

clBackground	Aktuelle Windows-Hintergrundfarbe
clActiveCaption	Aktuelle Farbe der Titelleiste des aktiven Fensters
clInactiveCaption	Aktuelle Farbe der Titelleiste der inaktiven Fenster
clMenu	Aktuelle Hintergrundfarbe der Menüs
clWindow	Aktuelle Hintergrundfarbe der Fenster
clWindowFrame	Aktuelle Farbe der Fensterrahmen
clMenuText	Aktuelle Farbe vom Menütext
clWindowText	Aktuelle Farbe vom Fenstertext
clCaptionText	Aktuelle Textfarbe der Titelleiste des aktiven Fensters
clActiveBorder	Aktuelle Rahmenfarbe des aktiven Fensters
clInactiveBorder	Aktuelle Rahmenfarbe der inaktiven Fenster
clAppWorkSpace	Aktuelle Farbe des Arbeitsbereichs der Anwendung
clHighlight	Aktuelle Hintergrundfarbe vom ausgewählten Text
clHighlightText	Aktuelle Farbe vom ausgewählten Text
clBtnFace	Aktuelle Farbe einer Schalterfläche
clBtnShadow	Aktuelle Schattenfarbe eines Schalters
clGrayText	Aktuelle Farbe von grau dargestelltem Text
clBtnText	Aktuelle Farbe von Text auf einem Schalter

clInactiveCaptionText	Aktuelle Textfarbe in der Titelleiste eines inaktiven Fensters
clBtnHighlight	Aktuelle Farbe der Markierung eines Schalters

Mit einem Doppelklick auf Color öffnet sich das Farbschema von Windows, in dem Sie auch eigene Farben zusammenstellen können.

property ComponentIndex: Integer;
Die Eigenschaft ComponentIndex zeigt die Position einer Komponente in der Eigenschaftsliste Components ihres Besitzers an. Die erste Komponente in der Liste hat den ComponentIndex-Wert 0, die zweite hat den Wert 1, die dritte den Wert 2 etc. Diese Eigenschaft ist nur zur Laufzeit und dann auch nur im Read-Only-Modus benutzbar.

property Controls[Index: Integer]: TControl;
Controls ist ein Array aller untergeordneten Komponenten der Komponente. Controls ist dann von Nutzen, wenn Sie auf die untergeordneten Komponenten über die Zahl statt über den Namen zugreifen müssen.

property Ctl3D: Boolean;
Die Eigenschaft Ctl3D legt fest, ob ein Dialogelement ein dreidimensionales (3-D) oder zweidimensionales Aussehen besitzt. Wenn Ctl3D True ist, erscheint das Dialogelement dreidimensional. Die Voreinstellung von Ctl3D ist True. Wenn die Eigenschaft ParentCtl3D einer Komponente auf True gesetzt ist, verändert jede Modifikation der Eigenschaft Ctl3D des übergeordneten Dialogelements automatisch auch die Eigenschaft Ctl3D des Dialogelements.

Achtung: Damit Ctl3D überhaupt funktioniert, muß sich die dynamische Link-Bibliothek CTL3DV2.DLL im Suchpfad befinden. Idealerweise sollte diese Datei sich im System-Verzeichnis von Windows aufhalten.

property Cursor: TCursor;
Mit der Eigenschaft Cursor stellen Sie das Aussehen des Cursors ein, wenn dieser auf die Komponente zeigt.

Mögliche Werte sind:

crDefault	crArrow	crCross
crIBeam	crSize	crSizeNESW
crSizeNS	crSizeNWSE	crSizeWE
crUpArrow	crHourglass	crDrag
crNoDrop	crHSplit	crVSplit

property DragCursor: TCursor;
Die Eigenschaft DragCursor bestimmt die Form des Mauszeigers, wenn sich der Zeiger über einer Komponente befindet, die ein gezogenes Objekt akzeptieren kann. Mögliche Werte sind mit denen der Eigenschaft Cursor identisch.

property DragMode: TDragMode;
Die Eigenschaft DragMode legt das Ziehen-und-Ablegen-Verhalten einer Komponente fest. Mögliche Werte sind:

dmAutomatic   Wenn dmAutomatic ausgewählt ist, ist das Dialogelement bereit, gezogen zu werden; der Anwender klickt nur und zieht es dann.

dmManual   Wenn dmManual ausgewählt ist, kann das Dialogelement nicht gezogen werden, bevor die Anwendung die Methode Begin-Drag aufgerufen hat.

Ist die Eigenschaft DragMode einer Komponente dmAutomatic, kann die Anwendung dies zur Laufzeit durch Einstellung des Werts dmManual deaktivieren.

property Enabled: Boolean;
Die Eigenschaft Enabled bestimmt, ob die Komponente auf Maus-, Tastatur- und Timer-Ereignisse reagiert. Wenn Enabled auf True gesetzt ist, reagiert die Komponente normal. Ist Enabled hingegen False, ignoriert das Dialogelement Maus- und Tastaturereignisse. Bei einer Timer-Komponente werden die für das OnTimer-Ereignis deaktivierten Komponenten-Dialogelemente grau dargestellt.

property Font: TFont;
Die Eigenschaft Font legt den Font und die Eigenschaften des Fonts der Komponente fest. Sie haben die Möglichkeit, diese Werte im Objectinspektor zu ändern oder – wesentlich komfortabler, mit Hilfe eines Doppelklicks auf diese Eigenschaft einen Dialog zu öffnen, der alle möglichen Werte anzeigt.

property Handle: ...;
Der Typ der Eigenschaft Handle ist abhängig von der jeweiligen Komponente. Im allgemeinen gilt: Sollte eine Windows-API-Funktion ein Handle der betreffenden Komponente verlangen, dann setzen Sie dazu die jeweilige Eigenschaft Handle der betreffenden Komponente ein. Verlangt eine Windows-API-Funktion zum Beispiel das Handle Ihrer gesamten Anwendung, dann benutzen Sie am besten die Eigenschaft Handle des Objekts TApplication. Hier die Übersicht der verschiedenen Typen der Eigenschaft Handle:

Handle für die Komponenten:

Bitmap	property Handle: HBitmap;
Brush	property Handle: HBrush;
Canvas	property Handle: HDC;
Font	property Handle: HFont;
Icon	property Handle: HIcon;
Metafile	property Handle: HMetafile;
Pen	property Handle: HPen;

Handle gibt Ihnen den Zugriff auf das Handle des jeweiligen GDI-Objekts. Benötigen Sie zum Beispiel zum Aufruf einer Windows-API-Funktion ein Handle auf ein Stiftobjekt oder ein Bitmap-Objekt, dann können Sie dazu das Handle der Komponente Pen beziehungsweise der Komponente Bitmap benutzen.

Kapitel 2

Handle für das Objekt TApplication und die folgenden Komponenten:

Bevel	DBText	Memo
BitBtn	DirectoryListBox	Notebook
Button	DrawGrid	OLEContainer
CheckBox	DriveComboBox	Outline
ComboBox	Edit	PaintBox
DBCheckBox	FileListBox	Panel
DBComboBox	FilterComboBox	RadioButton
DBEdit	FindDialog	RadioGroup
DBGrid	Form	ReplaceDialog
DBImage	GroupBox	ScrollBar
DBListBox	Header	ScrollBox
DBLookupCombo	Image	Shape
DBLookupList	Label	SpeedButton
DBMemo	ListBox	StringGrid
DBNavigator	MaskEdit	TabbedNotebook
DBRadioGroup	MediaPlayer	TabSet

property Handle: HWND;
Handle ermöglicht Ihnen Zugriff auf das Handle der jeweiligen Komponente (z.B.: Fenster-Handle, Dialog-Handle etc.). Dieses Handle wird von einigen Windows-API-Funktionen beim Aufruf erwartet. Sie können in diesem Fall das Handle der jeweils betroffenen Komponente oder – falls das Handle Ihrer Anwendung gefordert wird – das Handle des Objekts TApplication übergeben.

Handle für die Komponenten:

MainMenu	MenuItem	PopupMenu

property Handle: HMENU;
Sollte eine Windows-API-Funktion ein Handle eines Menüs, Menü-Eintrags oder eines lokalen Menüs verlangen, dann können Sie dazu die Eigenschaft Handle von MainMenu, MenuItem und PopupMenu benutzen.

Handle für die Komponente Printer:

property Handle: HDC;
Handle enthält das Handle des jeweiligen Druckerobjekts TPrinter der Komponente Printer.

Handle für die Komponente DataBase:

property Handle: HDBIDB;
Um direkte Aufrufe in die Richtung des Borland Database-Engine (BDE)-API zu tätigen, benötigen Sie ein Handle der jeweiligen Datenbank-Komponente. Dazu dient Ihnen die Eigenschaft Handle der Komponente DataBase. Dies erlaubt Ihnen Zugriffe auf Funktionen des BDE-API, die nicht in die VCL-Bibliothek integriert wurden. Bevor Sie allerdings diese Funktionen aufrufen, sollten Sie prüfen, ob diese Funktion nicht doch schon in der VCL-Bibliothek gekapselt wurde.

Handle für das Objekt TSession:

Delphi erzeugt eine Komponente Session vom Typ TSession immer dann, wenn eine Anwendung ausgeführt wird. Sessions sollten nicht von Ihnen erzeugt oder zerstört werden. Session erlaubt die globale Prüfung über Datenbankverbindungen. Die Eigenschaft Databases von Session ist ein Array von allen aktiven Datenbanken in der Sitzung. Die Eigenschaft DatabaseCount vom Typ Integer gibt die Anzahl der aktiven Datenbanken in der Sitzung an.

property Handle: HDBISES;
Mit der Eigenschaft Handle können Sie direkte Aufrufe an die Borland Datenbank-Engine bezogen auf eine bestimmte Sitzung (Session/TSession), durchführen. Die Komponente Session werden Sie im Prinzip nicht benutzen müssen. Die wichtigsten Funktionen des BDE-API sind in der VCL-Bibliothek gekapselt und ersparen Ihnen diesen Weg.

Handle für die die Komponenten Table, Query und StoredProc:
property Handle: HDBICur;
Ebenfalls für direkte Zugriffe auf Funktionen des BDE-API und unter normalen Umständen nicht zu benutzen, da die wichtigsten BDP-API-Funktionen via der VCL-Bibliothek einen einfacheren Zugriff ermöglichen.

property Height: Integer;
Die Eigenschaft Height eines Dialogelements legt die Höhe der Komponente in Pixeln fest.

property HelpContext: THelpContext;
Die Eigenschaft HelpContext stellt eine Kontextnummer für die Verwendung beim Aufruf kontextbezogener Online-Hilfe bereit. Jeder Hilfebildschirm des Hilfesystems sollte eine eindeutige Kontextnummer besitzen. Ist in der Anwendung eine Komponente selektiert, so wird nach Betätigen von F1 ein Hilfebildschirm angezeigt. Welcher Hilfebildschirm angezeigt wird, hängt vom Wert der Eigenschaft HelpContext ab.

property Hint: string;
Die Eigenschaft Hint ist der Text-String, der erscheinen kann, wenn ein OnHint-Ereignis eintritt, also wenn der Benutzer den Cursor über die Komponente bewegt. Wie der String angezeigt wird, bestimmt der Code in der Ereignisbehandlungs-Routine OnHint. Sie können eine Schnellhilfe, d.h. ein Fenster, das einen Hilfetext enthält, für eine Komponente erscheinen lassen, wenn der Anwender den Mauszeiger über das Dialogelement führt und dort kurz verweilt. Dies funktioniert wie folgt:

1. Spezifizieren Sie für jede Komponente, die einen Schnellhinweis anzeigen soll, einen Hint-Wert.
2. Setzen Sie die Eigenschaft ShowHints des Bedienfelds auf True.
3. Setzen Sie die Eigenschaft ShowHint der Anwendung zur Laufzeit auf True.

Sie können Hint gleichzeitig sowohl für ein Hilfehinweisfenster als auch für die Verwendung innerhalb der Behandlungsroutine OnHint spezifizieren, indem Sie

zwei durch ein Zeichen | (das »oder« oder Pipe-Symbol) abgeteilte Werte angeben, also beispielsweise:

Edit1.Hint:= 'Aufforderung|Geben Sie den richtigen Wert ein';

Der String »Aufforderung« erscheint im Hilfehinweisfenster und der String »Geben Sie den richtigen Wert ein« erscheint wie in der Ereignisbehandlungs-Routine OnHint spezifiziert.

property ItemCount: Longint;
Die Eigenschaft ItemCount gibt die Gesamtzahl der Einträge in einer Gliederung an.

property ItemHeight: Integer;
ItemHeight bedeutet die Höhe in Pixeln eines Eintrags in der Komponente, wenn die Eigenschaft Style den Wert lsOwnerDrawFixed hat. Hat Style den Wert lsStandard oder lsOwnerDrawVariable, wird ItemHeight ignoriert.

property Items: TStrings;
Items beinhaltet Strings, die als Elemente in Listboxen erscheinen.

Der Typ TStrings von Items liefert ihnen eine Reihe von Methoden zum Bearbeiten und Einfügen der Strings, aber dazu mehr am Schluß der Definition von Items. TString hat zwar keine Möglichkeit, Strings zu speichern, kann aber die Speichermöglichkeiten der Komponente nutzen.

Mit Methoden wie Add, Delete, Insert, Move und Exchange eines String-Objekts kann man Strings hinzufügen, löschen, einfügen, bewegen und austauschen.

property ItemSeparator: String;
ItemSeparator legt den Separator-String fest, der bei Gliederungseinträgen zwischen den Text-Werten in der Eigenschaft FullPath des Objekts TOutlineNode verwendet wird. Der Vorgabewert von ItemSeparator ist »\«.

property Left: Integer;
Die Eigenschaft Left bestimmt die horizontalen Koordinaten der linken Kante einer Komponente relativ zum Formular in Pixeln. Für Formulare ist der Wert der Eigenschaft Left relativ zum Bildschirm (ebenfalls in Pixeln).

property Lines: TStrings;
Lines beinhaltet die Werte der Eigenschaft Text der einzelnen Einträge in einer Gliederung. Ist die Eigenschaft Lines eine Gliederungskomponente, so wird jede Zeile zu einem Gliederungseintrag in einem Objekt TOutlineNode. Führende Tabulatoren und Leerzeichen werden in Stufen für die Gliederung konvertiert. Text ohne führende Tabulatoren oder Leerzeichen wird zu Einträgen der Stufe 1. Um beispielsweise einen Eintrag der Stufe 2 zu erzeugen, ist dem Text des Eintrags ein Tabulator oder Leerzeichen voranzustellen.

property Name: TComponentName;
Die Eigenschaft Name enthält den Namen der Komponente wie er von anderen Komponenten für den Zugriff verwendet wird. Delphi weist als Vorgabewerte sequentielle Namen zu, die auf dem Typ der Komponente basieren, also etwa für But-

tons »Button1«, Button2« etc. Dies können Sie gemäß Ihrer Vorstellungen abändern. Komponentennamen sollten ausdrücklich nur zur Entwurfszeit geändert werden.

property Options: TOutlineOptions;
Options legt fest, wie die Elemente in einem Umriß gezeichnet werden. Mögliche Werte:

ooDrawTreeRoot	Das erste Element (Index-Wert von 1) wird durch die Umriß-baumstruktur mit dem Wurzelelement verbunden. Dies bedeutet, daß der Baum vom obersten Element des Umrisses auf alle Elemente der ersten Ebene erweitert wird. Ohne ooDrawTreeRoot werden alle Elemente der ersten Ebene ganz links im Umriß dargestellt und nicht mit dem Baum verbunden.
ooDrawFocusRect	Der Umriß zeichnet ein hervorgehobenes Rechteck um das ausgewählte Element.
ooStretchBitmaps	Der Umriß streckt Standardbitmaps (PictureLeaf, PictureOpen, PictureClosed, PicturePlus, PictureMinus), damit die Größe des Elements angeglichen wird, die durch die Größe der Schriftart Font des Texts Text bestimmt wird. Ohne ooStretchBitmap werden die Bitmaps nicht gestreckt. Sie werden abgeschnitten, wenn sie größer als die Höhe des Elementtexts sind oder füüllen den gesamten Platz des Elements nicht aus, wenn sie kleiner als der Text sind.

property OutlineStyle: TOutlineStyle;
OutlineStyle legt fest, wie die Struktur des Umrisses innerhalb der Komponente TOutLine angezeigt wird. Mögliche Werte:

osPictureText	Zeigt geöffnete Bilder (festgelegt in PictureOpen), geschlossene Bilder (festgelegt in PictureClosed), aufgeschlagene Bilder (festgelegt in PictureLeaf) und Elementtext (festgelegt in Text) an.
osPlusMinusPictureText	Zeigt ein Plus-Bild (festgelegt in PicturePlus), Minus-Bild (festgelegt in PictureMinus), geöffnetes Bild, geschlossenes Bild, aufgeschlagenes Bild und den Elementtext an.
osPlusMinusText	Zeigt ein Plus-Bild, Minus-Bild und Elementtext an.
osText	Zeigt Elementtext an.
osTreePictureText	Zeigt den Umrißbaum, ein geöffnetes Bild, geschlossenes Bild, aufgeschlagenes Bild und Elementtext an.
osTreeText	Zeigt Umrißbaum und Elementtext an.

property Owner: TComponent;
Die Eigenschaft Owner teilt Ihnen mit, welche Komponente zu welcher Komponente gehört. Dem Formular gehören alle Komponenten, die auf ihm vorhanden sind. Umgekehrt gehört das Formular zur Anwendung. Gehört eine Komponente A einer anderen Komponente B, wird der Speicher der Komponente A freigegeben, wenn der Speicher der Komponente B freigegeben wird. Es werden also folgerichtig alle

Komponenten des Formulars gelöscht, wenn das Formular gelöscht wird. Außerdem wird natürlich der Speicher für das Formular und dessen Komponenten freigegeben, wenn der Speicher der Anwendung selbst freigegeben wird.

property Parent: TWinControl;
Die Eigenschaft Parent enthält den Namen der übergeordneten Komponente. Wenn eine Komponente A eine andere Komponente B enthält, sind die in B enthaltenen Komponenten untergeordnete Komponenten von A. Wenn Ihre Anwendung beispielsweise drei Buttons in einer GroupBox enthält, dann ist die GroupBox das übergeordnete Element der drei Buttons und die Button-Schaltfelder sind der GroupBox untergeordnet.

Parent und Owner sind leider etwas verwirrend. Daher hier eine kleine Entwirrung:

Ein Formular ist der Besitzer aller darauf enthaltenen Komponenten, egal, ob sie ein Fensterelement sind oder nicht. Für unser Beispiel mit den drei Buttons und der GroupBox bedeutet dies: Der Besitzer der Buttons ist immer das Formular, aber die GroupBox ist das übergeordnete Element.

Wenn Sie einen neuen Dialog erzeugen, müssen Sie dem neuen Dialogelement einen Wert der Eigenschaft Parent zuweisen. Üblicherweise sind dies Formulare, Bedienfelder, GroupBoxen oder Dialoge, die andere Komponenten-Elemente enthalten können. Es ist möglich, jedes Element als das übergeordnete zuzuweisen, aber das darin enthaltene Dialogelement wird wahrscheinlich überschrieben.

Wird das übergeordnete Element gelöscht, werden auch alle Elemente, die ihm untergeordnet sind, gelöscht.

property ParentColor: Boolean;
Die Eigenschaft ParentColor bestimmt, wo eine Komponente nach ihrer Farbeigenschaft suchen soll. Falls ParentColor True ist, verwendet die Komponente die Farbe der Eigenschaft der übergeordneten Komponente.

Wenn ParentColor False ist, verwendet die Komponente ihre eigene Eigenschaft Color. Durch Verwendung von ParentColor können Sie sicherstellen, daß alle Komponenten auf einem Formular das gleiche Erscheinungsbild haben.

property ParentCtl3D: Boolean;
Die Eigenschaft ParentCtl3D bestimmt, wo eine Komponente nach ihrer Eigenschaft Ctl3D suchen muß. Ist ParentCtl3D auf True gesetzt, verwendet die Komponente die Dimensionen der Eigenschaft Ctl3D von dessen übergeordneter Komponente. Wenn ParentCtl3D False ist, verwendet die Komponente ihre eigene Eigenschaft Ctl3D. Durch Verwendung von ParentCtl3D stellen Sie sicher, daß alle Komponenten auf einem Formular das gleiche Erscheinungsbild haben. Wenn Sie beispielsweise möchten, daß alle Komponenten auf einem Formular ein dreidimensionales Erscheinungsbild haben, setzen Sie die Eigenschaft Ctl3D des Formulars auf True und die Eigenschaft ParentCtl3D jeder Komponente auf True.

property ParentFont: Boolean;
Die Eigenschaft ParentFont bestimmt, wo eine Komponente nach ihrer Fonteigenschaft suchen soll. Falls ParentFont True ist, verwendet die Komponente den Font der Eigenschaft der übergeordneten Komponente.

Ist ParentFont False, verwendet die Komponente ihre eigene Eigenschaft Font. Durch Verwendung von ParentFont können Sie sicherstellen, daß alle Komponenten auf einem Formular das gleiche Erscheinungsbild haben.

property ParentShowHint: Boolean;
Die Eigenschaft ParentShowHint bestimmt, wo eine Komponente nach ihrer Hinteigenschaft suchen soll. Falls ParentShowHint True ist, verwendet die Komponente die Hint-Eigenschaft der übergeordneten Komponente.

Ist ParentShowHint False, verwendet die Komponente ihre eigene Eigenschaft Hint. Durch Verwendung von ParentShowHint können Sie sicherstellen, daß alle Komponenten auf einem Formular das gleiche Erscheinungsbild haben.

property PictureClosed: TBitmap;
PictureClosed legt das Bild für ein Element fest, das Unterelemente enthält, aber dessen Unterelemente nicht angezeigt werden. Standard ist das Bild eines geschlossenen Dateiordners (nur wenn die Eigenschaft OutlineStyle auf osPictureText, osPlusMinusPictureText oder osTreePictureText eingestellt ist).

property PictureLeaf: TBitmap;
PictureLeaf legt das Bild für ein Element fest, das keine Unterelemente enthält (nur wenn die Eigenschaft OutlineStyle auf osPictureText, osPlusMinusPictureText oder osTreePictureText eingestellt ist).

property PictureMinus: TBitmap;
PictureMinus legt das Bild für ein Element fest, das Unterelemente enthält und diese auch anzeigt. Standard ist eine Bitmap mit einem Minuszeichens (nur wenn die Eigenschaft OutlineStyle auf osPlusMinusPictureText oder osPlusMinusText eingestellt ist).

property PictureOpen: TBitmap;
PictureOpen legt das Bild für ein Element fest, welches Unterelemente enthält und diese auch anzeigt. Standard ist eine Bitmap mit einem geöffneten Dateiordners (nur wenn die Eigenschaft OutlineStyle auf osPictureText, osPlusMinusPictureText oder osTreePictureText eingestellt ist).

property PicturePlus: TBitmap;
PicturePlus legt das Bild für ein Element fest, das Unterelemente enthält und sie nicht anzeigt. Standard ist eine Bitmap mit einem Pluszeichen (nur wenn die Eigenschaft OutlineStyle auf osPlusMinusPictureText oder osPlusMinusText eingestellt ist).

property Row: Longint;
Row gibt die Zeile der Komponente an, die den momentaten Fokus besitzt.

property ScrollBars: TScrollStyle;
ScrollBars bestimmt, ob eine Komponente eine Bildlauf-Leiste hat. Folgende Werte sind möglich:

scNone	Keine Bildlaufleiste
scHorizontal	horizontale Bildlaufleiste
scVertical	vertikale Bildlaufleiste
scBoth	beide Bildlaufleisten

property SelectedItem: Longint;
SelectedItem gibt an, welches Element momentan den Fokus besitzt. SelectedItem enthält den Index-Wert des ausgewählten Elements.

property ShowHint: Boolean;
Die Eigenschaft ShowHint bestimmt, ob das Dialogelement eine Schnellhilfe anzeigen soll, wenn der Mauszeiger eine Weile auf ihm verweilt. Die Schnellhilfe entspricht dem Wert der Eigenschaft Hint, die in einem Feld direkt unterhalb des Elements angezeigt wird. Wenn die Eigenschaft ShowHint den Wert True hat, kann die Schnellhilfe erscheinen.

Ist ShowHint False, kann die Schnellhilfe auch angezeigt werden, wenn ParentShowHint auf True gesetzt wurde, und die Eigenschaft ShowHint der übergeordneten Komponente ebenfalls auf True gesetzt wurde.

property Showing: Boolean;
Die Eigenschaft Showing legt fest, ob eine Komponente momentan auf dem Bildschirm angezeigt wird oder nicht. Falls die Eigenschaft Visible einer Komponente und aller übergeordneten Komponenten in der übergeordneten Hierarchie True ist, ist Showing auch True. Wenn einer der Vorfahren der Komponente den Wert False als Wert für die Eigenschaft Visible hat, dann ist auch Showing False.

property Style: TOutlineType;
Style legt fest, wie die Elemente darstellt werden. Mögliche Werte:

otStandard	Elemente werden entsprechend der Einstellung von OutlineStyle gezeichnet.
otOwnerDraw	Elemente werden durch Ihren Code auf der Zeichenfläche gezeichnet.

property TabOrder: TTabOrder;
Die Eigenschaft TabOrder bestimmt die Position einer Komponente in der Tabulatorreihenfolge, in der Komponenten den Fokus erhalten, wenn der Anwender die Taste TAB drückt. Anfänglich ist die Tabulatorreihenfolge immer die Reihenfolge, in der die Komponenten in das Formular hinzugefügt wurden. Der Wert der Eigenschaft TabOrder ist für jede Komponente auf dem Formular einmalig. Die erste dem Formular hinzugefügte Komponente hat den Wert 0 von TabOrder, die zweite hat 1, die dritte 2 usw.

Falls Sie dem Wert der Eigenschaft TabOrder einer Komponente den gleichen Wert einer anderen Komponente zuweisen, numeriert Delphi automatisch die Werte für alle anderen Komponenten neu. Angenommen, eine Komponente ist beispielsweise die sechste Komponente in der Tabulatorreihenfolge. Wenn Sie den Wert der Eigenschaft TabOrder der Komponente auf 3 ändern (dies macht die Komponente zu der vierten in der Tabulatorreihenfolge), wird die Komponente, die die vierte war, nun zur fünften und die Komponente, die die fünfte war, wird jetzt die sechste.

property TabStop: Boolean;
Die Eigenschaft TabStop bestimmt, ob der Anwender diese Komponente mit der Taste TAB anspringen kann. Falls TabStop True ist, befindet sich die Komponente in der Tabulatorreihenfolge. Wenn TabStop False ist, ist das Dialogelement nicht in der Tabulatorreihenfolge.

property Tag: Longint;
Die Eigenschaft Tag kann einen Integerwert als Element einer Komponente speichern. Tag wird von Delphi nicht benutzt und steht Ihnen damit zur freien Verfügung.

property Top: Integer;
Die Eigenschaft Top gibt die Y-Koordinate der linken oberen Ecke eines Dialogelements relativ zum Formular in Pixeln an. Bei Formularen wird der Wert der Eigenschaft Top in Pixeln relativ zum Bildschirm angegeben.

property Visible: Boolean;
Die Eigenschaft Visible bestimmt, ob eine Komponente auf dem Bildschirm sichtbar ist (True) oder nicht (False).

property Width: integer;
Die Eigenschaft Width bestimmt die Breite einer Komponente, gemessen in Pixeln.

Ereignisse:

property OnClick: TNotifyEvent;
Das Ereignis OnClick erscheint, wenn der Benutzer auf die Komponente klickt. In einem Formular tritt OnClick ein, wenn der Benutzer auf eine freie Stelle im Formular oder eine inaktive Komponente klickt.

OnClick ist vom Typ

```
TNotifyEvent = procedure (Sender: TObject) of object;
```

Der Typ TNotifyEvent weist auf eine Methode, die das Anklicken eines Objekts behandelt. Der Parameter Sender ist das Dialogelement, das angeklickt wurde.

property OnCollapse: EOutlineChange;
OnCollapse tritt immer dann ein, wenn eine erweiterte Gliederung mit Unterebenen zusammengeklappt wird (die Unterelemente also nicht mehr angezeigt werden).

OnCollapse ist vom Typ

```
EOutlineChange = procedure (Sender: TObject; Index: LongInt) of object;
```

EOutlineChange zeigt also auf eine Methode, die zusammenklappen eines Elements behandelt. Sender ist das Element, in dem diese Ereignis ausgelöst wurde. Index gibt den Eigenschaftswert Index des geänderten Elements an.

property OnDblClick: TNotifyEvent;
Das Ereignis OnClick erscheint, wenn der Benutzer auf die Komponente einen Doppelklick ausführt. In einem Formular tritt das Ereignis OnDblClick ein, wenn der Benutzer auf eine freie Stelle im Formular oder eine inaktive Komponente einen Doppelklick ausführt.

OnDblClick ist vom Typ

```
TNotifyEvent = procedure (Sender: TObject) of object;
```

Der Typ TNotifyEvent weist auf eine Methode, die das Doppelklicken eines Objekts behandelt. Der Parameter Sender ist das Dialogelement, das mit einem Doppelklick bearbeitet wurde.

property OnDragDrop: TDragDropEvent;
Das Ereignis OnDragDrop tritt ein, wenn der Anwender ein gezogenes Objekt ablegt. Verwenden Sie die Ereignisbehandlungs-Routine OnDragDrop, um festzulegen, was passieren soll, wenn der Anwender ein Objekt ablegt.

OnDragClick ist vom Typ

```
TDragDropEvent = procedure(Sender, Source: TObject; X, Y: Integer) of object;
```

Der Typ TDragDropEvent zeigt also auf eine Methode, die das Ablegen eines gezogenen Objekts behandelt. Der Parameter Source des Ereignisses OnDragDrop ist das abzulegende Objekt und der Parameter Sender ist das Dialogelement, auf dem das Objekt abgelegt wurde. Die Parameter X und Y sind die Koordinaten des Mauszeigers, der über dem Dialogelement positioniert wird.

property OnDragOver: TDragOverEvent;
Das Ereignis OnDragOver tritt ein, wenn der Anwender ein Objekt über eine Komponente zieht. Üblicherweise werden Sie ein Ereignis OnDragOver verwenden, um ein Objekt zu akzeptieren, damit der Anwender es ablegen kann.

OnDragClick ist vom Typ

```
TDragOverEvent = procedure(Sender, Source: TObject; X, Y: Integer;
                           State: TDragState; var Accept: Boolean) of object;
```

Der Typ TDragOverEvent zeigt also auf eine Methode, die das Ziehen eines Objekts über ein anderes Objekt behandelt. Der Parameter Source ist das gezogene Objekt, Sender ist das Objekt, über das Source gezogen wurde, X und Y sind die Koordinaten des Mauszeigers, der über dem Dialogelement positioniert wird in Pixeln, State ist der Status des gezogenen Objekts in Verbindung zum darübergezogenen Objekt, und Accept legt fest, ob der Sender das Ziehobjekt erkennt. Accept wird nicht per Voreinstellung auf True oder False gesetzt; Sie müssen die passenden Werte selbst zuweisen.

Das Ereignis OnDragOver akzeptiert ein Objekt, wenn der Parameter Accept True ist. Durch Ändern des Werts der Eigenschaft DragCursor können Sie das Erscheinungsbild des Cursors beeinflussen. Dies können Sie entweder während des Entwikkelns oder zur Laufzeit, bevor ein Ereignis OnDragOver eintritt, durchführen.

property OnDrawItem: TDrawItemEvent;
OnDrawItem tritt dann ein, wenn ein Element in einem selbstgezeichneten Umriß, ListBoxen oder GroupBoxen wie RadioGroups erneut dargestellt werden muß.

OnDrawItem ist vom Typ

```
TDrawItemEvent = procedure(ListBox: TListBox; Index: Integer; Rect: TRect;
                    State: TOwnerDrawState) of object;
```

TDrawItemEvent zeigt also auf eine Methode, die das Zeichnen eines Elementes in einer Komponente, das durch die übergeordnete Komponente gezeichnet wird, behandelt. Der Parameter Index ist die Position des Elements in der Komponente, Rect ist der Bereich in der Komponente, in dem das Element gezeichnet werden soll, und State ist der aktuelle Status des Elements. Die möglichen Werte von State:

odSelected	Das Element wurde selektiert
odDisabled	Das gesamte Listenfeld wurde deaktiviert.
odFocused	Das aktuelle Element besitzt den Fokus.

property OnEndDrag: TEndDragEvent;
Das Ereignis OnEndDrag tritt immer dann ein, wenn das Ziehen eines Objekts abgeschlossen oder abgebrochen wird. Wenn Sie eine besondere Behandlung haben möchten, wenn das Ziehen beendet wird, verwenden Sie die Ereignisbehandlungs-Routine OnEndDrag.

OnEndDrag ist vom Typ

```
TEndDragEvent = procedure(Sender, Target: TObject; X, Y: Integer) of object;
```

Der Typ TEndDragEvent zeigt also auf eine Methode, die das Anhalten des Ziehens eines Objekts behandelt.

Der Sender ist das Objekt, das gezogen wird, Target ist das Objekt, zu dem Sender hingezogen wird, und X und Y sind die dazugehörigen Bildschirmkoordinaten des Mauszeigers, der über dem Dialogelement positioniert wird. Falls das gezogene Objekt abgelegt und durch das Dialogelement akzeptiert wurde, ist der Parameter Target des Ereignisses OnEndDrag True. Wenn das Objekt nicht erfolgreich abgelegt wurde, beträgt der Wert von Target Nil.

property OnEnter: TNotifyEvent;
OnEnter tritt ein, wenn eine Komponente aktiviert wird. Wenn Sie eine besondere Behandlung festlegen möchten, wenn eine Komponente aktiviert wird, verwenden Sie die Ereignisbehandlungsroutien OnEnter.

OnEnter erscheint nie, wenn Sie zwischen Formularen oder einer anderen Windows-Anwendung und Ihrer Anwendung umschalten. OnEnter für eine Komponente des Typs TPanel oder THeader tritt nie ein, da Bedienfelder oder Header keinen Fokus erhalten können. Somit ist dort OnEnter vollkommen nutzlos. Sie haben diese Ereignisbehandlung aber geerbt.

OnEnter ist vom Typ

```
TNotifyEvent = procedure (Sender: TObject) of object;
```

Der Typ TNotifyEvent weist auf eine Methode, die das Doppelklicken eines Objekts behandelt. Der Parameter Sender ist das Dialogelement, das mit einem Doppelklick bearbeitet wurde.

property OnExit: TNotifyEvent;
OnExit erscheint, wenn der Eingabefokus einer Komponente an eine andere übergeben wird. OnExit tritt nicht ein, wenn Sie zwischen Formularen oder zwischen einer Windows-Anwendung und Ihrer Anwendung umschalten. OnExit tritt bei den Komponenten Panel und Speedbutton nicht ein, da diese niemals den Fokus erhalten.

OnExit ist vom Typ

```
TNotifyEvent = procedure (Sender: TObject) of object;
```

Der Typ TNotifyEvent weist auf eine Methode, die das Doppelklicken eines Objekts behandelt. Der Parameter Sender ist das Dialogelement, das mit einem Doppelklick bearbeitet wurde.

property OnExpand: EOutlineChange;
OnExpand tritt immer dann ein, wenn eine erweiterte Gliederung mit Unterebenen ausgedehnt wird (die Unterelemente also angezeigt werden).

OnExpand ist vom Typ

```
EOutlineChange = procedure (Sender: TObject; Index: LongInt) of object;
```

EOutlineChange zeigt also auf eine Methode, die das Ausdehnen eines Elements behandelt. Sender ist das Element, in dem dieses Ereignis ausgelöst wurde. Index gibt den Eigenschaftswert Index des geänderten Elements an.

property OnKeyDown: TKeyEvent;
OnKeyDown tritt ein, wenn der Anwender irgendeine Taste drückt, während die Komponente den Fokus hat. Verwenden Sie OnKeyDown, um eine besondere Behandlung festzulegen, die ausgeführt wird, wenn eine Taste gedrückt wird. Der Handler OnKeyDown kann auf alle Tasten der Tastatur, einschließlich Funktionstasten und Tastenkombinationen mit den Tasten UMSCHALT, ALT und STRG sowie betätigten Maustasten reagieren.

OnKeyDown ist vom Typ

```
TKeyEvent = procedure (Sender: TObject; var Key: Word; Shift: TShiftState)
            of object;
```

Der Typ TKeyEvent weist auf eine Methode, die Tastaturereignisse verarbeitet. Der Parameter Key steht für die Taste und Shift und kann die folgenden Werte annehmen:

ssShift	UMSCHALTTASTE (SHIFT) wird festgehalten
ssAlt	linke ALT-Taste wird festgehalten
[ssAlt, ssCtrl]	ALTGR-Taste wird festgehalten
ssCtrl	Taste STRG wird festgehalten

ssLeft	Linke Maustaste wird festgehalten
ssMiddle	Mittlere Maustaste wird festgehalten
ssDouble	Rechte und linke Maustaste werden gleichzeitig festgehalten

property OnKeyPress: TKeyPressEvent;
OnKeyPress erscheint, wenn der Anwender eine einzelne Zeichentaste drückt.

OnKeyPress ist vom Typ

```
TKeyPressEvent = procedure (Sender: TObject; var Key: Char) of object;
```

TKeyPressEvent weist auf eine Methode, die einen Tastendruck für ein einzelnes Zeichen verarbeitet. Der Parameter Key gibt die Taste an. Der Parameter Key ist vom Typ Char; deshalb registriert OnKeyPress das ASCII-Zeichen der gedrückten Taste. Tasten, die nicht mit einem ASCII-Zeichen übereinstimmen (UMSCHALT oder F1, beispielsweise) werden kein OnKeyPress erzeugen. Tastenkombinationen (wie UMSCHALT+A) erzeugen nur ein Ereignis des Typs OnKeyPress (in diesem Beispiel ergibt UMSCHALT+A einen Wert Key von »A«, wenn die Feststelltaste ausgeschaltet ist). Falls Sie auf Nicht-ASCII-Tasten oder Tastenkombinationen reagieren möchten, verwenden Sie die Ereignisbehandlungsroutinen OnKeyDown oder OnKeyUp.

property OnKeyUp: TKeyEvent;
OnKeyUp tritt ein, wenn der Anwender die gedrückte Taste wieder losläßt. OnKeyUp kann auf alle Tasten der Tastatur, einschließlich Funktionstasten und Tastenkombinationen mit den Tasten UMSCHALT, ALT und STRG sowie betätigten Maustasten reagieren.

```
TKeyEvent = procedure (Sender: TObject; var Key: Word; Shift: TShiftState)
                of object;
```

Der Typ TKeyEvent weist auf eine Methode, die Tastaturereignisse verarbeitet. Der Parameter Key steht für die Taste; Shift kann die folgenden Werte annehmen:

ssShift	UMSCHALTTASTE (SHIFT) wird festgehalten
ssAlt	linke ALT-Taste wird festgehalten
[ssAlt, ssCtrl]	ALTGR-Taste wird festgehalten
ssCtrl	Taste STRG wird festgehalten
ssLeft	Linke Maustaste wird festgehalten
ssMiddle	Mittlere Maustaste wird festgehalten
ssDouble	Rechte und linke Maustaste werden gleichzeitig festgehalten

property OnMouseDown: TMouseEvent;
Das Ereignis OnMouseDown tritt ein, wenn der Anwender eine Maustaste zu dem Zeitpunkt drückt, an dem sich der Mauszeiger über einem Dialogelement befindet.

OnMouseDown ist vom Typ

```
TMouseEvent=procedure (Sender: TObject; Button: TMouseButton; Shift: TShiftState;
                X, Y: Integer) of object;
```

Der Typ TMouseEvent weist auf eine Methode zur Bearbeitung von Maustasten-Ereignissen hin. Der Parameter Button gibt an, welche Maustaste gedrückt wurde, während Shift Auskunft darüber gibt, welche UMSCHALT- (UMSCHALT, STRG oder ALT) bzw. Maustasten gedrückt waren, während die das Mausereignis verursachende Maustaste gedrückt oder losgelassen wurde. X und Y sind die Bildschirmkoordinaten des Mauszeigers in Pixeln. Der Parameter Button des Ereignisses OnMouseDown zeigt an, welche Maustaste gedrückt wurde. Durch Verwenden des Parameters Shift der Ereignisbehandlungs-Routine OnMouseDown können Sie auf den Status der Maus- und Umschalttasten reagieren. Umschalttasten sind die Tasten UMSCHALT, STRG und ALT.

property OnMouseMove: TMouseMoveEvent;
Das Ereignis OnMouseMove tritt ein, wenn der Anwender den Mauszeiger bewegt und dieser sich bereits über einem Dialogelement befindet.

OnMouseMove ist vom Typ

```
TMouseMoveEvent = procedure(Sender: TObject; Shift: TShiftState; X, Y: Integer)
                     of object;
```

Der Typ TMouseMoveEvent zeigt also auf eine Methode, die Mausereignisse infolge einer Mausbewegung verarbeitet. Der Parameter Button gibt an, welche Maustaste gedrückt wurde, während Shift anzeigt, welche UMSCHALT- (UMSCHALT, STRG oder ALT) bzw. Maustasten während der Mausbewegung gedrückt waren. X und Y sind die Bildschirmkoordinaten des Mauszeigers in Pixeln Durch Verwenden des Parameters Shift können Sie auf den Status der Maus- und Umschalttasten reagieren. Umschalttasten sind die Tasten UMSCHALT, STRG und ALT.

property OnMouseUp: TMouseEvent;
Das Ereignis OnMouseUp tritt ein, wenn der Anwender die gedrückte Maustaste wieder freigibt, wenn sich der Mauszeiger über einer Komponente befindet.

Die Ereignisbehandlungs-Routine OnMouseUp kann auf Betätigungen der rechten, mittleren und linken Maustasten reagieren sowie auf Maustastenkombinationen mit Umschalttasten (Tasten UMSCHALT, STRG und ALT).

OnMouseUp ist vom Typ

```
TMouseEvent = procedure (Sender: TObject; Button: TMouseButton;
                    Shift TShiftState; X, Y: Integer) of object;
```

Der Typ TMouseEvent zeigt also auf eine Methode zur Bearbeitung von Maustasten-Ereignissen hin. Der Parameter Button gibt an, welche Maustaste gedrückt wurde, während Shift Auskunft darüber gibt, welche UMSCHALT- (UMSCHALT, STRG oder ALT) bzw. Maustasten gedrückt waren, während die das Mausereignis verursachende Maustaste gedrückt oder losgelassen wurde. X und Y sind die Bildschirmkoordinaten des Mauszeigers in Pixeln.

Methoden:

function Add(Index: LongInt; const Text: string): LongInt;
Mit Add fügen Sie ein Element in die Komponente ein. Index gibt an, wo das neue Element eingefügt werden soll. Text gibt den Wert der Eigenschaft Text des neuen Elements an. Add liefert den Wert der Eigenschaft Index des hinzugefügten Elements zurück. Das hinzugefügte Element wird in der Gliederung als letztes gleichgeordnetes Element des im Parameter Index angegebenen Gliederungselements plaziert. Um einer leeren Komponente Elemente hinzuzufügen, geben Sie Null (0) als Index-Parameter an.

function AddChild(Index: LongInt; const Text: string): LongInt;
Mit AddChild fügen Sie ein Element als ein Oberelement eines schon bestehenden Elements ein. Index gibt an, wo das neue Element eingefügt werden soll. Text gibt den Wert der Eigenschaft Text des neuen Elements an. AddChild liefert den Wert der Eigenschaft Index des hinzugefügten Elements zurück. Das hinzugefügte Element wird in der Gliederung als letztes gleichgeordnetes Element des im Parameter Index angegebenen Gliederungselements plaziert. Um einer leeren Komponente Elemente hinzuzufügen, geben Sie Null (0) als Index-Parameter an.

function AddChildObject(Index: LongInt; const Text: string; const Data: Pointer): LongInt;
Mit AddChildObject fügen Sie ein Element als ein Unterelement eines schon bestehenden Elements ein. Index gibt an, wo das neue Element eingefügt werden soll. Text gibt den Wert der Eigenschaft Text des neuen Elements an. AddChildObject liefert den Wert der Eigenschaft Index des hinzugefügten Elements zurück. Data gibt den Wert der Eigenschaft Data des neuen Elements an. Das hinzugefügte Element wird in der Gliederung als letztes gleichgeordnetes Element des im Parameter Index angegebenen Gliederungselements plaziert. Um einer leeren Komponente Elemente hinzuzufügen, geben Sie Null (0) als Index-Parameter an.

function AddObject(Index: LongInt; const Text: string; const Data: Pointer): LongInt;
Mit AddObject fügen Sie ein Element in die Komponenten ein, die Daten enthält. Index gibt an, wo das neue Element eingefügt werden soll. Text gibt den Wert der Eigenschaft Text des neuen Elements an. AddChildObject liefert den Wert der Eigenschaft Index des hinzugefügten Elements zurück. Data gibt den Wert der Eigenschaft Data des neuen Elements an. Das neue Element gehört zum gleichen übergeordneten Element wie das durch den Parameter Index bezeichnete Element. Um einer leeren Komponente Elemente hinzuzufügen, geben Sie Null (0) als Index-Parameter an.

procedure BeginDrag(Immediate: Boolean);
Die Methode BeginDrag leitet den Ziehvorgang einer Komponente ein. Wenn der Parameter Immediate auf True gesetzt ist, wird der Mauszeiger auf den Wert der Eigenschaft DragCursor gesetzt und der Ziehvorgang beginnt. Ist Immediate False, wird der Mauszeiger nicht auf den Wert der Eigenschaft DragCursor gesetzt, und der Ziehvorgang wird erst eingeleitet, wenn der Anwender den Mauszeiger mindestens um 5 Pixel bewegt. Auf diese Weise kann die Komponente Mausklicks akzep-

tieren, ohne einen Ziehvorgang einzuleiten. Ihre Anwendung muß die Methode BeginDrag zum Einleiten eines Ziehvorgangs nur aufrufen, wenn DragMode auf dmManual gesetzt ist.

procedure BeginUpdate;
BeginUpdate verhindert das Aktualisieren der Komponente bis zum Aufruf der Methode EndUpdate.

procedure BringToFront;
Die Methode BringToFront setzt eine Komponente innerhalb einer übergeordneten Komponente vor alle anderen Komponenten. BringToFront hilft insbesondere sicherzustellen, daß ein Formular sichtbar ist. Verwenden Sie diese Methode, wenn Sie die Reihenfolge überlappender Komponenten in einem Formular neu festlegen wollen.

Die Reihenfolge, in der Komponenten übereinander gelagert werden (Z-Reihenfolge), hängt davon ab, ob es sich um fensterähnliche oder um nicht-fensterähnliche Komponenten handelt. Die Reihenfolge arbeitet nach dem Prinzip, daß die zuletzt eingefügte Komponente die oberste und damit sichtbare Komponente ist.

Mit der Methode BringToFront einer Komponente würde diese Komponente ganz nach oben auf den Stapel kommen und somit sichtbar sein.

Bei der Stapelung ist zu beachten, daß fensterähnliche Komponenten immer auf nicht-fensterähnlichen Komponenten gestapelt werden. Ein Aufruf von BringToFront einer nicht-fensterähnlichen Komponente bewirkt also gar nichts, wenn oben auf dem Stapel eine fensterähnliche Komponente liegt.

Die folgenden Komponenten zählen zu den fensterähnlichen Komponenten:

BitBtn	DBNavigator	MediaPlayer
Button	DBRadioGroup	Memo
CheckBox	DirectoryListBox	Notebook
ComboBox	DrawGrid	OLEContainer
DBCheckBox	DriveComboBox	Outline
DBComboBox	Edit	Panel
DBEdit	FileListBox	RadioButton
DBGrid	FilterComboBox	RadioGroup
DBImage	Form	ScrollBar
DBListBox	GroupBox	ScrollBox
DBLookupCombo	Header	StringGrid
DBLookupList	ListBox	TabbedNotebook
DBMemo	MaskEdit	TabSet

Die nun folgenden Komponenten zählen zu den nicht-fensterähnlichen Komponenten:

Bevel	Label	SpeedButton
DBText	PaintBox	Image
Shape		

function CanFocus: Boolean;
CanFocus stellt fest, ob eine Komponente den Eingabefokus erhalten kann. CanFocus gibt True zurück, wenn die Eigenschaften Visible und Enabled sowohl der Komponente als auch der übergeordneten Komponenten auf True gesetzt sind. Sind nicht alle Eigenschaften Visible und Enabled dieser Komponenten auf True gesetzt, liefert CanFocus False zurück.

procedure Clear;
Die Art und Weise der Methode Clear hängt von den jeweiligen Komponenten ab:

Clear für die Standard-Komponenten:

TClipboard	TDBEdit	TFileListBox
TList	TDBListBox	TFilterComboBox
TStringList	TDBMemo	TListBox
TStrings	TDirectoryListBox	TMaskEdit
TComboBox	TDriveComboBox	TMemo
TDBComboBox	TEdit	TOutline

Clear löscht alle Texteintragungen beziehungsweise Text-Einträge aus den Komponenten. Bei TClipboard wird der gesamte Inhalt der Zwischenablage gelöscht, vor allem geschieht dies bei bei CopY- und bei Cut-Ereignissen automatisch bevor Daten in das Clipboard eingefügt werden.

Clear für die Feldkomponenten:

TBCDField	TCurrencyField	TGraphicField
TStringField	TBlobField	TDateField
TIntegerField	TTimeField	TBooleanField
TDateTimeField	TMemoField	TVarBytesField
TBytesField	TFloatField	TSmallintField
TWordField		

Clear setzt den Wert des Feldes auf NULL.

Clear für die Komponente TFieldDefs:

Clear setzt alle Werte der Eigenschaft Items zurück. Dadurch werden alle Objekte vom Typ TFieldDef aus der Komponente TFieldDefs gelöscht.

Clear für die Komponente TIndexDefs:

Clear setzt alle Werte der Eigenschaft Items zurück. Dadurch werden alle Objekte vom Typ TIndexDef aus der Komponente TFieldDefs gelöscht.

Clear für die Komponente TParam:

Clear setzt die Komponente zurück, also auf 0 und löscht alle bisher zugewiesenen Daten. Die Eigenschaften Name, DataType und ParamType bleiben unverändert.

Clear für die Komponente TParams:

Clear löscht alle Parameterinformationen aus der Eigenschaft Items.

function ClientToScreen(Point: TPoint): TPoint;
Die Methode ClientToScreen übersetzt den angegebenen Punkt aus Client-Bereichskoordinaten in globale Bildschirmkoordinaten. In Client-Bereichskoordinaten entspricht der Punkt (0, 0) der oberen linken Ecke des Client-Bereichs der Komponente. In Bildschirmkoordinaten entspricht (0, 0) der oberen linken Ecke des Bildschirms. Mit den Methoden ClientToScreen und ScreenToClient rechnen Sie Positionen aus dem Koordinatensystem einer Komponente A in das Koordinatensystem einer Komponente B um.

Beispiel: Umrechnung der Koordinaten einer Komponente A in die Koordinaten einer Komponente B (TPoint ist ein Record mit den Feldern X und Y):

```
TPoint = record
         X : integer;
         Y : integer;
END;
VAR
   Koord: TPoint;
Koord:= B.ScreenToClient(A.ClientToScreen(Koord));
```

procedure CopyToClipboard;
CopyToClipboard kopiert den in der Komponente markierten Text in die Zwischenablage. Bei TDBImage wird das markierte Bild in das Clipboard kopiert.

constructor Create;
Create weist Speicher zu, um das Objekt und damit die Komponente zu erzeugen und nach Bedarf seine Daten zu initialisieren. Jedes Objekt kann eine Methode Create besitzen, die individuell so angepaßt ist, daß sie diese bestimmte Art von Objekt erzeugt. Im Normalfall benötigen Sie diese Methoden nicht, da Borland Delphi alles unternimmt, um Ihre Anwendung und die darin enthaltenen Komponenten zu erzeugen. Sollten Sie allerdings ein Ereignis oder die Initialisierung eines Wertes einer selbst geschaffenen Komponente zur Zeit der Erzeugung einstellen wollen, dann können Sie dies in der Methode Create erledigen. Dazu benötigen Sie aber genaue Kenntnisse und Techniken der OOP. Ansonsten sollten Sie Create unverändert lassen und nicht aufrufen.

procedure CutToClipboard
CutToClipboard kopiert den in der Komponente markierten Text in die Zwischenablage und löscht den Text aus der Komponente. Bei TDBImage wird das markierte Bild gelöscht und in das Clipboard kopiert.

function Dragging: Boolean;
Die Methode Dragging gibt an, ob eine Komponente gezogen wird. Wenn Dragging True zurückgibt, wird die Komponente gezogen.

procedure EndDrag(Drop: Boolean);
Die Methode EndDrag verhindert, daß eine Komponente weiter gezogen wird. Wenn der Parameter Drop True ist, wird die gezogene Komponente abgelegt. Ist Drop False, wird die Komponente nicht abgelegt und der Vorgang wird abgebrochen.

procedure EndUpdate;
EndUpdate startet das Neuzeichnen des Bildschirms sowie die Neuindizierung der Gliederungselemente, das mit BeginUpdate deaktiviert wurden.

function FindComponent(const AName: string): TComponent;
Die Methode FindComponent gibt im Array Components die Komponente zurück, deren Name zum String im Parameter AName paßt. FindComponent beachtet dabei keine Groß-/Kleinschreibung.

Beispiel: Es existiert ein Button »Button1« in Ihrer Anwendung. Um die eigentliche Komponente TButton1 im Array Components zurückzugeben, rufen Sie FindComponents wie folgt auf:

```
FindComponents('Button1');
```

function Focused: Boolean;
Focused wird verwendet, um zu bestimmen, ob ein Fensterdialogelement den Fokus besitzt und deshalb das aktive Dialogelement in ActiveControl ist.

procedure Free;
Die Methode Free entfernt das Objekt und gibt den dazugehörigen Speicher frei. Haben Sie das Objekt unter Verwendung der Methode Create erzeugt, so benutzen Sie zum Entfernen und für die Freigabe des Speichers die Methode Free. Free gelingt auch dann, wenn das Objekt selbst nicht mehr existiert (zum Beispiel durch einen vorherigen Aufruf von Free. Delphi erledigt dies für Objekte der Bibliothek visueller Komponenten automatisch.

Sie sollten also niemals eine Komponente innerhalb Ihrer Anwendung entfernen.

Falls Sie ein Formular freigeben wollen, rufen Sie die Methode Release auf, um das Formular zu löschen und dessen benutzten Speicher freizugeben.

procedure FullCollapse;
Mit FullCollapse blenden Sie alle Unterlemente aus.

procedure FullExpand;
Mit FullExpand aktivieren Sie die Anzeige aller Unterlemente eines Elemntes oder einer ganzen Komponenten (je nach Komponente).

function GetDataItem(Value: Pointer): LongInt;
GetDataItem holt den Index-Wert des ersten Gliederungseintrags zurück, der die in Value der Eigenschaft Data spezifizierten Daten enthält.

function GetItem(X, Y: Integer): LongInt;
GetItem holt den Index-Wert desjenigen Gliederungseintrags, der sich auf den mit X und Y spezifizierten Koordinaten befindet.

function GetTextBuf(Buffer: PChar; BufSize: Integer): Integer;
Die Methode GetTextBuf holt den Text der Komponente und kopiert ihn in den Puffer als Null-terminierten String (Ende der Zeichenkette wird mit 0 angegeben), auf den Buffer zeigt. Die maximale Länge des Strings wird mit BufSize (siehe dazu GetTextLen) festgelegt. In BufSize ist nach der Ausführung die Anzahl der Zeichen des

Strings zu finden. Diese Methode ist vor allem dann sehr nützlich, wenn mit Strings größer als 256 Zeichen gearbeitet wird. Der Typ STRING kann nicht mehr als 256 Zeichen aufnehmen. Dabei entfällt aber das erste Element in diesem Typ auf die Längenangabe des Strings, so daß nur noch maximal 255 Zeichen möglich sind. Ein PChar ist ein Zeiger auf das erste Zeichen einer Zeichenkette. Eine derart definierte Zeichenkette besitzt keine Längenangabe, sondern trägt eine 0 am Ende der Kette, daher auch der Name Null-terminierter String. Ein PChar kann die maximale Größe von 64 Kbyte erreichen. Die maximale Anzahl der Zeichen ist also auf 64 Kybte und nicht auf 255 Zeichen beschränkt (siehe auch GetTextLen und SetTextBuf).

function GetTextItem(Value: String): Longint;
GetTextItem holt den Index-Wert des ersten Gliederungseintrags zurück, der in seiner Eigenschaft Text den durch den Parameter Value spezifizierten String beinhaltet.

function GetTextLen: Integer;
Die Methode GetTextLen gibt die Länge des Textes der Komponente zurück. Dieser Wert kann für BufSize in GetTextBuf verwendet werden (siehe auch GetTextBuf und SetTextBuf).

procedure Hide;
Die Methode Hide versteckt eine Komponente, sie ist also nicht mehr auf dem Bildschirm sichtbar. Dabei wird die Eigenschaft Visible auf False gesetzt. Dabei ist eine Komponente aber weiterhin aktiv, das heißt kann bearbeitet werden.

function Insert(Index: LongInt; const Text: string): LongInt;
Die Methode Insert fügt ein Gliederungselement (Objekt TOutlineNode) in eine Gliederung ein. Dazu auch mehr unter den Methoden Add, AddChild, AddChildObject und AddObject.

procedure InsertComponent(AComponent: TComponent);
InsertComponent macht die Komponente zum Besitzer der im Parameter AComponent übergebenen Komponente. Die Komponente wird am Ende der Array-Eigenschaft Components hinzugefügt. Die eingefügte Komponente darf keinen Namen haben (keinen für die Eigenschaft Name spezifizierten Wert) oder der Name muß sich eindeutig von allen anderen in der Components-Liste unterscheiden. Wird die Besitzerkomponente entfernt, so wird auch AComponent gelöscht.

function InsertObject(Index: LongInt; const Text: string; const Data: Pointer): LongInt;
InsertObject fügt ein Gliederungselement (Objekt TOutlineNode), das Daten enthält, in eine Gliederung ein. Dazu auch mehr unter den Methoden Add, AddChild, AddChildObject und AddObject.

procedure Invalidate;
Die Methode Invalidate erzwingt das Neuzeichnen einer Komponente, sobald dies möglich ist.

procedure LoadFromFile(const FileName: string);
LoadFromFile lädt die durch FileName spezifizierte Datei und die Daten in die Komponente.

procedure Refresh;
Die Methode Refresh reagiert je nach Art der Komponente, ob Daten oder die Komponenten selbst neu gezeichnet werden. Die Methode Refresh kann also jedes Bild auf dem Bildschirm löschen und alle Dialogelemente neu zeichnen beziehungsweise Datensätze einer Datei erneut einlesen. Innerhalb der Implementation von Refresh beim Neuzeichnen von Komponenten wird erst die Methode Invalidate und dann die Methode Update aufgerufen.

Beim Refresh von Daten ist zu beachten: Durch Refresh können sich die angezeigten Daten unerwartet verändern und den Anwender verwirren. Ein Dialog oder eine andere Mitteilung, die dem Anwender den Refresh der Daten mitteilt, wäre somit wohl angebracht und von äußerster Nützlichkeit.

procedure RemoveComponent(AComponent: TComponent);
RemoveComponent entfernt die Komponente, die im Parameter AComponent festgelegt ist, aus der Komponentenliste Components. Die Position in der Liste wird zu Nil.

procedure Repaint;
Die Methode Repaint fordert das Dialogelement auf, dessen Bild auf dem Bildschirm neu zu zeichnen, ohne jedoch das bereits Dargestellte zu löschen. Um vor dem Neuzeichnen zu löschen, müssen Sie anstelle von Repaint die Methode Refresh aufrufen.

procedure SaveToFile(const FileName: string);
Speichert die Struktur der Komponente in die Datei, die durch FileName spezifiziert ist.

procedure ScaleBy(M, D: Integer);
Die Methode ScaleBy skaliert eine Komponente um einen Prozentsatz ihrer ursprünglichen Größe. Der Parameter M ist der Multiplikator und der Parameter D der Divisor. Wenn Sie beispielsweise die Größe des Dialogelements auf 66% seines ursprünglichen Formats ändern möchten, geben Sie in M den Wert 66 und in D den Wert 100 an (66/100). Bei der Vergrößerung gehen Sie einfach den umgekehrten Weg: Vergrößerung um 66% bedeutet nichts anderes als M=166 und D=100.

function ScreenToClient(Point: TPoint): TPoint;
Die Methode ScreenToClient wird verwendet, um den Koordinatenpunkt der Komponente auf dem Bildschirm in Pixeln zu bestimmen. ScreenToClient gibt die X- und Y-Koordinaten in einem Record des Typs TPoint zurück.

procedure ScrollBy(DeltaX, DeltaY: Integer);
ScrollBy scrollt den Inhalt einer Komponente. Statt mit der Methode ScrollBy sollten Sie im Normalfall lieber mit den eingebauten Bildlauf-Leisten arbeiten, es sei denn, diese Leisten wären für Ihre Programm-Idee aus irgendeinem Grund nicht brauchbar.

DeltaX enthält die Veränderung in Pixeln in Richtung der X-Achse. Ein positiver Wert von DeltaX verschiebt den Inhalt nach rechts, ein negativer Wert verschiebt den Inhalt nach links. DeltaY bezeichnet die Veränderungen in Pixeln in Richtung

der Y-Achse. Ein positiver Wert von DeltaY verschiebt den Inhalt nach unten, ein negativer Wert verschiebt den Inhalt nach oben.

procedure SelectAll;
SelectAll wählt den gesamten Inhalt einer Komponente (Text oder Bild) aus.

procedure SendToBack;
Die Methode SendToBack setzt eine Komponente innerhalb einer übergeordneten Komponente hinter alle anderen Komponenten. Die Reihenfolge, in der Komponenten übereinander gelagert werden (Z-Reihenfolge), hängt davon ab, ob es sich um fensterähnliche oder um nicht-fensterähnliche Komponenten handelt. Die Reihenfolge arbeitet nach dem Prinzip, daß die zuletzt eingefügte Komponente die oberste und damit sichtbare Komponente ist. Mit der Methode SendToBack einer Komponente würde diese Komponente ganz nach unten auf den Stapel kommen und somit nicht sichtbar sein.

Bei der Stapelung ist zu beachten, daß fensterähnliche Komponenten immer auf nicht-fensterähnlichen Komponenten gestapelt werden. Ein Aufruf von SendToBack einer fensterähnlichen Komponente bewirkt also gar nichts, wenn unter dem Stapel eine nicht-fensterähnliche Komponente liegt (siehe auch BringToFront).

Die folgenden Komponenten zählen zu den fensterähnlichen Komponenten:

BitBtn	DBNavigator	MediaPlayer
Button	DBRadioGroup	Memo
CheckBox	DirectoryListBox	Notebook
ComboBox	DrawGrid	OLEContainer
DBCheckBox	DriveComboBox	Outline
DBComboBox	Edit	Panel
DBEdit	FileListBox	RadioButton
DBGrid	FilterComboBox	RadioGroup
DBImage	Form	ScrollBar
DBListBox	GroupBox	ScrollBox
DBLookupCombo	Header	StringGrid
DBLookupList	ListBox	TabbedNotebook
DBMemo	MaskEdit	TabSet

Die nun folgenden Komponenten zählen zu den nicht-fensterähnlichen Komponenten:

Bevel	Label	SpeedButton
DBText	PaintBox	Image
Shape		

procedure SetBounds(ALeft, ATop, AWidth, AHeight: Integer);
Die Methode SetBounds setzt die Begrenzungseigenschaften der Komponente, Left, Top, Width und Height auf die Werte, die in den entsprechenden Werten ALeft, ATop, AWidth und AHeight übergeben werden. SetBounds erlaubt Ihnen, mehr als eine Begrenzungseigenschaft der Komponente zur gleichen Zeit einzustellen. Obwohl Sie immer einzelne Begrenzungen einstellen können, erlaubt Ihnen die Ver-

wendung von SetBounds, mehrere Änderungen auf einmal durchzuführen, ohne daß jedesmal das Dialogfenster neu gezeichnet werden muß.

procedure SetFocus;
SetFocus übergibt den Fokus an die Komponente. Bei Formularen ruft das jeweilige Formular die Methode SetFocus des standardmäßig aktiven Dialogelements auf.

procedure SetTextBuf(Buffer: PChar);
Die Methode SetTextBuf ersetzt den Text in einer Komponente durch den Text in Buffer. Buffer muß auf einen mit Null abgeschlossenen String zeigen. (siehe auch GetTextBuf und GetTextLen).

procedure SetUpdateState(Value: Boolean);
SetUpdateState setzt den Update-Modus der Komponente. True in der Eigenschaft Value von SetUpdateState bedeutet, daß das automatische Erneuern der Indizes ausgeschaltet wird (siehe auch BeginUpdate).

procedure Show;
Die Methode Show bringt eine Komponente sichtbar auf dem Bildschirm, indem die Eigenschaft Visible auf True eingestellt wird. Falls die Methode Show eines Formulars aufgerufen wird und das Formular ist undurchsichtig, versucht Show das Formular sichtbar zu machen, indem sie das Formular mit der Methode BringToFront in den Vordergrund bringt. Ein Formular verfügt zusätzlich über die Methode ShowModal, um einen modalen Dialog erzeugen zu können. Ein modaler Dialog muß bearbeitet und geschlossen werden. Ein SendToBack hätte also keinen Erfolg.

procedure Update;
In der Methode Update wird die API-Funktion UpdateWindow von Windows aufgerufen, die alle beim Zeichnen entstandenen und noch nicht erledigten Meldungen bearbeitet. UpdateWindows ist definiert als

```
procedure UpdateWindow(Wnd: HWnd);
```

Die Routine UpdateWindow aktualisiert den Client-Bereich des angegebenen Fensters, indem sie eine WM_PAINT-Meldung an das Fenster sendet, wenn der Aktualisierungsbereich für das Fenster nicht leer ist. Die Routine UpdateWindow sendet eine WM_PAINT-Meldung unter Umgehung der Anwendungswarteschlange direkt an die Fensterfunktion des gegebenen Fensters. Wenn der Aktualisierungsbereich leer ist, wird keine Meldung gesendet. Der Parameter Wnd bezeichnet das Fenster oder besser das Handle des Fensters, das aktualisiert werden soll.

Komponentenname: StringGrid
Klassenname: TStringGrid

Beschreibung:
StringGrid ist ein Gitter zur Vereinfachung der Bearbeitung von Strings und zugehörigen Objekten.

Eigenschaften:

property Align: TAlign;
Die Eigenschaft Align legt fest, wie Dialogelemente zum Beispiel im Formular ausgerichtet werden. Mögliche Werte:

alNone	Die Komponente bleibt an der Einfügeposition im Formular (Standardeinstellung).
alTop	Die Komponente wird an die Oberkante des Formulars verschoben und an seine Breite angepaßt. Die Höhe der Komponente bleibt unverändert.
alBottom	Die Komponente wird an die Unterkante des Formulars verschoben und an seine Breite angepaßt. Die Höhe der Komponente bleibt unverändert.
alLeft	Die Komponente wird an die linke Kante des Formulars verschoben und an seine Höhe angepaßt. Die Breite der Komponente bleibt unverändert.
alRight	Die Komponente wird an die rechte Kante des Formulars verschoben und an seine Höhe angepaßt. Die Breite der Komponente bleibt unverändert.
alClient	Die Größe der Komponente wird an den Client-Bereich eines Formulars angepaßt. Ist ein Teil des Client-Bereichs bereits von einer anderen Komponente besetzt, füllt die Komponente den verbleibenden Teil des Client-Bereichs aus.

Wird zum Beispiel ein Formular, das Besitzer eines Labels ist, in der Größe verändert, werden die Komponenten innerhalb des Formulars neu ausgerichtet. Die Verwendung der Eigenschaft Align ist dann sinnvoll, wenn ein Dialogelement an einer Position des Formulars stehenbleiben soll, auch wenn sich die Größe des Formulars ändert.

property BorderStyle: TBorderStyle;
BorderStyle legt fest, ob Komponenten einen Rahmen haben. Dies sind die möglichen Werte:

bsNone	Kein sichtbarer Rahmen
bsSingle	Rahmen mit einfacher Rahmenlinie

Weitere nur bei manchen Komponenten (mehr oder weniger sogar nur die Komponente vom Typ TForm, also ein Formular) mögliche Werte:

bsSizeable	Größenveränderlicher Standardrahmen
bsDialog	Nicht größenveränderlich; Standardrahmen für Dialogfenster

Hat eine Komponente zusätzlich die Eigenschaft AutoSize und wird diese auf True gesetzt, paßt die Komponente ihre Größe automatisch an, wenn sich die Schriftgröße des Textes ändert. Damit AutoSize wirksam wird, müssen Sie die Eigenschaft BorderStyle auf bsSingle setzen.

property BoundsRect: TRect;
Die Eigenschaft BoundsRect liefert das Begrenzungsrechteck der Komponente – ausgedrückt im Koordinatensystem des übergeordneten Dialogelements – zurück. Mit BoundsRect ersetzen und erleichtern Sie sich somit die Abfrage der einzelnen Werte für die Eigenschaften Left, Top, Width und Height.

property Brush: TBrush;
Mit Brush legen Sie fest, welche Farbe und welches Muster die Zeichenfläche zum Füllen grafischer Formen und Hintergründe verwenden soll. Für Dialogelemente steht Brush nur zur Laufzeit zur Verfügung und gestattet nur Lesezugriff.

property Canvas: TCanvas;
Canvas stellt den Zugriff auf eine Zeichenoberfläche zur Verfügung. Diese können Sie aber erst einsetzen, wenn Sie dem Ereignis OnPaint eine Methode zugeordnet haben.

property ClientHeight: Integer;
ClientHeight gibt die Höhe des Client-Bereichs der Komponente in Pixeln an. Für die meisten Komponenten ist dieser Wert identisch mit der Eigenschaft Heigth.

property ClientOrigin: TPoint;
ClientOrigin enthält die Bildschirmkoordinaten der oberen linken Ecke des Client-Bereichs einer Komponente in Pixel.

property ClientRect: TRect;
ClientRect enthält die Größe des Client-Bereichs einer Komponente.

property ClientWidth: Integer;
ClientWidth enthält die horizontale Größe des Client-Bereichs der Komponente in Pixeln (bei den meisten Komponenten identisch mit der Eigenschaft Width).

property Col: Longint;
Col enthält die aktuelle Spalte der Zelle an, die den Eingabefokus hat.

property ColCount: Longint;
Mit ColCount legen Sie die Anzahl der Spalten im Gitternetz fest. Voreinstellung ist 5.

property Color: TColor;
Die Eigenschaft Color legt für alle Komponenten, mit Ausnahme des Dialogfensters, die Farbe fest (Hintergrundfarbe eines Formulars oder eines Dialogelements oder Grafikobjekts).

Ist die Eigenschaft ParentColor auf True gesetzt, bewirkt eine Änderung der Eigenschaft Color einer Komponente A automatisch eine Änderung der Eigenschaft Color aller Komponenten, die als Besitzer die Komponente A haben. Wenn Sie der Eigenschaft Color eines Dialogelements einen Wert zuweisen, wird seine Eigenschaft ParentColor automatisch auf False gesetzt. Mögliche Werte sind:

clBlack	Schwarz
clMaroon	Rotbraun
clGreen	Grün

clOlive	Olivgrün
clNavy	Marineblau
clPurple	Violett
clTeal	Petrol
clGray	Grau
clSilver	Silber
clRed	Rot
clLime	Limonengrün
clBlue	Blau
clFuchsia	Pink
clAqua	Karibikblau
clWhite	Weiß

(Systemfarben von Windows)

clBackground	Aktuelle Windows-Hintergrundfarbe
clActiveCaption	Aktuelle Farbe der Titelleiste des aktiven Fensters
clInactiveCaption	Aktuelle Farbe der Titelleiste der inaktiven Fenster
clMenu	Aktuelle Hintergrundfarbe der Menüs
clWindow	Aktuelle Hintergrundfarbe der Fenster
clWindowFrame	Aktuelle Farbe der Fensterrahmen
clMenuText	Aktuelle Farbe vom Menütext
clWindowText	Aktuelle Farbe vom Fenstertext
clCaptionText	Aktuelle Textfarbe der Titelleiste des aktiven Fensters
clActiveBorder	Aktuelle Rahmenfarbe des aktiven Fensters
clInactiveBorder	Aktuelle Rahmenfarbe der inaktiven Fenster
clAppWorkSpace	Aktuelle Farbe des Arbeitsbereichs der Anwendung
clHighlight	Aktuelle Hintergrundfarbe vom ausgewählten Text
clHighlightText	Aktuelle Farbe vom ausgewählten Text
clBtnFace	Aktuelle Farbe einer Schalterfläche
clBtnShadow	Aktuelle Schattenfarbe eines Schalters
clGrayText	Aktuelle Farbe von grau dargestelltem Text
clBtnText	Aktuelle Farbe von Text auf einem Schalter
clInactiveCaptionText	Aktuelle Textfarbe in der Titelleiste eines inaktiven Fensters
clBtnHighlight	Aktuelle Farbe der Markierung eines Schalters

Mit einem Doppelklick auf Color öffnet sich das Farbschema von Windows, in dem Sie auch eigene Farben zusammenstellen können.

property Cols[Index: Integer]: TStrings;
Cols ist ein Feld, das alle Strings und deren zugehörigen Objekte einer Spalte enthält.

property ColWidths[Index: Longint]: Integer;
ColWidths setzt die Breite aller Zellen in Pixeln in der durch Index gewünschten Spalte.

property ComponentCount: Integer;
ComponentCount gibt die Anzahl der Komponenten an, die sich im Besitz der Komponente befinden, wie sie in der Array-Eigenschaft Components verzeichnet sind. Beispielsweise enthält die Eigenschaft ComponentCount eines Formulars die gleiche Zahl an Elementen wie die Liste Components eines Formulars.

Bitte bedenken Sie, daß der Startwert von ComponentsCount bei 1 liegt und nicht, wie bei Components bei 0. Daher ist der Wert von ComponentsCount in der Regel immer eine Einheit größer als der Wert von Components.

property ComponentIndex: Integer;
Die Eigenschaft ComponentIndex zeigt die Position einer Komponente in der Eigenschaftsliste Components ihres Besitzers an. Die erste Komponente in der Liste hat den ComponentIndex-Wert 0, die zweite hat den Wert 1, die dritte den Wert 2 etc. Diese Eigenschaft ist nur zur Laufzeit und dann auch nur im Read-Only-Modus benutzbar.

property Components[Index: Integer]: TComponent;
Components stellt eine Liste aller Komponenten dar, die sich im Besitz einer Komponente befinden. Components können Sie zum Beispiel dazu verwenden, um auf diese im Besitz der Komponente befindlichen Komponenten zuzugreifen, etwa auf die Dialogelemente eines Formulars.

Sollten Sie sich also einmal auf eine von einer anderen Komponente in Besitz befindlichen Komponente mit einer Nummer beziehen müssen, kann Ihnen diese Eigenschaft von großem Nutzen sein.

Components bezieht sich auf alle Komponenten, die sich im Besitz einer Komponente befinden. Die Eigenschaft Controls dagegen bezieht sich auf alle Dialogelemente oder Fenster, die einer Komponente untergeordnet sind. Das Feld Components ist also mindestens so groß oder größer wie Controls, aber das Feld Control kann nie größer sein als das Feld Components.

property ControlCount: Integer;
ControlCount gibt für ein Dialoglement die Anzahl der ihm untergeordneten Dialogelemente/Fenster an. Die untergeordneten Dialogelemente sind in der Eigenschaft Controls aufgelistet. Der Start-Wert von ControlsCount liegt bei 1 für das erste Element.

property Controls[Index: Integer]: TControl;
Controls ist ein Array aller untergeordneten Komponenten der Komponente. Controls ist dann von Nutzen, wenn Sie auf die untergeordneten Komponenten über die Zahl statt über den Namen zugreifen müssen.

property Ctl3D: Boolean;
Die Eigenschaft Ctl3D legt fest, ob ein Dialogelement ein dreidimensionales (3-D) oder zweidimensionales Aussehen besitzt. Wenn Ctl3D True ist, erscheint das Dialogelement dreidimensional. Die Voreinstellung von Ctl3D ist True. Wenn die Eigenschaft ParentCtl3D einer Komponente auf True gesetzt ist, verändert jede Modifika-

tion der Eigenschaft Ctl3D des übergeordneten Dialogelements automatisch auch die Eigenschaft Ctl3D des Dialogelements.

Achtung: Damit Ctl3D überhaupt funktioniert, muß sich die dynamische Link-Bibliothek CTL3DV2.DLL im Suchpfad befinden. Idealerweise sollte diese Datei sich im System-Verzeichnis von Windows aufhalten.

property Cursor: TCursor;
Mit der Eigenschaft Cursor stellen Sie das Aussehen des Cursors ein, wenn dieser auf die Komponente zeigt.

Mögliche Werte sind:

crDefault	crArrow	crCross
crIBeam	crSize	crSizeNESW
crSizeNS	crSizeNWSE	crSizeWE
crUpArrow	crHourglass	crDrag
crNoDrop	crHSplit	crVSplit

property DefaultColWidth: Integer;
Mit DefaultColWidth legen Sie die Breite aller Spalten innerhalb des Gitters fest. Wenn Sie die Breite nur einer Spalte in einem Gitter ändern wollen, ohne daß die anderen Spalten ebenfalls geändert werden, verwenden Sie die Eigenschaft ColWidths zur Laufzeit. Der Standardwert beträgt 64 Pixel.

property DefaultDrawing: Boolean;
Mit DefaultDrawing legen Sie fest, ob die Zelle gezeichnet wird und ob auch das Element, das sie enthält, automatisch gezeichnet wird. Beim Wert True findet automatisches Zeichnen statt, ansonsten muß Ihre Anwendung alle Einzelheiten des Zeichnens mit der Ereignisbehandlungs-Routine OnDrawCell behandeln oder (für das Datengitter) mit der Ereignisbehandlungs-Routine OnDrawDataCell.

property DefaultRowHeight: Integer;
DefaultRowHeight setzt die Höhe aller Zeilen innerhalb des Gitters. Voreinstellung ist 24 Pixel.

property DragCursor: TCursor;
Die Eigenschaft DragCursor bestimmt die Form des Mauszeigers, wenn sich der Zeiger über einer Komponente befindet, die ein gezogenes Objekt akzeptieren kann. Mögliche Werte sind mit denen der Eigenschaft Cursor identisch.

property DragMode: TDragMode;
Die Eigenschaft DragMode legt das Ziehen-und-Ablegen-Verhalten einer Komponente fest. Mögliche Werte sind:

dmAutomatic	Wenn dmAutomatic ausgewählt ist, ist das Dialogelement bereit, gezogen zu werden; der Anwender klickt nur und zieht es dann.
dmManual	Wenn dmManual ausgewählt ist, kann das Dialogelement nicht gezogen werden, bevor die Anwendung die Methode BeginDrag aufgerufen hat.

Ist die Eigenschaft DragMode einer Komponente dmAutomatic, kann die Anwendung dies zur Laufzeit durch Einstellung des Werts dmManual deaktivieren.

property EditorMode: Boolean;
Mit EditorMode legen Sie fest, ob sich das Gitter im automatischen Editiermodus befindet. Ist dies der Fall, dann können Sie eine Zelle bearbeiten, ohne vorher die EINGABE-Taste oder F2-Taste zu drücken.

Der Wert True bedeutet, daß das Gitter solange im automatischen Editiermodus bleibt, wie die Eigenschaft Options den Wert goEditing (oder dgEditing für das Datengitter) enthält. Ansonsten bleibt EditorMode ohne Wirkung.

property Enabled: Boolean;
Die Eigenschaft Enabled bestimmt, ob die Komponente auf Maus-, Tastatur- und Timer-Ereignisse reagiert. Wenn Enabled auf True gesetzt ist, reagiert die Komponente normal. Ist Enabled hingegen False, ignoriert das Dialogelement Maus- und Tastaturereignisse. Bei einer Timer-Komponente werden die für das OnTimer-Ereignis deaktivierten Komponenten-Dialogelemente grau dargestellt.

property FixedColor: TColor;
FixedColor bestimmt die Farbe von nicht bildlauffähigen oder fixierten Spalten und Zeilen innerhalb des Gitters. Mögliche Werte:

clBlack	Schwarz
clMaroon	Rotbraun
clGreen	Grün
clOlive	Olivgrün
clNavy	Marineblau
clPurple	Violett
clTeal	Petrol
clGray	Grau
clSilver	Silber
clRed	Rot
clLime	Limonengrün
clBlue	Blau
clFuchsia	Pink
clAqua	Karibikblau
clWhite	Weiß

(Systemfarben von Windows:)

clBackground	Aktuelle Windows-Hintergrundfarbe
clActiveCaption	Aktuelle Farbe der Titelleiste des aktiven Fensters
clInactiveCaption	Aktuelle Farbe der Titelleiste der inaktiven Fenster
clMenu	Aktuelle Hintergrundfarbe der Menüs
clWindow	Aktuelle Hintergrundfarbe der Fenster
clWindowFrame	Aktuelle Farbe der Fensterrahmen
clMenuText	Aktuelle Farbe vom Menütext
clWindowText	Aktuelle Farbe vom Fenstertext

clCaptionText   Aktuelle Textfarbe der Titelleiste des aktiven Fensters
clActiveBorder   Aktuelle Rahmenfarbe des aktiven Fensters
clInactiveBorder   Aktuelle Rahmenfarbe der inaktiven Fenster
clAppWorkSpace   Aktuelle Farbe des Arbeitsbereichs der Anwendung
clHighlight   Aktuelle Hintergrundfarbe vom ausgewählten Text
clHighlightText   Aktuelle Farbe vom ausgewählten Text
clBtnFace   Aktuelle Farbe einer Schalterfläche
clBtnShadow   Aktuelle Schattenfarbe eines Schalters
clGrayText   Aktuelle Farbe von grau dargestelltem Text
clBtnText   Aktuelle Farbe von Text auf einem Schalter
clInactiveCaptionText   Aktuelle Textfarbe in der Titelleiste eines inaktiven Fensters
clBtnHighlight   Aktuelle Farbe der Markierung eines Schalters

property FixedCols: Integer;
Mit FixedCols legen Sie die Anzahl der nicht fixierten Spalten in einem Gitter fest. Fixierte Spalten bleiben ganz links im Gitter, auch dann, wenn Sie die anderen Spalten verschieben. Sie können zum Beispiel zur Anzeige von Zeilentiteln dienen, die ständig im Gitter sichtbar sind.

property FixedRows: Integer;
Mit FixedCols legen Sie die Anzahl der nicht fixierten Zeilen in einem Gitter fest. Fixierte Zeilen bleiben ganz oben im Gitter, auch dann, wenn Sie die anderen Zeilen verschieben. Sie können zum Beispiel zur Anzeige von Spaltentiteln dienen, die ständig im Gitter sichtbar sind.

property Font: TFont;
Die Eigenschaft Font legt den Font und die Eigenschaften des Fonts der Komponente fest. Sie haben die Möglichkeit, diese Werte im Objectinspektor zu ändern oder – wesentlich komfortabler, mit Hilfe eines Doppelklicks auf diese Eigenschaft einen Dialog zu öffnen, der alle möglichen Werte anzeigt.

property GridHeight: Integer;
GridHeight enthält die Höhe des Gitters in Pixeln.

property GridLineWidth: Integer;
Mit GridLineWidth setzen Sie die die Breite der zwischen den Zellen des Gitters befindlichen Linien.

property GridWidth: Integer;
GridHeight enthält die Breite des Gitters in Pixeln.

property Handle: ...;
Der Typ der Eigenschaft Handle ist abhängig von der jeweiligen Komponente. Im allgemeinen gilt: Sollte eine Windows-API-Funktion ein Handle der betreffenden Komponente verlangen, dann setzen Sie dazu die jeweilige Eigenschaft Handle der betreffenden Komponente ein. Verlangt eine Windows-API-Funktion zum Beispiel das Handle Ihrer gesamten Anwendung, dann benutzen Sie am besten die Eigen-

schaft Handle des Objekts TApplication. Hier die Übersicht der verschiedenen Typen der Eigenschaft Handle:

Handle für die Komponenten:

Bitmap	property Handle: HBitmap;
Brush	property Handle: HBrush;
Canvas	property Handle: HDC;
Font	property Handle: HFont;
Icon	property Handle: HIcon;
Metafile	property Handle: HMetafile;
Pen	property Handle: HPen;

Handle gibt Ihnen den Zugriff auf das Handle des jeweiligen GDI-Objekts. Benötigen Sie zum Beispiel zum Aufruf einer Windows-API-Funktion ein Handle auf ein Stiftobjekt oder ein Bitmap-Objekt, dann können Sie dazu das Handle der Komponente Pen beziehungsweise der Komponente Bitmap benutzen.

Handle für das Objekt TApplication und die folgenden Komponenten:

Bevel	DBText	Memo
BitBtn	DirectoryListBox	Notebook
Button	DrawGrid	OLEContainer
CheckBox	DriveComboBox	Outline
ComboBox	Edit	PaintBox
DBCheckBox	FileListBox	Panel
DBComboBox	FilterComboBox	RadioButton
DBEdit	FindDialog	RadioGroup
DBGrid	Form	ReplaceDialog
DBImage	GroupBox	ScrollBar
DBListBox	Header	ScrollBox
DBLookupCombo	Image	Shape
DBLookupList	Label	SpeedButton
DBMemo	ListBox	StringGrid
DBNavigator	MaskEdit	TabbedNotebook
DBRadioGroup	MediaPlayer	TabSet

property Handle: HWND;
Handle ermöglicht Ihnen den Zugriff auf das Handle der jeweiligen Komponente (z.B.: Fenster-Handle, Dialog-Handle etc.). Dieses Handle wird von einigen Windows-API-Funktionen beim Aufruf erwartet. Sie können in diesem Fall das Handle der jeweils betroffenen Komponente oder – falls das Handle Ihrer Anwendung gefordert wird – das Handle des Objekts TApplication übergeben.

Handle für die Komponenten:

MainMenu	MenuItem	PopupMenu

property Handle: HMENU;
Sollte eine Windows-API-Funktion ein Handle eines Menüs, Menü-Eintrags oder eines lokalen Menüs verlangen, dann können Sie dazu die Eigenschaft Handle von MainMenu, MenuItem und PopupMenu benutzen.

Handle für die Komponente Printer:

property Handle: HDC;
Handle enthält das Handle des jeweiligen Druckerobjekts TPrinter der Komponente Printer.

Handle für die Komponente DataBase:

property Handle: HDBIDB;
Um direkte Aufrufe in die Richtung des Borland Database-Engine (BDE)-API zu tätigen, benötigen Sie ein Handle der jeweiligen Datenbank-Komponente. Dazu dient Ihnen die Eigenschaft Handle der Komponente DataBase. Dies erlaubt Ihnen Zugriffe auf Funktionen des BDE-API, die nicht in die VCL-Bibliothek integriert wurden. Bevor Sie allerdings diese Funktionen aufrufen, sollten Sie prüfen, ob diese Funktion nicht doch schon in der VCL-Bibliothek gekapselt wurde.

Handle für das Objekt TSession:

Delphi erzeugt eine Komponente Session vom Typ TSession immer dann, wenn eine Anwendung ausgeführt wird. Sessions sollten nicht von Ihnen erzeugt oder zerstört werden. Session erlaubt die globale Prüfung über Datenbankverbindungen. Die Eigenschaft Databases von Session ist ein Array von allen aktiven Datenbanken in der Sitzung. Die Eigenschaft DatabaseCount vom Typ Integer gibt die Anzahl der aktiven Datenbanken in der Sitzung.

property Handle: HDBISES;
Mit der Eigenschaft Handle können Sie direkte Aufrufe an die Borland Datenbank-Engine bezogen auf eine bestimmte Sitzung (Session/TSession), machen. Die Komponente Session werden Sie im Prinzip nicht benutzen müssen. Die wichtigsten Funktionen des BDE-API sind in der VCL-Bibliothek gekapselt und ersparen Ihnen diesen Weg.

Handle für die die Komponenten Table, Query und StoredProc:

property Handle: HDBICur;
Ebenfalls für direkte Zugriffe auf Funktionen des BDE-API und unter normalen Umständen nicht zu benutzen, da die wichtigsten BDP-API-Funktionen via der VCL-Bibliothek einen einfacheren Zugriff ermöglichen.

property Height: Integer;
Die Eigenschaft Height eines Dialogelements legt die Höhe der Komponente in Pixeln fest.

property HelpContext: THelpContext;
Die Eigenschaft HelpContext stellt eine Kontextnummer für die Verwendung beim Aufruf kontextbezogener Online-Hilfe bereit. Jeder Hilfebildschirm des Hilfesystems sollte eine eindeutige Kontextnummer besitzen. Ist in der Anwendung eine Kompo-

nente selektiert, so wird nach Betätigen von F1 ein Hilfebildschirm angezeigt. Welcher Hilfebildschirm angezeigt wird, hängt vom Wert der Eigenschaft HelpContext ab.

property Hint: string;
Die Eigenschaft Hint ist der Text-String, der erscheinen kann, wenn ein OnHint-Ereignis eintritt, also wenn der Benutzer den Cursor über die Komponente bewegt. Wie der String angezeigt wird, bestimmt der Code in der Ereignisbehandlungs-Routine OnHint. Sie können eine Schnellhilfe, d.h. ein Fenster, das einen Hilfetext enthält, für eine Komponente erscheinen lassen, wenn der Anwender den Mauszeiger über das Dialogelement führt und dort kurz verweilt. Dies funktioniert wie folgt:

1. Spezifizieren Sie für jede Komponente, die einen Schnellhinweis anzeigen soll, einen Hint-Wert.
2. Setzen Sie die Eigenschaft ShowHints des Bedienfelds auf True.
3. Setzen Sie die Eigenschaft ShowHint der Anwendung zur Laufzeit auf True.

Sie können Hint gleichzeitig sowohl für ein Hilfehinweisfenster als auch für die Verwendung innerhalb der Behandlungsroutine OnHint spezifizieren, indem Sie zwei durch ein Zeichen | (das »oder« oder Pipe-Symbol) abgeteilte Werte angeben, also beispielsweise:

```
Edit1.Hint:= 'Aufforderung|Geben Sie den richtigen Wert ein';
```

Der String »Aufforderung« erscheint im Hilfehinweisfenster und der String »Geben Sie den richtigen Wert ein« erscheint wie in der Ereignisbehandlungs-Routine OnHint spezifiziert.

property Left: Integer;
Die Eigenschaft Left bestimmt die horizontalen Koordinaten der linken Kante einer Komponente relativ zum Formular in Pixeln. Für Formulare ist der Wert der Eigenschaft Left relativ zum Bildschirm (ebenfalls in Pixeln).

property LeftCol: Longint;
Mit Eigenschaft LeftCol bestimmen Sie, welche Spalte des Gitters ganz links im Gitter erscheint.

property Name: TComponentName;
Die Eigenschaft Name enthält den Namen der Komponente wie er von anderen Komponenten für den Zugriff verwendet wird. Delphi weist als Vorgabewerte sequentielle Namen zu, die auf dem Typ der Komponente basieren, also etwa für Buttons »Button1«, Button2« etc. Dies können Sie gemäß Ihrer Vorstellungen abändern. Komponentennamen sollten ausdrücklich nur zur Entwurfszeit geändert werden.

property Options: TGridOptions;
Optionds bestimmt unter anderem das Aussehen eines Gitters. Mögliche Werte:

Wert	Bedeutung (wenn die Option den Wert True besitzt).
goFixedHorzLine	Es tritt eine horizontale Linie zwischen die Zeilen in Bereichen, in denen kein Bildlauf durchgeführt werden kann.
goFixedVertLine	Es erscheinen vertikale Linien zwischen Spalten in den Bereichen, in denen kein Bildlauf durchgeführt werden kann.
goHorzLine	Es erscheinen horizontale Linien zwischen den Zeilen.
goVertLine	Es erscheinen vertikale Linien zwischen den Spalten.
goRangeSelect	Es können Reihe von Zellen gleichzeitig ausgewählt werden. Ist goEditing True, kann der Anwender keine Reihe von Zellen mehr auswählen.
goDrawFocusSelected	Die Zelle mit dem Fokus wird in der gleichen Farbe dargestellt, mit der bereits andere Zellen in einem ausgewählten Block dargestellt sind. Bei False behält die Zelle mit dem Fokus die Farbe der nicht ausgewählten Zellen. Das ist die Farbe, die mit der Gittereigenschaft Color festgelegt wurde.
goRowSizing	Die Größe von Zeilen kann geändert werden, mit Ausnahme der Zeilen, die festgelegt sind oder für die kein Bildlauf durchgeführt werden kann.
goColSizing	Die Größe von Spalten kann geändert werden, mit Ausnahme der Spalten, die festgelgt sind oder für die kein Bildlauf durchgeführt werden kann.
goRowMoving	Eine Zeile kann an eine andere Stelle im Gitter gezogen werden.
goColMoving	Eine Spalte kann an eine andere Stelle im Gitter gezogen werden.
goEditing	Text im Gitter kann bearbeitet werden.
goAlwaysShowEditor	Das Gitter befindet sich im automatischen Bearbeitungsmodus, falls auch goEditing True ist.
goTabs	Spalten können mit der TAB-Taste angesprungen werden.
goRowSelect	Nur ganze Zeilen können zur gleichen Zeit an Stelle von einzelnen Zeilen ausgewählt werden.
goThumbTracking	Es wird durch den Inhalt des Gitters geblättert, wenn der Anwender den Positionszeiger der Bildlaufleiste des Gitters bewegt.

property Owner: TComponent;
Die Eigenschaft Owner teilt Ihnen mit, welche Komponente zu welcher Komponente gehört. Dem Formular gehören alle Komponenten, die auf ihm vorhanden sind. Umgekehrt gehört das Formular zur Anwendung. Gehört eine Komponente A einer anderen Komponente B, wird der Speicher der Komponente A freigegeben, wenn der Speicher der Komponente B freigegeben wird. Es werden also folgerichtig alle Komponenten des Formulars gelöscht, wenn das Formular gelöscht wird. Außerdem wird natürlich der Speicher für das Formular und dessen Komponenten freigegeben, wenn der Speicher der Anwendung selbst freigegeben wird.

property Parent: TWinControl;
Die Eigenschaft Parent enthält den Namen der übergeordneten Komponente. Wenn eine Komponente A eine andere Komponente B enthält, sind die in B enthaltenen Komponenten untergeordnete Komponenten von A. Wenn Ihre Anwendung beispielsweise drei Buttons in einer GroupBox enthält, dann ist die GroupBox das übergeordnete Element der drei Buttons und die Button-Schaltfelder sind der GroupBox untergeordnet.

Parent und Owner sind leider etwas verwirrend. Daher hier eine kleine Entwirrung:

Ein Formular ist der Besitzer aller darauf enthaltenen Komponenten, egal, ob sie ein Fensterelement sind oder nicht. Für unser Beispiel mit den drei Buttons und der GroupBox bedeutet dies: Der Besitzer der Buttons ist immer das Formular, aber die GroupBox ist das übergeordnete Element.

Wenn Sie einen neuen Dialog erzeugen, müssen Sie dem neuen Dialogelement einen Wert der Eigenschaft Parent zuweisen. Üblicherweise sind dies Formulare, Bedienfelder, GroupBoxen oder Dialoge, die andere Komponenten-Elemente enthalten können. Es ist möglich, jedes Element als das übergeordnete zuzuweisen, aber das darin enthaltene Dialogelement wird wahrscheinlich überschrieben.

Wird das übergeordnete Element gelöscht, werden auch alle Elemente, die ihm untergeordnet sind, gelöscht.

property ParentColor: Boolean;
Die Eigenschaft ParentColor bestimmt, wo eine Komponente nach ihrer Farbeigenschaft suchen soll. Falls ParentColor True ist, verwendet die Komponente die Farbe der Eigenschaft der übergeordneten Komponente.

Wenn ParentColor False ist, verwendet die Komponente ihre eigene Eigenschaft Color. Durch Verwendung von ParentColor können Sie sicherstellen, daß alle Komponenten auf einem Formular das gleiche Erscheinungsbild haben.

property ParentCtl3D: Boolean;
Die Eigenschaft ParentCtl3D bestimmt, wo eine Komponente nach ihrer Eigenschaft Ctl3D suchen muß. Ist ParentCtl3D auf True gesetzt, verwendet die Komponente die Dimensionen der Eigenschaft Ctl3D von dessen übergeordneter Komponente. Wenn ParentCtl3D False ist, verwendet die Komponente ihre eigene Eigenschaft Ctl3D. Durch Verwendung von ParentCtl3D stellen Sie sicher, daß alle Komponenten auf einem Formular das gleiche Erscheinungsbild haben. Wenn Sie beispielsweise

möchten, daß alle Komponenten auf einem Formular ein dreidimensionales Erscheinungsbild haben, setzen Sie die Eigenschaft Ctl3D des Formulars auf True und die Eigenschaft ParentCtl3D jeder Komponente auf True.

property ParentFont: Boolean;
Die Eigenschaft ParentFont bestimmt, wo eine Komponente nach ihrer Fonteigenschaft suchen soll. Falls ParentFont True ist, verwendet die Komponente den Font der Eigenschaft der übergeordneten Komponente.

Ist ParentFont False, verwendet die Komponente ihre eigene Eigenschaft Font. Durch Verwendung von ParentFont können Sie sicherstellen, daß alle Komponenten auf einem Formular das gleiche Erscheinungsbild haben.

property ParentShowHint: Boolean;
Die Eigenschaft ParentShowHint bestimmt, wo eine Komponente nach ihrer Hinteigenschaft suchen soll. Falls ParentShowHint True ist, verwendet die Komponente die Hint-Eigenschaft der übergeordneten Komponente.

Ist ParentShowHint False, verwendet die Komponente ihre eigene Eigenschaft Hint. Durch Verwendung von ParentShowHint können Sie sicherstellen, daß alle Komponenten auf einem Formular das gleiche Erscheinungsbild haben.

property PopupMenu: TPopupMenu;
Die Eigenschaft PopupMenu legt den Namen des Popup-Menüs fest, das erscheint, wenn der Anwender die Komponente auswählt oder die rechte Maustaste drückt (bei dem Wert True für AutoPopup des Popup) oder wenn die Methode Popup des Popup-Menüs ausgeführt wird.

property Row: Longint;
Row enthält den Wert der Zeile des Dialogelements, das den Fokus besitzt.

property RowCount: Longint;
Mit RowCount legen Sie die die Anzahl der Zeilen fest, die in dem Gitter erscheinen.

property RowHeights[Index: Longint]: Integer;
Mit RowHeights legen sie die die Höhe in Pixeln aller Zellen einer Zeile fest, auf die durch den Parameter Index Bezug genommen wird.

property Rows[Index: Integer]: TStrings;
Rows ist ein Feld, das alle Strings und deren zugehörigen Objekte einer Zeile enthält.

property ScrollBars: TScrollStyle;
ScrollBars bestimmt, ob eine Komponente eine Bildlauf-Leiste hat. Folgende Werte sind möglich:

scNone	Keine Bildlaufleiste
scHorizontal	horizontale Bildlaufleiste
scVertical	vertikale Bildlaufleiste
scBoth	beide Bildlaufleisten

property Selection: TGridRect;
Selection enthält alle Spalten und Zeilen der Zellen oder Zellen, die im Gitter ausgewählt werden.

property ShowHint: Boolean;
Die Eigenschaft ShowHint bestimmt, ob das Dialogelement eine Schnellhilfe anzeigen soll, wenn der Mauszeiger eine Weile auf ihm verweilt. Die Schnellhilfe entspricht dem Wert der Eigenschaft Hint, die in einem Feld direkt unterhalb des Elements angezeigt wird. Wenn die Eigenschaft ShowHint den Wert True hat, kann die Schnellhilfe erscheinen.

Ist ShowHint False, kann die Schnellhilfe auch angezeigt werden, wenn ParentShowHint auf True gesetzt wurde, und die Eigenschaft ShowHint der übergeordneten Komponente ebenfalls auf True gesetzt wurde.

property Showing: Boolean;
Die Eigenschaft Showing legt fest, ob eine Komponente momentan auf dem Bildschirm angezeigt wird oder nicht. Falls die Eigenschaft Visible einer Komponente und aller übergeordneten Komponenten in der übergeordneten Hierarchie True ist, ist Showing auch True. Wenn einer der Vorfahren der Komponente den Wert False als Wert für die Eigenschaft Visible hat, dann ist auch Showing False.

property TabOrder: TTabOrder;
Die Eigenschaft TabOrder bestimmt die Position einer Komponente in der Tabulatorreihenfolge, in der Komponenten den Fokus erhalten, wenn der Anwender die Taste TAB drückt. Anfänglich ist die Tabulatorreihenfolge immer die Reihenfolge, in der die Komponenten in das Formular hinzugefügt wurden. Der Wert der Eigenschaft TabOrder ist für jede Komponente auf dem Formular einmalig. Die erste dem Formular hinzugefügte Komponente hat den Wert 0 von TabOrder, die zweite hat 1, die dritte 2 usw.

Falls Sie den Wert der Eigenschaft TabOrder einer Komponente den gleichen Wert einer anderen Komponente zuweisen, numeriert Delphi automatisch die Werte für alle anderen Komponenten neu. Angenommen, eine Komponente ist beispielsweise die sechste Komponente in der Tabulatorreihenfolge. Wenn Sie den Wert der Eigenschaft TabOrder der Komponente auf 3 ändern (dies macht die Komponente zu der vierten in der Tabulatorreihenfolge), wird die Komponente, die die vierte war, nun zur fünften und die Komponente, die die fünfte war, wird jetzt die sechste.

property TabStop: Boolean;
Die Eigenschaft TabStop bestimmt, ob der Anwender diese Komponente mit der Taste TAB anspringen kann. Falls TabStop True ist, befindet sich die Komponente in der Tabulatorreihenfolge. Wenn TabStop False ist, ist das Dialogelement nicht in der Tabulatorreihenfolge.

property TabStops[Index: Longint]: Boolean;
Mit TabStops legen Sie fest, für welche Spalten im Gitter Sie TabStops zulassen (Erreichen der Spalten mit der TAB-Taste). True bedeutet, daß die in Index angegebene Spalte mit Tabstops erreichbar ist.

property Tag: Longint;
Die Eigenschaft Tag kann einen Integerwert als Element einer Komponente speichern. Tag wird von Delphi nicht benutzt und steht Ihnen damit zur freien Verfügung

property Top: Integer;
Die Eigenschaft Top gibt die Y-Koordinate der linken oberen Ecke eines Dialogelements relativ zum Formular in Pixeln an. Bei Formularen wird der Wert der Eigenschaft Top in Pixeln relativ zum Bildschirm angegeben.

property TopRow: Longint;
TopRow legt zur Laufzeit fest, mit welcher Zeile das Gitter beginnen soll.

property Visible: Boolean;
Die Eigenschaft Visible bestimmt, ob eine Komponente auf dem Bildschirm sichtbar ist (True) oder nicht (False).

function VisibleColCount: Integer;
VisibleColCount enthält die Anzahl der Spalten, mit Ausnahme der statischen und nicht verschiebbaren, die vollständig im Gitter angezeigt werden.

function VisibleRowCount: Integer;
VisibleRowCount enthält die Anzahl der Zeilen, mit Ausnahme der statischen und nicht verschiebbaren, die vollständig im Gitter angezeigt werden.

property Width: integer;
Die Eigenschaft Width bestimmt die Breite einer Komponente, gemessen in Pixeln.

Ereignisse:

property OnClick: TNotifyEvent;
Das Ereignis OnClick erscheint, wenn der Benutzer auf die Komponente klickt. In einem Formular tritt OnClick ein, wenn der Benutzer auf eine freie Stelle im Formular oder eine inaktive Komponente klickt.

OnClick ist vom Typ

```
TNotifyEvent = procedure (Sender: TObject) of object;
```

Der Typ TNotifyEvent weist auf eine Methode, die das Anklicken eines Objekts behandelt. Der Parameter Sender ist das Dialogelement, das angeklickt wurde.

property OnColumnMoved: TMovedEvent;
OnColumnMoved tritt immer dann ein, wenn Sie eine Spalte bewegen (dies kann nur dann passieren, wennn die Eigenschaft Options den Wert goColMoving hat).

OnColumnMoved ist vom Typ

```
TMovedEvent = procedure (Sender: TObject; FromIndex, ToIndex: Longint) of object;
```

TMovedEvent zeigt also auf eine Methode, die die Bewegung einer Spalte oder Zeile in einem Gitter behandelt. FromIndex enthält den Index der gerade bewegten Zeile oder Spalte. ToIndex enthält den neuen Spalten- bzw. Zeilenindex.

property OnDblClick: TNotifyEvent;
Das Ereignis OnClick tritt ein, wenn der Benutzer auf die Komponente einen Doppelklick ausführt. In einem Formular tritt das Ereignis OnDblClick ein, wenn der Benutzer auf eine freie Stelle im Formular oder eine inaktive Komponente einen Doppelklick ausführt.

OnDblClick ist vom Typ

```
TNotifyEvent = procedure (Sender: TObject) of object;
```

Der Typ TNotifyEvent weist auf eine Methode, die das Doppelklicken eines Objekts behandelt. Der Parameter Sender ist das Dialogelement, das mit einem Doppelklick bearbeitet wurde.

property OnDragDrop: TDragDropEvent;
Das Ereignis OnDragDrop tritt ein, wenn der Anwender ein gezogenes Objekt ablegt. Verwenden Sie die Ereignisbehandlungs-Routine OnDragDrop, um festzulegen, was passieren soll, wenn der Anwender ein Objekt ablegt.

OnDragClick ist vom Typ

```
TDragDropEvent = procedure(Sender, Source: TObject; X, Y: Integer) of object;
```

Der Typ TDragDropEvent zeigt also auf eine Methode, die das Ablegen eines gezogenen Objekts behandelt. Der Parameter Source des Ereignisses OnDragDrop ist das abzulegende Objekt und der Parameter Sender ist das Dialogelement, auf dem das Objekt abgelegt wurde. Die Parameter X und Y sind die Koordinaten des Mauszeigers, der über dem Dialogelement positioniert wird.

property OnDragOver: TDragOverEvent;
Das Ereignis OnDragOver tritt ein, wenn der Anwender ein Objekt über eine Komponente zieht. Üblicherweise werden Sie ein Ereignis OnDragOver verwenden, um ein Objekt zu akzeptieren, damit der Anwender es ablegen kann.

OnDragClick ist vom Typ

```
TDragOverEvent = procedure(Sender, Source: TObject; X, Y: Integer;
                  State: TDragState; var Accept: Boolean) of object;
```

Der Typ TDragOverEvent zeigt also auf eine Methode, die das Ziehen eines Objekts über ein anderes Objekt behandelt. Der Parameter Source ist das gezogene Objekt, Sender ist das Objekt, über das Source gezogen wurde, X und Y sind die Koordinaten des Mauszeigers, der über dem Dialogelement positioniert wird in Pixeln, State ist der Status des gezogenen Objekts in Verbindung zum darübergezogenen Objekt, und Accept legt fest, ob der Sender das Ziehobjekt erkennt. Accept wird nicht per Voreinstellung auf True oder False gesetzt; Sie müssen die passenden Werte selbst zuweisen.

Das Ereignis OnDragOver akzeptiert ein Objekt, wenn der Parameter Accept True ist. Durch Ändern des Werts der Eigenschaft DragCursor können Sie das Erscheinungsbild des Cursors beeinflussen. Dies können Sie entweder während des Entwickelns oder zur Laufzeit, bevor ein Ereignis OnDragOver eintritt, durchführen.

property OnDrawCell: TDrawCellEvent;
OnDrawCell erscheint immer dann, wenn der Inhalt einer Gitterzelle neu dargestellt wird.

OnDrawCell ist vom Typ

```
TDrawCellEvent = procedure (Sender: TObject; ACol, ARow: Longint;
                            ARect: TRect; AState: GridDrawState) of object;
```

TDrawCellEvent weist auf eine Methode, die das Neuzeichnen einer Zelle in einem Gitterelement behandelt. ACol bedeutet die Spalte der Zelle, ARow bedeutet die Zeile der Zelle. ARect ist der Zellbereich, in dem das Zeichnen stattfindet, und AState ist der aktuelle Status der Fläche.

property OnEndDrag: TEndDragEvent;
Das Ereignis OnEndDrag tritt immer dann ein, wenn das Ziehen eines Objekts abgeschlossen oder abgebrochen wird. Wenn Sie eine besondere Behandlung haben möchten, wenn das Ziehen beendet wird, verwenden Sie die Ereignisbehandlungs-Routine OnEndDrag.

OnEndDrag ist vom Typ

```
TEndDragEvent = procedure(Sender, Target: TObject; X, Y: Integer) of object;
```

Der Typ TEndDragEvent zeigt also auf eine Methode, die das Anhalten des Ziehens eines Objekts behandelt.

Der Sender ist das Objekt, das gezogen wird, Target ist das Objekt, zu dem Sender hingezogen wird, und X und Y sind die dazugehörigen Bildschirmkoordinaten des Mauszeigers, der über dem Dialogelement positioniert wird. Falls das gezogene Objekt abgelegt und durch das Dialogelement akzeptiert wurde, ist der Parameter Target des Ereignisses OnEndDrag True. Wenn das Objekt nicht erfolgreich abgelegt wurde, beträgt der Wert von Target Nil.

property OnEnter: TNotifyEvent;
OnEnter tritt ein, wenn eine Komponente aktiviert wird. Wenn Sie eine besondere Behandlung festlegen möchten, wenn eine Komponente aktiviert wird, verwenden Sie die Ereignisbehandlungsroutien OnEnter.

OnEnter erscheint nie, wenn Sie zwischen Formularen oder einer anderen Windows-Anwendung und Ihrer Anwendung umschalten. OnEnter für eine Komponente des Typs TPanel oder THeader tritt nie ein, da Bedienfelder oder Header keinen Fokus erhalten können. Somit ist dort OnEnter vollkommen nutzlos. Sie haben diese Ereignisbehandlung aber geerbt.

OnEnter ist vom Typ

```
TNotifyEvent = procedure (Sender: TObject) of object;
```

Der Typ TNotifyEvent weist auf eine Methode, die das Doppelklicken eines Objekts behandelt. Der Parameter Sender ist das Dialogelement, das mit einem Doppelklick bearbeitet wurde.

property OnExit: TNotifyEvent;
OnExit erscheint, wenn der Eingabefokus einer Komponente an eine andere übergeben wird. OnExit tritt nicht ein, wenn Sie zwischen Formularen oder zwischen einer Windows-Anwendung und Ihrer Anwendung umschalten. OnExit tritt bei den Komponenten Panel und Speedbutton nicht ein, da diese niemals den Fokus erhalten.

OnExit ist vom Typ

```
TNotifyEvent = procedure (Sender: TObject) of object;
```

Der Typ TNotifyEvent weist auf eine Methode, die das Doppelklicken eines Objekts behandelt. Der Parameter Sender ist das Dialogelement, das mit einem Doppelklick bearbeitet wurde.

property OnGetEditMask: TGetEditEvent;
OnGetEditMask tritt immer dann ein, wenn die Eigenschaft Options den Wert goEditing enthält und das Gitter unter Verwendung einer Editiermaske den Text in einer Zelle neu darstellt.

OnGetEditMask ist vom Typ

```
TGetEditEvent = procedure (Sender: TObject; ACol, ARow: Longint;
                           var Value: string) of object;
```

TGetEditEvent weist auf eine Methode, die die Abfrage eines Textes, der in einer Zelle eines Gitters angezeigt wird, behandelt. ACol beinhaltet die Spalte und ARow die Zeile. Value ist der angezeigte String.

property OnGetEditText: TGetEditEvent;
OnGetEditText tritt immer dann auf, wenn die Eigenschaft Options den Wert goEditing enthält und das Gitter den Text in einer Zelle neu darstellt.

OnGetEditText ist vom Typ

```
TGetEditEvent = procedure (Sender: TObject; ACol, ARow: Longint; var Value: string)
                of object;
```

TGetEditEvent weist auf eine Methode, die die Abfrage eines Textes, der in einer Zelle eines Gitters angezeigt wird, behandelt. ACol beinhaltet die Spalte und ARow die Zeile. Value ist der angezeigte String.

property OnKeyDown: TKeyEvent;
OnKeyDown tritt ein, wenn der Anwender irgendeine Taste drückt, während die Komponente den Fokus hat. Verwenden Sie OnKeyDown, um eine besondere Behandlung festzulegen, die ausgeführt wird, wenn eine Taste gedrückt wird. Der Handler OnKeyDown kann auf alle Tasten der Tastatur, einschließlich Funktionstasten und Tastenkombinationen mit den Tasten UMSCHALT, ALT und STRG sowie betätigten Maustasten reagieren.

OnKeyDown ist vom Typ

```
TKeyEvent = procedure (Sender: TObject; var Key: Word; Shift: TShiftState)
                    of object;
```

Der Typ TKeyEvent weist auf eine Methode, die Tastaturereignisse verarbeitet. Der Parameter Key steht für die Taste; Shift kann die folgenden Werte annehmen:

ssShift	UMSCHALTTASTE (SHIFT) wird festgehalten
ssAlt	linke ALT-Taste wird festgehalten
[ssAlt, ssCtrl]	ALTGR-Taste wird festgehalten
ssCtrl	Taste STRG wird festgehalten
ssLeft	Linke Maustaste wird festgehalten
ssMiddle	Mittlere Maustaste wird festgehalten
ssDouble	Rechte und linke Maustaste werden gleichzeitig festgehalten

property OnKeyPress: TKeyPressEvent;
OnKeyPress erscheint, wenn der Anwender eine einzelne Zeichentaste drückt.

OnKeyPress ist vom Typ

```
TKeyPressEvent = procedure (Sender: TObject; var Key: Char) of object;
```

TKeyPressEvent weist auf eine Methode, die einen Tastendruck für ein einzelnes Zeichen verarbeitet. Der Parameter Key gibt die Taste an. Der Parameter Key ist vom Typ Char; deshalb registriert OnKeyPress das ASCII-Zeichen der gedrückten Taste. Tasten, die nicht mit einem ASCII-Zeichen übereinstimmen (UMSCHALT oder F1, beispielsweise) werden kein OnKeyPress erzeugen. Tastenkombinationen (wie UMSCHALT+A) erzeugen nur ein Ereignis des Typs OnKeyPress (in diesem Beispiel ergibt UMSCHALT+A einen Wert Key von »A«, wenn die Feststelltaste ausgeschaltet ist). Falls Sie auf Nicht-ASCII-Tasten oder Tastenkombinationen reagieren möchten, verwenden Sie die Ereignisbehandlungsroutinen OnKeyDown oder OnKeyUp.

property OnKeyUp: TKeyEvent;
OnKeyUp tritt ein, wenn der Anwender die gedrückte Taste wieder losläßt. OnKeyUp kann auf alle Tasten der Tastatur, einschließlich Funktionstasten und Tastenkombinationen mit den Tasten UMSCHALT, ALT und STRG sowie betätigten Maustasten reagieren.

```
TKeyEvent = procedure (Sender: TObject; var Key: Word; Shift: TShiftState)
                    of object;
```

Der Typ TKeyEvent weist auf eine Methode, die Tastaturereignisse verarbeitet. Der Parameter Key steht für die Taste; Shift kann die folgenden Werte annehmen:

ssShift	UMSCHALTTASTE (SHIFT) wird festgehalten
ssAlt	linke ALT-Taste wird festgehalten
[ssAlt, ssCtrl]	ALTGR-Taste wird festgehalten
ssCtrl	Taste STRG wird festgehalten
ssLeft	Linke Maustaste wird festgehalten
ssMiddle	Mittlere Maustaste wird festgehalten
ssDouble	Rechte und linke Maustaste werden gleichzeitig festgehalten

property OnMouseDown: TMouseEvent;
Das Ereignis OnMouseDown tritt ein, wenn der Anwender eine Maustaste zu dem Zeitpunkt drückt, an dem sich der Mauszeiger über einem Dialogelement.

OnMouseDown ist vom Typ

```
TMouseEvent=procedure (Sender: TObject; Button: TMouseButton; Shift: TShiftState;
                      X, Y: Integer) of object;
```

Der Typ TMouseEvent weist auf eine Methode zur Bearbeitung von Maustasten-Ereignissen hin. Der Parameter Button gibt an, welche Maustaste gedrückt wurde, während Shift Auskunft darüber gibt, welche UMSCHALT- (UMSCHALT, STRG oder ALT) bzw. Maustasten gedrückt waren, während die das Mausereignis verursachende Maustaste gedrückt oder losgelassen wurde. X und Y sind die Bildschirmkoordinaten des Mauszeigers in Pixeln. Der Parameter Button des Ereignisses OnMouseDown zeigt an, welche Maustaste gedrückt wurde. Durch Verwenden des Parameters Shift der Ereignisbehandlungs-Routine OnMouseDown können Sie auf den Status der Maus- und Umschalttasten reagieren. Umschalttasten sind die Tasten UMSCHALT, STRG und ALT.

property OnMouseMove: TMouseMoveEvent;
Das Ereignis OnMouseMove tritt ein, wenn der Anwender den Mauszeiger bewegt und dieser sich bereits über einem Dialogelement befindet.

OnMouseMove ist vom Typ

```
TMouseMoveEvent = procedure(Sender: TObject; Shift: TShiftState;  X, Y: Integer)
                      of object;
```

Der Typ TMouseMoveEvent zeigt also auf eine Methode, die Mausereignisse infolge einer Mausbewegung verarbeitet. Der Parameter Button gibt an, welche Maustaste gedrückt wurde, während Shift anzeigt, welche UMSCHALT- (UMSCHALT, STRG oder ALT) bzw. Maustasten während der Mausbewegung gedrückt waren. X und Y sind die Bildschirmkoordinaten des Mauszeigers in Pixeln Durch Verwenden des Parameters Shift können Sie auf den Status der Maus- und Umschalttasten reagieren. Umschalttasten sind die Tasten UMSCHALT, STRG und ALT.

property OnMouseUp: TMouseEvent;
Das Ereignis OnMouseUp tritt ein, wenn der Anwender die gedrückte Maustaste wieder freigibt, wenn sich der Mauszeiger über einer Komponente befindet.

KAPITEL 2

Die Ereignisbehandlungs-Routine OnMouseUp kann auf Betätigungen der rechten, mittleren und linken Maustasten reagieren sowie auf Maustastenkombinationen mit Umschalttasten (Tasten UMSCHALT, STRG und ALT).

OnMouseUp ist vom Typ

```
TMouseEvent = procedure (Sender: TObject; Button: TMouseButton; Shift: TShiftState;
                        X, Y: Integer) of object;
```

Der Typ TMouseEvent zeigt also auf eine Methode zur Bearbeitung von Maustasten-Ereignissen hin. Der Parameter Button gibt an, welche Maustaste gedrückt wurde, während Shift Auskunft darüber gibt, welche UMSCHALT- (UMSCHALT, STRG oder ALT) bzw. Maustasten gedrückt waren, während die das Mausereignis verursachende Maustaste gedrückt oder losgelassen wurde. X und Y sind die Bildschirmkoordinaten des Mauszeigers in Pixeln.

property OnRowMoved: TMovedEvent;
OnRowMoved tritt immer dann ein, wenn Sie eine Zeile verschieben.

OnRowMoved ist vom Typ

```
TMovedEvent = procedure (Sender: TObject; FromIndex, ToIndex: Longint) of object;
```

TMovedEvent zeigt also auf eine Methode, die die Bewegung einer Spalte oder Zeile in einem Gitter behandelt. FromIndex enthält den Index der gerade bewegten Zeile oder Spalte. ToIndex enthält den neuen Spalten- bzw. Zeilenindex.

property OnSelectCell: TSelectCellEvent;
OnSelectCell tritt immer dann ein, wenn Sie eine Zelle auswählen.

OnSelectedCell ist vom Typ

```
TSelectCellEvent = procedure (Sender: TObject; Col, Row: Longint;
                              var CanSelect: Boolean) of object;
```

TSelectEvent zeigt also auf eine Methode, die die Auswahl einer Zelle behandelt. Col und Row bezeichnen Spalte und Zeile der ausgewählten Zelle. CanSelect gibt an, ob die Zelle mit Erfolg ausgewählt werden kann.

property OnSetEditText: TSetEditTextEvent;
OnSetEditText tritt immer dann ein, wenn Sie Text in einer Zelle bearbeiten.

OnSetEditText ist vom Typ

```
TSetEditEvent = procedure (Sender: TObject; ACol, ARow: Longint;
                           const Text: string) of object;
```

TSetEditEvent weist auf eine Methode, die die Änderungen, die der Anwender an einem Text in einer Zelle ausführt, behandelt. ACol legt die Spalte und ARow die Zeile der Zelle fest. Text enthält den Text-String, der im Editor geändert wurde.

property OnTopLeftChanged: TNotifyEvent;
OnTopLeftChanged tritt immer dann ein, wenn sich die Eigenschaft TopRow oder LeftCol ändert.

OnTopLeftChanged ist vom Typ

```
TNotifyEvent = procedure (Sender: TObject) of object;
```

Der Typ TNotifyEvent weist auf eine Methode, die das Doppelklicken eines Objekts behandelt. Der Parameter Sender ist das Dialogelement, das mit einem Doppelklick bearbeitet wurde.

Methoden:

procedure BeginDrag(Immediate: Boolean);
Die Methode BeginDrag leitet den Ziehvorgang einer Komponente ein. Wenn der Parameter Immediate auf True gesetzt ist, wird der Mauszeiger auf den Wert der Eigenschaft DragCursor gesetzt und der Ziehvorgang beginnt. Ist Immediate False, wird der Mauszeiger nicht auf den Wert der Eigenschaft DragCursor gesetzt, und der Ziehvorgang wird erst eingeleitet, wenn der Anwender den Mauszeiger mindestens um 5 Pixel bewegt. Auf diese Weise kann die Komponente Mausklicks akzeptieren, ohne einen Ziehvorgang einzuleiten.

Ihre Anwendung muß die Methode BeginDrag zum Einleiten eines Ziehvorgangs nur aufrufen, wenn DragMode auf dmManual gesetzt ist.

procedure BringToFront;
Die Methode BringToFront setzt eine Komponente innerhalb einer übergeordneten Komponente vor alle anderen Komponenten. BringToFront hilft insbesondere sicherzustellen, daß ein Formular sichtbar ist. Verwenden Sie diese Methode, wenn Sie die Reihenfolge überlappender Komponenten in einem Formular neu festlegen wollen.

Die Reihenfolge, in der Komponenten übereinander gelagert werden (Z-Reihenfolge), hängt davon ab, ob es sich um fensterähnliche oder um nicht-fensterähnliche Komponenten handelt. Die Reihenfolge arbeitet nach dem Prinzip, daß die zuletzt eingefügte Komponente die oberste und damit sichtbare Komponente ist.

Mit der Methode BringToFront einer Komponente würde diese Komponente ganz nach oben auf den Stapel kommen und somit sichtbar sein.

Bei der Stapelung ist zu beachten, daß fensterähnliche Komponenten immer auf nicht-fensterähnlichen Komponenten gestapelt werden. Ein Aufruf von BringToFront einer nicht-fensterähnlichen Komponente bewirkt also gar nichts, wenn oben auf dem Stapel eine fensterähnliche Komponente liegt.

Die folgenden Komponenten zählen zu den fensterähnlichen Komponenten:

BitBtn	DBNavigator	MediaPlayer
Button	DBRadioGroup	Memo
CheckBox	DirectoryListBox	Notebook
ComboBox	DrawGrid	OLEContainer

DBCheckBox	DriveComboBox	Outline
DBComboBox	Edit	Panel
DBEdit	FileListBox	RadioButton
DBGrid	FilterComboBox	RadioGroup
DBImage	Form	ScrollBar
DBListBox	GroupBox	ScrollBox
DBLookupCombo	Header	StringGrid
DBLookupList	ListBox	TabbedNotebook
DBMemo	MaskEdit	TabSet

Die nun folgenden Komponenten zählen zu den nicht-fensterähnlichen Komponenten:

Bevel	Label	SpeedButton
DBText	PaintBox	Image
Shape		

function CanFocus: Boolean;
CanFocus stellt fest, ob eine Komponente den Eingabefokus erhalten kann. CanFocus gibt True zurück, wenn die Eigenschaften Visible und Enabled sowohl der Komponente als auch der übergeordneten Komponenten auf True gesetzt sind. Sind nicht alle Eigenschaften Visible und Enabled dieser Komponenten auf True gesetzt, liefert CanFocus False zurück.

function CellRect(ACol, ARow: Longint): TRect;
Mit CellRect erzeugen Sie ein Rechteck vom Typ TRect für die durch ACol und ARow beschriebene Zelle. Wenn die Zelle nicht sichtbar ist, gibt CellRect ein leeres Rechteck zurück.

function ClientToScreen(Point: TPoint): TPoint;
Die Methode ClientToScreen übersetzt den angegebenen Punkt aus Client-Bereichskoordinaten in globale Bildschirmkoordinaten. In Client-Bereichskoordinaten entspricht der Punkt (0, 0) der oberen linken Ecke des Client-Bereichs der Komponente. In Bildschirmkoordinaten entspricht (0, 0) der oberen linken Ecke des Bildschirms. Mit den Methoden ClientToScreen und ScreenToClient rechnen Sie Positionen aus dem Koordinatensystem einer Komponente A in das Koordinatensystem einer Komponente B um.

Beispiel: Umrechnung der Koordinaten einer Komponente A in die Koordinaten einer Komponente B: (TPoint ist ein Record mit den Feldern X und Y):

```
TPoint =   record
       X : integer;
       Y : integer;
END;
VAR
   Koord: TPoint;
Koord:= B.ScreenToClient(A.ClientToScreen(Koord));
```

constructor Create;
Create weist Speicher zu, um das Objekt und damit die Komponente zu erzeugen und nach Bedarf seine Daten zu initialisieren. Jedes Objekt kann eine Methode Create besitzen, die individuell so angepaßt ist, daß sie diese bestimmte Art von Objekt erzeugt. Im Normalfall benötigen Sie diese Methoden nicht, da Borland Delphi alles unternimmt, um Ihre Anwendung und die darin enthaltenen Komponenten zu erzeugen. Sollten Sie allerdings ein Ereignis oder die Initialisierung eines Wertes einer selbst geschaffenen Komponente zur Zeit der Erzeugung einstellen wollen, dann können Sie dies in der Methode Create erledigen. Dazu benötigen Sie aber genaue Kenntnisse und Techniken der OOP. Ansonsten sollten Sie Create unverändert lassen und nicht aufrufen.

function Dragging: Boolean;
Die Methode Dragging gibt an, ob eine Komponente gezogen wird. Wenn Dragging True zurückgibt, wird die Komponente gezogen.

procedure EndDrag(Drop: Boolean);
Die Methode EndDrag verhindert, daß eine Komponente weiter gezogen wird. Wenn der Parameter Drop True ist, wird die gezogene Komponente abgelegt. Ist Drop False, wird die Komponente nicht abgelegt und der Vorgang wird abgebrochen.

function FindComponent(const AName: string): TComponent;
Die Methode FindComponent gibt im Array Components die Komponente zurück, deren Name zum String im Parameter AName paßt. FindComponent beachtet dabei keine Groß-/Kleinschreibung.

Beispiel: Es existiert ein Button »Button1« in Ihrer Anwendung. Um die eigentliche Komponente TButton1 im Array Components zurückzugeben, rufen Sie FindComponents wie folgt auf:

```
FindComponents('Button1');
```

function Focused: Boolean;
Focused wird verwendet, um zu bestimmen, ob ein Fensterdialogelement den Fokus besitzt und deshalb das aktive Dialogelement in ActiveControl ist.

procedure Free;
Die Methode Free entfernt das Objekt und gibt den dazugehörigen Speicher frei. Haben Sie das Objekt unter Verwendung der Methode Create erzeugt, so benutzen Sie zum Entfernen und für die Freigabe des Speichers die Methode Free. Free gelingt auch dann, wenn das Objekt selbst nicht mehr existiert (zum Beispiel durch einen vorherigen Aufruf von Free. Delphi erledigt dies für Objekte der Bibliothek visueller Komponenten automatisch.

Sie sollten also niemals eine Komponente innerhalb Ihrer Anwendung entfernen.

Falls Sie ein Formular freigeben wollen, rufen Sie die Methode Release auf, um das Formular zu löschen und dessen benutzten Speicher freizugeben.

function GetTextBuf(Buffer: PChar; BufSize: Integer): Integer;
Die Methode GetTextBuf holt den Text der Komponente und kopiert ihn in den Puffer als Null-terminierten String (Ende der Zeichenkette wird mit 0 angegeben), auf den Buffer zeigt. Die maximale Länge des Strings wird mit BufSize (siehe dazu GetTextLen) festgelegt. In BufSize wird nach der Ausführung die Anzahl der Zeichen des Strings zu finden sein. Diese Methode ist vor allem dann sehr nützlich, wenn mit Strings größer als 256 Zeichen gearbeitet wird. Der Typ STRING kann nicht mehr als 256 Zeichen aufnehmen. Dabei entfällt aber das erste Element in diesem Typ auf die Längenangabe des Strings, so daß nur noch maximal 255 Zeichen möglich sind. Ein PChar ist ein Zeiger auf das erste Zeichen einer Zeichenkette. Eine derart definierte Zeichenkette besitzt keine Längenangabe, sondern trägt eine 0 am Ende der Kette, daher auch der Name Null-terminierter String. Ein PChar kann die maximale Größe von 64 Kbyte erreichen. Die maximale Anzahl der Zeichen ist also auf 64 Kbyte und nicht auf 255 Zeichen beschränkt (siehe auch GetTextLen und SetTextBuf).

function GetTextLen: Integer;
Die Methode GetTextLen gibt die Länge des Textes der Komponente zurück. Dieser Wert kann für BufSize in GetTextBuf verwendet werden (siehe auch GetTextBuf und SetTextBuf).

procedure Hide;
Die Methode Hide versteckt eine Komponente, sie ist also nicht mehr auf dem Bildschirm sichtbar. Dabei wird die Eigenschaft Visible auf False gesetzt. Dabei ist eine Komponente aber weiterhin aktiv, das heißt kann bearbeitet werden.

procedure InsertComponent(AComponent: TComponent);
InsertComponent macht die Komponente zum Besitzer der im Parameter AComponent übergebenen Komponente. Die Komponente wird am Ende der Array-Eigenschaft Components hinzugefügt. Die eingefügte Komponente darf keinen Namen haben (keinen für die Eigenschaft Name spezifizierten Wert) oder der Name muß sich eindeutig von allen anderen in der Components-Liste unterscheiden. Wird die Besitzerkomponente entfernt, so wird auch AComponent gelöscht.

procedure Invalidate;
Die Methode Invalidate erzwingt das Neuzeichnen einer Komponente sobald dies möglich ist.

procedure MouseToCell(X, Y: Integer; var ACol, ARow: Longint);
Mit MouseToCell ermitteln Sie die Spalte und Zeile der Zelle, auf der der Mauszeiger positioniert ist. X und Y sind die Bildschirmkoordinaten des Mauszeigers. ACol ist die Nummer der Spalte, und ARow ist die Nummer der Zeile.

procedure Refresh;
Die Methode Refresh reagiert je nach Art der Komponente, ob Daten oder die Komponenten selbst neu gezeichnet werden. Die Methode Refresh kann also jedes Bild auf dem Bildschirm löschen und alle Dialogelemente neu zeichnen beziehungsweise Datensätze einer Datei erneut einlesen.

Innerhalb der Implementation von Refresh beim Neuzeichnen von Komponenten wird die Methode Invalidate und dann die Methode Update aufgerufen.

Beim Refresh von Daten ist zu beachten: Durch Refresh können sich die angezeigten Daten unerwartet verändern und den Anwender verwirren. Ein Dialog oder eine andere Mitteilung, die dem Anwender den Refresh der Daten mitteilt, wäre somit wohl angebracht und von äußerster Nützlichkeit.

procedure RemoveComponent(AComponent: TComponent);
RemoveComponent entfernt die Komponente, die im Parameter AComponent festgelegt ist, aus der Komponentenliste Components. Die Position in der Liste wird zu Nil.

procedure Repaint;
Die Methode Repaint fordert das Dialogelement auf, dessen Bild auf dem Bildschirm neu zu zeichnen, ohne jedoch das bereits Dargestellte zu löschen. Um vor dem Neuzeichnen zu löschen, müssen Sie anstelle von Repaint die Methode Refresh aufrufen.

procedure ScaleBy(M, D: Integer);
Die Methode ScaleBy skaliert eine Komponente um einen Prozentsatz ihrer ursprünglichen Größe. Der Parameter M ist der Multiplikator und der Parameter D der Divisor. Wenn Sie beispielsweise die Größe des Dialogelements auf 66% seines ursprünglichen Formats ändern möchten, geben Sie in M den Wert 66 und in D den Wert 100 an (66/100). Bei der Vergrößerung gehen Sie einfach den umgekehrten Weg: Vergrößerung um 66% bedeutet nichts anderes als M=166 und D=100.

function ScreenToClient(Point: TPoint): TPoint;
Die Methode ScreenToClient wird verwendet, um den Koordinatenpunkt in Pixeln der Komponente auf dem Bildschirm zu bestimmen. ScreenToClient gibt die X- und Y-Koordinaten in einem Record des Typs TPoint zurück.

procedure ScrollBy(DeltaX, DeltaY: Integer);
ScrollBy scrollt den Inhalt einer Komponente. Statt mit der Methode ScrollBy sollten Sie im Normalfall lieber mit den eingebauten Bildlauf-Leisten arbeiten, es sei denn, diese Leisten wären für Ihre Programm-Idee aus irgendeinem Grund nicht brauchbar.

DeltaX enthält die Veränderung in Pixeln in Richtung der X-Achse. Ein positiver Wert von DeltaX verschiebt den Inhalt nach rechts, ein negativer Wert verschiebt den Inhalt nach links. DeltaY bezeichnet die Veränderungen in Pixeln in Richtung der Y-Achse. Ein positiver Wert von DeltaY verschiebt den Inhalt nach unten, ein negativer Wert verschiebt den Inhalt nach oben.

procedure SendToBack;
Die Methode SendToBack setzt eine Komponente innerhalb einer übergeordneten Komponente hinter alle anderen Komponenten. Die Reihenfolge, in der Komponenten übereinander gelagert werden (Z-Reihenfolge) hängt davon ab, ob es sich um fensterähnliche oder um nicht-fensterähnliche Komponenten handelt. Die Reihenfolge arbeitet nach dem Prinzip, daß die zuletzt eingefügte Komponente die oberste und damit sichtbare Komponente ist.

Mit der Methode SendToBack einer Komponente würde diese Komponente ganz nach unten auf den Stapel kommen und somit nicht sichtbar sein.

Bei der Stapelung ist zu beachten, daß fensterähnliche Komponenten immer auf nicht-fensterähnlichen Komponenten gestapelt werden. Ein Aufruf von SendToBack einer fensterähnlichen Komponente bewirkt also gar nichts, wenn unter dem Stapel eine nicht-fensterähnliche Komponente liegt (siehe auch BringToFront).

Die folgenden Komponenten zählen zu den fensterähnlichen Komponenten:

BitBtn	DBNavigator	MediaPlayer
Button	DBRadioGroup	Memo
CheckBox	DirectoryListBox	Notebook
ComboBox	DrawGrid	OLEContainer
DBCheckBox	DriveComboBox	Outline
DBComboBox	Edit	Panel
DBEdit	FileListBox	RadioButton
DBGrid	FilterComboBox	RadioGroup
DBImage	Form	ScrollBar
DBListBox	GroupBox	ScrollBox
DBLookupCombo	Header	StringGrid
DBLookupList	ListBox	TabbedNotebook
DBMemo	MaskEdit	TabSet

Die nun folgenden Komponenten zählen zu den nicht-fensterähnlichen Komponenten:

Bevel	Label	SpeedButton
DBText	PaintBox	Image
Shape		

procedure SetBounds(ALeft, ATop, AWidth, AHeight: Integer);
Die Methode SetBounds setzt die Begrenzungseigenschaften der Komponente, Left, Top, Width und Height auf die Werte, die in den entsprechenden Werten ALeft, ATop, AWidth und AHeight übergeben werden. SetBounds erlaubt Ihnen, mehr als eine Begrenzungseigenschaft der Komponente zur gleichen Zeit einzustellen. Obwohl Sie immer einzelne Begrenzungen einstellen können, erlaubt Ihnen die Verwendung von SetBounds, mehrere Änderungen auf einmal durchzuführen, ohne daß jedesmal das Dialogfenster neu gezeichnet werden muß.

procedure SetFocus;
SetFocus übergibt den Fokus an die Komponente. Bei Formularen ruft das jeweilige Formular die Methode SetFocus des standardmäßig aktiven Dialogelements auf.

procedure SetTextBuf(Buffer: PChar);
Die Methode SetTextBuf ersetzt den Text in einer Komponente durch den Text in Buffer. Buffer muß auf einen mit Null abgeschlossenen String zeigen. (siehe auch GetTextBuf und GetTextLen).

procedure Show;
Die Methode Show bringt eine Komponente sichtbar auf dem Bildschirm, indem die Eigenschaft Visible auf True eingestellt wird. Falls die Methode Show eines Formulars aufgerufen wird und das Formular ist undurchsichtig, versucht Show das For-

mular sichtbar zu machen, indem sie das Formular mit der Methode BringToFront in den Vordergrund bringt. Ein Formular verfügt zusätzlich über die Methode Show-Modal, um einen modalen Dialog erzeugen zu können. Ein modaler Dialog muß bearbeitet und geschlossen werden. Ein SendToBack hätte also keinen Erfolg.

procedure Update;
In der Methode Update wird die API-Funktion UpdateWindow von Windows aufgerufen, die alle beim Zeichnen entstandenen und noch nicht erledigten Meldungen bearbeitet.

UpdateWindows ist definiert als

```
procedure UpdateWindow(Wnd: HWnd);
```

Die Routine UpdateWindow aktualisiert den Client-Bereich des angegebenen Fensters, indem sie eine WM_PAINT-Meldung an das Fenster sendet, wenn der Aktualisierungsbereich für das Fenster nicht leer ist. Die Routine UpdateWindow sendet eine WM_PAINT-Meldung unter Umgehung der Anwendungswarteschlange direkt an die Fensterfunktion des gegebenen Fensters. Wenn der Aktualisierungsbereich leer ist, wird keine Meldung gesendet. Der Parameter Wnd bezeichnet das Fenster oder besser das Handle des Fensters, das aktualisiert werden soll.

Komponentenname: DrawGrid
Klassenname: TDrawGrid

Beschreibung:
DrawGrid ist ein Gitter zur Vereinfachung der Bearbeitung von Datenstrukturen und zugehörigen Objekten.

Eigenschaften:

property Align: TAlign;
Die Eigenschaft Align legt fest, wie Dialogelemente zum Beispiel im Formular ausgerichtet werden. Mögliche Werte:

alNone	Die Komponente bleibt an der Einfügeposition im Formular (Standardeinstellung).
alTop	Die Komponente wird an die Oberkante des Formulars verschoben und an seine Breite angepaßt. Die Höhe der Komponente bleibt unverändert.
alBottom	Die Komponente wird an die Unterkante des Formulars verschoben und an seine Breite angepaßt. Die Höhe der Komponente bleibt unverändert.
alLeft	Die Komponente wird an die linke Kante des Formulars verschoben und an seine Höhe angepaßt. Die Breite der Komponente bleibt unverändert.

alRight	Die Komponente wird an die rechte Kante des Formulars verschoben und an seine Höhe angepaßt. Die Breite der Komponente bleibt unverändert.
alClient	Die Größe der Komponente wird an den Client-Bereich eines Formulars angepaßt. Ist ein Teil des Client-Bereichs bereits von einer anderen Komponente besetzt, füllt die Komponente den verbleibenden Teil des Client-Bereichs aus.

Wird zum Beispiel ein Formular, das Besitzer eines Labels ist, in der Größe verändert, werden die Komponenten innerhalb des Formulars neu ausgerichtet. Die Verwendung der Eigenschaft Align ist dann sinnvoll, wenn ein Dialogelement an einer Position des Formulars stehenbleiben soll, auch wenn sich die Größe des Formulars ändert.

property BorderStyle: TBorderStyle;
BorderStyle legt fest, ob Komponenten einen Rahmen haben. Dies sind die möglichen Werte:

bsNone	Kein sichtbarer Rahmen
bsSingle	Rahmen mit einfacher Rahmenlinie

weitere nur bei manchen Komponenten (mehr oder weniger sogar nur die Komponente vom Typ TForm, also ein Formular) mögliche Werte:

bsSizeable	Größenveränderlicher Standardrahmen
bsDialog	Nicht größenveränderlich; Standardrahmen für Dialogfenster

Hat eine Komponente zusätzlich die Eigenschaft AutoSize und wird diese auf True gesetzt, paßt die Komponente ihre Größe automatisch an, wenn sich die Schriftgröße des Textes ändert. Damit AutoSize wirksam wird, müssen Sie die Eigenschaft BorderStyle auf bsSingle setzen.

property BoundsRect: TRect;
Die Eigenschaft BoundsRect liefert das Begrenzungsrechteck der Komponente – ausgedrückt im Koordinatensystem des übergeordneten Dialogelements – zurück. Mit BoundsRect ersetzen und erleichtern Sie sich somit die Abfrage der einzelnen Werte für die Eigenschaften Left, Top, Width und Height.

property Brush: TBrush;
Mit Brush legen Sie fest, welche Farbe und welches Muster die Zeichenfläche zum Füllen grafischer Formen und Hintergründe verwenden soll. Für Dialogelemente steht Brush nur zur Laufzeit zur Verfügung und gestattet nur Lesezugriff.

property Canvas: TCanvas;
Canvas stellt den Zugriff auf eine Zeichenoberfläche zur Verfügung. Diese können Sie aber erst einsetzen, wenn Sie dem Ereignis OnPaint eine Methode zugeordnet haben.

property ClientHeight: Integer;
ClientHeight gibt die Höhe des Client-Bereichs der Komponente in Pixeln an. Für die meisten Komponenten ist dieser Wert identisch mit der Eigenschaft Heigth.

property ClientOrigin: TPoint;
ClientOrigin enthält die Bildschirmkoordinaten der oberen linken Ecke des Client-Bereichs einer Komponente in Pixeln.

property ClientRect: TRect;
ClientRect enthält die Größe des Client-Bereichs einer Komponente.

property ClientWidth: Integer;
ClientWidth enthält die horizontale Größe des Client-Bereichs der Komponente in Pixel (bei den meisten Komponenten identisch mit der Eigenschaft Width).

property Col: Longint;
Col enthält die aktuelle Spalte der Zelle, die den Eingabefokus hat.

property ColCount: Longint;
Mit ColCount legen Sie die Anzahl der Spalten im Gitternetz fest. Voreinstellung ist 5.

property Color: TColor;
Die Eigenschaft Color legt für alle Komponenten mit Ausnahme des Dialogfensters die Farbe fest (Hintergrundfarbe eines Formulars oder eines Dialogelements oder Grafikobjekts).

Ist die Eigenschaft ParentColor auf True gesetzt, bewirkt eine Änderung der Eigenschaft Color einer Komponente A automatisch eine Änderung der Eigenschaft Color aller Komponenten, die als Besitzer die Komponente A haben. Wenn Sie der Eigenschaft Color eines Dialogelements einen Wert zuweisen, wird seine Eigenschaft ParentColor automatisch auf False gesetzt. Mögliche Werte sind:

clBlack	Schwarz
clMaroon	Rotbraun
clGreen	Grün
clOlive	Olivgrün
clNavy	Marineblau
clPurple	Violett
clTeal	Petrol
clGray	Grau
clSilver	Silber
clRed	Rot
clLime	Limonengrün
clBlue	Blau
clFuchsia	Pink
clAqua	Karibikblau
clWhite	Weiß

(Systemfarben von Windows)

clBackground	Aktuelle Windows-Hintergrundfarbe
clActiveCaption	Aktuelle Farbe der Titelleiste des aktiven Fensters
clInactiveCaption	Aktuelle Farbe der Titelleiste der inaktiven Fenster

clMenu	Aktuelle Hintergrundfarbe der Menüs
clWindow	Aktuelle Hintergrundfarbe der Fenster
clWindowFrame	Aktuelle Farbe der Fensterrahmen
clMenuText	Aktuelle Farbe vom Menütext
clWindowText	Aktuelle Farbe vom Fenstertext
clCaptionText	Aktuelle Textfarbe der Titelleiste des aktiven Fensters
clActiveBorder	Aktuelle Rahmenfarbe des aktiven Fensters
clInactiveBorder	Aktuelle Rahmenfarbe der inaktiven Fenster
clAppWorkSpace	Aktuelle Farbe des Arbeitsbereichs der Anwendung
clHighlight	Aktuelle Hintergrundfarbe vom ausgewählten Text
clHighlightText	Aktuelle Farbe vom ausgewählten Text
clBtnFace	Aktuelle Farbe einer Schalterfläche
clBtnShadow	Aktuelle Schattenfarbe eines Schalters
clGrayText	Aktuelle Farbe von grau dargestelltem Text
clBtnText	Aktuelle Farbe von Text auf einem Schalter
clInactiveCaptionText	Aktuelle Textfarbe in der Titelleiste eines inaktiven Fensters
clBtnHighlight	Aktuelle Farbe der Markierung eines Schalters

Mit einem Doppelklick auf Color öffnet sich das Farbschema von Windows, in dem Sie auch eigene Farben zusammenstellen können.

property ColWidths[Index: Longint]: Integer;
ColWidths setzt die Breite aller Zellen (in Pixeln) in der durch Index gewünschten Spalte.

property ComponentCount: Integer;
ComponentCount gibt die Anzahl der Komponenten an, die sich im Besitz der Komponente befinden, wie sie in der Array-Eigenschaft Components verzeichnet sind. Beispielsweise enthält die Eigenschaft ComponentCount eines Formulars die gleiche Zahl an Elementen wie die Liste Components eines Formulars.

Bitte bedenken Sie, daß der Startwert von ComponentsCount bei 1 liegt und nicht, wie bei Components bei 0. Daher ist der Wert von ComponentsCount in der Regel immer eine Einheit größer als der Wert von Components.

property ComponentIndex: Integer;
Die Eigenschaft ComponentIndex zeigt die Position einer Komponente in der Eigenschaftsliste Components ihres Besitzers an. Die erste Komponente in der Liste hat den ComponentIndex-Wert 0, die zweite hat den Wert 1, die dritte den Wert 2 etc. Diese Eigenschaft ist nur zur Laufzeit und dann auch nur im Read-Only-Modus benutzbar.

property Components[Index: Integer]: TComponent;
Components stellt eine Liste aller Komponenten dar, die sich im Besitz einer Komponente befinden. Components können Sie zum Beispiel dazu verwenden, um auf diese im Besitz der Komponente befindlichen Komponenten zuzugreifen, etwa auf die Dialogelemente eines Formulars.

Sollten Sie sich über eine Nummer auf eine von einer anderen Komponente in Besitz befindliche Komponente beziehen müssen, kann Ihnen diese Eigenschaft von großem Nutzen sein.

Components bezieht sich auf alle Komponenten, die sich im Besitz einer Komponente befinden. Die Eigenschaft Controls dagegen bezieht sich auf alle Dialogelemente/Fenster), die einer Komponente untergeordnet sind. Das Feld Components ist also mindestens so groß oder größer wie Controls, aber das Feld Control kann nie größer sein als das Feld Components.

property ControlCount: Integer;
ControlCount gibt für ein Dialogelement die Anzahl der ihm untergeordneten Dialogelemente/Fenster an. Die untergeordneten Dialogelemente sind in der Eigenschaft Controls aufgelistet. Der Start-Wert von ControlsCount liegt bei 1 für das erste Element.

property Controls[Index: Integer]: TControl;
Controls ist ein Array aller untergeordneten Komponenten der Komponente. Controls ist dann von Nutzen, wenn Sie auf die untergeordneten Komponenten über die Zahl statt über den Namen zugreifen müssen.

property Ctl3D: Boolean;
Die Eigenschaft Ctl3D legt fest, ob ein Dialogelement ein dreidimensionales (3-D) oder zweidimensionales Aussehen besitzt. Wenn Ctl3D True ist, erscheint das Dialogelement dreidimensional. Die Voreinstellung von Ctl3D ist True. Wenn die Eigenschaft ParentCtl3D einer Komponente auf True gesetzt ist, verändert jede Modifikation der Eigenschaft Ctl3D des übergeordneten Dialogelements automatisch auch die Eigenschaft Ctl3D des Dialogelements.

Achtung: Damit Ctl3D überhaupt funktioniert, muß sich die dynamische Link-Bibliothek CTL3DV2.DLL im Suchpfad befinden. Idealerweise sollte diese Datei sich im System-Verzeichnis von Windows aufhalten.

property Cursor: TCursor;
Mit der Eigenschaft Cursor stellen Sie das Aussehen des Cursors ein, wenn dieser auf die Komponente zeigt.

Mögliche Werte sind:

crDefault	crArrow	crCross
crIBeam	crSize	crSizeNESW
crSizeNS	crSizeNWSE	crSizeWE
crUpArrow	crHourglass	crDrag
crNoDrop	crHSplit	crVSplit

property DefaultColWidth: Integer;
Mit DefaultColWidth legen Sie die Breite aller Spalten innerhalb des Gitters fest. Wenn Sie die Breite nur einer Spalte in einem Gitter ändern wollen, ohne daß die anderen Spalten ebenfalls geändert werden, verwenden Sie die Eigenschaft ColWidths zur Laufzeit. Der Standardwert beträgt 64 Pixel.

property DefaultDrawing: Boolean;
Mit DefaultDrawing legen Sie fest, ob die Zelle gezeichnet wird und ob auch das Element, das sie enthält, automatisch gezeichnet wird. Beim Wert True findet automatisches Zeichnen statt, ansonsten muß Ihre Anwendung alle Einzelheiten des Zeichnens mit der Ereignisbehandlungs-Routine OnDrawCell, oder (für das Datengitter) mit der Ereignisbehandlungs-Routine OnDrawDataCell behandeln.

property DefaultRowHeight: Integer;
DefaultRowHeight setzt die Höhe aller Zeilen innerhalb des Gitters. Voreinstellung ist 24 Pixel.

property DragCursor: TCursor;
Die Eigenschaft DragCursor bestimmt die Form des Mauszeigers, wenn sich der Zeiger über einer Komponente befindet, die ein gezogenes Objekt akzeptieren kann. Mögliche Werte sind mit denen der Eigenschaft Cursor identisch.

property DragMode: TDragMode;
Die Eigenschaft DragMode legt das Ziehen-und-Ablegen-Verhalten einer Komponente fest. Mögliche Werte sind:

dmAutomatic	Wenn dmAutomatic ausgewählt ist, ist das Dialogelement bereit, gezogen zu werden; der Anwender klickt nur und zieht es dann.
dmManual	Wenn dmManual ausgewählt ist, kann das Dialogelement nicht gezogen werden, bevor die Anwendung die Methode BeginDrag aufgerufen hat.

Ist die Eigenschaft DragMode einer Komponente dmAutomatic, kann die Anwendung dies zur Laufzeit durch Einstellung des Werts dmManual deaktivieren.

property EditorMode: Boolean;
Mit EditorMode legen Sie fest, ob sich das Gitter im automatischen Editiermodus befindet. Ist das der Fall, dann können Sie eine Zelle bearbeiten, ohne vorher die EINGABE-Taste oder F2-Taste zu drücken.

Der Wert True bedeutet, daß das Gitter solange im automatischen Editiermodus bleibt, wie die Eigenschaft Options den Wert goEditing (oder dgEditing für das Datengitter) enthält. Ansonsten bleibt EditorMode ohne Wirkung.

property Enabled: Boolean;
Die Eigenschaft Enabled bestimmt, ob die Komponente auf Maus-, Tastatur- und Timer-Ereignisse reagiert. Wenn Enabled auf True gesetzt ist, reagiert die Komponente normal. Ist Enabled hingegen False, ignoriert das Dialogelement Maus- und Tastaturereignisse. Bei einer Timer-Komponente werden die für das OnTimer-Ereignis deaktivierten Komponenten-Dialogelemente grau dargestellt.

property FixedColor: TColor;
FixedColor bestimmt die Farbe von nicht bildlauffähigen oder fixierten Spalten und Zeilen innerhalb des Gitters. Mögliche Werte:

clBlack	Schwarz
clMaroon	Rotbraun
clGreen	Grün
clOlive	Olivgrün
clNavy	Marineblau
clPurple	Violett
clTeal	Petrol
clGray	Grau
clSilver	Silber
clRed	Rot
clLime	Limonengrün
clBlue	Blau
clFuchsia	Pink
clAqua	Karibikblau
clWhite	Weiß

(Systemfarben von Windows:)

clBackground	Aktuelle Windows-Hintergrundfarbe
clActiveCaption	Aktuelle Farbe der Titelleiste des aktiven Fensters
clInactiveCaption	Aktuelle Farbe der Titelleiste der inaktiven Fenster
clMenu	Aktuelle Hintergrundfarbe der Menüs
clWindow	Aktuelle Hintergrundfarbe der Fenster
clWindowFrame	Aktuelle Farbe der Fensterrahmen
clMenuText	Aktuelle Farbe vom Menütext
clWindowText	Aktuelle Farbe vom Fenstertext
clCaptionText	Aktuelle Textfarbe der Titelleiste des aktiven Fensters
clActiveBorder	Aktuelle Rahmenfarbe des aktiven Fensters
clInactiveBorder	Aktuelle Rahmenfarbe der inaktiven Fenster
clAppWorkSpace	Aktuelle Farbe des Arbeitsbereichs der Anwendung
clHighlight	Aktuelle Hintergrundfarbe vom ausgewählten Text
clHighlightText	Aktuelle Farbe vom ausgewählten Text
clBtnFace	Aktuelle Farbe einer Schalterfläche
clBtnShadow	Aktuelle Schattenfarbe eines Schalters
clGrayText	Aktuelle Farbe von grau dargestelltem Text
clBtnText	Aktuelle Farbe von Text auf einem Schalter
clInactiveCaptionText	Aktuelle Textfarbe in der Titelleiste eines inaktiven Fensters
clBtnHighlight	Aktuelle Farbe der Markierung eines Schalters

property FixedCols: Integer;
Mit FixedCols legen Sie die Anzahl der nicht fixierten Spalten in einem Gitter fest. Fixierte Spalten bleiben ganz links im Gitter, auch dann, wenn Sie die anderen Spalten verschieben. Sie können zum Beispiel zur Anzeige von Zeilentiteln dienen, die ständig im Gitter sichtbar sind.

property FixedRows: Integer;
Mit FixedCols legen Sie die Anzahl der nicht fixierten Zeilen in einem Gitter fest. Fixierte Zeilen bleiben ganz oben im Gitter, auch dann, wenn Sie die anderen Zeilen verschieben. Sie können zum Beispiel zur Anzeige von Spaltentiteln dienen, die ständig im Gitter sichtbar sind.

property Font: TFont;
Die Eigenschaft Font legt den Font und die Eigenschaften des Fonts der Komponente fest. Sie haben die Möglichkeit, diese Werte im Objectinspektor zu ändern oder – wesentlich komfortabler – mit Hilfe eines Doppelklicks auf diese Eigenschaft einen Dialog zu öffnen, der alle möglichen Werte anzeigt.

property GridHeight: Integer;
GridHeight enthält die Höhe des Gitters in Pixeln.

property GridLineWidth: Integer;
Mit GridLineWidth setzen Sie die die Breite der zwischen den Zellen des Gitters befindlichen Linien.

property GridWidth: Integer;
GridHeight enthält die Breite des Gitters in Pixeln.

property Handle: ...;
Der Typ der Eigenschaft Handle ist abhängig von der jeweiligen Komponente. Im allgemeinen gilt: Sollte eine Windows-API-Funktion ein Handle der betreffenden Komponente verlangen, dann setzen Sie dazu die jeweilige Eigenschaft Handle der betreffenden Komponente ein. Verlangt eine Windows-API-Funktion zum Beispiel das Handle Ihrer gesamten Anwendung, dann benutzen Sie am besten die Eigenschaft Handle des Objekts TApplication. Hier die Übersicht der verschiedenen Typen der Eigenschaft Handle:

Handle für die Komponenten:

Bitmap	property Handle: HBitmap;
Brush	property Handle: HBrush;
Canvas	property Handle: HDC;
Font	property Handle: HFont;
Icon	property Handle: HIcon;
Metafile	property Handle: HMetafile;
Pen	property Handle: HPen;

Handle gibt Ihnen den Zugriff auf das Handle des jeweiligen GDI-Objekts, damit Sie auf dieses zugreifen können. Benötigen Sie zum Beispiel zum Aufruf einer Windows-API-Funktion ein Handle auf ein Stiftobjekt oder ein Bitmap-Objekt, dann können Sie dazu das Handle der Komponente Pen beziehungsweise der Komponente Bitmap benutzen.

Handle für das Objekt TApplication und die folgenden Komponenten:

Bevel	DBText	Memo
BitBtn	DirectoryListBox	Notebook

Button	DrawGrid	OLEContainer
CheckBox	DriveComboBox	Outline
ComboBox	Edit	PaintBox
DBCheckBox	FileListBox	Panel
DBComboBox	FilterComboBox	RadioButton
DBEdit	FindDialog	RadioGroup
DBGrid	Form	ReplaceDialog
DBImage	GroupBox	ScrollBar
DBListBox	Header	ScrollBox
DBLookupCombo	Image	Shape
DBLookupList	Label	SpeedButton
DBMemo	ListBox	StringGrid
DBNavigator	MaskEdit	TabbedNotebook
DBRadioGroup	MediaPlayer	TabSet

property Handle: HWND;
Handle ermöglicht Ihnen Zugriff auf das Handle der jeweiligen Komponente (z.B.: Fenster-Handle, Dialog-Handle etc.). Dieses Handle wird von einigen Windows-API-Funktionen beim Aufruf erwartet. Sie können in diesem Fall das Handle der jeweils betroffenen Komponente oder – falls das Handle Ihrer Anwendung gefordert wird – das Handle des Objekts TApplication übergeben.

Handle für die Komponenten:

MainMenu	MenuItem	PopupMenu

property Handle: HMENU;
Sollte eine Windows-API-Funktion ein Handle eines Menüs, Menü-Eintrags oder eines lokalen Menüs verlangen, dann können Sie dazu die Eigenschaft Handle von MainMenu, MenuItem und PopupMenu benutzen.

Handle für die Komponente Printer:

property Handle: HDC;
Handle enthält das Handle des jeweiligen Druckerobjektes TPrinter der Komponente Printer.

Handle für die Komponente DataBase:

property Handle: HDBIDB;
Um direkte Aufrufe in die Richtung des Borland Database-Engine-(BDE)-API zu tätigen, benötigen Sie ein Handle der jeweiligen Datenbank-Komponente. Dazu dient Ihnen die Eigenschaft Handle der Komponente DataBase. Dies erlaubt Ihnen Zugriffe auf Funktionen des BDE-API, die nicht in die VCL-Bibliothek integriert wurden. Bevor Sie allerdings diese Funktionen aufrufen, sollten Sie prüfen, ob diese Funktion nicht doch schon in der VCL-Bibliothek gekapselt wurde.

Handle für das Objekt TSession:

Delphi erzeugt eine Komponente Session vom Typ TSession immer dann, wenn eine Anwendung ausgeführt wird. Sessions sollten nicht von Ihnen erzeugt oder zerstört werden. Session erlaubt die globale Prüfung über Datenbankverbindungen. Die Eigenschaft Databases von Session ist ein Array von allen aktiven Datenbanken in der Sitzung. Die Eigenschaft DatabaseCount vom Typ Integer gibt die Anzahl der aktiven Datenbanken in der Sitzung.

property Handle: HDBISES;
Mit der Eigenschaft Handle können Sie direkte Aufrufe an die Borland Datenbank-Engine bezogen auf eine bestimmte Sitzung (Session/TSession) machen. Die Komponente Session werden Sie im Prinzip nicht benutzen müssen. Die wichtigsten Funktionen des BDE-API sind in der VCL-Bibliothek gekapselt und ersparen Ihnen diesen Weg.

Handle für die die Komponenten Table, Query und StoredProc:

property Handle: HDBICur;
Ebenfalls für direkte Zugriffe auf Funktionen des BDE-API und unter normalen Umständen nicht zu benutzen, da die wichtigsten BDP-API-Funktionen via der VCL-Bibliothek einen einfacheren Zugriff ermöglichen.

property Height: Integer;
Die Eigenschaft Height eines Dialogelements legt die Höhe der Komponente in Pixeln fest.

property HelpContext: THelpContext;
Die Eigenschaft HelpContext stellt eine Kontextnummer für die Verwendung beim Aufruf kontextbezogener Online-Hilfe bereit. Jeder Hilfebildschirm des Hilfesystems sollte eine eindeutige Kontextnummer besitzen. Ist in der Anwendung eine Komponente selektiert, so wird nach Betätigen von F1 ein Hilfebildschirm angezeigt. Welcher Hilfebildschirm angezeigt wird, hängt vom Wert der Eigenschaft HelpContext ab.

property Hint: string;
Die Eigenschaft Hint ist der Text-String, der erscheinen kann, wenn ein OnHint-Ereignis eintritt, also wenn der Benutzer den Cursor über die Komponente bewegt. Wie der String angezeigt wird, bestimmt der Code in der Ereignisbehandlungs-Routine OnHint. Sie können eine Schnellhilfe, d.h. ein Fenster, das einen Hilfetext enthält, für eine Komponente erscheinen lassen, wenn der Anwender den Mauszeiger über das Dialogelement führt und dort kurz verweilt. Dies funktioniert wie folgt:

1. Spezifizieren Sie für jede Komponente, die einen Schnellhinweis anzeigen soll, einen Hint-Wert.
2. Setzen Sie die Eigenschaft ShowHints des Bedienfelds auf True.
3. Setzen Sie die Eigenschaft ShowHint der Anwendung zur Laufzeit auf True.

Sie können Hint gleichzeitig sowohl für ein Hilfehinweisfenster als auch für die Verwendung innerhalb der Behandlungsroutine OnHint spezifizieren, indem Sie zwei durch ein Zeichen | (das »oder« oder Pipe-Symbol) abgeteilte Werte angeben, also beispielsweise:

```
Edit1.Hint:= 'Aufforderung|Geben Sie den richtigen Wert ein';
```

Der String »Aufforderung« erscheint im Hilfehinweisfenster und der String »Geben Sie den richtigen Wert ein« erscheint wie in der Ereignisbehandlungs-Routine OnHint spezifiziert.

property Left: Integer;
Die Eigenschaft Left bestimmt die horizontalen Koordinaten in Pixeln der linken Kante einer Komponente relativ zum Formular. Für Formulare ist der Wert der Eigenschaft Left relativ zum Bildschirm (ebenfalls in Pixeln).

property LeftCol: Longint;
Mit Eigenschaft LeftCol bestimmen Sie, welche Spalte des Gitters ganz links im Gitter erscheint.

property Name: TComponentName;
Die Eigenschaft Name enthält den Namen der Komponente wie er von anderen Komponenten für den Zugriff verwendet wird. Delphi weist als Vorgabewerte sequentielle Namen zu, die auf dem Typ der Komponente basieren, also etwa für Buttons »Button1«, Button2« etc. Dies können Sie gemäß Ihrer Vorstellungen abändern. Komponentennamen sollten ausdrücklich nur zur Entwurfszeit geändert werden.

property Options: TGridOptions;
Optionds bestimmt unter anderem das Aussehen eines Gitters. Mögliche Werte:

Wert	Bedeutung (wenn die Option den Wert True besitzt).
goFixedHorzLine	Es tritt eine horizontale Linie zwischen den Zeilen in Bereichen auf, in denen kein Bildlauf durchgeführt werden kann.
goFixedVertLine	Es erscheinen vertikale Linien zwischen Spalten in den Bereichen, in denen kein Bildlauf durchgeführt werden kann.
goHorzLine	Es erscheinen horizontale Linien zwischen den Zeilen.
goVertLine	Es erscheinen vertikale Linien zwischen den Spalten.
goRangeSelect	Es können mehrere Reihen von Zellen gleichzeitig ausgewählt werden. Ist goEditing True, kann der Anwender keine Reihen von Zellen mehr auswählen.
goDrawFocusSelected	Die Zelle mit dem Fokus wird in der gleichen Farbe dargestellt, mit der bereits andere Zellen in einem ausgewählten Block dargestellt sind. Bei False behält die Zelle mit dem Fokus die Farbe der nicht ausgewählten Zellen. Das ist die Farbe, die mit der Gittereigenschaft Color festgelegt wurde.
goRowSizing	Die Größe von Zeilen kann geändert werden, mit Ausnahme der Zeilen, die festgelegt sind oder für die kein Bildlauf durchgeführt werden kann.

Kapitel 2

Wert	Bedeutung (wenn die Option den Wert True besitzt).
goColSizing	Die Größe von Spalten kann geändert werden, mit Ausnahme der Spalten, die festgelegt sind oder für die kein Bildlauf durchgeführt werden kann.
goRowMoving	Eine Zeile kann an eine andere Stelle im Gitter gezogen werden.
goColMoving	Eine Spalte kann an eine andere Stelle im Gitter gezogen werden.
goEditing	Text im Gitter kann bearbeitet werden.
goAlwaysShowEditor	Das Gitter befindet sich im automatischen Bearbeitungsmodus, falls auch goEditing True ist.
goTabs	Spalten können via TAB-Taste angesprungen werden.
goRowSelect	Nur ganze Zeilen können zur gleichen Zeit an Stelle von einzelnen Zeilen ausgewählt werden.
goThumbTracking	Es wird durch den Inhalt des Gitters geblättert, wenn der Anwender den Positionszeiger der Bildlaufleiste des Gitters bewegt.

property Owner: TComponent;
Die Eigenschaft Owner teilt Ihnen mit, welche Komponente zu welcher Komponente gehört. Dem Formular gehören alle Komponenten, die auf ihm vorhanden sind. Umgekehrt gehört das Formular zur Anwendung. Gehört eine Komponente A einer anderen Komponente B, wird der Speicher der Komponente A freigegeben, wenn der Speicher der Komponente B freigegeben wird. Es werden also folgerichtig alle Komponenten des Formulars gelöscht, wenn das Formular gelöscht wird. Außerdem wird natürlich der Speicher für das Formular und dessen Komponenten freigegeben, wenn der Speicher der Anwendung selbst freigegeben wird.

property Parent: TWinControl;
Die Eigenschaft Parent enthält den Namen der übergeordneten Komponente. Wenn eine Komponente A eine andere Komponente B enthält, sind die in B enthaltenen Komponenten untergeordnete Komponenten von A. Wenn Ihre Anwendung beispielsweise drei Buttons in einer GroupBox enthält, dann ist die GroupBox das übergeordnete Element der drei Buttons und die Button-Schaltfelder sind der GroupBox untergeordnet.

Parent und Owner sind leider etwas verwirrend. Daher hier eine kleine Entwirrung:

Ein Formular ist der Besitzer aller darauf enthaltenen Komponenten, egal, ob sie ein Fensterelement sind oder nicht. Für unser Beispiel mit den drei Buttons und der GroupBox bedeutet das: Der Besitzer der Buttons ist immer das Formular, aber die GroupBox ist das übergeordnete Element.

Wenn Sie einen neuen Dialog erzeugen, müssen Sie dem neuen Dialogelement einen Wert der Eigenschaft Parent zuweisen. Üblicherweise sind dies Formulare, Bedienfelder, GroupBoxen oder Dialoge, die andere Komponenten-Elemente enthalten können. Es ist möglich, jedes Element als das übergeordnete zuzuweisen, aber das darin enthaltene Dialogelement wird wahrscheinlich überschrieben.

Wird das übergeordnete Element gelöscht, werden auch alle Elemente, die ihm untergeordnet sind, gelöscht.

property ParentColor: Boolean;
Die Eigenschaft ParentColor bestimmt, wo eine Komponente nach ihrer Farbeigenschaft suchen soll. Falls ParentColor True ist, verwendet die Komponente die Farbe der Eigenschaft der übergeordneten Komponente.

Wenn ParentColor False ist, verwendet die Komponente ihre eigene Eigenschaft Color. Durch Verwendung von ParentColor können Sie sicherstellen, daß alle Komponenten auf einem Formular das gleiche Erscheinungsbild haben.

property ParentCtl3D: Boolean;
Die Eigenschaft ParentCtl3D bestimmt, wo eine Komponente nach ihrer Eigenschaft Ctl3D suchen muß. Ist ParentCtl3D auf True gesetzt, verwendet die Komponente die Dimensionen der Eigenschaft Ctl3D von dessen übergeordneter Komponente. Wenn ParentCtl3D False ist, verwendet die Komponente ihre eigene Eigenschaft Ctl3D. Durch Verwendung von ParentCtl3D stellen Sie sicher, daß alle Komponenten auf einem Formular das gleiche Erscheinungsbild haben. Wenn Sie beispielsweise möchten, daß alle Komponenten auf einem Formular ein dreidimensionales Erscheinungsbild haben, setzen Sie die Eigenschaft Ctl3D des Formulars auf True und die Eigenschaft ParentCtl3D jeder Komponente auf True.

property ParentFont: Boolean;
Die Eigenschaft ParentFont bestimmt, wo eine Komponente nach ihrer Fonteigenschaft suchen soll. Falls ParentFont True ist, verwendet die Komponente den Font der Eigenschaft der übergeordneten Komponente.

Ist ParentFont False, verwendet die Komponente ihre eigene Eigenschaft Font. Durch Verwendung von ParentFont können Sie sicherstellen, daß alle Komponenten auf einem Formular das gleiche Erscheinungsbild haben.

property ParentShowHint: Boolean;
Die Eigenschaft ParentShowHint bestimmt, wo eine Komponente nach ihrer Hinteigenschaft suchen soll. Falls ParentShowHint True ist, verwendet die Komponente die Hint-Eigenschaft der übergeordneten Komponente.

Ist ParentShowHint False, verwendet die Komponente ihre eigene Eigenschaft Hint. Durch Verwendung von ParentShowHint können Sie sicherstellen, daß alle Komponenten auf einem Formular das gleiche Erscheinungsbild haben.

property PopupMenu: TPopupMenu;
Die Eigenschaft PopupMenu legt den Namen des Popup-Menüs fest, das erscheint, wenn der Anwender die Komponente auswählt oder die rechte Maustaste drückt (bei dem Wert True für AutoPopup des Popup) oder wenn die Methode Popup des Popup-Menüs ausgeführt wird.

property Row: Longint;
Row enthält den Wert der Zeile des Dialogelements, das den Fokus besitzt.

property RowCount: Longint;
Mit RowCount legen Sie die die Anzahl der Zeilen fest, die in dem Gitter erscheinen.

property RowHeights[Index: Longint]: Integer;
Mit RowHeights legen sie die die Höhe (in Pixeln) aller Zellen einer Zeile fest, auf die durch den Parameter Index Bezug genommen wird.

property ScrollBars: TScrollStyle;
ScrollBars bestimmt, ob eine Komponente eine Bildlauf-Leiste besitzt. Folgende Werte sind möglich:

scNone	keine Bildlaufleiste
scHorizontal	horizontale Bildlaufleiste
scVertical	vertikale Bildlaufleiste
scBoth	horizontale und vertikale Bildlaufleisten

property Selection: TGridRect;
Selection enthält alle Spalten und Zeilen der Zelle/Zellen, die in dem Gitter ausgewählt werden.

property ShowHint: Boolean;
Die Eigenschaft ShowHint bestimmt, ob das Dialogelement eine Schnellhilfe anzeigen soll, wenn der Mauszeiger eine Weile auf ihm verweilt. Die Schnellhilfe entspricht dem Wert der Eigenschaft Hint, die in einem Feld direkt unterhalb des Elements angezeigt wird. Wenn die Eigenschaft ShowHint den Wert True hat, kann die Schnellhilfe erscheinen.

Ist ShowHint False kann die Schnellhilfe auch angezeigt werden, wenn ParentShowHint auf True gesetzt wurde, und die Eigenschaft ShowHint der übergeordneten Komponente ebenfalls auf True gesetzt wurde.

property Showing: Boolean;
Die Eigenschaft Showing legt fest, ob eine Komponente momentan auf dem Bildschirm angezeigt wird oder nicht. Falls die Eigenschaft Visible einer Komponente und aller übergeordneten Komponenten in der übergeordneten Hierarchie True ist, ist Showing auch True. Wenn einer der Vorfahren der Komponente den Wert False als Wert für die Eigenschaft Visible hat, dann ist auch Showing False.

property TabOrder: TTabOrder;
Die Eigenschaft TabOrder bestimmt die Position einer Komponente in der Tabulatorreihenfolge, in der Komponenten den Fokus erhalten, wenn der Anwender die Taste TAB drückt. Anfänglich ist die Tabulatorreihenfolge immer die Reihenfolge, in der die Komponenten in das Formular hinzugefügt wurden. Der Wert der Eigenschaft TabOrder ist für jede Komponente auf dem Formular einmalig. Die erste dem Formular hinzugefügte Komponente hat den Wert 0 von TabOrder, die zweite hat 1, die dritte 2 usw.

Falls Sie den Wert der Eigenschaft TabOrder einer Komponente den gleichen Wert einer anderen Komponente zuweisen, numeriert Delphi automatisch die Werte für alle anderen Komponenten neu. Angenommen, eine Komponente ist beispielsweise die sechste Komponente in der Tabulatorreihenfolge. Wenn Sie den Wert der Eigenschaft TabOrder der Komponente auf 3 ändern (dies macht die Komponente zu der vierten in der Tabulatorreihenfolge), wird die Komponente, die die vierte war, nun zur fünften und die Komponente, die die fünfte war, wird jetzt die sechste.

property TabStop: Boolean;
Die Eigenschaft TabStop bestimmt, ob der Anwender diese Komponente mit der Taste TAB anspringen kann. Falls TabStop True ist, befindet sich die Komponente in der Tabulatorreihenfolge. Wenn TabStop False ist, ist das Dialogelement nicht in der Tabulatorreihenfolge.

property TabStops[Index: Longint]: Boolean;
Mit TabStops legen Sie fest, für welche Spalten Sie im Gitter TabStops zulassen (Erreichen der Spalten mit der Tabulator-Taste). True bedeutet, daß die in Index angegebene Spalte mit Tabstops erreichbar ist.

property Tag: Longint;
Die Eigenschaft Tag kann einen Integerwert als Element einer Komponente speichern. Tag wird von Delphi nicht benutzt und steht Ihnen damit zur freien Verfügung

property Top: Integer;
Die Eigenschaft Top gibt die Y-Koordinate in Pixeln der linken oberen Ecke eines Dialogelements relativ zum Formular an. Bei Formularen wird der Wert der Eigenschaft Top in Pixeln relativ zum Bildschirm angegeben.

property TopRow: Longint;
TopRow legt zur Laufzeit fest, mit welcher Zeile das Gitter beginnen soll.

property Visible: Boolean;
Die Eigenschaft Visible bestimmt, ob eine Komponente auf dem Bildschirm sichtbar ist (True) oder nicht (False).

function VisibleColCount: Integer;
VisibleColCount enthält die Anzahl der Spalten, mit Ausnahme der statischen und nicht verschiebbaren, die vollständig im Gitter angezeigt werden.

function VisibleRowCount: Integer;
VisibleRowCount enthält die Anzahl der Zeilen, mit Ausnahme der statischen und nicht verschiebbaren, die vollständig im Gitter angezeigt werden.

property Width: integer;
Die Eigenschaft Width bestimmt die Breite einer Komponente gemessen in Pixeln.

Ereignisse:

property OnClick: TNotifyEvent;
Das Ereignis OnClick erscheint, wenn der Benutzer auf die Komponente klickt. In einem Formular tritt OnClick ein, wenn der Benutzer auf eine freie Stelle im Formular oder eine inaktive Komponente klickt.

OnClick ist vom Typ

```
TNotifyEvent = procedure (Sender: TObject) of object;
```

Der Typ TNotifyEvent weist auf eine Methode, die das Anklicken eines Objekts behandelt. Der Parameter Sender ist das Dialogelement, das angeklickt wurde.

property OnColumnMoved: TMovedEvent;
OnColumnMoved tritt immer dann ein, wenn Sie eine Spalte bewegen (dies kann nur dann passieren, wenn die Eigenschaft Options den Wert goColMoving hat).

OnColumnMoved ist vom Typ

```
TMovedEvent = procedure (Sender: TObject; FromIndex, ToIndex: Longint) of object;
```

TMovedEvent zeigt also auf eine Methode, die die Bewegung einer Spalte oder Zeile in einem Gitter behandelt. FromIndex enthält den Index der gerade bewegten Zeile oder Spalte. ToIndex enthält den neuen Spalten- bzw. Zeilenindex.

property OnDblClick: TNotifyEvent;
Das Ereignis OnClick erscheint, wenn der Benutzer auf die Komponente einen Doppelklick ausführt. In einem Formular tritt das Ereignis OnDblClick ein, wenn der Benutzer auf eine freie Stelle im Formular oder eine inaktive Komponente ein Doppelklick ausführt.

OnDblClick ist vom Typ

```
TNotifyEvent = procedure (Sender: TObject) of object;
```

Der Typ TNotifyEvent weist auf eine Methode, die das Doppelklicken eines Objekts behandelt. Der Parameter Sender ist das Dialogelement, das mit einem Doppelklick bearbeitet wurde.

property OnDragDrop: TDragDropEvent;
Das Ereignis OnDragDrop tritt ein, wenn der Anwender ein gezogenes Objekt ablegt. Verwenden Sie die Ereignisbehandlungs-Routine OnDragDrop, um festzulegen, was passieren soll, wenn der Anwender ein Objekt ablegt.

OnDragClick ist vom Typ

```
TDragDropEvent = procedure(Sender, Source: TObject; X, Y: Integer) of object;
```

Der Typ TDragDropEvent zeigt also auf eine Methode, die das Ablegen eines gezogenen Objekts behandelt. Der Parameter Source des Ereignisses OnDragDrop ist das abzulegende Objekt und der Parameter Sender ist das Dialogelement, auf dem das Objekt abgelegt wurde. Die Parameter X und Y sind die Koordinaten des Mauszeigers, der über dem Dialogelement positioniert wird.

property OnDragOver: TDragOverEvent;
Das Ereignis OnDragOver tritt ein, wenn der Anwender ein Objekt über eine Komponente zieht. Üblicherweise werden Sie ein Ereignis OnDragOver verwenden, um ein Objekt zu akzeptieren, damit der Anwender es ablegen kann.

OnDragClick ist vom Typ

```
TDragOverEvent = procedure(Sender, Source: TObject; X, Y: Integer;
                State: TDragState; var Accept: Boolean) of object;
```

Der Typ TDragOverEvent zeigt also auf eine Methode, die das Ziehen eines Objekts über ein anderes Objekt behandelt. Der Parameter Source ist das gezogene Objekt, Sender ist das Objekt, über das Source gezogen wurde, X und Y sind die Koordinaten des Mauszeigers, der über dem Dialogelement positioniert wird in Pixeln, State ist der Status des gezogenen Objekts in Verbindung zum darübergezogenen Objekt, und Accept legt fest, ob der Sender das Ziehobjekt erkennt. Accept wird nicht per Voreinstellung auf True oder False gesetzt; Sie müssen die passenden Werte selbst zuweisen.

Das Ereignis OnDragOver akzeptiert ein Objekt, wenn der Parameter Accept True ist. Durch Ändern des Werts der Eigenschaft DragCursor können Sie das Erscheinungsbild des Cursors beeinflussen. Dies können Sie entweder während des Entwickelns oder zur Laufzeit, bevor ein Ereignis OnDragOver eintritt, durchführen.

property OnDrawCell: TDrawCellEvent;
OnDrawCell erscheint immer dann, wenn der Inhalt einer Gitterzelle neu dargestellt wird.

OnDrawCell ist vom Typ

```
TDrawCellEvent = procedure (Sender: TObject; ACol, ARow: Longint;
                ARect: TRect; AState: GridDrawState) of object;
```

TDrawCellEvent weist auf eine Methode, die das Neuzeichnen einer Zelle in einem Gitterelement behandelt. ACol bedeutet die Spalte der Zelle, ARow bedeutet die Zeile der Zelle. ARect ist der Zellbereich, in dem das Zeichnen stattfindet, und AState ist der aktuelle Status der Fläche.

property OnEndDrag: TEndDragEvent;
Das Ereignis OnEndDrag tritt immer dann ein, wenn das Ziehen eines Objekts abgeschlossen oder abgebrochen wird. Wenn Sie eine besondere Behandlung haben möchten, wenn das Ziehen beendet wird, verwenden Sie die Ereignisbehandlungs-Routine OnEndDrag.

OnEndDrag ist vom Typ

```
TEndDragEvent = procedure(Sender, Target: TObject; X, Y: Integer) of object;
```

Der Typ TEndDragEvent zeigt also auf eine Methode, die das Anhalten des Ziehens eines Objekts behandelt. Der Sender ist das Objekt, das gezogen wird, Target ist das Objekt, zu dem Sender hingezogen wird, und X und Y sind die dazugehörigen Bildschirmkoordinaten des Mauszeigers, der über dem Dialogelement positioniert wird.

Falls das gezogene Objekt abgelegt und durch das Dialogelement akzeptiert wurde, ist der Parameter Target des Ereignisses OnEndDrag True. Wenn das Objekt nicht erfolgreich abgelegt wurde, beträgt der Wert von Target Nil.

property OnEnter: TNotifyEvent;
OnEnter tritt ein, wenn eine Komponente aktiviert wird. Wenn Sie eine besondere Behandlung festlegen möchten, wenn eine Komponente aktiviert wird, verwenden Sie die Ereignisbehandlungsroutien OnEnter.

OnEnter erscheint nie, wenn Sie zwischen Formularen oder einer anderen Windows-Anwendung und Ihrer Anwendung umschalten. OnEnter für eine Komponente des Typs TPanel oder THeader tritt nie ein, da Bedienfelder oder Header keinen Fokus erhalten können. Somit ist dort OnEnter vollkommen nutzlos. Sie haben diese Ereignisbehandlung aber geerbt.

OnEnter ist vom Typ

```
TNotifyEvent = procedure (Sender: TObject) of object;
```

Der Typ TNotifyEvent weist auf eine Methode, die das Doppelklicken eines Objekts behandelt. Der Parameter Sender ist das Dialogelement, das mit einem Doppelklick bearbeitet wurde.

property OnExit: TNotifyEvent;
OnExit erscheint, wenn der Eingabefokus einer Komponente an eine andere übergeben wird. OnExit tritt nicht ein, wenn Sie zwischen Formularen oder zwischen einer Windows-Anwendung und Ihrer Anwendung umschalten. OnExit tritt bei den Komponenten Panel und Speedbutton nicht ein, da diese niemals den Fokus erhalten.

OnExit ist vom Typ

```
TNotifyEvent = procedure (Sender: TObject) of object;
```

Der Typ TNotifyEvent weist auf eine Methode, die das Doppelklicken eines Objekts behandelt. Der Parameter Sender ist das Dialogelement, das mit einem Doppelklick bearbeitet wurde.

property OnGetEditMask: TGetEditEvent;
OnGetEditMask tritt immer dann ein, wenn die Eigenschaft Options den Wert goEditing enthält und das Gitter unter Verwendung einer Editiermaske den Text in einer Zelle neu darstellt.

OnGetEditMask ist vom Typ

```
TGetEditEvent = procedure (Sender: TObject; ACol, ARow: Longint; var Value: string)
                of object;
```

TGetEditEvent weist auf eine Methode, die die Abfrage eines Textes, der in einer Zelle eines Gitters angezeigt wird, behandelt. ACol beinhaltet die Spalte und ARow die Zeile. Value ist der angezeigte String.

property OnGetEditText: TGetEditEvent;
OnGetEditText tritt immer dann auf, wenn Options den Wert goEditing enthält und das Gitter den Text in einer Zelle neu darstellt.

OnGetEditText ist vom Typ

```
TGetEditEvent = procedure (Sender: TObject; ACol, ARow: Longint; var Value: string)
                            of object;
```

TGetEditEvent weist auf eine Methode, die die Abfrage eines Textes behandelt, der in einer Zelle des Gitters angezeigt wird. ACol enthält die Spalte und ARow die Zeile. Value ist der angezeigte String.

property OnKeyDown: TKeyEvent;
OnKeyDown tritt ein, wenn der Anwender irgendeine Taste drückt, während die Komponente den Fokus hat. Verwenden Sie OnKeyDown, um eine besondere Behandlung festzulegen, die ausgeführt wird, wenn eine Taste gedrückt wird. Der Handler OnKeyDown kann auf alle Tasten der Tastatur, einschließlich Funktionstasten und Tastenkombinationen mit den Tasten UMSCHALT, ALT und STRG sowie betätigten Maustasten reagieren.

OnKeyDown ist vom Typ

```
TKeyEvent = procedure (Sender: TObject; var Key: Word; Shift: TShiftState) of
                        object;
```

Der Typ TKeyEvent weist auf eine Methode, die Tastaturereignisse verarbeitet. Der Parameter Key steht für die Taste und Shift und kann die folgenden Werte annehmen:

ssShift	UMSCHALTTASTE (SHIFT) wird festgehalten
ssAlt	Linke ALT-Taste wird festgehalten
[ssAlt, ssCtrl]	ALTGR-Taste wird festgehalten
ssCtrl	Taste STRG wird festgehalten
ssLeft	Linke Maustaste wird festgehalten
ssMiddle	Mittlere Maustaste wird festgehalten
ssDouble	Rechte und linke Maustaste werden gleichzeitig festgehalten

property OnKeyPress: TKeyPressEvent;
OnKeyPress erscheint, wenn der Anwender eine einzelne Zeichentaste drückt.

OnKeyPress ist vom Typ

```
TKeyPressEvent = procedure (Sender: TObject; var Key: Char) of object;
```

TKeyPressEvent weist auf eine Methode, die einen Tastendruck für ein einzelnes Zeichen verarbeitet. Der Parameter Key gibt die Taste an. Der Parameter Key ist vom Typ Char; deshalb registriert OnKeyPress das ASCII-Zeichen der gedrückten Taste. Tasten, die nicht mit einem ASCII-Zeichen übereinstimmen (beispielsweise UMSCHALT oder F1), werden kein OnKeyPress erzeugen. Tastenkombinationen (wie UMSCHALT+A) erzeugen nur ein Ereignis des Typs OnKeyPress (in diesem Beispiel ergibt UMSCHALT+A einen Wert Key von »A«, wenn die Feststelltaste ausgeschaltet

ist). Falls Sie auf Nicht-ASCII-Tasten oder Tastenkombinationen reagieren möchten, verwenden Sie die Ereignisbehandlungsroutinen OnKeyDown oder OnKeyUp.

property OnKeyUp: TKeyEvent;

OnKeyUp tritt ein, wenn der Anwender die gedrückte Taste wieder losläßt. OnKeyUp kann auf alle Tasten der Tastatur, einschließlich Funktionstasten und Tastenkombinationen mit den Tasten UMSCHALT, ALT und STRG sowie betätigten Maustasten reagieren.

```
TKeyEvent = procedure (Sender: TObject; var Key: Word; Shift: TShiftState)
                      of object;
```

Der Typ TKeyEvent weist auf eine Methode, die Tastaturereignisse verarbeitet. Der Parameter Key steht für die Taste und Shift und kann die folgenden Werte annehmen:

ssShift	UMSCHALTTASTE (SHIFT) wird festgehalten
ssAlt	Linke ALT-Taste wird festgehalten
[ssAlt, ssCtrl]	ALTGR-Taste wird festgehalten
ssCtrl	Taste STRG wird festgehalten
ssLeft	Linke Maustaste wird festgehalten
ssMiddle	Mittlere Maustaste wird festgehalten
ssDouble	Rechte und linke Maustaste werden gleichzeitig festgehalten

property OnMouseDown: TMouseEvent;
Das Ereignis OnMouseDown tritt ein, wenn der Anwender eine Maustaste zu dem Zeitpunkt drückt, an dem sich der Mauszeiger über einem Dialogelement.

OnMouseDown ist vom Typ

```
TMouseEvent=procedure (Sender: TObject; Button: TMouseButton; Shift: TShiftState;
                       X, Y: Integer) of object;
```

Der Typ TMouseEvent weist auf eine Methode zur Bearbeitung von Maustasten-Ereignissen hin. Der Parameter Button gibt an, welche Maustaste gedrückt wurde, während Shift Auskunft darüber gibt, welche UMSCHALT- (UMSCHALT, STRG oder ALT) bzw. Maustasten gedrückt waren, während die das Mausereignis verursachende Maustaste gedrückt oder losgelassen wurde. X und Y sind die Bildschirmkoordinaten des Mauszeigers in Pixeln. Der Parameter Button des Ereignisses OnMouseDown zeigt an, welche Maustaste gedrückt wurde. Durch Verwenden des Parameters Shift der Ereignisbehandlungs-Routine OnMouseDown können Sie auf den Status der Maus- und Umschalttasten reagieren. Umschalttasten sind die Tasten UMSCHALT, STRG und ALT.

property OnMouseMove: TMouseMoveEvent;
Das Ereignis OnMouseMove tritt ein, wenn der Anwender den Mauszeiger bewegt und dieser sich bereits über einem Dialogelement befindet.

OnMouseMove ist vom Typ

```
TMouseMoveEvent = procedure(Sender: TObject; Shift: TShiftState; X, Y: Integer)
                  of object;
```

Der Typ TMouseMoveEvent zeigt also auf eine Methode, die Mausereignisse infolge einer Mausbewegung verarbeitet. Der Parameter Button gibt an, welche Maustaste gedrückt wurde, während Shift anzeigt, welche UMSCHALT- (UMSCHALT, STRG oder ALT) bzw. Maustasten während der Mausbewegung gedrückt waren. X und Y sind die Bildschirmkoordinaten des Mauszeigers in Pixeln. Durch Verwenden des Parameters Shift können Sie auf den Status der Maus- und Umschalttasten reagieren. Umschalttasten sind die Tasten UMSCHALT, STRG und ALT.

property OnMouseUp: TMouseEvent;
Das Ereignis OnMouseUp tritt ein, wenn der Anwender die gedrückte Maustaste wieder freigibt, wenn sich der Mauszeiger über einer Komponente befindet.

Die Ereignisbehandlungs-Routine OnMouseUp kann auf Betätigungen der rechten, mittleren und linken Maustasten reagieren sowie auf Maustastenkombinationen mit Umschalttasten (Tasten UMSCHALT, STRG und ALT).

OnMouseUp ist vom Typ

```
TMouseEvent = procedure (Sender: TObject; Button: TMouseButton; Shift: TShiftState;
                  X, Y: Integer) of object;
```

Der Typ TMouseEvent zeigt also auf eine Methode zur Bearbeitung von Maustasten-Ereignissen hin. Der Parameter Button gibt an, welche Maustaste gedrückt wurde, während Shift Auskunft darüber gibt, welche UMSCHALT- (UMSCHALT, STRG oder ALT) bzw. Maustasten gedrückt waren, während die das Mausereignis verursachende Maustaste gedrückt oder losgelassen wurde. X und Y sind die Bildschirmkoordinaten des Mauszeigers in Pixeln.

property OnRowMoved: TMovedEvent;
OnRowMoved tritt immer dann ein, wenn Sie eine Zeile verschieben.

OnRowMoved ist vom Typ

```
TMovedEvent = procedure (Sender: TObject; FromIndex, ToIndex: Longint) of object;
```

TMovedEvent zeigt also auf eine Methode, die die Bewegung einer Spalte oder Zeile in einem Gitter behandelt. FromIndex enthält den Index der gerade bewegten Zeile oder Spalte. ToIndex enthält den neuen Spalten- bzw. Zeilenindex.

property OnSelectCell: TSelectCellEvent;
OnSelectCell tritt immer dann ein, wenn Sie eine Zelle auswählen.

OnSelectedCell ist vom Typ

```
TSelectCellEvent = procedure (Sender: TObject; Col, Row: Longint;
                  var CanSelect: Boolean) of object;
```

TSelectEvent zeigt also auf eine Methode, die die Auswahl einer Zelle behandelt. Col und Row bezeichnen Spalte und Zeile der ausgewählten Zelle. CanSelect gibt an, ob die Zelle mit Erfolg ausgewählt werden kann.

property OnSetEditText: TSetEditTextEvent;
OnSetEditText tritt immer dann ein, wenn Sie Text in einer Zelle bearbeiten.

OnSetEditText ist vom Typ

```
TSetEditEvent = procedure (Sender: TObject; ACol, ARow: Longint;
                           const Text: string) of object;
```

TSetEditEvent weist auf eine Methode, die die Änderungen, die der Anwender an einem Text in einer Zelle ausführt, behandelt. ACol legt die Spalte und ARow die Zeile der Zelle fest. Text enthält den Text-String, der im Editor geändert wurde.

property OnTopLeftChanged: TNotifyEvent;
OnTopLeftChanged tritt immer dann ein, wenn sich die Eigenschaft TopRow oder LeftCol ändert.

OnTopLeftChanged ist vom Typ

```
TNotifyEvent = procedure (Sender: TObject) of object;
```

Der Typ TNotifyEvent weist auf eine Methode, die das Doppelklicken eines Objekts behandelt. Der Parameter Sender ist das Dialogelement, das mit einem Doppelklick bearbeitet wurde.

Methoden:

procedure BeginDrag(Immediate: Boolean);
Die Methode BeginDrag leitet den Ziehvorgang einer Komponente ein. Wenn der Parameter Immediate auf True gesetzt ist, wird der Mauszeiger auf den Wert der Eigenschaft DragCursor gesetzt und der Ziehvorgang beginnt. Ist Immediate False, wird der Mauszeiger nicht auf den Wert der Eigenschaft DragCursor gesetzt, und der Ziehvorgang wird erst eingeleitet, wenn der Anwender den Mauszeiger mindestens um 5 Pixel bewegt. Auf diese Weise kann die Komponente Mausklicks akzeptieren, ohne einen Ziehvorgang einzuleiten.

Ihre Anwendung muß die Methode BeginDrag zum Einleiten eines Ziehvorgangs nur aufrufen, wenn DragMode auf dmManual gesetzt ist.

procedure BringToFront;
Die Methode BringToFront setzt eine Komponente innerhalb einer übergeordneten Komponente vor alle anderen Komponenten. BringToFront hilft insbesondere sicherzustellen, daß ein Formular sichtbar ist. Verwenden Sie diese Methode, wenn Sie die Reihenfolge überlappender Komponenten in einem Formular neu festlegen wollen.

Die Reihenfolge, in der Komponenten übereinander gelagert werden (Z-Reihenfolge), hängt davon ab, ob es sich um fensterähnliche oder um nicht-fensterähnliche Komponenten handelt. Die Reihenfolge arbeitet nach dem Prinzip, daß die zuletzt eingefügte Komponente die oberste und damit sichtbare Komponente ist.

Mit der Methode BringToFront einer Komponente würde diese Komponente ganz nach oben auf den Stapel kommen und somit sichtbar sein.

Bei der Stapelung ist zu beachten, daß fensterähnliche Komponenten immer auf nicht-fensterähnlichen Komponenten gestapelt werden. Ein Aufruf von BringToFront einer nicht-fensterähnlichen Komponente bewirkt also gar nichts, wenn oben auf dem Stapel eine fensterähnliche Komponente liegt.

Die folgenden Komponenten zählen zu den fensterähnlichen Komponenten:

BitBtn	DBNavigator	MediaPlayer
Button	DBRadioGroup	Memo
CheckBox	DirectoryListBox	Notebook
ComboBox	DrawGrid	OLEContainer
DBCheckBox	DriveComboBox	Outline
DBComboBox	Edit	Panel
DBEdit	FileListBox	RadioButton
DBGrid	FilterComboBox	RadioGroup
DBImage	Form	ScrollBar
DBListBox	GroupBox	ScrollBox
DBLookupCombo	Header	StringGrid
DBLookupList	ListBox	TabbedNotebook
DBMemo	MaskEdit	TabSet

Die nun folgenden Komponenten zählen zu den nicht-fensterähnlichen Komponenten:

Bevel	Label	SpeedButton
DBText	PaintBox	Image
Shape		

function CanFocus: Boolean;

CanFocus stellt fest, ob eine Komponente den Eingabefokus erhalten kann. CanFocus gibt True zurück, wenn die Eigenschaften Visible und Enabled sowohl der Komponente als auch der übergeordneten Komponenten auf True gesetzt sind. Sind nicht alle Eigenschaften Visible und Enabled dieser Komponenten auf True gesetzt, liefert CanFocus False zurück.

function CellRect(ACol, ARow: Longint): TRect;

Mit CellRect erzeugen Sie ein Rechteck vom Typ TRect für die durch ACol und ARow beschriebene Zelle. Wenn die Zelle nicht sichtbar ist, gibt CellRect ein leeres Rechteck zurück.

function ClientToScreen(Point: TPoint): TPoint;

Die Methode ClientToScreen übersetzt den angegebenen Punkt aus Client-Bereichskoordinaten in globale Bildschirmkoordinaten. In Client-Bereichskoordinaten entspricht der Punkt (0, 0) der oberen linken Ecke des Client-Bereichs der Komponente. In Bildschirmkoordinaten entspricht (0, 0) der oberen linken Ecke des Bildschirms. Mit den Methoden ClientToScreen und ScreenToClient rechnen Sie Positionen aus dem Koordinatensystem einer Komponente A in das Koordinatensystem einer Komponente B um.

Beispiel: Umrechnung der Koordinaten einer Komponente A in die Koordinaten einer Komponente B (TPoint ist ein Record mit den Feldern X und Y):

```
TPoint = record
        X : integer;
        Y : integer;
END;
VAR
   Koord: TPoint;
Koord:= B.ScreenToClient(A.ClientToScreen(Koord));
```

constructor Create;
Create weist Speicher zu, um das Objekt und damit die Komponente zu erzeugen und nach Bedarf seine Daten zu initialisieren. Jedes Objekt kann eine Methode Create besitzen, die individuell so angepaßt ist, daß sie diese bestimmte Art von Objekt erzeugt. Im Normalfall benötigen Sie diese Methoden nicht, da Borland Delphi alles unternimmt, um Ihre Anwendung und die darin enthaltenen Komponenten zu erzeugen. Sollten Sie allerdings ein Ereignis oder die Initialisierung eines Wertes einer selbst geschaffenen Komponente zur Zeit der Erzeugung einstellen wollen, dann können Sie dies in der Methode Create erledigen. Dazu benötigen Sie aber genaue Kenntnisse und Techniken der OOP. Ansonsten sollten Sie Create unverändert lassen und nicht aufrufen.

function Dragging: Boolean;
Die Methode Dragging gibt an, ob eine Komponente gezogen wird. Wenn Dragging True zurückgibt, wird die Komponente gezogen.

procedure EndDrag(Drop: Boolean);
Die Methode EndDrag verhindert, daß eine Komponente weiter gezogen wird. Wenn der Parameter Drop True ist, wird die gezogene Komponente abgelegt. Ist Drop False, wird die Komponente nicht abgelegt und der Vorgang wird abgebrochen.

function FindComponent(const AName: string): TComponent;
Die Methode FindComponent gibt im Array Components die Komponente zurück, deren Name zum String im Parameter AName paßt. FindComponent beachtet dabei keine Groß-/Kleinschreibung.

Beispiel: Es existiert ein Button »Button1« in Ihrer Anwendung. Um die eigentliche Komponente TButton1 im Array Components zurückzugeben, rufen Sie FindComponents wie folgt auf:

```
FindComponents('Button1');
```

function Focused: Boolean;
Focused wird verwendet, um zu bestimmen, ob ein Fensterdialogelement den Fokus besitzt und deshalb das aktive Dialogelement in ActiveControl ist.

procedure Free;
Die Methode Free entfernt das Objekt und gibt den dazugehörigen Speicher frei. Haben Sie das Objekt unter Verwendung der Methode Create erzeugt, so benutzen Sie

zum Entfernen und für die Freigabe des Speichers die Methode Free. Free gelingt auch dann, wenn das Objekt selbst nicht mehr existiert (zum Beispiel durch einen vorherigen Aufruf von Free). Delphi erledigt dies für Objekte der Bibliothek visueller Komponenten automatisch.

Sie sollten also niemals eine Komponente innerhalb Ihrer Anwendung entfernen.

Falls Sie ein Formular freigeben wollen, rufen Sie die Methode Release auf, um das Formular zu löschen und dessen benutzten Speicher freizugeben.

function GetTextBuf(Buffer: PChar; BufSize: Integer): Integer;
Die Methode GetTextBuf holt den Text der Komponente und kopiert ihn in den Puffer als Null-terminierten String (Ende der Zeichenkette wird mit 0 angegeben), auf den Buffer zeigt. Die maximale Länge des Strings wird mit BufSize (siehe dazu GetTextLen) festgelegt. In BufSize wird nach der Ausführung die Anzahl der Zeichen des Strings zu finden sein. Diese Methode ist vor allem dann sehr nützlich, wenn mit Strings größer als 256 Zeichen gearbeitet wird. Der Typ STRING kann nicht mehr als 256 Zeichen aufnehmen. Dabei entfällt aber das erste Element in diesem Typ auf die Längenangabe des Strings, so daß nur noch maximal 255 Zeichen möglich sind. Ein PChar ist ein Zeiger auf das erste Zeichen einer Zeichenkette. Eine derart definierte Zeichenkette besitzt keine Längenangabe, sondern trägt eine 0 am Ende der Kette, daher auch der Name Null-terminierter String. Ein PChar kann die maximale Größe von 64 Kbyte erreichen. Die maximale Anzahl der Zeichen ist also auf 64 Kbyte und nicht auf 255 Zeichen beschränkt (siehe auch GetTextLen und SetTextBuf).

function GetTextLen: Integer;
Die Methode GetTextLen gibt die Länge des Textes der Komponente zurück. Dieser Wert kann für BufSize in GetTextBuf verwendet werden (siehe auch GetTextBuf und SetTextBuf).

procedure Hide;
Die Methode Hide versteckt eine Komponente, sie ist also nicht mehr auf dem Bildschirm sichtbar. Dabei wird die Eigenschaft Visible auf False gesetzt. Dabei ist eine Komponente aber weiterhin aktiv, das heißt kann bearbeitet werden.

procedure InsertComponent(AComponent: TComponent);
InsertComponent macht die Komponente zum Besitzer der im Parameter AComponent übergebenen Komponente. Die Komponente wird am Ende der Array-Eigenschaft Components hinzugefügt. Die eingefügte Komponente darf keinen Namen haben (keinen für die Eigenschaft Name spezifizierten Wert) oder der Name muß sich eindeutig von allen anderen in der Components-Liste unterscheiden. Wird die Besitzerkomponente entfernt, so wird auch AComponent gelöscht.

procedure Invalidate;
Die Methode Invalidate erzwingt das Neuzeichnen einer Komponente sobald dies möglich ist.

procedure MouseToCell(X, Y: Integer; var ACol, ARow: Longint);
Mit MouseToCell ermitteln Sie die Spalte und Zeile der Zelle, auf der der Mauszeiger positioniert ist. X und Y sind die Bildschirmkoordinaten des Mauszeigers. ACol ist die Nummer der Spalte, und ARow ist die Nummer der Zeile.

procedure Refresh;
Die Methode Refresh reagiert je nach Art der Komponente, ob Daten oder die Komponenten selbst neu gezeichnet werden. Die Methode Refresh kann also jedes Bild auf dem Bildschirm löschen und alle Dialogelemente neu zeichnen beziehungsweise Datensätze einer Datei erneut einlesen.

Innerhalb der Implementation von Refresh beim Neuzeichnen von Komponenten wird die Methode Invalidate und dann die Methode Update aufgerufen.

Beim Refresh von Daten ist zu beachten: Durch Refresh können sich die angezeigten Daten unerwartet verändern und den Anwender verwirren. Ein Dialog oder eine andere Mitteilung, die dem Anwender den Refresh der Daten mitteilt, wäre somit wohl angebracht und von äußerster Nützlichkeit.

procedure RemoveComponent(AComponent: TComponent);
RemoveComponent entfernt die Komponente, die im Parameter AComponent festgelegt ist, aus der Komponentenliste Components. Die Position in der Liste wird zu Nil.

procedure Repaint;
Die Methode Repaint fordert das Dialogelement auf, dessen Bild auf dem Bildschirm neu zu zeichnen, ohne jedoch das bereits Dargestellte zu löschen. Um vor dem Neuzeichnen zu löschen, müssen Sie anstelle von Repaint die Methode Refresh aufrufen.

procedure ScaleBy(M, D: Integer);
Die Methode ScaleBy skaliert eine Komponente um einen Prozentsatz ihrer ursprünglichen Größe. Der Parameter M ist der Multiplikator und der Parameter D der Divisor. Wenn Sie beispielsweise die Größe des Dialogelements auf 66% seines ursprünglichen Formats ändern möchten, geben Sie in M den Wert 66 und in D den Wert 100 an (66/100). Bei der Vergrößerung gehen Sie einfach den umgekehrten Weg: Vergrößerung um 66% bedeutet nichts anderes als M=166 und D=100.

function ScreenToClient(Point: TPoint): TPoint;
Die Methode ScreenToClient wird verwendet, um den Koordinatenpunkt in Pixeln der Komponente auf dem Bildschirm zu bestimmen. ScreenToClient gibt die X- und Y-Koordinaten in einem Record des Typs TPoint zurück.

procedure ScrollBy(DeltaX, DeltaY: Integer);
ScrollBy scrollt den Inhalt einer Komponente. Statt mit der Methode ScrollBy sollten Sie im Normalfall lieber mit den eingebauten Bildlauf-Leisten arbeiten, es sei denn, diese Leisten wären für Ihre Programm-Idee aus irgendeinem Grund nicht brauchbar.

DeltaX enthält die Veränderung in Pixeln in Richtung der X-Achse. Ein positiver Wert von DeltaX verschiebt den Inhalt nach rechts, ein negativer Wert verschiebt den Inhalt nach links. DeltaY bezeichnet die Veränderungen in Pixeln in Richtung

der Y-Achse. Ein positiver Wert von DeltaY verschiebt den Inhalt nach unten, ein negativer Wert verschiebt den Inhalt nach oben.

procedure SendToBack;
Die Methode SendToBack setzt eine Komponente innerhalb einer übergeordneten Komponente hinter alle anderen Komponenten. Die Reihenfolge, in der Komponenten übereinander gelagert werden (Z-Reihenfolge), hängt davon ab, ob es sich um fensterähnliche oder um nicht-fensterähnliche Komponenten handelt. Die Reihenfolge arbeitet nach dem Prinzip, daß die zuletzt eingefügte Komponente die oberste und damit sichtbare Komponente ist.

Mit der Methode SendToBack einer Komponente würde diese Komponente ganz nach unten auf den Stapel kommen und somit nicht sichtbar sein.

Bei der Stapelung ist zu beachten, daß fensterähnliche Komponenten immer auf nicht-fensterähnlichen Komponenten gestapelt werden. Ein Aufruf von SendToBack einer fensterähnlichen Komponente bewirkt also gar nichts, wenn unter dem Stapel eine nicht-fensterähnliche Komponente liegt (siehe auch BringToFront).

Die folgenden Komponenten zählen zu den fensterähnlichen Komponenten:

BitBtn	DBNavigator	MediaPlayer
Button	DBRadioGroup	Memo
CheckBox	DirectoryListBox	Notebook
ComboBox	DrawGrid	OLEContainer
DBCheckBox	DriveComboBox	Outline
DBComboBox	Edit	Panel
DBEdit	FileListBox	RadioButton
DBGrid	FilterComboBox	RadioGroup
DBImage	Form	ScrollBar
DBListBox	GroupBox	ScrollBox
DBLookupCombo	Header	StringGrid
DBLookupList	ListBox	TabbedNotebook
DBMemo	MaskEdit	TabSet

Die nun folgenden Komponenten zählen zu den nicht-fensterähnlichen Komponenten:

Bevel	Label	SpeedButton
DBText	PaintBox	Image
Shape		

procedure SetBounds(ALeft, ATop, AWidth, AHeight: Integer);
Die Methode SetBounds setzt die Begrenzungseigenschaften der Komponente, Left, Top, Width und Height auf die Werte, die in den entsprechenden Werten ALeft, ATop, AWidth und AHeight übergeben werden. SetBounds erlaubt Ihnen, mehr als eine Begrenzungseigenschaft der Komponente zur gleichen Zeit einzustellen. Obwohl Sie immer einzelne Begrenzungen einstellen können, erlaubt Ihnen die Verwendung von SetBounds, mehrere Änderungen auf einmal durchzuführen, ohne daß jedesmal das Dialogfenster neu gezeichnet werden muß.

procedure SetFocus;
SetFocus übergibt den Fokus an die Komponente. Bei Formularen ruft das jeweilige Formular die Methode SetFocus des standardmäßig aktiven Dialogelements auf.

procedure SetTextBuf(Buffer: PChar);
Die Methode SetTextBuf ersetzt den Text in einer Komponente durch den Text in Buffer. Buffer muß auf einen mit Null abgeschlossenen String zeigen. (siehe auch GetTextBuf und GetTextLen).

procedure Show;
Die Methode Show bringt eine Komponente sichtbar auf dem Bildschirm, indem die Eigenschaft Visible auf True eingestellt wird. Falls die Methode Show eines Formulars aufgerufen wird und das Formular ist undurchsichtig, versucht Show das Formular sichtbar zu machen, indem sie das Formular mit der Methode BringToFront in den Vordergrund bringt. Ein Formular verfügt zusätzlich über die Methode ShowModal, um einen modalen Dialog erzeugen zu können. Ein modaler Dialog muß bearbeitet und geschlossen werden. Ein SendToBack hätte also keinen Erfolg.

procedure Update;
In der Methode Update wird die API-Funktion UpdateWindow von Windows aufgerufen, die alle beim Zeichnen entstandenen und noch nicht erledigten Meldungen bearbeitet.

UpdateWindows ist definiert als

```
procedure UpdateWindow(Wnd: HWnd);
```

Die Routine UpdateWindow aktualisiert den Client-Bereich des angegebenen Fensters, indem sie eine WM_PAINT-Meldung an das Fenster sendet, wenn der Aktualisierungsbereich für das Fenster nicht leer ist. Die Routine UpdateWindow sendet eine WM_PAINT-Meldung unter Umgehung der Anwendungswarteschlange direkt an die Fensterfunktion des gegebenen Fensters. Wenn der Aktualisierungsbereich leer ist, wird keine Meldung gesendet. Der Parameter Wnd bezeichnet das Fenster oder besser das Handle des Fensters, das aktualisiert werden soll.

Komponentenname: Image
Klassenname: TImage

Beschreibung:

Image zeigt ein grafisches Bild in einem Formular an (zum Beispiel ein Bitmap).

Eigenschaften:

property Align: TAlign;
Die Eigenschaft Align legt fest, wie Dialogelemente zum Beispiel im Formular ausgerichtet werden. Mögliche Werte:

alNone	Die Komponente bleibt an der Einfügeposition im Formular (Standardeinstellung).
alTop	Die Komponente wird an die Oberkante des Formulars verschoben und an seine Breite angepaßt. Die Höhe der Komponente bleibt unverändert.
alBottom	Die Komponente wird an die Unterkante des Formulars verschoben und an seine Breite angepaßt. Die Höhe der Komponente bleibt unverändert.
alLeft	Die Komponente wird an die linke Kante des Formulars verschoben und an seine Höhe angepaßt. Die Breite der Komponente bleibt unverändert.
alRight	Die Komponente wird an die rechte Kante des Formulars verschoben und an seine Höhe angepaßt. Die Breite der Komponente bleibt unverändert.
alClient	Die Größe der Komponente wird an den Client-Bereich eines Formulars angepaßt. Ist ein Teil des Client-Bereichs bereits von einer anderen Komponente besetzt, füllt die Komponente den verbleibenden Teil des Client-Bereichs aus.

Wird zum Beispiel ein Formular, das Besitzer eines Labels ist, in der Größe verändert, werden die Komponenten innerhalb des Formulars neu ausgerichtet. Die Verwendung der Eigenschaft Align ist dann sinnvoll, wenn ein Dialogelement an einer Position des Formulars stehenbleiben soll, auch wenn sich die Größe des Formulars ändert.

property AutoSize: Boolean;
Ist die Eigenschaft AutoSize auf True gesetzt, ändert sich die Höhe des Editierfeldes, um Änderungen der Schriftgröße des Textes auszugleichen. Hat die Komponente keinen Rahmen (BorderStyle=bsNone), dann hat die Änderung dieser Eigenschaft keine Auswirkungen.

property BorderStyle: TBorderStyle;
BorderStyle legt fest, ob Komponenten einen Rahmen haben. Dies sind die möglichen Werte:

bsNone	Kein sichtbarer Rahmen
bsSingle	Rahmen mit einfacher Rahmenlinie

Weitere nur bei manchen Komponenten (mehr oder weniger sogar nur die Komponente vom Typ TForm, also ein Formular) mögliche Werte:

bsSizeable	Größenveränderlicher Standardrahmen
bsDialog	Nicht größenveränderlich; Standardrahmen für Dialogfenster

Hat eine Komponente zusätzlich die Eigenschaft AutoSize und wird diese auf True gesetzt, paßt die Komponente ihre Größe automatisch an, wenn sich die Schriftgröße des Textes ändert. Damit AutoSize wirksam wird, müssen Sie die Eigenschaft BorderStyle auf bsSingle setzen.

property BoundsRect: TRect;
Die Eigenschaft BoundsRect liefert das Begrenzungsrechteck der Komponente – ausgedrückt im Koordinatensystem des übergeordneten Dialogelements – zurück. Mit BoundsRect ersetzen und erleichtern Sie sich somit die Abfrage der einzelnen Werte für die Eigenschaften Left, Top, Width und Height.

property Canvas: TCanvas;
Canvas stellt einen Bereich zum Anfertigen von Zeichnungen zur Verfügung. Je nach Komponente kann die Art und Weise von Canvas variieren:

Canvas für die Komponenten Form, Image und PaintBox:

Canvas stellt den Zugriff auf eine Zeichenoberfläche zur Verfügung, die Sie bei der Implementierung einer Behandlungsroutine für das OnPaint-Ereignis eines Formulars, eines Bildes oder eines Zeichenfensters verwenden können. Allerdings: Es ist nur der Lesezugriff erlaubt.

Canvas für die Komponenten ComboBox, DirectoryListBox, FileListBox, ListBox und Outline:

Canvas stellt den Zugriff auf eine Zeichenoberfläche zur Verfügung, die Sie bei der Implementierung einer Behandlungsroutine für das OnDrawItem-Ereignis eines besitzergezeichneten Listenfensters, Kombinationsfensters oder Gliederungsdialogelements verwenden können. Allerdings: Es ist nur der Lesezugriff erlaubt.

Canvas für die Komponenten DrawGrid und StringGrid:

Canvas stellt den Zugriff auf eine Zeichenoberfläche zur Verfügung, die Sie bei der Implementierung einer Behandlungsroutine für das Ereignis OnDrawCell oder OnDrawDataCell eines Gitternetz-Dialogelements verwenden können. Allerdings: Es ist nur der Lesezugriff erlaubt.

Canvas für die Komponente TPrinter:

Canvas repräsentiert für ein Druckerobjekt die Oberfläche der Seite, die aktuell gedruckt wird. Einige Drucker unterstützen keine Grafik und können hiermit nicht unterstützt werden. Es ist nur der Lesezugriff erlaubt.

Canvas für die Komponente TBitmap:

Canvas gibt Ihnen Zugriff auf eine Zeichenoberfläche, die die Bitmap repräsentiert. Wenn Sie auf die Zeichenfläche zeichnen, modifizieren Sie im Endeffekt damit die zugrundeliegende Bitmap.

property Center: Boolean;
Mit Center legen Sie fest, ob ein Bild im Bilddialogelement zentriert ist. Bei Center=True, ist das Bild zentriert.

property ComponentIndex: Integer;
Die Eigenschaft ComponentIndex zeigt die Position einer Komponente in der Eigenschaftsliste Components ihres Besitzers an. Die erste Komponente in der Liste hat den ComponentIndex-Wert 0, die zweite hat den Wert 1, die dritte den Wert 2 etc.

Diese Eigenschaft ist nur zur Laufzeit und dann auch nur im Read-Only-Modus benutzbar.

property Controls[Index: Integer]: TControl;
Controls ist ein Array aller untergeordneten Komponenten der Komponente. Controls ist dann von Nutzen, wenn Sie auf die untergeordneten Komponenten über die Zahl statt über den Namen zugreifen müssen.

property Cursor: TCursor;
Mit der Eigenschaft Cursor stellen Sie das Aussehen des Cursors ein, wenn dieser auf die Komponente zeigt.

Mögliche Werte sind:

crDefault	crArrow	crCross
crIBeam	crSize	crSizeNESW
crSizeNS	crSizeNWSE	crSizeWE
crUpArrow	crHourglass	crDrag
crNoDrop	crHSplit	crVSplit

property DragCursor: TCursor;
Die Eigenschaft DragCursor bestimmt die Form des Mauszeigers, wenn sich der Zeiger über einer Komponente befindet, die ein gezogenes Objekt akzeptieren kann. Mögliche Werte sind mit denen der Eigenschaft Cursor identisch.

property DragMode: TDragMode;
Die Eigenschaft DragMode legt das Ziehen-und-Ablegen-Verhalten einer Komponente fest. Mögliche Werte sind:

dmAutomatic	Wenn dmAutomatic ausgewählt ist, ist das Dialogelement bereit, gezogen zu werden; der Anwender klickt nur und zieht es dann.
dmManual	Wenn dmManual ausgewählt ist, kann das Dialogelement nicht gezogen werden, bevor die Anwendung die Methode BeginDrag aufgerufen hat.

Ist die Eigenschaft DragMode einer Komponente dmAutomatic, kann die Anwendung dies zur Laufzeit durch Einstellung des Werts dmManual deaktivieren.

property Enabled: Boolean;
Die Eigenschaft Enabled bestimmt, ob die Komponente auf Maus-, Tastatur- und Timer-Ereignisse reagiert. Wenn Enabled auf True gesetzt ist, reagiert die Komponente normal. Ist Enabled hingegen False, ignoriert das Dialogelement Maus- und Tastaturereignisse. Bei einer Timer-Komponente werden die für das OnTimer-Ereignis deaktivierten Komponenten-Dialogelemente grau dargestellt.

property Handle: ...;
Der Typ der Eigenschaft Handle ist abhängig von der jeweiligen Komponente. Im allgemeinen gilt: Sollte eine Windows-API-Funktion ein Handle der betreffenden Komponente verlangen, dann setzen Sie dazu die jeweilige Eigenschaft Handle der betreffenden Komponente ein. Verlangt eine Windows-API-Funktion zum Beispiel

das Handle Ihrer gesamten Anwendung, dann benutzen Sie am besten die Eigenschaft Handle des Objekts TApplication. Hier die Übersicht der verschiedenen Typen der Eigenschaft Handle:

Handle für die Komponenten:

Bitmap	property Handle: HBitmap;
Brush	property Handle: HBrush;
Canvas	property Handle: HDC;
Font	property Handle: HFont;
Icon	property Handle: HIcon;
Metafile	property Handle: HMetafile;
Pen	property Handle: HPen;

Handle gibt Ihnen den Zugriff auf das Handle des jeweiligen GDI-Objekts, damit Sie auf dieses zugreifen können. Benötigen Sie zum Beispiel zum Aufruf einer Windows-API-Funktion ein Handle auf ein Stiftobjekt oder ein Bitmap-Objekt, dann können Sie dazu das Handle der Komponente Pen beziehungsweise der Komponente Bitmap benutzen.

Handle für das Objekt TApplication und die folgenden Komponenten:

Bevel	DBText	Memo
BitBtn	DirectoryListBox	Notebook
Button	DrawGrid	OLEContainer
CheckBox	DriveComboBox	Outline
ComboBox	Edit	PaintBox
DBCheckBox	FileListBox	Panel
DBComboBox	FilterComboBox	RadioButton
DBEdit	FindDialog	RadioGroup
DBGrid	Form	ReplaceDialog
DBImage	GroupBox	ScrollBar
DBListBox	Header	ScrollBox
DBLookupCombo	Image	Shape
DBLookupList	Label	SpeedButton
DBMemo	ListBox	StringGrid
DBNavigator	MaskEdit	TabbedNotebook
DBRadioGroup	MediaPlayer	TabSet

property Handle: HWND;
Handle ermöglicht Ihnen Zugriff auf das Handle der jeweiligen Komponente (z.B.: Fenster-Handle, Dialog-Handle etc.). Dieses Handle wird von einigen Windows-API-Funktionen beim Aufruf erwartet. Sie können in diesem Fall das Handle der jeweils betroffenen Komponente oder – falls das Handle Ihrer Anwendung gefordert wird – das Handle des Objekts TApplication übergeben.

Handle für die Komponenten:

MainMenu	MenuItem	PopupMenu

property Handle: HMENU;
Sollte eine Windows-API-Funktion ein Handle eines Menüs, Menü-Eintrags oder eines lokalen Menüs verlangen, dann können Sie dazu die Eigenschaft Handle von MainMenu, MenuItem und PopupMenu benutzen.

Handle für die Komponente Printer:

property Handle: HDC;
Handle beinhaltet das Handle des jeweiligen Druckerobjektes TPrinter der Komponente Printer.

Handle für die Komponente DataBase:

property Handle: HDBIDB;
Um direkte Aufrufe in die Richtung des Borland Database-Engine-(BDE)-API zu tätigen, benötigen Sie ein Handle der jeweiligen Datenbank-Komponente. Dazu dient Ihnen die Eigenschaft Handle der Komponente DataBase. Dies erlaubt Ihnen Zugriffe auf Funktionen des BDE-API, die nicht in die VCL-Bibliothek integriert wurden. Bevor Sie allerdings diese Funktionen aufrufen, sollten Sie prüfen, ob diese Funktion nicht doch schon in der VCL-Bibliothek gekapselt wurde.

Handle für das Objekt TSession:

Delphi erzeugt eine Komponente Session vom Typ TSession immer dann, wenn eine Anwendung ausgeführt wird. Sessions sollten nicht von Ihnen erzeugt oder zerstört werden. Session erlaubt die globale Prüfung über Datenbankverbindungen. Die Eigenschaft Databases von Session ist ein Array von allen aktiven Datenbanken in der Sitzung. Die Eigenschaft DatabaseCount vom Typ Integer gibt die Anzahl der aktiven Datenbanken in der Sitzung.

property Handle: HDBISES;
Mit der Eigenschaft Handle können Sie direkte Aufrufe an die Borland-Datenbank-Engine, bezogen auf eine bestimmte Sitzung (Session/TSession), machen. Die Komponente Session werden Sie im Prinzip nicht benutzen müssen. Die wichtigsten Funktionen des BDE-API sind in der VCL-Bibliothek gekapselt und ersparen Ihnen diesen Weg.

Handle für die die Komponenten Table, Query und StoredProc:

property Handle: HDBICur;
Ebenfalls für direkte Zugriffe auf Funktionen des BDE-API und unter normalen Umständen nicht zu benutzen, da die wichtigsten BDP-API-Funktionen via VCL-Bibliothek einen einfacheren Zugriff ermöglichen.

property Height: Integer;
Die Eigenschaft Height eines Dialogelements legt die Höhe der Komponente in Pixeln fest.

property HelpContext: THelpContext;
Die Eigenschaft HelpContext stellt eine Kontextnummer für die Verwendung beim Aufruf kontextbezogener Online-Hilfe bereit. Jeder Hilfebildschirm des Hilfesystems sollte eine eindeutige Kontextnummer besitzen. Ist in der Anwendung eine Kompo-

nente selektiert, so wird nach Betätigen von F1 ein Hilfebildschirm angezeigt. Welcher Hilfebildschirm angezeigt wird, hängt vom Wert der Eigenschaft HelpContext ab.

property Hint: string;
Die Eigenschaft Hint ist der Text-String, der erscheinen kann, wenn ein OnHint-Ereignis eintritt, also wenn der Benutzer den Cursor über die Komponente bewegt. Wie der String angezeigt wird, bestimmt der Code in der Ereignisbehandlungs-Routine OnHint. Sie können eine Schnellhilfe, d.h. ein Fenster, das einen Hilfetext enthält, für eine Komponente erscheinen lassen, wenn der Anwender den Mauszeiger über das Dialogelement führt und dort kurz verweilt. Dies funktioniert wie folgt:

1. Spezifizieren Sie für jede Komponente, die einen Schnellhinweis anzeigen soll, einen Hint-Wert.
2. Setzen Sie die Eigenschaft ShowHints des Bedienfelds auf True.
3. Setzen Sie die Eigenschaft ShowHint der Anwendung zur Laufzeit auf True.

Sie können Hint gleichzeitig sowohl für ein Hilfehinweisfenster als auch für die Verwendung innerhalb der Behandlungsroutine OnHint spezifizieren, indem Sie zwei durch ein Zeichen | (das »oder« oder Pipe-Symbol) abgeteilte Werte angeben, also beispielsweise:

```
Edit1.Hint:= 'Aufforderung|Geben Sie den richtigen Wert ein';
```

Der String »Aufforderung« erscheint im Hilfehinweisfenster und der String »Geben Sie den richtigen Wert ein« erscheint wie in der Ereignisbehandlungs-Routine OnHint spezifiziert.

property Left: Integer;
Die Eigenschaft Left bestimmt die horizontalen Koordinaten in Pixeln der linken Kante einer Komponente relativ zum Formular. Für Formulare ist der Wert der Eigenschaft Left relativ zum Bildschirm (ebenfalls in Pixeln).

property Name: TComponentName;
Die Eigenschaft Name enthält den Namen der Komponente wie er von anderen Komponenten für den Zugriff verwendet wird. Delphi weist als Vorgabewerte sequentielle Namen zu, die auf dem Typ der Komponente basieren, also etwa für Buttons »Button1«, »Button2« etc. Dies können Sie gemäß Ihrer Vorstellungen abändern. Komponentennamen sollten ausdrücklich nur zur Entwurfszeit geändert werden.

property Owner: TComponent;
Die Eigenschaft Owner teilt Ihnen mit, welche Komponente zu welcher Komponente gehört. Dem Formular gehören alle Komponenten, die auf ihm vorhanden sind. Umgekehrt gehört das Formular zur Anwendung. Gehört eine Komponente A einer anderen Komponente B, wird der Speicher der Komponente A freigegeben, wenn der Speicher der Komponente B freigegeben wird. Es werden also folgerichtig alle Komponenten des Formulars gelöscht, wenn das Formular gelöscht wird. Außerdem wird natürlich der Speicher für das Formular und dessen Komponenten freigegeben, wenn der Speicher der Anwendung selbst freigegeben wird.

property Parent: TWinControl;
Die Eigenschaft Parent enthält den Namen der übergeordneten Komponente. Wenn eine Komponente A eine andere Komponente B enthält, sind die in B enthaltenen Komponenten untergeordnete Komponenten von A. Wenn Ihre Anwendung beispielsweise drei Buttons in einer GroupBox enthält, dann ist die GroupBox das übergeordnete Element der drei Buttons und die Button-Schaltfelder sind der GroupBox untergeordnet.

Parent und Owner sind leider etwas verwirrend. Daher hier eine kleine Entwirrung:

Ein Formular ist der Besitzer aller darauf enthaltenen Komponenten, egal, ob sie ein Fensterelement sind oder nicht. Für unser Beispiel mit den drei Buttons und der GroupBox bedeutet dies: Der Besitzer der Buttons ist immer das Formular, aber die GroupBox ist das übergeordnete Element.

Wenn Sie einen neuen Dialog erzeugen, müssen Sie dem neuen Dialogelement einen Wert der Eigenschaft Parent zuweisen. Üblicherweise sind dies Formulare, Bedienfelder, GroupBoxen oder Dialoge, die andere Komponenten-Elemente enthalten können. Es ist möglich, jedes Element als das übergeordnete zuzuweisen, aber das darin enthaltene Dialogelement wird wahrscheinlich überschrieben.

Wird das übergeordnete Element gelöscht, werden auch alle Elemente, die ihm untergeordnet sind, gelöscht.

property ParentShowHint: Boolean;
Die Eigenschaft ParentShowHint bestimmt, wo eine Komponente nach ihrer Hinteigenschaft suchen soll. Falls ParentShowHint True ist, verwendet die Komponente die Hint-Eigenschaft der übergeordneten Komponente.

Ist ParentShowHint False, verwendet die Komponente ihre eigene Eigenschaft Hint. Durch Verwendung von ParentShowHint können Sie sicherstellen, daß alle Komponenten auf einem Formular das gleiche Erscheinungsbild haben.

property Picture: TPicture;
Mit Picture bestimmen Sie das Bild, das in der Komponente Bilddialogelement erscheinen soll. Mit einem Doppelklick auf die Eigenschaft im Objektinspektor öffnet sich ein Dialog-Fenster, in dem Sie das Bild aus einer Datei laden können.

property PopupMenu: TPopupMenu;
Die Eigenschaft PopupMenu legt den Namen des Popup-Menüs fest, das erscheint, wenn der Anwender die Komponente auswählt oder die rechte Maustaste drückt (bei dem Wert True für AutoPopup des Popup) oder wenn die Methode Popup des Popup-Menüs ausgeführt wird.

property ShowHint: Boolean;
Die Eigenschaft ShowHint bestimmt, ob das Dialogelement eine Schnellhilfe anzeigen soll, wenn der Mauszeiger eine Weile auf ihm verweilt. Die Schnellhilfe entspricht dem Wert der Eigenschaft Hint, die in einem Feld direkt unterhalb des Elements angezeigt wird. Wenn die Eigenschaft ShowHint den Wert True hat, kann die Schnellhilfe erscheinen.

Ist ShowHint False, kann die Schnellhilfe auch angezeigt werden, wenn ParentShowHint auf True gesetzt wurde, und die Eigenschaft ShowHint der übergeordneten Komponente ebenfalls auf True gesetzt wurde.

property Showing: Boolean;
Die Eigenschaft Showing legt fest, ob eine Komponente momentan auf dem Bildschirm angezeigt wird oder nicht. Falls die Eigenschaft Visible einer Komponente und aller übergeordneten Komponenten in der übergeordneten Hierarchie True ist, ist Showing auch True. Wenn einer der Vorfahren der Komponente den Wert False als Wert für die Eigenschaft Visible hat, dann ist auch Showing False.

property Stretch: Boolean;
Mit Stretch entscheiden sie, ob das Bild die Größe der Komponente einnehmen soll oder nicht. Mit dem Wert True wird verhindert, daß Bitmaps und Metadateien die Größe und Form des Bilddialogelements annehmen. Wenn das Bilddialogelement in der Größe geändert wird, wird das Bild auch geändert. Symbole werden durch die Eigenschaft Stretch nicht beeinflußt.

property TabOrder: TTabOrder;
Die Eigenschaft TabOrder bestimmt die Position einer Komponente in der Tabulatorreihenfolge, in der Komponenten den Fokus erhalten, wenn der Anwender die Taste TAB drückt. Anfänglich ist die Tabulatorreihenfolge immer die Reihenfolge, in der die Komponenten in das Formular hinzugefügt wurden. Der Wert der Eigenschaft TabOrder ist für jede Komponente auf dem Formular einmalig. Die erste dem Formular hinzugefügte Komponente hat den Wert 0 von TabOrder, die zweite hat 1, die dritte 2 usw.

Falls Sie dem Wert der Eigenschaft TabOrder einer Komponente den gleichen Wert einer anderen Komponente zuweisen, numeriert Delphi automatisch die Werte für alle anderen Komponenten neu. Angenommen, eine Komponente ist beispielsweise die sechste Komponente in der Tabulatorreihenfolge. Wenn Sie den Wert der Eigenschaft TabOrder der Komponente auf 3 ändern (dies macht die Komponente zu der vierten in der Tabulatorreihenfolge), wird die Komponente, die die vierte war, nun zur fünften und die Komponente, die die fünfte war, wird jetzt die sechste.

property TabStop: Boolean;
Die Eigenschaft TabStop bestimmt, ob der Anwender die Komponente mit der Taste TAB anspringen kann. Falls TabStop True ist, befindet sich die Komponente in der Tabulatorreihenfolge. Wenn TabStop False ist, ist das Dialogelement nicht in der Tabulatorreihenfolge.

property Tag: Longint;
Die Eigenschaft Tag kann einen Integerwert als Element einer Komponente speichern. Tag wird von Delphi nicht benutzt und steht Ihnen damit zur freien Verfügung.

property Top: Integer;
Die Eigenschaft Top gibt die Y-Koordinate in Pixeln der linken oberen Ecke eines Dialogelements relativ zum Formular an. Bei Formularen wird der Wert der Eigenschaft Top in Pixeln relativ zum Bildschirm angegeben.

property Visible: Boolean;
Die Eigenschaft Visible bestimmt, ob eine Komponente auf dem Bildschirm sichtbar ist (True) oder nicht (False).

property Width: integer;
Die Eigenschaft Width bestimmt die Breite einer Komponente, gemessen in Pixeln.

Ereignisse:

property OnClick: TNotifyEvent;
Das Ereignis OnClick erscheint, wenn der Benutzer auf die Komponente klickt. In einem Formular tritt OnClick ein, wenn der Benutzer auf eine freie Stelle im Formular oder eine inaktive Komponente klickt.

OnClick ist vom Typ

```
TNotifyEvent = procedure (Sender: TObject) of object;
```

Der Typ TNotifyEvent weist auf eine Methode, die das Anklicken eines Objekts behandelt. Der Parameter Sender ist das Dialogelement, das angeklickt wurde.

property OnDblClick: TNotifyEvent;
Das Ereignis OnClick erscheint, wenn der Benutzer auf die Komponente einen Doppelklick ausführt. In einem Formular tritt das Ereignis OnDblClick ein, wenn der Benutzer auf eine freie Stelle im Formular oder eine inaktive Komponente ein Doppelklick ausführt.

OnDblClick ist vom Typ

```
TNotifyEvent = procedure (Sender: TObject) of object;
```

Der Typ TNotifyEvent weist auf eine Methode, die das Doppelklicken eines Objekts behandelt. Der Parameter Sender ist das Dialogelement, das mit einem Doppelklick bearbeitet wurde.

property OnDragDrop: TDragDropEvent;
Das Ereignis OnDragDrop tritt ein, wenn der Anwender ein gezogenes Objekt ablegt. Verwenden Sie die Ereignisbehandlungs-Routine OnDragDrop, um festzulegen, was passieren soll, wenn der Anwender ein Objekt ablegt.

OnDragClick ist vom Typ

```
TDragDropEvent = procedure(Sender, Source: TObject; X, Y: Integer) of object;
```

Der Typ TDragDropEvent zeigt also auf eine Methode, die das Ablegen eines gezogenen Objekts behandelt. Der Parameter Source des Ereignisses OnDragDrop ist das abzulegende Objekt und der Parameter Sender ist das Dialogelement, auf dem das Objekt abgelegt wurde. Die Parameter X und Y sind die Koordinaten des Mauszeigers, der über dem Dialogelement positioniert wird.

property OnDragOver: TDragOverEvent;
Das Ereignis OnDragOver tritt ein, wenn der Anwender ein Objekt über eine Komponente zieht.

Üblicherweise werden Sie ein Ereignis OnDragOver verwenden, um ein Objekt zu akzeptieren, damit der Anwender es ablegen kann.

OnDragClick ist vom Typ

```
TDragOverEvent = procedure(Sender, Source: TObject; X, Y: Integer;
                           State: TDragState; var Accept: Boolean) of object;
```

Der Typ TDragOverEvent zeigt also auf eine Methode, die das Ziehen eines Objekts über ein anderes Objekt behandelt. Der Parameter Source ist das gezogene Objekt, Sender ist das Objekt, über das Source gezogen wurde, X und Y sind die Koordinaten des Mauszeigers, der über dem Dialogelement positioniert wird in Pixeln, State ist der Status des gezogenen Objekts in Verbindung zum darübergezogenen Objekt, und Accept legt fest, ob der Sender das Ziehobjekt erkennt. Accept wird nicht per Voreinstellung auf True oder False gesetzt; Sie müssen die passenden Werte selbst zuweisen.

Das Ereignis OnDragOver akzeptiert ein Objekt, wenn der Parameter Accept True ist. Durch Ändern des Werts der Eigenschaft DragCursor können Sie das Erscheinungsbild des Cursors beeinflussen. Dies können Sie entweder während des Entwickelns oder zur Laufzeit, bevor ein Ereignis OnDragOver eintritt, durchführen.

property OnEndDrag: TEndDragEvent;
Das Ereignis OnEndDrag tritt immer dann ein, wenn das Ziehen eines Objekts abgeschlossen oder abgebrochen wird. Wenn Sie eine besondere Behandlung haben möchten, wenn das Ziehen beendet wird, verwenden Sie die Ereignisbehandlungs-Routine OnEndDrag.

OnEndDrag ist vom Typ

```
TEndDragEvent = procedure(Sender, Target: TObject; X, Y: Integer) of object;
```

Der Typ TEndDragEvent zeigt also auf eine Methode, die das Anhalten des Ziehens eines Objekts behandelt.

Der Sender ist das Objekt, das gezogen wird, Target ist das Objekt, zu dem Sender hingezogen wird, und X und Y sind die dazugehörigen Bildschirmkoordinaten des Mauszeigers, der über dem Dialogelement positioniert wird. Falls das gezogene Objekt abgelegt und durch das Dialogelement akzeptiert wurde, ist der Parameter Target des Ereignisses OnEndDrag True. Wenn das Objekt nicht erfolgreich abgelegt wurde, beträgt der Wert von Target Nil.

property OnMouseDown: TMouseEvent;
Ereignis OnMouseDown tritt ein, wenn der Anwender eine Maustaste zu dem Zeitpunkt drückt, an dem sich der Mauszeiger über einem Dialogelement befindet.

OnMouseDown ist vom Typ

```
TMouseEvent=procedure (Sender: TObject; Button: TMouseButton;
                       Shift: TShiftState; X, Y: Integer) of object;
```

Der Typ TMouseEvent weist auf eine Methode zur Bearbeitung von Maustasten-Ereignissen. Der Parameter Button gibt an, welche Maustaste gedrückt wurde, während Shift Auskunft darüber gibt, welche UMSCHALT- (UMSCHALT, STRG oder ALT) bzw. Maustasten gedrückt waren, während die das Mausereignis verursachende Maustaste gedrückt oder losgelassen wurde. X und Y sind die Bildschirmkoordinaten des Mauszeigers in Pixeln. Der Parameter Button des Ereignisses OnMouseDown zeigt an, welche Maustaste gedrückt wurde. Durch Verwenden des Parameters Shift der Ereignisbehandlungs-Routine OnMouseDown können Sie auf den Status der Maus- und Umschalttasten reagieren. Umschalttasten sind die Tasten UMSCHALT, STRG und ALT.

property OnMouseMove: TMouseMoveEvent;
Das Ereignis OnMouseMove tritt ein, wenn der Anwender den Mauszeiger bewegt und dieser sich bereits über einem Dialogelement befindet.

OnMouseMove ist vom Typ

```
TMouseMoveEvent = procedure(Sender: TObject; Shift: TShiftState;  X, Y: Integer)
                            of object;
```

Der Typ TMouseMoveEvent zeigt also auf eine Methode, die Mausereignisse infolge einer Mausbewegung verarbeitet. Der Parameter Button gibt an, welche Maustaste gedrückt wurde, während Shift anzeigt, welche UMSCHALT- (UMSCHALT, STRG oder ALT) bzw. Maustasten während der Mausbewegung gedrückt waren. X und Y sind die Bildschirmkoordinaten des Mauszeigers in Pixeln. Durch Verwenden des Parameters Shift können Sie auf den Status der Maus- und Umschalttasten reagieren. Umschalttasten sind die Tasten UMSCHALT, STRG und ALT.

property OnMouseUp: TMouseEvent;
Das Ereignis OnMouseUp tritt ein, wenn der Anwender die gedrückte Maustaste wieder freigibt, wenn sich der Mauszeiger über einer Komponente befindet.

Die Ereignisbehandlungs-Routine OnMouseUp kann auf Betätigungen der rechten, mittleren und linken Maustasten reagieren sowie auf Maustastenkombinationen mit Umschalttasten (Tasten UMSCHALT, STRG und ALT).

OnMouseUp ist vom Typ

```
TMouseEvent = procedure (Sender: TObject; Button: TMouseButton; Shift: TShiftState;
                         X, Y: Integer) of object;
```

Der Typ TMouseEvent zeigt also auf eine Methode zur Bearbeitung von Maustasten-Ereignissen hin. Der Parameter Button gibt an, welche Maustaste gedrückt wurde, während Shift Auskunft darüber gibt, welche UMSCHALT- (UMSCHALT, STRG oder ALT) bzw. Maustasten gedrückt waren, während die das Mausereignis verursachende Maustaste gedrückt oder losgelassen wurde. X und Y sind die Bildschirmkoordinaten des Mauszeigers in Pixeln.

Methoden:

procedure BeginDrag(Immediate: Boolean);
Die Methode BeginDrag leitet den Ziehvorgang einer Komponente ein. Wenn der Parameter Immediate auf True gesetzt ist, wird der Mauszeiger auf den Wert der Eigenschaft DragCursor gesetzt und der Ziehvorgang beginnt. Ist Immediate False, wird der Mauszeiger nicht auf den Wert der Eigenschaft DragCursor gesetzt, und der Ziehvorgang wird erst eingeleitet, wenn der Anwender den Mauszeiger mindestens um 5 Pixel bewegt. Auf diese Weise kann die Komponente Mausklicks akzeptieren, ohne einen Ziehvorgang einzuleiten.

Ihre Anwendung muß die Methode BeginDrag zum Einleiten eines Ziehvorgangs nur aufrufen, wenn DragMode auf dmManual gesetzt ist.

procedure BringToFront;
Die Methode BringToFront setzt eine Komponente innerhalb einer übergeordneten Komponente vor alle anderen Komponenten. BringToFront hilft insbesondere sicherzustellen, daß ein Formular sichtbar ist. Verwenden Sie diese Methode, wenn Sie die Reihenfolge überlappender Komponenten in einem Formular neu festlegen wollen.

Die Reihenfolge, in der Komponenten übereinander gelagert werden (Z-Reihenfolge), hängt davon ab, ob es sich um fensterähnliche oder um nicht-fensterähnliche Komponente handelt. Die Reihenfolge arbeitet nach dem Prinzip, daß die zuletzt eingefügte Komponente die oberste und damit sichtbare Komponente ist.

Mit der Methode BringToFront einer Komponente würde diese Komponente ganz nach oben auf den Stapel kommen und somit sichtbar sein.

Bei der Stapelung ist zu beachten, daß fensterähnliche Komponenten immer auf nicht-fensterähnlichen Komponenten gestapelt werden. Ein Aufruf von BringToFront einer nicht-fensterähnlichen Komponenten bewirkt also gar nichts, wenn oben auf dem Stapel eine fensterähnliche Komponente liegt.

Die folgenden Komponenten zählen zu den fensterähnlichen Komponenten:

BitBtn	DBNavigator	MediaPlayer
Button	DBRadioGroup	Memo
CheckBox	DirectoryListBox	Notebook
ComboBox	DrawGrid	OLEContainer
DBCheckBox	DriveComboBox	Outline
DBComboBox	Edit	Panel
DBEdit	FileListBox	RadioButton
DBGrid	FilterComboBox	RadioGroup
DBImage	Form	ScrollBar
DBListBox	GroupBox	ScrollBox
DBLookupCombo	Header	StringGrid
DBLookupList	ListBox	TabbedNotebook
DBMemo	MaskEdit	TabSet

Die nun folgenden Komponenten zählen zu den nicht-fensterähnlichen Komponenten:

Bevel	Label	SpeedButton
DBText	PaintBox	Image
Shape		

function CanFocus: Boolean;
CanFocus stellt fest, ob eine Komponente den Eingabefokus erhalten kann. CanFocus gibt True zurück, wenn die Eigenschaften Visible und Enabled sowohl der Komponente als auch der übergeordneten Komponenten auf True gesetzt sind. Sind nicht alle Eigenschaften Visible und Enabled dieser Komponenten auf True gesetzt, liefert CanFocus False zurück.

function ClientToScreen(Point: TPoint): TPoint;
Die Methode ClientToScreen übersetzt den angegebenen Punkt aus Client-Bereichskoordinaten in globale Bildschirmkoordinaten. In Client-Bereichskoordinaten entspricht der Punkt (0, 0) der oberen linken Ecke des Client-Bereichs der Komponente. In Bildschirmkoordinaten entspricht (0, 0) der oberen linken Ecke des Bildschirms. Mit den Methoden ClientToScreen und ScreenToClient rechnen Sie Positionen aus dem Koordinatensystem einer Komponente A in das Koordinatensystem einer Komponente B um.

Beispiel: Umrechnung der Koordinaten einer Komponente A in die Koordinaten einer Komponente B (TPoint ist ein Record mit den Feldern X und Y):

```
TPoint =  record
       X  : integer;
       Y  : integer;
END;
VAR
   Koord: TPoint;
Koord:= B.ScreenToClient(A.ClientToScreen(Koord));
```

constructor Create;
Create weist Speicher zu, um das Objekt und damit die Komponente zu erzeugen und nach Bedarf seine Daten zu initialisieren. Jedes Objekt kann eine Methode Create besitzen, die individuell so angepaßt ist, daß sie diese bestimmte Art von Objekt erzeugt. Im Normalfall benötigen Sie diese Methoden nicht, da Borland Delphi alles unternimmt, um Ihre Anwendung und die darin enthaltenen Komponenten zu erzeugen. Sollten Sie allerdings ein Ereignis oder die Initialisierung eines Wertes einer selbst geschaffenen Komponente zur Zeit der Erzeugung einstellen wollen, dann können Sie dies in der Methode Create erledigen. Dazu benötigen Sie aber genaue Kenntnisse und Techniken der OOP. Ansonsten sollten Sie Create unverändert lassen und nicht aufrufen.

function Dragging: Boolean;
Die Methode Dragging gibt an, ob eine Komponente gezogen wird. Wenn Dragging True zurückgibt, wird die Komponente gezogen.

procedure EndDrag(Drop: Boolean);
Die Methode EndDrag verhindert, daß eine Komponente weiter gezogen wird. Wenn der Parameter Drop True ist, wird die gezogene Komponente abgelegt. Ist Drop False, wird die Komponente nicht abgelegt und der Vorgang wird abgebrochen.

function FindComponent(const AName: string): TComponent;
Die Methode FindComponent gibt im Array Components die Komponente zurück, deren Name zum String im Parameter AName paßt. FindComponent beachtet dabei keine Groß-/Kleinschreibung.

Beispiel: Es existiert ein Button »Button1« in Ihrer Anwendung. Um die eigentliche Komponente TButton1 im Array Components zurückzugeben, rufen Sie FindComponents wie folgt auf:

```
FindComponents('Button1');
```

function Focused: Boolean;
Focused wird verwendet, um zu bestimmen, ob ein Fensterdialogelement den Fokus besitzt und deshalb das aktive Dialogelement in ActiveControl ist.

procedure Free;
Die Methode Free entfernt das Objekt und gibt den dazugehörigen Speicher frei. Haben Sie das Objekt unter Verwendung der Methode Create erzeugt, so benutzen Sie zum Entfernen und für die Freigabe des Speichers die Methode Free. Free gelingt auch dann, wenn das Objekt selbst nicht mehr existiert (zum Beispiel durch einen vorherigen Aufruf von Free). Delphi erledigt dies für Objekte der Bibliothek visueller Komponenten automatisch.

Sie sollten also niemals eine Komponente innerhalb Ihrer Anwendung entfernen.

Falls Sie ein Formular freigeben wollen, rufen Sie die Methode Release auf, um das Formular zu löschen und dessen benutzten Speicher freizugeben.

procedure Hide;
Die Methode Hide versteckt eine Komponente, sie ist also nicht mehr auf dem Bildschirm sichtbar. Dabei wird die Eigenschaft Visible auf False gesetzt. Dabei ist eine Komponente aber weiterhin aktiv, das heißt, sie kann bearbeitet werden.

procedure InsertComponent(AComponent: TComponent);
InsertComponent macht die Komponente zum Besitzer der im Parameter AComponent übergebenen Komponente. Die Komponente wird am Ende der Array-Eigenschaft Components hinzugefügt. Die eingefügte Komponente darf keinen Namen haben (keinen für die Eigenschaft Name spezifizierten Wert) oder der Name muß sich eindeutig von allen anderen in der Components-Liste unterscheiden. Wird die Besitzerkomponente entfernt, so wird auch AComponent gelöscht.

procedure Invalidate;
Die Methode Invalidate erzwingt das Neuzeichnen einer Komponente, sobald dies möglich ist.

procedure Refresh;
Die Methode Refresh reagiert je nach Art der Komponente, ob Daten oder die Komponenten selbst neu gezeichnet werden. Die Methode Refresh kann also jedes Bild auf dem Bildschirm löschen und alle Dialogelemente neu zeichnen beziehungsweise Datensätze einer Datei erneut einlesen.

Innerhalb der Implementation von Refresh beim Neuzeichnen von Komponenten wird die Methode Invalidate und dann die Methode Update aufgerufen.

Beim Refresh von Daten ist zu beachten: Durch Refresh können sich die angezeigten Daten unerwartet verändern und den Anwender verwirren. Ein Dialog oder eine andere Mitteilung, die dem Anwender den Refresh der Daten mitteilt, wäre somit wohl angebracht und von äußerster Nützlichkeit.

procedure RemoveComponent(AComponent: TComponent);
RemoveComponent entfernt die Komponente, die im Parameter AComponent festgelegt ist, aus der Komponentenliste Components. Die Position in der Liste wird zu Nil.

procedure Repaint;
Die Methode Repaint fordert das Dialogelement auf, dessen Bild auf dem Bildschirm neu zu zeichnen, ohne jedoch das bereits Dargestellte zu löschen. Um vor dem Neuzeichnen zu löschen, müssen Sie anstelle von Repaint die Methode Refresh aufrufen.

procedure ScaleBy(M, D: Integer);
Die Methode ScaleBy skaliert eine Komponente um einen Prozentsatz ihrer ursprünglichen Größe. Der Parameter M ist der Multiplikator und der Parameter D der Divisor. Wenn Sie beispielsweise die Größe des Dialogelements auf 66% seines ursprünglichen Formats ändern möchten, geben Sie in M den Wert 66 und in D den Wert 100 an (66/100). Bei der Vergrößerung gehen Sie einfach den umgekehrten Weg: Vergrößerung um 66% bedeutet nichts anderes als M=166 und D=100.

function ScreenToClient(Point: TPoint): TPoint;
Die Methode ScreenToClient wird verwendet, um den Koordinatenpunkt der Komponente in Pixeln auf dem Bildschirm zu bestimmen. ScreenToClient gibt die X- und Y-Koordinaten in einem Record des Typs TPoint zurück.

procedure SendToBack;
Die Methode SendToBack setzt eine Komponente innerhalb einer übergeordneten Komponente hinter alle anderen Komponenten. Die Reihenfolge, in der Komponenten übereinander gelagert werden (Z-Reihenfolge), hängt davon ab, ob es sich um fensterähnliche oder um nicht-fensterähnliche Komponente handelt. Die Reihenfolge arbeitet nach dem Prinzip, daß die zuletzt eingefügte Komponente die oberste und damit sichtbare Komponente ist.

Mit der Methode SendToBack einer Komponente würde diese Komponente ganz nach unten auf den Stapel kommen und somit nicht sichtbar sein.

Bei der Stapelung ist zu beachten, daß fensterähnliche Komponenten immer auf nicht-fensterähnlichen Komponenten gestapelt werden. Ein Aufruf von SendToBack einer fensterähnlichen Komponenten bewirkt also gar nichts, wenn unter dem Stapel eine nicht-fensterähnliche Komponente liegt (siehe auch BringToFront).

Die folgenden Komponenten zählen zu den fensterähnlichen Komponenten:

BitBtn	DBNavigator	MediaPlayer
Button	DBRadioGroup	Memo
CheckBox	DirectoryListBox	Notebook
ComboBox	DrawGrid	OLEContainer
DBCheckBox	DriveComboBox	Outline
DBComboBox	Edit	Panel
DBEdit	FileListBox	RadioButton
DBGrid	FilterComboBox	RadioGroup
DBImage	Form	ScrollBar
DBListBox	GroupBox	ScrollBox
DBLookupCombo	Header	StringGrid
DBLookupList	ListBox	TabbedNotebook
DBMemo	MaskEdit	TabSet

Die nun folgenden Komponenten zählen zu den nicht-fensterähnlichen Komponenten:

Bevel	Label	SpeedButton
DBText	PaintBox	Image
Shape		

procedure SetBounds(ALeft, ATop, AWidth, AHeight: Integer);
Die Methode SetBounds setzt die Begrenzungseigenschaften der Komponente, Left, Top, Width und Height auf die Werte, die in den entsprechenden Werten ALeft, ATop, AWidth und AHeight übergeben werden. SetBounds erlaubt Ihnen, mehr als eine Begrenzungseigenschaft der Komponente zur gleichen Zeit einzustellen. Obwohl Sie immer einzelne Begrenzungen einstellen können, erlaubt Ihnen die Verwendung von SetBounds, mehrere Änderungen auf einmal durchzuführen, ohne daß jedesmal das Dialogfenster neu gezeichnet werden muß.

procedure SetFocus;
SetFocus übergibt den Fokus an die Komponente. Bei Formularen ruft das jeweilige Formular die Methode SetFocus des standardmäßig aktiven Dialogelements auf.

procedure Show;
Die Methode Show bringt eine Komponente sichtbar auf dem Bildschirm, indem die Eigenschaft Visible auf True eingestellt wird. Falls die Methode Show eines Formulars aufgerufen wird und das Formular ist undurchsichtig, versucht Show das Formular sichtbar zu machen, indem sie das Formular mit der Methode BringToFront in den Vordergrund bringt. Ein Formular verfügt zusätzlich über die Methode ShowModal, um einen modalen Dialog erzeugen zu können. Ein modaler Dialog muß bearbeitet und geschlossen werden. Ein SendToBack hätte also keinen Erfolg.

procedure Update;
In der Methode Update wird die API-Funktion UpdateWindow von Windows aufgerufen, die alle beim Zeichnen entstandenen und noch nicht erledigten Meldungen bearbeitet. UpdateWindows ist definiert als

```
procedure UpdateWindow(Wnd: HWnd);
```

Die Routine UpdateWindow aktualisiert den Client-Bereich des angegebenen Fensters, indem sie eine WM_PAINT-Meldung an das Fenster sendet, wenn der Aktualisierungsbereich für das Fenster nicht leer ist. Die Routine UpdateWindow sendet eine WM_PAINT-Meldung unter Umgehung der Anwendungswarteschlange direkt an die Fensterfunktion des gegebenen Fensters. Wenn der Aktualisierungsbereich leer ist, wird keine Meldung gesendet. Der Parameter Wnd bezeichnet das Fenster oder besser das Handle des Fensters, das aktualisiert werden soll.

Komponentenname: Shape
Klassenname: TShape

Beschreibung:
Shape stellt eine geometrische Figur auf dem Formular dar.

Eigenschaften:

property Align: TAlign;
Die Eigenschaft Align legt fest, wie Dialogelemente zum Beispiel im Formular ausgerichtet werden. Mögliche Werte:

alNone	Die Komponente bleibt an der Einfügeposition im Formular (Standardeinstellung).
alTop	Die Komponente wird an die Oberkante des Formulars verschoben und an seine Breite angepaßt. Die Höhe der Komponente bleibt unverändert.
alBottom	Die Komponente wird an die Unterkante des Formulars verschoben und an seine Breite angepaßt. Die Höhe der Komponente bleibt unverändert.
alLeft	Die Komponente wird an die linke Kante des Formulars verschoben und an seine Höhe angepaßt. Die Breite der Komponente bleibt unverändert.
alRight	Die Komponente wird an die rechte Kante des Formulars verschoben und an seine Höhe angepaßt. Die Breite der Komponente bleibt unverändert.
alClient	Die Größe der Komponente wird an den Client-Bereich eines Formulars angepaßt. Ist ein Teil des Client-Bereichs bereits von einer anderen Komponente besetzt, füllt die Komponente den verbleibenden Teil des Client-Bereichs aus.

Wird zum Beispiel ein Formular, das Besitzer eines Labels ist, in der Größe verändert, werden die Komponenten innerhalb des Formulars neu ausgerichtet. Die Verwendung der Eigenschaft Align ist dann sinnvoll, wenn ein Dialogelement an einer Position des Formulars stehenbleiben soll, auch wenn sich die Größe des Formulars ändert.

property BoundsRect: TRect;
Die Eigenschaft BoundsRect liefert das Begrenzungsrechteck der Komponente – ausgedrückt im Koordinatensystem des übergeordneten Dialogelements – zurück. Mit BoundsRect ersetzen und erleichtern Sie sich somit die Abfrage der einzelnen Werte für die Eigenschaften Left, Top, Width und Height.

property Brush: TBrush;
Mit Brush legen Sie fest, welche Farbe und welches Muster die Zeichenfläche zum Füllen grafischer Formen und Hintergründe verwenden soll. Für Dialogelemente steht Brush nur zur Laufzeit zur Verfügung und gestattet nur Lesezugriff.

property ComponentIndex: Integer;
Die Eigenschaft ComponentIndex zeigt die Position einer Komponente in der Eigenschaftsliste Components ihres Besitzers an. Die erste Komponente in der Liste hat den ComponentIndex-Wert 0, die zweite hat den Wert 1, die dritte den Wert 2 etc. Diese Eigenschaft ist nur zur Laufzeit und dann auch nur im Read-Only-Modus benutzbar.

property Controls[Index: Integer]: TControl;
Controls ist ein Array aller untergeordneten Komponenten der Komponente. Controls ist dann von Nutzen, wenn Sie auf die untergeordneten Komponenten über die Zahl statt über den Namen zugreifen müssen.

property Cursor: TCursor;
Mit der Eigenschaft Cursor stellen Sie das Aussehen des Cursors ein, wenn dieser auf die Komponente zeigt.

Mögliche Werte sind:

crDefault	crArrow	crCross
crIBeam	crSize	crSizeNESW
crSizeNS	crSizeNWSE	crSizeWE
crUpArrow	crHourglass	crDrag
crNoDrop	crHSplit	crVSplit

property DragCursor: TCursor;
Die Eigenschaft DragCursor bestimmt die Form des Mauszeigers, wenn sich der Zeiger über einer Komponente befindet, die ein gezogenes Objekt akzeptieren kann. Mögliche Werte sind mit denen der Eigenschaft Cursor identisch.

property DragMode: TDragMode;
Die Eigenschaft DragMode legt das Ziehen-und-Ablegen-Verhalten einer Komponente fest. Mögliche Werte sind:

dmAutomatic   Wenn dmAutomatic ausgewählt ist, ist das Dialogelement bereit, gezogen zu werden; der Anwender klickt nur und zieht es dann.
dmManual   Wenn dmManual ausgewählt ist, kann das Dialogelement nicht gezogen werden, bevor die Anwendung die Methode BeginDrag aufgerufen hat.

Ist die Eigenschaft DragMode einer Komponente dmAutomatic, kann die Anwendung dies zur Laufzeit durch Einstellung des Werts dmManual deaktivieren.

property Enabled: Boolean;
Die Eigenschaft Enabled bestimmt, ob die Komponente auf Maus-, Tastatur- und Timer-Ereignisse reagiert. Wenn Enabled auf True gesetzt ist, reagiert die Komponente normal. Ist Enabled hingegen False, ignoriert das Dialogelement Maus- und Tastaturereignisse. Bei einer Timer-Komponente werden die für das OnTimer-Ereignis deaktivierten Komponenten-Dialogelemente grau dargestellt.

property Handle: ...;
Der Typ der Eigenschaft Handle ist abhängig von der jeweiligen Komponente. Im allgemeinen gilt: Sollte eine Windows-API-Funktion ein Handle der betreffenden Komponente verlangen, dann setzen Sie dazu die jeweilige Eigenschaft Handle der betreffenden Komponente ein. Verlangt eine Windows-API-Funktion zum Beispiel das Handle Ihrer gesamten Anwendung, dann benutzen Sie am besten die Eigenschaft Handle des Objekts TApplication. Hier die Übersicht der verschiedenen Typen der Eigenschaft Handle:

Handle für die Komponenten:

Bitmap	property Handle: HBitmap;
Brush	property Handle: HBrush;
Canvas	property Handle: HDC;
Font	property Handle: HFont;
Icon	property Handle: HIcon;
Metafile	property Handle: HMetafile;
Pen	property Handle: HPen;

Handle gibt Ihnen den Zugriff auf das Handle des jeweiligen GDI-Objekts, damit Sie auf dieses zugreifen können. Benötigen Sie zum Beispiel zum Aufruf einer Windows-API-Funktion ein Handle auf ein Stiftobjekt oder ein Bitmap-Objekt, dann können Sie dazu das Handle der Komponente Pen beziehungsweise der Komponente Bitmap benutzen.

Handle für das Objekt TApplication und die folgenden Komponenten:

Bevel	DBText	Memo
BitBtn	DirectoryListBox	Notebook
Button	DrawGrid	OLEContainer
CheckBox	DriveComboBox	Outline
ComboBox	Edit	PaintBox
DBCheckBox	FileListBox	Panel

DBComboBox	FilterComboBox	RadioButton
DBEdit	FindDialog	RadioGroup
DBGrid	Form	ReplaceDialog
DBImage	GroupBox	ScrollBar
DBListBox	Header	ScrollBox
DBLookupCombo	Image	Shape
DBLookupList	Label	SpeedButton
DBMemo	ListBox	StringGrid
DBNavigator	MaskEdit	TabbedNotebook
DBRadioGroup	MediaPlayer	TabSet

property Handle: HWND;

Handle ermöglicht Ihnen Zugriff auf das Handle der jeweiligen Komponente (z.B.: Fenster-Handle, Dialog-Handle etc.). Dieses Handle wird von einigen Windows-API-Funktionen beim Aufruf erwartet. Sie können in diesem Fall das Handle der jeweils betroffenen Komponente oder – falls das Handle Ihrer Anwendung gefordert wird – das Handle des Objekts TApplication übergeben.

Handle für die Komponenten:

MainMenu	MenuItem	PopupMenu

property Handle: HMENU;

Sollte eine Windows-API-Funktion ein Handle eines Menüs, Menü-Eintrags oder eines lokalen Menüs verlangen, dann können Sie dazu die Eigenschaft Handle von MainMenu, MenuItem und PopupMenu benutzen.

Handle für die Komponente Printer:

property Handle: HDC;

Handle beinhaltet das Handle des jeweiligen Druckerobjektes TPrinter der Komponente Printer.

Handle für die Komponente DataBase:

property Handle: HDBIDB;

Um direkte Aufrufe in die Richtung des Borland Database-Engine (BDE)-API zu tätigen, benötigen Sie ein Handle der jeweiligen Datenbank-Komponente. Dazu dient Ihnen die Eigenschaft Handle der Komponente DataBase. Dies erlaubt Ihnen Zugriffe auf Funktionen des BDE-API, die nicht in die VCL-Bibliothek integriert wurden. Bevor Sie allerdings diese Funktionen aufrufen, sollten Sie prüfen, ob diese Funktion nicht doch schon in der VCL-Bibliothek gekapselt wurde.

Handle für das Objekt TSession:

Delphi erzeugt eine Komponente Session vom Typ TSession immer dann, wenn eine Anwendung ausgeführt wird. Sessions sollten nicht von Ihnen erzeugt oder zerstört werden. Session erlaubt die globale Prüfung über Datenbankverbindungen. Die Eigenschaft Databases von Session ist ein Array von allen aktiven Datenbanken in der Sitzung. Die Eigenschaft DatabaseCount vom Typ Integer gibt die Anzahl der aktiven Datenbanken in der Sitzung an.

property Handle: HDBISES;
Mit der Eigenschaft Handle können Sie direkte Aufrufe an die Borland Datenbank-Engine bezogen auf eine bestimmte Sitzung (Session/TSession) machen. Die Komponente Session werden Sie im Prinzip nicht benutzen müssen. Die wichtigsten Funktionen des BDE-API sind in der VCL-Bibliothek gekapselt und ersparen Ihnen diesen Weg.

Handle für die Komponenten Table, Query und StoredProc:

property Handle: HDBICur;
Ebenfalls für direkte Zugriffe auf Funktionen des BDE-API und unter normalen Umständen nicht zu benutzen, da die wichtigsten BDP-API-Funktionen via der VCL-Bibliothek einen einfacheren Zugriff ermöglichen.

property Height: Integer;
Die Eigenschaft Height eines Dialogelements legt die Höhe der Komponente in Pixeln fest.

property Hint: string;
Die Eigenschaft Hint ist der Text-String, der erscheinen kann, wenn ein OnHint-Ereignis eintritt, also wenn der Benutzer den Cursor über die Komponente bewegt. Wie der String angezeigt wird, bestimmt der Code in der Ereignisbehandlungs-Routine OnHint. Sie können eine Schnellhilfe, d.h. ein Fenster, das einen Hilfetext enthält, für eine Komponente erscheinen lassen, wenn der Anwender den Mauszeiger über das Dialogelement führt und dort kurz verweilt. Dies funktioniert wie folgt:

1. Spezifizieren Sie für jede Komponente, die einen Schnellhinweis anzeigen soll, einen Hint-Wert.
2. Setzen Sie die Eigenschaft ShowHints des Bedienfelds auf True.
3. Setzen Sie die Eigenschaft ShowHint der Anwendung zur Laufzeit auf True.

Sie können Hint gleichzeitig sowohl für ein Hilfehinweisfenster als auch für die Verwendung innerhalb der Behandlungsroutine OnHint spezifizieren, indem Sie zwei durch ein Zeichen | (das »oder« oder Pipe-Symbol) abgeteilte Werte angeben, also beispielsweise:

```
Edit1.Hint:= 'Aufforderung|Geben Sie den richtigen Wert ein';
```

Der String »Aufforderung« erscheint im Hilfehinweisfenster und der String »Geben Sie den richtigen Wert ein« erscheint wie in der Ereignisbehandlungs-Routine OnHint spezifiziert.

property Left: Integer;
Die Eigenschaft Left bestimmt die horizontalen Koordinaten in Pixeln der linken Kante einer Komponente relativ zum Formular. Für Formulare ist der Wert der Eigenschaft Left relativ zum Bildschirm (ebenfalls in Pixeln).

property Name: TComponentName;
Die Eigenschaft Name enthält den Namen der Komponente wie er von anderen Komponenten für den Zugriff verwendet wird. Delphi weist als Vorgabewerte sequentielle Namen zu, die auf dem Typ der Komponente basieren, also etwa für But-

tons »Button1«, »Button2« etc. Dies können Sie gemäß Ihrer Vorstellungen abändern. Komponentennamen sollten ausdrücklich nur zur Entwurfszeit geändert werden.

property Owner: TComponent;
Die Eigenschaft Owner teilt Ihnen mit, welche Komponente zu welcher Komponente gehört. Dem Formular gehören alle Komponenten, die auf ihm vorhanden sind. Umgekehrt gehört das Formular zur Anwendung. Gehört eine Komponente A einer anderen Komponente B, wird der Speicher der Komponente A freigegeben, wenn der Speicher der Komponente B freigegeben wird. Es werden also folgerichtig alle Komponenten des Formulars gelöscht, wenn das Formular gelöscht wird. Außerdem wird natürlich der Speicher für das Formular und dessen Komponenten freigegeben, wenn der Speicher der Anwendung selbst freigegeben wird.

property Parent: TWinControl;
Die Eigenschaft Parent enthält den Namen der übergeordneten Komponente. Wenn eine Komponente A eine andere Komponente B enthält, sind die in B enthaltenen Komponenten untergeordnete Komponenten von A. Wenn Ihre Anwendung beispielsweise drei Buttons in einer GroupBox enthält, dann ist die GroupBox das übergeordnete Element der drei Buttons und die Button-Schaltfelder sind der GroupBox untergeordnet.

Parent und Owner sind leider etwas verwirrend. Daher hier eine kleine Entwirrung:

Ein Formular ist der Besitzer aller darauf enthaltenen Komponenten, egal, ob sie ein Fensterelement sind oder nicht. Für unser Beispiel mit den drei Buttons und der GroupBox bedeutet dies: Der Besitzer der Buttons ist immer das Formular, aber die GroupBox ist das übergeordnete Element.

Wenn Sie einen neuen Dialog erzeugen, müssen Sie dem neuen Dialogelement einen Wert der Eigenschaft Parent zuweisen. Üblicherweise sind dies Formulare, Bedienfelder, GroupBoxen oder Dialoge, die andere Komponenten als Elemente enthalten können. Es ist möglich, jedes Element als das übergeordnete zuzuweisen, aber das darin enthaltene Dialogelement wird wahrscheinlich überschrieben.

Wird das übergeordnete Element gelöscht, werden auch alle Elemente, die ihm untergeordnet sind, gelöscht.

property ParentShowHint: Boolean;
Die Eigenschaft ParentShowHint bestimmt, wo eine Komponente nach ihrer Hinteigenschaft suchen soll. Falls ParentShowHint True ist, verwendet die Komponente die Hint-Eigenschaft der übergeordneten Komponente.

Ist ParentShowHint False, verwendet die Komponente ihre eigene Eigenschaft Hint. Durch Verwendung von ParentShowHint können Sie sicherstellen, daß alle Komponenten auf einem Formular das gleiche Erscheinungsbild haben.

property Pen: TPen;
Mit Pen bestimmen Sie, welche Stiftform auf der Zeichenfläche zum Zeichnen von Linien und Umrißformen verwendet werden soll.

property Shape: TShapeType;
Mit Shape legen Sie fest, wie die Komponente Shape auf dem Formular dargestellt wird. Mögliche Werte:

stEllipse	Ellipse.
stRectangle	Rechteck.
stRoundRect	Rechteck mit abgerundeten Ecken.
stRoundSquare	Quadrat mit abgerundeten Ecken.
stSquare	Quadrat.
stCircle	Kreis.

property ShowHint: Boolean;
Die Eigenschaft ShowHint bestimmt, ob das Dialogelement eine Schnellhilfe anzeigen soll, wenn der Mauszeiger eine Weile auf ihm verweilt. Die Schnellhilfe entspricht dem Wert der Eigenschaft Hint, die in einem Feld direkt unterhalb des Elements angezeigt wird. Wenn die Eigenschaft ShowHint den Wert True hat, kann die Schnellhilfe erscheinen.

Ist ShowHint False, kann die Schnellhilfe auch angezeigt werden, wenn ParentShowHint auf True gesetzt wurde, und die Eigenschaft ShowHint der übergeordneten Komponente ebenfalls auf True gesetzt wurde.

property Showing: Boolean;
Die Eigenschaft Showing legt fest, ob eine Komponente momentan auf dem Bildschirm angezeigt wird oder nicht. Falls die Eigenschaft Visible einer Komponente und aller übergeordneten Komponenten in der übergeordneten Hierarchie True ist, ist Showing auch True. Wenn einer der Vorfahren der Komponente den Wert False als Wert für die Eigenschaft Visible hat, dann ist auch Showing False.

property Tag: Longint;
Die Eigenschaft Tag kann einen Integerwert als Element einer Komponente speichern. Tag wird von Delphi nicht benutzt und steht Ihnen damit zur freien Verfügung.

property Top: Integer;
Die Eigenschaft Top gibt die Y-Koordinate in Pixeln der linken oberen Ecke eines Dialogelements relativ zum Formular an. Bei Formularen wird der Wert der Eigenschaft Top in Pixeln relativ zum Bildschirm angegeben.

property Visible: Boolean;
Die Eigenschaft Visible bestimmt, ob eine Komponente auf dem Bildschirm sichtbar ist (True) oder nicht (False).

property Width: integer;
Die Eigenschaft Width bestimmt die Breite einer Komponente, gemessen in Pixeln.

Ereignisse:

property OnDragDrop: TDragDropEvent;
Das Ereignis OnDragDrop tritt ein, wenn der Anwender ein gezogenes Objekt ablegt. Verwenden Sie die Ereignisbehandlungs-Routine OnDragDrop, um festzulegen, was passieren soll, wenn der Anwender ein Objekt ablegt.

OnDragDrop ist vom Typ

```
TDragDropEvent = procedure(Sender, Source: TObject; X, Y: Integer) of object;
```

Der Typ TDragDropEvent zeigt also auf eine Methode, die das Ablegen eines gezogenen Objekts behandelt. Der Parameter Source des Ereignisses OnDragDrop ist das abzulegende Objekt und der Parameter Sender ist das Dialogelement, auf dem das Objekt abgelegt wurde. Die Parameter X und Y sind die Koordinaten des Mauszeigers, der über dem Dialogelement positioniert wird.

property OnDragOver: TDragOverEvent;
Das Ereignis OnDragOver tritt ein, wenn der Anwender ein Objekt über eine Komponente zieht. Üblicherweise werden Sie ein Ereignis OnDragOver verwenden, um ein Objekt zu akzeptieren, damit der Anwender es ablegen kann.

OnDragOver ist vom Typ

```
TDragOverEvent = procedure(Sender, Source: TObject; X, Y: Integer;
                           State: TDragState; var Accept: Boolean) of object;
```

Der Typ TDragOverEvent zeigt also auf eine Methode, die das Ziehen eines Objekts über ein anderes Objekt behandelt. Der Parameter Source ist das gezogene Objekt, Sender ist das Objekt, über das Source gezogen wurde, X und Y sind die Koordinaten des Mauszeigers, der über dem Dialogelement positioniert wird in Pixeln, State ist der Status des gezogenen Objekts in Verbindung zum darübergezogenen Objekt, und Accept legt fest, ob der Sender das Ziehobjekt erkennt. Accept wird nicht per Voreinstellung auf True oder False gesetzt; Sie müssen die passenden Werte selbst zuweisen.

Das Ereignis OnDragOver akzeptiert ein Objekt, wenn der Parameter Accept True ist. Durch Ändern des Werts der Eigenschaft DragCursor können Sie das Erscheinungsbild des Cursors beeinflussen. Dies können Sie entweder während des Entwickelns oder zur Laufzeit, bevor ein Ereignis OnDragOver eintritt, durchführen.

property OnEndDrag: TEndDragEvent;
Das Ereignis OnEndDrag tritt immer dann ein, wenn das Ziehen eines Objekts abgeschlossen oder abgebrochen wird. Wenn Sie eine besondere Behandlung haben möchten, wenn das Ziehen beendet wird, verwenden Sie die Ereignisbehandlungs-Routine OnEndDrag.

OnEndDrag ist vom Typ

```
TEndDragEvent = procedure(Sender, Target: TObject; X, Y: Integer) of object;
```

Der Typ TEndDragEvent zeigt also auf eine Methode, die das Anhalten des Ziehens eines Objekts behandelt. Der Sender ist das Objekt, das gezogen wird, Target ist das

Objekt, zu dem Sender hingezogen wird, und X und Y sind die dazugehörigen Bildschirmkoordinaten des Mauszeigers, der über dem Dialogelement positioniert wird. Falls das gezogene Objekt abgelegt und durch das Dialogelement akzeptiert wurde, ist der Parameter Target des Ereignisses OnEndDrag True. Wenn das Objekt nicht erfolgreich abgelegt wurde, beträgt der Wert von Target Nil.

property OnMouseDown: TMouseEvent;
Das Ereignis OnMouseDown tritt ein, wenn der Anwender eine Maustaste zu dem Zeitpunkt drückt, an dem sich der Mauszeiger über einem Dialogelement befindet.

OnMouseDown ist vom Typ

```
TMouseEvent=procedure (Sender: TObject; Button: TMouseButton; Shift: TShiftState;
                      X, Y: Integer) of object;
```

Der Typ TMouseEvent weist auf eine Methode zur Bearbeitung von Maustasten-Ereignissen. Der Parameter Button gibt an, welche Maustaste gedrückt wurde, während Shift Auskunft darüber gibt, welche UMSCHALT- (UMSCHALT, STRG oder ALT) bzw. Maustasten gedrückt waren, während die das Mausereignis verursachende Maustaste gedrückt oder losgelassen wurde. X und Y sind die Bildschirmkoordinaten des Mauszeigers in Pixeln. Der Parameter Button des Ereignisses OnMouseDown zeigt an, welche Maustaste gedrückt wurde. Durch Verwenden des Parameters Shift der Ereignisbehandlungs-Routine OnMouseDown können Sie auf den Status der Maus- und Umschalttasten reagieren. Umschalttasten sind die Tasten UMSCHALT, STRG und ALT.

property OnMouseMove: TMouseMoveEvent;
Das Ereignis OnMouseMove tritt ein, wenn der Anwender den Mauszeiger bewegt und dieser sich bereits über einem Dialogelement befindet.

OnMouseMove ist vom Typ

```
TMouseMoveEvent = procedure(Sender: TObject; Shift: TShiftState;  X, Y: Integer)
                  of object;
```

Der Typ TMouseMoveEvent zeigt also auf eine Methode, die Mausereignisse infolge einer Mausbewegung verarbeitet. Der Parameter Button gibt an, welche Maustaste gedrückt wurde, während Shift anzeigt, welche UMSCHALT- (UMSCHALT, STRG oder ALT) bzw. Maustasten während der Mausbewegung gedrückt waren. X und Y sind die Bildschirmkoordinaten des Mauszeigers in Pixeln. Durch Verwenden des Parameters Shift können Sie auf den Status der Maus- und Umschalttasten reagieren. Umschalttasten sind die Tasten UMSCHALT, STRG und ALT.

property OnMouseUp: TMouseEvent;
Das Ereignis OnMouseUp tritt ein, wenn der Anwender die gedrückte Maustaste wieder freigibt, wenn sich der Mauszeiger über einer Komponente befindet.

Die Ereignisbehandlungs-Routine OnMouseUp kann auf Betätigungen der rechten, mittleren und linken Maustasten reagieren sowie auf Maustastenkombinationen mit Umschalttasten (Tasten UMSCHALT, STRG und ALT).

OnMouseUp ist vom Typ

```
TMouseEvent = procedure (Sender: TObject; Button: TMouseButton; Shift: TShiftState;
                        X, Y: Integer) of object;
```

Der Typ TMouseEvent zeigt also auf eine Methode zur Bearbeitung von Maustasten-Ereignissen hin. Der Parameter Button gibt an, welche Maustaste gedrückt wurde, während Shift Auskunft darüber gibt, welche UMSCHALT- (UMSCHALT, STRG oder ALT) bzw. Maustasten gedrückt waren, während die das Mausereignis verursachende Maustaste gedrückt oder losgelassen wurde.

X und Y sind die Bildschirmkoordinaten des Mauszeigers in Pixeln.

Methoden:

procedure BeginDrag(Immediate: Boolean);
Die Methode BeginDrag leitet den Ziehvorgang einer Komponente ein. Wenn der Parameter Immediate auf True gesetzt ist, wird der Mauszeiger auf den Wert der Eigenschaft DragCursor gesetzt und der Ziehvorgang beginnt. Ist Immediate False, wird der Mauszeiger nicht auf den Wert der Eigenschaft DragCursor gesetzt, und der Ziehvorgang wird erst eingeleitet, wenn der Anwender den Mauszeiger mindestens um 5 Pixel bewegt. Auf diese Weise kann die Komponente Mausklicks akzeptieren, ohne einen Ziehvorgang einzuleiten.

Ihre Anwendung muß die Methode BeginDrag zum Einleiten eines Ziehvorgangs nur aufrufen, wenn DragMode auf dmManual gesetzt ist.

procedure BringToFront;
Die Methode BringToFront setzt eine Komponente innerhalb einer übergeordneten Komponente vor alle anderen Komponenten. BringToFront hilft insbesondere sicherzustellen, daß ein Formular sichtbar ist. Verwenden Sie diese Methode, wenn Sie die Reihenfolge überlappender Komponenten in einem Formular neu festlegen wollen.

Die Reihenfolge, in der Komponenten übereinander gelagert werden (Z-Reihenfolge), hängt davon ab, ob es sich um fensterähnliche oder um nicht-fensterähnliche Komponenten handelt. Die Reihenfolge arbeitet nach dem Prinzip, daß die zuletzt eingefügte Komponente die oberste und damit sichtbare Komponente ist.

Mit der Methode BringToFront einer Komponente würde diese Komponente ganz nach oben auf den Stapel kommen und somit sichtbar sein.

Bei der Stapelung ist zu beachten, daß fensterähnliche Komponenten immer auf nicht-fensterähnlichen Komponenten gestapelt werden. Ein Aufruf von BringToFront einer nicht-fensterähnlichen Komponente bewirkt also gar nichts, wenn oben auf dem Stapel eine fensterähnliche Komponente liegt.

Die folgenden Komponenten zählen zu den fensterähnlichen Komponenten:

BitBtn	DBNavigator	MediaPlayer
Button	DBRadioGroup	Memo
CheckBox	DirectoryListBox	Notebook

ComboBox	DrawGrid	OLEContainer
DBCheckBox	DriveComboBox	Outline
DBComboBox	Edit	Panel
DBEdit	FileListBox	RadioButton
DBGrid	FilterComboBox	RadioGroup
DBImage	Form	ScrollBar
DBListBox	GroupBox	ScrollBox
DBLookupCombo	Header	StringGrid
DBLookupList	ListBox	TabbedNotebook
DBMemo	MaskEdit	TabSet

Die nun folgenden Komponenten zählen zu den nicht-fensterähnlichen Komponenten:

Bevel	Label	SpeedButton
DBText	PaintBox	Image
Shape		

function ClientToScreen(Point: TPoint): TPoint;

Die Methode ClientToScreen übersetzt den angegebenen Punkt aus Client-Bereichskoordinaten in globale Bildschirmkoordinaten. In Client-Bereichskoordinaten entspricht der Punkt (0, 0) der oberen linken Ecke des Client-Bereichs der Komponente. In Bildschirmkoordinaten entspricht (0, 0) der oberen linken Ecke des Bildschirms. Mit den Methoden ClientToScreen und ScreenToClient rechnen Sie Positionen aus dem Koordinatensystem einer Komponente A in das Koordinatensystem einer Komponente B um.

Beispiel: Umrechnung der Koordinaten einer Komponente A in die Koordinaten einer Komponente B (TPoint ist ein Record mit den Feldern X und Y):

```
TPoint = record
       X : integer;
       Y : integer;
END;
VAR
   Koord: TPoint;
Koord:= B.ScreenToClient(A.ClientToScreen(Koord));
```

constructor Create;

Create weist Speicher zu, um das Objekt und damit die Komponente zu erzeugen und nach Bedarf seine Daten zu initialisieren. Jedes Objekt kann eine Methode Create besitzen, die individuell so angepaßt ist, daß sie diese bestimmte Art von Objekt erzeugt. Im Normalfall benötigen Sie diese Methoden nicht, da Borland Delphi alles unternimmt, um Ihre Anwendung und die darin enthaltenen Komponenten zu erzeugen. Sollten Sie allerdings ein Ereignis oder die Initialisierung eines Wertes einer selbst geschaffenen Komponente zur Zeit der Erzeugung einstellen wollen, dann können Sie dies in der Methode Create erledigen. Dazu benötigen Sie aber genaue Kenntnisse und Techniken der OOP. Ansonsten sollten Sie Create unverändert lassen und nicht aufrufen.

function Dragging: Boolean;
Die Methode Dragging gibt an, ob eine Komponente gezogen wird. Wenn Dragging True zurückgibt, wird die Komponente gezogen.

procedure EndDrag(Drop: Boolean);
Die Methode EndDrag verhindert, daß eine Komponente weiter gezogen wird. Wenn der Parameter Drop True ist, wird die gezogene Komponente abgelegt. Ist Drop False, wird die Komponente nicht abgelegt und der Vorgang wird abgebrochen.

function FindComponent(const AName: string): TComponent;
Die Methode FindComponent gibt im Array Components die Komponente zurück, deren Name zum String im Parameter AName paßt. FindComponent beachtet dabei keine Groß-/Kleinschreibung.

Beispiel: Es existiert ein Button »Button1« in Ihrer Anwendung. Um die eigentliche Komponente TButton1 im Array Components zurückzugeben, rufen Sie FindComponents wie folgt auf:

```
FindComponents('Button1');
```

procedure Free;
Die Methode Free entfernt das Objekt und gibt den dazugehörigen Speicher frei. Haben Sie das Objekt unter Verwendung der Methode Create erzeugt, so benutzen Sie zum Entfernen und für die Freigabe des Speichers die Methode Free. Free gelingt auch dann, wenn das Objekt selbst nicht mehr existiert (zum Beispiel durch einen vorherigen Aufruf von Free). Delphi erledigt dies für Objekte der Bibliothek visueller Komponenten automatisch.

Sie sollten also niemals eine Komponente innerhalb Ihrer Anwendung entfernen.

Falls Sie ein Formular freigeben wollen, rufen Sie die Methode Release auf, um das Formular zu löschen und dessen benutzten Speicher freizugeben.

procedure Hide;
Die Methode Hide versteckt eine Komponente, sie ist also nicht mehr auf dem Bildschirm sichtbar. Dabei wird die Eigenschaft Visible auf False gesetzt. Dabei ist eine Komponente aber weiterhin aktiv, das heißt, sie kann bearbeitet werden.

procedure Invalidate;
Die Methode Invalidate erzwingt das Neuzeichnen einer Komponente, sobald dies möglich ist.

procedure Refresh;
Die Methode Refresh reagiert je nach Art der Komponente, ob Daten oder die Komponenten selbst neu gezeichnet werden. Die Methode Refresh kann also jedes Bild auf dem Bildschirm löschen und alle Dialogelemente neu zeichnen beziehungsweise Datensätze einer Datei erneut einlesen.

Innerhalb der Implementation von Refresh beim Neuzeichnen von Komponenten wird die Methode Invalidate und dann die Methode Update aufgerufen.

Beim Refresh von Daten ist zu beachten: Durch Refresh können sich die angezeigten Daten unerwartet verändern und den Anwender verwirren. Ein Dialog oder eine andere Mitteilung, die dem Anwender den Refresh der Daten mitteilt, wäre somit wohl angebracht und von äußerster Nützlichkeit.

procedure Repaint;
Die Methode Repaint fordert das Dialogelement auf, dessen Bild auf dem Bildschirm neu zu zeichnen, ohne jedoch das bereits Dargestellte zu löschen. Um vor dem Neuzeichnen zu löschen, müssen Sie anstelle von Repaint die Methode Refresh aufrufen.

procedure ScaleBy(M, D: Integer);
Die Methode ScaleBy skaliert eine Komponente um einen Prozentsatz ihrer ursprünglichen Größe. Der Parameter M ist der Multiplikator und der Parameter D der Divisor. Wenn Sie beispielsweise die Größe des Dialogelements auf 66% seines ursprünglichen Formats ändern möchten, geben Sie in M den Wert 66 und in D den Wert 100 an (66/100). Bei der Vergrößerung gehen Sie einfach den umgekehrten Weg: Vergrößerung um 66% bedeutet nichts anderes als M=166 und D=100.

function ScreenToClient(Point: TPoint): TPoint;
Die Methode ScreenToClient wird verwendet, um den Koordinatenpunkt der Komponente in Pixeln auf dem Bildschirm zu bestimmen. ScreenToClient gibt die X- und Y-Koordinaten in einem Record des Typs TPoint zurück.

procedure SendToBack;
Die Methode SendToBack setzt eine Komponente innerhalb einer übergeordneten Komponente hinter alle anderen Komponenten. Die Reihenfolge, in der Komponenten übereinander gelagert werden (Z-Reihenfolge), hängt davon ab, ob es sich um fensterähnliche oder um nicht-fensterähnliche Komponente handelt. Die Reihenfolge arbeitet nach dem Prinzip, daß die zuletzt eingefügte Komponente die oberste und damit sichtbare Komponente ist.

Mit der Methode SendToBack einer Komponente würde diese Komponente ganz nach unten auf den Stapel kommen und somit nicht sichtbar sein.

Bei der Stapelung ist zu beachten, daß fensterähnliche Komponenten immer auf nicht-fensterähnlichen Komponenten gestapelt werden. Ein Aufruf von SendToBack einer fensterähnlichen Komponenten bewirkt also gar nichts, wenn unter dem Stapel eine nicht-fensterähnliche Komponente liegt (siehe auch BringToFront).

Die folgenden Komponenten zählen zu den fensterähnlichen Komponenten:

BitBtn	DBNavigator	MediaPlayer
Button	DBRadioGroup	Memo
CheckBox	DirectoryListBox	Notebook
ComboBox	DrawGrid	OLEContainer
DBCheckBox	DriveComboBox	Outline
DBComboBox	Edit	Panel
DBEdit	FileListBox	RadioButton
DBGrid	FilterComboBox	RadioGroup
DBImage	Form	ScrollBar

DBListBox	GroupBox	ScrollBox
DBLookupCombo	Header	StringGrid
DBLookupList	ListBox	TabbedNotebook
DBMemo	MaskEdit	TabSet

Die nun folgenden Komponenten zählen zu den nicht-fensterähnlichen Komponenten:

Bevel	Label	SpeedButton
DBText	PaintBox	Image
Shape		

procedure SetBounds(ALeft, ATop, AWidth, AHeight: Integer);
Die Methode SetBounds setzt die Begrenzungseigenschaften der Komponente Left, Top, Width und Height auf die Werte, die in den entsprechenden Werten ALeft, ATop, AWidth und AHeight übergeben werden. SetBounds erlaubt Ihnen, mehr als eine Begrenzungseigenschaft der Komponente zur gleichen Zeit einzustellen. Obwohl Sie immer einzelne Begrenzungen einstellen können, erlaubt Ihnen die Verwendung von SetBounds, mehrere Änderungen auf einmal durchzuführen, ohne daß jedesmal das Dialogfenster neu gezeichnet werden muß.

procedure SetFocus;
SetFocus übergibt den Fokus an die Komponente. Bei Formularen ruft das jeweilige Formular die Methode SetFocus des standardmäßig aktiven Dialogelements auf.

procedure Show;
Die Methode Show bringt eine Komponente sichtbar auf dem Bildschirm, indem die Eigenschaft Visible auf True eingestellt wird. Falls die Methode Show eines Formulars aufgerufen wird und das Formular ist undurchsichtig, versucht Show das Formular sichtbar zu machen, indem sie das Formular mit der Methode BringToFront in den Vordergrund bringt. Ein Formular verfügt zusätzlich über die Methode ShowModal, um einen modalen Dialog erzeugen zu können. Ein modaler Dialog muß bearbeitet und geschlossen werden. Ein SendToBack hätte also keinen Erfolg.

procedure Update;
In der Methode Update wird die API-Funktion UpdateWindow von Windows aufgerufen, die alle beim Zeichnen entstandenen und noch nicht erledigten Meldungen bearbeitet.

UpdateWindows ist definiert als

```
procedure UpdateWindow(Wnd: HWnd);
```

Die Routine UpdateWindow aktualisiert den Client-Bereich des angegebenen Fensters, indem sie eine WM_PAINT-Meldung an das Fenster sendet, wenn der Aktualisierungsbereich für das Fenster nicht leer ist. Die Routine UpdateWindow sendet eine WM_PAINT-Meldung unter Umgehung der Anwendungswarteschlange direkt an die Fensterfunktion des gegebenen Fensters. Wenn der Aktualisierungsbereich leer ist, wird keine Meldung gesendet. Der Parameter Wnd bezeichnet das Fenster oder besser das Handle des Fensters, das aktualisiert werden soll.

Komponentenname: Bevel
Klassenname: TBevel

Beschreibung:

Bevel läßt Sie abgeschrägte Linien, Umrahmungen oder Rahmen in das Formular Ihres Programms einfügen.

Eigenschaften:

property Align: TAlign;
Die Eigenschaft Align legt fest, wie Dialogelemente zum Beispiel im Formular ausgerichtet werden. Mögliche Werte:

alNone	Die Komponente bleibt an der Einfügeposition im Formular (Standardeinstellung).
alTop	Die Komponente wird an die Oberkante des Formulars verschoben und an seine Breite angepaßt. Die Höhe der Komponente bleibt unverändert.
alBottom	Die Komponente wird an die Unterkante des Formulars verschoben und an seine Breite angepaßt. Die Höhe der Komponente bleibt unverändert.
alLeft	Die Komponente wird an die linke Kante des Formulars verschoben und an seine Höhe angepaßt. Die Breite der Komponente bleibt unverändert.
alRight	Die Komponente wird an die rechte Kante des Formulars verschoben und an seine Höhe angepaßt. Die Breite der Komponente bleibt unverändert.
alClient	Die Größe der Komponente wird an den Client-Bereich eines Formulars angepaßt. Ist ein Teil des Client-Bereichs bereits von einer anderen Komponente besetzt, füllt die Komponente den verbleibenden Teil des Client-Bereichs aus.

Wird zum Beispiel ein Formular, das Besitzer eines Labels ist, in der Größe verändert, werden die Komponenten innerhalb des Formulars neu ausgerichtet. Die Verwendung der Eigenschaft Align ist dann sinnvoll, wenn ein Dialogelement an einer Position des Formulars stehenbleiben soll, auch wenn sich die Größe des Formulars ändert.

property BoundsRect: TRect;
Die Eigenschaft BoundsRect liefert das Begrenzungsrechteck der Komponente – ausgedrückt im Koordinatensystem des übergeordneten Dialogelements – zurück. Mit BoundsRect ersetzen und erleichtern Sie sich somit die Abfrage der einzelnen Werte für die Eigenschaften Left, Top, Width und Height.

property ComponentIndex: Integer;
Die Eigenschaft ComponentIndex zeigt die Position einer Komponente in der Eigenschaftsliste Components ihres Besitzers an. Die erste Komponente in der Liste hat den ComponentIndex-Wert 0, die zweite hat den Wert 1, die dritte den Wert 2 etc. Diese Eigenschaft ist nur zur Laufzeit und dann auch nur im Read-Only-Modus benutzbar.

property Components[Index: Integer]: TComponent;
Components stellt eine Liste aller Komponenten dar, die sich im Besitz einer Komponente befinden. Components können Sie zum Beispiel dazu verwenden, um auf diese im Besitz der Komponente befindlichen Komponenten zuzugreifen, etwa auf die Dialogelemente eines Formulars.

Sollten Sie sich also einmal auf eine von einer anderen Komponente in Besitz befindliche Komponente via einer Nummer beziehen müssen, dann kann diese Eigenschaft von großem Nutzen sein.

Components bezieht sich auf alle Komponenten, die sich im Besitz einer Komponente befinden. Die Eigenschaft Controls dagegen bezieht sich auf alle Dialogelemente/Fenster, die einer Komponente untergeordnet sind. Das Feld Components ist also mindestens so groß oder größer wie Controls, aber das Feld Control kann nie größer sein als das Feld Components.

property ControlCount: Integer;
ControlCount gibt für ein Dialoglement die Anzahl der ihm untergeordneten Dialogelemente/Fenster an. Die untergeordneten Dialogelemente sind in der Eigenschaft Controls aufgelistet. Der Start-Wert von ControlsCount liegt bei 1 für das erste Element.

property Controls[Index: Integer]: TControl;
Controls ist ein Array aller untergeordneten Komponenten der Komponente. Controls ist dann von Nutzen, wenn Sie auf die untergeordneten Komponenten über die Zahl statt über den Namen zugreifen müssen.

property Cursor: TCursor;
Mit der Eigenschaft Cursor stellen Sie das Aussehen des Cursors ein, wenn dieser auf die Komponente zeigt.

Mögliche Werte sind:

crDefault	crArrow	crCross
crIBeam	crSize	crSizeNESW
crSizeNS	crSizeNWSE	crSizeWE
crUpArrow	crHourglass	crDrag
crNoDrop	crHSplit	crVSplit

property Enabled: Boolean;
Die Eigenschaft Enabled bestimmt, ob die Komponente auf Maus-, Tastatur- und Timer-Ereignisse reagiert. Wenn Enabled auf True gesetzt ist, reagiert die Komponente normal. Ist Enabled hingegen False, ignoriert das Dialogelement Maus- und

Tastaturereignisse. Bei einer Timer-Komponente werden die für das OnTimer-Ereignis deaktivierten Komponenten-Dialogelemente grau dargestellt.

property Font: TFont;
Die Eigenschaft Font legt den Font und die Eigenschaften des Fonts der Komponente fest. Sie haben die Möglichkeit, diese Werte im Objectinspektor oder – wesentlich komfortabler – mit Hilfe eines Doppelklicks auf diese Eigenschaft einen Dialog zu öffnen, der alle möglichen Werte anzeigt.

property Handle: ...;
Der Typ der Eigenschaft Handle ist abhängig von der jeweiligen Komponente. Im allgemeinen gilt: Sollte eine Windows-API-Funktion ein Handle der betreffenden Komponente verlangen, dann setzen Sie dazu die jeweilige Eigenschaft Handle der betreffenden Komponente ein. Verlangt eine Windows-API-Funktion zum Beispiel das Handle Ihrer gesamten Anwendung, dann benutzen Sie am besten die Eigenschaft Handle des Objekts TApplication. Hier die Übersicht der verschiedenen Typen der Eigenschaft Handle:

Handle für die Komponenten:

Bitmap	property Handle: HBitmap;
Brush	property Handle: HBrush;
Canvas	property Handle: HDC;
Font	property Handle: HFont;
Icon	property Handle: HIcon;
Metafile	property Handle: HMetafile;
Pen	property Handle: HPen;

Handle gibt Ihnen den Zugriff auf das Handle des jeweiligen GDI-Objekts, damit Sie auf dieses zugreifen können. Benötigen Sie zum Beispiel zum Aufruf einer Windows-API-Funktion ein Handle auf ein Stiftobjekt oder ein Bitmap-Objekt, dann können Sie dazu das Handle der Komponente Pen beziehungsweise der Komponente Bitmap benutzen.

Handle für das Objekt TApplication und die folgenden Komponenten:

Bevel	DBText	Memo
BitBtn	DirectoryListBox	Notebook
Button	DrawGrid	OLEContainer
CheckBox	DriveComboBox	Outline
ComboBox	Edit	PaintBox
DBCheckBox	FileListBox	Panel
DBComboBox	FilterComboBox	RadioButton
DBEdit	FindDialog	RadioGroup
DBGrid	Form	ReplaceDialog
DBImage	GroupBox	ScrollBar
DBListBox	Header	ScrollBox
DBLookupCombo	Image	Shape
DBLookupList	Label	SpeedButton
DBMemo	ListBox	StringGrid

DBNavigator   MaskEdit   TabbedNotebook
DBRadioGroup   MediaPlayer   TabSet

property Handle: HWND;
Handle ermöglicht Ihnen Zugriff auf das Handle der jeweiligen Komponente (z.B.: Fenster-Handle, Dialog-Handle etc.). Dieses Handle wird von einigen Windows-API-Funktionen beim Aufruf erwartet. Sie können in diesem Fall das Handle der jeweils betroffenen Komponente oder – falls das Handle Ihrer Anwendung gefordert wird – das Handle des Objekts TApplication übergeben.

Handle für die Komponenten:

MainMenu   MenuItem   PopupMenu

property Handle: HMENU;
Sollte eine Windows-API-Funktion ein Handle eines Menüs, Menü-Eintrags oder eines lokalen Menüs verlangen, dann können Sie dazu die Eigenschaft Handle von MainMenu, MenuItem und PopupMenu benutzen.

Handle für die Komponente Printer:

property Handle: HDC;
Handle beinhaltet das Handle des jeweiligen Druckerobjektes TPrinter der Komponente Printer.

Handle für die Komponente DataBase:

property Handle: HDBIDB;
Um direkte Aufrufe in die Richtung des Borland Database-Engine (BDE)-API zu tätigen, benötigen Sie ein Handle der jeweiligen Datenbank-Komponente. Dazu dient Ihnen die Eigenschaft Handle der Komponente DataBase. Dies erlaubt Ihnen Zugriffe auf Funktionen des BDE-API, die nicht in die VCL-Bibliothek integriert wurden. Bevor Sie allerdings diese Funktionen aufrufen, sollten Sie prüfen, ob diese Funktion nicht doch schon in der VCL-Bibliothek gekapselt wurde.

Handle für das Objekt TSession:

Delphi erzeugt eine Komponente Session vom Typ TSession immer dann, wenn eine Anwendung ausgeführt wird. Sessions sollten nicht von Ihnen erzeugt oder zerstört werden. Session erlaubt die globale Prüfung über Datenbankverbindungen. Die Eigenschaft Databases von Session ist ein Array von allen aktiven Datenbanken in der Sitzung. Die Eigenschaft DatabaseCount vom Typ Integer gibt die Anzahl der aktiven Datenbanken in der Sitzung an.

property Handle: HDBISES;
Mit der Eigenschaft Handle können Sie direkte Aufrufe an die Borland Datenbank-Engine bezogen auf eine bestimmte Sitzung (Session/TSession) machen. Die Komponente Session werden Sie im Prinzip nicht benutzen müssen. Die wichtigsten Funktionen des BDE-API sind in der VCL-Bibliothek gekapselt und ersparen Ihnen diesen Weg.

Handle für die die Komponenten Table, Query und StoredProc:

property Handle: HDBICur;
Ebenfalls für direkte Zugriffe auf Funktionen des BDE-API und unter normalen Umständen nicht zu benutzen, da die wichtigsten BDP-API-Funktionen via der VCL-Bibliothek einen einfacheren Zugriff ermöglichen.

property Height: Integer;
Die Eigenschaft Height eines Dialogelements legt die Höhe der Komponente in Pixeln fest.

property Hint: string;
Die Eigenschaft Hint ist der Text-String, der erscheinen kann, wenn ein OnHint-Ereignis eintritt, also wenn der Benutzer den Cursor über die Komponente bewegt. Wie der String angezeigt wird, bestimmt der Code in der Ereignisbehandlungs-Routine OnHint. Sie können eine Schnellhilfe, d.h. ein Fenster, das einen Hilfetext enthält, für eine Komponente erscheinen lassen, wenn der Anwender den Mauszeiger über das Dialogelement führt und dort kurz verweilt. Dies funktioniert wie folgt:

1. Spezifizieren Sie für jede Komponente, die einen Schnellhinweis anzeigen soll, einen Hint-Wert.
2. Setzen Sie die Eigenschaft ShowHints des Bedienfelds auf True.
3. Setzen Sie die Eigenschaft ShowHint der Anwendung zur Laufzeit auf True.

Sie können Hint gleichzeitig sowohl für ein Hilfehinweisfenster als auch für die Verwendung innerhalb der Behandlungsroutine OnHint spezifizieren, indem Sie zwei durch ein Zeichen | (das »oder« oder Pipe-Symbol) abgeteilte Werte angeben, also beispielsweise:

```
Edit1.Hint:= 'Aufforderung|Geben Sie den richtigen Wert ein';
```

Der String »Aufforderung« erscheint im Hilfehinweisfenster und der String »Geben Sie den richtigen Wert ein« erscheint wie in der Ereignisbehandlungs-Routine OnHint spezifiziert.

property Left: Integer;
Die Eigenschaft Left bestimmt die horizontalen Koordinaten in Pixeln der linken Kante einer Komponente relativ zum Formular. Für Formulare ist der Wert der Eigenschaft Left relativ zum Bildschirm (ebenfalls in Pixeln).

property Name: TComponentName;
Die Eigenschaft Name enthält den Namen der Komponente wie er von anderen Komponenten für den Zugriff verwendet wird. Delphi weist als Vorgabewerte sequentielle Namen zu, die auf dem Typ der Komponente basieren, also etwa für Buttons »Button1«, Button2« etc. Dies können Sie gemäß Ihrer Vorstellungen abändern. Komponentennamen sollten ausdrücklich nur zur Entwurfszeit geändert werden.

property Owner: TComponent;
Die Eigenschaft Owner teilt Ihnen mit, welche Komponente zu welcher Komponente gehört. Dem Formular gehören alle Komponenten, die auf ihm vorhanden sind. Umgekehrt gehört das Formular zur Anwendung. Gehört eine Komponente A einer anderen Komponente B, wird der Speicher der Komponente A freigegeben, wenn der Speicher der Komponente B freigegeben wird. Es werden also folgerichtig alle

Komponenten des Formulars gelöscht, wenn das Formular gelöscht wird. Außerdem wird natürlich der Speicher für das Formular und dessen Komponenten freigegeben, wenn der Speicher der Anwendung selbst freigegeben wird.

property Parent: TWinControl;
Die Eigenschaft Parent enthält den Namen der übergeordneten Komponente. Wenn eine Komponente A eine andere Komponente B enthält, sind die in B enthaltenen Komponenten untergeordnete Komponenten von A. Wenn Ihre Anwendung beispielsweise drei Buttons in einer GroupBox enthält, dann ist die GroupBox das übergeordnete Element der drei Buttons und die Button-Schaltfelder sind der GroupBox untergeordnet.

Parent und Owner sind leider etwas verwirrend. Daher hier eine kleine Entwirrung:

Ein Formular ist der Besitzer aller darauf enthaltenen Komponenten, egal, ob sie ein Fensterelement sind oder nicht. Für unser Beispiel mit den drei Buttons und der GroupBox bedeutet dies: Der Besitzer der Buttons ist immer das Formular, aber die GroupBox ist das übergeordnete Element.

Wenn Sie einen neuen Dialog erzeugen, müssen Sie dem neuen Dialogelement einen Wert der Eigenschaft Parent zuweisen. Üblicherweise sind dies Formulare, Bedienfelder, GroupBoxen oder Dialoge, die andere Komponenten-Elemente enthalten können. Es ist möglich, jedes Element als das übergeordnete zuzuweisen, aber das darin enthaltene Dialogelement wird wahrscheinlich überschrieben.

Wird das übergeordnete Element gelöscht, werden auch alle Elemente, die ihm untergeordnet sind, gelöscht.

property ParentShowHint: Boolean;
Die Eigenschaft ParentShowHint bestimmt, wo eine Komponente nach ihrer Hinteigenschaft suchen soll. Falls ParentShowHint True ist, verwendet die Komponente die Hint-Eigenschaft der übergeordneten Komponente.

Ist ParentShowHint False, verwendet die Komponente ihre eigene Eigenschaft Hint. Durch Verwendung von ParentShowHint können Sie sicherstellen, daß alle Komponenten auf einem Formular das gleiche Erscheinungsbild haben.

property Shape: TBevelShape;
Mit Shape bestimmen Sie die Form, die das Dialogelement mit abgeschrägten Kanten annimmt. Mögliche Werte:

bsBox	Kasten-Form.
bsFrame	Rahmen-Form.
bsTopLine	Der obere Rand wird eine abgeschrägte Kante.
bsBottomLine	Der untere Rand wird eine abgeschrägte Kante.
bsLeftLine	Der linke Rand wird eine abgeschrägte Kante.
bsRightLine	Der rechte Rand wird eine abgeschrägte Kante.

property ShowHint: Boolean;
Die Eigenschaft ShowHint bestimmt, ob das Dialogelement eine Schnellhilfe anzeigen soll, wenn der Mauszeiger eine Weile auf ihm verweilt. Die Schnellhilfe ent-

spricht dem Wert der Eigenschaft Hint, die in einem Feld direkt unterhalb des Elements angezeigt wird. Wenn die Eigenschaft ShowHint den Wert True hat, kann die Schnellhilfe erscheinen.

Ist ShowHint False, kann die Schnellhilfe auch angezeigt werden, wenn ParentShowHint auf True gesetzt wurde, und die Eigenschaft ShowHint der übergeordneten Komponente ebenfalls auf True gesetzt wurde.

property Showing: Boolean;
Die Eigenschaft Showing legt fest, ob eine Komponente momentan auf dem Bildschirm angezeigt wird oder nicht. Falls die Eigenschaft Visible einer Komponente und aller übergeordneten Komponenten in der übergeordneten Hierarchie True ist, ist Showing auch True. Wenn einer der Vorfahren der Komponente den Wert False als Wert für die Eigenschaft Visible hat, dann ist auch Showing False.

property Tag: Longint;
Die Eigenschaft Tag kann einen Integerwert als Element einer Komponente speichern. Tag wird von Delphi nicht benutzt und steht Ihnen damit zur freien Verfügung.

property Top: Integer;
Die Eigenschaft Top gibt die Y-Koordinate in Pixeln der linken oberen Ecke eines Dialogelements relativ zum Formular an. Bei Formularen wird der Wert der Eigenschaft Top in Pixeln relativ zum Bildschirm angegeben.

property Visible: Boolean;
Die Eigenschaft Visible bestimmt, ob eine Komponente auf dem Bildschirm sichtbar ist (True) oder nicht (False).

property Width: integer;
Die Eigenschaft Width bestimmt die Breite einer Komponente gemessen in Pixeln.

Ereignisse:

Methoden:

procedure BeginDrag(Immediate: Boolean);
Die Methode BeginDrag leitet den Ziehvorgang einer Komponente ein. Wenn der Parameter Immediate auf True gesetzt ist, wird der Mauszeiger auf den Wert der Eigenschaft DragCursor gesetzt und der Ziehvorgang beginnt. Ist Immediate False, wird der Mauszeiger nicht auf den Wert der Eigenschaft DragCursor gesetzt, und der Ziehvorgang wird erst eingeleitet, wenn der Anwender den Mauszeiger mindestens um 5 Pixel bewegt. Auf diese Weise kann die Komponente Mausklicks akzeptieren, ohne einen Ziehvorgang einzuleiten.

Ihre Anwendung muß die Methode BeginDrag zum Einleiten eines Ziehvorgangs nur aufrufen, wenn DragMode auf dmManual gesetzt ist.

procedure BringToFront;
Die Methode BringToFront setzt eine Komponente innerhalb einer übergeordneten Komponente vor alle anderen Komponenten. BringToFront hilft insbesondere sicherzustellen, daß ein Formular sichtbar ist. Verwenden Sie diese Methode, wenn Sie die Reihenfolge überlappender Komponenten in einem Formular neu festlegen wollen.

Die Reihenfolge, in der Komponenten übereinander gelagert werden (Z-Reihenfolge), hängt davon ab, ob es sich um fensterähnliche oder um nicht-fensterähnliche Komponenten handelt. Die Reihenfolge arbeitet nach dem Prinzip, daß die zuletzt eingefügte Komponente die oberste und damit sichtbare Komponente ist.

Mit der Methode BringToFront einer Komponente würde diese Komponente ganz nach oben auf den Stapel kommen und somit sichtbar sein.

Bei der Stapelung ist zu beachten, daß fensterähnliche Komponenten immer auf nicht-fensterähnlichen Komponenten gestapelt werden. Ein Aufruf von BringToFront einer nicht-fensterähnlichen Komponente bewirkt also gar nichts, wenn oben auf dem Stapel eine fensterähnliche Komponente liegt.

Die folgenden Komponenten zählen zu den fensterähnlichen Komponenten:

BitBtn	DBNavigator	MediaPlayer
Button	DBRadioGroup	Memo
CheckBox	DirectoryListBox	Notebook
ComboBox	DrawGrid	OLEContainer
DBCheckBox	DriveComboBox	Outline
DBComboBox	Edit	Panel
DBEdit	FileListBox	RadioButton
DBGrid	FilterComboBox	RadioGroup
DBImage	Form	ScrollBar
DBListBox	GroupBox	ScrollBox
DBLookupCombo	Header	StringGrid
DBLookupList	ListBox	TabbedNotebook
DBMemo	MaskEdit	TabSet

Die nun folgenden Komponenten zählen zu den nicht-fensterähnlichen Komponenten:

Bevel	Label	SpeedButton
DBText	PaintBox	Image
Shape		

function ClientToScreen(Point: TPoint): TPoint;
Die Methode ClientToScreen übersetzt den angegebenen Punkt aus Client-Bereichskoordinaten in globale Bildschirmkoordinaten. In Client-Bereichskoordinaten entspricht der Punkt (0, 0) der oberen linken Ecke des Client-Bereichs der Komponente. In Bildschirmkoordinaten entspricht (0, 0) der oberen linken Ecke des Bildschirms. Mit den Methoden ClientToScreen und ScreenToClient

rechnen Sie Positionen aus dem Koordinatensystem einer Komponente A in das Koordinatensystem einer Komponente B um.

Beispiel: Umrechnung der Koordinaten einer Komponente A in die Koordinaten einer Komponente B (TPoint ist ein Record mit den Feldern X und Y):

```
TPoint = record
    X  : integer;
    Y  : integer;
END;
VAR
    Koord: TPoint;
Koord:= B.ScreenToClient(A.ClientToScreen(Koord));
```

constructor Create;
Create weist Speicher zu, um das Objekt und damit die Komponente zu erzeugen und nach Bedarf seine Daten zu initialisieren. Jedes Objekt kann eine Methode Create besitzen, die individuell so angepaßt ist, daß sie diese bestimmte Art von Objekt erzeugt. Im Normalfall benötigen Sie diese Methoden nicht, da Borland Delphi alles unternimmt, um Ihre Anwendung und die darin enthaltenen Komponenten zu erzeugen. Sollten Sie allerdings ein Ereignis oder die Initialisierung eines Wertes einer selbst geschaffenen Komponente zur Zeit der Erzeugung einstellen wollen, dann können Sie dies in der Methode Create erledigen. Dazu benötigen Sie aber genaue Kenntnisse und Techniken der OOP. Ansonsten sollten Sie Create unverändert lassen und nicht aufrufen.

function Dragging: Boolean;
Die Methode Dragging gibt an, ob eine Komponente gezogen wird. Wenn Dragging True zurückgibt, wird die Komponente gezogen.

procedure EndDrag(Drop: Boolean);
Die Methode EndDrag verhindert, daß eine Komponente weiter gezogen wird. Wenn der Parameter Drop True ist, wird die gezogene Komponente abgelegt. Ist Drop False, wird die Komponente nicht abgelegt und der Vorgang wird abgebrochen.

procedure Free;
Die Methode Free entfernt das Objekt und gibt den dazugehörigen Speicher frei. Haben Sie das Objekt unter Verwendung der Methode Create erzeugt, so benutzen Sie zum Entfernen und für die Freigabe des Speichers die Methode Free. Free gelingt auch dann, wenn das Objekt selbst nicht mehr existiert (zum Beispiel durch einen vorherigen Aufruf von Free). Delphi erledigt dies für Objekte der Bibliothek visueller Komponenten automatisch.

Sie sollten also niemals eine Komponente innerhalb Ihrer Anwendung entfernen.

Falls Sie ein Formular freigeben wollen, rufen Sie die Methode Release auf, um das Formular zu löschen und dessen benutzten Speicher freizugeben.

procedure Hide;
Die Methode Hide versteckt eine Komponente, sie ist also nicht mehr auf dem Bildschirm sichtbar. Dabei wird die Eigenschaft Visible auf False gesetzt. Dabei ist eine Komponente aber weiterhin aktiv, das heißt, sie kann bearbeitet werden.

procedure Invalidate;
Die Methode Invalidate erzwingt das Neuzeichnen einer Komponente, sobald dies möglich ist.

procedure Refresh;
Die Methode Refresh reagiert je nach Art der Komponente, ob Daten oder die Komponenten selbst neu gezeichnet werden. Die Methode Refresh kann also jedes Bild auf dem Bildschirm löschen und alle Dialogelemente neu zeichnen beziehungsweise Datensätze einer Datei erneut einlesen.

Innerhalb der Implementation von Refresh beim Neuzeichnen von Komponenten wird die Methode Invalidate und dann die Methode Update aufgerufen.

Beim Refresh von Daten ist zu beachten: Durch Refresh können sich die angezeigten Daten unerwartet verändern und den Anwender verwirren. Ein Dialog oder eine andere Mitteilung, die dem Anwender den Refresh der Daten mitteilt, wäre somit wohl angebracht und von äußerster Nützlichkeit.

procedure Repaint;
Die Methode Repaint fordert das Dialogelement auf, dessen Bild auf dem Bildschirm neu zu zeichnen, ohne jedoch das bereits Dargestellte zu löschen. Um vor dem Neuzeichnen zu löschen, müssen Sie anstelle von Repaint die Methode Refresh aufrufen.

procedure ScaleBy(M, D: Integer);
Die Methode ScaleBy skaliert eine Komponente um einen Prozentsatz ihrer ursprünglichen Größe. Der Parameter M ist der Multiplikator und der Parameter D der Divisor. Wenn Sie beispielsweise die Größe des Dialogelements auf 66% seines ursprünglichen Formats ändern möchten, geben Sie in M den Wert 66 und in D den Wert 100 an (66/100). Bei der Vergrößerung gehen Sie einfach den umgekehrten Weg: Vergrößerung um 66% bedeutet nichts anderes als M=166 und D=100.

function ScreenToClient(Point: TPoint): TPoint;
Die Methode ScreenToClient wird verwendet, um den Koordinatenpunkt der Komponente in Pixeln auf dem Bildschirm zu bestimmen. ScreenToClient gibt die X- und Y-Koordinaten in einem Record des Typs TPoint zurück.

procedure SendToBack;
Die Methode SendToBack setzt eine Komponente innerhalb einer übergeordneten Komponente hinter alle anderen Komponenten. Die Reihenfolge, in der Komponenten übereinander gelagert werden (Z-Reihenfolge), hängt davon ab, ob es sich um fensterähnliche oder um nicht-fensterähnliche Komponente handelt. Die Reihenfolge arbeitet nach dem Prinzip, daß die zuletzt eingefügte Komponente die oberste und damit sichtbare Komponente ist.

Mit der Methode SendToBack einer Komponente würde diese Komponente ganz nach unten auf den Stapel kommen und somit nicht sichtbar sein.

Bei der Stapelung ist zu beachten, daß fensterähnliche Komponenten immer auf nicht-fensterähnlichen Komponenten gestapelt werden. Ein Aufruf von SendToBack einer fensterähnlichen Komponenten bewirkt also gar nichts, wenn unter dem Stapel eine nicht-fensterähnliche Komponente liegt (siehe auch BringToFront).

Die folgenden Komponenten zählen zu den fensterähnlichen Komponenten:

BitBtn	DBNavigator	MediaPlayer
Button	DBRadioGroup	Memo
CheckBox	DirectoryListBox	Notebook
ComboBox	DrawGrid	OLEContainer
DBCheckBox	DriveComboBox	Outline
DBComboBox	Edit	Panel
DBEdit	FileListBox	RadioButton
DBGrid	FilterComboBox	RadioGroup
DBImage	Form	ScrollBar
DBListBox	GroupBox	ScrollBox
DBLookupCombo	Header	StringGrid
DBLookupList	ListBox	TabbedNotebook
DBMemo	MaskEdit	TabSet

Die nun folgenden Komponenten zählen zu den nicht-fensterähnlichen Komponenten:

Bevel	Label	SpeedButton
DBText	PaintBox	Image
Shape		

procedure Show;
Die Methode Show bringt eine Komponente sichtbar auf dem Bildschirm, indem die Eigenschaft Visible auf True eingestellt wird. Falls die Methode Show eines Formulars aufgerufen wird und das Formular ist undurchsichtig, versucht Show das Formular sichtbar zu machen, indem sie das Formular mit der Methode BringToFront in den Vordergrund bringt. Ein Formular verfügt zusätzlich über die Methode ShowModal, um einen modalen Dialog erzeugen zu können. Ein modaler Dialog muß bearbeitet und geschlossen werden. Ein SendToBack hätte also keinen Erfolg.

procedure Update;
In der Methode Update wird die API-Funktion UpdateWindow von Windows aufgerufen, die alle beim Zeichnen entstandenen und noch nicht erledigten Meldungen bearbeitet.

UpdateWindows ist definiert als

```
procedure UpdateWindow(Wnd: HWnd);
```

Die Routine UpdateWindow aktualisiert den Client-Bereich des angegebenen Fensters, indem sie eine WM_PAINT-Meldung an das Fenster sendet, wenn der Aktualisierungsbereich für das Fenster nicht leer ist. Die Routine UpdateWindow sendet eine WM_PAINT-Meldung unter Umgehung der Anwendungswarteschlange direkt an die Fensterfunktion des gegebenen Fensters. Wenn der Aktualisierungsbereich leer ist, wird keine Meldung gesendet. Der Parameter Wnd bezeichnet das Fenster oder besser das Handle des Fensters, das aktualisiert werden soll.

Komponentenname:	**Header**
Klassenname:	**THeader**

Beschreibung:

Die Komponete Header kann Text anzeigen und jeder Sektion erlaubt, die Größe durch die Maus zu verändern. Zur Entwurfszeit ändern Sie die Größe einer Sektion durch Betätigen der rechten Maustaste auf einem Sektionsrahmen und Ziehen zur neuen Größe. Zur Laufzeit kann der Anwender die Größe des Kopfbereichs durch Betätigen der linken Maustaste und Ziehen ändern.

Eigenschaften:

property Align: TAlign;
Die Eigenschaft Align legt fest, wie Dialogelemente zum Beispiel im Formular ausgerichtet werden. Mögliche Werte:

alNone	Die Komponente bleibt an der Einfügeposition im Formular (Standardeinstellung).
alTop	Die Komponente wird an die Oberkante des Formulars verschoben und an seine Breite angepaßt. Die Höhe der Komponente bleibt unverändert.
alBottom	Die Komponente wird an die Unterkante des Formulars verschoben und an seine Breite angepaßt. Die Höhe der Komponente bleibt unverändert.
alLeft	Die Komponente wird an die linke Kante des Formulars verschoben und an seine Höhe angepaßt. Die Breite der Komponente bleibt unverändert.
alRight	Die Komponente wird an die rechte Kante des Formulars verschoben und an seine Höhe angepaßt. Die Breite der Komponente bleibt unverändert.
alClient	Die Größe der Komponente wird an den Client-Bereich eines Formulars angepaßt. Ist ein Teil des Client-Bereichs bereits von einer anderen Komponente besetzt, füllt die Komponente den verbleibenden Teil des Client-Bereichs aus.

Wird zum Beispiel ein Formular, das Besitzer eines Labels ist, in der Größe verändert, werden die Komponenten innerhalb des Formulars neu ausgerichtet. Die Verwendung der Eigenschaft Align ist dann sinnvoll, wenn ein Dialogelement an einer Position des Formulars stehenbleiben soll, auch wenn sich die Größe des Formulars ändert.

property AllowResize: Boolean;
Mit AllowResize legen Sie fest, ob Sie die Größe des Headers zur Laufzeit mit der Maus verändern können (Wert = True) oder nicht.

property BorderStyle: TBorderStyle;
BorderStyle legt fest, ob diese Komponenten einen Rahmen haben. Dies sind die möglichen Werte:

bsNone	Kein sichtbarer Rahmen
bsSingle	Rahmen mit einfacher Rahmenlinie

Weitere nur bei manchen Komponenten (mehr oder weniger sogar nur die Komponente vom Typ TForm, also ein Formular) mögliche Werte:

bsSizeable	Größenveränderlicher Standardrahmen
bsDialog	Nicht größenveränderlich; Standardrahmen für Dialogfenster

Hat eine Komponente zusätzlich die Eigenschaft AutoSize und wird diese auf True gesetzt, paßt die Komponente ihre Größe automatisch an, wenn sich die Schriftgröße des Textes ändert. Damit AutoSize wirksam wird, müssen Sie die Eigenschaft BorderStyle auf bsSingle setzen.

property BoundsRect: TRect;
Die Eigenschaft BoundsRect liefert das Begrenzungsrechteck der Komponente – ausgedrückt im Koordinatensystem des übergeordneten Dialogelements – zurück. Mit BoundsRect ersetzen und erleichtern Sie sich somit die Abfrage der einzelnen Werte für die Eigenschaften Left, Top, Width und Height.

property ComponentIndex: Integer;
Die Eigenschaft ComponentIndex zeigt die Position einer Komponente in der Eigenschaftsliste Components ihres Besitzers an. Die erste Komponente in der Liste hat den ComponentIndex-Wert 0, die zweite hat den Wert 1, die dritte den Wert 2 etc. Diese Eigenschaft ist nur zur Laufzeit und dann auch nur im Read-Only-Modus benutzbar.

property Controls[Index: Integer]: TControl;
Controls ist ein Array aller untergeordneten Komponenten der Komponente. Controls ist dann von Nutzen, wenn Sie auf die untergeordneten Komponenten über die Zahl statt über den Namen zugreifen müssen.

property Cursor: TCursor;
Mit der Eigenschaft Cursor stellen Sie das Aussehen des Cursors ein, wenn dieser auf die Komponente zeigt.

Mögliche Werte sind:

crDefault	crArrow	crCross
crIBeam	crSize	crSizeNESW
crSizeNS	crSizeNWSE	crSizeWE
crUpArrow	crHourglass	crDrag
crNoDrop	crHSplit	crVSplit

519

property Enabled: Boolean;
Die Eigenschaft Enabled bestimmt, ob die Komponente auf Maus-, Tastatur- und Timer-Ereignisse reagiert. Wenn Enabled auf True gesetzt ist, reagiert die Komponente normal. Ist Enabled hingegen False, ignoriert das Dialogelement Maus- und Tastaturereignisse. Bei einer Timer-Komponente werden die für das OnTimer-Ereignis deaktivierten Komponenten-Dialogelemente grau dargestellt.

property Font: TFont;
Die Eigenschaft Font legt den Font und die Eigenschaften des Fonts der Komponente fest. Sie haben die Möglichkeit, diese Werte im Objectinspektor oder – wesentlich komfortabler, mit Hilfe eines Doppelklicks auf diese Eigenschaft einen Dialog zu öffnen, der alle möglichen Werte anzeigt.

property Handle: ...;
Der Typ der Eigenschaft Handle ist abhängig von der jeweiligen Komponente. Im allgemeinen gilt: Sollte eine Windows-API-Funktion ein Handle der betreffenden Komponente verlangen, dann setzen Sie dazu die jeweilige Eigenschaft Handle der betreffenden Komponente ein. Verlangt eine Windows-API-Funktion zum Beispiel das Handle Ihrer gesamten Anwendung, dann benutzen Sie am besten die Eigenschaft Handle des Objekts TApplication. Hier die Übersicht der verschiedenen Typen der Eigenschaft Handle:

Handle für die Komponenten:

Bitmap	property Handle: HBitmap;
Brush	property Handle: HBrush;
Canvas	property Handle: HDC;
Font	property Handle: HFont;
Icon	property Handle: HIcon;
Metafile	property Handle: HMetafile;
Pen	property Handle: HPen;

Handle gibt Ihnen den Zugriff auf das Handle des jeweiligen GDI-Objekts, damit Sie auf dieses zugreifen können. Benötigen Sie zum Beispiel zum Aufruf einer Windows-API-Funktion ein Handle auf ein Stiftobjekt oder ein Bitmap-Objekt, dann können Sie dazu das Handle der Komponente Pen beziehungsweise der Komponente Bitmap benutzen.

Handle für das Objekt TApplication und die folgenden Komponenten:

Bevel	DBText	Memo
BitBtn	DirectoryListBox	Notebook
Button	DrawGrid	OLEContainer
CheckBox	DriveComboBox	Outline
ComboBox	Edit	PaintBox
DBCheckBox	FileListBox	Panel
DBComboBox	FilterComboBox	RadioButton
DBEdit	FindDialog	RadioGroup
DBGrid	Form	ReplaceDialog
DBImage	GroupBox	ScrollBar

DBListBox	Header	ScrollBox
DBLookupCombo	Image	Shape
DBLookupList	Label	SpeedButton
DBMemo	ListBox	StringGrid
DBNavigator	MaskEdit	TabbedNotebook
DBRadioGroup	MediaPlayer	TabSet

property Handle: HWND;
Handle ermöglicht Ihnen Zugriff auf das Handle der jeweiligen Komponente (z.B.: Fenster-Handle, Dialog-Handle etc.). Dieses Handle wird von einigen Windows-API-Funktionen beim Aufruf erwartet. Sie können in diesem Fall das Handle der jeweils betroffenen Komponente oder – falls das Handle Ihrer Anwendung gefordert wird – das Handle des Objekts TApplication übergeben.

Handle für die Komponenten:

MainMenu	MenuItem	PopupMenu

property Handle: HMENU;
Sollte eine Windows-API-Funktion ein Handle eines Menüs, Menü-Eintrags oder eines lokalen Menüs verlangen, dann können Sie dazu die Eigenschaft Handle von MainMenu, MenuItem und PopupMenu benutzen.

Handle für die Komponente Printer:

property Handle: HDC;
Handle beinhaltet das Handle des jeweiligen Druckerobjektes TPrinter der Komponente Printer.

Handle für die Komponente DataBase:

property Handle: HDBIDB;
Um direkte Aufrufe in die Richtung des Borland Database-Engine (BDE)-API zu tätigen, benötigen Sie ein Handle der jeweiligen Datenbank-Komponente. Dazu dient Ihnen die Eigenschaft Handle der Komponente DataBase. Dies erlaubt Ihnen Zugriffe auf Funktionen des BDE-API, die nicht in die VCL-Bibliothek integriert wurden. Bevor Sie allerdings diese Funktionen aufrufen, sollten Sie prüfen, ob diese Funktion nicht doch schon in der VCL-Bibliothek gekapselt wurde.

Handle für das Objekt TSession:

Delphi erzeugt eine Komponente Session vom Typ TSession immer dann, wenn eine Anwendung ausgeführt wird. Sessions sollten nicht von Ihnen erzeugt oder zerstört werden. Session erlaubt die globale Prüfung über Datenbankverbindungen. Die Eigenschaft Databases von Session ist ein Array von allen aktiven Datenbanken in der Sitzung. Die Eigenschaft DatabaseCount vom Typ Integer gibt die Anzahl der aktiven Datenbanken in der Sitzung an.

property Handle: HDBISES;
Mit der Eigenschaft Handle können Sie direkte Aufrufe an die Borland Datenbank-Engine bezogen auf eine bestimmte Sitzung (Session/TSession) machen. Die Komponente Session werden Sie im Prinzip nicht benutzen müssen. Die wichtigsten

Funktionen des BDE-API sind in der VCL-Bibliothek gekapselt und ersparen Ihnen diesen Weg.

Handle für die Komponenten Table, Query und StoredProc:

property Handle: HDBICur;
Ebenfalls für direkte Zugriffe auf Funktionen des BDE-API und unter normalen Umständen nicht zu benutzen, da die wichtigsten BDP-API-Funktionen via der VCL-Bibliothek einen einfacheren Zugriff ermöglichen.

property Height: Integer;
Die Eigenschaft Height eines Dialogelements legt die Höhe der Komponente in Pixeln fest.

property HelpContext: THelpContext;
Die Eigenschaft HelpContext stellt eine Kontextnummer für die Verwendung beim Aufruf kontextbezogener Online-Hilfe bereit. Jeder Hilfebildschirm des Hilfesystems sollte eine eindeutige Kontextnummer besitzen. Ist in der Anwendung eine Komponente selektiert, so wird nach Betätigen von F1 ein Hilfebildschirm angezeigt. Welcher Hilfebildschirm angezeigt wird, hängt vom Wert der Eigenschaft HelpContext ab.

property Hint: string;
Die Eigenschaft Hint ist der Text-String, der erscheinen kann, wenn ein OnHint-Ereignis eintritt, also wenn der Benutzer den Cursor über die Komponente bewegt. Wie der String angezeigt wird, bestimmt der Code in der Ereignisbehandlungs-Routine OnHint. Sie können eine Schnellhilfe, d.h. ein Fenster, das einen Hilfetext enthält, für eine Komponente erscheinen lassen, wenn der Anwender den Mauszeiger über das Dialogelement führt und dort kurz verweilt. Dies funktioniert wie folgt:

1. Spezifizieren Sie für jede Komponente, die einen Schnellhinweis anzeigen soll, einen Hint-Wert.
2. Setzen Sie die Eigenschaft ShowHints des Bedienfelds auf True.
3. Setzen Sie die Eigenschaft ShowHint der Anwendung zur Laufzeit auf True.

Sie können Hint gleichzeitig sowohl für ein Hilfehinweisfenster als auch für die Verwendung innerhalb der Behandlungsroutine OnHint spezifizieren, indem Sie zwei durch ein Zeichen | (das »oder« oder Pipe-Symbol) abgeteilte Werte angeben, also beispielsweise:

```
Edit1.Hint:= 'Aufforderung|Geben Sie den richtigen Wert ein';
```

Der String »Aufforderung« erscheint im Hilfehinweisfenster und der String »Geben Sie den richtigen Wert ein« erscheint wie in der Ereignisbehandlungs-Routine OnHint spezifiziert.

property Left: Integer;
Die Eigenschaft Left bestimmt die horizontalen Koordinaten in Pixeln der linken Kante einer Komponente relativ zum Formular. Für Formulare ist der Wert der Eigenschaft Left relativ zum Bildschirm (ebenfalls in Pixeln).

property Name: TComponentName;
Die Eigenschaft Name enthält den Namen der Komponente wie er von anderen Komponenten für den Zugriff verwendet wird. Delphi weist als Vorgabewerte sequentielle Namen zu, die auf dem Typ der Komponente basieren, also etwa für Buttons »Button1«, »Button2« etc. Dies können Sie gemäß Ihrer Vorstellungen abändern. Komponentennamen sollten ausdrücklich nur zur Entwurfszeit geändert werden.

property Owner: TComponent;
Die Eigenschaft Owner teilt Ihnen mit, welche Komponente zu welcher Komponente gehört. Dem Formular gehören alle Komponenten, die auf ihm vorhanden sind. Umgekehrt gehört das Formular zur Anwendung. Gehört eine Komponente A einer anderen Komponente B, wird der Speicher der Komponente A freigegeben, wenn der Speicher der Komponente B freigegeben wird. Es werden also folgerichtig alle Komponenten des Formulars gelöscht, wenn das Formular gelöscht wird. Außerdem wird natürlich der Speicher für das Formular und dessen Komponenten freigegeben, wenn der Speicher der Anwendung selbst freigegeben wird.

property Parent: TWinControl;
Die Eigenschaft Parent enthält den Namen der übergeordneten Komponente. Wenn eine Komponente A eine andere Komponente B enthält, sind die in B enthaltenen Komponenten untergeordnete Komponenten von A. Wenn Ihre Anwendung beispielsweise drei Buttons in einer GroupBox enthält, dann ist die GroupBox das übergeordnete Element der drei Buttons und die Button-Schaltfelder sind der GroupBox untergeordnet.

Parent und Owner sind leider etwas verwirrend. Daher hier eine kleine Entwirrung:

Ein Formular ist der Besitzer aller darauf enthaltenen Komponenten, egal, ob sie ein Fensterelement sind oder nicht. Für unser Beispiel mit den drei Buttons und der GroupBox bedeutet dies: Der Besitzer der Buttons ist immer das Formular, aber die GroupBox ist das übergeordnete Element.

Wenn Sie einen neuen Dialog erzeugen, müssen Sie dem neuen Dialogelement einen Wert der Eigenschaft Parent zuweisen. Üblicherweise sind dies Formulare, Bedienfelder, GroupBoxen oder Dialoge, die andere Komponenten als Elemente enthalten können. Es ist möglich, jedes Element als das übergeordnete zuzuweisen, aber das darin enthaltene Dialogelement wird wahrscheinlich überschrieben.

Wird das übergeordnete Element gelöscht, werden auch alle Elemente, die ihm untergeordnet sind, gelöscht.

property ParentFont: Boolean;
Die Eigenschaft ParentFont bestimmt, wo eine Komponente nach ihrer Fonteigenschaft suchen soll. Falls ParentFont True ist, verwendet die Komponente den Font der Eigenschaft der übergeordneten Komponente.

Ist ParentFont False, verwendet die Komponente ihre eigene Eigenschaft Font. Durch Verwendung von ParentFont können Sie sicherstellen, daß alle Komponenten auf einem Formular das gleiche Erscheinungsbild haben.

property ParentShowHint: Boolean;
Die Eigenschaft ParentShowHint bestimmt, wo eine Komponente nach ihrer Hinteigenschaft suchen soll. Falls ParentShowHint True ist, verwendet die Komponente die Hint-Eigenschaft der übergeordneten Komponente.

Ist ParentShowHint False, verwendet die Komponente ihre eigene Eigenschaft Hint. Durch Verwendung von ParentShowHint können Sie sicherstellen, daß alle Komponenten auf einem Formular das gleiche Erscheinungsbild haben.

property Sections: TStrings
Mit Sections (eine String-Liste) können Sie den Text für die Abschnitte eines Headers festlegen. Jede Zeile in dem im Objektinspektor erscheinenden Dialog entspricht einer Section.

property SectionWidth[X: Integer]: Integer;
Mit dem Feld SectionWidth bestimmen Sie zur Laufzeit die Breite in Pixeln der Sections. X ist ein Index für die Abschnitte, von 0 bis zu der Anzahl aller Abschnitte minus 1.

property ShowHint: Boolean;
Die Eigenschaft ShowHint bestimmt, ob das Dialogelement eine Schnellhilfe anzeigen soll, wenn der Mauszeiger eine Weile auf ihm verweilt. Die Schnellhilfe entspricht dem Wert der Eigenschaft Hint, die in einem Feld direkt unterhalb des Elements angezeigt wird. Wenn die Eigenschaft ShowHint den Wert True hat, kann die Schnellhilfe erscheinen.

Ist ShowHint False, kann die Schnellhilfe auch angezeigt werden, wenn ParentShowHint auf True gesetzt wurde, und die Eigenschaft ShowHint der übergeordneten Komponente ebenfalls auf True gesetzt wurde.

property Showing: Boolean;
Die Eigenschaft Showing legt fest, ob eine Komponente momentan auf dem Bildschirm angezeigt wird oder nicht. Falls die Eigenschaft Visible einer Komponente und aller übergeordneten Komponenten in der übergeordneten Hierarchie True ist, ist Showing auch True. Wenn einer der Vorfahren der Komponente den Wert False als Wert für die Eigenschaft Visible hat, dann ist auch Showing False.

property TabOrder: TTabOrder;
Die Eigenschaft TabOrder bestimmt die Position einer Komponente in der Tabulatorreihenfolge, in der Komponenten den Fokus erhalten, wenn der Anwender die Taste TAB drückt. Anfänglich ist die Tabulatorreihenfolge immer die Reihenfolge, in der die Komponenten in das Formular hinzugefügt wurden. Der Wert der Eigenschaft TabOrder ist für jede Komponente auf dem Formular einmalig. Die erste dem Formular hinzugefügte Komponente hat den Wert 0 von TabOrder, die zweite hat 1, die dritte 2 usw.

Falls Sie den Wert der Eigenschaft TabOrder einer Komponente den gleichen Wert einer anderen Komponente zuweisen, numeriert Delphi automatisch die Werte für alle anderen Komponenten neu. Angenommen, eine Komponente ist beispielsweise die sechste Komponente in der Tabulatorreihenfolge. Wenn Sie den Wert der Eigen-

schaft TabOrder der Komponente auf 3 ändern (dies macht die Komponente zu der vierten in der Tabulatorreihenfolge), wird die Komponente, die die vierte war, nun zur fünften und die Komponente, die die fünfte war, wird jetzt die sechste.

property TabStop: Boolean;
Die Eigenschaft TabStop bestimmt, ob der Anwender diese Komponente mit der Taste TAB anspringen kann. Falls TabStop True ist, befindet sich die Komponente in der Tabulatorreihenfolge. Wenn TabStop False ist, ist das Dialogelement nicht in der Tabulatorreihenfolge.

property Tag: Longint;
Die Eigenschaft Tag kann einen Integerwert als Element einer Komponente speichern. Tag wird von Delphi nicht benutzt und steht Ihnen damit zur freien Verfügung.

property Top: Integer;
Die Eigenschaft Top gibt die Y-Koordinate in Pixeln der linken oberen Ecke eines Dialogelements relativ zum Formular an. Bei Formularen wird der Wert der Eigenschaft Top in Pixeln relativ zum Bildschirm angegeben.

property Visible: Boolean;
Die Eigenschaft Visible bestimmt, ob eine Komponente auf dem Bildschirm sichtbar ist (True) oder nicht (False).

property Width: integer;
Die Eigenschaft Width bestimmt die Breite einer Komponente, gemessen in Pixeln.

Ereignisse:

property OnSized: TSectionEvent;
OnSized tritt immer dann ein, wenn die Größenoperation eines Headers vollständig ausgeführt wurde.

OnSized ist vom Typ

```
TSectionEvent = procedure(Sender: TObject; ASection, AWidth: Integer) of object;
```

TSectionEvent weist auf eine Methode, die das Ereignis OnSized behandelt. ASection bedeutet die Section, deren Größe gerade neu eingestellt wird, AWidth deren Breite in Pixeln.

property OnSizing: TSectionEvent;
OnSizing tritt immer dann ein, wenn der Anwender zur Laufzeit einen Header durch Klicken und Ziehen in der Größe ändert.

OnSizing ist vom Typ

```
TSectionEvent = procedure(Sender: TObject; ASection, AWidth: Integer) of object;
```

TSectionEvent weist auf eine Methode die das Ereignis OnSized behandelt. ASection bedeutet die Section, deren Größe gerade neu eingestellt wird, AWidth deren Breite in Pixeln.

Methoden:

procedure BeginDrag(Immediate: Boolean);
Die Methode BeginDrag leitet den Ziehvorgang einer Komponente ein. Wenn der Parameter Immediate auf True gesetzt ist, wird der Mauszeiger auf den Wert der Eigenschaft DragCursor gesetzt und der Ziehvorgang beginnt. Ist Immediate False, wird der Mauszeiger nicht auf den Wert der Eigenschaft DragCursor gesetzt, und der Ziehvorgang wird erst eingeleitet, wenn der Anwender den Mauszeiger mindestens um 5 Pixel bewegt. Auf diese Weise kann die Komponente Mausklicks akzeptieren, ohne einen Ziehvorgang einzuleiten.

Ihre Anwendung muß die Methode BeginDrag zum Einleiten eines Ziehvorgangs nur aufrufen, wenn DragMode auf dmManual gesetzt ist.

procedure BringToFront;
Die Methode BringToFront setzt eine Komponente innerhalb einer übergeordneten Komponente vor alle anderen Komponenten. BringToFront hilft insbesondere sicherzustellen, daß ein Formular sichtbar ist. Verwenden Sie diese Methode, wenn Sie die Reihenfolge überlappender Komponenten in einem Formular neu festlegen wollen.

Die Reihenfolge, in der Komponenten übereinander gelagert werden (Z-Reihenfolge), hängt davon ab, ob es sich um fensterähnliche oder um nicht-fensterähnliche Komponenten handelt. Die Reihenfolge arbeitet nach dem Prinzip, daß die zuletzt eingefügte Komponente die oberste und damit sichtbare Komponente ist.

Mit der Methode BringToFront einer Komponente würde diese Komponente ganz nach oben auf den Stapel kommen und somit sichtbar sein.

Bei der Stapelung ist zu beachten, daß fensterähnliche Komponenten immer auf nicht-fensterähnlichen Komponenten gestapelt werden. Ein Aufruf von BringToFront einer nicht-fensterähnlichen Komponente bewirkt also gar nichts, wenn oben auf dem Stapel eine fensterähnliche Komponente liegt.

Die folgenden Komponenten zählen zu den fensterähnlichen Komponenten:

BitBtn	DBNavigator	MediaPlayer
Button	DBRadioGroup	Memo
CheckBox	DirectoryListBox	Notebook
ComboBox	DrawGrid	OLEContainer
DBCheckBox	DriveComboBox	Outline
DBComboBox	Edit	Panel
DBEdit	FileListBox	RadioButton
DBGrid	FilterComboBox	RadioGroup
DBImage	Form	ScrollBar
DBListBox	GroupBox	ScrollBox
DBLookupCombo	Header	StringGrid
DBLookupList	ListBox	TabbedNotebook
DBMemo	MaskEdit	TabSet

Die nun folgenden Komponenten zählen zu den nicht-fensterähnlichen Komponenten:

Bevel   Label   SpeedButton
DBText   PaintBox   Image
Shape

function CanFocus: Boolean;
CanFocus stellt fest, ob eine Komponente den Eingabefokus erhalten kann. CanFocus gibt True zurück, wenn die Eigenschaften Visible und Enabled sowohl der Komponente als auch der übergeordneten Komponenten auf True gesetzt sind. Sind nicht alle Eigenschaften Visible und Enabled dieser Komponenten auf True gesetzt, liefert CanFocus False zurück.

function ClientToScreen(Point: TPoint): TPoint;
Die Methode ClientToScreen übersetzt den angegebenen Punkt aus Client-Bereichskoordinaten in globale Bildschirmkoordinaten. In Client-Bereichskoordinaten entspricht der Punkt (0, 0) der oberen linken Ecke des Client-Bereichs der Komponente. In Bildschirmkoordinaten entspricht (0, 0) der oberen linken Ecke des Bildschirms. Mit den Methoden ClientToScreen und ScreenToClient rechnen Sie Positionen aus dem Koordinatensystem einer Komponente A in das Koordinatensystem einer Komponente B um.

Beispiel: Umrechnung der Koordinaten einer Komponente A in die Koordinaten einer Komponente B (TPoint ist ein Record mit den Feldern X und Y):

```
TPoint = record
         X : integer;
         Y : integer;
END;
VAR
   Koord: TPoint;
Koord:= B.ScreenToClient(A.ClientToScreen(Koord));
```

constructor Create;
Create weist Speicher zu, um das Objekt und damit die Komponente zu erzeugen und nach Bedarf seine Daten zu initialisieren. Jedes Objekt kann eine Methode Create besitzen, die individuell so angepaßt ist, daß sie diese bestimmte Art von Objekt erzeugt. Im Normalfall benötigen Sie diese Methoden nicht, da Borland Delphi alles unternimmt, um Ihre Anwendung und die darin enthaltenen Komponenten zu erzeugen. Sollten Sie allerdings ein Ereignis oder die Initialisierung eines Wertes einer selbst geschaffenen Komponente zur Zeit der Erzeugung einstellen wollen, dann können Sie dies in der Methode Create erledigen. Dazu benötigen Sie aber genaue Kenntnisse und Techniken der OOP. Ansonsten sollten Sie Create unverändert lassen und nicht aufrufen.

function Dragging: Boolean;
Die Methode Dragging gibt an, ob eine Komponente gezogen wird. Wenn Dragging True zurückgibt, wird die Komponente gezogen.

procedure EndDrag(Drop: Boolean);
Die Methode EndDrag verhindert, daß eine Komponente weiter gezogen wird. Wenn der Parameter Drop True ist, wird die gezogene Komponente abgelegt. Ist Drop False, wird die Komponente nicht abgelegt und der Vorgang wird abgebrochen.

function FindComponent(const AName: string): TComponent;
Die Methode FindComponent gibt im Array Components die Komponente zurück, deren Name zum String im Parameter AName paßt. FindComponent beachtet dabei keine Groß-/Kleinschreibung.

Beispiel: Es existiert ein Button Button1 in Ihrer Anwendung. Um die eigentliche Komponente TButton1 im Array Components zurückzugeben, rufen Sie FindComponents wie folgt auf:

```
FindComponents('Button1');
```

function Focused: Boolean;
Focused wird verwendet, um zu bestimmen, ob ein Fensterdialogelement den Fokus besitzt und deshalb das aktive Dialogelement in ActiveControl ist.

procedure Free;
Die Methode Free entfernt das Objekt und gibt den dazugehörigen Speicher frei. Haben Sie das Objekt unter Verwendung der Methode Create erzeugt, so benutzen Sie zum Entfernen und für die Freigabe des Speichers die Methode Free. Free gelingt auch dann, wenn das Objekt selbst nicht mehr existiert (zum Beispiel durch einen vorherigen Aufruf von Free). Delphi erledigt dies für Objekte der Bibliothek visueller Komponenten automatisch.

Sie sollten also niemals eine Komponente innerhalb Ihrer Anwendung entfernen.

Falls Sie ein Formular freigeben wollen, rufen Sie die Methode Release auf, um das Formular zu löschen und dessen benutzten Speicher freizugeben.

function GetTextBuf(Buffer: PChar; BufSize: Integer): Integer;
Die Methode GetTextBuf holt den Text der Komponente und kopiert ihn in den Puffer als Null-terminierten String (Ende der Zeichenkette wird mit 0 angegeben), auf den Buffer zeigt. Die maximale Länge des Strings wird mit BufSize (siehe dazu GetTextLen) festgelegt. In BufSize wird nach der Ausführung die Anzahl der Zeichen des Strings zu finden sein. Diese Methode ist vor allem dann sehr nützlich, wenn mit Strings größer als 256 Zeichen gearbeitet wird. Der Typ STRING kann nicht mehr als 256 Zeichen aufnehmen. Dabei entfällt aber das erste Element in diesem Typ auf die Längenangabe des Strings, so daß nur noch maximal 255 Zeichen möglich sind. Ein PChar ist ein Zeiger auf das erste Zeichen einer Zeichenkette. Eine derart definierte Zeichenkette besitzt keine Längenangabe, sondern trägt eine 0 am Ende der Kette, daher auch der Name Null-terminierter String. Ein PChar kann die maximale Größe von 64 Kbyte erreichen. Die maximale Anzahl der Zeichen ist also auf 64 Kbyte und nicht auf 255 Zeichen beschränkt (siehe auch GetTextLen und SetTextBuf).

function GetTextLen: Integer;
Die Methode GetTextLen gibt die Länge des Textes der Komponente zurück. Dieser Wert kann für BufSize in GetTextBuf verwendet werden (siehe auch GetTextBuf und SetTextBuf).

procedure Hide;
Die Methode Hide versteckt eine Komponente, sie ist also nicht mehr auf dem Bildschirm sichtbar. Dabei wird die Eigenschaft Visible auf False gesetzt. Dabei ist eine Komponente aber weiterhin aktiv, das heißt, sie kann bearbeitet werden.

procedure InsertComponent(AComponent: TComponent);
InsertComponent macht die Komponente zum Besitzer der im Parameter AComponent übergebenen Komponente. Die Komponente wird am Ende der Array-Eigenschaft Components hinzugefügt. Die eingefügte Komponente darf keinen Namen haben (keinen für die Eigenschaft Name spezifizierten Wert) oder der Name muß sich eindeutig von allen anderen in der Components-Liste unterscheiden. Wird die Besitzerkomponente entfernt, so wird auch AComponent gelöscht.

procedure Invalidate;
Die Methode Invalidate erzwingt das Neuzeichnen einer Komponente sobald dies möglich ist.

procedure Refresh;
Die Methode Refresh reagiert je nach Art der Komponente, ob Daten oder die Komponenten selbst neu gezeichnet werden. Die Methode Refresh kann also jedes Bild auf dem Bildschirm löschen und alle Dialogelemente neu zeichnen beziehungsweise Datensätze einer Datei erneut einlesen.

Innerhalb der Implementation von Refresh beim Neuzeichnen von Komponenten wird die Methode Invalidate und dann die Methode Update aufgerufen.

Beim Refresh von Daten ist zu beachten: Durch Refresh können sich die angezeigten Daten unerwartet verändern und den Anwender verwirren. Ein Dialog oder eine andere Mitteilung, die dem Anwender den Refresh der Daten mitteilt, wäre somit wohl angebracht und von äußerster Nützlichkeit.

procedure RemoveComponent(AComponent: TComponent);
RemoveComponent entfernt die Komponente, die im Parameter AComponent festgelegt ist, aus der Komponentenliste Components. Die Position in der Liste wird zu Nil.

procedure Repaint;
Die Methode Repaint fordert das Dialogelement auf, dessen Bild auf dem Bildschirm neu zu zeichnen, ohne jedoch das bereits Dargestellte zu löschen. Um vor dem Neuzeichnen zu löschen, müssen Sie anstelle von Repaint die Methode Refresh aufrufen.

procedure ScaleBy(M, D: Integer);
Die Methode ScaleBy skaliert eine Komponente um einen Prozentsatz ihrer ursprünglichen Größe. Der Parameter M ist der Multiplikator und der Parameter D der Divisor. Wenn Sie beispielsweise die Größe des Dialogelements auf 66% seines ursprünglichen Formats ändern möchten, geben Sie in M den Wert 66 und in D den

Wert 100 an (66/100). Bei der Vergrößerung gehen Sie einfach den umgekehrten Weg: Vergrößerung um 66% bedeutet nichts anderes als M=166 und D=100.

function ScreenToClient(Point: TPoint): TPoint;
Die Methode ScreenToClient wird verwendet, um den Koordinatenpunkt der Komponente in Pixeln auf dem Bildschirm zu bestimmen. ScreenToClient gibt die X- und Y-Koordinaten in einem Record des Typs TPoint zurück.

procedure ScrollBy(DeltaX, DeltaY: Integer);
ScrollBy scrollt den Inhalt einer Komponente. Statt mit der Methode ScrollBy sollten Sie im Normalfall lieber mit den eingebauten Bildlauf-Leisten arbeiten, es sei denn, diese Leisten wären für Ihre Programm-Idee aus irgendeinem Grund nicht brauchbar.

DeltaX enthält die Veränderung in Pixeln in Richtung der X-Achse. Ein positiver Wert von DeltaX verschiebt den Inhalt nach rechts, ein negativer Wert verschiebt den Inhalt nach links. DeltaY bezeichnet die Veränderungen in Pixeln in Richtung der Y-Achse. Ein positiver Wert von DeltaY verschiebt den Inhalt nach unten, ein negativer Wert verschiebt den Inhalt nach oben.

procedure SendToBack;
Die Methode SendToBack setzt eine Komponente innerhalb einer übergeordneten Komponente hinter alle anderen Komponenten. Die Reihenfolge, in der Komponenten übereinander gelagert werden (Z-Reihenfolge), hängt davon ab, ob es sich um fensterähnliche oder um nicht-fensterähnliche Komponente handelt. Die Reihenfolge arbeitet nach dem Prinzip, daß die zuletzt eingefügte Komponente die oberste und damit sichtbare Komponente ist. Mit der Methode SendToBack einer Komponente würde diese Komponente ganz nach unten auf den Stapel kommen und somit nicht sichtbar sein.

Bei der Stapelung ist zu beachten, daß fensterähnliche Komponenten immer auf nicht-fensterähnlichen Komponenten gestapelt werden. Ein Aufruf von SendToBack einer fensterähnlichen Komponenten bewirkt also gar nichts, wenn unter dem Stapel eine nicht-fensterähnliche Komponente liegt (siehe auch BringToFront).

Die folgenden Komponenten zählen zu den fensterähnlichen Komponenten:

BitBtn	DBNavigator	MediaPlayer
Button	DBRadioGroup	Memo
CheckBox	DirectoryListBox	Notebook
ComboBox	DrawGrid	OLEContainer
DBCheckBox	DriveComboBox	Outline
DBComboBox	Edit	Panel
DBEdit	FileListBox	RadioButton
DBGrid	FilterComboBox	RadioGroup
DBImage	Form	ScrollBar
DBListBox	GroupBox	ScrollBox
DBLookupCombo	Header	StringGrid
DBLookupList	ListBox	TabbedNotebook
DBMemo	MaskEdit	TabSet

Die nun folgenden Komponenten zählen zu den nicht-fensterähnlichen Komponenten:

Bevel	Label	SpeedButton
DBText	PaintBox	Image
Shape		

procedure SetBounds(ALeft, ATop, AWidth, AHeight: Integer);
Die Methode SetBounds setzt die Begrenzungseigenschaften der Komponente, Left, Top, Width und Height auf die Werte, die in den entsprechenden Werten ALeft, ATop, AWidth und AHeight übergeben werden. SetBounds erlaubt Ihnen, mehr als eine Begrenzungseigenschaft der Komponente zur gleichen Zeit einzustellen. Obwohl Sie immer einzelne Begrenzungen einstellen können, erlaubt Ihnen die Verwendung von SetBounds, mehrere Änderungen auf einmal durchzuführen, ohne daß jedesmal das Dialogfenster neu gezeichnet werden muß.

procedure SetFocus;
SetFocus übergibt den Fokus an die Komponente. Bei Formularen ruft das jeweilige Formular die Methode SetFocus des standardmäßig aktiven Dialogelements auf.

procedure SetTextBuf(Buffer: PChar);
Die Methode SetTextBuf ersetzt den Text in einer Komponente durch den Text in Buffer. Buffer muß auf einen mit Null abgeschlossenen String zeigen. (siehe auch GetTextBuf und GetTextLen).

procedure Show;
Die Methode Show bringt eine Komponente sichtbar auf dem Bildschirm, indem die Eigenschaft Visible auf True eingestellt wird. Falls die Methode Show eines Formulars aufgerufen wird und das Formular ist undurchsichtig, versucht Show das Formular sichtbar zu machen, indem sie das Formular mit der Methode BringToFront in den Vordergrund bringt. Ein Formular verfügt zusätzlich über die Methode ShowModal, um einen modalen Dialog erzeugen zu können. Ein modaler Dialog muß bearbeitet und geschlossen werden. Ein SendToBack hätte also keinen Erfolg.

procedure Update;
In der Methode Update wird die API-Funktion UpdateWindow von Windows aufgerufen, die alle beim Zeichnen entstandenen und noch nicht erledigten Meldungen bearbeitet.

UpdateWindows ist definiert als

```
procedure UpdateWindow(Wnd: HWnd);
```

Die Routine UpdateWindow aktualisiert den Client-Bereich des angegebenen Fensters, indem sie eine WM_PAINT-Meldung an das Fenster sendet, wenn der Aktualisierungsbereich für das Fenster nicht leer ist. Die Routine UpdateWindow sendet eine WM_PAINT-Meldung unter Umgehung der Anwendungswarteschlange direkt an die Fensterfunktion des gegebenen Fensters. Wenn der Aktualisierungsbereich leer ist, wird keine Meldung gesendet. Der Parameter Wnd bezeichnet das Fenster oder besser das Handle des Fensters, das aktualisiert werden soll.

Komponentenname: ScrollBox
Klassenname: TScrollBox

Beschreibung:

Mit der Komponente ScrollBox lassen sich ganze Bildlaufbereiche auf einem Formular erzeugen, die kleiner sind als das Formular selbst.

Eigenschaften:

property Align: TAlign;
Die Eigenschaft Align legt fest, wie Dialogelemente zum Beispiel im Formular ausgerichtet werden. Mögliche Werte:

alNone	Die Komponente bleibt an der Einfügeposition im Formular (Standardeinstellung).
alTop	Die Komponente wird an die Oberkante des Formulars verschoben und an seine Breite angepaßt. Die Höhe der Komponente bleibt unverändert.
alBottom	Die Komponente wird an die Unterkante des Formulars verschoben und an seine Breite angepaßt. Die Höhe der Komponente bleibt unverändert.
alLeft	Die Komponente wird an die linke Kante des Formulars verschoben und an seine Höhe angepaßt. Die Breite der Komponente bleibt unverändert.
alRight	Die Komponente wird an die rechte Kante des Formulars verschoben und an seine Höhe angepaßt. Die Breite der Komponente bleibt unverändert.
alClient	Die Größe der Komponente wird an den Client-Bereich eines Formulars angepaßt. Ist ein Teil des Client-Bereichs bereits von einer anderen Komponente besetzt, füllt die Komponente den verbleibenden Teil des Client-Bereichs aus.

Wird zum Beispiel ein Formular, das Besitzer eines Labels ist, in der Größe verändert, werden die Komponenten innerhalb des Formulars neu ausgerichtet. Die Verwendung der Eigenschaft Align ist dann sinnvoll, wenn ein Dialogelement an einer Position des Formulars stehenbleiben soll, auch wenn sich die Größe des Formulars ändert.

property BorderStyle: TBorderStyle;
BorderStyle legt fest, ob diese Komponenten einen Rahmen haben. Dies sind die möglichen Werte:

bsNone	Kein sichtbarer Rahmen
bsSingle	Rahmen mit einfacher Rahmenlinie

weitere nur bei manchen Komponenten (mehr oder weniger sogar nur die Komponente vom Typ TForm, also ein Formular) mögliche Werte:

bsSizeable	Größenveränderlicher Standardrahmen
bsDialog	Nicht größenveränderlich; Standardrahmen für Dialogfenster

Hat eine Komponente zusätzlich die Eigenschaft AutoSize und wird diese auf True gesetzt, paßt die Komponente ihre Größe automatisch an, wenn sich die Schriftgröße des Textes ändert. Damit AutoSize wirksam wird, müssen Sie die Eigenschaft BorderStyle auf bsSingle setzen.

property BoundsRect: TRect;
Die Eigenschaft BoundsRect liefert das Begrenzungsrechteck der Komponente – ausgedrückt im Koordinatensystem des übergeordneten Dialogelements – zurück. Mit BoundsRect ersetzen und erleichtern Sie sich somit die Abfrage der einzelnen Werte für die Eigenschaften Left, Top, Width und Height.

property Brush: TBrush;
Mit Brush legen Sie fest, welche Farbe und welches Muster die Zeichenfläche zum Füllen grafischer Formen und Hintergründe verwenden soll. Für Dialogelemente steht Brush nur zur Laufzeit zur Verfügung und gestattet nur Lesezugriff.

property Color: TColor;
Die Eigenschaft Color legt für alle Komponenten mit Ausnahme des Dialogfensters die Farbe fest (Hintergrundfarbe eines Formulars oder eines Dialogelements oder Grafikobjekts).

Ist die Eigenschaft ParentColor auf True gesetzt, bewirkt eine Änderung der Eigenschaft Color einer Komponente A automatisch eine Änderung der Eigenschaft Color aller Komponenten, die als Besitzer die Komponente A haben. Wenn Sie der Eigenschaft Color eines Dialogelements einen Wert zuweisen, wird seine Eigenschaft ParentColor automatisch auf False gesetzt. Mögliche Werte sind:

clBlack	Schwarz
clMaroon	Rotbraun
clGreen	Grün
clOlive	Olivgrün
clNavy	Marineblau
clPurple	Violett
clTeal	Petrol
clGray	Grau
clSilver	Silber
clRed	Rot
clLime	Limonengrün
clBlue	Blau
clFuchsia	Pink
clAqua	Karibikblau
clWhite	Weiß

(Systemfarben von Windows)

clBackground	Aktuelle Windows-Hintergrundfarbe
clActiveCaption	Aktuelle Farbe der Titelleiste des aktiven Fensters
clInactiveCaption	Aktuelle Farbe der Titelleiste der inaktiven Fenster
clMenu	Aktuelle Hintergrundfarbe der Menüs
clWindow	Aktuelle Hintergrundfarbe der Fenster
clWindowFrame	Aktuelle Farbe der Fensterrahmen
clMenuText	Aktuelle Farbe vom Menütext
clWindowText	Aktuelle Farbe vom Fenstertext
clCaptionText	Aktuelle Textfarbe der Titelleiste des aktiven Fensters
clActiveBorder	Aktuelle Rahmenfarbe des aktiven Fensters
clInactiveBorder	Aktuelle Rahmenfarbe der inaktiven Fenster
clAppWorkSpace	Aktuelle Farbe des Arbeitsbereichs der Anwendung
clHighlight	Aktuelle Hintergrundfarbe vom ausgewählten Text
clHighlightText	Aktuelle Farbe vom ausgewählten Text
clBtnFace	Aktuelle Farbe einer Schalterfläche
clBtnShadow	Aktuelle Schattenfarbe eines Schalters
clGrayText	Aktuelle Farbe von grau dargestelltem Text
clBtnText	Aktuelle Farbe von Text auf einem Schalter
clInactiveCaptionText	Aktuelle Textfarbe in der Titelleiste eines inaktiven Fensters
clBtnHighlight	Aktuelle Farbe der Markierung eines Schalters

Mit einem Doppelklick auf Color öffnet sich das Farbschema von Windows, in dem Sie auch eigene Farben zusammenstellen können.

property ComponentCount: Integer;
ComponentCount gibt die Anzahl der Komponenten an, die sich im Besitz der Komponente befinden, wie sie in der Array-Eigenschaft Components verzeichnet sind. Beispielsweise enthält die Eigenschaft ComponentCount eines Formulars die gleiche Zahl an Elementen wie die Liste Components eines Formulars.

Bitte bedenken Sie, daß der Startwert von ComponentsCount bei 1 liegt und nicht, wie bei Components bei 0. Daher ist der Wert von ComponentsCount in der Regel immer eine Einheit größer als der Wert von Components.

property ComponentIndex: Integer;
Die Eigenschaft ComponentIndex zeigt die Position einer Komponente in der Eigenschaftsliste Components ihres Besitzers an. Die erste Komponente in der Liste hat den ComponentIndex-Wert 0, die zweite hat den Wert 1, die dritte den Wert 2 etc. Diese Eigenschaft ist nur zur Laufzeit und dann auch nur im Read-Only-Modus benutzbar.

property Components[Index: Integer]: TComponent;
Components stellt eine Liste aller Komponenten dar, die sich im Besitz einer Komponente befinden. Components können Sie zum Beispiel dazu verwenden, um auf

diese im Besitz der Komponente befindlichen Komponenten zuzugreifen, etwa auf die Dialogelemente eines Formulars.

Sollten Sie sich also einmal auf eine von einer anderen Komponente in Besitz befindliche Komponente via einer Nummer beziehen müssen, dann kann diese Eigenschaft Ihnen von großem Nutzen sein.

Components bezieht sich auf alle Komponenten, die sich im Besitz einer Komponente befinden. Die Eigenschaft Controls dagegen bezieht sich auf alle Dialogelemente/Fenster, die einer Komponente untergeordnet sind. Das Feld Components ist also mindestens so groß oder größer wie Controls, aber nie kann das Feld Control größer sein als das Feld Components.

property ControlCount: Integer;
ControlCount gibt für ein Dialoglement die Anzahl der ihm untergeordneten Dialogelemente/Fenster an. Die untergeordneten Dialogelemente sind in der Eigenschaft Controls aufgelistet. Der Start-Wert von ControlsCount liegt bei 1 für das erste Element.

property Controls[Index: Integer]: TControl;
Controls ist ein Array aller untergeordneten Komponenten der Komponente. Controls ist dann von Nutzen, wenn Sie auf die untergeordneten Komponenten über die Zahl statt über den Namen zugreifen müssen.

property Ctl3D: Boolean;
Die Eigenschaft Ctl3D legt fest, ob ein Dialogelement ein dreidimensionales (3-D) oder zweidimensionales Aussehen besitzt. Wenn Ctl3D True ist, erscheint das Dialogelement dreidimensional. Die Voreinstellung von Ctl3D ist True. Wenn die Eigenschaft ParentCtl3D einer Komponente auf True gesetzt ist, verändert jede Modifikation der Eigenschaft Ctl3D des übergeordneten Dialogelements automatisch auch die Eigenschaft Ctl3D des Dialogelements.

Achtung: Damit Ctl3D überhaupt funktioniert, muß sich die dynamische Link-Bibliothek CTL3DV2.DLL im Suchpfad befinden. Idealerweise sollte diese Datei sich im System-Verzeichnis von Windows aufhalten.

property Cursor: TCursor;
Mit der Eigenschaft Cursor stellen Sie das Aussehen des Cursors ein, wenn dieser auf die Komponente zeigt.

Mögliche Werte sind:

crDefault	crArrow	crCross
crIBeam	crSize	crSizeNESW
crSizeNS	crSizeNWSE	crSizeWE
crUpArrow	crHourglass	crDrag
crNoDrop	crHSplit	crVSplit

property DragCursor: TCursor;
Die Eigenschaft DragCursor bestimmt die Form des Mauszeigers, wenn sich der Zeiger über einer Komponente befindet, die ein gezogenes Objekt akzeptieren kann. Mögliche Werte sind mit denen der Eigenschaft Cursor identisch.

property DragMode: TDragMode;
Die Eigenschaft DragMode legt das Ziehen-und-Ablegen-Verhalten einer Komponente fest. Mögliche Werte sind:

dmAutomatic	Wenn dmAutomatic ausgewählt ist, ist das Dialogelement bereit, gezogen zu werden; der Anwender klickt nur und zieht es dann.
dmManual	Wenn dmManual ausgewählt ist, kann das Dialogelement nicht gezogen werden, bevor die Anwendung die Methode BeginDrag aufgerufen hat.

Ist die Eigenschaft DragMode einer Komponente dmAutomatic, kann die Anwendung dies zur Laufzeit durch Einstellung des Werts dmManual deaktivieren.

property Enabled: Boolean;
Die Eigenschaft Enabled bestimmt, ob die Komponente auf Maus-, Tastatur- und Timer-Ereignisse reagiert. Wenn Enabled auf True gesetzt ist, reagiert die Komponente normal. Ist Enabled hingegen False, ignoriert das Dialogelement Maus- und Tastaturereignisse. Bei einer Timer-Komponente werden die für das OnTimer-Ereignis deaktivierten Komponenten-Dialogelemente grau dargestellt.

property Font: TFont;
Die Eigenschaft Font legt den Font und die Eigenschaften des Fonts der Komponente fest. Sie haben die Möglichkeit, diese Werte im Objectinspektor oder – wesentlich komfortabler, mit Hilfe eines Doppelklicks auf diese Eigenschaft einen Dialog zu öffnen, der alle möglichen Werte anzeigt.

property Handle: ...;
Der Typ der Eigenschaft Handle ist abhängig von der jeweiligen Komponente. Im allgemeinen gilt: Sollte eine Windows-API-Funktion ein Handle der betreffenden Komponente verlangen, dann setzen Sie dazu die jeweilige Eigenschaft Handle der betreffenden Komponente ein. Verlangt eine Windows-API-Funktion zum Beispiel das Handle Ihrer gesamten Anwendung, dann benutzen Sie am besten die Eigenschaft Handle des Objekts TApplication. Hier die Übersicht der verschiedenen Typen der Eigenschaft Handle:

Handle für die Komponenten:

Bitmap	property Handle: HBitmap;
Brush	property Handle: HBrush;
Canvas	property Handle: HDC;
Font	property Handle: HFont;
Icon	property Handle: HIcon;
Metafile	property Handle: HMetafile;
Pen	property Handle: HPen;

Handle gibt Ihnen den Zugriff auf das Handle des jeweiligen GDI-Objekts, damit Sie auf dieses zugreifen können. Benötigen Sie zum Beispiel zum Aufruf einer Windows-API-Funktion ein Handle auf ein Stiftobjekt oder ein Bitmap-Objekt, dann können Sie dazu das Handle der Komponente Pen beziehungsweise der Komponente Bitmap benutzen.

Handle für das Objekt TApplication und die folgenden Komponenten:

Bevel	DBText	Memo
BitBtn	DirectoryListBox	Notebook
Button	DrawGrid	OLEContainer
CheckBox	DriveComboBox	Outline
ComboBox	Edit	PaintBox
DBCheckBox	FileListBox	Panel
DBComboBox	FilterComboBox	RadioButton
DBEdit	FindDialog	RadioGroup
DBGrid	Form	ReplaceDialog
DBImage	GroupBox	ScrollBar
DBListBox	Header	ScrollBox
DBLookupCombo	Image	Shape
DBLookupList	Label	SpeedButton
DBMemo	ListBox	StringGrid
DBNavigator	MaskEdit	TabbedNotebook
DBRadioGroup	MediaPlayer	TabSet

property Handle: HWND;
Handle ermöglicht Ihnen Zugriff auf das Handle der jeweiligen Komponente (z.B.: Fenster-Handle, Dialog-Handle etc.). Dieses Handle wird von einigen Windows-API-Funktionen beim Aufruf erwartet. Sie können in diesem Fall das Handle der jeweils betroffenen Komponente oder – falls das Handle Ihrer Anwendung gefordert wird – das Handle des Objekts TApplication übergeben.

Handle für die Komponenten:

MainMenu	MenuItem	PopupMenu

property Handle: HMENU;
Sollte eine Windows-API-Funktion ein Handle eines Menüs, Menü-Eintrags oder eines lokalen Menüs verlangen, dann können Sie dazu die Eigenschaft Handle von MainMenu, MenuItem und PopupMenu benutzen.

Handle für die Komponente Printer:

property Handle: HDC;
Handle beinhaltet das Handle des jeweiligen Druckerobjektes TPrinter der Komponente Printer.

Handle für die Komponente DataBase:

property Handle: HDBIDB;
Um direkte Aufrufe in die Richtung des Borland Database-Engine (BDE)-API zu tätigen, benötigen Sie ein Handle der jeweiligen Datenbank-Komponente. Dazu dient Ihnen die Eigenschaft Handle der Komponente DataBase. Dies erlaubt Ihnen Zugriffe auf Funktionen des BDE-API, die nicht in die VCL-Bibliothek integriert wurden. Bevor Sie allerdings diese Funktionen aufrufen, sollten Sie prüfen, ob diese Funktion nicht doch schon in der VCL-Bibliothek gekapselt wurde.

Handle für das Objekt TSession:

Delphi erzeugt eine Komponente Session vom Typ TSession immer dann, wenn eine Anwendung ausgeführt wird. Sessions sollten nicht von Ihnen erzeugt oder zerstört werden. Session erlaubt die globale Prüfung über Datenbankverbindungen. Die Eigenschaft Databases von Session ist ein Array von allen aktiven Datenbanken in der Sitzung. Die Eigenschaft DatabaseCount vom Typ Integer gibt die Anzahl der aktiven Datenbanken in der Sitzung an.

property Handle: HDBISES;
Mit der Eigenschaft Handle können Sie direkte Aufrufe an die Borland Datenbank-Engine bezogen auf eine bestimmte Sitzung (Session/TSession) machen. Die Komponente Session werden Sie im Prinzip nicht benutzen müssen. Die wichtigsten Funktionen des BDE-API sind in der VCL-Bibliothek gekapselt und ersparen Ihnen diesen Weg.

Handle für die die Komponenten Table, Query und StoredProc:

property Handle: HDBICur;
Ebenfalls für direkte Zugriffe auf Funktionen des BDE-API und unter normalen Umständen nicht zu benutzen, da die wichtigsten BDP-API-Funktionen via der VCL-Bibliothek einen einfacheren Zugriff ermöglichen.

property Height: Integer;
Die Eigenschaft Height eines Dialogelements legt die Höhe der Komponente in Pixeln fest.

property HelpContext: THelpContext;
Die Eigenschaft HelpContext stellt eine Kontextnummer für die Verwendung beim Aufruf kontextbezogener Online-Hilfe bereit. Jeder Hilfebildschirm des Hilfesystems sollte eine eindeutige Kontextnummer besitzen. Ist in der Anwendung eine Komponente selektiert, so wird nach Betätigen von F1 ein Hilfebildschirm angezeigt. Welcher Hilfebildschirm angezeigt wird, hängt vom Wert der Eigenschaft HelpContext ab.

property Hint: string;
Die Eigenschaft Hint ist der Text-String, der erscheinen kann, wenn ein OnHint-Ereignis eintritt, also wenn der Benutzer den Cursor über die Komponente bewegt. Wie der String angezeigt wird, bestimmt der Code in der Ereignisbehandlungs-Routine OnHint. Sie können eine Schnellhilfe, d.h. ein Fenster, das einen Hilfetext

enthält, für eine Komponente erscheinen lassen, wenn der Anwender den Mauszeiger über das Dialogelement führt und dort kurz verweilt. Dies funktioniert wie folgt:
1. Spezifizieren Sie für jede Komponente, die einen Schnellhinweis anzeigen soll, einen Hint-Wert.
2. Setzen Sie die Eigenschaft ShowHints des Bedienfelds auf True.
3. Setzen Sie die Eigenschaft ShowHint der Anwendung zur Laufzeit auf True.

Sie können Hint gleichzeitig sowohl für ein Hilfehinweisfenster als auch für die Verwendung innerhalb der Behandlungsroutine OnHint spezifizieren, indem Sie zwei durch ein Zeichen | (das »oder« oder Pipe-Symbol) abgeteilte Werte angeben, also beispielsweise:

```
Edit1.Hint:= 'Aufforderung|Geben Sie den richtigen Wert ein';
```

Der String »Aufforderung« erscheint im Hilfehinweisfenster und der String »Geben Sie den richtigen Wert ein erscheint« wie in der Ereignisbehandlungs-Routine OnHint spezifiziert.

property HorzScrollBar: TControlScrollBar;
Mit HorzScrollBar legen Sie die Daten für die horizontale Scrollbar fest. Increment bestimmt, um wieviele Positionen sich der Positionszeiger des Scrollbars bewegt. Margin ist die Minimalzahl von Pixeln, die Dialogelemente von der Kante des Scrollbars entfernt sein sollen. Position legt die Position der Postionszeiger des Scrollbars fest. Range bestimmt die Masseinheit des Scrollbars und Visible gibt an, ob das horizontale Scrollbar sichtbar ist (True).

property Left: Integer;
Die Eigenschaft Left bestimmt die horizontalen Koordinaten in Pixeln der linken Kante einer Komponente relativ zum Formular. Für Formulare ist der Wert der Eigenschaft Left relativ zum Bildschirm (ebenfalls in Pixeln).

property Name: TComponentName;
Die Eigenschaft Name enthält den Namen der Komponente wie er von anderen Komponenten für den Zugriff verwendet wird. Delphi weist als Vorgabewerte sequentielle Namen zu, die auf dem Typ der Komponente basieren, also etwa für Buttons »Button1«, Button2« etc. Dies können Sie gemäß Ihrer Vorstellungen abändern. Komponentennamen sollten ausdrücklich nur zur Entwurfszeit geändert werden.

property Owner: TComponent;
Die Eigenschaft Owner teilt Ihnen mit, welche Komponente zu welcher Komponente gehört. Dem Formular gehören alle Komponenten, die auf ihm vorhanden sind. Umgekehrt gehört das Formular zur Anwendung. Gehört eine Komponente A einer anderen Komponente B, wird der Speicher der Komponente A freigegeben, wenn der Speicher der Komponente B freigegeben wird. Es werden also folgerichtig alle Komponenten des Formulars gelöscht, wenn das Formular gelöscht wird. Außerdem wird natürlich der Speicher für das Formular und dessen Komponenten freigegeben, wenn der Speicher der Anwendung selbst freigegeben wird.

property Parent: TWinControl;
Die Eigenschaft Parent enthält den Namen der übergeordneten Komponente. Wenn eine Komponente A eine andere Komponente B enthält, sind die in B enthaltenen Komponenten untergeordnete Komponenten von A. Wenn Ihre Anwendung beispielsweise drei Buttons in einer GroupBox enthält, dann ist die GroupBox das übergeordnete Element der drei Buttons und die Button-Schaltfelder sind der GroupBox untergeordnet.

Parent und Owner sind leider etwas verwirrend. Daher hier eine kleine Entwirrung:

Ein Formular ist der Besitzer aller darauf enthaltenen Komponenten, egal, ob sie ein Fensterelement sind oder nicht. Für unser Beispiel mit den drei Buttons und der GroupBox bedeutet dies: Der Besitzer der Buttons ist immer das Formular, aber die GroupBox ist das übergeordnete Element.

Wenn Sie einen neuen Dialog erzeugen, müssen Sie dem neuen Dialogelement einen Wert der Eigenschaft Parent zuweisen. Üblicherweise sind dies Formulare, Bedienfelder, GroupBoxen oder Dialoge, die andere Komponenten-Elemente enthalten können. Es ist möglich, jedes Element als das übergeordnete zuzuweisen, aber das darin enthaltene Dialogelement wird wahrscheinlich überschrieben.

Wird das übergeordnete Element gelöscht, werden auch alle Elemente, die ihm untergeordnet sind, gelöscht.

property ParentColor: Boolean;
Die Eigenschaft ParentColor bestimmt, wo eine Komponente nach ihrer Farbeigenschaft suchen soll. Falls ParentColor True ist, verwendet die Komponente die Farbe der Eigenschaft der übergeordneten Komponente.

Wenn ParentColor False ist, verwendet die Komponente ihre eigene Eigenschaft Color. Durch Verwendung von ParentColor können Sie sicherstellen, daß alle Komponenten auf einem Formular das gleiche Erscheinungsbild haben.

property ParentCtl3D: Boolean;
Die Eigenschaft ParentCtl3D bestimmt, wo eine Komponente nach ihrer Eigenschaft Ctl3D suchen muß. Ist ParentCtl3D auf True gesetzt, verwendet die Komponente die Dimensionen der Eigenschaft Ctl3D von dessen übergeordneter Komponente. Wenn ParentCtl3D False ist, verwendet die Komponente ihre eigene Eigenschaft Ctl3D. Durch Verwendung von ParentCtl3D stellen Sie sicher, daß alle Komponenten auf einem Formular das gleiche Erscheinungsbild haben. Wenn Sie beispielsweise möchten, daß alle Komponenten auf einem Formular ein dreidimensionales Erscheinungsbild haben, setzen Sie die Eigenschaft Ctl3D des Formulars auf True und die Eigenschaft ParentCtl3D jeder Komponente auf True.

property ParentFont: Boolean;
Die Eigenschaft ParentFont bestimmt, wo eine Komponente nach ihrer Fonteigenschaft suchen soll. Falls ParentFont True ist, verwendet die Komponente den Font der Eigenschaft der übergeordneten Komponente.

Ist ParentFont False, verwendet die Komponente ihre eigene Eigenschaft Font. Durch Verwendung von ParentFont können Sie sicherstellen, daß alle Komponenten auf einem Formular das gleiche Erscheinungsbild haben.

property ParentShowHint: Boolean;
Die Eigenschaft ParentShowHint bestimmt, wo eine Komponente nach ihrer Hinteigenschaft suchen soll. Falls ParentShowHint True ist, verwendet die Komponente die Hint-Eigenschaft der übergeordneten Komponente.

Ist ParentShowHint False, verwendet die Komponente ihre eigene Eigenschaft Hint. Durch Verwendung von ParentShowHint können Sie sicherstellen, daß alle Komponenten auf einem Formular das gleiche Erscheinungsbild haben.

property PopupMenu: TPopupMenu;
Die Eigenschaft PopupMenu legt den Namen des Popup-Menüs fest, das erscheint, wenn der Anwender die Komponente auswählt oder die rechte Maustaste drückt (bei dem Wert True für AutoPopup des Popup) oder wenn die Methode Popup des Popup-Menüs ausgeführt wird.

property ShowHint: Boolean;
Die Eigenschaft ShowHint bestimmt, ob das Dialogelement eine Schnellhilfe anzeigen soll, wenn der Mauszeiger eine Weile auf ihm verweilt. Die Schnellhilfe entspricht dem Wert der Eigenschaft Hint, die in einem Feld direkt unterhalb des Elements angezeigt wird. Wenn die Eigenschaft ShowHint den Wert True hat, kann die Schnellhilfe erscheinen.

Ist ShowHint False, kann die Schnellhilfe auch angezeigt werden, wenn ParentShowHint auf True gesetzt wurde, und die Eigenschaft ShowHint der übergeordneten Komponente ebenfalls auf True gesetzt wurde.

property Showing: Boolean;
Die Eigenschaft Showing legt fest, ob eine Komponente momentan auf dem Bildschirm angezeigt wird oder nicht. Falls die Eigenschaft Visible einer Komponente und aller übergeordneten Komponenten in der übergeordneten Hierarchie True ist, ist Showing auch True. Wenn einer der Vorfahren der Komponente den Wert False als Wert für die Eigenschaft Visible hat, dann ist auch Showing False.

property TabOrder: TTabOrder;
Die Eigenschaft TabOrder bestimmt die Position einer Komponente in der Tabulatorreihenfolge, in der Komponenten den Fokus erhalten, wenn der Anwender die Taste TAB drückt. Anfänglich ist die Tabulatorreihenfolge immer die Reihenfolge, in der die Komponenten in das Formular hinzugefügt wurden. Der Wert der Eigenschaft TabOrder ist für jede Komponente auf dem Formular einmalig. Die erste dem Formular hinzugefügte Komponente hat den Wert 0 von TabOrder, die zweite hat 1, die dritte 2 usw.

Falls Sie den Wert der Eigenschaft TabOrder einer Komponente den gleichen Wert einer anderen Komponente zuweisen, numieriert Delphi automatisch die Werte für alle anderen Komponenten neu. Angenommen, eine Komponente ist beispielsweise die sechste Komponente in der Tabulatorreihenfolge. Wenn Sie den Wert der Eigen-

schaft TabOrder der Komponente auf 3 ändern (dies macht die Komponente zu der vierten in der Tabulatorreihenfolge), wird die Komponente, die die vierte war, nun zur fünften und die Komponente, die die fünfte war, wird jetzt die sechste.

property TabStop: Boolean;
Die Eigenschaft TabStop bestimmt, ob der Anwender diese Komponente mit der Taste TAB anspringen kann. Falls TabStop True ist, befindet sich die Komponente in der Tabulatorreihenfolge. Wenn TabStop False ist, ist das Dialogelement nicht in der Tabulatorreihenfolge.

property Tag: Longint;
Die Eigenschaft Tag kann einen Integerwert als Element einer Komponente speichern. Tag wird von Delphi nicht benutzt und steht Ihnen damit zur freien Verfügung

property Top: Integer;
Die Eigenschaft Top gibt die Y-Koordinate in Pixeln der linken oberen Ecke eines Dialogelements relativ zum Formular an. Bei Formularen wird der Wert der Eigenschaft Top in Pixeln relativ zum Bildschirm angegeben.

property VertScrollBar: TControlScrollBar;
Mit VertScrollBar legen Sie die Daten für das vertikale Scrollbar fest. Increment bestimmt, um wieviele Positionen sich der Positionszeiger des Scrollbars bewegt. Margin ist die Minimalzahl von Pixeln, die Dialogelemente von der Kante des Scrollbars entfernt sein sollen. Position legt die Position der Positionszeiger des Scrollbars fest. Range bestimmt die Maseinheit des Scrollbars und Visible gibt an, ob das vertikale Scrollbar sichtbar ist (True).

property Visible: Boolean;
Die Eigenschaft Visible bestimmt, ob eine Komponente auf dem Bildschirm sichtbar ist (True) oder nicht (False).

property Width: integer;
Die Eigenschaft Width bestimmt die Breite einer Komponente, gemessen in Pixeln.

Ereignisse:

property OnClick: TNotifyEvent;
Das Ereignis OnClick erscheint, wenn der Benutzer auf die Komponente klickt. In einem Formular tritt OnClick ein, wenn der Benutzer auf eine freie Stelle im Formular oder eine inaktive Komponente klickt.

OnClick ist vom Typ

```
TNotifyEvent = procedure (Sender: TObject) of object;
```

Der Typ TNotifyEvent weist auf eine Methode, die das Anklicken eines Objekts behandelt. Der Parameter Sender ist das Dialogelement, das angeklickt wurde.

property OnDblClick: TNotifyEvent;
Das Ereignis OnClick erscheint, wenn der Benutzer auf die Komponente einen Doppelklick ausführt. In einem Formular tritt das Ereignis OnDblClick ein, wenn der Be-

nutzer auf eine freie Stelle im Formular oder eine inaktive Komponente einen Doppelklick ausführt.

OnDblClick ist vom Typ

```
TNotifyEvent = procedure (Sender: TObject) of object;
```

Der Typ TNotifyEvent weist auf eine Methode, die das Doppelklicken eines Objekts behandelt. Der Parameter Sender ist das Dialogelement, das mit einem Doppelklick bearbeitet wurde.

property OnDragDrop: TDragDropEvent;
Das Ereignis OnDragDrop tritt ein, wenn der Anwender ein gezogenes Objekt ablegt. Verwenden Sie die Ereignisbehandlungs-Routine OnDragDrop, um festzulegen, was passieren soll, wenn der Anwender ein Objekt ablegt.

OnDragClick ist vom Typ

```
TDragDropEvent = procedure(Sender, Source: TObject; X, Y: Integer) of object;
```

Der Typ TDragDropEvent zeigt also auf eine Methode, die das Ablegen eines gezogenen Objekts behandelt. Der Parameter Source des Ereignisses OnDragDrop ist das abzulegende Objekt und der Parameter Sender ist das Dialogelement, auf dem das Objekt abgelegt wurde. Die Parameter X und Y sind die Koordinaten des Mauszeigers, der über dem Dialogelement positioniert wird.

property OnDragOver: TDragOverEvent;
Das Ereignis OnDragOver tritt ein, wenn der Anwender ein Objekt über eine Komponente zieht.

Üblicherweise werden Sie ein Ereignis OnDragOver verwenden, um ein Objekt zu akzeptieren, damit der Anwender es ablegen kann.

OnDragClick ist vom Typ

```
TDragOverEvent = procedure(Sender, Source: TObject; X, Y: Integer;
                           State: TDragState; var Accept: Boolean) of object;
```

Der Typ TDragOverEvent zeigt also auf eine Methode, die das Ziehen eines Objekts über ein anderes Objekt behandelt. Der Parameter Source ist das gezogene Objekt, Sender ist das Objekt, über das Source gezogen wurde, X und Y sind die Koordinaten des Mauszeigers, der über dem Dialogelement positioniert wird, in Pixeln, State ist der Status des gezogenen Objekts in Verbindung zum darübergezogenen Objekt, und Accept legt fest, ob der Sender das Ziehobjekt erkennt. Accept wird nicht per Voreinstellung auf True oder False gesetzt; Sie müssen die passenden Werte selbst zuweisen.

Das Ereignis OnDragOver akzeptiert ein Objekt, wenn der Parameter Accept True ist. Durch Ändern des Werts der Eigenschaft DragCursor können Sie das Erscheinungsbild des Cursors beeinflussen. Dies können Sie entweder während des Entwickelns oder zur Laufzeit, bevor ein Ereignis OnDragOver eintritt, durchführen.

property OnEndDrag: TEndDragEvent;
Das Ereignis OnEndDrag tritt immer dann ein, wenn das Ziehen eines Objekts abgeschlossen oder abgebrochen wird. Wenn Sie eine besondere Behandlung haben möchten, wenn das Ziehen beendet wird, verwenden Sie die Ereignisbehandlungs-Routine OnEndDrag.

OnEndDrag ist vom Typ

```
TEndDragEvent = procedure(Sender, Target: TObject; X, Y: Integer) of object;
```

Der Typ TEndDragEvent zeigt also auf eine Methode, die das Anhalten des Ziehens eines Objekts behandelt.

Der Sender ist das Objekt, das gezogen wird, Target ist das Objekt, zu dem Sender hingezogen wird, und X und Y sind die dazugehörigen Bildschirmkoordinaten des Mauszeigers, der über dem Dialogelement positioniert wird. Falls das gezogene Objekt abgelegt und durch das Dialogelement akzeptiert wurde, ist der Parameter Target des Ereignisses OnEndDrag True. Wenn das Objekt nicht erfolgreich abgelegt wurde, beträgt der Wert von Target Nil.

property OnEnter: TNotifyEvent;
OnEnter tritt ein, wenn eine Komponente aktiviert wird. Wenn Sie eine besondere Behandlung festlegen möchten, wenn eine Komponente aktiviert wird, verwenden Sie die Ereignisbehandlungsroutien OnEnter.

OnEnter erscheint nie, wenn Sie zwischen Formularen oder einer anderen Windows-Anwendung und Ihrer Anwendung umschalten. OnEnter für eine Komponente des Typs TPanel oder THeader tritt nie ein, da Bedienfelder oder Header keinen Fokus erhalten können. Somit ist dort OnEnter vollkommen nutzlos. Sie haben diese Ereignisbehandlung aber geerbt.

OnEnter ist vom Typ

```
TNotifyEvent = procedure (Sender: TObject) of object;
```

Der Typ TNotifyEvent weist auf eine Methode, die das Doppelklicken eines Objekts behandelt. Der Parameter Sender ist das Dialogelement, das mit einem Doppelklick bearbeitet wurde.

property OnExit: TNotifyEvent;
OnExit erscheint, wenn der Eingabefokus einer Komponente an eine andere übergeben wird. OnExit tritt nicht ein, wenn Sie zwischen Formularen oder zwischen einer Windows-Anwendung und Ihrer Anwendung umschalten. OnExit tritt bei den Komponenten Panel und Speedbutton nicht ein, da diese niemals den Fokus erhalten.

OnExit ist vom Typ

```
TNotifyEvent = procedure (Sender: TObject) of object;
```

Der Typ TNotifyEvent weist auf eine Methode, die das Doppelklicken eines Objekts behandelt. Der Parameter Sender ist das Dialogelement, das mit einem Doppelklick bearbeitet wurde.

property OnMouseDown: TMouseEvent;
Ereignis OnMouseDown tritt ein, wenn der Anwender eine Maustaste zu dem Zeitpunkt drückt, an dem sich der Mauszeiger über einem Dialogelement.

OnMouseDown ist vom Typ

```
TMouseEvent=procedure (Sender: TObject; Button: TMouseButton; Shift: TShiftState;
                      X, Y: Integer) of object;
```

Der Typ TMouseEvent weist auf eine Methode zur Bearbeitung von Maustasten-Ereignissen hin. Der Parameter Button gibt an, welche Maustaste gedrückt wurde, während Shift Auskunft darüber gibt, welche UMSCHALT- (UMSCHALT, STRG oder ALT) bzw. Maustasten gedrückt waren, während die das Mausereignis verursachende Maustaste gedrückt oder losgelassen wurde. X und Y sind die Bildschirmkoordinaten des Mauszeigers in Pixeln. Der Parameter Button des Ereignisses OnMouseDown zeigt an, welche Maustaste gedrückt wurde. Durch Verwenden des Parameters Shift der Ereignisbehandlungs-Routine OnMouseDown können Sie auf den Status der Maus- und Umschalttasten reagieren. Umschalttasten sind die Tasten UMSCHALT, STRG und ALT.

property OnMouseMove: TMouseMoveEvent;
Das Ereignis OnMouseMove tritt ein, wenn der Anwender den Mauszeiger bewegt und dieser sich bereits über einem Dialogelement befindet.

OnMouseMove ist vom Typ

```
TMouseMoveEvent = procedure(Sender: TObject; Shift: TShiftState;  X, Y: Integer)
                           of object;
```

Der Typ TMouseMoveEvent zeigt also auf eine Methode, die Mausereignisse infolge einer Mausbewegung verarbeitet. Der Parameter Button gibt an, welche Maustaste gedrückt wurde, während Shift anzeigt, welche UMSCHALT- (UMSCHALT, STRG oder ALT) bzw. Maustasten während der Mausbewegung gedrückt waren. X und Y sind die Bildschirmkoordinaten des Mauszeigers in Pixeln. Durch Verwenden des Parameters Shift können Sie auf den Status der Maus- und Umschalttasten reagieren. Umschalttasten sind die Tasten UMSCHALT, STRG und ALT.

property OnMouseUp: TMouseEvent;
Das Ereignis OnMouseUp tritt ein, wenn der Anwender die gedrückte Maustaste wieder freigibt, wenn sich der Mauszeiger über einer Komponente befindet.

Die Ereignisbehandlungs-Routine OnMouseUp kann auf Betätigungen der rechten, mittleren und linken Maustasten reagieren sowie auf Maustastenkombinationen mit Umschalttasten (Tasten UMSCHALT, STRG und ALT).

OnMouseUp ist vom Typ

```
TMouseEvent = procedure (Sender: TObject; Button: TMouseButton; Shift: TShiftState;
                         X, Y: Integer) of object;
```

Der Typ TMouseEvent zeigt also auf eine Methode zur Bearbeitung von Maustasten-Ereignissen hin. Der Parameter Button gibt an, welche Maustaste gedrückt wurde,

während Shift Auskunft darüber gibt, welche UMSCHALT- (UMSCHALT, STRG oder ALT) bzw. Maustasten gedrückt waren, während die das Mausereignis verursachende Maustaste gedrückt oder losgelassen wurde. X und Y sind die Bildschirmkoordinaten des Mauszeigers in Pixeln.

property OnResize: TNotifyEvent;
OnResize tritt immer dann ein, wenn während des Ablaufs einer Anwendung das Formular in seiner Größe geändert wird.

OnResize ist vom Typ

```
TNotifyEvent = procedure (Sender: TObject) of object;
```

Der Typ TNotifyEvent weist auf eine Methode, die das Doppelklicken eines Objekts behandelt. Der Parameter Sender ist das Dialogelement, das mit einem Doppelklick bearbeitet wurde.

Methoden:

procedure BeginDrag(Immediate: Boolean);
Die Methode BeginDrag leitet den Ziehvorgang einer Komponente ein. Wenn der Parameter Immediate auf True gesetzt ist, wird der Mauszeiger auf den Wert der Eigenschaft DragCursor gesetzt und der Ziehvorgang beginnt. Ist Immediate False, wird der Mauszeiger nicht auf den Wert der Eigenschaft DragCursor gesetzt, und der Ziehvorgang wird erst eingeleitet, wenn der Anwender den Mauszeiger mindestens um 5 Pixel bewegt. Auf diese Weise kann die Komponente Mausklicks akzeptieren, ohne einen Ziehvorgang einzuleiten.

Ihre Anwendung muß die Methode BeginDrag zum Einleiten eines Ziehvorgangs nur aufrufen, wenn DragMode auf dmManual gesetzt ist.

procedure BringToFront;
Die Methode BringToFront setzt eine Komponente innerhalb einer übergeordneten Komponente vor alle anderen Komponenten. BringToFront hilft insbesondere sicherzustellen, daß ein Formular sichtbar ist. Verwenden Sie diese Methode, wenn Sie die Reihenfolge überlappender Komponenten in einem Formular neu festlegen wollen.

Die Reihenfolge, in der Komponenten übereinander gelagert werden (Z-Reihenfolge), hängt davon ab, ob es sich um fensterähnliche oder um nicht-fensterähnliche Komponenten handelt. Die Reihenfolge arbeitet nach dem Prinzip, daß die zuletzt eingefügte Komponente die oberste und damit sichtbare Komponente ist.

Mit der Methode BringToFront einer Komponente würde diese Komponente ganz nach oben auf den Stapel kommen und somit sichtbar sein.

Bei der Stapelung ist zu beachten, daß fensterähnliche Komponenten immer auf nicht-fensterähnlichen Komponenten gestapelt werden. Ein Aufruf von BringToFront einer nicht-fensterähnlichen Komponente bewirkt also gar nichts, wenn oben auf dem Stapel eine fensterähnliche Komponente liegt.

Die folgenden Komponenten zählen zu den fensterähnlichen Komponenten:

BitBtn	DBNavigator	MediaPlayer
Button	DBRadioGroup	Memo
CheckBox	DirectoryListBox	Notebook
ComboBox	DrawGrid	OLEContainer
DBCheckBox	DriveComboBox	Outline
DBComboBox	Edit	Panel
DBEdit	FileListBox	RadioButton
DBGrid	FilterComboBox	RadioGroup
DBImage	Form	ScrollBar
DBListBox	GroupBox	ScrollBox
DBLookupCombo	Header	StringGrid
DBLookupList	ListBox	TabbedNotebook
DBMemo	MaskEdit	TabSet

Die nun folgenden Komponenten zählen zu den nicht-fensterähnlichen Komponenten:

Bevel	Label	SpeedButton
DBText	PaintBox	Image
Shape		

function CanFocus: Boolean;

CanFocus stellt fest, ob eine Komponente den Eingabefokus erhalten kann. CanFocus gibt True zurück, wenn die Eigenschaften Visible und Enabled sowohl der Komponente als auch der übergeordneten Komponenten auf True gesetzt sind. Sind nicht alle Eigenschaften Visible und Enabled dieser Komponenten auf True gesetzt, liefert CanFocus False zurück.

function ClientToScreen(Point: TPoint): TPoint;

Die Methode ClientToScreen übersetzt den angegebenen Punkt aus Client-Bereichskoordinaten in globale Bildschirmkoordinaten. In Client-Bereichskoordinaten entspricht der Punkt (0, 0) der oberen linken Ecke des Client-Bereichs der Komponente. In Bildschirmkoordinaten entspricht (0, 0) der oberen linken Ecke des Bildschirms. Mit den Methoden ClientToScreen und ScreenToClient rechnen Sie Positionen aus dem Koordinatensystem einer Komponente A in das Koordinatensystem einer Komponente B um.

Beispiel: Umrechnung der Koordinaten einer Komponente A in die Koordinaten einer Komponente B (TPoint ist ein Record mit den Feldern X und Y):

```
TPoint =   record
       X  : integer;
       Y  : integer;
END;
VAR
   Koord: TPoint;
Koord:= B.ScreenToClient(A.ClientToScreen(Koord));
```

function ContainsControl(Control: TControl): Boolean;
ContainsControl gibt an, ob ein angegebenes Dialogelement innerhalb einer Komponente existiert (Rückgabe-Wert=True).

constructor Create;
Create weist Speicher zu, um das Objekt und damit die Komponente zu erzeugen und nach Bedarf seine Daten zu initialisieren. Jedes Objekt kann eine Methode Create besitzen, die individuell so angepaßt ist, daß sie diese bestimmte Art von Objekt erzeugt. Im Normalfall benötigen Sie diese Methoden nicht, da Borland Delphi alles unternimmt, um Ihre Anwendung und die darin enthaltenen Komponenten zu erzeugen. Sollten Sie allerdings ein Ereignis oder die Initialisierung eines Wertes einer selbst geschaffenen Komponente zur Zeit der Erzeugung einstellen wollen, dann können Sie dies in der Methode Create erledigen. Dazu benötigen Sie aber genaue Kenntnisse und Techniken der OOP. Ansonsten sollten Sie Create unverändert lassen und nicht aufrufen.

function Dragging: Boolean;
Die Methode Dragging gibt an, ob eine Komponente gezogen wird. Wenn Dragging True zurückgibt, wird die Komponente gezogen.

procedure EndDrag(Drop: Boolean);
Die Methode EndDrag verhindert, daß eine Komponente weiter gezogen wird. Wenn der Parameter Drop True ist, wird die gezogene Komponente abgelegt. Ist Drop False, wird die Komponente nicht abgelegt und der Vorgang wird abgebrochen.

function FindComponent(const AName: string): TComponent;
Die Methode FindComponent gibt im Array Components die Komponente zurück, deren Name zum String im Parameter AName paßt. FindComponent beachtet dabei keine Groß-/Kleinschreibung.

Beispiel: Es existiert ein Button Button1 in Ihrer Anwendung. Um die eigentliche Komponente TButton1 im Array Components zurückzugeben, rufen Sie FindComponents wie folgt auf:

```
FindComponents('Button1');
```

function Focused: Boolean;
Focused wird verwendet, um zu bestimmen, ob ein Fensterdialogelement den Fokus besitzt und deshalb das aktive Dialogelement in ActiveControl ist.

procedure Free;
Die Methode Free entfernt das Objekt und gibt den dazugehörigen Speicher frei. Haben Sie das Objekt unter Verwendung der Methode Create erzeugt, so benutzen Sie zum Entfernen und für die Freigabe des Speichers die Methode Free. Free gelingt auch dann, wenn das Objekt selbst nicht mehr existiert (zum Beispiel durch einen vorherigen Aufruf von Free). Delphi erledigt dies für Objekte der Bibliothek visueller Komponenten automatisch.

Sie sollten also niemals eine Komponente innerhalb Ihrer Anwendung entfernen.

Falls Sie ein Formular freigeben wollen, rufen Sie die Methode Release auf, um das Formular zu löschen und dessen benutzten Speicher freizugeben.

function GetTextBuf(Buffer: PChar; BufSize: Integer): Integer;
Die Methode GetTextBuf holt den Text der Komponente und kopiert ihn in den Puffer als Null-terminierten String (Ende der Zeichenkette wird mit 0 angegeben), auf den Buffer zeigt. Die maximale Länge des Strings wird mit BufSize (siehe dazu GetTextLen) festgelegt. In BufSize wird nach der Ausführung die Anzahl der Zeichen des Strings zu finden sein. Diese Methode ist vor allem dann sehr nützlich, wenn mit Strings größer als 256 Zeichen gearbeitet wird. Der Typ STRING kann nicht mehr als 256 Zeichen aufnehmen. Dabei entfällt aber das erste Element in diesem Typ auf die Längenangabe des Strings, so daß nur noch maximal 255 Zeichen möglich sind. Ein PChar ist ein Zeiger auf das erste Zeichen einer Zeichenkette. Eine derart definierte Zeichenkette besitzt keine Längenangabe, sondern trägt eine 0 am Ende der Kette, daher auch der Name Null-terminierter String. Ein PChar kann die maximale Größe von 64 Kbyte erreichen. Die maximale Anzahl der Zeichen ist also auf 64 Kbyte und nicht auf 255 Zeichen beschränkt (siehe auch GetTextLen und SetTextBuf).

function GetTextLen: Integer;
Die Methode GetTextLen gibt die Länge des Textes der Komponente zurück. Dieser Wert kann für BufSize in GetTextBuf verwendet werden (siehe auch GetTextBuf und SetTextBuf).

procedure Hide;
Die Methode Hide versteckt eine Komponente, sie ist also nicht mehr auf dem Bildschirm sichtbar. Dabei wird die Eigenschaft Visible auf False gesetzt. Dabei ist eine Komponente aber weiterhin aktiv, das heißt, sie kann bearbeitet werden.

procedure InsertComponent(AComponent: TComponent);
InsertComponent macht die Komponente zum Besitzer der im Parameter AComponent übergebenen Komponente. Die Komponente wird am Ende der Array-Eigenschaft Components hinzugefügt. Die eingefügte Komponente darf keinen Namen haben (keinen für die Eigenschaft Name spezifizierten Wert) oder der Name muß sich eindeutig von allen anderen in der Components-Liste unterscheiden. Wird die Besitzerkomponente entfernt, so wird auch AComponent gelöscht.

procedure InsertControl(AControl: TControl);
Mit InsertControl fügen Sie ein Dialogelement in die Eigenschaft Controls der Komponente ein. AControl spezifiziert das einzufügende Element.

procedure Invalidate;
Die Methode Invalidate erzwingt das Neuzeichnen einer Komponente sobald dies möglich ist.

procedure Refresh;
Die Methode Refresh reagiert je nach Art der Komponente, ob Daten oder die Komponenten selbst neu gezeichnet werden. Die Methode Refresh kann also jedes Bild auf dem Bildschirm löschen und alle Dialogelemente neu zeichnen beziehungsweise Datensätze einer Datei erneut einlesen.

Innerhalb der Implementation von Refresh beim Neuzeichnen von Komponenten wird die Methode Invalidate und dann die Methode Update aufgerufen.

Beim Refresh von Daten ist zu beachten: Durch Refresh können sich die angezeigten Daten unerwartet verändern und den Anwender verwirren. Ein Dialog oder eine andere Mitteilung, die dem Anwender den Refresh der Daten mitteilt, wäre somit wohl angebracht und von äußerster Nützlichkeit.

procedure RemoveComponent(AComponent: TComponent);
RemoveComponent entfernt die Komponente, die im Parameter AComponent festgelegt ist, aus der Komponentenliste Components. Die Position in der Liste wird zu Nil.

procedure Repaint;
Die Methode Repaint fordert das Dialogelement auf, dessen Bild auf dem Bildschirm neu zu zeichnen, ohne jedoch das bereits Dargestellte zu löschen. Um vor dem Neuzeichnen zu löschen, müssen Sie anstelle von Repaint die Methode Refresh aufrufen.

procedure ScaleBy(M, D: Integer);
Die Methode ScaleBy skaliert eine Komponente um einen Prozentsatz ihrer ursprünglichen Größe. Der Parameter M ist der Multiplikator und der Parameter D der Divisor. Wenn Sie beispielsweise die Größe des Dialogelements auf 66% seines ursprünglichen Formats ändern möchten, geben Sie in M den Wert 66 und in D den Wert 100 an (66/100). Bei der Vergrößerung gehen Sie einfach den umgekehrten Weg: Vergrößerung um 66% bedeutet nichts anderes als M=166 und D=100.

function ScreenToClient(Point: TPoint): TPoint;
Die Methode ScreenToClient wird verwendet, um den Koordinatenpunkt der Komponente in Pixeln auf dem Bildschirm zu bestimmen. ScreenToClient gibt die X- und Y-Koordinaten in einem Record des Typs TPoint zurück.

procedure ScrollBy(DeltaX, DeltaY: Integer);
ScrollBy scrollt den Inhalt einer Komponente. Statt mit der Methode ScrollBy sollten Sie im Normalfall lieber mit den eingebauten Bildlauf-Leisten arbeiten, es sei denn, diese Leisten wären für Ihre Programm-Idee aus irgendeinem Grund nicht brauchbar.

DeltaX enthält die Veränderung in Pixeln in Richtung der X-Achse. Ein positiver Wert von DeltaX verschiebt den Inhalt nach rechts, ein negativer Wert verschiebt den Inhalt nach links. DeltaY bezeichnet die Veränderungen in Pixeln in Richtung der Y-Achse. Ein positiver Wert von DeltaY verschiebt den Inhalt nach unten, ein negativer Wert verschiebt den Inhalt nach oben.

procedure SelectAll;
SelectAll wählt den gesamten Inhalt einer Komponente (Text oder Bild) aus.

procedure ScrollInView(AControl: TControl);
ScrollInView führt einen Bildlauf eines Formulars oder Positionszeigers so durch, daß zumindest ein Teil des Dialogelements, das im Parameter AControl festgelegt ist, sichtbar bleibt.

procedure SendToBack;
Die Methode SendToBack setzt eine Komponente innerhalb einer übergeordneten Komponente hinter alle anderen Komponenten. Die Reihenfolge, in der Komponenten übereinander gelagert werden (Z-Reihenfolge), hängt davon ab, ob es sich um fensterähnliche oder um nicht-fensterähnliche Komponente handelt. Die Reihenfolge arbeitet nach dem Prinzip, daß die zuletzt eingefügte Komponente die oberste und damit sichtbare Komponente ist.

Mit der Methode SendToBack einer Komponente würde diese Komponente ganz nach unten auf den Stapel kommen und somit nicht sichtbar sein.

Bei der Stapelung ist zu beachten, daß fensterähnliche Komponenten immer auf nicht-fensterähnlichen Komponenten gestapelt werden. Ein Aufruf von SendToBack einer fensterähnlichen Komponente bewirkt also gar nichts, wenn unter dem Stapel eine nicht-fensterähnliche Komponente liegt (siehe auch BringToFront).

Die folgenden Komponenten zählen zu den fensterähnlichen Komponenten:

BitBtn	DBNavigator	MediaPlayer
Button	DBRadioGroup	Memo
CheckBox	DirectoryListBox	Notebook
ComboBox	DrawGrid	OLEContainer
DBCheckBox	DriveComboBox	Outline
DBComboBox	Edit	Panel
DBEdit	FileListBox	RadioButton
DBGrid	FilterComboBox	RadioGroup
DBImage	Form	ScrollBar
DBListBox	GroupBox	ScrollBox
DBLookupCombo	Header	StringGrid
DBLookupList	ListBox	TabbedNotebook
DBMemo	MaskEdit	TabSet

Die nun folgenden Komponenten zählen zu den nicht-fensterähnlichen Komponenten:

Bevel	Label	SpeedButton
DBText	PaintBox	Image
Shape		

procedure SetBounds(ALeft, ATop, AWidth, AHeight: Integer);
Die Methode SetBounds setzt die Begrenzungseigenschaften der Komponente, Left, Top, Width und Height auf die Werte, die in den entsprechenden Werten ALeft, ATop, AWidth und AHeight übergeben werden. SetBounds erlaubt Ihnen, mehr als eine Begrenzungseigenschaft der Komponente zur gleichen Zeit einzustellen. Obwohl Sie immer einzelne Begrenzungen einstellen können, erlaubt Ihnen die Verwendung von SetBounds, mehrere Änderungen auf einmal durchzuführen, ohne daß jedesmal das Dialogfenster neu gezeichnet werden muß.

procedure SetFocus;
SetFocus übergibt den Fokus an die Komponente. Bei Formularen ruft das jeweilige Formular die Methode SetFocus des standardmäßig aktiven Dialogelements auf.

procedure SetTextBuf(Buffer: PChar);
Die Methode SetTextBuf ersetzt den Text in einer Komponente durch den Text in Buffer. Buffer muß auf einen mit Null abgeschlossenen String zeigen. (siehe auch GetTextBuf und GetTextLen).

procedure Show;
Die Methode Show bringt eine Komponente sichtbar auf dem Bildschirm, indem die Eigenschaft Visible auf True eingestellt wird. Falls die Methode Show eines Formulars aufgerufen wird und das Formular ist undurchsichtig, versucht Show das Formular sichtbar zu machen, indem sie das Formular mit der Methode BringToFront in den Vordergrund bringt. Ein Formular verfügt zusätzlich über die Methode ShowModal, um einen modalen Dialog erzeugen zu können. Ein modaler Dialog muß bearbeitet und geschlossen werden. Ein SendToBack hätte also keinen Erfolg.

procedure Update;
In der Methode Update wird die API-Funktion UpdateWindow von Windows aufgerufen, die alle beim Zeichnen entstandenen und noch nicht erledigten Meldungen bearbeitet.

UpdateWindows ist definiert als

```
procedure UpdateWindow(Wnd: HWnd);
```

Die Routine UpdateWindow aktualisiert den Client-Bereich des angegebenen Fensters, indem sie eine WM_PAINT-Meldung an das Fenster sendet, wenn der Aktualisierungsbereich für das Fenster nicht leer ist. Die Routine UpdateWindow sendet eine WM_PAINT-Meldung unter Umgehung der Anwendungswarteschlange direkt an die Fensterfunktion des gegebenen Fensters. Wenn der Aktualisierungsbereich leer ist, wird keine Meldung gesendet. Der Parameter Wnd bezeichnet das Fenster oder besser das Handle des Fensters, das aktualisiert werden soll.

KAPITEL 3

Seite Datenzugriff

Komponentenname:	DataSource
Klassenname:	TDataSource

Beschreibung:

DataSource ist die Schnittstelle zwischen einer Datensatz-Komponente und datensensitiven Elementen in Formularen. Wollen Sie also zum Beispiel Daten einer Tabelle in einer Instanz der Komponente DBEdit anzeigen, erwartet diese Instanz die Daten in einer Instanz von Datasource. Quelle der Daten für DataSource kann zum Beispiel eine Instanz der Komponente Query sein (SQL-Query). Die SQL-Abfrage wird ausgeführt und die Daten sozusagen in DataSource via der Eigenschaft DataSet hineingelegt. Durch Verbindung der Anzeige-Datenbankkomponenten via ihrer Eigenschaft DataSource mit einer Instanz von Datasource kommen dann die Daten zur eigentlichen Anzeige.

Eigenschaften:

property AutoEdit: Boolean;
Mit AutoEdit können Sie festlegen, ob mit DataSource verbundene datensensitive Elemente den aktuellen Datensatz automatisch durch Aufruf der Tabellenmethode Edit in den Bearbeitungsmodus ablegen, falls Sie in Ihrer Anwendung beginnen in einem dieser Datensätze zu arbeiten. Der Wert False bedeutet, daß zum Beispiel die Daten gegen unbeabsichtigtes Schreiben geschützt sind. Ist AutoEdit auf False gesetzt, besteht noch die Möglichkeit, Daten eines Feldes mit der Methode Edit zu bearbeiten.

property DataSet: TDataSet
In DataSet tragen Sie Datensatz-Komponenten (Table, Query oder StoredProc) ein, um die darin enthaltenen Daten aus diesen Komponenten später an andere Komponenten zum Beispiel zur Anzeige weiterzuleiten.

property Enabled: Boolean;
Enabled legt fest, ob die datensensitiven Komponenten bei Änderungen der Daten aktualisiert werden (Wert=True).

property Enabled: Boolean;
Die Eigenschaft Enabled bestimmt, ob die Komponente auf Maus-, Tastatur- und Timer-Ereignisse reagiert. Wenn Enabled auf True gesetzt ist, reagiert die Komponente normal. Ist Enabled hingegen False, ignoriert das Dialogelement Maus- und Tastaturereignisse. Bei einer Timer-Komponente werden die für das OnTimer-Ereignis deaktivierten Komponenten-Dialogelemente grau dargestellt.

property Name: TComponentName;
Die Eigenschaft Name enthält den Namen der Komponente wie er von anderen Komponenten für den Zugriff verwendet wird. Delphi weist als Vorgabewerte sequentielle Namen zu, die auf dem Typ der Komponente basieren, also etwa für Buttons »Button1«, »Button2« etc. Dies können Sie gemäß Ihrer Vorstellungen abändern. Komponentennamen sollten ausdrücklich nur zur Entwurfszeit geändert werden.

property Owner: TComponent;
Die Eigenschaft Owner teilt Ihnen mit, welche Komponente zu welcher Komponente gehört. Dem Formular gehören alle Komponenten, die auf ihm vorhanden sind. Umgekehrt gehört das Formular zur Anwendung. Gehört eine Komponente A einer anderen Komponente B, wird der Speicher der Komponente A freigegeben, wenn der Speicher der Komponente B freigegeben wird. Es werden also folgerichtig alle Komponenten des Formulars gelöscht, wenn das Formular gelöscht wird. Außerdem wird natürlich der Speicher für das Formular und dessen Komponenten freigegeben, wenn der Speicher der Anwendung selbst freigegeben wird.

property State: TDataSetState;
Mit State ermitteln Sie den aktuellen Zustand der Datenquellenkomponente. Mögliche Werte:

Wert	Bedeutung
dsInactive	Datenquelle inaktiv oder Enabled von DataSource auf False gesetzt.
dsBrowse	Datenquelle im Browse-Modus (durchbrowsen der Daten)
dsEdit	Datenquelle im Edit-Modus (Daten werden bearbeitet)
dsInsert	Datenquelle im Insert-Modus (Daten werden eingesetzt)
dsSetKey	Datenquelle im SetKey-Modus (Daten-Schlüssel wird gesetzt)
dsCalcFields	Datenmodus im CalcField-Modus (Daten-Felder werden berechnet)

Der Wert von State ist in der Regel gleich der Zustandseigenschaft einer Tabelle (Table) oder Abfrage (Query). Die Ausnahme: Ist die Eigenschaft Enabled auf False gesetzt oder der Eigenschaft DataSet kein Wert zugewiesen, dann ist die Eigenschaft State ausnahmslos dsInactive.

property Tag: Longint;
Die Eigenschaft Tag kann einen Integerwert als Element einer Komponente speichern. Tag wird von Delphi nirgendwo benutzt und steht Ihnen damit zur freien Verfügung.

Ereignisse:

property OnDataChange: TDataChangeEvent;
OnDataChange tritt immer dann ein, wenn die Eigenschaft State auf den Wert dsInactive zurückgesetzt wird oder die Komponente die Nachricht bekommt, daß sich die Daten geändert haben.

Die Nachricht wird ausgelöst, wenn sich neben den Änderungen von Eigenschaft DataSet oder Inhalt und Layout von Feldern die folgenden Komponenten ändern:

Feldkomponenten:

BCDField	CurrencyField	GraphicField
StringField	BlobField	DateField
IntegerField	TimeField	BooleanField
DateTimeField	MemoField	VarBytesField
BytesField	FloatField	SmallintField
WordField		

Datenquellen-Komponenten:

Table	Query	StoredProc

OnDataChange ist vom Typ

```
TDataChangeEvent = procedure(Sender: TObject; Field: TField) of object;
```

TDataChangeEvent weist also auf eine Methode, die die Änderung von Daten in einer Datenquellenkomponente (Sender) behandelt. Field ist das Feld, in dem die Daten geändert werden. Wurde mehr als ein Feld geändert, hat Field den Wert nil.

property OnStateChange: TNotifyEvent;
OnStateChange tritt immer dann ein, wenn sich die Eigenschaft State ändert. Durch die Zuweisung einer Methode zu diesem Ereignis können Sie automatisch Aktionen ausführen, sobald sich die Eigenschaft State der Komponente ändert. Damit können Sie zum Beispiel Buttons z disablen oder sie wieder aktiv machen oder eine Meldung an den Anwender durchgeben. Da das Ereignis OnChangeState auch bei leerer Eigenschaft DataSet (Wert NIL) eintreten kann, sollte man Dataset auf NIL testen, bevor man eine sinnlose Aktion auslöst:

```
if MyDataSource.Dataset <> nil then
begin
  ...
  ...
end;
```

OnStateChange ist vom Typ

```
TNotifyEvent = procedure (Sender: TObject) of object;
```

TNotifyEvent weist also auf eine Methode, die dieses Ereignis behandelt.

property OnUpdateData: TNotifyEvent;
OnUpdateData tritt immer dann auf, wenn die Methoden Post oder UpdateRecord der Komponenten Table, Query oder StoredProc aktiviert werden, wenn also der aktuelle Datensatz in der Datenbank aktualisiert werden soll. OnUpdateData ist vom Typ

```
TNotifyEvent = procedure (Sender: TObject) of object;
```

TNotifyEvent weist also auf eine Methode, die dieses Ereignis behandelt.

Methoden:

constructor Create;
Create weist Speicher zu, um das Objekt und damit die Komponente zu erzeugen und nach Bedarf seine Daten zu initialisieren. Jedes Objekt kann eine Methode Create besitzen, die individuell so angepaßt ist, daß sie diese bestimmte Art von Objekt erzeugt. Im Normalfall benötigen Sie diese Methoden nicht, da Borland Delphi alles unternimmt, um Ihre Anwendung und die darin enthaltenen Komponenten zu erzeugen. Sollten Sie allerdings ein Ereignis oder die Initialisierung eines Wertes einer selbst geschaffenen Komponente zur Zeit der Erzeugung einstellen wollen, erledigen Sie dies in der Methode Create. Dazu benötigen Sie aber genaue Kenntnisse und Techniken der OOP. Ansonsten sollten Sie Create unverändert lassen und nicht aufrufen.

procedure Edit;
Die Procedure Edit ruft die Datensatz-Methode Edit auf, wenn AutoEdit auf True gesetzt ist und die Eigenschaft State den Wert dsBrowse hat (siehe dazu die Methode Edit der Komponenten Table und Query).

function FindComponent(const AName: string): TComponent;
Die Methode FindComponent gibt im Array Components die Komponente zurück, deren Name zum String im Parameter AName paßt. FindComponent beachtet dabei keine Groß-/Kleinschreibung.

Beispiel: Es existiert ein Button Button1 in Ihrer Anwendung. Um die eigentliche Komponente TButton1 im Array Components zurückzugeben, rufen Sie FindComponents wie folgt auf:

```
FindComponents('Button1');
```

procedure Free;
Die Methode Free entfernt das Objekt und gibt den dazugehörigen Speicher frei. Haben Sie das Objekt unter Verwendung der Methode Create erzeugt, so benutzen Sie zum Entfernen und für die Freigabe des Speichers die Methode Free. Free gelingt auch dann, wenn das Objekt selbst nicht mehr existiert (zum Beispiel durch einen vorherigen Aufruf von Free). Delphi erledigt dies für Objekte der Bibliothek visueller Komponenten automatisch.

Sie sollten also niemals eine Komponente innerhalb Ihrer Anwendung entfernen.

Falls Sie ein Formular freigeben wollen, rufen Sie die Methode Release auf, um das Formular zu löschen und dessen benutzten Speicher freizugeben.

procedure InsertComponent(AComponent: TComponent);
InsertComponent macht die Komponente zum Besitzer der im Parameter AComponent übergebenen Komponente. Die Komponente wird am Ende der Array-Eigenschaft Components hinzugefügt. Die eingefügte Komponente darf keinen Namen haben (keinen für die Eigenschaft Name spezifizierten Wert) oder der Name muß sich eindeutig von allen anderen in der Components-Liste unterscheiden. Wird die Besitzerkomponente entfernt, wird auch AComponent gelöscht.

procedure RemoveComponent(AComponent: TComponent);
RemoveComponent entfernt die Komponente, die im Parameter AComponent festgelegt ist, aus der Komponentenliste Components. Die Position in der Liste wird zu nil.

Komponentenname: Table
Klassenname: TTable

Beschreibung:
Table stellt Ihnen Zugriff auf Datenbanktabellen durch die Borland Database-Engine zur Verfügung. Table bildet für Datenbank-Tabellen die Schnittstelle zwischen der Borland-Database-Engine und der Komponente DataSource.

Eigenschaften:

property Active: Boolean;
Setzen Sie Active auf True, wird versucht, die unter der Eigenschaft TableName spezifizierte Datei zu öffnen (identisch mit dem Aufruf der Methode Open) und in den Zustand Browse zu versetzen.

Die Änderung von Active auf False ist identisch mit dem Aufruf der Methode Close. Werden bei Query und StoredProc keine Ergebnisse zurückgegeben – also keine Daten empfangen – wird eine Exception bei Active=True ausgelöst, da Delphi einen Cursor zurückerwartet. Post wird nicht implizit aufgerufen, wenn Active auf False gesetzt wird. Verwenden Sie das Ereignis BeforeClose, um jede hängende Bearbeitung explizit abzulegen.

property AutoCalcFields: Boolean;
Mit AutoCalcFields bestimmen Sie, wann das Ereignis OnCalcFields aufgerufen wird. OnCalcFields wird normalerweise immer dann aufgerufen, wenn eine Anwendung einen Datensatz von der Datenbank abruft.

Ist AutoCalcFields auf True gesetzt, wird das Ereignis OnCalcFields zusätzlich immer dann aufgerufen, wenn ein Feld in einer Datei editiert wird.

Vorsicht vor Rekursionen: Bei AutoCalcFields = True sollten in der Benhandlungsroutine von OnCalcFields keine Änderungen an der Datei (oder der in einer Master-Detail-Beziehung verknüpften Datei) ausgeführt werden, da dies zu Rekursionen führt. Wird zum Beispiel die Methode Post von OnCalcFields ausgeführt und Auto-

CalcFields auf True gesetzt, wird wiederum das Ereignis OnCalcFields aufgerufen, und die Rekursion nimmt ihren Lauf durch den von Ihnen definierten Aufruf von Post in deren Behandlungsroutine.

property BOF: Boolean;
BOF gibt an, ob eine Datei auf der ersten Zeile positioniert ist (BOF = Begin Of File).

BOF = True bedeutet:

- Sie öffnen eine Tabelle zum ersten Mal,
- es erfolgt ein Aufruf der Methode First für eine Tabelle oder
- ein Aufruf der Methode Prior für eine Tabelle ist gescheitert.

property CanModify: Boolean;
CanModify gibt an, ob eine Anwendung Daten in einer Datei modifizieren kann. Ist CanModify auf False gesetzt, kann die Datei nur gelesen werden. Der Wert True bedeutet aber noch nicht, daß Sie die Daten auch wirklich modifizieren können. Wenn die Zugriffsrechte zu dieser Aktion nicht vorliegen, ist ein Wert CanModify=True sinnlos.

property ComponentIndex: Integer;
Die Eigenschaft ComponentIndex zeigt die Position einer Komponente in der Eigenschaftsliste Components ihres Besitzers an. Die erste Komponente in der Liste hat den ComponentIndex-Wert 0, die zweite hat den Wert 1, die dritte den Wert 2 etc. Diese Eigenschaft ist nur zur Laufzeit und dann auch nur im Read-Only-Modus benutzbar.

property Controls[Index: Integer]: TControl;
Controls ist ein Array aller untergeordneten Komponenten der Komponente. Controls brauchen Sie, wenn Sie auf die untergeordneten Komponenten über die Zahl statt über den Namen zugreifen müssen.

property Database: TDatabase;
Die Eigenschaft Database bestimmt die Komponente Database (Datenbankkomponente vom Typ TDatabase), die mit den Komponenten Table oder Query verbunden ist. Wurde zur Design-Zeit keine Database erstellt, wird dies von Delphi zur Laufzeit übernommen. Über diese Eigenschaft können Sie die Eigenschaften und Methoden der Komponente Database benutzen.

property DatabaseName: TFileName;
Mit DatabaseName können Sie die Datenbank festlegen, mit der die Komponente verbunden werden soll. Mit Hilfe des Objektinspektors können Sie eine Datenbank wählen, die mit Hilfe der Database-Engine-Konfiguration definiert wurde. Wollen Sie zur Laufzeit diese Eigenschaft ändern, sollten Sie vorher die Methode Close aufrufen, um die Komponente (Table, Query oder StoredProc) in einen inaktiven Zustand zu versetzen. Mögliche Eintragungen:

- ein mit der Database-Engine-Konfiguration definierter BDE-Alias,
- ein Pfad für Datenbankdateien,
- eine Pfad und Dateiname einer Local InterBase Server Datenbankdatei oder

- ein mit Hilfe der Komponente Database definierter Alias

property DBHandle: HDBIDB;
DBHandle hilft Ihnen genau dann, wenn Sie direkte Calls an das API der Borland-Datenbank-Engine absetzen wollen. Die Eigenschaft enthält ein Handle auf die Datenbank, dieses Handle wird von einigen Funktionen der BDE beim Aufruf angefordert.

property DBLocale: TLocale;
DBLocale enthält die Angaben über den gewünschten Sprachentreiber. Diese Angaben werden von einigen BDE-API-Funktionen gefordert, wenn Sie diese direkt aufrufen wollen.

property EOF: Boolean;
EOF ermittelt, ob der Datei-Positionszeiger auf die letzte Zeile zeigt. EOF ist True, wenn

- eine geöffnete Datei leer ist,
- die Methode Last der Komponente für eine Tabelle aufgerufen wird,
- ein Aufruf der Methode Next ausgeführt wird, obwohl der Cursor schon auf die letzte Zeile zeigt

property Exclusive: Boolean;
Mit Exclusive können Sie festlegen, ob Sie alleinigen Zugriff auf eine Tabelle wollen oder ob Sie zulassen, daß Sie sich den Zugriff mit anderen Anwendern teilen können. Mit Exclusiv=True können Sie diesen exklusiven Zugriff bekommen. Befindet sich eine Tabelle allerdings vorher schon im Zugriff von anderen Benutzern, wird eine Exception ausgelöst. Wenn Sie für diese Exception keine eigene Routine definiert haben, wird Ihre Anwendung einfach mit einem entsprechenden Fehlertext beendet.

Zu beachten ist, daß Sie die Eigenschaft Active auf den Wert False setzen sollten, bevor sie den Wert für Exclusive auf True einstellen. Wenn Sie allerdings Active und Exclusive im Fenster des Objektinspektors auf True setzen, kann Ihre Anwendung diese Tabelle nicht öffnen, da Delphi zuerst einmal diese Tabelle öffnen muß. Erst, wenn die Tabelle voll unter der Kontrolle Ihrer Anwendung ist, zum Beispiel wenn Delphi diese Tabelle geöffnet hat, können Sie Exclusive bedenkenlos auf True setzen.

property FieldCount: Integer
FieldCount enthält die gesamte Anzahl der Felder eines Datensatzes. Beispiel: Sie haben eine Komponente Table1 (eine Instanz der Komponente Table), eine Komponente Edit1 (eine Instanz der Komponente Edit) und eine Komponente Button1 (eine Instanz der Komponente Button) in einem Formular und wollen den Wert von FieldCount in Edit1 anzeigen. Dazu stellen Sie zuerst die Eigenschaft DatabaseName von Table1 auf eine Datenbank ein (bei uns DBDEMOS). DBDEMOS ist ein von uns definierter Alias, der alle Tabellen der Demo-Programme von Delphi enthält. Danach wählen wir für die Eigenschaft TableName von Table1 eine Tabelle aus, in unserem Falle die Tabelle ANIMALS.DBF (ebenfalls im Lieferumfang von Delphi enthalten). Danach öffnen wir die Tabelle, indem wir die Eigenschaft Active von Table1 auf

True einstellen. Nun soll der Wert von FieldCount von Table1 immer dann in Edit1 angezeigt werden (der Wert muß also in die Eigenschaft Caption von Edit1), wenn wir Button1 anklicken. Also definieren wir für das Ereignis OnClick von Button1 folgende Methode:

```
procedure TForm1.Button1Click(Sender: TObject);
var
   Help:String;
begin
   Str(Table1.FieldCount, Help);
   Edit1.Text:=Help;
end;
```

Mit Help wird der Wert geholt und in Edit1.Caption eingetragen. Edit1.Caption darf nicht als VAR-Parameter in der Prozedur Str eingetragen werden.

Der Wert, der angezeigt wird, ist 5, da die Tabelle die fünf Felder NAME, SIZE, WEIGHT, AREA und BMP enthält.

property FieldDefs: TFieldDefs;
FieldDefs enthält die Definitionen aller Felder einer Tabelle. Mit dieser Eigenschaft erhalten Sie die Informationen über Name, Typ und Größe der Felder einer Tabelle.

property Fields[Index: Integer]: TField;
Mit Fields erhalten Sie zur Laufzeit ein von Ihnen bestimmtes Feld einer Tabelle als Ergebnis zurück. Mit Hilfe des Parameters Index bestimmen Sie das Feld. Dabei beginnt der Index einer Tabelle mit dem Wert 0 für das erste Feld.

property Handle: ...;
Der Typ der Eigenschaft Handle ist abhängig von der jeweiligen Komponente. Im allgemeinen gilt: Sollte eine Windows-API-Funktion ein Handle der betreffenden Komponente verlangen, setzen Sie dazu die jeweilige Eigenschaft Handle der betreffenden Komponente ein. Verlangt eine Windows-API-Funktion zum Beispiel das Handle Ihrer gesamten Anwendung, benutzen Sie am besten die Eigenschaft Handle des Objekts TApplication. Hier die Übersicht der verschiedenen Typen der Eigenschaft Handle:

Handle für die Komponenten:

Bitmap	property Handle: HBitmap;
Brush	property Handle: HBrush;
Canvas	property Handle: HDC;
Font	property Handle: HFont;
Icon	property Handle: HIcon;
Metafile	property Handle: HMetafile;
Pen	property Handle: HPen;

Handle gibt Ihnen den Zugriff auf das Handle des jeweiligen GDI-Objekts, damit Sie auf dieses zugreifen können. Benötigen Sie zum Beispiel zum Aufruf einer Windows-API-Funktion ein Handle auf ein Stiftobjekt oder ein Bitmap-Objekt, können

Sie dazu das Handle der Komponente Pen beziehungsweise der Komponente Bitmap benutzen.

Handle für das Objekt TApplication und die folgenden Komponenten:

Bevel	DBText	Memo
BitBtn	DirectoryListBox	Notebook
Button	DrawGrid	OLEContainer
CheckBox	DriveComboBox	Outline
ComboBox	Edit	PaintBox
DBCheckBox	FileListBox	Panel
DBComboBox	FilterComboBox	RadioButton
DBEdit	FindDialog	RadioGroup
DBGrid	Form	ReplaceDialog
DBImage	GroupBox	ScrollBar
DBListBox	Header	ScrollBox
DBLookupCombo	Image	Shape
DBLookupList	Label	SpeedButton
DBMemo	ListBox	StringGrid
DBNavigator	MaskEdit	TabbedNotebook
DBRadioGroup	MediaPlayer	TabSet

property Handle: HWND;
Handle ermöglicht Ihnen Zugriff auf das Handle der jeweiligen Komponente (z.B. Fenster-Handle, Dialog-Handle etc.). Dieses Handle wird von einigen Windows-API-Funktionen beim Aufruf erwartet. Sie können in diesem Fall das Handle der jeweils betroffenen Komponente oder – falls das Handle Ihrer Anwendung gefordert wird – das Handle des Objekts TApplication übergeben.

Handle für die Komponenten:

MainMenu	MenuItem	PopupMenu

property Handle: HMENU;
Sollte eine Windows-API-Funktion ein Handle eines Menüs, Menü-Eintrags oder eines lokalen Menüs verlangen, verwenden Sie dazu die Eigenschaft Handle von MainMenu, MenuItem und PopupMenu.

Handle für die Komponente Printer:

property Handle: HDC;
Handle beinhaltet das Handle des jeweiligen Druckerobjektes TPrinter der Komponente Printer.

Handle für die Komponente DataBase:

property Handle: HDBIDB;
Um direkte Aufrufe in die Richtung des Borland Database-Engine-(BDE)-API zu tätigen, benötigen Sie ein Handle der jeweiligen Datenbank-Komponente. Dazu dient Ihnen die Eigenschaft Handle der Komponente DataBase. Dies erlaubt Ihnen Zugriffe auf Funktionen des BDE-API, die nicht in der VCL-Bibliothek integriert wurden.

Bevor Sie allerdings diese Funktionen aufrufen, sollten Sie prüfen, ob diese Funktion nicht doch schon in der VCL-Bibliothek gekapselt wurde.

Handle für das Objekt TSession:

Delphi erzeugt eine Komponente Session vom Typ TSession immer dann, wenn eine Anwendung ausgeführt wird. Sessions sollten nicht von Ihnen erzeugt oder zerstört werden. Session erlaubt globale Prüfung über Datenbankverbindungen. Die Eigenschaft Databases von Session ist ein Array von allen aktiven Datenbanken in der Sitzung. Die Eigenschaft DatabaseCount vom Typ Integer gibt die Anzahl der aktiven Datenbanken in der Sitzung an.

property Handle: HDBISES;

Mit dieser Eigenschaft Handle können Sie direkte Aufrufe an die Borland Datenbank-Engine, bezogen auf eine bestimmte Sitzung (Session/TSession), machen. Die Komponente Session werden Sie im Prinzip nicht benutzen müssen. Die wichtigsten Funktionen der BDE-API sind in der VCL-Bibliothek gekapselt und ersparen Ihnen diesen Weg.

Handle für die Komponenten Table, Query und StoredProc:

property Handle: HDBICur;

Ebenfalls für direkte Zugriffe auf Funktionen der BDE-API und unter normalen Umständen nicht zu benutzen, da die wichtigsten BDP-API-Funktionen via der VCL-Bibliothek einen einfacheren Zugriff ermöglichen.

property IndexDefs: TIndexDefs;

Mit IndexDefs erhalten Sie zur Laufzeit die Informationen über alle Indizes der Komponente beziehungsweise der mit der Komponente verbundenen Tabelle. Die Informationen liegen als Eigenschaft des Typs TIndexDefs vor.

Count bestimmt die Anzahl der Einträge und Item enthält einen Zeiger auf alle Indizes einer Tabelle. Da IndexDefs nicht automatisch aktualisiert wird, sollten Sie die Methode Update aufrufen, bevor Sie auf IndexDefs zurückgreifen.

property IndexFields[Index: Integer]: TField;

Mit IndexFields erhalten Sie zur Laufzeit alle Informationen über jedes Feld des aktuellen Index der Komponente beziehungsweise der Tabelle. Die Informationen sind als Eigenschaft der Klasse TField gespeichert. Zu beachten ist, daß die Eigenschaft Active der Komponente auf True gesetzt sein muß.

property IndexFieldCount: Integer;

IndexFieldCount enthält die Anzahl der aktuellen Felder des aktuellen Index. Benutzen Sie den Primärindex, enthält IndexFieldCount den Wert 1. Ist die Eigenschaft Active der Komponente auf False gesetzt, ist der Wert von IndexFieldCount auf 0 gesetzt.

property IndexFieldNames: string;

Mit IndexFieldNames bestimmen Sie, welche Tabellenspalten wie ein Index benutzt werden sollen. Diese Eigenschaft wird zusammen mit SQL-Servern benutzt. Die Spaltennamen werden mit einem Semikolon getrennt. Beispiel:

NAME; SIZE; AREA

Da der Typ String nur maximal 255 Zeichen enthalten kann, sollten Sie – falls Ihre Einstellung zu lang wird – Spaltennummern statt Spaltennamen verwenden. Die Verwendung von IndexFieldNames und IndexName bringt gewisse Gefahren mit sich: Setzen Sie eine der beiden Eigenschaften, wird der Wert der anderen Eigenschaft gelöscht.

property IndexName: string;
IndexName erstellt einen Sekundärindex in der Tabelle für das Ordnen der Datensätze. Wird IndexName nicht eingestellt, wird dafür der Primärindex der Tabelle benutzt.

Bei dBASE-Tabellen muß der Index in einer Master-Indexdatei der Tabelle enthalten sein.

Die Master-Indexdatei ist durch den Namen der Tabelle in der Eigenschaft TableName festgelegt, trägt aber die Dateierweiterung MDX statt DBF. Die Verwendung von IndexFieldNames und IndexName bringt gewisse Gefahren mit sich: Setzen Sie eine der beiden Eigenschaften, wird der Wert der anderen Eigenschaft gelöscht.

property KeyExclusive: Boolean;
Mit KeyExclusive legen Sie die Arbeitsweise von bereichsbestimmenden Funktionen und von SuchFunktionen fest.

Die bereichsbestimmenden Methoden SetRangeStart und SetRangeEnd:

KeyExclusive=True bedeutet, daß sich nur die Spalten im gefilterten Bereich befinden, die sich nach dem Bereichsanfang (RangeStart) und vor dem Bereichsende (RangeEnd) aufhalten. Die Spalten direkt am RangeStart und RangeEnd werden also nicht mit einbezogen.

KeyExclusive=False bedeutet, daß nur die Spalten sich im gefilterten Bereich befinden, die sich auf und nach dem Bereichsanfang (RangeStart) und auf und vor dem Bereichsende (RangeEnd) aufhalten. Die Spalten direkt am RangeStart und RangeEnd werden also mit einbezogen.

Die Suchmethoden GoToNearest und FindNearest:

KeyExclusive=False bedeutet, daß der übereinstimmende Datensatz angesteuert wird.

KeyExclusive=True bedeutet, daß der dem übereinstimmenden Datensatz folgende Datensatz angesteuert wird.

property KeyFieldCount: Integer;
Mit KeyFieldCount legen Sie die Anzahl der Schlüsselfelder fest, um diese mit den Suchfunktionen wie GotoKey, FindKey und EditKey benutzen zu können. Dadurch verhindern Sie, daß diese Methoden nicht über alle Felder im Schlüssel suchen.

property Locale: TLocale;
Locale bestimmt den Sprachtreiber für die Datei, der bei direkten Aufrufen einer API-Funktion der Borland Database benutzt werden soll.

property MasterFields: string;
Mit MasterFields legen Sie die Spalten fest, die bei einer Verknüpfung einer Detail-Tabelle mit einer Master-Tabelle (siehe Eigenschaft MasterSource) einbezogen werden sollen.

Mehrere Spalten werden mit einem Semikolon getrennt.

Sollen zum Beispiel zwei Tabellen über die Spalten NAME, SIZE und AREA verknüpft werden, tragen Sie in MasterField folgendes ein:

```
NAME;SIZE;AREA
```

Zur Entwicklungszeit können Sie der Einfachheit halber am besten den Datenbankformular-Experten (im Menü Hilfe) verwenden.

property MasterSource: TDataSource;
Mit MasterSource legen Sie die Komponente DataSource (vom Typ TDataSource) für die Verknüpfung einer Detail-Tabelle mit einer Master-Tabelle fest. Die Komponente DataSource sollte dabei mit einer Detail-Tabelle via einer weiteren Instanz einer Datensatz-Komponente (zum Beispiel Table) verbunden sein. Diese Daten werden dann mit der Master-Tabelle über die Eigenschaft MasterFields verknüpft.

property Modified: Boolean;
Die Eigenschaft Modified überprüft, ob der Inhalt eines Feldes der Komponente seit seiner Erzeugung oder seit dem Zeitpunkt, an dem zum letzten Mal die Eigenschaft Modified auf False gesetzt wurde, geändert wurde. Ist Modified True, so hat sich der Inhalt geändert.

property Name: TComponentName;
Die Eigenschaft Name enthält den Namen der Komponente wie er von anderen Komponenten für den Zugriff verwendet wird. Delphi weist als Vorgabewerte sequentielle Namen zu, die auf dem Typ der Komponente basieren, also etwa für Buttons »Button1«, »Button2« etc. Dies können Sie gemäß Ihrer Vorstellungen abändern. Komponentennamen sollten ausdrücklich nur zur Entwurfszeit geändert werden.

property Owner: TComponent;
Die Eigenschaft Owner teilt Ihnen mit, welche Komponente zu welcher Komponente gehört. Dem Formular gehören alle Komponenten, die auf ihm vorhanden sind. Umgekehrt gehört das Formular zur Anwendung. Gehört eine Komponente A einer anderen Komponente B, wird der Speicher der Komponente A freigegeben, wenn der Speicher der Komponente B freigegeben wird. Es werden also folgerichtig alle Komponenten des Formulars gelöscht, wenn das Formular gelöscht wird. Außerdem wird natürlich der Speicher für das Formular und dessen Komponenten freigegeben, wenn der Speicher der Anwendung selbst freigegeben wird.

property ReadOnly: Boolean;
Die Eigenschaft ReadOnly hängt davon ab, um welche Art von Komponente es sich bei der Komponente mit dieser Eigenschaft handelt.

ReadOnly für datensensitive Komponenten und Eigabefelder:

ReadOnly bestimmt, ob der Anwender den Inhalt einer Komponente ändern darf. Falls ReadOnly True ist, kann der Anwender den Inhalt nicht ändern. Wenn ReadOnly False ist, kann der Anwender den Inhalt abändern. Die Eigenschaft ReadOnly bestimmt bei datensensitiven Komponeten, ob der Anwender die Komponente verwenden kann, um ein Feld in einem Datensatz zu bearbeiten oder ob er die Komponente nur zur Anzeige von Daten verwenden kann. Falls ReadOnly False ist, kann der Anwender den Wert des Felds ändern, solange der Datensatz zum Bearbeiten freigegeben ist. Ist die Eigenschaft ReadOnly eines Datengitters True, dann kann der Anwender keine neue Zeile einfügen.

Zu dieser Gruppe von Komponenten zählen:

DBCheckBox	DBListBox	DBRadioGroup
DBComboBox	DBLookupCombo	Edit
DBEdit	DBLookupList	MaskEdit
DBGrid	DBMemo	Memo
DBImage		

ReadOnly für Tabellen:

Benutzen Sie ReadOnly um zu verhindern, daß Benutzer Daten in der Tabelle ändern können. Achtung: Denken Sie daran, die Eigenschaft Active auf False zu setzen, bevor Sie ReadOnly ändern.

Zu dieser Gruppe von Komponenten zählen:

TTable

ReadOnly für Feldkomponenten

ReadOnly kann Modifikation eines Feldes sperren. Hat diese Eigenschaft den Wert False, kann ein Feld verändert werden. Um die Änderung eines Feldes zu verhindern, setzen Sie ReadOnly auf True. In TDBGrid werden bei Tabulatorsprüngen die Felder mit der Eigenschaft ReadOnly übersprungen.

Zu dieser Gruppe von Komponenten gehören:

BCDField	DateTimeField	SmallintField
BlobField	FloatField	StringField
BooleanField	GraphicField	TimeField
BytesField	IntegerField	VarBytesField
CurrencyField	MemoField	WordField
DateField		

property RecordCount: Longint;
Mit RecordCount ermitteln Sie zur Laufzeit die Anzahl der Datensätze in der Datei. Die ermittelte Anzahl Datensätze kann, muß aber nicht vom jeweils eingesetzen Daten-Server und einer eventuellen Bereichsbegrenzung abhängig sein.

property State: TDataSetState;
State teilt Ihnen den aktuellen Status der Datei mit. Mögliche Werte:

dsInactive	die Datei ist nicht geöffnet (ist also geschlossen worden oder war noch nicht geöffnet)
dsBrowse	die Datei befindet sich momentan im Browse-Modus
dsEdit	die Datei befindet sich im Edit-Modus
dsInsert	die Datei befindet sich im Insert-Modus
dsSetKey	die Datei befindet sich im SetKey-Modus
dsCalcFields	das Ereignis OnCalcFields der Komponente ist eingetreten, es werden also Daten aus der Datenbank gelesen

property TableName: TFileName;
Mit TableName legen Sie den Namen der Datenbanktabelle fest, mit der die Komponente verbunden werden soll. Dabei muß die Eigenschaft Active der Komponente auf False gesetzt sein. Nach dem Motto: Im fahrenden Zustand sollten Sie nicht das Fahrzeug wechseln.

property TableType: TTableType
Mit TableType legen sie den den Typ der Datenbank-Datei fest, und kann nicht für für SQL Tabellen benutzt werden. Zur Änderung von TableType müssen Sie die Eigenschaft Active der Komponente auf False setzen. Mögliche Werte:

Wert	Datenbank-Typ	Dateierweiterung (Extension)
ttASCII	nur Textdatei	TXT
ttDBase	nur dBASE-Tabelle	DBF
ttfDefault:	Borland Paradox-Tabellen	DB oder keine
	Borland dBASE-Tabellen	DBF
	ASCII-Tabellen	TXT
ttParadox	nur Paradox -Tabelle	DB oder keine

property Tag: Longint;
Die Eigenschaft Tag kann einen Integerwert als Element einer Komponente speichern. Tag wird von Delphi nicht benutzt und steht Ihnen damit zur freien Verfügung

property UpdateMode: ???;
Mit UpdateMode legen Sie die Art der Spalte fest, die benutzt werden soll, damit Delphi und Ihre Anwendung die Datensätze aus einer SQL-Datenbank wiederfinden, die dort upgedatet werden sollen. Wichtig wird diese Eigenschaft vor allem in einer Multiuser-Umgebung, wenn mehrere Benutzer die Rechte besitzen, gleiche Datensätze wiederherzustellen und Änderungen an diesen vorzunehmen, was zu

Konflikten führen könnte. Nimmt ein Anwender ein Update der Daten vor, verwenden Delphi und auch Ihre Anwendung die Originalwerte im Datensatz, um diesen Datensatz in der Datenbank zu finden. Delphi geht also davon aus, daß der Datensatz noch nicht geändert wurde. In der SQL-Syntax würde UpdateMode die Spalten festlegen, die beim Aufruf des SQL-Befehls UPDATE beim Schlüsselwort WHERE enthalten sind.

Wird der Datensatz nicht gefunden, zum Beispiel weil ein anderer Anwender den Datensatz schon geändert hat, führt Delphi keine Aktualisierung durch und beanstandet dies laut Dokumentation von Delphi. Mögliche Werte:

WhereAll	Alle Spalten werden benutzt. Modus mit den meisten Einschränkungen.
WhereKeyOnly:	Nur die Indexspalten werden benutzt. Modus mit den wenigsten Einschränkungen. Sollte nur benutzt werden, wenn andere Anwender diese Datensätze nicht ändern. Dies kann man wohl nur dadurch ausschließen, indem man diesen Anwendern die Rechte dazu sperrt, oder ihnen diese wieder wegnimmt.
WhereChanged:	Die geänderten Indexspalten und Spalten werden benutzt.

Ereignisse:

property AfterCancel: TDataSetNotifyEvent;
AfterCancel tritt immer dann ein, wenn der Aufruf der Methode Cancel beendet ist. Dies ist die letzte Aktion, bevor Cancel zum Aufrufer zurückkehrt. Ist die Datei nicht im Edit-Modus oder gibt es keine unbearbeiteten Änderungen, wird das Ereignis AfterCancel nicht ausgelöst.

AfterCancel ist vom Typ

`TDataSetNotifyEvent = procedure(DataSet: TDataSet) of object;`

TDataSetNotifyEvent zeigt also auf eine Methode, die die Datensatz-Komponente enthält, in der das Ereignis aufgetreten ist.

property AfterClose: TDataSetNotifyEvent;
Das Ereignis AfterClose tritt immer dann auf, nachdem eine Datei entweder mit der Methode Close oder durch die Änderung der Eigenschaft Active auf False geschlossen wurde. Dies ist die letzte Aktion, ehe Close zum Aufrufer zurückkehrt. Der Event-Handler AfterClose schließt alle privaten Nachschlagetabellen, die vom Ereignis BeforeOpen geöffnet wurden.

AfterClose ist vom Typ

`TDataSetNotifyEvent = procedure(DataSet: TDataSet) of object;`

TDataSetNotifyEvent zeigt also auf eine Methode, die die Datensatz-Komponente enthält, in der das Ereignis aufgetreten ist.

property AfterDelete: TDataSetNotifyEvent;
Das Ereignis AfterDelete tritt immer dann ein, wenn ein Aufruf der Methode Delete beendet wird. Dies ist die letzte Aktion, bevor Delete zum Aufrufer zurückkehrt.

Beim Aufruf von AfterDelete ist der gelöschte Datensatz schon aus der Datei entfernt und der Datensatz-Zeiger zeigt auf den folgenden Datensatz.

AfterDelete ist vom Typ

```
TDataSetNotifyEvent = procedure(DataSet: TDataSet) of object;
```

TDataSetNotifyEvent zeigt also auf eine Methode, die die Datensatz-Komponente enthält, in der das Ereignis aufgetreten ist.

property AfterEdit: TDataSetNotifyEvent;
AfterEdit tritt immer dann ein, wenn ein Aufruf der Methode Edit beendet wird. Dies ist die letzte Aktion, bevor Edit zum Aufrufer zurückkehrt. AfterEdit tritt immer vor dem Einsetzen von Änderungen im aktuellen Datensatz ein.

AfterEdit ist vom Typ

```
TDataSetNotifyEvent = procedure(DataSet: TDataSet) of object;
```

TDataSetNotifyEvent zeigt also auf eine Methode, die die Datensatz-Komponente enthält, in der das Ereignis aufgetreten ist.

property AfterInsert: TDataSetNotifyEvent;
AfterInsert tritt immer dann ein, wenn ein Aufruf der Methoden Insert oder Append beendet wird. Dies ist die letzte Aktion, bevor die Methoden zum Aufrufer zurückkehren. AfterInsert tritt immer vor dem Hinzufügen neuer Datensätze in die Tabelle ein.

AfterInsert ist vom Typ

```
TDataSetNotifyEvent = procedure(DataSet: TDataSet) of object;
```

TDataSetNotifyEvent zeigt also auf eine Methode, die die Datensatz-Komponente enthält, in der das Ereignis aufgetreten ist.

property AfterOpen: TDataSetNotifyEvent;
AfterOpen tritt immer dann ein, wenn eine Datei durch den Aufruf der Methode Open oder durch Setzen der Eigenschaft Active auf den Wert True geöffnet wurde. Dies ist die letzte Aktion, bevor Open zum Aufrufer zurückkehrt.

AfterOpen ist vom Typ

```
TDataSetNotifyEvent = procedure(DataSet: TDataSet) of object;
```

TDataSetNotifyEvent zeigt also auf eine Methode, die die Datensatz-Komponente enthält, in der das Ereignis aufgetreten ist.

property AfterPost: TDataSetNotifyEvent;
AfterPost tritt immer dann ein, wenn ein Aufruf der Methode Post beendet wird. Dies ist die letzte Aktion, bevor Post zum Aufrufer zurückkehrt.

Wird in der Komponente ein mit ApplyRange definierter Bereichsfilter aktiv und fällt dadurch der der Wert des Schlüssels für den neu eingetragenen Datensatz aus dem Bereich heraus, wird der Datensatz-Zeiger in AfterPost nicht auf den neu eingetragenen Datensatz positioniert.

AfterPost ist vom Typ

```
TDataSetNotifyEvent = procedure(DataSet: TDataSet) of object;
```

TDataSetNotifyEvent zeigt also auf eine Methode, die die Datensatz-Komponente enthält, in der das Ereignis aufgetreten ist.

property BeforeCancel: TDataSetNotifyEvent;
BeforeCancel tritt immer dann ein, wenn der Aufruf der Methode Cancel beginnt. Dies ist die erste Aktion, bevor Cancel die restlichen Aktionen beginnt. Ist die Datei nicht im Edit-Modus oder gibt es keine unbearbeiteten Änderungen, wird das Ereignis BeforeCancel nicht ausgelöst.

BeforeCancel ist vom Typ

```
TDataSetNotifyEvent = procedure(DataSet: TDataSet) of object;
```

TDataSetNotifyEvent zeigt also auf eine Methode, die die Datensatz-Komponente enthält, in der das Ereignis aufgetreten ist.

property BeforeClose: TDataSetNotifyEvent;
BeforeClose tritt immer dann ein, bevor eine Datei entweder mit der Methode Close oder durch die Änderung der Eigenschaft Active auf False geschlossen wird. Dies ist die erste Aktion, bevor Close die restlichen Aktionen beginnt. Durch Zuweisung eines selbstdefinierten Exception-Handlers kann man zum Beispiel eine Cancel-Aktion verhindern.

BeforeClose ist vom Typ

```
TDataSetNotifyEvent = procedure(DataSet: TDataSet) of object;
```

TDataSetNotifyEvent zeigt also auf eine Methode, die die Datensatz-Komponente enthält, in der das Ereignis aufgetreten ist.

property BeforeDelete: TDataSetNotifyEvent;
BeforeDelete tritt immer dann ein, wenn ein Aufruf der Methode Delete beginnt. Dies ist die erste Aktion, bevor Delete die restlichen Aktionen beginnt. Beim Aufruf von BeforeDelete ist der gelöschte Datensatz noch nicht aus der Datei entfernt und der Datensatz-Zeiger zeigt noch auf den zu löschenden Datensatz. Dadurch könnte ein Löschen verhindert werden. Es ist die letzte Chance, den zu löschenden Datensatz zu retten.

BeforeDelete ist vom Typ

```
TDataSetNotifyEvent = procedure(DataSet: TDataSet) of object;
```

TDataSetNotifyEvent zeigt also auf eine Methode, die die Datensatz-Komponente enthält, in der das Ereignis aufgetreten ist.

property BeforeEdit: TDataSetNotifyEvent;
BeforeEdit tritt immer dann ein, wenn ein Aufruf der Methode Edit beginnt. Dies ist die erste Aktion, bevor Edit die restlichen Aktionen beginnt. BeforeEdit ist vom Typ

```
TDataSetNotifyEvent = procedure(DataSet: TDataSet) of object;
```

TDataSetNotifyEvent zeigt also auf eine Methode, die die Datensatz-Komponente enthält, in der das Ereignis aufgetreten ist.

property BeforeInsert: TDataSetNotifyEvent;
BeforeInsert tritt immer dann ein, wenn ein Aufruf der Methoden Insert oder Append beginnt. Dies ist die erste Aktion, ehe die Methoden die anderen Aktionen stattfinden. BeforeInsert ist vom Typ

```
TDataSetNotifyEvent = procedure(DataSet: TDataSet) of object;
```

TDataSetNotifyEvent zeigt also auf eine Methode, die die Datensatz-Komponente enthält, in der das Ereignis aufgetreten ist.

property BeforeOpen: TDataSetNotifyEvent;
BeforeOpen tritt immer dann ein, bevor eine Datei durch den Aufruf der Methode Open oder durch Setzen der Eigenschaft Active auf den Wert True geöffnet wurde. Dies ist die erste Aktion, bevor Open mit den restlichen Aktionen beginnt. Der Event-Handler BeforeOpen öffnet alle privaten Nachschlagetabellen, die von anderen Event-Handlern in der Datei benutzt werden.

BeforeOpen ist vom Typ

```
TDataSetNotifyEvent = procedure(DataSet: TDataSet) of object;
```

TDataSetNotifyEvent zeigt also auf eine Methode, die die Datensatz-Komponente enthält, in der das Ereignis aufgetreten ist.

property BeforePost: TDataSetNotifyEvent;
BeforePost tritt immer dann ein, wenn ein Aufruf der Methode Post beginnt. Dies ist die erste Aktion, bevor Post mit den restlichen Aktionen beginnt. Dies geschieht nachdem diese Methode die Methode UpdateRecord aufgerufen hat, um Änderungen am Datensatz vom Anwender in dieser Anwendung zu erkennen. BeforePost kann sehr nützlich sein, um einen veränderten oder neuen Datensatz auf seine Gültigkeit zu testen, bevor dieser in die Tabelle eingetragen wird. Durch eine Exception könnten Sie die Eintragung eines ungültigen Datensatzes oder überhaupt aller Datensätze verhindern.

BeforePost ist vom Typ

```
TDataSetNotifyEvent = procedure(DataSet: TDataSet) of object;
```

TDataSetNotifyEvent zeigt also auf eine Methode, die die Datensatz-Komponente enthält, in der das Ereignis aufgetreten ist.

property OnCalcFields: TDataSetNotifyEvent;
OnCalcFields tritt immer dann ein, wenn eine Datei einen Datensatz von der Datenbank liest. Außerdem tritt OnCalcFields immer dann ein, wenn AutoCalcFields auf True gesetzt wurde und ein nicht berechnetes Feld verändert wird, während die Datei sich im Edit- oder Insert-Modus befindet. Da OnCalcFields häufig aufgerufen wird, sollte die Behandlungsroutine, die Sie hier eventuell einfügen, sehr kurz sein. Ansonsten wirkt sich dies stark negativ auf das Laufzeit-Verhalten Ihrer Anwendung aus. Beachten Sie, daß OnCalcFields vollkommen ungeeignet zur Veränderung

einer Datei ist, da dies natürlich zum erneuten Aufruf ihrer selbst und damit zu Rekursionen führen kann. Ein fast endloser Aufruf ein- und desselben Ereignisses wäre somit der Absturz Ihres Programms. Während OnCalcFields aktiv ist, befindet sich die Datei im Modus CalcFields.

Das heißt, daß nur Werte von schon berechneten Felder gesetzt werden können.

OnCalcFields ist vom Typ

```
TDataSetNotifyEvent = procedure(DataSet: TDataSet) of object;
```

TDataSetNotifyEvent zeigt also auf eine Methode, die die Datensatz-Komponente enthält, in der das Ereignis aufgetreten ist.

property OnNewRecord: TDataSetNotifyEvent;
OnNewRecord tritt immer dann ein, wenn ein neuer Datensatz in die Datei eingefügt wird. OnNewRecord tritt immer nach BeforeInsert und immer vor AfterInsert ein. OnNewRecord ermöglicht die Initialisierung aller Felder des Datensatzes, ohne diesen als Modified zu kennzeichnen. Bei allen Änderungen des Datensatzes nach diesem Ereignis wird Modified gesetzt. OnNewRecord ist vom Typ

```
TDataSetNotifyEvent = procedure(DataSet: TDataSet) of object;
```

TDataSetNotifyEvent zeigt also auf eine Methode, die die Datensatz-Komponente enthält, in der das Ereignis aufgetreten ist.

Methoden:

procedure AddIndex(const Name, Fields: string; Options: TIndexOptions);
Mit AddIndex erzeugen Sie einen neuen Index für die Komponente. Der Parameter Name ist der Name des neuen Index. Der Parameter Fields ist eine Liste der aufzunehmenden Felder. Mehrere Feldnamen werden durch ein Semikolon getrennt. Beispiel:

```
NAME;SIZE;AREA
```

Der Parameter Options ist eine Menge von Werten vom Typ TIndexOptions (ixPrimary, ixUnique, ixDescending, ixNonMaintained, ixCaseInsensitive).

procedure ApplyRange;
Mit ApplyRange beginnen Sie mit der Verwendung der Anfangs- und Endbereiche, die mit den Methoden SetRangeStart und SetRangeEnd oder den Methoden EditRangeStart und EditRangeEnd festgelegt wurden.

procedure Append;
Append bewegt den Datensatz-Zeiger auf das Dateiende, ändert den Modus der Datei in den Insert-Modus und öffnet einen neuen leeren Datensatz. Erst mit dem Aufruf von Post wird der neue Datensatz anhand des zugehörigen Indexes (falls definiert) in die Datei eingesetzt. Mit Cancel verwerfen Sie den neuen Datensatz wieder. Append können Sie nur auf Datenbank-Dateien anwenden, die einen aktuellen Ergebnissatz zurückgeben. Bei indizierten Tabellen wird der neue Datensatz mit den Methoden Append und Insert anhand des zugehörigen Indexes in die richtige Tabellenposition gesetzt. Ist zu der zugrundeliegenden Tabelle kein Index definiert, behält

der Datensatz seine durch Append zuerst definierte Position, wird also am Dateiende eingefügt, während Insert den Datensatz an der Position des aktuellen Datensatz-Zeigers einfügt. In beiden Fällen können die Zeilen eines Datengitters verändert werden.

procedure AppendRecord(const Values: array of const);
Mit AppendRecord können Sie einen neuen Datensatz mit den Daten im Parameter Values an die Datenbank-Datei anhängen. Die Zuweisung von Values ist sequentiell; das erste Element aus Values wird dem ersten Feld des neuen Datensatzes zugewiesen, das zweite dem zweiten etc. Die Anzahl der Felddaten in Values kann kleiner sein als die Anzahl der aktuellen Felder im Datensatz; die restlichen Felder erhalten keine aktuelle Wertzuweisung, sondern den Wert NULL. Der Typ eines jeden Elements aus Values muß mit dem Typ des zugehörigen Feldes verträglich sein, damit das Feld in der Lage ist, eine Wertzuweisung mit zum Beispiel AsString und AsInteger gemäß dem Typ des Elements aus Values durchzuführen. AppendRecord können Sie nur auf Datenbank-Dateien anwenden, die einen aktuellen Ergebnissatz zurückgeben. Bei indizierten Tabellen wird der neue Datensatz mit den Methoden AppendRecord und InsertRecord anhand des zugehörigen Indexes in die richtige Tabellenposition gesetzt. Ist zu der zugrundeliegenden Tabelle kein Index definiert, behält der Datensatz seine durch AppendRecord zuerst definierte Position, wird also am Dateiende eingefügt, während InsertRecord den Datensatz an der Position des aktuellen Datensatz-Zeigers einfügt. In beiden Fällen können die Zeilen eines Datengitters verändert werden.

function BatchMove(ASource: TDataSet; AMode: TBatchMode): Longint;
Mit BatchMove können Sie in der Komponente Datensätze hinzufügen, löschen, kopieren oder aktualisieren. Der Parameter ASource ist eine Instanz der Komponente Table, verknüpft mit einer den Quell-Datensatz enthaltenden Datenbank-Tabelle. AMode bestimmt den Arbeitsmodus: batAppend, batUpdate, batAppendUpdate, batDelete, oder batCopy. BatchMove gibt die Anzahl der verwendeten Datensätze als Ergebnis zurück.

procedure Cancel;
Mit Cancel machen Sie alle Änderungen des aktuellen Datensatzes rückgängig. Die Datenbank-Datei wird dabei in den Browse-Modus versetzt.

procedure CancelRange;
Mit CancelRange heben Sie durch die Methoden ApplyRange oder SetRange eingesetzten Bereiche wieder auf.

procedure CheckBrowseMode;
Mit CheckBrowseMode prüfen Sie, ob die Datenbank-Datei offen ist und keine Änderungen vorliegen. Hat die Eigenschaft State der Datei, oder besser gesagt, Ihrer Komponente (z.B. Table) den Wert dsEdit, dsInsert oder dsSetKey, wird die Methode Post aufgerufen, um alle anhängigen Änderungen einzutragen. Ist die Datei geschlossen, wird die Exception EDataBaseError ausgelöst.

procedure ClearFields;
Mit ClearFields löschen Sie alle Felder des aktuellen Datensatzes. Die Felder bekommen den Inhalt NULL. Dabei muß sich die Datei im Edit-Modus befinden, sonst wird eine Exception EDatabaseError ausgelöst.

procedure Close;
Mit Close schließen Sie die Datenbank-Datei und versetzen die Komponenten in den inaktiven Zustand zurück (Eigenschaft Active=False). Genausogut könnten Sie gleich die Eigenschaft Active der Komponente auf False setzen. Die Methode Post wird nicht ausdrücklich von Close aufgerufen. Soll dies geschehen, müssen Sie eine entsprechende Behandlungsroutine für das Ereignis BeforeClose anfertigen und einsetzen.

constructor Create;
Create weist Speicher zu, um das Objekt und damit die Komponente zu erzeugen und nach Bedarf seine Daten zu initialisieren. Jedes Objekt kann eine Methode Create besitzen, die individuell so angepaßt ist, daß sie diese bestimmte Art von Objekt erzeugt. Im Normalfall benötigen Sie diese Methoden nicht, da Borland Delphi alles unternimmt, um Ihre Anwendung und die darin enthaltenen Komponenten zu erzeugen. Sollten Sie allerdings ein Ereignis oder die Initialisierung eines Wertes einer selbst geschaffenen Komponente zur Zeit der Erzeugung einstellen wollen, erledigen Sie dies in der Methode Create. Dazu benötigen Sie aber genaue Kenntnisse und Techniken der OOP. Ansonsten sollten Sie Create unverändert lassen und nicht aufrufen.

procedure CreateTable;
Mit CreateTable können Sie eine neue, leere Datenbanktabelle erzeugen. Vorher müssen Sie aber den Eigenschaften DatabaseName, TableName, TableType, FieldDefs und IndexDefs entsprechende Werte zuweisen.

procedure CursorPosChanged;
CursorPosChanged wird von der Eigenschaft Handle für direkte Aufrufe von API-Funktionen der Borland-Database-Engine benötigt, bei denen sich die Cursorposition, also die Position des Datensatz-Zeigers, ändert.

Mit dem Aufruf von CursorPosChanged informieren Sie die Datei, daß sich der Zeiger, der letztendlich dem Datensatz-Zeiger der Borland-Database-Engine zugrundeliegt, geändert hat. Sollten Sie API-Funktionen der Borland-Database-Engine aufrufen, die den Zeiger ändern, rufen Sie nach dem Aufruf diese Methode auf.

procedure Delete;
Mit Delete löschen Sie den Datensatz an der Position des Datensatz-Zeigers aus der Datei. Danach weist der Zeiger auf den folgenden Datensatz. Wurde dadurch allerdings der letzte Datensatz gelöscht, weist der Zeiger auf den vorherigen Datensatz. Für einen Aufruf muß die Datenbank-Datei einen aktuellen Ergebnissatz zurückgeben.

procedure DeleteIndex(const Name: string);
Mit DeleteIndex löschen Sie einen Sekundärindex der Komponente. Der Parameter Name ist der Name des Index. Die Tabelle muß allerdings mit der Eigenschaft Exclusive=True geöffnet worden sein.

procedure DeleteTable;
Mit DeleteTable löschen Sie eine bestehende Tabelle. Vor dem Aufruf müssen Sie die Eigenschaften DatabaseName, TableName und TableType mit den entsprechenden Werten belegen. Die Tabelle darf beim Löschvorgang nicht geöffnet sein.

procedure DisableControls;
Mit DisableControls trennen Sie die Datenbank-Datei zeitweise von allen Instanzen der Komponente DataSource.

Während dieser Zeit werden Änderungen an der Datei nicht angezeigt. Mehrfache Aufrufe der Methoden Next und Prior werden beschleunigt, wenn Sie vorher DisableControls aufrufen, da dadurch das Update des Bildschirms entfällt. Danach können Sie mit dem Aufruf der Methoden EnableControls die Verbindungen wieder herstellen und das Update des Bildschirms wird automatisch ausgeführt. Da die Anzahl der Aufrufe von DisableControls und EnableControls gespeichert wird, führt erst der letzte Aufruf von EnableControls zur tatsächlichen Aktualisierung.

procedure Edit;
Mit Edit versetzen Sie die Datenbank-Datei in den Edit-Modus. Dabei wird der Wert der Eigenschaft State auf dsEdit gesetzt.

Mit datensensitiven Komponenten wie zum Beispiel DBEdit können Datensätze nur im Edit-Modus verändert werden. Der Aufruf von Edit in einer nicht veränderbaren Datei löst eine Exception aus. Daher sollten Sie vorher die Eigenschaft CanModify abfragen. Diese hat bei veränderbaren Dateien den Wert True. Für den Aufruf von Edit muß die Datei einen aktuellen Ergebnissatz zurückgeben.

procedure EditKey;
Mit EditKey ändern Sie den Inhalt des Suchschlüsselpuffers. Dies ist nur sinnvoll, wenn Sie in mehreren Feldern suchen wollen, nachdem Sie SetKey aufgerufen haben. Mit GotoKey können Sie der Datensatz-Zeiger auf den mit dem Schlüssel übereinstimmenden Datensatz positionieren. Im Gegensatz zu EditKey setzt SetKey alle Elemente des Suchschlüsselpuffers auf NULL.

procedure EditRangeEnd;
Mit EditRangeEnd können Sie den mit SetRangeEnd eingerichteten Endbereich des Datensatz-Filters ändern. Mit dem Aufruf von ApplyRange aktivieren Sie den neuen Filter-Bereich. Im Gegensatz zu EditRangeEnd setzt SetRangeStart alle Elemente des Suchschlüsselpuffers auf NULL. Zu beachten ist außerdem, daß diese Methode bei Paradox und dBASE-Tabellen nur bei indizierten Feldern eingesetzt werden kann. Bei SQL-Datenbanken können Sie EditRangeEnd auf alle in der Eigenschaft IndexFieldNames definierten Spalten anwenden.

procedure EditRangeStart;
Mit EditRangeStart können Sie den mit SetRangeStart eingerichteten Startbereich des Datensatz-Filters ändern. Mit dem Aufruf von ApplyRange aktivieren Sie den neuen Filter-Bereich. Im Gegensatz zu EditRangeStart setzt SetRangeStart alle Elemente des Suchschlüsselpuffers auf NULL. Zu beachten ist außerdem, daß diese Methode bei Paradox und dBASE-Tabellen nur bei indizierten Feldern eingesetzt werden kann. Bei SQL-Datenbanken können Sie EditRangeStart auf alle in der Eigenschaft Index-FieldNames definierten Spalten anwenden.

procedure EmptyTable;
Mit EmptyTable löschen Sie alle vorhandenen Datensätze aus der Datenbanktabelle. Vor dem Aufruf müssen Sie die Werte für die Eigenschaften DatabaseName, TableName und TableType Werte entsprechend setzen.

Wollen Sie eine geöffnete Tabelle leeren, achten Sie darauf, daß diese Tabelle mit exklusiven Zugriff geöffnet wurde (Exclusive=True) oder setzen Sie die Eigenschaft Active auf den Wert False zurück. Ansonsten wird der Aufruf und damit das Leeren der Tabelle fehlschlagen.

procedure EnableControls;
Mit EnableControls stellen Sie die via DisableControls zeitweise abgebrochenen Verbindungen zwischen der Datenbank-Datei und den Instanzen der Komponente DataSource wieder her. Näheres dazu siehe Methode DisableControls.

function FieldByName(const FieldName: string): TField;
Mit FieldByName testen Sie, ob das im Parameter FieldName übergebene Feld existiert. Wird das Feld nicht gefunden, löst FieldByName eine Exception aus. Mit der Methode FindField stellen Sie fest, ob ein Feldname tatsächlich existiert. Das Ergebnis ist vom Typ TField und enthält alle Eigenschaften des Feldes.

function FindComponent(const AName: string): TComponent;
Die Methode FindComponent gibt im Array Components die Komponente zurück, deren Name zum String im Parameter AName paßt. FindComponent beachtet dabei keine Groß-/Kleinschreibung.

Beispiel: Es existiert ein Button »Button1« in Ihrer Anwendung. Um die eigentliche Komponente TButton1 im Array Components zurückzugeben, rufen Sie FindComponents wie folgt auf:

```
FindComponents('Button1');
```

function FindField(const FieldName: string): TField;
FindField sucht das Feld mit dem im Parameter FieldName angegebenen Namen und gibt dessen Instanz der Klasse TField mit allen passenden Eigenschaften zurück. FindField ist zwar etwas langsamer als der Zugriff über die Eigenschaft Fields, dafür schützt diese Methode aber vor Änderungen der Reihenfolge der Felder in der Komponente. Existiert das Feld nicht oder wird es nicht gefunden (die Angaben in FieldName oder in der Eigenschaft TableName sollten im Zweifelsfalle überprüft werden), gibt FindField als Ergebnis nil zurück.

function FindKey(const KeyValues: array of const): Boolean;
Mit FindKey können Sie nach einem Datensatz suchen, dessen Indexfelder mit den Werten des Parameter KeyValues übereinstimmen. Mehrere Werte in KeyValues werden mit einem *Komma(!)* und nicht mit einem Semikolon getrennt! Ist die Anzahl der gelieferten Werte geringer als die Anzahl der Spalten in der Tabelle, geht Delphi davon aus, daß die restlichen Werte Null sind. FindKey sucht nach Werten, die im Array des aktuellen Index spezifiziert wurden. Beim Aufruf von FindKey passiert folgendes:

Zuerst wird die Methode SetKey aufgerufen und damit die Komponente in den Set-Key-Status gebracht (siehe Methode SetKey). Danach wird nach dem Datensatz gesucht, der mit den angegebenen Werten übereinstimmt.

Wird ein Datensatz gefunden, wird der Datensatz-Zeiger auf diesen Datensatz positioniert und als Ergebnis wird True zurückgegeben. Ansonsten wird alles unverändert gelassen und der Wert False zurückgegeben.

procedure FindNearest(const KeyValues: array of const);
Mit FindNearest wir der Datensatz-Zeiger auf den nächsten Datensatz positioniert, dessen Indexfeldwerte größer oder gleich denen in KeyValues angegeben sind. Die Suche beginnt dabei beim ersten Datensatz und nicht bei der aktuellen Position des Datensatz-Zeigers.

FindNearest arbeitet normalerweise mit dem Primärindex. Sollen andere Indizes durchsucht werden, müssen Sie den Feldnamen in der Eigenschaft IndexFieldNames oder den Namen des Index in der Eigenschaft IndexName angeben. Bei Anwendung der Methode auf Paradox- oder gar dBASE-Tabellen kann diese Methode nur indizierte Feldern durchsuchen. Bei SQL-Datenbanken können allerdings alle in der Eigenschaft IndexFieldNames angegebenen Spalten durchsucht werden. Zu diesem Thema siehe auch die Beschreibung der Eigenschaft KeyExclusive.

procedure First;
Mit First positionieren Sie den Datensatz-Zeiger auf den ersten Datensatz des mit ApplyRange aktivierten Bereichs in der Datei. Hält sich die Datenbank-Datei dabei im Edit-Modus oder im Insert-Modus auf, ruft First die Methode Post für alle aktuellen, aber noch nicht eingetragenen Daten aus.

function Focused: Boolean;
Focused wird verwendet, um zu bestimmen, ob ein Fensterdialogelement den Fokus besitzt und deshalb das aktive Dialogelement in ActiveControl ist.

procedure Free;
Die Methode Free entfernt das Objekt und gibt den dazugehörigen Speicher frei. Haben Sie das Objekt unter Verwendung der Methode Create erzeugt, so benutzen Sie zum Entfernen und für die Freigabe des Speichers die Methode Free. Free gelingt auch dann, wenn das Objekt selbst nicht mehr existiert (zum Beispiel durch einen vorherigen Aufruf von Free). Delphi erledigt dies für Objekte der Bibliothek visueller Komponenten automatisch.

Sie sollten also niemals eine Komponente innerhalb Ihrer Anwendung entfernen.

Falls Sie ein Formular freigeben wollen, rufen Sie die Methode Release auf, um das Formular zu löschen und dessen benutzten Speicher freizugeben.

procedure FreeBookmark(Bookmark: TBookmark);
Mit FreeBookmark geben Sie die durch den Aufruf von GetBookmark belegten Systemressourcen wieder frei. Mehr zu diesem Thema siehe Methode GetBookmarks.

function GetBookmark: TBookmark;
Mit GetBookmark sichern Sie die aktuelle Datensatzinformation der Datei, um eine spätere Rückkehr zu diesem Datensatz mit einem Aufruf der Methode GotoBookmark zu ermöglichen. Die Markierung sollte gespeichert und später mit der Methode FreeBookmark freigegeben werden, damit die von GetBookmark belegten Ressourcen wieder freigegeben werden. Ist die Datei leer oder nicht im Browse-Modus, gibt GetBookmark den Wert nil zurück. Wird eine Datei geschlossen oder ändert sich der Index einer Tabelle, gehen auch alle mit GetBookmark angefertigten Markierungen wieder verloren.

procedure GetFieldNames(List: TStrings);
Mit GetIndexNames ermitteln Sie alle Feldnamen der Tabelle. Diese Namen werden an die Liste des Objekts List angehängt.

procedure GetIndexNames(List: TStrings);
Mit GetIndexNames ermitteln Sie alle Index-Namen der Tabelle. Diese Namen werden an die Liste des Objekts List angehängt.

procedure GotoBookmark(Bookmark: TBookmark);
Mit GotoBookmark können Sie den Datensatz-Zeiger auf den Datensatz mit der durch GetBookmark ermittelten Markierung positionieren. Ist die Markierung nicht vorhanden, oder ist der Parameter Bookmark auf nil gesetzt, löst diese Prozedur nichts aus und gibt den Programmablauf unverrichteter Dinge an den Aufrufer zurück.

procedure GotoCurrent(Table: TTable);
Mit GotoCurrent können Sie die Datensatz-Zeiger zweier Instanzen der Komponente synchronisieren, wenn diese die gleiche Tabelle benutzen. Bei beiden Instanzen der Komponente Table müssen die Eigenschaften DatabaseName und TableName übereinstimmen, ansonsten quittiert GotoCurrento diesen Umstand mit der gar häßlichen Fehlermeldung »Tabellen stimmen nicht überein«.

function GotoKey: Boolean;
Mit GotoKey gehen Sie zu dem mit den Methoden SetKey oder EditKey definierten Schlüssel. Dazu rufen Sie zuerst die Methode SetKey auf, um die Tabelle in den SetKey-Modus zu bringen und den Key zu definieren. Gegebenenfalls können Sie ihn mit EditKey editieren. GotoKey positioniert dann den Datensatz-Zeiger auf den ersten Datensatz, der mit den via SetKey oder EditKey festgelegten Feldwerten übereinstimmt.

procedure GotoNearest;
GotoNearest positioniert den Datensatz-Zeiger auf den ersten Datensatz, der mit den via SetKey oder editKey festgelegten Feldwerten übereinstimmt oder größer ist. Da-

zu rufen Sie zuerst die Methode SetKey auf, um die Tabelle in den SetKey-Modus zu bringen und den Key zu definieren. Gegebenenfalls können Sie diesen mit EditKey editieren. Dazu siehe auch die Eigenschaft KeyExclusive.

procedure Insert;
Mit dem Aufruf von Insert versetzen Sie die Datei in den Insert-Modus und öffnen einen neuen leeren Datensatz an der aktuellen Position des Datensatz-Zeigers. Dabei wird der bis dahin aktuelle Datensatz und alle folgenden Datensätze nach hinten geschoben. Mit dem Aufruf der Methode Post fügen Sie anschließend den neuen Datensatz in die Datei in einer von ihrem Index (falls definiert) bestimmten Position ein. Mit der Methode Cancel können Sie allerdings den neuen Datensatz verwerfen, falls Post noch nicht aufgerufen wurde.

Diese Methode benötigt aber Dateien, die einen aktuellen Ergebnissatz zurückgeben. Bei indizierten Tabellen wird der neue Datensatz mit den Methoden Append und Insert anhand des zugehörigen Indexes in die richtige Tabellenposition gesetzt. Ist zu der zugrundeliegenden Tabelle kein Index definiert, behält der Datensatz seine durch Append zuerst definierte Position, wird also am Dateiende eingefügt, während Insert den Datensatz an der Position des aktuellen Datensatz-Zeigers einfügt. In beiden Fällen können die Zeilen eines Datengitters verändert werden.

procedure InsertComponent(AComponent: TComponent);
InsertComponent macht die Komponente zum Besitzer der im Parameter AComponent übergebenen Komponente. Die Komponente wird am Ende der Array-Eigenschaft Components hinzugefügt. Die eingefügte Komponente darf keinen Namen haben (keinen für die Eigenschaft Name spezifizierten Wert) oder der Name muß sich eindeutig von allen anderen in der Components-Liste unterscheiden. Wird die Besitzerkomponente entfernt, so wird auch AComponent gelöscht.

procedure InsertRecord(const Values: array of const);
Mit InsertRecord können Sie einen neuen Datensatz mit den Daten im Parameter Values an die Position des Datenbank-Zeigers einfügen. Die Zuweisung von Values ist sequentiell; das erste Element aus Values wird dem ersten Feld des neuen Datensatzes zugewiesen, das zweite dem zweiten etc. Die Anzahl der Felddaten in Values kann kleiner sein als die Anzahl der aktuellen Felder im Datensatz; die restlichen Felder erhalten keine aktuelle Wertzuweisung, sondern den Wert NULL. Der Typ eines jeden Elements aus Values muß mit dem Typ des zugehörigen Feldes verträglich sein, damit das Feld in der Lage ist, eine Wertzuweisung mit zum Beispiel AsString und AsInteger gemäß dem Typ des Elements aus Values durchzuführen. InsertRecord können Sie nur auf Datenbank-Dateien anwenden, die einen aktuellen Ergebnissatz zurückgeben. Bei indizierten Tabellen wird der neue Datensatz mit den Methoden AppendRecord und InsertRecord anhand des zugehörigen Indexes in die richtige Tabellenposition gesetzt. Ist in der zugrundeliegenden Tabelle kein Index definiert, behält der Datensatz seine durch AppendRecord zuerst definierte Position, wird also am Dateiende eingefügt, während InsertRecord den Datensatz an der Position des aktuellen Datensatz-Zeigers einfügt. In beiden Fällen können die Zeilen eines Datengitters verändert werden.

procedure Last;
Mit Last positionieren Sie den Datensatz-Zeiger an die Position des letzten Datensatzes im mit ApplyRange aktivierten Bereich der Datei. Im Insert-Modus oder Edit-Modus ruft Last zusätzlich die Methode Post für alle noch nicht bearbeiteten Daten auf.

procedure MoveBy(Distance: Integer);
Mit MoveBy verschieben Sie den Datensatz-Zeiger um die im Parameter Distance angegebenen Datensätze. Negative Werte für Distance führen eine Bewegung zum Dateianfang aus, während positive Werte eine Bewegung zum Dateiende erlauben. Ein Wert 0 bewegt rein gar nichts. Im Insert-Modus oder Edit-Modus ruft MoveBy zusätzlich die Methode Post für alle noch nicht bearbeiteten Daten auf.

procedure Next;
Mit Next positionieren Sie den Datensatz-Zeiger auf den folgenden Datensatz. Ist die Position des Zeigers schon vorher am Ende der Datei angelangt, dann passiert rein gar nichts. Im Insert-Modus oder Edit-Modus ruft Next zusätzlich die Methode Post für alle noch nicht bearbeiteten Daten auf.

procedure Open;
Mit Open öffnen Sie eine Datenbank-Datei und versetzen diese in den Browse-Modus. Genausogut könnten Sie den Wert der Eigenschaft Active auf True setzen. Bei der Komponente Query führt Open das SQL-Schlüsselwort SELECT in der Eigenschaft SQL aus. Für eine Anweisung, die keinen Ergebnissatz zurückgibt (z.B. INSERT oder UPDATE), sollten Sie ExecSQL statt Open benutzen. Bei der Komponente StoredProc wird Open zur Ausführung der gespeicherten Prozedur benutzt. Diese muß aber ebenfalls einen Ergebnissatz zurückgeben. Gibt die gespeicherte Prozedur eine einzelne Zeile zurück, sollten Sie besser ExecProc statt Open benutzen.

procedure Post;
Mit Post speichern Sie den aktuellen Datensatz in die Datenbank. Für jeden einzelnen Datensatz, den Sie speichern wollen, müssen Sie die Post-Methode explizit aufrufen.

Die Arbeitsweise von Post ist abhängig vom Modus der Datei: Im Edit-Modus modifiziert Post den aktuellen Datensatz, während im Insert-Modus die Methode Post einen neuen Datensatz einfügt und im SetKey-Modus überträgt Post die Änderungen in den SetKey-Puffer und versetzt die Datei in den Browse-Modus.

Wird der aktuelle Datensatz in Ihrer Anwendung verlassen, ruft Delphi die Post-Methode auf, um die Änderungen abzuspeichern.

Beim Aufruf der Methoden Next, MoveBy, Prior, First und Last wird Post immer dann für einen Datensatz ausgeführt, falls die Tabelle sich im Edit-Modus oder Insert-Modus befindet. Bei den Methoden Append, AppendRecord, Insert und InsertRecord wird Post ebenfalls aufgerufen, um den Datensatz abzuspeichern.

Kann ein Datensatz nicht abgespeichert werden, bleibt die Datei im Edit-Modus.

procedure Prior;
Mit Prior positionieren Sie den Datensatz-Zeiger um eine Position in Richtung Dateianfang. Ist der Zeiger schon vorher am ersten Datensatz angekommen, dann passiert auch hier rein gar nichts. Im Insert-Modus oder Edit-Modus führt Prior die Methode Post für alle noch nicht eingetragenen Daten aus.

procedure Refresh;
Rufen Sie die Methode Refresh auf, dann werden alle Datensätze einer Datei erneut eingelesen. Refresh führt eine sofortige Aktualisierung durch. Bedenken Sie, daß ein Aufruf von Refresh ohne eine Benachrichtigung des Anwenders mit Texten wie »Achtung, die Daten werden aktualisiert« aufgrund der möglichen starken Veränderung der Datenanzeige eine leichte Verwirrung auslöst.

procedure RemoveComponent(AComponent: TComponent);
RemoveComponent entfernt die Komponente, die im Parameter AComponent festgelegt ist, aus der Komponentenliste Components. Die Position in der Liste wird zu nil.

procedure SetFields(const Values: array of const);
Mit SetFields weisen Sie den Feldern einer Datenbank-Datei die im Parameter Values abgelegten Werte zu.

Hat Values weniger Elemente als die Datei Felder, bleiben die übrigen Daten unverändert.

Mit dem Schlüsselwort Null weisen Sie einem Feld einen leeren Wert zu. NULL ist das Wenigste, das es gibt. Mathematiker würden wohl von einer Art leeren Menge sprechen. Damit SetFields den erhofften Erfolg hat, muß sich die Datei im Edit-Modus befinden. Sollte sie es noch nicht sein, verleiht der Aufruf der Methode Edit der Datei Flügel und treibt sie in den Edit-Modus (näheres dazu siehe Methode Edit). Wollen Sie dann die Änderung auch nicht abgespeichert haben, rufen Sie nach den erfolgten Änderungen am Datensatz die Methode Post auf. Da SetFields absolut von der Struktur der Tabelle abhängt, sollten Sie diese Methode nur verwenden, wenn Sie sicher sind, daß sich diese Struktur nicht geändert hat, oder durch den Aufruf dieser Methode ändern wird.

procedure SetKey;
Mit SetKey bringen Sie die Komponente in den SetKey-Status. Dabei wird die Eigenschaft State auf dsSetKey gesetzt. Dadurch ist es Ihrer Anwendung möglich, nach Werten in der Tabelle zu suchen. In diesem SetKey-Status können Sie die Werte des Puffers vom Suchschlüssel setzen. Der Suchschlüsselpuffer ist eine Menge von Feldern, die gleich den Schlüsselfeldern der Tabelle ist. Nach dem Setzen des Puffers brauchen Sie dann nur noch die Methoden GotoKey, GotoNearest, FindKey oder FindNearest aufrufen, um den Datensatz-Zeiger an den zutreffenden Datensatz zu positionieren. SetKey unterscheidet sich von EditKey dadurch, daß SetKey alle Elemente des Keys löscht.

procedure SetRange(const StartValues, EndValues: array of const);
SetRange erweist sich als eine Kombination der Methoden SetRangeStart, SetRangeEnd und ApplyRange .

Mit SetRange weisen Sie die Elemente von StartValues dem Anfang des Indexschlüssels, die Elemente von EndValues dem Ende des Indexschlüssels zu und aktivieren dann den Filter-Bereich. Bei Tabellen vom Typ Paradox oder dBASE arbeitet SetRange nur mit indizierten Feldern, während bei SQL-Datenbanken alle in der Eigenschaft IndexFieldNames enthaltenen Felder bearbeitet werden können.

procedure SetRangeEnd;
Mit SetRangeEnd können Sie das Ende des Indexschlüssels festlegen. Dadurch kann eine Anwendung die für sie sichtbaren Daten aus der Datei herausfiltern. Alle anderen Spaltenwerte werden ignoriert. SetRangeEnd löscht den alten Wert, während die Methode EditRangeEnd die alten Werte unverändert läßt und Ihnen erlaubt, diese zu editieren und zu verändern. Nach SetRangeEnd müssen Sie die Methode ApplyRange aufrufen, um die Änderungen wirksam zu machen. Bei Tabellen vom Typ Paradox oder dBASE arbeitet SetRangeEnd nur mit indizierten Feldern, während bei SQL-Datenbanken alle in der Eigenschaft IndexFieldNames enthaltenen Felder bearbeitet werden können.

procedure SetRangeStart;
Mit SetRangeStart können Sie den Beginn des Indexschlüssels festlegen. Dadurch kann eine Anwendung die für sie sichtbaren Daten aus der Datei herausfiltern. Alle anderen Spaltenwerte werden ignoriert. SetRangeStart löscht den alten Wert, während die Methode EditRangeStart die alten Werte unverändert läßt, und Ihnen erlaubt, sie zu editieren und zu verändern. Nach SetRangeStart müssen Sie die Methode ApplyRange aufrufen, um die Änderungen wirksam zu machen. Bei Tabellen vom Typ Paradox oder dBASE arbeitet SetRangeStart nur mit indizierten Feldern, während bei SQL-Datenbanken alle in der Eigenschaft IndexFieldNames enthaltenen Felder bearbeitet werden können.

procedure UpdateCursorPos;
Mit UpdateCursorPos positionieren Sie den Datensatz-Zeiger der Tabelle auf die aktuelle Position, die mit dem Zeiger in der Datei identisch ist. Die Methode UpdateCursorPos benötigen Sie für direkte Aufrufe der Borland-Database-Engine.

procedure UpdateRecord;
Mit UpdateRecord unterrichten Sie jede Instanz der Komponente DataSource, daß der aktuelle Datensatz im Moment in die Datei eingefügt wird. Jede Datenquelle informiert der Reihe nach alle Daten-Dialogelemente, so daß diese die Anzeige der Daten aktualisieren können. UpdateRecord wird automatisch von Post aufgerufen, kann aber auch separat zur Aktualisierung des aktuellen Datensatzes benutzt werden, ohne ihn einzutragen, um zum Beispiel sicherzustellen, daß wirklich die aktuellen Werte angezeigt werden. Wenn mehrere Benutzer gleichzeitig eine Tabelle ändern, könnten die Daten von anderen Benutzern zwischenzeitlich verändert worden sein, ohne daß Sie eine Veränderung vorgenommen haben.

Komponentenname: Query
Klassenname: TQuery

Beschreibung:
Mit Query können Sie SQL-Anweisungen zur Borland-Database-Engine oder einem SQL-Server ablegen. Query bildet das Interface zwischen einem SQL-Server oder der BDE auf der einen und den Instanzen der Komponente DataSource auf der anderen Seite. Um dBASE- oder Paradox-Tabellen abzufragen, benutzen Sie lokales SQL. Um SQL-Servertabellen abzufragen, können Sie das jeweils auf dem Server gültige SQL benutzen. Die SQL-Anweisung kann ein static SQL statement oder ein dynamic SQL statement sein.

Eine Warnung ist hier noch zu beachten: SQL gilt zwar wie C/C++ als eine genormte Sprache, doch genau wie C/C++ taugt diese Norm mehr etwas für das weiße Papier, auf dem es steht. Jeder SQL-Server definiert sein eigenes SQL und seine eigene Syntax. Benutzen Sie daher – falls Sie server-portable Client/Server-Anwendungen entwickeln wollen – den harten Kern der SQL, der wirklich auf allen Servern gilt. Local SQL zum Beispiel sollte auf allen SQL-Servern vertreten sein. Hat dann dieser Server keine großen Bugs (was ja leider sehr häufig vorkommt), haben Sie beim Verkauf Ihrer Anwendung freie Bahn bei allen Servern.

Eigenschaften:

property Active: Boolean;
Wenn Sie Active auf True setzen, wird versucht, die unter der Eigenschaft TableName spezifizierte Datei zu öffnen (identisch mit dem Aufruf der Methode Open) und in den Zustand Browse zu versetzen.

Die Änderung von Active auf False ist identisch mit dem Aufruf der Methode Close. Werden bei Query und StoredProc keine Ergebnisse zurückgegeben – also keine Daten empfangen, wird eine Exception beim Wert Active=True ausgelöst, da Delphi einen Cursor zurückerwartet. Post wird nicht implizit aufgerufen, indem Active auf False gesetzt wird. Verwenden Sie das Ereignis BeforeClose, um jede hängende Bearbeitung explizit abzulegen.

property AutoCalcFields: Boolean;
Mit AutoCalcFields bestimmen Sie, wann das Ereignis OnCalcFields aufgerufen wird. OnCalcFields wird normalerweise immer dann aufgerufen, wenn eine Anwendung einen Datensatz von der Datenbank abruft.

Ist AutoCalcFields auf True gesetzt, wird das Ereignis OnCalcFields zusätzlich immer dann aufgerufen, wenn ein Feld in einer Datei editiert wird.

Vorsicht vor Rekursionen: Bei AutoCalcFields = True sollten in der Benhandlungsroutine von OnCalcFields keine Änderungen an der Datei (oder der in einer Master-Detail Beziehung verknüpften Datei) ausgeführt werden, da dies zu Rekursionen führen wird. Wird zum Beispiel die Methode Post von OnCalcFields ausgeführt und AutoCalcFields ist auf True gesetzt, wird wiederum das Ereignis OnCalcFields aufgerufen, und die Rekursion nimmt ihren Lauf durch den von Ihnen definierten Aufruf von Post in deren Behandlungsroutine.

property BOF: Boolean;
BOF gibt an, ob eine Datei auf der ersten Zeile positioniert ist (BOF = Begin Of File).

BOF = True bedeutet:

- Sie öffnen eine Tabelle zum erste Mal,
- es erfolgt ein Aufruf der Methode First für eine Tabelle, oder
- ein Aufruf der Methode Prior für eine Tabelle ist gescheitert.

property CanModify: Boolean;
CanModify gibt an, ob eine Anwendung Daten in einer Datei modifizieren kann. Ist CanModify auf False gesetzt, kann die Datei nur gelesen werden. Der Wert True bedeutet aber noch nicht, daß Sie die Daten auch wirklich modifizieren können. Denn wenn die Zugriffsrechte zu dieser Aktion nicht vorliegen, nützt Ihnen ein Wert CanModify=True noch nichts.

property ComponentIndex: Integer;
Die Eigenschaft ComponentIndex zeigt die Position einer Komponente in der Eigenschaftsliste Components ihres Besitzers an. Die erste Komponente in der Liste hat den ComponentIndex-Wert 0, die zweite hat den Wert 1, die dritte den Wert 2 etc. Diese Eigenschaft ist nur zur Laufzeit und dann auch nur im Read-Only-Modus benutzbar.

property Controls[Index: Integer]: TControl;
Controls ist ein Array aller untergeordneten Komponenten der Komponente. Controls ist dann von Nutzen, wenn Sie auf die untergeordneten Komponenten über die Zahl statt über den Namen zugreifen müssen.

property Database: TDatabase;
Die Eigenschaft Database bestimmt die Komponente Database (Datenbank-Komponente vom Typ TDatabase), die mit den Komponenten Table oder Query verbunden ist. Wurde zur Design-Zeit keine Database erstellt, wird dies von Delphi zur Laufzeit übernommen. Über diese Eigenschaft können Sie die Eigenschaften und Methoden der Komponente Database benutzen.

property DatabaseName: TFileName;
Mit DatabaseName können sie die Datenbank festlegen, mit der die Komponente verbunden werden soll. Mit Hilfe des Objekt-Inspektors können Sie eine Datenbank wählen, die mit Hilfe der Database-Engine-Konfiguration definiert wurde. Wollen Sie zur Laufzeit diese Eigenschaft ändern, sollten Sie vorher die Methode Close aufrufen, um die Komponente (Table, Query oder StoredProc) in inaktiven Zustand zu versetzen. Mögliche Eintragungen:

- Ein mit der Database-Engine-Konfiguration definierter BDE-Alias,
- ein Pfad für Datenbankdateien,
- eine Pfad und Dateiname einer Local InterBase Server Datenbankdatei oder
- ein mit Hilfe der Komponente Database definierter Alias

property DataSource: TDataSource;
Mit Hilfe der Eigenschaft DataSource verbinden Sie die Komponente mit einer Instanz der Komponente DataSource, um die Werte von Parametern mit Params oder ParamByName zu setzen. Dies ermöglicht Ihren Anwendungen verknüpfte Abfragen.

property DBHandle: HDBIDB;
DBHandle hilft Ihnen genau dann, wenn Sie direkte Calls an das API der Borland Datenbank-Engine absetzen wollen. Die Eigenschaft erhält ein Handle auf die Datenbank, dieses Handle wird von einigen Funktionen der BDE beim Aufruf angefordert.

property DBLocale: TLocale;
DBLocale enthält die Angaben über den gewünschten Sprachentreiber. Diese Angaben werden von einigen BDE-API-Funktionen gefordert, wenn Sie diese direkt aufrufen wollen.

property EOF: Boolean;
EOF ermittelt, ob der Datei-Positionszeiger auf die letzte Zeile zeigt. EOF enthält den Wert True, wenn

- eine geöffnete Datei leer ist
- die Methode Last der Komponente für eine Tabelle aufgerufen wird
- ein Aufruf der Methode Next ausgeführt wird, obwohl der Cursor schon auf die letzte Zeile zeigt

property FieldCount: Integer
FieldCount enthält die gesamte Anzahl der Felder eines Datensatzes. Beispiel: Sie haben eine Komponente Table1 (eine Instanz der Komponente Table), eine Komponente Edit1 (eine Instanz der Komponente Edit) und eine Komponente Button1 (eine Instanz der Komponente Button) in einem Formular und wollen den Wert von FieldCount in Edit1 anzeigen. Dazu stellen Sie zuerst die Eigenschaft DatabaseName von Table1 auf eine Datenbank ein (bei uns DBDEMOS). DBDEMOS ist ein von uns definierter Alias, der alle Tabellen der Demo-Programme Delphi enthält. Danach wählen wir für die Eigenschaft TableName von Table1 eine Tabelle aus, in unserem Falle die Tabelle ANIMALS.DBF (ebenfalls im Lieferumfang von Delphi enthalten). Danach öffnen wir die Tabelle, indem wir die Eigenschaft Active von Table1 auf True einstellen. Nun soll der Wert von FieldCount von Table1 immer dann in Edit1 angezeigt werden (der Wert muß also in die Eigenschaft Caption von Edit1), wenn wir Button1 anklicken. Also definieren wir für das Ereignis OnClick von Button1 folgende Methode:

```
procedure TForm1.Button1Click(Sender: TObject);
var
   Help:String;
begin
   Str(Table1.FieldCount, Help);
   Edit1.Text:=Help;
end;
```

Help wird dazu benötigt, den Wert zu holen und in Edit1.Caption einzutragen. Edit1.Caption darf nicht als VAR-Parameter in der Prozedur Str eingetragen werden.

Der angezeigte Wert ist 5, da die Tabelle die fünf Felder NAME, SIZE, WEIGHT, AREA und BMP enthält.

property FieldDefs: TFieldDefs;
FieldDefs enthält die Definitionen aller Felder einer Tabelle. Mit dieser Eigenschaft erhalten Sie die Informationen über Name, Typ und Größe der Felder Felder einer Tabelle.

property Fields[Index: Integer]: TField;
Mit Fields erhalten Sie zur Laufzeit ein von Ihnen bestimmtes Feld einer Tabelle als Ergebnis zurück. Mit Hilfe des Parameters Index bestimmen Sie das Feld. Dabei beginnt der Index einer Tabelle mit dem Wert 0 für das erste Feld.

property Handle: ...;
Der Typ der Eigenschaft Handle ist abhängig von der jeweiligen Komponente. Im allgemeinen gilt: Sollte eine Windows-API-Funktion ein Handle der betreffenden Komponente verlangen, setzen Sie dazu die jeweilige Eigenschaft Handle der betreffenden Komponente ein. Verlangt eine Windows-API-Funktion zum Beispiel das Handle Ihrer gesamten Anwendung, benutzen Sie am besten die Eigenschaft Handle des Objekts TApplication. Hier die Übersicht der verschiedenen Typen der Eigenschaft Handle:

Handle für die Komponenten:

Bitmap	property Handle: HBitmap;
Brush	property Handle: HBrush;
Canvas	property Handle: HDC;
Font	property Handle: HFont;
Icon	property Handle: HIcon;
Metafile	property Handle: HMetafile;
Pen	property Handle: HPen;

Handle gibt Ihnen den Zugriff auf das Handle des jeweiligen GDI-Objekts, damit Sie auf dieses zugreifen können. Benötigen Sie zum Beispiel zum Aufruf einer Windows-API-Funktion ein Handle auf ein Stiftobjekt oder ein Bitmap-Objekt, können Sie dazu das Handle der Komponente Pen beziehungsweise der Komponente Bitmap benutzen.

Handle für das Objekt TApplication und die folgenden Komponenten:

Bevel	DBText	Memo
BitBtn	DirectoryListBox	Notebook
Button	DrawGrid	OLEContainer
CheckBox	DriveComboBox	Outline
ComboBox	Edit	PaintBox
DBCheckBox	FileListBox	Panel
DBComboBox	FilterComboBox	RadioButton
DBEdit	FindDialog	RadioGroup
DBGrid	Form	ReplaceDialog
DBImage	GroupBox	ScrollBar
DBListBox	Header	ScrollBox
DBLookupCombo	Image	Shape
DBLookupList	Label	SpeedButton
DBMemo	ListBox	StringGrid
DBNavigator	MaskEdit	TabbedNotebook
DBRadioGroup	MediaPlayer	TabSet

property Handle: HWND;
Handle ermöglicht Ihnen Zugriff auf das Handle der jeweiligen Komponente (z.B. Fenster-Handle, Dialog-Handle, etc.). Dieses Handle wird von einigen Windows-API-Funktionen beim Aufruf erwartet. Sie können in diesem Fall das Handle der jeweils betroffenen Komponente oder – falls das Handle Ihrer Anwendung gefordert wird – das Handle des Objekts TApplication übergeben.

Handle für die Komponenten:

MainMenu	MenuItem	PopupMenu

property Handle: HMENU;
Sollte eine Windows-API-Funktion ein Handle eines Menüs, Menü-Eintrags oder eines lokalen Menüs verlangen, können Sie dazu die Eigenschaft Handle von Main-Menu, MenuItem und PopupMenu benutzen.

Handle für die Komponente Printer:

property Handle: HDC;
Handle beinhaltet das Handle des jeweiligen Druckerobjektes TPrinter der Komponente Printer.

Handle für die Komponente DataBase:

property Handle: HDBIDB;
Um direkte Aufrufe in die Richtung des Borland Database-Engine (BDE)-API zu tätigen, benötigen Sie ein Handle der jeweiligen Datenbank-Komponente. Dazu dient Ihnen die Eigenschaft Handle der Komponente DataBase. Dies erlaubt Ihnen Zugriffe auf Funktionen des BDE-API, die nicht in der VCL-Bibliothek integriert wurden. Bevor Sie allerdings diese Funktionen aufrufen, sollten Sie prüfen, ob diese Funktion nicht doch schon in der VCL-Bibliothek gekapselt wurde.

Handle für das Objekt TSession:

Delphi erzeugt eine Komponente Session vom Typ TSession immer dann, wenn eine Anwendung ausgeführt wird. Sessions sollten nicht von Ihnen erzeugt oder zerstört werden. Session erlaubt globale Prüfung über Datenbankverbindungen. Die Eigenschaft Databases von Session ist ein Array von allen aktiven Datenbanken in der Sitzung. Die Eigenschaft DatabaseCount vom Typ Integer gibt die Anzahl der aktiven Datenbanken in der Sitzung an.

property Handle: HDBISES;
Mit der Eigenschaft Handle können Sie direkte Aufrufe an die Borland Datenbank-Engine bezogen auf eine bestimmte Sitzung (Session/TSession) machen. Die Komponente Session werden Sie im Prinzip nicht benutzen müssen. Die wichtigsten Funktionen der BDE-API sind in der VCL-Bibliothek gekapselt und ersparen Ihnen diesen Weg.

Handle für die Komponenten Table, Query und StoredProc:

property Handle: HDBICur;
Ebenfalls für direkte Zugriffe auf Funktionen der BDE-API und unter normalen Umständen nicht zu benutzen, da die wichtigsten BDP-API-Funktionen über die VCL-Bibliothek einen einfacheren Zugriff ermöglichen.

property Local: Boolean;
Mit Local legen Sie fest, ob die Tabelle in Bezug zu Query eine lokale dBASE- oder Paradox-Tabelle oder eine SQL-Servertabelle ist. Ist Local auf True gesetzt, ist die Tabelle eine dBASE- oder Paradox-Tabelle. Ist Local dagegen False, handelt es sich bei der Tabelle um eine SQL-Tabelle.

property Locale: TLocale;
Locale bestimmt den Sprachtreiber für die Datei, der bei direkten Aufrufen einer API-Funktion der Borland Database benutzt werden soll.

property Modified: Boolean;
Die Eigenschaft Modified überprüft, ob der Inhalt eines Feldes der Komponente seit seiner Erzeugung oder seit zum letzten Mal die Eigenschaft Modified auf False gesetzt wurde, geändert wurde. Ist Modified True, hat sich der Inhalt geändert.

property Name: TComponentName;
Die Eigenschaft Name enthält den Namen der Komponente wie er von anderen Komponenten für den Zugriff verwendet wird. Delphi weist als Vorgabewerte sequentielle Namen zu, die auf dem Typ der Komponente basieren, also etwa für Buttons »Button1«, »Button2« etc. Dies können Sie gemäß Ihrer Vorstellungen abändern. Komponentennamen sollten ausdrücklich nur zur Entwurfszeit geändert werden.

property Owner: TComponent;
Die Eigenschaft Owner teilt Ihnen mit, welche Komponente zu welcher Komponente gehört. Dem Formular gehören alle Komponenten, die auf ihm vorhanden sind. Umgekehrt gehört das Formular zur Anwendung. Gehört eine Komponente A einer anderen Komponente B, wird der Speicher der Komponente A freigegeben, wenn der Speicher der Komponente B freigegeben wird. Es werden also folgerichtig alle

Komponenten des Formulars gelöscht, wenn das Formular gelöscht wird. Außerdem wird natürlich der Speicher für das Formular und dessen Komponenten freigegeben, wenn der Speicher der Anwendung selbst freigegeben wird.

property ParamCount: Word;
Mit ParamCount ermitteln Sie die Anzahl der Parameter in der SQL-Anweisung. Fügen Sie eine neuen Eintrag zu Params hinzu, wird den Wert automatisch erhöht. Entfernen Sie einen Eintrag, wird der Wert automatisch verringert.

property Params[Index: Word]: TParam;
Das Array Params wird von Delphi für die Parameter einer dynamischen SQL-Anweisung automatisch erzeugt, wenn Sie eine Abfrage in der Eigenschaft SQL eingeben. Der Index beginnt mit dem Wert 0 für das erste Element. Die Eigenschaft ParamCount zählt dabei fleißig und unermüdlich die Anzahl der Elemente in Params mit. Wenn Sie Abhängigkeiten in der Reihenfolge der Parameter umgehen wollen, benutzen Sie am besten die Methode ParamByName anstatt Params.

property Prepared: Boolean;
Prepared legt fest, wann die Methode Prepared zuletzt zum Aufbereiten der Komponente aufgerufen wurde.

Sie sollten vorher die Eigenschaft Active auf False setzen, um Unannehmlichkeiten aus dem Wege zu gehen.

property RecordCount: Longint;
Mit RecordCount ermitteln Sie zur Laufzeit die Anzahl der Datensätze in der Datei. Die ermittelte Anzahl der Datensätze kann, muß aber nicht vom jeweils eingesetzen Daten-Server und einer eventuellen Bereichsbegrenzung abhängig sein.

property RequestLive: Boolean;
Mit RequestLive legen Sie die Art und Weise des Ergebnisses der SQL-Abfrage fest. Dabei spielt diese Eigenschaft mit der Eigenschaft CanModify zusammen. Ist RequestLive auf False gesetzt, erhalten Sie als Ergebnis nur eine Menge mit Read-Only-Attribut zurück. Setzen Sie RequestLive hingegen auf True, erhalten Sie als Ergebnis eine sogenannte Live-Ergebnismenge. Ist die SELECT-Syntax der Abfrage inkorrekt, gibt die Borland-Database-Engine selbständig eine Read-Only-Menge (Locale SQL) oder eine Fehlermeldung (Passthrough SQL) zurück. Gibt eine SQL-Abfrage letzten Endes eine Live-Ergebnismenge zurück, setzt Delphi die Eigenschaft CanModify auf True.

property SQL: TStrings;
In SQL fügen Sie die SQL-Anweisungen für die Abfrage ein, die ausgeführt werden soll, wenn die Methoden Open oder ExecSQL aufgerufen werden. Wurde vorher schon eine Abfrage gestartet, müssen Sie zuerst die Methode Close aufrufen, die Anweisungen ändern und dann erneut Open aufrufen.

property SQLBINARY: PChar;
Diese Eigenschaft blieb bei Borland undokumentiert. Da uns Borland die Quelltexte der Library nicht zur Verfügung stellen konnte, müssen wir im Augenblick leider auf eine Dokumentation verzichten.

property State: TDataSetState;
State teilt Ihnen den aktuellen Status der Datei mit. Mögliche Werte:

Wert	Bedeutung
dsInactive	die Datei ist nicht geöffnet (ist also geschlossen worden oder war noch nicht geöffnet)
dsBrowse	die Datei befindet sich momentan im Browse-Modus
dsEdit	die Datei befindet sich im Edit-Modus
dsInsert	die Datei befindet sich im Insert-Modus
dsSetKey	die Datei befindet sich im SetKey-Modus
dsCalcFields	das Ereignis OnCalcFields der Komponente ist eingetreten, es werden also Daten aus der Datenbank gelesen

property StmtHandle: HDBIStmt;
Mit StmtHandle können Sie direkte Aufrufe mit dem Ergebnis der letzen SQL-Abfrage an das Borland Datenbank-Engine-API richten. StmtHandle liefert Ihnen hierfür ein Handle auf die letze Abfrage.

property Tag: Longint;
Die Eigenschaft Tag kann einen Integerwert als Element einer Komponente speichern. Tag wird von Delphi nicht benutzt und steht Ihnen damit zur freien Verfügung

property UniDirectional: Boolean;
Mit dieser Eigenschaft limitieren Sie die Richtung, in der sich Ihre Anwendung durch das Ergebnis bewegen kann. Geht die Anwendung nur vorwärts, aber nie rückwärts durch das Ergebnis, können Sie UniDirectional auf True setzen. Dadurch genießt Ihre Anwendung den Vorzug, weniger Speicher zu benötigen, da das Zwischenspeichern des Ergebnisses entfällt. Allerdings kann Ihre Anwendung dafür nicht rückwärts durch die Ergebnismenge gehen. Wollen Sie diesen Nachteil nicht hinnehmen, setzen Sie UniDirectional einfach auf den Wert False, womit auch Rückwärts-Bewegungen erlaubt sind. Dafür benötigt aber Ihre Anwendung Extra-Speicher zum Zwischenspeichern der Daten.

property UpdateMode: ???;
Mit UpdateMode legen Sie die Art der Spalte fest, die benutzt werden soll, damit Delphi und Ihre Anwendung die Datensätze aus einer SQL-Datenbank wieder finden, die dort upgedatet werden sollen. Wichtig wird diese Eigenschaft vor allem in einer Multiuser-Umgebung, wenn mehrere Benutzer die Rechte besitzen, die gleichen Datensätze wiederherzustellen und Änderungen an diesen vorzunehmen, was zu Konflikten führen könnte. Nimmt ein Anwender ein Update der Daten vor, benutzen Delphi und auch Ihre Anwendung die Originalwerte im Datensatz, um ihn in der Datenbank zu finden. Delphi geht also davon aus, daß der Datensatz noch nicht geändert wurde. In der SQL-Syntax würde UpdateMode die Spalten festlegen, die beim Aufruf des SQL-Befehles UPDATE bei dem Schlüsselwort WHERE enthalten sind.

Wird der Datensatz nicht gefunden, zum Beispiel weil ein anderer Anwender den Datensatz schon geändert hat, führt Delphi keine Aktualisierung durch und gibt laut Dokumentation von Delphi eine Beanstandung aus. Mögliche Werte:

WhereAll	Alle Spalten werden benutzt. Modus mit den meisten Einschränkungen.
WhereKeyOnly:	Nur die Indexspalten werden benutzt. Modus mit den wenigsten Einschränkungen. Sollte nur benutzt werden, wenn andere Anwender diese Datensätze nicht ändern werden. Dies kann man wohl nur dadurch ausschließen, wenn man diesen Anwendern die Rechte dazu nicht gibt oder ihnen diese wieder wegnimmt.
WhereChanged:	Die geänderten Indexspalten und Spalten werden benutzt.

Ereignisse:

property AfterCancel: TDataSetNotifyEvent;
AfterCancel tritt immer dann ein, wenn der Aufruf der Methode Cancel beendet ist. Dies ist die letzte Aktion, bevor Cancel zum Aufrufer zurückkehrt. Ist die Datei nicht im Edit-Modus oder gibt es keine unbearbeiteten Änderungen, wird das Ereignis AfterCancel nicht ausgelöst.

AfterCancel ist vom Typ

```
TDataSetNotifyEvent = procedure(DataSet: TDataSet) of object;
```

TDataSetNotifyEvent zeigt also auf eine Methode, die die Datensatz-Komponente enthält, in der das Ereignis aufgetreten ist.

property AfterClose: TDataSetNotifyEvent;
AfterClose tritt immer dann ein, nachdem eine Datei entweder mit der Methode Close oder durch die Änderung der Eigenschaft Active auf False geschlossen wurde. Dies ist die letzte Aktion, bevor Close zum Aufrufer zurückkehrt. Der Event-Handler AfterClose schließt alle privaten Nachschlagetabellen, die vom Ereignis BeforeOpen geöffnet wurden.

AfterClose ist vom Typ

```
TDataSetNotifyEvent = procedure(DataSet: TDataSet) of object;
```

TDataSetNotifyEvent zeigt also auf eine Methode, die die Datensatz-Komponente enthält, in der das Ereignis aufgetreten ist.

property AfterDelete: TDataSetNotifyEvent;
AfterDelete tritt immer dann ein, wenn ein Aufruf der Methode Delete beendet wird. Dies ist die letzte Aktion, bevor Delete zum Aufrufer zurückkehrt. Beim Aufruf von AfterDelete ist der gelöschte Datensatz schon aus der Datei entfernt, und der Datensatz-Zeiger zeigt auf den folgenden Datensatz.

AfterDelete ist vom Typ

```
TDataSetNotifyEvent = procedure(DataSet: TDataSet) of object;
```

TDataSetNotifyEvent zeigt also auf eine Methode, die die Datensatz-Komponente enthält, in der das Ereignis aufgetreten ist.

property AfterEdit: TDataSetNotifyEvent;
AfterEdit tritt immer dann ein, wenn ein Aufruf der Methode Edit beendet wird. Dies ist die letzte Aktion, bevor Edit zum Aufrufer zurückkehrt. AfterEdit tritt immer vor dem Einsetzen von Änderungen im aktuellen Datensatz ein.

AfterEdit ist vom Typ

```
TDataSetNotifyEvent = procedure(DataSet: TDataSet) of object;
```

TDataSetNotifyEvent zeigt also auf eine Methode, die die Datensatz-Komponente enthält, in der das Ereignis aufgetreten ist.

property AfterInsert: TDataSetNotifyEvent;
AfterInsert tritt immer dann ein, wenn ein Aufruf der Methoden Insert oder Append beendet wird. Die ist die letzte Aktion, bevor die Methoden zum Aufrufer zurückkehren. AfterInsert tritt immer vor dem Hinzufügen neuer Datensätze in die Tabelle ein.

AfterInsert ist vom Typ

```
TDataSetNotifyEvent = procedure(DataSet: TDataSet) of object;
```

TDataSetNotifyEvent zeigt also auf eine Methode, die die Datensatz-Komponente enthält, in der das Ereignis aufgetreten ist.

property AfterOpen: TDataSetNotifyEvent;
AfterOpen tritt immer dann ein, nachdem eine Datei durch den Aufruf der Methode Open oder durch Setzen der Eigenschaft Active auf den Wert True geöffnet wurde. Dies ist die letzte Aktion, bevor Open zum Aufrufer zurückkehrt.

AfterOpen ist vom Typ

```
TDataSetNotifyEvent = procedure(DataSet: TDataSet) of object;
```

TDataSetNotifyEvent zeigt also auf eine Methode, die die Datensatz-Komponente enthält, in der das Ereignis aufgetreten ist.

property AfterPost: TDataSetNotifyEvent;
AfterPost tritt immer dann ein, wenn ein Aufruf der Methode Post beendet wird. Dies ist die letzte Aktion, bevor Post zum Aufrufer zurückkehrt.

Wird in der Komponente ein mit ApplyRange definierter Bereichsfilter aktiv und fällt dadurch der Wert des Schlüssels für den neu eingetragenen Datensatz aus dem Bereich heraus, wird der Datensatz-Zeiger in AfterPost nicht auf den neu eingetragenen Datensatz positioniert.

AfterPost ist vom Typ

```
TDataSetNotifyEvent = procedure(DataSet: TDataSet) of object;
```

TDataSetNotifyEvent zeigt also auf eine Methode, die die Datensatz-Komponente enthält, in der das Ereignis aufgetreten ist.

property BeforeCancel: TDataSetNotifyEvent;
BeforeCancel tritt immer dann ein, wenn der Aufruf der Methode Cancel beginnt. Dies ist die erste Aktion, bevor Cancel die restlichen Aktionen beginnt. Ist die Datei nicht im Edit-Modus oder gibt es keine unbearbeiteten Änderungen, wird das Ereignis BeforeCancel nicht ausgelöst.

BeforeCancel ist vom Typ

```
TDataSetNotifyEvent = procedure(DataSet: TDataSet) of object;
```

TDataSetNotifyEvent zeigt also auf eine Methode, die die Datensatz-Komponente enthält, in der das Ereignis aufgetreten ist.

property BeforeClose: TDataSetNotifyEvent;
BeforeClose tritt immer dann ein, bevor eine Datei entweder mit der Methode Close oder durch die Änderung der Eigenschaft Active auf False geschlossen wird. Dies ist die erste Aktion, bevor Close die restlichen Aktionen beginnt. Durch Zuweisung eines selbstdefinierten Exception-Handlers kann man zum Beispiel eine Cancel-Aktion verhindern.

BeforeClose ist vom Typ

```
TDataSetNotifyEvent = procedure(DataSet: TDataSet) of object;
```

TDataSetNotifyEvent zeigt also auf eine Methode, die die Datensatz-Komponente enthält, in der das Ereignis aufgetreten ist.

property BeforeDelete: TDataSetNotifyEvent;
BeforeDelete tritt immer dann ein, wenn ein Aufruf der Methode Delete beginnt. Dies ist die erste Aktion, bevor Delete die restlichen Aktionen beginnt. Beim Aufruf von BeforeDelete ist der gelöschte Datensatz noch nicht aus der Datei entfernt und der Datensatz-Zeiger zeigt noch auf den zu löschenden Datensatz. Dadurch könnte ein Löschen verhindert werden. Es ist die letzte Chance, den zu löschenden Datensatz zu retten.

BeforeDelete ist vom Typ

```
TDataSetNotifyEvent = procedure(DataSet: TDataSet) of object;
```

TDataSetNotifyEvent zeigt also auf eine Methode, die die Datensatz-Komponente enthält, in der das Ereignis aufgetreten ist.

property BeforeEdit: TDataSetNotifyEvent;
BeforeEdit tritt immer dann ein, wenn ein Aufruf der Methode Edit beginnt. Dies ist die erste Aktion, bevor Edit die restlichen Aktionen beginnt. BeforeEdit ist vom Typ

```
TDataSetNotifyEvent = procedure(DataSet: TDataSet) of object;
```

TDataSetNotifyEvent zeigt also auf eine Methode, die die Datensatz-Komponente enthält, in der das Ereignis aufgetreten ist.

property BeforeInsert: TDataSetNotifyEvent;
BeforeInsert tritt immer dann ein, wenn ein Aufruf der Methoden Insert oder Append beginnt. Die ist die erste Aktion, bevor die Methoden die restlichen Aktionen beginnen. BeforeInsert ist vom Typ

```
TDataSetNotifyEvent = procedure(DataSet: TDataSet) of object;
```

TDataSetNotifyEvent zeigt also auf eine Methode, die die Datensatz-Komponente enthält, in der das Ereignis aufgetreten ist.

property BeforeOpen: TDataSetNotifyEvent;
BeforeOpen tritt immer dann ein, bevor eine Datei durch den Aufruf der Methode Open oder durch Setzen der Eigenschaft Active auf den Wert True geöffnet wurde. Dies ist die erste Aktion, bevor Open mit den restlichen Aktionen beginnt. Der Event-Handler BeforeOpen öffnet alle privaten Nachschlagetabellen, die von anderen Event-Handlern in der Datei benutzt werden.

BeforeOpen ist vom Typ

```
TDataSetNotifyEvent = procedure(DataSet: TDataSet) of object;
```

TDataSetNotifyEvent zeigt also auf eine Methode, die die Datensatz-Komponente enthält, in der das Ereignis aufgetreten ist.

property BeforePost: TDataSetNotifyEvent;
BeforePost tritt immer dann ein, wenn ein Aufruf der Methode Post beginnt. Dies ist die erste Aktion, bevor Post mit den restlichen Aktionen beginnt. Nachdem diese Methode die Methode UpdateRecord aufgerufen hat, werden Änderungen am Datensatz erkannt. BeforePost kann sehr nützlich sein, um einen veränderten oder neuen Datensatz auf seine Gültigkeit zu testen, bevor dieser in die Tabelle eingetragen wird. Durch eine Exception könnten Sie die Eintragung eines ungültigen Datensatzes oder überhaupt aller Datensätze verhindern.

BeforePost ist vom Typ

```
TDataSetNotifyEvent = procedure(DataSet: TDataSet) of object;
```

TDataSetNotifyEvent zeigt also auf eine Methode, die die Datensatz-Komponente enthält, in der das Ereignis aufgetreten ist.

property OnCalcFields: TDataSetNotifyEvent;
ObCalcFields tritt immer dann ein, wenn wenn eine Datei einen Datensatz von der Datenbank liest. Außerdem tritt OnCalcFields immer dann ein, wenn AutoCalcFields auf True gesetzt wurde und ein nicht berechnetes Feld verändert wird, während die Datei sich im Edit oder Insert Modus befindet. Da OnCalcFields häufig aufgerufen wird, sollte die Behandlungsroutine, die Sie hier eventuell einfügen, sehr kurz sein. Ansonsten wirkt sich dies stark negativ auf das Laufzeit-Verhalten Ihrer Anwendung aus. Beachten Sie, daß OnCalcFields vollkommen ungeeignet zur Veränderung einer Datei ist, da dies natürlich zum erneuten Aufruf seiner selbst und damit zu Rekursionen führen kann. Ein fast endloser Aufruf ein- und desselben Ereignisses wäre

somit der Absturz Ihres Programms. Während OnCalcFields aktiv ist, befindet sich die Datei Modus CalcFields.

Das heißt, daß nur Werte von schon berechneten Felder gesetzt werden können.

OnCalcFields ist vom Typ

TDataSetNotifyEvent = procedure(DataSet: TDataSet) of object;

TDataSetNotifyEvent zeigt also auf eine Methode, die die Datensatz-Komponente enthält, in der das Ereignis aufgetreten ist.

property OnNewRecord: TDataSetNotifyEvent;
OnNewRecord tritt immer dann ein, wenn ein neuer Datensatz in die Datei eingefügt wird. OnNewRecord tritt immer nach BeforeInsert und immer vor AfterInsert ein. OnNewRecord ermöglicht die Initialisierung aller Felder des Datensatzes, ohne diesen als Modified zu kennzeichnen. Bei allen Änderungen des Datensatzes nach diesem Ereignis wird Modified gesetzt. OnNewRecord ist vom Typ

TDataSetNotifyEvent = procedure(DataSet: TDataSet) of object;

TDataSetNotifyEvent zeigt also auf eine Methode, die die Datensatz-Komponente enthält, in der das Ereignis aufgetreten ist.

Methoden:

procedure Append;
Append bewegt den Datensatz-Zeiger auf das Dateiende, ändert den Modus der Datei in den Insert-Modus und öffnet einen neuen leeren Datensatz. Erst mit dem Aufruf von Post wird der neue Datensatz anhand des zugehörigen Indexes (falls definiert) in die Datei eingesetzt. Mit Cancel verwerfen Sie den neuen Datensatz wieder. Append können Sie nur auf Datenbank-Dateien anwenden, die einen aktuellen Ergebnissatz zurückgeben. Bei indizierten Tabellen wird der neue Datensatz mit den Methoden Append und Insert anhand des zugehörigen Indexes in die richtige Tabellenposition gesetzt. Ist zu der zugrundeliegenden Tabelle kein Index definiert, dann behält der Datensatz seine durch Append zuerst definierte Position, wird also am Dateiende eingefügt, während Insert den Datensatz an der Position des aktuellen Datensatz-Zeigers einfügt. In beiden Fällen können die Zeilen eines Datengitters verändert werden.

procedure AppendRecord(const Values: array of const);
Mit AppendRecord können Sie einen neuen Datensatz mit den Daten im Parameter Values an die Datenbank-Datei anhängen. Die Zuweisung von Values ist sequentiell; das erste Element aus Values wird dem ersten Feld des neuen Datensatzes zugewiesen, das zweite dem zweiten etc. Die Anzahl der Felddaten in Values kann kleiner sein als die Anzahl der aktuellen Felder im Datensatz; die restlichen Felder erhalten keine aktuelle Wertzuweisung, sondern den Wert NULL. Der Typ eines jeden Elements aus Values muß mit dem Typ des zugehörigen Feldes verträglich sein, damit das Feld in der Lage ist, eine Wertzuweisung mit zum Beispiel AsString und AsInteger gemäß dem Typ des Elements aus Values durchzuführen. AppendRecord können Sie nur auf Datenbank-Dateien anwenden, die einen aktuellen Ergebnissatz zu-

rückgeben. Bei indizierten Tabellen wird der neue Datensatz mit den Methoden AppendRecord und InsertRecord anhand des zugehörigen Indexes in die richtige Tabellenposition gesetzt. Ist zu der zugrundeliegenden Tabelle kein Index definiert, behält der Datensatz seine durch AppendRecord zuerst definierte Position, wird also am Dateiende eingefügt, während InsertRecord den Datensatz an der Position des aktuellen Datensatz-Zeigers einfügt. In beiden Fällen können die Zeilen eines Datengitters verändert werden.

procedure Cancel;
Mit Cancel machen Sie alle Änderungen des aktuellen Datensatzes rückgängig. Die Datenbank-Datei wird dabei in den Browse-Modus versetzt.

procedure CheckBrowseMode;
Mit CheckBrowseMode prüfen Sie, ob die Datenbank-Datei offen ist und keine Änderungen vorliegen. Hat die Eigenschaft State der Datei oder besser gesagt Ihrer Komponente (z.B. Table) den Wert dsEdit, dsInsert oder dsSetKey, wird die Methode Post aufgerufen, um alle anhängigen Änderungen einzutragen. Ist die Datei geschlossen, wird die Exception EDataBaseError ausgelöst.

procedure ClearFields;
Mit ClearFields löschen Sie alle Felder des aktuellen Datensatzes. Die Felder bekommen den Inhalt NULL. Dabei muß sich die Datei im Edit-Modus befinden, sonst wird die Exception EDatabaseError ausgelöst.

procedure Close;
Mit Close schließen Sie die Datenbank-Datei und versetzen die Komponenten in den inaktiven Zustand zurück (Eigenschaft Active=False). Genausogut könnten Sie gleich die Eigenschaft Active der Komponente auf False setzen. Die Methode Post wird nicht ausdrücklich von Close aufgerufen. Soll dies geschehen, müssen Sie eine entsprechende Behandlungsroutine für das Ereignis BeforeClose anfertigen und einsetzen.

constructor Create;
Create weist Speicher zu, um das Objekt und damit die Komponente zu erzeugen und nach Bedarf seine Daten zu initialisieren. Jedes Objekt kann eine Methode Create besitzen, die individuell so angepaßt ist, daß sie diese bestimmte Art von Objekt erzeugt. Im Normalfall benötigen Sie diese Methoden nicht, da Borland Delphi alles unternimmt, um Ihre Anwendung und die darin enthaltenen Komponenten zu erzeugen. Sollten Sie allerdings ein Ereignis oder die Initialisierung eines Wertes einer selbst geschaffenen Komponente zur Zeit der Erzeugung einstellen wollen, erledigen Sie dies in der Methode Create. Dazu benötigen Sie aber genaue Kenntnisse und Techniken der OOP. Ansonsten sollten Sie Create unverändert lassen und nicht aufrufen.

procedure CursorPosChanged;
CursorPosChanged wird von der Eigenschaft Handle für direkte Aufrufe von API-Funktionen der Borland-Database-Engine benötigt, bei denen sich die Cursorposition, also die Position des Datensatz-Zeigers, ändert.

Mit dem Aufruf von CursorPosChanged informieren Sie die Datei, daß sich der Zeiger, der letztendlich dem Datensatz-Zeiger der Borland-Database-Engine zugrundeliegt, geändert hat. Sollten Sie API-Funktionen der Borland-Database-Engine aufrufen, die den Zeiger ändern, rufen Sie nach dem Aufruf diese Methode auf.

procedure Delete;
Mit Delete löschen Sie den Datensatz an der Position des Datensatz-Zeigersaus der Datei. Danach weist der Zeiger auf den folgenden Datensatz. Wurde dadurch allerdings der letzte Datensatz gelöscht, weist der Zeiger auf den vorherigen Datensatz. Für einen Aufruf muß die Datenbank-Datei einen aktuellen Ergebnissatz zurückgeben.

procedure DisableControls;
Mit DisableControls trennen Sie die Datenbank-Datei zeitweise von allen Instanzen der Komponente DataSource.

Während dieser Zeit werden Änderungen an der Datei nicht angezeigt. Mehrfache Aufrufe der Methoden Next und Prior werden beschleunigt, wenn Sie vorher DisableControls aufrufen, da dadurch das Update des Bildschirms entfällt. Danach können Sie mit dem Aufruf der Methoden EnableControls die Verbindungen wiederherstellen und das Update des Bildschirms wird automatisch ausgeführt. Da die Anzahl der Aufrufe von DisableControls und EnableControls gespeichert wird, führt erst der letzte Aufruf von EnableControls zur tatsächlichen Aktualisierung.

procedure Edit;
Mit Edit versetzen Sie die Datenbank-Datei in den Edit-Modus. Dabei wird der Wert der Eigenschaft State auf dsEdit gesetzt.

Mit datensensitiven Komponenten wie zum Beispiel DBEdit können Datensätze nur im Edit-Modus verändert werden. Der Aufruf von Edit in einer nicht veränderbaren Datei löst eine Exception aus. Daher sollten Sie vorher die Eigenschaft CanModify abfragen. Diese hat bei veränderbaren Dateien den Wert True. Für den Aufruf von Edit muß die Datei einen aktuellen Ergebnissatz zurückgeben.

procedure EnableControls;
Mit EnableControls stellen Sie die via DisableControls zeitweise abgebrochenen Verbindungen zwischen der Datenbank-Datei und den Instanzen der Komponente DataSource wieder her. Näheres dazu siehe Methode DisableControls.

procedure ExecSQL;
Mit ExecSQL könen Sie vor allem dann eine SQL-Anweisung starten, wenn keine Ergebnismenge zurückgeben wird. Zum Beispiel bei INSERT, UPDATE, DELETE, oder einer DDE-Anweisung. Bei einem SELECT-Befehl benutzen Sie allerdings die Methode Open, um das Ergebnis zu erhalten.

function FieldByName(const FieldName: string): TField;
Mit FieldByName testen Sie, ob das im Parameter FieldName übergebene Feld existiert. Wird das Feld nicht gefunden, löst FieldByName eine Exception aus. Mit der Methode FindField stellen Sie fest, ob ein Feldname tatsächlich existiert. Das Ergebnis ist vom Typ TField und enthält alle Eigenschaften des Feldes.

function FindComponent(const AName: string): TComponent;
Die Methode FindComponent gibt im Array Components die Komponente zurück, deren Name zum String im Parameter AName paßt. FindComponent beachtet dabei keine Groß-/Kleinschreibung.

Beispiel: Es existiert ein Button »Button1« in Ihrer Anwendung. Um die eigentliche Komponente TButton1 im Array Components zurückzugeben, rufen Sie FindComponents wie folgt auf:

```
FindComponents('Button1');
```

function FindField(const FieldName: string): TField;
FindField sucht das Feld mit dem im Parameter FieldName angegebenen Namen und gibt dessen Instanz der Klasse TField mit allen passenden Eigenschaften zurück. FindField ist zwar etwas langsamer als der Zugriff über die Eigenschaft Fields, dafür schützt diese Methode aber vor Änderungen der Reihenfolge der Felder in der Komponente. Existiert das Feld nicht oder wird es nicht gefunden (die Angaben in FieldName oder in der Eigenschaft TableName sollten im Zweifelsfalle überprüft werden), gibt FindField als Ergebnis nil zurück.

procedure First;
Mit First positionieren Sie den Datensatz-Zeiger auf den ersten Datensatz des mit ApplyRange aktivierten Bereichs in der Datei. Befindet sich die Datenbank-Datei dabei im Edit- oder im Insert-Modus, ruft First die Methode Post für alle aktuellen, aber noch nicht eingetragenen Daten auf.

function Focused: Boolean;
Focused wird verwendet, um zu bestimmen, ob ein Fensterdialogelement den Fokus besitzt und deshalb das aktive Dialogelement in ActiveControl ist.

procedure Free;
Die Methode Free entfernt das Objekt und gibt den dazugehörigen Speicher frei. Haben Sie das Objekt unter Verwendung der Methode Create erzeugt, so benutzen Sie zum Entfernen und für die Freigabe des Speichers die Methode Free. Free gelingt auch dann, wenn das Objekt selbst nicht mehr existiert (zum Beispiel durch einen vorherigen Aufruf von Free. Delphi erledigt dies für Objekte der Bibliothek visueller Komponenten automatisch.

Sie sollten also niemals eine Komponente innerhalb Ihrer Anwendung entfernen.

Falls Sie ein Formular freigeben wollen, rufen Sie die Methode Release auf, um das Formular zu löschen und dessen benutzten Speicher freizugeben.

procedure FreeBookmark(Bookmark: TBookmark);
Mit FreeBookmark geben Sie die durch den Aufruf von GetBookmark belegten Systemressourcen wieder frei. Mehr zu diesem Thema siehe Methode GetBookmarks.

function GetBookmark: TBookmark;
Mit GetBookmark sichern Sie die aktuelle Datensatzinformation der Datei, um eine spätere Rückkehr zu diesem Datensatz mit einem Aufruf der Methode GotoBookmark zu ermöglichen. Die Markierung sollte gespeichert und später mit der

Methode FreeBookmark freigegeben werden, damit die von GetBookmark belegten Ressourcen wieder freigegeben werden. Ist die Datei leer oder befindet sie sichnicht im Browse-Modus, gibt GetBookmark den Wert nil zurück. Wird eine Datei geschlossen oder ändert sich der Index einer Tabelle, gehen auch alle mit GetBookmark angefertigten Markierungen wieder verloren.

procedure GetFieldNames(List: TStrings);
Mit GetIndexNames ermitteln Sie alle Feldnamen der Tabelle. Diese Namen werden an die Liste des Objekts List angehängt.

procedure GotoBookmark(Bookmark: TBookmark);
Mit GotoBookmark können Sie den Datensatz-Zeiger auf den Datensatz mit der durch GetBookmark ermittelten Markierung positionieren. Ist die Markierung nicht vorhanden oder ist der Parameter Bookmark auf nil gesetzt, löst diese Prozedur nichts aus und übergibt den Programmablauf unverrichteter Dinge an den Aufrufer zurück.

procedure Insert;
Mit dem Aufruf von Insert versetzen Sie die Datei in den Insert-Modus und öffnen einen neuen leeren Datensatz an der aktuellen Position des Datensatz-Zeigers. Dabei werden der bis dahin aktuelle Datensatz und alle folgenden Datensätze nach hinten geschoben. Mit dem Aufruf der Methode Post fügen Sie anschließend den neuen Datensatz in die Datei in einer von ihrem Index (falls definiert) bestimmten Position ein. Mit der Methode Cancel können Sie allerdings den neuen Datensatz verwerfen, falls Post noch nicht aufgerufen wurde.

Diese Methode benötigt aber Dateien, die einen aktuellen Ergebnissatz zurückgeben. Bei indizierten Tabellen wird der neue Datensatz mit den Methoden Append und Insert anhand des zugehörigen Indexes in die richtige Tabellenposition gesetzt. Ist zu der zugrundeliegenden Tabelle kein Index definiert, behält der Datensatz seine durch Append zuerst festgelegte Position, wird also am Dateiende eingefügt, während Insert den Datensatz an der Position des aktuellen Datensatz-Zeigers einfügt. In beiden Fällen können die Zeilen eines Datengitters verändert werden.

procedure InsertComponent(AComponent: TComponent);
InsertComponent macht die Komponente zum Besitzer der im Parameter AComponent übergebenen Komponente. Die Komponente wird am Ende der Array-Eigenschaft Components hinzugefügt. Die eingefügte Komponente darf keinen Namen haben (keinen für die Eigenschaft Name spezifizierten Wert) oder der Name muß sich eindeutig von allen anderen in der Components-Liste unterscheiden. Wird die Besitzerkomponente entfernt, so wird auch AComponent gelöscht.

procedure InsertRecord(const Values: array of const);
Mit InsertRecord können Sie einen neuen Datensatz mit den Daten im Parameter Values an die Position des Datenbank-Zeigers einfügen. Die Zuweisung von Values ist sequentiell; das erste Element aus Values wird dem ersten Feld des neuen Datensatzes zugewiesen, das zweite dem zweiten etc. Die Anzahl der Felddaten in Values kann kleiner sein als die Anzahl der aktuellen Felder im Datensatz; die restlichen Felder erhalten keine aktuelle Wertzuweisung, sondern den Wert NULL. Der Typ

eines jeden Elements aus Values muß mit dem Typ des zugehörigen Feldes verträglich sein, damit das Feld in der Lage ist, eine Wertzuweisung mit zum Beispiel AsString und AsInteger gemäß dem Typ des Elements aus Values durchzuführen. InsertRecord können Sie nur auf Datenbank-Dateien anwenden, die einen aktuellen Ergebnissatz zurückgeben. Bei indizierten Tabellen wird der neue Datensatz mit den Methoden AppendRecord und InsertRecord anhand des zugehörigen Indexes in die richtige Tabellenposition gesetzt. Ist zu der zugrundeliegenden Tabelle kein Index definiert, dann behält der Datensatz seine durch AppendRecord zuerst definierte Position, wird also am Dateiende eingefügt, während InsertRecord den Datensatz an der Position des aktuellen Datensatz-Zeigers einfügt. In beiden Fällen können die Zeilen eines Datengitters verändert werden.

procedure Last;
Mit Last positionieren Sie den Datensatz-Zeiger an die Position des letzten Datensatzes im mit ApplyRange aktivierten Bereich der Datei. Im Insert-Modus oder Edit-Modus ruft Last zusätzlich die Methode Post für alle noch nicht bearbeiteten Daten auf.

procedure MoveBy(Distance: Integer);
Mit MoveBy verschieben Sie den Datensatz-Zeiger um die im Parameter Distance angegebenen Datensätze. Negative Werte für Distance führen eine Bewegung zum Dateianfang aus, während positive Werte eine Bewegung zum Dateiende erlauben. Ein Wert 0 bewegt rein gar nichts. Im Insert-Modus oder Edit-Modus ruft MoveBy zusätzlich die Methode Post für alle noch nicht bearbeiteten Daten auf.

procedure Next;
Mit Next positionieren Sie den Datensatz-Zeiger auf den folgenden Datensatz. Ist die Position des Zeigers schon vorher am Ende der Datei angelangt, geschieht nichts. Im Insert-Modus oder Edit-Modus ruft Next zusätzlich die Methode Post für alle noch nicht bearbeiteten Daten auf.

procedure Open;
Mit Open öffnen Sie eine Datenbank-Datei und versetzen diese in den Browse-Modus. Genausogut könnten Sie den Wert der Eigenschaft Active auf True setzen. Bei der Komponente Query führt Open das SQL-Schlüsselwort SELECT in der Eigenschaft SQL aus. Für eine Anweisung, die keinen Ergebnissatz zurückgibt (z.B. INSERT oder UPDATE), sollten Sie ExecSQL statt Open benutzen. Bei der Komponente StoredProc wird Open zur Ausführung der gespeicherten Prozedur benutzt. Diese muß aber ebenfalls einen Ergebnissatz zurückgeben. Gibt die gespeicherte Prozedur eine einzelne Zeile zurück, sollten Sie besser ExecProc statt Open benutzen.

function ParamByName(const Value: string): TParam;
ParamByName ermittelt für Sie das Element der Eigenschaft Params, dessen Eigenschaft Name mit Value übereinstimmt. Mit ParamByName werden in einer dynamischen Abfrage über den Namen den Parametern Werte zugewiesen.

procedure Post;
Mit Post speichern Sie den aktuellen Datensatz in die Datenbank. Für jeden einzelnen Datensatz, den Sie speichern wollen, müssen Sie die Post-Methode explizit aufrufen.

Die Arbeitsweise von Post ist abhängig vom Modus der Datei: Im Edit-Modus modifiziert Post den aktuellen Datensatz, während im Insert-Modus die Methode Post einen neuen Datensatz einfügt. Im SetKey-Modus überträgt Post die Änderungen in den SetKey Puffer und versetzt die Datei in den Browse-Modus.

Wird der aktuelle Datensatz in Ihrer Anwendung verlassen, ruft Delphi die Post-Methode auf, um die Änderungen abzuspeichern.

Beim Aufruf der Methoden Next, MoveBy, Prior, First und Last wird Post immer dann für einen Datensatz ausgeführt, wenn sich die Tabelle im Edit- oder Insert-Modus befindet. Bei den Methoden Append, AppendRecord, Insert und InsertRecord wird Post ebenfalls aufgerufen, um den Datensatz abzuspeichern.

Kann ein Datensatz nicht abgespeichert werden, bleibt die Datei im Edit-Modus.

procedure Prepare;
Mit Prepare senden Sie eine parametrisierte Abfrage zur Analyse und Optimierung an die Datenbank-Engine. Ein Aufruf von Prepare wird nicht benötigt, um eine parametrisierte Abfrage zu benutzen. Nach einer Abfrage müssen Sie zuerst Close aufrufen, ehe sie wieder Prepare aufrufen. Sollte eine Anwendung Prepare einmal aufrufen – zum Beispiel im Ereignis OnCreate des Formulars – setzen Sie die Parameter durch Gebrauch der Eigenschaft Params, und erst zum Schluß rufen Sie Open oder ExecSQL auf, um die Abfrage auszuführen. Jedesmal, wenn die Abfrage mit unterschiedlichen Parameterwerten ausgeführt werden soll, muß eine Anwendung Close aufrufen, die Parameterwerte setzen und dann die Abfrage mit Open oder ExecSQL ausführen.

procedure Prior;
Mit Prior positionieren Sie den Datensatz-Zeiger um eine Position in Richtung Dateianfang. Ist der Zeiger schon vorher am ersten Datensatz angekommen, dann passiert auch hier rein gar nichts. Im Insert- oder Edit-Modus führt Prior die Methode Post für alle noch nicht eingetragenen Daten aus.

procedure Refresh;
Rufen Sie die Methode Refresh auf, werden alle Datensätze einer Datei erneut eingelesen. Refresh führt eine sofortige Aktualisierung durch. Bedenken Sie, daß ein Aufruf von Refresh ohne eine Benachrichtigung des Anwender mit Texten wie »Achtung, die Daten werden aktualisiert« aufgrund der möglichen starken Veränderung der Datenanzeige Verwirrung auslösen kann.

procedure RemoveComponent(AComponent: TComponent);
RemoveComponent entfernt die Komponente, die im Parameter AComponent festgelegt ist, aus der Komponentenliste Components. Die Position in der Liste wird zu nil.

procedure SetFields(const Values: array of const);
Mit SetFields weisen Sie den Feldern einer Datenbank-Datei die im Parameter Values abgelegten Werte zu.

Besitzt Values weniger Elemente als die Datei Felder hat, bleiben die übrigen Daten unverändert. Mit dem Schlüsselwort Null weisen Sie einem Feld einen leeren Wert zu, NULL ist das wenigste, was es gibt. Mathematiker würden wohl von einer Art leeren Menge sprechen. Damit SetFields den erhofften Erfolg hat, muß sich die Datei im Edit-Modus befinden. Sollte sie es noch nicht sein, verleiht der Aufruf der Methode Edit der Datei Flügel und treibt sie in den Edit-Modus (näheres dazu siehe Methode Edit). Wollen Sie dann die Änderung auch nicht abgespeichern, rufen Sie nach den erfolgten Änderungen am Datensatz die Methode Post auf. Da SetFields absolut von der Struktur der Tabelle abhängt, sollten Sie diese Methode nur verwenden, wenn Sie sicher sind, daß sich die Struktur nicht geändert hat, oder sich erst durch den Aufruf dieser Methode ändern wird.

procedure UnPrepare;
Mit UnPrepare setzen Sie die Eigenschaft Prepared auf False. Dadurch wird die Eigenschaft SQL wieder übersetzt, bevor die Anfrage an den Server übermittelt wird. Außerdem wird der Server benachrichtigt, daß er die Ressourcen freigeben kann, die für optimale Wirkung reserviert wurden. Dies gilt, bis eine neue Anfrage vor (oder in Verbindung mit) einem Aufruf der Methode Open oder ExecSQL gesendet werden wird.

procedure UpdateCursorPos;
Mit UpdateCursorPos positionieren Sie den Datensatz-Zeiger der Tabelle auf die aktuelle Position, die mit dem Zeiger in der Datei identisch ist. Die Methode UpdateCursorPos ist nützlich für direkte Aufrufe der Borland-Database-Engine.

procedure UpdateRecord;
Mit UpdateRecord unterrichten Sie jede Instanz der Komponente DataSource davon, daß der aktuelle Datensatz im Moment in die Datei eingefügt wird. Jede Datenquelle informiert der Reihe nach alle Daten-Dialogelemente, so daß sie die Anzeige der Daten aktualisieren können. UpdateRecord wird automatisch von Post aufgerufen, kann aber auch separat zur Aktualisierung des aktuellen Datensatzes benutzt werden, ohne ihn einzutragen. So ist sichergestellt, daß tatsächlich die aktuellen Werte angezeigt werden, denn wenn mehrere Benutzer eine Tabelle ändern, könnten die Daten von den anderen Benutzern zwischenzeitlich verändert worden sein.

Komponentenname: StoredProc
Klassenname: TStoredProc

Beschreibung:

Mit StoredProc können Sie servergespeicherte Prozeduren aufrufen. Setzen Sie in die Eigenschaft DatabaseName den Namen der Datenbank (z.B. über ein Alias), um festzulegen, in welcher Datenbank die gespeicherte Prozedur definiert ist. Setzen Sie in der Eigenschaft StoredProcName den Namen der gespeicherten Prozedur auf dem Server.

Eine gespeicherte Prozedur besitzt einen Array Params für ihre Eingabe- und Ausgabe-Parameter, ähnlich einer Komponente Query. Die Reihenfolge der Parameter im Array Params ist festgelegt durch die Definition der gespeicherten Prozedur. Eine Anwendung kann die Werte von Eingabeparametern setzen, und die Werte der Ausgabeparameter im Array zugewiesen bekommen, ähnlich wie Parameter bei der Komponente Query.

Bevor eine Anwendung eine gespeicherte Prozedur ausführen kann, müssen Sie die gespeicherte Prozedur vorbereiten: Zur Entwicklungszeit können Sie die Vorbereitung mit dem Parameter-Editor ausführen. Zur Laufzeit wird dies über die Methode Prepare erledigt. Eine gespeicherte Prozedur kann sowohl ein einzelnes Ergebnis als auch eine Ergebnismenge mit einem Datensatz-Zeiger zurückgeben (Server-abhängig). Führen Sie eine gespeicherte Prozedur mit der Methode ExecProc aus, wenn die gespeicherte Prozedur ein einzelnes Ergebnis (eine Zeile) zurückgibt, oder mit der Methode Open, wenn die gespeicherte Prozedur eine Ergebnismenge (mehrere Zeilen) ausgibt.

Eigenschaften:

property Active: Boolean;
Wenn Sie Active auf True setzen, wird versucht, die unter der Eigenschaft TableName spezifizierte Datei zu öffnen (identisch mit dem Aufruf der Methode Open) und in den Zustand Browse zu versetzen.

Die Änderung von Active auf False ist identisch mit dem Aufruf der Methode Close. Werden bei Query und StoredProc keine Ergebnisse zurückgegeben – also keine Daten empfangen – wird eine Exception beim Wert Active=True ausgelöst, da Delphi einen Cursor zurückerwartet. Post wird nicht implizit aufgerufen, indem Active auf False gesetzt wird. Verwenden Sie das Ereignis BeforeClose, um jede hängende Bearbeitung explizit abzulegen.

property AutoCalcFields: Boolean;
Mit AutoCalcFields bestimmen Sie, wann das Ereignis OnCalcFields aufgerufen wird. OnCalcFields wird normalerweise immer dann aufgerufen, wenn eine Anwendung einen Datensatz von der Datenbank abruft.

Ist AutoCalcFields auf True gesetzt, wird das Ereignis OnCalcFields zusätzlich immer dann aufgerufen, wenn ein Feld in einer Datei editiert wird.

Vorsicht vor Rekursionen: Bei AutoCalcFields = True sollten in der Behandlungsroutine von OnCalcFields keine Änderungen an der Datei (oder der in einer Master-Detail-Beziehung verknüpften Datei) ausgeführt werden, da dies zu Rekursionen führt. Wird zum Beispiel die Methode Post von OnCalcFields ausgeführt und AutoCalcFields ist auf True gesetzt, wird wiederum das Ereignis OnCalcFields aufgerufen, und die Rekursion nimmt ihren Lauf durch den von Ihnen definierten Aufruf von Post in deren Behandlungsroutine.

property BOF: Boolean;

BOF gibt an, ob eine Datei auf der ersten Zeile positioniert ist (BOF = Begin Of File).

BOF = True ist bedeutet:

- Sie öffnen eine Tabelle zum ersten Mal,
- es erfolgt ein Aufruf der Methode First für eine Tabelle, oder
- ein Aufruf der Methode Prior für eine Tabelle ist gescheitert.

property CanModify: Boolean;
CanModify gibt an, ob eine Anwendung Daten in einer Datei modifizieren kann. Ist CanModify auf False gesetzt, kann die Datei nur gelesen werden. Der Wert True bedeutet aber noch nicht, daß Sie die Daten auch wirklich modifizieren können. Wenn die Zugriffsrechte zu dieser Aktion nicht vorliegen, nützt Ihnen ein Wert CanModify=True noch nichts.

property ComponentIndex: Integer;
Die Eigenschaft ComponentIndex zeigt die Position einer Komponente in der Eigenschaftsliste Components ihres Besitzers an. Die erste Komponente in der Liste hat den ComponentIndex-Wert 0, die zweite hat den Wert 1, die dritte den Wert 2 etc. Diese Eigenschaft ist nur zur Laufzeit und dann auch nur im Read-Only-Modus benutzbar.

property Controls[Index: Integer]: TControl;
Controls ist ein Array aller untergeordneten Komponenten der Komponente. Controls ist dann von Nutzen, wenn Sie auf die untergeordneten Komponenten über die Zahl statt über den Namen zugreifen müssen.

property Database: TDatabase;
Die Eigenschaft Database bestimmt die Komponente Database (Datenbank-Komponente vom Typ TDatabase), die mit den Komponenten Table oder Query verbunden ist. Wurde zur Design-Zeit keine Database erstellt, wird dies von Delphi zur Laufzeit übernommen. Über diese Eigenschaft können Sie die Eigenschaften und Methoden der Komponente Database benutzen.

property DatabaseName: TFileName;
Mit DatabaseName können Sie die Datenbank festlegen, mit der die Komponente verbunden werden soll. Mit Hilfe des Objektinspektors können Sie eine Datenbank wählen, die mit Hilfe der Database-Engine-Konfiguration definiert wurde. Wollen Sie zur Laufzeit diese Eigenschaft ändern, sollten Sie vorher die Methode Close aufrufen, um die Komponente (Table, Query oder StoredProc) in inaktiven Zustand zu versetzen. Mögliche Eintragungen:

- Ein mit der Database-Engine-Konfiguration definierter BDE-Alias,
- ein Pfad für Datenbankdateien,
- eine Pfad und Dateiname einer Local InterBase Server Datenbankdatei oder
- ein mit Hilfe der Komponente Database definierter Alias.

property DBHandle: HDBIDB;
DBHandle hilft Ihnen genau dann, wenn Sie direkte Calls an die API der Borland Datenbank-Engine absetzen wollen. Die Eigenschaft erhält ein Handle auf die Datenbank, dieses Handle wird von einigen Funktionen der BDE beim Aufruf angefordert.

property DBLocale: TLocale;
DBLocale enthält die Angaben über den gewünschten Sprachentreiber. Diese Angaben werden von einigen BDE-API-Funktionen gefordert, wenn Sie diese direkt aufrufen wollen.

property EOF: Boolean;
EOF ermittelt, ob der Datei-Positionszeiger auf die letzte Zeile zeigt. EOF enthält den Wert True, wenn

- eine geöffnete Datei leer ist
- die Methode Last der Komponente für eine Tabelle aufgerufen wird
- ein Aufruf der Methode Next ausgeführt wird, obwohl der Cursor schon auf die letzte Zeile zeigt

property FieldCount: Integer
FieldCount enthält die gesamte Anzahl der Felder eines Datensatzes. Beispiel: Sie haben eine Komponente Table1 (eine Instanz der Komponente Table), eine Komponente Edit1 (eine Instanz der Komponente Edit) und eine Komponente Button1 (eine Instanz der Komponente Button) in einem Formular und wollen den Wert von FieldCount in Edit1 anzeigen. Dazu stellen Sie zuerst die Eigenschaft DatabaseName von Table1 auf eine Datenbank ein (bei uns DBDEMOS). DBDEMOS ist ein von uns definierter Alias, der alle Tabellen der Demo-Programme von Delphi enthält. Danach wählen wir für die Eigenschaft TableName von Table1 eine Tabelle aus, in unserem Fall die Tabelle ANIMALS.DBF (ebenfalls im Lieferumfang von Delphi enthalten). Danach öffnen wir die Tabelle, indem wir die Eigenschaft Active von Table1 auf True einstellen. Nun soll der Wert von FieldCount von Table1 immer dann in Edit1 angezeigt werden (der Wert muß also in die Eigenschaft Caption von Edit1), wenn wir Button1 anklicken. Also definieren wir für das Ereignis OnClick von Button1 folgende Methode:

```
procedure TForm1.Button1Click(Sender: TObject);
var
   Help:String;
begin
   Str(Table1.FieldCount, Help);
   Edit1.Text:=Help;
end;
```

Help wird dazu benötigt, den Wert zu holen und in Edit1.Caption einzutragen. Edit1.Caption darf nicht als VAR-Parameter in der Prozedur Str eingetragen werden.

Der angezeigte Wert ist 5, da die Tabelle die fünf Felder NAME, SIZE, WEIGHT, AREA und BMP enthält.

property FieldDefs: TFieldDefs;
FieldDefs enthält die Definitionen aller Felder einer Tabelle. Mit dieser Eigenschaft erhalten Sie die Informationen über Name, Typ und Größe der Felder einer Tabelle.

property Fields[Index: Integer]: TField;
Mit Fields erhalten Sie zur Laufzeit ein von Ihnen bestimmtes Feld einer Tabelle als Ergebnis zurück Mit Hilfe des Parameters Index bestimmen Sie das Feld. Dabei beginnt der Index einer Tabelle mit dem Wert 0 für das erste Feld.

property Handle: ...;
Der Typ der Eigenschaft Handle ist abhängig von der jeweiligen Komponente. Im allgemeinen gilt: Sollte eine Windows-API-Funktion ein Handle der betreffenden Komponente verlangen, setzen Sie dazu die jeweilige Eigenschaft Handle der betreffenden Komponente ein. Verlangt eine Windows-API-Funktion zum Beispiel das Handle Ihrer gesamten Anwendung, benutzen Sie am besten die Eigenschaft Handle des Objekts TApplication. Hier die Übersicht der verschiedenen Typen der Eigenschaft Handle:

Handle für die Komponenten:

Bitmap	property Handle: HBitmap;
Brush	property Handle: HBrush;
Canvas	property Handle: HDC;
Font	property Handle: HFont;
Icon	property Handle: HIcon;
Metafile	property Handle: HMetafile;
Pen	property Handle: HPen;

Handle gibt Ihnen den Zugriff auf das Handle des jeweiligen GDI-Objekts, damit Sie darauf zugreifen können. Benötigen Sie zum Beispiel zum Aufruf einer Windows-API-Funktion ein Handle auf ein Stiftobjekt oder ein Bitmap-Objekt, können Sie dazu das Handle der Komponente Pen beziehungsweise der Komponente Bitmap benutzen.

Handle für das Objekt TApplication und die folgenden Komponenten:

Bevel	DBText	Memo
BitBtn	DirectoryListBox	Notebook
Button	DrawGrid	OLEContainer
CheckBox	DriveComboBox	Outline
ComboBox	Edit	PaintBox
DBCheckBox	FileListBox	Panel
DBComboBox	FilterComboBox	RadioButton
DBEdit	FindDialog	RadioGroup
DBGrid	Form	ReplaceDialog
DBImage	GroupBox	ScrollBar
DBListBox	Header	ScrollBox
DBLookupCombo	Image	Shape
DBLookupList	Label	SpeedButton
DBMemo	ListBox	StringGrid

KAPITEL 3

DBNavigator   MaskEdit   TabbedNotebook
DBRadioGroup   MediaPlayer   TabSet

property Handle: HWND;
Handle ermöglicht Ihnen Zugriff auf das Handle der jeweiligen Komponente (z.B. Fenster-Handle, Dialog-Handle etc.). Dieses Handle wird von einigen Windows-API-Funktionen beim Aufruf erwartet. Sie können in diesem Fall das Handle der jeweils betroffenen Komponente oder – falls das Handle Ihrer Anwendung gefordert wird – das Handle des Objekts TApplication übergeben.

Handle für die Komponenten:

MainMenu   MenuItem   PopupMenu

property Handle: HMENU;
Sollte eine Windows-API-Funktion ein Handle eines Menüs, Menü-Eintrags oder eines lokalen Menüs verlangen, können Sie dazu die Eigenschaft Handle von MainMenu, MenuItem und PopupMenu benutzen.

Handle für die Komponente Printer:

property Handle: HDC;
Handle beinhaltet das Handle des jeweiligen Druckerobjektes TPrinter der Komponente Printer.

Handle für die Komponente DataBase:

property Handle: HDBIDB;
Um direkte Aufrufe in die Richtung des Borland Database-Engine-(BDE)-API zu tätigen, benötigen Sie ein Handle der jeweiligen Datenbank-Komponente. Dazu dient Ihnen die Eigenschaft Handle der Komponente DataBase. Dies erlaubt Ihnen Zugriffe auf Funktionen des BDE-API, die nicht in der VCL-Bibliothek integriert wurden. Bevor Sie allerdings diese Funktionen aufrufen, sollten Sie vorsichtshalber prüfen, ob diese Funktion nicht doch schon in der VCL-Bibliothek gekapselt wurde.

Handle für das Objekt TSession:

Delphi erzeugt eine Komponente Session vom Typ TSession immer dann, wenn eine Anwendung ausgeführt wird. Sessions sollten nicht von Ihnen erzeugt oder zerstört werden. Session erlaubt die globale Prüfung über Datenbankverbindungen. Die Eigenschaft Databases von Session ist ein Array von allen aktiven Datenbanken in der Sitzung. Die Eigenschaft DatabaseCount vom Typ Integer gibt die Anzahl der aktiven Datenbanken in der Sitzung an.

property Handle: HDBISES;
Mit der Eigenschaft Handle können Sie direkte Aufrufe an die Borland Datenbank-Engine bezogen auf eine bestimmte Sitzung (Session/TSession) machen. Die Komponente Session werden Sie im Prinzip nicht benutzen müssen. Die wichtigsten Funktionen der BDE-API sind in der VCL-Bibliothek gekapselt und ersparen Ihnen diesen Weg.

Handle für die die Komponenten Table, Query und StoredProc:

property Handle: HDBICur;
Ebenfalls für direkte Zugriffe auf Funktionen der BDE-API und unter normalen Umständen nicht zu benutzen, da die wichtigsten BDP-API-Funktionen via der VCL-Bibliothek einen einfacheren Zugriff ermöglichen.

property Locale: TLocale;
Locale bestimmt den Sprachtreiber für die Datei, der bei direkten Aufrufen einer API-Funktion der Borland Database benutzt werden soll.

property Modified: Boolean;
Die Eigenschaft Modified überprüft, ob der Inhalt eines Feldes der Komponente seit seiner Erzeugung oder seit zum letzten Mal die Eigenschaft Modified auf False gesetzt wurde, geändert wurde. Ist Modified True, so hat sich der Inhalt geändert.

property Name: TComponentName;
Die Eigenschaft Name enthält den Namen der Komponente wie er von anderen Komponenten für den Zugriff verwendet wird. Delphi weist als Vorgabewerte sequentielle Namen zu, die auf dem Typ der Komponente basieren, also etwa für Buttons »Button1«, »Button2« etc. Dies können Sie gemäß Ihrer Vorstellungen abändern. Komponentennamen sollten ausdrücklich nur zur Entwurfszeit geändert werden.

property Owner: TComponent;
Die Eigenschaft Owner teilt Ihnen mit, welche Komponente zu welcher Komponente gehört. Dem Formular gehören alle Komponenten, die auf ihm vorhanden sind. Umgekehrt gehört das Formular zur Anwendung. Gehört eine Komponente A einer anderen Komponente B, wird der Speicher der Komponente A freigegeben, wenn der Speicher der Komponente B freigegeben wird. Es werden also folgerichtig alle Komponenten des Formulars gelöscht, wenn das Formular gelöscht wird. Außerdem wird natürlich der Speicher für das Formular und dessen Komponenten freigegeben, wenn der Speicher der Anwendung selbst freigegeben wird.

property Overload: Word;
Mit Overload legen Sie fest, welche Prozedur auf einem Oracle-Server ausgeführt werden soll. Oracle-Server erlauben das Überladen von gespeicherten Prozeduren in einem Oracle-Paket. Das bedeutet, daß Sie unterschiedliche Prozeduren mit dem gleichen Namen speichern können.

Mit Overload geben Sie die Nummer der auf einem Oracle-Server überladenenen Prozedur an:

Overload = Null bedeutet, daß keine Überladung existiert. Ist Overload auf den Wert 1 gesetzt, führt Ihre Anwendung die zuerst gespeicherte Prozedur mit dem überladenen Namen aus. Bei einem Wert 2 wird die als zweite abgespeicherte Prozedur der überladenen Prozeduren ausgeführt. Overload ist also der Index auf eine einzige Gruppe von gleichnamig überladenen Prozeduren.

property ParamBindMode;
Mit ParamBindMode legen Sie die Art des Bind-Mode fest. Also den Modus, wie die Elemente im Array Params mit den gespeicherten Prozedurparametern übereinstimmen. Mögliche Werte:

Wert	Bedeutung
pbByName	Parameter werden auf Basis ihrer Namen in der gespeicherten Prozedur gebunden.
pbByNumber	Parameter werden auf Basis der Definitions-Reihenfolge in der gespeicherten Prozedur gebunden. Dies ist nützlich, wenn Sie nicht die Parameternamen der gespeicherten Prozedur benutzen möchten.

property ParamCount: Word;
Mit ParamCount ermitteln Sie die Anzahl der Parameter in der Abfrage. Fügen Sie eine neuen Eintrag zu Params hinzu, wird den Wert automatisch erhöht. Entfernen Sie einen Eintrag, wird der Wert automatisch verringert.

property Params: TParams;
Die Eigenschaft Params enthält die Parameter, die der gespeicherten Prozedur übergeben werden.

property Prepared: Boolean;
Prepared legt fest, wann die Methode Prepared zuletzt zum Aufbereiten der Komponente aufgerufen wurde.

Sie sollten vorher die Eigenschaft Active auf False setzen, um Unannehmlichkeiten aus dem Wege zu gehen.

property RecordCount: Longint;
Mit RecordCount ermitteln Sie zur Laufzeit die Anzahl der Datensätze in der Datei. Die ermittelte Anzahl Datensätze kann, muß aber nicht vom jeweils eingesetzen Daten-Server und einer eventuellen Bereichsbegrenzung abhängig sein.

property State: TDataSetState;
State teilt Ihnen den aktuellen Status der Datei mit. Mögliche Werte:

Wert	Bedeutung
dsInactive	die Datei ist nicht geöffnet (ist also geschlossen worden oder war noch nicht geöffnet)
dsBrowse	die Datei befindet sich momentan im Browse-Modus
dsEdit	die Datei befindet sich im Edit-Modus
dsInsert	die Datei befindet sich im Insert-Modus
dsSetKey	die Datei befindet sich im SetKey-Modus
dsCalcFields	das Ereignis OnCalcFields der Komponente ist eingetreten, es werden also Daten aus der Datenbank gelesen

property StmtHandle: HDBIStmt;
Mit StmtHandle können Sie direkte Aufrufe mit dem Ergebnis der letzen SQL-Abfrage an die Borland Datenbank-Engine API richten. StmtHandle liefert Ihnen hierfür ein Handle auf die letze Abfrage.

property StoredProcName: string;
Mit StoredProcName legen Sie den Namen der auf dem Server gespeicherten Prozedur fest, die Sie aufrufen möchten. Da ein Oracle-Server es erlaubt, mehr als eine gespeicherte Prozedur mit dem gleichen Namen abzulegen, müssen Sie bei diesen Servern mit der Eigenschaft Overload die Prozedur auf dem Oracle-Server festlegen.

property Tag: Longint;
Die Eigenschaft Tag kann einen Integerwert als Element einer Komponente speichern. Tag wird von Delphi nicht benutzt und steht Ihnen damit zur freien Verfügung.

property UpdateMode: ???;
Mit UpdateMode legen Sie die Art der Spalte fest, die benutzt werden soll, damit Delphi und Ihre Anwendung die Datensätze aus einer SQL-Datenbank wieder findet, die dort upgedatet werden sollen. Wichtig wird diese Eigenschaft vor allem in einer Multiuser-Umgebung, wenn mehrere Benutzer die Rechte besitzen, die selben Datensätze wiederherzustellen und Änderungen an diesen vorzunehmen. Nimmt ein Anwender ein Update der Daten vor, benutzen Delphi und auch Ihre Anwendung die Originalwerte im Datensatz, um diesen Datensatz in der Datenbank zu finden. Delphi geht also davon aus, daß der Datensatz noch nicht geändert wurde. In der SQL-Syntax würde UpdateMode die Spalten festlegen, die beim Aufruf des SQL-Befehl UPDATE beim Schlüsselwort WHERE enthalten sind.

Wird der Datensatz nicht gefunden, zum Beispiel weil ein anderer Anwender den Datensatz schon geändert hat, führt Delphi keine Aktualisierung durch und beanstandet dies laut Dokumentation von Delphi. Mögliche Werte:

WhereAll	Alle Spalten werden benutzt. Modus mit den meisten Einschränkungen.
WhereKeyOnly:	Nur die Indexspalten werden benutzt. Modus mit den wenigsten Einschränkungen. Sollte nur benutzt werden, wenn andere Anwender diese Datensätze nicht ändern. Dies kann man wohl nur dadurch ausschließen, wenn man diesen Anwendern die Rechte dazu nicht gibt, oder ihnen diese sperrt.
WhereChanged:	Die geänderten Indexspalten und Spalten werden benutzt.

Ereignisse:

property AfterCancel: TDataSetNotifyEvent;
AfterCancel tritt immer dann ein, wenn der Aufruf der Methode Cancel beendet ist. Dies ist die letzte Aktion, bevor Cancel zum Aufrufer zurückkehrt. Befindet sich die Datei nicht im Edit-Modus oder gibt es keine unbearbeiteten Änderungen, wird das Ereignis AfterCancel nicht ausgelöst.

AfterCancel ist vom Typ

```
TDataSetNotifyEvent = procedure(DataSet: TDataSet) of object;
```

TDataSetNotifyEvent zeigt also auf eine Methode, die die Datensatz-Komponente enthält, in der das Ereignis aufgetreten ist.

property AfterClose: TDataSetNotifyEvent;
AfterClose tritt immer dann ein, nachdem eine Datei entweder mit der Methode Close oder durch die Änderung der Eigenschaft Active auf False geschlossen wurde. Dies ist die letzte Aktion, bevor Close zum Aufrufer zurückkehrt. Der Event-Handler AfterClose schließt alle privaten Nachschlagetabellen, die vom Ereignis BeforeOpen geöffnet wurden.

AfterClose ist vom Typ

`TDataSetNotifyEvent = procedure(DataSet: TDataSet) of object;`

TDataSetNotifyEvent zeigt also auf eine Methode, die die Datensatz-Komponente enthält, in der das Ereignis aufgetreten ist.

property AfterDelete: TDataSetNotifyEvent;
AfterDelete tritt immer dann ein, wenn ein Aufruf der Methode Delete beendet wird. Dies ist die letzte Aktion, bevor Delete zum Aufrufer zurückkehrt. Beim Aufruf von AfterDelete ist der gelöschte Datensatz schon aus der Datei entfernt, und der Datensatz-Zeiger zeigt auf den folgenden Datensatz.

AfterDelete ist vom Typ

`TDataSetNotifyEvent = procedure(DataSet: TDataSet) of object;`

TDataSetNotifyEvent zeigt also auf eine Methode, die die Datensatz-Komponente enthält, in der das Ereignis aufgetreten ist.

property AfterEdit: TDataSetNotifyEvent;
AfterEdit tritt immer dann ein, wenn ein Aufruf der Methode Edit beendet wird. Dies ist die letzte Aktion, bevor Edit zum Aufrufer zurückkehrt. AfterEdit tritt immer vor dem Einsetzen von Änderungen im aktuellen Datensatz ein.

AfterEdit ist vom Typ

`TDataSetNotifyEvent = procedure(DataSet: TDataSet) of object;`

TDataSetNotifyEvent zeigt also auf eine Methode, die die Datensatz-Komponente enthält, in der das Ereignis aufgetreten ist.

property AfterInsert: TDataSetNotifyEvent;
AfterInsert tritt immer dann ein, wenn ein Aufruf der Methoden Insert oder Append beendet wird. Die ist die letzte Aktion, bevor die Methoden zum Aufrufer zurückkehren. AfterInsert tritt immer vor dem Hinzufügen neuer Datensätze in die Tabelle ein.

AfterInsert ist vom Typ

`TDataSetNotifyEvent = procedure(DataSet: TDataSet) of object;`

TDataSetNotifyEvent zeigt also auf eine Methode, die die Datensatz-Komponente enthält, in der das Ereignis aufgetreten ist.

property AfterOpen: TDataSetNotifyEvent;
AfterOpen tritt immer dann ein, wenn eine Datei durch den Aufruf der Methode Open oder durch Setzen der Eigenschaft Active auf den Wert True geöffnet wurde. Dies ist die letzte Aktion, bevor Open zum Aufrufer zurückkehrt.

AfterOpen ist vom Typ

```
TDataSetNotifyEvent = procedure(DataSet: TDataSet) of object;
```

TDataSetNotifyEvent zeigt also auf eine Methode, die die Datensatz-Komponente enthält, in der das Ereignis aufgetreten ist.

property AfterPost: TDataSetNotifyEvent;
AfterPost tritt immer dann ein, wenn ein Aufruf der Methode Post beendet wird. Dies ist die letzte Aktion, bevor Post zum Aufrufer zurückkehrt.

Wird in der Komponente ein mit ApplyRange definierter Bereichsfilter aktiv und fällt dadurch der der Wert des Schlüssels für den neu eingetragenen Datensatz aus dem Bereich heraus, wird der Datensatz-Zeiger in AfterPost nicht auf den neu eingetragenen Datensatz positioniert.

AfterPost ist vom Typ

```
TDataSetNotifyEvent = procedure(DataSet: TDataSet) of object;
```

TDataSetNotifyEvent zeigt also auf eine Methode, die die Datensatz-Komponente enthält, in der das Ereignis aufgetreten ist.

property BeforeCancel: TDataSetNotifyEvent;
BeforeCancel tritt immer dann ein, wenn der Aufruf der Methode Cancel beginnt. Dies ist die erste Aktion, bevor Cancel die restlichen Aktionen beginnt. Ist die Datei nicht im Edit-Modus oder gibt es keine unbearbeiteten Änderungen, wird das Ereignis BeforeCancel nicht ausgelöst.

BeforeCancel ist vom Typ

```
TDataSetNotifyEvent = procedure(DataSet: TDataSet) of object;
```

TDataSetNotifyEvent zeigt also auf eine Methode, die die Datensatz-Komponente enthält, in der das Ereignis aufgetreten ist.

property BeforeClose: TDataSetNotifyEvent;
BeforeClose tritt immer dann ein, bevor eine Datei entweder mit der Methode Close oder durch die Änderung der Eigenschaft Active auf False geschlossen wird. Dies ist die erste Aktion, bevor Close die restlichen Aktionen beginnt. Durch Zuweisung eines selbstdefinierten Exception-Handlers kann man zum Beispiel eine Cancel-Aktion verhindern.

BeforeClose ist vom Typ

```
TDataSetNotifyEvent = procedure(DataSet: TDataSet) of object;
```

TDataSetNotifyEvent zeigt also auf eine Methode, die die Datensatz-Komponente enthält, in der das Ereignis aufgetreten ist.

property BeforeDelete: TDataSetNotifyEvent;
BeforeDelete tritt immer dann ein, wenn ein Aufruf der Methode Delete beginnt. Dies ist die erste Aktion, bevor Delete die restlichen Aktionen beginnt. Beim Aufruf von BeforeDelete ist der gelöschte Datensatz noch nicht aus der Datei entfernt, und der Datensatz-Zeiger zeigt noch auf den zu löschenden Datensatz. Dadurch könnte ein Löschen verhindert werden. Es ist im Prinzip die letzte Chance, den zu löschenden Datensatz zu retten.

BeforeDelete ist vom Typ

```
TDataSetNotifyEvent = procedure(DataSet: TDataSet) of object;
```

TDataSetNotifyEvent zeigt also auf eine Methode, die die Datensatz-Komponente enthält, in der das Ereignis aufgetreten ist.

property BeforeEdit: TDataSetNotifyEvent;
BeforeEdit tritt immer dann ein, wenn ein Aufruf der Methode Edit beginnt. Dies ist die erste Aktion, bevor Edit die restlichen Aktionen beginnt. BeforeEdit ist vom Typ

```
TDataSetNotifyEvent = procedure(DataSet: TDataSet) of object;
```

TDataSetNotifyEvent zeigt also auf eine Methode, die die Datensatz-Komponente enthält, in der das Ereignis aufgetreten ist.

property BeforeInsert: TDataSetNotifyEvent;
BeforeInsert tritt immer dann ein, wenn ein Aufruf der Methoden Insert oder Append beginnt. Dies ist die erste Aktion, bevor die Methoden die restlichen Aktionen starten. BeforeInsert ist vom Typ

```
TDataSetNotifyEvent = procedure(DataSet: TDataSet) of object;
```

TDataSetNotifyEvent zeigt also auf eine Methode, die die Datensatz-Komponente enthält, in der das Ereignis aufgetreten ist.

property BeforeOpen: TDataSetNotifyEvent;
BeforeOpen tritt immer dann ein, bevor eine Datei durch den Aufruf der Methode Open oder durch Setzen der Eigenschaft Active auf den Wert True geöffnet wurde. Dies ist die erste Aktion, bevor Open mit den restlichen Aktionen beginnt. Der Event-Handler BeforeOpen öffnet alle privaten Nachschlagetabellen, die von anderen Event-Handlern in der Datei benutzt werden.

BeforeOpen ist vom Typ

```
TDataSetNotifyEvent = procedure(DataSet: TDataSet) of object;
```

TDataSetNotifyEvent zeigt also auf eine Methode, die die Datensatz-Komponente enthält, in der das Ereignis aufgetreten ist.

property BeforePost: TDataSetNotifyEvent;
BeforePost tritt immer dann ein, wenn ein Aufruf der Methode Post beginnt. Dies ist die erste Aktion, bevor Post mit den restlichen Aktionen beginnt. Nachdem diese Methode die Methode UpdateRecord aufgerufen hat, werden Änderungen am Datensatz erkannt. BeforePost kann sehr nützlich sein, um einen veränderten oder neu-

en Datensatz auf seine Gültigkeit zu testen, bevor dieser in die Tabelle eingetragen wird. Durch eine Exception könnten Sie die Eintragung eines ungültigen Datensatzes oder überhaupt aller Datensätze verhindern.

BeforePost ist vom Typ

```
TDataSetNotifyEvent = procedure(DataSet: TDataSet) of object;
```

TDataSetNotifyEvent zeigt also auf eine Methode, die die Datensatz-Komponente enthält, in der das Ereignis aufgetreten ist.

property OnCalcFields: TDataSetNotifyEvent;
ObCalcFields tritt immer dann ein, wenn eine Datei einen Datensatz von der Datenbank liest. Außerdem tritt OnCalcFields immer dann ein, wenn AutoCalcFields auf True gesetzt wurde und ein nicht berechnetes Feld verändert wird, während die Datei sich im Edit- oder Insert-Modus befindet. Da OnCalcFields häufig aufgerufen wird, sollte die Behandlungsroutine, die Sie hier eventuell einfügen, sehr kurz sein. Ansonsten wirkt sich dies stark negativ auf das Laufzeit-Verhalten Ihrer Anwendung aus. Beachten Sie, daß OnCalcFields vollkommen ungeeignet zur Veränderung einer Datei ist, da dies natürlich zum erneuten Aufruf seiner selbst und damit zu Rekursionen führen kann. Ein fast endloser Aufruf ein- und desselben Ereignisses wäre somit der Absturz Ihres Programms. Während OnCalcFields aktiv ist, befindet sich die Datei im Modus CalcFields.

Das heißt, daß nur Werte von schon berechneten Felder gesetzt werden können.

OnCalcFields ist vom Typ

```
TDataSetNotifyEvent = procedure(DataSet: TDataSet) of object;
```

TDataSetNotifyEvent zeigt also auf eine Methode, die die Datensatz-Komponente enthält, in der das Ereignis aufgetreten ist.

property OnNewRecord: TDataSetNotifyEvent;
OnNewRecord tritt immer dann ein, wenn ein neuer Datensatz in die Datei eingefügt wird. OnNewRecord tritt immer nach BeforeInsert und immer vor AfterInsert ein. OnNewRecord ermöglicht die Initialisierung aller Felder des Datensatzes, ohne diesen als Modified zu kennzuzeichnen. Bei allen Änderungen des Datensatzes nach diesem Ereignis wird Modified gesetzt. OnNewRecord ist vom Typ

```
TDataSetNotifyEvent = procedure(DataSet: TDataSet) of object;
```

TDataSetNotifyEvent zeigt also auf eine Methode, die die Datensatz-Komponente enthält, in der das Ereignis aufgetreten ist.

Methoden:

procedure Append;
Append bewegt den Datensatz-Zeiger auf das Dateiende, ändert den Modus der Datei in den Insert-Modus und öffnet einen neuen leeren Datensatz. Erst mit dem Aufruf von Post wird der neue Datensatz anhand des zugehörigen Indexes (falls definiert) in die Datei eingesetzt. Mit Cancel verwerfen Sie den neuen Datensatz wieder. Append können Sie nur auf Datenbank-Dateien anwenden, die einen aktuellen

Ergebnissatz zurückgeben. Bei indizierten Tabellen wird der neue Datensatz mit den Methoden Append und Insert anhand des zugehörigen Indexes in die richtige Tabellenposition gesetzt. Ist zu der zugrundeliegenden Tabelle kein Index definiert, behält der Datensatz seine durch Append zuerst definierte Position, wird also am Dateiende eingefügt, während Insert den Datensatz an der Position des aktuellen Datensatz-Zeigers einfügt. In beiden Fällen können die Zeilen eines Datengitters verändert werden.

procedure AppendRecord(const Values: array of const);
Mit AppendRecord können Sie einen neuen Datensatz mit den Daten im Parameter Values an die Datenbank-Datei anhängen. Die Zuweisung von Values ist sequentiell; das erste Element aus Values wird dem ersten Feld des neuen Datensatzes zugewiesen, das zweite dem zweiten etc. Die Anzahl der Felddaten in Values kann kleiner sein als die Anzahl der aktuellen Felder im Datensatz; die restlichen Felder erhalten keine aktuelle Wertzuweisung, sondern den Wert NULL. Der Typ eines jeden Elements aus Values muß mit dem Typ des zugehörigen Feldes verträglich sein, damit das Feld in der Lage ist, eine Wertzuweisung mit zum Beispiel AsString und AsInteger gemäß dem Typ des Elements aus Values durchzuführen. AppendRecord können Sie nur auf Datenbank-Dateien anwenden, die einen aktuellen Ergebnissatz zurückgeben. Bei indizierten Tabellen wird der neue Datensatz mit den Methoden AppendRecord und InsertRecord anhand des zugehörigen Indexes in die richtige Tabellenposition gesetzt. Ist zu der zugrundeliegenden Tabelle kein Index definiert, behält der Datensatz seine durch AppendRecord zuerst definierte Position, wird also am Dateiende eingefügt, während InsertRecord den Datensatz an der Position des aktuellen Datensatz-Zeigers einfügt. In beiden Fällen können die Zeilen eines Datengitters verändert werden.

procedure Cancel;
Mit Cancel machen Sie alle Änderungen des aktuellen Datensatzes rückgängig. Die Datenbank-Datei wird dabei in den Browse-Modus versetzt.

procedure CheckBrowseMode;
Mit CheckBrowseMode prüfen Sie, ob die Datenbank-Datei offen ist und keine Änderungen vorliegen. Hat die Eigenschaft State der Datei oder besser gesagt Ihrer Komponente (z.B. Table) den Wert dsEdit, dsInsert oder dsSetKey, wird die Methode Post aufgerufen, um alle anhängigen Änderungen einzutragen. Ist die Datei geschlossen, wird die Exception EDataBaseError ausgelöst.

procedure ClearFields;
Mit ClearFields löschen Sie alle Felder des aktuellen Datensatzes. Die Felder bekommen den Inhalt NULL. Dabei muß sich die Datei im Edit-Modus befinden, da sonst wird eine Exception EDatabaseError ausgelöst wird.

procedure Close;
Mit Close schließen Sie die Datenbank-Datei und versetzen die Komponenten in den inaktiven Zustand zurück (Eigenschaft Active=False). Genausogut könnten Sie gleich die Eigenschaft Active der Komponente auf False setzen. Die Methode Post wird nicht ausdrücklich von Close aufgerufen. Soll dies geschehen, müssen Sie eine

entsprechende Behandlungsroutine für das Ereignis BeforeClose anfertigen und einsetzen.

procedure CopyParams(Value: TParams);
Mit CopyParams kopieren Sie alle Parameterinformationen von der gespeicherten Prozedurkomponente in den Parameter Value. Diese Methode ist sehr nützlich, wenn Sie zum Beispiel Parameter von einer gespeichten Prozedurkomponente zu einer anderen kopieren müssen.

constructor Create;
Create weist Speicher zu, um das Objekt und damit die Komponente zu erzeugen und nach Bedarf seine Daten zu initialisieren. Jedes Objekt kann eine Methode Create besitzen, die individuell so angepaßt ist, daß sie diese bestimmte Art von Objekt erzeugt. Im Normalfall benötigen Sie diese Methoden nicht, da Borland Delphi alles unternimmt, um Ihre Anwendung und die darin enthaltenen Komponenten zu erzeugen. Sollten Sie allerdings ein Ereignis oder die Initialisierung eines Wertes einer selbst geschaffenen Komponente zur Zeit der Erzeugung einstellen wollen, erledigen Sie dies in der Methode Create. Dazu benötigen Sie aber genaue Kenntnisse und Techniken der OOP. Ansonsten sollten Sie Create unverändert lassen und nicht aufrufen.

procedure CursorPosChanged;
CursorPosChanged wird von der Eigenschaft Handle für direkte Aufrufe von API-Funktionen der Borland-Database-Engine benötigt, bei denen sich die Cursorposition, also die Position des Datensatz-Zeigers, ändert.

Mit dem Aufruf von CursorPosChanged informieren Sie die Datei, daß sich der Zeiger, der letztendlich dem Datensatz-Zeiger der Borland-Database-Engine zugrundeliegt, geändert hat. Sollten Sie API-Funktionen der Borland-Database-Engine aufrufen, die den Zeiger ändern, rufen Sie nach dem Aufruf diese Methode auf.

procedure Delete;
Mit Delete löschen Sie den Datensatz an der Position des Datensatz-Zeigers aus der Datei. Danach wird der Zeiger auf den folgenden Datensatz weisen. Wurde dadurch allerdings der letzte Datensatz gelöscht, weist der Zeiger auf den vorherigen Datensatz. Für einen Aufruf muß die Datenbank-Datei einen aktuellen Ergebnissatz zurückgeben.

function DescriptionsAvailable: Boolean;
Mit DescriptionsAvailable ermitteln Sie, ob eine gespeicherte Parameterbeschreibung der Prozedur vom Server verfügbar ist. Ist dies der Fall, wird das Ergebnis auf True gesetzt. Ansonsten erhalten Sie den Wert False zurück. Ist diese Beschreibung nicht auf dem Server verfügbar, müssen Sie diese mit dem Parameter-Editor in der Eigenschaft Params erzeugen oder im Quelltext definieren.

procedure DisableControls;
Mit DisableControls trennen Sie die Datenbank-Datei zeitweise von allen Instanzen der Komponente DataSource.

Während dieser Zeit werden Änderungen an der Datei nicht angezeigt. Mehrfache Aufrufe der Methoden Next und Prior werden beschleunigt, wenn Sie vorher DisableControls aufrufen, da dadurch das Update des Bildschirms entfällt. Danach können Sie dann mit dem Aufruf der Methoden EnableControls die Verbindungen wieder herstellen und das Update des Bildschirms wird automatisch ausgeführt. Da die Anzahl der Aufrufe von DisableControls und EnableControls gespeichert wird, führt erst der letzte Aufruf von EnableControls zur tatsächlichen Aktualisierung.

procedure Edit;
Mit Edit versetzen Sie die Datenbank-Datei in den Edit-Modus. Dabei wird der Wert der Eigenschaft State auf dsEdit gesetzt. Mit datensensitiven Komponenten wie zum Beispiel DBEdit können Datensätze nur im Edit-Modus verändert werden. Der Aufruf von Edit in einer nicht veränderbaren Datei löst eine Exception aus. Daher sollten Sie vorher die Eigenschaft CanModify abfragen. Diese hat bei veränderbaren Dateien den Wert True. Für den Aufruf von Edit muß die Datei einen aktuellen Ergebnissatz zurückgeben.

procedure EnableControls;
Mit EnableControls stellen Sie die via DisableControls zeitweise abgebrochenen Verbindungen zwischen der Datenbank-Datei und den Instanzen der Komponente DataSource wieder her. Näheres dazu siehe Methode DisableControls.

procedure ExecProc;
Mit ExecProc führen Sie die gespeicherte Prozedur auf dem Server aus.

function FieldByName(const FieldName: string): TField;
Mit FieldByName testen Sie, ob das im Parameter FieldName übergebene Feld existiert. Wird das Feld nicht gefunden, löst FieldByName eine Exception aus. Mit der Methode FindField stellen Sie fest, ob ein Feldname tatsächlich existiert. Das Ergebnis ist vom Typ TField und enthält alle Eigenschaften des Feldes.

function FindComponent(const AName: string): TComponent;
Die Methode FindComponent gibt im Array Components die Komponente zurück, deren Name zum String im Parameter AName paßt. FindComponent beachtet dabei keine Groß-/Kleinschreibung.

Beispiel: Es existiert ein Button »Button1« in Ihrer Anwendung. Um die eigentliche Komponente TButton1 im Array Components zurückzugeben, rufen Sie FindComponents wie folgt auf:

```
FindComponents('Button1');
```

function FindField(const FieldName: string): TField;
FindField sucht das Feld mit dem im Parameter FieldName angegebenen Namen und gibt dessen Instanz der Klasse TField mit allen passenden Eigenschaften zurück. FindField ist zwar etwas langsamer als der Zugriff über die Eigenschaft Fields, dafür schützt diese Methode aber vor Änderungen der Reihenfolge der Felder in der Komponente. Existiert das Feld nicht, oder wird es nicht gefunden (die Angaben in FieldName oder in der Eigenschaft TableName sollten im Zweifelsfalle überprüft werden), gibt FindField als Ergebnis nil zurück.

procedure First;
Mit First positionieren Sie den Datensatz-Zeiger auf den ersten Datensatz des mit ApplyRange aktivierten Bereichs in der Datei. Hält sich die Datenbank-Datei dabei im Edit-Modus oder im Insert-Modus auf, ruft First die Methode Post für alle aktuellen, aber noch nicht eingetragenen Daten auf.

function Focused: Boolean;
Focused wird verwendet, um zu bestimmen, ob ein Fensterdialogelement den Fokus besitzt und deshalb das aktive Dialogelement in ActiveControl ist.

procedure Free;
Die Methode Free entfernt das Objekt und gibt den dazugehörigen Speicher frei. Haben Sie das Objekt unter Verwendung der Methode Create erzeugt, so benutzen Sie zum Entfernen und für die Freigabe des Speichers die Methode Free. Free gelingt auch dann, wenn das Objekt selbst nicht mehr existiert (zum Beispiel durch einen vorherigen Aufruf von Free). Delphi erledigt dies für Objekte der Bibliothek visueller Komponenten automatisch.

Sie sollten also niemals eine Komponente innerhalb Ihrer Anwendung entfernen.

Falls Sie ein Formular freigeben wollen, rufen Sie die Methode Release auf, um das Formular zu löschen und dessen benutzten Speicher freizugeben.

procedure FreeBookmark(Bookmark: TBookmark);
Mit FreeBookmark geben Sie die durch den Aufruf von GetBookmark belegten Systemressourcen wieder frei. Mehr zu diesem Thema siehe Methode GetBookmarks.

function GetBookmark: TBookmark;
Mit GetBookmark sichern Sie die aktuelle Datensatzinformation der Datei, um eine spätere Rückkehr zu diesem Datensatz mit einem Aufruf der Methode GotoBookmark zu ermöglichen. Die Markierung sollte gespeichert und später mit der Methode FreeBookmark freigegeben werden, damit die von GetBookmark belegten Ressourcen wieder freigegeben werden. Ist die Datei leer oder befindet sich nicht im Browse-Modus, gibt GetBookmark den Wert nil zurück. Wird eine Datei geschlossen oder ändert sich der Index einer Tabelle, gehen auch alle mit GetBookmark angefertigten Markierungen wieder verloren.

procedure GetFieldNames(List: TStrings);
Mit GetIndexNames ermitteln Sie alle Feldnamen der Tabelle. Diese Namen werden an die Liste des Objekts List angehängt.

procedure GetResults;
Mit GetResults rufen Sie eine gespeicherte Sybase-Prozedur auf, die eine Ergebnismenge zurückliefert.

GetResults liefert Ihnen dabei die Ausgabeparameterwerte aus der gespeicherten Prozedur zurück. Dies wird von der Komponente StoredProc in Normalfall automatisch erledigt, allerdings geben gespeicherte Sybase-Prozeduren die Werte solange nicht zurück, bis der Datensatz-Zeiger das Ende der Ergebnismenge erreicht hat.

Um diese Aktion auszuführen, müssen Sie für diese Sybase-Prozeduren explizit getResults benutzen.

procedure GotoBookmark(Bookmark: TBookmark);
Mit GotoBookmark können Sie den Datensatz-Zeiger auf den Datensatz mit der durch GetBookmark ermittelten Markierung positionieren. Ist die Markierung nicht vorhanden oder ist der Parameter Bookmark auf nil gesetzt, löst diese Prozedur nichts aus und übergibt den Programmablauf unverrichteter Dinge an den Aufrufer zurück.

procedure Insert;
Mit dem Aufruf von Insert versetzen Sie die Datei in den Insert-Modus und öffnen einen neuen leeren Datensatz an der aktuellen Position des Datensatz-Zeigers. Dabei wird der bis dahin aktuelle Datensatz und alle folgenden Datensätze nach hinten geschoben. Mit dem Aufruf der Methode Post fügen Sie anschließend den neuen Datensatz in die Datei in einer von ihrem Index (falls definiert) bestimmten Position ein. Mit der Methode Cancel können Sie allerdings den neuen Datensatz verwerfen, falls Post noch nicht aufgerufen wurde.

Diese Methode benötigt aber Dateien, die einen aktuellen Ergebnissatz zurückgeben. Bei indizierten Tabellen wird der neue Datensatz mit den Methoden Append und Insert anhand des zugehörigen Indexes in die richtige Tabellenposition gesetzt. Ist zu der zugrundeliegenden Tabelle kein Index definiert, behält der Datensatz seine durch Append zuerst definierte Position, wird also am Dateiende eingefügt, während Insert den Datensatz an der Position des aktuellen Datensatz-Zeigers einfügt. In beiden Fällen können die Zeilen eines Datengitters verändert werden.

procedure InsertComponent(AComponent: TComponent);
InsertComponent macht die Komponente zum Besitzer der im Parameter AComponent übergebenen Komponente. Die Komponente wird am Ende der Array-Eigenschaft Components hinzugefügt. Die eingefügte Komponente darf keinen Namen haben (keinen für die Eigenschaft Name spezifizierten Wert) oder der Name muß sich eindeutig von allen anderen in der Components-Liste unterscheiden. Wird die Besitzerkomponente entfernt, wird auch AComponent gelöscht.

procedure InsertRecord(const Values: array of const);
Mit InsertRecord können Sie einen neuen Datensatz mit den Daten im Parameter Values an die Position des Datenbank-Zeigers einfügen. Die Zuweisung von Values ist sequentiell; das erste Element aus Values wird dem ersten Feld des neuen Datensatzes zugewiesen, das zweite dem zweiten etc. Die Anzahl der Felddaten in Values kann kleiner sein als die Anzahl der aktuellen Felder im Datensatz; die restlichen Felder erhalten keine aktuelle Wertzuweisung, sondern den Wert NULL. Der Typ eines jeden Elements aus Values muß mit dem Typ des zugehörigen Feldes verträglich sein, damit das Feld in der Lage ist, eine Wertzuweisung mit zum Beispiel AsString und AsInteger gemäß dem Typ des Elements aus Values durchzuführen. InsertRecord können Sie nur auf Datenbank-Dateien anwenden, die einen aktuellen Ergebnissatz zurückgeben. Bei indizierten Tabellen wird der neue Datensatz mit den Methoden AppendRecord und InsertRecord anhand des zugehörigen Indexes in die

richtige Tabellenposition gesetzt. Ist zu der zugrundeliegenden Tabelle kein Index definiert, behält der Datensatz seine durch AppendRecord zuerst definierte Position, wird also am Dateiende eingefügt, während InsertRecord den Datensatz an der Position des aktuellen Datensatz-Zeigers einfügt. In beiden Fällen können die Zeilen eines Datengitters verändert werden.

procedure Last;
Mit Last positionieren Sie den Datensatz-Zeiger an die Position des letzten Datensatzes im mit ApplyRange aktivierten Bereich der Datei. Im Insert-Modus oder Edit-Modus ruft Last zusätzlich die Methode Post für alle noch nicht bearbeiteten Daten auf.

procedure MoveBy(Distance: Integer);
Mit MoveBy verschieben Sie den Datensatz-Zeiger um die im Parameter Distance angegebenen Datensätze. Negative Werte für Distance führen eine Bewegung zum Dateianfang aus, während positive Werte eine Bewegung zum Dateiende erlauben. Ein Wert 0 bewegt rein gar nichts. Im Insert-Modus oder Edit-Modus ruft MoveBy zusätzlich die Methode Post für alle noch nicht bearbeiteten Daten auf.

procedure Next;
Mit Next positionieren Sie den Datensatz-Zeiger auf den folgenden Datensatz. Ist die Position des Zeigers schon vorher am Ende der Datei angelangt, passiert rein gar nichts. Im Insert-Modus oder Edit-Modus ruft Next zusätzlich die Methode Post für alle noch nicht bearbeiteten Daten auf.

procedure Open;
Mit Open öffnen Sie eine Datenbank-Datei und versetzen diese in den Browse-Modus. Genausogut könnten Sie den Wert der Eigenschaft Active auf True setzen. Bei der Komponente Query führt Open das SQL-Schlüsselwort SELECT in der Eigenschaft SQL aus. Für eine Anweisung, die keinen Ergebnissatz zurückgibt (z.B. INSERT oder UPDATE), sollten Sie ExecSQL statt Open benutzen. Bei der Komponente StoredProc wird Open zur Ausführung der gespeicherten Prozedur benutzt. Diese muß aber ebenfalls einen Ergebnissatz zurückgeben. Gibt die gespeicherte Prozedur eine einzelne Zeile zurück, sollten Sie besser ExecProc statt Open benutzen.

function ParamByName(const Value: string): TParam;
ParamByName ermittelt für Sie das Element der Eigenschaft Params, dessen Eigenschaft Name mit Value übereinstimmt. Damit weisen Sie in einer dynamischen Abfrage über den Namen Parametern Werte zu.

procedure Post;
Mit Post speichern Sie den aktuellen Datensatz in die Datenbank. Für jeden einzelnen Datensatz, den Sie speichern wollen, müssen Sie die Post-Methode explizit aufrufen.

Die Arbeitsweise von Post ist abhängig vom Modus der Datei: Im Edit-Modus modifiziert Post den aktuellen Datensatz, während im Insert-Modus die Methode Post einen neuen Datensatz einfügt. Im SetKey-Modus überträgt Post die Änderungen in den SetKey-Puffer und versetzt die Datei in den Browse-Modus.

Wird der aktuelle Datensatz in Ihrer Anwendung verlassen, ruft Delphi die Post-Methode auf, um die Änderungen abzuspeichern.

Beim Aufruf der Methoden Next, MoveBy, Prior, First und Last wird Post immer dann für einen Datensatz ausgeführt, wenn sich die Tabelle im Edit- oder Insert-Modus befindet. Bei den Methoden Append, AppendRecord, Insert und InsertRecord wird Post ebenfalls aufgerufen, um den Datensatz abzuspeichern.

Kann ein Datensatz nicht abgespeichert werden, bleibt die Datei im Edit-Modus.

procedure Prepare;
Mit Prepare senden Sie eine parametrisierte Abfrage zur Analyse und Optimierung an die Datenbank-Engine. Ein Aufruf von Prepare wird nicht benötigt, um eine parametrisierte Abfrage zu benutzen. Wenn Sie eine Abfrage ausgeführt haben, müssen Sie zuerst Close aufrufen, ehe sie wieder Prepare aufrufen. Sollte eine Anwendung Prepare einmal aufrufen – zum Beispiel im Ereignis OnCreate des Formulars – setzen Sie die Parameter durch Gebrauch der Eigenschaft Params, und zum Schluß rufen Sie Open oder ExecSQL auf, um die Abfrage auszuführen. Jedesmal, wenn die Abfrage mit unterschiedlichen Parameterwerten ausgeführt werden soll, muß eine Anwendung Close aufrufen, die Parameterwerte setzen und dann die Abfrage mit Open oder ExecSQL ausführen.

procedure Prior;
Mit Prior positionieren Sie den Datensatz-Zeiger um eine Position in Richtung Dateianfang. Ist der Zeiger schon vorher am ersten Datensatz angekommen, geschieht nichts. Im Insert-Modus oder Edit-Modus führt Prior die Methode Post für alle noch nicht eingetragenen Daten aus.

procedure Refresh;
Rufen Sie die Methode Refresh auf, werden alle Datensätze einer Datei erneut eingelesen. Refresh führt eine sofortige Aktualisierung durch. Bedenken Sie, daß ein Aufruf von Refresh ohne eine Benachrichtigung des Anwenders mit Texten wie »Achtung, die Daten werden aktualisiert«Verwirrung auslösen kann.

procedure RemoveComponent(AComponent: TComponent);
RemoveComponent entfernt die Komponente, die im Parameter AComponent festgelegt ist, aus der Komponentenliste Components. Die Position in der Liste wird zu nil.

procedure SetFields(const Values: array of const);
Mit SetFields weisen Sie den Feldern einer Datenbank-Datei die im Parameter Values abgelegten Werte zu.

Besitzt Values weniger Elemente als die Datei Felder hat, bleiben die übrigen Daten unverändert. Mit dem Schlüsselwort Null weisen Sie einem Feld einen leeren Wert zu. NULL ist das wenigste, was es gibt. Mathematiker würden wohl von einer Art leeren Menge sprechen. Damit SetFields den erhofften Erfolg hat, muß sich die Datei im Edit-Modus befinden. Sollte sie es noch nicht sein, verleiht der Aufruf der Methode Edit der Datei Flügel und treibt sie in den Edit-Modus (näheres dazu siehe Methode Edit). Wollen Sie die Änderung auch nicht abgespeichern, rufen Sie nach den erfolgten Änderungen am Datensatz die Methode Post auf. Da SetFields absolut von der Struktur der Tabelle abhängt, sollten Sie diese Methode nur verwenden, wenn Sie sicher sind, daß sich diese Struktur nicht geändert hat, oder sich durch den Aufruf dieser Methode ändern wird.

procedure UnPrepare;
Mit UnPrepare setzen Sie die Eigenschaft Prepared auf False. Dadurch wird die Eigenschaft SQL wieder übersetzt, bevor die Anfrage an den Server übermittelt wird. Außerdem wird der Server benachrichtigt, daß er die Ressourcen freigeben kann, die für optimale Wirkung reserviert wurden. Dis gilt, bis eine neue Anfrage vor (oder in Verbindung mit) einem Aufruf der Methode Open oder ExecSQL gesendet wird.

procedure UpdateCursorPos;
Mit UpdateCursorPos positionieren Sie den Datensatz-Zeiger der Tabelle auf die aktuelle Position, die mit dem Zeiger in der Datei identisch ist. Die Methode UpdateCursorPos ist nützlich für direkte Aufrufe der Borland-Database-Engine.

procedure UpdateRecord;
Mit UpdateRecord unterrichten Sie jede Instanz der Komponente DataSource davon, daß der aktuelle Datensatz im Moment in die Datei eingefügt wird. Jede Datenquelle informiert der Reihe nach alle Daten-Dialogelemente, so daß sie die Anzeige der Daten aktualisieren können. UpdateRecord wird automatisch von Post aufgerufen, kann aber auch separat zur Aktualisierung des aktuellen Datensatzes benutzt werden, ohne ihn einzutragen. So ist man zum Beispiel sicher, daß tatsächlich die aktuellen Werte angezeigt werden, denn wenn mehrere Benutzer eine Tabelle ändern, könnten die Daten von den anderen Benutzern ohne Ihr Zutun zwischenzeitlich verändert worden sein.

Komponentenname: Database
Klassenname: TDatabase

Beschreibung:

Die Benutzung von Database ist optional. Diese Komponente stellt Ihnen weitere für Client/Server-Anwendungen wichtige Prüfungen zur Verfügung. Zusätzlich enthält diese Komponente einige interessante und nützliche Methoden wie zum Beispiel RollBack und StartTransaction.

Haben Sie keine Instanz dieser Komponente in Ihre Anwendung eingebunden und öffnen eine Tabelle in einer Anwendung, erzeugt Delphi eine temporäre virtuelle Komponente TDatabase. Nähere Einzelheiten entnehmen Sie am besten den Eigenschaften dieser Komponente.

Eigenschaften:

property AliasName: TSymbolStr;
Mit AliasName können Sie die von der Database-Engine-Konfiguration erstellten Alias-Namen auswählen. Achten Sie darauf, daß die Eigenschaft Connected auf False gesetzt sein muß, damit Sie AliasName ändern können. Andernfalls bekommen Sie eine Fehlermeldung. Auch hier gilt, daß man nicht während einer Autofahrt das Fahrzeug wechselt.

property ComponentIndex: Integer;
Die Eigenschaft ComponentIndex zeigt die Position einer Komponente in der Eigenschaftsliste Components ihres Besitzers an. Die erste Komponente in der Liste hat den ComponentIndex-Wert 0, die zweite hat den Wert 1, die dritte den Wert 2 etc. Diese Eigenschaft ist nur zur Laufzeit und dann auch nur im Read-Only-Modus benutzbar.

property Connected: Boolean;
Mit Connected stellen Sie die Verbindung zur Datenbank her (Wert=True). Wird eine Tabelle geschlossen, wird Connected auf False gesetzt, es sei denn, die Eigenschaft KeepConnection ist True. Mit Connected=True wird in jedem Fall eine Verbindung aufgenommen, auch wenn noch keine Tabelle geöffnet werden soll.

property DatabaseName: TFileName;
Mit DatabaseName können sie die Datenbank festlegen, mit der die Komponente verbunden werden soll. Mit Hilfe des Objekt-Inspektors können Sie eine Datenbank wählen, die mit Hilfe der Database-Engine-Konfiguration definiert wurde. Wollen Sie zur Laufzeit diese Eigenschaft ändern, sollten Sie vorher die Methode Close aufrufen, um die Komponente (Table, Query oder StoredProc) in inaktiven Zustand zu versetzen. Mögliche Eintragungen:

- ❏ Ein mit der Database-Engine-Konfiguration definierter BDE-Alias,
- ❏ ein Pfad für Datenbankdateien,
- ❏ ein Pfad und Dateiname einer Local InterBase-Server-Datenbankdatei oder
- ❏ ein mit Hilfe der Komponente Database definierter Alias.

property DatasetCount: Integer;
Mit DatasetCount ermitteln Sie die Anzahl der Datensatz-Komponenten (Table, Query, und StoredProc), die zur Zeit diese Instanz der Komponente Database benutzen.

property Datasets[Index: Integer]: TDBDataSet;
Datasets ist eine Liste der Datensatz-Komponenten (Table, Query, und StoredProc), die sich zur Zeit eine Instanz der Komponente Database teilen.

property DriverName: TSymbolStr;
Mit DriverName legen Sie den Name eines BDE-Treibers fest. Diese Eigenschaft wird dann aufgehoben, wenn AliasName gesetzt ist, da dann nämlich ein AliasName mit Hilfe der Database-Engine-Konfiguration einen Treibertyp zugewiesen bekommen hat. Setzen Sie diese Eigenschaft, wird die Eigenschaft AliasName aufgehoben. Mögliche Werte (einige Beispiele):

Wert	Datenbank	Schnittstelle
STANDARD	Borland dBASE, Borland Paradox und ASCII	BDE
ORACLE	Oracle-Server-Daten	BDE
SYBASE	Sybase-Server-Daten	BDE
INFORMIX	Informix-Server-Daten	BDE
INTRBASE	Interbase-Server-Daten	BDE
Acces Data (*.mdb)	Access	ODBC
Access Files (*.mdb)	Access	ODBC
Btrieve Data (*.ddf)	Btrieve	ODBC
Btrieve Files (*.ddf)	Btrieve	ODBC
dBase Files (*.dbf)	dBASE	ODBC
Excel Files (*.xls)	Excel	ODBC
Fox Pro Files (*.dbf)	Fox Pro	ODBC
Q+E ParadoxFile	Paradox	ODBC
Text Files (*.txt; *.csv)	ASCII	ODBC

Sie sollten nach Möglichkeit für eine Datenbank die BDE-Schnittstelle benutzen, da die Leistung der ODBC-Schnittstelle deutlich schlechter ist als die BDE-Schnittstelle. Außerdem kann es sein, daß Sie für einige Zugriffe Extra-Treiberdateien benötigen. Für Zugriffe auf Btrieve-Dateien über ODBC benötigen Sie zusätzlich die Treiber-DLL WBTCALL.DLL, die Sie bei der Firma Btrieve erwerben müssen. Diese ist im Btrieve für Windows Development Kit erhältlich und leider nicht preisgünstig. Die Firma Btrieve bremst dadurch leider nur ihren Verbreitungsgrad unter Windows.

property Handle: ...;
Der Typ der Eigenschaft Handle ist abhängig von der jeweiligen Komponente. Im allgemeinen gilt: Sollte eine Windows-API-Funktion ein Handle der betreffenden Komponente verlangen, dann setzen Sie dazu die jeweilige Eigenschaft Handle der betreffenden Komponente ein. Verlangt eine Windows-API-Funktion zum Beispiel das Handle Ihrer gesamten Anwendung, dann benutzen Sie am besten die Eigenschaft Handle des Objekts TApplication. Hier die Übersicht der verschiedenen Typen der Eigenschaft Handle:

<u>Handle für die Komponenten:</u>

Bitmap	property Handle: HBitmap;
Brush	property Handle: HBrush;
Canvas	property Handle: HDC;
Font	property Handle: HFont;
Icon	property Handle: HIcon;
Metafile	property Handle: HMetafile;
Pen	property Handle: HPen;

Handle gibt Ihnen den Zugriff auf das Handle des jeweiligen GDI-Objekts, damit Sie darauf zugreifen können. Benötigen Sie zum Beispiel zum Aufruf einer Windows-API-Funktion ein Handle auf ein Stiftobjekt oder ein Bitmap-Objekt, können Sie dazu das Handle der Komponente Pen beziehungsweise der Komponente Bitmap verwenden.

Handle für das Objekt TApplication und die folgenden Komponenten:

Bevel	DBText	Memo
BitBtn	DirectoryListBox	Notebook
Button	DrawGrid	OLEContainer
CheckBox	DriveComboBox	Outline
ComboBox	Edit	PaintBox
DBCheckBox	FileListBox	Panel
DBComboBox	FilterComboBox	RadioButton
DBEdit	FindDialog	RadioGroup
DBGrid	Form	ReplaceDialog
DBImage	GroupBox	ScrollBar
DBListBox	Header	ScrollBox
DBLookupCombo	Image	Shape
DBLookupList	Label	SpeedButton
DBMemo	ListBox	StringGrid
DBNavigator	MaskEdit	TabbedNotebook
DBRadioGroup	MediaPlayer	TabSet

property Handle: HWND;
Handle ermöglicht Ihnen Zugriff auf das Handle der jeweiligen Komponente (z.B. Fenster-Handle, Dialog-Handle, etc.). Dieses Handle wird von einigen Windows-API-Funktionen beim Aufruf erwartet. Sie können in diesem Fall das Handle der jeweils betroffenen Komponente oder – falls das Handle Ihrer Anwendung gefordert wird – das Handle des Objekts TApplication übergeben.

Handle für die Komponenten:

MainMenu	MenuItem	PopupMenu

property Handle: HMENU;
Sollte eine Windows-API-Funktion ein Handle eines Menüs, Menü-Eintrags oder eines lokalen Menüs verlangen, können Sie dazu die Eigenschaft Handle von MainMenu, MenuItem und PopupMenu benutzen.

Handle für die Komponente Printer:

property Handle: HDC;
Handle beinhaltet das Handle des jeweiligen Druckerobjektes TPrinter der Komponente Printer.

Handle für die Komponente DataBase:

property Handle: HDBIDB;
Um direkte Aufrufe in die Richtung des Borland Database-Engine-(BDE)-API zu tätigen, benötigen Sie ein Handle der jeweiligen Datenbank-Komponente. Dazu dient Ihnen die Eigenschaft Handle der Komponente DataBase. Dies erlaubt Ihnen Zugriffe auf Funktionen des BDE-API, die nicht in der VCL-Bibliothek integriert wurden.

Bevor Sie allerdings diese Funktionen aufrufen, sollten Sie prüfen, ob diese Funktion nicht doch schon in der VCL-Bibliothek gekapselt wurde.

Handle für das Objekt TSession:

Delphi erzeugt eine Komponente Session vom Typ TSession immer dann, wenn eine Anwendung ausgeführt wird. Sessions sollten nicht von Ihnen erzeugt oder zerstört werden. Session erlaubt globale Prüfung über Datenbankverbindungen. Die Eigenschaft Databases von Session ist ein Array von allen aktiven Datenbanken in der Sitzung. Die Eigenschaft DatabaseCount vom Typ Integer gibt die Anzahl der aktiven Datenbanken in der Sitzung an.

property Handle: HDBISES;
Mit der Eigenschaft Handle können Sie direkte Aufrufe an die Borland Datenbank-Engine bezogen auf eine bestimmte Sitzung (Session/TSession) machen. Die Komponente Session werden Sie im Prinzip nicht benutzen müssen. Die wichtigsten Funktionen der BDE-API sind in der VCL-Bibliothek gekapselt und ersparen Ihnen diesen Weg.

Handle für die die Komponenten Table, Query und StoredProc:

property Handle: HDBICur;
Ebenfalls für direkte Zugriffe auf Funktionen der BDE-API und unter normalen Umständen nicht zu benutzen, da die wichtigsten BDP-API-Funktionen via der VCL-Bibliothek einen einfacheren Zugriff ermöglichen.

property IsSQLBased: Boolean;
Mit IsSQLBased ermitteln Sie, ob die Komponente Database andere Treiber als STANDARD benutzt (Wert=True). Greifen Sie auf dBASE-, Paradox- oder auf ASCII-Dateien zu, wird IsSQLBased auf False gesetzt.

property KeepConnection: Boolean;
Mit KeepConnection legen Sie fest, ob die Verbindung zum Datenbankserver (zum Beispiel nach dem Schließen einer Datei) erhalten bleibt. Sollten Sie mehrmals eine oder mehrere Dateien eines Servers öffnen und schließen, sollten Sie diese Eigenschaft auf True stellen, da dies die Geschwindigkeit des Öffnungs-Vorgangs erhöht. Schließlich entfällt bei jedem Vorgang die unnötige Herstellung der Verbindung zum Server. KeepConnection ist eine Eigenschaft, die sowohl zur Komponente Database als auch zu dem in der VCL definierten Objekt TSession gehört. Die Eigenschaft KeepConnection des Objekts KeepConnection legt den Initialisierungsstatus der Eigenschaft KeepConnection für temporäre (automatisch von Delphi erzeugte) Komponenten Database fest. Sie bestimmt also die Arbeitsweise einer Instanz von Database, falls Sie in Ihrer Anwendung explizit keine Komponente Database eingefügt haben, und Delphi daher gezwungen ist, eine temporäre virtuelle Instanz von Database zu erzeugen.

property Locale: TLocale;
Locale bestimmt den Sprachtreiber für die Datei, der bei direkten Aufrufen einer API-Funktion der Borland Database benutzt werden soll.

property LoginPrompt: Boolean;
Mit LoginPrompt können Sie die Sicherheits-Behandlung für SQL-Datenbanken festlegen.

LoginPrompt=True:
Versucht Ihre Anwendung, eine Verbindung zu einem Datenbank-Server aufzubauen, erscheint der Standard-Login-Dialog. Daraufhin muß der Anwender den richtigen Benutzernamen und das Paßwort eingeben, um mit einer Datenbank auf dem Server verbunden zu werden.

LoginPrompt=False:
Versucht Ihre Anwendung, eine Verbindung zu einem Datenbank-Server aufzubauen, werden die Login-Parametern in der Eigenschaft Params der Komponente Database erwartet. Dazu müssen Sie die Parameter USERNAME und PASSWORD definieren und belegen. Ein Beispiel:

```
USERNAME = STARKE
PASSWORD = mypassword
```

Bedenken Sie aber dabei, daß mit der zweiten Möglichkeit (LoginPrompt=False) jeder Anwender einer Kopie Ihres Programms mit ein und dem selben Passwort in den Server gelangt, ohne auch nur das Passwort zu kennen. Dies ist wohl der Alptraum eines jeden Sicherheits-Experten. Also verwenden Sie im Normalfall lieber die erste Alternative (LoginPrompt=True).

property Name: TComponentName;
Die Eigenschaft Name enthält den Namen der Komponente wie er von anderen Komponenten für den Zugriff verwendet wird. Delphi weist als Vorgabewerte sequentielle Namen zu, die auf dem Typ der Komponente basieren, also etwa für Buttons »Button1«, »Button2« etc. Dies können Sie gemäß Ihrer Vorstellungen abändern. Komponentennamen sollten ausdrücklich nur zur Entwurfszeit geändert werden.

property Owner: TComponent;
Die Eigenschaft Owner teilt Ihnen mit, welche Komponente zu welcher Komponente gehört. Dem Formular gehören alle Komponenten, die auf ihm vorhanden sind. Umgekehrt gehört das Formular zur Anwendung. Gehört eine Komponente A einer anderen Komponente B, wird der Speicher der Komponente A freigegeben, wenn der Speicher der Komponente B freigegeben wird. Es werden also folgerichtig alle Komponenten des Formulars gelöscht, wenn das Formular gelöscht wird. Außerdem wird natürlich der Speicher für das Formular und dessen Komponenten freigegeben, wenn der Speicher der Anwendung selbst freigegeben wird.

property Params: TParams;
Die Eigenschaft Params enthält die Parameter, die beim Login-Versuch dem Daten-Server übergeben werden. Diese werden per Default in der Database-Engine-Konfiguration belegt und können von Server zu Server unterschiedlich sein. Mögliche Parameter: ALIAS, EDITOR, USERNAME, PASSWORD, PATH, SERVERNAME etc.

property Tag: Longint;
Die Eigenschaft Tag kann einen Integerwert als Element einer Komponente speichern. Tag wird von Delphi nicht benutzt und steht Ihnen damit zur freien Verfügung.

property Temporary: Boolean;
Mit Temporary ermitteln Sie, ob eine Komponente Database in Ihrer Anwendung virtuell erzeugt, oder von Ihnen zur Entwicklungszeit eingefügt wurde. Haben Sie keine Instanz der Komponente Database in Ihre Client/Server-Anwendung eingebunden, erzeugt Delphi beziehungsweise Ihre Anwendung zur Laufzeit eine temporäre virtuelle Instanz von Database. Ist dies der Fall, wird die Eigenschaft Temporary dieser Instanz auf True gesetzt.

Property TransIsolation: TTransIsolation;
Mit TransIsolation legen Sie den den Abschottungsgrad der Transaktion fest, die von einem SQL-Server benutzt wird. Mögliche Werte:

Wert	Bedeutung
tiDirtyRead	jede Änderung wird zurückgegeben
tiReadCommitted	nur die übergebene Version des Datensatzes wird zurückgeben
tiRepeatableRead	nur der Originaldatensatz (während der Dauer der Transaktion) wird zurückgeben. Selbst dann, wenn eine andere Anwendung eine Änderung übergeben hat.

Hier die Unterschiede, die diese Eigenschaft auf den unterschiedlichen Servern genießt, denn nicht jeder Server unterstützt jeden Abschottungsgrad. Manchmal wird die Einstellung also ignoriert und die Standard-Einstellung benutzt. Alles frei nach dem Motto: Der Unterschied ist der einzige Standard, der genormt ist.

Wert	Oracle	Sybase & MS SQL	Informix	InterBase
DirtyRead	RC	RC	DirtyRead	RC
ReadCommitted	RC	RC	RC	RC
RepeatableRead	RR	RC	RR	RR

RC: ReadCommited
RR: RepeatableRead

Ereignisse:

property OnLogin: TLoginEvent;
OnLogin tritt immer dann ein, wenn ein Login-Versuch auf einen Server gestartet wird (zum Beispiel auch, wenn die Eigenschaft Connected der Komponente Database auf True gesetzt wird). Mit diesem Ereignis können Sie sich in den Login-Vorgang einklinken, um zum Beispiel die Loginparameter zu setzen.

Kapitel 3

OnLogin ist vom Typ

```
TLoginEvent = procedure(Database: TDatabase; LoginParams: TStrings) of object;
```

TLoginEvent zeigt also auf eine Methode, die dieses Ereignis behandelt. Der Parameter Database stellt dabei die Datenbank dar. LoginParams ist eine Instanz vom Typ TStrings. Dieser Parameter enthält den Benutzernamen und das Passwort. Wollen Sie zum Beispiel die Parameter für den Login setzen, tun Sie dies in einer Behandlungsroutine für dieses Ereignis:

```
procedure TForm1.Database1Login(Database: TDatabase;  LoginParams: TStrings);
begin
   LoginParams.Values['SERVERNAME'] := 'INTERBASE1';
   LoginParams.Values['BENUTZERNAME'] := 'STARKE';
   LoginParams.Values['PAßWORT'] := 'ROTEROSEN';
end;
```

Da für Paradox-, dBase-, und ASCII-Datenbanken der einzig mögliche Parameter PATH ist, wird für diese Datenbanken kein Ereignis OnLogin ausgelöst.

Methoden:

procedure Close;
Mit Close schließen Sie die Komponente Database und alle Datensätze, die mit ihr verknüpft sind. Dieser Vorgang ist identisch mit dem Setzen der Eigenschaft Connected auf False.

procedure CloseDatasets;
Mit CloseDatasets schließen Sie alle Datensatz-Komponenten (Table, Query, StoredProc), die mit der Komponente Database verknüpft sind. Sie schließt nicht die Datenbankverbindung an sich, läßt also die Verbindung zwischen der Komponente Database und dem Server bestehen. Die Eigenschaft Active aller Datensatz-Komponenten wird auf Active=False gesetzt.

procedure Commit;
Mit Commit übergeben Sie die aktuelle Transaktion und somit auch alle Änderungen, die der Anwender in der Datenbank seit dem letzten Aufruf von StartTransaction vorgenommen hat. Ist keine Transaktion aktiv, werden Ihre Bemühung mit einer entsprechenden Fehlermeldung quittiert.

constructor Create;
Create weist Speicher zu, um das Objekt und damit die Komponente zu erzeugen und nach Bedarf seine Daten zu initialisieren. Jedes Objekt kann eine Methode Create besitzen, die individuell so angepaßt ist, daß sie diese bestimmte Art von Objekt erzeugt. Im Normalfall benötigen Sie diese Methoden nicht, da Borland Delphi alles unternimmt, um Ihre Anwendung und die darin enthaltenen Komponenten zu erzeugen. Sollten Sie allerdings ein Ereignis oder die Initialisierung eines Wertes einer selbst geschaffenen Komponente zur Zeit der Erzeugung einstellen wollen, erledigen Sie dies in der Methode Create. Dazu benötigen Sie aber genaue Kenntnisse und Techniken der OOP. Ansonsten sollten Sie Create unverändert lassen und nicht aufrufen.

procedure Free;
Die Methode Free entfernt das Objekt und gibt den dazugehörigen Speicher frei. Haben Sie das Objekt unter Verwendung der Methode Create erzeugt, so benutzen Sie zum Entfernen und für die Freigabe des Speichers die Methode Free. Free gelingt auch dann, wenn das Objekt selbst nicht mehr existiert (zum Beispiel durch einen vorherigen Aufruf von Free). Delphi erledigt dies für Objekte der Bibliothek visueller Komponenten automatisch.

Sie sollten also niemals eine Komponente innerhalb Ihrer Anwendung entfernen.

Falls Sie ein Formular freigeben wollen, rufen Sie die Methode Release auf, um das Formular zu löschen und den benutzten Speicher freizugeben.

procedure Open;
Mit Open öffnen Sie eine Datenbank-Datei und versetzen diese in den Browse-Modus. Genausogut könnten Sie den Wert der Eigenschaft Active auf True setzen. Bei der Komponente Query führt Open das SQL-Schlüsselwort SELECT in der Eigenschaft SQL aus. Für eine Anweisung, die keinen Ergebnissatz zurückgibt (z.B. INSERT oder UPDATE), sollten Sie ExecSQL statt Open benutzen. Bei der Komponente StoredProc wird Open zur Ausführung der gespeicherten Prozedur benutzt. Diese muß aber ebenfalls einen Ergebnissatz zurückgeben. Gibt die gespeicherte Prozedur eine einzelne Zeile zurück, sollten Sie besser ExecProc statt Open benutzen.

procedure Rollback;
Mit Rollback rollen Sie die aktuelle Transaktion zurück. Dadurch werden alle Änderungen seit dem letzten Aufruf von StartTransaction rückgängig gemacht. Dies ist sehr nützlich, wenn zum Beispiel die Daten-Konsistenz nicht mehr gewährleistet ist und die geänderten Daten nicht auf dem Server gespeichert werden sollen oder dürfen. Allerdings funktioniert diese Methode auch nur bei einer bestehenden Verbindung zu einem Datenserver.

procedure StartTransaction;
Mit StartTransaction starten Sie eine Transaktion. Der Abschottungsgrad wird dabei durch die Eigenschaft TransIsolation festgelegt. Achtung: Ist schon eine Transaktion zu dem Zeitpunkt aktiv, beglückt Sie Delphi mit einer Fehlermeldung. Bei einer gestarteten Transaktion werden alle Änderungen in der Datenbank vom Server solange erhalten, bis Sie mit der Methode Commit die Änderungen bestätigen und zurückschreiben, oder mit einem Aufruf der Methode Rollback die Änderungen verwerfen. Auch diese Methode arbeitet nur, wenn eine Verbindung zu einem Datenbank-Server besteht.

Komponentenname:	BatchMove
Klassenname:	TBatchMove

Beschreibung:

Mit BatchMove können Sie Operationen mit Datensatzgruppen oder vollständigen Tabellen auszuführen.

Eigenschaften:

property AbortOnKeyViol: Boolean;
Mit AbortOnKeyViol legen Sie fest, wie sich die Ausführung der Batch-Move-Operation bei einem Fehler verhalten soll. Bei True und einem integriertem Indexfehler während der Operation wird die Ausführung der Komponente abgebrochen. Ansonsten würde die Operation mit all ihren Fehlern bis zum bitteren Ende ausgeführt. Sie sollten dazu die Eigenschaft KeyViolTableName setzen, damit die fehlerhaften Datensätze nicht verlorengehen.

property AbortOnProblem: Boolean;
Mit AbortOnProblem legen Sie fest, wie sich die Ausführung der Batch-Move-Operation bei einem Fehler verhalten soll. Bei True sollten Sie die Ausführung der Batch-Move-Operation bei einem Problem sofort beenden. Ein Problem stellt zum Beispiel die Notwendigkeit dar, Daten aus einem Quelldatensatz zu verwerfen, um diese in der Zieltabelle zu plazieren. Ansonsten würde die Operation bis zu ihrem Ende ausgeführt werden. In diesem Fall sollten Sie die Eigenschaft ProblemsTableName belegen, um die problematischen Datensätze zu retten.

property ChangedCount: Longint;
In ChangedCount finden Sie die Anzahl der Datensätze, die der Tabelle (siehe ChangedTableName) hinzugefügt wurden. Bleibt ChangedTableName unbelegt, behält ChangedCount natürlich trotzdem seine Gültigkeit, da die Tabelle in ChangedTableName nicht die Zieltabelle, sondern nur die geänderten Daten der Zieltabelle enthält.

property ChangedTableName: TFileName;
Mit ChangedTableName können Sie den Namen einer lokalen Paradox-Tabelle festlegen, in der alle durch die Batch-Move-Operration geänderten Datensätze der Zieltabelle abgelegt werden. Die Anzahl der geänderten Datensätze finden Sie in der Eigenschaft ChangedCount.

property ComponentIndex: Integer;
Die Eigenschaft ComponentIndex zeigt die Position einer Komponente in der Eigenschaftsliste Components ihres Besitzers an. Die erste Komponente in der Liste hat den ComponentIndex-Wert 0, die zweite hat den Wert 1, die dritte den Wert 2 etc. Diese Eigenschaft ist nur zur Laufzeit und dann auch nur im Read-Only-Modus benutzbar.

property Controls[Index: Integer]: TControl;
Controls ist ein Array aller untergeordneten Komponenten der Komponente. Controls ist dann von Nutzen, wenn Sie auf die untergeordneten Komponenten über die Zahl statt über den Namen zugreifen müssen.

property Destination: TTable;
Mit Destination legen Sie eine Komponente Table fest, die eine Verbindung zur Ziel-Tabelle aufbaut und sie öffnet. Die Zieltabelle ist übrigens nicht zwingend erforderlich.

property KeyViolCount: Longint;
Ist die Eigenschaft AbortOnKeyViol auf False gesetzt, zählt KeyViolCount die Anzahl der Fehler, die bei der gesamten Ausführung aufgetreten sind. Ansonsten würde diese Eigenschaft logischerweise entweder den Wert 0 – für keinen Fehler – oder den Wert 1 – beim ersten Fehler wurde schließlich abgebrochen – enthalten.

property KeyViolTableName: TFileName;
Mit KeyViolTableName erzeugen Sie für alle Datensätze der Quelltabelle, die einen Fehler während der Batch-Move-Operation verursacht haben, eine lokale Paradox Tabelle. Ist die Eigenschaft AbortOnKeyViol auf True gesetzt wird allerdings nur maximal ein Datensatz in diese Tabelle eingetragen. In der Eigenschaft KeyViolCount finden Sie die Anzahl der Datensätze dieser Tabelle.

property Mappings: TStrings;
Mit Mappings bestimmen Sie das Mapping der Batch-Move-Operation. Die Batch-Move-Operation paßt standardgemäß alle Spalten der Quelltabelle in der Zieltabelle an. Zum Beispiel wird die vierte Spalte aus der Quelle der vierten Tabelle an die Zieltabelle angepaßt.

Beispiel:
```
SIZE
AREA=ORGAREA
LANGUAGE=DESTLANGUAGE
```

Die Spalte Size der Quelle wird an die Spalte mit dem gleichen Namen der Zieltabelle angepaßt. Die Splate AREA der Quelle wird an die Spalte ORGAREA im Ziel angepaßt, genauso wie die Spalte LANGUAGE in der Quelle an die Spalte DESTLANGUAGE der Zieltabelle angepaßt wird.

Sind die Datentypen der Quell- und Zielspalten nicht identisch, wird die Batch-Move-Operation eine »bestmögliche Einfügung« ausführen. Dabei werden Zeichendatentypen, falls notwendig, abgeschnitten, und es wird versucht, eine begrenzte Anzahl von Konvertierungen auszuführen.

Beispiel für das Abschneiden:

Quellenspaltentyp: CHAR(16)
Zielspaltentyp: CHAR(4)

Dabei werden die überstehenden 12 Zeichen der Quelle einfach abgeschnitten.

Beispiel für die Konvertierung:

Quellspaltentyp: CHAR(4)
Zielspaltentyp: INTEGER

Die Operation versucht, die Zeichen in Zahlen umzuwandeln. Zum Beispiel kann eine Zeichenkette »432346« in die entsprechende Zahl 432346 umgewandelt werden. Taucht aber die Zeichenkette HELLO auf, läßt sich diese natürlich nicht konvertieren und verursacht einen Fehler. Felder, die nicht im Mapping auftreten, werden auf NULL gesetzt.

property Mode: TBatchMode;
Mit Mode bestimmen Sie den Arbeitsmodus der Batch-Move-Operation. Mögliche Werte:

Werte	Bedeutung
batAppend	Datensätze der Zieltabelle hinzufügen.
batUpdate	Datensätze in der Zieltabelle werden durch Vergleich mit den Datensätzen aus der Quelltabelle abgeglichen. Die Zieltabelle muß einen Index haben, um Datensätze zu vergleichen.
batAppendUpdate	Existieren vergleichbare Datensätze in der Zieltabelle, werden diese upgedatet. Ansonsten werden sie an das Ziel hinzugefügt. Die Zieltabelle muß einen Index haben, um Datensätze zu vergleichen.
batCopy	Erzeugt die Zieltabelle auf Grund der Struktur der Quelltabelle.
batDelete	Datensätze in der Zieltabelle werden gelöscht, wenn Sie mit den Datensätzen der Quelltabelle identisch sind. Die Zieltabelle muß einen Index definiert haben.

Außer bei batCopy muß bei allen anderen Operationen die Zieltabelle existieren. Existiert die Zieltabelle bei der Operation mit dem Modus batCopy, wird diese gelöscht.

property MovedCount: Longint;
MovedCount enthält die Anzahl der Datensätze (auch die mit Fehlern und Problemen), die im Moment von der Methode Execute behandelt werden.

property Name: TComponentName;
Die Eigenschaft Name enthält den Namen der Komponente wie er von anderen Komponenten für den Zugriff verwendet wird. Delphi weist als Vorgabewerte sequentielle Namen zu, die auf dem Typ der Komponente basieren, also etwa für Buttons »Button1«, »Button2« etc. Dies können Sie gemäß Ihrer Vorstellungen abändern. Komponentennamen sollten ausdrücklich nur zur Entwurfszeit geändert werden.

property Owner: TComponent;
Die Eigenschaft Owner teilt Ihnen mit, welche Komponente zu welcher Komponente gehört. Dem Formular gehören alle Komponenten, die auf ihm vorhanden sind. Umgekehrt gehört das Formular zur Anwendung. Gehört eine Komponente A einer

anderen Komponente B, wird der Speicher der Komponente A freigegeben, wenn der Speicher der Komponente B freigegeben wird. Es werden also folgerichtig alle Komponenten des Formulars gelöscht, wenn das Formular gelöscht wird. Außerdem wird natürlich der Speicher für das Formular und dessen Komponenten freigegeben, wenn der Speicher der Anwendung selbst freigegeben wird.

property ProblemCount: Longint;
Ist die Eigenschaft AbortProblem auf False gesetzt, zählt ProblemCount die Anzahl der Probleme, die bei der gesamten Ausführung aufgetreten sind. Ansonsten würde diese Eigenschaft logischerweise entweder den Wert 0 – für kein Problem – oder den Wert 1 – beim ersten Problem wurde schließlich abgebrochen – enthalten.

property ProblemTableName: TFileName;
Mit ProblemTableName erzeugen Sie für alle Datensätze der Quelltabelle, die ein Problem während der Batch-Move-Operation verursachten, eine lokale Paradox-Tabelle. Ist die Eigenschaft AbortOnProblem auf True gesetzt, wird allerdings nur maximal ein Datensatz in diese Tabelle eingetragen. In der Eigenschaft Problem-Count finden Sie die Anzahl der Datensätze dieser Tabelle.

property RecordCount: Longint;
Mit RecordCount legen Sie die maximale Anzahl der bei der Operation zu bewegenden Datensätze fest. Bei 0 werden alle Datensätze bewegt. Ist der Wert größer als die Anzahl der Datensätze in der Quelle, wird ein Umbruch vorgenommen und die Operation wird abgebrochen.

property Source: TDataSet;
Mit Source legen Sie die Datensatz-Komponente (Query, Table oder StoredProc) fest, die mit der Quelltabelle verbunden ist.

property Tag: Longint;
Die Eigenschaft Tag kann einen Integerwert als Element einer Komponente speichern. Tag wird von Delphi nicht benutzt und steht Ihnen damit zur freien Verfügung

property Transliterate: Boolean;
Transliterate können Sie entnehmen, ob Verschiebungen zu und von der jeweiligen Tabellen der Eigenschaften Source und Destination durchgeführt werden.

Ereignisse:

Methoden:

constructor Create;
Create weist Speicher zu, um das Objekt und damit die Komponente zu erzeugen und nach Bedarf seine Daten zu initialisieren. Jedes Objekt kann eine Methode Create besitzen, die individuell so angepaßt ist, daß sie diese bestimmte Art von Objekt erzeugt. Im Normalfall benötigen Sie diese Methoden nicht, da Borland Delphi alles unternimmt, um Ihre Anwendung und die darin enthaltenen Komponenten zu erzeugen. Sollten Sie allerdings ein Ereignis oder die Initialisierung eines Wertes ei-

ner selbst geschaffenen Komponente zur Zeit der Erzeugung einstellen wollen, erledigen Sie dies in der Methode Create. Dazu benötigen Sie aber genaue Kenntnisse und Techniken der OOP. Ansonsten sollten Sie Create unverändert lassen und nicht aufrufen.

procedure Execute;
Mit Execute führen Sie die Batch-Move-Operation aus. Sie wird bestimmt durch die Eigenschaft Mode von der Tabelle in der Eigenschaft Source zur Tabelle in der Eigenschaft Destination.

function FindComponent(const AName: string): TComponent;
Die Methode FindComponent gibt im Array Components die Komponente zurück, deren Name zum String im Parameter AName paßt. FindComponent beachtet dabei keine Groß-/Kleinschreibung.

Beispiel: Es existiert ein Button »Button1« in Ihrer Anwendung. Um die eigentliche Komponente TButton1 im Array Components zurückzugeben, rufen Sie FindComponents wie folgt auf:

```
FindComponents('Button1');
```

procedure Free;
Die Methode Free entfernt das Objekt und gibt den dazugehörigen Speicher frei. Haben Sie das Objekt unter Verwendung der Methode Create erzeugt, benutzen Sie zum Entfernen und für die Freigabe des Speichers die Methode Free. Free gelingt auch dann, wenn das Objekt selbst nicht mehr existiert (zum Beispiel durch einen vorherigen Aufruf von Free). Delphi erledigt dies für Objekte der Bibliothek visueller Komponenten automatisch.

Sie sollten also niemals eine Komponente innerhalb Ihrer Anwendung entfernen.

Falls Sie ein Formular freigeben wollen, rufen Sie die Methode Release auf, um das Formular zu löschen und dessen benutzten Speicher freizugeben.

Komponentenname:	**Report**
Klassenname:	**TReport**

Beschreibung:

Mit der Komponente Report ist es Ihnen möglich, mit ReportSmith erstellte Reports zu starten. Dazu benötigen Sie zur Laufzeit die Runtime-Version von ReportSmith. Wer allerdings wirklich einen professionellen Report-Writer und gute Reports in Delphi-Anwendungen einbinden will, sollte lieber auf die Professionell-Version von Crystal Reports zurückgreifen. Sicherlich kostet dieser Report etwas mehr Geld, doch kann man damit DLLs erstellen und ist nicht auf die lästige Runtime-Version von ReportSmith angewiesen.

Eigenschaften:

property AutoUnload: Boolean;
Mit AutoUnload bestimmen Sie, ob die ReportSmith-Runtime-Version automatisch aus dem Arbeitsspeicher entfernt wird, wenn der Report beendet wird. Man wünscht sich zwar so manches Mal, daß ReportSmith den Arbeitsspeicher wieder verläßt, doch dies kann auch (allerdings nur) laufzeit-technische Nachteile haben: Starten Sie mehrere Reports hintereinander, braucht das ReportSmith-Runtime (ist es schon im Speicher geladen) nicht nochmals gestartet werden. Allerdings verbraucht ReportSmith einige Resourcen und Arbeitsspeicher. Mit True für diese Eigenschaft wird ReportSmith immer wieder aus dem Speicher geholt, wenn er nicht mehr benötigt wird. Ist AutoUnload=False, können Sie das ReportSmith-Runtime nur noch mit Hilfe der Methode CloseApplication beenden.

property ComponentIndex: Integer;
Die Eigenschaft ComponentIndex zeigt die Position einer Komponente in der Eigenschaftsliste Components ihres Besitzers an. Die erste Komponente in der Liste hat den ComponentIndex-Wert 0, die zweite hat den Wert 1, die dritte den Wert 2 etc. Diese Eigenschaft ist nur zur Laufzeit und dann auch nur im Read-Only-Modus benutzbar.

property Controls[Index: Integer]: TControl;
Controls ist ein Array aller untergeordneten Komponenten der Komponente. Controls ist dann von Nutzen, wenn Sie auf die untergeordneten Komponenten über die Zahl statt über den Namen zugreifen müssen.

property EndPage: Word;
Mit EndPage geben sie die letzte Seite des Reports an, die gedruckt werden soll. Ist die Seitenzahl des Reports kleiner als der Wert von EndPage, werden alle Seiten gedruckt. Theoretisch können Sie bis zu 65535 Seiten eines Reports drucken (Grenze des Datentyps Word). Bisher habe ich allerdings in der Praxis noch keinen Report gesehen, der diese Grenze auch nur annähernd erreicht hat.

property InitialValues: TStrings;
InitialValues enthält eine Liste von Strings von Reportvariablen, die der spezifizierte Report verwendet.

Geben Sie für diese Variablen im Vorfeld die entscheidenden Werte an, bleibt Ihnen der Dialog erspart, der beim Starten des Reports als Eingabeaufforderung erscheint.

property MaxRecords: Word;
Mit MaxRecords legen Sie die Anzahl der Datensätze fest, die Sie bei der Erzeugung eines Reports verwenden wollen. Sie können also die für den Report benuzten Datensätze wesentlich kleiner halten als die Gesamtzahl der verfügbaren Datensätze, um zum Beispiel einen Test zu starten.

property Name: TComponentName;
Die Eigenschaft Name enthält den Namen der Komponente wie er von anderen Komponenten für den Zugriff verwendet wird. Delphi weist als Vorgabewerte sequentielle Namen zu, die auf dem Typ der Komponente basieren, also etwa für Buttons »Button1«, »Button2« etc. Dies können Sie gemäß Ihrer Vorstellungen abändern. Komponentennamen sollten ausdrücklich nur zur Entwurfszeit geändert werden.

KAPITEL 3

property Owner: TComponent;
Die Eigenschaft Owner teilt Ihnen mit, welche Komponente zu welcher Komponente gehört. Dem Formular gehören alle Komponenten, die auf ihm vorhanden sind. Umgekehrt gehört das Formular zur Anwendung. Gehört eine Komponente A einer anderen Komponente B, wird der Speicher der Komponente A freigegeben, wenn der Speicher der Komponente B freigegeben wird. Es werden also folgerichtig alle Komponenten des Formulars gelöscht, wenn das Formular gelöscht wird. Außerdem wird natürlich der Speicher für das Formular und dessen Komponenten freigegeben, wenn der Speicher der Anwendung selbst freigegeben wird.

property Preview: Boolean;
Legen Sie den Wert von Preview auf True, erscheint der laufende Report auf dem Bildschirm. Andernfalls wandert der Report in Richtung Drucker.

property PrintCopies: Word;
Mit PrintCopies legen Sie die Anzahl der zu druckenden Kopien des Reports fest.

property ReportHandle: HWND;
Der Wert in der Eigenschaft ReportHandle stellt einen Windows-Handle auf ReportSmith dar.

property ReportDir: string;
In ReportDir tragen Sie im Normalfall das das Verzeichnis ein, in dem ReportSmith Reporte abspeichert oder erwartet. Wenn Sie die Eigenschaft ReportName korrekt gewählt haben. Sie müssen dann ReportDir nicht setzen.

property ReportName: string;
In ReportName legen Sie den Namen des zu startenden Reports fest. ReportDir braucht nicht gesetzt werden, wenn Sie die Eigenschaft ReportDir korrekt gesetzt haben. Sie müssen dann ReportNamen nicht explizit belegen.

property StartPage: Word;
Mit StartPage bestimmen Sie die erste Seite des Reports, ab der gedruckt werden soll.

property Tag: Longint;
Die Eigenschaft Tag kann einen Integerwert als Element einer Komponente speichern. Tag wird von Delphi nicht benutzt und steht Ihnen damit zur freien Verfügung.

property VersionMajor: Integer;
VersionMajor enthält die Hauptversion von ReportSmith als Versionskontrolle. Die Version 2.5 trägt hier also den Wert 2 ein. Der Rest wird in die Eigenschaft Versionminor eingetragen.

property VersionMinor: Integer;
VersionMinor enthält die Nebenversion von ReportSmith als Versionskontrolle. Die Version 2.5 trägt hier also den Wert 5 ein. Die Hauptversionsnummer wird in die Eigenschaft VersionMajor eingetragen.

Ereignisse:

Methoden:

function CloseApplication(ShowDialogs: Boolean): Boolean;
Mit CloseApplication beenden Sie ein laufendes ReportSmith-Runtime. CloseApplication sendet dabei eine DDE-Botschaft an ReportSmith-Runtime, und fordert es somit auf, ein Ende zu finden. Außerdem wartet CloseApplication auf eine Botschaft von ReportSmith, ob es denn die Beendigungs-Botschaft erhalten hat. Gibt CloseApplication True zurück, hat das ReportSmith-Runtime die Botschaft zum Beenden erhalten. Bei False, hat das ReportSmith-Runtime die Botschaft nicht empfangen. Mit dem Parameter ShowDialogs legen Sie fest, ob ReportSmith den Anwender mit einem Dialog auffordern soll, den aktuellen Report vor dem Schließen zu speichern (gilt für True).

function CloseReport(ShowDialogs: Boolean): Boolean;
Mit CloseReport beenden Sie einen laufenden Report in ReportSmith-Runtime. CloseReport sendet dabei eine DDE-Botschaft an ReportSmith-Runtime, und fordert es somit auf, den Report zu schließen. Außerdem wartet CloseApplication auf eine Botschaft von ReportSmith, ob es denn die Beendigungs-Botschaft erhalten hat. Gibt CloseReport True zurück, hat ReportSmith-Runtime die Botschaft zum Beenden erhalten. Bei False, hat ReportSmith-Runtime die Botschaft nicht empfangen. Mit dem Parameter ShowDialogs legen Sie fest, ob ReportSmith den Anwender mit einem Dialog auffordern soll, den Report vor dem Schließen zu speichern (dies gilt für True).

function Connect(ServerType: Word; const ServerName, UserName, Password, DatabaseName: string): Boolean;
Mit Connect verbinden Sie den Report mit einer Datenbank und umgehen dabei den Login-Dialog von ReportSmith. Hier die Übersicht der von Ihnen zu setzenden Parameter der Funktion Connect:

Parameter	Bedeutung
ServerTyp	spezifiziert die Typnummer des Servers
ServerName	spezifiziert den Namen des Servers
UserName	spezifiziert den Namen des Anwenders (Passwort-bezogen!)
Password	spezifiziert das Passwort des Anwenders auf dem Server
Databasename	Name der Datenbank

constructor Create;
Create weist Speicher zu, um das Objekt und damit die Komponente zu erzeugen und nach Bedarf seine Daten zu initialisieren. Jedes Objekt kann eine Methode Create besitzen, die individuell so angepaßt ist, daß sie diese bestimmte Art von Objekt erzeugt. Im Normalfall benötigen Sie diese Methoden nicht, da Borland Delphi alles unternimmt, um Ihre Anwendung und die darin enthaltenen Komponenten zu erzeugen. Sollten Sie allerdings ein Ereignis oder die Initialisierung eines Wertes einer selbst geschaffenen Komponente zur Zeit der Erzeugung einstellen wollen, erledigen Sie dies in der Methode Create. Dazu benötigen Sie aber genaue Kenntnisse

und Techniken der OOP. Ansonsten sollten Sie Create unverändert lassen und nicht aufrufen.

function FindComponent(const AName: string): TComponent;
Die Methode FindComponent gibt im Array Components die Komponente zurück, deren Name zum String im Parameter AName paßt. FindComponent beachtet dabei keine Groß-/Kleinschreibung.

Beispiel: Es existiert ein Button »Button1« in Ihrer Anwendung. Um die eigentliche Komponente TButton1 im Array Components zurückzugeben, rufen Sie FindComponents wie folgt auf:

```
FindComponents('Button1');
```

function Focused: Boolean;
Focused bestimmt, ob ein Fensterdialogelement den Fokus besitzt und deshalb das aktive Dialogelement in ActiveControl ist.

procedure Free;
Die Methode Free entfernt das Objekt und gibt den dazugehörigen Speicher frei. Haben Sie das Objekt unter Verwendung der Methode Create erzeugt, so benutzen Sie zum Entfernen und für die Freigabe des Speichers die Methode Free. Free gelingt auch dann, wenn das Objekt selbst nicht mehr existiert (zum Beispiel durch einen vorherigen Aufruf von Free). Delphi erledigt dies für Objekte der Bibliothek visueller Komponenten automatisch.

Sie sollten also niemals eine Komponente innerhalb Ihrer Anwendung entfernen.

Wollen Sie ein Formular freigeben, rufen Sie die Methode Release auf, um das Formular zu löschen und dessen benutzten Speicher freizugeben.

procedure InsertComponent(AComponent: TComponent);
InsertComponent macht die Komponente zum Besitzer der im Parameter AComponent übergebenen Komponente. Die Komponente wird am Ende der Array-Eigenschaft Components hinzugefügt. Die eingefügte Komponente darf keinen Namen haben (keinen für die Eigenschaft Name spezifizierten Wert) oder der Name muß sich eindeutig von allen anderen in der Components-Liste unterscheiden. Wird die Besitzerkomponente entfernt, wird auch AComponent gelöscht.

function Print: Boolean;
Mit Print bestimmen Sie, ob ein Report ausgedruckt wird. Print sendet eine DDE-Botschaft an ReportSmith-Runtime und schaut nach, ob eine Botschaft von ReportSmith-Runtime als Antwort zurückgeschickt wird. Ist das Rückgabeergebnis True, hat ReportSmith-Runtime die Botschaft zum Ausdrucken des Reports erhalten.

function RecalcReport: Boolean;
Mit RecalcReport starten Sie die Neuberechnung des Reports mit dem neuen Wert der Report-Variablen, die vorher mit der Methode SetVariable geändert wurde.

RecalcReport sendet eine DDE-Botschaft an ReportSmith-Runtime und wartet auf eine Antwort von ReportSmith. Ist das Ergebnis True, wurde die Botschaft von ReportSmith erhalten.

procedure RemoveComponent(AComponent: TComponent);
RemoveComponent entfernt die Komponente, die im Parameter AComponent festgelegt ist, aus der Komponentenliste Components. Die Position in der Liste wird zu nil.

procedure Run;
Mit Run starten Sie den Report, indem das Runtime-Modul von ReportSmith geladen wird, falls es sich nicht schon im Speicher befindet. Danach wird der in der Eigenschaft ReportName festgelegte Report geladen und ausgedruckt.

procedure SetFocus;
SetFocus übergibt den Fokus an die Komponente. Bei Formularen ruft das jeweilige Formular die Methode SetFocus des standardmäßig aktiven Dialogelements auf.

function SetVariable(Name, Value: string): Boolean;
Mit SetVariable können Sie die Reportvariablen ändern. Der Parameter Name bestimmt die zu ändernde Reportvariable und Value legt den neuen Wert fest. Danach rufen Sie die Methode RecalcReport auf, damit der Report neu berechnet und aktualisiert wird. Auch diese Methode sendet eine entsprechende DDE-Botschaft an ReportSmith und wartet auf eine Antwort von ReportSmith. Der Rückgabewert True signalisiert Ihnen, daß ReportSmith die Nachricht bekommen hat.

function SetVariableLines(Name, Value: TStrings): Boolean;
Mit SetVariableLines ändern Sie den Wert von mehreren Report-Variablen. Der Parameter Name sollte dabei aus einer Liste der Variablen-Namen bestehen, während der Parameter Value aus einer Liste der entsprechenden Werten bestehen sollte. Danach rufen Sie die Methode RecalcReport auf, damit der Report neu berechnet und aktualisiert wird. Auch diese Methode sendet eine entsprechende DDE-Botschaft an ReportSmith und wartet auf eine Antwort von ReportSmith. Der Rückgabewert True signalisiert Ihnen, daß ReportSmith die Nachricht bekommen hat.

KAPITEL 4

Seite Datensteuerung

Komponentenname:	**DBGrid**
Klassenname:	**TDBGrid**

Beschreibung:

DBGrid empfängt Daten von Komponenten wie Table oder Query und setzt diese in ein gitterförmiges Anzeigediagramm ein. Wie das geschieht, lesen Sie bitte in den Beschreibungen der Eigenschaften der Komponente nach.

Eigenschaften:

property Align: TAlign;
Die Eigenschaft Align legt fest, wie Dialogelemente zum Beispiel im Formular ausgerichtet werden. Mögliche Werte:

alNone	Die Komponente bleibt an der Einfügeposition im Formular (Standardeinstellung).
alTop	Die Komponente wird an die Oberkante des Formulars verschoben und an seine Breite angepaßt. Die Höhe der Komponente bleibt unverändert.
alBottom	Die Komponente wird an die Unterkante des Formulars verschoben und an seine Breite angepaßt. Die Höhe der Komponente bleibt unverändert.
alLeft	Die Komponente wird an die linke Kante des Formulars verschoben und an seine Höhe angepaßt. Die Breite der Komponente bleibt unverändert.
alRight	Die Komponente wird an die rechte Kante des Formulars verschoben und an seine Höhe angepaßt. Die Breite der Komponente bleibt unverändert.
alClient	Die Größe der Komponente wird an den Client-Bereich eines Formulars angepaßt. Ist ein Teil des Client-Bereichs bereits von einer anderen Komponente besetzt, füllt die Komponente den verbleibenden Teil des Client-Bereichs aus.

Wird zum Beispiel ein Formular, das Besitzer eines Labels ist, in der Größe verändert, werden die Komponenten innerhalb des Formulars neu ausgerichtet. Die Verwendung der Eigenschaft Align ist dann sinnvoll, wenn ein Dialogelement an einer Position des Formulars stehenbleiben soll, auch wenn sich die Größe des Formulars ändert.

property BorderStyle: TBorderStyle;
BorderStyle legt fest, ob diese Komponenten einen Rahmen haben. Dies sind die möglichen Werte:

bsNone	Kein sichtbarer Rahmen
bsSingle	Rahmen mit einfacher Rahmenlinie

Weitere nur bei manchen Komponenten (mehr oder weniger sogar nur die Komponente vom Typ TForm, also ein Formular) mögliche Werte:

bsSizeable	Größenveränderlicher Standardrahmen
bsDialog	Nicht größenveränderlich; Standardrahmen für Dialogfenster

Verfügt eine Komponente zusätzlich über die Eigenschaft AutoSize und wird diese auf True gesetzt, paßt die Komponente ihre Größe automatisch an, wenn sich die Schriftgröße des Textes ändert. Damit AutoSize wirksam wird, müssen Sie die Eigenschaft BorderStyle auf bsSingle setzen.

property BoundsRect: TRect;
Die Eigenschaft BoundsRect liefert das Begrenzungsrechteck der Komponente – ausgedrückt im Koordinatensystem des übergeordneten Dialogelements – zurück. Mit BoundsRect ersetzen und erleichtern Sie sich somit die Abfrage der einzelnen Werte für die Eigenschaften Left, Top, Width und Height.

property Brush: TBrush;
Mit Brush legen Sie fest, welche Farbe und welches Muster die Zeichenfläche zum Füllen grafischer Formen und Hintergründe verwenden soll. Für Dialogelemente steht Brush nur zur Laufzeit zur Verfügung und gestattet nur Lesezugriff.

property Canvas: TCanvas;
Canvas stellt einen Bereich zum Anfertigen von Zeichnungen zur Verfügung. Je nach Komponente kann die Art und Weise von Canvas variieren:

Canvas für die Komponenten Form, Image und PaintBox:

Canvas stellt den Zugriff auf eine Zeichenoberfläche zur Verfügung, die Sie bei der Implementierung einer Behandlungsroutine für das OnPaint-Ereignis eines Formulars, eines Bildes oder eines Zeichenfensters verwenden können. Allerdings: Es ist nur der Lesezugriff erlaubt.

Canvas für die Komponenten ComboBox, DirectoryListBox, FileListBox, ListBox und Outline:

Canvas stellt den Zugriff auf eine Zeichenoberfläche zur Verfügung, die Sie bei der Implementierung einer Behandlungsroutine für das OnDrawItem-Ereignis eines besitzergezeichneten Listenfensters, Kombinationsfensters oder Gliederungsdialogelements verwenden können. Allerdings: Es ist nur der Lesezugriff erlaubt.

Canvas für die Komponenten DrawGrid und StringGrid:

Canvas stellt den Zugriff auf eine Zeichenoberfläche zur Verfügung, die Sie bei der Implementierung einer Behandlungsroutine für das Ereignis OnDrawCell oder OnDrawDataCell eines Gitternetz-Dialogelements verwenden können. Allerdings: Es ist nur der Lesezugriff erlaubt.

Canvas für die Komponente TPrinter:

Canvas repräsentiert für ein Druckerobjekt die Oberfläche der Seite, die aktuell gedruckt wird. Einige Drucker unterstützen keine Grafik und können hiermit nicht unterstützt werden. Es ist nur der Lesezugriff erlaubt.

Canvas für die Komponente TBitmap:

Canvas gibt Ihnen Zugriff auf eine Zeichenoberfläche, die die Bitmap repräsentiert. Wenn Sie auf die Zeichenfläche zeichnen, modifizieren Sie im Endeffekt damit die zugrundeliegende Bitmap.

property ClientHeight: Integer;
Mit ClientHeight legen Sie die Höhe des Client-Bereichs der Komponente in Pixeln fest.

property ClientOrigin: TPoint;
Mit ClientOrigin erhalten Sie die Bildschirmkoordinaten (in Pixeln) der oberen linken Ecke des Client-Bereichs der Komponente. ClientOrigin liefert X- und Y-Koordinaten in einem Record vom Typ Point zurück.

property ClientRect: TRect;
Mit ClientRect erhalten Sie die Größe (in Pixeln) des Client-Bereichs der Komponente zurück. ClientRect liefert die Koordinaten Top, Bottom, Left und Right in einem Record des Typs TRect zurück.

property ClientWidth: Integer;
Mit ClientWidth legen Sie die Breite des Client-Bereichs der Komponente in Pixeln fest.

property Color: TColor;
Die Eigenschaft Color legt für alle Komponenten mit Ausnahme des Dialogfensters die Farbe fest (Hintergrundfarbe eines Formulars oder eines Dialogelements oder Grafikobjekts). Ist die Eigenschaft ParentColor auf True gesetzt, bewirkt eine Änderung der Eigenschaft Color einer Komponente A automatisch eine Änderung der Eigenschaft Color aller Komponenten, die als Besitzer die Komponente A haben. Wenn Sie der Eigenschaft Color eines Dialogelements einen Wert zuweisen, wird seine Eigenschaft ParentColor automatisch auf False gesetzt. Mögliche Werte sind:

clBlack	Schwarz
clMaroon	Rotbraun
clGreen	Grün
clOlive	Olivgrün
clNavy	Marineblau

clPurple	Violett
clTeal	Petrol
clGray	Grau
clSilver	Silber
clRed	Rot
clLime	Limonengrün
clBlue	Blau
clFuchsia	Pink
clAqua	Karibikblau
clWhite	Weiß

(Systemfarben von Windows:)

clBackground	Aktuelle Windows-Hintergrundfarbe
clActiveCaption	Aktuelle Farbe der Titelleiste des aktiven Fensters
clInactiveCaption	Aktuelle Farbe der Titelleiste der inaktiven Fenster
clMenu	Aktuelle Hintergrundfarbe der Menüs
clWindow	Aktuelle Hintergrundfarbe der Fenster
clWindowFrame	Aktuelle Farbe der Fensterrahmen
clMenuText	Aktuelle Farbe vom Menütext
clWindowText	Aktuelle Farbe vom Fenstertext
clCaptionText	Aktuelle Textfarbe der Titelleiste des aktiven Fensters
clActiveBorder	Aktuelle Rahmenfarbe des aktiven Fensters
clInactiveBorder	Aktuelle Rahmenfarbe der inaktiven Fenster
clAppWorkSpace	Aktuelle Farbe des Arbeitsbereichs der Anwendung
clHighlight	Aktuelle Hintergrundfarbe vom ausgewählten Text
clHighlightText	Aktuelle Farbe vom ausgewählten Text
clBtnFace	Aktuelle Farbe einer Schalterfläche
clBtnShadow	Aktuelle Schattenfarbe eines Schalters
clGrayText	Aktuelle Farbe von grau dargestelltem Text
clBtnText	Aktuelle Farbe von Text auf einem Schalter
clInactiveCaptionText	Aktuelle Textfarbe in der Titelleiste eines inaktiven Fensters
clBtnHighlight	Aktuelle Farbe der Markierung eines Schalters

Mit einem Doppelklick auf Color öffnet sich das Farbschema von Windows, in dem Sie auch eigene Farben zusammenstellen können.

property ComponentIndex: Integer;
Die Eigenschaft ComponentIndex zeigt die Position einer Komponente in der Eigenschaftsliste Components ihres Besitzers an. Die erste Komponente in der Liste hat den ComponentIndex-Wert 0, die zweite hat den Wert 1, die dritte den Wert 2 etc. Diese Eigenschaft ist nur zur Laufzeit und dann auch nur im Read-Only-Modus benutzbar.

property Controls[Index: Integer]: TControl;
Controls ist ein Array aller untergeordneten Komponenten der Komponente. Controls ist dann von Nutzen, wenn Sie auf die untergeordneten Komponenten über die Nummer statt über den Namen zugreifen müssen.

property Ctl3D: Boolean;
Die Eigenschaft Ctl3D legt fest, ob ein Dialogelement ein dreidimensionales (3-D) oder zweidimensionales Aussehen besitzt. Wenn Ctl3D True ist, erscheint das Dialogelement dreidimensional. Die Voreinstellung von Ctl3D ist True. Wenn die Eigenschaft ParentCtl3D einer Komponente auf True gesetzt ist, verändert jede Modifikation der Eigenschaft Ctl3D des übergeordneten Dialogelements automatisch auch die Eigenschaft Ctl3D des Dialogelements.

Achtung: Damit Ctl3D überhaupt funktioniert, muß sich die dynamische Link-Bibliothek CTL3DV2.DLL im Suchpfad befinden. Idealerweise sollte sich diese Datei im System-Verzeichnis von Windows aufhalten.

property Cursor: TCursor;
Mit der Eigenschaft Cursor stellen Sie das Aussehen des Cursors ein, wenn dieser auf die Komponente zeigt.

Mögliche Werte sind:

crDefault	crArrow	crCross
crIBeam	crSize	crSizeNESW
crSizeNS	crSizeNWSE	crSizeWE
crUpArrow	crHourglass	crDrag
crNoDrop	crHSplit	crVSplit

property DataSource: TDataSource;
Mit Hilfe der Eigenschaft DataSource verbinden Sie die Komponente mit einer Instanz der Komponente DataSource, um die Werte von Parametern mit Params oder ParamByName zu setzen. Dies ermöglicht Ihren Anwendungen verknüpfte Abfragen.

property DefaultDrawing: Boolean;
Mit DefaultDrawing legen Sie fest, ob nur die Zelle gezeichnet wird und ob auch das Element, das diese Zelle enthält, automatisch gezeichnet wird. Bei True wird das automatische Zeichnen ausgeführt.

property DragCursor: TCursor;
Die Eigenschaft DragCursor bestimmt die Form des Mauszeigers, wenn sich der Zeiger über einer Komponente befindet, die ein gezogenes Objekt akzeptieren kann. Mögliche Werte sind mit denen der Eigenschaft Cursor identisch.

property DragMode: TDragMode;
Die Eigenschaft DragMode legt das Ziehen-und-Ablegen-Verhalten einer Komponente fest. Mögliche Werte sind:

dmAutomatic Wenn dmAutomatic ausgewählt ist, ist das Dialogelement bereit, gezogen zu werden; der Anwender klickt nur und zieht es dann.

dmManual Wenn dmManual ausgewählt ist, kann das Dialogelement nicht gezogen werden, bevor die Anwendung die Methode BeginDrag aufgerufen hat.

Ist die Eigenschaft DragMode einer Komponente dmAutomatic, kann die Anwendung dies zur Laufzeit durch Einstellung des Werts dmManual deaktivieren.

property EditorMode: Boolean;
Mit EditorMode legen Sie fest, ob sich das Gitter im automatischen Editiermodus befindet. Ist dies der Fall, können Sie eine Zelle bearbeiten, ohne vorher die EINGABE-Taste oder F2-Taste zu drücken.

True bedeutet, daß sich das Gitter solange im automatischen Editiermodus befindet, solange die Eigenschaft Options den Wert goEditing (oder dgEditing für das Datengitter) enthält. Ansonsten bleibt EditorMode ohne Wirkung.

property Enabled: Boolean;
Die Eigenschaft Enabled bestimmt, ob die Komponente auf Maus-, Tastatur- und Timer-Ereignisse reagiert. Wenn Enabled auf True gesetzt ist, reagiert die Komponente normal. Ist Enabled hingegen False, ignoriert das Dialogelement Maus- und Tastaturereignisse. Bei einer Timer-Komponente werden die für das OnTimer-Ereignis deaktivierten Komponenten-Dialogelemente grau dargestellt.

property FieldCount: Integer
FieldCount enthält die gesamte Anzahl der Felder eines Datensatzes, die im Gittermuster angezeigt wird. Beispiel: Sie haben eine Komponente Table1 (eine Instanz der Komponente Table), eine Komponente Edit1 (eine Instanz der Komponente Edit) und eine Komponente Button1 (eine Instanz der Komponente Button) in einem Formular und wollen den Wert von FieldCount in Edit1 anzeigen. Dazu stellen Sie zuerst die Eigenschaft DatabaseName von Table1 auf eine Datenbank ein (bei uns DBDEMOS). DBDEMOS ist ein von uns definierter Alias, der alle Tabellen der Demo-Programme von Delphi enthält. Danach wählen wir für die Eigenschaft TableName von Table1 eine Tabelle aus, in unserem Falle die Tabelle ANIMALS.DBF (ebenfalls im Lieferumfang von Delphi enthalten). Anschließend öffnen wir die Tabelle, indem wir die Eigenschaft Active von Table1 auf True einstellen. Nun soll der Wert von FieldCount von Table1 immer dann in Edit1 angezeigt werden (der Wert muß also in die Eigenschaft Caption von Edit1), wenn wir Button1 anklicken. Also definieren wir für das Ereignis OnClick von Button1 folgende Methode:

```
procedure TForm1.Button1Click(Sender: TObject);
var
   Help:String;
begin
   Str(Table1.FieldCount, Help);
   Edit1.Text:=Help;
end;
```

Help wird dazu benötigt, den Wert zu holen und in Edit1.Caption einzutragen. Edit1.Caption darf nicht als VAR-Parameter in der Prozedur Str eingetragen werden.

Der Wert, der angezeigt wird, ist 5, da die Tabelle die fünf Felder NAME, SIZE, WEIGHT, AREA und BMP enthält.

property Fields[Index: Integer]: TField;
Mit Fields erhalten Sie zur Laufzeit ein von Ihnen bestimmtes Feld einer Tabelle als Ergebnis zurück. Mit Hilfe des Parameters Index bestimmen Sie das Feld. Dabei beginnt der Index einer Tabelle mit dem Wert 0 für das erste Feld.

property FixedColor: TColor;
FixedColor bestimmt die Farbe von nicht bildlauffähigen oder fixierten Spalten und Zeilen innerhalb des Gitters. Mögliche Werte:

clBlack	Schwarz
clMaroon	Rotbraun
clGreen	Grün
clOlive	Olivgrün
clNavy	Marineblau
clPurple	Violett
clTeal	Petrol
clGray	Grau
clSilver	Silber
clRed	Rot
clLime	Limonengrün
clBlue	Blau
clFuchsia	Pink
clAqua	Karibikblau
clWhite	Weiß

(Systemfarben von Windows:)

clBackground	Aktuelle Windows-Hintergrundfarbe
clActiveCaption	Aktuelle Farbe der Titelleiste des aktiven Fensters
clInactiveCaption	Aktuelle Farbe der Titelleiste der inaktiven Fenster
clMenu	Aktuelle Hintergrundfarbe der Menüs
clWindow	Aktuelle Hintergrundfarbe der Fenster
clWindowFrame	Aktuelle Farbe der Fensterrahmen
clMenuText	Aktuelle Farbe vom Menütext
clWindowText	Aktuelle Farbe vom Fenstertext
clCaptionText	Aktuelle Textfarbe der Titelleiste des aktiven Fensters
clActiveBorder	Aktuelle Rahmenfarbe des aktiven Fensters
clInactiveBorder	Aktuelle Rahmenfarbe der inaktiven Fenster
clAppWorkSpace	Aktuelle Farbe des Arbeitsbereichs der Anwendung
clHighlight	Aktuelle Hintergrundfarbe vom ausgewählten Text
clHighlightText	Aktuelle Farbe vom ausgewählten Text
clBtnFace	Aktuelle Farbe einer Schalterfläche

clBtnShadow	Aktuelle Schattenfarbe eines Schalters
clGrayText	Aktuelle Farbe von grau dargestelltem Text
clBtnText	Aktuelle Farbe von Text auf einem Schalter
clInactiveCaptionText	Aktuelle Textfarbe in der Titelleiste eines inaktiven Fensters
clBtnHighlight	Aktuelle Farbe der Markierung eines Schalters

property Font: TFont;
Die Eigenschaft Font legt den Font und die Eigenschaften des Fonts der Komponente fest. Sie haben die Möglichkeit, diese Werte im Objectinspektor zu ändern oder – wesentlich komfortabler – mit Hilfe eines Doppelklicks auf diese Eigenschaft einen Dialog zu öffnen, der alle möglichen Werte anzeigt.

property Handle: ...;
Der Typ der Eigenschaft Handle ist abhängig von der jeweiligen Komponente. Im allgemeinen gilt: Sollte eine Windows-API-Funktion ein Handle der betreffenden Komponente verlangen, setzen Sie dazu die jeweilige Eigenschaft Handle der betreffenden Komponente ein. Verlangt eine Windows-API-Funktion zum Beispiel das Handle Ihrer gesamten Anwendung, benutzen Sie am besten die Eigenschaft Handle des Objekts TApplication. Hier die Übersicht der verschiedenen Typen der Eigenschaft Handle:

Handle für die Komponenten:

Bitmap	property Handle: HBitmap;
Brush	property Handle: HBrush;
Canvas	property Handle: HDC;
Font	property Handle: HFont;
Icon	property Handle: HIcon;
Metafile	property Handle: HMetafile;
Pen	property Handle: HPen;

Handle gibt Ihnen den Zugriff auf das Handle des jeweiligen GDI-Objekts, damit Sie auf dieses zugreifen können. Benötigen Sie zum Beispiel zum Aufruf einer Windows-API-Funktion ein Handle auf ein Stiftobjekt oder ein Bitmap-Objekt, können Sie dazu das Handle der Komponente Pen beziehungsweise der Komponente Bitmap benutzen.

Handle für das Objekt TApplication und die folgenden Komponenten:

Bevel	DBText	Memo
BitBtn	DirectoryListBox	Notebook
Button	DrawGrid	OLEContainer
CheckBox	DriveComboBox	Outline
ComboBox	Edit	PaintBox
DBCheckBox	FileListBox	Panel
DBComboBox	FilterComboBox	RadioButton
DBEdit	FindDialog	RadioGroup
DBGrid	Form	ReplaceDialog

DBImage	GroupBox	ScrollBar
DBListBox	Header	ScrollBox
DBLookupCombo	Image	Shape
DBLookupList	Label	SpeedButton
DBMemo	ListBox	StringGrid
DBNavigator	MaskEdit	TabbedNotebook
DBRadioGroup	MediaPlayer	TabSet

property Handle: HWND;
Handle ermöglicht Ihnen Zugriff auf das Handle der jeweiligen Komponente (z.B. Fenster-Handle, Dialog-Handle etc.). Dieses Handle wird von einigen Windows-API-Funktionen beim Aufruf erwartet. Sie können in diesem Fall das Handle der jeweils betroffenen Komponente oder – falls das Handle Ihrer Anwendung gefordert wird – das Handle des Objekts TApplication übergeben.

Handle für die Komponenten:

MainMenu	MenuItem	PopupMenu

property Handle: HMENU;
Sollte eine Windows-API-Funktion ein Handle eines Menüs, Menü-Eintrags oder eines lokalen Menüs verlangen, können Sie dazu die Eigenschaft Handle von Main-Menu, MenuItem und PopupMenu benutzen.

Handle für die Komponente Printer:

property Handle: HDC;
Handle beinhaltet das Handle des jeweiligen Druckerobjektes TPrinter der Komponente Printer.

Handle für die Komponente DataBase:

property Handle: HDBIDB;
Um direkte Aufrufe in die Richtung des Borland Database-Engine-(BDE)-API zu tätigen, benötigen Sie ein Handle der jeweiligen Datenbank-Komponente. Dazu dient Ihnen die Eigenschaft Handle der Komponente DataBase. Sie erlaubt Ihnen Zugriffe auf Funktionen des BDE-API, die nicht in der VCL-Bibliothek integriert wurden. Bevor Sie allerdings diese Funktionen aufrufen, sollten Sie prüfen, ob diese Funktion nicht doch schon in der VCL-Bibliothek gekapselt wurde.

Handle für das Objekt TSession:

Delphi erzeugt eine Komponente Session vom Typ TSession immer dann, wenn eine Anwendung ausgeführt wird. Sessions sollten nicht von Ihnen erzeugt oder zerstört werden. Session erlaubt globale Prüfung über Datenbankverbindungen. Die Eigenschaft Databases von Session ist ein Array von allen aktiven Datenbanken in der Sitzung. Die Eigenschaft DatabaseCount vom Typ Integer gibt die Anzahl der aktiven Datenbanken in der Sitzung an.

property Handle: HDBISES;
Mit dieser Eigenschaft Handle können Sie direkte Aufrufe an die Borland Datenbank-Engine bezogen auf eine bestimmte Sitzung (Session/TSession) machen. Die

Komponente Session werden Sie kaum benutzen. Die wichtigsten Funktionen des BDE-API sind in der VCL-Bibliothek gekapselt und ersparen Ihnen diesen Weg.

Handle für die Komponenten Table, Query und StoredProc:

property Handle: HDBICur;
Ebenfalls für direkte Zugriffe auf Funktionen des BDE-API und unter normalen Umständen nicht zu benutzen, da die wichtigsten BDP-API-Funktionen via der VCL-Bibliothek einen einfacheren Zugriff ermöglichen.

property Height: Integer;
Die Eigenschaft Height eines Dialogelements legt die Höhe der Komponente in Pixeln fest.

property HelpContext: THelpContext;
Die Eigenschaft HelpContext stellt eine Kontextnummer für den Aufruf kontextbezogener Online-Hilfe bereit. Jeder Hilfebildschirm des Hilfesystems sollte eine eindeutige Kontextnummer besitzen. Ist in der Anwendung eine Komponente selektiert, wird nach Betätigen von F1 ein Hilfebildschirm angezeigt. Welcher Hilfebildschirm angezeigt wird, hängt vom Wert der Eigenschaft HelpContext ab.

property HideSelection: Boolean;
Die Eigenschaft HideSelection bestimmt, ob ein selektierter Text oder Text in einem Editier- oder Memofeld selektiert bleibt, auch wenn der Fokus zu einem anderen Dialogelement wechselt. Ist HideSelection auf True gesetzt, bleibt der Text nur solange selektiert, wie der Fokus beim Dialogelement bleibt.

property Hint: string;
Die Eigenschaft Hint ist der Text-String, der erscheinen kann, wenn ein OnHint-Ereignis eintritt, also wenn der Benutzer den Cursor über die Komponente bewegt. Wie der String angezeigt wird, bestimmt der Code in der Ereignisbehandlungs-Routine OnHint. Sie können eine Schnellhilfe, d.h. ein Fenster, das einen Hilfetext enthält, für eine Komponente erscheinen lassen, wenn der Anwender den Mauszeiger über das Dialogelement führt und dort kurz verweilt. Dies funktioniert wie folgt:

1. Spezifizieren Sie für jede Komponente, die einen Schnellhinweis anzeigen soll, einen Hint-Wert.
2. Setzen Sie die Eigenschaft ShowHints des Bedienfelds auf True.
3. Setzen Sie die Eigenschaft ShowHint der Anwendung zur Laufzeit auf True.

Sie können Hint gleichzeitig sowohl für ein Hilfehinweisfenster als auch für die Verwendung innerhalb der Behandlungsroutine OnHint spezifizieren, indem Sie zwei durch das Zeichen | (das »oder« oder Pipe-Symbol) getrennte Werte angeben, also beispielsweise:

```
Edit1.Hint := 'Aufforderung|Geben Sie den richtigen Wert ein';
```

Der String »Aufforderung« erscheint im Hilfehinweisfenster und der String »Geben Sie den richtigen Wert ein« erscheint wie in der Ereignisbehandlungs-Routine OnHint spezifiziert.

property Left: Integer;
Die Eigenschaft Left bestimmt die horizontalen Koordinaten in Pixeln der linken Kante einer Komponente relativ zum Formular. Für Formulare ist der Wert der Eigenschaft Left relativ zum Bildschirm (ebenfalls in Pixeln).

property Name: TComponentName;
Die Eigenschaft Name enthält den Namen der Komponente, wie er von anderen Komponenten für den Zugriff verwendet wird. Delphi weist als Vorgabewerte sequentielle Namen zu, die auf dem Typ der Komponente basieren, also etwa für Buttons »Button1«, »Button2« etc. Diese können Sie gemäß Ihrer Vorstellungen abändern. Komponentennamen sollten ausdrücklich nur zur Entwurfszeit geändert werden.

property Options: TGridOptions;
Options bestimmt unter anderem das Aussehen eines Gitters. Mögliche Werte:

Wert	Bedeutung (wenn die Option den Wert True besitzt)
goFixedHorzLine	Es erscheint eine horizontale Linie zwischen den Zeilen in Bereichen, in denen kein Bildlauf durchgeführt werden kann.
goFixedVertLine	Es erscheinen vertikale Linien zwischen Spalten in den Bereichen, in denen kein Bildlauf durchgeführt werden kann.
goHorzLine	Es erscheinen horizontale Linien zwischen den Zeilen.
goVertLine	Es erscheinen vertikale Linien zwischen den Spalten.
goRangeSelect	Es können Reihen von Zellen gleichzeitig ausgewählt werden. Ist goEditing True, kann der Anwender keine Reihe von Zellen mehr auswählen.
goDrawFocusSelected	Die Zelle mit dem Fokus wird in der gleichen Farbe dargestellt, mit der bereits andere Zellen in einem ausgewählten Block dargestellt sind. Bei False behält die Zelle mit dem Fokus die Farbe der nicht ausgewählten Zellen; das ist die mit der Gittereigenschaft Color festgelegte Farbe.
goRowSizing	Die Größe von Zeilen kann geändert werden, mit Ausnahme der Zeilen, die festgelegt sind oder für die kein Bildlauf durchgeführt werden kann.
goColSizing	Die Größe von Spalten kann geändert werden, mit Ausnahme der Spalten, die festgelegt sind oder für die kein Bildlauf durchgeführt werden kann.
goRowMoving	Eine Zeile kann an eine andere Stelle im Gitter gezogen werden.
goColMoving	Eine Spalte kann an eine andere Stelle im Gitter gezogen werden.
goEditing	Text im Gitter kann bearbeitet werden.
goAlwaysShowEditor	Das Gitter befindet sich im automatischen Bearbeitungsmodus, falls auch goEditing True ist.

Wert	Bedeutung (wenn die Option den Wert True besitzt)
goTabs	Spalten können via TAB-Taste angesprungen werden.
goRowSelect	Nur ganze Zeilen können zur gleichen Zeit anstelle von einzelnen Zeilen ausgewählt werden.
goThumbTracking	Es wird durch den Inhalt des Gitters geblättert, wenn der Anwender den Positionszeiger der Bildlaufleiste des Gitters bewegt.

property Owner: TComponent;
Die Eigenschaft Owner teilt Ihnen mit, welche Komponente zu welcher Komponente gehört. Dem Formular gehören alle Komponenten, die auf ihm vorhanden sind. Umgekehrt gehört das Formular zur Anwendung. Gehört eine Komponente A einer anderen Komponente B, wird der Speicher der Komponente A freigegeben, wenn der Speicher der Komponente B freigegeben wird. Es werden also folgerichtig alle Komponenten des Formulars gelöscht, wenn das Formular gelöscht wird. Außerdem wird natürlich der Speicher für das Formular und dessen Komponenten freigegeben, wenn der Speicher der Anwendung selbst freigegeben wird.

property Parent: TWinControl;
Die Eigenschaft Parent enthält den Namen der übergeordneten Komponente. Wenn eine Komponente A eine andere Komponente B enthält, sind die in B enthaltenen Komponenten untergeordnete Komponenten von A. Wenn Ihre Anwendung beispielsweise drei Buttons in einer GroupBox enthält, dann ist die GroupBox das übergeordnete Element der drei Buttons und die Button-Schaltfelder sind der GroupBox untergeordnet.

Parent und Owner sind leider etwas verwirrend. Daher hier eine kleine Entwirrung:

Ein Formular ist der Besitzer aller darin enthaltenen Komponenten, unabhängig davon, ob sie ein Fensterelement sind oder nicht. Für unser Beispiel mit den drei Buttons und der GroupBox bedeutet dies: Der Besitzer der Buttons ist immer das Formular, aber die GroupBox ist das übergeordnete Element.

Wenn Sie einen neuen Dialog erzeugen, müssen Sie dem neuen Dialogelement einen Wert der Eigenschaft Parent zuweisen. Üblicherweise sind dies Formulare, Bedienfelder, GroupBoxen oder andere Dialoge, die andere Komponenten-Elemente enthalten können. Es ist möglich, jedes Element als das übergeordnete zuzuweisen, aber das darin enthaltene Dialogelement wird wahrscheinlich überschrieben.

Wird das übergeordnete Element gelöscht, werden auch alle Elemente, die ihm untergeordnet sind, gelöscht.

property ParentColor: Boolean;
Die Eigenschaft ParentColor bestimmt, wo eine Komponente nach ihrer Farbeigenschaft suchen soll. Falls ParentColor True ist, verwendet die Komponente die Farbeigenschaft der übergeordneten Komponente.

Wenn ParentColor False ist, verwendet die Komponente ihre eigene Eigenschaft Color. Durch Verwendung von ParentColor können Sie sicherstellen, daß alle Komponenten auf einem Formular das gleiche Erscheinungsbild haben.

property ParentCtl3D: Boolean;
Die Eigenschaft ParentCtl3D bestimmt, wo eine Komponente nach ihrer Eigenschaft Ctl3D suchen muß. Ist ParentCtl3D auf True gesetzt, verwendet die Komponente die Dimensionen der Eigenschaft Ctl3D von ihrer übergeordneten Komponente. Wenn ParentCtl3D False ist, verwendet die Komponente ihre eigene Eigenschaft Ctl3D. Durch Verwendung von ParentCtl3D stellen Sie sicher, daß alle Komponenten auf einem Formular das gleiche Erscheinungsbild haben. Wenn Sie beispielsweise möchten, daß alle Komponenten auf einem Formular ein dreidimensionales Erscheinungsbild haben, setzen Sie die Eigenschaft Ctl3D des Formulars auf True und die Eigenschaft ParentCtl3D jeder Komponente auf True.

property ParentFont: Boolean;
Die Eigenschaft ParentFont bestimmt, wo eine Komponente nach ihrer Fonteigenschaft suchen soll. Falls ParentFont True ist, verwendet die Komponente den Font der Eigenschaft der übergeordneten Komponente.

Ist ParentFont False, verwendet die Komponente ihre eigene Eigenschaft Font. Durch Verwendung von ParentFont können Sie sicherstellen, daß alle Komponenten auf einem Formular das gleiche Erscheinungsbild haben.

property ParentShowHint: Boolean;
Die Eigenschaft ParentShowHint bestimmt, wo eine Komponente nach ihrer Hinteigenschaft suchen soll. Falls ParentShowHint True ist, verwendet die Komponente die Hint-Eigenschaft der übergeordneten Komponente.

Ist ParentShowHint False, verwendet die Komponente ihre eigene Eigenschaft Hint. Durch Verwendung von ParentShowHint können Sie sicherstellen, daß alle Komponenten auf einem Formular das gleiche Erscheinungsbild haben.

property PopupMenu: TPopupMenu;
Die Eigenschaft PopupMenu legt den Namen des Popup-Menüs fest, das erscheint, wenn der Anwender die Komponente auswählt oder die rechte Maustaste drückt (bei dem Wert True für AutoPopup des Popup) oder wenn die Methode Popup des Popup-Menüs ausgeführt wird.

property ReadOnly: Boolean;
Die Eigenschaft ReadOnly hängt davon ab, um welche Art von Komponente es sich bei der Komponente mit dieser Eigenschaft handelt.

<u>ReadOnly für datensensitive Komponenten und Eigabefelder:</u>

ReadOnly bestimmt, ob der Anwender den Inhalt einer Komponente ändern darf. Falls ReadOnly True ist, kann der Anwender den Inhalt nicht ändern. Wenn ReadOnly False ist, kann der Anwender den Inhalt abändern. Die Eigenschaft ReadOnly bestimmt bei datensensitiven Komponenten, ob der Anwender die Komponente verwenden kann, um ein Feld in einem Datensatz zu bearbeiten oder ob er die Komponente nur zur Anzeige von Daten verwenden kann. Falls ReadOnly False ist, kann der Anwender den Wert des Feldes ändern, solange der Datensatz zum Bearbeiten freigegeben ist. Ist die Eigenschaft ReadOnly eines Datengitters True, kann der Anwender keine neue Zeile einfügen.

Zu dieser Gruppe von Komponenten zählen:

DBCheckBox	DBListBox	DBRadioGroup
DBComboBox	DBLookupCombo	Edit
DBEdit	DBLookupList	MaskEdit
DBGrid	DBMemo	Memo
DBImage		

ReadOnly für Tabellen:

Benutzen Sie ReadOnly um zu verhindern, daß Benutzer Daten in der Tabelle ändern können. Achtung: Denken Sie daran, die Eigenschaft Active auf False zu setzen, bevor Sie ReadOnly ändern.

Zu dieser Gruppe von Komponenten zählen:

TTable

ReadOnly für Feldkomponenten:

ReadOnly kann die Modifikation eines Feldes sperren. Hat diese Eigenschaft den Wert False, kann ein Feld verändert werden. Um die Änderung eines Feldes zu verhindern, setzen Sie ReadOnly auf True. In TDBGrid werden bei Tabulatorsprüngen die Felder mit der Eigenschaft ReadOnly übersprungen.

Zu dieser Gruppe von Komponenten gehören:

BCDField	DateTimeField	SmallintField
BlobField	FloatField	StringField
BooleanField	GraphicField	TimeField
BytesField	IntegerField	VarBytesField
CurrencyField	MemoField	WordField
DateField		

property SelectedField: TField;
Mit SelectedField ermitteln Sie, welches Feld im Datengitter im Moment fokusiert wurde.

property SelectedIndex: Integer;
Mit SelectedIndex ermitteln Sie den Index-Wert des gegenwärtig fokussierten Feldes im angezeigten Datensatz. Dabei bedeutet der Wert 0 das erste Feld.

property ShowHint: Boolean;
Die Eigenschaft ShowHint bestimmt, ob das Dialogelement eine Schnellhilfe anzeigen soll, wenn der Mauszeiger eine Weile auf ihm verweilt. Die Schnellhilfe entspricht dem Wert der Eigenschaft Hint, die in einem Feld direkt unterhalb des Elements angezeigt wird. Hat die Eigenschaft ShowHint den Wert True, kann die Schnellhilfe erscheinen.

Ist ShowHint False, kann die Schnellhilfe auch angezeigt werden, wenn ParentShowHint auf True gesetzt wurde, und die Eigenschaft ShowHint der übergeordneten Komponente ebenfalls auf True gesetzt wurde.

property Showing: Boolean;
Die Eigenschaft Showing legt fest, ob eine Komponente momentan auf dem Bildschirm angezeigt wird oder nicht. Falls die Eigenschaft Visible einer Komponente und aller übergeordneten Komponenten in der übergeordneten Hierarchie True ist, ist Showing auch True. Wenn einer der Vorfahren der Komponente den Wert False als Wert für die Eigenschaft Visible hat, ist auch Showing False.

property TabOrder: TTabOrder;
Die Eigenschaft TabOrder bestimmt die Position einer Komponente in der Tabulatorreihenfolge, in der Komponenten den Fokus erhalten, wenn der Anwender die Taste TAB drückt. Anfänglich ist die Tabulatorreihenfolge immer die Reihenfolge, in der die Komponenten in das Formular hinzugefügt wurden. Der Wert der Eigenschaft TabOrder ist für jede Komponente auf dem Formular einmalig. Die erste dem Formular hinzugefügte Komponente hat den TabOrder-Wert 0, die zweite 1, die dritte 2 usw.

Falls Sie dem Wert der Eigenschaft TabOrder einer Komponente den Wert einer anderen Komponente zuweisen, numeriert Delphi automatisch die Werte für alle anderen Komponenten neu. Angenommen, eine Komponente ist beispielsweise die sechste Komponente in der Tabulatorreihenfolge. Wenn Sie den Wert der Eigenschaft TabOrder der Komponente auf 3 ändern (dies macht die Komponente zu der vierten in der Tabulatorreihenfolge), wird die Komponente, die die vierte war, nun zur fünften und die Komponente, die die fünfte war, wird jetzt die sechste.

property TabStop: Boolean;
Die Eigenschaft TabStop bestimmt, ob der Anwender diese Komponente mit der Taste TAB anspringen kann. Falls TabStop True ist, befindet sich die Komponente in der Tabulatorreihenfolge. Wenn TabStop False ist, ist das Dialogelement nicht in der Tabulatorreihenfolge.

property Tag: Longint;
Die Eigenschaft Tag kann einen Integerwert als Element einer Komponente speichern. Tag wird von Delphi nicht benutzt und steht Ihnen damit zur freien Verfügung

property TitleFont: TFont;
Mit TitleFont legen Sie die Schriftart für die Spaltenüberschriften im Datengitter fest.

property Top: Integer;
Die Eigenschaft Top gibt die Y-Koordinate in Pixeln der linken oberen Ecke eines Dialogelements relativ zum Formular an. Bei Formularen wird der Wert der Eigenschaft Top in Pixeln relativ zum Bildschirm angegeben.

property TopRow: Longint;
Mit TopRow legen Sie zur Laufzeit die Zeile fest, mit der das Gitter beginnen soll.

property Visible: Boolean;
Die Eigenschaft Visible bestimmt, ob eine Komponente auf dem Bildschirm sichtbar ist (True) oder nicht (False).

property Width: integer;
Die Eigenschaft Width bestimmt die Breite einer Komponente, gemessen in Pixeln.

Ereignisse:

property OnColEnter: TNotifyEvent;
OnColEnter tritt immer dann ein, wenn Sie eine Zelle des Gitters mit der Tastatur oder dem Maus-Zeiger fokusieren. OnColEnter ist vom Typ

```
TNotifyEvent = procedure (Sender: TObject) of object;
```

TNotifyEvent weist also auf eine Methode, die dieses Ereignis behandelt. Der Parameter Sender ist die Komponente, in der das Ereignis aufgetreten ist.

property OnColExit: TNotifyEvent;
OnColExit tritt immer dann ein, wenn eine Zelle des Gitters durch die Tastatur oder den Maus-Zeiger den Fokus abgeben muß. OnColExit ist vom Typ

```
TNotifyEvent = procedure (Sender: TObject) of object;
```

TNotifyEvent weist also auf eine Methode, die dieses Ereignis behandelt. Der Parameter Sender ist die Komponente, in der das Ereignis aufgetreten ist.

property OnDblClick: TNotifyEvent;
Das Ereignis OnClick erscheint, wenn der Benutzer auf die Komponente einen Doppelklick ausführt. In einem Formular tritt das Ereignis OnDblClick ein, wenn der Benutzer auf eine freie Stelle im Formular oder eine inaktive Komponente einen Doppelklick ausführt.

OnDblClick ist vom Typ

```
TNotifyEvent = procedure (Sender: TObject) of object;
```

Der Typ TNotifyEvent weist also auf eine Methode, die das Doppelklicken eines Objekts behandelt. Der Parameter Sender ist das Dialogelement, das mit einem Doppelklick bearbeitet wurde.

property OnDragDrop: TDragDropEvent;
Das Ereignis OnDragDrop tritt ein, wenn der Anwender ein gezogenes Objekt ablegt. Verwenden Sie die Ereignisbehandlungs-Routine OnDragDrop, um festzulegen, was passieren soll, wenn der Anwender ein Objekt ablegt.

OnDragClick ist vom Typ

```
TDragDropEvent = procedure(Sender, Source: TObject; X, Y: Integer) of object;
```

Der Typ TDragDropEvent zeigt also auf eine Methode, die das Ablegen eines gezogenen Objekts behandelt. Der Parameter Source des Ereignisses OnDragDrop ist das abzulegende Objekt und der Parameter Sender ist das Dialogelement, auf dem das

Objekt abgelegt wurde. Die Parameter X und Y sind die Koordinaten des Mauszeigers, der über dem Dialogelement positioniert wird.

property OnDragOver: TDragOverEvent;
Das Ereignis OnDragOver tritt ein, wenn der Anwender ein Objekt über eine Komponente zieht. Üblicherweise werden Sie ein Ereignis OnDragOver verwenden, um ein Objekt zu akzeptieren, damit der Anwender es ablegen kann.

OnDragClick ist vom Typ

```
TDragOverEvent = procedure(Sender, Source: TObject; X, Y: Integer;
                    State: TDragState; var Accept: Boolean) of object;
```

Der Typ TDragOverEvent zeigt also auf eine Methode, die das Ziehen eines Objekts über ein anderes Objekt behandelt. Der Parameter Source ist das gezogene Objekt, Sender ist das Objekt, über das Source gezogen wurde, X und Y sind die Koordinaten des Mauszeigers, der über dem Dialogelement positioniert wird in Pixeln, State ist der Status des gezogenen Objekts in Verbindung zum darübergezogenen Objekt, und Accept legt fest, ob der Sender das Ziehobjekt erkennt. Accept wird nicht per Voreinstellung auf True oder False gesetzt; Sie müssen die passenden Werte selbst zuweisen.

Das Ereignis OnDragOver akzeptiert ein Objekt, wenn der Parameter Accept True ist. Durch Ändern des Wertes der Eigenschaft DragCursor können Sie das Erscheinungsbild des Cursors beeinflussen. Dies können Sie entweder während des Entwickelns oder zur Laufzeit, bevor ein Ereignis OnDragOver eintritt, durchführen.

property OnDrawDataCell: TDrawDataCellEvent;
OnDrawDataCell tritt immer dann ein, wenn der Inhalt einer Zelle erneut dargestellt werden muß. Dies tritt zum Beispiel ein, wenn der Anwender eine Zelle fokusiert oder das Scrollbar des Gitters benutzt. Das Neuzeichnen der Zelle hängt von dem Wert der Eigenschaft DefaultDrawing ab. Ist DefaultDrawing auf False gesetzt, müssen Sie ein Programm in der Ereignisbehandlungs-Routine OnDrawDataCell einfügen, das den gesamten Zeichenvorgang innerhalb der Zellen behandelt.

OnDrawDataCell ist vom Typ

```
TDrawDataCellEvent = procedure (Sender: TObject; const Rect: TRect; Field: TField;
                     State: TGridDrawState) of object;
```

TDrawDataCellEvent zeigt also auf eine Methode, die dieses Ereignis behandelt. Der Parameter Rect bezeichnet den Zellenbereich, in dem das Zeichnen stattfinden soll. Field bestimmt, in welches Feld die Zeichnung plaziert wird und State ist der aktuelle Status der Zelle.

property OnEndDrag: TEndDragEvent;
Das Ereignis OnEndDrag tritt immer dann ein, wenn das Ziehen eines Objekts abgeschlossen oder abgebrochen wird. Wenn Sie eine besondere Behandlung haben möchten, wenn das Ziehen beendet wird, verwenden Sie die Ereignisbehandlungs-Routine OnEndDrag.

OnEndDrag ist vom Typ

```
TEndDragEvent = procedure(Sender, Target: TObject; X, Y: Integer) of object;
```

Der Typ TEndDragEvent zeigt also auf eine Methode, die das Anhalten des Ziehens eines Objekts behandelt. Der Sender ist das Objekt, was gezogen wird, Target ist das Objekt, zu dem Sender hingezogen wird, und X und Y sind die zugehörigen Bildschirmkoordinaten des Mauszeigers, der über dem Dialogelement positioniert wird. Falls das gezogene Objekt abgelegt und durch das Dialogelement akzeptiert wurde, ist der Parameter Target des Ereignisses OnEndDrag True. Wenn das Objekt nicht erfolgreich abgelegt wurde, beträgt der Wert Target Nil.

property OnEnter: TNotifyEvent;
OnEnter tritt ein, wenn eine Komponente aktiviert wird. Wenn Sie eine besondere Behandlung festlegen möchten, wenn eine Komponente aktiviert wird, verwenden Sie die Ereignisbehandlungs-Routine OnEnter.

OnEnter erscheint nie, wenn Sie zwischen Formularen oder einer anderen Windows-Anwendung und Ihrer Anwendung umschalten. OnEnter für eine Komponente des Typs TPanel oder THeader tritt nie ein, da Bedienfelder oder Header keinen Fokus erhalten können. Somit ist dort OnEnter vollkommen nutzlos. Sie haben diese Ereignisbehandlung aber geerbt.

OnEnter ist vom Typ

```
TNotifyEvent = procedure (Sender: TObject) of object;
```

Der Typ TNotifyEvent weist also auf eine Methode, die das Doppelklicken eines Objekts behandelt. Der Parameter Sender ist das Dialogelement, das mit einem Doppelklick bearbeitet wurde.

property OnExit: TNotifyEvent;
OnExit erscheint, wenn der Eingabefokus von einer Komponente an eine andere übergeben wird. OnExit tritt nicht ein, wenn Sie zwischen Formularen oder zwischen einer Windows-Anwendung und Ihrer Anwendung umschalten. OnExit tritt bei den Komponenten Panel und Speedbutton nicht ein, da diese niemals den Fokus erhalten.

OnExit ist vom Typ

```
TNotifyEvent = procedure (Sender: TObject) of object;
```

Der Typ TNotifyEvent weist also auf eine Methode, die das Doppelklicken eines Objekts behandelt. Der Parameter Sender ist das Dialogelement, das mit einem Doppelklick bearbeitet wurde.

property OnKeyDown: TKeyEvent;
OnKeyDown tritt ein, wenn der Anwender irgendeine Taste drückt, während die Komponente den Fokus hat. Verwenden Sie OnKeyDown, um eine besondere Behandlung festzulegen, die ausgeführt wird, wenn eine Taste gedrückt wird. Der Handler OnKeyDown kann auf alle Tasten der Tastatur, einschließlich Funktionsta-

sten und Tastenkombinationen mit den Tasten UMSCHALT, ALT und STRG sowie betätigten Maustasten reagieren.

OnKeyDown ist vom Typ

```
TKeyEvent = procedure (Sender: TObject; var Key: Word; Shift: TShiftState)
                      of object;
```

Der Typ TKeyEvent weist also auf eine Methode, die Tastaturereignisse verarbeitet. Der Parameter Key steht für die Taste und Shift und kann die folgenden Wert annehmen:

ssShift	UMSCHALTTASTE (SHIFT) wird festgehalten
ssAlt	linke ALT-Taste wird festgehalten
[ssAlt, ssCtrl]	ALTGR-Taste wird festgehalten
ssCtrl	Taste STRG wird festgehalten
ssLeft	Linke Maustaste wird festgehalten
ssMiddle	Mittlere Maustaste wird festgehalten
ssDouble	Rechte und linke Maustaste werden gleichzeitig festgehalten

property OnKeyPress: TKeyPressEvent;
OnKeyPress erscheint, wenn der Anwender eine einzelne Zeichentaste drückt.

OnKeyPress ist vom Typ

```
TKeyPressEvent = procedure (Sender: TObject; var Key: Char) of object;
```

TKeyPressEvent weist also auf eine Methode, die einen Tastendruck für ein einzelnes Zeichen verarbeitet. Der Parameter Key gibt die Taste an. Der Parameter Key ist vom Typ Char; deshalb registriert OnKeyPress das ASCII-Zeichen der gedrückten Taste. Tasten, die nicht mit einem ASCII-Zeichen übereinstimmen (beispielsweise UMSCHALT oder F1), werden kein OnKeyPress erzeugen. Tastenkombinationen (wie UMSCHALT+A) erzeugen nur ein Ereignis des Typs OnKeyPress (in diesem Beispiel ergibt UMSCHALT+A einen Wert Key von »A«, wenn die FESTSTELLTASTE ausgeschaltet ist). Falls Sie auf Nicht-ASCII-Tasten oder Tastenkombinationen reagieren möchten, verwenden Sie die Ereignisbehandlungs-Routinen OnKeyDown oder OnKeyUp.

property OnKeyUp: TKeyEvent;
OnKeyUp tritt ein, wenn der Anwender die gedrückte Taste wieder losläßt. OnKeyUp kann auf alle Tasten der Tastatur, einschließlich FFunktionstasten und Tastenkombinationen mit den Tasten UMSCHALT, ALT und STRG sowie betätigten Maustasten reagieren.

```
TKeyEvent = procedure (Sender: TObject; var Key: Word; Shift: TShiftState)
                      of object;
```

Der Typ TKeyEvent weist also auf eine Methode, die Tastaturereignisse verarbeitet. Der Parameter Key steht für die Taste und Shift und kann die folgenden Wert annehmen:

Kapitel 4

ssShift	UMSCHALTTASTE (SHIFT) wird festgehalten
ssAlt	linke ALT-Taste wird festgehalten
[ssAlt, ssCtrl]	ALTGR-Taste wird festgehalten
ssCtrl	Taste STRG wird festgehalten
ssLeft	Linke Maustaste wird festgehalten
ssMiddle	Mittlere Maustaste wird festgehalten
ssDouble	Rechte und linke Maustaste werden gleichzeitig festgehalten

Methoden:

procedure BeginDrag(Immediate: Boolean);
Die Methode BeginDrag leitet den Ziehvorgang einer Komponente ein. Wenn der Parameter Immediate auf True gesetzt ist, wird der Mauszeiger auf den Wert der Eigenschaft DragCursor gesetzt und der Ziehvorgang beginnt. Ist Immediate False, wird der Mauszeiger nicht auf den Wert der Eigenschaft DragCursor gesetzt und der Ziehvorgang erst eingeleitet, wenn der Anwender den Mauszeiger um mindestens 5 Pixel bewegt. Auf diese Weise kann die Komponente Mausklicks akzeptieren, ohne einen Ziehvorgang einzuleiten.

Ihre Anwendung muß die Methode BeginDrag zum Einleiten eines Ziehvorgangs nur aufrufen, wenn DragMode auf dmManual gesetzt ist.

procedure BringToFront;
Die Methode BringToFront setzt eine Komponente innerhalb einer übergeordneten Komponente vor alle anderen Komponenten. BringToFront hilft insbesondere sicherzustellen, daß ein Formular sichtbar ist. Verwenden Sie diese Methode, wenn Sie die Reihenfolge überlappender Komponenten in einem Formular neu festlegen wollen.

Die Reihenfolge, in der Komponenten übereinander gelagert werden (Z-Reihenfolge), hängt davon ab, ob es sich um fensterähnliche oder um nicht-fensterähnliche Komponente handelt. Die Reihenfolge arbeitet nach dem Prinzip, daß die zuletzt eingefügte Komponente die oberste und damit sichtbare Komponente ist.

Mit der Methode BringToFront einer Komponente würde diese Komponente ganz nach oben auf den Stapel kommen und somit sichtbar sein.

Bei der Stapelung ist zu beachten, daß fensterähnliche Komponenten immer auf nicht-fensterähnlichen Komponenten gestapelt werden. Ein Aufruf von BringToFront einer nicht-fensterähnlichen Komponente bewirkt also gar nichts, wenn oben auf dem Stapel eine fensterähnliche Komponente liegt.

Die folgenden Komponenten zählen zu den fensterähnlichen Komponenten:

BitBtn	DBNavigator	MediaPlayer
Button	DBRadioGroup	Memo
CheckBox	DirectoryListBox	Notebook
ComboBox	DrawGrid	OLEContainer
DBCheckBox	DriveComboBox	Outline
DBComboBox	Edit	Panel

DBEdit   FileListBox   RadioButton
DBGrid   FilterComboBox   RadioGroup
DBImage   Form   ScrollBar
DBListBox   GroupBox   ScrollBox
DBLookupCombo Header   StringGrid
DBLookupList   ListBox   TabbedNotebook
DBMemo   MaskEdit   TabSet

Die nun folgenden Komponenten zählen zu den nicht-fensterähnlichen Komponenten:

Bevel   Label   SpeedButton
DBText   PaintBox   Image
Shape

function CanFocus: Boolean;
CanFocus stellt fest, ob eine Komponente den Eingabefokus erhalten kann. CanFocus gibt True zurück, wenn die Eigenschaften Visible und Enabled sowohl der Komponente als auch der übergeordneten Komponenten auf True gesetzt sind. Sind nicht alle Eigenschaften Visible und Enabled dieser Komponenten auf True gesetzt, liefert CanFocus False zurück.

function ClientToScreen(Point: TPoint): TPoint;
Die Methode ClientToScreen übersetzt den angegebenen Punkt aus Client-Bereichskoordinaten in globale Bildschirmkoordinaten. In Client-Bereichskoordinaten entspricht der Punkt (0, 0) der oberen linken Ecke des Client-Bereichs der Komponente. In Bildschirmkoordinaten entspricht (0, 0) der oberen linken Ecke des Bildschirms. Mit den Methoden ClientToScreen und ScreenToClient rechnen Sie Positionen aus dem Koordinatensystem einer Komponente A in das Koordinatensystem einer Komponente B um.

Beispiel: Umrechnung der Koordinaten einer Komponente A in die Koordinaten einer Komponente B (TPoint ist ein Record mit den Feldern X und Y):

```
TPoint =   record
       X : integer;
       Y : integer;
END;
VAR
   Koord: TPoint;
Koord:= B.ScreenToClient(A.ClientToScreen(Koord));
```

procedure CopyToClipboard;
CopyToClipboard kopiert den in der Komponente markierten Text in die Zwischenablage. Bei TDBImage wird das markierte Bild in das Clipboard kopiert.

constructor Create;
Create weist Speicher zu, um das Objekt und damit die Komponente zu erzeugen und nach Bedarf seine Daten zu initialisieren. Jedes Objekt kann eine Methode Create besitzen, die individuell so angepaßt ist, daß sie diese bestimmte Art von Ob-

jekt erzeugt. Im Normalfall benötigen Sie diese Methoden nicht, da Borland Delphi alles unternimmt, um Ihre Anwendung und die darin enthaltenen Komponenten zu erzeugen. Sollten Sie allerdings ein Ereignis oder die Initialisierung eines Wertes einer selbst geschaffenen Komponente zur Zeit der Erzeugung einstellen wollen, können Sie dies in der Methode Create erledigen. Dazu benötigen Sie aber genaue Kenntnisse und Techniken der OOP. Ansonsten sollten Sie Create unverändert lassen und nicht aufrufen.

function Dragging: Boolean;
Die Methode Dragging gibt an, ob eine Komponente gezogen wird. Wenn Dragging True zurückgibt, wird die Komponente gezogen.

procedure EndDrag(Drop: Boolean);
Die Methode EndDrag verhindert, daß eine Komponente weiter gezogen wird. Wenn der Parameter Drop True ist, wird die gezogene Komponente abgelegt. Ist Drop False, wird die Komponente nicht abgelegt und der Vorgang wird abgebrochen.

function FindComponent(const AName: string): TComponent;
Die Methode FindComponent gibt im Array Components die Komponente zurück, deren Name zum String im Parameter AName paßt. FindComponent beachtet dabei keine Groß-/Kleinschreibung.

Beispiel: Es existiert ein Button »Button1« in Ihrer Anwendung. Um die eigentliche Komponente TButton1 im Array Components zurückzugeben, rufen Sie FindComponents wie folgt auf:

```
FindComponents('Button1');
```

function Focused: Boolean;
Focused wird verwendet, um zu bestimmen, ob ein Fensterdialogelement den Fokus besitzt und deshalb das aktive Dialogelement in ActiveControl ist.

procedure Free;
Die Methode Free entfernt das Objekt und gibt den zugehörigen Speicher frei. Haben Sie das Objekt unter Verwendung der Methode Create erzeugt, so benutzen Sie zum Entfernen und für die Freigabe des Speichers die Methode Free. Free gelingt auch dann, wenn das Objekt selbst nicht mehr existiert (zum Beispiel durch einen vorherigen Aufruf von Free). Delphi erledigt dies für Objekte der Bibliothek visueller Komponenten automatisch.

Sie sollten also niemals eine Komponente innerhalb Ihrer Anwendung entfernen.

Falls Sie ein Formular freigeben wollen, rufen Sie die Methode Release auf, um das Formular zu löschen und dessen benutzten Speicher freizugeben.

function GetTextBuf(Buffer: PChar; BufSize: Integer): Integer;
Die Methode GetTextBuf holt den Text der Komponente und kopiert ihn in den Puffer als Null-terminierten String (Ende der Zeichenkette wird mit 0 angegeben), auf den Buffer zeigt. Die maximale Länge des Strings wird mit BufSize (siehe dazu GetTextLen) festgelegt. In BufSize wird nach der Ausführung die Anzahl der Zeichen

des Strings zu finden sein. Diese Methode ist vor allem dann sehr nützlich, wenn mit String größer als 256 Zeichen gearbeitet wird. Der Typ STRING kann nicht mehr als 256 Zeichen aufnehmen. Dabei entfällt aber das erste Element in diesem Typ auf die Längenangabe des Strings, so daß nur noch maximal 255 Zeichen möglich sind. Ein PChar ist ein Zeiger auf das erste Zeichen einer Zeichenkette. Eine derart definierte Zeichenkette besitzt keine Längenangabe, sondern trägt eine 0 am Ende der Kette, daher auch der Name Null-terminierter String. Ein PChar kann die maximale Größe von 64 Kbyte erreichen. Die maximale Anzahl der Zeichen ist also auf 64 Kbyte und nicht auf 255 Zeichen beschränkt (siehe auch GetTextLen und SetTextBuf).

function GetTextLen: Integer;
Die Methode GetTextLen gibt die Länge des Textes der Komponente zurück. Dieser Wert kann für BufSize in GetTextBuf verwenden werden (siehe auch GetTextBuf und SetTextBuf).

procedure Hide;
Die Methode Hide versteckt eine Komponente, sie ist also nicht mehr auf dem Bildschirm sichtbar. Dabei wird die Eigenschaft Visible auf False gesetzt. Dabei ist eine Komponente aber weiterhin aktiv, das heißt, kann bearbeitet werden.

procedure Invalidate;
Die Methode Invalidate erzwingt das Neuzeichnen einer Komponente sobald dies möglich ist.

procedure InsertComponent(AComponent: TComponent);
InsertComponent macht die Komponente zum Besitzer der im Parameter AComponent übergebenen Komponente. Die Komponente wird am Ende der Array-Eigenschaft Components hinzugefügt. Die eingefügte Komponente darf keinen Namen haben (keinen für die Eigenschaft Name spezifizierten Wert) oder der Name muß sich eindeutig von allen anderen in der Components-Liste unterscheiden. Wird die Besitzerkomponente entfernt, so wird auch AComponent gelöscht.

procedure Refresh;
Die Methode Refresh reagiert je nach Art der Komponente, ob Daten oder die Komponenten selbst neu gezeichnet werden. Die Methode Refresh kann also jedes Bild auf dem Bildschirm löschen und alle Dialogelemente neu zeichnen beziehungsweise Datensätze einer Datei erneut einlesen.

Innerhalb der Implementation von Refresh beim Neuzeichnen von Komponenten wird die Methode Invalidate und dann die Methode Update aufgerufen.

Beim Refresh von Daten ist zu beachten: Durch Refresh können sich die angezeigten Daten unerwartet verändern und so den Anwender verwirren. Ein Dialog oder eine andere Mitteilung, der dem Anwender den Refresh der Daten mitteilt, wäre somit wohl angebracht und von äußerster Nützlichkeit.

procedure RemoveComponent(AComponent: TComponent);
RemoveComponent entfernt die Komponente, die im Parameter AComponent festgelegt ist, aus der Komponentenliste Components. Die Position in der Liste wird zu Nil.

procedure Repaint;
Die Methode Repaint fordert das Dialogelement auf, sein Bild auf dem Bildschirm neu zu zeichnen, ohne jedoch die darunterliegende Fläche zu löschen. Um vor dem Neuzeichnen zu löschen, müssen Sie anstelle von Repaint die Methode Refresh aufrufen.

procedure ScaleBy(M, D: Integer);
Die Methode ScaleBy skaliert eine Komponente um einen Prozentsatz ihrer ursprünglichen Größe. Der Parameter M ist der Multiplikator und der Parameter D der Divisor. Wenn Sie beispielsweise die Größe des Dialogelements auf 66% seines ursprünglichen Formats ändern möchten, geben Sie in M den Wert 66 und in D den Wert 100 an (66/100). Bei der Vergrößerung gehen Sie einfach den umgekehrten Weg: Vergrößerung um 66% bedeutet nichts anderes als M=166 und D=100.

function ScreenToClient(Point: TPoint): TPoint;
Die Methode ScreenToClient wird verwendet, um den Koordinatenpunkt in Pixeln der Komponente auf dem Bildschirm zu bestimmen. ScreenToClient gibt die X- und Y-Koordinaten in einem Record des Typs TPoint zurück.

procedure ScrollBy(DeltaX, DeltaY: Integer);
ScrollBy scrollt den Inhalt einer Komponente. Statt mit der Methode ScrollBy sollten Sie in Normalfall lieber mit den eingebauten Bildlauf-Leisten arbeiten, es sei denn, diese Leisten wären für Ihre Programm-Idee aus irgendeinem Grund nicht brauchbar.

DeltaX enthält die Veränderung in Pixeln in Richtung der X-Achse. Ein positiver Wert von DeltaX verschiebt den Inhalt nach rechts, ein negativer Wert verschiebt den Inhalt nach links. DeltaY bezeichnet die Veränderungen in Pixeln in Richtung der Y-Achse. Ein positiver Wert von DeltaY verschiebt den Inhalt nach unten, ein negativer Wert verschiebt den Inhalt nach oben.

procedure SelectAll;
SelectAll wählt den gesamten Inhalt einer Komponente (Text oder Bild) aus.

procedure SendToBack;
Die Methode SendToBack setzt eine Komponente innerhalb einer übergeordneten Komponente hinter alle anderen Komponenten. Die Reihenfolge, in der Komponenten übereinander gelagert werden (Z-Reihenfolge), hängt davon ab, ob es sich um fensterähnliche oder um nicht-fensterähnliche Komponente handelt. Die Reihenfolge arbeitet nach dem Prinzip, daß die zuletzt eingefügte Komponente die oberste und damit sichtbare Komponente ist.

Mit der Methode SendToBack einer Komponente würde diese Komponente ganz nach unten auf den Stapel kommen und somit nicht sichtbar sein.

Bei der Stapelung ist zu beachten, daß fensterähnliche Komponenten immer auf nicht-fensterähnlichen Komponenten gestapelt werden. Ein Aufruf von SendToBack einer fensterähnlichen Komponenten bewirkt also gar nichts, wenn unter dem Stapel eine nicht-fensterähnliche Komponente liegt (siehe auch BringToFront).

Die folgenden Komponenten zählen zu den fensterähnlichen Komponenten:

SEITE DATENSTEUERUNG

BitBtn	DBNavigator	MediaPlayer
Button	DBRadioGroup	Memo
CheckBox	DirectoryListBox	Notebook
ComboBox	DrawGrid	OLEContainer
DBCheckBox	DriveComboBox	Outline
DBComboBox	Edit	Panel
DBEdit	FileListBox	RadioButton
DBGrid	FilterComboBox	RadioGroup
DBImage	Form	ScrollBar
DBListBox	GroupBox	ScrollBox
DBLookupCombo	Header	StringGrid
DBLookupList	ListBox	TabbedNotebook
DBMemo	MaskEdit	TabSet

Die nun folgenden Komponenten zählen zu den nicht-fensterähnlichen Komponenten:

Bevel	Label	SpeedButton
DBText	PaintBox	Image
Shape		

procedure SetBounds(ALeft, ATop, AWidth, AHeight: Integer);
Die Methode SetBounds setzt die Begrenzungseigenschaften der Komponente Left, Top, Width und Height auf die Werte, die in den entsprechenden Werten ALeft, ATop, AWidth und AHeight übergeben werden. SetBounds erlaubt Ihnen, mehr als eine Begrenzungseigenschaft der Komponente zur gleichen Zeit einzustellen. Obwohl Sie immer einzelne Begrenzungen einstellen können, erlaubt Ihnen die Verwendung von SetBounds, mehrere Änderungen auf einmal durchzuführen, ohne daß jedesmal das Dialogfenster neu gezeichnet werden muß.

procedure SetFocus;
SetFocus übergibt den Fokus an die Komponente. Bei Formularen ruft das jeweilige Formular die Methode SetFocus des standardmäßig aktiven Dialogelements auf.

procedure SetTextBuf(Buffer: PChar);
Die Methode SetTextBuf ersetzt den Text in einer Komponente durch den Text in Buffer. Buffer muß auf einen mit Null abgeschlossenen String zeigen (siehe auch GetTextBuf und GetTextLen).

procedure Show;
Die Methode Show bringt eine Komponente sichtbar auf den Bildschirm, indem die Eigenschaft Visible auf True eingestellt wird. Falls die Methode Show eines Formulars aufgerufen wird und das Formular ist undurchsichtig, versucht Show das Formular sichtbar zu machen, indem sie das Formular mit der Methode BringToFront in den Vordergrund bringt. Ein Formular verfügt zusätzlich über die Methode ShowModal, um einen modalen Dialog erzeugen zu können. Ein modaler Dialog muß bearbeitet und geschlossen werden. Ein SendToBack hätte also keinen Erfolg.

procedure Update;
In der Methode Update wird die API-Funktion UpdateWindow von Windows aufgerufen, die alle beim Zeichnen entstandenen und noch nicht erledigten Meldungen bearbeitet.

UpdateWindows ist definiert als

```
procedure UpdateWindow(Wnd: HWnd);
```

Die Routine UpdateWindow aktualisiert den Client-Bereich des angegebenen Fensters, indem sie eine WM_PAINT-Meldung an das Fenster sendet, wenn der Aktualisierungsbereich für das Fenster nicht leer ist. Die Routine UpdateWindow sendet eine WM_PAINT-Meldung unter Umgehung der Anwendungswarteschlange direkt an die Fensterfunktion des gegebenen Fensters. Wenn der Aktualisierungsbereich leer ist, wird keine Meldung gesendet. Der Parameter Wnd bezeichnet das Fenster oder besser das Handle des Fensters, das aktualisiert werden soll.

Komponentenname: DBNavigator
Klassenname: TDBNavigator

Beschreibung:
Mit DBNavigator können Sie sich durch die Datensätze einer Tabelle bewegen oder auch Operationen wie neue Daten einfügen, Daten löschen, Daten aktualisieren und vieles mehr ausführen. Dazu besitzt der Navigator eine Leiste mit entsprechenden Schaltern, die diese Arbeit erheblich erleichtern.

Eigenschaften:

property Align: TAlign;
Die Eigenschaft Align legt fest, wie Dialogelemente zum Beispiel im Formular ausgerichtet werden. Mögliche Werte:

alNone	Die Komponente bleibt an der Einfügeposition im Formular (Standardeinstellung).
alTop	Die Komponente wird an die Oberkante des Formulars verschoben und an seine Breite angepaßt. Die Höhe der Komponente bleibt unverändert.
alBottom	Die Komponente wird an die Unterkante des Formulars verschoben und an seine Breite angepaßt. Die Höhe der Komponente bleibt unverändert.
alLeft	Die Komponente wird an die linke Kante des Formulars verschoben und an seine Höhe angepaßt. Die Breite der Komponente bleibt unverändert.
alRight	Die Komponente wird an die rechte Kante des Formulars verschoben und an seine Höhe angepaßt. Die Breite der Komponente bleibt unverändert.

alClient   Die Größe der Komponente wird an den Client-Bereich eines Formulars angepaßt. Ist ein Teil des Client-Bereichs bereits von einer anderen Komponente besetzt, füllt die Komponente den verbleibenden Teil des Client-Bereichs aus.

Wird zum Beispiel ein Formular, das Besitzer eines Labels ist, in der Größe verändert, werden die Komponenten innerhalb des Formulars neu ausgerichtet. Die Verwendung der Eigenschaft Align ist dann sinnvoll, wenn ein Dialogelement an einer Position des Formulars stehenbleiben soll, auch wenn sich die Größe des Formulars ändert.

property BoundsRect: TRect;
Die Eigenschaft BoundsRect liefert das Begrenzungsrechteck der Komponente – ausgedrückt im Koordinatensystem des übergeordneten Dialogelements – zurück. Mit BoundsRect ersetzen und erleichtern Sie sich somit die Abfrage der einzelnen Werte für die Eigenschaften Left, Top, Width und Height.

property ComponentIndex: Integer;
Die Eigenschaft ComponentIndex zeigt die Position einer Komponente in der Eigenschaftsliste Components ihres Besitzers an. Die erste Komponente in der Liste hat den ComponentIndex-Wert 0, die zweite hat den Wert 1, die dritte den Wert 2 etc. Diese Eigenschaft ist nur zur Laufzeit und dann auch nur im Read-Only-Modus benutzbar.

property ConfirmDelete: Boolean;
Mit ConfirmDelete bestimmen Sie, ob eine Bestätigung für einen Löschvorgang angefordert werden soll (Wert=True) oder nicht. Ist der Wert False, werden die Daten ohne nachzufragen gelöscht.

property Controls[Index: Integer]: TControl;
Controls ist ein Array aller untergeordneten Komponenten der Komponente. Controls ist dann von Nutzen, wenn Sie auf die untergeordneten Komponenten über die Nummer statt über den Namen zugreifen müssen.

property Ctl3D: Boolean;
Die Eigenschaft Ctl3D legt fest, ob ein Dialogelement ein dreidimensionales (3-D) oder zweidimensionales Aussehen besitzt. Ist Ctl3D True, erscheint das Dialogelement dreidimensional. Die Voreinstellung von Ctl3D ist True. Wenn die Eigenschaft ParentCtl3D einer Komponente auf True gesetzt ist, verändert jede Modifikation der Eigenschaft Ctl3D des übergeordneten Dialogelements automatisch auch die Eigenschaft Ctl3D des Dialogelements.

Achtung: Damit Ctl3D überhaupt funktioniert, muß sich die dynamische Link-Bibliothek CTL3DV2.DLL im Suchpfad befinden. Idealerweise sollte sich diese Datei im System-Verzeichnis von Windows aufhalten.

property Cursor: TCursor;
Mit der Eigenschaft Cursor stellen Sie das Aussehen des Cursors ein, wenn dieser auf die Komponente zeigt.

Mögliche Werte sind:

crDefault	crArrow	crCross
crIBeam	crSize	crSizeNESW
crSizeNS	crSizeNWSE	crSizeWE
crUpArrow	crHourglass	crDrag
crNoDrop	crHSplit	crVSplit

property DataSource: TDataSource;
Mit Hilfe der Eigenschaft DataSource verbinden Sie die Komponente mit einer Instanz der Komponente DataSource, um die Werte von Parametern mit Params oder ParamByName zu setzen. Dies ermöglicht Ihren Anwendungen verknüpfte Abfragen.

property DragCursor: TCursor;
Die Eigenschaft DragCursor bestimmt die Form des Mauszeigers, wenn sich der Zeiger über einer Komponente befindet, die ein gezogenes Objekt akzeptieren kann. Mögliche Werte sind mit denen der Eigenschaft Cursor identisch.

property DragMode: TDragMode;
Die Eigenschaft DragMode legt das Ziehen-und-Ablegen-Verhalten einer Komponente fest. Mögliche Werte sind:

dmAutomatic	Wenn dmAutomatic ausgewählt ist, ist das Dialogelement bereit, gezogen zu werden; der Anwender klickt nur und zieht es dann.
dmManual	Wenn dmManual ausgewählt ist, kann das Dialogelement nicht gezogen werden, bevor die Anwendung die Methode BeginDrag aufgerufen hat.

Ist die Eigenschaft DragMode einer Komponente dmAutomatic, kann die Anwendung dies zur Laufzeit durch Einstellung des Wertes dmManual deaktivieren.

property Enabled: Boolean;
Die Eigenschaft Enabled bestimmt, ob die Komponente auf Maus-, Tastatur- und Timer-Ereignisse reagiert. Wenn Enabled auf True gesetzt ist, reagiert die Komponente normal. Ist Enabled hingegen False, ignoriert das Dialogelement Maus- und Tastaturereignisse. Bei einer Timer-Komponente werden die für das OnTimer-Ereignis deaktivierten Komponenten-Dialogelemente grau dargestellt.

property Handle: ...;
Der Typ der Eigenschaft Handle ist abhängig von der jeweiligen Komponente. Im allgemeinen gilt: Sollte eine Windows-API-Funktion ein Handle der betreffenden Komponente verlangen, setzen Sie dazu die jeweilige Eigenschaft Handle der betreffenden Komponente ein. Verlangt eine Windows-API-Funktion zum Beispiel das Handle Ihrer gesamten Anwendung, benutzen Sie am besten die Eigenschaft Handle des Objekts TApplication. Hier die Übersicht der verschiedenen Typen der Eigenschaft Handle:

Handle für die Komponenten:

Bitmap	property Handle: HBitmap;	
Brush	property Handle: HBrush;	
Canvas	property Handle: HDC;	
Font	property Handle: HFont;	
Icon	property Handle: HIcon;	
Metafile	property Handle: HMetafile;	
Pen	property Handle: HPen;	

Handle gibt Ihnen den Zugriff auf das Handle des jeweiligen GDI-Objekts, damit Sie auf dieses zugreifen können. Benötigen Sie zum Beispiel zum Aufruf einer Windows-API-Funktion ein Handle auf ein Stiftobjekt oder ein Bitmap-Objekt, können Sie dazu das Handle der Komponente Pen beziehungsweise der Komponente Bitmap benutzen.

Handle für das Objekt TApplication und die folgenden Komponenten:

Bevel	DBText	Memo
BitBtn	DirectoryListBox	Notebook
Button	DrawGrid	OLEContainer
CheckBox	DriveComboBox	Outline
ComboBox	Edit	PaintBox
DBCheckBox	FileListBox	Panel
DBComboBox	FilterComboBox	RadioButton
DBEdit	FindDialog	RadioGroup
DBGrid	Form	ReplaceDialog
DBImage	GroupBox	ScrollBar
DBListBox	Header	ScrollBox
DBLookupCombo	Image	Shape
DBLookupList	Label	SpeedButton
DBMemo	ListBox	StringGrid
DBNavigator	MaskEdit	TabbedNotebook
DBRadioGroup	MediaPlayer	TabSet

property Handle: HWND;
Handle ermöglicht Ihnen Zugriff auf das Handle der jeweiligen Komponente (z.B. Fenster-Handle, Dialog-Handle etc.). Dieses Handle wird von einigen Windows-API-Funktionen beim Aufruf erwartet. Sie können in diesem Fall das Handle der jeweils betroffenen Komponente oder – falls das Handle Ihrer Anwendung gefordert wird – das Handle des Objekts TApplication übergeben.

Handle für die Komponenten:

MainMenu	MenuItem	PopupMenu

property Handle: HMENU;
Sollte eine Windows-API-Funktion ein Handle eines Menüs, Menü-Eintrags oder eines lokalen Menüs verlangen, können Sie dazu die Eigenschaft Handle von MainMenu, MenuItem und PopupMenu benutzen.

Handle für die Komponente Printer:

property Handle: HDC;
Handle beinhaltet das Handle des jeweiligen Druckerobjektes TPrinter der Komponente Printer.

Handle für die Komponente DataBase:

property Handle: HDBIDB;
Um direkte Aufrufe in die Richtung des Borland Database-Engine (BDE)-API zu tätigen, benötigen Sie ein Handle der jeweiligen Datenbank-Komponente. Dazu dient Ihnen die Eigenschaft Handle der Komponente DataBase. Sie erlaubt Ihnen Zugriffe auf Funktionen des BDE-API, die nicht in der VCL-Bibliothek integriert wurden. Bevor Sie allerdings diese Funktionen aufrufen, sollten Sie prüfen, ob diese Funktion nicht doch schon in der VCL-Bibliothek gekapselt wurde.

Handle für das Objekt TSession:

Delphi erzeugt eine Komponente Session vom Typ TSession immer dann, wenn eine Anwendung ausgeführt wird. Sessions sollten nicht von Ihnen erzeugt oder zerstört werden. Session erlaubt globale Prüfung über Datenbankverbindungen. Die Eigenschaft Databases von Session ist ein Array von allen aktiven Datenbanken in der Sitzung. Die Eigenschaft DatabaseCount vom Typ Integer gibt die Anzahl der aktiven Datenbanken in der Sitzung an.

property Handle: HDBISES;
Mit dieser Eigenschaft Handle können Sie direkte Aufrufe an die Borland Datenbank-Engine bezogen auf eine bestimmte Sitzung (Session/TSession) machen. Die Komponente Session werden Sie kaum benutzen müssen. Die wichtigsten Funktionen des BDE-API sind in der VCL-Bibliothek gekapselt und ersparen Ihnen diesen Weg.

Handle für die Komponenten Table, Query und StoredProc:

property Handle: HDBICur;
Ebenfalls für direkte Zugriffe auf Funktionen des BDE-API und unter normalen Umständen nicht zu benutzen, da die wichtigsten BDP-API-Funktionen via der VCL-Bibliothek einen einfacheren Zugriff ermöglichen.

property Height: Integer;
Die Eigenschaft Height eines Dialogelements legt die Höhe der Komponente in Pixeln fest.

property HelpContext: THelpContext;
Die Eigenschaft HelpContext stellt eine Kontextnummer für den Aufruf kontextbezogener Online-Hilfe bereit. Jeder Hilfebildschirm des Hilfesystems sollte eine eindeutige Kontextnummer besitzen. Ist in der Anwendung eine Komponente selektiert, so wird nach Betätigen von F1 ein Hilfebildschirm angezeigt. Welcher Hilfebildschirm angezeigt wird, hängt vom Wert der Eigenschaft HelpContext ab.

property HideSelection: Boolean;
Die Eigenschaft HideSelection bestimmt, ob ein selektierter Text oder Text in einem Editier- oder Memofeld selektiert bleibt, auch wenn der Fokus zu einem anderen Dialogelement wechselt. Ist HideSelection auf True gesetzt, bleibt der Text nur solange selektiert, wie der Fokus beim Dialogelement bleibt.

property Hint: string;
Die Eigenschaft Hint ist der Text-String, der erscheinen kann, wenn ein OnHint-Ereignis eintritt, also wenn der Benutzer den Cursor über die Komponente bewegt. Wie der String angezeigt wird, bestimmt der Code in der Ereignisbehandlungs-Routine OnHint. Sie können eine Schnellhilfe, d.h. ein Fenster, das einen Hilfetext enthält, für eine Komponente erscheinen lassen, wenn der Anwender den Mauszeiger über das Dialogelement führt und dort kurz verweilt. Dies funktioniert wie folgt:

1. Spezifizieren Sie für jede Komponente, die einen Schnellhinweis anzeigen soll, einen Hint-Wert.
2. Setzen Sie die Eigenschaft ShowHints des Bedienfelds auf True.
3. Setzen Sie die Eigenschaft ShowHint der Anwendung zur Laufzeit auf True.

Sie können Hint gleichzeitig sowohl für ein Hilfehinweisfenster als auch für die Verwendung innerhalb der Behandlungsroutine OnHint spezifizieren, indem Sie zwei durch das Zeichen | (das »oder« oder Pipe-Symbol) getrennte Werte angeben, also beispielsweise:

```
Edit1.Hint := 'Aufforderung|Geben Sie den richtigen Wert ein';
```

Der String »Aufforderung« erscheint im Hilfehinweisfenster und der String »Geben Sie den richtigen Wert ein« erscheint wie in der Ereignisbehandlungs-Routine OnHint spezifiziert.

property Hints: TStrings;
Hints ist eine Liste von selbstdefinierten Text-Strings, die erscheinen kann, wenn ein OnHint-Ereignis eintritt.

Mit Hints können Sie diese Text-Strings für jeden Schalter selber definieren. Haben Sie weniger Strings als Schalter definiert, erhalten Sie für die übrigen Schalter die Standard-Hints. Um die Hints wirksam zu machen, müssen Sie aber die Eigenschaft ShowHint auf True setzen.

property Left: Integer;
Die Eigenschaft Left bestimmt die horizontalen Koordinaten in Pixeln der linken Kante einer Komponente relativ zum Formular. Für Formulare ist der Wert der Eigenschaft Left relativ zum Bildschirm (ebenfalls in Pixeln).

property Name: TComponentName;
Die Eigenschaft Name enthält den Namen der Komponente, wie er von anderen Komponenten für den Zugriff verwendet wird. Delphi weist als Vorgabewerte sequentielle Namen zu, die auf dem Typ der Komponente basieren, also etwa für Buttons »Button1«, »Button2« etc. Diese können Sie gemäß Ihrer Vorstellungen abändern. Komponentennamen sollten ausdrücklich nur zur Entwurfszeit geändert werden.

property Owner: TComponent;
Die Eigenschaft Owner teilt Ihnen mit, welche Komponente zu welcher Komponente gehört. Dem Formular gehören alle Komponenten, die auf ihm vorhanden sind. Umgekehrt gehört das Formular zur Anwendung. Gehört eine Komponente A einer anderen Komponente B, wird der Speicher der Komponente A freigegeben, wenn der Speicher der Komponente B freigegeben wird. Es werden also folgerichtig alle Komponenten des Formulars gelöscht, wenn das Formular gelöscht wird. Außerdem wird natürlich der Speicher für das Formular und dessen Komponenten freigegeben, wenn der Speicher der Anwendung selbst freigegeben wird.

property Parent: TWinControl;
Die Eigenschaft Parent enthält den Namen der übergeordneten Komponente. Wenn eine Komponente A eine andere Komponente B enthält, sind die in B enthaltenen Komponenten untergeordnete Komponenten von A. Wenn Ihre Anwendung beispielsweise drei Buttons in einer GroupBox enthält, ist die GroupBox das übergeordnete Element der drei Buttons und die Button-Schaltfelder sind der GroupBox untergeordnet.

Parent und Owner sind leider etwas verwirrend. Daher hier eine kleine Entwirrung:

Ein Formular ist der Besitzer aller darin enthaltenen Komponenten, unabhängig davon, ob sie ein Fensterelement sind oder nicht. Für unser Beispiel mit den drei Buttons und der GroupBox bedeutet dies: Der Besitzer der Buttons ist immer das Formular, aber die GroupBox ist das übergeordnete Element.

Wenn Sie einen neuen Dialog erzeugen, müssen Sie dem neuen Dialogelement einen Wert der Eigenschaft Parent zuweisen. Üblicherweise sind dies Formulare, Bedienfelder, GroupBoxen oder andere Dialoge, die andere Komponenten-Elemente enthalten können. Es ist möglich, jedes Element als das übergeordnete zuzuweisen, aber das darin enthaltene Dialogelement wird wahrscheinlich überschrieben.

Wird das übergeordnete Element gelöscht, werden auch alle Elemente, die ihm untergeordnet sind, gelöscht.

property ParentCtl3D: Boolean;
Die Eigenschaft ParentCtl3D bestimmt, wo eine Komponente nach ihrer Eigenschaft Ctl3D suchen muß. IstParentCtl3D auf True gesetzt, verwendet die Komponente die Dimensionen der Eigenschaft Ctl3D von ihrer übergeordneten Komponente. Wenn ParentCtl3D False ist, verwendet die Komponente ihre eigene Eigenschaft Ctl3D. Durch Verwendung von ParentCtl3D stellen Sie sicher, daß alle Komponenten auf einem Formular das gleiche Erscheinungsbild haben. Wenn Sie beispielsweise möchten, daß alle Komponenten auf einem Formular ein dreidimensionales Erscheinungsbild haben, setzen Sie die Eigenschaft Ctl3D des Formulars auf True und die Eigenschaft ParentCtl3D jeder Komponente auf True.

property ParentShowHint: Boolean;
Die Eigenschaft ParentShowHint bestimmt, wo eine Komponente nach ihrer Hinteigenschaft suchen soll. Ist ParentShowHint True, verwendet die Komponente die Hint-Eigenschaft der übergeordneten Komponente.

Ist ParentShowHint False, verwendet die Komponente ihre eigene Eigenschaft Hint. Durch Verwendung von ParentShowHint können Sie sicherstellen, daß alle Komponenten auf einem Formular das gleiche Erscheinungsbild haben.

property PopupMenu: TPopupMenu;
Die Eigenschaft PopupMenu legt den Namen des Popup-Menüs fest, das erscheint, wenn der Anwender die Komponente auswählt oder die rechte Maustaste drückt (bei dem Wert True für AutoPopup des Popup) oder wenn die Methode Popup des Popup-Menüs ausgeführt wird.

property ShowHint: Boolean;
Die Eigenschaft ShowHint bestimmt, ob das Dialogelement eine Schnellhilfe anzeigen soll, wenn der Mauszeiger eine Weile auf ihm verweilt. Die Schnellhilfe entspricht dem Wert der Eigenschaft Hint, die in einem Feld direkt unterhalb des Elements angezeigt wird. Hat die Eigenschaft ShowHint den Wert True, kann die Schnellhilfe erscheinen.

Ist ShowHint False, kann die Schnellhilfe auch angezeigt werden, wenn ParentShowHint auf True gesetzt wurde, und die Eigenschaft ShowHint der übergeordneten Komponente ebenfalls auf True gesetzt wurde.

property Showing: Boolean;
Die Eigenschaft Showing legt fest, ob eine Komponente momentan auf dem Bildschirm angezeigt wird oder nicht. Falls die Eigenschaft Visible einer Komponente und aller übergeordneten Komponenten in der übergeordneten Hierarchie True ist, ist Showing auch True. Wenn einer der Vorfahren der Komponente den Wert False als Wert für die Eigenschaft Visible hat, dann ist auch Showing False.

property TabOrder: TTabOrder;
Die Eigenschaft TabOrder bestimmt die Position einer Komponente in der Tabulatorreihenfolge, in der Komponenten den Fokus erhalten, wenn der Anwender die Taste TAB drückt. Anfänglich ist die Tabulatorreihenfolge immer die Reihenfolge, in der die Komponenten in das Formular hinzugefügt wurden. Der Wert der Eigenschaft TabOrder ist für jede Komponente auf dem Formular einmalig. Die erste dem Formular hinzugefügte Komponente hat den TabOrder-Wert 0, die zweite 1, die dritte 2 usw.

Falls Sie dem Wert der Eigenschaft TabOrder einer Komponente den Wert einer anderen Komponente zuweisen, numeriert Delphi automatisch die Werte für alle anderen Komponenten neu. Angenommen, eine Komponente ist beispielsweise die sechste Komponente in der Tabulatorreihenfolge. Wenn Sie den Wert der Eigenschaft TabOrder der Komponente auf 3 ändern (dies macht die Komponente zu der vierten in der Tabulatorreihenfolge), wird die Komponente, die die vierte war, nun zur fünften und die Komponente, die die fünfte war, wird jetzt die sechste.

property TabStop: Boolean;
Die Eigenschaft TabStop bestimmt, ob der Anwender diese Komponente mit der Taste TAB anspringen kann. Falls TabStop True ist, befindet sich die Komponente in der

Tabulatorreihenfolge. Wenn TabStop False ist, ist das Dialogelement nicht in der Tabulatorreihenfolge.

property Tag: Longint;
Die Eigenschaft Tag kann einen Integerwert als Element einer Komponente speichern. Tag wird von Delphi nicht benutzt und steht Ihnen damit zur freien Verfügung.

property Top: Integer;
Die Eigenschaft Top gibt die Y-Koordinate in Pixeln der linken oberen Ecke eines Dialogelements relativ zum Formular an. Bei Formularen wird der Wert der Eigenschaft Top in Pixeln relativ zum Bildschirm angegeben.

property Visible: Boolean;
Die Eigenschaft Visible bestimmt, ob eine Komponente auf dem Bildschirm sichtbar ist (True) oder nicht (False).

property VisibleButtons: TButtonSet;
Mit VisibleButtons legen Sie fest, welche der Schaltfelder auf der Komponente sichtbar sind. Sollte einmal wider Erwarten ein Button zur Laufzeit nicht sichtbar sein, kontrollieren Sie am besten den Wert dieser Eigenschaft für den entsprechenden Button. VisibleButtons ist die alles entscheidende Eigenschaft: Wird ein Button mit VisibleButtons nicht sichtbar gemacht, wird er zur Laufzeit auch nicht angezeigt. Die Werte in der Übersicht:

Button	Wert	Bedeutung
First	nbFirst	zum ersten Datensatz springen
Prior	nbPrior	zum vorherigen Datensatz springen
Next	nbNext	zum nächsten Datensatz springen
Last	nbLast	zum letzten Datensatz springen
Insert	nbInsert	leeren Datensatz einfügen
Delete	nbDelete	aktuellen Datensatz löschen
Edit	nbEdit	aktuellen Datensatzes editieren
Post	nbPost	aktuellen Datensatz zurückspeichern
Cancel	nbCancel	aktuelle Eingabe rückgängig machen
Refresh	nbRefresh	Datensätze aktualisieren

property Width: integer;
Die Eigenschaft Width bestimmt die Breite einer Komponente, gemessen in Pixeln.

Ereignisse:

property OnChange: TNotifyEvent;
Das Ereignis OnChange erscheint, wenn sich der Inhalt einer Komponente oder eines Objekts ändert. Bei grafischen Objekten tritt OnChange ein, wenn sich die Grafik, die vom Objekt gekapselt wird, ändert. Zum Beispiel tritt das Ereignis OnChange für einen Stift ein, wenn die Eigenschaften Color, Mode, Style oder Width des TPen-

Objekts geändert werden. Bei Komponenten tritt OnChange ein, wenn der Hauptwert oder die Hauptwerte der Komponente geändert werden.

Bei Kombinationsfenstern tritt das Ereignis OnChange auch ein, wenn ein Element in der aufklappbaren Liste gewählt wird. Bei String-Listen-Objekten tritt das Ereignis OnChange ein, wenn sich eine Änderung für einen String ergibt, der in der String-Liste gespeichert ist.

OnChange ist vom Typ

```
TNotifyEvent = procedure (Sender: TObject) of object;
```

Der Typ TNotifyEvent weist also auf eine Methode, die das Anklicken eines Objekts behandelt. Der Parameter Sender ist das Dialogelement, das angeklickt wurde.

property OnClick: TNotifyEvent;
Das Ereignis OnClick erscheint, wenn der Benutzer auf die Komponente klickt. In einem Formular tritt OnClick ein, wenn der Benutzer auf eine freie Stelle im Formular oder eine inaktive Komponente klickt.

OnClick ist vom Typ

```
TNotifyEvent = procedure (Sender: TObject) of object;
```

Der Typ TNotifyEvent weist also auf eine Methode, die das Anklicken eines Objekts behandelt. Der Parameter Sender ist das Dialogelement, das angeklickt wurde.

property OnDblClick: TNotifyEvent;
Das Ereignis OnClick erscheint, wenn der Benutzer auf die Komponente einen Doppelklick ausführt. In einem Formular tritt das Ereignis OnDblClick ein, wenn der Benutzer auf eine freie Stelle im Formular oder eine inaktive Komponente einen Doppelklick ausführt.

OnDblClick ist vom Typ

```
TNotifyEvent = procedure (Sender: TObject) of object;
```

Der Typ TNotifyEvent weist also auf eine Methode, die das Doppelklicken eines Objekts behandelt. Der Parameter Sender ist das Dialogelement, das mit einem Doppelklick bearbeitet wurde.

property OnDragDrop: TDragDropEvent;
Das Ereignis OnDragDrop tritt ein, wenn der Anwender ein gezogenes Objekt ablegt. Verwenden Sie die Ereignisbehandlungs-Routine OnDragDrop, um festzulegen, was passieren soll, wenn der Anwender ein Objekt ablegt.

OnDragClick ist vom Typ

```
TDragDropEvent = procedure(Sender, Source: TObject; X, Y: Integer) of object;
```

Der Typ TDragDropEvent zeigt also auf eine Methode, die das Ablegen eines gezogenen Objekts behandelt. Der Parameter Source des Ereignisses OnDragDrop ist das abzulegende Objekt und der Parameter Sender ist das Dialogelement, auf dem das

Objekt abgelegt wurde. Die Parameter X und Y sind die Koordinaten des Mauszeigers, der über dem Dialogelement positioniert wird.

property OnDragOver: TDragOverEvent;
Das Ereignis OnDragOver tritt ein, wenn der Anwender ein Objekt über eine Komponente zieht. Üblicherweise werden Sie das Ereignis OnDragOver verwenden, um ein Objekt zu akzeptieren, damit der Anwender es ablegen kann.

OnDragClick ist vom Typ

```
TDragOverEvent = procedure(Sender, Source: TObject; X, Y: Integer;
                           State: TDragState; var Accept: Boolean) of object;
```

Der Typ TDragOverEvent zeigt also auf eine Methode, die das Ziehen eines Objekts über ein anderes Objekt behandelt. Der Parameter Source ist das gezogene Objekt, Sender ist das Objekt, über das Source gezogen wurde, X und Y sind die Koordinaten des Mauszeigers, der über dem Dialogelement positioniert wird in Pixeln, State ist der Status des gezogenen Objekts in Verbindung zum darübergezogenen Objekt, und Accept legt fest, ob der Sender das Ziehobjekt erkennt. Accept wird nicht per Voreinstellung auf True oder False gesetzt; Sie müssen die passenden Werte selbst zuweisen.

Das Ereignis OnDragOver akzeptiert ein Objekt, wenn der Parameter Accept True ist. Durch Ändern des Wertes der Eigenschaft DragCursor können Sie das Erscheinungsbild des Cursors beeinflussen. Dies können Sie entweder während des Entwickelns oder zur Laufzeit, bevor ein Ereignis OnDragOver eintritt, durchführen.

property OnEndDrag: TEndDragEvent;
Das Ereignis OnEndDrag tritt immer dann ein, wenn das Ziehen eines Objekts abgeschlossen oder abgebrochen wird. Wenn Sie eine besondere Behandlung haben möchten, wenn das Ziehen beendet wird, verwenden Sie die Ereignisbehandlungs-Routine OnEndDrag.

OnEndDrag ist vom Typ

```
TEndDragEvent = procedure(Sender, Target: TObject; X, Y: Integer) of object;
```

Der Typ TEndDragEvent zeigt also auf eine Methode, die das Anhalten des Ziehens eines Objekts behandelt. Der Sender ist das Objekt, was gezogen wird, Target ist das Objekt, zu dem Sender hingezogen wird, und X und Y sind die zugehörigen Bildschirmkoordinaten des Mauszeigers, der über dem Dialogelement positioniert wird. Falls das gezogene Objekt abgelegt und durch das Dialogelement akzeptiert wurde, ist der Parameter Target des Ereignisses OnEndDrag True. Wenn das Objekt nicht erfolgreich abgelegt wurde, beträgt der Wert Target Nil.

property OnEnter: TNotifyEvent;
OnEnter tritt ein, wenn eine Komponente aktiviert wird. Wenn Sie eine besondere Behandlung festlegen möchten, wenn eine Komponente aktiviert wird, verwenden Sie die Ereignisbehandlungs-Routine OnEnter.

OnEnter erscheint nie, wenn Sie zwischen Formularen oder einer anderen Windows-Anwendung und Ihrer Anwendung umschalten. OnEnter für eine Komponente des

Typs TPanel oder THeader tritt nie ein, da Bedienfelder oder Header keinen Fokus erhalten können. Somit ist dort OnEnter vollkommen nutzlos. Sie haben diese Ereignisbehandlung aber geerbt.

OnEnter ist vom Typ

```
TNotifyEvent = procedure (Sender: TObject) of object;
```

Der Typ TNotifyEvent weist also auf eine Methode, die das Doppelklicken eines Objekts behandelt. Der Parameter Sender ist das Dialogelement, das mit einem Doppelklick bearbeitet wurde.

property OnExit: TNotifyEvent;
OnExit erscheint, wenn der Eingabefokus von einer Komponente an eine andere übergeben wird. OnExit tritt nicht ein, wenn Sie zwischen Formularen oder zwischen einer Windows-Anwendung und Ihrer Anwendung umschalten. OnExit tritt bei den Komponenten Panel und Speedbutton nicht ein, da diese niemals den Fokus erhalten.

OnExit ist vom Typ

```
TNotifyEvent = procedure (Sender: TObject) of object;
```

Der Typ TNotifyEvent weist also auf eine Methode, die das Doppelklicken eines Objekts behandelt. Der Parameter Sender ist das Dialogelement, das mit einem Doppelklick bearbeitet wurde.

property OnResize: TNotifyEvent;
OnResize tritt immer dann ein, wenn während des Ablaufs einer Anwendung das Formular in seiner Größe geändert wird.

OnResize ist vom Typ

```
TNotifyEvent = procedure (Sender: TObject) of object;
```

Der Typ TNotifyEvent weist also auf eine Methode, die das Doppelklicken eines Objekts behandelt. Der Parameter Sender ist das Dialogelement, das mit einem Doppelklick bearbeitet wurde.

Methoden:

procedure BeginDrag(Immediate: Boolean);
Die Methode BeginDrag leitet den Ziehvorgang einer Komponente ein. Wenn der Parameter Immediate auf True gesetzt ist, wird der Mauszeiger auf den Wert der Eigenschaft DragCursor gesetzt und der Ziehvorgang beginnt. Ist Immediate False, wird der Mauszeiger nicht auf den Wert der Eigenschaft DragCursor gesetzt, und der Ziehvorgang wird erst eingeleitet, wenn der Anwender den Mauszeiger um mindestens 5 Pixel bewegt. Auf diese Weise kann die Komponente Mausklicks akzeptieren, ohne einen Ziehvorgang einzuleiten.

Ihre Anwendung muß die Methode BeginDrag zum Einleiten eines Ziehvorgangs nur aufrufen, wenn DragMode auf dmManual gesetzt ist.

procedure BringToFront;
Die Methode BringToFront setzt eine Komponente innerhalb einer übergeordneten Komponente vor alle anderen Komponenten. BringToFront hilft insbesondere sicherzustellen, daß ein Formular sichtbar ist. Verwenden Sie diese Methode, wenn Sie die Reihenfolge überlappender Komponenten in einem Formular neu festlegen wollen.

Die Reihenfolge, in der Komponenten übereinander gelagert werden (Z-Reihenfolge), hängt davon ab, ob es sich um fensterähnliche oder um nicht-fensterähnliche Komponente handelt. Die Reihenfolge arbeitet nach dem Prinzip, daß die zuletzt eingefügte Komponente die oberste und damit sichtbare Komponente ist.

Mit der Methode BringToFront einer Komponente würde diese Komponente ganz nach oben auf den Stapel kommen und somit sichtbar sein.

Bei der Stapelung ist zu beachten, daß fensterähnliche Komponenten immer auf nicht-fensterähnlichen Komponenten gestapelt werden. Ein Aufruf von BringToFront einer nicht-fensterähnlichen Komponente bewirkt also gar nichts, wenn oben auf dem Stapel eine fensterähnliche Komponente liegt.

Die folgenden Komponenten zählen zu den fensterähnlichen Komponenten:

BitBtn	DBNavigator	MediaPlayer
Button	DBRadioGroup	Memo
CheckBox	DirectoryListBox	Notebook
ComboBox	DrawGrid	OLEContainer
DBCheckBox	DriveComboBox	Outline
DBComboBox	Edit	Panel
DBEdit	FileListBox	RadioButton
DBGrid	FilterComboBox	RadioGroup
DBImage	Form	ScrollBar
DBListBox	GroupBox	ScrollBox
DBLookupCombo	Header	StringGrid
DBLookupList	ListBox	TabbedNotebook
DBMemo	MaskEdit	TabSet

Die nun folgenden Komponenten zählen zu den nicht-fensterähnlichen Komponenten:

Bevel	Label	SpeedButton
DBText	PaintBox	Image
Shape		

procedure BtnClick(Index: TNavigateBtn);
Mit BtnClick simulieren Sie ein Drücken des mit Index bezeichneten Schalters im Datenbanknavigator. Der Index beginnt mit dem Wert 0 für den ersten Schalter.

function CanFocus: Boolean;
CanFocus stellt fest, ob eine Komponente den Eingabefokus erhalten kann. CanFocus gibt True zurück, wenn die Eigenschaften Visible und Enabled sowohl der Kompo-

nente als auch der übergeordneten Komponenten auf True gesetzt sind. Sind nicht alle Eigenschaften Visible und Enabled dieser Komponenten auf True gesetzt, liefert CanFocus False zurück.

function ClientToScreen(Point: TPoint): TPoint;
Die Methode ClientToScreen übersetzt den angegebenen Punkt aus Client-Bereichskoordinaten in globale Bildschirmkoordinaten. In Client-Bereichskoordinaten entspricht der Punkt (0, 0) der oberen linken Ecke des Client-Bereichs der Komponente. In Bildschirmkoordinaten entspricht (0, 0) der oberen linken Ecke des Bildschirms. Mit den Methoden ClientToScreen und ScreenToClient rechnen Sie Positionen aus dem Koordinatensystem einer Komponente A in das Koordinatensystem einer Komponente B um.

Beispiel: Umrechnung der Koordinaten einer Komponente A in die Koordinaten einer Komponente B (TPoint ist ein Record mit den Feldern X und Y):

```
TPoint =   record
      X  : integer;
      Y  : integer;
END;
VAR
   Koord: TPoint;
Koord:= B.ScreenToClient(A.ClientToScreen(Koord));
```

constructor Create;
Create weist Speicher zu, um das Objekt und damit die Komponente zu erzeugen und nach Bedarf seine Daten zu initialisieren. Jedes Objekt kann eine Methode Create besitzen, die individuell so angepaßt ist, daß sie diese bestimmte Art von Objekt erzeugt. Im Normalfall benötigen Sie diese Methoden nicht, da Borland Delphi alles unternimmt, um Ihre Anwendung und die darin enthaltenen Komponenten zu erzeugen. Sollten Sie allerdings ein Ereignis oder die Initialisierung eines Wertes einer selbst geschaffenen Komponente zur Zeit der Erzeugung einstellen wollen, können Sie dies in der Methode Create erledigen. Dazu benötigen Sie aber genaue Kenntnisse und Techniken der OOP. Ansonsten sollten Sie Create unverändert lassen und nicht aufrufen.

function Dragging: Boolean;
Die Methode Dragging gibt an, ob eine Komponente gezogen wird. Wenn Dragging True zurückgibt, wird die Komponente gezogen.

procedure EndDrag(Drop: Boolean);
Die Methode EndDrag verhindert, daß eine Komponente weiter gezogen wird. Wenn der Parameter Drop True ist, wird die gezogene Komponente abgelegt. Ist Drop False, wird die Komponente nicht abgelegt und der Vorgang wird abgebrochen.

function FindComponent(const AName: string): TComponent;
Die Methode FindComponent gibt im Array Components die Komponente zurück, deren Name zum String im Parameter AName paßt. FindComponent beachtet dabei keine Groß-/Kleinschreibung.

Beispiel: Es existiert ein Button »Button1« in Ihrer Anwendung. Um die eigentliche Komponente TButton1 im Array Components zurückzugeben, rufen Sie FindComponents wie folgt auf:

```
FindComponents('Button1');
```

function Focused: Boolean;
Focused wird verwendet, um zu bestimmen, ob ein Fensterdialogelement den Fokus besitzt und deshalb das aktive Dialogelement in ActiveControl ist.

procedure Free;
Die Methode Free entfernt das Objekt und gibt den zugehörigen Speicher frei. Haben Sie das Objekt unter Verwendung der Methode Create erzeugt, so benutzen Sie zum Entfernen und für die Freigabe des Speichers die Methode Free. Free gelingt auch dann, wenn das Objekt selbst nicht mehr existiert (zum Beispiel durch einen vorherigen Aufruf von Free). Delphi erledigt dies für Objekte der Bibliothek visueller Komponenten automatisch.

Sie sollten also niemals eine Komponente innerhalb Ihrer Anwendung entfernen.

Falls Sie ein Formular freigeben wollen, rufen Sie die Methode Release auf, um das Formular zu löschen und dessen benutzten Speicher freizugeben.

function GetTextBuf(Buffer: PChar; BufSize: Integer): Integer;
Die Methode GetTextBuf holt den Text der Komponente und kopiert ihn in den Puffer als Null-terminierten String (Ende der Zeichenkette wird mit 0 angegeben), auf den Buffer zeigt. Die maximale Länge des Strings wird mit BufSize (siehe dazu GetTextLen) festgelegt. In BufSize wird nach der Ausführung die Anzahl der Zeichen des Strings zu finden sein. Diese Methode ist vor allem dann sehr nützlich, wenn mit String größer als 256 Zeichen gearbeitet wird. Der Typ STRING kann nicht mehr als 256 Zeichen aufnehmen. Dabei entfällt aber das erste Element in diesem Typ auf die Längenangabe des Strings, so daß nur noch maximal 255 Zeichen möglich sind. Ein PChar ist ein Zeiger auf das erste Zeichen einer Zeichenkette. Eine derart definierte Zeichenkette besitzt keine Längenangabe, sondern trägt eine 0 am Ende der Kette, daher auch der Name Null-terminierter String. Ein PChar kann die maximale Größe von 64 Kbyte erreichen. Die maximale Anzahl der Zeichen ist also auf 64 Kbyte und nicht auf 255 Zeichen beschränkt (siehe auch GetTextLen und SetTextBuf).

function GetTextLen: Integer;
Die Methode GetTextLen gibt die Länge des Textes der Komponente zurück. Dieser Wert kann für BufSize in GetTextBuf verwenden werden (siehe auch GetTextBuf und SetTextBuf).

procedure Hide;
Die Methode Hide versteckt eine Komponente, sie ist also nicht mehr auf dem Bildschirm sichtbar. Dabei wird die Eigenschaft Visible auf False gesetzt. Dabei ist eine Komponente aber weiterhin aktiv, das heißt, kann bearbeitet werden.

procedure Invalidate;
Die Methode Invalidate erzwingt das Neuzeichnen einer Komponente sobald dies möglich ist.

procedure InsertComponent(AComponent: TComponent);
InsertComponent macht die Komponente zum Besitzer der im Parameter AComponent übergebenen Komponente. Die Komponente wird am Ende der Array-Eigenschaft Components hinzugefügt. Die eingefügte Komponente darf keinen Namen haben (keinen für die Eigenschaft Name spezifizierten Wert) oder der Name muß sich eindeutig von allen anderen in der Components-Liste unterscheiden. Wird die Besitzerkomponente entfernt, so wird auch AComponent gelöscht.

procedure Refresh;
Die Methode Refresh reagiert je nach Art der Komponente, ob Daten oder die Komponenten selbst neu gezeichnet werden. Die Methode Refresh kann also jedes Bild auf dem Bildschirm löschen und alle Dialogelemente neu zeichnen beziehungsweise Datensätze einer Datei erneut einlesen.

Innerhalb der Implementation von Refresh beim Neuzeichnen von Komponenten wird die Methode Invalidate und dann die Methode Update aufgerufen.

Beim Refresh von Daten ist zu beachten: Durch Refresh können sich die angezeigten Daten unerwartet verändern und so den Anwender verwirren. Ein Dialog oder eine andere Mitteilung, der dem Anwender den Refresh der Daten mitteilt, wäre somit wohl angebracht und von äußerster Nützlichkeit.

procedure RemoveComponent(AComponent: TComponent);
RemoveComponent entfernt die Komponente, die im Parameter AComponent festgelegt ist, aus der Komponentenliste Components. Die Position in der Liste wird zu Nil.

procedure Repaint;
Die Methode Repaint fordert das Dialogelement auf, sein Bild auf dem Bildschirm neu zu zeichnen, ohne jedoch die darunterliegende Fläche zu löschen. Um vor dem Neuzeichnen zu löschen, müssen Sie anstelle von Repaint die Methode Refresh aufrufen.

procedure ScaleBy(M, D: Integer);
Die Methode ScaleBy skaliert eine Komponente um einen Prozentsatz ihrer ursprünglichen Größe. Der Parameter M ist der Multiplikator und der Parameter D der Divisor. Wenn Sie beispielsweise die Größe des Dialogelements auf 66% seines ursprünglichen Formats ändern möchten, geben Sie in M den Wert 66 und in D den Wert 100 an (66/100). Bei der Vergrößerung gehen Sie einfach den umgekehrten Weg: Vergrößerung um 66% bedeutet nichts anderes als M=166 und D=100.

function ScreenToClient(Point: TPoint): TPoint;
Die Methode ScreenToClient wird verwendet, um den Koordinatenpunkt in Pixeln der Komponente auf dem Bildschirm zu bestimmen. ScreenToClient gibt die X- und Y-Koordinaten in einem Record des Typs TPoint zurück.

procedure ScrollBy(DeltaX, DeltaY: Integer);
ScrollBy scrollt den Inhalt einer Komponente. Statt mit der Methode ScrollBy sollten Sie in Normalfall lieber mit den eingebauten Bildlauf-Leisten arbeiten, es sei denn,

diese Leisten wären für Ihre Programm-Idee aus irgendeinem Grund nicht brauchbar.

DeltaX enthält die Veränderung in Pixeln in Richtung der X-Achse. Ein positiver Wert von DeltaX verschiebt den Inhalt nach rechts, ein negativer Wert verschiebt den Inhalt nach links. DeltaY bezeichnet die Veränderungen in Pixeln in Richtung der Y-Achse. Ein positiver Wert von DeltaY verschiebt den Inhalt nach unten, ein negativer Wert verschiebt den Inhalt nach oben.

procedure SendToBack;
Die Methode SendToBack setzt eine Komponente innerhalb einer übergeordneten Komponente hinter alle anderen Komponenten. Die Reihenfolge, in der Komponenten übereinander gelagert werden (Z-Reihenfolge), hängt davon ab, ob es sich um fensterähnliche oder um nicht-fensterähnliche Komponente handelt. Die Reihenfolge arbeitet nach dem Prinzip, daß die zuletzt eingefügte Komponente die oberste und damit sichtbare Komponente ist.

Mit der Methode SendToBack einer Komponente würde diese Komponente ganz nach unten auf den Stapel kommen und somit nicht sichtbar sein.

Bei der Stapelung ist zu beachten, daß fensterähnliche Komponenten immer auf nicht-fensterähnlichen Komponenten gestapelt werden. Ein Aufruf von SendToBack einer fensterähnlichen Komponenten bewirkt also gar nichts, wenn unter dem Stapel eine nicht-fensterähnliche Komponente liegt (siehe auch BringToFront).

Die folgenden Komponenten zählen zu den fensterähnlichen Komponenten:

BitBtn	DBNavigator	MediaPlayer
Button	DBRadioGroup	Memo
CheckBox	DirectoryListBox	Notebook
ComboBox	DrawGrid	OLEContainer
DBCheckBox	DriveComboBox	Outline
DBComboBox	Edit	Panel
DBEdit	FileListBox	RadioButton
DBGrid	FilterComboBox	RadioGroup
DBImage	Form	ScrollBar
DBListBox	GroupBox	ScrollBox
DBLookupCombo	Header	StringGrid
DBLookupList	ListBox	TabbedNotebook
DBMemo	MaskEdit	TabSet

Die nun folgenden Komponenten zählen zu den nicht-fensterähnlichen Komponenten:

Bevel	Label	SpeedButton
DBText	PaintBox	Image
Shape		

procedure SetBounds(ALeft, ATop, AWidth, AHeight: Integer);
Die Methode SetBounds setzt die Begrenzungseigenschaften der Komponente Left, Top, Width und Height auf die Werte, die in den entsprechenden Werten ALeft, ATop, AWidth und AHeight übergeben werden. SetBounds erlaubt Ihnen, mehr als eine Begrenzungseigenschaft der Komponente zur gleichen Zeit einzustellen. Obwohl Sie immer einzelne Begrenzungen einstellen können, erlaubt Ihnen die Verwendung von SetBounds, mehrere Änderungen auf einmal durchzuführen, ohne daß jedesmal das Dialogfenster neu gezeichnet werden muß.

procedure SetFocus;
SetFocus übergibt den Fokus an die Komponente. Bei Formularen ruft das jeweilige Formular die Methode SetFocus des standardmäßig aktiven Dialogelements auf.

procedure SetTextBuf(Buffer: PChar);
Die Methode SetTextBuf ersetzt den Text in einer Komponente durch den Text in Buffer. Buffer muß auf einen mit Null abgeschlossenen String zeigen (siehe auch GetTextBuf und GetTextLen).

procedure Show;
Die Methode Show bringt eine Komponente sichtbar auf den Bildschirm, indem die Eigenschaft Visible auf True eingestellt wird. Falls die Methode Show eines Formulars aufgerufen wird und das Formular ist undurchsichtig, versucht Show das Formular sichtbar zu machen, indem sie das Formular mit der Methode BringToFront in den Vordergrund bringt. Ein Formular verfügt zusätzlich über die Methode Show-Modal, um einen modalen Dialog erzeugen zu können. Ein modaler Dialog muß bearbeitet und geschlossen werden. Ein SendToBack hätte also keinen Erfolg.

procedure Update;
In der Methode Update wird die API-Funktion UpdateWindow von Windows aufgerufen, die alle beim Zeichnen entstandenen und noch nicht erledigten Meldungen bearbeitet. UpdateWindows ist definiert als

```
procedure UpdateWindow(Wnd: HWnd);
```

Die Routine UpdateWindow aktualisiert den Client-Bereich des angegebenen Fensters, indem sie eine WM_PAINT-Meldung an das Fenster sendet, wenn der Aktualisierungsbereich für das Fenster nicht leer ist. Die Routine UpdateWindow sendet eine WM_PAINT-Meldung unter Umgehung der Anwendungswarteschlange direkt an die Fensterfunktion des gegebenen Fensters. Wenn der Aktualisierungsbereich leer ist, wird keine Meldung gesendet. Der Parameter Wnd bezeichnet das Fenster oder besser das Handle des Fensters, das aktualisiert werden soll.

Komponentenname: DBText
Klassenname: TDBText

Beschreibung:

Mit DBText können Sie Daten in einem Formular anzeigen. Daten, die mit dieser Komponente angezeigt werden, können nicht geändert werden. Sollen Daten änderbar sein, verwenden Sie am besten die Komponente DBEdit. DBText ist in seiner Verhaltensweise eine fast exakte Kopie der Komponente Label. Sie benötigen also DBText nicht, um Ihre Komentare anzuzeigen; dazu sollten Sie die Komponente Label verwenden.

Eigenschaften:

property Align: TAlign;
Die Eigenschaft Align legt fest, wie Dialogelemente zum Beispiel im Formular ausgerichtet werden. Mögliche Werte:

alNone	Die Komponente bleibt an der Einfügeposition im Formular (Standardeinstellung).
alTop	Die Komponente wird an die Oberkante des Formulars verschoben und an seine Breite angepaßt. Die Höhe der Komponente bleibt unverändert.
alBottom	Die Komponente wird an die Unterkante des Formulars verschoben und an seine Breite angepaßt. Die Höhe der Komponente bleibt unverändert.
alLeft	Die Komponente wird an die linke Kante des Formulars verschoben und an seine Höhe angepaßt. Die Breite der Komponente bleibt unverändert.
alRight	Die Komponente wird an die rechte Kante des Formulars verschoben und an seine Höhe angepaßt. Die Breite der Komponente bleibt unverändert.
alClient	Die Größe der Komponente wird an den Client-Bereich eines Formulars angepaßt. Ist ein Teil des Client-Bereichs bereits von einer anderen Komponente besetzt, füllt die Komponente den verbleibenden Teil des Client-Bereichs aus.

Wird zum Beispiel ein Formular, das Besitzer eines Labels ist, in der Größe verändert, werden die Komponenten innerhalb des Formulars neu ausgerichtet. Die Verwendung der Eigenschaft Align ist dann sinnvoll, wenn ein Dialogelement an einer Position des Formulars stehenbleiben soll, auch wenn sich die Größe des Formulars ändert.

property Alignment...
Alignment legt die Ausrichtung fest und hängt von dem Typ der Komponente ab:

<u>Alignment für die Komponenten Label, Memo und Panel:</u>

property Alignment: TAlignment;
Alignment legt fest, wie Text innerhalb der Komponente ausgerichtet wird. Mögliche Werte:

taLeftJustify	Der Text wird linksbündig dargestellt.
taCenter	Der Text wird zentriert dargestellt.
taRightJustify	Der Text wird rechtsbündig dargestellt.

Alignment für die Komponenten CheckBox und RadioButton:

property Alignment: TLeftRight;
Alignment legt die Ausrichtung des Titels fest. Mögliche Werte:

taLeftJustify	Der Titel wird linksbündig dargestellt.
taRightJustify	Der Titel wird rechtsbündig dargestellt.

Alignment für die Komponente PopupMenu:

property Alignment: TPopupAlignment;
Alignment legt fest, wo das Popup-Menü erscheint, wenn der Anwender die rechte Maustaste drückt. Mögliche Werte:

paLeft	Das Popup-Menü erscheint mit der oberen linken Ecke unter dem Mauszeiger.
paCenter	Das Popup-Menü erscheint mit der Mitte der Oberkante unter dem Mauszeiger.
paRight	Das Popup-Menü erscheint mit der oberen rechten Ecke unter dem Mauszeiger.

Alignment für die Komponenten:

BCDField	DateTimeField	StringField
BooleanField	FloatField	TimeField
CurrencyField	IntegerField	WordField
DateField	SmallintField	

property Alignment: TAlignment;
Alignment wird dazu verwendet, die Daten in einem Feld zu zentrieren oder nach links bzw. rechts auszurichten. Mögliche Werte:

taLeftJustify	Der Inhalt des Datensatzes wird linksbündig dargestellt.
taCenter	Der Inhalt des Datensatzes wird zentriert dargestellt.
taRightJustify	Der Inhalt des Datensatzes wird rechtsbündig dargestellt.

property AutoSize: Boolean;
Ist die Eigenschaft AutoSize auf True gesetzt, ändert sich die Höhe des Editierfeldes, um Änderungen der Schriftgröße des Textes auszugleichen. Hat die Komponente keine Rahmen (BorderStyle=bsNone), dann hat die Änderung dieser Eigenschaft keine Auswirkungen.

property BoundsRect: TRect;
Die Eigenschaft BoundsRect liefert das Begrenzungsrechteck der Komponente – ausgedrückt im Koordinatensystem des übergeordneten Dialogelements – zurück. Mit

BoundsRect ersetzen und erleichtern Sie sich somit die Abfrage der einzelnen Werte für die Eigenschaften Left, Top, Width und Height.

property Color: TColor;
Die Eigenschaft Color legt für alle Komponenten mit Ausnahme des Dialogfensters die Farbe fest (Hintergrundfarbe eines Formulars oder eines Dialogelements oder Grafikobjekts). Ist die Eigenschaft ParentColor auf True gesetzt, bewirkt eine Änderung der Eigenschaft Color einer Komponente A automatisch eine Änderung der Eigenschaft Color aller Komponenten, die als Besitzer die Komponente A haben. Wenn Sie der Eigenschaft Color eines Dialogelements einen Wert zuweisen, wird seine Eigenschaft ParentColor automatisch auf False gesetzt. Mögliche Werte sind:

clBlack	Schwarz
clMaroon	Rotbraun
clGreen	Grün
clOlive	Olivgrün
clNavy	Marineblau
clPurple	Violett
clTeal	Petrol
clGray	Grau
clSilver	Silber
clRed	Rot
clLime	Limonengrün
clBlue	Blau
clFuchsia	Pink
clAqua	Karibikblau
clWhite	Weiß

(Systemfarben von Windows:)

clBackground	Aktuelle Windows-Hintergrundfarbe
clActiveCaption	Aktuelle Farbe der Titelleiste des aktiven Fensters
clInactiveCaption	Aktuelle Farbe der Titelleiste der inaktiven Fenster
clMenu	Aktuelle Hintergrundfarbe der Menüs
clWindow	Aktuelle Hintergrundfarbe der Fenster
clWindowFrame	Aktuelle Farbe der Fensterrahmen
clMenuText	Aktuelle Farbe vom Menütext
clWindowText	Aktuelle Farbe vom Fenstertext
clCaptionText	Aktuelle Textfarbe der Titelleiste des aktiven Fensters
clActiveBorder	Aktuelle Rahmenfarbe des aktiven Fensters
clInactiveBorder	Aktuelle Rahmenfarbe der inaktiven Fenster
clAppWorkSpace	Aktuelle Farbe des Arbeitsbereichs der Anwendung
clHighlight	Aktuelle Hintergrundfarbe vom ausgewählten Text
clHighlightText	Aktuelle Farbe vom ausgewählten Text
clBtnFace	Aktuelle Farbe einer Schalterfläche
clBtnShadow	Aktuelle Schattenfarbe eines Schalters
clGrayText	Aktuelle Farbe von grau dargestelltem Text

clBtnText	Aktuelle Farbe von Text auf einem Schalter
clInactiveCaptionText	Aktuelle Textfarbe in der Titelleiste eines inaktiven Fensters
clBtnHighlight	Aktuelle Farbe der Markierung eines Schalters

Mit einem Doppelklick auf Color öffnet sich das Farbschema von Windows, in dem Sie auch eigene Farben zusammenstellen können.

property ComponentIndex: Integer;
Die Eigenschaft ComponentIndex zeigt die Position einer Komponente in der Eigenschaftsliste Components ihres Besitzers an. Die erste Komponente in der Liste hat den ComponentIndex-Wert 0, die zweite hat den Wert 1, die dritte den Wert 2 etc. Diese Eigenschaft ist nur zur Laufzeit und dann auch nur im Read-Only-Modus benutzbar.

property Controls[Index: Integer]: TControl;
Controls ist ein Array aller untergeordneten Komponenten der Komponente. Controls ist dann von Nutzen, wenn Sie auf die untergeordneten Komponenten über die Nummer statt über den Namen zugreifen müssen.

property Cursor: TCursor;
Mit der Eigenschaft Cursor stellen Sie das Aussehen des Cursors ein, wenn dieser auf die Komponente zeigt. Mögliche Werte sind:

crDefault	crArrow	crCross
crIBeam	crSize	crSizeNESW
crSizeNS	crSizeNWSE	crSizeWE
crUpArrow	crHourglass	crDrag
crNoDrop	crHSplit	crVSplit

property DataField: String;
Mit DataField geben Sie das anzuzeigende Feld an. Dieses Feld entstammt der Quelle in der Eigenschaft DataSouce. In einer DBEdit-Komponente legt dieses Feld der Datenbank auch die Gültigkeit der Eintragungen fest. Ist also ein Feld numerisch, akzeptiert die Komponente keine anderen Eingabetypen.

property DataSource: TDataSource;
Mit Hilfe der Eigenschaft DataSource verbinden Sie die Komponente mit einer Instanz der Komponente DataSource, um die Werte von Parametern mit Params oder ParamByName zu setzen. Dies ermöglicht Ihren Anwendungen verknüpfte Abfragen.

property DragCursor: TCursor;
Die Eigenschaft DragCursor bestimmt die Form des Mauszeigers, wenn sich der Zeiger über einer Komponente befindet, die ein gezogenes Objekt akzeptieren kann. Mögliche Werte sind mit denen der Eigenschaft Cursor identisch.

property DragMode: TDragMode;
Die Eigenschaft DragMode legt das Ziehen-und-Ablegen-Verhalten einer Komponente fest. Mögliche Werte sind:

dmAutomatic Wenn dmAutomatic ausgewählt ist, ist das Dialogelement bereit, gezogen zu werden; der Anwender klickt nur und zieht es dann.

dmManual Wenn dmManual ausgewählt ist, kann das Dialogelement nicht gezogen werden, bevor die Anwendung die Methode BeginDrag aufgerufen hat.

Ist die Eigenschaft DragMode einer Komponente dmAutomatic, kann die Anwendung dies zur Laufzeit durch Einstellung des Wertes dmManual deaktivieren.

property Enabled: Boolean;
Die Eigenschaft Enabled bestimmt, ob die Komponente auf Maus-, Tastatur- und Timer-Ereignisse reagiert. Wenn Enabled auf True gesetzt ist, reagiert die Komponente normal. Ist Enabled hingegen False, ignoriert das Dialogelement Maus- und Tastaturereignisse. Bei einer Timer-Komponente werden die für das OnTimer-Ereignis deaktivierten Komponenten-Dialogelemente grau dargestellt.

property Fields[Index: Integer]: TField;
Mit Fields erhalten Sie zur Laufzeit ein von Ihnen bestimmtes Feld einer Tabelle als Ergebnis zurück. Mit Hilfe des Parameters Index bestimmen Sie das Feld. Dabei beginnt der Index einer Tabelle mit dem Wert 0 für das erste Feld.

property Font: TFont;
Die Eigenschaft Font legt den Font und die Eigenschaften des Fonts der Komponente fest. Sie haben die Möglichkeit, diese Werte im Objectinspektor zu ändern oder – wesentlich komfortabler – mit Hilfe eines Doppelklicks auf diese Eigenschaft einen Dialog zu öffnen, der alle möglichen Werte anzeigt.

property Handle: ...;
Der Typ der Eigenschaft Handle ist abhängig von der jeweiligen Komponente. Im allgemeinen gilt: Sollte eine Windows-API-Funktion ein Handle der betreffenden Komponente verlangen, setzen Sie dazu die jeweilige Eigenschaft Handle der betreffenden Komponente ein. Verlangt eine Windows-API-Funktion zum Beispiel das Handle Ihrer gesamten Anwendung, benutzen Sie am besten die Eigenschaft Handle des Objekts TApplication. Hier die Übersicht der verschiedenen Typen der Eigenschaft Handle:

Handle für die Komponenten:

Bitmap	property Handle: HBitmap;
Brush	property Handle: HBrush;
Canvas	property Handle: HDC;
Font	property Handle: HFont;
Icon	property Handle: HIcon;
Metafile	property Handle: HMetafile;
Pen	property Handle: HPen;

Handle gibt Ihnen den Zugriff auf das Handle des jeweiligen GDI-Objekts, damit Sie auf dieses zugreifen können. Benötigen Sie zum Beispiel zum Aufruf einer Windows-API-Funktion ein Handle auf ein Stiftobjekt oder ein Bitmap-Objekt, können

Sie dazu das Handle der Komponente Pen beziehungsweise der Komponente Bitmap benutzen.

Handle für das Objekt TApplication und die folgenden Komponenten:

Bevel	DBText	Memo
BitBtn	DirectoryListBox	Notebook
Button	DrawGrid	OLEContainer
CheckBox	DriveComboBox	Outline
ComboBox	Edit	PaintBox
DBCheckBox	FileListBox	Panel
DBComboBox	FilterComboBox	RadioButton
DBEdit	FindDialog	RadioGroup
DBGrid	Form	ReplaceDialog
DBImage	GroupBox	ScrollBar
DBListBox	Header	ScrollBox
DBLookupCombo	Image	Shape
DBLookupList	Label	SpeedButton
DBMemo	ListBox	StringGrid
DBNavigator	MaskEdit	TabbedNotebook
DBRadioGroup	MediaPlayer	TabSet

property Handle: HWND;
Handle bietet Ihnen Zugriff auf das Handle der jeweiligen Komponente (z.B. Fenster-Handle, Dialog-Handle etc.). Dieses Handle wird von einigen Windows-API-Funktionen beim Aufruf erwartet. Sie können in diesem Fall das Handle der jeweils betroffenen Komponente oder – falls das Handle Ihrer Anwendung gefordert wird – das Handle des Objekts TApplication übergeben.

Handle für die Komponenten:

MainMenu	MenuItem	PopupMenu

property Handle: HMENU;
Sollte eine Windows-API-Funktion ein Handle eines Menüs, Menü-Eintrags oder eines lokalen Menüs verlangen, können Sie dazu die Eigenschaft Handle von MainMenu, MenuItem und PopupMenu benutzen.

Handle für die Komponente Printer:

property Handle: HDC;
Handle beinhaltet das Handle des jeweiligen Druckerobjektes TPrinter der Komponente Printer.

Handle für die Komponente DataBase:

property Handle: HDBIDB;
Um direkte Aufrufe in die Richtung der Borland Database-Engine-(BDE)-API zu tätigen, benötigen Sie ein Handle der jeweiligen Datenbank-Komponente. Dazu dient Ihnen die Eigenschaft Handle der Komponente DataBase. Sie erlaubt Ihnen Zugriffe auf Funktionen des BDE-API, die nicht in der VCL-Bibliothek integriert wurden. Be-

vor Sie allerdings diese Funktionen aufrufen, sollten Sie prüfen, ob diese Funktion nicht doch schon in der VCL-Bibliothek gekapselt wurde.

Handle für das Objekt TSession:

Delphi erzeugt eine Komponente Session vom Typ TSession immer dann, wenn eine Anwendung ausgeführt wird. Sessions sollten nicht von Ihnen erzeugt oder zerstört werden. Session erlaubt globale Prüfung über Datenbankverbindungen. Die Eigenschaft Databases von Session ist ein Array von allen aktiven Datenbanken in der Sitzung. Die Eigenschaft DatabaseCount vom Typ Integer gibt die Anzahl der aktiven Datenbanken in der Sitzung an.

property Handle: HDBISES;
Mit dieser Eigenschaft Handle können Sie direkte Aufrufe an die Borland-Datenbank-Engine – bezogen auf eine bestimmte Sitzung (Session/TSession) – machen. Die Komponente Session werden Sie kaum benutzen. Die wichtigsten Funktionen des BDE-API sind in der VCL-Bibliothek gekapselt und ersparen Ihnen diesen Weg.

Handle für die Komponenten Table, Query und StoredProc:

property Handle: HDBICur;
Ebenfalls für direkte Zugriffe auf Funktionen des BDE-API und unter normalen Umständen nicht zu benutzen, da die wichtigsten BDP-API-Funktionen via VCL-Bibliothek einen einfacheren Zugriff ermöglichen.

property Height: Integer;
Die Eigenschaft Height eines Dialogelements legt die Höhe der Komponente in Pixeln fest.

property HelpContext: THelpContext;
Die Eigenschaft HelpContext stellt eine Kontextnummer für den Aufruf kontextbezogener Online-Hilfe bereit. Jeder Hilfebildschirm des Hilfesystems sollte eine eindeutige Kontextnummer besitzen. Ist in der Anwendung eine Komponente selektiert, so wird nach Betätigen von F1 ein Hilfebildschirm angezeigt. Welcher Hilfebildschirm angezeigt wird, hängt vom Wert der Eigenschaft HelpContext ab.

property Hint: string;
Die Eigenschaft Hint ist der Text-String, der erscheinen kann, wenn ein OnHint-Ereignis eintritt, also wenn der Benutzer den Cursor über die Komponente bewegt. Wie der String angezeigt wird, bestimmt der Code in der Ereignisbehandlungs-Routine OnHint. Sie können eine Schnellhilfe, d.h. ein Fenster, das einen Hilfetext enthält, für eine Komponente erscheinen lassen, wenn der Anwender den Mauszeiger über das Dialogelement führt und dort kurz verweilt. Dies funktioniert wie folgt:

1. Spezifizieren Sie für jede Komponente, die einen Schnellhinweis anzeigen soll, einen Hint-Wert.
2. Setzen Sie die Eigenschaft ShowHints des Bedienfelds auf True.
3. Setzen Sie die Eigenschaft ShowHint der Anwendung zur Laufzeit auf True.

Sie können Hint gleichzeitig sowohl für ein Hilfehinweisfenster als auch für die Verwendung innerhalb der Behandlungsroutine OnHint spezifizieren, indem Sie zwei durch das Zeichen | (das »oder« oder Pipe-Symbol) getrennte Werte angeben, also beispielsweise:

```
Edit1.Hint := 'Aufforderung|Geben Sie den richtigen Wert ein';
```

Der String »Aufforderung« erscheint im Hilfehinweisfenster und der String »Geben Sie den richtigen Wert ein« erscheint wie in der Ereignisbehandlungs-Routine OnHint spezifiziert.

property Left: Integer;
Die Eigenschaft Left bestimmt die horizontalen Koordinaten in Pixeln der linken Kante einer Komponente relativ zum Formular. Für Formulare ist der Wert der Eigenschaft Left relativ zum Bildschirm (ebenfalls in Pixeln).

property Name: TComponentName;
Die Eigenschaft Name enthält den Namen der Komponente, wie er von anderen Komponenten für den Zugriff verwendet wird. Delphi weist als Vorgabewerte sequentielle Namen zu, die auf dem Typ der Komponente basieren, also etwa für Buttons »Button1«, »Button2« etc. Diese können Sie gemäß Ihrer Vorstellungen abändern. Komponentennamen sollten ausdrücklich nur zur Entwurfszeit geändert werden.

property Owner: TComponent;
Die Eigenschaft Owner teilt Ihnen mit, welche Komponente zu welcher Komponente gehört. Dem Formular gehören alle Komponenten, die auf ihm vorhanden sind. Umgekehrt gehört das Formular zur Anwendung. Gehört eine Komponente A einer anderen Komponente B, wird der Speicher der Komponente A freigegeben, wenn der Speicher der Komponente B freigegeben wird. Es werden also folgerichtig alle Komponenten des Formulars gelöscht, wenn das Formular gelöscht wird. Außerdem wird natürlich der Speicher für das Formular und dessen Komponenten freigegeben, wenn der Speicher der Anwendung selbst freigegeben wird.

property Parent: TWinControl;
Die Eigenschaft Parent enthält den Namen der übergeordneten Komponente. Wenn eine Komponente A eine andere Komponente B enthält, sind die in B enthaltenen Komponenten untergeordnete Komponenten von A. Wenn Ihre Anwendung beispielsweise drei Buttons in einer GroupBox enthält, dann ist die GroupBox das übergeordnete Element der drei Buttons und die Button-Schaltfelder sind der GroupBox untergeordnet.

Parent und Owner sind leider etwas verwirrend. Daher hier eine kleine Entwirrung:

Ein Formular ist der Besitzer aller darin enthaltenen Komponenten, unabhängig davon, ob sie ein Fensterelement sind oder nicht. Für unser Beispiel mit den drei Buttons und der GroupBox bedeutet dies: Der Besitzer der Buttons ist immer das Formular, aber die GroupBox ist das übergeordnete Element.

Wenn Sie einen neuen Dialog erzeugen, müssen Sie dem neuen Dialogelement einen Wert der Eigenschaft Parent zuweisen. Üblicherweise sind dies Formulare, Bedienfelder, GroupBoxen oder andere Dialoge, die andere Komponenten-Elemente enthalten können. Es ist möglich, jedes Element als das übergeordnete zuzuweisen, aber das darin enthaltene Dialogelement wird wahrscheinlich überschrieben.

Wird das übergeordnete Element gelöscht, werden auch alle Elemente, die ihm untergeordnet sind, gelöscht.

property ParentColor: Boolean;
Die Eigenschaft ParentColor bestimmt, wo eine Komponente nach ihrer Farbeigenschaft suchen soll. Falls ParentColor True ist, verwendet die Komponente die Farbeigenschaft der übergeordneten Komponente.

Wenn ParentColor False ist, verwendet die Komponente ihre eigene Eigenschaft Color. Durch Verwendung von ParentColor können Sie sicherstellen, daß alle Komponenten auf einem Formular das gleiche Erscheinungsbild haben.

property ParentFont: Boolean;
Die Eigenschaft ParentFont bestimmt, wo eine Komponente nach ihrer Fonteigenschaft suchen soll. Falls ParentFont True ist, verwendet die Komponente den Font der Eigenschaft der übergeordneten Komponente.

Ist ParentFont False, verwendet die Komponente ihre eigene Eigenschaft Font. Durch Verwendung von ParentFont können Sie sicherstellen, daß alle Komponenten auf einem Formular das gleiche Erscheinungsbild haben.

property ParentShowHint: Boolean;
Die Eigenschaft ParentShowHint bestimmt, wo eine Komponente nach ihrer Hinteigenschaft suchen soll. Falls ParentShowHint True ist, verwendet die Komponente die Hint-Eigenschaft der übergeordneten Komponente.

Ist ParentShowHint False, verwendet die Komponente ihre eigene Eigenschaft Hint. Durch Verwendung von ParentShowHint können Sie sicherstellen, daß alle Komponenten auf einem Formular das gleiche Erscheinungsbild haben.

property PopupMenu: TPopupMenu;
Die Eigenschaft PopupMenu legt den Namen des Popup-Menüs fest, das erscheint, wenn der Anwender die Komponente auswählt oder die rechte Maustaste drückt (bei dem Wert True für AutoPopup des Popup) oder wenn die Methode Popup des Popup-Menüs ausgeführt wird.

property ShowHint: Boolean;
Die Eigenschaft ShowHint bestimmt, ob das Dialogelement eine Schnellhilfe anzeigen soll, wenn der Mauszeiger eine Weile auf ihm verweilt. Die Schnellhilfe entspricht dem Wert der Eigenschaft Hint, die in einem Feld direkt unterhalb des Elements angezeigt wird. Hat die Eigenschaft ShowHint den Wert True, kann die Schnellhilfe erscheinen. Ist ShowHint False, kann die Schnellhilfe auch angezeigt werden, wenn ParentShowHint auf True gesetzt wurde, und die Eigenschaft ShowHint der übergeordneten Komponente ebenfalls auf True gesetzt wurde.

property Showing: Boolean;
Die Eigenschaft Showing legt fest, ob eine Komponente momentan auf dem Bildschirm angezeigt wird oder nicht. Falls die Eigenschaft Visible einer Komponente und aller übergeordneten Komponenten in der übergeordneten Hierarchie True ist, ist Showing auch True. Wenn einer der Vorfahren der Komponente den Wert False als Wert für die Eigenschaft Visible hat, ist auch Showing False.

property Tag: Longint;
Die Eigenschaft Tag kann einen Integerwert als Element einer Komponente speichern. Tag wird von Delphi nicht benutzt und steht Ihnen damit zur freien Verfügung.

property Top: Integer;
Die Eigenschaft Top gibt die Y-Koordinate in Pixeln der linken oberen Ecke eines Dialogelements relativ zum Formular an. Bei Formularen wird der Wert der Eigenschaft Top in Pixeln relativ zum Bildschirm angegeben.

property Transparent: Boolean;
Die Eigenschaft Transparent bestimmt, ob eine Komponente transparent ist. Eine auf eine Bitmap gelegte transparente Komponente würde diese nicht verdecken.

Würde man beispielsweise die Länder in einer auf ein Formular gelegten Bitmap der Weltkarte mit Hilfe von Labels benennen, könnte man die Karte und deren Namen gleichzeitig anschauen.

property Visible: Boolean;
Die Eigenschaft Visible bestimmt, ob eine Komponente auf dem Bildschirm sichtbar ist (True) oder nicht (False).

property Width: integer;
Die Eigenschaft Width bestimmt die Breite einer Komponente, gemessen in Pixeln.

property WordWrap: Boolean;
Die Eigenschaft WordWrap gibt an, ob der Text in der Komponente am rechten Rand in eine neue Zeile umspringt, um in das Dialogelement hineinzupassen. Die Komponente muß so groß sein, daß mindestens eine Zeile zum Editieren angezeigt werden kann, auch wenn WordWrap den Wert True hat.

Ereignisse:

property OnClick: TNotifyEvent;
Das Ereignis OnClick erscheint, wenn der Benutzer auf die Komponente klickt. In einem Formular tritt OnClick ein, wenn der Benutzer auf eine freie Stelle im Formular oder eine inaktive Komponente klickt.

OnClick ist vom Typ

```
TNotifyEvent = procedure (Sender: TObject) of object;
```

Der Typ TNotifyEvent weist also auf eine Methode, die das Anklicken eines Objekts behandelt. Der Parameter Sender ist das Dialogelement, das angeklickt wurde.

property OnDblClick: TNotifyEvent;
Das Ereignis OnClick erscheint, wenn der Benutzer auf die Komponente einen Doppelklick ausführt. In einem Formular tritt das Ereignis OnDblClick ein, wenn der Benutzer auf eine freie Stelle im Formular oder eine inaktive Komponente einen Doppelklick ausführt.

OnDblClick ist vom Typ

```
TNotifyEvent = procedure (Sender: TObject) of object;
```

Der Typ TNotifyEvent weist also auf eine Methode, die das Doppelklicken eines Objekts behandelt. Der Parameter Sender ist das Dialogelement, das mit einem Doppelklick bearbeitet wurde.

property OnDragDrop: TDragDropEvent;
Das Ereignis OnDragDrop tritt ein, wenn der Anwender ein gezogenes Objekt ablegt. Verwenden Sie die Ereignisbehandlungs-Routine OnDragDrop, um festzulegen, was passieren soll, wenn der Anwender ein Objekt ablegt.

OnDragClick ist vom Typ

```
TDragDropEvent = procedure(Sender, Source: TObject; X, Y: Integer) of object;
```

Der Typ TDragDropEvent zeigt also auf eine Methode, die das Ablegen eines gezogenen Objekts behandelt. Der Parameter Source des Ereignisses OnDragDrop ist das abzulegende Objekt und der Parameter Sender ist das Dialogelement, auf dem das Objekt abgelegt wurde. Die Parameter X und Y sind die Koordinaten des Mauszeigers, der über dem Dialogelement positioniert wird.

property OnDragOver: TDragOverEvent;
Das Ereignis OnDragOver tritt ein, wenn der Anwender ein Objekt über eine Komponente zieht. Üblicherweise werden Sie ein Ereignis OnDragOver verwenden, um ein Objekt zu akzeptieren, damit der Anwender es ablegen kann.

OnDragClick ist vom Typ

```
TDragOverEvent = procedure(Sender, Source: TObject; X, Y: Integer;
                           State: TDragState; var Accept: Boolean) of object;
```

Der Typ TDragOverEvent zeigt also auf eine Methode, die das Ziehen eines Objekts über ein anderes Objekt behandelt. Der Parameter Source ist das gezogene Objekt, Sender ist das Objekt, über das Source gezogen wurde, X und Y sind die Koordinaten des Mauszeigers, der über dem Dialogelement positioniert wird in Pixeln, State ist der Status des gezogenen Objekts in Verbindung zum darübergezogenen Objekt, und Accept legt fest, ob der Sender das Ziehobjekt erkennt. Accept wird nicht per Voreinstellung auf True oder False gesetzt; Sie müssen die passenden Werte selbst zuweisen.

Das Ereignis OnDragOver akzeptiert ein Objekt, wenn der Parameter Accept True ist. Durch Ändern des Wertes der Eigenschaft DragCursor können Sie das Erscheinungsbild des Cursors beeinflussen. Dies können Sie entweder während des Entwickelns oder zur Laufzeit, bevor ein Ereignis OnDragOver eintritt, durchführen.

property OnEndDrag: TEndDragEvent;
Das Ereignis OnEndDrag tritt immer dann ein, wenn das Ziehen eines Objekts abgeschlossen oder abgebrochen wird. Wenn Sie eine besondere Behandlung haben möchten, wenn das Ziehen beendet wird, verwenden Sie die Ereignisbehandlungs-Routine OnEndDrag.

OnEndDrag ist vom Typ

```
TEndDragEvent = procedure(Sender, Target: TObject; X, Y: Integer) of object;
```

Der Typ TEndDragEvent zeigt also auf eine Methode, die das Anhalten des Ziehens eines Objekts behandelt. er Sender ist das Objekt, was gezogen wird, Target ist das Objekt, zu dem Sender hingezogen wird, und X und Y sind die zugehörigen Bildschirmkoordinaten des Mauszeigers, der über dem Dialogelement positioniert wird. Falls das gezogene Objekt abgelegt und durch das Dialogelement akzeptiert wurde, ist der Parameter Target des Ereignisses OnEndDrag True. Wenn das Objekt nicht erfolgreich abgelegt wurde, beträgt der Wert Target Nil.

property OnMouseDown: TMouseEvent;
Das Ereignis OnMouseDown tritt ein, wenn der Anwender eine Maustaste zu dem Zeitpunkt drückt, an dem sich der Mauszeiger über einem Dialogelement befindet.

OnMouseDown ist vom Typ

```
TMouseEvent=procedure (Sender: TObject; Button: TMouseButton; Shift: TShiftState;
                      X, Y: Integer) of object;
```

Der Typ TMouseEvent weist also auf eine Methode zur Bearbeitung von Maustasten-Ereignissen hin. Der Parameter Button gibt an, welche Maustaste gedrückt wurde, während Shift Auskunft darüber gibt, welche UMSCHALT- (UMSCHALT, STRG oder ALT) bzw. Maustasten gedrückt waren, während die das Mausereignis verursachende Maustaste gedrückt oder losgelassen wurde. X und Y sind die Bildschirmkoordinaten des Mauszeigers in Pixeln. Der Parameter Button des Ereignisses OnMouseDown zeigt an, welche Maustaste gedrückt wurde. Durch Verwenden des Parameters Shift der Ereignisbehandlungs-Routine OnMouseDown können Sie auf den Status der Maus- und Umschalttasten reagieren. Umschalttasten sind die Tasten UMSCHALT, STRG und ALT.

property OnMouseMove: TMouseMoveEvent;
Das Ereignis OnMouseMove tritt ein, wenn der Anwender den Mauszeiger bewegt und dieser sich bereits über einem Dialogelement befindet.

OnMouseMove ist vom Typ

```
TMouseMoveEvent = procedure(Sender: TObject; Shift: TShiftState; X, Y: Integer)
                           of object;
```

Der Typ TMouseMoveEvent zeigt also auf eine Methode, die Mausereignisse infolge einer Mausbewegung verarbeitet. Der Parameter Button gibt an, welche Maustaste gedrückt wurde, während Shift anzeigt, welche UMSCHALT- (UMSCHALT, STRG oder ALT) bzw. Maustasten während der Mausbewegung gedrückt waren. X und Y sind die Bildschirmkoordinaten des Mauszeigers in Pixeln. Durch Verwenden des Parameters Shift können Sie auf den Status der Maus- und Umschalttasten reagieren. Umschalttasten sind die Tasten UMSCHALT, STRG und ALT.

property OnMouseUp: TMouseEvent;
Das Ereignis OnMouseUp tritt ein, wenn der Anwender die gedrückte Maustaste wieder freigibt, wenn sich der Mauszeiger über einer Komponente befindet. Die Ereignisbehandlungs-Routine OnMouseUp kann auf Betätigungen der rechten, mittleren und linken Maustasten reagieren sowie auf Maustastenkombinationen mit Umschalttasten (Tasten UMSCHALT, STRG und ALT).

OnMouseUp ist vom Typ

```
TMouseEvent = procedure (Sender: TObject; Button: TMouseButton; Shift: TShiftState;
                        X, Y: Integer) of object;
```

Der Typ TMouseEvent zeigt also auf eine Methode zur Bearbeitung von Maustasten-Ereignissen. Der Parameter Button gibt an, welche Maustaste gedrückt wurde, während Shift Auskunft darüber gibt, welche UMSCHALT- (UMSCHALT, STRG oder ALT) bzw. Maustasten gedrückt waren, während die das Mausereignis verursachende Maustaste gedrückt oder losgelassen wurde. X und Y sind die Bildschirmkoordinaten des Mauszeigers in Pixeln.

Methoden:

procedure BeginDrag(Immediate: Boolean);
Die Methode BeginDrag leitet den Ziehvorgang einer Komponente ein. Wenn der Parameter Immediate auf True gesetzt ist, wird der Mauszeiger auf den Wert der Eigenschaft DragCursor gesetzt und der Ziehvorgang beginnt. Ist Immediate False, wird der Mauszeiger nicht auf den Wert der Eigenschaft DragCursor gesetzt, und der Ziehvorgang wird erst eingeleitet, wenn der Anwender den Mauszeiger um mindestens 5 Pixel bewegt. Auf diese Weise kann die Komponente Mausklicks akzeptieren, ohne einen Ziehvorgang einzuleiten. Ihre Anwendung muß die Methode BeginDrag zum Einleiten eines Ziehvorgangs nur aufrufen, wenn DragMode auf dmManual gesetzt ist.

procedure BringToFront;
Die Methode BringToFront setzt eine Komponente innerhalb einer übergeordneten Komponente vor alle anderen Komponenten. BringToFront hilft insbesondere sicherzustellen, daß ein Formular sichtbar ist. Verwenden Sie diese Methode, wenn Sie die Reihenfolge überlappender Komponenten in einem Formular neu festlegen wollen. Die Reihenfolge, in der Komponenten übereinander gelagert werden (Z-Reihenfolge), hängt davon ab, ob es sich um fensterähnliche oder um nicht-fensterähnliche Komponenten handelt. Die Reihenfolge arbeitet nach dem Prinzip, daß die zuletzt eingefügte Komponente die oberste und damit sichtbare Komponente ist. Mit der Methode BringToFront einer Komponente würde diese Komponente ganz nach oben auf den Stapel kommen und somit sichtbar sein. Bei der Stapelung ist zu beachten, daß fensterähnliche Komponenten immer auf nicht-fensterähnlichen Komponenten gestapelt werden. Ein Aufruf von BringToFront einer nicht-fensterähnlichen Kom-

ponente bewirkt also gar nichts, wenn oben auf dem Stapel eine fensterähnliche Komponente liegt.

Die folgenden Komponenten zählen zu den fensterähnlichen Komponenten:

BitBtn	DBNavigator	MediaPlayer
Button	DBRadioGroup	Memo
CheckBox	DirectoryListBox	Notebook
ComboBox	DrawGrid	OLEContainer
DBCheckBox	DriveComboBox	Outline
DBComboBox	Edit	Panel
DBEdit	FileListBox	RadioButton
DBGrid	FilterComboBox	RadioGroup
DBImage	Form	ScrollBar
DBListBox	GroupBox	ScrollBox
DBLookupCombo	Header	StringGrid
DBLookupList	ListBox	TabbedNotebook
DBMemo	MaskEdit	TabSet

Die nun folgenden Komponenten zählen zu den nicht-fensterähnlichen Komponenten:

Bevel	Label	SpeedButton
DBText	PaintBox	Image
Shape		

function CanFocus: Boolean;
CanFocus stellt fest, ob eine Komponente den Eingabefokus erhalten kann. CanFocus gibt True zurück, wenn die Eigenschaften Visible und Enabled sowohl der Komponente als auch der übergeordneten Komponenten auf True gesetzt sind. Sind nicht alle Eigenschaften Visible und Enabled dieser Komponenten auf True gesetzt, liefert CanFocus False zurück.

function ClientToScreen(Point: TPoint): TPoint;
Die Methode ClientToScreen übersetzt den angegebenen Punkt aus Client-Bereichskoordinaten in globale Bildschirmkoordinaten. In Client-Bereichskoordinaten entspricht der Punkt (0, 0) der oberen linken Ecke des Client-Bereichs der Komponente. In Bildschirmkoordinaten entspricht (0, 0) der oberen linken Ecke des Bildschirms. Mit den Methoden ClientToScreen und ScreenToClient rechnen Sie Positionen aus dem Koordinatensystem einer Komponente A in das Koordinatensystem einer Komponente B um.

Beispiel: Umrechnung der Koordinaten einer Komponente A in die Koordinaten einer Komponente B (TPoint ist ein Record mit den Feldern X und Y):

```
TPoint =  record
      X  : integer;
      Y  : integer;
END;
```

```
VAR
   Koord: TPoint;
Koord:= B.ScreenToClient(A.ClientToScreen(Koord));
```

constructor Create;
Create weist Speicher zu, um das Objekt und damit die Komponente zu erzeugen und nach Bedarf seine Daten zu initialisieren. Jedes Objekt kann eine Methode Create besitzen, die individuell so angepaßt ist, daß sie diese bestimmte Art von Objekt erzeugt. Im Normalfall benötigen Sie diese Methoden nicht, da Borland Delphi alles unternimmt, um Ihre Anwendung und die darin enthaltenen Komponenten zu erzeugen. Sollten Sie allerdings ein Ereignis oder die Initialisierung eines Wertes einer selbst geschaffenen Komponente zur Zeit der Erzeugung einstellen wollen, können Sie dies in der Methode Create erledigen. Dazu benötigen Sie aber genaue Kenntnisse und Techniken der OOP. Ansonsten sollten Sie Create unverändert lassen und nicht aufrufen.

function Dragging: Boolean;
Die Methode Dragging gibt an, ob eine Komponente gezogen wird. Wenn Dragging True zurückgibt, wird die Komponente gezogen.

procedure EndDrag(Drop: Boolean);
Die Methode EndDrag verhindert, daß eine Komponente weiter gezogen wird. Wenn der Parameter Drop True ist, wird die gezogene Komponente abgelegt. Ist Drop False, wird die Komponente nicht abgelegt und der Vorgang wird abgebrochen.

function FindComponent(const AName: string): TComponent;
Die Methode FindComponent gibt im Array Components die Komponente zurück, deren Name zum String im Parameter AName paßt. FindComponent beachtet dabei keine Groß-/Kleinschreibung.

Beispiel: Es existiert ein Button »Button1« in Ihrer Anwendung. Um die eigentliche Komponente TButton1 im Array Components zurückzugeben, rufen Sie FindComponents wie folgt auf:

```
FindComponents('Button1');
```

function Focused: Boolean;
Focused wird verwendet, um zu bestimmen, ob ein Fensterdialogelement den Fokus besitzt und deshalb das aktive Dialogelement in ActiveControl ist.

procedure Free;
Die Methode Free entfernt das Objekt und gibt den zugehörigen Speicher frei. Haben Sie das Objekt unter Verwendung der Methode Create erzeugt, so benutzen Sie zum Entfernen und für die Freigabe des Speichers die Methode Free. Free gelingt auch dann, wenn das Objekt selbst nicht mehr existiert (zum Beispiel durch einen vorherigen Aufruf von Free). Delphi erledigt dies für Objekte der Bibliothek visueller Komponenten automatisch.

Sie sollten also niemals eine Komponente innerhalb Ihrer Anwendung entfernen.

Falls Sie ein Formular freigeben wollen, rufen Sie die Methode Release auf, um das Formular zu löschen und dessen benutzten Speicher freizugeben.

function GetTextBuf(Buffer: PChar; BufSize: Integer): Integer;
Die Methode GetTextBuf holt den Text der Komponente und kopiert ihn in den Puffer als Null-terminierten String (Ende der Zeichenkette wird mit 0 angegeben), auf den Buffer zeigt. Die maximale Länge des Strings wird mit BufSize (siehe dazu GetTextLen) festgelegt. In BufSize wird nach der Ausführung die Anzahl der Zeichen des Strings zu finden sein. Diese Methode ist vor allem dann sehr nützlich, wenn mit String größer als 256 Zeichen gearbeitet wird. Der Typ STRING kann nicht mehr als 256 Zeichen aufnehmen. Dabei entfällt aber das erste Element in diesem Typ auf die Längenangabe des Strings, so daß nur noch maximal 255 Zeichen möglich sind. Ein PChar ist ein Zeiger auf das erste Zeichen einer Zeichenkette. Eine derart definierte Zeichenkette besitzt keine Längenangabe, sondern trägt eine 0 am Ende der Kette, daher auch der Name Null-terminierter String. Ein PChar kann die maximale Größe von 64 Kbyte erreichen. Die maximale Anzahl der Zeichen ist also auf 64 Kbyte und nicht auf 255 Zeichen beschränkt (siehe auch GetTextLen und SetTextBuf).

function GetTextLen: Integer;
Die Methode GetTextLen gibt die Länge des Textes der Komponente zurück. Dieser Wert kann für BufSize in GetTextBuf verwenden werden (siehe auch GetTextBuf und SetTextBuf).

procedure Hide;
Die Methode Hide versteckt eine Komponente, sie ist also nicht mehr auf dem Bildschirm sichtbar. Dabei wird die Eigenschaft Visible auf False gesetzt. Die Komponente ist aber weiterhin aktiv, das heißt, kann bearbeitet werden.

procedure Invalidate;
Die Methode Invalidate erzwingt das Neuzeichnen einer Komponente sobald dies möglich ist.

procedure InsertComponent(AComponent: TComponent);
InsertComponent macht die Komponente zum Besitzer der im Parameter AComponent übergebenen Komponente. Die Komponente wird am Ende der Array-Eigenschaft Components hinzugefügt. Die eingefügte Komponente darf keinen Namen haben (keinen für die Eigenschaft Name spezifizierten Wert) oder der Name muß sich eindeutig von allen anderen in der Components-Liste unterscheiden. Wird die Besitzerkomponente entfernt, so wird auch AComponent gelöscht.

procedure Refresh;
Die Methode Refresh reagiert je nach Art der Komponente, ob Daten oder die Komponenten selbst neu gezeichnet werden. Die Methode Refresh kann also jedes Bild auf dem Bildschirm löschen und alle Dialogelemente neu zeichnen beziehungsweise Datensätze einer Datei erneut einlesen. Innerhalb der Implementation von Refresh beim Neuzeichnen von Komponenten wird die Methode Invalidate und dann die Methode Update aufgerufen. Beim Refresh von Daten ist zu beachten: Durch Refresh können sich die angezeigten Daten unerwartet verändern und so den Anwender

verwirren. Ein Dialog oder eine andere Mitteilung, der dem Anwender den Refresh der Daten mitteilt, wäre somit wohl angebracht und von äußerster Nützlichkeit.

procedure RemoveComponent(AComponent: TComponent);
RemoveComponent entfernt die Komponente, die im Parameter AComponent festgelegt ist, aus der Komponentenliste Components. Die Position in der Liste wird zu Nil.

procedure Repaint;
Die Methode Repaint fordert das Dialogelement auf, sein Bild auf dem Bildschirm neu zu zeichnen, ohne jedoch die darunterliegende Fläche zu löschen. Um vor dem Neuzeichnen zu löschen, müssen Sie anstelle von Repaint die Methode Refresh aufrufen.

procedure ScaleBy(M, D: Integer);
Die Methode ScaleBy skaliert eine Komponente um einen Prozentsatz ihrer ursprünglichen Größe. Der Parameter M ist der Multiplikator und der Parameter D der Divisor. Wenn Sie beispielsweise die Größe des Dialogelements auf 66% seines ursprünglichen Formats ändern möchten, geben Sie in M den Wert 66 und in D den Wert 100 an (66/100). Bei der Vergrößerung gehen Sie einfach den umgekehrten Weg: Vergrößerung um 66% bedeutet nichts anderes als M=166 und D=100.

function ScreenToClient(Point: TPoint): TPoint;
Die Methode ScreenToClient wird verwendet, um den Koordinatenpunkt in Pixeln der Komponente auf dem Bildschirm zu bestimmen. ScreenToClient gibt die X- und Y-Koordinaten in einem Record des Typs TPoint zurück.

procedure SendToBack;
Die Methode SendToBack setzt eine Komponente innerhalb einer übergeordneten Komponente hinter alle anderen Komponenten. Die Reihenfolge, in der Komponenten übereinander gelagert werden (Z-Reihenfolge), hängt davon ab, ob es sich um fensterähnliche oder um nicht-fensterähnliche Komponente handelt. Die Reihenfolge arbeitet nach dem Prinzip, daß die zuletzt eingefügte Komponente die oberste und damit sichtbare Komponente ist.

Mit der Methode SendToBack einer Komponente würde diese Komponente ganz nach unten auf den Stapel kommen und somit nicht sichtbar sein.

Bei der Stapelung ist zu beachten, daß fensterähnliche Komponenten immer auf nicht-fensterähnlichen Komponenten gestapelt werden. Ein Aufruf von SendToBack einer fensterähnlichen Komponenten bewirkt also gar nichts, wenn unter dem Stapel eine nicht-fensterähnliche Komponente liegt (siehe auch BringToFront).

Die folgenden Komponenten zählen zu den fensterähnlichen Komponenten:

BitBtn	DBNavigator	MediaPlayer
Button	DBRadioGroup	Memo
CheckBox	DirectoryListBox	Notebook
ComboBox	DrawGrid	OLEContainer
DBCheckBox	DriveComboBox	Outline
DBComboBox	Edit	Panel

DBEdit	FileListBox	RadioButton
DBGrid	FilterComboBox	RadioGroup
DBImage	Form	ScrollBar
DBListBox	GroupBox	ScrollBox
DBLookupCombo	Header	StringGrid
DBLookupList	ListBox	TabbedNotebook
DBMemo	MaskEdit	TabSet

Die nun folgenden Komponenten zählen zu den nicht-fensterähnlichen Komponenten:

Bevel	Label	SpeedButton
DBText	PaintBox	Image
Shape		

procedure SetBounds(ALeft, ATop, AWidth, AHeight: Integer);
Die Methode SetBounds setzt die Begrenzungseigenschaften der Komponente Left, Top, Width und Height auf die Werte, die in den entsprechenden Werten ALeft, ATop, AWidth und AHeight übergeben werden. SetBounds erlaubt Ihnen, mehr als eine Begrenzungseigenschaft der Komponente zur gleichen Zeit einzustellen. Obwohl Sie immer einzelne Begrenzungen einstellen können, erlaubt Ihnen die Verwendung von SetBounds, mehrere Änderungen auf einmal durchzuführen, ohne daß jedesmal das Dialogfenster neu gezeichnet werden muß.

procedure SetFocus;
SetFocus übergibt den Fokus an die Komponente. Bei Formularen ruft das jeweilige Formular die Methode SetFocus des standardmäßig aktiven Dialogelements auf.

procedure SetTextBuf(Buffer: PChar);
Die Methode SetTextBuf ersetzt den Text in einer Komponente durch den Text in Buffer. Buffer muß auf einen mit Null abgeschlossenen String zeigen (siehe auch GetTextBuf und GetTextLen).

procedure Show;
Die Methode Show bringt eine Komponente sichtbar auf den Bildschirm, indem die Eigenschaft Visible auf True eingestellt wird. Falls die Methode Show eines Formulars aufgerufen wird und das Formular ist undurchsichtig, versucht Show das Formular sichtbar zu machen, indem es das Formular mit der Methode BringToFront in den Vordergrund bringt. Ein Formular verfügt zusätzlich über die Methode ShowModal, um einen modalen Dialog erzeugen zu können. Ein modaler Dialog muß bearbeitet und geschlossen werden. Ein SendToBack hätte also keinen Erfolg.

procedure Update;
In der Methode Update wird die API-Funktion UpdateWindow von Windows aufgerufen, die alle beim Zeichnen entstandenen und noch nicht erledigten Meldungen bearbeitet.

UpdateWindows ist definiert als

```
procedure UpdateWindow(Wnd: HWnd);
```

Die Routine UpdateWindow aktualisiert den Client-Bereich des angegebenen Fensters, indem sie eine WM_PAINT-Meldung an das Fenster sendet, wenn der Aktualisierungsbereich für das Fenster nicht leer ist. Die Routine UpdateWindow sendet eine WM_PAINT-Meldung unter Umgehung der Anwendungswarteschlange direkt an die Fensterfunktion des gegebenen Fensters. Wenn der Aktualisierungsbereich leer ist, wird keine Meldung gesendet. Der Parameter Wnd bezeichnet das Fenster oder besser das Handle des Fensters, das aktualisiert werden soll.

Komponentenname: DBEdit
Klassenname: TDBEdit

Beschreibung:
Mit DBEdit können Sie nicht nur wie mit DBText Daten einer Datenbank anzeigen, sondern diese auch editieren.

Eigenschaften:

property Align: TAlign;
Die Eigenschaft Align legt fest, wie Dialogelemente zum Beispiel im Formular ausgerichtet werden. Mögliche Werte:

alNone	Die Komponente bleibt an der Einfügeposition im Formular (Standardeinstellung).
alTop	Die Komponente wird an die Oberkante des Formulars verschoben und an seine Breite angepaßt. Die Höhe der Komponente bleibt unverändert.
alBottom	Die Komponente wird an die Unterkante des Formulars verschoben und an seine Breite angepaßt. Die Höhe der Komponente bleibt unverändert.
alLeft	Die Komponente wird an die linke Kante des Formulars verschoben und an seine Höhe angepaßt. Die Breite der Komponente bleibt unverändert.
alRight	Die Komponente wird an die rechte Kante des Formulars verschoben und an seine Höhe angepaßt. Die Breite der Komponente bleibt unverändert.
alClient	Die Größe der Komponente wird an den Client-Bereich eines Formulars angepaßt. Ist ein Teil des Client-Bereichs bereits von einer anderen Komponente besetzt, füllt die Komponente den verbleibenden Teil des Client-Bereichs aus.

Wird zum Beispiel ein Formular, das Besitzer eines Labels ist, in der Größe verändert, werden die Komponenten innerhalb des Formulars neu ausgerichtet. Die Verwendung der Eigenschaft Align ist dann sinnvoll, wenn ein Dialogelement an einer Position des Formulars stehenbleiben soll, auch wenn sich die Größe des Formulars ändert.

property AutoSelect: Boolean;
Die Eigenschaft AutoSelect legt fest, ob der Text in einer Komponente automatisch ausgewählt wird, wenn der Anwender die Komponente über die Tabulatortaste ansteuert. Ist AutoSelect auf True gesetzt, wird der Text ausgewählt.

property AutoSize: Boolean;
Ist die Eigenschaft AutoSize auf True gesetzt, ändert sich die Höhe des Editierfeldes, um Änderungen der Schriftgröße des Textes auszugleichen. Hat die Komponente keine Rahmen (BorderStyle=bsNone) dann hat die Änderung dieser Eigseschaft keine Auswirkungen.

property BorderStyle: TBorderStyle;
BorderStyle legt fest, ob diese Komponenten einen Rahmen haben. Dies sind die möglichen Werte:

bsNone	Kein sichtbarer Rahmen
bsSingle	Rahmen mit einfacher Rahmenlinie

Weitere nur bei manchen Komponenten (mehr oder weniger sogar nur die Komponente vom Typ TForm, also ein Formular) mögliche Werte:

bsSizeable	Größenveränderlicher Standardrahmen
bsDialog	Nicht größenveränderlich; Standardrahmen für Dialogfenster

Hat eine Komponente zusätzlich die Eigenschaft AutoSize und wird diese auf True gesetzt, paßt die Komponente ihre Größe automatisch an, wenn sich die Schriftgröße des Textes ändert. Damit AutoSize wirksam wird, müssen Sie die Eigenschaft BorderStyle auf bsSingle setzen.

property BoundsRect: TRect;
Die Eigenschaft BoundsRect liefert das Begrenzungsrechteck der Komponente – ausgedrückt im Koordinatensystem des übergeordneten Dialogelements – zurück. Mit BoundsRect ersetzen und erleichtern Sie sich somit die Abfrage der einzelnen Werte für die Eigenschaften Left, Top, Width und Height.

property CharCase: TEditCharCase;
Die Eigenschaft CharCase ermittelt den Wert für die Groß-/Kleinschreibung der Eigenschaft Text des Editierfeldes. Mögliche Werte:

ecLowerCase	Der Text wird nur in Kleinbuchstaben angezeigt.
ecNormal	Der Text wird in gemischter Groß-/Kleinschreibung angezeigt.
ecUpperCase	Der Text wird nur in Großbuchstaben angezeigt.

property Color: TColor;
Die Eigenschaft Color legt für alle Komponenten mit Ausnahme des Dialogfensters die Farbe fest (Hintergrundfarbe eines Formulars oder eines Dialogelements oder Grafikobjekts). Ist die Eigenschaft ParentColor auf True gesetzt, bewirkt eine Änderung der Eigenschaft Color einer Komponente A automatisch eine Änderung der Eigenschaft Color aller Komponenten, die als Besitzer die Komponente A haben. Wenn Sie der Eigenschaft Color eines Dialogelements einen Wert zuweisen, wird seine Eigenschaft ParentColor automatisch auf False gesetzt. Mögliche Werte sind:

clBlack   Schwarz
clMaroon   Rotbraun
clGreen   Grün
clOlive   Olivgrün
clNavy   Marineblau
clPurple   Violett
clTeal   Petrol
clGray   Grau
clSilver   Silber
clRed   Rot
clLime   Limonengrün
clBlue   Blau
clFuchsia   Pink
clAqua   Karibikblau
clWhite   Weiß

(Systemfarben von Windows:)

clBackground	Aktuelle Windows-Hintergrundfarbe
clActiveCaption	Aktuelle Farbe der Titelleiste des aktiven Fensters
clInactiveCaption	Aktuelle Farbe der Titelleiste der inaktiven Fenster
clMenu	Aktuelle Hintergrundfarbe der Menüs
clWindow	Aktuelle Hintergrundfarbe der Fenster
clWindowFrame	Aktuelle Farbe der Fensterrahmen
clMenuText	Aktuelle Farbe vom Menütext
clWindowText	Aktuelle Farbe vom Fenstertext
clCaptionText	Aktuelle Textfarbe der Titelleiste des aktiven Fensters
clActiveBorder	Aktuelle Rahmenfarbe des aktiven Fensters
clInactiveBorder	Aktuelle Rahmenfarbe der inaktiven Fenster
clAppWorkSpace	Aktuelle Farbe des Arbeitsbereichs der Anwendung
clHighlight	Aktuelle Hintergrundfarbe vom ausgewählten Text
clHighlightText	Aktuelle Farbe vom ausgewählten Text
clBtnFace	Aktuelle Farbe einer Schalterfläche
clBtnShadow	Aktuelle Schattenfarbe eines Schalters
clGrayText	Aktuelle Farbe von grau dargestelltem Text
clBtnText	Aktuelle Farbe von Text auf einem Schalter
clInactiveCaptionText	Aktuelle Textfarbe in der Titelleiste eines inaktiven Fensters
clBtnHighlight	Aktuelle Farbe der Markierung eines Schalters

Mit einem Doppelklick auf Color öffnet sich das Farbschema von Windows, in dem Sie auch eigene Farben zusammenstellen können.

property ComponentIndex: Integer;
Die Eigenschaft ComponentIndex zeigt die Position einer Komponente in der Eigenschaftsliste Components ihres Besitzers an. Die erste Komponente in der Liste hat den ComponentIndex-Wert 0, die zweite hat den Wert 1, die dritte den Wert 2 etc.

Diese Eigenschaft ist nur zur Laufzeit und dann auch nur im Read-Only-Modus benutzbar.

property Controls[Index: Integer]: TControl;
Controls ist ein Array aller untergeordneten Komponenten der Komponente. Controls ist dann von Nutzen, wenn Sie auf die untergeordneten Komponenten über die Nummer statt über den Namen zugreifen müssen.

property Ctl3D: Boolean;
Die Eigenschaft Ctl3D legt fest, ob ein Dialogelement ein dreidimensionales (3-D) oder zweidimensionales Aussehen besitzt. Wenn Ctl3D True ist, erscheint das Dialogelement dreidimensional. Die Voreinstellung von Ctl3D ist True. Wenn die Eigenschaft ParentCtl3D einer Komponente auf True gesetzt ist, verändert jede Modifikation der Eigenschaft Ctl3D des übergeordneten Dialogelements automatisch auch die Eigenschaft Ctl3D des Dialogelements.

Achtung: Damit Ctl3D überhaupt funktioniert, muß sich die dynamische Link-Bibliothek CTL3DV2.DLL im Suchpfad befinden. Idealerweise sollte sich diese Datei im System-Verzeichnis von Windows aufhalten.

property Cursor: TCursor;
Mit der Eigenschaft Cursor stellen Sie das Aussehen des Cursors ein, wenn dieser auf die Komponente zeigt.

Mögliche Werte sind:

crDefault	crArrow	crCross
crIBeam	crSize	crSizeNESW
crSizeNS	crSizeNWSE	crSizeWE
crUpArrow	crHourglass	crDrag
crNoDrop	crHSplit	crVSplit

property DataField: String;
Mit DataField geben Sie das anzuzeigende Feld an. Dieses Feld stammt aus der Quelle in der Eigenschaft DataSouce. In einer DBEdit Komponente legt dieses Feld der Datenbank auch die Gültigkeit der Eintragungen fest. Ist also ein Feld numerisch, akzeptiert die Komponente keine anderen Eingabetypen.

property DataSource: TDataSource;
Mit Hilfe der Eigenschaft DataSource verbinden Sie die Komponente mit einer Instanz der Komponente DataSource, um die Werte von Parametern mit Params oder ParamByName zu setzen. Dies ermöglicht Ihren Anwendungen verknüpfte Abfragen.

property DragCursor: TCursor;
Die Eigenschaft DragCursor bestimmt die Form des Mauszeigers, wenn sich der Zeiger über einer Komponente befindet, die ein gezogenes Objekt akzeptieren kann. Mögliche Werte sind mit denen der Eigenschaft Cursor identisch.

property DragMode: TDragMode;
Die Eigenschaft DragMode legt das Ziehen-und-Ablegen-Verhalten einer Komponente fest. Mögliche Werte sind:

dmAutomatic   Wenn dmAutomatic ausgewählt ist, ist das Dialogelement bereit, gezogen zu werden; der Anwender klickt nur und zieht es dann.
dmManual   Wenn dmManual ausgewählt ist, kann das Dialogelement nicht gezogen werden, bevor die Anwendung die Methode BeginDrag aufgerufen hat.

Ist die Eigenschaft DragMode einer Komponente dmAutomatic, kann die Anwendung dies zur Laufzeit durch Einstellung des Wertes dmManual deaktivieren.

property EditText: string;
EditText enthält den Text, der zur Laufzeit im Editierfeld mit der in EditMask angegebenene Maske erscheint. Wenn literale Maskenzeichen nicht gespeichert werden und kein Zeichen Leerzeichen ersetzt, sind die Werte von EditText und Text gleich. EditText enthält genau das, was der Anwender zur Laufzeit im Editierfeld tatsächlich sieht.

property Enabled: Boolean;
Die Eigenschaft Enabled bestimmt, ob die Komponente auf Maus-, Tastatur- und Timer-Ereignisse reagiert. Wenn Enabled auf True gesetzt ist, reagiert die Komponente normal. Ist Enabled hingegen False, ignoriert das Dialogelement Maus- und Tastaturereignisse. Bei einer Timer-Komponente werden die für das OnTimer-Ereignis deaktivierten Komponenten-Dialogelemente grau dargestellt.

property Fields[Index: Integer]: TField;
Mit Fields erhalten Sie zur Laufzeit ein von Ihnen bestimmtes Feld einer Tabelle als Ergebnis zurück. Mit Hilfe des Parameters Index bestimmen Sie das Feld. Dabei beginnt der Index einer Tabelle mit dem Wert 0 für das erste Feld.

property Font: TFont;
Die Eigenschaft Font legt den Font und die Eigenschaften des Fonts der Komponente fest. Sie haben die Möglichkeit, diese Werte im Objectinspektor zu ändern oder – wesentlich komfortabler – mit Hilfe eines Doppelklicks auf diese Eigenschaft einen Dialog zu öffnen, der alle möglichen Werte anzeigt.

property Handle: ...;
Der Typ der Eigenschaft Handle ist abhängig von der jeweiligen Komponente. Im allgemeinen gilt: Sollte eine Windows-API-Funktion ein Handle der betreffenden Komponente verlangen, setzen Sie dazu die jeweilige Eigenschaft Handle der betreffenden Komponente ein. Verlangt eine Windows-API-Funktion zum Beispiel das Handle Ihrer gesamten Anwendung, benutzen Sie am besten die Eigenschaft Handle des Objekts TApplication. Hier die Übersicht der verschiedenen Typen der Eigenschaft Handle:

Handle für die Komponenten:

Bitmap	property Handle: HBitmap;
Brush	property Handle: HBrush;
Canvas	property Handle: HDC;
Font	property Handle: HFont;

Icon   property Handle: HIcon;
Metafile   property Handle: HMetafile;
Pen   property Handle: HPen;

Handle gibt Ihnen den Zugriff auf das Handle des jeweiligen GDI-Objekts, damit Sie auf dieses zugreifen können. Benötigen Sie zum Beispiel zum Aufruf einer Windows-API-Funktion ein Handle auf ein Stiftobjekt oder ein Bitmap-Objekt, können Sie dazu das Handle der Komponente Pen beziehungsweise der Komponente Bitmap benutzen.

Handle für das Objekt TApplication und die folgenden Komponenten:

Bevel	DBText	Memo
BitBtn	DirectoryListBox	Notebook
Button	DrawGrid	OLEContainer
CheckBox	DriveComboBox	Outline
ComboBox	Edit	PaintBox
DBCheckBox	FileListBox	Panel
DBComboBox	FilterComboBox	RadioButton
DBEdit	FindDialog	RadioGroup
DBGrid	Form	ReplaceDialog
DBImage	GroupBox	ScrollBar
DBListBox	Header	ScrollBox
DBLookupCombo	Image	Shape
DBLookupList	Label	SpeedButton
DBMemo	ListBox	StringGrid
DBNavigator	MaskEdit	TabbedNotebook
DBRadioGroup	MediaPlayer	TabSet

property Handle: HWND;
Handle bietet Ihnen Zugriff auf das Handle der jeweiligen Komponente (z.B. Fenster-Handle, Dialog-Handle etc.). Dieses Handle wird von einigen Windows-API-Funktionen beim Aufruf erwartet. Sie können in diesem Fall das Handle der jeweils betroffenen Komponente oder – falls das Handle Ihrer Anwendung gefordert wird – das Handle des Objekts TApplication übergeben.

Handle für die Komponenten:

MainMenu   MenuItem   PopupMenu

property Handle: HMENU;
Sollte eine Windows-API-Funktion ein Handle eines Menüs, Menü-Eintrags oder eines lokalen Menüs verlangen, können Sie dazu die Eigenschaft Handle von MainMenu, MenuItem und PopupMenu benutzen.

Handle für die Komponente Printer:

property Handle: HDC;
Handle beinhaltet das Handle des jeweiligen Druckerobjektes TPrinter der Komponente Printer.

Handle für die Komponente DataBase:

property Handle: HDBIDB;
Um direkte Aufrufe in die Richtung der Borland Database-Engine-(BDE)-API zu tätigen, benötigen Sie ein Handle der jeweiligen Datenbank-Komponente. Dazu dient Ihnen die Eigenschaft Handle der Komponente DataBase. Sie erlaubt Ihnen Zugriffe auf Funktionen des BDE-API, die nicht in der VCL-Bibliothek integriert wurden. Bevor Sie allerdings diese Funktionen aufrufen, sollten Sie prüfen, ob diese Funktion nicht doch schon in der VCL-Bibliothek gekapselt wurde.

Handle für das Objekt TSession:

Delphi erzeugt eine Komponente Session vom Typ TSession immer dann, wenn eine Anwendung ausgeführt wird. Sessions sollten nicht von Ihnen erzeugt oder zerstört werden. Session erlaubt globale Prüfung über Datenbankverbindungen. Die Eigenschaft Databases von Session ist ein Array von allen aktiven Datenbanken in der Sitzung. Die Eigenschaft DatabaseCount vom Typ Integer gibt die Anzahl der aktiven Datenbanken in der Sitzung an.

property Handle: HDBISES;
Mit dieser Eigenschaft Handle können Sie direkte Aufrufe an die Borland-Datenbank-Engine – bezogen auf eine bestimmte Sitzung (Session/TSession) – machen. Die Komponente Session werden Sie kaum benutzen. Die wichtigsten Funktionen des BDE-API sind in der VCL-Bibliothek gekapselt und ersparen Ihnen diesen Weg.

Handle für die Komponenten Table, Query und StoredProc:

property Handle: HDBICur;
Ebenfalls für direkte Zugriffe auf Funktionen des BDE-API und unter normalen Umständen nicht zu benutzen, da die wichtigsten BDP-API-Funktionen via VCL-Bibliothek einen einfacheren Zugriff ermöglichen.

property Height: Integer;
Die Eigenschaft Height eines Dialogelements legt die Höhe der Komponente in Pixeln fest.

property HelpContext: THelpContext;
Die Eigenschaft HelpContext stellt eine Kontextnummer für den Aufruf kontextbezogener Online-Hilfe bereit. Jeder Hilfebildschirm des Hilfesystems sollte eine eindeutige Kontextnummer besitzen. Ist in der Anwendung eine Komponente selektiert, so wird nach Betätigen von F1 ein Hilfebildschirm angezeigt. Welcher Hilfebildschirm angezeigt wird, hängt vom Wert der Eigenschaft HelpContext ab.

property Hint: string;
Die Eigenschaft Hint ist der Text-String, der erscheinen kann, wenn ein OnHint-Ereignis eintritt, also wenn der Benutzer den Cursor über die Komponente bewegt. Wie der String angezeigt wird, bestimmt der Code in der Ereignisbehandlungs-Routine OnHint. Sie können eine Schnellhilfe, d.h. ein Fenster, das einen Hilfetext enthält, für eine Komponente erscheinen lassen, wenn der Anwender den Mauszeiger über das Dialogelement führt und dort kurz verweilt. Dies funktioniert wie folgt:

1. Spezifizieren Sie für jede Komponente, die einen Schnellhinweis anzeigen soll, einen Hint-Wert.
2. Setzen Sie die Eigenschaft ShowHints des Bedienfelds auf True.
3. Setzen Sie die Eigenschaft ShowHint der Anwendung zur Laufzeit auf True.

Sie können Hint gleichzeitig sowohl für ein Hilfehinweisfenster als auch für die Verwendung innerhalb der Behandlungsroutine OnHint spezifizieren, indem Sie zwei durch das Zeichen | (das »der«oder Pipe-Symbol) getrennte Werte angeben, also beispielsweise:

```
Edit1.Hint := 'Aufforderung|Geben Sie den richtigen Wert ein';
```

Der String »Aufforderung« erscheint im Hilfehinweisfenster und der String »Geben Sie den richtigen Wert ein« erscheint wie in der Ereignisbehandlungs-Routine OnHint spezifiziert.

property IsMasked: Boolean;
Mit IsMasked legen Sie fest, ob eine Maske für die DBEdit angezeigten Daten existiert (also ob die Eigenschaft EditMask einen Wert hat). Ist IsMasked True, so gibt es eine Maske, ist IsMasked False, existiert keine Maske.

property Left: Integer;
Die Eigenschaft Left bestimmt die horizontalen Koordinaten in Pixeln der linken Kante einer Komponente relativ zum Formular. Für Formulare ist der Wert der Eigenschaft Left relativ zum Bildschirm (ebenfalls in Pixeln).

property MaxLength: Integer;
Die Eigenschaft MaxLength spezifiziert die Maximalzahl von Zeichen, die der Benutzer in die Komponente eingeben kann. Der Vorgabewert für MaxLength ist 0, d.h. es gibt keine Begrenzung für die Anzahl der Zeichen, die die Komponente enthalten kann.

property Modified: Boolean;
Die Eigenschaft Modified überprüft, ob der Text einer Komponente seit seiner Erzeugung oder seit zum letzten Mal die Eigenschaft Modified auf False gesetzt wurde, geändert worden ist. Ist Modified True, so hat sich der Text geändert.

property Name: TComponentName;
Die Eigenschaft Name enthält den Namen der Komponente, wie er von anderen Komponenten für den Zugriff verwendet wird. Delphi weist als Vorgabewerte sequentielle Namen zu, die auf dem Typ der Komponente basieren, also etwa für Buttons »Button1«, »Button2« etc. Diese können Sie gemäß Ihrer Vorstellungen abändern. Komponentennamen sollten ausdrücklich nur zur Entwurfszeit geändert werden.

property Owner: TComponent;
Die Eigenschaft Owner teilt Ihnen mit, welche Komponente zu welcher Komponente gehört. Dem Formular gehören alle Komponenten, die auf ihm vorhanden sind. Umgekehrt gehört das Formular zur Anwendung. Gehört eine Komponente A einer anderen Komponente B, wird der Speicher der Komponente A freigegeben, wenn der Speicher der Komponente B freigegeben wird. Es werden also folgerichtig alle

Komponenten des Formulars gelöscht, wenn das Formular gelöscht wird. Außerdem wird natürlich der Speicher für das Formular und dessen Komponenten freigegeben, wenn der Speicher der Anwendung selbst freigegeben wird.

property Parent: TWinControl;
Die Eigenschaft Parent enthält den Namen der übergeordneten Komponente. Wenn eine Komponente A eine andere Komponente B enthält, sind die in B enthaltenen Komponenten untergeordnete Komponenten von A. Wenn Ihre Anwendung beispielsweise drei Buttons in einer GroupBox enthält, dann ist die GroupBox das übergeordnete Element der drei Buttons und die Button-Schaltfelder sind der GroupBox untergeordnet. Parent und Owner sind leider etwas verwirrend. Daher hier eine kleine Entwirrung:

Ein Formular ist der Besitzer aller darin enthaltenen Komponenten, unabhängig davon, ob sie ein Fensterelement sind oder nicht. Für unser Beispiel mit den drei Buttons und der GroupBox bedeutet dies: Der Besitzer der Buttons ist immer das Formular, aber die GroupBox ist das übergeordnete Element.

Wenn Sie einen neuen Dialog erzeugen, müssen Sie dem neuen Dialogelement einen Wert der Eigenschaft Parent zuweisen. Üblicherweise sind dies Formulare, Bedienfelder, GroupBoxen oder andere Dialoge, die andere Komponenten-Elemente enthalten können. Es ist möglich, jedes Element als das übergeordnete zuzuweisen, aber das darin enthaltene Dialogelement wird wahrscheinlich überschrieben.

Wird das übergeordnete Element gelöscht, werden auch alle Elemente, die ihm untergeordnet sind, gelöscht.

property ParentColor: Boolean;
Die Eigenschaft ParentColor bestimmt, wo eine Komponente nach ihrer Farbeigenschaft suchen soll. Falls ParentColor True ist, verwendet die Komponente die Farbeigenschaft der übergeordneten Komponente. Wenn ParentColor False ist, verwendet die Komponente ihre eigene Eigenschaft Color. Durch Verwendung von ParentColor können Sie sicherstellen, daß alle Komponenten auf einem Formular das gleiche Erscheinungsbild haben.

property ParentCtl3D: Boolean;
Die Eigenschaft ParentCtl3D bestimmt, wo eine Komponente nach ihrer Eigenschaft Ctl3D suchen muß. IstParentCtl3D auf True gesetzt, verwendet die Komponente die Dimensionen der Eigenschaft Ctl3D von ihrer übergeordneten Komponente. Wenn ParentCtl3D False ist, verwendet die Komponente ihre eigene Eigenschaft Ctl3D. Durch Verwendung von ParentCtl3D stellen Sie sicher, daß alle Komponenten auf einem Formular das gleiche Erscheinungsbild haben. Wenn Sie beispielsweise möchten, daß alle Komponenten auf einem Formular ein dreidimensionales Erscheinungsbild haben, setzen Sie die Eigenschaft Ctl3D des Formulars auf True und die Eigenschaft ParentCtl3D jeder Komponente auf True.

property ParentFont: Boolean;
Die Eigenschaft ParentFont bestimmt, wo eine Komponente nach ihrer Fonteigenschaft suchen soll. Falls ParentFont True ist, verwendet die Komponente den Font der Eigenschaft der übergeordneten Komponente.

Ist ParentFont False, verwendet die Komponente ihre eigene Eigenschaft Font. Durch Verwendung von ParentFont können Sie sicherstellen, daß alle Komponenten auf einem Formular das gleiche Erscheinungsbild haben.

property ParentShowHint: Boolean;
Die Eigenschaft ParentShowHint bestimmt, wo eine Komponente nach ihrer Hinteigenschaft suchen soll. Falls ParentShowHint True ist, verwendet die Komponente die Hint-Eigenschaft der übergeordneten Komponente.

Ist ParentShowHint False, verwendet die Komponente ihre eigene Eigenschaft Hint. Durch Verwendung von ParentShowHint können Sie sicherstellen, daß alle Komponenten auf einem Formular das gleiche Erscheinungsbild haben.

property PasswordChar: Char;
Die Eigenschaft PasswordChar erlaubt Ihnen, eine Komponente zu erzeugen, die spezielle Zeichen anstelle des eingegebenen Textes anzeigt. Standardmäßig enthält PasswordChar das Null-Zeichen (#0). Dies bewirkt, daß das Dialogelement den Text normal darstellt.

Beispiel: Geben Sie in PasswordChar einen Stern ein (*), dann erscheint die Eingabe des Anwenders nur aus Sternen:

property PopupMenu: TPopupMenu;
Die Eigenschaft PopupMenu legt den Namen des Popup-Menüs fest, das erscheint, wenn der Anwender die Komponente auswählt oder die rechte Maustaste drückt (bei dem Wert True für AutoPopup des Popup) oder wenn die Methode Popup des Popup-Menüs ausgeführt wird.

property ReadOnly: Boolean;
Die Eigenschaft ReadOnly hängt davon ab, um welche Art von Komponente es sich bei der Komponente mit dieser Eigenschaft handelt.

<u>ReadOnly für datensensitive Komponenten und Eigabefelder:</u>

ReadOnly bestimmt, ob der Anwender den Inhalt einer Komponente ändern darf. Falls ReadOnly True ist, kann der Anwender den Inhalt nicht ändern. Wenn ReadOnly False ist, kann der Anwender den Inhalt abändern. Die Eigenschaft ReadOnly bestimmt bei datensensitiven Komponenten, ob der Anwender die Komponente verwenden kann, um ein Feld in einem Datensatz zu bearbeiten oder ob er die Komponente nur zur Anzeige von Daten verwenden kann. Falls ReadOnly False ist, kann der Anwender den Wert des Feldes ändern, solange der Datensatz zum Bearbeiten freigegeben ist. Ist die Eigenschaft ReadOnly eines Datengitters True, kann der Anwender keine neue Zeile einfügen.

Zu dieser Gruppe von Komponenten zählen:

DBCheckBox	DBListBox	DBRadioGroup
DBComboBox	DBLookupCombo	Edit
DBEdit	DBLookupList	MaskEdit
DBGrid	DBMemo	Memo
DBImage		

KAPITEL 4

ReadOnly für Tabellen:

Benutzen Sie ReadOnly um zu verhindern, daß Benutzer Daten in der Tabelle ändern können. Achtung: Denken Sie daran, die Eigenschaft Active auf False zu setzen, bevor Sie ReadOnly ändern.

Zu dieser Gruppe von Komponenten zählen:

TTable

ReadOnly für Feldkomponenten

ReadOnly kann die Modifikation eines Feldes sperren. Hat diese Eigenschaft den Wert False, kann ein Feld verändert werden. Um die Änderung eines Feldes zu verhindern, setzen Sie ReadOnly auf True. In TDBGrid werden bei Tabulatorsprüngen die Felder mit der Eigenschaft ReadOnly übersprungen.

Zu dieser Gruppe von Komponenten gehören:

BCDField	DateTimeField	SmallintField
BlobField	FloatField	StringField
BooleanField	GraphicField	TimeField
BytesField	IntegerField	VarBytesField
CurrencyField	MemoField	WordField
DateField		

property SelLength: Integer;
Die Eigenschaft SelLength gibt die Länge (in Zeichen) des in der Komponente ausgewählten Textes an. Mit SelLength und der Eigenschaft SelStart legen Sie fest, welcher Teil des Textes in der Komponente ausgewählt wird. Sie können die Anzahl der ausgewählten Zeichen durch eine Änderung von SelLength erreichen. Wenn der Wert für SelStart geändert wird, ändert sich entsprechend der Wert von SelLength. Die Komponente muß die aktive Komponente sein, wenn Sie den Wert von SelLength ändern wollen.

property SelStart: Integer;
SelStart gibt die Anfangsposition des markierten Teils eines Textes in der Komponente zurück. Sie können SelStart zusammen mit der Eigenschaft SelLength verwenden, um einen Teil des Textes auszuwählen. Legen Sie das Zeichen, ab dessen Position Sie die Markierung des Textes beginnen möchten, als Wert von SelStart fest.

Wenn der Wert von SelStart geändert wird, ändert sich entsprechend auch der Wert von SelLength. Die Komponente muß die aktive Komponente sein, wenn Sie den Wert von SelLength ändern wollen.

property SelText: string;
Die Eigenschaft SelText enthält den ausgewählten Teil des Textes der Komponente. Sie können sie verwenden, um zu bestimmen, was der markierte Text enthält oder Sie können den Text markieren, indem Sie einen neuen String angeben. Falls momentan kein Text markiert ist, wird der String in SelText an der Cursor-Position im Text eingefügt.

property ShowHint: Boolean;
Die Eigenschaft ShowHint bestimmt, ob das Dialogelement eine Schnellhilfe anzeigen soll, wenn der Mauszeiger eine Weile auf ihm verweilt. Die Schnellhilfe entspricht dem Wert der Eigenschaft Hint, die in einem Feld direkt unterhalb des Elements angezeigt wird. Hat die Eigenschaft ShowHint den Wert True, kann die Schnellhilfe erscheinen.

Ist ShowHint False, kann die Schnellhilfe auch angezeigt werden, wenn ParentShowHint auf True gesetzt wurde und die Eigenschaft ShowHint der übergeordneten Komponente ebenfalls auf True gesetzt wurde.

property Showing: Boolean;
Die Eigenschaft Showing legt fest, ob eine Komponente momentan auf dem Bildschirm angezeigt wird oder nicht. Falls die Eigenschaft Visible einer Komponente und aller übergeordneten Komponenten in der übergeordneten Hierarchie True ist, ist Showing auch True. Wenn einer der Vorfahren der Komponente den Wert False als Wert für die Eigenschaft Visible hat, ist auch Showing False.

property TabOrder: TTabOrder;
Die Eigenschaft TabOrder bestimmt die Position einer Komponente in der Tabulatorreihenfolge, in der Komponenten den Fokus erhalten, wenn der Anwender die Taste TAB drückt. Anfänglich ist die Tabulatorreihenfolge immer die Reihenfolge, in der die Komponenten in das Formular hinzugefügt wurden. Der Wert der Eigenschaft TabOrder ist für jede Komponente auf dem Formular einmalig. Die erste dem Formular hinzugefügte Komponente hat den TabOrder-Wert 0, die zweite hat 1, die dritte 2 usw.

Falls Sie dem Wert der Eigenschaft TabOrder einer Komponente den Wert einer anderen Komponente zuweisen, numeriert Delphi automatisch die Werte für alle anderen Komponenten neu. Angenommen, eine Komponente ist beispielsweise die sechste Komponente in der Tabulatorreihenfolge. Wenn Sie den Wert der Eigenschaft TabOrder der Komponente auf 3 ändern (dies macht die Komponente zu der vierten in der Tabulatorreihenfolge), wird die Komponente, die die vierte war, nun zur fünften und die Komponente, die die fünfte war, wird jetzt die sechste.

property TabStop: Boolean;
Die Eigenschaft TabStop bestimmt, ob der Anwender diese Komponente mit der Taste TAB anspringen kann. Falls TabStop True ist, befindet sich die Komponente in der Tabulatorreihenfolge. Wenn TabStop False ist, ist das Dialogelement nicht in der Tabulatorreihenfolge.

property Tag: Longint;
Die Eigenschaft Tag kann einen Integerwert als Element einer Komponente speichern. Tag wird von Delphi nicht benutzt und steht Ihnen damit zur freien Verfügung.

property Text: TCaption;
Die Eigenschaft Text einer Komponente legt den Text fest, der in der Komponente erscheint. Der voreingestellte Text ist der Name des Elements. Ihr Programm kann

den Wert von Text zum Einsetzen in das Programm benutzen oder um dem Anwender Daten anzuzeigen. Die maximale Länge des Strings in der Eigenschaft Text ist 255 Zeichen. Die Eigenschaft Text einer Maskeneditierzeile (MaskEdit) oder Datenbankeditierzeile (DBEdit) oder eines Datenbankmemos (DBMemo) enthält den Text und die literalen Maskenzeichen, spezifiziert mit der Eigenschaft EditText, wenn der Anwender die Maskenzeichen mit dem Text speichern läßt. Wenn die Maskenzeichen nicht gespeichert werden, enthält der Text diese nicht.

Die Eigenschaft Text einer Datenbank-Editierzeile oder eines Datenbankmemos ist nur zur Laufzeit verfügbar. Sie sollten der Eigenschaft Text nicht oft einen neuen Wert zuweisen. Falls die Datenmenge den Status »nur lesen« besitzt, wenn der neue Wert Text zugewiesen wird, würde sich der Feldinhalt nicht ändern. Dazu sollten Sie den Wert des darunterliegenden Feldes durch Einsatz der Eigenschaft Field der Editierzeile ändern. Beispiel:

```
DBEdit1.Field.AsString := 'Ein neuer Text und ein neuer Wert';
```

property Top: Integer;
Die Eigenschaft Top gibt die Y-Koordinate in Pixeln der linken oberen Ecke eines Dialogelements relativ zum Formular an. Bei Formularen wird der Wert der Eigenschaft Top in Pixeln relativ zum Bildschirm angegeben.

property Visible: Boolean;
Die Eigenschaft Visible bestimmt, ob eine Komponente auf dem Bildschirm sichtbar ist (True) oder nicht (False).

property Width: integer;
Die Eigenschaft Width bestimmt die Breite einer Komponente, gemessen in Pixeln.

Ereignisse:

property OnChange: TNotifyEvent;
Das Ereignis OnChange erscheint, wenn der Inhalt einer Komponente oder eines Objekts sich ändert. Bei grafischen Objekten tritt OnChange ein, wenn sich die Grafik, die vom Objekt gekapselt wird, ändert. Zum Beispiel tritt das Ereignis OnChange für einen Stift ein, wenn die Eigenschaften Color, Mode, Style oder Width des TPen-Objekts geändert werden. Bei Komponenten tritt OnChange ein, wenn der Hauptwert oder die Hauptwerte der Komponente geändert werden.

Bei Kombinationsfenstern tritt das Ereignis OnChange auch ein, wenn ein Element in der aufklappbaren Liste gewählt wird. Bei String-Listen-Objekten tritt das Ereignis OnChange ein, wenn sich eine Änderung für einen String ergibt, der in der String-Liste gespeichert ist.

OnChange ist vom Typ

```
TNotifyEvent = procedure (Sender: TObject) of object;
```

Der Typ TNotifyEvent weist also auf eine Methode, die das Anklicken eines Objekts behandelt. Der Parameter Sender ist das Dialogelement, das angeklickt wurde.

property OnClick: TNotifyEvent;
Das Ereignis OnClick erscheint, wenn der Benutzer auf die Komponente klickt. In einem Formular tritt OnClick ein, wenn der Benutzer auf eine freie Stelle im Formular oder auf eine inaktive Komponente klickt.

OnClick ist vom Typ

```
TNotifyEvent = procedure (Sender: TObject) of object;
```

Der Typ TNotifyEvent weist also auf eine Methode, die das Anklicken eines Objekts behandelt. Der Parameter Sender ist das Dialogelement, das angeklickt wurde.

property OnDblClick: TNotifyEvent;
Das Ereignis OnClick erscheint, wenn der Benutzer auf die Komponente einen Doppelklick ausführt. In einem Formular tritt das Ereignis OnDblClick ein, wenn der Benutzer auf eine freie Stelle im Formular oder eine inaktive Komponente einen Doppelklick ausführt.

OnDblClick ist vom Typ

```
TNotifyEvent = procedure (Sender: TObject) of object;
```

Der Typ TNotifyEvent weist also auf eine Methode, die das Doppelklicken eines Objekts behandelt. Der Parameter Sender ist das Dialogelement, das mit einem Doppelklick bearbeitet wurde.

property OnDragDrop: TDragDropEvent;
Das Ereignis OnDragDrop tritt ein, wenn der Anwender ein gezogenes Objekt ablegt. Verwenden Sie die Ereignisbehandlungs-Routine OnDragDrop, um festzulegen, was passieren soll, wenn der Anwender ein Objekt ablegt.

OnDragClick ist vom Typ

```
TDragDropEvent = procedure(Sender, Source: TObject; X, Y: Integer) of object;
```

Der Typ TDragDropEvent zeigt also auf eine Methode, die das Ablegen eines gezogenen Objekts behandelt. Der Parameter Source des Ereignisses OnDragDrop ist das abzulegende Objekt und der Parameter Sender ist das Dialogelement, auf dem das Objekt abgelegt wurde. Die Parameter X und Y sind die Koordinaten des Mauszeigers, der über dem Dialogelement positioniert wird.

property OnDragOver: TDragOverEvent;
Das Ereignis OnDragOver tritt ein, wenn der Anwender ein Objekt über eine Komponente zieht. Üblicherweise werden Sie das Ereignis OnDragOver verwenden, um ein Objekt zu akzeptieren, damit der Anwender es ablegen kann.

OnDragClick ist vom Typ

```
TDragOverEvent = procedure(Sender, Source: TObject; X, Y: Integer;
                  State: TDragState; var Accept: Boolean) of object;
```

Der Typ TDragOverEvent zeigt also auf eine Methode, die das Ziehen eines Objekts über ein anderes Objekt behandelt. Der Parameter Source ist das gezogene Objekt, Sender ist das Objekt, über das Source gezogen wurde, X und Y sind die Koordina-

ten des Mauszeigers, der über dem Dialogelement positioniert wird in Pixeln, State ist der Status des gezogenen Objekts in Verbindung zum darübergezogenen Objekt, und Accept legt fest, ob der Sender das Ziehobjekt erkennt. Accept wird nicht per Voreinstellung auf True oder False gesetzt; Sie müssen die passenden Werte selbst zuweisen.

Das Ereignis OnDragOver akzeptiert ein Objekt, wenn der Parameter Accept True ist. Durch Ändern des Wertes der Eigenschaft DragCursor können Sie das Erscheinungsbild des Cursors beeinflussen. Dies können Sie entweder während des Entwikkelns oder zur Laufzeit, bevor ein Ereignis OnDragOver eintritt, durchführen.

property OnEndDrag: TEndDragEvent;
Das Ereignis OnEndDrag tritt immer dann ein, wenn das Ziehen eines Objekts abgeschlossen oder abgebrochen wird. Wenn Sie eine besondere Behandlung wünschen, wenn das Ziehen beendet wird, verwenden Sie die Ereignisbehandlungs-Routine OnEndDrag.

OnEndDrag ist vom Typ

```
TEndDragEvent = procedure(Sender, Target: TObject; X, Y: Integer) of object;
```

Der Typ TEndDragEvent zeigt also auf eine Methode, die das Anhalten des Ziehens eines Objekts behandelt. Der Sender ist das Objekt, was gezogen wird, Target ist das Objekt, zu dem Sender hingezogen wird, und X und Y sind die zugehörigen Bildschirmkoordinaten des Mauszeigers, der über dem Dialogelement positioniert wird. Falls das gezogene Objekt abgelegt und durch das Dialogelement akzeptiert wurde, ist der Parameter Target des Ereignisses OnEndDrag True. Wenn das Objekt nicht erfolgreich abgelegt wurde, beträgt der Wert Target Nil.

property OnEnter: TNotifyEvent;
OnEnter tritt ein, wenn eine Komponente aktiviert wird. Wenn Sie eine besondere Behandlung festlegen möchten, wenn eine Komponente aktiviert wird, verwenden Sie die Ereignisbehandlungs-Routine OnEnter.

OnEnter erscheint nie, wenn Sie zwischen Formularen oder einer anderen Windows-Anwendung und Ihrer Anwendung umschalten. OnEnter für eine Komponente des Typs TPanel oder THeader tritt nie ein, da Bedienfelder oder Header keinen Fokus erhalten können. Somit ist OnEnter dort vollkommen nutzlos. Sie haben diese Ereignisbehandlung aber geerbt.

OnEnter ist vom Typ

```
TNotifyEvent = procedure (Sender: TObject) of object;
```

Der Typ TNotifyEvent weist also auf eine Methode, die das Doppelklicken eines Objekts behandelt. Der Parameter Sender ist das Dialogelement, das mit einem Doppelklick bearbeitet wurde.

property OnExit: TNotifyEvent;
OnExit erscheint, wenn der Eingabefokus von einer Komponente an eine andere übergeben wird. OnExit tritt nicht ein, wenn Sie zwischen Formularen oder zwischen einer Windows-Anwendung und Ihrer Anwendung umschalten. OnExit tritt

bei den Komponenten Panel und Speedbutton nicht ein, da diese niemals den Fokus erhalten.

OnExit ist vom Typ

```
TNotifyEvent = procedure (Sender: TObject) of object;
```

Der Typ TNotifyEvent weist also auf eine Methode, die das Doppelklicken eines Objekts behandelt. Der Parameter Sender ist das Dialogelement, das mit einem Doppelklick bearbeitet wurde.

property OnKeyDown: TKeyEvent;
OnKeyDown tritt ein, wenn der Anwender irgendeine Taste drückt, während die Komponente den Fokus hat. Verwenden Sie OnKeyDown, um eine besondere Behandlung festzulegen, die ausgeführt wird, wenn eine Taste gedrückt wird. Der Handler OnKeyDown kann auf alle Tasten der Tastatur, einschließlich Funktionstasten und Tastenkombinationen mit den Tasten UMSCHALT, ALT und STRG sowie betätigten Maustasten reagieren.

OnKeyDown ist vom Typ

```
TKeyEvent = procedure (Sender: TObject; var Key: Word; Shift: TShiftState)
            of object;
```

Der Typ TKeyEvent weist also auf eine Methode, die Tastaturereignisse verarbeitet. Der Parameter Key steht für die Taste und Shift und kann die folgenden Wert annehmen:

ssShift	UMSCHALTTASTE (SHIFT) wird festgehalten
ssAlt	linke ALT-Taste wird festgehalten
[ssAlt, ssCtrl]	ALTGR-Taste wird festgehalten
ssCtrl	Taste STRG wird festgehalten
ssLeft	Linke Maustaste wird festgehalten
ssMiddle	Mittlere Maustaste wird festgehalten
ssDouble	Rechte und linke Maustaste werden gleichzeitig festgehalten

property OnKeyPress: TKeyPressEvent;
OnKeyPress erscheint, wenn der Anwender eine einzelne Zeichentaste drückt.

OnKeyPress ist vom Typ

```
TKeyPressEvent = procedure (Sender: TObject; var Key: Char) of object;
```

TKeyPressEvent weist also auf eine Methode, die einen Tastendruck für ein einzelnes Zeichen verarbeitet. Der Parameter Key gibt die Taste an. Der Parameter Key ist vom Typ Char; deshalb registriert OnKeyPress das ASCII-Zeichen der gedrückten Taste. Tasten, die nicht mit einem ASCII-Zeichen übereinstimmen (UMSCHALT oder F1, beispielsweise) werden kein OnKeyPress erzeugen. Tastenkombinationen (wie UMSCHALT+A) erzeugen nur ein Ereignis des Typs OnKeyPress (in diesem Beispiel ergibt UMSCHALT+A einen Wert Key von »A«, wenn die Feststelltaste ausgeschaltet ist).

Falls Sie auf Nicht-ASCII-Tasten oder Tastenkombinationen reagieren möchten, verwenden Sie die Ereignisbehandlungs-Routinen OnKeyDown oder OnKeyUp.

property OnKeyUp: TKeyEvent;
OnKeyUp tritt ein, wenn der Anwender die gedrückte Taste wieder losläßt. OnKeyUp kann auf alle Tasten der Tastatur, einschließlich FFunktionstasten und Tastenkombinationen mit den Tasten UMSCHALT, ALT und STRG sowie betätigten Maustasten reagieren.

```
TKeyEvent = procedure (Sender: TObject; var Key: Word; Shift: TShiftState)
                     of object;
```

Der Typ TKeyEvent weist also auf eine Methode, die Tastaturereignisse verarbeitet. Der Parameter Key steht für die Taste und Shift und kann die folgenden Wert annehmen:

ssShift	UMSCHALTTASTE (SHIFT) wird festgehalten
ssAlt	linke ALT-Taste wird festgehalten
[ssAlt, ssCtrl]	ALTGR-Taste wird festgehalten
ssCtrl	Taste STRG wird festgehalten
ssLeft	Linke Maustaste wird festgehalten
ssMiddle	Mittlere Maustaste wird festgehalten
ssDouble	Rechte und linke Maustaste werden gleichzeitig festgehalten

property OnMouseDown: TMouseEvent;
Ereignis OnMouseDown tritt ein, wenn der Anwender eine Maustaste zu dem Zeitpunkt drückt, an dem sich der Mauszeiger über einem Dialogelement befindet.

OnMouseDown ist vom Typ

```
TMouseEvent=procedure (Sender: TObject; Button: TMouseButton; Shift: TShiftState;
                      X, Y: Integer) of object;
```

Der Typ TMouseEvent weist also auf eine Methode zur Bearbeitung von Maustasten-Ereignissen hin. Der Parameter Button gibt an, welche Maustaste gedrückt wurde, während Shift Auskunft darüber gibt, welche UMSCHALT- (UMSCHALT, STRG oder ALT) bzw. Maustasten gedrückt waren, während die das Mausereignis verursachende Maustaste gedrückt oder losgelassen wurde. X und Y sind die Bildschirmkoordinaten des Mauszeigers in Pixeln. Der Parameter Button des Ereignisses OnMouseDown zeigt an, welche Maustaste gedrückt wurde. Durch Verwenden des Parameters Shift der Ereignisbehandlungs-Routine OnMouseDown können Sie auf den Status der Maus- und Umschalttasten reagieren. Umschalttasten sind die Tasten UMSCHALT, STRG und ALT.

property OnMouseMove: TMouseMoveEvent;
Das Ereignis OnMouseMove tritt ein, wenn der Anwender den Mauszeiger bewegt und dieser sich bereits über einem Dialogelement befindet.

OnMouseMove ist vom Typ

```
TMouseMoveEvent = procedure(Sender: TObject; Shift: TShiftState; X, Y: Integer)
                  of object;
```

Der Typ TMouseMoveEvent zeigt also auf eine Methode, die Mausereignisse infolge einer Mausbewegung verarbeitet. Der Parameter Button gibt an, welche Maustaste gedrückt wurde, während Shift anzeigt, welche UMSCHALT- (UMSCHALT, STRG oder ALT) bzw. Maustasten während der Mausbewegung gedrückt waren. X und Y sind die Bildschirmkoordinaten des Mauszeigers in Pixeln. Durch Verwenden des Parameters Shift können Sie auf den Status der Maus- und Umschalttasten reagieren. Umschalttasten sind die Tasten UMSCHALT, STRG und ALT.

property OnMouseUp: TMouseEvent;
Das Ereignis OnMouseUp tritt ein, wenn der Anwender die gedrückte Maustaste wieder freigibt, wenn sich der Mauszeiger über einer Komponente befindet. Die Ereignisbehandlungs-Routine OnMouseUp kann auf Betätigungen der rechten, mittleren und linken Maustasten reagieren sowie auf Maustastenkombinationen mit Umschalttasten (Tasten UMSCHALT, STRG und ALT).

OnMouseUp ist vom Typ

```
TMouseEvent = procedure (Sender: TObject; Button: TMouseButton; Shift: TShiftState;
                        X, Y: Integer) of object;
```

Der Typ TMouseEvent zeigt also auf eine Methode zur Bearbeitung von Maustasten-Ereignissen. Der Parameter Button gibt an, welche Maustaste gedrückt wurde, während Shift Auskunft darüber gibt, welche UMSCHALT- (UMSCHALT, STRG oder ALT) bzw. Maustasten gedrückt waren, während die das Mausereignis verursachende Maustaste gedrückt oder losgelassen wurde. X und Y sind die Bildschirmkoordinaten des Mauszeigers in Pixeln.

Methoden:

procedure BeginDrag(Immediate: Boolean);
Die Methode BeginDrag leitet den Ziehvorgang einer Komponente ein. Wenn der Parameter Immediate auf True gesetzt ist, wird der Mauszeiger auf den Wert der Eigenschaft DragCursor gesetzt und der Ziehvorgang beginnt. Ist Immediate False, wird der Mauszeiger nicht auf den Wert der Eigenschaft DragCursor gesetzt, und der Ziehvorgang wird erst eingeleitet, wenn der Anwender den Mauszeiger um mindestens 5 Pixel bewegt. Auf diese Weise kann die Komponente Mausklicks akzeptieren, ohne einen Ziehvorgang einzuleiten.

Ihre Anwendung muß die Methode BeginDrag zum Einleiten eines Ziehvorgangs nur aufrufen, wenn DragMode auf dmManual gesetzt ist.

procedure BringToFront;
Die Methode BringToFront setzt eine Komponente innerhalb einer übergeordneten Komponente vor alle anderen Komponenten. BringToFront hilft insbesondere sicherzustellen, daß ein Formular sichtbar ist. Verwenden Sie diese Methode, wenn Sie die Reihenfolge überlappender Komponenten in einem Formular neu festlegen wollen.

Kapitel 4

Die Reihenfolge, in der Komponenten übereinander gelagert werden (Z-Reihenfolge), hängt davon ab, ob es sich um fensterähnliche oder um nicht-fensterähnliche Komponente handelt. Die Reihenfolge arbeitet nach dem Prinzip, daß die zuletzt eingefügte Komponente die oberste und damit sichtbare Komponente ist.

Mit der Methode BringToFront einer Komponente würde diese Komponente ganz nach oben auf den Stapel kommen und somit sichtbar sein.

Bei der Stapelung ist zu beachten, daß fensterähnliche Komponenten immer auf nicht-fensterähnlichen Komponenten gestapelt werden. Ein Aufruf von BringToFront einer nicht-fensterähnlichen Komponente bewirkt also gar nichts, wenn oben auf dem Stapel eine fensterähnliche Komponente liegt.

Die folgenden Komponenten zählen zu den fensterähnlichen Komponenten:

BitBtn	DBNavigator	MediaPlayer
Button	DBRadioGroup	Memo
CheckBox	DirectoryListBox	Notebook
ComboBox	DrawGrid	OLEContainer
DBCheckBox	DriveComboBox	Outline
DBComboBox	Edit	Panel
DBEdit	FileListBox	RadioButton
DBGrid	FilterComboBox	RadioGroup
DBImage	Form	ScrollBar
DBListBox	GroupBox	ScrollBox
DBLookupCombo	Header	StringGrid
DBLookupList	ListBox	TabbedNotebook
DBMemo	MaskEdit	TabSet

Die nun folgenden Komponenten zählen zu den nicht-fensterähnlichen Komponenten:

Bevel	Label	SpeedButton
DBText	PaintBox	Image
Shape		

function CanFocus: Boolean;
CanFocus stellt fest, ob eine Komponente den Eingabefokus erhalten kann. CanFocus gibt True zurück, wenn die Eigenschaften Visible und Enabled sowohl der Komponente als auch der übergeordneten Komponenten auf True gesetzt sind. Sind nicht alle Eigenschaften Visible und Enabled dieser Komponenten auf True gesetzt, liefert CanFocus False zurück.

procedure Clear;
Die Art und Weise der Methode Clear hängt von den jeweiligen Komponenten ab:

Clear für die Standard-Komponenten:

TClipboard	TDBEdit	TFileListBox
TList	TDBListBox	TFilterComboBox

TStringList	TDBMemo	TListBox
TStrings	TDirectoryListBox	TMaskEdit
TComboBox	TDriveComboBox	TMemo
TDBComboBox	TEdit	TOutline

Clear löscht alle Texteintragungen beziehungsweise Text-Einträge aus den Komponenten. Bei TClipboard wird der gesamte Inhalt der Zwischenablage gelöscht. Dies geschieht vor allem bei Copy- und bei Cut-Ereignissen automatisch, bevor Daten in das Clipboard eingefügt werden.

Clear für die Feldkomponenten:

TBCDField	TCurrencyField	TGraphicField
TStringField	TBlobField	TDateField
TIntegerField	TTimeField	TBooleanField
TDateTimeField	TMemoField	TVarBytesField
TBytesField	TFloatField	TSmallintField
TWordField		

Clear setzt den Wert des Feldes auf NULL.

Clear für die Komponente TFieldDefs:

Clear setzt alle Werte der Eigenschaft Items zurück. Dadurch werden alle Objekte vom Typ TFieldDef aus der Komponente TFieldDefs gelöscht.

Clear für die Komponente TIndexDefs:

Clear setzt alle Werte der Eigenschaft Items zurück. Dadurch werden alle Objekte vom Typ TIndexDef aus der Komponente TFieldDefs gelöscht.

Clear für die Komponente TParam:

Clear setzt die Komponente zurück, also auf 0 und löscht alle bisher zugewiesenen Daten. Die Eigenschaften Name, DataType und ParamType bleiben unverändert.

Clear für die Komponente TParams:

Clear löscht alle Parameterinformationen aus der Eigenschaft Items.

procedure ClearSelection;
ClearSelection löscht den ausgewählten, beziehungsweise markierten Text aus der Komponente.

function ClientToScreen(Point: TPoint): TPoint;
Die Methode ClientToScreen übersetzt den angegebenen Punkt aus Client-Bereichskoordinaten in globale Bildschirmkoordinaten. In Client-Bereichskoordinaten entspricht der Punkt (0, 0) der oberen linken Ecke des Client-Bereichs der Komponente. In Bildschirmkoordinaten entspricht (0, 0) der oberen linken Ecke des Bildschirms. Mit den Methoden ClientToScreen und ScreenToClient rechnen Sie Positionen aus dem Koordinatensystem einer Komponente A in das Koordinatensystem einer Komponente B um.

Beispiel: Umrechnung der Koordinaten einer Komponente A in die Koordinaten einer Komponente B (TPoint ist ein Record mit den Feldern X und Y):

```
TPoint =  record
          X : integer;
          Y : integer;
END;
VAR
   Koord: TPoint;
Koord:= B.ScreenToClient(A.ClientToScreen(Koord));
```

procedure CopyToClipboard;
CopyToClipboard kopiert den in der Komponente markierten Text in die Zwischenablage. Bei TDBImage wird das markierte Bild in das Clipboard kopiert.

constructor Create;
Create weist Speicher zu, um das Objekt und damit die Komponente zu erzeugen und nach Bedarf seine Daten zu initialisieren. Jedes Objekt kann eine Methode Create besitzen, die individuell so angepaßt ist, daß sie diese bestimmte Art von Objekt erzeugt. Im Normalfall benötigen Sie diese Methoden nicht, da Borland Delphi alles unternimmt, um Ihre Anwendung und die darin enthaltenen Komponenten zu erzeugen. Sollten Sie allerdings ein Ereignis oder die Initialisierung eines Wertes einer selbst geschaffenen Komponente zur Zeit der Erzeugung einstellen wollen, können Sie dies in der Methode Create erledigen. Dazu benötigen Sie aber genaue Kenntnisse und Techniken der OOP. Ansonsten sollten Sie Create unverändert lassen und nicht aufrufen.

procedure CutToClipboard
CutToClipboard kopiert den in der Komponente markierten Text in die Zwischenablage und löscht den Text aus der Komponente. Bei TDBImage wird das markierte Bild gelöscht und in das Clipboard kopiert.

function Dragging: Boolean;
Die Methode Dragging gibt an, ob eine Komponente gezogen wird. Wenn Dragging True zurückgibt, wird die Komponente gezogen.

procedure EndDrag(Drop: Boolean);
Die Methode EndDrag verhindert, daß eine Komponente weiter gezogen wird. Wenn der Parameter Drop True ist, wird die gezogene Komponente abgelegt. Ist Drop False, wird die Komponente nicht abgelegt und der Vorgang wird abgebrochen.

function FindComponent(const AName: string): TComponent;
Die Methode FindComponent gibt im Array Components die Komponente zurück, deren Name zum String im Parameter AName paßt. FindComponent beachtet dabei keine Groß-/Kleinschreibung.

Beispiel: Es existiert ein Button »Button1« in Ihrer Anwendung. Um die eigentliche Komponente TButton1 im Array Components zurückzugeben, rufen Sie FindComponents wie folgt auf:

```
FindComponents('Button1');
```

function Focused: Boolean;
Focused wird verwendet, um zu bestimmen, ob ein Fensterdialogelement den Fokus besitzt und deshalb das aktive Dialogelement in ActiveControl ist.

procedure Free;
Die Methode Free entfernt das Objekt und gibt den zugehörigen Speicher frei. Haben Sie das Objekt unter Verwendung der Methode Create erzeugt, so benutzen Sie zum Entfernen und für die Freigabe des Speichers die Methode Free. Free gelingt auch dann, wenn das Objekt selbst nicht mehr existiert (zum Beispiel durch einen vorherigen Aufruf von Free). Delphi erledigt dies für Objekte der Bibliothek visueller Komponenten automatisch.

Sie sollten also niemals eine Komponente innerhalb Ihrer Anwendung entfernen.

Falls Sie ein Formular freigeben wollen, rufen Sie die Methode Release auf, um das Formular zu löschen und dessen benutzten Speicher freizugeben.

function GetSelTextBuf(Buffer: PChar; BufSize: Integer): Integer;
GetSelTextBuf kopiert den markierten Text aus einer Komponente in den Puffer, auf den der Parameter Buffer weist. Der Parameter BufSize bezeichnet dabei die Größe des Puffers (in Anzahl der Zeichen) beziehungsweise nach Ausführung der Methode die Anzahl der kopierten Zeichen.

function GetTextBuf(Buffer: PChar; BufSize: Integer): Integer;
Die Methode GetTextBuf holt den Text der Komponente und kopiert ihn in den Puffer als Null-terminierten String (Ende der Zeichenkette wird mit 0 angegeben), auf den Buffer zeigt. Die maximale Länge des Strings wird mit BufSize (siehe dazu GetTextLen) festgelegt. In BufSize wird nach der Ausführung die Anzahl der Zeichen des Strings zu finden sein. Diese Methode ist vor allem dann sehr nützlich, wenn mit String größer als 256 Zeichen gearbeitet wird. Der Typ STRING kann nicht mehr als 256 Zeichen aufnehmen. Dabei entfällt aber das erste Element in diesem Typ auf die Längenangabe des Strings, so daß nur noch maximal 255 Zeichen möglich sind. Ein PChar ist ein Zeiger auf das erste Zeichen einer Zeichenkette. Eine derart definierte Zeichenkette besitzt keine Längenangabe, sondern trägt eine 0 am Ende der Kette, daher auch der Name Null-terminierter String. Ein PChar kann die maximale Größe von 64 Kbyte erreichen. Die maximale Anzahl der Zeichen ist also auf 64 Kbyte und nicht auf 255 Zeichen beschränkt (siehe auch GetTextLen und SetTextBuf).

function GetTextLen: Integer;
Die Methode GetTextLen gibt die Länge des Textes der Komponente zurück. Dieser Wert kann für BufSize in GetTextBuf verwenden werden (siehe auch GetTextBuf und SetTextBuf).

procedure Hide;
Die Methode Hide versteckt eine Komponente, sie ist also nicht mehr auf dem Bildschirm sichtbar. Dabei wird die Eigenschaft Visible auf False gesetzt. Die Komponente ist aber weiterhin aktiv, das heißt, kann bearbeitet werden.

procedure Invalidate;
Die Methode Invalidate erzwingt das Neuzeichnen einer Komponente sobald dies möglich ist.

procedure InsertComponent(AComponent: TComponent);
InsertComponent macht die Komponente zum Besitzer der im Parameter AComponent übergebenen Komponente. Die Komponente wird am Ende der Array-Eigenschaft Components hinzugefügt. Die eingefügte Komponente darf keinen Namen haben (keinen für die Eigenschaft Name spezifizierten Wert) oder der Name muß sich eindeutig von allen anderen in der Components-Liste unterscheiden. Wird die Besitzerkomponente entfernt, so wird auch AComponent gelöscht.

procedure PasteFromClipboard;
PasteFromClipboard kopiert den Inhalt der Zwischenablage in die Komponente an die Position des aktuellen Cursors.

procedure Refresh;
Die Methode Refresh reagiert je nach Art der Komponente, ob Daten oder die Komponenten selbst neu gezeichnet werden. Die Methode Refresh kann also jedes Bild auf dem Bildschirm löschen und alle Dialogelemente neu zeichnen beziehungsweise Datensätze einer Datei erneut einlesen.

Innerhalb der Implementation von Refresh beim Neuzeichnen von Komponenten wird die Methode Invalidate und dann die Methode Update aufgerufen.

Beim Refresh von Daten ist zu beachten: Durch Refresh können sich die angezeigten Daten unerwartet verändern und so den Anwender verwirren. Ein Dialog oder eine andere Mitteilung, der dem Anwender den Refresh der Daten mitteilt, wäre somit wohl angebracht und von äußerster Nützlichkeit.

procedure RemoveComponent(AComponent: TComponent);
RemoveComponent entfernt die Komponente, die im Parameter AComponent festgelegt ist, aus der Komponentenliste Components. Die Position in der Liste wird zu Nil.

procedure Repaint;
Die Methode Repaint fordert das Dialogelement auf, sein Bild auf dem Bildschirm neu zu zeichnen, ohne jedoch die darunterliegende Fläche zu löschen. Um vor dem Neuzeichnen zu löschen, müssen Sie anstelle von Repaint die Methode Refresh aufrufen.

procedure ScaleBy(M, D: Integer);
Die Methode ScaleBy skaliert eine Komponente um einen Prozentsatz ihrer ursprünglichen Größe. Der Parameter M ist der Multiplikator und der Parameter D der Divisor. Wenn Sie beispielsweise die Größe des Dialogelements auf 66% seines ursprünglichen Formats ändern möchten, geben Sie in M den Wert 66 und in D den Wert 100 an (66/100). Bei der Vergrößerung gehen Sie einfach den umgekehrten Weg: Vergrößerung um 66% bedeutet nichts anderes als M=166 und D=100.

function ScreenToClient(Point: TPoint): TPoint;
Die Methode ScreenToClient wird verwendet, um den Koordinatenpunkt in Pixeln der Komponente auf dem Bildschirm zu bestimmen. ScreenToClient gibt die X- und Y-Koordinaten in einem Record des Typs TPoint zurück.

procedure ScrollBy(DeltaX, DeltaY: Integer);
ScrollBy scrollt den Inhalt einer Komponente. Statt mit der Methode ScrollBy sollten Sie in Normalfall lieber mit den eingebauten Bildlauf-Leisten arbeiten, es sei denn, diese Leisten wären für Ihre Programm-Idee aus irgendeinem Grund nicht brauchbar.

DeltaX enthält die Veränderung in Pixeln in Richtung der X-Achse. Ein positiver Wert von DeltaX verschiebt den Inhalt nach rechts, ein negativer Wert verschiebt den Inhalt nach links. DeltaY bezeichnet die Veränderungen in Pixeln in Richtung der Y-Achse. Ein positiver Wert von DeltaY verschiebt den Inhalt nach unten, ein negativer Wert verschiebt den Inhalt nach oben.

procedure SelectAll;
SelectAll wählt den gesamten Inhalt einer Komponente (Text oder Bild) aus.

procedure SendToBack;
Die Methode SendToBack setzt eine Komponente innerhalb einer übergeordneten Komponente hinter alle anderen Komponenten. Die Reihenfolge, in der Komponenten übereinander gelagert werden (Z-Reihenfolge), hängt davon ab, ob es sich um fensterähnliche oder um nicht-fensterähnliche Komponente handelt. Die Reihenfolge arbeitet nach dem Prinzip, daß die zuletzt eingefügte Komponente die oberste und damit sichtbare Komponente ist. Mit der Methode SendToBack einer Komponente würde diese Komponente ganz nach unten auf den Stapel kommen und somit nicht sichtbar sein.

Bei der Stapelung ist zu beachten, daß fensterähnliche Komponenten immer auf nicht-fensterähnlichen Komponenten gestapelt werden. Ein Aufruf von SendToBack einer fensterähnlichen Komponenten bewirkt also gar nichts, wenn unter dem Stapel eine nicht-fensterähnliche Komponente liegt (siehe auch BringToFront).

Die folgenden Komponenten zählen zu den fensterähnlichen Komponenten:

BitBtn	DBNavigator	MediaPlayer
Button	DBRadioGroup	Memo
CheckBox	DirectoryListBox	Notebook
ComboBox	DrawGrid	OLEContainer
DBCheckBox	DriveComboBox	Outline
DBComboBox	Edit	Panel
DBEdit	FileListBox	RadioButton
DBGrid	FilterComboBox	RadioGroup
DBImage	Form	ScrollBar
DBListBox	GroupBox	ScrollBox
DBLookupCombo	Header	StringGrid
DBLookupList	ListBox	TabbedNotebook
DBMemo	MaskEdit	TabSet

Die nun folgenden Komponenten zählen zu den nicht-fensterähnlichen Komponenten:

Bevel	Label	SpeedButton
DBText	PaintBox	Image
Shape		

procedure SetBounds(ALeft, ATop, AWidth, AHeight: Integer);
Die Methode SetBounds setzt die Begrenzungseigenschaften der Komponente Left, Top, Width und Height auf die Werte, die in den entsprechenden Werten ALeft, ATop, AWidth und AHeight übergeben werden. SetBounds erlaubt Ihnen, mehr als eine Begrenzungseigenschaft der Komponente zur gleichen Zeit einzustellen. Obwohl Sie immer einzelne Begrenzungen einstellen können, erlaubt Ihnen die Verwendung von SetBounds, mehrere Änderungen auf einmal durchzuführen, ohne daß jedesmal das Dialogfenster neu gezeichnet werden muß.

procedure SetFocus;
SetFocus übergibt den Fokus an die Komponente. Bei Formularen ruft das jeweilige Formular die Methode SetFocus des standardmäßig aktiven Dialogelements auf.

procedure SetSelTextBuf(Buffer: PChar);
SetSelTextBuf ersetzt den markierten Text einer Komponente durch den Text aus dem mit Buffer angezeigten Puffer.

procedure SetTextBuf(Buffer: PChar);
Die Methode SetTextBuf ersetzt den Text in einer Komponente durch den Text in Buffer. Buffer muß auf einen mit Null abgeschlossenen String zeigen (siehe auch GetTextBuf und GetTextLen).

procedure Show;
Die Methode Show bringt eine Komponente sichtbar auf den Bildschirm, indem die Eigenschaft Visible auf True eingestellt wird. Falls die Methode Show eines Formulars aufgerufen wird und das Formular ist undurchsichtig, versucht Show das Formular sichtbar zu machen, indem sie das Formular mit der Methode BringToFront in den Vordergrund bringt. Ein Formular verfügt zusätzlich über die Methode ShowModal, um einen modalen Dialog erzeugen zu können. Ein modaler Dialog muß bearbeitet und geschlossen werden. Ein SendToBack hätte also keinen Erfolg.

procedure Update;
In der Methode Update wird die API-Funktion UpdateWindow von Windows aufgerufen, die alle beim Zeichnen entstandenen und noch nicht erledigten Meldungen bearbeitet.

UpdateWindows ist definiert als

```
procedure UpdateWindow(Wnd: HWnd);
```

Die Routine UpdateWindow aktualisiert den Client-Bereich des angegebenen Fensters, indem sie eine WM_PAINT-Meldung an das Fenster sendet, wenn der Aktualisierungsbereich für das Fenster nicht leer ist. Die Routine UpdateWindow sendet eine WM_PAINT-Meldung unter Umgehung der Anwendungswarteschlange direkt an die Fensterfunktion des gegebenen Fensters. Wenn der Aktualisierungsbereich leer ist, wird keine Meldung gesendet. Der Parameter Wnd bezeichnet das Fenster oder besser das Handle des Fensters, das aktualisiert werden soll.

procedure ValidateEdit;
Mit ValidateEdit prüfen Sie den Wert der Eigenschaft EditText im Editierfeld auf fehlende Zeichen. Wird ein solches Zeichen gefunden, wird die Exception EDBEditError ausgelöst. Andernfalls kann man sicher sein, daß alle benötigten Zeichen auch eingegeben worden sind.

Komponentenname: **DBMemo**
Klassenname: **TDBMemo**

Beschreibung:

Mit DBMemo können Sie eine ganze Reihe von Textzeilen anzeigen, zum Beispiel den Kommentar zu einem Datensatz, der in der Datenbank abgespeichert worden ist.

Eigenschaften:

property Align: TAlign;
Die Eigenschaft Align legt fest, wie Dialogelemente zum Beispiel im Formular ausgerichtet werden. Mögliche Werte:

alNone	Die Komponente bleibt an der Einfügeposition im Formular (Standardeinstellung).
alTop	Die Komponente wird an die Oberkante des Formulars verschoben und an seine Breite angepaßt. Die Höhe der Komponente bleibt unverändert.
alBottom	Die Komponente wird an die Unterkante des Formulars verschoben und an seine Breite angepaßt. Die Höhe der Komponente bleibt unverändert.
alLeft	Die Komponente wird an die linke Kante des Formulars verschoben und an seine Höhe angepaßt. Die Breite der Komponente bleibt unverändert.
alRight	Die Komponente wird an die rechte Kante des Formulars verschoben und an seine Höhe angepaßt. Die Breite der Komponente bleibt unverändert.
alClient	Die Größe der Komponente wird an den Client-Bereich eines Formulars angepaßt. Ist ein Teil des Client-Bereichs bereits von einer anderen Komponente besetzt, füllt die Komponente den verbleibenden Teil des Client-Bereichs aus.

Wird zum Beispiel ein Formular, das Besitzer eines Labels ist, in der Größe verändert, werden die Komponenten innerhalb des Formulars neu ausgerichtet. Die Verwendung der Eigenschaft Align ist dann sinnvoll, wenn ein Dialogelement an einer Position des Formulars stehenbleiben soll, auch wenn sich die Größe des Formulars ändert.

property Alignment...
Alignment legt die Ausrichtung fest und hängt von dem Typ der Komponente ab:

Alignment für die Komponenten Label, Memo und Panel:

property Alignment: TAlignment;
Alignment legt fest, wie Text innerhalb der Komponente ausgerichtet wird. Mögliche Werte:

taLeftJustify	Der Text wird linksbündig dargestellt.
taCenter	Der Text wird zentriert dargestellt.
taRightJustify	Der Text wird rechtsbündig dargestellt.

Alignment für die Komponenten CheckBox und RadioButton:

property Alignment: TLeftRight;
Alignment legt die Ausrichtung des Titels fest. Mögliche Werte:

taLeftJustify	Der Titel wird linksbündig dargestellt.
taRightJustify	Der Titel wird rechtsbündig dargestellt.

Alignment für die Komponente PopupMenu:

property Alignment: TPopupAlignment;
Alignment legt fest, wo das Popup-Menü erscheint, wenn der Anwender die rechte Maustaste drückt. Mögliche Werte:

paLeft	Das Popup-Menü erscheint mit der oberen linken Ecke unter dem Mauszeiger.
paCenter	Das Popup-Menü erscheint mit der Mitte der Oberkante unter dem Mauszeiger.
paRight	Das Popup-Menü erscheint mit der oberen rechten Ecke unter dem Mauszeiger.

Alignment für die Komponenten:

BCDField	DateTimeField	StringField
BooleanField	FloatField	TimeField
CurrencyField	IntegerField	WordField
DateField	SmallintField	

property Alignment: TAlignment;
Alignment wird dazu verwendet, die Daten in einem Feld zu zentrieren oder nach links bzw. rechts auszurichten. Mögliche Werte:

taLeftJustify	Der Inhalt des Datensatzes wird linksbündig dargestellt.
taCenter	Der Inhalt des Datensatzes wird zentriert dargestellt.
taRightJustify	Der Inhalt des Datensatzes wird rechtsbündig dargestellt.

property AutoDisplay: Boolean;
Mit AutoDisplay bestimmen Sie, ob der Inhalt eines Memo-BLOBs oder grafischen BLOBs automatisch angezeigt wird. Ist AutoDisplay auf True gesetzt, zeigt das Dialogelement neue Daten automatisch an, wenn das zugrundeliegende BLOB-Feld sich ändert. Bei AutoDisplay=False dagegen wird die Komponente immer dann gelöscht, wenn sich das zugrundeliegende BLOB-Feld ändert. Zum Anzeigen der Daten reicht ein Doppelklick auf die Komponente oder auch das Fokusieren der Komponente. Benötigt zum Beispiel das Laden gewisser BLOBS zu viel Zeit, können Sie es somit den Anwender entscheiden lassen, ob er diese Daten im Moment überhaupt angezeigt haben will.

property BorderStyle: TBorderStyle;
BorderStyle legt fest, ob diese Komponenten einen Rahmen haben. Dies sind die möglichen Werte:

bsNone	Kein sichtbarer Rahmen
bsSingle	Rahmen mit einfacher Rahmenlinie

Weitere nur bei manchen Komponenten (mehr oder weniger sogar nur die Komponente vom Typ TForm, also ein Formular) mögliche Werte:

bsSizeable	Größenveränderlicher Standardrahmen
bsDialog	Nicht größenveränderlich; Standardrahmen für Dialogfenster

Hat eine Komponente zusätzlich die Eigenschaft AutoSize und wird diese auf True gesetzt, paßt die Komponente ihre Größe automatisch an, wenn sich die Schriftgröße des Textes ändert. Damit AutoSize wirksam wird, müssen Sie die Eigenschaft BorderStyle auf bsSingle setzen.

property BoundsRect: TRect;
Die Eigenschaft BoundsRect liefert das Begrenzungsrechteck der Komponente – ausgedrückt im Koordinatensystem des übergeordneten Dialogelements – zurück. Mit BoundsRect ersetzen und erleichtern Sie sich somit die Abfrage der einzelnen Werte für die Eigenschaften Left, Top, Width und Height.

property Color: TColor;
Die Eigenschaft Color legt für alle Komponenten mit Ausnahme des Dialogfensters die Farbe fest (Hintergrundfarbe eines Formulars oder eines Dialogelements oder Grafikobjekts).

Ist die Eigenschaft ParentColor auf True gesetzt, bewirkt eine Änderung der Eigenschaft Color einer Komponente A automatisch eine Änderung der Eigenschaft Color aller Komponenten, die als Besitzer die Komponente A haben. Wenn Sie der Eigenschaft Color eines Dialogelements einen Wert zuweisen, wird seine Eigenschaft ParentColor automatisch auf False gesetzt. Mögliche Werte sind:

clBlack	Schwarz
clMaroon	Rotbraun
clGreen	Grün
clOlive	Olivgrün
clNavy	Marineblau

clPurple   Violett
clTeal   Petrol
clGray   Grau
clSilver   Silber
clRed   Rot
clLime   Limonengrün
clBlue   Blau
clFuchsia   Pink
clAqua   Karibikblau
clWhite   Weiß

(Systemfarben von Windows:)

clBackground	Aktuelle Windows-Hintergrundfarbe
clActiveCaption	Aktuelle Farbe der Titelleiste des aktiven Fensters
clInactiveCaption	Aktuelle Farbe der Titelleiste der inaktiven Fenster
clMenu	Aktuelle Hintergrundfarbe der Menüs
clWindow	Aktuelle Hintergrundfarbe der Fenster
clWindowFrame	Aktuelle Farbe der Fensterrahmen
clMenuText	Aktuelle Farbe vom Menütext
clWindowText	Aktuelle Farbe vom Fenstertext
clCaptionText	Aktuelle Textfarbe der Titelleiste des aktiven Fensters
clActiveBorder	Aktuelle Rahmenfarbe des aktiven Fensters
clInactiveBorder	Aktuelle Rahmenfarbe der inaktiven Fenster
clAppWorkSpace	Aktuelle Farbe des Arbeitsbereichs der Anwendung
clHighlight	Aktuelle Hintergrundfarbe vom ausgewählten Text
clHighlightText	Aktuelle Farbe vom ausgewählten Text
clBtnFace	Aktuelle Farbe einer Schalterfläche
clBtnShadow	Aktuelle Schattenfarbe eines Schalters
clGrayText	Aktuelle Farbe von grau dargestelltem Text
clBtnText	Aktuelle Farbe von Text auf einem Schalter
clInactiveCaptionText	Aktuelle Textfarbe in der Titelleiste eines inaktiven Fensters
clBtnHighlight	Aktuelle Farbe der Markierung eines Schalters

Mit einem Doppelklick auf Color öffnet sich das Farbschema von Windows, in dem Sie auch eigene Farben zusammenstellen können.

property ComponentIndex: Integer;
Die Eigenschaft ComponentIndex zeigt die Position einer Komponente in der Eigenschaftsliste Components ihres Besitzers an. Die erste Komponente in der Liste hat den ComponentIndex-Wert 0, die zweite hat den Wert 1, die dritte den Wert 2 etc. Diese Eigenschaft ist nur zur Laufzeit und dann auch nur im Read-Only-Modus benutzbar.

property Controls[Index: Integer]: TControl;
Controls ist ein Array aller untergeordneten Komponenten der Komponente. Controls ist dann von Nutzen, wenn Sie auf die untergeordneten Komponenten über die Nummer statt über den Namen zugreifen müssen.

property Ctl3D: Boolean;
Die Eigenschaft Ctl3D legt fest, ob ein Dialogelement ein dreidimensionales (3-D) oder zweidimensionales Aussehen besitzt. Wenn Ctl3D True ist, erscheint das Dialogelement dreidimensional. Die Voreinstellung von Ctl3D ist True. Wenn die Eigenschaft ParentCtl3D einer Komponente auf True gesetzt ist, verändert jede Modifikation der Eigenschaft Ctl3D des übergeordneten Dialogelements automatisch auch die Eigenschaft Ctl3D des Dialogelements.

Achtung: Damit Ctl3D überhaupt funktioniert, muß sich die dynamische Link-Bibliothek CTL3DV2.DLL im Suchpfad befinden. Idealerweise sollte sich diese Datei im System-Verzeichnis von Windows aufhalten.

property Cursor: TCursor;
Mit der Eigenschaft Cursor stellen Sie das Aussehen des Cursors ein, wenn dieser auf die Komponente zeigt.

Mögliche Werte sind:

crDefault	crArrow	crCross
crIBeam	crSize	crSizeNESW
crSizeNS	crSizeNWSE	crSizeWE
crUpArrow	crHourglass	crDrag
crNoDrop	crHSplit	crVSplit

property DataField: String;
Mit DataField geben Sie das anzuzeigende Feld an. Dieses Feld stammt aus der Quelle in der Eigenschaft DataSouce. In einer DBEdit Komponente legt dieses Feld der Datenbank auch die Gültigkeit der Eintragungen fest. Ist also ein Feld numerisch, akzeptiert die Komponente keine anderen Eingabetypen.

property DataSource: TDataSource;
Mit Hilfe der Eigenschaft DataSource verbinden Sie die Komponente mit einer Instanz der Komponente DataSource, um die Werte von Parametern mit Params oder ParamByName zu setzen. Dies ermöglicht Ihren Anwendungen verknüpfte Abfragen.

property DragCursor: TCursor;
Die Eigenschaft DragCursor bestimmt die Form des Mauszeigers, wenn sich der Zeiger über einer Komponente befindet, die ein gezogenes Objekt akzeptieren kann. Mögliche Werte sind mit denen der Eigenschaft Cursor identisch.

property DragMode: TDragMode;
Die Eigenschaft DragMode legt das Ziehen-und-Ablegen-Verhalten einer Komponente fest. Mögliche Werte sind:

dmAutomatic   Wenn dmAutomatic ausgewählt ist, ist das Dialogelement bereit, gezogen zu werden; der Anwender klickt nur und zieht es dann.

dmManual   Wenn dmManual ausgewählt ist, kann das Dialogelement nicht gezogen werden, bevor die Anwendung die Methode BeginDrag aufgerufen hat.

Ist die Eigenschaft DragMode einer Komponente dmAutomatic, kann die Anwendung dies zur Laufzeit durch Einstellung des Wertes dmManual deaktivieren.

property Enabled: Boolean;
Die Eigenschaft Enabled bestimmt, ob die Komponente auf Maus-, Tastatur- und Timer-Ereignisse reagiert. Wenn Enabled auf True gesetzt ist, reagiert die Komponente normal. Ist Enabled hingegen False, ignoriert das Dialogelement Maus- und Tastaturereignisse. Bei einer Timer-Komponente werden die für das OnTimer-Ereignis deaktivierten Komponenten-Dialogelemente grau dargestellt.

property Fields[Index: Integer]: TField;
Mit Fields erhalten Sie zur Laufzeit ein von Ihnen bestimmtes Feld einer Tabelle als Ergebnis zurück. Mit Hilfe des Parameters Index bestimmen Sie das Feld. Dabei beginnt der Index einer Tabelle mit dem Wert 0 für das erste Feld.

property Font: TFont;
Die Eigenschaft Font legt den Font und die Eigenschaften des Fonts der Komponente fest. Sie haben die Möglichkeit, diese Werte im Objectinspektor zu ändern oder – wesentlich komfortabler – mit Hilfe eines Doppelklicks auf diese Eigenschaft einen Dialog zu öffnen, der alle möglichen Werte anzeigt.

property Handle: HWND;
Handle bietet Ihnen für den Fall, daß eine Windows-API-Funktion ein Handle verlangt, Zugriff auf das Fenster-Handle der Anwendung, des Suchen-und-Ersetzen-Dialogfensters und aller Komponenten. Der Wert von Handle ist gleichbedeutend mit der Handle-Nummer der Komponente.

property Height: Integer;
Die Eigenschaft Height eines Dialogelements legt die Höhe der Komponente in Pixeln fest.

property HelpContext: THelpContext;
Die Eigenschaft HelpContext stellt eine Kontextnummer für den Aufruf kontextbezogener Online-Hilfe bereit. Jeder Hilfebildschirm des Hilfesystems sollte eine eindeutige Kontextnummer besitzen. Ist in der Anwendung eine Komponente selektiert, so wird nach Betätigen von F1 ein Hilfebildschirm angezeigt. Welcher Hilfebildschirm angezeigt wird, hängt vom Wert der Eigenschaft HelpContext ab.

property Hint: string;
Die Eigenschaft Hint ist der Text-String, der erscheinen kann, wenn ein OnHint-Ereignis eintritt, also wenn der Benutzer den Cursor über die Komponente bewegt. Wie der String angezeigt wird, bestimmt der Code in der Ereignisbehandlungs-Routine OnHint. Sie können eine Schnellhilfe, d.h. ein Fenster, das einen Hilfetext

enthält, für eine Komponente erscheinen lassen, wenn der Anwender den Mauszeiger über das Dialogelement führt und dort kurz verweilt. Dies funktioniert wie folgt:
1. Spezifizieren Sie für jede Komponente, die einen Schnellhinweis anzeigen soll, einen Hint-Wert.
2. Setzen Sie die Eigenschaft ShowHints des Bedienfelds auf True.
3. Setzen Sie die Eigenschaft ShowHint der Anwendung zur Laufzeit auf True.

Sie können Hint gleichzeitig sowohl für ein Hilfehinweisfenster als auch für die Verwendung innerhalb der Behandlungsroutine OnHint spezifizieren, indem Sie zwei durch das Zeichen | (das »oder« oder Pipe-Symbol) getrennte Werte angeben, also beispielsweise:

```
Edit1.Hint := 'Aufforderung|Geben Sie den richtigen Wert ein';
```

Der String »Aufforderung« erscheint im Hilfehinweisfenster und der String »Geben Sie den richtigen Wert ein« erscheint wie in der Ereignisbehandlungs-Routine OnHint spezifiziert.

property Left: Integer;
Die Eigenschaft Left bestimmt die horizontalen Koordinaten in Pixeln der linken Kante einer Komponente relativ zum Formular. Für Formulare ist der Wert der Eigenschaft Left relativ zum Bildschirm (ebenfalls in Pixeln).

property Lines: TStrings;
Lines enthält die Anzahl der Textzeilen in einer Memo-Komponente. Für die Komponente TDBMemo ist die Eigenschaft Lines nur zur Laufzeit verfügbar.

property MaxLength: Integer;
Die Eigenschaft MaxLength spezifiziert die Maximalzahl von Zeichen, die der Benutzer in die Komponente eingeben kann. Der Vorgabewert für MaxLength ist 0, d.h. es gibt keine Begrenzung für die Anzahl der Zeichen, die die Komponente enthalten kann.

property Modified: Boolean;
Die Eigenschaft Modified überprüft, ob der Text einer Komponente seit seiner Erzeugung oder seit zum letzten Mal die Eigenschaft Modified auf False gesetzt wurde, geändert worden ist. Ist Modified True, so hat sich der Text geändert.

property Name: TComponentName;
Die Eigenschaft Name enthält den Namen der Komponente, wie er von anderen Komponenten für den Zugriff verwendet wird. Delphi weist als Vorgabewerte sequentielle Namen zu, die auf dem Typ der Komponente basieren, also etwa für Buttons »Button1«, »Button2« etc. Diese können Sie gemäß Ihrer Vorstellungen abändern. Komponentennamen sollten ausdrücklich nur zur Entwurfszeit geändert werden.

property Owner: TComponent;
Die Eigenschaft Owner teilt Ihnen mit, welche Komponente zu welcher Komponente gehört. Dem Formular gehören alle Komponenten, die auf ihm vorhanden sind. Umgekehrt gehört das Formular zur Anwendung. Gehört eine Komponente A einer

anderen Komponente B, wird der Speicher der Komponente A freigegeben, wenn der Speicher der Komponente B freigegeben wird. Es werden also folgerichtig alle Komponenten des Formulars gelöscht, wenn das Formular gelöscht wird. Außerdem wird natürlich der Speicher für das Formular und dessen Komponenten freigegeben, wenn der Speicher der Anwendung selbst freigegeben wird.

property Parent: TWinControl;
Die Eigenschaft Parent enthält den Namen der übergeordneten Komponente. Wenn eine Komponente A eine andere Komponente B enthält, sind die in B enthaltenen Komponenten untergeordnete Komponenten von A. Wenn Ihre Anwendung beispielsweise drei Buttons in einer GroupBox enthält, dann ist die GroupBox das übergeordnete Element der drei Buttons und die Button-Schaltfelder sind der GroupBox untergeordnet. Parent und Owner sind leider etwas verwirrend. Daher hier eine kleine Entwirrung:

Ein Formular ist der Besitzer aller darin enthaltenen Komponenten, unabhängig davon, ob sie ein Fensterelement sind oder nicht. Für unser Beispiel mit den drei Buttons und der GroupBox bedeutet dies: Der Besitzer der Buttons ist immer das Formular, aber die GroupBox ist das übergeordnete Element.

Wenn Sie einen neuen Dialog erzeugen, müssen Sie dem neuen Dialogelement einen Wert der Eigenschaft Parent zuweisen. Üblicherweise sind dies Formulare, Bedienfelder, GroupBoxen oder andere Dialoge, die andere Komponenten-Elemente enthalten können. Es ist möglich, jedes Element als das übergeordnete zuzuweisen, aber das darin enthaltene Dialogelement wird wahrscheinlich überschrieben.

Wird das übergeordnete Element gelöscht, werden auch alle Elemente, die ihm untergeordnet sind, gelöscht.

property ParentColor: Boolean;
Die Eigenschaft ParentColor bestimmt, wo eine Komponente nach ihrer Farbeigenschaft suchen soll. Falls ParentColor True ist, verwendet die Komponente die Farbeigenschaft der übergeordneten Komponente.

Wenn ParentColor False ist, verwendet die Komponente ihre eigene Eigenschaft Color. Durch Verwendung von ParentColor können Sie sicherstellen, daß alle Komponenten auf einem Formular das gleiche Erscheinungsbild haben.

property ParentCtl3D: Boolean;
Die Eigenschaft ParentCtl3D bestimmt, wo eine Komponente nach ihrer Eigenschaft Ctl3D suchen muß. IstParentCtl3D auf True gesetzt, verwendet die Komponente die Dimensionen der Eigenschaft Ctl3D von ihrer übergeordneten Komponente. Wenn ParentCtl3D False ist, verwendet die Komponente ihre eigene Eigenschaft Ctl3D. Durch Verwendung von ParentCtl3D stellen Sie sicher, daß alle Komponenten auf einem Formular das gleiche Erscheinungsbild haben. Wenn Sie beispielsweise möchten, daß alle Komponenten auf einem Formular ein dreidimensionales Erscheinungsbild haben, setzen Sie die Eigenschaft Ctl3D des Formulars auf True und die Eigenschaft ParentCtl3D jeder Komponente auf True.

property ParentFont: Boolean;
Die Eigenschaft ParentFont bestimmt, wo eine Komponente nach ihrer Fonteigenschaft suchen soll. Falls ParentFont True ist, verwendet die Komponente den Font der Eigenschaft der übergeordneten Komponente.

Ist ParentFont False, verwendet die Komponente ihre eigene Eigenschaft Font. Durch Verwendung von ParentFont können Sie sicherstellen, daß alle Komponenten auf einem Formular das gleiche Erscheinungsbild haben.

property ParentShowHint: Boolean;
Die Eigenschaft ParentShowHint bestimmt, wo eine Komponente nach ihrer Hinteigenschaft suchen soll. Falls ParentShowHint True ist, verwendet die Komponente die Hint-Eigenschaft der übergeordneten Komponente.

Ist ParentShowHint False, verwendet die Komponente ihre eigene Eigenschaft Hint. Durch Verwendung von ParentShowHint können Sie sicherstellen, daß alle Komponenten auf einem Formular das gleiche Erscheinungsbild haben.

property PopupMenu: TPopupMenu;
Die Eigenschaft PopupMenu legt den Namen des Popup-Menüs fest, das erscheint, wenn der Anwender die Komponente auswählt oder die rechte Maustaste drückt (bei dem Wert True für AutoPopup des Popup) oder wenn die Methode Popup des Popup-Menüs ausgeführt wird.

property ReadOnly: Boolean;
Die Eigenschaft ReadOnly hängt davon ab, um welche Art von Komponente es sich bei der Komponente mit dieser Eigenschaft handelt.

<u>ReadOnly für datensensitive Komponenten und Eigabefelder:</u>

ReadOnly bestimmt, ob der Anwender den Inhalt einer Komponente ändern darf. Falls ReadOnly True ist, kann der Anwender den Inhalt nicht ändern. Wenn ReadOnly False ist, kann der Anwender den Inhalt abändern. Die Eigenschaft ReadOnly bestimmt bei datensensitiven Komponenten, ob der Anwender die Komponente verwenden kann, um ein Feld in einem Datensatz zu bearbeiten oder ob er die Komponente nur zur Anzeige von Daten verwenden kann. Falls ReadOnly False ist, kann der Anwender den Wert des Feldes ändern, solange der Datensatz zum Bearbeiten freigegeben ist. Ist die Eigenschaft ReadOnly eines Datengitters True, kann der Anwender keine neue Zeile einfügen.

Zu dieser Gruppe von Komponenten zählen:

DBCheckBox	DBListBox	DBRadioGroup
DBComboBox	DBLookupCombo	Edit
DBEdit	DBLookupList	MaskEdit
DBGrid	DBMemo	Memo
DBImage		

ReadOnly für Tabellen:

Benutzen Sie ReadOnly um zu verhindern, daß Benutzer Daten in der Tabelle ändern können. Achtung: Denken Sie daran, die Eigenschaft Active auf False zu setzen, bevor Sie ReadOnly ändern.

Zu dieser Gruppe von Komponenten zählen:

TTable

ReadOnly für Feldkomponenten:

ReadOnly kann die Modifikation eines Feldes sperren. Hat diese Eigenschaft den Wert False, kann ein Feld verändert werden. Um die Änderung eines Feldes zu verhindern, setzen Sie ReadOnly auf True. In TDBGrid werden bei Tabulatorsprüngen die Felder mit der Eigenschaft ReadOnly übersprungen.

Zu dieser Gruppe von Komponenten gehören:

BCDField	DateTimeField	SmallintField
BlobField	FloatField	StringField
BooleanField	GraphicField	TimeField
BytesField	IntegerField	VarBytesField
CurrencyField	MemoField	WordField
DateField		

property ScrollBars: TScrollStyle;
ScrollBars bestimmt, ob eine Komponente eine Bildlauf-Leiste hat. Folgende Werte sind möglich:

scNone	Keine Bildlaufleiste
scHorizontal	horizontale Bildlaufleiste
scVertical	vertikale Bildlaufleiste
scBoth	beide Bildlaufleisten

property SelLength: Integer;
Die Eigenschaft SelLength gibt die Länge (in Zeichen) des in der Komponente ausgewählten Textes an. Mit SelLength und der Eigenschaft SelStart legen Sie fest, welcher Teil des Textes in der Komponente ausgewählt wird. Sie können die Anzahl der ausgewählten Zeichen durch eine Änderung von SelLength erreichen. Wenn der Wert für SelStart geändert wird, ändert sich entsprechend der Wert von SelLength. Die Komponente muß die aktive Komponente sein, wenn Sie den Wert von SelLength ändern wollen.

property SelStart: Integer;
SelStart gibt die Anfangsposition des markierten Teils eines Textes in der Komponente zurück. Sie können SelStart zusammen mit der Eigenschaft SelLength verwenden, um einen Teil des Textes auszuwählen. Legen Sie das Zeichen, ab dessen Position Sie die Markierung des Textes beginnen möchten, als Wert von SelStart fest.

Wenn der Wert von SelStart geändert wird, ändert sich entsprechend auch der Wert von SelLength. Die Komponente muß die aktive Komponente sein, wenn Sie den Wert von SelLength ändern wollen.

property SelText: string;
Die Eigenschaft SelText enthält den ausgewählten Teil des Textes der Komponente. Sie können sie verwenden, um zu bestimmen, was der markierte Text enthält oder Sie können den Text markieren, indem Sie einen neuen String angeben. Falls momentan kein Text markiert ist, wird der String in SelText an der Cursor-Position im Text eingefügt.

property ShowHint: Boolean;
Die Eigenschaft ShowHint bestimmt, ob das Dialogelement eine Schnellhilfe anzeigen soll, wenn der Mauszeiger eine Weile auf ihm verweilt. Die Schnellhilfe entspricht dem Wert der Eigenschaft Hint, die in einem Feld direkt unterhalb des Elements angezeigt wird. Hat die Eigenschaft ShowHint den Wert True, kann die Schnellhilfe erscheinen. Ist ShowHint False, kann die Schnellhilfe auch angezeigt werden, wenn ParentShowHint auf True gesetzt wurde, und die Eigenschaft ShowHint der übergeordneten Komponente ebenfalls auf True gesetzt wurde.

property Showing: Boolean;
Die Eigenschaft Showing legt fest, ob eine Komponente momentan auf dem Bildschirm angezeigt wird oder nicht. Falls die Eigenschaft Visible einer Komponente und aller übergeordneten Komponenten in der übergeordneten Hierarchie True ist, ist Showing auch True. Wenn einer der Vorfahren der Komponente den Wert False als Wert für die Eigenschaft Visible hat, ist auch Showing False.

property TabOrder: TTabOrder;
Die Eigenschaft TabOrder bestimmt die Position einer Komponente in der Tabulatorreihenfolge, in der Komponenten den Fokus erhalten, wenn der Anwender die Taste TAB drückt. Anfänglich ist die Tabulatorreihenfolge immer die Reihenfolge, in der die Komponenten in das Formular hinzugefügt wurden. Der Wert der Eigenschaft TabOrder ist für jede Komponente auf dem Formular einmalig. Die erste dem Formular hinzugefügte Komponente hat den TabOrder-Wert 0, die zweite hat 1, die dritte 2 usw.

Falls Sie dem Wert der Eigenschaft TabOrder einer Komponente den Wert einer anderen Komponente zuweisen, numeriert Delphi automatisch die Werte für alle anderen Komponenten neu. Angenommen, eine Komponente ist beispielsweise die sechste Komponente in der Tabulatorreihenfolge. Wenn Sie den Wert der Eigenschaft TabOrder der Komponente auf 3 ändern (dies macht die Komponente zu der vierten in der Tabulatorreihenfolge), wird die Komponente, die die vierte war, nun zur fünften und die Komponente, die die fünfte war, wird jetzt die sechste.

property TabStop: Boolean;
Die Eigenschaft TabStop bestimmt, ob der Anwender diese Komponente mit der Taste TAB anspringen kann. Falls TabStop True ist, befindet sich die Komponente in der

Tabulatorreihenfolge. Wenn TabStop False ist, ist das Dialogelement nicht in der Tabulatorreihenfolge.

property Tag: Longint;
Die Eigenschaft Tag kann einen Integerwert als Element einer Komponente speichern. Tag wird von Delphi nicht benutzt und steht Ihnen damit zur freien Verfügung

property Text: TCaption;
Die Eigenschaft Text einer Komponente legt den Text fest, der in der Komponente erscheint. Der voreingestellte Text ist der Name des Elements. Ihr Programm kann den Wert von Text zum Einsetzen in das Programm benutzen oder um dem Anwender Daten anzuzeigen. Die maximale Länge des Strings in der Eigenschaft Text ist 255 Zeichen. Die Eigenschaft Text einer Maskeneditierzeile (MaskEdit) oder Datenbankeditierzeile (DBEdit) oder eines Datenbankmemos (DBMemo) enthält den Text und die literalen Maskenzeichen, spezifiziert mit der Eigenschaft EditText, wenn der Anwender die Maskenzeichen mit dem Text speichern läßt. Wenn die Maskenzeichen nicht gespeichert werden, enthält der Text diese nicht.

Die Eigenschaft Text einer Datenbank-Editierzeile oder eines Datenbankmemos ist nur zur Laufzeit verfügbar. Sie sollten der Eigenschaft Text nicht oft einen neuen Wert zuweisen. Falls die Datenmenge den Status »nur lesen« besitzt, wenn der neue Wert Text zugewiesen wird, würde sich der Feldinhalt nicht ändern. Dazu sollten Sie den Wert des darunterliegenden Feldes durch Einsatz der Eigenschaft Field der Editierzeile ändern. Beispiel:

```
DBEdit1.Field.AsString := 'Ein neuer Text und ein neuer Wert';
```

property Top: Integer;
Die Eigenschaft Top gibt die Y-Koordinate in Pixeln der linken oberen Ecke eines Dialogelements relativ zum Formular an. Bei Formularen wird der Wert der Eigenschaft Top in Pixeln relativ zum Bildschirm angegeben.

property Visible: Boolean;
Die Eigenschaft Visible bestimmt, ob eine Komponente auf dem Bildschirm sichtbar ist (True) oder nicht (False).

property WantReturns: Boolean;
WantReturns bestimmt, ob sich die mit der Eingabetaste in den Komponenten Memo und DBMemo eingegebenen Zeilenumbrüche auswirken. Bei True wird ein Zeilenumbruch in das Memo eingegeben, ansonsten wird die Betätigung der RETURN-Taste zur Verarbeitung an das Formular weitergegeben. Bei False kann aber mit Hilfe der Tasten-Kombination STRG+RETURN trotzdem ein Zeilenumbruch in die Komponente eingesetzt werden.

property WantTabs: Boolean;
WantTabs legt fest, ob Tabulatoren in den Komponenten Memo und DBMemo aktiviert sind. Bei dem Wert True werden sie aktiviert, ansonsten werden sie ignoriert.

Ist WantTabs = True, können Sie *nicht* mit Hilfe der TAB-Taste zur nächsten Komponente eines Formulars springen.

property Width: integer;
Die Eigenschaft Width bestimmt die Breite einer Komponente, gemessen in Pixeln.

property WordWrap: Boolean;
Die Eigenschaft WordWrap gibt an, ob der Text in der Komponente am rechten Rand in eine neue Zeile umspringt, um in das Dialogelement hineinzupassen. Die Komponente muß so groß sein, daß mindestens eine Zeile zum Editieren angezeigt werden kann, auch wenn WordWrap den Wert True hat.

Ereignisse:

property OnChange: TNotifyEvent;
Das Ereignis OnChange erscheint, wenn der Inhalt einer Komponente oder eines Objekts sich ändert. Bei grafischen Objekten tritt OnChange ein, wenn sich die Grafik, die vom Objekt gekapselt wird, ändert. Zum Beispiel tritt das Ereignis OnChange für einen Stift ein, wenn die Eigenschaften Color, Mode, Style oder Width des TPen-Objekts geändert werden. Bei Komponenten tritt OnChange ein, wenn der Hauptwert oder die Hauptwerte der Komponente geändert werden.

Bei Kombinationsfenstern tritt das Ereignis OnChange auch ein, wenn ein Element in der aufklappbaren Liste gewählt wird. Bei String-Listen-Objekten tritt das Ereignis OnChange ein, wenn sich eine Änderung für einen String ergibt, der in der String-Liste gespeichert ist.

OnChange ist vom Typ

```
TNotifyEvent = procedure (Sender: TObject) of object;
```

Der Typ TNotifyEvent weist also auf eine Methode, die das Anklicken eines Objekts behandelt. Der Parameter Sender ist das Dialogelement, das angeklickt wurde.

property OnClick: TNotifyEvent;
Das Ereignis OnClick erscheint, wenn der Benutzer auf die Komponente klickt. In einem Formular tritt OnClick ein, wenn der Benutzer auf eine freie Stelle im Formular oder auf eine inaktive Komponente klickt.

OnClick ist vom Typ

```
TNotifyEvent = procedure (Sender: TObject) of object;
```

Der Typ TNotifyEvent weist also auf eine Methode, die das Anklicken eines Objekts behandelt. Der Parameter Sender ist das Dialogelement, das angeklickt wurde.

property OnDblClick: TNotifyEvent;
Das Ereignis OnClick erscheint, wenn der Benutzer auf die Komponente einen Doppelklick ausführt. In einem Formular tritt das Ereignis OnDblClick ein, wenn der Benutzer auf eine freie Stelle im Formular oder eine inaktive Komponente einen Doppelklick ausführt.

OnDblClick ist vom Typ

```
TNotifyEvent = procedure (Sender: TObject) of object;
```

Der Typ TNotifyEvent weist also auf eine Methode, die das Doppelklicken eines Objekts behandelt. Der Parameter Sender ist das Dialogelement, das mit einem Doppelklick bearbeitet wurde.

property OnDragDrop: TDragDropEvent;
Das Ereignis OnDragDrop tritt ein, wenn der Anwender ein gezogenes Objekt ablegt. Verwenden Sie die Ereignisbehandlungs-Routine OnDragDrop, um festzulegen, was passieren soll, wenn der Anwender ein Objekt ablegt.

OnDragClick ist vom Typ

```
TDragDropEvent = procedure(Sender, Source: TObject; X, Y: Integer) of object;
```

Der Typ TDragDropEvent zeigt also auf eine Methode, die das Ablegen eines gezogenen Objekts behandelt. Der Parameter Source des Ereignisses OnDragDrop ist das abzulegende Objekt und der Parameter Sender ist das Dialogelement, auf dem das Objekt abgelegt wurde. Die Parameter X und Y sind die Koordinaten des Mauszeigers, der über dem Dialogelement positioniert wird.

property OnDragOver: TDragOverEvent;
Das Ereignis OnDragOver tritt ein, wenn der Anwender ein Objekt über eine Komponente zieht. Üblicherweise werden Sie ein Ereignis OnDragOver verwenden, um ein Objekt zu akzeptieren, damit der Anwender es ablegen kann.

OnDragClick ist vom Typ

```
TDragOverEvent = procedure(Sender, Source: TObject; X, Y: Integer;
                           State: TDragState; var Accept: Boolean) of object;
```

Der Typ TDragOverEvent zeigt also auf eine Methode, die das Ziehen eines Objekts über ein anderes Objekt behandelt. Der Parameter Source ist das gezogene Objekt, Sender ist das Objekt, über das Source gezogen wurde, X und Y sind die Koordinaten des Mauszeigers, der über dem Dialogelement positioniert wird in Pixeln, State ist der Status des gezogenen Objekts in Verbindung zum darübergezogenen Objekt, und Accept legt fest, ob der Sender das Ziehobjekt erkennt. Accept wird nicht per Voreinstellung auf True oder False gesetzt; Sie müssen die passenden Werte selbst zuweisen.

Das Ereignis OnDragOver akzeptiert ein Objekt, wenn der Parameter Accept True ist. Durch Ändern des Wertes der Eigenschaft DragCursor können Sie das Erscheinungsbild des Cursors beeinflussen. Dies können Sie entweder während des Entwickelns oder zur Laufzeit, bevor ein Ereignis OnDragOver eintritt, durchführen.

property OnEndDrag: TEndDragEvent;
Das Ereignis OnEndDrag tritt immer dann ein, wenn das Ziehen eines Objekts abgeschlossen oder abgebrochen wird. Wenn Sie eine besondere Behandlung haben möchten, wenn das Ziehen beendet wird, verwenden Sie die Ereignisbehandlungs-Routine OnEndDrag.

OnEndDrag ist vom Typ

```
TEndDragEvent = procedure(Sender, Target: TObject; X, Y: Integer) of object;
```

Der Typ TEndDragEvent zeigt also auf eine Methode, die das Anhalten des Ziehens eines Objekts behandelt. Der Sender ist das Objekt, das gezogen wird, Target ist das Objekt, zu dem Sender hingezogen wird, und X und Y sind die zugehörigen Bildschirmkoordinaten des Mauszeigers, der über dem Dialogelement positioniert wird. Falls das gezogene Objekt abgelegt und durch das Dialogelement akzeptiert wurde, ist der Parameter Target des Ereignisses OnEndDrag True. Wenn das Objekt nicht erfolgreich abgelegt wurde, beträgt der Wert Target Nil.

property OnEnter: TNotifyEvent;
OnEnter tritt ein, wenn eine Komponente aktiviert wird. Falls Sie eine besondere Behandlung festlegen möchten, wenn eine Komponente aktiviert wird, verwenden Sie die Ereignisbehandlungs-Routine OnEnter.

OnEnter erscheint nie, wenn Sie zwischen Formularen oder einer anderen Windows-Anwendung und Ihrer Anwendung umschalten. OnEnter für eine Komponente des Typs TPanel oder THeader tritt nie ein, da Bedienfelder oder Header keinen Fokus erhalten können. Somit ist OnEnter dort vollkommen nutzlos. Sie haben diese Ereignisbehandlung aber geerbt.

OnEnter ist vom Typ

```
TNotifyEvent = procedure (Sender: TObject) of object;
```

Der Typ TNotifyEvent weist also auf eine Methode, die das Doppelklicken eines Objekts behandelt. Der Parameter Sender ist das Dialogelement, das mit einem Doppelklick bearbeitet wurde.

property OnExit: TNotifyEvent;
OnExit erscheint, wenn der Eingabefokus von einer Komponente an eine andere übergeben wird. OnExit tritt nicht ein, wenn Sie zwischen Formularen oder zwischen einer Windows-Anwendung und Ihrer Anwendung umschalten. OnExit tritt bei den Komponenten Panel und Speedbutton nicht ein, da diese niemals den Fokus erhalten.

OnExit ist vom Typ

```
TNotifyEvent = procedure (Sender: TObject) of object;
```

Der Typ TNotifyEvent weist also auf eine Methode, die das Doppelklicken eines Objekts behandelt. Der Parameter Sender ist das Dialogelement, das mit einem Doppelklick bearbeitet wurde.

property OnKeyDown: TKeyEvent;
OnKeyDown tritt ein, wenn der Anwender irgendeine Taste drückt, während die Komponente den Fokus hat. Verwenden Sie OnKeyDown, um eine besondere Behandlung festzulegen, die ausgeführt wird, wenn eine Taste gedrückt wird. Der Handler OnKeyDown kann auf alle Tasten der Tastatur, einschließlich Funktionsta-

sten und Tastenkombinationen mit den Tasten UMSCHALT, ALT und STRG sowie betätigten Maustasten reagieren.

OnKeyDown ist vom Typ

```
TKeyEvent = procedure (Sender: TObject; var Key: Word; Shift: TShiftState)
            of object;
```

Der Typ TKeyEvent weist also auf eine Methode, die Tastaturereignisse verarbeitet. Der Parameter Key steht für die Taste und Shift und kann die folgenden Wert annehmen:

ssShift	UMSCHALTTASTE (SHIFT) wird festgehalten
ssAlt	linke ALT-Taste wird festgehalten
[ssAlt, ssCtrl]	ALTGR-Taste wird festgehalten
ssCtrl	Taste STRG wird festgehalten
ssLeft	Linke Maustaste wird festgehalten
ssMiddle	Mittlere Maustaste wird festgehalten
ssDouble	Rechte und linke Maustaste werden gleichzeitig festgehalten

property OnKeyPress: TKeyPressEvent;
OnKeyPress erscheint, wenn der Anwender eine einzelne Zeichentaste drückt.

OnKeyPress ist vom Typ

```
TKeyPressEvent = procedure (Sender: TObject; var Key: Char) of object;
```

TKeyPressEvent weist also auf eine Methode, die einen Tastendruck für ein einzelnes Zeichen verarbeitet. Der Parameter Key gibt die Taste an. Der Parameter Key ist vom Typ Char; deshalb registriert OnKeyPress das ASCII-Zeichen der gedrückten Taste. Tasten, die nicht mit einem ASCII-Zeichen übereinstimmen (beispielsweise UMSCHALT oder F1), werden kein OnKeyPress erzeugen. Tastenkombinationen (wie UMSCHALT+A) erzeugen nur ein Ereignis des Typs OnKeyPress (in diesem Beispiel ergibt UMSCHALT+A einen Wert Key von »A«, wenn die Feststelltaste ausgeschaltet ist). Falls Sie auf Nicht-ASCII-Tasten oder Tastenkombinationen reagieren möchten, verwenden Sie die Ereignisbehandlungs-Routinen OnKeyDown oder OnKeyUp.

property OnKeyUp: TKeyEvent;
OnKeyUp tritt ein, wenn der Anwender die gedrückte Taste wieder losläßt. OnKeyUp kann auf alle Tasten der Tastatur, einschließlich FFunktionstasten und Tastenkombinationen mit den Tasten UMSCHALT, ALT und STRG sowie betätigten Maustasten reagieren.

```
TKeyEvent = procedure (Sender: TObject; var Key: Word; Shift: TShiftState)
            of object;
```

Der Typ TKeyEvent weist also auf eine Methode, die Tastaturereignisse verarbeitet. Der Parameter Key steht für die Taste und Shift und kann die folgenden Wert annehmen:

ssShift	UMSCHALTTASTE (SHIFT) wird festgehalten
ssAlt	linke ALT-Taste wird festgehalten
[ssAlt, ssCtrl]	ALTGR-Taste wird festgehalten
ssCtrl	Taste STRG wird festgehalten
ssLeft	Linke Maustaste wird festgehalten
ssMiddle	Mittlere Maustaste wird festgehalten
ssDouble	Rechte und linke Maustaste werden gleichzeitig festgehalten

property OnMouseDown: TMouseEvent;
Ereignis OnMouseDown tritt ein, wenn der Anwender eine Maustaste zu dem Zeitpunkt drückt, an dem sich der Mauszeiger über einem Dialogelement befindet.

OnMouseDown ist vom Typ

```
TMouseEvent=procedure (Sender: TObject; Button: TMouseButton; Shift: TShiftState;
                      X, Y: Integer) of object;
```

Der Typ TMouseEvent weist also auf eine Methode zur Bearbeitung von Maustasten-Ereignissen hin. Der Parameter Button gibt an, welche Maustaste gedrückt wurde, während Shift Auskunft darüber gibt, welche UMSCHALT- (UMSCHALT, STRG oder ALT) bzw. Maustasten gedrückt waren, während die das Mausereignis verursachende Maustaste gedrückt oder losgelassen wurde. X und Y sind die Bildschirmkoordinaten des Mauszeigers in Pixeln. Der Parameter Button des Ereignisses OnMouseDown zeigt an, welche Maustaste gedrückt wurde. Durch Verwenden des Parameters Shift der Ereignisbehandlungs-Routine OnMouseDown können Sie auf den Status der Maus- und Umschalttasten reagieren. Umschalttasten sind die Tasten UMSCHALT, STRG und ALT.

property OnMouseMove: TMouseMoveEvent;
Das Ereignis OnMouseMove tritt ein, wenn der Anwender den Mauszeiger bewegt und dieser sich bereits über einem Dialogelement befindet.

OnMouseMove ist vom Typ

```
TMouseMoveEvent = procedure(Sender: TObject; Shift: TShiftState; X, Y: Integer)
                      of object;
```

Der Typ TMouseMoveEvent zeigt also auf eine Methode, die Mausereignisse infolge einer Mausbewegung verarbeitet. Der Parameter Button gibt an, welche Maustaste gedrückt wurde, während Shift anzeigt, welche UMSCHALT- (UMSCHALT, STRG oder ALT) bzw. Maustasten während der Mausbewegung gedrückt waren. X und Y sind die Bildschirmkoordinaten des Mauszeigers in Pixeln. Durch Verwenden des Parameters Shift können Sie auf den Status der Maus- und Umschalttasten reagieren. Umschalttasten sind die Tasten UMSCHALT, STRG und ALT.

property OnMouseUp: TMouseEvent;
Das Ereignis OnMouseUp tritt ein, wenn der Anwender die gedrückte Maustaste wieder freigibt, wenn sich der Mauszeiger über einer Komponente befindet.

Die Ereignisbehandlungs-Routine OnMouseUp kann auf Betätigungen der rechten, mittleren und linken Maustasten reagieren sowie auf Maustastenkombinationen mit Umschalttasten (Tasten UMSCHALT, STRG und ALT).

OnMouseUp ist vom Typ

```
TMouseEvent = procedure (Sender: TObject; Button: TMouseButton; Shift: TShiftState;
                         X, Y: Integer) of object;
```

Der Typ TMouseEvent zeigt also auf eine Methode zur Bearbeitung von Maustasten-Ereignissen. Der Parameter Button gibt an, welche Maustaste gedrückt wurde, während Shift Auskunft darüber gibt, welche UMSCHALT- (UMSCHALT, STRG oder ALT) bzw. Maustasten gedrückt waren, während die das Mausereignis verursachende Maustaste gedrückt oder losgelassen wurde. X und Y sind die Bildschirmkoordinaten des Mauszeigers in Pixeln.

Methoden:

procedure BeginDrag(Immediate: Boolean);
Die Methode BeginDrag leitet den Ziehvorgang einer Komponente ein. Wenn der Parameter Immediate auf True gesetzt ist, wird der Mauszeiger auf den Wert der Eigenschaft DragCursor gesetzt und der Ziehvorgang beginnt. Ist Immediate False, wird der Mauszeiger nicht auf den Wert der Eigenschaft DragCursor gesetzt, und der Ziehvorgang wird erst eingeleitet, wenn der Anwender den Mauszeiger um mindestens 5 Pixel bewegt. Auf diese Weise kann die Komponente Mausklicks akzeptieren, ohne einen Ziehvorgang einzuleiten. Ihre Anwendung muß die Methode BeginDrag zum Einleiten eines Ziehvorgangs nur aufrufen, wenn DragMode auf dmManual gesetzt ist.

procedure BringToFront;
Die Methode BringToFront setzt eine Komponente innerhalb einer übergeordneten Komponente vor alle anderen Komponenten. BringToFront hilft insbesondere sicherzustellen, daß ein Formular sichtbar ist. Verwenden Sie diese Methode, wenn Sie die Reihenfolge überlappender Komponenten in einem Formular neu festlegen wollen.

Die Reihenfolge, in der Komponenten übereinander gelagert werden (Z-Reihenfolge), hängt davon ab, ob es sich um fensterähnliche oder um nicht-fensterähnliche Komponente handelt. Die Reihenfolge arbeitet nach dem Prinzip, daß die zuletzt eingefügte Komponente die oberste und damit sichtbare Komponente ist.

Mit der Methode BringToFront einer Komponente würde diese Komponente ganz nach oben auf den Stapel kommen und somit sichtbar sein.

Bei der Stapelung ist zu beachten, daß fensterähnliche Komponenten immer auf nicht-fensterähnlichen Komponenten gestapelt werden. Ein Aufruf von BringToFront einer nicht-fensterähnlichen Komponente bewirkt also gar nichts, wenn oben auf dem Stapel eine fensterähnliche Komponente liegt.

Seite Datensteuerung

Die folgenden Komponenten zählen zu den fensterähnlichen Komponenten:

BitBtn	DBNavigator	MediaPlayer
Button	DBRadioGroup	Memo
CheckBox	DirectoryListBox	Notebook
ComboBox	DrawGrid	OLEContainer
DBCheckBox	DriveComboBox	Outline
DBComboBox	Edit	Panel
DBEdit	FileListBox	RadioButton
DBGrid	FilterComboBox	RadioGroup
DBImage	Form	ScrollBar
DBListBox	GroupBox	ScrollBox
DBLookupCombo	Header	StringGrid
DBLookupList	ListBox	TabbedNotebook
DBMemo	MaskEdit	TabSet

Die nun folgenden Komponenten zählen zu den nicht-fensterähnlichen Komponenten:

Bevel	Label	SpeedButton
DBText	PaintBox	Image
Shape		

function CanFocus: Boolean;
CanFocus stellt fest, ob eine Komponente den Eingabefokus erhalten kann. CanFocus gibt True zurück, wenn die Eigenschaften Visible und Enabled sowohl der Komponente als auch der übergeordneten Komponenten auf True gesetzt sind. Sind nicht alle Eigenschaften Visible und Enabled dieser Komponenten auf True gesetzt, liefert CanFocus False zurück.

procedure Clear;
Die Art und Weise der Methode Clear hängt von den jeweiligen Komponenten ab:

<u>Clear für die Standard-Komponenten:</u>

TClipboard	TDBEdit	TFileListBox
TList	TDBListBox	TFilterComboBox
TStringList	TDBMemo	TListBox
TStrings	TDirectoryListBox	TMaskEdit
TComboBox	TDriveComboBox	TMemo
TDBComboBox	TEdit	TOutline

Clear löscht alle Texteintragungen beziehungsweise Text-Einträge aus den Komponenten. Bei TClipboard wird der gesamte Inhalt der Zwischenablage gelöscht. Dies geschieht vor allem bei Copy- und bei Cut-Ereignissen automatisch, bevor Daten in das Clipboard eingefügt werden.

<u>Clear für die Feldkomponenten:</u>

TBCDField	TCurrencyField	TGraphicField
TStringField	TBlobField	TDateField

TIntegerField   TTimeField   TBooleanField
TDateTimeField   TMemoField   TVarBytesField
TBytesField   TFloatField   TSmallintField
TWordField

Clear setzt den Wert des Feldes auf NULL.

Clear für die Komponente TFieldDefs:

Clear setzt alle Werte der Eigenschaft Items zurück. Dadurch werden alle Objekte vom Typ TFieldDef aus der Komponente TFieldDefs gelöscht.

Clear für die Komponente TIndexDefs:

Clear setzt alle Werte der Eigenschaft Items zurück. Dadurch werden alle Objekte vom Typ TIndexDef aus der Komponente TFieldDefs gelöscht.

Clear für die Komponente TParam:

Clear setzt die Komponente zurück, also auf 0 und löscht alle bisher zugewiesenen Daten. Die Eigenschaften Name, DataType und ParamType bleiben unverändert.

Clear für die Komponente TParams:

Clear löscht alle Parameterinformationen aus der Eigenschaft Items.

procedure ClearSelection;
ClearSelection löscht den ausgewählten, beziehungsweise markierten Text aus der Komponente.

function ClientToScreen(Point: TPoint): TPoint;
Die Methode ClientToScreen übersetzt den angegebenen Punkt aus Client-Bereichskoordinaten in globale Bildschirmkoordinaten. In Client-Bereichskoordinaten entspricht der Punkt (0, 0) der oberen linken Ecke des Client-Bereichs der Komponente. In Bildschirmkoordinaten entspricht (0, 0) der oberen linken Ecke des Bildschirms. Mit den Methoden ClientToScreen und ScreenToClient rechnen Sie Positionen aus dem Koordinatensystem einer Komponente A in das Koordinatensystem einer Komponente B um.

Beispiel: Umrechnung der Koordinaten einer Komponente A in die Koordinaten einer Komponente B (TPoint ist ein Record mit den Feldern X und Y):

```
TPoint = record
     X : integer;
     Y : integer;
END;
VAR
  Koord: TPoint;
Koord:= B.ScreenToClient(A.ClientToScreen(Koord));
```

procedure CopyToClipboard;
CopyToClipboard kopiert den in der Komponente markierten Text in die Zwischenablage. Bei TDBImage wird das markierte Bild in das Clipboard kopiert.

constructor Create;
Create weist Speicher zu, um das Objekt und damit die Komponente zu erzeugen und nach Bedarf seine Daten zu initialisieren. Jedes Objekt kann eine Methode Create besitzen, die individuell so angepaßt ist, daß sie diese bestimmte Art von Objekt erzeugt. Im Normalfall benötigen Sie diese Methoden nicht, da Borland Delphi alles unternimmt, um Ihre Anwendung und die darin enthaltenen Komponenten zu erzeugen. Sollten Sie allerdings ein Ereignis oder die Initialisierung eines Wertes einer selbst geschaffenen Komponente zur Zeit der Erzeugung einstellen wollen, können Sie dies in der Methode Create erledigen. Dazu benötigen Sie aber genaue Kenntnisse und Techniken der OOP. Ansonsten sollten Sie Create unverändert lassen und nicht aufrufen.

procedure CutToClipboard
CutToClipboard kopiert den in der Komponente markierten Text in die Zwischenablage und löscht den Text aus der Komponente. Bei TDBImage wird das markierte Bild gelöscht und in das Clipboard kopiert.

function Dragging: Boolean;
Die Methode Dragging gibt an, ob eine Komponente gezogen wird. Wenn Dragging True zurückgibt, wird

die Komponente gezogen.

procedure EndDrag(Drop: Boolean);
Die Methode EndDrag verhindert, daß eine Komponente weiter gezogen wird. Wenn der Parameter Drop True ist, wird die gezogene Komponente abgelegt. Ist Drop False, wird die Komponente nicht abgelegt und der Vorgang wird abgebrochen.

function FindComponent(const AName: string): TComponent;
Die Methode FindComponent gibt im Array Components die Komponente zurück, deren Name zum String im Parameter AName paßt. FindComponent unterscheidet dabei keine Groß-/Kleinschreibung.

Beispiel: Es existiert ein Button »Button1« in Ihrer Anwendung. Um die eigentliche Komponente TButton1 im Array Components zurückzugeben, rufen Sie FindComponents wie folgt auf:

```
FindComponents('Button1');
```

function Focused: Boolean;
Focused wird verwendet, um zu bestimmen, ob ein Fensterdialogelement den Fokus besitzt und deshalb das aktive Dialogelement in ActiveControl ist.

procedure Free;
Die Methode Free entfernt das Objekt und gibt den zugehörigen Speicher frei. Haben Sie das Objekt unter Verwendung der Methode Create erzeugt, so benutzen Sie zum Entfernen und für die Freigabe des Speichers die Methode Free. Free gelingt auch dann, wenn das Objekt selbst nicht mehr existiert (zum Beispiel durch einen vorherigen Aufruf von Free). Delphi erledigt dies für Objekte der Bibliothek visueller Komponenten automatisch.

Sie sollten also niemals eine Komponente innerhalb Ihrer Anwendung entfernen.

Falls Sie ein Formular freigeben wollen, rufen Sie die Methode Release auf, um das Formular zu löschen und dessen benutzten Speicher freizugeben.

function GetSelTextBuf(Buffer: PChar; BufSize: Integer): Integer;
GetSelTextBuf kopiert den markierten Text aus einer Komponente in den Puffer, auf den der Parameter Buffer weist. Der Parameter BufSize bezeichnet dabei die Größe des Puffers (in Anzahl der Zeichen) beziehungsweise nach Ausführung der Methode die Anzahl der kopierten Zeichen.

function GetTextBuf(Buffer: PChar; BufSize: Integer): Integer;
Die Methode GetTextBuf holt den Text der Komponente und kopiert ihn in den Puffer als Null-terminierten String (Ende der Zeichenkette wird mit 0 angegeben), auf den Buffer zeigt. Die maximale Länge des Strings wird mit BufSize (siehe dazu GetTextLen) festgelegt. In BufSize wird nach der Ausführung die Anzahl der Zeichen des Strings zu finden sein. Diese Methode ist vor allem dann sehr nützlich, wenn mit String größer als 256 Zeichen gearbeitet wird. Der Typ STRING kann nicht mehr als 256 Zeichen aufnehmen. Dabei entfällt aber das erste Element in diesem Typ auf die Längenangabe des Strings, so daß nur noch maximal 255 Zeichen möglich sind. Ein PChar ist ein Zeiger auf das erste Zeichen einer Zeichenkette. Eine derart definierte Zeichenkette besitzt keine Längenangabe, sondern trägt eine 0 am Ende der Kette, daher auch der Name Null-terminierter String. Ein PChar kann die maximale Größe von 64 Kbyte erreichen. Die maximale Anzahl der Zeichen ist also auf 64 Kbyte und nicht auf 255 Zeichen beschränkt (siehe auch GetTextLen und SetTextBuf).

function GetTextLen: Integer;
Die Methode GetTextLen gibt die Länge des Textes der Komponente zurück. Dieser Wert kann für BufSize in GetTextBuf verwenden werden (siehe auch GetTextBuf und SetTextBuf).

procedure Hide;
Die Methode Hide versteckt eine Komponente, sie ist also nicht mehr auf dem Bildschirm sichtbar. Dabei wird die Eigenschaft Visible auf False gesetzt. Dabei ist eine Komponente aber weiterhin aktiv, das heißt, kann bearbeitet werden.

procedure Invalidate;
Die Methode Invalidate erzwingt das Neuzeichnen einer Komponente sobald dies möglich ist.

procedure InsertComponent(AComponent: TComponent);
InsertComponent macht die Komponente zum Besitzer der im Parameter AComponent übergebenen Komponente. Die Komponente wird am Ende der Array-Eigenschaft Components hinzugefügt. Die eingefügte Komponente darf keinen Namen haben (keinen für die Eigenschaft Name spezifizierten Wert) oder der Name muß sich eindeutig von allen anderen in der Components-Liste unterscheiden. Wird die Besitzerkomponente entfernt, so wird auch AComponent gelöscht.

procedure LoadMemo;
Mit LoadMemo laden Sie ein Text-BLOB in die Komponente. Dies ist vor allem in Zusammenhang mit der Eigenschaft AutoDisplay sehr nützlich.

procedure PasteFromClipboard;
PasteFromClipboard kopiert den Inhalt der Zwischenablage in die Komponente an die Position des aktuellen Cursors.

procedure Refresh;
Die Methode Refresh reagiert je nach Art der Komponente, ob Daten oder die Komponenten selbst neu gezeichnet werden. Die Methode Refresh kann also jedes Bild auf dem Bildschirm löschen und alle Dialogelemente neu zeichnen beziehungsweise Datensätze einer Datei erneut einlesen. Innerhalb der Implementation von Refresh beim Neuzeichnen von Komponenten wird die Methode Invalidate und dann die Methode Update aufgerufen.

Beim Refresh von Daten ist zu beachten: Durch Refresh können sich die angezeigten Daten unerwartet verändern und so den Anwender verwirren. Ein Dialog oder eine andere Mitteilung, der dem Anwender den Refresh der Daten mitteilt, wäre somit wohl angebracht und von äußerster Nützlichkeit.

procedure RemoveComponent(AComponent: TComponent);
RemoveComponent entfernt die Komponente, die im Parameter AComponent festgelegt ist, aus der Komponentenliste Components. Die Position in der Liste wird zu Nil.

procedure Repaint;
Die Methode Repaint fordert das Dialogelement auf, sein Bild auf dem Bildschirm neu zu zeichnen, ohne jedoch die darunterliegende Fläche zu löschen. Um vor dem Neuzeichnen zu löschen, müssen Sie anstelle von Repaint die Methode Refresh aufrufen.

procedure ScaleBy(M, D: Integer);
Die Methode ScaleBy skaliert eine Komponente um einen Prozentsatz ihrer ursprünglichen Größe. Der Parameter M ist der Multiplikator und der Parameter D der Divisor. Wenn Sie beispielsweise die Größe des Dialogelements auf 66% seines ursprünglichen Formats ändern möchten, geben Sie in M den Wert 66 und in D den Wert 100 an (66/100). Bei der Vergrößerung gehen Sie einfach den umgekehrten Weg: Vergrößerung um 66% bedeutet nichts anderes als M=166 und D=100.

function ScreenToClient(Point: TPoint): TPoint;
Die Methode ScreenToClient wird verwendet, um den Koordinatenpunkt in Pixeln der Komponente auf dem Bildschirm zu bestimmen. ScreenToClient gibt die X- und Y-Koordinaten in einem Record des Typs TPoint zurück.

procedure ScrollBy(DeltaX, DeltaY: Integer);
ScrollBy scrollt den Inhalt einer Komponente. Statt mit der Methode ScrollBy sollten Sie in Normalfall lieber mit den eingebauten Bildlauf-Leisten arbeiten, es sei denn, diese Leisten wären für Ihre Programm-Idee aus irgendeinem Grund nicht brauchbar.

DeltaX enthält die Veränderung in Pixeln in Richtung der X-Achse. Ein positiver Wert von DeltaX verschiebt den Inhalt nach rechts, ein negativer Wert verschiebt den Inhalt nach links. DeltaY bezeichnet die Veränderungen in Pixeln in Richtung der Y-Achse. Ein positiver Wert von DeltaY verschiebt den Inhalt nach unten, ein negativer Wert verschiebt den Inhalt nach oben.

procedure SelectAll;
SelectAll wählt den gesamten Inhalt einer Komponente (Text oder Bild) aus.

procedure SendToBack;
Die Methode SendToBack setzt eine Komponente innerhalb einer übergeordneten Komponente hinter alle anderen Komponenten. Die Reihenfolge, in der Komponenten übereinander gelagert werden (Z-Reihenfolge), hängt davon ab, ob es sich um fensterähnliche oder um nicht-fensterähnliche Komponente handelt. Die Reihenfolge arbeitet nach dem Prinzip, daß die zuletzt eingefügte Komponente die oberste und damit sichtbare Komponente ist.

Mit der Methode SendToBack einer Komponente würde diese Komponente ganz nach unten auf den Stapel kommen und somit nicht sichtbar sein.

Bei der Stapelung ist zu beachten, daß fensterähnliche Komponenten immer auf nicht-fensterähnlichen Komponenten gestapelt werden. Ein Aufruf von SendToBack einer fensterähnlichen Komponenten bewirkt also gar nichts, wenn unter dem Stapel eine nicht-fensterähnliche Komponente liegt (siehe auch BringToFront).

Die folgenden Komponenten zählen zu den fensterähnlichen Komponenten:

BitBtn	DBNavigator	MediaPlayer
Button	DBRadioGroup	Memo
CheckBox	DirectoryListBox	Notebook
ComboBox	DrawGrid	OLEContainer
DBCheckBox	DriveComboBox	Outline
DBComboBox	Edit	Panel
DBEdit	FileListBox	RadioButton
DBGrid	FilterComboBox	RadioGroup
DBImage	Form	ScrollBar
DBListBox	GroupBox	ScrollBox
DBLookupCombo	Header	StringGrid
DBLookupList	ListBox	TabbedNotebook
DBMemo	MaskEdit	TabSet

Die nun folgenden Komponenten zählen zu den nicht-fensterähnlichen Komponenten:

Bevel	Label	SpeedButton
DBText	PaintBox	Image
Shape		

procedure SetBounds(ALeft, ATop, AWidth, AHeight: Integer);
Die Methode SetBounds setzt die Begrenzungseigenschaften der Komponente Left, Top, Width und Height auf die Werte, die in den entsprechenden Werten ALeft, ATop, AWidth und AHeight übergeben werden. SetBounds erlaubt Ihnen, mehr als eine Begrenzungseigenschaft der Komponente zur gleichen Zeit einzustellen. Obwohl Sie immer einzelne Begrenzungen einstellen können, erlaubt Ihnen die Verwendung von SetBounds, mehrere Änderungen auf einmal durchzuführen, ohne daß jedesmal das Dialogfenster neu gezeichnet werden muß.

procedure SetFocus;
SetFocus übergibt den Fokus an die Komponente. Bei Formularen ruft das jeweilige Formular die Methode SetFocus des standardmäßig aktiven Dialogelements auf.

procedure SetSelTextBuf(Buffer: PChar);
SetSelTextBuf ersetzt den markierten Text einer Komponente durch den Text aus dem mit Buffer angezeigten Puffer.

procedure SetTextBuf(Buffer: PChar);
Die Methode SetTextBuf ersetzt den Text in einer Komponente durch den Text in Buffer. Buffer muß auf einen mit Null abgeschlossenen String zeigen (siehe auch GetTextBuf und GetTextLen).

procedure Show;
Die Methode Show bringt eine Komponente sichtbar auf den Bildschirm, indem die Eigenschaft Visible auf True eingestellt wird. Falls die Methode Show eines Formulars aufgerufen wird und das Formular ist undurchsichtig, versucht Show das Formular sichtbar zu machen, indem sie das Formular mit der Methode BringToFront in den Vordergrund bringt. Ein Formular verfügt zusätzlich über die Methode ShowModal, um einen modalen Dialog erzeugen zu können. Ein modaler Dialog muß bearbeitet und geschlossen werden. Ein SendToBack hätte also keinen Erfolg.

procedure Update;
In der Methode Update wird die API-Funktion UpdateWindow von Windows aufgerufen, die alle beim Zeichnen entstandenen und noch nicht erledigten Meldungen bearbeitet.

UpdateWindows ist definiert als

```
procedure UpdateWindow(Wnd: HWnd);
```

Die Routine UpdateWindow aktualisiert den Client-Bereich des angegebenen Fensters, indem sie eine WM_PAINT-Meldung an das Fenster sendet, wenn der Aktualisierungsbereich für das Fenster nicht leer ist. Die Routine UpdateWindow sendet eine WM_PAINT-Meldung unter Umgehung der Anwendungswarteschlange direkt an die Fensterfunktion des gegebenen Fensters. Wenn der Aktualisierungsbereich leer ist, wird keine Meldung gesendet. Der Parameter Wnd bezeichnet das Fenster oder besser das Handle des Fensters, das aktualisiert werden soll.

Komponentenname: DBImage
Klassenname: TDBImage

Beschreibung:

DBImage eignet sich hervorragend zum Anzeigen von BLOBs (Binary Large Objects), die in Datenbanken gespeichert sind. Delphi selbst enthält in den Demoprogrammen einige nützliche Beispiele für die Verwendung von BLOBs.

Eigenschaften:

property Align: TAlign;
Die Eigenschaft Align legt fest, wie Dialogelemente zum Beispiel im Formular ausgerichtet werden. Mögliche Werte:

alNone	Die Komponente bleibt an der Einfügeposition im Formular (Standardeinstellung).
alTop	Die Komponente wird an die Oberkante des Formulars verschoben und an seine Breite angepaßt. Die Höhe der Komponente bleibt unverändert.
alBottom	Die Komponente wird an die Unterkante des Formulars verschoben und an seine Breite angepaßt. Die Höhe der Komponente bleibt unverändert.
alLeft	Die Komponente wird an die linke Kante des Formulars verschoben und an seine Höhe angepaßt. Die Breite der Komponente bleibt unverändert.
alRight	Die Komponente wird an die rechte Kante des Formulars verschoben und an seine Höhe angepaßt. Die Breite der Komponente bleibt unverändert.
alClient	Die Größe der Komponente wird an den Client-Bereich eines Formulars angepaßt. Ist ein Teil des Client-Bereichs bereits von einer anderen Komponente besetzt, füllt die Komponente den verbleibenden Teil des Client-Bereichs aus.

Wird zum Beispiel ein Formular, das Besitzer eines Labels ist, in der Größe verändert, werden die Komponenten innerhalb des Formulars neu ausgerichtet. Die Verwendung der Eigenschaft Align ist dann sinnvoll, wenn ein Dialogelement an einer Position des Formulars stehenbleiben soll, auch wenn sich die Größe des Formulars ändert.

property AutoDisplay: Boolean;
Mit AutoDisplay bestimmen Sie, ob der Inhalt eines Memo-BLOBs oder grafischen BLOBs automatisch angezeigt wird. Ist AutoDisplay auf True gesetzt, zeigt das Dialogelement neue Daten automatisch an, wenn das zugrundeliegende BLOB-Feld sich ändert. Bei AutoDisplay=False dagegen wird die Komponente immer dann gelöscht, wenn sich das zugrundeliegende BLOB-Feld ändert. Zum Anzeigen der Daten reicht

dem Benutzer ein Doppelklick auf die Komponente oder auch das Fokusieren der Komponente. Benötigt zum Beispiel das Laden gewisser BLOBS zu viel Zeit, dann können Sie es somit den Anwender entscheiden lassen, ob er diese Daten im Moment überhaupt angezeigt haben will.

property BorderStyle: TBorderStyle;
BorderStyle legt fest, ob die Komponenten einen Rahmen haben. Dies sind die möglichen Werte:

bsNone	Kein sichtbarer Rahmen
bsSingle	Rahmen mit einfacher Rahmenlinie

Weitere nur bei manchen Komponenten (mehr oder weniger sogar nur die Komponente vom Typ TForm, also ein Formular) mögliche Werte:

bsSizeable	Größenveränderlicher Standardrahmen
bsDialog	Nicht größenveränderlich; Standardrahmen für Dialogfenster

Hat eine Komponente zusätzlich die Eigenschaft AutoSize und wird diese auf True gesetzt, paßt die Komponente ihre Größe automatisch an, wenn sich die Schriftgröße des Textes ändert. Damit AutoSize wirksam wird, müssen Sie die Eigenschaft BorderStyle auf bsSingle setzen.

property BoundsRect: TRect;
Die Eigenschaft BoundsRect liefert das Begrenzungsrechteck der Komponente – ausgedrückt im Koordinatensystem des übergeordneten Dialogelements – zurück. Mit BoundsRect ersetzen und erleichtern Sie sich somit die Abfrage der einzelnen Werte für die Eigenschaften Left, Top, Width und Height.

property Center: Boolean;
Mit Center können Sie bestimmen, ob ein Bild zentriert erscheinen soll (True). Ansonsten wird das Bild an der oberen linken Ecke der Komponente ausgerichtet.

property Color: TColor;
Die Eigenschaft Color legt für alle Komponenten mit Ausnahme des Dialogfensters die Farbe fest (Hintergrundfarbe eines Formulars oder eines Dialogelements oder Grafikobjekts).

Ist die Eigenschaft ParentColor auf True gesetzt, bewirkt eine Änderung der Eigenschaft Color einer Komponente A automatisch eine Änderung der Eigenschaft Color aller Komponenten, die als Besitzer die Komponente A haben. Wenn Sie der Eigenschaft Color eines Dialogelements einen Wert zuweisen, wird seine Eigenschaft ParentColor automatisch auf False gesetzt. Mögliche Werte sind:

clBlack	Schwarz
clMaroon	Rotbraun
clGreen	Grün
clOlive	Olivgrün
clNavy	Marineblau
clPurple	Violett
clTeal	Petrol

clGray	Grau
clSilver	Silber
clRed	Rot
clLime	Limonengrün
clBlue	Blau
clFuchsia	Pink
clAqua	Karibikblau
clWhite	Weiß

(Systemfarben von Windows:)

clBackground	Aktuelle Windows-Hintergrundfarbe
clActiveCaption	Aktuelle Farbe der Titelleiste des aktiven Fensters
clInactiveCaption	Aktuelle Farbe der Titelleiste der inaktiven Fenster
clMenu	Aktuelle Hintergrundfarbe der Menüs
clWindow	Aktuelle Hintergrundfarbe der Fenster
clWindowFrame	Aktuelle Farbe der Fensterrahmen
clMenuText	Aktuelle Farbe vom Menütext
clWindowText	Aktuelle Farbe vom Fenstertext
clCaptionText	Aktuelle Textfarbe der Titelleiste des aktiven Fensters
clActiveBorder	Aktuelle Rahmenfarbe des aktiven Fensters
clInactiveBorder	Aktuelle Rahmenfarbe der inaktiven Fenster
clAppWorkSpace	Aktuelle Farbe des Arbeitsbereichs der Anwendung
clHighlight	Aktuelle Hintergrundfarbe vom ausgewählten Text
clHighlightText	Aktuelle Farbe vom ausgewählten Text
clBtnFace	Aktuelle Farbe einer Schalterfläche
clBtnShadow	Aktuelle Schattenfarbe eines Schalters
clGrayText	Aktuelle Farbe von grau dargestelltem Text
clBtnText	Aktuelle Farbe von Text auf einem Schalter
clInactiveCaptionText	Aktuelle Textfarbe in der Titelleiste eines inaktiven Fensters
clBtnHighlight	Aktuelle Farbe der Markierung eines Schalters

Mit einem Doppelklick auf Color öffnet sich das Farbschema von Windows, in dem Sie auch eigene Farben zusammenstellen können.

property ComponentIndex: Integer;
Die Eigenschaft ComponentIndex zeigt die Position einer Komponente in der Eigenschaftsliste Components ihres Besitzers an. Die erste Komponente in der Liste hat den ComponentIndex-Wert 0, die zweite hat den Wert 1, die dritte den Wert 2 etc. Diese Eigenschaft ist nur zur Laufzeit und dann auch nur im Read-Only-Modus benutzbar.

property Controls[Index: Integer]: TControl;
Controls ist ein Array aller untergeordneten Komponenten der Komponente. Controls ist dann von Nutzen, wenn Sie auf die untergeordneten Komponenten über die Nummer statt über den Namen zugreifen müssen.

property Ctl3D: Boolean;
Die Eigenschaft Ctl3D legt fest, ob ein Dialogelement ein dreidimensionales (3-D) oder zweidimensionales Aussehen besitzt. Wenn Ctl3D True ist, erscheint das Dialogelement dreidimensional. Die Voreinstellung von Ctl3D ist True. Wenn die Eigenschaft ParentCtl3D einer Komponente auf True gesetzt ist, verändert jede Modifikation der Eigenschaft Ctl3D des übergeordneten Dialogelements automatisch auch die Eigenschaft Ctl3D des Dialogelements.

Achtung: Damit Ctl3D überhaupt funktioniert, muß sich die dynamische Link-Bibliothek CTL3DV2.DLL im Suchpfad befinden. Idealerweise sollte sich diese Datei im System-Verzeichnis von Windows aufhalten.

property Cursor: TCursor;
Mit der Eigenschaft Cursor stellen Sie das Aussehen des Cursors ein, wenn dieser auf die Komponente zeigt.

Mögliche Werte sind:

crDefault	crArrow	crCross
crIBeam	crSize	crSizeNESW
crSizeNS	crSizeNWSE	crSizeWE
crUpArrow	crHourglass	crDrag
crNoDrop	crHSplit	crVSplit

property DataField: String;
Mit DataField geben Sie das anzuzeigende Feld an. Dieses Feld stammt aus der Quelle in der Eigenschaft DataSouce. In einer DBEdit Komponente legt dieses Feld der Datenbank auch die Gültigkeit der Eintragungen fest. Ist also ein Feld numerisch, akzeptiert die Komponente keine anderen Eingabetypen.

property DataSource: TDataSource;
Mit Hilfe der Eigenschaft DataSource verbinden Sie die Komponente mit einer Instanz der Komponente DataSource, um die Werte von Parametern mit Params oder ParamByName zu setzen. Dies ermöglicht Ihren Anwendungen verknüpfte Abfragen.

property DragCursor: TCursor;
Die Eigenschaft DragCursor bestimmt die Form des Mauszeigers, wenn sich der Zeiger über einer Komponente befindet, die ein gezogenes Objekt akzeptieren kann. Mögliche Werte sind mit denen der Eigenschaft Cursor identisch.

property DragMode: TDragMode;
Die Eigenschaft DragMode legt das Ziehen-und-Ablegen-Verhalten einer Komponente fest. Mögliche Werte sind:

dmAutomatic	Wenn dmAutomatic ausgewählt ist, ist das Dialogelement bereit, gezogen zu werden; der Anwender klickt nur und zieht es dann.
dmManual	Wenn dmManual ausgewählt ist, kann das Dialogelement nicht gezogen werden, bevor die Anwendung die Methode BeginDrag aufgerufen hat.

Ist die Eigenschaft DragMode einer Komponente dmAutomatic, kann die Anwendung dies zur Laufzeit durch Einstellung des Wertes dmManual deaktivieren.

property Enabled: Boolean;
Die Eigenschaft Enabled bestimmt, ob die Komponente auf Maus-, Tastatur- und Timer-Ereignisse reagiert. Wenn Enabled auf True gesetzt ist, reagiert die Komponente normal. Ist Enabled hingegen False, ignoriert das Dialogelement Maus- und Tastaturereignisse. Bei einer Timer-Komponente werden die für das OnTimer-Ereignis deaktivierten Komponenten-Dialogelemente grau dargestellt.

property Fields[Index: Integer]: TField;
Mit Fields erhalten Sie zur Laufzeit ein von Ihnen bestimmtes Feld einer Tabelle als Ergebnis zurück. Mit Hilfe des Parameters Index bestimmen Sie das Feld. Dabei beginnt der Index einer Tabelle mit dem Wert 0 für das erste Feld.

property Font: TFont;
Die Eigenschaft Font legt den Font und die Eigenschaften des Fonts der Komponente fest. Sie haben die Möglichkeit, diese Werte im Objectinspektor zu ändern oder – wesentlich komfortabler – mit Hilfe eines Doppelklicks auf diese Eigenschaft einen Dialog zu öffnen, der alle möglichen Werte anzeigt.

property Handle: ...;
Der Typ der Eigenschaft Handle ist abhängig von der jeweiligen Komponente. Im allgemeinen gilt: Sollte eine Windows-API-Funktion ein Handle der betreffenden Komponente verlangen, setzen Sie dazu die jeweilige Eigenschaft Handle der betreffenden Komponente ein. Verlangt eine Windows-API-Funktion zum Beispiel das Handle Ihrer gesamten Anwendung, benutzen Sie am besten die Eigenschaft Handle des Objekts TApplication. Hier die Übersicht der verschiedenen Typen der Eigenschaft Handle:

Handle für die Komponenten:

Bitmap	property Handle: HBitmap;
Brush	property Handle: HBrush;
Canvas	property Handle: HDC;
Font	property Handle: HFont;
Icon	property Handle: HIcon;
Metafile	property Handle: HMetafile;
Pen	property Handle: HPen;

Handle gibt Ihnen den Zugriff auf das Handle des jeweiligen GDI-Objekts, damit Sie auf dieses zugreifen können. Benötigen Sie zum Beispiel zum Aufruf einer Windows-API-Funktion ein Handle auf ein Stiftobjekt oder ein Bitmap-Objekt, können Sie dazu das Handle der Komponente Pen beziehungsweise der Komponente Bitmap benutzen.

Handle für das Objekt TApplication und die folgenden Komponenten:

Bevel	DBText	Memo
BitBtn	DirectoryListBox	Notebook
Button	DrawGrid	OLEContainer

CheckBox	DriveComboBox	Outline
ComboBox	Edit	PaintBox
DBCheckBox	FileListBox	Panel
DBComboBox	FilterComboBox	RadioButton
DBEdit	FindDialog	RadioGroup
DBGrid	Form	ReplaceDialog
DBImage	GroupBox	ScrollBar
DBListBox	Header	ScrollBox
DBLookupCombo	Image	Shape
DBLookupList	Label	SpeedButton
DBMemo	ListBox	StringGrid
DBNavigator	MaskEdit	TabbedNotebook
DBRadioGroup	MediaPlayer	TabSet

property Handle: HWND;
Handle bietet Ihnen Zugriff auf das Handle der jeweiligen Komponente (z.B. Fenster-Handle, Dialog-Handle etc.). Dieses Handle wird von einigen Windows-API-Funktionen beim Aufruf erwartet. Sie können in diesem Fall das Handle der jeweils betroffenen Komponente oder – falls das Handle Ihrer Anwendung gefordert wird – das Handle des Objekts TApplication übergeben.

Handle für die Komponenten:

MainMenu	MenuItem	PopupMenu

property Handle: HMENU;
Sollte eine Windows-API-Funktion das Handle eines Menüs, Menü-Eintrags oder eines lokalen Menüs verlangen, können Sie dazu die Eigenschaft Handle von MainMenu, MenuItem und PopupMenu benutzen.

Handle für die Komponente Printer:

property Handle: HDC;
Handle beinhaltet das Handle des jeweiligen Druckerobjektes TPrinter der Komponente Printer.

Handle für die Komponente DataBase:

property Handle: HDBIDB;
Um direkte Aufrufe in die Richtung der Borland Database-Engine-(BDE)-API zu tätigen, benötigen Sie ein Handle der jeweiligen Datenbank-Komponente. Dazu dient Ihnen die Eigenschaft Handle der Komponente DataBase. Sie erlaubt Ihnen Zugriffe auf Funktionen des BDE-API, die nicht in der VCL-Bibliothek integriert wurden. Bevor Sie allerdings diese Funktionen aufrufen, sollten Sie prüfen, ob diese Funktion nicht doch schon in der VCL-Bibliothek gekapselt wurde.

Handle für das Objekt TSession:

Delphi erzeugt eine Komponente Session vom Typ TSession immer dann, wenn eine Anwendung ausgeführt wird. Sessions sollten nicht von Ihnen erzeugt oder zerstört werden. Session erlaubt globale Prüfung über Datenbankverbindungen. Die Eigenschaft Databases von Session ist ein Array von allen aktiven Datenbanken in der Sitzung. Die Eigenschaft DatabaseCount vom Typ Integer gibt die Anzahl der aktiven Datenbanken in der Sitzung an.

property Handle: HDBISES;
Mit dieser Eigenschaft Handle können Sie direkte Aufrufe an die Borland-Datenbank-Engine – bezogen auf eine bestimmte Sitzung (Session/TSession) – machen. Die Komponente Session werden Sie kaum benutzen. Die wichtigsten Funktionen des BDE-API sind in der VCL-Bibliothek gekapselt und ersparen Ihnen diesen Weg.

Handle für die Komponenten Table, Query und StoredProc:

property Handle: HDBICur;
Ebenfalls für direkte Zugriffe auf Funktionen des BDE-API und unter normalen Umständen nicht zu benutzen, da die wichtigsten BDP-API-Funktionen via VCL-Bibliothek einen einfacheren Zugriff ermöglichen.

property Height: Integer;
Die Eigenschaft Height eines Dialogelements legt die Höhe der Komponente in Pixeln fest.

property HelpContext: THelpContext;
Die Eigenschaft HelpContext stellt eine Kontextnummer für den Aufruf kontextbezogener Online-Hilfe bereit. Jeder Hilfebildschirm des Hilfesystems sollte eine eindeutige Kontextnummer besitzen. Ist in der Anwendung eine Komponente selektiert, so wird nach Betätigen von F1 ein Hilfebildschirm angezeigt. Welcher Hilfebildschirm angezeigt wird, hängt vom Wert der Eigenschaft HelpContext ab.

property HideSelection: Boolean;
Die Eigenschaft HideSelection bestimmt, ob ein selektierter Text oder Text in einem Editier- bzw. Memofeld selektiert bleibt, wenn der Fokus zu einem anderen Dialogelement wechselt. Ist HideSelection auf True gesetzt, bleibt der Text nur solange selektiert, wie der Fokus beim Dialogelement bleibt.

property Hint: string;
Die Eigenschaft Hint ist der Text-String, der erscheinen kann, wenn ein OnHint-Ereignis eintritt, also wenn der Benutzer den Cursor über die Komponente bewegt. Wie der String angezeigt wird, bestimmt der Code in der Ereignisbehandlungs-Routine OnHint. Sie können eine Schnellhilfe, d.h. ein Fenster, das einen Hilfetext enthält, für eine Komponente erscheinen lassen, wenn der Anwender den Mauszeiger über das Dialogelement führt und dort kurz verweilt. Dies funktioniert wie folgt:

1. Spezifizieren Sie für jede Komponente, die einen Schnellhinweis anzeigen soll, einen Hint-Wert.
2. Setzen Sie die Eigenschaft ShowHints des Bedienfelds auf True.
3. Setzen Sie die Eigenschaft ShowHint der Anwendung zur Laufzeit auf True.

Sie können Hint gleichzeitig sowohl für ein Hilfehinweisfenster als auch für die Verwendung innerhalb der Behandlungsroutine OnHint spezifizieren, indem Sie

zwei durch das Zeichen | (das »oder« oder Pipe-Symbol) getrennte Werte angeben, also beispielsweise:

`Edit1.Hint := 'Aufforderung|Geben Sie den richtigen Wert ein';`

Der String »Aufforderung« erscheint im Hilfehinweisfenster und der String »Geben Sie den richtigen Wert ein« erscheint wie in der Ereignisbehandlungs-Routine On-Hint spezifiziert.

property Left: Integer;
Die Eigenschaft Left bestimmt die horizontalen Koordinaten in Pixeln der linken Kante einer Komponente relativ zum Formular. Für Formulare ist der Wert der Eigenschaft Left relativ zum Bildschirm (ebenfalls in Pixeln).

property Name: TComponentName;
Die Eigenschaft Name enthält den Namen der Komponente, wie er von anderen Komponenten für den Zugriff verwendet wird. Delphi weist als Vorgabewerte sequentielle Namen zu, die auf dem Typ der Komponente basieren, also etwa für Buttons »Button1«, »Button2« etc. Diese können Sie gemäß Ihrer Vorstellungen abändern. Komponentennamen sollten ausdrücklich nur zur Entwurfszeit geändert werden.

property Owner: TComponent;
Die Eigenschaft Owner teilt Ihnen mit, welche Komponente zu welcher Komponente gehört. Dem Formular gehören alle Komponenten, die auf ihm vorhanden sind. Umgekehrt gehört das Formular zur Anwendung. Gehört eine Komponente A einer anderen Komponente B, wird der Speicher der Komponente A freigegeben, wenn der Speicher der Komponente B freigegeben wird. Es werden also folgerichtig alle Komponenten des Formulars gelöscht, wenn das Formular gelöscht wird. Außerdem wird natürlich der Speicher für das Formular und dessen Komponenten freigegeben, wenn der Speicher der Anwendung selbst freigegeben wird.

property Parent: TWinControl;
Die Eigenschaft Parent enthält den Namen der übergeordneten Komponente. Wenn eine Komponente A eine andere Komponente B enthält, sind die in B enthaltenen Komponenten untergeordnete Komponenten von A. Wenn Ihre Anwendung beispielsweise drei Buttons in einer GroupBox enthält, dann ist die GroupBox das übergeordnete Element der drei Buttons und die Button-Schaltfelder sind der GroupBox untergeordnet.

Parent und Owner sind leider etwas verwirrend. Daher hier eine kleine Entwirrung:

Ein Formular ist der Besitzer aller darin enthaltenen Komponenten, unabhängig davon, ob sie ein Fensterelement sind oder nicht. Für unser Beispiel mit den drei Buttons und der GroupBox bedeutet dies: Der Besitzer der Buttons ist immer das Formular, aber die GroupBox ist das übergeordnete Element.

Wenn Sie einen neuen Dialog erzeugen, müssen Sie dem neuen Dialogelement einen Wert der Eigenschaft Parent zuweisen. Üblicherweise sind dies Formulare, Bedienfelder, GroupBoxen oder andere Dialoge, die andere Komponenten-Elemente enthalten können. Es ist möglich, jedes Element als das übergeordnete zuzuweisen, aber das darin enthaltene Dialogelement wird wahrscheinlich überschrieben.

Wird das übergeordnete Element gelöscht, werden auch alle Elemente, die ihm untergeordnet sind, gelöscht.

property ParentColor: Boolean;
Die Eigenschaft ParentColor bestimmt, wo eine Komponente nach ihrer Farbeigenschaft suchen soll. Falls ParentColor True ist, verwendet die Komponente die Farbeigenschaft der übergeordneten Komponente.

Wenn ParentColor False ist, verwendet die Komponente ihre eigene Eigenschaft Color. Durch Verwendung von ParentColor können Sie sicherstellen, daß alle Komponenten auf einem Formular das gleiche Erscheinungsbild haben.

property ParentCtl3D: Boolean;
Die Eigenschaft ParentCtl3D bestimmt, wo eine Komponente nach ihrer Eigenschaft Ctl3D suchen muß. IstParentCtl3D auf True gesetzt, verwendet die Komponente die Dimensionen der Eigenschaft Ctl3D von ihrer übergeordneten Komponente. Wenn ParentCtl3D False ist, verwendet die Komponente ihre eigene Eigenschaft Ctl3D. Durch Verwendung von ParentCtl3D stellen Sie sicher, daß alle Komponenten auf einem Formular das gleiche Erscheinungsbild haben. Wenn Sie beispielsweise möchten, daß alle Komponenten auf einem Formular ein dreidimensionales Erscheinungsbild haben, setzen Sie die Eigenschaft Ctl3D des Formulars auf True und die Eigenschaft ParentCtl3D jeder Komponente auf True.

property ParentFont: Boolean;
Die Eigenschaft ParentFont bestimmt, wo eine Komponente nach ihrer Fonteigenschaft suchen soll. Falls ParentFont True ist, verwendet die Komponente den Font der Eigenschaft der übergeordneten Komponente.

Ist ParentFont False, verwendet die Komponente ihre eigene Eigenschaft Font. Durch Verwendung von ParentFont können Sie sicherstellen, daß alle Komponenten auf einem Formular das gleiche Erscheinungsbild haben.

property ParentShowHint: Boolean;
Die Eigenschaft ParentShowHint bestimmt, wo eine Komponente nach ihrer Hinteigenschaft suchen soll. Falls ParentShowHint True ist, verwendet die Komponente die Hint-Eigenschaft der übergeordneten Komponente.

Ist ParentShowHint False, verwendet die Komponente ihre eigene Eigenschaft Hint. Durch Verwendung von ParentShowHint können Sie sicherstellen, daß alle Komponenten auf einem Formular das gleiche Erscheinungsbild haben.

property PopupMenu: TPopupMenu;
Die Eigenschaft PopupMenu legt den Namen des Popup-Menüs fest, das erscheint, wenn der Anwender die Komponente auswählt oder die rechte Maustaste drückt (bei dem Wert True für AutoPopup des Popup) oder wenn die Methode Popup des Popup-Menüs ausgeführt wird.

property ReadOnly: Boolean;
Die Eigenschaft ReadOnly hängt davon ab, um welche Art von Komponente es sich bei der Komponente mit dieser Eigenschaft handelt.

ReadOnly für datensensitive Komponenten und Eigabefelder:

ReadOnly bestimmt, ob der Anwender den Inhalt einer Komponente ändern darf. Falls ReadOnly True ist, kann der Anwender den Inhalt nicht ändern. Wenn ReadOnly False ist, kann der Anwender den Inhalt abändern. Die Eigenschaft ReadOnly bestimmt bei datensensitiven Komponenten, ob der Anwender die Komponente verwenden kann, um ein Feld in einem Datensatz zu bearbeiten oder ob er die Komponente nur zur Anzeige von Daten verwenden kann. Falls ReadOnly False ist, kann der Anwender den Wert des Feldes ändern, solange der Datensatz zum Bearbeiten freigegeben ist. Ist die Eigenschaft ReadOnly eines Datengitters True, kann der Anwender keine neue Zeile einfügen.

Zu dieser Gruppe von Komponenten zählen:

DBCheckBox	DBListBox	DBRadioGroup
DBComboBox	DBLookupCombo	Edit
DBEdit	DBLookupList	MaskEdit
DBGrid	DBMemo	Memo
DBImage		

ReadOnly für Tabellen:

Benutzen Sie ReadOnly um zu verhindern, daß Benutzer Daten in der Tabelle ändern können. Achtung: Denken Sie daran, die Eigenschaft Active auf False zu setzen, bevor Sie ReadOnly ändern.

Zu dieser Gruppe von Komponenten zählen:

TTable

ReadOnly für Feldkomponenten:

ReadOnly kann die Modifikation eines Feldes sperren. Hat diese Eigenschaft den Wert False, kann ein Feld verändert werden. Um die Änderung eines Feldes zu verhindern, setzen Sie ReadOnly auf True. In TDBGrid werden bei Tabulatorsprüngen die Felder mit der Eigenschaft ReadOnly übersprungen.

Zu dieser Gruppe von Komponenten gehören:

BCDField	DateTimeField	SmallintField
BlobField	FloatField	StringField
BooleanField	GraphicField	TimeField
BytesField	IntegerField	VarBytesField
CurrencyField	MemoField	WordField
DateField		

property ShowHint: Boolean;
Die Eigenschaft ShowHint bestimmt, ob das Dialogelement eine Schnellhilfe anzeigen soll, wenn der Mauszeiger eine Weile auf ihm verweilt. Die Schnellhilfe ent-

spricht dem Wert der Eigenschaft Hint, die in einem Feld direkt unterhalb des Elements angezeigt wird. Hat die Eigenschaft ShowHint den Wert True, kann die Schnellhilfe erscheinen.

Ist ShowHint False, kann die Schnellhilfe auch angezeigt werden, wenn ParentShowHint auf True gesetzt wurde, und die Eigenschaft ShowHint der übergeordneten Komponente ebenfalls auf True gesetzt wurde.

property Showing: Boolean;
Die Eigenschaft Showing legt fest, ob eine Komponente momentan auf dem Bildschirm angezeigt wird oder nicht. Falls die Eigenschaft Visible einer Komponente und aller übergeordneten Komponenten in der übergeordneten Hierarchie True ist, ist Showing auch True. Wenn einer der Vorfahren der Komponente den Wert False als Wert für die Eigenschaft Visible hat, ist auch Showing False.

property Stretch: Boolean;
Mit Stretch entscheiden sie, ob das Bild die Größe der Komponente einnehmen soll oder nicht. Mit dem Wert True wird verhindert, daß Bitmaps und Metadateien die Größe und Form des Bilddialogelements annehmen. Wenn das Bilddialogelement in der Größe geändert wird, wird das Bild auch geändert. Symbole werden durch die Eigenschaft Stretch nicht beeinflußt.

property TabOrder: TTabOrder;
Die Eigenschaft TabOrder bestimmt die Position einer Komponente in der Tabulatorreihenfolge, in der Komponenten den Fokus erhalten, wenn der Anwender die Taste TAB drückt. Anfänglich ist die Tabulatorreihenfolge immer die Reihenfolge, in der die Komponenten in das Formular hinzugefügt wurden. Der Wert der Eigenschaft TabOrder ist für jede Komponente auf dem Formular einmalig. Die erste dem Formular hinzugefügte Komponente hat den TabOrder-Wert 0, die zweite hat 1, die dritte 2 usw.

Falls Sie dem Wert der Eigenschaft TabOrder einer Komponente den Wert einer anderen Komponente zuweisen, numeriert Delphi automatisch die Werte für alle anderen Komponenten neu. Angenommen, eine Komponente ist beispielsweise die sechste Komponente in der Tabulatorreihenfolge. Wenn Sie den Wert der Eigenschaft TabOrder der Komponente auf 3 ändern (dies macht die Komponente zu der vierten in der Tabulatorreihenfolge), wird die Komponente, die die vierte war, nun zur fünften und die Komponente, die die fünfte war, wird jetzt die sechste.

property TabStop: Boolean;
Die Eigenschaft TabStop bestimmt, ob der Anwender diese Komponente mit der Taste TAB anspringen kann. Falls TabStop True ist, befindet sich die Komponente in der Tabulatorreihenfolge. Wenn TabStop False ist, ist das Dialogelement nicht in der Tabulatorreihenfolge.

property Tag: Longint;
Die Eigenschaft Tag kann einen Integerwert als Element einer Komponente speichern. Tag wird von Delphi nicht benutzt und steht Ihnen damit zur freien Verfügung

property Top: Integer;
Die Eigenschaft Top gibt die Y-Koordinate in Pixeln der linken oberen Ecke eines Dialogelements relativ zum Formular an. Bei Formularen wird der Wert der Eigenschaft Top in Pixeln relativ zum Bildschirm angegeben.

property Visible: Boolean;
Die Eigenschaft Visible bestimmt, ob eine Komponente auf dem Bildschirm sichtbar ist (True) oder nicht (False).

property Width: integer;
Die Eigenschaft Width bestimmt die Breite einer Komponente, gemessen in Pixeln.

Ereignisse:

property OnClick: TNotifyEvent;
Das Ereignis OnClick erscheint, wenn der Benutzer auf die Komponente klickt. In einem Formular tritt OnClick ein, wenn der Benutzer auf eine freie Stelle im Formular oder eine inaktive Komponente klickt.

OnClick ist vom Typ

```
TNotifyEvent = procedure (Sender: TObject) of object;
```

Der Typ TNotifyEvent weist also auf eine Methode, die das Anklicken eines Objekts behandelt. Der Parameter Sender ist das Dialogelement, das angeklickt wurde.

property OnDblClick: TNotifyEvent;
Das Ereignis OnClick erscheint, wenn der Benutzer auf die Komponente einen Doppelklick ausführt. In einem Formular tritt das Ereignis OnDblClick ein, wenn der Benutzer auf eine freie Stelle im Formular oder eine inaktive Komponente einen Doppelklick ausführt.

OnDblClick ist vom Typ

```
TNotifyEvent = procedure (Sender: TObject) of object;
```

Der Typ TNotifyEvent weist also auf eine Methode, die das Doppelklicken eines Objekts behandelt. Der Parameter Sender ist das Dialogelement, das mit einem Doppelklick bearbeitet wurde.

property OnDragDrop: TDragDropEvent;
Das Ereignis OnDragDrop tritt ein, wenn der Anwender ein gezogenes Objekt ablegt. Verwenden Sie die Ereignisbehandlungs-Routine OnDragDrop, um festzulegen, was passieren soll, wenn der Anwender ein Objekt ablegt.

OnDragClick ist vom Typ

```
TDragDropEvent = procedure(Sender, Source: TObject; X, Y: Integer) of object;
```

Der Typ TDragDropEvent zeigt also auf eine Methode, die das Ablegen eines gezogenen Objekts behandelt. Der Parameter Source des Ereignisses OnDragDrop ist das abzulegende Objekt und der Parameter Sender ist das Dialogelement, auf dem das Objekt abgelegt wurde. Die Parameter X und Y sind die Koordinaten des Mauszeigers, der über dem Dialogelement positioniert wird.

property OnDragOver: TDragOverEvent;
Das Ereignis OnDragOver tritt ein, wenn der Anwender ein Objekt über eine Komponente zieht. Üblicherweise werden Sie ein Ereignis OnDragOver verwenden, um ein Objekt zu akzeptieren, damit der Anwender es ablegen kann.

OnDragClick ist vom Typ

```
TDragOverEvent = procedure(Sender, Source: TObject; X, Y: Integer; State:
                    TDragState; var Accept: Boolean) of object;
```

Der Typ TDragOverEvent zeigt also auf eine Methode, die das Ziehen eines Objekts über ein anderes Objekt behandelt. Der Parameter Source ist das gezogene Objekt, Sender ist das Objekt, über das Source gezogen wurde, X und Y sind die Koordinaten des Mauszeigers, der über dem Dialogelement positioniert wird in Pixel, State ist der Status des gezogenen Objekts in Verbindung zum darübergezogenen Objekt, und Accept legt fest, ob der Sender das Ziehobjekt erkennt. Accept wird nicht per Voreinstellung auf True oder False gesetzt; Sie müssen die passenden Werte selbst zuweisen.

Das Ereignis OnDragOver akzeptiert ein Objekt, wenn der Parameter Accept True ist. Durch Ändern des Wertes der Eigenschaft DragCursor können Sie das Erscheinungsbild des Cursors beeinflussen. Dies können Sie entweder während des Entwikkelns oder zur Laufzeit, bevor ein Ereignis OnDragOver eintritt, durchführen.

property OnEndDrag: TEndDragEvent;
Das Ereignis OnEndDrag tritt immer dann ein, wenn das Ziehen eines Objekts abgeschlossen oder abgebrochen wird. Wenn Sie eine besondere Behandlung haben möchten, wenn das Ziehen beendet wird, verwenden Sie die Ereignisbehandlungs-Routine OnEndDrag.

OnEndDrag ist vom Typ

```
TEndDragEvent = procedure(Sender, Target: TObject; X, Y: Integer) of object;
```

Der Typ TEndDragEvent zeigt also auf eine Methode, die das Anhalten des Ziehens eines Objekts behandelt. Der Sender ist das Objekt, was gezogen wird, Target ist das Objekt, zu dem Sender hingezogen wird, und X und Y sind die zugehörigen Bildschirmkoordinaten des Mauszeigers, der über dem Dialogelement positioniert wird. Falls das gezogene Objekt abgelegt und durch das Dialogelement akzeptiert wurde, ist der Parameter Target des Ereignisses OnEndDrag True. Wenn das Objekt nicht erfolgreich abgelegt wurde, beträgt der Wert Target Nil.

property OnEnter: TNotifyEvent;
OnEnter tritt ein, wenn eine Komponente aktiviert wird. Wenn Sie eine besondere Behandlung festlegen möchten, wenn eine Komponente aktiviert wird, verwenden Sie die Ereignisbehandlungs-Routine OnEnter.

OnEnter erscheint nie, wenn Sie zwischen Formularen oder einer anderen Windows-Anwendung und Ihrer Anwendung umschalten. OnEnter für eine Komponente des Typs TPanel oder THeader tritt nie ein, da Bedienfelder oder Header keinen Fokus erhalten können. Somit ist dort OnEnter vollkommen nutzlos. Sie haben diese Ereignisbehandlung aber geerbt.

OnEnter ist vom Typ

```
TNotifyEvent = procedure (Sender: TObject) of object;
```

Der Typ TNotifyEvent weist also auf eine Methode, die das Doppelklicken eines Objekts behandelt. Der Parameter Sender ist das Dialogelement, das mit einem Doppelklick bearbeitet wurde.

property OnExit: TNotifyEvent;
OnExit erscheint, wenn der Eingabefokus von einer Komponente an eine andere übergeben wird. OnExit tritt nicht ein, wenn Sie zwischen Formularen oder zwischen einer Windows-Anwendung und Ihrer Anwendung umschalten. OnExit tritt bei den Komponenten Panel und Speedbutton nicht ein, da diese niemals den Fokus erhalten.

OnExit ist vom Typ

```
TNotifyEvent = procedure (Sender: TObject) of object;
```

Der Typ TNotifyEvent weist also auf eine Methode, die das Doppelklicken eines Objekts behandelt. Der Parameter Sender ist das Dialogelement, das mit einem Doppelklick bearbeitet wurde.

property OnKeyDown: TKeyEvent;
OnKeyDown tritt ein, wenn der Anwender irgendeine Taste drückt, während die Komponente den Fokus hat. Verwenden Sie OnKeyDown, um eine besondere Behandlung festzulegen, die ausgeführt wird, wenn eine Taste gedrückt wird. Der Handler OnKeyDown kann auf alle Tasten der Tastatur, einschließlich Funktionstasten und Tastenkombinationen mit den Tasten UMSCHALT, ALT und STRG sowie betätigten Maustasten reagieren.

OnKeyDown ist vom Typ

```
TKeyEvent = procedure (Sender: TObject; var Key: Word; Shift: TShiftState)
            of object;
```

Der Typ TKeyEvent weist also auf eine Methode, die Tastaturereignisse verarbeitet. Der Parameter Key steht für die Taste und Shift und kann die folgenden Wert annehmen:

ssShift	UMSCHALTTASTE (SHIFT) wird festgehalten
ssAlt	linke ALT-Taste wird festgehalten
[ssAlt, ssCtrl]	ALTGR-Taste wird festgehalten
ssCtrl	Taste STRG wird festgehalten
ssLeft	Linke Maustaste wird festgehalten
ssMiddle	Mittlere Maustaste wird festgehalten
ssDouble	Rechte und linke Maustaste werden gleichzeitig festgehalten

property OnKeyPress: TKeyPressEvent;
OnKeyPress erscheint, wenn der Anwender eine einzelne Zeichentaste drückt.

OnKeyPress ist vom Typ

```
TKeyPressEvent = procedure (Sender: TObject; var Key: Char) of object;
```

TKeyPressEvent weist also auf eine Methode, die einen Tastendruck für ein einzelnes Zeichen verarbeitet. Der Parameter Key gibt die Taste an. Der Parameter Key ist vom Typ Char; deshalb registriert OnKeyPress das ASCII-Zeichen der gedrückten Taste. Tasten, die nicht mit einem ASCII-Zeichen übereinstimmen (beispielsweise UMSCHALT oder F1), werden kein OnKeyPress erzeugen. Tastenkombinationen (wie UMSCHALT+A) erzeugen nur ein Ereignis des Typs OnKeyPress (in diesem Beispiel ergibt UMSCHALT+A einen Wert Key von »A«, wenn die Feststelltaste ausgeschaltet ist). Falls Sie auf Nicht-ASCII-Tasten oder Tastenkombinationen reagieren möchten, verwenden Sie die Ereignisbehandlungs-Routinen OnKeyDown oder OnKeyUp.

property OnKeyUp: TKeyEvent;
OnKeyUp tritt ein, wenn der Anwender die gedrückte Taste wieder losläßt. OnKeyUp kann auf alle Tasten der Tastatur, einschließlich FFunktionstasten und Tastenkombinationen mit den Tasten UMSCHALT, ALT und STRG sowie betätigten Maustasten reagieren.

```
TKeyEvent = procedure (Sender: TObject; var Key: Word; Shift: TShiftState)
                      of object;
```

Der Typ TKeyEvent weist also auf eine Methode, die Tastaturereignisse verarbeitet. Der Parameter Key steht für die Taste und Shift und kann die folgenden Wert annehmen:

ssShift	UMSCHALTTASTE (SHIFT) wird festgehalten
ssAlt	linke ALT-Taste wird festgehalten
[ssAlt, ssCtrl]	ALTGR-Taste wird festgehalten
ssCtrl	Taste STRG wird festgehalten
ssLeft	Linke Maustaste wird festgehalten
ssMiddle	Mittlere Maustaste wird festgehalten
ssDouble	Rechte und linke Maustaste werden gleichzeitig festgehalten

property OnMouseDown: TMouseEvent;
Ereignis OnMouseDown tritt ein, wenn der Anwender eine Maustaste zu dem Zeitpunkt drückt, an dem sich der Mauszeiger über einem Dialogelement befindet.

OnMouseDown ist vom Typ

```
TMouseEvent=procedure (Sender: TObject; Button: TMouseButton; Shift: TShiftState;
                       X, Y: Integer) of object;
```

Der Typ TMouseEvent weist also auf eine Methode zur Bearbeitung von Maustasten-Ereignissen hin. Der Parameter Button gibt an, welche Maustaste gedrückt wurde, während Shift Auskunft darüber gibt, welche UMSCHALT- (UMSCHALT, STRG oder ALT) bzw. Maustasten gedrückt waren, während die das Mausereignis verursachende

Maustaste gedrückt oder losgelassen wurde. X und Y sind die Bildschirmkoordinaten des Mauszeigers in Pixeln. Der Parameter Button des Ereignisses OnMouseDown zeigt an, welche Maustaste gedrückt wurde. Durch Verwenden des Parameters Shift der Ereignisbehandlungs-Routine OnMouseDown können Sie auf den Status der Maus- und Umschalttasten reagieren. Umschalttasten sind die Tasten UMSCHALT, STRG und ALT.

property OnMouseMove: TMouseMoveEvent;
Das Ereignis OnMouseMove tritt ein, wenn der Anwender den Mauszeiger bewegt und dieser sich bereits über einem Dialogelement befindet.

OnMouseMove ist vom Typ

```
TMouseMoveEvent = procedure(Sender: TObject; Shift: TShiftState; X, Y: Integer)
                    of object;
```

Der Typ TMouseMoveEvent zeigt also auf eine Methode, die Mausereignisse infolge einer Mausbewegung verarbeitet. Der Parameter Button gibt an, welche Maustaste gedrückt wurde, während Shift anzeigt, welche UMSCHALT- (UMSCHALT, STRG oder ALT) bzw. Maustasten während der Mausbewegung gedrückt waren. X und Y sind die Bildschirmkoordinaten des Mauszeigers in Pixeln. Durch Verwenden des Parameters Shift können Sie auf den Status der Maus- und Umschalttasten reagieren. Umschalttasten sind die Tasten UMSCHALT, STRG und ALT.

property OnMouseUp: TMouseEvent;
Das Ereignis OnMouseUp tritt ein, wenn der Anwender die gedrückte Maustaste wieder freigibt, wenn sich der Mauszeiger über einer Komponente befindet.

Die Ereignisbehandlungs-Routine OnMouseUp kann auf Betätigungen der rechten, mittleren und linken Maustasten reagieren sowie auf Maustastenkombinationen mit Umschalttasten (Tasten UMSCHALT, STRG und ALT).

OnMouseUp ist vom Typ

```
TMouseEvent = procedure (Sender: TObject; Button: TMouseButton; Shift: TShiftState;
                    X, Y: Integer) of object;
```

Der Typ TMouseEvent zeigt also auf eine Methode zur Bearbeitung von Maustasten-Ereignissen. Der Parameter Button gibt an, welche Maustaste gedrückt wurde, während Shift Auskunft darüber gibt, welche UMSCHALT- (UMSCHALT, STRG oder ALT) bzw. Maustasten gedrückt waren, während die das Mausereignis verursachende Maustaste gedrückt oder losgelassen wurde. X und Y sind die Bildschirmkoordinaten des Mauszeigers in Pixeln.

Methoden:

procedure BeginDrag(Immediate: Boolean);
Die Methode BeginDrag leitet den Ziehvorgang einer Komponente ein. Wenn der Parameter Immediate auf True gesetzt ist, wird der Mauszeiger auf den Wert der Eigenschaft DragCursor gesetzt und der Ziehvorgang beginnt. Ist Immediate False, wird der Mauszeiger nicht auf den Wert der Eigenschaft DragCursor gesetzt, und der Ziehvorgang wird erst eingeleitet, wenn der Anwender den Mauszeiger um

mindestens 5 Pixel bewegt. Auf diese Weise kann die Komponente Mausklicks akzeptieren, ohne einen Ziehvorgang einzuleiten.

Ihre Anwendung muß die Methode BeginDrag zum Einleiten eines Ziehvorgangs nur aufrufen, wenn DragMode auf dmManual gesetzt ist.

procedure BringToFront;
Die Methode BringToFront setzt eine Komponente innerhalb einer übergeordneten Komponente vor alle anderen Komponenten. BringToFront hilft insbesondere sicherzustellen, daß ein Formular sichtbar ist. Verwenden Sie diese Methode, wenn Sie die Reihenfolge überlappender Komponenten in einem Formular neu festlegen wollen.

Die Reihenfolge, in der Komponenten übereinander gelagert werden (Z-Reihenfolge), hängt davon ab, ob es sich um fensterähnliche oder um nicht-fensterähnliche Komponenten handelt. Die Reihenfolge arbeitet nach dem Prinzip, daß die zuletzt eingefügte Komponente die oberste und damit sichtbare Komponente ist.

Mit der Methode BringToFront einer Komponente würde diese Komponente ganz nach oben auf den Stapel kommen und somit sichtbar sein.

Bei der Stapelung ist zu beachten, daß fensterähnliche Komponenten immer auf nicht-fensterähnlichen Komponenten gestapelt werden. Ein Aufruf von BringToFront einer nicht-fensterähnlichen Komponente bewirkt also gar nichts, wenn oben auf dem Stapel eine fensterähnliche Komponente liegt.

Die folgenden Komponenten zählen zu den fensterähnlichen Komponenten:

BitBtn	DBNavigator	MediaPlayer
Button	DBRadioGroup	Memo
CheckBox	DirectoryListBox	Notebook
ComboBox	DrawGrid	OLEContainer
DBCheckBox	DriveComboBox	Outline
DBComboBox	Edit	Panel
DBEdit	FileListBox	RadioButton
DBGrid	FilterComboBox	RadioGroup
DBImage	Form	ScrollBar
DBListBox	GroupBox	ScrollBox
DBLookupCombo	Header	StringGrid
DBLookupList	ListBox	TabbedNotebook
DBMemo	MaskEdit	TabSet

Die nun folgenden Komponenten zählen zu den nicht-fensterähnlichen Komponenten:

Bevel	Label	SpeedButton
DBText	PaintBox	Image
Shape		

function ClientToScreen(Point: TPoint): TPoint;
Die Methode ClientToScreen übersetzt den angegebenen Punkt aus Client-Bereichskoordinaten in globale Bildschirmkoordinaten. In Client-Bereichskoordinaten entspricht der Punkt (0, 0) der oberen linken Ecke des Client-Bereichs der Komponente. In Bildschirmkoordinaten entspricht (0, 0) der oberen linken Ecke des Bildschirms. Mit den Methoden ClientToScreen und ScreenToClient rechnen Sie Positionen aus dem Koordinatensystem einer Komponente A in das Koordinatensystem einer Komponente B um.

Beispiel: Umrechnung der Koordinaten einer Komponente A in die Koordinaten einer Komponente B (TPoint ist ein Record mit den Feldern X und Y):

```
TPoint =   record
      X   : integer;
      Y   : integer;
END;
VAR
   Koord: TPoint;
Koord:= B.ScreenToClient(A.ClientToScreen(Koord));
```

procedure CopyToClipboard;
CopyToClipboard kopiert den in der Komponente markierten Text in die Zwischenablage. Bei TDBImage wird das markierte Bild in das Clipboard kopiert.

constructor Create;
Create weist Speicher zu, um das Objekt und damit die Komponente zu erzeugen und nach Bedarf seine Daten zu initialisieren. Jedes Objekt kann eine Methode Create besitzen, die individuell so angepaßt ist, daß sie diese bestimmte Art von Objekt erzeugt. Im Normalfall benötigen Sie diese Methoden nicht, da Borland Delphi alles unternimmt, um Ihre Anwendung und die darin enthaltenen Komponenten zu erzeugen. Sollten Sie allerdings ein Ereignis oder die Initialisierung eines Wertes einer selbst geschaffenen Komponente zur Zeit der Erzeugung einstellen wollen, können Sie dies in der Methode Create erledigen. Dazu benötigen Sie aber genaue Kenntnisse und Techniken der OOP. Ansonsten sollten Sie Create unverändert lassen und nicht aufrufen.

procedure CutToClipboard
CutToClipboard kopiert den in der Komponente markierten Text in die Zwischenablage und löscht den Text aus der Komponente. Bei TDBImage wird das markierte Bild gelöscht und in das Clipboard kopiert.

function Dragging: Boolean;
Die Methode Dragging gibt an, ob eine Komponente gezogen wird. Wenn Dragging True zurückgibt, wird die Komponente gezogen.

procedure EndDrag(Drop: Boolean);
Die Methode EndDrag verhindert, daß eine Komponente weiter gezogen wird. Wenn der Parameter Drop True ist, wird die gezogene Komponente abgelegt. Ist Drop False, wird die Komponente nicht abgelegt und der Vorgang abgebrochen.

function FindComponent(const AName: string): TComponent;
Die Methode FindComponent gibt im Array Components die Komponente zurück, deren Name zum String im Parameter AName paßt. FindComponent beachtet dabei keine Groß-/Kleinschreibung.

Beispiel: Es existiert ein Button »Button1« in Ihrer Anwendung. Um die eigentliche Komponente TButton1 im Array Components zurückzugeben, rufen Sie FindComponents wie folgt auf:

```
FindComponents('Button1');
```

function Focused: Boolean;
Focused wird verwendet, um zu bestimmen, ob ein Fensterdialogelement den Fokus besitzt und deshalb das aktive Dialogelement in ActiveControl ist.

procedure Free;
Die Methode Free entfernt das Objekt und gibt den zugehörigen Speicher frei. Haben Sie das Objekt unter Verwendung der Methode Create erzeugt, so benutzen Sie zum Entfernen und für die Freigabe des Speichers die Methode Free. Free gelingt auch dann, wenn das Objekt selbst nicht mehr existiert (zum Beispiel durch einen vorherigen Aufruf von Free). Delphi erledigt dies für Objekte der Bibliothek visueller Komponenten automatisch.

Sie sollten also niemals eine Komponente innerhalb Ihrer Anwendung entfernen.

Falls Sie ein Formular freigeben wollen, rufen Sie die Methode Release auf, um das Formular zu löschen und dessen benutzten Speicher freizugeben.

procedure Hide;
Die Methode Hide versteckt eine Komponente, sie ist also nicht mehr auf dem Bildschirm sichtbar. Dabei wird die Eigenschaft Visible auf False gesetzt. Dabei ist eine Komponente aber weiterhin aktiv, das heißt, kann bearbeitet werden.

procedure Invalidate;
Die Methode Invalidate erzwingt das Neuzeichnen einer Komponente sobald dies möglich ist.

procedure InsertComponent(AComponent: TComponent);
InsertComponent macht die Komponente zum Besitzer der im Parameter AComponent übergebenen Komponente. Die Komponente wird am Ende der Array-Eigenschaft Components hinzugefügt. Die eingefügte Komponente darf keinen Namen haben (keinen für die Eigenschaft Name spezifizierten Wert) oder der Name muß sich eindeutig von allen anderen in der Components-Liste unterscheiden. Wird die Besitzerkomponente entfernt, so wird auch AComponent gelöscht.

procedure LoadPicture;
Mit LoadPicture können Sie den Inhalt der der Eigenschaft Picture laden. Diese Methode ist sehr nützlich im Zusammenhang mit der Eigenschaft AutoDisplay.

procedure PasteFromClipboard;
PasteFromClipboard kopiert den Inhalt der Zwischenablage in die Komponente an die Position des aktuellen Cursors.

procedure Refresh;
Die Methode Refresh reagiert je nach Art der Komponente, ob Daten oder die Komponenten selbst neu gezeichnet werden. Die Methode Refresh kann also jedes Bild auf dem Bildschirm löschen und alle Dialogelemente neu zeichnen beziehungsweise Datensätze einer Datei erneut einlesen.

Innerhalb der Implementation von Refresh beim Neuzeichnen von Komponenten wird die Methode Invalidate und dann die Methode Update aufgerufen.

Beim Refresh von Daten ist zu beachten: Durch Refresh können sich die angezeigten Daten unerwartet verändern und so den Anwender verwirren. Ein Dialog oder eine andere Mitteilung, der dem Anwender den Refresh der Daten mitteilt, wäre somit wohl angebracht und von äußerster Nützlichkeit.

procedure RemoveComponent(AComponent: TComponent);
RemoveComponent entfernt die Komponente, die im Parameter AComponent festgelegt ist, aus der Komponentenliste Components. Die Position in der Liste wird zu Nil.

procedure Repaint;
Die Methode Repaint fordert das Dialogelement auf, sein Bild auf dem Bildschirm neu zu zeichnen, ohne jedoch die darunterliegende Fläche zu löschen. Um vor dem Neuzeichnen zu löschen, müssen Sie anstelle von Repaint die Methode Refresh aufrufen.

function ScreenToClient(Point: TPoint): TPoint;
Die Methode ScreenToClient wird verwendet, um den Koordinatenpunkt in Pixeln der Komponente auf dem Bildschirm zu bestimmen. ScreenToClient gibt die X- und Y-Koordinaten in einem Record des Typs TPoint zurück.

procedure SendToBack;
Die Methode SendToBack setzt eine Komponente innerhalb einer übergeordneten Komponente hinter alle anderen Komponenten. Die Reihenfolge, in der Komponenten übereinander gelagert werden (Z-Reihenfolge), hängt davon ab, ob es sich um fensterähnliche oder um nicht-fensterähnliche Komponente handelt. Die Reihenfolge arbeitet nach dem Prinzip, daß die zuletzt eingefügte Komponente die oberste und damit sichtbare Komponente ist.

Mit der Methode SendToBack einer Komponente würde diese Komponente ganz nach unten auf den Stapel kommen und somit nicht sichtbar sein.

Bei der Stapelung ist zu beachten, daß fensterähnliche Komponenten immer auf nicht-fensterähnlichen Komponenten gestapelt werden. Ein Aufruf von SendToBack einer fensterähnlichen Komponenten bewirkt also gar nichts, wenn unter dem Stapel eine nicht-fensterähnliche Komponente liegt (siehe auch BringToFront).

Die folgenden Komponenten zählen zu den fensterähnlichen Komponenten:

BitBtn	DBNavigator	MediaPlayer
Button	DBRadioGroup	Memo
CheckBox	DirectoryListBox	Notebook

ComboBox	DrawGrid	OLEContainer
DBCheckBox	DriveComboBox	Outline
DBComboBox	Edit	Panel
DBEdit	FileListBox	RadioButton
DBGrid	FilterComboBox	RadioGroup
DBImage	Form	ScrollBar
DBListBox	GroupBox	ScrollBox
DBLookupCombo	Header	StringGrid
DBLookupList	ListBox	TabbedNotebook
DBMemo	MaskEdit	TabSet

Die nun folgenden Komponenten zählen zu den nicht-fensterähnlichen Komponenten:

Bevel	Label	SpeedButton
DBText	PaintBox	Image
Shape		

procedure SetBounds(ALeft, ATop, AWidth, AHeight: Integer);
Die Methode SetBounds setzt die Begrenzungseigenschaften der Komponente Left, Top, Width und Height auf die Werte, die in den entsprechenden Werten ALeft, ATop, AWidth und AHeight übergeben werden. SetBounds erlaubt Ihnen, mehr als eine Begrenzungseigenschaft der Komponente zur gleichen Zeit einzustellen. Obwohl Sie immer einzelne Begrenzungen einstellen können, erlaubt Ihnen die Verwendung von SetBounds, mehrere Änderungen auf einmal durchzuführen, ohne daß jedesmal das Dialogfenster neu gezeichnet werden muß.

procedure Show;
Die Methode Show bringt eine Komponente sichtbar auf den Bildschirm, indem die Eigenschaft Visible auf True eingestellt wird. Falls die Methode Show eines Formulars aufgerufen wird und das Formular ist undurchsichtig, versucht Show das Formular sichtbar zu machen, indem sie das Formular mit der Methode BringToFront in den Vordergrund bringt. Ein Formular verfügt zusätzlich über die Methode ShowModal, um einen modalen Dialog erzeugen zu können. Ein modaler Dialog muß bearbeitet und geschlossen werden. Ein SendToBack hätte also keinen Erfolg.

procedure Update;
In der Methode Update wird die API-Funktion UpdateWindow von Windows aufgerufen, die alle beim Zeichnen entstandenen und noch nicht erledigten Meldungen bearbeitet.

UpdateWindows ist definiert als

```
procedure UpdateWindow(Wnd: HWnd);
```

Die Routine UpdateWindow aktualisiert den Client-Bereich des angegebenen Fensters, indem sie eine WM_PAINT-Meldung an das Fenster sendet, wenn der Aktualisierungsbereich für das Fenster nicht leer ist. Die Routine UpdateWindow sendet eine WM_PAINT-Meldung unter Umgehung der Anwendungswarteschlange direkt an die Fensterfunktion des gegebenen Fensters. Wenn der Aktualisierungsbereich

leer ist, wird keine Meldung gesendet. Der Parameter Wnd bezeichnet das Fenster oder besser das Handle des Fensters, das aktualisiert werden soll.

Komponentenname: DBListBox
Klassenname: TDBListBox

Beschreibung:

Die Komponente DBListBox stellt ein Listenfeld dar. In DBListbox wird eine Liste angezeigt, aus der ein oder mehrere Elemente ausgewählt werden können. Diese Liste ist der Wert der Eigenschaft Items. Die Eigenschaft ItemIndex zeigt an, welches Element gerade ausgewählt wurde. Mit den Methoden Add, Delete und Insert des Objekts Items, das vom Typ TStrings ist, lassen sich Elemente anfügen, löschen und einfügen.

Eigenschaften:

property Align: TAlign;
Die Eigenschaft Align legt fest, wie Dialogelemente zum Beispiel im Formular ausgerichtet werden. Mögliche Werte:

alNone	Die Komponente bleibt an der Einfügeposition im Formular (Standardeinstellung).
alTop	Die Komponente wird an die Oberkante des Formulars verschoben und an seine Breite angepaßt. Die Höhe der Komponente bleibt unverändert.
alBottom	Die Komponente wird an die Unterkante des Formulars verschoben und an seine Breite angepaßt. Die Höhe der Komponente bleibt unverändert.
alLeft	Die Komponente wird an die linke Kante des Formulars verschoben und an seine Höhe angepaßt. Die Breite der Komponente bleibt unverändert.
alRight	Die Komponente wird an die rechte Kante des Formulars verschoben und an seine Höhe angepaßt. Die Breite der Komponente bleibt unverändert.
alClient	Die Größe der Komponente wird an den Client-Bereich eines Formulars angepaßt. Ist ein Teil des Client-Bereichs bereits von einer anderen Komponente besetzt, füllt die Komponente den verbleibenden Teil des Client-Bereichs aus.

Wird zum Beispiel ein Formular, das Besitzer eines Labels ist, in der Größe verändert, werden die Komponenten innerhalb des Formulars neu ausgerichtet. Die Verwendung der Eigenschaft Align ist dann sinnvoll, wenn ein Dialogelement an einer Position des Formulars stehenbleiben soll, auch wenn sich die Größe des Formulars ändert.

property BorderStyle: TBorderStyle;
BorderStyle legt fest, ob diese Komponenten einen Rahmen haben. Dies sind die möglichen Werte:

bsNone	Kein sichtbarer Rahmen
bsSingle	Rahmen mit einfacher Rahmenlinie

Weitere nur bei manchen Komponenten (mehr oder weniger sogar nur die Komponente vom Typ TForm, also ein Formular) mögliche Werte:

bsSizeable	Größenveränderlicher Standardrahmen
bsDialog	Nicht größenveränderlich; Standardrahmen für Dialogfenster

Hat eine Komponente zusätzlich die Eigenschaft AutoSize und wird diese auf True gesetzt, paßt die Komponente ihre Größe automatisch an, wenn sich die Schriftgröße des Textes ändert. Damit AutoSize wirksam wird, müssen Sie die Eigenschaft BorderStyle auf bsSingle setzen.

property BoundsRect: TRect;
Die Eigenschaft BoundsRect liefert das Begrenzungsrechteck der Komponente – ausgedrückt im Koordinatensystem des übergeordneten Dialogelements – zurück. Mit BoundsRect ersetzen und erleichtern Sie sich somit die Abfrage der einzelnen Werte für die Eigenschaften Left, Top, Width und Height.

property Brush: TBrush;
Mit Brush legen Sie fest, welche Farbe und welches Muster die Zeichenfläche zum Füllen grafischer Formen und Hintergründe verwenden soll. Für Dialogelemente steht Brush nur zur Laufzeit zur Verfügung und gestattet nur Lesezugriff.

property Canvas: TCanvas;
Canvas stellt einen Bereich zum Anfertigen von Zeichnungen zur Verfügung. Je nach Komponente kann die Art und Weise von Canvas variieren:

<u>Canvas für die Komponenten Form, Image und PaintBox:</u>

Canvas stellt den Zugriff auf eine Zeichenoberfläche zur Verfügung, die Sie bei der Implementierung einer Behandlungsroutine für das OnPaint-Ereignis eines Formulars, eines Bildes oder eines Zeichenfensters verwenden können. Allerdings: Es ist nur der Lesezugriff erlaubt.

<u>Canvas für die Komponenten ComboBox, DirectoryListBox, FileListBox, ListBox und Outline:</u>

Canvas stellt den Zugriff auf eine Zeichenoberfläche zur Verfügung, die Sie bei der Implementierung einer Behandlungsroutine für das OnDrawItem-Ereignis eines besitzergezeichneten Listenfensters, Kombinationsfensters oder Gliederungsdialogelements verwenden können. Allerdings: Es ist nur der Lesezugriff erlaubt.

<u>Canvas für die Komponenten DrawGrid und StringGrid:</u>

Canvas stellt den Zugriff auf eine Zeichenoberfläche zur Verfügung, die Sie bei der Implementierung einer Behandlungsroutine für das Ereignis OnDrawCell oder

OnDrawDataCell eines Gitternetz-Dialogelements verwenden können. Allerdings: Es ist nur der Lesezugriff erlaubt.

Canvas für die Komponente TPrinter:

Canvas repräsentiert für ein Druckerobjekt die Oberfläche der Seite, die aktuell gedruckt wird. Einige Drucker unterstützen keine Grafik und können hiermit nicht unterstützt werden. Es ist nur der Lesezugriff erlaubt.

Canvas für die Komponente TBitmap:

Canvas gibt Ihnen Zugriff auf eine Zeichenoberfläche, die die Bitmap repräsentiert. Wenn Sie auf die Zeichenfläche zeichnen, modifizieren Sie im Endeffekt damit die zugrundeliegende Bitmap.

property Color: TColor;

Die Eigenschaft Color legt für alle Komponenten mit Ausnahme des Dialogfensters die Farbe fest (Hintergrundfarbe eines Formulars oder eines Dialogelements oder Grafikobjekts).

Ist die Eigenschaft ParentColor auf True gesetzt, bewirkt eine Änderung der Eigenschaft Color einer Komponente A automatisch eine Änderung der Eigenschaft Color aller Komponenten, die als Besitzer die Komponente A haben. Wenn Sie der Eigenschaft Color eines Dialogelements einen Wert zuweisen, wird seine Eigenschaft ParentColor automatisch auf False gesetzt. Mögliche Werte sind:

clBlack	Schwarz
clMaroon	Rotbraun
clGreen	Grün
clOlive	Olivgrün
clNavy	Marineblau
clPurple	Violett
clTeal	Petrol
clGray	Grau
clSilver	Silber
clRed	Rot
clLime	Limonengrün
clBlue	Blau
clFuchsia	Pink
clAqua	Karibikblau
clWhite	Weiß

(Systemfarben von Windows:)

clBackground	Aktuelle Windows-Hintergrundfarbe
clActiveCaption	Aktuelle Farbe der Titelleiste des aktiven Fensters
clInactiveCaption	Aktuelle Farbe der Titelleiste der inaktiven Fenster
clMenu	Aktuelle Hintergrundfarbe der Menüs
clWindow	Aktuelle Hintergrundfarbe der Fenster
clWindowFrame	Aktuelle Farbe der Fensterrahmen

clMenuText	Aktuelle Farbe vom Menütext
clWindowText	Aktuelle Farbe vom Fenstertext
clCaptionText	Aktuelle Textfarbe der Titelleiste des aktiven Fensters
clActiveBorder	Aktuelle Rahmenfarbe des aktiven Fensters
clInactiveBorder	Aktuelle Rahmenfarbe der inaktiven Fenster
clAppWorkSpace	Aktuelle Farbe des Arbeitsbereichs der Anwendung
clHighlight	Aktuelle Hintergrundfarbe vom ausgewählten Text
clHighlightText	Aktuelle Farbe vom ausgewählten Text
clBtnFace	Aktuelle Farbe einer Schalterfläche
clBtnShadow	Aktuelle Schattenfarbe eines Schalters
clGrayText	Aktuelle Farbe von grau dargestelltem Text
clBtnText	Aktuelle Farbe von Text auf einem Schalter
clInactiveCaptionText	Aktuelle Textfarbe in der Titelleiste eines inaktiven Fensters
clBtnHighlight	Aktuelle Farbe der Markierung eines Schalters

Mit einem Doppelklick auf Color öffnet sich das Farbschema von Windows, in dem Sie auch eigene Farben zusammenstellen können.

property ComponentIndex: Integer;
Die Eigenschaft ComponentIndex zeigt die Position einer Komponente in der Eigenschaftsliste Components ihres Besitzers an. Die erste Komponente in der Liste hat den ComponentIndex-Wert 0, die zweite hat den Wert 1, die dritte den Wert 2 etc. Diese Eigenschaft ist nur zur Laufzeit und dann auch nur im Read-Only-Modus benutzbar.

property Controls[Index: Integer]: TControl;
Controls ist ein Array aller untergeordneten Komponenten der Komponente. Controls ist dann von Nutzen, wenn Sie auf die untergeordneten Komponenten über die Nummer statt über den Namen zugreifen müssen.

property Ctl3D: Boolean;
Die Eigenschaft Ctl3D legt fest, ob ein Dialogelement ein dreidimensionales (3-D) oder zweidimensionales Aussehen besitzt. Wenn Ctl3D True ist, erscheint das Dialogelement dreidimensional. Die Voreinstellung von Ctl3D ist True. Wenn die Eigenschaft ParentCtl3D einer Komponente auf True gesetzt ist, verändert jede Modifikation der Eigenschaft Ctl3D des übergeordneten Dialogelements automatisch auch die Eigenschaft Ctl3D des Dialogelements.

Achtung: Damit Ctl3D überhaupt funktioniert, muß sich die dynamische Link-Bibliothek CTL3DV2.DLL im Suchpfad befinden. Idealerweise sollte sich diese Datei im System-Verzeichnis von Windows aufhalten.

property Cursor: TCursor;
Mit der Eigenschaft Cursor stellen Sie das Aussehen des Cursors ein, wenn dieser auf die Komponente zeigt.

Mögliche Werte sind:

crDefault	crArrow	crCross
crIBeam	crSize	crSizeNESW
crSizeNS	crSizeNWSE	crSizeWE
crUpArrow	crHourglass	crDrag
crNoDrop	crHSplit	crVSplit

property DragCursor: TCursor;
Die Eigenschaft DragCursor bestimmt die Form des Mauszeigers, wenn sich der Zeiger über einer Komponente befindet, die ein gezogenes Objekt akzeptieren kann. Mögliche Werte sind mit denen der Eigenschaft Cursor identisch.

property DataField: String;
Mit DataField geben Sie das anzuzeigende Feld an. Dieses Feld stammt aus der Quelle in der Eigenschaft DataSouce. In einer DBEdit Komponente legt dieses Feld der Datenbank auch die Gültigkeit der Eintragungen fest. Ist also ein Feld numerisch, akzeptiert die Komponente keine anderen Eingabetypen.

property DataSource: TDataSource;
Mit Hilfe der Eigenschaft DataSource verbinden Sie die Komponente mit einer Instanz der Komponente DataSource, um die Werte von Parametern mit Params oder ParamByName zu setzen. Dies ermöglicht Ihren Anwendungen verknüpfte Abfragen.

property DragMode: TDragMode;
Die Eigenschaft DragMode legt das Ziehen-und-Ablegen-Verhalten einer Komponente fest. Mögliche Werte sind:

dmAutomatic Wenn dmAutomatic ausgewählt ist, ist das Dialogelement bereit, gezogen zu werden; der Anwender klickt nur und zieht es dann.

dmManual Wenn dmManual ausgewählt ist, kann das Dialogelement nicht gezogen werden, bevor die Anwendung die Methode BeginDrag aufgerufen hat.

Ist die Eigenschaft DragMode einer Komponente dmAutomatic, kann die Anwendung dies zur Laufzeit durch Einstellung des Wertes dmManual deaktivieren.

property Enabled: Boolean;
Die Eigenschaft Enabled bestimmt, ob die Komponente auf Maus-, Tastatur- und Timer-Ereignisse reagiert. Wenn Enabled auf True gesetzt ist, reagiert die Komponente normal. Ist Enabled hingegen False, ignoriert das Dialogelement Maus- und Tastaturereignisse. Bei einer Timer-Komponente werden die für das OnTimer-Ereignis deaktivierten Komponenten-Dialogelemente grau dargestellt.

property Fields[Index: Integer]: TField;
Mit Fields erhalten Sie zur Laufzeit ein von Ihnen bestimmtes Feld einer Tabelle als Ergebnis zurück. Mit Hilfe des Parameters Index bestimmen Sie das Feld. Dabei beginnt der Index einer Tabelle mit dem Wert 0 für das erste Feld.

property Font: TFont;
Die Eigenschaft Font legt den Font und die Eigenschaften des Fonts der Komponente fest. Sie haben die Möglichkeit, diese Werte im Objectinspektor zu ändern oder – wesentlich komfortabler – mit Hilfe eines Doppelklicks auf diese Eigenschaft einen Dialog zu öffnen, der alle möglichen Werte anzeigt.

property Handle: ...;
Der Typ der Eigenschaft Handle ist abhängig von der jeweiligen Komponente. Im allgemeinen gilt: Sollte eine Windows-API-Funktion ein Handle der betreffenden Komponente verlangen, setzen Sie dazu die jeweilige Eigenschaft Handle der betreffenden Komponente ein. Verlangt eine Windows-API-Funktion zum Beispiel das Handle Ihrer gesamten Anwendung, benutzen Sie am besten die Eigenschaft Handle des Objekts TApplication. Hier die Übersicht der verschiedenen Typen der Eigenschaft Handle:

Handle für die Komponenten:

Bitmap	property Handle: HBitmap;
Brush	property Handle: HBrush;
Canvas	property Handle: HDC;
Font	property Handle: HFont;
Icon	property Handle: HIcon;
Metafile	property Handle: HMetafile;
Pen	property Handle: HPen;

Handle gibt Ihnen den Zugriff auf das Handle des jeweiligen GDI-Objekts, damit Sie auf dieses zugreifen können. Benötigen Sie zum Beispiel zum Aufruf einer Windows-API-Funktion ein Handle auf ein Stiftobjekt oder ein Bitmap-Objekt, können Sie dazu das Handle der Komponente Pen beziehungsweise der Komponente Bitmap benutzen.

Handle für das Objekt TApplication und die folgenden Komponenten:

Bevel	DBText	Memo
BitBtn	DirectoryListBox	Notebook
Button	DrawGrid	OLEContainer
CheckBox	DriveComboBox	Outline
ComboBox	Edit	PaintBox
DBCheckBox	FileListBox	Panel
DBComboBox	FilterComboBox	RadioButton
DBEdit	FindDialog	RadioGroup
DBGrid	Form	ReplaceDialog
DBImage	GroupBox	ScrollBar
DBListBox	Header	ScrollBox
DBLookupCombo	Image	Shape
DBLookupList	Label	SpeedButton
DBMemo	ListBox	StringGrid
DBNavigator	MaskEdit	TabbedNotebook
DBRadioGroup	MediaPlayer	TabSet

property Handle: HWND;
Handle bietet Ihnen Zugriff auf das Handle der jeweiligen Komponente (z.B. Fenster-Handle, Dialog-Handle etc.). Dieses Handle wird von einigen Windows-API-Funktionen beim Aufruf erwartet. Sie können in diesem Fall das Handle der jeweils betroffenen Komponente oder – falls das Handle Ihrer Anwendung gefordert wird – das Handle des Objekts TApplication übergeben.

Handle für die Komponenten:

MainMenu   MenuItem   PopupMenu

property Handle: HMENU;
Sollte eine Windows-API-Funktion ein Handle eines Menüs, Menü-Eintrags oder eines lokalen Menüs verlangen, können Sie dazu die Eigenschaft Handle von MainMenu, MenuItem und PopupMenu benutzen.

Handle für die Komponente Printer:

property Handle: HDC;
Handle beinhaltet das Handle des jeweiligen Druckerobjektes TPrinter der Komponente Printer.

Handle für die Komponente DataBase:

property Handle: HDBIDB;
Um direkte Aufrufe in die Richtung der Borland Database-Engine-(BDE)-API zu tätigen, benötigen Sie ein Handle der jeweiligen Datenbank-Komponente. Dazu dient Ihnen die Eigenschaft Handle der Komponente DataBase. Sie erlaubt Ihnen Zugriffe auf Funktionen des BDE-API, die nicht in der VCL-Bibliothek integriert wurden. Bevor Sie allerdings diese Funktionen aufrufen, sollten Sie prüfen, ob diese Funktion nicht doch schon in der VCL-Bibliothek gekapselt wurde.

Handle für das Objekt TSession:

Delphi erzeugt eine Komponente Session vom Typ TSession immer dann, wenn eine Anwendung ausgeführt wird. Sessions sollten nicht von Ihnen erzeugt oder zerstört werden. Session erlaubt globale Prüfung über Datenbankverbindungen. Die Eigenschaft Databases von Session ist ein Array von allen aktiven Datenbanken in der Sitzung. Die Eigenschaft DatabaseCount vom Typ Integer gibt die Anzahl der aktiven Datenbanken in der Sitzung an.

property Handle: HDBISES;
Mit dieser Eigenschaft Handle können Sie direkte Aufrufe an die Borland-Datenbank-Engine – bezogen auf eine bestimmte Sitzung (Session/TSession) – machen. Die Komponente Session werden Sie kaum benutzen. Die wichtigsten Funktionen des BDE-API sind in der VCL-Bibliothek gekapselt und ersparen Ihnen diesen Weg.

Handle für die Komponenten Table, Query und StoredProc:

property Handle: HDBICur;
Ebenfalls für direkte Zugriffe auf Funktionen des BDE-API und unter normalen Umständen nicht zu benutzen, da die wichtigsten BDP-API-Funktionen via VCL-Bibliothek einen einfacheren Zugriff ermöglichen.

property Height: Integer;
Die Eigenschaft Height eines Dialogelements legt die Höhe der Komponente in Pixeln fest.

property HelpContext: THelpContext;
Die Eigenschaft HelpContext stellt eine Kontextnummer für den Aufruf kontextbezogener Online-Hilfe bereit. Jeder Hilfebildschirm des Hilfesystems sollte eine eindeutige Kontextnummer besitzen. Ist in der Anwendung eine Komponente selektiert, so wird nach Betätigen von F1 ein Hilfebildschirm angezeigt. Welcher Hilfebildschirm angezeigt wird, hängt vom Wert der Eigenschaft HelpContext ab.

property Hint: string;
Die Eigenschaft Hint ist der Text-String, der erscheinen kann, wenn ein OnHint-Ereignis eintritt, also wenn der Benutzer den Cursor über die Komponente bewegt. Wie der String angezeigt wird, bestimmt der Code in der Ereignisbehandlungs-Routine OnHint. Sie können eine Schnellhilfe, d.h. ein Fenster, das einen Hilfetext enthält, für eine Komponente erscheinen lassen, wenn der Anwender den Mauszeiger über das Dialogelement führt und dort kurz verweilt. Dies funktioniert wie folgt:

1. Spezifizieren Sie für jede Komponente, die einen Schnellhinweis anzeigen soll, einen Hint-Wert.
2. Setzen Sie die Eigenschaft ShowHints des Bedienfelds auf True.
3. Setzen Sie die Eigenschaft ShowHint der Anwendung zur Laufzeit auf True.

Sie können Hint gleichzeitig sowohl für ein Hilfehinweisfenster als auch für die Verwendung innerhalb der Behandlungsroutine OnHint spezifizieren, indem Sie zwei durch das Zeichen | (das »oder« oder Pipe-Symbol) getrennte Werte angeben, also beispielsweise:

```
Edit1.Hint := 'Aufforderung|Geben Sie den richtigen Wert ein';
```

Der String »Aufforderung« erscheint im Hilfehinweisfenster und der String »Geben Sie den richtigen Wert ein« erscheint wie in der Ereignisbehandlungs-Routine OnHint spezifiziert.

property IntegralHeight: Boolean;
IntegralHeight bestimmt die Gestaltung der Komponente. Bei IntegralHeight = True wird die ListBox so gezeichnet, daß nur die Elemente gezeigt werden, die vollständig in vertikaler Richtung hineinpassen. Dabei wird der untere Rand der ListBox bis unter das letzte vollständig angezeigt Element verschoben.

Ist IntegralHeight = False, ist die Listbox durch den Wert der Eigenschaft ItemHeight begrenzt. Bei dem Wert lbOwerDrawVariable für die Eigenschaft Style wird IntegralHeight nicht beachtet. Erst der Wert lsOwnerDrawFixed für Style macht IntegralHeight aktiv.

property ItemHeight: Integer;
ItemHeight bedeutet die Höhe in Pixeln eines Eintrags in der Komponente, wenn die Eigenschaft Style den Wert lsOwnerDrawFixed hat. Hat Style den Wert lsStandard oder lsOwnerDrawVariable, wird ItemHeight ignoriert.

property ItemIndex: Integer;
Der Wert ItemIndex ist die Ordinalzahl des selektierten Elements der Komponente. Der Wert -1 bedeutet, daß kein Element selektiert wurde. Zur Laufzeit selektieren Sie im Programm ein Element, indem Sie den Index des Elements in diese Eigenschaft einsetzen. Dabei beginnt die Zählung der Elemente bei 0. 0 ist also das erste Element.

Besitzt die Komponente die Eigenschaft MultiSelect und ist diese auf True gesetzt, finden Sie bei mehreren ausgewählten Elementen in ItemIndex den Wert für das fokusierte (das zuletzt ausgewählte) Element.

property Items: TStrings;
Items beinhaltet Strings, die als Elemente in Listboxen erscheinen.

Der Typ TStrings von Items liefert Ihnen eine Reihe von Methoden zum Bearbeiten und Einfügen der Strings, aber dazu mehr am Schluß der Definition von Items. TString hat zwar keine Möglichkeit, Strings zu speichern, kann aber die Speichermöglichkeiten der Komponente nutzen.

Mit Methoden wie Add, Delete, Insert, Move und Exchange eines String-Objekts kann man Strings hinzufügen, löschen, einfügen, bewegen und austauschen.

property Left: Integer;
Die Eigenschaft Left bestimmt die horizontalen Koordinaten in Pixeln der linken Kante einer Komponente relativ zum Formular. Für Formulare ist der Wert der Eigenschaft Left relativ zum Bildschirm (ebenfalls in Pixeln).

property Name: TComponentName;
Die Eigenschaft Name enthält den Namen der Komponente, wie er von anderen Komponenten für den Zugriff verwendet wird. Delphi weist als Vorgabewerte sequentielle Namen zu, die auf dem Typ der Komponente basieren, also etwa für Buttons »Button1«, »Button2« etc. Diese können Sie gemäß Ihrer Vorstellungen abändern. Komponentennamen sollten ausdrücklich nur zur Entwurfszeit geändert werden.

property Owner: TComponent;
Die Eigenschaft Owner teilt Ihnen mit, welche Komponente zu welcher Komponente gehört. Dem Formular gehören alle Komponenten, die auf ihm vorhanden sind. Umgekehrt gehört das Formular zur Anwendung. Gehört eine Komponente A einer anderen Komponente B, wird der Speicher der Komponente A freigegeben, wenn der Speicher der Komponente B freigegeben wird. Es werden also folgerichtig alle Komponenten des Formulars gelöscht, wenn das Formular gelöscht wird. Außerdem wird natürlich der Speicher für das Formular und dessen Komponenten freigegeben, wenn der Speicher der Anwendung selbst freigegeben wird.

property Parent: TWinControl;
Die Eigenschaft Parent enthält den Namen der übergeordneten Komponente. Wenn eine Komponente A eine andere Komponente B enthält, sind die in B enthaltenen Komponenten untergeordnete Komponenten von A. Wenn Ihre Anwendung beispielsweise drei Buttons in einer GroupBox enthält, ist die GroupBox das übergeordnete Element der drei Buttons und die Button-Schaltfelder sind der GroupBox untergeordnet.

Parent und Owner sind leider etwas verwirrend. Daher hier eine kleine Entwirrung:

Ein Formular ist der Besitzer aller darin enthaltenen Komponenten, unabhängig davon, ob sie ein Fensterelement sind oder nicht. Für unser Beispiel mit den drei Buttons und der GroupBox bedeutet dies: Der Besitzer der Buttons ist immer das Formular, aber die GroupBox ist das übergeordnete Element.

Wenn Sie einen neuen Dialog erzeugen, müssen Sie dem neuen Dialogelement einen Wert der Eigenschaft Parent zuweisen. Üblicherweise sind dies Formulare, Bedienfelder, GroupBoxen oder andere Dialoge, die andere Komponenten-Elemente enthalten können. Es ist möglich, jedes Element als das übergeordnete zuzuweisen, aber das darin enthaltene Dialogelement wird wahrscheinlich überschrieben.

Wird das übergeordnete Element gelöscht, werden auch alle Elemente, die ihm untergeordnet sind, gelöscht.

property ParentColor: Boolean;
Die Eigenschaft ParentColor bestimmt, wo eine Komponente nach ihrer Farbeigenschaft suchen soll. Falls ParentColor True ist, verwendet die Komponente die Farbeigenschaft der übergeordneten Komponente.

Wenn ParentColor False ist, verwendet die Komponente ihre eigene Eigenschaft Color. Durch Verwendung von ParentColor können Sie sicherstellen, daß alle Komponenten auf einem Formular das gleiche Erscheinungsbild haben.

property ParentCtl3D: Boolean;
Die Eigenschaft ParentCtl3D bestimmt, wo eine Komponente nach ihrer Eigenschaft Ctl3D suchen muß. IstParentCtl3D auf True gesetzt, verwendet die Komponente die Dimensionen der Eigenschaft Ctl3D von ihrer übergeordneten Komponente. Wenn ParentCtl3D False ist, verwendet die Komponente ihre eigene Eigenschaft Ctl3D. Durch Verwendung von ParentCtl3D stellen Sie sicher, daß alle Komponenten auf einem Formular das gleiche Erscheinungsbild haben. Wenn Sie beispielsweise möchten, daß alle Komponenten auf einem Formular ein dreidimensionales Erscheinungsbild haben, setzen Sie die Eigenschaft Ctl3D des Formulars auf True und die Eigenschaft ParentCtl3D jeder Komponente auf True.

property ParentFont: Boolean;
Die Eigenschaft ParentFont bestimmt, wo eine Komponente nach ihrer Fonteigenschaft suchen soll. Falls ParentFont True ist, verwendet die Komponente den Font der Eigenschaft der übergeordneten Komponente.

Wenn ParentFont False ist, verwendet die Komponente ihre eigene Eigenschaft Font. Durch Verwendung von ParentFont können Sie sicherstellen, daß alle Komponenten auf einem Formular das gleiche Erscheinungsbild haben.

property ParentShowHint: Boolean;
Die Eigenschaft ParentShowHint bestimmt, wo eine Komponente nach ihrer Hinteigenschaft suchen soll. Falls ParentShowHint True ist, verwendet die Komponente die Hint-Eigenschaft der übergeordneten Komponente.

Ist ParentShowHint False, verwendet die Komponente ihre eigene Eigenschaft Hint. Durch Verwendung von ParentShowHint können Sie sicherstellen, daß alle Komponenten auf einem Formular das gleiche Erscheinungsbild haben.

property PopupMenu: TPopupMenu;
Die Eigenschaft PopupMenu legt den Namen des Popup-Menüs fest, das erscheint, wenn der Anwender die Komponente auswählt oder die rechte Maustaste drückt (bei dem Wert True für AutoPopup des Popup) oder wenn die Methode Popup des Popup-Menüs ausgeführt wird.

property ReadOnly: Boolean;
Die Eigenschaft ReadOnly hängt davon ab, um welche Art von Komponente es sich bei der Komponente mit dieser Eigenschaft handelt.

ReadOnly für datensensitive Komponenten und Eigabefelder:

ReadOnly bestimmt, ob der Anwender den Inhalt einer Komponente ändern darf. Falls ReadOnly True ist, kann der Anwender den Inhalt nicht ändern. Wenn ReadOnly False ist, kann der Anwender den Inhalt abändern. Die Eigenschaft ReadOnly bestimmt bei datensensitiven Komponenten, ob der Anwender die Komponente verwenden kann, um ein Feld in einem Datensatz zu bearbeiten oder ob er die Komponente nur zur Anzeige von Daten verwenden kann. Falls ReadOnly False ist, kann der Anwender den Wert des Feldes ändern, solange der Datensatz zum Bearbeiten freigegeben ist. Ist die Eigenschaft ReadOnly eines Datengitters True, kann der Anwender keine neue Zeile einfügen.

Zu dieser Gruppe von Komponenten zählen:

DBCheckBox	DBListBox	DBRadioGroup
DBComboBox	DBLookupCombo	Edit
DBEdit	DBLookupList	MaskEdit
DBGrid	DBMemo	Memo
DBImage		

ReadOnly für Tabellen:

Benutzen Sie ReadOnly um zu verhindern, daß Benutzer Daten in der Tabelle ändern können. Achtung: Denken Sie daran, die Eigenschaft Active auf False zu setzen, bevor Sie ReadOnly ändern.

Zu dieser Gruppe von Komponenten zählen:

TTable

KAPITEL 4

ReadOnly für Feldkomponenten:

ReadOnly kann die Modifikation eines Feldes sperren. Hat diese Eigenschaft den Wert False, kann ein Feld verändert werden. Um die Änderung eines Feldes zu verhindern, setzen Sie ReadOnly auf True. In TDBGrid werden bei Tabulatorsprüngen die Felder mit der Eigenschaft ReadOnly übersprungen.

Zu dieser Gruppe von Komponenten gehören:

BCDField	DateTimeField	SmallintField
BlobField	FloatField	StringField
BooleanField	GraphicField	TimeField
BytesField	IntegerField	VarBytesField
CurrencyField	MemoField	WordField
DateField		

property SelCount: Integer;
SelCount gibt die Anzahl der in der Komponente ausgewählten Elemente an, wenn die Eigenschaft MultiSelect True ist. Falls die Eigenschaft MultiSelect False ist, kann nur ein Eintrag ausgewählt werden. Wenn keine Einträge ausgewählt sind, hat SelCount den Wert -1.

property Selected[X: Integer]: Boolean;
Selected legt fest, ob ein bestimmter Eintrag in einer Komponente ausgewählt ist. Der Parameter X bedeutet die Position in der Komponente, auf deren Element verwiesen wird. Ist das Element ausgewählt, ist Selected True.

property Showing: Boolean;
Die Eigenschaft Showing legt fest, ob eine Komponente momentan auf dem Bildschirm angezeigt wird oder nicht. Falls die Eigenschaft Visible einer Komponente und aller übergeordneten Komponenten in der übergeordneten Hierarchie True ist, ist Showing auch True. Wenn einer der Vorfahren der Komponente den Wert False als Wert für die Eigenschaft Visible hat, ist auch Showing False.

property Sorted: Boolean;
Sorted legt fest, ob die Elemente einer Komponente (z.B. Listbox) in alphabetischer Reihenfolge sortiert werden oder nicht.

property Style: TListBoxStyle
Mit Style können Sie bestimmen, wie ein Listenfenster seine Elemente anzeigt. Voreingestellt ist der Style lbStandard. Dies bedeutet, daß das Listenfenster jedes Element als String anzeigt. Durch Ändern des Wertes von Style können Sie Listenfenster mit grafischen Elementen erzeugen, die grafische Elemente oder solche mit fixierter oder variabler Höhe enthalten. Mögliche Werte:

lbStandard	Alle Einträge sind Strings, mit jedem Eintrag in der gleichen Höhe.
lbOwnerDrawFixed	Jeder Eintrag im Listenfenster ist in der Höhe durch die Eigenschaft ItemHeight festgelegt.
lbOwnerDrawVariable	Einträge im Listenfenster können von variabler Höhe sein.

property TabOrder: TTabOrder;
Die Eigenschaft TabOrder bestimmt die Position einer Komponente in der Tabulatorreihenfolge, in der Komponenten den Fokus erhalten, wenn der Anwender die Taste TAB drückt. Anfänglich ist die Tabulatorreihenfolge immer die Reihenfolge, in der die Komponenten in das Formular hinzugefügt wurden. Der Wert der Eigenschaft TabOrder ist für jede Komponente auf dem Formular einmalig. Die erste dem Formular hinzugefügte Komponente hat den TabOrder-Wert 0, die zweite hat 1, die dritte 2 usw.

Falls Sie dem Wert der Eigenschaft TabOrder einer Komponente den Wert einer anderen Komponente zuweisen, numeriert Delphi automatisch die Werte für alle anderen Komponenten neu. Angenommen, eine Komponente ist beispielsweise die sechste Komponente in der Tabulatorreihenfolge. Wenn Sie den Wert der Eigenschaft TabOrder der Komponente auf 3 ändern (dies macht die Komponente zu der vierten in der Tabulatorreihenfolge), wird die Komponente, die die vierte war, nun zur fünften und die Komponente, die die fünfte war, wird jetzt die sechste.

property TabStop: Boolean;
Die Eigenschaft TabStop bestimmt, ob der Anwender diese Komponente mit der Taste TAB anspringen kann. Falls TabStop True ist, befindet sich die Komponente in der Tabulatorreihenfolge. Wenn TabStop False ist, ist das Dialogelement nicht in der Tabulatorreihenfolge.

property Tag: Longint;
Die Eigenschaft Tag kann einen Integerwert als Element einer Komponente speichern. Tag wird von Delphi nicht benutzt und steht Ihnen damit zur freien Verfügung.

property Top: Integer;
Die Eigenschaft Top gibt die Y-Koordinate in Pixeln der linken oberen Ecke eines Dialogelements relativ zum Formular an. Bei Formularen wird der Wert der Eigenschaft Top in Pixeln relativ zum Bildschirm angegeben.

property TopIndex: Integer;
TopIndex bedeutet die Indexnummer des obersten Elements in ListBoxen.
Mit TopIndex können Sie frei wählen, welches Element als erstes in der ListBox angezeigt werden soll.

property Visible: Boolean;
Die Eigenschaft Visible bestimmt, ob eine Komponente auf dem Bildschirm sichtbar ist (True) oder nicht (False).

property Width: integer;
Die Eigenschaft Width bestimmt die Breite einer Komponente, gemessen in Pixeln.

Ereignisse:

property OnClick: TNotifyEvent;
Das Ereignis OnClick erscheint, wenn der Benutzer auf die Komponente klickt. In einem Formular tritt OnClick ein, wenn der Benutzer auf eine freie Stelle im Formular oder eine inaktive Komponente klickt.

OnClick ist vom Typ

```
TNotifyEvent = procedure (Sender: TObject) of object;
```

Der Typ TNotifyEvent weist also auf eine Methode, die das Anklicken eines Objekts behandelt. Der Parameter Sender ist das Dialogelement, das angeklickt wurde.

property OnDblClick: TNotifyEvent;
Das Ereignis OnClick erscheint, wenn der Benutzer auf die Komponente einen Doppelklick ausführt. In einem Formular tritt das Ereignis OnDblClick ein, wenn der Benutzer auf eine freie Stelle im Formular oder eine inaktive Komponente einen Doppelklick ausführt.

OnDblClick ist vom Typ

```
TNotifyEvent = procedure (Sender: TObject) of object;
```

Der Typ TNotifyEvent weist also auf eine Methode, die das Doppelklicken eines Objekts behandelt. Der Parameter Sender ist das Dialogelement, das mit einem Doppelklick bearbeitet wurde.

property OnDragDrop: TDragDropEvent;
Das Ereignis OnDragDrop tritt ein, wenn der Anwender ein gezogenes Objekt ablegt. Verwenden Sie die Ereignisbehandlungs-Routine OnDragDrop, um festzulegen, was passieren soll, wenn der Anwender ein Objekt ablegt.

OnDragClick ist vom Typ

```
TDragDropEvent = procedure(Sender, Source: TObject; X, Y: Integer) of object;
```

Der Typ TDragDropEvent zeigt also auf eine Methode, die das Ablegen eines gezogenen Objekts behandelt. Der Parameter Source des Ereignisses OnDragDrop ist das abzulegende Objekt und der Parameter Sender ist das Dialogelement, auf dem das Objekt abgelegt wurde. Die Parameter X und Y sind die Koordinaten des Mauszeigers, der über dem Dialogelement positioniert wird.

property OnDragOver: TDragOverEvent;
Das Ereignis OnDragOver tritt ein, wenn der Anwender ein Objekt über eine Komponente zieht. Üblicherweise werden Sie ein Ereignis OnDragOver verwenden, um ein Objekt zu akzeptieren, damit der Anwender es ablegen kann.

OnDragClick ist vom Typ

```
TDragOverEvent = procedure(Sender, Source: TObject; X, Y: Integer;
                           State: TDragState; var Accept: Boolean) of object;
```

Der Typ TDragOverEvent zeigt also auf eine Methode, die das Ziehen eines Objekts über ein anderes Objekt behandelt. Der Parameter Source ist das gezogene Objekt, Sender ist das Objekt, über das Source gezogen wurde, X und Y sind die Koordina-

ten des Mauszeigers, der über dem Dialogelement positioniert wird in Pixeln, State ist der Status des gezogenen Objekts in Verbindung zum darübergezogenen Objekt, und Accept legt fest, ob der Sender das Ziehobjekt erkennt. Accept wird nicht per Voreinstellung auf True oder False gesetzt; Sie müssen die passenden Werte selbst zuweisen.

Das Ereignis OnDragOver akzeptiert ein Objekt, wenn der Parameter Accept True ist. Durch Ändern des Wertes der Eigenschaft DragCursor können Sie das Erscheinungsbild des Cursors beeinflussen. Dies können Sie entweder während des Entwikkelns oder zur Laufzeit, bevor ein Ereignis OnDragOver eintritt, durchführen.

property OnDrawItem: TDrawItemEvent;
OnDrawItem tritt dann ein, wenn ein Element in einem selbstgezeichneten Umriß, ListBoxen oder GroupBoxen wie RadioGourps, erneut dargestellt werden muß.

OnDrawItem ist vom Typ

```
TDrawItemEvent = procedure(ListBox: TListBox; Index: Integer; Rect: TRect;
                State: TOwnerDrawState) of object;
```

TDrawItemEvent zeigt also auf eine Methode, die das Zeichnen eines Elements in einer Komponente, das durch die übergeordnete Komponente gezeichnet wird, behandelt. Der Parameter Index ist die Position des Elements in der Komponente, Rect ist der Bereich in der Komponente, in dem das Element gezeichnet werden soll, und State ist der aktuelle Status des Elements. Die möglichen Werte von State:

odSelected	Das Element wurde selektiert.
odDisabled	Das gesamte Listenfeld wurde deaktiviert.
odFocused	Das aktuelle Element besitzt den Fokus.

property OnEndDrag: TEndDragEvent;
Das Ereignis OnEndDrag tritt immer dann ein, wenn das Ziehen eines Objekts abgeschlossen oder abgebrochen wird. Wenn Sie eine besondere Behandlung haben möchten, wenn das Ziehen beendet wird, verwenden Sie die Ereignisbehandlungs-Routine OnEndDrag.

OnEndDrag ist vom Typ

```
TEndDragEvent = procedure(Sender, Target: TObject; X, Y: Integer) of object;
```

Der Typ TEndDragEvent zeigt also auf eine Methode, die das Anhalten des Ziehens eines Objekts behandelt. Der Sender ist das Objekt, was gezogen wird, Target ist das Objekt, zu dem Sender hingezogen wird, und X und Y sind die zugehörigen Bildschirmkoordinaten des Mauszeigers, der über dem Dialogelement positioniert wird. Falls das gezogene Objekt abgelegt und durch das Dialogelement akzeptiert wurde, ist der Parameter Target des Ereignisses OnEndDrag True. Wenn das Objekt nicht erfolgreich abgelegt wurde, beträgt der Wert Target Nil.

property OnEnter: TNotifyEvent;
OnEnter tritt ein, wenn eine Komponente aktiviert wird. Wenn Sie eine besondere Behandlung festlegen möchten, wenn eine Komponente aktiviert wird, verwenden Sie die Ereignisbehandlungs-Routine OnEnter.

OnEnter erscheint nie, wenn Sie zwischen Formularen oder einer anderen Windows-Anwendung und Ihrer Anwendung umschalten. OnEnter für eine Komponente des Typs TPanel oder THeader tritt nie ein, da Bedienfelder oder Header keinen Fokus erhalten können. Somit ist dort OnEnter vollkommen nutzlos. Sie haben diese Ereignisbehandlung aber geerbt.

OnEnter ist vom Typ

```
TNotifyEvent = procedure (Sender: TObject) of object;
```

Der Typ TNotifyEvent weist also auf eine Methode, die das Doppelklicken eines Objekts behandelt. Der Parameter Sender ist das Dialogelement, das mit einem Doppelklick bearbeitet wurde.

property OnExit: TNotifyEvent;
OnExit erscheint, wenn der Eingabefokus von einer Komponente an eine andere übergeben wird. OnExit tritt nicht ein, wenn Sie zwischen Formularen oder zwischen einer Windows-Anwendung und Ihrer Anwendung umschalten. OnExit tritt bei den Komponenten Panel und Speedbutton nicht ein, da diese niemals den Fokus erhalten. OnExit ist vom Typ

```
TNotifyEvent = procedure (Sender: TObject) of object;
```

Der Typ TNotifyEvent weist also auf eine Methode, die das Doppelklicken eines Objekts behandelt. Der Parameter Sender ist das Dialogelement, das mit einem Doppelklick bearbeitet wurde.

property OnKeyDown: TKeyEvent;
OnKeyDown tritt ein, wenn der Anwender irgendeine Taste drückt, während die Komponente den Fokus hat. Verwenden Sie OnKeyDown, um eine besondere Behandlung festzulegen, die ausgeführt wird, wenn eine Taste gedrückt wird. Der Handler OnKeyDown kann auf alle Tasten der Tastatur, einschließlich Funktionstasten und Tastenkombinationen mit den Tasten UMSCHALT, ALT und STRG sowie betätigten Maustasten reagieren. OnKeyDown ist vom Typ

```
TKeyEvent = procedure (Sender: TObject; var Key: Word; Shift: TShiftState)
            of object;
```

Der Typ TKeyEvent weist also auf eine Methode, die Tastaturereignisse verarbeitet. Der Parameter Key steht für die Taste und Shift und kann die folgenden Wert annehmen:

ssShift	UMSCHALTTASTE (SHIFT) wird festgehalten
ssAlt	linke ALT-Taste wird festgehalten
[ssAlt, ssCtrl]	ALTGR-Taste wird festgehalten
ssCtrl	Taste STRG wird festgehalten
ssLeft	Linke Maustaste wird festgehalten
ssMiddle	Mittlere Maustaste wird festgehalten
ssDouble	Rechte und linke Maustaste werden gleichzeitig festgehalten

property OnKeyPress: TKeyPressEvent;
OnKeyPress erscheint, wenn der Anwender eine einzelne Zeichentaste drückt.

OnKeyPress ist vom Typ

```
TKeyPressEvent = procedure (Sender: TObject; var Key: Char) of object;
```

TKeyPressEvent weist also auf eine Methode, die einen Tastendruck für ein einzelnes Zeichen verarbeitet. Der Parameter Key gibt die Taste an. Der Parameter Key ist vom Typ Char; deshalb registriert OnKeyPress das ASCII-Zeichen der gedrückten Taste. Tasten, die nicht mit einem ASCII-Zeichen übereinstimmen (beispielsweise UMSCHALT oder F1), werden kein OnKeyPress erzeugen. Tastenkombinationen (wie UMSCHALT+A) erzeugen nur ein Ereignis des Typs OnKeyPress (in diesem Beispiel ergibt UMSCHALT+A einen Wert Key von »A«, wenn die Feststelltaste ausgeschaltet ist). Falls Sie auf Nicht-ASCII-Tasten oder Tastenkombinationen reagieren möchten, verwenden Sie die Ereignisbehandlungs-Routinen OnKeyDown oder OnKeyUp.

property OnKeyUp: TKeyEvent;
OnKeyUp tritt ein, wenn der Anwender die gedrückte Taste wieder losläßt. OnKeyUp kann auf alle Tasten der Tastatur, einschließlich FFunktionstasten und Tastenkombinationen mit den Tasten UMSCHALT, ALT und STRG sowie betätigten Maustasten reagieren.

```
TKeyEvent = procedure (Sender: TObject; var Key: Word; Shift: TShiftState)
                of object;
```

Der Typ TKeyEvent weist also auf eine Methode, die Tastaturereignisse verarbeitet. Der Parameter Key steht für die Taste und Shift und kann die folgenden Wert annehmen:

ssShift	UMSCHALTTASTE (SHIFT) wird festgehalten
ssAlt	linke ALT-Taste wird festgehalten
[ssAlt, ssCtrl]	ALTGR-Taste wird festgehalten
ssCtrl	Taste STRG wird festgehalten
ssLeft	Linke Maustaste wird festgehalten
ssMiddle	Mittlere Maustaste wird festgehalten
ssDouble	Rechte und linke Maustaste werden gleichzeitig festgehalten

property OnMeasureItem: TMeasureItemEvent;
OnMeasureItem tritt ein, wenn eine Anwendung ein Element in einer selbstgezeichneten Listbox oder RadioGroup mit unterschiedlichen Stilen neu darstellen muß. Dies bedeutet, daß die Eigenschaft Style für die ListBox den Wert lbOwnerDrawVariable beseitzt oder für eine RadioGroup die Eigenschaft Style den Wert csOwnerDraw-Variable hat. Nach OnMeasureItem tritt OnDrawItem ein, das das Element in der erfaßten Größe wiedergibt.

OnMeasureItem ist vom Typ

```
TMeasureItemEvent = procedure(ListBox: TListBox; Index: Integer;
                    var Height: Integer) of object;
```

TMeasureItemEvent zeigt also auf eine Methode zum Ausmessen eines Elements in einer Komponente. Index gibt die Position des Elements in der Komponente und Height dessen Höhe in Pixeln an.

property OnMouseDown: TMouseEvent;
Das Ereignis OnMouseDown tritt ein, wenn der Anwender eine Maustaste zu dem Zeitpunkt drückt, an dem sich der Mauszeiger über einem Dialogelement befindet.

OnMouseDown ist vom Typ

```
TMouseEvent=procedure (Sender: TObject; Button: TMouseButton; Shift: TShiftState;
                      X, Y: Integer) of object;
```

Der Typ TMouseEvent weist also auf eine Methode zur Bearbeitung von Maustasten-Ereignissen hin. Der Parameter Button gibt an, welche Maustaste gedrückt wurde, während Shift Auskunft darüber gibt, welche UMSCHALT- (UMSCHALT, STRG oder ALT) bzw. Maustasten gedrückt waren, während die das Mausereignis verursachende Maustaste gedrückt oder losgelassen wurde. X und Y sind die Bildschirmkoordinaten des Mauszeigers in Pixeln. Der Parameter Button des Ereignisses OnMouseDown zeigt an, welche Maustaste gedrückt wurde. Durch Verwenden des Parameters Shift der Ereignisbehandlungs-Routine OnMouseDown können Sie auf den Status der Maus- und Umschalttasten reagieren. Umschalttasten sind die Tasten UMSCHALT, STRG und ALT.

property OnMouseMove: TMouseMoveEvent;
Das Ereignis OnMouseMove tritt ein, wenn der Anwender den Mauszeiger bewegt und dieser sich bereits über einem Dialogelement befindet.

OnMouseMove ist vom Typ

```
TMouseMoveEvent = procedure(Sender: TObject; Shift: TShiftState; X, Y: Integer)
                  of object;
```

Der Typ TMouseMoveEvent zeigt also auf eine Methode, die Mausereignisse infolge einer Mausbewegung verarbeitet. Der Parameter Button gibt an, welche Maustaste gedrückt wurde, während Shift anzeigt, welche UMSCHALT- (UMSCHALT, STRG oder ALT) bzw. Maustasten während der Mausbewegung gedrückt waren. X und Y sind die Bildschirmkoordinaten des Mauszeigers in Pixeln. Durch Verwenden des Parameters Shift können Sie auf den Status der Maus- und Umschalttasten reagieren. Umschalttasten sind die Tasten UMSCHALT, STRG und ALT.

property OnMouseUp: TMouseEvent;
Das Ereignis OnMouseUp tritt ein, wenn der Anwender die gedrückte Maustaste wieder freigibt, wenn sich der Mauszeiger über einer Komponente befindet.

Die Ereignisbehandlungs-Routine OnMouseUp kann auf Betätigungen der rechten, mittleren und linken Maustasten reagieren sowie auf Maustastenkombinationen mit Umschalttasten (Tasten UMSCHALT, STRG und ALT).

OnMouseUp ist vom Typ

```
TMouseEvent = procedure (Sender: TObject; Button: TMouseButton; Shift: TShiftState;
                         X, Y: Integer) of object;
```

Der Typ TMouseEvent zeigt also auf eine Methode zur Bearbeitung von Maustasten-Ereignissen. Der Parameter Button gibt an, welche Maustaste gedrückt wurde, während Shift Auskunft darüber gibt, welche UMSCHALT- (UMSCHALT, STRG oder ALT) bzw. Maustasten gedrückt waren, während die das Mausereignis verursachende Maustaste gedrückt oder losgelassen wurde. X und Y sind die Bildschirmkoordinaten des Mauszeigers in Pixeln.

Methoden:

procedure BeginDrag(Immediate: Boolean);
Die Methode BeginDrag leitet den Ziehvorgang einer Komponente ein. Wenn der Parameter Immediate auf True gesetzt ist, wird der Mauszeiger auf den Wert der Eigenschaft DragCursor gesetzt und der Ziehvorgang beginnt. Ist Immediate False, wird der Mauszeiger nicht auf den Wert der Eigenschaft DragCursor gesetzt, und der Ziehvorgang wird erst eingeleitet, wenn der Anwender den Mauszeiger um mindestens 5 Pixel bewegt. Auf diese Weise kann die Komponente Mausklicks akzeptieren, ohne einen Ziehvorgang einzuleiten.

Ihre Anwendung muß die Methode BeginDrag zum Einleiten eines Ziehvorgangs nur aufrufen, wenn DragMode auf dmManual gesetzt ist.

procedure BringToFront;
Die Methode BringToFront setzt eine Komponente innerhalb einer übergeordneten Komponente vor alle anderen Komponenten. BringToFront hilft insbesondere sicherzustellen, daß ein Formular sichtbar ist. Verwenden Sie diese Methode, wenn Sie die Reihenfolge überlappender Komponenten in einem Formular neu festlegen wollen.

Die Reihenfolge, in der Komponenten übereinander gelagert werden (Z-Reihenfolge), hängt davon ab, ob es sich um fensterähnliche oder um nicht-fensterähnliche Komponente handelt. Die Reihenfolge arbeitet nach dem Prinzip, daß die zuletzt eingefügte Komponente die oberste und damit sichtbare Komponente ist.

Mit der Methode BringToFront einer Komponente würde diese Komponente ganz nach oben auf den Stapel kommen und somit sichtbar sein.

Bei der Stapelung ist zu beachten, daß fensterähnliche Komponenten immer auf nicht-fensterähnlichen Komponenten gestapelt werden. Ein Aufruf von BringToFront einer nicht-fensterähnlichen Komponente bewirkt also gar nichts, wenn oben auf dem Stapel eine fensterähnliche Komponente liegt.

Die folgenden Komponenten zählen zu den fensterähnlichen Komponenten:

BitBtn	DBNavigator	MediaPlayer
Button	DBRadioGroup	Memo
CheckBox	DirectoryListBox	Notebook
ComboBox	DrawGrid	OLEContainer
DBCheckBox	DriveComboBox	Outline

KAPITEL 4

DBComboBox	Edit	Panel
DBEdit	FileListBox	RadioButton
DBGrid	FilterComboBox	RadioGroup
DBImage	Form	ScrollBar
DBListBox	GroupBox	ScrollBox
DBLookupCombo	Header	StringGrid
DBLookupList	ListBox	TabbedNotebook
DBMemo	MaskEdit	TabSet

Die nun folgenden Komponenten zählen zu den nicht-fensterähnlichen Komponenten:

Bevel	Label	SpeedButton
DBText	PaintBox	Image
Shape		

function CanFocus: Boolean;
CanFocus stellt fest, ob eine Komponente den Eingabefokus erhalten kann. CanFocus gibt True zurück, wenn die Eigenschaften Visible und Enabled sowohl der Komponente als auch der übergeordneten Komponenten auf True gesetzt sind. Sind nicht alle Eigenschaften Visible und Enabled dieser Komponenten auf True gesetzt, liefert CanFocus False zurück.

procedure Clear;
Die Art und Weise der Methode Clear hängt von den jeweiligen Komponenten ab:

Clear für die Standard-Komponenten:

TClipboard	TDBEdit	TFileListBox
TList	TDBListBox	TFilterComboBox
TStringList	TDBMemo	TListBox
TStrings	TDirectoryListBox	TMaskEdit
TComboBox	TDriveComboBox	TMemo
TDBComboBox	TEdit	TOutline

Clear löscht alle Texteintragungen beziehungsweise Text-Einträge aus den Komponenten. Bei TClipboard wird der gesamte Inhalt der Zwischenablage gelöscht, vor allem geschieht dies bei Copy- und bei Cut-Ereignissen automatisch, bevor Daten in das Clipboard eingefügt werden.

Clear für die Feldkomponenten:

TBCDField	TCurrencyField	TGraphicField
TStringField	TBlobField	TDateField
TIntegerField	TTimeField	TBooleanField
TDateTimeField	TMemoField	TVarBytesField
TBytesField	TFloatField	TSmallintField
TWordField		

Clear setzt den Wert des Feldes auf NULL.

Clear für die Komponente TFieldDefs:

Clear setzt alle Werte der Eigenschaft Items zurück. Dadurch werden alle Objekte vom Typ TFieldDef aus der Komponente TFieldDefs gelöscht.

Clear für die Komponente TIndexDefs:

Clear setzt alle Werte der Eigenschaft Items zurück. Dadurch werden alle Objekte vom Typ TIndexDef aus der Komponente TFieldDefs gelöscht.

Clear für die Komponente TParam:

Clear setzt die Komponente zurück, also auf 0 und löscht alle bisher zugewiesenen Daten. Die Eigenschaften Name, DataType und ParamType bleiben unverändert.

Clear für die Komponente TParams:

Clear löscht alle Parameterinformationen aus der Eigenschaft Items.

function ClientToScreen(Point: TPoint): TPoint;
Die Methode ClientToScreen übersetzt den angegebenen Punkt aus Client-Bereichskoordinaten in globale Bildschirmkoordinaten. In Client-Bereichskoordinaten entspricht der Punkt (0, 0) der oberen linken Ecke des Client-Bereichs der Komponente. In Bildschirmkoordinaten entspricht (0, 0) der oberen linken Ecke des Bildschirms. Mit den Methoden ClientToScreen und ScreenToClient rechnen Sie Positionen aus dem Koordinatensystem einer Komponente A in das Koordinatensystem einer Komponente B um.

Beispiel: Umrechnung der Koordinaten einer Komponente A in die Koordinaten einer Komponente B (TPoint ist ein Record mit den Feldern X und Y):

```
TPoint = record
      X : integer;
      Y : integer;
END;
VAR
   Koord: TPoint;
Koord:= B.ScreenToClient(A.ClientToScreen(Koord));
```

constructor Create;
Create weist Speicher zu, um das Objekt und damit die Komponente zu erzeugen und nach Bedarf seine Daten zu initialisieren. Jedes Objekt kann eine Methode Create besitzen, die individuell so angepaßt ist, daß sie diese bestimmte Art von Objekt erzeugt. Im Normalfall benötigen Sie diese Methoden nicht, da Borland Delphi alles unternimmt, um Ihre Anwendung und die darin enthaltenen Komponenten zu erzeugen. Sollten Sie allerdings ein Ereignis oder die Initialisierung eines Wertes einer selbst geschaffenen Komponente zur Zeit der Erzeugung einstellen wollen, können Sie dies in der Methode Create erledigen. Dazu benötigen Sie aber genaue Kenntnisse und Techniken der OOP. Ansonsten sollten Sie Create unverändert lassen und nicht aufrufen.

function Dragging: Boolean;
Die Methode Dragging gibt an, ob eine Komponente gezogen wird. Wenn Dragging True zurückgibt, wird die Komponente gezogen.

procedure EndDrag(Drop: Boolean);
Die Methode EndDrag verhindert, daß eine Komponente weiter gezogen wird. Wenn der Parameter Drop True ist, wird die gezogene Komponente abgelegt. Ist Drop False, wird die Komponente nicht abgelegt und der Vorgang wird abgebrochen.

function FindComponent(const AName: string): TComponent;
Die Methode FindComponent gibt im Array Components die Komponente zurück, deren Name zum String im Parameter AName paßt. FindComponent beachtet dabei keine Groß-/Kleinschreibung.

Beispiel: Es existiert ein Button »Button1« in Ihrer Anwendung. Um die eigentliche Komponente TButton1 im Array Components zurückzugeben, rufen Sie FindComponents wie folgt auf:

```
FindComponents('Button1');
```

function Focused: Boolean;
Focused wird verwendet, um zu bestimmen, ob ein Fensterdialogelement den Fokus besitzt und deshalb das aktive Dialogelement in ActiveControl ist.

procedure Free;
Die Methode Free entfernt das Objekt und gibt den zugehörigen Speicher frei. Haben Sie das Objekt unter Verwendung der Methode Create erzeugt, so benutzen Sie zum Entfernen und für die Freigabe des Speichers die Methode Free. Free gelingt auch dann, wenn das Objekt selbst nicht mehr existiert (zum Beispiel durch einen vorherigen Aufruf von Free). Delphi erledigt dies für Objekte der Bibliothek visueller Komponenten automatisch.

Sie sollten also niemals eine Komponente innerhalb Ihrer Anwendung entfernen.

Falls Sie ein Formular freigeben wollen, rufen Sie die Methode Release auf, um das Formular zu löschen und dessen benutzten Speicher freizugeben.

function GetTextBuf(Buffer: PChar; BufSize: Integer): Integer;
Die Methode GetTextBuf holt den Text der Komponente und kopiert ihn in den Puffer als Null-terminierten String (Ende der Zeichenkette wird mit 0 angegeben), auf den Buffer zeigt. Die maximale Länge des Strings wird mit BufSize (siehe dazu GetTextLen) festgelegt. In BufSize wird nach der Ausführung die Anzahl der Zeichen des Strings zu finden sein. Diese Methode ist vor allem dann sehr nützlich, wenn mit String größer als 256 Zeichen gearbeitet wird. Der Typ STRING kann nicht mehr als 256 Zeichen aufnehmen. Dabei entfällt aber das erste Element in diesem Typ auf die Längenangabe des Strings, so daß nur noch maximal 255 Zeichen möglich sind. Ein PChar ist ein Zeiger auf das erste Zeichen einer Zeichenkette. Eine derart definierte Zeichenkette besitzt keine Längenangabe, sondern trägt eine 0 am Ende der Kette, daher auch der Name Null-terminierter String. Ein PChar kann die maximale Größe

von 64 Kbyte erreichen. Die maximale Anzahl der Zeichen ist also auf 64 Kbyte und nicht auf 255 Zeichen beschränkt (siehe auch GetTextLen und SetTextBuf).

function GetTextLen: Integer;
Die Methode GetTextLen gibt die Länge des Textes der Komponente zurück. Dieser Wert kann für BufSize in GetTextBuf verwenden werden (siehe auch GetTextBuf und SetTextBuf).

procedure Hide;
Die Methode Hide versteckt eine Komponente, sie ist also nicht mehr auf dem Bildschirm sichtbar. Dabei wird die Eigenschaft Visible auf False gesetzt. Dabei ist eine Komponente aber weiterhin aktiv, das heißt, kann bearbeitet werden.

procedure Invalidate;
Die Methode Invalidate erzwingt das Neuzeichnen einer Komponente sobald dies möglich ist.

procedure InsertComponent(AComponent: TComponent);
InsertComponent macht die Komponente zum Besitzer der im Parameter AComponent übergebenen Komponente. Die Komponente wird am Ende der Array-Eigenschaft Components hinzugefügt. Die eingefügte Komponente darf keinen Namen haben (keinen für die Eigenschaft Name spezifizierten Wert) oder der Name muß sich eindeutig von allen anderen in der Components-Liste unterscheiden. Wird die Besitzerkomponente entfernt, so wird auch AComponent gelöscht.

function ItemAtPos(Pos: TPoint; Existing: Boolean): Integer;
ItemAtPos gibt den Index-Wert eines Elements einer Listbox oder eines Tabsets zurück. Pos benennt den abzufragenden Punkt in der Komponente (in Pixel). Wenn Pos auf eine Stelle nach dem letzten Item der Komponente zeigt, gibt IndexAtPos den Wert für das letzte Element der Komponente zurück.

Wenn Sie den Parameter Existing auf True gesetzt haben, gibt ItemAtPos -1 zurück, falls an der Stelle Pos kein Element existiert. Bei Existing = False wird der Wert des letzten Elements zurückgegeben, wenn Pos auf ein nicht-existierendes Element zeigt.

function ItemRect(Item: Integer): TRect;
ItemRect gibt das Rechteck zurück, das den im Parameter Item spezifizierten Eintrag umgibt. Hiermit ist wohl mehr oder weniger die Ausdehnung des Elements der Komponente gemeint.

procedure Refresh;
Die Methode Refresh reagiert je nach Art der Komponente, ob Daten oder die Komponenten selbst neu gezeichnet werden. Die Methode Refresh kann also jedes Bild auf dem Bildschirm löschen und alle Dialogelemente neu zeichnen beziehungsweise Datensätze einer Datei erneut einlesen.

Innerhalb der Implementation von Refresh beim Neuzeichnen von Komponenten wird die Methode Invalidate und dann die Methode Update aufgerufen.

Beim Refresh von Daten ist zu beachten: Durch Refresh können sich die angezeigten Daten unerwartet verändern und so den Anwender verwirren. Ein Dialog oder eine andere Mitteilung, der dem Anwender den Refresh der Daten mitteilt, wäre somit wohl angebracht und von äußerster Nützlichkeit.

procedure RemoveComponent(AComponent: TComponent);
RemoveComponent entfernt die Komponente, die im Parameter AComponent festgelegt ist, aus der Komponentenliste Components. Die Position in der Liste wird zu Nil.

procedure Repaint;
Die Methode Repaint fordert das Dialogelement auf, sein Bild auf dem Bildschirm neu zu zeichnen, ohne jedoch die darunterliegende Fläche zu löschen. Um vor dem Neuzeichnen zu löschen, müssen Sie anstelle von Repaint die Methode Refresh aufrufen.

procedure ScaleBy(M, D: Integer);
Die Methode ScaleBy skaliert eine Komponente um einen Prozentsatz ihrer ursprünglichen Größe. Der Parameter M ist der Multiplikator und der Parameter D der Divisor. Wenn Sie beispielsweise die Größe des Dialogelements auf 66% seines ursprünglichen Formats ändern möchten, geben Sie in M den Wert 66 und in D den Wert 100 an (66/100). Bei der Vergrößerung gehen Sie einfach den umgekehrten Weg: Vergrößerung um 66% bedeutet nichts anderes als M=166 und D=100.

function ScreenToClient(Point: TPoint): TPoint;
Die Methode ScreenToClient wird verwendet, um den Koordinatenpunkt in Pixeln der Komponente auf dem Bildschirm zu bestimmen. ScreenToClient gibt die X- und Y-Koordinaten in einem Record des Typs TPoint zurück.

procedure ScrollBy(DeltaX, DeltaY: Integer);
ScrollBy scrollt den Inhalt einer Komponente. Statt mit der Methode ScrollBy sollten Sie in Normalfall lieber mit den eingebauten Bildlauf-Leisten arbeiten, es sei denn, diese Leisten wären für Ihre Programm-Idee aus irgendeinem Grund nicht brauchbar.

DeltaX enthält die Veränderung in Pixeln in Richtung der X-Achse. Ein positiver Wert von DeltaX verschiebt den Inhalt nach rechts, ein negativer Wert verschiebt den Inhalt nach links. DeltaY bezeichnet die Veränderungen in Pixeln in Richtung der Y-Achse. Ein positiver Wert von DeltaY verschiebt den Inhalt nach unten, ein negativer Wert verschiebt den Inhalt nach oben.

procedure SendToBack;
Die Methode SendToBack setzt eine Komponente innerhalb einer übergeordneten Komponente hinter alle anderen Komponenten. Die Reihenfolge, in der Komponenten übereinander gelagert werden (Z-Reihenfolge), hängt davon ab, ob es sich um fensterähnliche oder um nicht-fensterähnliche Komponente handelt. Die Reihenfolge arbeitet nach dem Prinzip, daß die zuletzt eingefügte Komponente die oberste und damit sichtbare Komponente ist.

Mit der Methode SendToBack einer Komponente würde diese Komponente ganz nach unten auf den Stapel kommen und somit nicht sichtbar sein.

Bei der Stapelung ist zu beachten, daß fensterähnliche Komponenten immer auf nicht-fensterähnlichen Komponenten gestapelt werden. Ein Aufruf von SendToBack einer fensterähnlichen Komponenten bewirkt also gar nichts, wenn unter dem Stapel eine nicht-fensterähnliche Komponente liegt (siehe auch BringToFront).

Die folgenden Komponenten zählen zu den fensterähnlichen Komponenten:

BitBtn	DBNavigator	MediaPlayer
Button	DBRadioGroup	Memo
CheckBox	DirectoryListBox	Notebook
ComboBox	DrawGrid	OLEContainer
DBCheckBox	DriveComboBox	Outline
DBComboBox	Edit	Panel
DBEdit	FileListBox	RadioButton
DBGrid	FilterComboBox	RadioGroup
DBImage	Form	ScrollBar
DBListBox	GroupBox	ScrollBox
DBLookupCombo	Header	StringGrid
DBLookupList	ListBox	TabbedNotebook
DBMemo	MaskEdit	TabSet

Die nun folgenden Komponenten zählen zu den nicht-fensterähnlichen Komponenten:

Bevel	Label	SpeedButton
DBText	PaintBox	Image
Shape		

procedure SetBounds(ALeft, ATop, AWidth, AHeight: Integer);
Die Methode SetBounds setzt die Begrenzungseigenschaften der Komponente Left, Top, Width und Height auf die Werte, die in den entsprechenden Werten ALeft, ATop, AWidth und AHeight übergeben werden. SetBounds erlaubt Ihnen, mehr als eine Begrenzungseigenschaft der Komponente zur gleichen Zeit einzustellen. Obwohl Sie immer einzelne Begrenzungen einstellen können, erlaubt Ihnen die Verwendung von SetBounds, mehrere Änderungen auf einmal durchzuführen, ohne daß jedesmal das Dialogfenster neu gezeichnet werden muß.

procedure SetFocus;
SetFocus übergibt den Fokus an die Komponente. Bei Formularen ruft das jeweilige Formular die Methode SetFocus des standardmäßig aktiven Dialogelements auf.

procedure SetTextBuf(Buffer: PChar);
Die Methode SetTextBuf ersetzt den Text in einer Komponente durch den Text in Buffer. Buffer muß auf einen mit Null abgeschlossenen String zeigen (siehe auch GetTextBuf und GetTextLen).

procedure Show;
Die Methode Show bringt eine Komponente sichtbar auf den Bildschirm, indem die Eigenschaft Visible auf True eingestellt wird. Falls die Methode Show eines Formulars aufgerufen wird und das Formular ist undurchsichtig, versucht Show das For-

mular sichtbar zu machen, indem sie das Formular mit der Methode BringToFront in den Vordergrund bringt. Ein Formular verfügt zusätzlich über die Methode Show-Modal, um einen modalen Dialog erzeugen zu können. Ein modaler Dialog muß bearbeitet und geschlossen werden. Ein SendToBack hätte also keinen Erfolg.

procedure Update;
In der Methode Update wird die API-Funktion UpdateWindow von Windows aufgerufen, die alle beim Zeichnen entstandenen und noch nicht erledigten Meldungen bearbeitet.

UpdateWindows ist definiert als

```
procedure UpdateWindow(Wnd: HWnd);
```

Die Routine UpdateWindow aktualisiert den Client-Bereich des angegebenen Fensters, indem sie eine WM_PAINT-Meldung an das Fenster sendet, wenn der Aktualisierungsbereich für das Fenster nicht leer ist. Die Routine UpdateWindow sendet eine WM_PAINT-Meldung unter Umgehung der Anwendungswarteschlange direkt an die Fensterfunktion des gegebenen Fensters. Wenn der Aktualisierungsbereich leer ist, wird keine Meldung gesendet. Der Parameter Wnd bezeichnet das Fenster oder besser das Handle des Fensters, das aktualisiert werden soll.

Komponentenname: DBComboBox
Klassenname: TDBComboBox

Beschreibung:

ComboBox ist ein Element, das eine Editierzeile mit einer Liste – ähnlich einer Listbox – kombiniert. Sie können entweder den Feldwert des aktuellen Datensatzes dadurch ändern, daß Sie diesen aus der Liste auswählen oder ihn selbst eingeben.

Eigenschaften:

property Align: TAlign;
Die Eigenschaft Align legt fest, wie Dialogelemente zum Beispiel im Formular ausgerichtet werden. Mögliche Werte:

alNone	Die Komponente bleibt an der Einfügeposition im Formular (Standardeinstellung).
alTop	Die Komponente wird an die Oberkante des Formulars verschoben und an seine Breite angepaßt. Die Höhe der Komponente bleibt unverändert.
alBottom	Die Komponente wird an die Unterkante des Formulars verschoben und an seine Breite angepaßt. Die Höhe der Komponente bleibt unverändert.
alLeft	Die Komponente wird an die linke Kante des Formulars verschoben und an seine Höhe angepaßt. Die Breite der Komponente bleibt unverändert.

alRight	Die Komponente wird an die rechte Kante des Formulars verschoben und an seine Höhe angepaßt. Die Breite der Komponente bleibt unverändert.
alClient	Die Größe der Komponente wird an den Client-Bereich eines Formulars angepaßt. Ist ein Teil des Client-Bereichs bereits von einer anderen Komponente besetzt, füllt die Komponente den verbleibenden Teil des Client-Bereichs aus.

Wird zum Beispiel ein Formular, das Besitzer eines Labels ist, in der Größe verändert, werden die Komponenten innerhalb des Formulars neu ausgerichtet. Die Verwendung der Eigenschaft Align ist dann sinnvoll, wenn ein Dialogelement an einer Position des Formulars stehenbleiben soll, auch wenn sich die Größe des Formulars ändert.

property BoundsRect: TRect;
Die Eigenschaft BoundsRect liefert das Begrenzungsrechteck der Komponente – ausgedrückt im Koordinatensystem des übergeordneten Dialogelements – zurück. Mit BoundsRect ersetzen und erleichtern Sie sich somit die Abfrage der einzelnen Werte für die Eigenschaften Left, Top, Width und Height.

property Color: TColor;
Die Eigenschaft Color legt für alle Komponenten mit Ausnahme des Dialogfensters die Farbe fest (Hintergrundfarbe eines Formulars oder eines Dialogelements oder Grafikobjekts).

Ist die Eigenschaft ParentColor auf True gesetzt, bewirkt eine Änderung der Eigenschaft Color einer Komponente A automatisch eine Änderung der Eigenschaft Color aller Komponenten, die als Besitzer die Komponente A haben. Wenn Sie der Eigenschaft Color eines Dialogelements einen Wert zuweisen, wird seine Eigenschaft ParentColor automatisch auf False gesetzt. Mögliche Werte sind:

clBlack	Schwarz
clMaroon	Rotbraun
clGreen	Grün
clOlive	Olivgrün
clNavy	Marineblau
clPurple	Violett
clTeal	Petrol
clGray	Grau
clSilver	Silber
clRed	Rot
clLime	Limonengrün
clBlue	Blau
clFuchsia	Pink
clAqua	Karibikblau
clWhite	Weiß

(Systemfarben von Windows:)

clBackground	Aktuelle Windows-Hintergrundfarbe
clActiveCaption	Aktuelle Farbe der Titelleiste des aktiven Fensters
clInactiveCaption	Aktuelle Farbe der Titelleiste der inaktiven Fenster
clMenu	Aktuelle Hintergrundfarbe der Menüs
clWindow	Aktuelle Hintergrundfarbe der Fenster
clWindowFrame	Aktuelle Farbe der Fensterrahmen
clMenuText	Aktuelle Farbe vom Menütext
clWindowText	Aktuelle Farbe vom Fenstertext
clCaptionText	Aktuelle Textfarbe der Titelleiste des aktiven Fensters
clActiveBorder	Aktuelle Rahmenfarbe des aktiven Fensters
clInactiveBorder	Aktuelle Rahmenfarbe der inaktiven Fenster
clAppWorkSpace	Aktuelle Farbe des Arbeitsbereichs der Anwendung
clHighlight	Aktuelle Hintergrundfarbe vom ausgewählten Text
clHighlightText	Aktuelle Farbe vom ausgewählten Text
clBtnFace	Aktuelle Farbe einer Schalterfläche
clBtnShadow	Aktuelle Schattenfarbe eines Schalters
clGrayText	Aktuelle Farbe von grau dargestelltem Text
clBtnText	Aktuelle Farbe von Text auf einem Schalter
clInactiveCaptionText	Aktuelle Textfarbe in der Titelleiste eines inaktiven Fensters
clBtnHighlight	Aktuelle Farbe der Markierung eines Schalters

Mit einem Doppelklick auf Color öffnet sich das Farbschema von Windows, in dem Sie auch eigene Farben zusammenstellen können.

property ComponentIndex: Integer;
Die Eigenschaft ComponentIndex zeigt die Position einer Komponente in der Eigenschaftsliste Components ihres Besitzers an. Die erste Komponente in der Liste hat den ComponentIndex-Wert 0, die zweite hat den Wert 1, die dritte den Wert 2 etc. Diese Eigenschaft ist nur zur Laufzeit und dann auch nur im Read-Only-Modus benutzbar.

property Controls[Index: Integer]: TControl;
Controls ist ein Array aller untergeordneten Komponenten der Komponente. Controls ist dann von Nutzen, wenn Sie auf die untergeordneten Komponenten über die Nummer statt über den Namen zugreifen müssen.

property Ctl3D: Boolean;
Die Eigenschaft Ctl3D legt fest, ob ein Dialogelement ein dreidimensionales (3-D) oder zweidimensionales Aussehen besitzt. Wenn Ctl3D True ist, erscheint das Dialogelement dreidimensional. Die Voreinstellung von Ctl3D ist True. Wenn die Eigenschaft ParentCtl3D einer Komponente auf True gesetzt ist, verändert jede Modifikation der Eigenschaft Ctl3D des übergeordneten Dialogelements automatisch auch die Eigenschaft Ctl3D des Dialogelements.

Achtung: Damit Ctl3D überhaupt funktioniert, muß sich die dynamische Link-Bibliothek CTL3DV2.DLL im Suchpfad befinden. Idealerweise sollte sich diese Datei im System-Verzeichnis von Windows aufhalten.

property Cursor: TCursor;
Mit der Eigenschaft Cursor stellen Sie das Aussehen des Cursors ein, wenn dieser auf die Komponente zeigt.

Mögliche Werte sind:

crDefault	crArrow	crCross
crIBeam	crSize	crSizeNESW
crSizeNS	crSizeNWSE	crSizeWE
crUpArrow	crHourglass	crDrag
crNoDrop	crHSplit	crVSplit

property DataField: String;
Mit DataField geben Sie das anzuzeigende Feld an. Dieses Feld stammt aus der Quelle in der Eigenschaft DataSouce. In einer DBEdit Komponente legt dieses Feld der Datenbank auch die Gültigkeit der Eintragungen fest. Ist also ein Feld numerisch, akzeptiert die Komponente keine anderen Eingabetypen.

property DataSource: TDataSource;
Mit Hilfe der Eigenschaft DataSource verbinden Sie die Komponente mit einer Instanz der Komponente DataSource, um die Werte von Parametern mit Params oder ParamByName zu setzen. Dies ermöglicht Ihren Anwendungen verknüpfte Abfragen.

property DragCursor: TCursor;
Die Eigenschaft DragCursor bestimmt die Form des Mauszeigers, wenn sich der Zeiger über einer Komponente befindet, die ein gezogenes Objekt akzeptieren kann. Mögliche Werte sind mit denen der Eigenschaft Cursor identisch.

property DragMode: TDragMode;
Die Eigenschaft DragMode legt das Ziehen-und-Ablegen-Verhalten einer Komponente fest. Mögliche Werte sind:

dmAutomatic	Wenn dmAutomatic ausgewählt ist, ist das Dialogelement bereit, gezogen zu werden; der Anwender klickt nur und zieht es dann.
dmManual	Wenn dmManual ausgewählt ist, kann das Dialogelement nicht gezogen werden, bevor die Anwendung die Methode BeginDrag aufgerufen hat.

Ist die Eigenschaft DragMode einer Komponente dmAutomatic, kann die Anwendung dies zur Laufzeit durch Einstellung des Wertes dmManual deaktivieren.

property DropDownCount: Integer;
DropDownCount bestimmt die Länge der Aufklappliste einer ComboBox. Die Standard-Einstellung reicht für acht Elemente ohne Bildlauf. Ist DropDownCount größer

als die Anzahl der Elemente, wird die Aufklappliste genau nach dem letzten Element beendet.

property Enabled: Boolean;
Die Eigenschaft Enabled bestimmt, ob die Komponente auf Maus-, Tastatur- und Timer-Ereignisse reagiert. Wenn Enabled auf True gesetzt ist, reagiert die Komponente normal. Ist Enabled hingegen False, ignoriert das Dialogelement Maus- und Tastaturereignisse. Bei einer Timer-Komponente werden die für das OnTimer-Ereignis deaktivierten Komponenten-Dialogelemente grau dargestellt.

property Fields[Index: Integer]: TField;
Mit Fields erhalten Sie zur Laufzeit ein von Ihnen bestimmtes Feld einer Tabelle als Ergebnis zurück. Mit Hilfe des Parameters Index bestimmen Sie das Feld. Dabei beginnt der Index einer Tabelle mit dem Wert 0 für das erste Feld.

property Font: TFont;
Die Eigenschaft Font legt den Font und die Eigenschaften des Fonts der Komponente fest. Sie haben die Möglichkeit, diese Werte im Objectinspektor zu ändern oder – wesentlich komfortabler – mit Hilfe eines Doppelklicks auf diese Eigenschaft einen Dialog zu öffnen, der alle möglichen Werte anzeigt.

property Handle: ...;
Der Typ der Eigenschaft Handle ist abhängig von der jeweiligen Komponente. Im allgemeinen gilt: Sollte eine Windows-API-Funktion ein Handle der betreffenden Komponente verlangen, setzen Sie dazu die jeweilige Eigenschaft Handle der betreffenden Komponente ein. Verlangt eine Windows-API-Funktion zum Beispiel das Handle Ihrer gesamten Anwendung, benutzen Sie am besten die Eigenschaft Handle des Objekts TApplication. Hier die Übersicht der verschiedenen Typen der Eigenschaft Handle:

Handle für die Komponenten:

Bitmap	property Handle: HBitmap;
Brush	property Handle: HBrush;
Canvas	property Handle: HDC;
Font	property Handle: HFont;
Icon	property Handle: HIcon;
Metafile	property Handle: HMetafile;
Pen	property Handle: HPen;

Handle gibt Ihnen den Zugriff auf das Handle des jeweiligen GDI-Objekts, damit Sie auf dieses zugreifen können. Benötigen Sie zum Beispiel zum Aufruf einer Windows-API-Funktion ein Handle auf ein Stiftobjekt oder ein Bitmap-Objekt, können Sie dazu das Handle der Komponente Pen beziehungsweise der Komponente Bitmap benutzen.

Handle für das Objekt TApplication und die folgenden Komponenten:

Bevel	DBText	Memo
BitBtn	DirectoryListBox	Notebook
Button	DrawGrid	OLEContainer

CheckBox	DriveComboBox	Outline
ComboBox	Edit	PaintBox
DBCheckBox	FileListBox	Panel
DBComboBox	FilterComboBox	RadioButton
DBEdit	FindDialog	RadioGroup
DBGrid	Form	ReplaceDialog
DBImage	GroupBox	ScrollBar
DBListBox	Header	ScrollBox
DBLookupCombo	Image	Shape
DBLookupList	Label	SpeedButton
DBMemo	ListBox	StringGrid
DBNavigator	MaskEdit	TabbedNotebook
DBRadioGroup	MediaPlayer	TabSet

property Handle: HWND;
Handle bietet Ihnen Zugriff auf das Handle der jeweiligen Komponente (z.B. Fenster-Handle, Dialog-Handle etc.). Dieses Handle wird von einigen Windows-API-Funktionen beim Aufruf erwartet. Sie können in diesem Fall das Handle der jeweils betroffenen Komponente oder – falls das Handle Ihrer Anwendung gefordert wird – das Handle des Objekts TApplication übergeben.

Handle für die Komponenten:

MainMenu	MenuItem	PopupMenu

property Handle: HMENU;
Sollte eine Windows-API-Funktion ein Handle eines Menüs, Menü-Eintrags oder eines lokalen Menüs verlangen, können Sie dazu die Eigenschaft Handle von MainMenu, MenuItem und PopupMenu benutzen.

Handle für die Komponente Printer:

property Handle: HDC;
Handle beinhaltet das Handle des jeweiligen Druckerobjektes TPrinter der Komponente Printer.

Handle für die Komponente DataBase:

property Handle: HDBIDB;
Um direkte Aufrufe in die Richtung der Borland Database-Engine-(BDE)-API zu tätigen, benötigen Sie ein Handle der jeweiligen Datenbank-Komponente. Dazu dient Ihnen die Eigenschaft Handle der Komponente DataBase. Sie erlaubt Ihnen Zugriffe auf Funktionen des BDE-API, die nicht in der VCL-Bibliothek integriert wurden. Bevor Sie allerdings diese Funktionen aufrufen, sollten Sie prüfen, ob diese Funktion nicht doch schon in der VCL-Bibliothek gekapselt wurde.

Handle für das Objekt TSession:

Delphi erzeugt eine Komponente Session vom Typ TSession immer dann, wenn eine Anwendung ausgeführt wird. Sessions sollten nicht von Ihnen erzeugt oder zerstört werden. Session erlaubt globale Prüfung über Datenbankverbindungen. Die Eigenschaft Databases von Session ist ein Array von allen aktiven Datenbanken in der Sitzung. Die Eigenschaft DatabaseCount vom Typ Integer gibt die Anzahl der aktiven Datenbanken in der Sitzung an.

property Handle: HDBISES;
Mit dieser Eigenschaft Handle können Sie direkte Aufrufe an die Borland-Datenbank-Engine – bezogen auf eine bestimmte Sitzung (Session/TSession) – machen. Die Komponente Session werden Sie kaum benutzen. Die wichtigsten Funktionen des BDE-API sind in der VCL-Bibliothek gekapselt und ersparen Ihnen diesen Weg.

Handle für die Komponenten Table, Query und StoredProc:

property Handle: HDBICur;
Ebenfalls für direkte Zugriffe auf Funktionen des BDE-API und unter normalen Umständen nicht zu benutzen, da die wichtigsten BDP-API-Funktionen via VCL-Bibliothek einen einfacheren Zugriff ermöglichen.

property Height: Integer;
Die Eigenschaft Height eines Dialogelements legt die Höhe der Komponente in Pixeln fest.

property HelpContext: THelpContext;
Die Eigenschaft HelpContext stellt eine Kontextnummer für den Aufruf kontextbezogener Online-Hilfe bereit. Jeder Hilfebildschirm des Hilfesystems sollte eine eindeutige Kontextnummer besitzen. Ist in der Anwendung eine Komponente selektiert, so wird nach Betätigen von F1 ein Hilfebildschirm angezeigt. Welcher Hilfebildschirm angezeigt wird, hängt vom Wert der Eigenschaft HelpContext ab.

property Hint: string;
Die Eigenschaft Hint ist der Text-String, der erscheinen kann, wenn ein OnHint-Ereignis eintritt, also wenn der Benutzer den Cursor über die Komponente bewegt. Wie der String angezeigt wird, bestimmt der Code in der Ereignisbehandlungs-Routine OnHint. Sie können eine Schnellhilfe, d.h. ein Fenster, das einen Hilfetext enthält, für eine Komponente erscheinen lassen, wenn der Anwender den Mauszeiger über das Dialogelement führt und dort kurz verweilt. Dies funktioniert wie folgt:

1. Spezifizieren Sie für jede Komponente, die einen Schnellhinweis anzeigen soll, einen Hint-Wert.
2. Setzen Sie die Eigenschaft ShowHints des Bedienfelds auf True.
3. Setzen Sie die Eigenschaft ShowHint der Anwendung zur Laufzeit auf True.

Sie können Hint gleichzeitig sowohl für ein Hilfehinweisfenster als auch für die Verwendung innerhalb der Behandlungsroutine OnHint spezifizieren, indem Sie zwei durch das Zeichen | (das »oder« oder Pipe-Symbol) getrennte Werte angeben, also beispielsweise:

```
Edit1.Hint := 'Aufforderung|Geben Sie den richtigen Wert ein';
```

Der String »Aufforderung« erscheint im Hilfehinweisfenster und der String »Geben Sie den richtigen Wert ein« erscheint wie in der Ereignisbehandlungs-Routine On-Hint spezifiziert.

property ItemHeight: Integer;
ItemHeight bedeutet die Höhe in Pixeln eines Eintrags in der Komponente, wenn die Eigenschaft Style den Wert lsOwnerDrawFixed hat. Hat Style den Wert lsStandard oder lsOwnerDrawVariable, wird ItemHeight ignoriert.

property ItemIndex: Integer;
Der Wert ItemIndex ist die Ordinalzahl des selektierten Elements der Komponente.

Der Wert -1 bedeutet, daß kein Element selektiert wurde. Zur Laufzeit selektieren Sie im Programm ein Element, indem Sie den Index des Elements in diese Eigenschaft einsetzen. Dabei beginnt die Zählung der Elemente bei 0. 0 ist also das erste Element.

Besitzt die Komponente die Eigenschaft MultiSelect, und ist diese auf True gesetzt, finden Sie bei mehreren ausgewählten Elementen in ItemIndex den Wert für das fokusierte (das zuletzt ausgewählte) Element.

property Items: TStrings;
Items beinhaltet die Strings, die als Elemente in Listboxen erscheinen.

Der Typ TStrings von Items liefert Ihnen eine Reihe von Methoden zum Bearbeiten und Einfügen der Strings, aber dazu mehr am Schluß der Definition von Items. TStrings hat zwar keine Möglichkeit, Strings zu speichern, kann aber die Speichermöglichkeiten der Komponente nutzen.

Mit Methoden wie Add, Delete, Insert, Move und Exchange eines String-Objekts kann man Strings hinzufügen, löschen, einfügen, bewegen und austauschen.

property Left: Integer;
Die Eigenschaft Left bestimmt die horizontalen Koordinaten in Pixeln der linken Kante einer Komponente relativ zum Formular. Für Formulare ist der Wert der Eigenschaft Left relativ zum Bildschirm (ebenfalls in Pixeln).

property Name: TComponentName;
Die Eigenschaft Name enthält den Namen der Komponente, wie er von anderen Komponenten für den Zugriff verwendet wird. Delphi weist als Vorgabewerte sequentielle Namen zu, die auf dem Typ der Komponente basieren, also etwa für Buttons »Button1«, »Button2« etc. Diese können Sie gemäß Ihrer Vorstellungen abändern. Komponentennamen sollten ausdrücklich nur zur Entwurfszeit geändert werden.

property Owner: TComponent;
Die Eigenschaft Owner teilt Ihnen mit, welche Komponente zu welcher Komponente gehört. Dem Formular gehören alle Komponenten, die auf ihm vorhanden sind. Umgekehrt gehört das Formular zur Anwendung. Gehört eine Komponente A einer anderen Komponente B, wird der Speicher der Komponente A freigegeben, wenn der Speicher der Komponente B freigegeben wird. Es werden also folgerichtig alle Komponenten des Formulars gelöscht, wenn das Formular gelöscht wird. Außerdem

wird natürlich der Speicher für das Formular und dessen Komponenten freigegeben, wenn der Speicher der Anwendung selbst freigegeben wird.

property Parent: TWinControl;
Die Eigenschaft Parent enthält den Namen der übergeordneten Komponente. Wenn eine Komponente A eine andere Komponente B enthält, sind die in B enthaltenen Komponenten untergeordnete Komponenten von A. Wenn Ihre Anwendung beispielsweise drei Buttons in einer GroupBox enthält, dann ist die GroupBox das übergeordnete Element der drei Buttons und die Button-Schaltfelder sind der GroupBox untergeordnet.

Parent und Owner sind leider etwas verwirrend. Daher hier eine kleine Entwirrung:

Ein Formular ist der Besitzer aller darin enthaltenen Komponenten, unabhängig davon, ob sie ein Fensterelement sind oder nicht. Für unser Beispiel mit den drei Buttons und der GroupBox bedeutet dies: Der Besitzer der Buttons ist immer das Formular, aber die GroupBox ist das übergeordnete Element.

Wenn Sie einen neuen Dialog erzeugen, müssen Sie dem neuen Dialogelement einen Wert der Eigenschaft Parent zuweisen. Üblicherweise sind dies Formulare, Bedienfelder, GroupBoxen oder andere Dialoge, die andere Komponenten-Elemente enthalten können. Es ist möglich, jedes Element als das übergeordnete zuzuweisen, aber das darin enthaltene Dialogelement wird wahrscheinlich überschrieben.

Wird das übergeordnete Element gelöscht, werden auch alle Elemente, die ihm untergeordnet sind, gelöscht.

property ParentColor: Boolean;
Die Eigenschaft ParentColor bestimmt, wo eine Komponente nach ihrer Farbeigenschaft suchen soll. Falls ParentColor True ist, verwendet die Komponente die Farbeigenschaft der übergeordneten Komponente.

Wenn ParentColor False ist, verwendet die Komponente ihre eigene Eigenschaft Color. Durch Verwendung von ParentColor können Sie sicherstellen, daß alle Komponenten auf einem Formular das gleiche Erscheinungsbild haben.

property ParentCtl3D: Boolean;
Die Eigenschaft ParentCtl3D bestimmt, wo eine Komponente nach ihrer Eigenschaft Ctl3D suchen muß. IstParentCtl3D auf True gesetzt, verwendet die Komponente die Dimensionen der Eigenschaft Ctl3D von ihrer übergeordneten Komponente. Wenn ParentCtl3D False ist, verwendet die Komponente ihre eigene Eigenschaft Ctl3D. Durch Verwendung von ParentCtl3D stellen Sie sicher, daß alle Komponenten auf einem Formular das gleiche Erscheinungsbild haben. Wenn Sie beispielsweise möchten, daß alle Komponenten auf einem Formular ein dreidimensionales Erscheinungsbild haben, setzen Sie die Eigenschaft Ctl3D des Formulars auf True und die Eigenschaft ParentCtl3D jeder Komponente auf True.

property ParentFont: Boolean;
Die Eigenschaft ParentFont bestimmt, wo eine Komponente nach ihrer Fonteigenschaft suchen soll. Falls ParentFont True ist, verwendet die Komponente den Font der Eigenschaft der übergeordneten Komponente.

Ist ParentFont False, verwendet die Komponente ihre eigene Eigenschaft Font. Durch Verwendung von ParentFont können Sie sicherstellen, daß alle Komponenten auf einem Formular das gleiche Erscheinungsbild haben.

property ParentShowHint: Boolean;
Die Eigenschaft ParentShowHint bestimmt, wo eine Komponente nach ihrer Hinteigenschaft suchen soll. Falls ParentShowHint True ist, verwendet die Komponente die Hint-Eigenschaft der übergeordneten Komponente.

Ist ParentShowHint False, verwendet die Komponente ihre eigene Eigenschaft Hint. Durch Verwendung von ParentShowHint können Sie sicherstellen, daß alle Komponenten auf einem Formular das gleiche Erscheinungsbild haben.

property PopupMenu: TPopupMenu;
Die Eigenschaft PopupMenu legt den Namen des Popup-Menüs fest, das erscheint, wenn der Anwender die Komponente auswählt oder die rechte Maustaste drückt (bei dem Wert True für AutoPopup des Popup) oder wenn die Methode Popup des Popup-Menüs ausgeführt wird.

property ReadOnly: Boolean;
Die Eigenschaft ReadOnly hängt davon ab, um welche Art von Komponente es sich bei der Komponente mit dieser Eigenschaft handelt.

ReadOnly für datensensitive Komponenten und Eigabefelder:

ReadOnly bestimmt, ob der Anwender den Inhalt einer Komponente ändern darf. Falls ReadOnly True ist, kann der Anwender den Inhalt nicht ändern. Wenn ReadOnly False ist, kann der Anwender den Inhalt abändern. Die Eigenschaft ReadOnly bestimmt bei datensensitiven Komponenten, ob der Anwender die Komponente verwenden kann, um ein Feld in einem Datensatz zu bearbeiten oder ob er die Komponente nur zur Anzeige von Daten verwenden kann. Falls ReadOnly False ist, kann der Anwender den Wert des Feldes ändern, solange der Datensatz zum Bearbeiten freigegeben ist. Ist die Eigenschaft ReadOnly eines Datengitters True, kann der Anwender keine neue Zeile einfügen.

Zu dieser Gruppe von Komponenten zählen:

DBCheckBox	DBListBox	DBRadioGroup
DBComboBox	DBLookupCombo	Edit
DBEdit	DBLookupList	MaskEdit
DBGrid	DBMemo	Memo
DBImage		

ReadOnly für Tabellen:

Benutzen Sie ReadOnly um zu verhindern, daß Benutzer Daten in der Tabelle ändern können. Achtung: Denken Sie daran, die Eigenschaft Active auf False zu setzen, bevor Sie ReadOnly ändern.

Zu dieser Gruppe von Komponenten zählen:

TTable

ReadOnly für Feldkomponenten:

ReadOnly kann die Modifikation eines Feldes sperren. Hat diese Eigenschaft den Wert False, kann ein Feld verändert werden. Um die Änderung eines Feldes zu verhindern, setzen Sie ReadOnly auf True. In TDBGrid werden bei Tabulatorsprüngen die Felder mit der Eigenschaft ReadOnly übersprungen.

Zu dieser Gruppe von Komponenten gehören:

BCDField	DateTimeField	SmallintField
BlobField	FloatField	StringField
BooleanField	GraphicField	TimeField
BytesField	IntegerField	VarBytesField
CurrencyField	MemoField	WordField
DateField		

property SelLength: Integer;
Die Eigenschaft SelLength gibt die Länge (in Zeichen) des in der Komponente ausgewählten Textes an. Mit SelLength und der Eigenschaft SelStart legen Sie fest, welcher Teil des Textes in der Komponente ausgewählt wird. Sie können die Anzahl der ausgewählten Zeichen durch eine Änderung von SelLength erreichen. Wenn der Wert für SelStart geändert wird, ändert sich entsprechend der Wert von SelLength. Die Komponente muß die aktive Komponente sein, wenn Sie den Wert von SelLength ändern wollen.

property SelStart: Integer;
SelStart gibt die Anfangsposition des markierten Teils eines Textes in der Komponente zurück. Sie können SelStart zusammen mit der Eigenschaft SelLength verwenden, um einen Teil des Textes auszuwählen. Legen Sie das Zeichen, ab dessen Position Sie die Markierung des Textes beginnen möchten, als Wert von SelStart fest.

Wenn der Wert von SelStart geändert wird, ändert sich entsprechend auch der Wert von SelLength. Die Komponente muß die aktive Komponente sein, wenn Sie den Wert von SelLength ändern wollen.

property SelText: string;
Die Eigenschaft SelText enthält den ausgewählten Teil des Textes der Komponente. Sie können sie verwenden, um zu bestimmen, was der markierte Text enthält oder Sie können den Text markieren, indem Sie einen neuen String angeben. Falls kein Text momentan markiert ist, wird der String in SelText an der Cursor-Position im Text eingefügt.

property ShowHint: Boolean;
Die Eigenschaft ShowHint bestimmt, ob das Dialogelement eine Schnellhilfe anzeigen soll, wenn der Mauszeiger eine Weile auf ihm verweilt. Die Schnellhilfe entspricht dem Wert der Eigenschaft Hint, die in einem Feld direkt unterhalb des Elements angezeigt wird. Hat die Eigenschaft ShowHint den Wert True, kann die Schnellhilfe erscheinen.

Ist ShowHint False, kann die Schnellhilfe auch angezeigt werden, wenn ParentShowHint auf True gesetzt wurde, und die Eigenschaft ShowHint der übergeordneten Komponente ebenfalls auf True gesetzt wurde.

property Showing: Boolean;
Die Eigenschaft Showing legt fest, ob eine Komponente momentan auf dem Bildschirm angezeigt wird oder nicht. Falls die Eigenschaft Visible einer Komponente und aller übergeordneten Komponenten in der übergeordneten Hierarchie True ist, ist Showing auch True. Wenn einer der Vorfahren der Komponente den Wert False als Wert für die Eigenschaft Visible hat, ist auch Showing False.

property Sorted: Boolean;
Sorted legt fest, ob die Elemente einer Komponente (z.B. Listbox) in alphabetischer Reihenfolge sortiert werden oder nicht.

property Style: TComboBoxStyle;
Mit Style können Sie festlegen, wie eine Combobox ihre Elemente anzeigt. Standardmäßig ist Style auf csDropDown gesetzt. Dies bedeutet, daß die Combobox jedes Element als String in einer nicht-editierbaren Liste anzeigt. Mögliche Werte:

Wert	Bedeutung
csDropDown	Erzeugt eine nicht editierbare Liste mit einem Editierfeld, in dem der Anwender Text eingeben kann. Alle Einträge sind Strings der gleichen Höhe. In DBComboBox zeigt das Kombinationsfenster den Inhalt der Felder des aktuellen Datensatzes an. Der Anwender kann einen anderen Eintrag aus der nicht-editierbaren Liste auswählen und den Wert des Feldes ändern oder einen neuen Wert in das Editierfeld eingeben.
csSimple	Erzeugt ein Editierfeld ohne eine Liste. In DBComboboxen wird der gegenwärtige Inhalt des verknüpften Feldes im Kombinationsfenster angezeigt. Durch Eingeben eines neuen Wertes kann der Anwender den Inhalt des Feldes ändern.
csDropDownList	Erzeugt eine nicht editierbare Liste ohne Editierfeld, so daß der Anwender keinen Eintrag ändern und keinen neuen Eintrag hinzufügen kann. Alle Einträge sind Strings der gleichen Höhe. In DBComboBoxen bleibt das Editierfeld leer, bis der gegenwärtige Inhalt des Feldes mit dem angegebenen Eintrag Items in der nicht-editierbaren Liste übereinstimmt. Der Anwender kann den Inhalt des Feldes nur ändern, wenn er einen der Strings aus der nicht-editierbaren Liste auswählt.

Wert	Bedeutung
csOwnerDrawFixed	Jedes Element in der ComboBox ist in der Höhe durch die Eigenschaft ItemHeight festgelegt. In DBComboBoxen bleibt die ComboBox leer, bis der gegenwärtige Inhalt des Feldes mit dem angegebenen Eintrag Items in der nicht-editierbaren Liste übereinstimmt. Der Anwender kann den Inhalt des Feldes nur ändern, wenn er einen der Strings aus der nicht-editierbaren Liste auswählt.
csOwnerDrawVariable	Elemente in der ComboBox können von variabler Höhe sein. In DBComboBoxen bleibt die ComboBox leer, bis der gegenwärtige Inhalt des Feldes mit dem angegebenen Eintrag Items in der nicht-editierbaren Liste übereinstimmt. Der Anwender kann den Inhalt des Feldes nur ändern, wenn er einen der Strings aus der nicht-editierbaren Liste auswählt.

property TabOrder: TTabOrder;
Die Eigenschaft TabOrder bestimmt die Position einer Komponente in der Tabulatorreihenfolge, in der Komponenten den Fokus erhalten, wenn der Anwender die Taste TAB drückt. Anfänglich ist die Tabulatorreihenfolge immer die Reihenfolge, in der die Komponenten in das Formular hinzugefügt wurden. Der Wert der Eigenschaft TabOrder ist für jede Komponente auf dem Formular einmalig. Die erste dem Formular hinzugefügte Komponente hat den TabOrder-Wert 0, die zweite hat 1, die dritte 2 usw.

Falls Sie demWert der Eigenschaft TabOrder einer Komponente den Wert einer anderen Komponente zuweisen, numeriert Delphi automatisch die Werte für alle anderen Komponenten neu. Angenommen, eine Komponente ist beispielsweise die sechste Komponente in der Tabulatorreihenfolge. Wenn Sie den Wert der Eigenschaft TabOrder der Komponente auf 3 ändern (dies macht die Komponente zu der vierten in der Tabulatorreihenfolge), wird die Komponente, die die vierte war, nun zur fünften und die Komponente, die die fünfte war, wird jetzt die sechste.

property TabStop: Boolean;
Die Eigenschaft TabStop bestimmt, ob der Anwender diese Komponente mit der Taste TAB anspringen kann. Falls TabStop True ist, befindet sich die Komponente in der Tabulatorreihenfolge. Wenn TabStop False ist, ist das Dialogelement nicht in der Tabulatorreihenfolge.

property Tag: Longint;
Die Eigenschaft Tag kann einen Integerwert als Element einer Komponente speichern. Tag wird von Delphi nicht benutzt und steht Ihnen damit zur freien Verfügung.

property Text: TCaption;
Die Eigenschaft Text einer Komponente legt den Text fest, welcher in der Komponente erscheint. Der voreingestellte Text ist der Name des Elements. Ihr Programm kann den Text zum Einsetzen in das Programm benutzen oder um dem Anwender Daten anzuzeigen. Die maximale Länge des Strings in der Eigenschaft Text ist 255 Zeichen. Die Eigenschaft Text einer Maskeneditierzeile (MaskEdit) oder Datenbankeditierzeile (DBEdit) oder eines Datenbankmemos (DBMemo) enthält den Text und die literalen Maskenzeichen, spezifiziert mit der Eigenschaft EditText, wenn der Anwender die Maskenzeichen mit dem Text speichern läßt. Wenn die Maskenzeichen nicht gespeichert werden, enthält der Text diese nicht.

Die Eigenschaft Text einer Datenbank-Editierzeile oder eines Datenbankmemos ist nur zur Laufzeit verfügbar. Sie sollten der Eigenschaft Text nicht oft einen neuen Wert zuweisen. Falls die Datenmenge den Status »nur lesen« besitzt, wenn der neue Wert Text zugewiesen wird, würde sich der Feldinhalt nicht ändern. Dazu sollten Sie den Wert des darunterliegenden Feldes durch Einsatz der Eigenschaft Field der Editierzeile ändern. Beispiel:

```
DBEdit1.Field.AsString := 'Ein neuer Text und ein neuer Wert';
```

property Top: Integer;
Die Eigenschaft Top gibt die Y-Koordinate in Pixeln der linken oberen Ecke eines Dialogelements relativ zum Formular an. Bei Formularen wird der Wert der Eigenschaft Top in Pixeln relativ zum Bildschirm angegeben.

property Visible: Boolean;
Die Eigenschaft Visible bestimmt, ob eine Komponente auf dem Bildschirm sichtbar ist (True) oder nicht (False).

property Width: integer;
Die Eigenschaft Width bestimmt die Breite einer Komponente, gemessen in Pixeln.

Ereignisse:

property OnChange: TNotifyEvent;
Das Ereignis OnChange erscheint, wenn der Inhalt einer Komponente oder eines Objekts sich ändert. Bei grafischen Objekten tritt OnChange ein, wenn sich die Grafik, die vom Objekt gekapselt wird, ändert. Zum Beispiel tritt das Ereignis OnChange für einen Stift ein, wenn die Eigenschaften Color, Mode, Style oder Width des TPen-Objekts geändert werden. Bei Komponenten tritt OnChange ein, wenn der Hauptwert oder die Hauptwerte der Komponente geändert werden.

Bei Kombinationsfenstern tritt das Ereignis OnChange auch ein, wenn ein Element in der aufklappbaren Liste gewählt wird. Bei String-Listen-Objekten tritt das Ereignis OnChange ein, wenn sich eine Änderung für einen String ergibt, der in der String-Liste gespeichert ist.

OnChange ist vom Typ

```
TNotifyEvent = procedure (Sender: TObject) of object;
```

Der Typ TNotifyEvent weist also auf eine Methode, die das Anklicken eines Objekts behandelt. Der Parameter Sender ist das Dialogelement, das angeklickt wurde.

property OnClick: TNotifyEvent;
Das Ereignis OnClick erscheint, wenn der Benutzer auf die Komponente klickt. In einem Formular tritt OnClick ein, wenn der Benutzer auf eine freie Stelle im Formular oder eine inaktive Komponente klickt.

OnClick ist vom Typ

```
TNotifyEvent = procedure (Sender: TObject) of object;
```

Der Typ TNotifyEvent weist also auf eine Methode, die das Anklicken eines Objekts behandelt. Der Parameter Sender ist das Dialogelement, das angeklickt wurde.

property OnDblClick: TNotifyEvent;
Das Ereignis OnClick erscheint, wenn der Benutzer auf die Komponente einen Doppelklick ausführt. In einem Formular tritt das Ereignis OnDblClick ein, wenn der Benutzer auf eine freie Stelle im Formular oder eine inaktive Komponente einen Doppelklick ausführt.

OnDblClick ist vom Typ

```
TNotifyEvent = procedure (Sender: TObject) of object;
```

Der Typ TNotifyEvent weist also auf eine Methode, die das Doppelklicken eines Objekts behandelt. Der Parameter Sender ist das Dialogelement, das mit einem Doppelklick bearbeitet wurde.

property OnDragDrop: TDragDropEvent;
Das Ereignis OnDragDrop tritt ein, wenn der Anwender ein gezogenes Objekt ablegt. Verwenden Sie die Ereignisbehandlungs-Routine OnDragDrop, um festzulegen, was passieren soll, wenn der Anwender ein Objekt ablegt.

OnDragClick ist vom Typ

```
TDragDropEvent = procedure(Sender, Source: TObject; X, Y: Integer) of object;
```

Der Typ TDragDropEvent zeigt also auf eine Methode, die das Ablegen eines gezogenen Objekts behandelt. Der Parameter Source des Ereignisses OnDragDrop ist das abzulegende Objekt und der Parameter Sender ist das Dialogelement, auf dem das Objekt abgelegt wurde. Die Parameter X und Y sind die Koordinaten des Mauszeigers, der über dem Dialogelement positioniert wird.

property OnDragOver: TDragOverEvent;
Das Ereignis OnDragOver tritt ein, wenn der Anwender ein Objekt über eine Komponente zieht. Üblicherweise werden Sie ein Ereignis OnDragOver verwenden, um ein Objekt zu akzeptieren, damit der Anwender es ablegen kann.

OnDragClick ist vom Typ

```
TDragOverEvent = procedure(Sender, Source: TObject; X, Y: Integer; State:
                           TDragState; var Accept: Boolean) of object;
```

Der Typ TDragOverEvent zeigt also auf eine Methode, die das Ziehen eines Objekts über ein anderes Objekt behandelt. Der Parameter Source ist das gezogene Objekt, Sender ist das Objekt, über das Source gezogen wurde, X und Y sind die Koordinaten des Mauszeigers, der über dem Dialogelement positioniert wird in Pixeln, State ist der Status des gezogenen Objekts in Verbindung zum darübergezogenen Objekt, und Accept legt fest, ob der Sender das Ziehobjekt erkennt. Accept wird nicht per Voreinstellung auf True oder False gesetzt; Sie müssen die passenden Werte selbst zuweisen.

Das Ereignis OnDragOver akzeptiert ein Objekt, wenn der Parameter Accept True ist. Durch Ändern des Wertes der Eigenschaft DragCursor können Sie das Erscheinungsbild des Cursors beeinflussen. Dies können Sie entweder während des Entwickelns oder zur Laufzeit, bevor ein Ereignis OnDragOver eintritt, durchführen.

property OnDrawItem: TDrawItemEvent;
OnDrawItem tritt dann ein, wenn ein Element in einem selbstgezeichneten Umriß, ListBoxen oder GroupBoxen wie RadioGourps erneut dargestellt werden muß.

OnDrawItem ist vom Typ

```
TDrawItemEvent = procedure(ListBox: TListBox; Index: Integer; Rect: TRect;
                           State: TOwnerDrawState) of object;
```

TDrawItemEvent zeigt also auf eine Methode, die das Zeichnen eines Elements in einer Komponente, das durch die übergeordnete Komponente gezeichnet wird, behandelt. Der Parameter Index ist die Position des Elements in der Komponente, Rect ist der Bereich in der Komponente, in dem das Element gezeichnet werden soll, und State ist der aktuelle Status des Elements. Die möglichen Werte von State:

odSelected	Das Element wurde selektiert
odDisabled	Das gesamte Listenfeld wurde deaktiviert.
odFocused	Das aktuelle Element besitzt den Fokus.

property OnEndDrag: TEndDragEvent;
Das Ereignis OnEndDrag tritt immer dann ein, wenn das Ziehen eines Objekts abgeschlossen oder abgebrochen wird. Wenn Sie eine besondere Behandlung haben möchten, wenn das Ziehen beendet wird, verwenden Sie die Ereignisbehandlungs-Routine OnEndDrag.

OnEndDrag ist vom Typ

```
TEndDragEvent = procedure(Sender, Target: TObject; X, Y: Integer) of object;
```

Der Typ TEndDragEvent zeigt also auf eine Methode, die das Anhalten des Ziehens eines Objekts behandelt. Der Sender ist das Objekt, was gezogen wird, Target ist das Objekt, zu dem Sender hingezogen wird, und X und Y sind die zugehörigen Bildschirmkoordinaten des Mauszeigers, der über dem Dialogelement positioniert wird. Falls das gezogene Objekt abgelegt und durch das Dialogelement akzeptiert wurde, ist der Parameter Target des Ereignisses OnEndDrag True. Wenn das Objekt nicht erfolgreich abgelegt wurde, beträgt der Wert Target Nil.

property OnEnter: TNotifyEvent;
OnEnter tritt ein, wenn eine Komponente aktiviert wird. Wenn Sie eine besondere Behandlung festlegen möchten, wenn eine Komponente aktiviert wird, verwenden Sie die Ereignisbehandlungs-Routine OnEnter.

OnEnter erscheint nie, wenn Sie zwischen Formularen oder einer anderen Windows-Anwendung und Ihrer Anwendung umschalten. OnEnter für eine Komponente des Typs TPanel oder THeader tritt nie ein, da Bedienfelder oder Header keinen Fokus erhalten können. Somit ist dort OnEnter vollkommen nutzlos. Sie haben diese Ereignisbehandlung aber geerbt.

OnEnter ist vom Typ

```
TNotifyEvent = procedure (Sender: TObject) of object;
```

Der Typ TNotifyEvent weist also auf eine Methode, die das Doppelklicken eines Objekts behandelt. Der Parameter Sender ist das Dialogelement, das mit einem Doppelklick bearbeitet wurde.

property OnExit: TNotifyEvent;
OnExit erscheint, wenn der Eingabefokus von einer Komponente an eine andere übergeben wird. OnExit tritt nicht ein, wenn Sie zwischen Formularen oder zwischen einer Windows-Anwendung und Ihrer Anwendung umschalten. OnExit tritt bei den Komponenten Panel und Speedbutton nicht ein, da diese niemals den Fokus erhalten.

OnExit ist vom Typ

```
TNotifyEvent = procedure (Sender: TObject) of object;
```

Der Typ TNotifyEvent weist also auf eine Methode, die das Doppelklicken eines Objekts behandelt. Der Parameter Sender ist das Dialogelement, das mit einem Doppelklick bearbeitet wurde.

property OnKeyDown: TKeyEvent;
OnKeyDown tritt ein, wenn der Anwender irgendeine Taste drückt, während die Komponente den Fokus hat. Verwenden Sie OnKeyDown, um eine besondere Behandlung festzulegen, die ausgeführt wird, wenn eine Taste gedrückt wird. Der Handler OnKeyDown kann auf alle Tasten der Tastatur, einschließlich Funktionstasten und Tastenkombinationen mit den Tasten UMSCHALT, ALT und STRG sowie betätigten Maustasten reagieren.

OnKeyDown ist vom Typ

```
TKeyEvent = procedure (Sender: TObject; var Key: Word; Shift: TShiftState)
            of object;
```

Der Typ TKeyEvent weist also auf eine Methode, die Tastaturereignisse verarbeitet. Der Parameter Key steht für die Taste und Shift und kann die folgenden Wert annehmen:

ssShift	UMSCHALTTASTE (SHIFT) wird festgehalten
ssAlt	linke ALT-Taste wird festgehalten

[ssAlt, ssCtrl]	ALTGR-Taste wird festgehalten
ssCtrl	Taste STRG wird festgehalten
ssLeft	Linke Maustaste wird festgehalten
ssMiddle	Mittlere Maustaste wird festgehalten
ssDouble	Rechte und linke Maustaste werden gleichzeitig festgehalten

property OnKeyPress: TKeyPressEvent;
OnKeyPress erscheint, wenn der Anwender eine einzelne Zeichentaste drückt.

OnKeyPress ist vom Typ

```
TKeyPressEvent = procedure (Sender: TObject; var Key: Char) of object;
```

TKeyPressEvent weist also auf eine Methode, die einen Tastendruck für ein einzelnes Zeichen verarbeitet. Der Parameter Key gibt die Taste an. Der Parameter Key ist vom Typ Char; deshalb registriert OnKeyPress das ASCII-Zeichen der gedrückten Taste. Tasten, die nicht mit einem ASCII-Zeichen übereinstimmen (beispielsweise UMSCHALT oder F1), werden kein OnKeyPress erzeugen. Tastenkombinationen (wie UMSCHALT+A) erzeugen nur ein Ereignis des Typs OnKeyPress (in diesem Beispiel ergibt UMSCHALT+A einen Wert Key von »A«, wenn die Feststelltaste ausgeschaltet ist). Falls Sie auf Nicht-ASCII-Tasten oder Tastenkombinationen reagieren möchten, verwenden Sie die Ereignisbehandlungs-Routinen OnKeyDown oder OnKeyUp.

property OnKeyUp: TKeyEvent;
OnKeyUp tritt ein, wenn der Anwender die gedrückte Taste wieder losläßt. OnKeyUp kann auf alle Tasten der Tastatur, einschließlich FFunktionstasten und Tastenkombinationen mit den Tasten UMSCHALT, ALT und STRG sowie betätigten Maustasten reagieren.

```
TKeyEvent = procedure (Sender: TObject; var Key: Word; Shift: TShiftState)
                      of object;
```

Der Typ TKeyEvent weist also auf eine Methode, die Tastaturereignisse verarbeitet. Der Parameter Key steht für die Taste und Shift und kann die folgenden Wert annehmen:

ssShift	UMSCHALTTASTE (SHIFT) wird festgehalten
ssAlt	linke ALT-Taste wird festgehalten
[ssAlt, ssCtrl]	ALTGR-Taste wird festgehalten
ssCtrl	Taste STRG wird festgehalten
ssLeft	Linke Maustaste wird festgehalten
ssMiddle	Mittlere Maustaste wird festgehalten
ssDouble	Rechte und linke Maustaste werden gleichzeitig festgehalten

property OnMeasureItem: TMeasureItemEvent;
OnMeasureItem tritt ein, wenn eine Anwendung ein Element in einer selbstgezeichneten Listbox oder RadioGroup mit unterschiedlichen Stilen neu darstellen muß. Dies bedeutet, daß für die ListBox die Eigenschaft Style den Wert lbOwnerDraw-Variable oder für eine RadioGroup die Eigenschaft Style den Wert csOwnerDra-

wVariable hat. Nach OnMeasureItem tritt OnDrawItem ein, das das Element in der erfaßten Größe wiedergibt.

OnMeasureItem ist vom Typ

```
TMeasureItemEvent = procedure(ListBox: TListBox; Index: Integer;
                    var Height: Integer) of object;
```

TMeasureItemEvent zeigt also auf eine Methode zum Ausmessen eines Elements in einer Komponente. Index gibt die Position des Elements in der Komponente und Height dessen Höhe in Pixeln an.

Methoden:

procedure BeginDrag(Immediate: Boolean);
Die Methode BeginDrag leitet den Ziehvorgang einer Komponente ein. Wenn der Parameter Immediate auf True gesetzt ist, wird der Mauszeiger auf den Wert der Eigenschaft DragCursor gesetzt und der Ziehvorgang beginnt. Ist Immediate False, wird der Mauszeiger nicht auf den Wert der Eigenschaft DragCursor gesetzt, und der Ziehvorgang wird erst eingeleitet, wenn der Anwender den Mauszeiger um mindestens 5 Pixel bewegt. Auf diese Weise kann die Komponente Mausklicks akzeptieren, ohne einen Ziehvorgang einzuleiten. Ihre Anwendung muß die Methode BeginDrag zum Einleiten eines Ziehvorgangs nur aufrufen, wenn DragMode auf dmManual gesetzt ist.

procedure BringToFront;
Die Methode BringToFront setzt eine Komponente innerhalb einer übergeordneten Komponente vor alle anderen Komponenten. BringToFront hilft insbesondere sicherzustellen, daß ein Formular sichtbar ist. Verwenden Sie diese Methode, wenn Sie die Reihenfolge überlappender Komponenten in einem Formular neu festlegen wollen.

Die Reihenfolge, in der Komponenten übereinander gelagert werden (Z-Reihenfolge), hängt davon ab, ob es sich um fensterähnliche oder um nicht-fensterähnliche Komponenten handelt. Die Reihenfolge arbeitet nach dem Prinzip, daß die zuletzt eingefügte Komponente die oberste und damit sichtbare Komponente ist.

Mit der Methode BringToFront einer Komponente würde diese Komponente ganz nach oben auf den Stapel kommen und somit sichtbar sein.

Bei der Stapelung ist zu beachten, daß fensterähnliche Komponenten immer auf nicht-fensterähnlichen Komponenten gestapelt werden. Ein Aufruf von BringToFront einer nicht-fensterähnlichen Komponente bewirkt also gar nichts, wenn oben auf dem Stapel eine fensterähnliche Komponente liegt.

Die folgenden Komponenten zählen zu den fensterähnlichen Komponenten:

BitBtn	DBNavigator	MediaPlayer
Button	DBRadioGroup	Memo
CheckBox	DirectoryListBox	Notebook
ComboBox	DrawGrid	OLEContainer
DBCheckBox	DriveComboBox	Outline

DBComboBox	Edit	Panel
DBEdit	FileListBox	RadioButton
DBGrid	FilterComboBox	RadioGroup
DBImage	Form	ScrollBar
DBListBox	GroupBox	ScrollBox
DBLookupCombo	Header	StringGrid
DBLookupList	ListBox	TabbedNotebook
DBMemo	MaskEdit	TabSet

Die nun folgenden Komponenten zählen zu den nicht-fensterähnlichen Komponenten:

Bevel	Label	SpeedButton
DBText	PaintBox	Image
Shape		

function CanFocus: Boolean;
CanFocus stellt fest, ob eine Komponente den Eingabefokus erhalten kann. CanFocus gibt True zurück, wenn die Eigenschaften Visible und Enabled sowohl der Komponente als auch der übergeordneten Komponenten auf True gesetzt sind. Sind nicht alle Eigenschaften Visible und Enabled dieser Komponenten auf True gesetzt, liefert CanFocus False zurück.

procedure Clear;
Die Art und Weise der Methode Clear hängt von den jeweiligen Komponenten ab:

Clear für die Standard-Komponenten:

TClipboard	TDBEdit	TFileListBox
TList	TDBListBox	TFilterComboBox
TStringList	TDBMemo	TListBox
TStrings	TDirectoryListBox	TMaskEdit
TComboBox	TDriveComboBox	TMemo
TDBComboBox	TEdit	TOutline

Clear löscht alle Texteintragungen beziehungsweise Text-Einträge aus den Komponenten. Bei TClipboard wird der gesamte Inhalt der Zwischenablage gelöscht, vor allem geschieht dies bei Copy- und bei Cut-Ereignissen automatisch, bevor Daten in das Clipboard eingefügt werden.

Clear für die Feldkomponenten:

TBCDField	TCurrencyField	TGraphicField
TStringField	TBlobField	TDateField
TIntegerField	TTimeField	TBooleanField
TDateTimeField	TMemoField	TVarBytesField
TBytesField	TFloatField	TSmallintField
TWordField		

Clear setzt den Wert des Feldes auf NULL.

Clear für die Komponente TFieldDefs:

Clear setzt alle Werte der Eigenschaft Items zurück. Dadurch werden alle Objekte vom Typ TFieldDef aus der Komponente TFieldDefs gelöscht.

Clear für die Komponente TIndexDefs:

Clear setzt alle Werte der Eigenschaft Items zurück. Dadurch werden alle Objekte vom Typ TIndexDef aus der Komponente TFieldDefs gelöscht.

Clear für die Komponente TParam:

Clear setzt die Komponente zurück, also auf 0 und löscht alle bisher zugewiesenen Daten. Die Eigenschaften Name, DataType und ParamType bleiben unverändert.

Clear für die Komponente TParams:

Clear löscht alle Parameterinformationen aus der Eigenschaft Items.

function ClientToScreen(Point: TPoint): TPoint;
Die Methode ClientToScreen übersetzt den angegebenen Punkt aus Client-Bereichskoordinaten in globale Bildschirmkoordinaten. In Client-Bereichskoordinaten entspricht der Punkt (0, 0) der oberen linken Ecke des Client-Bereichs der Komponente. In Bildschirmkoordinaten entspricht (0, 0) der oberen linken Ecke des Bildschirms. Mit den Methoden ClientToScreen und ScreenToClient rechnen Sie Positionen aus dem Koordinatensystem einer Komponente A in das Koordinatensystem einer Komponente B um.

Beispiel: Umrechnung der Koordinaten einer Komponente A in die Koordinaten einer Komponente B (TPoint ist ein Record mit den Feldern X und Y):

```
TPoint =   record
    X   : integer;
    Y   : integer;
END;
VAR
    Koord: TPoint;
Koord:= B.ScreenToClient(A.ClientToScreen(Koord));
```

procedure CopyToClipboard;
CopyToClipboard kopiert den in der Komponente markierten Text in die Zwischenablage. Bei TDBImage wird das markierte Bild in das Clipboard kopiert.

constructor Create;
Create weist Speicher zu, um das Objekt und damit die Komponente zu erzeugen und nach Bedarf seine Daten zu initialisieren. Jedes Objekt kann eine Methode Create besitzen, die individuell so angepaßt ist, daß sie diese bestimmte Art von Objekt erzeugt. Im Normalfall benötigen Sie diese Methoden nicht, da Borland Delphi alles unternimmt, um Ihre Anwendung und die darin enthaltenen Komponenten zu erzeugen. Sollten Sie allerdings ein Ereignis oder die Initialisierung eines Wertes einer selbst geschaffenen Komponente zur Zeit der Erzeugung einstellen wollen, können Sie dies in der Methode Create erledigen. Dazu benötigen Sie aber genaue

Kenntnisse und Techniken der OOP. Ansonsten sollten Sie Create unverändert lassen und nicht aufrufen.

procedure CutToClipboard
CutToClipboard kopiert den in der Komponente markierten Text in die Zwischenablage und löscht den Text aus der Komponente. Bei TDBImage wird das markierte Bild gelöscht und in das Clipboard kopiert.

function Dragging: Boolean;
Die Methode Dragging gibt an, ob eine Komponente gezogen wird. Wenn Dragging True zurückgibt, wird die Komponente gezogen.

procedure EndDrag(Drop: Boolean);
Die Methode EndDrag verhindert, daß eine Komponente weiter gezogen wird. Wenn der Parameter Drop True ist, wird die gezogene Komponente abgelegt. Ist Drop False, wird die Komponente nicht abgelegt und der Vorgang wird abgebrochen.

function FindComponent(const AName: string): TComponent;
Die Methode FindComponent gibt im Array Components die Komponente zurück, deren Name zum String im Parameter AName paßt. FindComponent beachtet dabei keine Groß-/Kleinschreibung. Beispiel: Es existiert ein Button »Button1« in Ihrer Anwendung. Um die eigentliche Komponente TButton1 im Array Components zurückzugeben, rufen Sie FindComponents wie folgt auf:

```
FindComponents('Button1');
```

function Focused: Boolean;
Focused wird verwendet, um zu bestimmen, ob ein Fensterdialogelement den Fokus besitzt und deshalb das aktive Dialogelement in ActiveControl ist.

procedure Free;
Die Methode Free entfernt das Objekt und gibt den zugehörigen Speicher frei. Haben Sie das Objekt unter Verwendung der Methode Create erzeugt, so benutzen Sie zum Entfernen und für die Freigabe des Speichers die Methode Free. Free gelingt auch dann, wenn das Objekt selbst nicht mehr existiert (zum Beispiel durch einen vorherigen Aufruf von Free). Delphi erledigt dies für Objekte der Bibliothek visueller Komponenten automatisch.

Sie sollten also niemals eine Komponente innerhalb Ihrer Anwendung entfernen.

Falls Sie ein Formular freigeben wollen, rufen Sie die Methode Release auf, um das Formular zu löschen und dessen benutzten Speicher freizugeben.

function GetTextBuf(Buffer: PChar; BufSize: Integer): Integer;
Die Methode GetTextBuf holt den Text der Komponente und kopiert ihn in den Puffer als Null-terminierten String (Ende der Zeichenkette wird mit 0 angegeben), auf den Buffer zeigt. Die maximale Länge des Strings wird mit BufSize (siehe dazu GetTextLen) festgelegt. In BufSize wird nach der Ausführung die Anzahl der Zeichen des Strings zu finden sein. Diese Methode ist vor allem dann sehr nützlich, wenn mit String größer als 256 Zeichen gearbeitet wird. Der Typ STRING kann nicht mehr als

256 Zeichen aufnehmen. Dabei entfällt aber das erste Element in diesem Typ auf die Längenangabe des Strings, so daß nur noch maximal 255 Zeichen möglich sind. Ein PChar ist ein Zeiger auf das erste Zeichen einer Zeichenkette. Eine derart definierte Zeichenkette besitzt keine Längenangabe, sondern trägt eine 0 am Ende der Kette, daher auch der Name Null-terminierter String. Ein PChar kann die maximale Größe von 64 Kbyte erreichen. Die maximale Anzahl der Zeichen ist also auf 64 Kbyte und nicht auf 255 Zeichen beschränkt (siehe auch GetTextLen und SetTextBuf).

function GetTextLen: Integer;
Die Methode GetTextLen gibt die Länge des Textes der Komponente zurück. Dieser Wert kann für BufSize in GetTextBuf verwenden werden (siehe auch GetTextBuf und SetTextBuf).

procedure Hide;
Die Methode Hide versteckt eine Komponente, sie ist also nicht mehr auf dem Bildschirm sichtbar. Dabei wird die Eigenschaft Visible auf False gesetzt. Dabei ist eine Komponente aber weiterhin aktiv, das heißt, kann bearbeitet werden.

procedure Invalidate;
Die Methode Invalidate erzwingt das Neuzeichnen einer Komponente sobald dies möglich ist.

procedure InsertComponent(AComponent: TComponent);
InsertComponent macht die Komponente zum Besitzer der im Parameter AComponent übergebenen Komponente. Die Komponente wird am Ende der Array-Eigenschaft Components hinzugefügt. Die eingefügte Komponente darf keinen Namen haben (keinen für die Eigenschaft Name spezifizierten Wert) oder der Name muß sich eindeutig von allen anderen in der Components-Liste unterscheiden. Wird die Besitzerkomponente entfernt, so wird auch AComponent gelöscht.

procedure Refresh;
Die Methode Refresh reagiert je nach Art der Komponente, ob Daten oder die Komponenten selbst neu gezeichnet werden. Die Methode Refresh kann also jedes Bild auf dem Bildschirm löschen und alle Dialogelemente neu zeichnen beziehungsweise Datensätze einer Datei erneut einlesen.

Innerhalb der Implementation von Refresh beim Neuzeichnen von Komponenten wird die Methode Invalidate und dann die Methode Update aufgerufen.

Beim Refresh von Daten ist zu beachten: Durch Refresh können sich die angezeigten Daten unerwartet verändern und so den Anwender verwirren. Ein Dialog oder eine andere Mitteilung, der dem Anwender den Refresh der Daten mitteilt, wäre somit wohl angebracht und von äußerster Nützlichkeit.

procedure RemoveComponent(AComponent: TComponent);
RemoveComponent entfernt die Komponente, die im Parameter AComponent festgelegt ist, aus der Komponentenliste Components. Die Position in der Liste wird zu Nil.

procedure Repaint;
Die Methode Repaint fordert das Dialogelement auf, sein Bild auf dem Bildschirm neu zu zeichnen, ohne jedoch die darunterliegende Fläche zu löschen. Um vor dem Neuzeichnen zu löschen, müssen Sie anstelle von Repaint die Methode Refresh aufrufen.

procedure ScaleBy(M, D: Integer);
Die Methode ScaleBy skaliert eine Komponente um einen Prozentsatz ihrer ursprünglichen Größe. Der Parameter M ist der Multiplikator und der Parameter D der Divisor. Wenn Sie beispielsweise die Größe des Dialogelements auf 66% seines ursprünglichen Formats ändern möchten, geben Sie in M den Wert 66 und in D den Wert 100 an (66/100). Bei der Vergrößerung gehen Sie einfach den umgekehrten Weg: Vergrößerung um 66% bedeutet nichts anderes als M=166 und D=100.

function ScreenToClient(Point: TPoint): TPoint;
Die Methode ScreenToClient wird verwendet, um den Koordinatenpunkt in Pixeln der Komponente auf dem Bildschirm zu bestimmen. ScreenToClient gibt die X- und Y-Koordinaten in einem Record des Typs TPoint zurück.

procedure ScrollBy(DeltaX, DeltaY: Integer);
ScrollBy scrollt den Inhalt einer Komponente. Statt mit der Methode ScrollBy sollten Sie in Normalfall lieber mit den eingebauten Bildlauf-Leisten arbeiten, es sei denn, diese Leisten wären für Ihre Programm-Idee aus irgendeinem Grund nicht brauchbar.

DeltaX enthält die Veränderung in Pixeln in Richtung der X-Achse. Ein positiver Wert von DeltaX verschiebt den Inhalt nach rechts, ein negativer Wert verschiebt den Inhalt nach links. DeltaY bezeichnet die Veränderungen in Pixeln in Richtung der Y-Achse. Ein positiver Wert von DeltaY verschiebt den Inhalt nach unten, ein negativer Wert verschiebt den Inhalt nach oben.

procedure SelectAll;
SelectAll wählt den gesamten Inhalt einer Komponente (Text oder Bild) aus.

procedure SendToBack;
Die Methode SendToBack setzt eine Komponente innerhalb einer übergeordneten Komponente hinter alle anderen Komponenten. Die Reihenfolge, in der Komponenten übereinander gelagert werden (Z-Reihenfolge), hängt davon ab, ob es sich um fensterähnliche oder um nicht-fensterähnliche Komponente handelt. Die Reihenfolge arbeitet nach dem Prinzip, daß die zuletzt eingefügte Komponente die oberste und damit sichtbare Komponente ist.

Mit der Methode SendToBack einer Komponente würde diese Komponente ganz nach unten auf den Stapel kommen und somit nicht sichtbar sein.

Bei der Stapelung ist zu beachten, daß fensterähnliche Komponenten immer auf nicht-fensterähnlichen Komponenten gestapelt werden. Ein Aufruf von SendToBack einer fensterähnlichen Komponenten bewirkt also gar nichts, wenn unter dem Stapel eine nicht-fensterähnliche Komponente liegt (siehe auch BringToFront).

Die folgenden Komponenten zählen zu den fensterähnlichen Komponenten:

BitBtn	DBNavigator	MediaPlayer
Button	DBRadioGroup	Memo
CheckBox	DirectoryListBox	Notebook
ComboBox	DrawGrid	OLEContainer
DBCheckBox	DriveComboBox	Outline
DBComboBox	Edit	Panel
DBEdit	FileListBox	RadioButton
DBGrid	FilterComboBox	RadioGroup
DBImage	Form	ScrollBar
DBListBox	GroupBox	ScrollBox
DBLookupCombo	Header	StringGrid
DBLookupList	ListBox	TabbedNotebook
DBMemo	MaskEdit	TabSet

Die nun folgenden Komponenten zählen zu den nicht-fensterähnlichen Komponenten:

Bevel	Label	SpeedButton
DBText	PaintBox	Image
Shape		

procedure SetBounds(ALeft, ATop, AWidth, AHeight: Integer);
Die Methode SetBounds setzt die Begrenzungseigenschaften der Komponente Left, Top, Width und Height auf die Werte, die in den entsprechenden Werten ALeft, ATop, AWidth und AHeight übergeben werden. SetBounds erlaubt Ihnen, mehr als eine Begrenzungseigenschaft der Komponente zur gleichen Zeit einzustellen. Obwohl Sie immer einzelne Begrenzungen einstellen können, erlaubt Ihnen die Verwendung von SetBounds, mehrere Änderungen auf einmal durchzuführen, ohne daß jedesmal das Dialogfenster neu gezeichnet werden muß.

procedure SetFocus;
SetFocus übergibt den Fokus an die Komponente. Bei Formularen ruft das jeweilige Formular die Methode SetFocus des standardmäßig aktiven Dialogelements auf.

procedure SetTextBuf(Buffer: PChar);
Die Methode SetTextBuf ersetzt den Text in einer Komponente durch den Text in Buffer. Buffer muß auf einen mit Null abgeschlossenen String zeigen (siehe auch GetTextBuf und GetTextLen).

procedure Show;
Die Methode Show bringt eine Komponente sichtbar auf den Bildschirm, indem die Eigenschaft Visible auf True eingestellt wird. Falls die Methode Show eines Formulars aufgerufen wird und das Formular ist undurchsichtig, versucht Show das Formular sichtbar zu machen, indem sie das Formular mit der Methode BringToFront in den Vordergrund bringt. Ein Formular verfügt zusätzlich über die Methode ShowModal, um einen modalen Dialog erzeugen zu können. Ein modaler Dialog muß bearbeitet und geschlossen werden. Ein SendToBack hätte also keinen Erfolg.

procedure Update;
In der Methode Update wird die API-Funktion UpdateWindow von Windows aufgerufen, die alle beim Zeichnen entstandenen und noch nicht erledigten Meldungen bearbeitet.

UpdateWindows ist definiert als

```
procedure UpdateWindow(Wnd: HWnd);
```

Die Routine UpdateWindow aktualisiert den Client-Bereich des angegebenen Fensters, indem sie eine WM_PAINT-Meldung an das Fenster sendet, wenn der Aktualisierungsbereich für das Fenster nicht leer ist. Die Routine UpdateWindow sendet eine WM_PAINT-Meldung unter Umgehung der Anwendungswarteschlange direkt an die Fensterfunktion des gegebenen Fensters. Wenn der Aktualisierungsbereich leer ist, wird keine Meldung gesendet. Der Parameter Wnd bezeichnet das Fenster oder besser das Handle des Fensters, das aktualisiert werden soll.

Komponentenname: DBCheckBox
Klassenname: TDBCheckBox

Beschreibung:

Mit DBCheckboxen können Sie dem Anwender verschiedene Optionen anbieten. In DBCheckBox können Sie die Komponente mit einer Datenbank verbinden, und in der Eigenschaft ValueUnchecked oder ValueChecked einen String festlegen, wann die CheckBox markiert werden soll.

Eigenschaften:

property Align: TAlign;
Die Eigenschaft Align legt fest, wie Dialogelemente zum Beispiel im Formular ausgerichtet werden. Mögliche Werte:

alNone	Die Komponente bleibt an der Einfügeposition im Formular (Standardeinstellung).
alTop	Die Komponente wird an die Oberkante des Formulars verschoben und an seine Breite angepaßt. Die Höhe der Komponente bleibt unverändert.
alBottom	Die Komponente wird an die Unterkante des Formulars verschoben und an seine Breite angepaßt. Die Höhe der Komponente bleibt unverändert.
alLeft	Die Komponente wird an die linke Kante des Formulars verschoben und an seine Höhe angepaßt. Die Breite der Komponente bleibt unverändert.
alRight	Die Komponente wird an die rechte Kante des Formulars verschoben und an seine Höhe angepaßt. Die Breite der Komponente bleibt unverändert.

alClient   Die Größe der Komponente wird an den Client-Bereich eines Formulars angepaßt. Ist ein Teil des Client-Bereichs bereits von einer anderen Komponente besetzt, füllt die Komponente den verbleibenden Teil des Client-Bereichs aus.

Wird zum Beispiel ein Formular, das Besitzer eines Labels ist, in der Größe verändert, werden die Komponenten innerhalb des Formulars neu ausgerichtet. Die Verwendung der Eigenschaft Align ist dann sinnvoll, wenn ein Dialogelement an einer Position des Formulars stehenbleiben soll, auch wenn sich die Größe des Formulars ändert.

property Alignment...
Alignment legt die Ausrichtung fest und hängt von dem Typ der Komponente ab:

Alignment für die Komponenten Label, Memo und Panel:

property Alignment: TAlignment;
Alignment legt fest, wie Text innerhalb der Komponente ausgerichtet wird. Mögliche Werte:

taLeftJustify   Der Text wird linksbündig dargestellt.
taCenter   Der Text wird zentriert dargestellt.
taRightJustify   Der Text wird rechtsbündig dargestellt.

Alignment für die Komponenten CheckBox und RadioButton:

property Alignment: TLeftRight;
Alignment legt die Ausrichtung des Titels fest. Mögliche Werte:

taLeftJustify   Der Titel wird linksbündig dargestellt.
taRightJustify   Der Titel wird rechtsbündig dargestellt.

Alignment für die Komponente PopupMenu:

property Alignment: TPopupAlignment;
Alignment legt fest, wo das Popup-Menü erscheint, wenn der Anwender die rechte Maustaste drückt. Mögliche Werte:

paLeft   Das Popup-Menü erscheint mit der oberen linken Ecke unter dem Mauszeiger.
paCenter   Das Popup-Menü erscheint mit der Mitte der Oberkante unter dem Mauszeiger.
paRight   Das Popup-Menü erscheint mit der oberen rechten Ecke unter dem Mauszeiger.

Alignment für die Komponenten:

BCDField	DateTimeField	StringField
BooleanField	FloatField	TimeField
CurrencyField	IntegerField	WordField
DateField	SmallintField	

property Alignment: TAlignment;
Alignment wird dazu verwendet, die Daten in einem Feld zu zentrieren oder nach links bzw. rechts auszurichten. Mögliche Werte:

taLeftJustify	Der Inhalt des Datensatzes wird linksbündig dargestellt.
taCenter	Der Inhalt des Datensatzes wird zentriert dargestellt.
taRightJustify	Der Inhalt des Dat6ensatzes wird rechtsbündig dargestellt.

property AllowGrayed: Boolean;
AllowGrayed bestimmt, ob eine CheckBox zwei oder drei Zustände annehmen kann. AllowGrayed = False bedeutet, daß das Markierungsfeld durch Anklicken entweder markiert, oder die vorhandene Markierung aufgehoben wird. Dies ist die Voreinstellung. AllowGrayed = True bedeutet, daß das Markierungsfeld durch Anklicken entweder markiert, grau dargestellt oder die Markierung entfernt wird.

property BoundsRect: TRect;
Die Eigenschaft BoundsRect liefert das Begrenzungsrechteck der Komponente – ausgedrückt im Koordinatensystem des übergeordneten Dialogelements – zurück. Mit BoundsRect ersetzen und erleichtern Sie sich somit die Abfrage der einzelnen Werte für die Eigenschaften Left, Top, Width und Height.

property Caption: String;
Die Eigenschaft Caption ist der Text, der in der Komponente angezeigt wird. Zum Beispiel in der Titelleiste des Formulars.

property Checked: Boolean;
Checked stellt fest, ob eine Option in einer Komponente ausgewählt wird. Mögliche Werte:

Für die Komponenten CheckBox und TDBCheckbox:

True	Die CheckBox ist ausgewählt (»angekreuzt« (checked))
False	Die CheckBox ist nicht ausgewählt. False kann zutreffen, wenn die Eigenschaft State der CheckBox cbGrayed (die CheckBox wird grau angezeigt) oder cbUnChecked (die CheckBox ist nicht markiert) ist.

Für die Komponente RadioButton:

True	Ein schwarzer Kreis erscheint in der Komponente, der RadioButton ist ausgewählt.
False	Es wird kein schwarzer Kreis in der Komponente angezeigt, der RadioButton ist nicht ausgewählt.

Für die Komponente TMenuItem:

True	Neben dem Menüeintrag erscheint ein Markierungszeichen, der Eintrag ist ausgewählt
False	Es erscheint kein Markierungszeichen, der Eintrag ist nicht ausgewählt.

property Color: TColor;
Die Eigenschaft Color legt für alle Komponenten mit Ausnahme des Dialogfensters die Farbe fest (Hintergrundfarbe eines Formulars oder eines Dialogelements oder Grafikobjekts).

Ist die Eigenschaft ParentColor auf True gesetzt, bewirkt eine Änderung der Eigenschaft Color einer Komponente A automatisch eine Änderung der Eigenschaft Color aller Komponenten, die als Besitzer die Komponente A haben. Wenn Sie der Eigenschaft Color eines Dialogelements einen Wert zuweisen, wird seine Eigenschaft ParentColor automatisch auf False gesetzt. Mögliche Werte sind:

clBlack	Schwarz
clMaroon	Rotbraun
clGreen	Grün
clOlive	Olivgrün
clNavy	Marineblau
clPurple	Violett
clTeal	Petrol
clGray	Grau
clSilver	Silber
clRed	Rot
clLime	Limonengrün
clBlue	Blau
clFuchsia	Pink
clAqua	Karibikblau
clWhite	Weiß

(Systemfarben von Windows:)

clBackground	Aktuelle Windows-Hintergrundfarbe
clActiveCaption	Aktuelle Farbe der Titelleiste des aktiven Fensters
clInactiveCaption	Aktuelle Farbe der Titelleiste der inaktiven Fenster
clMenu	Aktuelle Hintergrundfarbe der Menüs
clWindow	Aktuelle Hintergrundfarbe der Fenster
clWindowFrame	Aktuelle Farbe der Fensterrahmen
clMenuText	Aktuelle Farbe vom Menütext
clWindowText	Aktuelle Farbe vom Fenstertext
clCaptionText	Aktuelle Textfarbe der Titelleiste des aktiven Fensters
clActiveBorder	Aktuelle Rahmenfarbe des aktiven Fensters
clInactiveBorder	Aktuelle Rahmenfarbe der inaktiven Fenster
clAppWorkSpace	Aktuelle Farbe des Arbeitsbereichs der Anwendung
clHighlight	Aktuelle Hintergrundfarbe vom ausgewählten Text
clHighlightText	Aktuelle Farbe vom ausgewählten Text
clBtnFace	Aktuelle Farbe einer Schalterfläche
clBtnShadow	Aktuelle Schattenfarbe eines Schalters
clGrayText	Aktuelle Farbe von grau dargestelltem Text
clBtnText	Aktuelle Farbe von Text auf einem Schalter

clInactiveCaptionText	Aktuelle Textfarbe in der Titelleiste eines inaktiven Fensters
clBtnHighlight	Aktuelle Farbe der Markierung eines Schalters

Mit einem Doppelklick auf Color öffnet sich das Farbschema von Windows, in dem Sie auch eigene Farben zusammenstellen können.

property ComponentIndex: Integer;
Die Eigenschaft ComponentIndex zeigt die Position einer Komponente in der Eigenschaftsliste Components ihres Besitzers an. Die erste Komponente in der Liste hat den ComponentIndex-Wert 0, die zweite hat den Wert 1, die dritte den Wert 2 etc. Diese Eigenschaft ist nur zur Laufzeit und dann auch nur im Read-Only-Modus benutzbar.

property Controls[Index: Integer]: TControl;
Controls ist ein Array aller untergeordneten Komponenten der Komponente. Controls ist dann von Nutzen, wenn Sie auf die untergeordneten Komponenten über die Nummer statt über den Namen zugreifen müssen.

property Ctl3D: Boolean;
Die Eigenschaft Ctl3D legt fest, ob ein Dialogelement ein dreidimensionales (3-D) oder zweidimensionales Aussehen besitzt. Wenn Ctl3D True ist, erscheint das Dialogelement dreidimensional. Die Voreinstellung von Ctl3D ist True. Wenn die Eigenschaft ParentCtl3D einer Komponente auf True gesetzt ist, verändert jede Modifikation der Eigenschaft Ctl3D des übergeordneten Dialogelements automatisch auch die Eigenschaft Ctl3D des Dialogelements.

Achtung: Damit Ctl3D überhaupt funktioniert, muß sich die dynamische Link-Bibliothek CTL3DV2.DLL im Suchpfad befinden. Idealerweise sollte sich diese Datei im System-Verzeichnis von Windows aufhalten.

property Cursor: TCursor;
Mit der Eigenschaft Cursor stellen Sie das Aussehen des Cursors ein, wenn dieser auf die Komponente zeigt.

Mögliche Werte sind:

crDefault	crArrow	crCross
crIBeam	crSize	crSizeNESW
crSizeNS	crSizeNWSE	crSizeWE
crUpArrow	crHourglass	crDrag
crNoDrop	crHSplit	crVSplit

property DataField: String;
Mit DataField geben Sie das anzuzeigende Feld an. Dieses Feld stammt aus der Quelle in der Eigenschaft DataSouce. In einer DBEdit Komponente legt dieses Feld der Datenbank auch die Gültigkeit der Eintragungen fest. Ist also ein Feld numerisch, akzeptiert die Komponente keine anderen Eingabetypen.

property DataSource: TDataSource;
Mit Hilfe der Eigenschaft DataSource verbinden Sie die Komponente mit einer Instanz der Komponente DataSource, um die Werte von Parametern mit Params oder ParamByName zu setzen. Dies ermöglicht Ihren Anwendungen verknüpfte Abfragen.

property DragCursor: TCursor;
Die Eigenschaft DragCursor bestimmt die Form des Mauszeigers, wenn sich der Zeiger über einer Komponente befindet, die ein gezogenes Objekt akzeptieren kann. Mögliche Werte sind mit denen der Eigenschaft Cursor identisch.

property DragMode: TDragMode;
Die Eigenschaft DragMode legt das Ziehen-und-Ablegen-Verhalten einer Komponente fest. Mögliche Werte sind:

dmAutomatic	Wenn dmAutomatic ausgewählt ist, ist das Dialogelement bereit, gezogen zu werden; der Anwender klickt nur und zieht es dann.
dmManual	Wenn dmManual ausgewählt ist, kann das Dialogelement nicht gezogen werden, bevor die Anwendung die Methode BeginDrag aufgerufen hat.

Ist die Eigenschaft DragMode einer Komponente dmAutomatic, kann die Anwendung dies zur Laufzeit durch Einstellung des Wertes dmManual deaktivieren.

property Enabled: Boolean;
Die Eigenschaft Enabled bestimmt, ob die Komponente auf Maus-, Tastatur- und Timer-Ereignisse reagiert. Wenn Enabled auf True gesetzt ist, reagiert die Komponente normal. Ist Enabled hingegen False, ignoriert das Dialogelement Maus- und Tastaturereignisse. Bei einer Timer-Komponente werden die für das OnTimer-Ereignis deaktivierten Komponenten-Dialogelemente grau dargestellt.

property Font: TFont;
Die Eigenschaft Font legt den Font und die Eigenschaften des Fonts der Komponente fest. Sie haben die Möglichkeit, diese Werte im Objectinspektor zu ändern oder – wesentlich komfortabler – mit Hilfe eines Doppelklicks auf diese Eigenschaft einen Dialog zu öffnen, der alle möglichen Werte anzeigt.

property Handle: ...;
Der Typ der Eigenschaft Handle ist abhängig von der jeweiligen Komponente. Im allgemeinen gilt: Sollte eine Windows-API-Funktion ein Handle der betreffenden Komponente verlangen, setzen Sie dazu die jeweilige Eigenschaft Handle der betreffenden Komponente ein. Verlangt eine Windows-API-Funktion zum Beispiel das Handle Ihrer gesamten Anwendung, benutzen Sie am besten die Eigenschaft Handle des Objekts TApplication. Hier die Übersicht der verschiedenen Typen der Eigenschaft Handle:

Handle für die Komponenten:

Bitmap	property Handle: HBitmap;
Brush	property Handle: HBrush;

Canvas	property Handle: HDC;
Font	property Handle: HFont;
Icon	property Handle: HIcon;
Metafile	property Handle: HMetafile;
Pen	property Handle: HPen;

Handle gibt Ihnen den Zugriff auf das Handle des jeweiligen GDI-Objekts, damit Sie auf dieses zugreifen können. Benötigen Sie zum Beispiel zum Aufruf einer Windows-API-Funktion ein Handle auf ein Stiftobjekt oder ein Bitmap-Objekt, können Sie dazu das Handle der Komponente Pen beziehungsweise der Komponente Bitmap benutzen.

Handle für das Objekt TApplication und die folgenden Komponenten:

Bevel	DBText	Memo
BitBtn	DirectoryListBox	Notebook
Button	DrawGrid	OLEContainer
CheckBox	DriveComboBox	Outline
ComboBox	Edit	PaintBox
DBCheckBox	FileListBox	Panel
DBComboBox	FilterComboBox	RadioButton
DBEdit	FindDialog	RadioGroup
DBGrid	Form	ReplaceDialog
DBImage	GroupBox	ScrollBar
DBListBox	Header	ScrollBox
DBLookupCombo	Image	Shape
DBLookupList	Label	SpeedButton
DBMemo	ListBox	StringGrid
DBNavigator	MaskEdit	TabbedNotebook
DBRadioGroup	MediaPlayer	TabSet

property Handle: HWND;
Handle bietet Ihnen Zugriff auf das Handle der jeweiligen Komponente (z.B. Fenster-Handle, Dialog-Handle etc.). Dieses Handle wird von einigen Windows-API-Funktionen beim Aufruf erwartet. Sie können in diesem Fall das Handle der jeweils betroffenen Komponente oder – falls das Handle Ihrer Anwendung gefordert wird – das Handle des Objekts TApplication übergeben.

Handle für die Komponenten:

MainMenu	MenuItem	PopupMenu

property Handle: HMENU;
Sollte eine Windows-API-Funktion ein Handle eines Menüs, Menü-Eintrags oder eines lokalen Menüs verlangen, können Sie dazu die Eigenschaft Handle von MainMenu, MenuItem und PopupMenu benutzen.

Handle für die Komponente Printer:

property Handle: HDC;
Handle beinhaltet das Handle des jeweiligen Druckerobjektes TPrinter der Komponente Printer.

Handle für die Komponente DataBase:

property Handle: HDBIDB;
Um direkte Aufrufe in die Richtung der Borland Database-Engine-(BDE)-API zu tätigen, benötigen Sie ein Handle der jeweiligen Datenbank-Komponente. Dazu dient Ihnen die Eigenschaft Handle der Komponente DataBase. Sie erlaubt Ihnen Zugriffe auf Funktionen des BDE-API, die nicht in der VCL-Bibliothek integriert wurden. Bevor Sie allerdings diese Funktionen aufrufen, sollten Sie prüfen, ob diese Funktion nicht doch schon in der VCL-Bibliothek gekapselt wurde.

Handle für das Objekt TSession:

Delphi erzeugt eine Komponente Session vom Typ TSession immer dann, wenn eine Anwendung ausgeführt wird. Sessions sollten nicht von Ihnen erzeugt oder zerstört werden. Session erlaubt globale Prüfung über Datenbankverbindungen. Die Eigenschaft Databases von Session ist ein Array von allen aktiven Datenbanken in der Sitzung. Die Eigenschaft DatabaseCount vom Typ Integer gibt die Anzahl der aktiven Datenbanken in der Sitzung an.

property Handle: HDBISES;
Mit dieser Eigenschaft Handle können Sie direkte Aufrufe an die Borland-Datenbank-Engine – bezogen auf eine bestimmte Sitzung (Session/TSession) – machen. Die Komponente Session werden Sie kaum benutzen. Die wichtigsten Funktionen des BDE-API sind in der VCL-Bibliothek gekapselt und ersparen Ihnen diesen Weg.

Handle für die Komponenten Table, Query und StoredProc:

property Handle: HDBICur;
Ebenfalls für direkte Zugriffe auf Funktionen des BDE-API und unter normalen Umständen nicht zu benutzen, da die wichtigsten BDP-API-Funktionen via VCL-Bibliothek einen einfacheren Zugriff ermöglichen.

property Height: Integer;
Die Eigenschaft Height eines Dialogelements legt die Höhe der Komponente in Pixeln fest.

property HelpContext: THelpContext;
Die Eigenschaft HelpContext stellt eine Kontextnummer für den Aufruf kontextbezogener Online-Hilfe bereit. Jeder Hilfebildschirm des Hilfesystems sollte eine eindeutige Kontextnummer besitzen. Ist in der Anwendung eine Komponente selektiert, so wird nach Betätigen von F1 ein Hilfebildschirm angezeigt. Welcher Hilfebildschirm angezeigt wird, hängt vom Wert der Eigenschaft HelpContext ab.

property HideSelection: Boolean;
Die Eigenschaft HideSelection bestimmt, ob ein selektierter Text oder Text in einem Editier- oder Memofeld selektiert bleibt, wenn der Fokus zu einem anderen Dialoge-

lement wechselt. Ist HideSelection auf True gesetzt, bleibt der Text nur solange selektiert, wie der Fokus beim Dialogelement bleibt.

property Hint: string;
Die Eigenschaft Hint ist der Text-String, der erscheinen kann, wenn ein OnHint-Ereignis eintritt, also wenn der Benutzer den Cursor über die Komponente bewegt. Wie der String angezeigt wird, bestimmt der Code in der Ereignisbehandlungs-Routine OnHint. Sie können eine Schnellhilfe, d.h. ein Fenster, das einen Hilfetext enthält, für eine Komponente erscheinen lassen, wenn der Anwender den Mauszeiger über das Dialogelement führt und dort kurz verweilt. Dies funktioniert wie folgt:

1. Spezifizieren Sie für jede Komponente, die einen Schnellhinweis anzeigen soll, einen Hint-Wert.
2. Setzen Sie die Eigenschaft ShowHints des Bedienfelds auf True.
3. Setzen Sie die Eigenschaft ShowHint der Anwendung zur Laufzeit auf True.

Sie können Hint gleichzeitig sowohl für ein Hilfehinweisfenster als auch für die Verwendung innerhalb der Behandlungsroutine OnHint spezifizieren, indem Sie zwei durch das Zeichen | (das »oder« oder »Pipe«-Symbol) getrennte Werte angeben, also beispielsweise:

```
Edit1.Hint := 'Aufforderung|Geben Sie den richtigen Wert ein';
```

Der String »Aufforderung« erscheint im Hilfehinweisfenster und der String »Geben Sie den richtigen Wert ein« erscheint wie in der Ereignisbehandlungs-Routine OnHint spezifiziert.

property Left: Integer;
Die Eigenschaft Left bestimmt die horizontalen Koordinaten in Pixeln der linken Kante einer Komponente relativ zum Formular. Für Formulare ist der Wert der Eigenschaft Left relativ zum Bildschirm (ebenfalls in Pixeln).

property Name: TComponentName;
Die Eigenschaft Name enthält den Namen der Komponente, wie er von anderen Komponenten für den Zugriff verwendet wird. Delphi weist als Vorgabewerte sequentielle Namen zu, die auf dem Typ der Komponente basieren, also etwa für Buttons »Button1«, »Button2« etc. Diese können Sie gemäß Ihrer Vorstellungen abändern. Komponentennamen sollten ausdrücklich nur zur Entwurfszeit geändert werden.

property Owner: TComponent;
Die Eigenschaft Owner teilt Ihnen mit, welche Komponente zu welcher Komponente gehört. Dem Formular gehören alle Komponenten, die auf ihm vorhanden sind. Umgekehrt gehört das Formular zur Anwendung. Gehört eine Komponente A einer anderen Komponente B, wird der Speicher der Komponente A freigegeben, wenn der Speicher der Komponente B freigegeben wird. Es werden also folgerichtig alle Komponenten des Formulars gelöscht, wenn das Formular gelöscht wird. Außerdem wird natürlich der Speicher für das Formular und dessen Komponenten freigegeben, wenn der Speicher der Anwendung selbst freigegeben wird.

property Parent: TWinControl;
Die Eigenschaft Parent enthält den Namen der übergeordneten Komponente. Wenn eine Komponente A eine andere Komponente B enthält, sind die in B enthaltenen Komponenten untergeordnete Komponenten von A. Wenn Ihre Anwendung beispielsweise drei Buttons in einer GroupBox enthält, dann ist die GroupBox das übergeordnete Element der drei Buttons und die Button-Schaltfelder sind der GroupBox untergeordnet.

Parent und Owner sind leider etwas verwirrend. Daher hier eine kleine Entwirrung:

Ein Formular ist der Besitzer aller darin enthaltenen Komponenten, unabhängig davon, ob sie ein Fensterelement sind oder nicht. Für unser Beispiel mit den drei Buttons und der GroupBox bedeutet dies: Der Besitzer der Buttons ist immer das Formular, aber die GroupBox ist das übergeordnete Element.

Wenn Sie einen neuen Dialog erzeugen, müssen Sie dem neuen Dialogelement einen Wert der Eigenschaft Parent zuweisen. Üblicherweise sind dies Formulare, Bedienfelder, GroupBoxen oder andere Dialoge, die andere Komponenten-Elemente enthalten können. Es ist möglich, jedes Element als das übergeordnete zuzuweisen, aber das darin enthaltene Dialogelement wird wahrscheinlich überschrieben.

Wird das übergeordnete Element gelöscht, werden auch alle Elemente, die ihm untergeordnet sind, gelöscht.

property ParentColor: Boolean;
Die Eigenschaft ParentColor bestimmt, wo eine Komponente nach ihrer Farbeigenschaft suchen soll. Falls ParentColor True ist, verwendet die Komponente die Farbeigenschaft der übergeordneten Komponente.

Wenn ParentColor False ist, verwendet die Komponente ihre eigene Eigenschaft Color. Durch Verwendung von ParentColor können Sie sicherstellen, daß alle Komponenten auf einem Formular das gleiche Erscheinungsbild haben.

property ParentCtl3D: Boolean;
Die Eigenschaft ParentCtl3D bestimmt, wo eine Komponente nach ihrer Eigenschaft Ctl3D suchen muß. IstParentCtl3D auf True gesetzt, verwendet die Komponente die Dimensionen der Eigenschaft Ctl3D von ihrer übergeordneten Komponente. Wenn ParentCtl3D False ist, verwendet die Komponente ihre eigene Eigenschaft Ctl3D. Durch Verwendung von ParentCtl3D stellen Sie sicher, daß alle Komponenten auf einem Formular das gleiche Erscheinungsbild haben. Wenn Sie beispielsweise möchten, daß alle Komponenten auf einem Formular ein dreidimensionales Erscheinungsbild haben, setzen Sie die Eigenschaft Ctl3D des Formulars auf True und die Eigenschaft ParentCtl3D jeder Komponente auf True.

property ParentFont: Boolean;
Die Eigenschaft ParentFont bestimmt, wo eine Komponente nach ihrer Fonteigenschaft suchen soll. Falls ParentFont True ist, verwendet die Komponente den Font der Eigenschaft der übergeordneten Komponente.

Ist ParentFont False, verwendet die Komponente ihre eigene Eigenschaft Font. Durch Verwendung von ParentFont können Sie sicherstellen, daß alle Komponenten auf einem Formular das gleiche Erscheinungsbild haben.

property ParentShowHint: Boolean;
Die Eigenschaft ParentShowHint bestimmt, wo eine Komponente nach ihrer Hinteigenschaft suchen soll. Falls ParentShowHint True ist, verwendet die Komponente die Hint-Eigenschaft der übergeordneten Komponente.

Ist ParentShowHint False, verwendet die Komponente ihre eigene Eigenschaft Hint. Durch Verwendung von ParentShowHint können Sie sicherstellen, daß alle Komponenten auf einem Formular das gleiche Erscheinungsbild haben.

property PopupMenu: TPopupMenu;
Die Eigenschaft PopupMenu legt den Namen des Popup-Menüs fest, das erscheint, wenn der Anwender die Komponente auswählt oder die rechte Maustaste drückt (bei dem Wert True für AutoPopup des Popup) oder wenn die Methode Popup des Popup-Menüs ausgeführt wird.

property ReadOnly: Boolean;
Die Eigenschaft ReadOnly hängt davon ab, um welche Art von Komponente es sich bei der Komponente mit dieser Eigenschaft handelt.

ReadOnly für datensensitive Komponenten und Eigabefelder:

ReadOnly bestimmt, ob der Anwender den Inhalt einer Komponente ändern darf. Falls ReadOnly True ist, kann der Anwender den Inhalt nicht ändern. Wenn ReadOnly False ist, kann der Anwender den Inhalt abändern. Die Eigenschaft ReadOnly bestimmt bei datensensitiven Komponenten, ob der Anwender die Komponente verwenden kann, um ein Feld in einem Datensatz zu bearbeiten oder ob er die Komponente nur zur Anzeige von Daten verwenden kann. Falls ReadOnly False ist, kann der Anwender den Wert des Feldes ändern, solange der Datensatz zum Bearbeiten freigegeben ist. Ist die Eigenschaft ReadOnly eines Datengitters True, kann der Anwender keine neue Zeile einfügen.

Zu dieser Gruppe von Komponenten zählen:

DBCheckBox	DBListBox	DBRadioGroup
DBComboBox	DBLookupCombo	Edit
DBEdit	DBLookupList	MaskEdit
DBGrid	DBMemo	Memo
DBImage		

ReadOnly für Tabellen:

Benutzen Sie ReadOnly um zu verhindern, daß Benutzer Daten in der Tabelle ändern können. Achtung: Denken Sie daran, die Eigenschaft Active auf False zu setzen, bevor Sie ReadOnly ändern.

Zu dieser Gruppe von Komponenten zählen:

TTable

ReadOnly für Feldkomponenten:

ReadOnly kann die Modifikation eines Feldes sperren. Hat diese Eigenschaft den Wert False, kann ein Feld verändert werden. Um die Änderung eines Feldes zu verhindern, setzen Sie ReadOnly auf True. In TDBGrid werden bei Tabulatorsprüngen die Felder mit der Eigenschaft ReadOnly übersprungen.

Zu dieser Gruppe von Komponenten gehören:

BCDField	DateTimeField	SmallintField
BlobField	FloatField	StringField
BooleanField	GraphicField	TimeField
BytesField	IntegerField	VarBytesField
CurrencyField	MemoField	WordField
DateField		

property ShowHint: Boolean;
Die Eigenschaft ShowHint bestimmt, ob das Dialogelement eine Schnellhilfe anzeigen soll, wenn der Mauszeiger eine Weile auf ihm verweilt. Die Schnellhilfe entspricht dem Wert der Eigenschaft Hint, die in einem Feld direkt unterhalb des Elements angezeigt wird. Hat die Eigenschaft ShowHint den Wert True, kann die Schnellhilfe erscheinen. Ist ShowHint False, kann die Schnellhilfe auch angezeigt werden, wenn ParentShowHint auf True gesetzt wurde, und die Eigenschaft ShowHint der übergeordneten Komponente ebenfalls auf True gesetzt wurde.

property Showing: Boolean;
Die Eigenschaft Showing legt fest, ob eine Komponente momentan auf dem Bildschirm angezeigt wird oder nicht. Falls die Eigenschaft Visible einer Komponente und aller übergeordneten Komponenten in der übergeordneten Hierarchie True ist, ist Showing auch True. Wenn einer der Vorfahren der Komponente den Wert False als Wert für die Eigenschaft Visible hat, ist auch Showing False.

property State: TCheckBoxState;
Mit State können Sie die verschiedenen Zustände bestimmen, die eine CheckBox oder DBCheckBox annehmen kann. Mögliche Werte:

cbUnchecked	nicht markiert
cbChecked	markiert
cbGrayed	grau dargestellt (weder markiert noch nicht-markiert)

property TabOrder: TTabOrder;
Die Eigenschaft TabOrder bestimmt die Position einer Komponente in der Tabulatorreihenfolge, in der Komponenten den Fokus erhalten, wenn der Anwender die Taste TAB drückt. Anfänglich ist die Tabulatorreihenfolge immer die Reihenfolge, in der die Komponenten in das Formular hinzugefügt wurden. Der Wert der Eigenschaft TabOrder ist für jede Komponente auf dem Formular einmalig. Die erste dem Formular hinzugefügte Komponente hat den TabOrder-Wert 0, die zweite hat 1, die dritte 2 usw.

Falls Sie demWert der Eigenschaft TabOrder einer Komponente den Wert einer anderen Komponente zuweisen, numeriert Delphi automatisch die Werte für alle anderen Komponenten neu. Angenommen, eine Komponente ist beispielsweise die sechste Komponente in der Tabulatorreihenfolge. Wenn Sie den Wert der Eigenschaft TabOrder der Komponente auf 3 ändern (dies macht die Komponente zu der vierten in der Tabulatorreihenfolge), wird die Komponente, die die vierte war, nun zur fünften und die Komponente, die die fünfte war, wird jetzt die sechste.

property TabStop: Boolean;
Die Eigenschaft TabStop bestimmt, ob der Anwender diese Komponente mit der Taste TAB anspringen kann. Falls TabStop True ist, befindet sich die Komponente in der Tabulatorreihenfolge. Wenn TabStop False ist, ist das Dialogelement nicht in der Tabulatorreihenfolge.

property Tag: Longint;
Die Eigenschaft Tag kann einen Integerwert als Element einer Komponente speichern. Tag wird von Delphi nicht benutzt und steht Ihnen damit zur freien Verfügung.

property Top: Integer;
Die Eigenschaft Top gibt die Y-Koordinate in Pixeln der linken oberen Ecke eines Dialogelements relativ zum Formular an. Bei Formularen wird der Wert der Eigenschaft Top in Pixeln relativ zum Bildschirm angegeben.

property ValueChecked: string;
Mit ValueChecked geben Sie die Werte in String-Form an, bei denen die CheckBox markiert sein soll. Mehrere Werte werden durch ein Semikolon getrennt. Zwei Beispiele:
```
ValueChecked:='TRUE;YES;JA;OUI'
ValueChecked:='FALSE;NO;NEIN;NO'
```

property ValueUnChecked: string;
Mit ValueUnChecked geben Sie die Werte in String-Form an, bei denen die CheckBox nicht markiert sein soll. Mehrere Werte werden durch ein Semikolon getrennt. Zwei Beispiele:
```
ValueUnChecked:='GROSS;BIG'
ValueUnChecked:='KLEIN;SMALL'
```

property Visible: Boolean;
Die Eigenschaft Visible bestimmt, ob eine Komponente auf dem Bildschirm sichtbar ist (True) oder nicht (False).

property Width: integer;
Die Eigenschaft Width bestimmt die Breite einer Komponente, gemessen in Pixeln.

Kapitel 4

Ereignisse:

property OnClick: TNotifyEvent;
Das Ereignis OnClick erscheint, wenn der Benutzer auf die Komponente klickt. In einem Formular tritt OnClick ein, wenn der Benutzer auf eine freie Stelle im Formular oder eine inaktive Komponente klickt.

OnClick ist vom Typ

```
TNotifyEvent = procedure (Sender: TObject) of object;
```

Der Typ TNotifyEvent weist also auf eine Methode, die das Anklicken eines Objekts behandelt. Der Parameter Sender ist das Dialogelement, das angeklickt wurde.

property OnDblClick: TNotifyEvent;
Das Ereignis OnClick erscheint, wenn der Benutzer auf die Komponente einen Doppelklick ausführt. In einem Formular tritt das Ereignis OnDblClick ein, wenn der Benutzer auf eine freie Stelle im Formular oder eine inaktive Komponente einen Doppelklick ausführt.

OnDblClick ist vom Typ

```
TNotifyEvent = procedure (Sender: TObject) of object;
```

Der Typ TNotifyEvent weist also auf eine Methode, die das Doppelklicken eines Objekts behandelt. Der Parameter Sender ist das Dialogelement, das mit einem Doppelklick bearbeitet wurde.

property OnDragDrop: TDragDropEvent;
Das Ereignis OnDragDrop tritt ein, wenn der Anwender ein gezogenes Objekt ablegt. Verwenden Sie die Ereignisbehandlungs-Routine OnDragDrop, um festzulegen, was passieren soll, wenn der Anwender ein Objekt ablegt.

OnDragClick ist vom Typ

```
TDragDropEvent = procedure(Sender, Source: TObject; X, Y: Integer) of object;
```

Der Typ TDragDropEvent zeigt also auf eine Methode, die das Ablegen eines gezogenen Objekts behandelt. Der Parameter Source des Ereignisses OnDragDrop ist das abzulegende Objekt und der Parameter Sender ist das Dialogelement, auf dem das Objekt abgelegt wurde. Die Parameter X und Y sind die Koordinaten des Mauszeigers, der über dem Dialogelement positioniert wird.

property OnDragOver: TDragOverEvent;
Das Ereignis OnDragOver tritt ein, wenn der Anwender ein Objekt über eine Komponente zieht. Üblicherweise werden Sie ein Ereignis OnDragOver verwenden, um ein Objekt zu akzeptieren, damit der Anwender es ablegen kann.

OnDragClick ist vom Typ

```
TDragOverEvent = procedure(Sender, Source: TObject; X, Y: Integer;
                           State: TDragState; var Accept:Boolean) of object;
```

Der Typ TDragOverEvent zeigt also auf eine Methode, die das Ziehen eines Objekts über ein anderes Objekt behandelt. Der Parameter Source ist das gezogene Objekt, Sender ist das Ojekt, über das Source gezogen wurde, X und Y sind die Koordinaten des Mauszeigers, der über dem Dialogelement positioniert wird in Pixeln, State ist der Status des gezogenen Objekts in Verbindung zum darübergezogenen Objekt, und Accept legt fest, ob der Sender das Ziehobjekt erkennt. Accept wird nicht per Voreinstellung auf True oder False gesetzt; Sie müssen die passenden Werte selbst zuweisen.

Das Ereignis OnDragOver akzeptiert ein Objekt, wenn der Parameter Accept True ist. Durch Ändern des Wertes der Eigenschaft DragCursor können Sie das Erscheinungsbild des Cursors beeinflussen. Dies können Sie entweder während des Entwikkelns oder zur Laufzeit, bevor ein Ereignis OnDragOver eintritt, durchführen.

property OnEndDrag: TEndDragEvent;
Das Ereignis OnEndDrag tritt immer dann ein, wenn das Ziehen eines Objekts abgeschlossen oder abgebrochen wird. Wenn Sie eine besondere Behandlung haben möchten, wenn das Ziehen beendet wird, verwenden Sie die Ereignisbehandlungs-Routine OnEndDrag.

OnEndDrag ist vom Typ

```
TEndDragEvent = procedure(Sender, Target: TObject; X, Y: Integer) of object;
```

Der Typ TEndDragEvent zeigt also auf eine Methode, die das Anhalten des Ziehens eines Objekts behandelt. Der Sender ist das Objekt, was gezogen wird, Target ist das Objekt, zu dem Sender hingezogen wird, und X und Y sind die zugehörigen Bildschirmkoordinaten des Mauszeigers, der über dem Dialogelement positioniert wird. Falls das gezogene Objekt abgelegt und durch das Dialogelement akzeptiert wurde, ist der Parameter Target des Ereignisses OnEndDrag True. Wenn das Objekt nicht erfolgreich abgelegt wurde, beträgt der Wert Target Nil.

property OnEnter: TNotifyEvent;
OnEnter tritt ein, wenn eine Komponente aktiviert wird. Wenn Sie eine besondere Behandlung festlegen möchten, wenn eine Komponente aktiviert wird, verwenden Sie die Ereignisbehandlungs-Routine OnEnter.

OnEnter erscheint nie, wenn Sie zwischen Formularen oder einer anderen Windows-Anwendung und Ihrer Anwendung umschalten. OnEnter für eine Komponente des Typs TPanel oder THeader tritt nie ein, da Bedienfelder oder Header keinen Fokus erhalten können. Somit ist dort OnEnter vollkommen nutzlos. Sie haben diese Ereignisbehandlung aber geerbt.

OnEnter ist vom Typ

```
TNotifyEvent = procedure (Sender: TObject) of object;
```

Der Typ TNotifyEvent weist also auf eine Methode, die das Doppelklicken eines Objekts behandelt. Der Parameter Sender ist das Dialogelement, das mit einem Doppelklick bearbeitet wurde.

property OnExit: TNotifyEvent;
OnExit erscheint, wenn der Eingabefokus von einer Komponente an eine andere übergeben wird. OnExit tritt nicht ein, wenn Sie zwischen Formularen oder zwischen einer Windows-Anwendung und Ihrer Anwendung umschalten. OnExit tritt bei den Komponenten Panel und Speedbutton nicht ein, da diese niemals den Fokus erhalten.

OnExit ist vom Typ

```
TNotifyEvent = procedure (Sender: TObject) of object;
```

Der Typ TNotifyEvent weist also auf eine Methode, die das Doppelklicken eines Objekts behandelt. Der Parameter Sender ist das Dialogelement, das mit einem Doppelklick bearbeitet wurde.

property OnKeyDown: TKeyEvent;
OnKeyDown tritt ein, wenn der Anwender irgendeine Taste drückt, während die Komponente den Fokus hat. Verwenden Sie OnKeyDown, um eine besondere Behandlung festzulegen, die ausgeführt wird, wenn eine Taste gedrückt wird. Der Handler OnKeyDown kann auf alle Tasten der Tastatur, einschließlich Funktionstasten und Tastenkombinationen mit den Tasten UMSCHALT, ALT und STRG sowie betätigten Maustasten reagieren.

OnKeyDown ist vom Typ

```
TKeyEvent = procedure (Sender: TObject; var Key: Word; Shift: TShiftState)
            of object;
```

Der Typ TKeyEvent weist also auf eine Methode, die Tastaturereignisse verarbeitet. Der Parameter Key steht für die Taste und Shift und kann die folgenden Wert annehmen:

ssShift	UMSCHALTTASTE (SHIFT) wird festgehalten
ssAlt	linke ALT-Taste wird festgehalten
[ssAlt, ssCtrl]	ALTGR-Taste wird festgehalten
ssCtrl	Taste STRG wird festgehalten
ssLeft	Linke Maustaste wird festgehalten
ssMiddle	Mittlere Maustaste wird festgehalten
ssDouble	Rechte und linke Maustaste werden gleichzeitig festgehalten

property OnKeyPress: TKeyPressEvent;
OnKeyPress erscheint, wenn der Anwender eine einzelne Zeichentaste drückt.

OnKeyPress ist vom Typ

```
TKeyPressEvent = procedure (Sender: TObject; var Key: Char) of object;
```

TKeyPressEvent weist also auf eine Methode, die einen Tastendruck für ein einzelnes Zeichen verarbeitet. Der Parameter Key gibt die Taste an. Der Parameter Key ist vom Typ Char; deshalb registriert OnKeyPress das ASCII-Zeichen der gedrückten Taste. Tasten, die nicht mit einem ASCII-Zeichen übereinstimmen (beispielsweise UMSCHALT oder F1), werden kein OnKeyPress erzeugen. Tastenkombinationen (wie

UMSCHALT+A) erzeugen nur ein Ereignis des Typs OnKeyPress (in diesem Beispiel ergibt UMSCHALT+A einen Wert Key von »A«, wenn die Feststelltaste ausgeschaltet ist). Falls Sie auf Nicht-ASCII-Tasten oder Tastenkombinationen reagieren möchten, verwenden Sie die Ereignisbehandlungs-Routinen OnKeyDown oder OnKeyUp.

property OnKeyUp: TKeyEvent;
OnKeyUp tritt ein, wenn der Anwender die gedrückte Taste wieder losläßt. OnKeyUp kann auf alle Tasten der Tastatur, einschließlich FFunktionstasten und Tastenkombinationen mit den Tasten UMSCHALT, ALT und STRG sowie betätigten Maustasten reagieren.

```
TKeyEvent = procedure (Sender: TObject; var Key: Word; Shift: TShiftState)
                of object;
```

Der Typ TKeyEvent weist also auf eine Methode, die Tastaturereignisse verarbeitet. Der Parameter Key steht für die Taste und Shift und kann die folgenden Wert annehmen:

ssShift	UMSCHALTTASTE (SHIFT) wird festgehalten
ssAlt	linke ALT-Taste wird festgehalten
[ssAlt, ssCtrl]	ALTGR-Taste wird festgehalten
ssCtrl	Taste STRG wird festgehalten
ssLeft	Linke Maustaste wird festgehalten
ssMiddle	Mittlere Maustaste wird festgehalten
ssDouble	Rechte und linke Maustaste werden gleichzeitig festgehalten

property OnMouseDown: TMouseEvent;
Ereignis OnMouseDown tritt ein, wenn der Anwender eine Maustaste zu dem Zeitpunkt drückt, an dem sich der Mauszeiger über einem Dialogelement befindet.

OnMouseDown ist vom Typ

```
TMouseEvent=procedure (Sender: TObject; Button: TMouseButton; Shift: TShiftState;
                X, Y: Integer) of object;
```

Der Typ TMouseEvent weist also auf eine Methode zur Bearbeitung von Maustasten-Ereignissen hin. Der Parameter Button gibt an, welche Maustaste gedrückt wurde, während Shift Auskunft darüber gibt, welche UMSCHALT- (UMSCHALT, STRG oder ALT) bzw. Maustasten gedrückt waren, während die das Mausereignis verursachende Maustaste gedrückt oder losgelassen wurde. X und Y sind die Bildschirmkoordinaten des Mauszeigers in Pixeln. Der Parameter Button des Ereignisses OnMouseDown zeigt an, welche Maustaste gedrückt wurde. Durch Verwenden des Parameters Shift der Ereignisbehandlungs-Routine OnMouseDown können Sie auf den Status der Maus- und Umschalttasten reagieren. Umschalttasten sind die Tasten UMSCHALT, STRG und ALT.

property OnMouseMove: TMouseMoveEvent;
Das Ereignis OnMouseMove tritt ein, wenn der Anwender den Mauszeiger bewegt und dieser sich bereits über einem Dialogelement befindet.

OnMouseMove ist vom Typ

```
TMouseMoveEvent = procedure(Sender: TObject; Shift: TShiftState; X, Y: Integer)
                  of object;
```

Der Typ TMouseMoveEvent zeigt also auf eine Methode, die Mausereignisse infolge einer Mausbewegung verarbeitet. Der Parameter Button gibt an, welche Maustaste gedrückt wurde, während Shift anzeigt, welche UMSCHALT- (UMSCHALT, STRG oder ALT) bzw. Maustasten während der Mausbewegung gedrückt waren. X und Y sind die Bildschirmkoordinaten des Mauszeigers in Pixeln. Durch Verwenden des Parameters Shift können Sie auf den Status der Maus- und Umschalttasten reagieren. Umschalttasten sind die Tasten UMSCHALT, STRG und ALT.

property OnMouseUp: TMouseEvent;
Das Ereignis OnMouseUp tritt ein, wenn der Anwender die gedrückte Maustaste wieder freigibt, wenn sich der Mauszeiger über einer Komponente befindet.

Die Ereignisbehandlungs-Routine OnMouseUp kann auf Betätigungen der rechten, mittleren und linken Maustasten reagieren sowie auf Maustastenkombinationen mit Umschalttasten (Tasten UMSCHALT, STRG und ALT).

OnMouseUp ist vom Typ

```
TMouseEvent = procedure (Sender: TObject; Button: TMouseButton; Shift: TShiftState;
                         X, Y: Integer) of object;
```

Der Typ TMouseEvent zeigt also auf eine Methode zur Bearbeitung von Maustasten-Ereignissen. Der Parameter Button gibt an, welche Maustaste gedrückt wurde, während Shift Auskunft darüber gibt, welche UMSCHALT- (UMSCHALT, STRG oder ALT) bzw. Maustasten gedrückt waren, während die das Mausereignis verursachende Maustaste gedrückt oder losgelassen wurde. X und Y sind die Bildschirmkoordinaten des Mauszeigers in Pixeln.

Methoden:

procedure BeginDrag(Immediate: Boolean);
Die Methode BeginDrag leitet den Ziehvorgang einer Komponente ein. Wenn der Parameter Immediate auf True gesetzt ist, wird der Mauszeiger auf den Wert der Eigenschaft DragCursor gesetzt und der Ziehvorgang beginnt. Ist Immediate False, wird der Mauszeiger nicht auf den Wert der Eigenschaft DragCursor gesetzt, und der Ziehvorgang wird erst eingeleitet, wenn der Anwender den Mauszeiger um mindestens 5 Pixel bewegt. Auf diese Weise kann die Komponente Mausklicks akzeptieren, ohne einen Ziehvorgang einzuleiten.

Ihre Anwendung muß die Methode BeginDrag zum Einleiten eines Ziehvorgangs nur aufrufen, wenn DragMode auf dmManual gesetzt ist.

procedure BringToFront;
Die Methode BringToFront setzt eine Komponente innerhalb einer übergeordneten Komponente vor alle anderen Komponenten. BringToFront hilft insbesondere sicherzustellen, daß ein Formular sichtbar ist. Verwenden Sie diese Methode, wenn Sie

die Reihenfolge überlappender Komponenten in einem Formular neu festlegen wollen.

Die Reihenfolge, in der Komponenten übereinander gelagert werden (Z-Reihenfolge), hängt davon ab, ob es sich um fensterähnliche oder um nicht-fensterähnliche Komponente handelt. Die Reihenfolge arbeitet nach dem Prinzip, daß die zuletzt eingefügte Komponente die oberste und damit sichtbare Komponente ist.

Mit der Methode BringToFront einer Komponente würde diese Komponente ganz nach oben auf den Stapel kommen und somit sichtbar sein.

Bei der Stapelung ist zu beachten, daß fensterähnliche Komponenten immer auf nicht-fensterähnlichen Komponenten gestapelt werden. Ein Aufruf von BringToFront einer nicht-fensterähnlichen Komponente bewirkt also gar nichts, wenn oben auf dem Stapel eine fensterähnliche Komponente liegt.

Die folgenden Komponenten zählen zu den fensterähnlichen Komponenten:

BitBtn	DBNavigator	MediaPlayer
Button	DBRadioGroup	Memo
CheckBox	DirectoryListBox	Notebook
ComboBox	DrawGrid	OLEContainer
DBCheckBox	DriveComboBox	Outline
DBComboBox	Edit	Panel
DBEdit	FileListBox	RadioButton
DBGrid	FilterComboBox	RadioGroup
DBImage	Form	ScrollBar
DBListBox	GroupBox	ScrollBox
DBLookupCombo	Header	StringGrid
DBLookupList	ListBox	TabbedNotebook
DBMemo	MaskEdit	TabSet

Die nun folgenden Komponenten zählen zu den nicht-fensterähnlichen Komponenten:

Bevel	Label	SpeedButton
DBText	PaintBox	Image
Shape		

function CanFocus: Boolean;
CanFocus stellt fest, ob eine Komponente den Eingabefokus erhalten kann. CanFocus gibt True zurück, wenn die Eigenschaften Visible und Enabled sowohl der Komponente als auch der übergeordneten Komponenten auf True gesetzt sind. Sind nicht alle Eigenschaften Visible und Enabled dieser Komponenten auf True gesetzt, liefert CanFocus False zurück.

function ClientToScreen(Point: TPoint): TPoint;
Die Methode ClientToScreen übersetzt den angegebenen Punkt aus Client-Bereichskoordinaten in globale Bildschirmkoordinaten. In Client-Bereichskoordinaten entspricht der Punkt (0, 0) der oberen linken Ecke des Client-Bereichs der

Komponente. In Bildschirmkoordinaten entspricht (0, 0) der oberen linken Ecke des Bildschirms. Mit den Methoden ClientToScreen und ScreenToClient rechnen Sie Positionen aus dem Koordinatensystem einer Komponente A in das Koordinatensystem einer Komponente B um. Beispiel: Umrechnung der Koordinaten einer Komponente A in die Koordinaten einer Komponente B (TPoint ist ein Record mit den Feldern X und Y):

```
TPoint =  record
          X  : integer;
          Y  : integer;
END;
VAR
   Koord: TPoint;
Koord:= B.ScreenToClient(A.ClientToScreen(Koord));
```

constructor Create;
Create weist Speicher zu, um das Objekt und damit die Komponente zu erzeugen und nach Bedarf seine Daten zu initialisieren. Jedes Objekt kann eine Methode Create besitzen, die individuell so angepaßt ist, daß sie diese bestimmte Art von Objekt erzeugt. Im Normalfall benötigen Sie diese Methoden nicht, da Borland Delphi alles unternimmt, um Ihre Anwendung und die darin enthaltenen Komponenten zu erzeugen. Sollten Sie allerdings ein Ereignis oder die Initialisierung eines Wertes einer selbst geschaffenen Komponente zur Zeit der Erzeugung einstellen wollen, können Sie dies in der Methode Create erledigen. Dazu benötigen Sie aber genaue Kenntnisse und Techniken der OOP. Ansonsten sollten Sie Create unverändert lassen und nicht aufrufen.

function Dragging: Boolean;
Die Methode Dragging gibt an, ob eine Komponente gezogen wird. Wenn Dragging True zurückgibt, wird die Komponente gezogen.

procedure EndDrag(Drop: Boolean);
Die Methode EndDrag verhindert, daß eine Komponente weiter gezogen wird. Wenn der Parameter Drop True ist, wird die gezogene Komponente abgelegt. Ist Drop False, wird die Komponente nicht abgelegt und der Vorgang wird abgebrochen.

function FindComponent(const AName: string): TComponent;
Die Methode FindComponent gibt im Array Components die Komponente zurück, deren Name zum String im Parameter AName paßt. FindComponent beachtet dabei keine Groß-/Kleinschreibung.

Beispiel: Es existiert ein Button »Button1« in Ihrer Anwendung. Um die eigentliche Komponente TButton1 im Array Components zurückzugeben, rufen Sie FindComponents wie folgt auf:

```
FindComponents('Button1');
```

function Focused: Boolean;
Focused wird verwendet, um zu bestimmen, ob ein Fensterdialogelement den Fokus besitzt und deshalb das aktive Dialogelement in ActiveControl ist.

procedure Free;
Die Methode Free entfernt das Objekt und gibt den zugehörigen Speicher frei. Haben Sie das Objekt unter Verwendung der Methode Create erzeugt, so benutzen Sie zum Entfernen und für die Freigabe des Speichers die Methode Free. Free gelingt auch dann, wenn das Objekt selbst nicht mehr existiert (zum Beispiel durch einen vorherigen Aufruf von Free). Delphi erledigt dies für Objekte der Bibliothek visueller Komponenten automatisch.

Sie sollten also niemals eine Komponente innerhalb Ihrer Anwendung entfernen.

Falls Sie ein Formular freigeben wollen, rufen Sie die Methode Release auf, um das Formular zu löschen und dessen benutzten Speicher freizugeben.

function GetTextBuf(Buffer: PChar; BufSize: Integer): Integer;
Die Methode GetTextBuf holt den Text der Komponente und kopiert ihn in den Puffer als Null-terminierten String (Ende der Zeichenkette wird mit 0 angegeben), auf den Buffer zeigt. Die maximale Länge des Strings wird mit BufSize (siehe dazu GetTextLen) festgelegt. In BufSize wird nach der Ausführung die Anzahl der Zeichen des Strings zu finden sein. Diese Methode ist vor allem dann sehr nützlich, wenn mit String größer als 256 Zeichen gearbeitet wird. Der Typ STRING kann nicht mehr als 256 Zeichen aufnehmen. Dabei entfällt aber das erste Element in diesem Typ auf die Längenangabe des Strings, so daß nur noch maximal 255 Zeichen möglich sind. Ein PChar ist ein Zeiger auf das erste Zeichen einer Zeichenkette. Eine derart definierte Zeichenkette besitzt keine Längenangabe, sondern trägt eine 0 am Ende der Kette, daher auch der Name Null-terminierter String. Ein PChar kann die maximale Größe von 64 Kbyte erreichen. Die maximale Anzahl der Zeichen ist also auf 64 Kbyte und nicht auf 255 Zeichen beschränkt (siehe auch GetTextLen und SetTextBuf).

function GetTextLen: Integer;
Die Methode GetTextLen gibt die Länge des Textes der Komponente zurück. Dieser Wert kann für BufSize in GetTextBuf verwenden werden (siehe auch GetTextBuf und SetTextBuf).

procedure Hide;
Die Methode Hide versteckt eine Komponente, sie ist also nicht mehr auf dem Bildschirm sichtbar. Dabei wird die Eigenschaft Visible auf False gesetzt. Dabei ist eine Komponente aber weiterhin aktiv, das heißt, kann bearbeitet werden.

procedure Invalidate;
Die Methode Invalidate erzwingt das Neuzeichnen einer Komponente sobald dies möglich ist.

procedure InsertComponent(AComponent: TComponent);
InsertComponent macht die Komponente zum Besitzer der im Parameter AComponent übergebenen Komponente. Die Komponente wird am Ende der Array-Eigenschaft Components hinzugefügt. Die eingefügte Komponente darf keinen Na-

men haben (keinen für die Eigenschaft Name spezifizierten Wert) oder der Name muß sich eindeutig von allen anderen in der Components-Liste unterscheiden. Wird die Besitzerkomponente entfernt, so wird auch AComponent gelöscht.

procedure Refresh;
Die Methode Refresh reagiert je nach Art der Komponente, ob Daten oder die Komponenten selbst neu gezeichnet werden. Die Methode Refresh kann also jedes Bild auf dem Bildschirm löschen und alle Dialogelemente neu zeichnen beziehungsweise Datensätze einer Datei erneut einlesen.

Innerhalb der Implementation von Refresh beim Neuzeichnen von Komponenten wird die Methode Invalidate und dann die Methode Update aufgerufen.

Beim Refresh von Daten ist zu beachten: Durch Refresh können sich die angezeigten Daten unerwartet verändern und so den Anwender verwirren. Ein Dialog oder eine andere Mitteilung, der dem Anwender den Refresh der Daten mitteilt, wäre somit wohl angebracht und von äußerster Nützlichkeit.

procedure RemoveComponent(AComponent: TComponent);
RemoveComponent entfernt die Komponente, die im Parameter AComponent festgelegt ist, aus der Komponentenliste Components. Die Position in der Liste wird zu Nil.

procedure Repaint;
Die Methode Repaint fordert das Dialogelement auf, sein Bild auf dem Bildschirm neu zu zeichnen, ohne jedoch die darunterliegende Fläche zu löschen. Um vor dem Neuzeichnen zu löschen, müssen Sie anstelle von Repaint die Methode Refresh aufrufen.

procedure ScaleBy(M, D: Integer);
Die Methode ScaleBy skaliert eine Komponente um einen Prozentsatz ihrer ursprünglichen Größe. Der Parameter M ist der Multiplikator und der Parameter D der Divisor. Wenn Sie beispielsweise die Größe des Dialogelements auf 66% seines ursprünglichen Formats ändern möchten, geben Sie in M den Wert 66 und in D den Wert 100 an (66/100). Bei der Vergrößerung gehen Sie einfach den umgekehrten Weg: Vergrößerung um 66% bedeutet nichts anderes als M=166 und D=100.

function ScreenToClient(Point: TPoint): TPoint;
Die Methode ScreenToClient wird verwendet, um den Koordinatenpunkt in Pixeln der Komponente auf dem Bildschirm zu bestimmen. ScreenToClient gibt die X- und Y-Koordinaten in einem Record des Typs TPoint zurück.

procedure ScrollBy(DeltaX, DeltaY: Integer);
ScrollBy scrollt den Inhalt einer Komponente. Statt mit der Methode ScrollBy sollten Sie in Normalfall lieber mit den eingebauten Bildlauf-Leisten arbeiten, es sei denn, diese Leisten wären für Ihre Programm-Idee aus irgendeinem Grund nicht brauchbar.

DeltaX enthält die Veränderung in Pixeln in Richtung der X-Achse. Ein positiver Wert von DeltaX verschiebt den Inhalt nach rechts, ein negativer Wert verschiebt den Inhalt nach links. DeltaY bezeichnet die Veränderungen in Pixeln in Richtung

der Y-Achse. Ein positiver Wert von DeltaY verschiebt den Inhalt nach unten, ein negativer Wert verschiebt den Inhalt nach oben.

procedure SendToBack;
Die Methode SendToBack setzt eine Komponente innerhalb einer übergeordneten Komponente hinter alle anderen Komponenten. Die Reihenfolge, in der Komponenten übereinander gelagert werden (Z-Reihenfolge), hängt davon ab, ob es sich um fensterähnliche oder um nicht-fensterähnliche Komponente handelt. Die Reihenfolge arbeitet nach dem Prinzip, daß die zuletzt eingefügte Komponente die oberste und damit sichtbare Komponente ist.

Mit der Methode SendToBack einer Komponente würde diese Komponente ganz nach unten auf den Stapel kommen und somit nicht sichtbar sein.

Bei der Stapelung ist zu beachten, daß fensterähnliche Komponenten immer auf nicht-fensterähnlichen Komponenten gestapelt werden. Ein Aufruf von SendToBack einer fensterähnlichen Komponenten bewirkt also gar nichts, wenn unter dem Stapel eine nicht-fensterähnliche Komponente liegt (siehe auch BringToFront).

Die folgenden Komponenten zählen zu den fensterähnlichen Komponenten:

BitBtn	DBNavigator	MediaPlayer
Button	DBRadioGroup	Memo
CheckBox	DirectoryListBox	Notebook
ComboBox	DrawGrid	OLEContainer
DBCheckBox	DriveComboBox	Outline
DBComboBox	Edit	Panel
DBEdit	FileListBox	RadioButton
DBGrid	FilterComboBox	RadioGroup
DBImage	Form	ScrollBar
DBListBox	GroupBox	ScrollBox
DBLookupCombo	Header	StringGrid
DBLookupList	ListBox	TabbedNotebook
DBMemo	MaskEdit	TabSet

Die nun folgenden Komponenten zählen zu den nicht-fensterähnlichen Komponenten:

Bevel	Label	SpeedButton
DBText	PaintBox	Image
Shape		

procedure SetBounds(ALeft, ATop, AWidth, AHeight: Integer);
Die Methode SetBounds setzt die Begrenzungseigenschaften der Komponente Left, Top, Width und Height auf die Werte, die in den entsprechenden Werten ALeft, ATop, AWidth und AHeight übergeben werden. SetBounds erlaubt Ihnen, mehr als eine Begrenzungseigenschaft der Komponente zur gleichen Zeit einzustellen. Obwohl Sie immer einzelne Begrenzungen einstellen können, erlaubt Ihnen die Verwendung von SetBounds, mehrere Änderungen auf einmal durchzuführen, ohne daß jedesmal das Dialogfenster neu gezeichnet werden muß.

Kapitel 4

procedure SetFocus;
SetFocus übergibt den Fokus an die Komponente. Bei Formularen ruft das jeweilige Formular die Methode SetFocus des standardmäßig aktiven Dialogelements auf.

procedure SetTextBuf(Buffer: PChar);
Die Methode SetTextBuf ersetzt den Text in einer Komponente durch den Text in Buffer. Buffer muß auf einen mit Null abgeschlossenen String zeigen (siehe auch GetTextBuf und GetTextLen).

procedure Show;
Die Methode Show bringt eine Komponente sichtbar auf den Bildschirm, indem die Eigenschaft Visible auf True eingestellt wird. Falls die Methode Show eines Formulars aufgerufen wird und das Formular ist undurchsichtig, versucht Show das Formular sichtbar zu machen, indem sie das Formular mit der Methode BringToFront in den Vordergrund bringt. Ein Formular verfügt zusätzlich über die Methode ShowModal, um einen modalen Dialog erzeugen zu können. Ein modaler Dialog muß bearbeitet und geschlossen werden. Ein SendToBack hätte also keinen Erfolg.

procedure Update;
In der Methode Update wird die API-Funktion UpdateWindow von Windows aufgerufen, die alle beim Zeichnen entstandenen und noch nicht erledigten Meldungen bearbeitet.

UpdateWindows ist definiert als

```
procedure UpdateWindow(Wnd: HWnd);
```

Die Routine UpdateWindow aktualisiert den Client-Bereich des angegebenen Fensters, indem sie eine WM_PAINT-Meldung an das Fenster sendet, wenn der Aktualisierungsbereich für das Fenster nicht leer ist. Die Routine UpdateWindow sendet eine WM_PAINT-Meldung unter Umgehung der Anwendungswarteschlange direkt an die Fensterfunktion des gegebenen Fensters. Wenn der Aktualisierungsbereich leer ist, wird keine Meldung gesendet. Der Parameter Wnd bezeichnet das Fenster oder besser das Handle des Fensters, das aktualisiert werden soll.

Komponentenname: DBRadioGroup
Klassenname: TDBRadioGroup

Beschreibung:

DBRadioGroup ist eine exakte Kopie der Komponente RadioGroup für Datenbank-Angelegenheiten. Nur ein Button kann zur gleichen Zeit selektiert sein. So können Sie zum Beispiel festlegen, daß – wenn ein Feld nur die Werte GROSS, MITTEL und KLEIN annehmen kann – der entsprechnde RadioButton selektiert wird. Dies gilt sowohl für das Anzeigen als auch für das Editieren der Daten durch einen Anwender. Die Datenbank-Schaltergruppe kann den Datenwert in einem Feld darstellen, wenn das Feld auf nur einige mögliche Werte limitiert ist. Wenn z.B. nur die Werte

Rot, Grün und Blau im Feld gültig sind, kann die Gruppe rote, grüne und blaue Schaltfelder haben. Dazu mehr unter der Eigenschaft Values.

Eigenschaften:

property Align: TAlign;
Die Eigenschaft Align legt fest, wie Dialogelemente zum Beispiel im Formular ausgerichtet werden. Mögliche Werte:

alNone	Die Komponente bleibt an der Einfügeposition im Formular (Standardeinstellung).
alTop	Die Komponente wird an die Oberkante des Formulars verschoben und an seine Breite angepaßt. Die Höhe der Komponente bleibt unverändert.
alBottom	Die Komponente wird an die Unterkante des Formulars verschoben und an seine Breite angepaßt. Die Höhe der Komponente bleibt unverändert.
alLeft	Die Komponente wird an die linke Kante des Formulars verschoben und an seine Höhe angepaßt. Die Breite der Komponente bleibt unverändert.
alRight	Die Komponente wird an die rechte Kante des Formulars verschoben und an seine Höhe angepaßt. Die Breite der Komponente bleibt unverändert.
alClient	Die Größe der Komponente wird an den Client-Bereich eines Formulars angepaßt. Ist ein Teil des Client-Bereichs bereits von einer anderen Komponente besetzt, füllt die Komponente den verbleibenden Teil des Client-Bereichs aus.

Wird zum Beispiel ein Formular, das Besitzer eines Labels ist, in der Größe verändert, werden die Komponenten innerhalb des Formulars neu ausgerichtet. Die Verwendung der Eigenschaft Align ist dann sinnvoll, wenn ein Dialogelement an einer Position des Formulars stehenbleiben soll, auch wenn sich die Größe des Formulars ändert.

property BoundsRect: TRect;
Die Eigenschaft BoundsRect liefert das Begrenzungsrechteck der Komponente – ausgedrückt im Koordinatensystem des übergeordneten Dialogelements – zurück. Mit BoundsRect ersetzen und erleichtern Sie sich somit die Abfrage der einzelnen Werte für die Eigenschaften Left, Top, Width und Height.

property Caption: String;
Die Eigenschaft Caption ist der Text, der in der Komponente angezeigt wird. Zum Beispiel in der Titelleiste des Formulars.

property Columns: Longint;
Columns gibt die Anzahl der Spalten in einer Komponente an. Geben Sie die gewünschte Anzahl der Spalten einer Komponente als Wert von Columns an.

property ComponentIndex: Integer;
Die Eigenschaft ComponentIndex zeigt die Position einer Komponente in der Eigenschaftsliste Components ihres Besitzers an. Die erste Komponente in der Liste hat den ComponentIndex-Wert 0, die zweite hat den Wert 1, die dritte den Wert 2 etc. Diese Eigenschaft ist nur zur Laufzeit und dann auch nur im Read-Only-Modus benutzbar.

property Controls[Index: Integer]: TControl;
Controls ist ein Array aller untergeordneten Komponenten der Komponente. Controls ist dann von Nutzen, wenn Sie auf die untergeordneten Komponenten über die Nummer statt über den Namen zugreifen müssen.

property Ctl3D: Boolean;
Die Eigenschaft Ctl3D legt fest, ob ein Dialogelement ein dreidimensionales (3-D) oder zweidimensionales Aussehen besitzt. Wenn Ctl3D True ist, erscheint das Dialogelement dreidimensional. Die Voreinstellung von Ctl3D ist True. Wenn die Eigenschaft ParentCtl3D einer Komponente auf True gesetzt ist, verändert jede Modifikation der Eigenschaft Ctl3D des übergeordneten Dialogelements automatisch auch die Eigenschaft Ctl3D des Dialogelements.

Achtung: Damit Ctl3D überhaupt funktioniert, muß sich die dynamische Link-Bibliothek CTL3DV2.DLL im Suchpfad befinden. Idealerweise sollte sich diese Datei im System-Verzeichnis von Windows aufhalten.

property Cursor: TCursor;
Mit der Eigenschaft Cursor stellen Sie das Aussehen des Cursors ein, wenn dieser auf die Komponente zeigt.

Mögliche Werte sind:

crDefault	crArrow	crCross
crIBeam	crSize	crSizeNESW
crSizeNS	crSizeNWSE	crSizeWE
crUpArrow	crHourglass	crDrag
crNoDrop	crHSplit	crVSplit

property DataField: String;
Mit DataField geben Sie das anzuzeigende Feld an. Dieses Feld stammt aus der Quelle in der Eigenschaft DataSouce. In einer DBEdit Komponente legt dieses Feld der Datenbank auch die Gültigkeit der Eintragungen fest. Ist also ein Feld numerisch, akzeptiert die Komponente keine anderen Eingabetypen.

property DataSource: TDataSource;
Mit Hilfe der Eigenschaft DataSource verbinden Sie die Komponente mit einer Instanz der Komponente DataSource, um die Werte von Parametern mit Params oder ParamByName zu setzen. Dies ermöglicht Ihren Anwendungen verknüpfte Abfragen.

property DragCursor: TCursor;
Die Eigenschaft DragCursor bestimmt die Form des Mauszeigers, wenn sich der Zeiger über einer Komponente befindet, die ein gezogenes Objekt akzeptieren kann. Mögliche Werte sind mit denen der Eigenschaft Cursor identisch.

property DragMode: TDragMode;
Die Eigenschaft DragMode legt das Ziehen-und-Ablegen-Verhalten einer Komponente fest. Mögliche Werte sind:

dmAutomatic	Wenn dmAutomatic ausgewählt ist, ist das Dialogelement bereit, gezogen zu werden; der Anwender klickt nur und zieht es dann.
dmManual	Wenn dmManual ausgewählt ist, kann das Dialogelement nicht gezogen werden, bevor die Anwendung die Methode BeginDrag aufgerufen hat.

Ist die Eigenschaft DragMode einer Komponente dmAutomatic, kann die Anwendung dies zur Laufzeit durch Einstellung des Wertes dmManual deaktivieren.

property Enabled: Boolean;
Die Eigenschaft Enabled bestimmt, ob die Komponente auf Maus-, Tastatur- und Timer-Ereignisse reagiert. Wenn Enabled auf True gesetzt ist, reagiert die Komponente normal. Ist Enabled hingegen False, ignoriert das Dialogelement Maus- und Tastaturereignisse. Bei einer Timer-Komponente werden die für das OnTimer-Ereignis deaktivierten Komponenten-Dialogelemente grau dargestellt.

property Fields[Index: Integer]: TField;
Mit Fields erhalten Sie zur Laufzeit ein von Ihnen bestimmtes Feld einer Tabelle als Ergebnis zurück. Mit Hilfe des Parameters Index bestimmen Sie das Feld. Dabei beginnt der Index einer Tabelle mit dem Wert 0 für das erste Feld.

property Font: TFont;
Die Eigenschaft Font legt den Font und die Eigenschaften des Fonts der Komponente fest. Sie haben die Möglichkeit, diese Werte im Objectinspektor zu ändern oder – wesentlich komfortabler – mit Hilfe eines Doppelklicks auf diese Eigenschaft einen Dialog zu öffnen, der alle möglichen Werte anzeigt.

property Handle: ...;
Der Typ der Eigenschaft Handle ist abhängig von der jeweiligen Komponente. Im allgemeinen gilt: Sollte eine Windows-API-Funktion ein Handle der betreffenden Komponente verlangen, setzen Sie dazu die jeweilige Eigenschaft Handle der betreffenden Komponente ein. Verlangt eine Windows-API-Funktion zum Beispiel das Handle Ihrer gesamten Anwendung, benutzen Sie am besten die Eigenschaft Handle des Objekts TApplication. Hier die Übersicht der verschiedenen Typen der Eigenschaft Handle:

Handle für die Komponenten:

Bitmap	property Handle: HBitmap;
Brush	property Handle: HBrush;
Canvas	property Handle: HDC;

KAPITEL 4

Font   property Handle: HFont;
Icon   property Handle: HIcon;
Metafile   property Handle: HMetafile;
Pen   property Handle: HPen;

Handle gibt Ihnen den Zugriff auf das Handle des jeweiligen GDI-Objekts, damit Sie auf dieses zugreifen können. Benötigen Sie zum Beispiel zum Aufruf einer Windows-API-Funktion ein Handle auf ein Stiftobjekt oder ein Bitmap-Objekt, können Sie dazu das Handle der Komponente Pen beziehungsweise der Komponente Bitmap benutzen.

Handle für das Objekt TApplication und die folgenden Komponenten:

Bevel	DBText	Memo
BitBtn	DirectoryListBox	Notebook
Button	DrawGrid	OLEContainer
CheckBox	DriveComboBox	Outline
ComboBox	Edit	PaintBox
DBCheckBox	FileListBox	Panel
DBComboBox	FilterComboBox	RadioButton
DBEdit	FindDialog	RadioGroup
DBGrid	Form	ReplaceDialog
DBImage	GroupBox	ScrollBar
DBListBox	Header	ScrollBox
DBLookupCombo	Image	Shape
DBLookupList	Label	SpeedButton
DBMemo	ListBox	StringGrid
DBNavigator	MaskEdit	TabbedNotebook
DBRadioGroup	MediaPlayer	TabSet

property Handle: HWND;
Handle bietet Ihnen Zugriff auf das Handle der jeweiligen Komponente (z.B. Fenster-Handle, Dialog-Handle etc.). Dieses Handle wird von einigen Windows-API-Funktionen beim Aufruf erwartet. Sie können in diesem Fall das Handle der jeweils betroffenen Komponente oder – falls das Handle Ihrer Anwendung gefordert wird – das Handle des Objekts TApplication übergeben.

Handle für die Komponenten:

MainMenu	MenuItem	PopupMenu

property Handle: HMENU;
Sollte eine Windows-API-Funktion ein Handle eines Menüs, Menü-Eintrags oder eines lokalen Menüs verlangen, können Sie dazu die Eigenschaft Handle von MainMenu, MenuItem und PopupMenu benutzen.

Handle für die Komponente Printer:

property Handle: HDC;
Handle beinhaltet das Handle des jeweiligen Druckerobjektes TPrinter der Komponente Printer.

Handle für die Komponente DataBase:

property Handle: HDBIDB;
Um direkte Aufrufe in die Richtung der Borland Database-Engine-(BDE)-API zu tätigen, benötigen Sie ein Handle der jeweiligen Datenbank-Komponente. Dazu dient Ihnen die Eigenschaft Handle der Komponente DataBase. Sie erlaubt Ihnen Zugriffe auf Funktionen des BDE-API, die nicht in der VCL-Bibliothek integriert wurden. Bevor Sie allerdings diese Funktionen aufrufen, sollten Sie prüfen, ob diese Funktion nicht doch schon in der VCL-Bibliothek gekapselt wurde.

Handle für das Objekt TSession:

Delphi erzeugt eine Komponente Session vom Typ TSession immer dann, wenn eine Anwendung ausgeführt wird. Sessions sollten nicht von Ihnen erzeugt oder zerstört werden. Session erlaubt globale Prüfung über Datenbankverbindungen. Die Eigenschaft Databases von Session ist ein Array von allen aktiven Datenbanken in der Sitzung. Die Eigenschaft DatabaseCount vom Typ Integer gibt die Anzahl der aktiven Datenbanken in der Sitzung an.

property Handle: HDBISES;
Mit dieser Eigenschaft Handle können Sie direkte Aufrufe an die Borland-Datenbank-Engine – bezogen auf eine bestimmte Sitzung (Session/TSession) – machen. Die Komponente Session werden Sie kaum benutzen. Die wichtigsten Funktionen des BDE-API sind in der VCL-Bibliothek gekapselt und ersparen Ihnen diesen Weg.

Handle für die Komponenten Table, Query und StoredProc:

property Handle: HDBICur;
Ebenfalls für direkte Zugriffe auf Funktionen des BDE-API und unter normalen Umständen nicht zu benutzen, da die wichtigsten BDP-API-Funktionen via VCL-Bibliothek einen einfacheren Zugriff ermöglichen.

property Height: Integer;
Die Eigenschaft Height eines Dialogelements legt die Höhe der Komponente in Pixeln fest.

property HelpContext: THelpContext;
Die Eigenschaft HelpContext stellt eine Kontextnummer für den Aufruf kontextbezogener Online-Hilfe bereit. Jeder Hilfebildschirm des Hilfesystems sollte eine eindeutige Kontextnummer besitzen. Ist in der Anwendung eine Komponente selektiert, so wird nach Betätigen von F1 ein Hilfebildschirm angezeigt. Welcher Hilfebildschirm angezeigt wird, hängt vom Wert der Eigenschaft HelpContext ab.

property HideSelection: Boolean;
Die Eigenschaft HideSelection bestimmt, ob ein selektierter Text oder ein Text in einem Editier- oder Memofeld selektiert bleibt, wenn der Fokus zu einem anderen

Dialogelement wechselt. Ist HideSelection auf True gesetzt, bleibt der Text nur solange selektiert, wie der Fokus beim Dialogelement bleibt.

property Hint: string;
Die Eigenschaft Hint ist der Text-String, der erscheinen kann, wenn ein OnHint-Ereignis eintritt, also wenn der Benutzer den Cursor über die Komponente bewegt. Wie der String angezeigt wird, bestimmt der Code in der Ereignisbehandlungs-Routine OnHint. Sie können eine Schnellhilfe, d.h. ein Fenster, das einen Hilfetext enthält, für eine Komponente erscheinen lassen, wenn der Anwender den Mauszeiger über das Dialogelement führt und dort kurz verweilt. Dies funktioniert wie folgt:

1. Spezifizieren Sie für jede Komponente, die einen Schnellhinweis anzeigen soll, einen Hint-Wert.
2. Setzen Sie die Eigenschaft ShowHints des Bedienfelds auf True.
3. Setzen Sie die Eigenschaft ShowHint der Anwendung zur Laufzeit auf True.

Sie können Hint gleichzeitig sowohl für ein Hilfehinweisfenster als auch für die Verwendung innerhalb der Behandlungsroutine OnHint spezifizieren, indem Sie zwei durch das Zeichen | (das »oder« oder Pipe-Symbol) getrennte Werte angeben, also beispielsweise:

```
Edit1.Hint := 'Aufforderung|Geben Sie den richtigen Wert ein';
```

Der String »Aufforderung« erscheint im Hilfehinweisfenster und der String »Geben Sie den richtigen Wert ein« erscheint wie in der Ereignisbehandlungs-Routine OnHint spezifiziert.

property ItemIndex: Integer;
Der Wert ItemIndex ist die Ordinalzahl des selektierten Elements der Komponente.

Der Wert -1 bedeutet, daß kein Element selektiert wurde. Zur Laufzeit selektieren Sie im Programm ein Element, indem Sie den Index des Elements in diese Eigenschaft einsetzen. Dabei beginnt die Zählung der Elemente bei 0. 0 ist also das erste Element.

Besitzt die Komponente die Eigenschaft MultiSelect, und ist diese auf True gesetzt, finden Sie bei mehreren ausgewählten Elementen in ItemIndex den Wert für das fokusierte (das zuletzt ausgewählte) Element.

property Items: TStrings;
Items beinhaltet Strings, die als Elemente in Listboxen erscheinen. Der Typ TStrings von Items liefert ihnen eine Reihe von Methoden zum bearbeiten und einfügen der Strings, aber dazu mehr am Schluß der Definition von Items. TStrings hat zwar keine Möglichkeit, Strings zu speichern, kann aber die Speichermöglichkeiten der Komponente nutzen.

Mit Methoden wie Add, Delete, Insert, Move und Exchange eines String-Objekts kann man Strings hinzufügen, löschen, einfügen, bewegen und austauschen.

property Left: Integer;
Die Eigenschaft Left bestimmt die horizontalen Koordinaten in Pixeln der linken Kante einer Komponente relativ zum Formular. Für Formulare ist der Wert der Eigenschaft Left relativ zum Bildschirm (ebenfalls in Pixeln).

property Name: TComponentName;
Die Eigenschaft Name enthält den Namen der Komponente, wie er von anderen Komponenten für den Zugriff verwendet wird. Delphi weist als Vorgabewerte sequentielle Namen zu, die auf dem Typ der Komponente basieren, also etwa für Buttons »Button1«, »Button2« etc. Diese können Sie gemäß Ihrer Vorstellungen abändern. Komponentennamen sollten ausdrücklich nur zur Entwurfszeit geändert werden.

property Owner: TComponent;
Die Eigenschaft Owner teilt Ihnen mit, welche Komponente zu welcher Komponente gehört. Dem Formular gehören alle Komponenten, die auf ihm vorhanden sind. Umgekehrt gehört das Formular zur Anwendung. Gehört eine Komponente A einer anderen Komponente B, wird der Speicher der Komponente A freigegeben, wenn der Speicher der Komponente B freigegeben wird. Es werden also folgerichtig alle Komponenten des Formulars gelöscht, wenn das Formular gelöscht wird. Außerdem wird natürlich der Speicher für das Formular und dessen Komponenten freigegeben, wenn der Speicher der Anwendung selbst freigegeben wird.

property Parent: TWinControl;
Die Eigenschaft Parent enthält den Namen der übergeordneten Komponente. Wenn eine Komponente A eine andere Komponente B enthält, sind die in B enthaltenen Komponenten untergeordnete Komponenten von A. Wenn Ihre Anwendung beispielsweise drei Buttons in einer GroupBox enthält, dann ist die GroupBox das übergeordnete Element der drei Buttons und die Button-Schaltfelder sind der GroupBox untergeordnet. Parent und Owner sind leider etwas verwirrend. Daher hier eine kleine Entwirrung:

Ein Formular ist der Besitzer aller darin enthaltenen Komponenten, unabhängig davon, ob sie ein Fensterelement sind oder nicht. Für unser Beispiel mit den drei Buttons und der GroupBox bedeutet dies: Der Besitzer der Buttons ist immer das Formular, aber die GroupBox ist das übergeordnete Element.

Wenn Sie einen neuen Dialog erzeugen, müssen Sie dem neuen Dialogelement einen Wert der Eigenschaft Parent zuweisen. Üblicherweise sind dies Formulare, Bedienfelder, GroupBoxen oder andere Dialoge, die andere Komponenten-Elemente enthalten können. Es ist möglich, jedes Element als das übergeordnete zuzuweisen, aber das darin enthaltene Dialogelement wird wahrscheinlich überschrieben.

Wird das übergeordnete Element gelöscht, werden auch alle Elemente, die ihm untergeordnet sind, gelöscht.

property ParentColor: Boolean;
Die Eigenschaft ParentColor bestimmt, wo eine Komponente nach ihrer Farbeigenschaft suchen soll. Falls ParentColor True ist, verwendet die Komponente die Farbeigenschaft der übergeordneten Komponente.

Wenn ParentColor False ist, verwendet die Komponente ihre eigene Eigenschaft Color. Durch Verwendung von ParentColor können Sie sicherstellen, daß alle Komponenten auf einem Formular das gleiche Erscheinungsbild haben.

property ParentCtl3D: Boolean;
Die Eigenschaft ParentCtl3D bestimmt, wo eine Komponente nach ihrer Eigenschaft Ctl3D suchen muß. IstParentCtl3D auf True gesetzt, verwendet die Komponente die Dimensionen der Eigenschaft Ctl3D von ihrer übergeordneten Komponente. Wenn ParentCtl3D False ist, verwendet die Komponente ihre eigene Eigenschaft Ctl3D. Durch Verwendung von ParentCtl3D stellen Sie sicher, daß alle Komponenten auf einem Formular das gleiche Erscheinungsbild haben. Wenn Sie beispielsweise möchten, daß alle Komponenten auf einem Formular ein dreidimensionales Erscheinungsbild haben, setzen Sie die Eigenschaft Ctl3D des Formulars auf True und die Eigenschaft ParentCtl3D jeder Komponente auf True.

property ParentFont: Boolean;
Die Eigenschaft ParentFont bestimmt, wo eine Komponente nach ihrer Fonteigenschaft suchen soll. Falls ParentFont True ist, verwendet die Komponente den Font der Eigenschaft der übergeordneten Komponente.

Ist ParentFont False, verwendet die Komponente ihre eigene Eigenschaft Font. Durch Verwendung von ParentFont können Sie sicherstellen, daß alle Komponenten auf einem Formular das gleiche Erscheinungsbild haben.

property ParentShowHint: Boolean;
Die Eigenschaft ParentShowHint bestimmt, wo eine Komponente nach ihrer Hinteigenschaft suchen soll. Falls ParentShowHint True ist, verwendet die Komponente die Hint-Eigenschaft der übergeordneten Komponente.

Ist ParentShowHint False, verwendet die Komponente ihre eigene Eigenschaft Hint. Durch Verwendung von ParentShowHint können Sie sicherstellen, daß alle Komponenten auf einem Formular das gleiche Erscheinungsbild haben.

property PopupMenu: TPopupMenu;
Die Eigenschaft PopupMenu legt den Namen des Popup-Menüs fest, das erscheint, wenn der Anwender die Komponente auswählt oder die rechte Maustaste drückt (bei dem Wert True für AutoPopup des Popup) oder wenn die Methode Popup des Popup-Menüs ausgeführt wird.

property ReadOnly: Boolean;
Die Eigenschaft ReadOnly hängt davon ab, um welche Art von Komponente es sich bei der Komponente mit dieser Eigenschaft handelt.

<u>ReadOnly für datensensitive Komponenten und Eigabefelder:</u>

ReadOnly bestimmt, ob der Anwender den Inhalt einer Komponente ändern darf. Falls ReadOnly True ist, kann der Anwender den Inhalt nicht ändern. Wenn ReadOnly False ist, kann der Anwender den Inhalt abändern. Die Eigenschaft ReadOnly bestimmt bei datensensitiven Komponenten, ob der Anwender die Komponente verwenden kann, um ein Feld in einem Datensatz zu bearbeiten oder ob er die Komponente nur zur Anzeige von Daten verwenden kann. Falls ReadOnly False ist, kann der Anwender den Wert des Feldes ändern, solange der Datensatz zum Bearbeiten freigegeben ist. Ist die Eigenschaft ReadOnly eines Datengitters True, kann der Anwender keine neue Zeile einfügen.

Zu dieser Gruppe von Komponenten zählen:

DBCheckBox	DBListBox	DBRadioGroup
DBComboBox	DBLookupCombo	Edit
DBEdit	DBLookupList	MaskEdit
DBGrid	DBMemo	Memo
DBImage		

ReadOnly für Tabellen:

Benutzen Sie ReadOnly um zu verhindern, daß Benutzer Daten in der Tabelle ändern können. Achtung: Denken Sie daran, die Eigenschaft Active auf False zu setzen, bevor Sie ReadOnly ändern.

Zu dieser Gruppe von Komponenten zählen:

TTable

ReadOnly für Feldkomponenten:

ReadOnly kann die Modifikation eines Feldes sperren. Hat diese Eigenschaft den Wert False, kann ein Feld verändert werden. Um die Änderung eines Feldes zu verhindern, setzen Sie ReadOnly auf True. In TDBGrid werden bei Tabulatorsprüngen die Felder mit der Eigenschaft ReadOnly übersprungen.

Zu dieser Gruppe von Komponenten gehören:

BCDField	DateTimeField	SmallintField
BlobField	FloatField	StringField
BooleanField	GraphicField	TimeField
BytesField	IntegerField	VarBytesField
CurrencyField	MemoField	WordField
DateField		

property ShowHint: Boolean;

Die Eigenschaft ShowHint bestimmt, ob das Dialogelement eine Schnellhilfe anzeigen soll, wenn der Mauszeiger eine Weile auf ihm verweilt. Die Schnellhilfe entspricht dem Wert der Eigenschaft Hint, die in einem Feld direkt unterhalb des Elements angezeigt wird. Hat die Eigenschaft ShowHint den Wert True, kann die Schnellhilfe erscheinen.

Ist ShowHint False, kann die Schnellhilfe auch angezeigt werden, wenn ParentShowHint auf True gesetzt wurde, und die Eigenschaft ShowHint der übergeordneten Komponente ebenfalls auf True gesetzt wurde.

property Showing: Boolean;

Die Eigenschaft Showing legt fest, ob eine Komponente momentan auf dem Bildschirm angezeigt wird oder nicht. Falls die Eigenschaft Visible einer Komponente und aller übergeordneten Komponenten in der übergeordneten Hierarchie True ist, ist Showing auch True. Wenn einer der Vorfahren der Komponente den Wert False als Wert für die Eigenschaft Visible hat, ist auch Showing False.

property TabOrder: TTabOrder;
Die Eigenschaft TabOrder bestimmt die Position einer Komponente in der Tabulatorreihenfolge, in der Komponenten den Fokus erhalten, wenn der Anwender die Taste TAB drückt. Anfänglich ist die Tabulatorreihenfolge immer die Reihenfolge, in der die Komponenten in das Formular hinzugefügt wurden. Der Wert der Eigenschaft TabOrder ist für jede Komponente auf dem Formular einmalig. Die erste dem Formular hinzugefügte Komponente hat den TabOrder-Wert 0, die zweite hat 1, die dritte 2 usw.

Falls Sie dem Wert der Eigenschaft TabOrder einer Komponente den Wert einer anderen Komponente zuweisen, numeriert Delphi automatisch die Werte für alle anderen Komponenten neu. Angenommen, eine Komponente ist beispielsweise die sechste Komponente in der Tabulatorreihenfolge. Wenn Sie den Wert der Eigenschaft TabOrder der Komponente auf 3 ändern (dies macht die Komponente zu der vierten in der Tabulatorreihenfolge), wird die Komponente, die die vierte war, nun zur fünften und die Komponente, die die fünfte war, wird jetzt die sechste.

property TabStop: Boolean;
Die Eigenschaft TabStop bestimmt, ob der Anwender diese Komponente mit der Taste TAB anspringen kann. Falls TabStop True ist, befindet sich die Komponente in der Tabulatorreihenfolge. Wenn TabStop False ist, ist das Dialogelement nicht in der Tabulatorreihenfolge.

property Tag: Longint;
Die Eigenschaft Tag kann einen Integerwert als Element einer Komponente speichern. Tag wird von Delphi nicht benutzt und steht Ihnen damit zur freien Verfügung.

property Top: Integer;
Die Eigenschaft Top gibt die Y-Koordinate in Pixeln der linken oberen Ecke eines Dialogelements relativ zum Formular an. Bei Formularen wird der Wert der Eigenschaft Top in Pixeln relativ zum Bildschirm angegeben.

property Values: TSrings;
Mit Values können Sie festlegen, welcher der Buttons bei welchen Daten selektiert sein soll. Dies bringt vor allem eine Unabhängigkeit zwischen dem Inhalt der Daten in der Datenbank und der Beschriftung der Radiobuttons.

So können drei Radiobuttons die Beschriftung Groß, Mittel und Klein tragen, die Werte der Felder in der Datenbank sind aber mit 1, 2 und 3 klassifiziert. Soll der erste Button bei 1, der zweite beim Wert 2 und der dritte Radiobutton bei 3 selektiert sein, tragen Sie folgendes in die Eigenschaft ein:

```
1
2
3
```

So simpel wie es aussieht, ist es zur Entwicklungszeit auch. Zur Laufzeit können Sie die Eigenschaft ebenfalls recht einfach ändern. Dazu benötigen Sie nur ein wenig Information über den Typ TString. Hier die Lösung:

```
var
    Liste: TString;
begin
    Liste:=TString.Create;
    Liste.strings[0]:='1';
    Liste.strings[1]:='2';
    Liste.strings[2]:='3';
end;
```

property Visible: Boolean;
Die Eigenschaft Visible bestimmt, ob eine Komponente auf dem Bildschirm sichtbar ist (True) oder nicht (False).

property Width: integer;
Die Eigenschaft Width bestimmt die Breite einer Komponente, gemessen in Pixeln.

Ereignisse:

property OnChange: TNotifyEvent;
Das Ereignis OnChange erscheint, wenn der Inhalt einer Komponente oder eines Objekts sich ändert. Bei grafischen Objekten tritt OnChange ein, wenn sich die Grafik, die vom Objekt gekapselt wird, ändert. Zum Beispiel tritt das Ereignis OnChange für einen Stift ein, wenn die Eigenschaften Color, Mode, Style oder Width des TPen-Objekts geändert werden. Bei Komponenten tritt OnChange ein, wenn der Hauptwert oder die Hauptwerte der Komponente geändert werden.

Bei Kombinationsfenstern tritt das Ereignis OnChange auch ein, wenn ein Element in der aufklappbaren Liste gewählt wird. Bei String-Listen-Objekten tritt das Ereignis OnChange ein, wenn sich eine Änderung für einen String ergibt, der in der String-Liste gespeichert ist.

OnChange ist vom Typ

```
TNotifyEvent = procedure (Sender: TObject) of object;
```

Der Typ TNotifyEvent weist also auf eine Methode, die das Anklicken eines Objekts behandelt. Der Parameter Sender ist das Dialogelement, das angeklickt wurde.

property OnClick: TNotifyEvent;
Das Ereignis OnClick erscheint, wenn der Benutzer auf die Komponente klickt. In einem Formular tritt OnClick ein, wenn der Benutzer auf eine freie Stelle im Formular oder eine inaktive Komponente klickt.

OnClick ist vom Typ

```
TNotifyEvent = procedure (Sender: TObject) of object;
```

Der Typ TNotifyEvent weist also auf eine Methode, die das Anklicken eines Objekts behandelt. Der Parameter Sender ist das Dialogelement, das angeklickt wurde.

property OnDragDrop: TDragDropEvent;
Das Ereignis OnDragDrop tritt ein, wenn der Anwender ein gezogenes Objekt ablegt. Verwenden Sie die Ereignisbehandlungs-Routine OnDragDrop, um festzulegen, was passieren soll, wenn der Anwender ein Objekt ablegt.

OnDragClick ist vom Typ

```
TDragDropEvent = procedure(Sender, Source: TObject; X, Y: Integer) of object;
```

Der Typ TDragDropEvent zeigt also auf eine Methode, die das Ablegen eines gezogenen Objekts behandelt. Der Parameter Source des Ereignisses OnDragDrop ist das abzulegende Objekt und der Parameter Sender ist das Dialogelement, auf dem das Objekt abgelegt wurde. Die Parameter X und Y sind die Koordinaten des Mauszeigers, der über dem Dialogelement positioniert wird.

property OnDragOver: TDragOverEvent;
Das Ereignis OnDragOver tritt ein, wenn der Anwender ein Objekt über eine Komponente zieht.

Üblicherweise werden Sie ein Ereignis OnDragOver verwenden, um ein Objekt zu akzeptieren, damit der Anwender es ablegen kann.

OnDragClick ist vom Typ

```
TDragOverEvent = procedure(Sender, Source: TObject; X, Y: Integer;
                           State: TDragState; var Accept: Boolean) of object;
```

Der Typ TDragOverEvent zeigt also auf eine Methode, die das Ziehen eines Objekts über ein anderes Objekt behandelt. Der Parameter Source ist das gezogene Objekt, Sender ist das Objekt, über das Source gezogen wurde, X und Y sind die Koordinaten des Mauszeigers, der über dem Dialogelement positioniert wird in Pixeln, State ist der Status des gezogenen Objekts in Verbindung zum darübergezogenen Objekt, und Accept legt fest, ob der Sender das Ziehobjekt erkennt. Accept wird nicht per Voreinstellung auf True oder False gesetzt; Sie müssen die passenden Werte selbst zuweisen.

Das Ereignis OnDragOver akzeptiert ein Objekt, wenn der Parameter Accept True ist. Durch Ändern des Wertes der Eigenschaft DragCursor können Sie das Erscheinungsbild des Cursors beeinflussen. Dies können Sie entweder während des Entwickelns oder zur Laufzeit, bevor ein Ereignis OnDragOver eintritt, durchführen.

property OnEndDrag: TEndDragEvent;
Das Ereignis OnEndDrag tritt immer dann ein, wenn das Ziehen eines Objekts abgeschlossen oder abgebrochen wird. Wenn Sie eine besondere Behandlung haben möchten, wenn das Ziehen beendet wird, verwenden Sie die Ereignisbehandlungs-Routine OnEndDrag.

OnEndDrag ist vom Typ

```
TEndDragEvent = procedure(Sender, Target: TObject; X, Y: Integer) of object;
```

Der Typ TEndDragEvent zeigt also auf eine Methode, die das Anhalten des Ziehens eines Objekts behandelt. Der Sender ist das Objekt, was gezogen wird, Target ist das

Objekt, zu dem Sender hingezogen wird, und X und Y sind die zugehörigen Bildschirmkoordinaten des Mauszeigers, der über dem Dialogelement positioniert wird. Falls das gezogene Objekt abgelegt und durch das Dialogelement akzeptiert wurde, ist der Parameter Target des Ereignisses OnEndDrag True. Wenn das Objekt nicht erfolgreich abgelegt wurde, beträgt der Wert Target Nil.

property OnEnter: TNotifyEvent;
OnEnter tritt ein, wenn eine Komponente aktiviert wird. Wenn Sie eine besondere Behandlung festlegen möchten, wenn eine Komponente aktiviert wird, verwenden Sie die Ereignisbehandlungs-Routine OnEnter.

OnEnter erscheint nie, wenn Sie zwischen Formularen oder einer anderen Windows-Anwendung und Ihrer Anwendung umschalten. OnEnter für eine Komponente des Typs TPanel oder THeader tritt nie ein, da Bedienfelder oder Header keinen Fokus erhalten können. Somit ist dort OnEnter vollkommen nutzlos. Sie haben diese Ereignisbehandlung aber geerbt.

OnEnter ist vom Typ

```
TNotifyEvent = procedure (Sender: TObject) of object;
```

Der Typ TNotifyEvent weist also auf eine Methode, die das Doppelklicken eines Objekts behandelt. Der Parameter Sender ist das Dialogelement, das mit einem Doppelklick bearbeitet wurde.

property OnExit: TNotifyEvent;
OnExit erscheint, wenn der Eingabefokus von einer Komponente an eine andere übergeben wird. OnExit tritt nicht ein, wenn Sie zwischen Formularen oder zwischen einer Windows-Anwendung und Ihrer Anwendung umschalten. OnExit tritt bei den Komponenten Panel und Speedbutton nicht ein, da diese niemals den Fokus erhalten.

OnExit ist vom Typ

```
TNotifyEvent = procedure (Sender: TObject) of object;
```

Der Typ TNotifyEvent weist also auf eine Methode, die das Doppelklicken eines Objekts behandelt. Der Parameter Sender ist das Dialogelement, das mit einem Doppelklick bearbeitet wurde.

Methoden:

procedure BeginDrag(Immediate: Boolean);
Die Methode BeginDrag leitet den Ziehvorgang einer Komponente ein. Wenn der Parameter Immediate auf True gesetzt ist, wird der Mauszeiger auf den Wert der Eigenschaft DragCursor gesetzt und der Ziehvorgang beginnt. Ist Immediate False, wird der Mauszeiger nicht auf den Wert der Eigenschaft DragCursor gesetzt, und der Ziehvorgang wird erst eingeleitet, wenn der Anwender den Mauszeiger um mindestens 5 Pixel bewegt. Auf diese Weise kann die Komponente Mausklicks akzeptieren, ohne einen Ziehvorgang einzuleiten. Ihre Anwendung muß die Methode BeginDrag zum Einleiten eines Ziehvorgangs nur aufrufen, wenn DragMode auf dmManual gesetzt ist.

procedure BringToFront;

Die Methode BringToFront setzt eine Komponente innerhalb einer übergeordneten Komponente vor alle anderen Komponenten. BringToFront hilft insbesondere sicherzustellen, daß ein Formular sichtbar ist. Verwenden Sie diese Methode, wenn Sie die Reihenfolge überlappender Komponenten in einem Formular neu festlegen wollen.

Die Reihenfolge, in der Komponenten übereinander gelagert werden (Z-Reihenfolge), hängt davon ab, ob es sich um fensterähnliche oder um nicht-fensterähnliche Komponente handelt. Die Reihenfolge arbeitet nach dem Prinzip, daß die zuletzt eingefügte Komponente die oberste und damit sichtbare Komponente ist.

Mit der Methode BringToFront einer Komponente würde diese Komponente ganz nach oben auf den Stapel kommen und somit sichtbar sein.

Bei der Stapelung ist zu beachten, daß fensterähnliche Komponenten immer auf nicht-fensterähnlichen Komponenten gestapelt werden. Ein Aufruf von BringToFront einer nicht-fensterähnlichen Komponente bewirkt also gar nichts, wenn oben auf dem Stapel eine fensterähnliche Komponente liegt.

Die folgenden Komponenten zählen zu den fensterähnlichen Komponenten:

BitBtn	DBNavigator	MediaPlayer
Button	DBRadioGroup	Memo
CheckBox	DirectoryListBox	Notebook
ComboBox	DrawGrid	OLEContainer
DBCheckBox	DriveComboBox	Outline
DBComboBox	Edit	Panel
DBEdit	FileListBox	RadioButton
DBGrid	FilterComboBox	RadioGroup
DBImage	Form	ScrollBar
DBListBox	GroupBox	ScrollBox
DBLookupCombo	Header	StringGrid
DBLookupList	ListBox	TabbedNotebook
DBMemo	MaskEdit	TabSet

Die nun folgenden Komponenten zählen zu den nicht-fensterähnlichen Komponenten:

Bevel	Label	SpeedButton
DBText	PaintBox	Image
Shape		

function CanFocus: Boolean;

CanFocus stellt fest, ob eine Komponente den Eingabefokus erhalten kann. CanFocus gibt True zurück, wenn die Eigenschaften Visible und Enabled sowohl der Komponente als auch der übergeordneten Komponenten auf True gesetzt sind. Sind nicht alle Eigenschaften Visible und Enabled dieser Komponenten auf True gesetzt, liefert CanFocus False zurück.

function ClientToScreen(Point: TPoint): TPoint;
Die Methode ClientToScreen übersetzt den angegebenen Punkt aus Client-Bereichskoordinaten in globale Bildschirmkoordinaten. In Client-Bereichskoordinaten entspricht der Punkt (0, 0) der oberen linken Ecke des Client-Bereichs der Komponente. In Bildschirmkoordinaten entspricht (0, 0) der oberen linken Ecke des Bildschirms. Mit den Methoden ClientToScreen und ScreenToClient rechnen Sie Positionen aus dem Koordinatensystem einer Komponente A in das Koordinatensystem einer Komponente B um.

Beispiel: Umrechnung der Koordinaten einer Komponente A in die Koordinaten einer Komponente B (TPoint ist ein Record mit den Feldern X und Y):

```
TPoint =   record
      X  : integer;
      Y  : integer;
   END;
VAR
   Koord: TPoint;
Koord:= B.ScreenToClient(A.ClientToScreen(Koord));
```

function ContainsControl(Control: TControl): Boolean;
ContainsControl zeigt an, ob eine angegebene Komponente innerhalb dieser Komponente existiert. True bedeutet, daß die Komponente (Control) innerhalb dieser Komponente existiert.

constructor Create;
Create weist Speicher zu, um das Objekt und damit die Komponente zu erzeugen und nach Bedarf seine Daten zu initialisieren. Jedes Objekt kann eine Methode Create besitzen, die individuell so angepaßt ist, daß sie diese bestimmte Art von Objekt erzeugt. Im Normalfall benötigen Sie diese Methoden nicht, da Borland Delphi alles unternimmt, um Ihre Anwendung und die darin enthaltenen Komponenten zu erzeugen. Sollten Sie allerdings ein Ereignis oder die Initialisierung eines Wertes einer selbst geschaffenen Komponente zur Zeit der Erzeugung einstellen wollen, können Sie dies in der Methode Create erledigen. Dazu benötigen Sie aber genaue Kenntnisse und Techniken der OOP. Ansonsten sollten Sie Create unverändert lassen und nicht aufrufen.

function Dragging: Boolean;
Die Methode Dragging gibt an, ob eine Komponente gezogen wird. Wenn Dragging True zurückgibt, wird die Komponente gezogen.

procedure EndDrag(Drop: Boolean);
Die Methode EndDrag verhindert, daß eine Komponente weiter gezogen wird. Wenn der Parameter Drop True ist, wird die gezogene Komponente abgelegt. Ist Drop False, wird die Komponente nicht abgelegt und der Vorgang wird abgebrochen.

function FindComponent(const AName: string): TComponent;
Die Methode FindComponent gibt im Array Components die Komponente zurück, deren Name zum String im Parameter AName paßt. FindComponent beachtet dabei

keine Groß-/Kleinschreibung. Beispiel: Es existiert ein Button »Button1« in Ihrer Anwendung. Um die eigentliche Komponente TButton1 im Array Components zurückzugeben, rufen Sie FindComponents wie folgt auf:

FindComponents('Button1');

function Focused: Boolean;
Focused wird verwendet, um zu bestimmen, ob ein Fensterdialogelement den Fokus besitzt und deshalb das aktive Dialogelement in ActiveControl ist.

procedure Free;
Die Methode Free entfernt das Objekt und gibt den zugehörigen Speicher frei. Haben Sie das Objekt unter Verwendung der Methode Create erzeugt, so benutzen Sie zum Entfernen und für die Freigabe des Speichers die Methode Free. Free gelingt auch dann, wenn das Objekt selbst nicht mehr existiert (zum Beispiel durch einen vorherigen Aufruf von Free). Delphi erledigt dies für Objekte der Bibliothek visueller Komponenten automatisch.

Sie sollten also niemals eine Komponente innerhalb Ihrer Anwendung entfernen.

Falls Sie ein Formular freigeben wollen, rufen Sie die Methode Release auf, um das Formular zu löschen und dessen benutzten Speicher freizugeben.

function GetTextBuf(Buffer: PChar; BufSize: Integer): Integer;
Die Methode GetTextBuf holt den Text der Komponente und kopiert ihn in den Puffer als Null-terminierten String (Ende der Zeichenkette wird mit 0 angegeben), auf den Buffer zeigt. Die maximale Länge des Strings wird mit BufSize (siehe dazu GetTextLen) festgelegt. In BufSize wird nach der Ausführung die Anzahl der Zeichen des Strings zu finden sein. Diese Methode ist vor allem dann sehr nützlich, wenn mit String größer als 256 Zeichen gearbeitet wird. Der Typ STRING kann nicht mehr als 256 Zeichen aufnehmen. Dabei entfällt aber das erste Element in diesem Typ auf die Längenangabe des Strings, so daß nur noch maximal 255 Zeichen möglich sind. Ein PChar ist ein Zeiger auf das erste Zeichen einer Zeichenkette. Eine derart definierte Zeichenkette besitzt keine Längenangabe, sondern trägt eine 0 am Ende der Kette, daher auch der Name Null-terminierter String. Ein PChar kann die maximale Größe von 64 Kbyte erreichen. Die maximale Anzahl der Zeichen ist also auf 64 Kbyte und nicht auf 255 Zeichen beschränkt (siehe auch GetTextLen und SetTextBuf).

function GetTextLen: Integer;
Die Methode GetTextLen gibt die Länge des Textes der Komponente zurück. Dieser Wert kann für BufSize in GetTextBuf verwenden werden (siehe auch GetTextBuf und SetTextBuf).

procedure Hide;
Die Methode Hide versteckt eine Komponente, sie ist also nicht mehr auf dem Bildschirm sichtbar. Dabei wird die Eigenschaft Visible auf False gesetzt. Dabei ist eine Komponente aber weiterhin aktiv, das heißt, kann bearbeitet werden.

procedure Invalidate;
Die Methode Invalidate erzwingt das Neuzeichnen einer Komponente sobald dies möglich ist.

procedure InsertComponent(AComponent: TComponent);
InsertComponent macht die Komponente zum Besitzer der im Parameter AComponent übergebenen Komponente. Die Komponente wird am Ende der Array-Eigenschaft Components hinzugefügt. Die eingefügte Komponente darf keinen Namen haben (keinen für die Eigenschaft Name spezifizierten Wert) oder der Name muß sich eindeutig von allen anderen in der Components-Liste unterscheiden. Wird die Besitzerkomponente entfernt, so wird auch AComponent gelöscht.

procedure Refresh;
Die Methode Refresh reagiert je nach Art der Komponente, ob Daten oder die Komponenten selbst neu gezeichnet werden. Die Methode Refresh kann also jedes Bild auf dem Bildschirm löschen und alle Dialogelemente neu zeichnen beziehungsweise Datensätze einer Datei erneut einlesen.

Innerhalb der Implementation von Refresh beim Neuzeichnen von Komponenten wird die Methode Invalidate und dann die Methode Update aufgerufen.

Beim Refresh von Daten ist zu beachten: Durch Refresh können sich die angezeigten Daten unerwartet verändern und so den Anwender verwirren. Ein Dialog oder eine andere Mitteilung, der dem Anwender den Refresh der Daten mitteilt, wäre somit wohl angebracht und von äußerster Nützlichkeit.

procedure RemoveComponent(AComponent: TComponent);
RemoveComponent entfernt die Komponente, die im Parameter AComponent festgelegt ist, aus der Komponentenliste Components. Die Position in der Liste wird zu Nil.

procedure Repaint;
Die Methode Repaint fordert das Dialogelement auf, sein Bild auf dem Bildschirm neu zu zeichnen, ohne jedoch die darunterliegende Fläche zuvor zu löschen. Um vor dem Neuzeichnen zu löschen, müssen Sie anstelle von Repaint die Methode Refresh aufrufen.

procedure ScaleBy(M, D: Integer);
Die Methode ScaleBy skaliert eine Komponente um einen Prozentsatz ihrer ursprünglichen Größe. Der Parameter M ist der Multiplikator und der Parameter D der Divisor. Wenn Sie beispielsweise die Größe des Dialogelements auf 66% seines ursprünglichen Formats ändern möchten, geben Sie in M den Wert 66 und in D den Wert 100 an (66/100). Bei der Vergrößerung gehen Sie einfach den umgekehrten Weg: Vergrößerung um 66% bedeutet nichts anderes als M=166 und D=100.

function ScreenToClient(Point: TPoint): TPoint;
Die Methode ScreenToClient wird verwendet, um den Koordinatenpunkt in Pixeln der Komponente auf dem Bildschirm zu bestimmen. ScreenToClient gibt die X- und Y-Koordinaten in einem Record des Typs TPoint zurück.

procedure ScrollBy(DeltaX, DeltaY: Integer);
ScrollBy scrollt den Inhalt einer Komponente. Statt mit der Methode ScrollBy sollten Sie in Normalfall lieber mit den eingebauten Bildlauf-Leisten arbeiten, es sei denn,

diese Leisten wären für Ihre Programm-Idee aus irgendeinem Grund nicht brauchbar.

DeltaX enthält die Veränderung in Pixeln in Richtung der X-Achse. Ein positiver Wert von DeltaX verschiebt den Inhalt nach rechts, ein negativer Wert verschiebt den Inhalt nach links. DeltaY bezeichnet die Veränderungen in Pixeln in Richtung der Y-Achse. Ein positiver Wert von DeltaY verschiebt den Inhalt nach unten, ein negativer Wert verschiebt den Inhalt nach oben.

procedure SendToBack;
Die Methode SendToBack setzt eine Komponente innerhalb einer übergeordneten Komponente hinter alle anderen Komponenten. Die Reihenfolge, in der Komponenten übereinander gelagert werden (Z-Reihenfolge), hängt davon ab, ob es sich um fensterähnliche oder um nicht-fensterähnliche Komponente handelt. Die Reihenfolge arbeitet nach dem Prinzip, daß die zuletzt eingefügte Komponente die oberste und damit sichtbare Komponente ist.

Mit der Methode SendToBack einer Komponente würde diese Komponente ganz nach unten auf den Stapel kommen und somit nicht sichtbar sein.

Bei der Stapelung ist zu beachten, daß fensterähnliche Komponenten immer auf nicht-fensterähnlichen Komponenten gestapelt werden. Ein Aufruf von SendToBack einer fensterähnlichen Komponenten bewirkt also gar nichts, wenn unter dem Stapel eine nicht-fensterähnliche Komponente liegt (siehe auch BringToFront).

Die folgenden Komponenten zählen zu den fensterähnlichen Komponenten:

BitBtn	DBNavigator	MediaPlayer
Button	DBRadioGroup	Memo
CheckBox	DirectoryListBox	Notebook
ComboBox	DrawGrid	OLEContainer
DBCheckBox	DriveComboBox	Outline
DBComboBox	Edit	Panel
DBEdit	FileListBox	RadioButton
DBGrid	FilterComboBox	RadioGroup
DBImage	Form	ScrollBar
DBListBox	GroupBox	ScrollBox
DBLookupCombo	Header	StringGrid
DBLookupList	ListBox	TabbedNotebook
DBMemo	MaskEdit	TabSet

Die nun folgenden Komponenten zählen zu den nicht-fensterähnlichen Komponenten:

Bevel	Label	SpeedButton
DBText	PaintBox	Image
Shape		

procedure SetBounds(ALeft, ATop, AWidth, AHeight: Integer);
Die Methode SetBounds setzt die Begrenzungseigenschaften der Komponente Left, Top, Width und Height auf die Werte, die in den entsprechenden Werten ALeft, ATop, AWidth und AHeight übergeben werden. SetBounds erlaubt Ihnen, mehr als eine Begrenzungseigenschaft der Komponente zur gleichen Zeit einzustellen. Obwohl Sie immer einzelne Begrenzungen einstellen können, erlaubt Ihnen die Verwendung von SetBounds, mehrere Änderungen auf einmal durchzuführen, ohne daß jedesmal das Dialogfenster neu gezeichnet werden muß.

procedure SetFocus;
SetFocus übergibt den Fokus an die Komponente. Bei Formularen ruft das jeweilige Formular die Methode SetFocus des standardmäßig aktiven Dialogelements auf.

procedure SetTextBuf(Buffer: PChar);
Die Methode SetTextBuf ersetzt den Text in einer Komponente durch den Text in Buffer. Buffer muß auf einen mit Null abgeschlossenen String zeigen (siehe auch GetTextBuf und GetTextLen).

procedure Show;
Die Methode Show bringt eine Komponente sichtbar auf den Bildschirm, indem die Eigenschaft Visible auf True eingestellt wird. Falls die Methode Show eines Formulars aufgerufen wird und das Formular ist undurchsichtig, versucht Show das Formular sichtbar zu machen, indem sie das Formular mit der Methode BringToFront in den Vordergrund bringt. Ein Formular verfügt zusätzlich über die Methode ShowModal, um einen modalen Dialog erzeugen zu können. Ein modaler Dialog muß bearbeitet und geschlossen werden. Ein SendToBack hätte also keinen Erfolg.

procedure Update;
In der Methode Update wird die API-Funktion UpdateWindow von Windows aufgerufen, die alle beim Zeichnen entstandenen und noch nicht erledigten Meldungen bearbeitet.

UpdateWindows ist definiert als

```
procedure UpdateWindow(Wnd: HWnd);
```

Die Routine UpdateWindow aktualisiert den Client-Bereich des angegebenen Fensters, indem sie eine WM_PAINT-Meldung an das Fenster sendet, wenn der Aktualisierungsbereich für das Fenster nicht leer ist. Die Routine UpdateWindow sendet eine WM_PAINT-Meldung unter Umgehung der Anwendungswarteschlange direkt an die Fensterfunktion des gegebenen Fensters. Wenn der Aktualisierungsbereich leer ist, wird keine Meldung gesendet. Der Parameter Wnd bezeichnet das Fenster oder besser das Handle des Fensters, das aktualisiert werden soll.

Komponentenname: DBLookupList
Klassenname: TDBLookupList

Beschreibung:

DBLookupList stellt ein Listenfeld dar, das einen Wert in einer Nachschlagetabelle nachsehen kann. So kann zum Beispiel eine Komponente DataSource1 eine Tabelle über alle Autotypen enthalten und eine Komponente DataSource2 die Verkaufsaufträge, die die Autotypen nur als Nummer enthält, aber diese bezieht sich auf die Tabelle in DataSource1. Blättert der Anwender nun durch die Tabelle mit den Verkaufsaufträgen, soll nicht die Nummer des Autotyps, sondern der Name des Autos angezeigt werden. Wie das geht, erfahren Sie bei der Beschreibung der Eigenschaften wie LookupSource und LookupField.

Eigenschaften:

property Align: TAlign;
Die Eigenschaft Align legt fest, wie Dialogelemente zum Beispiel im Formular ausgerichtet werden. Mögliche Werte:

alNone	Die Komponente bleibt an der Einfügeposition im Formular (Standardeinstellung).
alTop	Die Komponente wird an die Oberkante des Formulars verschoben und an seine Breite angepaßt. Die Höhe der Komponente bleibt unverändert.
alBottom	Die Komponente wird an die Unterkante des Formulars verschoben und an seine Breite angepaßt. Die Höhe der Komponente bleibt unverändert.
alLeft	Die Komponente wird an die linke Kante des Formulars verschoben und an seine Höhe angepaßt. Die Breite der Komponente bleibt unverändert.
alRight	Die Komponente wird an die rechte Kante des Formulars verschoben und an seine Höhe angepaßt. Die Breite der Komponente bleibt unverändert.
alClient	Die Größe der Komponente wird an den Client-Bereich eines Formulars angepaßt. Ist ein Teil des Client-Bereichs bereits von einer anderen Komponente besetzt, füllt die Komponente den verbleibenden Teil des Client-Bereichs aus.

Wird zum Beispiel ein Formular, das Besitzer eines Labels ist, in der Größe verändert, werden die Komponenten innerhalb des Formulars neu ausgerichtet. Die Verwendung der Eigenschaft Align ist dann sinnvoll, wenn ein Dialogelement an einer Position des Formulars stehenbleiben soll, auch wenn sich die Größe des Formulars ändert.

property BorderStyle: TBorderStyle;
BorderStyle legt fest, ob diese Komponenten einen Rahmen haben. Dies sind die möglichen Werte:

bsNone	Kein sichtbarer Rahmen
bsSingle	Rahmen mit einfacher Rahmenlinie

Weitere nur bei manchen Komponenten (mehr oder weniger sogar nur die Komponente vom Typ TForm, also ein Formular) mögliche Werte:

bsSizeable	Größenveränderlicher Standardrahmen
bsDialog	Nicht größenveränderlich; Standardrahmen für Dialogfenster

Hat eine Komponente zusätzlich die Eigenschaft AutoSize und wird diese auf True gesetzt, paßt die Komponente ihre Größe automatisch an, wenn sich die Schriftgröße des Textes ändert. Damit AutoSize wirksam wird, müssen Sie die Eigenschaft BorderStyle auf bsSingle setzen.

property BoundsRect: TRect;
Die Eigenschaft BoundsRect liefert das Begrenzungsrechteck der Komponente – ausgedrückt im Koordinatensystem des übergeordneten Dialogelements – zurück. Mit BoundsRect ersetzen und erleichtern Sie sich somit die Abfrage der einzelnen Werte für die Eigenschaften Left, Top, Width und Height.

property Color: TColor;
Die Eigenschaft Color legt für alle Komponenten mit Ausnahme des Dialogfensters die Farbe fest (Hintergrundfarbe eines Formulars oder eines Dialogelements oder Grafikobjekts).

Ist die Eigenschaft ParentColor auf True gesetzt, bewirkt eine Änderung der Eigenschaft Color einer Komponente A automatisch eine Änderung der Eigenschaft Color aller Komponenten, die als Besitzer die Komponente A haben. Wenn Sie der Eigenschaft Color eines Dialogelements einen Wert zuweisen, wird seine Eigenschaft ParentColor automatisch auf False gesetzt. Mögliche Werte sind:

clBlack	Schwarz
clMaroon	Rotbraun
clGreen	Grün
clOlive	Olivgrün
clNavy	Marineblau
clPurple	Violett
clTeal	Petrol
clGray	Grau
clSilver	Silber
clRed	Rot
clLime	Limonengrün
clBlue	Blau
clFuchsia	Pink
clAqua	Karibikblau
clWhite	Weiß

(Systemfarben von Windows:)

clBackground	Aktuelle Windows-Hintergrundfarbe
clActiveCaption	Aktuelle Farbe der Titelleiste des aktiven Fensters
clInactiveCaption	Aktuelle Farbe der Titelleiste der inaktiven Fenster
clMenu	Aktuelle Hintergrundfarbe der Menüs
clWindow	Aktuelle Hintergrundfarbe der Fenster
clWindowFrame	Aktuelle Farbe der Fensterrahmen
clMenuText	Aktuelle Farbe vom Menütext
clWindowText	Aktuelle Farbe vom Fenstertext
clCaptionText	Aktuelle Textfarbe der Titelleiste des aktiven Fensters
clActiveBorder	Aktuelle Rahmenfarbe des aktiven Fensters
clInactiveBorder	Aktuelle Rahmenfarbe der inaktiven Fenster
clAppWorkSpace	Aktuelle Farbe des Arbeitsbereichs der Anwendung
clHighlight	Aktuelle Hintergrundfarbe vom ausgewählten Text
clHighlightText	Aktuelle Farbe vom ausgewählten Text
clBtnFace	Aktuelle Farbe einer Schalterfläche
clBtnShadow	Aktuelle Schattenfarbe eines Schalters
clGrayText	Aktuelle Farbe von grau dargestelltem Text
clBtnText	Aktuelle Farbe von Text auf einem Schalter
clInactiveCaptionText	Aktuelle Textfarbe in der Titelleiste eines inaktiven Fensters
clBtnHighlight	Aktuelle Farbe der Markierung eines Schalters

Mit einem Doppelklick auf Color öffnet sich das Farbschema von Windows, in dem Sie auch eigene Farben zusammenstellen können.

property ComponentIndex: Integer;
Die Eigenschaft ComponentIndex zeigt die Position einer Komponente in der Eigenschaftsliste Components ihres Besitzers an. Die erste Komponente in der Liste hat den ComponentIndex-Wert 0, die zweite hat den Wert 1, die dritte den Wert 2 etc. Diese Eigenschaft ist nur zur Laufzeit und dann auch nur im Read-Only-Modus benutzbar.

property Controls[Index: Integer]: TControl;
Controls ist ein Array aller untergeordneten Komponenten der Komponente. Controls ist dann von Nutzen, wenn Sie auf die untergeordneten Komponenten über die Nummer statt über den Namen zugreifen müssen.

property Ctl3D: Boolean;
Die Eigenschaft Ctl3D legt fest, ob ein Dialogelement ein dreidimensionales (3-D) oder zweidimensionales Aussehen besitzt. Wenn Ctl3D True ist, erscheint das Dialogelement dreidimensional. Die Voreinstellung von Ctl3D ist True. Wenn die Eigenschaft ParentCtl3D einer Komponente auf True gesetzt ist, verändert jede Modifikation der Eigenschaft Ctl3D des übergeordneten Dialogelements automatisch auch die Eigenschaft Ctl3D des Dialogelements.

Achtung: Damit Ctl3D überhaupt funktioniert, muß sich die dynamische Link-Bibliothek CTL3DV2.DLL im Suchpfad befinden. Idealerweise sollte sich diese Datei im System-Verzeichnis von Windows aufhalten.

property Cursor: TCursor;
Mit der Eigenschaft Cursor stellen Sie das Aussehen des Cursors ein, wenn dieser auf die Komponente zeigt.

Mögliche Werte sind:

crDefault	crArrow	crCross
crIBeam	crSize	crSizeNESW
crSizeNS	crSizeNWSE	crSizeWE
crUpArrow	crHourglass	crDrag
crNoDrop	crHSplit	crVSplit

property DataField: String;
Mit DataField geben Sie das anzuzeigende Feld an. Dieses Feld stammt aus der Quelle in der Eigenschaft DataSouce. In einer DBEdit-Komponente legt dieses Datenbank-Feld auch die Gültigkeit der Eintragungen fest. Ist also ein Feld numerisch, akzeptiert die Komponente keine anderen Eingabetypen.

property DataSource: TDataSource;
Mit Hilfe der Eigenschaft DataSource verbinden Sie die Komponente mit einer Instanz der Komponente DataSource, um die Werte von Parametern mit Params oder ParamByName zu setzen. Dies ermöglicht Ihren Anwendungen verknüpfte Abfragen.

property DisplayValue : string;
Mit DisplayValue legen Sie den String fest, der in der Komponente erscheinen soll. Sein Wert ist im Feld enthalten, das als Feld in der Eigenschaft LookupDisplay angegeben wurde. Der aktuelle Wert der Eigenschaft Value, der den aktuellen Datensatz in der Nachschlagetabelle bestimmt, bestimmt auch, welcher String der DisplayValue-String ist.

property DragCursor: TCursor;
Die Eigenschaft DragCursor bestimmt die Form des Mauszeigers, wenn sich der Zeiger über einer Komponente befindet, die ein gezogenes Objekt akzeptieren kann. Mögliche Werte sind mit denen der Eigenschaft Cursor identisch.

property DragMode: TDragMode;
Die Eigenschaft DragMode legt das Ziehen-und-Ablegen-Verhalten einer Komponente fest. Mögliche Werte sind:

dmAutomatic	Wenn dmAutomatic ausgewählt ist, ist das Dialogelement bereit, gezogen zu werden; der Anwender klickt nur und zieht es dann.
dmManual	Wenn dmManual ausgewählt ist, kann das Dialogelement nicht gezogen werden, bevor die Anwendung die Methode BeginDrag aufgerufen hat.

Ist die Eigenschaft DragMode einer Komponente dmAutomatic, kann die Anwendung dies zur Laufzeit durch Einstellung des Wertes dmManual deaktivieren.

property EditorMode: Boolean;
Mit EditorMode legen Sie fest, ob sich die Komponente im automatischen Editiermodus befindet. Ist dies der Fall, können Sie ein Feld bearbeiten, ohne vorher die EINGABE-Taste oder F2-Taste zu drücken.

Der Wert True bedeutet, daß sich die Komponente solange im automatischen Editiermodus befindet, wie die Eigenschaft Options den Wert goEditing (oder dgEditing für das Datengitter) enthält. Ansonsten bleibt EditorMode ohne Wirkung.

property Enabled: Boolean;
Die Eigenschaft Enabled bestimmt, ob die Komponente auf Maus-, Tastatur- und Timer-Ereignisse reagiert. Wenn Enabled auf True gesetzt ist, reagiert die Komponente normal. Ist Enabled hingegen False, ignoriert das Dialogelement Maus- und Tastaturereignisse. Bei einer Timer-Komponente werden die für das OnTimer-Ereignis deaktivierten Komponenten-Dialogelemente grau dargestellt.

property FieldCount: Integer
FieldCount enthält die gesamte Anzahl der Felder eines Datensatzes. Beispiel: Sie haben eine Komponente Table1 (eine Instanz der Komponente Table), eine Komponente Edit1 (eine Instanz der Komponente Edit) und eine Komponente Button1 (eine Instanz der Komponente Button) in einem Formular und wollen den Wert von FieldCount in Edit1 anzeigen. Dazu stellen Sie zuerst die Eigenschaft DatabaseName von Table1 auf eine Datenbank ein (bei uns DBDEMOS). DBDEMOS ist ein von uns definierter Alias, der alle Tabellen der Demo-Programme von Delphi enthält. Danach wählen wir für die Eigenschaft TableName von Table1 eine Tabelle aus, in unserem Falle die Tabelle ANIMALS.DBF (ebenfalls im Lieferumfang von Delphi enthalten). Danach öffnen wir die Tabelle, indem wir die Eigenschaft Active von Table1 auf True einstellen. Nun soll der Wert von FieldCount von Table1 immer dann in Edit1 angezeigt werden (der Wert muß also in die Eigenschaft Caption von Edit1), wenn wir Button1 anklicken. Also definieren wir für das Ereignis OnClick von Button1 folgende Methode:

```
procedure TForm1.Button1Click(Sender: TObject);
var
    Help:String;
begin
    Str(Table1.FieldCount, Help);
    Edit1.Text:=Help;
end;
```

Help wird dazu benötigt, den Wert zu holen und in Edit1.Caption einzutragen. Edit1.Caption darf nicht als VAR-Parameter in der Prozedur Str eingetragen werden. Der Wert, der angezeigt wird, ist 5, da die Tabelle die fünf Felder NAME, SIZE, WEIGHT, AREA und BMP enthält.

property Fields[Index: Integer]: TField;
Mit Fields erhalten Sie zur Laufzeit ein von Ihnen bestimmtes Feld einer Tabelle als Ergebnis zurück. Mit Hilfe des Parameters Index bestimmen Sie das Feld. Dabei beginnt der Index einer Tabelle mit dem Wert 0 für das erste Feld.

property Font: TFont;
Die Eigenschaft Font legt den Font und die Eigenschaften des Fonts der Komponente fest. Sie haben die Möglichkeit, diese Werte im Objectinspektor zu ändern oder – wesentlich komfortabler – mit Hilfe eines Doppelklicks auf diese Eigenschaft einen Dialog zu öffnen, der alle möglichen Werte anzeigt.

property Handle: ...;
Der Typ der Eigenschaft Handle ist abhängig von der jeweiligen Komponente. Im allgemeinen gilt: Sollte eine Windows-API-Funktion ein Handle der betreffenden Komponente verlangen, setzen Sie dazu die jeweilige Eigenschaft Handle der betreffenden Komponente ein. Verlangt eine Windows-API-Funktion zum Beispiel das Handle Ihrer gesamten Anwendung, benutzen Sie am besten die Eigenschaft Handle des Objekts TApplication. Hier die Übersicht der verschiedenen Typen der Eigenschaft Handle:

Handle für die Komponenten:

Bitmap	property Handle: HBitmap;
Brush	property Handle: HBrush;
Canvas	property Handle: HDC;
Font	property Handle: HFont;
Icon	property Handle: HIcon;
Metafile	property Handle: HMetafile;
Pen	property Handle: HPen;

Handle gibt Ihnen den Zugriff auf das Handle des jeweiligen GDI-Objekts, damit Sie auf dieses zugreifen können. Benötigen Sie zum Beispiel zum Aufruf einer Windows-API-Funktion ein Handle auf ein Stiftobjekt oder ein Bitmap-Objekt, können Sie dazu das Handle der Komponente Pen beziehungsweise der Komponente Bitmap benutzen.

Handle für das Objekt TApplication und die folgenden Komponenten:

Bevel	DBText	Memo
BitBtn	DirectoryListBox	Notebook
Button	DrawGrid	OLEContainer
CheckBox	DriveComboBox	Outline
ComboBox	Edit	PaintBox
DBCheckBox	FileListBox	Panel
DBComboBox	FilterComboBox	RadioButton
DBEdit	FindDialog	RadioGroup
DBGrid	Form	ReplaceDialog
DBImage	GroupBox	ScrollBar
DBListBox	Header	ScrollBox
DBLookupCombo	Image	Shape

DBLookupList	Label	SpeedButton
DBMemo	ListBox	StringGrid
DBNavigator	MaskEdit	TabbedNotebook
DBRadioGroup	MediaPlayer	TabSet

property Handle: HWND;
Handle bietet Ihnen Zugriff auf das Handle der jeweiligen Komponente (z.B. Fenster-Handle, Dialog-Handle etc.). Dieses Handle wird von einigen Windows-API-Funktionen beim Aufruf erwartet. Sie können in diesem Fall das Handle der jeweils betroffenen Komponente oder – falls das Handle Ihrer Anwendung gefordert wird – das Handle des Objekts TApplication übergeben.

Handle für die Komponenten:

MainMenu	MenuItem	PopupMenu

property Handle: HMENU;
Sollte eine Windows-API-Funktion ein Handle eines Menüs, Menü-Eintrags oder eines lokalen Menüs verlangen, können Sie dazu die Eigenschaft Handle von MainMenu, MenuItem und PopupMenu benutzen.

Handle für die Komponente Printer:

property Handle: HDC;
Handle beinhaltet das Handle des jeweiligen Druckerobjektes TPrinter der Komponente Printer.

Handle für die Komponente DataBase:

property Handle: HDBIDB;
Um direkte Aufrufe in die Richtung der Borland Database-Engine-(BDE)-API zu tätigen, benötigen Sie ein Handle der jeweiligen Datenbank-Komponente. Dazu dient Ihnen die Eigenschaft Handle der Komponente DataBase. Sie erlaubt Ihnen Zugriffe auf Funktionen des BDE-API, die nicht in der VCL-Bibliothek integriert wurden. Bevor Sie allerdings diese Funktionen aufrufen, sollten Sie prüfen, ob diese Funktion nicht doch schon in der VCL-Bibliothek gekapselt wurde.

Handle für das Objekt TSession:

Delphi erzeugt eine Komponente Session vom Typ TSession immer dann, wenn eine Anwendung ausgeführt wird. Sessions sollten nicht von Ihnen erzeugt oder zerstört werden. Session erlaubt globale Prüfung über Datenbankverbindungen. Die Eigenschaft Databases von Session ist ein Array von allen aktiven Datenbanken in der Sitzung. Die Eigenschaft DatabaseCount vom Typ Integer gibt die Anzahl der aktiven Datenbanken in der Sitzung an.

property Handle: HDBISES;
Mit dieser Eigenschaft Handle können Sie direkte Aufrufe an die Borland-Datenbank-Engine – bezogen auf eine bestimmte Sitzung (Session/TSession) – machen. Die Komponente Session werden Sie kaum benutzen. Die wichtigsten Funktionen des BDE-API sind in der VCL-Bibliothek gekapselt und ersparen Ihnen diesen Weg.

Handle für die Komponenten Table, Query und StoredProc:

property Handle: HDBICur;
Ebenfalls für direkte Zugriffe auf Funktionen des BDE-API und unter normalen Umständen nicht zu benutzen, da die wichtigsten BDP-API-Funktionen via VCL-Bibliothek einen einfacheren Zugriff ermöglichen.

property Height: Integer;
Die Eigenschaft Height eines Dialogelements legt die Höhe der Komponente in Pixeln fest.

property HelpContext: THelpContext;
Die Eigenschaft HelpContext stellt eine Kontextnummer für den Aufruf kontextbezogener Online-Hilfe bereit. Jeder Hilfebildschirm des Hilfesystems sollte eine eindeutige Kontextnummer besitzen. Ist in der Anwendung eine Komponente selektiert, so wird nach Betätigen von F1 ein Hilfebildschirm angezeigt. Welcher Hilfebildschirm angezeigt wird, hängt vom Wert der Eigenschaft HelpContext ab.

property HideSelection: Boolean;
Die Eigenschaft HideSelection bestimmt, ob ein selektierter Text oder ein Text in einem Editier- oder Memofeld selektiert bleibt, wenn der Fokus zu einem anderen Dialogelement wechselt. Ist HideSelection auf True gesetzt, bleibt der Text nur solange selektiert, wie der Fokus beim Dialogelement bleibt.

property Hint: string;
Die Eigenschaft Hint ist der Text-String, der erscheinen kann, wenn ein OnHint-Ereignis eintritt, also wenn der Benutzer den Cursor über die Komponente bewegt. Wie der String angezeigt wird, bestimmt der Code in der Ereignisbehandlungs-Routine OnHint. Sie können eine Schnellhilfe, d.h. ein Fenster, das einen Hilfetext enthält, für eine Komponente erscheinen lassen, wenn der Anwender den Mauszeiger über das Dialogelement führt und dort kurz verweilt. Dies funktioniert wie folgt:

1. Spezifizieren Sie für jede Komponente, die einen Schnellhinweis anzeigen soll, einen Hint-Wert.
2. Setzen Sie die Eigenschaft ShowHints des Bedienfelds auf True.
3. Setzen Sie die Eigenschaft ShowHint der Anwendung zur Laufzeit auf True.

Sie können Hint gleichzeitig sowohl für ein Hilfehinweisfenster als auch für die Verwendung innerhalb der Behandlungsroutine OnHint spezifizieren, indem Sie zwei durch das Zeichen | (das »oder« oder Pipe-Symbol) getrennte Werte angeben, also beispielsweise:

```
Edit1.Hint := 'Aufforderung|Geben Sie den richtigen Wert ein';
```

Der String »Aufforderung« erscheint im Hilfehinweisfenster und der String 'Geben Sie den richtigen Wert ein« erscheint wie in der Ereignisbehandlungs-Routine OnHint spezifiziert.

property Left: Integer;
Die Eigenschaft Left bestimmt die horizontalen Koordinaten in Pixeln der linken Kante einer Komponente relativ zum Formular. Für Formulare ist der Wert der Eigenschaft Left relativ zum Bildschirm (ebenfalls in Pixeln).

property LookupDisplay : string;
Mit LookupDisplay können Sie festlegen, welches Feld aus der Nachschlagetabelle in der Komponente für Datenbank-Nachschlagen angezeigt wird. Verbinden Sie vor der Spezifizierung eines LookupDisplay-Feldes die beiden Datensätze unter Verwendung der Eigenschaft LookupField. Sie können auch mehrere Felder aus dem Nachschlage-Datensatz anzeigen. Jedes Feld erscheint dann in einer eigenen Spalte. Um mehr als ein Feld anzuzeigen, trennen Sie die jeweiligen Feldnamen mit einem Semikolon voneinander:

`'SIZE;AREA;TYPE'`

property LookupField : string;
Mit LookupField binden Sie den Datensatz ein, der zum Nachschlagen benutzt werden soll.

property LookupSource: TDataSource;
Mit LookupSource legen Sie die Komponente DataSource fest, die mit der Nachschlage-Datenbank verbunden ist.

property Name: TComponentName;
Die Eigenschaft Name enthält den Namen der Komponente, wie er von anderen Komponenten für den Zugriff verwendet wird. Delphi weist als Vorgabewerte sequentielle Namen zu, die auf dem Typ der Komponente basieren, also etwa für Buttons »Button1«, »Button2« etc. Diese können Sie gemäß Ihrer Vorstellungen abändern. Komponentennamen sollten ausdrücklich nur zur Entwurfszeit geändert werden.

property Options: TDBLookupListOptions;
Mit Options bestimmen Sie, wie mehrere Spalten in der Komponente zum Durchsuchen von Datenbanken erscheinen. Mögliche Werte:

Wert	Bedeutung (Wenn auf True gesetzt)
loColLines	Spalten werden durch Linien getrennt
loRowLines	Zeilen werden durch Linien getrennt
loTitles	Feldnamen erscheinen als Überschriften über den Spalten

property Owner: TComponent;
Die Eigenschaft Owner teilt Ihnen mit, welche Komponente zu welcher Komponente gehört. Dem Formular gehören alle Komponenten, die auf ihm vorhanden sind. Umgekehrt gehört das Formular zur Anwendung. Gehört eine Komponente A einer anderen Komponente B, wird der Speicher der Komponente A freigegeben, wenn der Speicher der Komponente B freigegeben wird. Es werden also folgerichtig alle Komponenten des Formulars gelöscht, wenn das Formular gelöscht wird. Außerdem

wird natürlich der Speicher für das Formular und dessen Komponenten freigegeben, wenn der Speicher der Anwendung selbst freigegeben wird.

property Parent: TWinControl;
Die Eigenschaft Parent enthält den Namen der übergeordneten Komponente. Wenn eine Komponente A eine andere Komponente B enthält, sind die in B enthaltenen Komponenten untergeordnete Komponenten von A. Wenn Ihre Anwendung beispielsweise drei Buttons in einer GroupBox enthält, dann ist die GroupBox das übergeordnete Element der drei Buttons und die Button-Schaltfelder sind der GroupBox untergeordnet.

Parent und Owner sind leider etwas verwirrend. Daher hier eine kleine Entwirrung:

Ein Formular ist der Besitzer aller darin enthaltenen Komponenten, unabhängig davon, ob sie ein Fensterelement sind oder nicht. Für unser Beispiel mit den drei Buttons und der GroupBox bedeutet dies: Der Besitzer der Buttons ist immer das Formular, aber die GroupBox ist das übergeordnete Element.

Wenn Sie einen neuen Dialog erzeugen, müssen Sie dem neuen Dialogelement einen Wert der Eigenschaft Parent zuweisen. Üblicherweise sind dies Formulare, Bedienfelder, GroupBoxen oder andere Dialoge, die andere Komponenten-Elemente enthalten können. Es ist möglich, jedes Element als das übergeordnete zuzuweisen, aber das darin enthaltene Dialogelement wird wahrscheinlich überschrieben.

Wird das übergeordnete Element gelöscht, werden auch alle Elemente, die ihm untergeordnet sind, gelöscht.

property ParentColor: Boolean;
Die Eigenschaft ParentColor bestimmt, wo eine Komponente nach ihrer Farbeigenschaft suchen soll. Falls ParentColor True ist, verwendet die Komponente die Farbeigenschaft der übergeordneten Komponente.

Wenn ParentColor False ist, verwendet die Komponente ihre eigene Eigenschaft Color. Durch Verwendung von ParentColor können Sie sicherstellen, daß alle Komponenten auf einem Formular das gleiche Erscheinungsbild haben.

property ParentCtl3D: Boolean;
Die Eigenschaft ParentCtl3D bestimmt, wo eine Komponente nach ihrer Eigenschaft Ctl3D suchen muß. IstParentCtl3D auf True gesetzt, verwendet die Komponente die Dimensionen der Eigenschaft Ctl3D von ihrer übergeordneten Komponente. Wenn ParentCtl3D False ist, verwendet die Komponente ihre eigene Eigenschaft Ctl3D. Durch Verwendung von ParentCtl3D stellen Sie sicher, daß alle Komponenten auf einem Formular das gleiche Erscheinungsbild haben. Wenn Sie beispielsweise möchten, daß alle Komponenten auf einem Formular ein dreidimensionales Erscheinungsbild haben, setzen Sie die Eigenschaft Ctl3D des Formulars auf True und die Eigenschaft ParentCtl3D jeder Komponente auf True.

property ParentFont: Boolean;
Die Eigenschaft ParentFont bestimmt, wo eine Komponente nach ihrer Fonteigenschaft suchen soll. Falls ParentFont True ist, verwendet die Komponente den Font der Eigenschaft der übergeordneten Komponente.

Ist ParentFont False, verwendet die Komponente ihre eigene Eigenschaft Font. Durch Verwendung von ParentFont können Sie sicherstellen, daß alle Komponenten auf einem Formular das gleiche Erscheinungsbild haben.

property ParentShowHint: Boolean;
Die Eigenschaft ParentShowHint bestimmt, wo eine Komponente nach ihrer Hinteigenschaft suchen soll. Falls ParentShowHint True ist, verwendet die Komponente die Hint-Eigenschaft der übergeordneten Komponente.

Ist ParentShowHint False, verwendet die Komponente ihre eigene Eigenschaft Hint. Durch Verwendung von ParentShowHint können Sie sicherstellen, daß alle Komponenten auf einem Formular das gleiche Erscheinungsbild haben.

property PopupMenu: TPopupMenu;
Die Eigenschaft PopupMenu legt den Namen des Popup-Menüs fest, das erscheint, wenn der Anwender die Komponente auswählt oder die rechte Maustaste drückt (bei dem Wert True für AutoPopup des Popup) oder wenn die Methode Popup des Popup-Menüs ausgeführt wird.

property ReadOnly: Boolean;
Die Eigenschaft ReadOnly hängt davon ab, um welche Art von Komponente es sich bei der Komponente mit dieser Eigenschaft handelt.

ReadOnly für datensensitive Komponenten und Eigabefelder:

ReadOnly bestimmt, ob der Anwender den Inhalt einer Komponente ändern darf. Falls ReadOnly True ist, kann der Anwender den Inhalt nicht ändern. Wenn ReadOnly False ist, kann der Anwender den Inhalt abändern. Die Eigenschaft ReadOnly bestimmt bei datensensitiven Komponenten, ob der Anwender die Komponente verwenden kann, um ein Feld in einem Datensatz zu bearbeiten oder ob er die Komponente nur zur Anzeige von Daten verwenden kann. Falls ReadOnly False ist, kann der Anwender den Wert des Feldes ändern, solange der Datensatz zum Bearbeiten freigegeben ist. Ist die Eigenschaft ReadOnly eines Datengitters True, kann der Anwender keine neue Zeile einfügen.

Zu dieser Gruppe von Komponenten zählen:

DBCheckBox	DBListBox	DBRadioGroup
DBComboBox	DBLookupCombo	Edit
DBEdit	DBLookupList	MaskEdit
DBGrid	DBMemo	Memo
DBImage		

ReadOnly für Tabellen:

Benutzen Sie ReadOnly um zu verhindern, daß Benutzer Daten in der Tabelle ändern können. Achtung: Denken Sie daran, die Eigenschaft Active auf False zu setzen, bevor Sie ReadOnly ändern.

Zu dieser Gruppe von Komponenten zählen:

TTable

ReadOnly für Feldkomponenten:

ReadOnly kann die Modifikation eines Feldes sperren. Hat diese Eigenschaft den Wert False, kann ein Feld verändert werden. Um die Änderung eines Feldes zu verhindern, setzen Sie ReadOnly auf True. In TDBGrid werden bei Tabulatorsprüngen die Felder mit der Eigenschaft ReadOnly übersprungen.

Zu dieser Gruppe von Komponenten gehören:

BCDField	DateTimeField	SmallintField
BlobField	FloatField	StringField
BooleanField	GraphicField	TimeField
BytesField	IntegerField	VarBytesField
CurrencyField	MemoField	WordField
DateField		

property SelectedField: TField;
Mit SelectedField ermitteln Sie, welches Feld im Datengitter im Moment fokusiert ist.

property SelectedIndex: Integer;
Mit SelectedIndex ermitteln Sie den Index-Wert des gegenwärtig fokussierten Feldes im angezeigten Datensatz. Dabei steht der Wert 0 für das erste Feld.

property ShowHint: Boolean;
Die Eigenschaft ShowHint bestimmt, ob das Dialogelement eine Schnellhilfe anzeigen soll, wenn der Mauszeiger eine Weile auf ihm verweilt. Die Schnellhilfe entspricht dem Wert der Eigenschaft Hint, die in einem Feld direkt unterhalb des Elements angezeigt wird. Hat die Eigenschaft ShowHint den Wert True, kann die Schnellhilfe erscheinen.

Ist ShowHint False, kann die Schnellhilfe auch angezeigt werden, wenn ParentShowHint auf True gesetzt wurde, und die Eigenschaft ShowHint der übergeordneten Komponente ebenfalls auf True gesetzt wurde.

property Showing: Boolean;
Die Eigenschaft Showing legt fest, ob eine Komponente momentan auf dem Bildschirm angezeigt wird oder nicht. Falls die Eigenschaft Visible einer Komponente und aller übergeordneten Komponenten in der übergeordneten Hierarchie True ist, ist Showing auch True. Wenn einer der Vorfahren der Komponente den Wert False als Wert für die Eigenschaft Visible hat, ist auch Showing False.

property TabOrder: TTabOrder;
Die Eigenschaft TabOrder bestimmt die Position einer Komponente in der Tabulatorreihenfolge, in der Komponenten den Fokus erhalten, wenn der Anwender die Taste TAB drückt. Anfänglich ist die Tabulatorreihenfolge immer die Reihenfolge, in der die Komponenten in das Formular hinzugefügt wurden. Der Wert der Eigenschaft TabOrder ist für jede Komponente auf dem Formular einmalig. Die erste dem Formular hinzugefügte Komponente hat den TabOrder-Wert 0, die zweite hat 1, die dritte 2 usw.

Falls Sie dem Wert der Eigenschaft TabOrder einer Komponente den Wert einer anderen Komponente zuweisen, numeriert Delphi automatisch die Werte für alle anderen Komponenten neu. Angenommen, eine Komponente ist beispielsweise die sechste Komponente in der Tabulatorreihenfolge. Wenn Sie den Wert der Eigenschaft TabOrder der Komponente auf 3 ändern (dies macht die Komponente zu der vierten in der Tabulatorreihenfolge), wird die Komponente, die die vierte war, nun zur fünften und die Komponente, die die fünfte war, wird jetzt die sechste.

property TabStop: Boolean;
Die Eigenschaft TabStop bestimmt, ob der Anwender diese Komponente mit der Taste TAB anspringen kann. Falls TabStop True ist, befindet sich die Komponente in der Tabulatorreihenfolge. Wenn TabStop False ist, ist das Dialogelement nicht in der Tabulatorreihenfolge.

property Tag: Longint;
Die Eigenschaft Tag kann einen Integerwert als Element einer Komponente speichern. Tag wird von Delphi nicht benutzt und steht Ihnen damit zur freien Verfügung.

property Top: Integer;
Die Eigenschaft Top gibt die Y-Koordinate in Pixeln der linken oberen Ecke eines Dialogelements relativ zum Formular an. Bei Formularen wird der Wert der Eigenschaft Top in Pixeln relativ zum Bildschirm angegeben.

property Value: string;
Value beinhaltet den Wert von DataField für den aktuellen Datensatz in der Primärdatei. Beim Durchlaufen der Primärdatei ändert sich der Wert der Eigenschaft Value entsprechend. Zur Laufzeit läßt sich der Inhalt des Feldes durch explizite Änderung des Wertes der Eigenschaft Value verändern.

property Visible: Boolean;
Die Eigenschaft Visible bestimmt, ob eine Komponente auf dem Bildschirm sichtbar ist (True) oder nicht (False).

property Width: integer;
Die Eigenschaft Width bestimmt die Breite einer Komponente, gemessen in Pixeln.

Ereignisse:

property OnClick: TNotifyEvent;
Das Ereignis OnClick erscheint, wenn der Benutzer auf die Komponente klickt. In einem Formular tritt OnClick ein, wenn der Benutzer auf eine freie Stelle im Formular oder eine inaktive Komponente klickt.

OnClick ist vom Typ

```
TNotifyEvent = procedure (Sender: TObject) of object;
```

Der Typ TNotifyEvent weist also auf eine Methode, die das Anklicken eines Objekts behandelt. Der Parameter Sender ist das Dialogelement, das angeklickt wurde.

property OnDblClick: TNotifyEvent;
Das Ereignis OnClick erscheint, wenn der Benutzer auf die Komponente einen Doppelklick ausführt. In einem Formular tritt das Ereignis OnDblClick ein, wenn der Benutzer auf eine freie Stelle im Formular oder eine inaktive Komponente einen Doppelklick ausführt.

OnDblClick ist vom Typ

```
TNotifyEvent = procedure (Sender: TObject) of object;
```

Der Typ TNotifyEvent weist also auf eine Methode, die das Doppelklicken eines Objekts behandelt. Der Parameter Sender ist das Dialogelement, das mit einem Doppelklick bearbeitet wurde.

property OnDragDrop: TDragDropEvent;
Das Ereignis OnDragDrop tritt ein, wenn der Anwender ein gezogenes Objekt ablegt. Verwenden Sie die Ereignisbehandlungs-Routine OnDragDrop, um festzulegen, was passieren soll, wenn der Anwender ein Objekt ablegt.

OnDragClick ist vom Typ

```
TDragDropEvent = procedure(Sender, Source: TObject; X, Y: Integer) of object;
```

Der Typ TDragDropEvent zeigt also auf eine Methode, die das Ablegen eines gezogenen Objekts behandelt. Der Parameter Source des Ereignisses OnDragDrop ist das abzulegende Objekt und der Parameter Sender ist das Dialogelement, auf dem das Objekt abgelegt wurde. Die Parameter X und Y sind die Koordinaten des Mauszeigers, der über dem Dialogelement positioniert wird.

property OnDragOver: TDragOverEvent;
Das Ereignis OnDragOver tritt ein, wenn der Anwender ein Objekt über eine Komponente zieht. Üblicherweise werden Sie ein Ereignis OnDragOver verwenden, um ein Objekt zu akzeptieren, damit der Anwender es ablegen kann.

OnDragClick ist vom Typ

```
TDragOverEvent = procedure(Sender, Source: TObject; X, Y: Integer; State:
                           TDragState; var Accept: Boolean) of object;
```

Der Typ TDragOverEvent zeigt also auf eine Methode, die das Ziehen eines Objekts über ein anderes Objekt behandelt. Der Parameter Source ist das gezogene Objekt, Sender ist das Objekt, über das Source gezogen wurde, X und Y sind die Koordinaten des Mauszeigers, der über dem Dialogelement positioniert wird in Pixeln, State ist der Status des gezogenen Objekts in Verbindung zum darübergezogenen Objekt, und Accept legt fest, ob der Sender das Ziehobjekt erkennt. Accept wird nicht per Voreinstellung auf True oder False gesetzt; Sie müssen die passenden Werte selbst zuweisen.

Das Ereignis OnDragOver akzeptiert ein Objekt, wenn der Parameter Accept True ist. Durch Ändern des Wertes der Eigenschaft DragCursor können Sie das Erscheinungsbild des Cursors beeinflussen. Dies können Sie entweder während des Entwikkelns oder zur Laufzeit, bevor ein Ereignis OnDragOver eintritt, durchführen.

property OnEndDrag: TEndDragEvent;
Das Ereignis OnEndDrag tritt immer dann ein, wenn das Ziehen eines Objekts abgeschlossen oder abgebrochen wird. Wenn Sie eine besondere Behandlung haben möchten, wenn das Ziehen beendet wird, verwenden Sie die Ereignisbehandlungs-Routine OnEndDrag.

OnEndDrag ist vom Typ

```
TEndDragEvent = procedure(Sender, Target: TObject; X, Y: Integer) of object;
```

Der Typ TEndDragEvent zeigt also auf eine Methode, die das Anhalten des Ziehens eines Objekts behandelt. Der Sender ist das Objekt, was gezogen wird, Target ist das Objekt, zu dem Sender hingezogen wird, und X und Y sind die zugehörigen Bildschirmkoordinaten des Mauszeigers, der über dem Dialogelement positioniert wird. Falls das gezogene Objekt abgelegt und durch das Dialogelement akzeptiert wurde, ist der Parameter Target des Ereignisses OnEndDrag True. Wenn das Objekt nicht erfolgreich abgelegt wurde, beträgt der Wert Target Nil.

property OnEnter: TNotifyEvent;
OnEnter tritt ein, wenn eine Komponente aktiviert wird. Wenn Sie eine besondere Behandlung festlegen möchten, wenn eine Komponente aktiviert wird, verwenden Sie die Ereignisbehandlungs-Routine OnEnter.

OnEnter erscheint nie, wenn Sie zwischen Formularen oder einer anderen Windows-Anwendung und Ihrer Anwendung umschalten. OnEnter für eine Komponente des Typs TPanel oder THeader tritt nie ein, da Bedienfelder oder Header keinen Fokus erhalten können. Somit ist dort OnEnter vollkommen nutzlos. Sie haben diese Ereignisbehandlung aber geerbt.

OnEnter ist vom Typ

```
TNotifyEvent = procedure (Sender: TObject) of object;
```

Der Typ TNotifyEvent weist also auf eine Methode, die das Doppelklicken eines Objekts behandelt.Der Parameter Sender ist das Dialogelement, das mit einem Doppelklick bearbeitet wurde.

property OnExit: TNotifyEvent;
OnExit erscheint, wenn der Eingabefokus von einer Komponente an eine andere übergeben wird. OnExit tritt nicht ein, wenn Sie zwischen Formularen oder zwischen einer Windows-Anwendung und Ihrer Anwendung umschalten. OnExit tritt bei den Komponenten Panel und Speedbutton nicht ein, da diese niemals den Fokus erhalten.

OnExit ist vom Typ

```
TNotifyEvent = procedure (Sender: TObject) of object;
```

Der Typ TNotifyEvent weist also auf eine Methode, die das Doppelklicken eines Objekts behandelt. Der Parameter Sender ist das Dialogelement, das mit einem Doppelklick bearbeitet wurde.

property OnKeyDown: TKeyEvent;
OnKeyDown tritt ein, wenn der Anwender irgendeine Taste drückt, während die Komponente den Fokus hat. Verwenden Sie OnKeyDown, um eine besondere Behandlung festzulegen, die ausgeführt wird, wenn eine Taste gedrückt wird. Der Handler OnKeyDown kann auf alle Tasten der Tastatur, einschließlich Funktionstasten und Tastenkombinationen mit den Tasten UMSCHALT, ALT und STRG sowie betätigten Maustasten reagieren.

OnKeyDown ist vom Typ

```
TKeyEvent = procedure (Sender: TObject; var Key: Word; Shift: TShiftState)
                of object;
```

Der Typ TKeyEvent weist also auf eine Methode, die Tastaturereignisse verarbeitet. Der Parameter Key steht für die Taste und Shift und kann die folgenden Wert annehmen:

ssShift	UMSCHALTTASTE (SHIFT) wird festgehalten
ssAlt	linke ALT-Taste wird festgehalten
[ssAlt, ssCtrl]	ALTGR-Taste wird festgehalten
ssCtrl	Taste STRG wird festgehalten
ssLeft	Linke Maustaste wird festgehalten
ssMiddle	Mittlere Maustaste wird festgehalten
ssDouble	Rechte und linke Maustaste werden gleichzeitig festgehalten

property OnKeyPress: TKeyPressEvent;
OnKeyPress erscheint, wenn der Anwender eine einzelne Zeichentaste drückt.

OnKeyPress ist vom Typ

```
TKeyPressEvent = procedure (Sender: TObject; var Key: Char) of object;
```

TKeyPressEvent weist also auf eine Methode, die einen Tastendruck für ein einzelnes Zeichen verarbeitet. Der Parameter Key gibt die Taste an. Der Parameter Key ist vom Typ Char; deshalb registriert OnKeyPress das ASCII-Zeichen der gedrückten Taste. Tasten, die nicht mit einem ASCII-Zeichen übereinstimmen (beispielsweise UMSCHALT oder F1), werden kein OnKeyPress erzeugen. Tastenkombinationen (wie UMSCHALT+A) erzeugen nur ein Ereignis des Typs OnKeyPress (in diesem Beispiel ergibt UMSCHALT+A einen Wert Key von »A«, wenn die Feststelltaste ausgeschaltet ist). Falls Sie auf Nicht-ASCII-Tasten oder Tastenkombinationen reagieren möchten, verwenden Sie die Ereignisbehandlungs-Routinen OnKeyDown oder OnKeyUp.

property OnKeyUp: TKeyEvent;
OnKeyUp tritt ein, wenn der Anwender die gedrückte Taste wieder losläßt. OnKeyUp kann auf alle Tasten der Tastatur, einschließlich FFunktionstasten und Tastenkombinationen mit den Tasten UMSCHALT, ALT und STRG sowie betätigten Maustasten reagieren.

```
TKeyEvent = procedure (Sender: TObject; var Key: Word; Shift: TShiftState)
                of object;
```

Der Typ TKeyEvent weist also auf eine Methode, die Tastaturereignisse verarbeitet. Der Parameter Key steht für die Taste und Shift und kann die folgenden Wert annehmen:

ssShift	UMSCHALTTASTE (SHIFT) wird festgehalten
ssAlt	linke ALT-Taste wird festgehalten
[ssAlt, ssCtrl]	ALTGR-Taste wird festgehalten
ssCtrl	Taste STRG wird festgehalten
ssLeft	Linke Maustaste wird festgehalten
ssMiddle	Mittlere Maustaste wird festgehalten
ssDouble	Rechte und linke Maustaste werden gleichzeitig festgehalten

Methoden:

procedure BeginDrag(Immediate: Boolean);
Die Methode BeginDrag leitet den Ziehvorgang einer Komponente ein. Wenn der Parameter Immediate auf True gesetzt ist, wird der Mauszeiger auf den Wert der Eigenschaft DragCursor gesetzt und der Ziehvorgang beginnt. Ist Immediate False, wird der Mauszeiger nicht auf den Wert der Eigenschaft DragCursor gesetzt, und der Ziehvorgang wird erst eingeleitet, wenn der Anwender den Mauszeiger um mindestens 5 Pixel bewegt. Auf diese Weise kann die Komponente Mausklicks akzeptieren, ohne einen Ziehvorgang einzuleiten.

Ihre Anwendung muß die Methode BeginDrag zum Einleiten eines Ziehvorgangs nur aufrufen, wenn DragMode auf dmManual gesetzt ist.

procedure BringToFront;
Die Methode BringToFront setzt eine Komponente innerhalb einer übergeordneten Komponente vor alle anderen Komponenten. BringToFront hilft insbesondere sicherzustellen, daß ein Formular sichtbar ist. Verwenden Sie diese Methode, wenn Sie die Reihenfolge überlappender Komponenten in einem Formular neu festlegen wollen.

Die Reihenfolge, in der Komponenten übereinander gelagert werden (Z-Reihenfolge), hängt davon ab, ob es sich um fensterähnliche oder um nicht-fensterähnliche Komponente handelt. Die Reihenfolge arbeitet nach dem Prinzip, daß die zuletzt eingefügte Komponente die oberste und damit sichtbare Komponente ist.

Mit der Methode BringToFront einer Komponente würde diese Komponente ganz nach oben auf den Stapel kommen und somit sichtbar sein.

Bei der Stapelung ist zu beachten, daß fensterähnliche Komponenten immer auf nicht-fensterähnlichen Komponenten gestapelt werden. Ein Aufruf von BringToFront einer nicht-fensterähnlichen Komponente bewirkt also gar nichts, wenn oben auf dem Stapel eine fensterähnliche Komponente liegt.

Die folgenden Komponenten zählen zu den fensterähnlichen Komponenten:

BitBtn	DBNavigator	MediaPlayer
Button	DBRadioGroup	Memo
CheckBox	DirectoryListBox	Notebook

SEITE DATENSTEUERUNG

ComboBox	DrawGrid	OLEContainer
DBCheckBox	DriveComboBox	Outline
DBComboBox	Edit	Panel
DBEdit	FileListBox	RadioButton
DBGrid	FilterComboBox	RadioGroup
DBImage	Form	ScrollBar
DBListBox	GroupBox	ScrollBox
DBLookupCombo	Header	StringGrid
DBLookupList	ListBox	TabbedNotebook
DBMemo	MaskEdit	TabSet

Die nun folgenden Komponenten zählen zu den nicht-fensterähnlichen Komponenten:

Bevel	Label	SpeedButton
DBText	PaintBox	Image
Shape		

function CanFocus: Boolean;
CanFocus stellt fest, ob eine Komponente den Eingabefokus erhalten kann. CanFocus gibt True zurück, wenn die Eigenschaften Visible und Enabled sowohl der Komponente als auch der übergeordneten Komponenten auf True gesetzt sind. Sind nicht alle Eigenschaften Visible und Enabled dieser Komponenten auf True gesetzt, liefert CanFocus False zurück.

function ClientToScreen(Point: TPoint): TPoint;
Die Methode ClientToScreen übersetzt den angegebenen Punkt aus Client-Bereichskoordinaten in globale Bildschirmkoordinaten. In Client-Bereichskoordinaten entspricht der Punkt (0, 0) der oberen linken Ecke des Client-Bereichs der Komponente. In Bildschirmkoordinaten entspricht (0, 0) der oberen linken Ecke des Bildschirms. Mit den Methoden ClientToScreen und ScreenToClient rechnen Sie Positionen aus dem Koordinatensystem einer Komponente A in das Koordinatensystem einer Komponente B um. Beispiel: Umrechnung der Koordinaten einer Komponente A in die Koordinaten einer Komponente B (TPoint ist ein Record mit den Feldern X und Y):

```
TPoint =  record
      X  : integer;
      Y  : integer;
END;
VAR
   Koord: TPoint;
Koord:= B.ScreenToClient(A.ClientToScreen(Koord));
```

constructor Create;
Create weist Speicher zu, um das Objekt und damit die Komponente zu erzeugen und nach Bedarf seine Daten zu initialisieren. Jedes Objekt kann eine Methode Create besitzen, die individuell so angepaßt ist, daß sie diese bestimmte Art von Objekt erzeugt. Im Normalfall benötigen Sie diese Methoden nicht, da Borland Delphi

alles unternimmt, um Ihre Anwendung und die darin enthaltenen Komponenten zu erzeugen. Sollten Sie allerdings ein Ereignis oder die Initialisierung eines Wertes einer selbst geschaffenen Komponente zur Zeit der Erzeugung einstellen wollen, können Sie dies in der Methode Create erledigen. Dazu benötigen Sie aber genaue Kenntnisse und Techniken der OOP. Ansonsten sollten Sie Create unverändert lassen und nicht aufrufen.

function Dragging: Boolean;
Die Methode Dragging gibt an, ob eine Komponente gezogen wird. Wenn Dragging True zurückgibt, wird die Komponente gezogen.

procedure EndDrag(Drop: Boolean);
Die Methode EndDrag verhindert, daß eine Komponente weiter gezogen wird. Wenn der Parameter Drop True ist, wird die gezogene Komponente abgelegt. Ist Drop False, wird die Komponente nicht abgelegt und der Vorgang wird abgebrochen.

function FindComponent(const AName: string): TComponent;
Die Methode FindComponent gibt im Array Components die Komponente zurück, deren Name zum String im Parameter AName paßt. FindComponent beachtet dabei keine Groß-/Kleinschreibung.

Beispiel: Es existiert ein Button »Button1« in Ihrer Anwendung. Um die eigentliche Komponente TButton1 im Array Components zurückzugeben, rufen Sie FindComponents wie folgt auf:

```
FindComponents('Button1');
```

function Focused: Boolean;
Focused wird verwendet, um zu bestimmen, ob ein Fensterdialogelement den Fokus besitzt und deshalb das aktive Dialogelement in ActiveControl ist.

procedure Free;
Die Methode Free entfernt das Objekt und gibt den zugehörigen Speicher frei. Haben Sie das Objekt unter Verwendung der Methode Create erzeugt, so benutzen Sie zum Entfernen und für die Freigabe des Speichers die Methode Free. Free gelingt auch dann, wenn das Objekt selbst nicht mehr existiert (zum Beispiel durch einen vorherigen Aufruf von Free). Delphi erledigt dies für Objekte der Bibliothek visueller Komponenten automatisch.

Sie sollten also niemals eine Komponente innerhalb Ihrer Anwendung entfernen.

Falls Sie ein Formular freigeben wollen, rufen Sie die Methode Release auf, um das Formular zu löschen und dessen benutzten Speicher freizugeben.

function GetTextBuf(Buffer: PChar; BufSize: Integer): Integer;
Die Methode GetTextBuf holt den Text der Komponente und kopiert ihn in den Puffer als Null-terminierten String (Ende der Zeichenkette wird mit 0 angegeben), auf den Buffer zeigt. Die maximale Länge des Strings wird mit BufSize (siehe dazu GetTextLen) festgelegt. In BufSize wird nach der Ausführung die Anzahl der Zeichen des Strings zu finden sein. Diese Methode ist vor allem dann sehr nützlich, wenn mit

String größer als 256 Zeichen gearbeitet wird. Der Typ STRING kann nicht mehr als 256 Zeichen aufnehmen. Dabei entfällt aber das erste Element in diesem Typ auf die Längenangabe des Strings, so daß nur noch maximal 255 Zeichen möglich sind. Ein PChar ist ein Zeiger auf das erste Zeichen einer Zeichenkette. Eine derart definierte Zeichenkette besitzt keine Längenangabe, sondern trägt eine 0 am Ende der Kette, daher auch der Name Null-terminierter String. Ein PChar kann die maximale Größe von 64 Kbyte erreichen. Die maximale Anzahl der Zeichen ist also auf 64 Kbyte und nicht auf 255 Zeichen beschränkt (siehe auch GetTextLen und SetTextBuf).

function GetTextLen: Integer;
Die Methode GetTextLen gibt die Länge des Textes der Komponente zurück. Dieser Wert kann für BufSize in GetTextBuf verwenden werden (siehe auch GetTextBuf und SetTextBuf).

procedure Hide;
Die Methode Hide versteckt eine Komponente, sie ist also nicht mehr auf dem Bildschirm sichtbar. Dabei wird die Eigenschaft Visible auf False gesetzt. Dabei ist eine Komponente aber weiterhin aktiv, das heißt, kann bearbeitet werden.

procedure Invalidate;
Die Methode Invalidate erzwingt das Neuzeichnen einer Komponente, sobald dies möglich ist.

procedure InsertComponent(AComponent: TComponent);
InsertComponent macht die Komponente zum Besitzer der im Parameter AComponent übergebenen Komponente. Die Komponente wird am Ende der Array-Eigenschaft Components hinzugefügt. Die eingefügte Komponente darf keinen Namen haben (keinen für die Eigenschaft Name spezifizierten Wert) oder der Name muß sich eindeutig von allen anderen in der Components-Liste unterscheiden. Wird die Besitzerkomponente entfernt, so wird auch AComponent gelöscht.

procedure Refresh;
Die Methode Refresh reagiert je nach Art der Komponente, ob Daten oder die Komponenten selbst neu gezeichnet werden. Die Methode Refresh kann also jedes Bild auf dem Bildschirm löschen und alle Dialogelemente neu zeichnen beziehungsweise Datensätze einer Datei erneut einlesen.

Innerhalb der Implementation von Refresh beim Neuzeichnen von Komponenten wird die Methode Invalidate und dann die Methode Update aufgerufen.

Beim Refresh von Daten ist zu beachten: Durch Refresh können sich die angezeigten Daten unerwartet verändern und so den Anwender verwirren. Ein Dialog oder eine andere Mitteilung, der dem Anwender den Refresh der Daten mitteilt, wäre somit wohl angebracht und von äußerster Nützlichkeit.

procedure RemoveComponent(AComponent: TComponent);
RemoveComponent entfernt die Komponente, die im Parameter AComponent festgelegt ist, aus der Komponentenliste Components. Die Position in der Liste wird zu Nil.

procedure Repaint;
Die Methode Repaint fordert das Dialogelement auf, sein Bild auf dem Bildschirm neu zu zeichnen, ohne jedoch die darunterliegende Fläche zu löschen. Um vor dem Neuzeichnen zu löschen, müssen Sie anstelle von Repaint die Methode Refresh aufrufen.

procedure ScaleBy(M, D: Integer);
Die Methode ScaleBy skaliert eine Komponente um einen Prozentsatz ihrer ursprünglichen Größe. Der Parameter M ist der Multiplikator und der Parameter D der Divisor. Wenn Sie beispielsweise die Größe des Dialogelements auf 66% seines ursprünglichen Formats ändern möchten, geben Sie in M den Wert 66 und in D den Wert 100 an (66/100). Bei der Vergrößerung gehen Sie einfach den umgekehrten Weg: Vergrößerung um 66% bedeutet nichts anderes als M=166 und D=100.

function ScreenToClient(Point: TPoint): TPoint;
Die Methode ScreenToClient wird verwendet, um den Koordinatenpunkt in Pixeln der Komponente auf dem Bildschirm zu bestimmen. ScreenToClient gibt die X- und Y-Koordinaten in einem Record des Typs TPoint zurück.

procedure ScrollBy(DeltaX, DeltaY: Integer);
ScrollBy scrollt den Inhalt einer Komponente. Statt mit der Methode ScrollBy sollten Sie in Normalfall lieber mit den eingebauten Bildlauf-Leisten arbeiten, es sei denn, diese Leisten wären für Ihre Programm-Idee aus irgendeinem Grund nicht brauchbar.

DeltaX enthält die Veränderung in Pixeln in Richtung der X-Achse. Ein positiver Wert von DeltaX verschiebt den Inhalt nach rechts, ein negativer Wert verschiebt den Inhalt nach links. DeltaY bezeichnet die Veränderungen in Pixeln in Richtung der Y-Achse. Ein positiver Wert von DeltaY verschiebt den Inhalt nach unten, ein negativer Wert verschiebt den Inhalt nach oben.

procedure SendToBack;
Die Methode SendToBack setzt eine Komponente innerhalb einer übergeordneten Komponente hinter alle anderen Komponenten. Die Reihenfolge, in der Komponenten übereinander gelagert werden (Z-Reihenfolge), hängt davon ab, ob es sich um fensterähnliche oder um nicht-fensterähnliche Komponente handelt. Die Reihenfolge arbeitet nach dem Prinzip, daß die zuletzt eingefügte Komponente die oberste und damit sichtbare Komponente ist.

Mit der Methode SendToBack einer Komponente würde diese Komponente ganz nach unten auf den Stapel kommen und somit nicht sichtbar sein.

Bei der Stapelung ist zu beachten, daß fensterähnliche Komponenten immer auf nicht-fensterähnlichen Komponenten gestapelt werden. Ein Aufruf von SendToBack einer fensterähnlichen Komponenten bewirkt also gar nichts, wenn unter dem Stapel eine nicht-fensterähnliche Komponente liegt (siehe auch BringToFront).

Die folgenden Komponenten zählen zu den fensterähnlichen Komponenten:

| BitBtn | DBNavigator | MediaPlayer |
| Button | DBRadioGroup | Memo |

Seite Datensteuerung

CheckBox	DirectoryListBox	Notebook
ComboBox	DrawGrid	OLEContainer
DBCheckBox	DriveComboBox	Outline
DBComboBox	Edit	Panel
DBEdit	FileListBox	RadioButton
DBGrid	FilterComboBox	RadioGroup
DBImage	Form	ScrollBar
DBListBox	GroupBox	ScrollBox
DBLookupCombo	Header	StringGrid
DBLookupList	ListBox	TabbedNotebook
DBMemo	MaskEdit	TabSet

Die nun folgenden Komponenten zählen zu den nicht-fensterähnlichen Komponenten:

Bevel	Label	SpeedButton
DBText	PaintBox	Image
Shape		

procedure SetBounds(ALeft, ATop, AWidth, AHeight: Integer);
Die Methode SetBounds setzt die Begrenzungseigenschaften der Komponente Left, Top, Width und Height auf die Werte, die in den entsprechenden Werten ALeft, ATop, AWidth und AHeight übergeben werden. SetBounds erlaubt Ihnen, mehr als eine Begrenzungseigenschaft der Komponente zur gleichen Zeit einzustellen. Obwohl Sie immer einzelne Begrenzungen einstellen können, erlaubt Ihnen die Verwendung von SetBounds, mehrere Änderungen auf einmal durchzuführen, ohne daß jedesmal das Dialogfenster neu gezeichnet werden muß.

procedure SetFocus;
SetFocus übergibt den Fokus an die Komponente. Bei Formularen ruft das jeweilige Formular die Methode SetFocus des standardmäßig aktiven Dialogelements auf.

procedure SetTextBuf(Buffer: PChar);
Die Methode SetTextBuf ersetzt den Text in einer Komponente durch den Text in Buffer. Buffer muß auf einen mit Null abgeschlossenen String zeigen (siehe auch GetTextBuf und GetTextLen).

procedure Show;
Die Methode Show bringt eine Komponente sichtbar auf den Bildschirm, indem die Eigenschaft Visible auf True eingestellt wird. Falls die Methode Show eines Formulars aufgerufen wird und das Formular ist undurchsichtig, versucht Show das Formular sichtbar zu machen, indem sie das Formular mit der Methode BringToFront in den Vordergrund bringt. Ein Formular verfügt zusätzlich über die Methode ShowModal, um einen modalen Dialog erzeugen zu können. Ein modaler Dialog muß bearbeitet und geschlossen werden. Ein SendToBack hätte also keinen Erfolg.

procedure Update;
In der Methode Update wird die API-Funktion UpdateWindow von Windows aufgerufen, die alle beim Zeichnen entstandenen und noch nicht erledigten Meldungen bearbeitet.

UpdateWindows ist definiert als

```
procedure UpdateWindow(Wnd: HWnd);
```

Die Routine UpdateWindow aktualisiert den Client-Bereich des angegebenen Fensters, indem sie eine WM_PAINT-Meldung an das Fenster sendet, wenn der Aktualisierungsbereich für das Fenster nicht leer ist. Die Routine UpdateWindow sendet eine WM_PAINT-Meldung unter Umgehung der Anwendungswarteschlange direkt an die Fensterfunktion des gegebenen Fensters. Wenn der Aktualisierungsbereich leer ist, wird keine Meldung gesendet. Der Parameter Wnd bezeichnet das Fenster oder besser das Handle des Fensters, das aktualisiert werden soll.

Komponentenname: DBLookupCombo
Klassenname: TDBLookupCombo

Beschreibung:

DBLookupCombo ist wie DBLookupListBox für Nachschlage-Daten gedacht. Dabei werden die Daten zweier Datenbanken zum Nachschlagen verknüpft, um zum Beispiel über ein Feld der einen Datenbank detailiertere Informationen aus einer anderen Datenbank zu besorgen.

Eigenschaften:

property Align: TAlign;
Die Eigenschaft Align legt fest, wie Dialogelemente zum Beispiel im Formular ausgerichtet werden. Mögliche Werte:

alNone	Die Komponente bleibt an der Einfügeposition im Formular (Standardeinstellung).
alTop	Die Komponente wird an die Oberkante des Formulars verschoben und an seine Breite angepaßt. Die Höhe der Komponente bleibt unverändert.
alBottom	Die Komponente wird an die Unterkante des Formulars verschoben und an seine Breite angepaßt. Die Höhe der Komponente bleibt unverändert.
alLeft	Die Komponente wird an die linke Kante des Formulars verschoben und an seine Höhe angepaßt. Die Breite der Komponente bleibt unverändert.
alRight	Die Komponente wird an die rechte Kante des Formulars verschoben und an seine Höhe angepaßt. Die Breite der Komponente bleibt unverändert.

alClient   Die Größe der Komponente wird an den Client-Bereich eines Formulars angepaßt. Ist ein Teil des Client-Bereichs bereits von einer anderen Komponente besetzt, füllt die Komponente den verbleibenden Teil des Client-Bereichs aus.

Wird zum Beispiel ein Formular, das Besitzer eines Labels ist, in der Größe verändert, werden die Komponenten innerhalb des Formulars neu ausgerichtet. Die Verwendung der Eigenschaft Align ist dann sinnvoll, wenn ein Dialogelement an einer Position des Formulars stehenbleiben soll, auch wenn sich die Größe des Formulars ändert.

property AutoSelect: Boolean;
Die Eigenschaft AutoSelect legt fest, ob der Text in einer Komponente automatisch ausgewählt wird, wenn der Anwender die Komponente über die Tabulatortaste ansteuert. Ist AutoSelect auf True gesetzt, wird der Text ausgewählt.

property BoundsRect: TRect;
Die Eigenschaft BoundsRect liefert das Begrenzungsrechteck der Komponente – ausgedrückt im Koordinatensystem des übergeordneten Dialogelements – zurück. Mit BoundsRect ersetzen und erleichtern Sie sich somit die Abfrage der einzelnen Werte für die Eigenschaften Left, Top, Width und Height.

property Color: TColor;
Die Eigenschaft Color legt für alle Komponenten mit Ausnahme des Dialogfensters die Farbe fest (Hintergrundfarbe eines Formulars oder eines Dialogelements oder Grafikobjekts).

Ist die Eigenschaft ParentColor auf True gesetzt, bewirkt eine Änderung der Eigenschaft Color einer Komponente A automatisch eine Änderung der Eigenschaft Color aller Komponenten, die als Besitzer die Komponente A haben. Wenn Sie der Eigenschaft Color eines Dialogelements einen Wert zuweisen, wird seine Eigenschaft ParentColor automatisch auf False gesetzt. Mögliche Werte sind:

clBlack	Schwarz
clMaroon	Rotbraun
clGreen	Grün
clOlive	Olivgrün
clNavy	Marineblau
clPurple	Violett
clTeal	Petrol
clGray	Grau
clSilver	Silber
clRed	Rot
clLime	Limonengrün
clBlue	Blau
clFuchsia	Pink
clAqua	Karibikblau
clWhite	Weiß

(Systemfarben von Windows:)

clBackground	Aktuelle Windows-Hintergrundfarbe
clActiveCaption	Aktuelle Farbe der Titelleiste des aktiven Fensters
clInactiveCaption	Aktuelle Farbe der Titelleiste der inaktiven Fenster
clMenu	Aktuelle Hintergrundfarbe der Menüs
clWindow	Aktuelle Hintergrundfarbe der Fenster
clWindowFrame	Aktuelle Farbe der Fensterrahmen
clMenuText	Aktuelle Farbe vom Menütext
clWindowText	Aktuelle Farbe vom Fenstertext
clCaptionText	Aktuelle Textfarbe der Titelleiste des aktiven Fensters
clActiveBorder	Aktuelle Rahmenfarbe des aktiven Fensters
clInactiveBorder	Aktuelle Rahmenfarbe der inaktiven Fenster
clAppWorkSpace	Aktuelle Farbe des Arbeitsbereichs der Anwendung
clHighlight	Aktuelle Hintergrundfarbe vom ausgewählten Text
clHighlightText	Aktuelle Farbe vom ausgewählten Text
clBtnFace	Aktuelle Farbe einer Schalterfläche
clBtnShadow	Aktuelle Schattenfarbe eines Schalters
clGrayText	Aktuelle Farbe von grau dargestelltem Text
clBtnText	Aktuelle Farbe von Text auf einem Schalter
clInactiveCaptionText	Aktuelle Textfarbe in der Titelleiste eines inaktiven Fensters
clBtnHighlight	Aktuelle Farbe der Markierung eines Schalters

Mit einem Doppelklick auf Color öffnet sich das Farbschema von Windows, in dem Sie auch eigene Farben zusammenstellen können.

property ComponentIndex: Integer;
Die Eigenschaft ComponentIndex zeigt die Position einer Komponente in der Eigenschaftsliste Components ihres Besitzers an. Die erste Komponente in der Liste hat den ComponentIndex-Wert 0, die zweite hat den Wert 1, die dritte den Wert 2 etc. Diese Eigenschaft ist nur zur Laufzeit und dann auch nur im Read-Only-Modus benutzbar.

property Controls[Index: Integer]: TControl;
Controls ist ein Array aller untergeordneten Komponenten der Komponente. Controls ist dann von Nutzen, wenn Sie auf die untergeordneten Komponenten über die Nummer statt über den Namen zugreifen müssen.

property Ctl3D: Boolean;
Die Eigenschaft Ctl3D legt fest, ob ein Dialogelement ein dreidimensionales (3-D) oder zweidimensionales Aussehen besitzt. Wenn Ctl3D True ist, erscheint das Dialogelement dreidimensional. Die Voreinstellung von Ctl3D ist True. Wenn die Eigenschaft ParentCtl3D einer Komponente auf True gesetzt ist, verändert jede Modifikation der Eigenschaft Ctl3D des übergeordneten Dialogelements automatisch auch die Eigenschaft Ctl3D des Dialogelements.

Achtung: Damit Ctl3D überhaupt funktioniert, muß sich die dynamische Link-Bibliothek CTL3DV2.DLL im Suchpfad befinden. Idealerweise sollte sich diese Datei im System-Verzeichnis von Windows aufhalten.

property Cursor: TCursor;
Mit der Eigenschaft Cursor stellen Sie das Aussehen des Cursors ein, wenn dieser auf die Komponente zeigt.

Mögliche Werte sind:

crDefault	crArrow	crCross
crIBeam	crSize	crSizeNESW
crSizeNS	crSizeNWSE	crSizeWE
crUpArrow	crHourglass	crDrag
crNoDrop	crHSplit	crVSplit

property DataField: String;
Mit DataField geben Sie das anzuzeigende Feld an. Dieses Feld stammt aus der Quelle in der Eigenschaft DataSouce. In einer DBEdit Komponente legt dieses Feld der Datenbank auch die Gültigkeit der Eintragungen fest. Ist also ein Feld numerisch, akzeptiert die Komponente keine anderen Eingabetypen.

property DataSource: TDataSource;
Mit Hilfe der Eigenschaft DataSource verbinden Sie die Komponente mit einer Instanz der Komponente DataSource, um die Werte von Parametern mit Params oder ParamByName zu setzen. Dies ermöglicht Ihren Anwendungen verknüpfte Abfragen.

property DisplayValue : string;
Mit DisplayValue legen Sie den String fest, der in der Komponente erscheinen soll. Sein Wert ist im Feld enthalten, das in der Eigenschaft LookupDisplay angegeben wurde. Der aktuelle Wert der Eigenschaft Value, der den aktuellen Datensatz in der Nachschlagetabelle bestimmt, gibt auch an, welcher String der DisplayValue-String ist.

property DragCursor: TCursor;
Die Eigenschaft DragCursor bestimmt die Form des Mauszeigers, wenn sich der Zeiger über einer Komponente befindet, die ein gezogenes Objekt akzeptieren kann. Mögliche Werte sind mit denen der Eigenschaft Cursor identisch.

property DragMode: TDragMode;
Die Eigenschaft DragMode legt das Ziehen-und-Ablegen-Verhalten einer Komponente fest. Mögliche Werte sind:

dmAutomatic	Wenn dmAutomatic ausgewählt ist, ist das Dialogelement bereit, gezogen zu werden; der Anwender klickt nur und zieht es dann.
dmManual	Wenn dmManual ausgewählt ist, kann das Dialogelement nicht gezogen werden, bevor die Anwendung die Methode BeginDrag aufgerufen hat.

Ist die Eigenschaft DragMode einer Komponente dmAutomatic, kann die Anwendung dies zur Laufzeit durch Einstellung des Wertes dmManual deaktivieren.

property DropDownCount: Integer;
DropDownCount bestimmt die Länge der Aufklappliste einer ComboBox. Die Standard-Einstellung reicht für acht Elemente ohne Bildlauf. Ist DropDownCount größer als die Anzahl der Elemente, wird die Aufklappliste genau nach dem letzten Element beendet.

property DropDownWidth: Integer;
Mit DropDownWidth können Sie die Breite der Aufklappliste der Komponente bestimmen.

property Enabled: Boolean;
Die Eigenschaft Enabled bestimmt, ob die Komponente auf Maus-, Tastatur- und Timer-Ereignisse reagiert. Wenn Enabled auf True gesetzt ist, reagiert die Komponente normal. Ist Enabled hingegen False, ignoriert das Dialogelement Maus- und Tastaturereignisse. Bei einer Timer-Komponente werden die für das OnTimer-Ereignis deaktivierten Komponenten-Dialogelemente grau dargestellt.

property Font: TFont;
Die Eigenschaft Font legt den Font und die Eigenschaften des Fonts der Komponente fest. Sie haben die Möglichkeit, diese Werte im Objectinspektor zu ändern oder – wesentlich komfortabler – mit Hilfe eines Doppelklicks auf diese Eigenschaft einen Dialog zu öffnen, der alle möglichen Werte anzeigt.

property Handle: ...;
Der Typ der Eigenschaft Handle ist abhängig von der jeweiligen Komponente. Im allgemeinen gilt: Sollte eine Windows-API-Funktion ein Handle der betreffenden Komponente verlangen, setzen Sie dazu die jeweilige Eigenschaft Handle der betreffenden Komponente ein. Verlangt eine Windows-API-Funktion zum Beispiel das Handle Ihrer gesamten Anwendung, benutzen Sie am besten die Eigenschaft Handle des Objekts TApplication. Hier die Übersicht der verschiedenen Typen der Eigenschaft Handle:

Handle für die Komponenten:

Bitmap	property Handle: HBitmap;
Brush	property Handle: HBrush;
Canvas	property Handle: HDC;
Font	property Handle: HFont;
Icon	property Handle: HIcon;
Metafile	property Handle: HMetafile;
Pen	property Handle: HPen;

Handle gibt Ihnen den Zugriff auf das Handle des jeweiligen GDI-Objekts, damit Sie auf dieses zugreifen können. Benötigen Sie zum Beispiel zum Aufruf einer Windows-API-Funktion ein Handle auf ein Stiftobjekt oder ein Bitmap-Objekt, können Sie dazu das Handle der Komponente Pen beziehungsweise der Komponente Bitmap benutzen.

Handle für das Objekt TApplication und die folgenden Komponenten:

Bevel	DBText	Memo
BitBtn	DirectoryListBox	Notebook
Button	DrawGrid	OLEContainer
CheckBox	DriveComboBox	Outline
ComboBox	Edit	PaintBox
DBCheckBox	FileListBox	Panel
DBComboBox	FilterComboBox	RadioButton
DBEdit	FindDialog	RadioGroup
DBGrid	Form	ReplaceDialog
DBImage	GroupBox	ScrollBar
DBListBox	Header	ScrollBox
DBLookupCombo	Image	Shape
DBLookupList	Label	SpeedButton
DBMemo	ListBox	StringGrid
DBNavigator	MaskEdit	TabbedNotebook
DBRadioGroup	MediaPlayer	TabSet

property Handle: HWND;
Handle bietet Ihnen Zugriff auf das Handle der jeweiligen Komponente (z.B. Fenster-Handle, Dialog-Handle etc.). Dieses Handle wird von einigen Windows-API-Funktionen beim Aufruf erwartet. Sie können in diesem Fall das Handle der jeweils betroffenen Komponente oder – falls das Handle Ihrer Anwendung gefordert wird – das Handle des Objekts TApplication übergeben.

Handle für die Komponenten:

MainMenu	MenuItem	PopupMenu

property Handle: HMENU;
Sollte eine Windows-API-Funktion ein Handle eines Menüs, Menü-Eintrags oder eines lokalen Menüs verlangen, können Sie dazu die Eigenschaft Handle von MainMenu, MenuItem und PopupMenu benutzen.

Handle für die Komponente Printer:

property Handle: HDC;
Handle beinhaltet das Handle des jeweiligen Druckerobjektes TPrinter der Komponente Printer.

Handle für die Komponente DataBase:

property Handle: HDBIDB;
Um direkte Aufrufe in die Richtung der Borland Database-Engine-(BDE)-API zu tätigen, benötigen Sie ein Handle der jeweiligen Datenbank-Komponente. Dazu dient Ihnen die Eigenschaft Handle der Komponente DataBase. Sie erlaubt Ihnen Zugriffe auf Funktionen des BDE-API, die nicht in der VCL-Bibliothek integriert wurden. Bevor Sie allerdings diese Funktionen aufrufen, sollten Sie prüfen, ob diese Funktion nicht doch schon in der VCL-Bibliothek gekapselt wurde.

Handle für das Objekt TSession:

Delphi erzeugt eine Komponente Session vom Typ TSession immer dann, wenn eine Anwendung ausgeführt wird. Sessions sollten nicht von Ihnen erzeugt oder zerstört werden. Session erlaubt globale Prüfung über Datenbankverbindungen. Die Eigenschaft Databases von Session ist ein Array von allen aktiven Datenbanken in der Sitzung. Die Eigenschaft DatabaseCount vom Typ Integer gibt die Anzahl der aktiven Datenbanken in der Sitzung an.

property Handle: HDBISES;
Mit dieser Eigenschaft Handle können Sie direkte Aufrufe an die Borland-Datenbank-Engine – bezogen auf eine bestimmte Sitzung (Session/TSession) – machen. Die Komponente Session werden Sie kaum benutzen. Die wichtigsten Funktionen des BDE-API sind in der VCL-Bibliothek gekapselt und ersparen Ihnen diesen Weg.

Handle für die Komponenten Table, Query und StoredProc:

property Handle: HDBICur;
Ebenfalls für direkte Zugriffe auf Funktionen des BDE-API und unter normalen Umständen nicht zu benutzen, da die wichtigsten BDP-API-Funktionen via VCL-Bibliothek einen einfacheren Zugriff ermöglichen.

property Height: Integer;
Die Eigenschaft Height eines Dialogelements legt die Höhe der Komponente in Pixeln fest.

property HelpContext: THelpContext;
Die Eigenschaft HelpContext stellt eine Kontextnummer für den Aufruf kontextbezogener Online-Hilfe bereit. Jeder Hilfebildschirm des Hilfesystems sollte eine eindeutige Kontextnummer besitzen. Ist in der Anwendung eine Komponente selektiert, so wird nach Betätigen von F1 ein Hilfebildschirm angezeigt. Welcher Hilfebildschirm angezeigt wird, hängt vom Wert der Eigenschaft HelpContext ab.

property HideSelection: Boolean;
Die Eigenschaft HideSelection bestimmt, ob ein selektierter Text oder ein Text in einem Editier- oder Memofeld selektiert bleibt, auch wenn der Fokus zu einem anderen Dialogelement wechselt. Ist HideSelection auf True gesetzt, bleibt der Text nur solange selektiert, wie der Fokus beim Dialogelement bleibt.

property Hint: string;
Die Eigenschaft Hint ist der Text-String, der erscheinen kann, wenn ein OnHint-Ereignis eintritt, also wenn der Benutzer den Cursor über die Komponente bewegt. Wie der String angezeigt wird, bestimmt der Code in der Ereignisbehandlungs-Routine OnHint. Sie können eine Schnellhilfe, d.h. ein Fenster, das einen Hilfetext enthält, für eine Komponente erscheinen lassen, wenn der Anwender den Mauszeiger über das Dialogelement führt und dort kurz verweilt. Dies funktioniert wie folgt:

1. Spezifizieren Sie für jede Komponente, die einen Schnellhinweis anzeigen soll, einen Hint-Wert.
2. Setzen Sie die Eigenschaft ShowHints des Bedienfelds auf True.

3. Setzen Sie die Eigenschaft ShowHint der Anwendung zur Laufzeit auf True.

Sie können Hint gleichzeitig sowohl für ein Hilfehinweisfenster als auch für die Verwendung innerhalb der Behandlungsroutine OnHint spezifizieren, indem Sie zwei durch das Zeichen | (das »oder« oder Pipe-Symbol) getrennte Werte angeben, also beispielsweise:

`Edit1.Hint := 'Aufforderung|Geben Sie den richtigen Wert ein';`

Der String »Aufforderung« erscheint im Hilfehinweisfenster und der String »Geben Sie den richtigen Wert ein« erscheint wie in der Ereignisbehandlungs-Routine OnHint spezifiziert.

property Left: Integer;
Die Eigenschaft Left bestimmt die horizontalen Koordinaten in Pixeln der linken Kante einer Komponente relativ zum Formular. Für Formulare ist der Wert der Eigenschaft Left relativ zum Bildschirm (ebenfalls in Pixeln).

property LookupDisplay : string;
Mit LookupDisplay können Sie festlegen, welches Feld aus der Nachschlagetabelle in der Komponente für Datenbank-Nachschlagen angezeigt wird. Verbinden Sie vor der Spezifizierung eines LookupDisplay-Feldes die beiden Datensätze unter Verwendung der Eigenschaft LookupField. Sie können auch mehrere Felder aus dem Nachschlage-Datensatz anzeigen. Jedes Feld erscheint dann in einer eigenen Spalte. Um mehr als ein Feld anzuzeigen, trennen Sie die jeweiligen Feldnamen mit einem Semikolon voneinander:

`'SIZE;AREA;TYPE'`

property LookupField : string;
Mit LookupField binden Sie den Datensatz ein, der zum Nachschlagen benutzt werden soll.

property LookupSource: TDataSource;
Mit LookupSource legen Sie die Komponente DataSource fest, die mit der Nachschlage-Datenbank verbunden ist.

property MaxLength: Integer;
Die Eigenschaft MaxLength spezifiziert die Maximalzahl von Zeichen, die der Benutzer in die Komponente eingeben kann. Der Vorgabewert für MaxLength ist 0, d.h. es gibt keine Begrenzung für die Anzahl der Zeichen, die die Komponente enthalten kann.

property Name: TComponentName;
Die Eigenschaft Name enthält den Namen der Komponente, wie er von anderen Komponenten für den Zugriff verwendet wird. Delphi weist als Vorgabewerte sequentielle Namen zu, die auf dem Typ der Komponente basieren, also etwa für Buttons »Button1«, »Button2« etc. Diese können Sie gemäß Ihrer Vorstellungen abändern. Komponentennamen sollten ausdrücklich nur zur Entwurfszeit geändert werden.

property Options: TDBLookupListOptions;
Mit Options bestimmen Sie, wie mehrere Spalten in der Komponente zum Durchsuchen von Datenbanken erscheinen. Mögliche Werte:

Wert	Bedeutung (wenn auf True gesetzt)
loColLines	Spalten werden durch Linien getrennt
loRowLines	Zeilen werden durch Linien getrennt
loTitles	Feldnamen erscheinen als Überschriften über den Spalten

property Owner: TComponent;
Die Eigenschaft Owner teilt Ihnen mit, welche Komponente zu welcher Komponente gehört. Dem Formular gehören alle Komponenten, die auf ihm vorhanden sind. Umgekehrt gehört das Formular zur Anwendung. Gehört eine Komponente A einer anderen Komponente B, wird der Speicher der Komponente A freigegeben, wenn der Speicher der Komponente B freigegeben wird. Es werden also folgerichtig alle Komponenten des Formulars gelöscht, wenn das Formular gelöscht wird. Außerdem wird natürlich der Speicher für das Formular und dessen Komponenten freigegeben, wenn der Speicher der Anwendung selbst freigegeben wird.

property Parent: TWinControl;
Die Eigenschaft Parent enthält den Namen der übergeordneten Komponente. Wenn eine Komponente A eine andere Komponente B enthält, sind die in B enthaltenen Komponenten untergeordnete Komponenten von A. Wenn Ihre Anwendung beispielsweise drei Buttons in einer GroupBox enthält, dann ist die GroupBox das übergeordnete Element der drei Buttons und die Button-Schaltfelder sind der GroupBox untergeordnet.

Parent und Owner sind leider etwas verwirrend. Daher hier eine kleine Entwirrung:

Ein Formular ist der Besitzer aller darin enthaltenen Komponenten, unabhängig davon, ob sie ein Fensterelement sind oder nicht. Für unser Beispiel mit den drei Buttons und der GroupBox bedeutet dies: Der Besitzer der Buttons ist immer das Formular, aber die GroupBox ist das übergeordnete Element.

Wenn Sie einen neuen Dialog erzeugen, müssen Sie dem neuen Dialogelement einen Wert der Eigenschaft Parent zuweisen. Üblicherweise sind dies Formulare, Bedienfelder, GroupBoxen oder andere Dialoge, die andere Komponenten-Elemente enthalten können. Es ist möglich, jedes Element als das übergeordnete zuzuweisen, aber das darin enthaltene Dialogelement wird wahrscheinlich überschrieben.

Wird das übergeordnete Element gelöscht, werden auch alle Elemente, die ihm untergeordnet sind, gelöscht.

property ParentColor: Boolean;
Die Eigenschaft ParentColor bestimmt, wo eine Komponente nach ihrer Farbeigenschaft suchen soll. Falls ParentColor True ist, verwendet die Komponente die Farbeigenschaft der übergeordneten Komponente.

Wenn ParentColor False ist, verwendet die Komponente ihre eigene Eigenschaft Color. Durch Verwendung von ParentColor können Sie sicherstellen, daß alle Komponenten auf einem Formular das gleiche Erscheinungsbild haben.

property ParentCtl3D: Boolean;
Die Eigenschaft ParentCtl3D bestimmt, wo eine Komponente nach ihrer Eigenschaft Ctl3D suchen muß. IstParentCtl3D auf True gesetzt, verwendet die Komponente die Dimensionen der Eigenschaft Ctl3D von ihrer übergeordneten Komponente. Wenn ParentCtl3D False ist, verwendet die Komponente ihre eigene Eigenschaft Ctl3D. Durch Verwendung von ParentCtl3D stellen Sie sicher, daß alle Komponenten auf einem Formular das gleiche Erscheinungsbild haben. Wenn Sie beispielsweise möchten, daß alle Komponenten auf einem Formular ein dreidimensionales Erscheinungsbild haben, setzen Sie die Eigenschaft Ctl3D des Formulars auf True und die Eigenschaft ParentCtl3D jeder Komponente auf True.

property ParentFont: Boolean;
Die Eigenschaft ParentFont bestimmt, wo eine Komponente nach ihrer Fonteigenschaft suchen soll. Falls ParentFont True ist, verwendet die Komponente den Font der Eigenschaft der übergeordneten Komponente.

Ist ParentFont False, verwendet die Komponente ihre eigene Eigenschaft Font. Durch Verwendung von ParentFont können Sie sicherstellen, daß alle Komponenten auf einem Formular das gleiche Erscheinungsbild haben.

property ParentShowHint: Boolean;
Die Eigenschaft ParentShowHint bestimmt, wo eine Komponente nach ihrer Hinteigenschaft suchen soll. Falls ParentShowHint True ist, verwendet die Komponente die Hint-Eigenschaft der übergeordneten Komponente.

Ist ParentShowHint False, verwendet die Komponente ihre eigene Eigenschaft Hint. Durch Verwendung von ParentShowHint können Sie sicherstellen, daß alle Komponenten auf einem Formular das gleiche Erscheinungsbild haben.

property PopupMenu: TPopupMenu;
Die Eigenschaft PopupMenu legt den Namen des Popup-Menüs fest, das erscheint, wenn der Anwender die Komponente auswählt oder die rechte Maustaste drückt (bei dem Wert True für AutoPopup des Popup) oder wenn die Methode Popup des Popup-Menüs ausgeführt wird.

property ReadOnly: Boolean;
Die Eigenschaft ReadOnly hängt davon ab, um welche Art von Komponente es sich bei der Komponente mit dieser Eigenschaft handelt.

<u>ReadOnly für datensensitive Komponenten und Eigabefelder:</u>

ReadOnly bestimmt, ob der Anwender den Inhalt einer Komponente ändern darf. Falls ReadOnly True ist, kann der Anwender den Inhalt nicht ändern. Wenn ReadOnly False ist, kann der Anwender den Inhalt abändern. Die Eigenschaft ReadOnly bestimmt bei datensensitiven Komponenten, ob der Anwender die Komponente verwenden kann, um ein Feld in einem Datensatz zu bearbeiten oder ob er die Komponente nur zur Anzeige von Daten verwenden kann. Falls ReadOnly False ist, kann der Anwender den Wert des Feldes ändern, solange der Datensatz zum Bearbeiten freigegeben ist. Ist die Eigenschaft ReadOnly eines Datengitters True, kann der Anwender keine neue Zeile einfügen.

Zu dieser Gruppe von Komponenten zählen:

DBCheckBox	DBListBox	DBRadioGroup
DBComboBox	DBLookupCombo	Edit
DBEdit	DBLookupList	MaskEdit
DBGrid	DBMemo	Memo
DBImage		

<u>ReadOnly für Tabellen:</u>

Benutzen Sie ReadOnly um zu verhindern, daß Benutzer Daten in der Tabelle ändern können. Achtung: Denken Sie daran, die Eigenschaft Active auf False zu setzen, bevor Sie ReadOnly ändern.

Zu dieser Gruppe von Komponenten zählen:

TTable

<u>ReadOnly für Feldkomponenten:</u>

ReadOnly kann die Modifikation eines Feldes sperren. Hat diese Eigenschaft den Wert False, kann ein Feld verändert werden. Um die Änderung eines Feldes zu verhindern, setzen Sie ReadOnly auf True. In TDBGrid werden bei Tabulatorsprüngen die Felder mit der Eigenschaft ReadOnly übersprungen.

Zu dieser Gruppe von Komponenten gehören:

BCDField	DateTimeField	SmallintField
BlobField	FloatField	StringField
BooleanField	GraphicField	TimeField
BytesField	IntegerField	VarBytesField
CurrencyField	MemoField	WordField
DateField		

property SelLength: Integer;
Die Eigenschaft SelLength gibt die Länge (in Zeichen) des in der Komponente ausgewählten Textes an. Mit SelLength und der Eigenschaft SelStart legen Sie fest, welcher Teil des Textes in der Komponente ausgewählt wird. Sie können die Anzahl der ausgewählten Zeichen durch eine Änderung von SelLength erreichen. Wenn der Wert für SelStart geändert wird, ändert sich entsprechend der Wert von SelLength. Die Komponente muß die aktive Komponente sein, wenn Sie den Wert von SelLength ändern wollen.

property SelStart: Integer;
SelStart gibt die Anfangsposition des markierten Teils eines Textes in der Komponente zurück. Sie können SelStart zusammen mit der Eigenschaft SelLength verwenden, um eine Teil des Textes auszuwählen. Legen Sie das Zeichen, ab dessen Position Sie die Markierung des Textes beginnen möchten, als Wert von SelStart fest.

Wenn der Wert von SelStart geändert wird, ändert sich entsprechend auch der Wert von SelLength. Die Komponente muß die aktive Komponente sein, wenn Sie den Wert von SelLength ändern wollen.

property SelText: string;
Die Eigenschaft SelText enthält den ausgewählten Teil des Textes der Komponente. Sie können sie verwenden, um zu bestimmen, was der markierte Text enthält oder Sie können den markierten Text, indem Sie einen neuen String angeben. Falls momentan kein Text markiert ist, wird der String in SelText an der Cursor-Position im Text eingefügt.

property ShowHint: Boolean;
Die Eigenschaft ShowHint bestimmt, ob das Dialogelement eine Schnellhilfe anzeigen soll, wenn der Mauszeiger eine Weile auf ihm verweilt. Die Schnellhilfe entspricht dem Wert der Eigenschaft Hint, die in einem Feld direkt unterhalb des Elements angezeigt wird. Hat die Eigenschaft ShowHint den Wert True, kann die Schnellhilfe erscheinen.

Ist ShowHint False, kann die Schnellhilfe auch angezeigt werden, wenn ParentShowHint auf True gesetzt wurde, und die Eigenschaft ShowHint der übergeordneten Komponente ebenfalls auf True gesetzt wurde.

property Showing: Boolean;
Die Eigenschaft Showing legt fest, ob eine Komponente momentan auf dem Bildschirm angezeigt wird oder nicht. Falls die Eigenschaft Visible einer Komponente und aller übergeordneten Komponenten in der übergeordneten Hierarchie True ist, ist Showing auch True. Wenn einer der Vorfahren der Komponente den Wert False als Wert für die Eigenschaft Visible hat, ist auch Showing False.

property Style: TDBLookupComboStyle;
Mit Style bestimmen Sie, wie die Komponente die Elemente zum Nachschlagen in Datenbanken darstellt. Mögliche Werte:

csDropDown   editierbare Liste mit einem Editierfeld
csDropDownList   nicht editierbare Liste ohne Editierfeld

property TabOrder: TTabOrder;
Die Eigenschaft TabOrder bestimmt die Position einer Komponente in der Tabulatorreihenfolge, in der Komponenten den Fokus erhalten, wenn der Anwender die Taste TAB drückt. Anfänglich ist die Tabulatorreihenfolge immer die Reihenfolge, in der die Komponenten in das Formular hinzugefügt wurden. Der Wert der Eigenschaft TabOrder ist für jede Komponente auf dem Formular einmalig. Die erste dem Formular hinzugefügte Komponente hat den TabOrder-Wert 0, die zweite hat 1, die dritte 2 usw.

Falls Sie dem Wert der Eigenschaft TabOrder einer Komponente den Wert einer anderen Komponente zuweisen, numeriert Delphi automatisch die Werte für alle anderen Komponenten neu. Angenommen, eine Komponente ist beispielsweise die sechste Komponente in der Tabulatorreihenfolge. Wenn Sie den Wert der Eigenschaft TabOrder der Komponente auf 3 ändern (dies macht die Komponente zu der vierten in der Tabulatorreihenfolge), wird die Komponente, die die vierte war, nun zur fünften und die Komponente, die die fünfte war, wird jetzt die sechste.

property TabStop: Boolean;
Die Eigenschaft TabStop bestimmt, ob der Anwender diese Komponente mit der Taste TAB anspringen kann. Falls TabStop True ist, befindet sich die Komponente in der Tabulatorreihenfolge. Wenn TabStop False ist, ist das Dialogelement nicht in der Tabulatorreihenfolge.

property Tag: Longint;
Die Eigenschaft Tag kann einen Integerwert als Element einer Komponente speichern. Tag wird von Delphi nicht benutzt und steht Ihnen damit zur freien Verfügung.

property Text: TCaption;
Die Eigenschaft Text einer Komponente legt den Text fest, welcher in der Komponente erscheint. Der voreingestellte Text ist der Name des Elements. Ihr Programm kann den Wert von Text zum Einsetzen in das Programm benutzen oder um dem Anwender Daten anzuzeigen. Die maximale Länge des Strings in der Eigenschaft Text ist 255 Zeichen. Die Eigenschaft Text einer Maskeneditierzeile (MaskEdit) oder Datenbankeditierzeile (DBEdit) oder eines Datenbankmemos (DBMemo) enthält den Text und die literalen Maskenzeichen, spezifiziert mit der Eigenschaft EditText, wenn der Anwender die Maskenzeichen mit dem Text speichern läßt. Wenn die Maskenzeichen nicht gespeichert werden, enthält der Text diese nicht.

Die Eigenschaft Text einer Datenbank-Editierzeile oder eines Datenbankmemos ist nur zur Laufzeit verfügbar. Sie sollten der Eigenschaft Text nicht oft einen neuen Wert zuweisen. Falls die Datenmenge den Status »nur lesen« besitzt, wenn der neue Wert Text zugewiesen wird, würde sich der Feldinhalt nicht ändern. Dazu sollten Sie den Wert des darunterliegenden Feldes durch Einsatz der Eigenschaft Field der Editierzeile ändern. Beispiel:

```
DBEdit1.Field.AsString := 'Ein neuer Text und ein neuer Wert';
```

property Top: Integer;
Die Eigenschaft Top gibt die Y-Koordinate in Pixeln der linken oberen Ecke eines Dialogelements relativ zum Formular an. Bei Formularen wird der Wert der Eigenschaft Top in Pixeln relativ zum Bildschirm angegeben.

property Value: string;
Value beinhaltet den Wert von DataField für den aktuellen Datensatz in der Primärdatei. Beim Durchlaufen der Primärdatei ändert sich der Wert der Eigenschaft Value entsprechend. Zur Laufzeit läßt sich der Inhalt des Feldes durch explizite Änderung des Wertes der Eigenschaft Value verändern.

property Visible: Boolean;
Die Eigenschaft Visible bestimmt, ob eine Komponente auf dem Bildschirm sichtbar ist (True) oder nicht (False).

property Width: integer;
Die Eigenschaft Width bestimmt die Breite einer Komponente, gemessen in Pixeln.

Ereignisse:

property OnChange: TNotifyEvent;
Das Ereignis OnChange erscheint, wenn der Inhalt einer Komponente oder eines Objekts sich ändert. Bei grafischen Objekten tritt OnChange ein, wenn sich die Grafik, die vom Objekt gekapselt wird, ändert. Zum Beispiel tritt das Ereignis OnChange für einen Stift ein, wenn die Eigenschaften Color, Mode, Style oder Width des TPen-Objekts geändert werden. Bei Komponenten tritt OnChange ein, wenn der Hauptwert oder die Hauptwerte der Komponente geändert werden.

Bei Kombinationsfenstern tritt das Ereignis OnChange auch ein, wenn ein Element in der aufklappbaren Liste gewählt wird. Bei String-Listen-Objekten tritt das Ereignis OnChange ein, wenn sich eine Änderung für einen String ergibt, der in der String-Liste gespeichert ist.

OnChange ist vom Typ

```
TNotifyEvent = procedure (Sender: TObject) of object;
```

Der Typ TNotifyEvent weist also auf eine Methode, die das Anklicken eines Objekts behandelt. Der Parameter Sender ist das Dialogelement, das angeklickt wurde.

property OnClick: TNotifyEvent;
Das Ereignis OnClick erscheint, wenn der Benutzer auf die Komponente klickt. In einem Formular tritt OnClick ein, wenn der Benutzer auf eine freie Stelle im Formular oder eine inaktive Komponente klickt.

OnClick ist vom Typ

```
TNotifyEvent = procedure (Sender: TObject) of object;
```

Der Typ TNotifyEvent weist also auf eine Methode, die das Anklicken eines Objekts behandelt. Der Parameter Sender ist das Dialogelement, das angeklickt wurde.

property OnDblClick: TNotifyEvent;
Das Ereignis OnClick erscheint, wenn der Benutzer auf die Komponente einen Doppelklick ausführt. In einem Formular tritt das Ereignis OnDblClick ein, wenn der Benutzer auf eine freie Stelle im Formular oder eine inaktive Komponente einen Doppelklick ausführt.

OnDblClick ist vom Typ

```
TNotifyEvent = procedure (Sender: TObject) of object;
```

Der Typ TNotifyEvent weist also auf eine Methode, die das Doppelklicken eines Objekts behandelt. Der Parameter Sender ist das Dialogelement, das mit einem Doppelklick bearbeitet wurde.

property OnDragDrop: TDragDropEvent;
Das Ereignis OnDragDrop tritt ein, wenn der Anwender ein gezogenes Objekt ablegt. Verwenden Sie die Ereignisbehandlungs-Routine OnDragDrop, um festzulegen, was passieren soll, wenn der Anwender ein Objekt ablegt.

OnDragClick ist vom Typ

TDragDropEvent = procedure(Sender, Source: TObject; X, Y: Integer) of object;

Der Typ TDragDropEvent zeigt also auf eine Methode, die das Ablegen eines gezogenen Objekts behandelt. Der Parameter Source des Ereignisses OnDragDrop ist das abzulegende Objekt und der Parameter Sender ist das Dialogelement, auf dem das Objekt abgelegt wurde. Die Parameter X und Y sind die Koordinaten des Mauszeigers, der über dem Dialogelement positioniert wird.

property OnDragOver: TDragOverEvent;
Das Ereignis OnDragOver tritt ein, wenn der Anwender ein Objekt über eine Komponente zieht. Üblicherweise werden Sie ein Ereignis OnDragOver verwenden, um ein Objekt zu akzeptieren, damit der Anwender es ablegen kann.

OnDragClick ist vom Typ

TDragOverEvent = procedure(Sender, Source: TObject; X, Y: Integer;
                           State: TDragState; var Accept: Boolean) of object;

Der Typ TDragOverEvent zeigt also auf eine Methode, die das Ziehen eines Objekts über ein anderes Objekt behandelt. Der Parameter Source ist das gezogene Objekt, Sender ist das Objekt, über das Source gezogen wurde, X und Y sind die Koordinaten des Mauszeigers, der über dem Dialogelement positioniert wird in Pixeln, State ist der Status des gezogenen Objekts in Verbindung zum darübergezogenen Objekt, und Accept legt fest, ob der Sender das Ziehobjekt erkennt. Accept wird nicht per Voreinstellung auf True oder False gesetzt; Sie müssen die passenden Werte selbst zuweisen.

Das Ereignis OnDragOver akzeptiert ein Objekt, wenn der Parameter Accept True ist. Durch Ändern des Wertes der Eigenschaft DragCursor können Sie das Erscheinungsbild des Cursors beeinflussen. Dies können Sie entweder während des Entwickelns oder zur Laufzeit, bevor ein Ereignis OnDragOver eintritt, durchführen.

property OnEndDrag: TEndDragEvent;
Das Ereignis OnEndDrag tritt immer dann ein, wenn das Ziehen eines Objekts abgeschlossen oder abgebrochen wird. Wenn Sie eine besondere Behandlung haben möchten, wenn das Ziehen beendet wird, verwenden Sie die Ereignisbehandlungs-Routine OnEndDrag.

OnEndDrag ist vom Typ

TEndDragEvent = procedure(Sender, Target: TObject; X, Y: Integer) of object;

Der Typ TEndDragEvent zeigt also auf eine Methode, die das Anhalten des Ziehens eines Objekts behandelt. Der Sender ist das Objekt, was gezogen wird, Target ist das Objekt, zu dem Sender hingezogen wird, und X und Y sind die zugehörigen Bildschirmkoordinaten des Mauszeigers, der über dem Dialogelement positioniert wird. Falls das gezogene Objekt abgelegt und durch das Dialogelement akzeptiert wurde, ist der Parameter Target des Ereignisses OnEndDrag True. Wenn das Objekt nicht erfolgreich abgelegt wurde, beträgt der Wert Target Nil.

property OnEnter: TNotifyEvent;
OnEnter tritt ein, wenn eine Komponente aktiviert wird. Wenn Sie eine besondere Behandlung festlegen möchten, wenn eine Komponente aktiviert wird, verwenden Sie die Ereignisbehandlungs-Routine OnEnter.

OnEnter erscheint nie, wenn Sie zwischen Formularen oder einer anderen Windows-Anwendung und Ihrer Anwendung umschalten. OnEnter für eine Komponente des Typs TPanel oder THeader tritt nie ein, da Bedienfelder oder Header keinen Fokus erhalten können. Somit ist dort OnEnter vollkommen nutzlos. Sie haben diese Ereignisbehandlung aber geerbt.

OnEnter ist vom Typ

```
TNotifyEvent = procedure (Sender: TObject) of object;
```

Der Typ TNotifyEvent weist also auf eine Methode, die das Doppelklicken eines Objekts behandelt. Der Parameter Sender ist das Dialogelement, das mit einem Doppelklick bearbeitet wurde.

property OnExit: TNotifyEvent;
OnExit erscheint, wenn der Eingabefokus von einer Komponente an eine andere übergeben wird. OnExit tritt nicht ein, wenn Sie zwischen Formularen oder zwischen einer Windows-Anwendung und Ihrer Anwendung umschalten. OnExit tritt bei den Komponenten Panel und Speedbutton nicht ein, da diese niemals den Fokus erhalten.

OnExit ist vom Typ

```
TNotifyEvent = procedure (Sender: TObject) of object;
```

Der Typ TNotifyEvent weist also auf eine Methode, die das Doppelklicken eines Objekts behandelt. Der Parameter Sender ist das Dialogelement, das mit einem Doppelklick bearbeitet wurde.

property OnKeyDown: TKeyEvent;
OnKeyDown tritt ein, wenn der Anwender irgendeine Taste drückt, während die Komponente den Fokus hat. Verwenden Sie OnKeyDown, um eine besondere Behandlung festzulegen, die ausgeführt wird, wenn eine Taste gedrückt wird. Der Handler OnKeyDown kann auf alle Tasten der Tastatur, einschließlich Funktionstasten und Tastenkombinationen mit den Tasten UMSCHALT, ALT und STRG sowie betätigten Maustasten reagieren.

OnKeyDown ist vom Typ

```
TKeyEvent = procedure (Sender: TObject; var Key: Word; Shift: TShiftState)
                      of object;
```

Der Typ TKeyEvent weist also auf eine Methode, die Tastaturereignisse verarbeitet. Der Parameter Key steht für die Taste und Shift und kann die folgenden Wert annehmen:

ssShift	UMSCHALTTASTE (SHIFT) wird festgehalten
ssAlt	linke ALT-Taste wird festgehalten
[ssAlt, ssCtrl]	ALTGR-Taste wird festgehalten
ssCtrl	Taste STRG wird festgehalten
ssLeft	Linke Maustaste wird festgehalten
ssMiddle	Mittlere Maustaste wird festgehalten
ssDouble	Rechte und linke Maustaste werden gleichzeitig festgehalten

property OnKeyPress: TKeyPressEvent;
OnKeyPress erscheint, wenn der Anwender eine einzelne Zeichentaste drückt.

OnKeyPress ist vom Typ

```
TKeyPressEvent = procedure (Sender: TObject; var Key: Char) of object;
```

TKeyPressEvent weist also auf eine Methode, die einen Tastendruck für ein einzelnes Zeichen verarbeitet. Der Parameter Key gibt die Taste an. Der Parameter Key ist vom Typ Char; deshalb registriert OnKeyPress das ASCII-Zeichen der gedrückten Taste. Tasten, die nicht mit einem ASCII-Zeichen übereinstimmen (beispielsweise UMSCHALT oder F1), werden kein OnKeyPress erzeugen. Tastenkombinationen (wie UMSCHALT+A) erzeugen nur ein Ereignis des Typs OnKeyPress (in diesem Beispiel ergibt UMSCHALT+A einen Wert Key von »A«, wenn die Feststelltaste ausgeschaltet ist). Falls Sie auf Nicht-ASCII-Tasten oder Tastenkombinationen reagieren möchten, verwenden Sie die Ereignisbehandlungs-Routinen OnKeyDown oder OnKeyUp.

property OnKeyUp: TKeyEvent;
OnKeyUp tritt ein, wenn der Anwender die gedrückte Taste wieder losläßt. OnKeyUp kann auf alle Tasten der Tastatur, einschließlich FFunktionstasten und Tastenkombinationen mit den Tasten UMSCHALT, ALT und STRG sowie betätigten Maustasten reagieren.

```
TKeyEvent = procedure (Sender: TObject; var Key: Word; Shift: TShiftState)
                      of object;
```

Der Typ TKeyEvent weist also auf eine Methode, die Tastaturereignisse verarbeitet. Der Parameter Key steht für die Taste und Shift und kann die folgenden Wert annehmen:

ssShift	UMSCHALTTASTE (SHIFT) wird festgehalten
ssAlt	linke ALT-Taste wird festgehalten
[ssAlt, ssCtrl]	ALTGR-Taste wird festgehalten
ssCtrl	Taste STRG wird festgehalten
ssLeft	Linke Maustaste wird festgehalten
ssMiddle	Mittlere Maustaste wird festgehalten
ssDouble	Rechte und linke Maustaste werden gleichzeitig festgehalten

property OnMouseDown: TMouseEvent;
Ereignis OnMouseDown tritt ein, wenn der Anwender eine Maustaste zu dem Zeitpunkt drückt, an dem sich der Mauszeiger über einem Dialogelement befindet.

OnMouseDown ist vom Typ

```
TMouseEvent=procedure (Sender: TObject; Button: TMouseButton; Shift: TShiftState;
                      X, Y: Integer) of object;
```

Der Typ TMouseEvent weist also auf eine Methode zur Bearbeitung von Maustasten-Ereignissen hin. Der Parameter Button gibt an, welche Maustaste gedrückt wurde, während Shift Auskunft darüber gibt, welche UMSCHALT- (UMSCHALT, STRG oder ALT) bzw. Maustasten gedrückt waren, während die das Mausereignis verursachende Maustaste gedrückt oder losgelassen wurde. X und Y sind die Bildschirmkoordinaten des Mauszeigers in Pixeln. Der Parameter Button des Ereignisses OnMouseDown zeigt an, welche Maustaste gedrückt wurde. Durch Verwenden des Parameters Shift der Ereignisbehandlungs-Routine OnMouseDown können Sie auf den Status der Maus- und Umschalttasten reagieren. Umschalttasten sind die Tasten UMSCHALT, STRG und ALT.

property OnMouseMove: TMouseMoveEvent;
Das Ereignis OnMouseMove tritt ein, wenn der Anwender den Mauszeiger bewegt und dieser sich bereits über einem Dialogelement befindet.

OnMouseMove ist vom Typ

```
TMouseMoveEvent = procedure(Sender: TObject; Shift: TShiftState; X, Y: Integer)
                       of object;
```

Der Typ TMouseMoveEvent zeigt also auf eine Methode, die Mausereignisse infolge einer Mausbewegung verarbeitet. Der Parameter Button gibt an, welche Maustaste gedrückt wurde, während Shift anzeigt, welche UMSCHALT- (UMSCHALT, STRG oder ALT) bzw. Maustasten während der Mausbewegung gedrückt waren. X und Y sind die Bildschirmkoordinaten des Mauszeigers in Pixeln. Durch Verwenden des Parameters Shift können Sie auf den Status der Maus- und Umschalttasten reagieren. Umschalttasten sind die Tasten UMSCHALT, STRG und ALT.

property OnMouseUp: TMouseEvent;
Das Ereignis OnMouseUp tritt ein, wenn der Anwender die gedrückte Maustaste wieder freigibt, wenn sich der Mauszeiger über einer Komponente befindet.

Die Ereignisbehandlungs-Routine OnMouseUp kann auf Betätigungen der rechten, mittleren und linken Maustasten reagieren sowie auf Maustastenkombinationen mit Umschalttasten (Tasten UMSCHALT, STRG und ALT).

OnMouseUp ist vom Typ

```
TMouseEvent = procedure (Sender: TObject; Button: TMouseButton; Shift: TShiftState;
                        X, Y: Integer) of object;
```

Der Typ TMouseEvent zeigt also auf eine Methode zur Bearbeitung von Maustasten-Ereignissen. Der Parameter Button gibt an, welche Maustaste gedrückt wurde, während Shift Auskunft darüber gibt, welche UMSCHALT- (UMSCHALT, STRG oder ALT) bzw. Maustasten gedrückt waren, während die das Mausereignis verursachende

Maustaste gedrückt oder losgelassen wurde. X und Y sind die Bildschirmkoordinaten des Mauszeigers in Pixeln.

Methoden:

procedure BeginDrag(Immediate: Boolean);
Die Methode BeginDrag leitet den Ziehvorgang einer Komponente ein. Wenn der Parameter Immediate auf True gesetzt ist, wird der Mauszeiger auf den Wert der Eigenschaft DragCursor gesetzt und der Ziehvorgang beginnt. Ist Immediate False, wird der Mauszeiger nicht auf den Wert der Eigenschaft DragCursor gesetzt, und der Ziehvorgang wird erst eingeleitet, wenn der Anwender den Mauszeiger um mindestens 5 Pixel bewegt. Auf diese Weise kann die Komponente Mausklicks akzeptieren, ohne einen Ziehvorgang einzuleiten.

Ihre Anwendung muß die Methode BeginDrag zum Einleiten eines Ziehvorgangs nur aufrufen, wenn DragMode auf dmManual gesetzt ist.

procedure BringToFront;
Die Methode BringToFront setzt eine Komponente innerhalb einer übergeordneten Komponente vor alle anderen Komponenten. BringToFront hilft insbesondere sicherzustellen, daß ein Formular sichtbar ist. Verwenden Sie diese Methode, wenn Sie die Reihenfolge überlappender Komponenten in einem Formular neu festlegen wollen.

Die Reihenfolge, in der Komponenten übereinander gelagert werden (Z-Reihenfolge), hängt davon ab, ob es sich um fensterähnliche oder um nicht-fensterähnliche Komponente handelt. Die Reihenfolge arbeitet nach dem Prinzip, daß die zuletzt eingefügte Komponente die oberste und damit sichtbare Komponente ist.

Mit der Methode BringToFront einer Komponente würde diese Komponente ganz nach oben auf den Stapel kommen und somit sichtbar sein.

Bei der Stapelung ist zu beachten, daß fensterähnliche Komponenten immer auf nicht-fensterähnlichen Komponenten gestapelt werden. Ein Aufruf von BringToFront einer nicht-fensterähnlichen Komponente bewirkt also gar nichts, wenn oben auf dem Stapel eine fensterähnliche Komponente liegt.

Die folgenden Komponenten zählen zu den fensterähnlichen Komponenten:

BitBtn	DBNavigator	MediaPlayer
Button	DBRadioGroup	Memo
CheckBox	DirectoryListBox	Notebook
ComboBox	DrawGrid	OLEContainer
DBCheckBox	DriveComboBox	Outline
DBComboBox	Edit	Panel
DBEdit	FileListBox	RadioButton
DBGrid	FilterComboBox	RadioGroup
DBImage	Form	ScrollBar
DBListBox	GroupBox	ScrollBox
DBLookupCombo	Header	StringGrid
DBLookupList	ListBox	TabbedNotebook

DBMemo   MaskEdit   TabSet

Die nun folgenden Komponenten zählen zu den nicht-fensterähnlichen Komponenten:

Bevel   Label   SpeedButton
DBText   PaintBox   Image
Shape

function CanFocus: Boolean;

CanFocus stellt fest, ob eine Komponente den Eingabefokus erhalten kann. CanFocus gibt True zurück, wenn die Eigenschaften Visible und Enabled sowohl der Komponente als auch der übergeordneten Komponenten auf True gesetzt sind. Sind nicht alle Eigenschaften Visible und Enabled dieser Komponenten auf True gesetzt, liefert CanFocus False zurück.

procedure Clear;

Die Art und Weise der Methode Clear hängt von den jeweiligen Komponenten ab:

Clear für die Standard-Komponenten:

TClipboard	TDBEdit	TFileListBox
TList	TDBListBox	TFilterComboBox
TStringList	TDBMemo	TListBox
TStrings	TDirectoryListBox	TMaskEdit
TComboBox	TDriveComboBox	TMemo
TDBComboBox	TEdit	TOutline

Clear löscht alle Texteintragungen beziehungsweise Text-Einträge aus den Komponenten. Bei TClipboard wird der gesamte Inhalt der Zwischenablage gelöscht, vor allem geschieht dies bei Copy- und bei Cut-Ereignissen automatisch, bevor Daten in das Clipboard eingefügt werden.

Clear für die Feldkomponenten:

TBCDField	TCurrencyField	TGraphicField
TStringField	TBlobField	TDateField
TIntegerField	TTimeField	TBooleanField
TDateTimeField	TMemoField	TVarBytesField
TBytesField	TFloatField	TSmallintField
TWordField		

Clear setzt den Wert des Feldes auf NULL.

Clear für die Komponente TFieldDefs:

Clear setzt alle Werte der Eigenschaft Items zurück. Dadurch werden alle Objekte vom Typ TFieldDef aus der Komponente TFieldDefs gelöscht.

Clear für die Komponente TIndexDefs:

Clear setzt alle Werte der Eigenschaft Items zurück. Dadurch werden alle Objekte vom Typ TIndexDef aus der Komponente TFieldDefs gelöscht.

Clear für die Komponente TParam:

Clear setzt die Komponente zurück, also auf 0 und löscht alle bisher zugewiesenen Daten. Die Eigenschaften Name, DataType und ParamType bleiben unverändert.

Clear für die Komponente TParams:

Clear löscht alle Parameterinformationen aus der Eigenschaft Items.

procedure ClearSelection;
ClearSelection löscht den ausgewählten, beziehungsweise markierten Text aus der Komponente.

function ClientToScreen(Point: TPoint): TPoint;
Die Methode ClientToScreen übersetzt den angegebenen Punkt aus Client-Bereichskoordinaten in globale Bildschirmkoordinaten. In Client-Bereichskoordinaten entspricht der Punkt (0, 0) der oberen linken Ecke des Client-Bereichs der Komponente. In Bildschirmkoordinaten entspricht (0, 0) der oberen linken Ecke des Bildschirms. Mit den Methoden ClientToScreen und ScreenToClient rechnen Sie Positionen aus dem Koordinatensystem einer Komponente A in das Koordinatensystem einer Komponente B um.

Beispiel: Umrechnung der Koordinaten einer Komponente A in die Koordinaten einer Komponente B (TPoint ist ein Record mit den Feldern X und Y):

```
TPoint = record
       X : integer;
       Y : integer;
END;
VAR
   Koord: TPoint;
Koord:= B.ScreenToClient(A.ClientToScreen(Koord));
```

procedure CloseUp;
Mit CloseUp schließen Sie eine geöffnete, beziehungsweise aufgeklappte Komponente.

constructor Create;
Create weist Speicher zu, um das Objekt und damit die Komponente zu erzeugen und nach Bedarf seine Daten zu initialisieren. Jedes Objekt kann eine Methode Create besitzen, die individuell so angepaßt ist, daß sie diese bestimmte Art von Objekt erzeugt. Im Normalfall benötigen Sie diese Methoden nicht, da Borland Delphi alles unternimmt, um Ihre Anwendung und die darin enthaltenen Komponenten zu erzeugen. Sollten Sie allerdings ein Ereignis oder die Initialisierung eines Wertes einer selbst geschaffenen Komponente zur Zeit der Erzeugung einstellen wollen, können Sie dies in der Methode Create erledigen. Dazu benötigen Sie aber genaue Kenntnisse und Techniken der OOP. Ansonsten sollten Sie Create unverändert lassen und nicht aufrufen.

function Dragging: Boolean;
Die Methode Dragging gibt an, ob eine Komponente gezogen wird. Wenn Dragging True zurückgibt, wird die Komponente gezogen.

procedure DropDown;
Mit DropDown öffnen Sie beziehungsweise klappen Sie die Komponente auf.

procedure EndDrag(Drop: Boolean);
Die Methode EndDrag verhindert, daß eine Komponente weiter gezogen wird. Wenn der Parameter Drop True ist, wird die gezogene Komponente abgelegt. Ist Drop False, wird die Komponente nicht abgelegt und der Vorgang wird abgebrochen.

function FindComponent(const AName: string): TComponent;
Die Methode FindComponent gibt im Array Components die Komponente zurück, deren Name zum String im Parameter AName paßt. FindComponent beachtet dabei keine Groß-/Kleinschreibung.

Beispiel: Es existiert ein Button »Button1« in Ihrer Anwendung. Um die eigentliche Komponente TButton1 im Array Components zurückzugeben, rufen Sie FindComponents wie folgt auf:

```
FindComponents('Button1');
```

function Focused: Boolean;
Focused wird verwendet, um zu bestimmen, ob ein Fensterdialogelement den Fokus besitzt und deshalb das aktive Dialogelement in ActiveControl ist.

procedure Free;
Die Methode Free entfernt das Objekt und gibt den zugehörigen Speicher frei. Haben Sie das Objekt unter Verwendung der Methode Create erzeugt, so benutzen Sie zum Entfernen und für die Freigabe des Speichers die Methode Free. Free gelingt auch dann, wenn das Objekt selbst nicht mehr existiert (zum Beispiel durch einen vorherigen Aufruf von Free). Delphi erledigt dies für Objekte der Bibliothek visueller Komponenten automatisch.

Sie sollten also niemals eine Komponente innerhalb Ihrer Anwendung entfernen.

Falls Sie ein Formular freigeben wollen, rufen Sie die Methode Release auf, um das Formular zu löschen und dessen benutzten Speicher freizugeben.

function GetTextBuf(Buffer: PChar; BufSize: Integer): Integer;
Die Methode GetTextBuf holt den Text der Komponente und kopiert ihn in den Puffer als Null-terminierten String (Ende der Zeichenkette wird mit 0 angegeben), auf den Buffer zeigt. Die maximale Länge des Strings wird mit BufSize (siehe dazu GetTextLen) festgelegt. In BufSize wird nach der Ausführung die Anzahl der Zeichen des Strings zu finden sein. Diese Methode ist vor allem dann sehr nützlich, wenn mit String größer als 256 Zeichen gearbeitet wird. Der Typ STRING kann nicht mehr als 256 Zeichen aufnehmen. Dabei entfällt aber das erste Element in diesem Typ auf die Längenangabe des Strings, so daß nur noch maximal 255 Zeichen möglich sind. Ein PChar ist ein Zeiger auf das erste Zeichen einer Zeichenkette. Eine derart definierte Zeichenkette besitzt keine Längenangabe, sondern trägt eine 0 am Ende der Kette, daher auch der Name Null-terminierter String. Ein PChar kann die maximale Größe von 64 Kbyte erreichen. Die maximale Anzahl der Zeichen ist also auf 64 Kbyte und nicht auf 255 Zeichen beschränkt (siehe auch GetTextLen und SetTextBuf).

function GetTextLen: Integer;
Die Methode GetTextLen gibt die Länge des Textes der Komponente zurück. Dieser Wert kann für BufSize in GetTextBuf verwendet werden (siehe auch GetTextBuf und SetTextBuf).

procedure Hide;
Die Methode Hide versteckt eine Komponente, sie ist also nicht mehr auf dem Bildschirm sichtbar. Dabei wird die Eigenschaft Visible auf False gesetzt. Dabei ist eine Komponente aber weiterhin aktiv, das heißt, kann bearbeitet werden.

procedure Invalidate;
Die Methode Invalidate erzwingt das Neuzeichnen einer Komponente, sobald dies möglich ist.

procedure InsertComponent(AComponent: TComponent);
InsertComponent macht die Komponente zum Besitzer der im Parameter AComponent übergebenen Komponente. Die Komponente wird am Ende der Array-Eigenschaft Components hinzugefügt. Die eingefügte Komponente darf keinen Namen haben (keinen für die Eigenschaft Name spezifizierten Wert) oder der Name muß sich eindeutig von allen anderen in der Components-Liste unterscheiden. Wird die Besitzerkomponente entfernt, so wird auch AComponent gelöscht.

procedure Refresh;
Die Methode Refresh reagiert je nach Art der Komponente, ob Daten oder die Komponenten selbst neu gezeichnet werden. Die Methode Refresh kann also jedes Bild auf dem Bildschirm löschen und alle Dialogelemente neu zeichnen beziehungsweise Datensätze einer Datei erneut einlesen.

Innerhalb der Implementation von Refresh beim Neuzeichnen von Komponenten wird die Methode Invalidate und dann die Methode Update aufgerufen.

Beim Refresh von Daten ist zu beachten: Durch Refresh können sich die angezeigten Daten unerwartet verändern und so den Anwender verwirren. Ein Dialog oder eine andere Mitteilung, der dem Anwender den Refresh der Daten mitteilt, wäre somit wohl angebracht und von äußerster Nützlichkeit.

procedure RemoveComponent(AComponent: TComponent);
RemoveComponent entfernt die Komponente, die im Parameter AComponent festgelegt ist, aus der Komponentenliste Components. Die Position in der Liste wird zu Nil.

procedure Repaint;
Die Methode Repaint fordert das Dialogelement auf, sein Bild auf dem Bildschirm neu zu zeichnen, ohne jedoch die darunterliegende Fläche zu löschen. Um vor dem Neuzeichnen zu löschen, müssen Sie anstelle von Repaint die Methode Refresh aufrufen.

procedure ScaleBy(M, D: Integer);
Die Methode ScaleBy skaliert eine Komponente um einen Prozentsatz ihrer ursprünglichen Größe. Der Parameter M ist der Multiplikator und der Parameter D der Divisor. Wenn Sie beispielsweise die Größe des Dialogelements auf 66% seines ur-

sprünglichen Formats ändern möchten, geben Sie in M den Wert 66 und in D den Wert 100 an (66/100). Bei der Vergrößerung gehen Sie einfach den umgekehrten Weg: Vergrößerung um 66% bedeutet nichts anderes als M=166 und D=100.

function ScreenToClient(Point: TPoint): TPoint;
Die Methode ScreenToClient wird verwendet, um den Koordinatenpunkt in Pixeln der Komponente auf dem Bildschirm zu bestimmen. ScreenToClient gibt die X- und Y-Koordinaten in einem Record des Typs TPoint zurück.

procedure ScrollBy(DeltaX, DeltaY: Integer);
ScrollBy scrollt den Inhalt einer Komponente. Statt mit der Methode ScrollBy sollten Sie in Normalfall lieber mit den eingebauten Bildlauf-Leisten arbeiten, es sei denn, diese Leisten wären für Ihre Programm-Idee aus irgendeinem Grund nicht brauchbar.

DeltaX enthält die Veränderung in Pixeln in Richtung der X-Achse. Ein positiver Wert von DeltaX verschiebt den Inhalt nach rechts, ein negativer Wert verschiebt den Inhalt nach links. DeltaY bezeichnet die Veränderungen in Pixeln in Richtung der Y-Achse. Ein positiver Wert von DeltaY verschiebt den Inhalt nach unten, ein negativer Wert verschiebt den Inhalt nach oben.

procedure SelectAll;
SelectAll wählt den gesamten Inhalt einer Komponente (Text oder Bild) aus.

procedure SendToBack;
Die Methode SendToBack setzt eine Komponente innerhalb einer übergeordneten Komponente hinter alle anderen Komponenten. Die Reihenfolge, in der Komponenten übereinander gelagert werden (Z-Reihenfolge), hängt davon ab, ob es sich um fensterähnliche oder um nicht-fensterähnliche Komponente handelt. Die Reihenfolge arbeitet nach dem Prinzip, daß die zuletzt eingefügte Komponente die oberste und damit sichtbare Komponente ist. Mit der Methode SendToBack einer Komponente würde diese Komponente ganz nach unten auf den Stapel kommen und somit nicht sichtbar sein. Bei der Stapelung ist zu beachten, daß fensterähnliche Komponenten immer auf nicht-fensterähnlichen Komponenten gestapelt werden. Ein Aufruf von SendToBack einer fensterähnlichen Komponenten bewirkt also gar nichts, wenn unter dem Stapel eine nicht-fensterähnliche Komponente liegt (siehe auch BringToFront). Die folgenden Komponenten zählen zu den fensterähnlichen Komponenten:

BitBtn	DBNavigator	MediaPlayer
Button	DBRadioGroup	Memo
CheckBox	DirectoryListBox	Notebook
ComboBox	DrawGrid	OLEContainer
DBCheckBox	DriveComboBox	Outline
DBComboBox	Edit	Panel
DBEdit	FileListBox	RadioButton
DBGrid	FilterComboBox	RadioGroup
DBImage	Form	ScrollBar
DBListBox	GroupBox	ScrollBox
DBLookupCombo	Header	StringGrid

KAPITEL 4

DBLookupList	ListBox	TabbedNotebook
DBMemo	MaskEdit	TabSet

Die folgenden Komponenten zählen zu den nicht-fensterähnlichen Komponenten:

Bevel	Label	SpeedButton
DBText	PaintBox	Image
Shape		

procedure SetBounds(ALeft, ATop, AWidth, AHeight: Integer);
Die Methode SetBounds setzt die Begrenzungseigenschaften der Komponente Left, Top, Width und Height auf die Werte, die in den entsprechenden Werten ALeft, ATop, AWidth und AHeight übergeben werden. SetBounds erlaubt Ihnen, mehr als eine Begrenzungseigenschaft der Komponente zur gleichen Zeit einzustellen. Obwohl Sie immer einzelne Begrenzungen einstellen können, erlaubt Ihnen die Verwendung von SetBounds, mehrere Änderungen auf einmal durchzuführen, ohne daß jedesmal das Dialogfenster neu gezeichnet werden muß.

procedure SetFocus;
SetFocus übergibt den Fokus an die Komponente. Bei Formularen ruft das jeweilige Formular die Methode SetFocus des standardmäßig aktiven Dialogelements auf.

procedure SetTextBuf(Buffer: PChar);
Die Methode SetTextBuf ersetzt den Text in einer Komponente durch den Text in Buffer. Buffer muß auf einen mit Null abgeschlossenen String zeigen (siehe auch GetTextBuf und GetTextLen).

procedure Show;
Die Methode Show bringt eine Komponente sichtbar auf den Bildschirm, indem die Eigenschaft Visible auf True eingestellt wird. Falls die Methode Show eines Formulars aufgerufen wird und das Formular ist undurchsichtig, versucht Show das Formular sichtbar zu machen, indem sie das Formular mit der Methode BringToFront in den Vordergrund bringt. Ein Formular verfügt zusätzlich über die Methode ShowModal, um einen modalen Dialog erzeugen zu können. Ein modaler Dialog muß bearbeitet und geschlossen werden. Ein SendToBack hätte also keinen Erfolg.

procedure Update;
In der Methode Update wird die API-Funktion UpdateWindow von Windows aufgerufen, die alle beim Zeichnen entstandenen und noch nicht erledigten Meldungen bearbeitet. UpdateWindows ist definiert als

```
procedure UpdateWindow(Wnd: HWnd);
```

Die Routine UpdateWindow aktualisiert den Client-Bereich des angegebenen Fensters, indem sie eine WM_PAINT-Meldung an das Fenster sendet, wenn der Aktualisierungsbereich für das Fenster nicht leer ist. Die Routine UpdateWindow sendet eine WM_PAINT-Meldung unter Umgehung der Anwendungswarteschlange direkt an die Fensterfunktion des gegebenen Fensters. Wenn der Aktualisierungsbereich leer ist, wird keine Meldung gesendet. Der Parameter Wnd bezeichnet das Fenster oder besser das Handle des Fensters, das aktualisiert werden soll.

KAPITEL 5

Seite Dialoge

Komponentenname: **OpenDialog**
Klassenname: **TOpenDialog**

Beschreibung:

OpenDialog stellt Ihnen ein Open-Dialogfenster zur Verfügung, in dem die zu öffnende Datei anzugeben ist. Mit der Methode Execute können Sie den Dialog anzeigen lassen. Mit der Wahl des Buttons OK wird der spezifizierte Dateiname in der Eigenschaft FileName des Dialogs gespeichert und läßt sich dann nach Belieben verarbeiten.

Eigenschaften:

property ComponentIndex: Integer;
Die Eigenschaft ComponentIndex zeigt die Position einer Komponente in der Eigenschaftsliste Components ihres Besitzers an. Die erste Komponente in der Liste hat den ComponentIndex-Wert 0, die zweite hat den Wert 1, die dritte den Wert 2 etc. Diese Eigenschaft ist nur zur Laufzeit und dann auch nur im Read-Only-Modus benutzbar.

property Controls[Index: Integer]: TControl;
Controls ist ein Array aller untergeordneten Komponenten der Komponente. Controls ist dann von Nutzen, wenn Sie auf die untergeordneten Komponenten über die Zahl statt über den Namen zugreifen müssen.

property Ctl3D: Boolean;
Die Eigenschaft Ctl3D legt fest, ob ein Dialogelement ein dreidimensionales (3-D) oder zweidimensionales Aussehen besitzt. Wenn Ctl3D True ist, erscheint das Dialogelement dreidimensional. Die Voreinstellung von Ctl3D ist True. Wenn die Eigenschaft ParentCtl3D einer Komponente auf True gesetzt ist, verändert jede Modifikation der Eigenschaft Ctl3D des übergeordneten Dialogelements automatisch auch die Eigenschaft Ctl3D des untergeordneten Dialogelements.

Achtung: Damit Ctl3D überhaupt funktioniert, muß sich die dynamische Link-Bibliothek CTL3DV2.DLL im Suchpfad befinden. Idealerweise sollte sich diese Datei im System-Verzeichnis von Windows aufhalten.

property DefaultExt: TFileExt;
Mit DefaultExt können Sie Dateinamen-Erweiterung (Extension) festlegen, die dem Dateinamen, den Sie im Editierfeld Dateiname angeben, hinzugefügt wird, falls die die Erweiterung nicht explizit angegeben.

property FileEditStyle: TFileEditStyle;
Mit FileEditStyle geben Sie an, ob die Dialoge OpenDialog oder SaveDialog eine Editierzeile oder ein Combobox enthalten, um den Dateinamen eingeben zu können. Mögliche Werte:

Wert	Bedeutung
fsEdit	Editierzeile zur Eingabe des Dateinamens.
fsComboBox	ComboBox zur Eingabe eines Dateinamens.

Wenn FileEditStyle = fsComboBox ist, können Sie mit Hilfe der Eigenschaft List angeben, welche Dateinamen im Kombinationsfenster erscheinen sollen. Ihre Anwendung kann außerdem eine History-Liste verwenden. Diese Liste enthält die vom Anwender zuletzt eingegebenen Dateinamen. Dazu müssen Sie folgendes tun:

Zuerst fügen Sie Ihrer Anwendung ein Objekt vom Typ TStringList hinzu. Dieses Objekt wird später die Liste der Dateinamen enthalten. Bevor Sie die Methode Execute aufrufen, um den Dialog zu öffnen, weisen Sie das Objekt vom Typ TStringList der Eigenschaft HistoryList zu. Zum Beispiel:

```
var
    StringList: TStringList;
begin
    OpenDialog1.HistoryList := StringList;
    OpenDialog1.Execute;
    ...
end;
```

Nachdem der Dialog wieder vom Anwender geschlossen wurde, benutzen Sie den zurückgelieferten Eigenschaftswert FileName, um Ihre History-Liste zu aktualisieren.

```
StringList.Insert(0, OpenDialog1.FileName);
```

property FileName: TFileName;
FileName enthält den Dateinamen, der im Dialog in der Editierzeile erscheint. Sie können dann diesen Dateinamen auswählen oder einen anderen angeben. Sobald Sie einen Dateinamen angegeben und OK gewählt haben, wird dieser Dateiname in die Eigenschaft FileName eingesetzt werden. Der Dateiname kann nur aus dem Namen selber oder auch zusätzlich aus dessen Pfadangabe bestehen.

property Files: TStrings;
Files enthält eine Liste aller Dateinamen mit deren Pfade, die im Dialog ausgewählt wurden. Um zu erlauben, daß mehrere Dateinamen im Dialog ausgewählt werden können, muß die Eigenschaft Options den Wert ofAllowMultiSelect=True enthalten.

property Filter: string;
Mit Filter können Sie die Dateimaske festlegen, die Ihnen zur Bestimmung der in der Liste des Dialogs darzustellenden Dateien zur Verfügung steht. Es werden nur die Dateien angezeigt, die zu dem gewählten Filter passen. Um einen Filter zu erzeugen müssen Sie wie im folgenden Beispiel verfolgen:

Beispiel für nur einen Filter:

`'Delphi Quelltexte (*.PAS)|*.PAS'`

Geben Sie diesen String in Filter ein, dann wird der Teil vor dem Zeichen "|" im Dialog als Beschreibung erscheinen. Der Teil nach dem Zeichen "|" bildet die Dateierweiterung, die als einzige im Dialog angezeigt wird.

Beispiel für mehrere Filter:

`'Delphi Quelltext (*.PAS)|*.PAS|Delphi Projektdateien (*.DPR)|*.DPR|'`

Das Schema für mehrere Filter lautet also:

`'Kommentar1|FILTER1|Kommentar2|FILTER2|Kommmentar3|FILTER3|...'`

property FilterIndex: Integer;
Mit FilterIndex legen Sie fest, welcher von den in Filter spezifizierten Dateifiltern als Startfilter beim Aufruf des Dialogs verwendet wird. Wenn Sie zum Beispiel fünf Filter definiert haben, und der dritte Filter soll die Vorgabe sein, dann tragen Sie einfach den Wert 3 in diese Eigenschaft ein.

property Handle: ...;
Der Typ der Eigenschaft Handle ist abhängig von der jeweiligen Komponente. Im allgemeinen gilt: Sollte eine Windows-API-Funktion ein Handle der betreffenden Komponente verlangen, dann setzen Sie dazu die jeweilige Eigenschaft Handle der betreffenden Komponente ein. Verlangt eine Windows-API-Funktion zum Beispiel das Handle Ihrer gesamten Anwendung, dann benutzen Sie am besten die Eigenschaft Handle des Objekts TApplication. Hier die Übersicht der verschiedenen Typen der Eigenschaft Handle:

Handle für die Komponenten:

Bitmap	property Handle: HBitmap;
Brush	property Handle: HBrush;
Canvas	property Handle: HDC;
Font	property Handle: HFont;
Icon	property Handle: HIcon;
Metafile	property Handle: HMetafile;
Pen	property Handle: HPen;

Handle gibt Ihnen den Zugriff auf das Handle des jeweiligen GDI-Objekts. Benötigen Sie zum Beispiel zum Aufruf einer Windows-API-Funktion ein Handle auf ein Stiftobjekt oder ein Bitmap-Objekt, dann können Sie dazu das Handle der Komponente Pen beziehungsweise der Komponente Bitmap benutzen.

KAPITEL 5

Handle für das Objekt TApplication und die folgenden Komponenten:

Bevel	DBText	Memo
BitBtn	DirectoryListBox	Notebook
Button	DrawGrid	OLEContainer
CheckBox	DriveComboBox	Outline
ComboBox	Edit	PaintBox
DBCheckBox	FileListBox	Panel
DBComboBox	FilterComboBox	RadioButton
DBEdit	FindDialog	RadioGroup
DBGrid	Form	ReplaceDialog
DBImage	GroupBox	ScrollBar
DBListBox	Header	ScrollBox
DBLookupCombo	Image	Shape
DBLookupList	Label	SpeedButton
DBMemo	ListBox	StringGrid
DBNavigator	MaskEdit	TabbedNotebook
DBRadioGroup	MediaPlayer	TabSet

property Handle: HWND;
Handle ermöglicht Ihnen Zugriff auf das Handle der jeweiligen Komponente (z.B.: Fenster-Handle, Dialog-Handle etc.). Dieses Handle wird von einigen Windows-API-Funktionen beim Aufruf erwartet. Sie können in diesem Fall das Handle der jeweils betroffenen Komponente oder – falls das Handle Ihrer Anwendung gefordert wird – das Handle des Objekts TApplication übergeben.

Handle für die Komponenten:

MainMenu	MenuItem	PopupMenu

property Handle: HMENU;
Sollte eine Windows-API-Funktion ein Handle eines Menüs, Menü-Eintrags oder eines lokalen Menüs verlangen, dann können Sie dazu die Eigenschaft Handle von MainMenu, MenuItem und PopupMenu benutzen.

Handle für die Komponente Printer:

property Handle: HDC;
Handle beinhaltet das Handle des jeweiligen Druckerobjektes TPrinter der Komponente Printer.

Handle für die Komponente DataBase:

property Handle: HDBIDB;
Um direkte Aufrufe in die Richtung des Borland Database-Engine (BDE)-API zu tätigen, benötigen Sie ein Handle der jeweiligen Datenbank-Komponente. Dazu dient Ihnen die Eigenschaft Handle der Komponente DataBase. Dies erlaubt Ihnen Zugriffe auf Funktionen des BDE-API, die nicht in die VCL-Bibliothek integriert wurden. Bevor Sie allerdings diese Funktionen aufrufen, sollten Sie prüfen, ob diese Funktion nicht doch schon in der VCL-Bibliothek gekapselt wurde.

Handle für das Objekt TSession:

Delphi erzeugt eine Komponente Session vom Typ TSession immer dann, wenn eine Anwendung ausgeführt wird. Sessions sollten nicht von Ihnen erzeugt oder zerstört werden. Session erlaubt globale Prüfung über Datenbankverbindungen. Die Eigenschaft Databases von Session ist ein Array von allen aktiven Datenbanken in der Sitzung. Die Eigenschaft DatabaseCount vom Typ Integer gibt die Anzahl der aktiven Datenbanken in der Sitzung an.

property Handle: HDBISES;
Mit dieser Eigenschaft Handle können Sie direkte Aufrufe an die Borland Datenbank-Engine, bezogen auf eine bestimmte Sitzung (Session/TSession), machen. Die Komponente Session werden Sie im Prinzip nicht benutzen müssen. Die wichtigsten Funktionen der BDE-API sind in der VCL-Bibliothek gekapselt und ersparen Ihnen diesen Weg.

Handle für die die Komponenten Table, Query und StoredProc:
property Handle: HDBICur;
Ebenfalls für direkte Zugriffe auf Funktionen der BDE-API und unter normalen Umständen nicht zu benutzen, da die wichtigsten BDP-API-Funktionen via der VCL-Bibliothek einen einfacheren Zugriff ermöglichen.

property HelpContext: THelpContext;
Die Eigenschaft HelpContext stellt eine Kontextnummer für die Verwendung beim Aufruf kontextbezogener Online-Hilfe bereit. Jeder Hilfebildschirm des Hilfesystems sollte eine eindeutige Kontextnummer besitzen. Ist in der Anwendung eine Komponente selektiert, so wird nach Betätigen von F1 ein Hilfebildschirm angezeigt. Welcher Hilfebildschirm angezeigt wird, hängt vom Wert der Eigenschaft HelpContext ab.

property HistoryList: TStrings;
HistoryList enthält Strings als eine Liste vom Dateinamen, die beim Öffnen der Combobox des Dialogs erscheinen und ausgewählt werden können. In der Histroylist befinden sich in der Regel die von Ihnen zuletzt eingegebenen Dateinamen. Dazu muß allerdings die Eigenschaft FileEditStyle auf den Wert fsComboBox gesetzt sein.

property InitialDir: string;
Mit InitialDir legen Sie das Startverzeichnis fest, in dem sich der Dialog beim Aufruf befindet. Beispiel:
```
C:\DELPHI\RTL\MISSING
```

property Left: Integer;
Die Eigenschaft Left bestimmt die horizontalen Koordinaten in Pixeln der linken Kante einer Komponente relativ zum Formular. Für Formulare ist der Wert der Eigenschaft Left relativ zum Bildschirm (ebenfalls in Pixeln).

property Name: TComponentName;
Die Eigenschaft Name enthält den Namen der Komponente wie er von anderen Komponenten für den Zugriff verwendet wird. Delphi weist als Vorgabewerte se-

quentielle Namen zu, die auf dem Typ der Komponente basieren, also etwa für Buttons »Button1«, »Button2« etc. Dies können Sie gemäß Ihrer Vorstellungen abändern. Komponentennamen sollten ausdrücklich nur zur Entwurfszeit geändert werden.

property Options: TOpenOptions;
Die Eigenschaft Options enthält eine Reihe von Flags, die das Ausführen des Dialogs bestimmen.

Wert	Bedeutung (wenn Flag auf True gesetzt)
ofAllowMultiSelect	Es können mehrere Dateien ausgewählt werden.
ofCreatePrompt	Ein Dialog wird angezeigt, wenn der Anwender eine nicht existierende Datei wählt. Dabei wird der Anwender gefragt, ob er einen weiteren Versuch wünscht.
ofExtensionDifferent	Wird gesetzt, wenn Sie eine Datei angeben, die nicht die im Filter beschriebene Dateierweiterung hat.
ofFileMustExist	Ein Dialog wird angezeigt, wenn der Anwender eine nicht existierende Datei wählt. Dabei wird der Anwender gefragt, ob der Dateiname und das Verzeichnis korrekt angegeben wurden.
ofHideReadOnly	Das Markierungsfeld »Nur lesen« im Dialog wird versteckt.
ofNoChangeDir	Jeden Wechsel des Verzeichnisses wird ignoriert.
ofNoReadOnlyReturn	Beim auswählen einer Datei wird der Anwender informiert, daß er nur Lesezugriffs-Rechte hat.
ofNoTestFileCreate	Dient nur bei Netzwerknoten für das Erstellen einer Testdatei. Folgende Überprüfungen werden von der Anwendung nicht durchgeführt: Schreibschutz, volle Festplatte, offenes Laufwerk oder Netzwerkschutz. In der Regel nicht zu benutzen.
ofNoValidate	Ungültige Zeichen bei der Angabe eines Dateinamens sind erlaubt.
ofOverwritePrompt	Eine Warnung erfolgt, wenn versucht wird, eine Datei unter einem schon existierenden Dateinamen abzuspeichern.
ofReadOnly	Das Markierungsfeld »Nur lesen« wird gesetzt.
ofPathMustExist	Verzeichnisname muß bei der Angabe im Dateinamen existieren.
ofShareAware	Share-Violation wird ignoriert. Bei Dateien, die von mehreren Programmen gleichzeitig verwendet werden, wird der Dateiname auch bei einer Zugriffsverletzung zurückgegeben. Bei False würde eine Warnung erscheinen.
ofShowHelp	Hilfe-Button wird mit im Dialog angezeigt.

property Owner: TComponent;
Die Eigenschaft Owner teilt Ihnen mit, welche Komponente zu welcher Komponente gehört. Dem Formular gehören alle Komponenten, die auf ihm vorhanden sind. Umgekehrt gehört das Formular zur Anwendung. Gehört eine Komponente A einer anderen Komponente B, wird der Speicher der Komponente A freigegeben, wenn der Speicher der Komponente B freigegeben wird. Es werden also folgerichtig alle Komponenten des Formulars gelöscht, wenn das Formular gelöscht wird. Außerdem wird natürlich der Speicher für das Formular und dessen Komponenten freigegeben, wenn der Speicher der Anwendung selbst freigegeben wird.

property Tag: Longint;
Die Eigenschaft Tag kann einen Integerwert als Element einer Komponente speichern. Tag wird von Delphi nicht benutzt und steht Ihnen damit zur freien Verfügung

property Title: string;
Mit Title können Sie den Titel der Dialogs in der Titelzeile festlegen.

property Top: Integer;
Die Eigenschaft Top gibt die y-Koordinate in Pixeln der linken oberen Ecke eines Dialogelements relativ zum Formular an. Bei Formularen wird der Wert der Eigenschaft Top in Pixeln relativ zum Bildschirm angegeben.

Ereignisse:

Methoden:

constructor Create;
Create weist Speicher zu, um das Objekt und damit die Komponente zu erzeugen und nach Bedarf seine Daten zu initialisieren. Jedes Objekt kann eine Methode Create besitzen, die individuell so angepaßt ist, daß sie diese bestimmte Art von Objekt erzeugt. Im Normalfall benötigen Sie diese Methoden nicht, da Borland Delphi alles unternimmt, um Ihre Anwendung und die darin enthaltenen Komponenten zu erzeugen. Sollten Sie allerdings ein Ereignis oder die Initialisierung eines Wertes einer selbst geschaffenen Komponente zur Zeit der Erzeugung einstellen wollen, dann können Sie dies in der Methode Create erledigen. Dazu benötigen Sie aber genaue Kenntnisse und Techniken der OOP. Ansonsten sollten Sie Create unverändert lassen und nicht aufrufen.

function Execute: Boolean;
Mit Execute starten sie den Dialog. Wird aus irgendeinem Grund der Dialog nicht angezeigt, dann liefert die Methode den Wert False zurück, ansonsten ist der Rückgabewert True.

procedure Free;
Die Methode Free entfernt das Objekt und gibt den dazugehörigen Speicher frei. Haben Sie das Objekt unter Verwendung der Methode Create erzeugt, so benutzen Sie zum Entfernen und für die Freigabe des Speichers die Methode Free. Free gelingt

auch dann, wenn das Objekt selbst nicht mehr existiert (zum Beispiel durch einen vorherigen Aufruf von Free). Delphi erledigt dies für Objekte der Bibliothek visueller Komponenten automatisch. Sie sollten also niemals eine Komponente innerhalb ihrer Anwendung entfernen. Falls Sie ein Formular freigeben wollen, rufen Sie die Methode Release auf, um das Formular zu löschen und dessen benutzten Speicher freizugeben.

Komponentenname: SaveDialog
Klassenname: TSaveDialog

Beschreibung:

SaveDialog erzeugt einen »Datei Speichern«-Dialog.

Eigenschaften:

property ComponentIndex: Integer;
Die Eigenschaft ComponentIndex zeigt die Position einer Komponente in der Eigenschaftsliste Components ihres Besitzers an. Die erste Komponente in der Liste hat den ComponentIndex-Wert 0, die zweite hat den Wert 1, die dritte den Wert 2 etc. Diese Eigenschaft ist nur zur Laufzeit und dann auch nur im Read-Only-Modus benutzbar.

property Controls[Index: Integer]: TControl;
Controls ist ein Array aller untergeordneten Komponenten der Komponente. Controls ist dann von Nutzen, wenn Sie auf die untergeordneten Komponenten über die Zahl statt über den Namen zugreifen müssen.

property Ctl3D: Boolean;
Die Eigenschaft Ctl3D legt fest, ob ein Dialogelement ein dreidimensionales (3-D) oder zweidimensionales Aussehen besitzt. Wenn Ctl3D True ist, erscheint das Dialogelement dreidimensional. Die Voreinstellung von Ctl3D ist True. Wenn die Eigenschaft ParentCtl3D einer Komponente auf True gesetzt ist, verändert jede Modifikation der Eigenschaft Ctl3D des übergeordneten Dialogelements automatisch auch die Eigenschaft Ctl3D des Dialogelements.

Achtung: Damit Ctl3D überhaupt funktioniert, muß sich die dynamische Link-Bibliothek CTL3DV2.DLL im Suchpfad befinden. Idealerweise sollte sich diese Datei im System-Verzeichnis von Windows aufhalten.

property DefaultExt: TFileExt;
Mit DefaultExt können Sie Dateinamen-Erweiterung (Extension) festlegen, die dem Dateinamen, den Sie im Editierfeld Dateiname angeben, hinzugefügt wird, falls die die Erweiterung nicht explizit angegeben.

property FileEditStyle: TFileEditStyle;
Mit FileEditStyle geben Sie an, ob die Dialoge OpenDialog oder SaveDialog eine Editierzeile oder ein Combobox enthalten, um den Dateinamen eingeben zu können. Mögliche Werte:

fsEdit	Editierzeile zur Eingabe des Dateinamens.
fsComboBox	ComboBox zur Eingabe eines Dateinamens.

Bei FileEditStyle = fsComboBox, können Sie mit Hilfe der Eigenschaft List angeben, welche Dateinamen im Kombinationsfenster erscheinen sollen. Ihre Anwendung kann außerdem eine History-Liste verwenden. Diese Liste enthält die vom Anwender zuletzt eingegebenen Dateinamen. Dazu müssen Sie folgendes tun:

Zuerst fügen Sie Ihrer Anwendung ein Objekt vom Typ TStringList hinzu. Dieses Objekt wird später die Liste der Dateinamen enthalten. Bevor Sie die Methode Execute aufrufen, um den Dialog zu öffnen, weisen Sie das Objekt vom Typ TStringList der Eigenschaft HistoryList zu. Zum Beispiel:

```
var
    StringList: TStringList;
begin
    OpenDialog1.HistoryList := StringList;
    OpenDialog1.Execute;
    ...
end;
```

Nachdem der Dialog wieder vom Anwender geschlossen wurde, benutzen Sie den zurückgelieferten Eigenschaftswert FileName, um Ihre History-Liste zu aktualisieren.

```
StringList.Insert(0, OpenDialog1.FileName);
```

property FileName: TFileName;
FileName enthält den Dateinamen, der im Dialog in der Editierzeile erscheint. Sie können dann diesen Dateinamen auswählen oder einen anderen angeben. Sobald Sie einen Dateinamen angegeben und OK gewählt haben, wird dieser Dateiname in die Eigenschaft FileName eingesetzt werden. Der Dateiname kann nur aus dem Namen selber oder auch zusätzlich aus dessen Pfadangabe bestehen.

property Files: TStrings;
Files enthält eine Liste aller Dateinamen mit deren Pfade, die im Dialog ausgewählt wurden. Um zu erlauben, daß mehrereDateinamen im Dialog ausgewählt werden können, muß die Eigenschaft Options den Wert ofAllowMultiSelect=True enthalten.

property Filter: string;
Mit Filter können Sie die Dateimaske festlegen, die Ihnen zur Bestimmung der in der Liste des Dialogs darzustellenden Dateien zur Verfügung steht. Es werden nur die Dateien angezeigt, die zu dem gewählten Filter passen. Um einen Filter zu erzeugen müssen Sie wie im folgenden Beispiel verfolgen:

```
'Delphi Quelltexte (*.PAS)|*.PAS'
```

Geben Sie diesen String in Filter ein, dann wird der Teil vor dem Zeichen »|« im Dialog als Beschreibung erscheinen. Der Teil nach dem Zeichen »|« bildet die Dateierweiterung, die als einzige im Dialog angezeigt wird. Beispiel für mehrere Filter:

```
'Delphi Quelltext (*.PAS)|*.PAS|Delphi Projektdateien (*.DPR)|*.DPR|'
```

Das Schmema für mehrere Filter lautet also:

```
'Kommentar1|FILTER1|Kommentar2|FILTER2|Kommmentar3|FILTER3|...'
```

property FilterIndex: Integer;
Mit FilterIndex legen Sie fest, welcher von den in Filter spezifizierten Dateifiltern als Startfilter beim Aufblenden des Dialogs verwendet wird. Wenn Sie zum Beispiel 5 Filter definiert haben, und der dritte Filter soll die Vorgabe sein, dann tragen Sie einfach den Wert 3 in diese Eigenschaft ein.

property Handle: ...;
Der Typ der Eigenschaft Handle ist abhängig von der jeweiligen Komponente. Im allgemeinen gilt: Sollte eine Windows-API-Funktion ein Handle der betreffenden Komponente verlangen, dann setzen Sie dazu die jeweilige Eigenschaft Handle der betreffenden Komponente ein. Verlangt eine Windows-API-Funktion zum Beispiel das Handle Ihrer gesamten Anwendung, dann benutzen Sie am besten die Eigenschaft Handle des Objekts TApplication. Hier die Übersicht der verschiedenen Typen der Eigenschaft Handle:

Handle für die Komponenten:

Bitmap	property Handle: HBitmap;
Brush	property Handle: HBrush;
Canvas	property Handle: HDC;
Font	property Handle: HFont;
Icon	property Handle: HIcon;
Metafile	property Handle: HMetafile;
Pen	property Handle: HPen;

Handle gibt Ihnen den Zugriff auf das Handle des jeweiligen GDI-Objekts. Benötigen Sie zum Beispiel zum Aufruf einer Windows-API-Funktion ein Handle auf ein Stiftobjekt oder ein Bitmap-Objekt, dann können Sie dazu das Handle der Komponente Pen beziehungsweise der Komponente Bitmap benutzen.

Handle für das Objekt TApplication und die folgenden Komponenten:

Bevel	DBText	Memo
BitBtn	DirectoryListBox	Notebook
Button	DrawGrid	OLEContainer
CheckBox	DriveComboBox	Outline
ComboBox	Edit	PaintBox
DBCheckBox	FileListBox	Panel
DBComboBox	FilterComboBox	RadioButton
DBEdit	FindDialog	RadioGroup
DBGrid	Form	ReplaceDialog

DBImage	GroupBox	ScrollBar
DBListBox	Header	ScrollBox
DBLookupCombo	Image	Shape
DBLookupList	Label	SpeedButton
DBMemo	ListBox	StringGrid
DBNavigator	MaskEdit	TabbedNotebook
DBRadioGroup	MediaPlayer	TabSet

property Handle: HWND;
Handle ermöglicht Ihnen Zugriff auf das Handle der jeweiligen Komponente (z.B.: Fenster-Handle, Dialog-Handle etc.). Dieses Handle wird von einigen Windows-API-Funktionen beim Aufruf erwartet. Sie können in diesem Fall das Handle der jeweils betroffenen Komponente oder – falls das Handle Ihrer Anwendung gefordert wird – das Handle des Objekts TApplication übergeben.

Handle für die Komponenten:

MainMenu	MenuItem	PopupMenu

property Handle: HMENU;
Sollte eine Windows-API-Funktion ein Handle eines Menüs, Menü-Eintrags oder eines lokalen Menüs verlangen, dann können Sie dazu die Eigenschaft Handle von MainMenu, MenuItem und PopupMenu benutzen.

Handle für die Komponente Printer:

property Handle: HDC;
Handle beinhaltet das Handle des jeweiligen Druckerobjektes TPrinter der Komponente Printer.

Handle für die Komponente DataBase:

property Handle: HDBIDB;
Um direkte Aufrufe in die Richtung des Borland Database-Engine (BDE)-API zu tätigen, benötigen Sie ein Handle der jeweiligen Datenbank-Komponente. Dazu dient Ihnen die Eigenschaft Handle der Komponente DataBase. Dies erlaubt Ihnen Zugriffe auf Funktionen des BDE-API, die nicht in die VCL-Bibliothek integriert wurden. Bevor Sie allerdings diese Funktionen aufrufen, sollten Sie prüfen, ob diese Funktion nicht doch schon in der VCL-Bibliothek gekapselt wurde.

Handle für das Objekt TSession:

Delphi erzeugt eine Komponente Session vom Typ TSession immer dann, wenn eine Anwendung ausgeführt wird. Sessions sollten nicht von Ihnen erzeugt oder zerstört werden. Session erlaubt globale Prüfung über Datenbankverbindungen. Die Eigenschaft Databases von Session ist ein Array von allen aktiven Datenbanken in der Sitzung. Die Eigenschaft DatabaseCount vom Typ Integer gibt die Anzahl der aktiven Datenbanken in der Sitzung an.

property Handle: HDBISES;
Mit dieser Eigenschaft Handle können Sie direkte Aufrufe an die Borland Datenbank-Engine, bezogen auf eine bestimmte Sitzung (Session/TSession), machen. Die

Komponente Session werden Sie im Prinzip nicht benutzen müssen. Die wichtigsten Funktionen der BDE-API sind in der VCL-Bibliothek gekapselt und ersparen Ihnen diesen Weg.

Handle für die die Komponenten Table, Query und StoredProc:

property Handle: HDBICur;
Ebenfalls für direkte Zugriffe auf Funktionen der BDE-API und unter normalen Umständen nicht zu benutzen, da die wichtigsten BDP-API-Funktionen via der VCL-Bibliothek einen einfacheren Zugriff ermöglichen.

property HelpContext: THelpContext;
Die Eigenschaft HelpContext stellt eine Kontextnummer für die Verwendung beim Aufruf kontextbezogener Online-Hilfe bereit. Jeder Hilfebildschirm des Hilfesystems sollte eine eindeutige Kontextnummer besitzen. Ist in der Anwendung eine Komponente selektiert, so wird nach Betätigen von F1 ein Hilfebildschirm angezeigt. Welcher Hilfebildschirm angezeigt wird, hängt vom Wert der Eigenschaft HelpContext ab.

property HistoryList: TStrings;
HistoryList enthält Strings als eine Liste von Dateinamen, die beim Öffnen der Combobox des Dialogs erscheinen und ausgewählt werden können. In der Histroylist befinden sich in der Regel die von Ihnen zuletzt eingegebenen Dateinamen. Dazu muß allerdings die Eigenschaft FileEditStyle auf den Wert fsComboBox gesetzt sein.

property InitialDir: string;
Mit InitialDir legen sie das Startverzeichnis fest, in dem sich der Dialog beim Aufruf befindet. Beispiel:

C:\DELPHI\RTL\MISSING

property Left: Integer;
Die Eigenschaft Left bestimmt die horizontalen Koordinaten in Pixeln der linken Kante einer Komponente relativ zum Formular. Für Formulare ist der Wert der Eigenschaft Left relativ zum Bildschirm (ebenfalls in Pixeln).

property Name: TComponentName;
Die Eigenschaft Name enthält den Namen der Komponente wie er von anderen Komponenten für den Zugriff verwendet wird. Delphi weist als Vorgabewerte sequentielle Namen zu, die auf dem Typ der Komponente basieren, also etwa für Buttons »Button1«, »Button2« etc. Dies können Sie gemäß Ihrer Vorstellungen abändern. Komponentennamen sollten ausdrücklich nur zur Entwurfszeit geändert werden.

property Options: TOpenOptions;
Die Eigenschaft Options enthält eine Reihe von Flags, die das Ausführen des Dialogs bestimmen.

Wert	Bedeutung (wenn Flag auf True gesetzt)
ofAllowMultiSelect	Es können mehrere Dateien ausgewählt werden.
ofCreatePrompt	Ein Dialog wird angezeigt, wenn der Anwender eine nicht existierende Datei wählt. Dabei wird der Anwender gefragt, ob er einen weiteren Versuch wunscht.
ofExtensionDifferent	Wird gesetzt, wenn Sie eine Datei angeben, die nicht die im Filter beschriebene Dateierweiterung hat.
ofFileMustExist	Ein Dialog wird angezeigt, wenn der Anwender eine nicht existierende Datei wählt. Dabei wird der Anwender gefragt, ob der Dateiname und das Verzeichnis korrekt angegeben wurden.
ofHideReadOnly	Das Markierungsfeld »Nur lesen« im Dialog wird versteckt.
ofNoChangeDir	Jeder Wechsel des Verzeichnisses wird ignoriert.
ofNoReadOnlyReturn	Beim auswählen einer Datei wird der Anwender informiert, daß er nur Lesezugriffs-Rechte hat.
ofNoTestFileCreate	Dient nur bei Netzwerknoten für das Erstellen einer Testdatei. Folgende Überprüfungen werden von der Anwendung nicht durchführen: Schreibschutz, volle Festplatte, offenes Laufwerk oder Netzwerkschutz. In der Regel nicht zu benutzen.
ofNoValidate	Ungültige Zeichen bei der Angabe eines Dateinamens sind erlaubt.
ofOverwritePrompt	Eine Warnung erfolgt, wenn versucht wird, eine Datei unter einem schon existierenden Dateinamen abzuspeichern.
ofReadOnly	Das Markierungsfeld »Nur lesen« wird gesetzt.
ofPathMustExist	Verzeichnisname muß bei der Angabe im Dateinamen existieren.
ofShareAware	Share-Violation wird ignoriert. Bei Dateien, die von mehreren Programmen gleichzeitig verwendet werden, wird der Dateiname auch bei einer Zugriffsverletzung zurückgegeben. Bei False würde eine Warnung erscheinen.
ofShowHelp	Hilfe-Button wird mit im Dialog angezeigt.

property Owner: TComponent;
Die Eigenschaft Owner teilt Ihnen mit, welche Komponente zu welcher Komponente gehört. Dem Formular gehören alle Komponenten, die auf ihm vorhanden sind. Umgekehrt gehört das Formular zur Anwendung. Gehört eine Komponente A einer anderen Komponente B, wird der Speicher der Komponente A freigegeben, wenn der Speicher der Komponente B freigegeben wird. Es werden also folgerichtig alle Komponenten des Formulars gelöscht, wenn das Formular gelöscht wird. Außerdem

wird natürlich der Speicher für das Formular und dessen Komponenten freigegeben, wenn der Speicher der Anwendung selbst freigegeben wird.

property Tag: Longint;
Die Eigenschaft Tag kann einen Integerwert als Element einer Komponente speichern. Tag wird von Delphi nicht benutzt und steht Ihnen damit zur freien Verfügung.

property Title: string;
Mit Title können Sie den Titel der Dialogs in der Titelzeile festlegen.

property Top: Integer;
Die Eigenschaft Top gibt die y-Koordinate in Pixeln der linken oberen Ecke eines Dialogelements relativ zum Formular an. Bei Formularen wird der Wert der Eigenschaft Top in Pixeln relativ zum Bildschirm angegeben.

Ereignisse:

Methoden:

constructor Create;
Create weist Speicher zu, um das Objekt und damit die Komponente zu erzeugen und nach Bedarf seine Daten zu initialisieren. Jedes Objekt kann eine Methode Create besitzen, die individuell so angepaßt ist, daß sie diese bestimmte Art von Objekt erzeugt. Im Normalfall benötigen Sie diese Methoden nicht, da Borland Delphi alles unternimmt, um Ihre Anwendung und die darin enthaltenen Komponenten zu erzeugen. Sollten Sie allerdings ein Ereignis oder die Initialisierung eines Wertes einer selbst geschaffenen Komponente zur Zeit der Erzeugung einstellen wollen, dann können Sie dies in der Methode Create erledigen. Dazu benötigen Sie aber genaue Kenntnisse und Techniken der OOP. Ansonsten sollten Sie Create unverändert lassen und nicht aufrufen.

function Execute: Boolean;
Mit Execute starten sie den Dialog. Wird aus irgendeinem Grund der Dialog nicht angezeigt, dann liefert die Methode den Wert False zurück, ansonsten ist der Rückgabewert True.

procedure Free;
Die Methode Free entfernt das Objekt und gibt den dazugehörigen Speicher frei. Haben Sie das Objekt unter Verwendung der Methode Create erzeugt, so benutzen Sie zum Entfernen und für die Freigabe des Speichers die Methode Free. Free gelingt auch dann, wenn das Objekt selbst nicht mehr existiert (zum Beispiel durch einen vorherigen Aufruf von Free). Delphi erledigt dies für Objekte der Bibliothek visueller Komponenten automatisch.

Sie sollten also niemals eine Komponente innerhalb ihrer Anwendung entfernen.

Falls Sie ein Formular freigeben wollen, rufen Sie die Methode Release auf, um das Formular zu löschen und dessen benutzten Speicher freizugeben.

Komponentenname: FontDialog
Klassenname: TFontDialog

Beschreibung:

FontDialog stellt Ihnen einen Dialog zur Auswahl von Zeichenfonts und deren Eigenschaften zur Verfügung.

Eigenschaften:

property ComponentIndex: Integer;
Die Eigenschaft ComponentIndex zeigt die Position einer Komponente in der Eigenschaftsliste Components ihres Besitzers an. Die erste Komponente in der Liste hat den ComponentIndex-Wert 0, die zweite hat den Wert 1, die dritte den Wert 2 etc. Diese Eigenschaft ist nur zur Laufzeit und dann auch nur im Read-Only-Modus benutzbar.

property Controls[Index: Integer]: TControl;
Controls ist ein Array aller untergeordneten Komponenten der Komponente. Controls ist dann von Nutzen, wenn Sie auf die untergeordneten Komponenten über die Zahl statt über den Namen zugreifen müssen.

property Ctl3D: Boolean;
Die Eigenschaft Ctl3D legt fest, ob ein Dialogelement ein dreidimensionales (3-D) oder zweidimensionales Aussehen besitzt. Wenn Ctl3D True ist, erscheint das Dialogelement dreidimensional. Die Voreinstellung von Ctl3D ist True. Wenn die Eigenschaft ParentCtl3D einer Komponente auf True gesetzt ist, verändert jede Modifikation der Eigenschaft Ctl3D des übergeordneten Dialogelements automatisch auch die Eigenschaft Ctl3D des Dialogelements.

Achtung: Damit Ctl3D überhaupt funktioniert, muß sich die dynamische Link-Bibliothek CTL3DV2.DLL im Suchpfad befinden. Idealerweise sollte sich diese Datei im System-Verzeichnis von Windows aufhalten.

property Device: TFontDialogDevice;
Mit Device legen Sie Gerät fest, auf dem sich die ausgewählte Schriftart auswirken soll:

Wert	Bedeutung
fdScreen	Bildschirm
fdPrinter	Drucker
fdBoth	Bildschirm und Drucker

property Font: TFont;
Mit Font können Sie den Vorgabe-Font und dessen Eigescnhaften festlegen, der beim Aufblenden des FontDialogs erscheint.

property Handle: ...;
Der Typ der Eigenschaft Handle ist abhängig von der jeweiligen Komponente. Im allgemeinen gilt: Sollte eine Windows-API-Funktion ein Handle der betreffenden Komponente verlangen, dann setzen Sie dazu die jeweilige Eigenschaft Handle der betreffenden Komponente ein. Verlangt eine Windows-API-Funktion zum Beispiel das Handle Ihrer gesamten Anwendung, dann benutzen Sie am besten die Eigenschaft Handle des Objekts TApplication. Hier die Übersicht der verschiedenen Typen der Eigenschaft Handle:

Handle für die Komponenten:

Bitmap	property Handle: HBitmap;
Brush	property Handle: HBrush;
Canvas	property Handle: HDC;
Font	property Handle: HFont;
Icon	property Handle: HIcon;
Metafile	property Handle: HMetafile;
Pen	property Handle: HPen;

Handle gibt Ihnen den Zugriff auf das Handle des jeweiligen GDI-Objekts. Benötigen Sie zum Beispiel zum Aufruf einer Windows-API-Funktion ein Handle auf ein Stiftobjekt oder ein Bitmap-Objekt, dann können Sie dazu das Handle der Komponente Pen beziehungsweise der Komponente Bitmap benutzen.

Handle für das Objekt TApplication und die folgenden Komponenten:

Bevel	DBText	Memo
BitBtn	DirectoryListBox	Notebook
Button	DrawGrid	OLEContainer
CheckBox	DriveComboBox	Outline
ComboBox	Edit	PaintBox
DBCheckBox	FileListBox	Panel
DBComboBox	FilterComboBox	RadioButton
DBEdit	FindDialog	RadioGroup
DBGrid	Form	ReplaceDialog
DBImage	GroupBox	ScrollBar
DBListBox	Header	ScrollBox
DBLookupCombo	Image	Shape
DBLookupList	Label	SpeedButton
DBMemo	ListBox	StringGrid
DBNavigator	MaskEdit	TabbedNotebook
DBRadioGroup	MediaPlayer	TabSet

property Handle: HWND;
Handle ermöglicht Ihnen Zugriff auf das Handle der jeweiligen Komponente (z.B.: Fenster-Handle, Dialog-Handle etc.). Dieses Handle wird von einigen Windows-API-Funktionen beim Aufruf erwartet. Sie können in diesem Fall das Handle der jeweils betroffenen Komponente oder – falls das Handle Ihrer Anwendung gefordert wird – das Handle des Objekts TApplication übergeben.

Handle für die Komponenten:

MainMenu   MenuItem   PopupMenu

property Handle: HMENU;
Sollte eine Windows-API-Funktion ein Handle eines Menüs, Menü-Eintrags oder eines lokalen Menüs verlangen, dann können Sie dazu die Eigenschaft Handle von MainMenu, MenuItem und PopupMenu benutzen.

Handle für die Komponente Printer:

property Handle: HDC;
Handle beinhaltet das Handle des jeweiligen Druckerobjektes TPrinter der Komponente Printer.

Handle für die Komponente DataBase:

property Handle: HDBIDB;
Um direkte Aufrufe in die Richtung des Borland Database-Engine (BDE)-API zu tätigen, benötigen Sie ein Handle der jeweiligen Datenbank-Komponente. Dazu dient Ihnen die Eigenschaft Handle der Komponente DataBase. Dies erlaubt Ihnen Zugriffe auf Funktionen des BDE-API, die nicht in die VCL-Bibliothek integriert wurden. Bevor Sie allerdings diese Funktionen aufrufen, sollten Sie prüfen, ob diese Funktion nicht doch schon in der VCL-Bibliothek gekapselt wurde.

Handle für das Objekt TSession:

Delphi erzeugt eine Komponente Session vom Typ TSession immer dann, wenn eine Anwendung ausgeführt wird. Sessions sollten nicht von Ihnen erzeugt oder zerstört werden. Session erlaubt globale Prüfung über Datenbankverbindungen. Die Eigenschaft Databases von Session ist ein Array von allen aktiven Datenbanken in der Sitzung. Die Eigenschaft DatabaseCount vom Typ Integer gibt die Anzahl der aktiven Datenbanken in der Sitzung an.

property Handle: HDBISES;
Mit dieser Eigenschaft Handle können Sie direkte Aufrufe an die Borland Datenbank-Engine, bezogen auf eine bestimmte Sitzung (Session/TSession), machen. Die Komponente Session werden Sie im Prinzip nicht benutzen müssen. Die wichtigsten Funktionen der BDE-API sind in der VCL-Bibliothek gekapselt und ersparen Ihnen diesen Weg.

Handle für die die Komponenten Table, Query und StoredProc:

property Handle: HDBICur;
Ebenfalls für direkte Zugriffe auf Funktionen der BDE-API und unter normalen Umständen nicht zu benutzen, da die wichtigsten BDP-API-Funktionen via der VCL-Bibliothek einen einfacheren Zugriff ermöglichen.

property HelpContext: THelpContext;
Die Eigenschaft HelpContext stellt eine Kontextnummer für die Verwendung beim Aufruf kontextbezogener Online-Hilfe bereit. Jeder Hilfebildschirm des Hilfesystems sollte eine eindeutige Kontextnummer besitzen. Ist in der Anwendung eine Kompo-

nente selektiert, so wird nach Betätigen von F1 ein Hilfebildschirm angezeigt. Welcher Hilfebildschirm angezeigt wird, hängt vom Wert der Eigenschaft HelpContext ab.

property Left: Integer;
Die Eigenschaft Left bestimmt die horizontalen Koordinaten in Pixeln der linken Kante einer Komponente relativ zum Formular. Für Formulare ist der Wert der Eigenschaft Left relativ zum Bildschirm (ebenfalls in Pixeln).

property MaxFontSize: Integer;
Mit MaxFontSize legen Sie die maximal zur Verfügung stehende Schriftgröße fest. 0 bedeutet, daß keine Limitierung besteht. In der Eigenschaft Option muß dazu das Flag fdLimitSize gesetzt sein.

property MinFontSize: Integer;
Mit MinFontSize legen Sie die mindestens zur Verfügung stehende Schriftgröße fest. 0 bedeutet, daß keine Limitierung besteht. In der Eigenschaft Option muß dazu das Flag fdLimitSize gesetzt sein.

property Name: TComponentName;
Die Eigenschaft Name enthält den Namen der Komponente wie er von anderen Komponenten für den Zugriff verwendet wird. Delphi weist als Vorgabewerte sequentielle Namen zu, die auf dem Typ der Komponente basieren, also etwa für Buttons »Button1«, »Button2« etc. Dies können Sie gemäß Ihrer Vorstellungen abändern. Komponentennamen sollten ausdrücklich nur zur Entwurfszeit geändert werden.

property Options: TOpenOptions;
Die Eigenschaft Options enthält eine Reihe von Flags, die das Ausführen des Dialogs bestimmen.

Wert	Bedeutung (wenn Flag auf True gesetzt)
ofAllowMultiSelect	Es können mehrere Dateien ausgewählt werden.
ofCreatePrompt	Ein Dialog wird angezeigt, wenn der Anwender eine nicht existierende Datei wählt. Dabei wird der Anwender gefragt, ob er einen weiteren Versuch wünscht.
ofExtensionDifferent	Wird gesetzt, wenn Sie eine Datei angeben, die nicht die im Filter beschriebene Dateierweiterung hat.
ofFileMustExist	Ein Dialog wird angezeigt, wenn der Anwender eine nicht existierende Datei wählt. Dabei wird der Anwender gefragt, ob der Dateiname und das Verzeichnis korrekt angegeben wurden.
ofHideReadOnly	Das Markierungsfeld »Nur lesen« im Dialog wird versteckt.
ofNoChangeDir	Jeder Wechsel des Verzeichnisses wird ignoriert.
ofNoReadOnlyReturn	Beim auswählen einer Datei wird der Anwender informiert, daß er nur Lesezugriffs-Rechte hat.

Wert	Bedeutung (wenn Flag auf True gesetzt)
ofNoTestFileCreate	Dient nur bei Netzwerknoten für das Erstellen einer Testdatei. Folgende Überprüfungen werden von der Anwendung nicht durchgefüht: Schreibschutz, volle Festplatte, offenes Laufwerk oder Netzwerkschutz. In der Regel nicht zu benutzen.
ofNoValidate	Ungültige Zeichen bei der Angabe eines Dateinamens sind erlaubt.
ofOverwritePrompt	Eine Warnung erfolgt, wenn versucht wird, eine Datei unter einem schon existierenden Dateinamen abzuspeichern.
ofReadOnly	Das Markierungsfeld »Nur lesen« wird gesetzt.
ofPathMustExist	Verezichnisname muß bei der Angabe im Dateinamen existieren.
ofShareAware	Share-Violation wird ignoriert. Bei Dateien, die von mehreren Programmen gleichzeitig verwendet werden, wird der Dateiname auch bei einer Zugriffsverletzung zurückgegeben. Beim False würde eine Warnung erscheinen.
ofShowHelp	Hilfe-Button wird mit im Dialog angezeigt.

property Owner: TComponent;
Die Eigenschaft Owner teilt Ihnen mit, welche Komponente zu welcher Komponente gehört. Dem Formular gehören alle Komponenten, die auf ihm vorhanden sind. Umgekehrt gehört das Formular zur Anwendung. Gehört eine Komponente A einer anderen Komponente B, wird der Speicher der Komponente A freigegeben, wenn der Speicher der Komponente B freigegeben wird. Es werden also folgerichtig alle Komponenten des Formulars gelöscht, wenn das Formular gelöscht wird. Außerdem wird natürlich der Speicher für das Formular und dessen Komponenten freigegeben, wenn der Speicher der Anwendung selbst freigegeben wird.

property Tag: Longint;
Die Eigenschaft Tag kann einen Integerwert als Element einer Komponente speichern. Tag wird von Delphi nicht benutzt und steht Ihnen damit zur freien Verfügung

property Top: Integer;
Die Eigenschaft Top gibt die y-Koordinate in Pixeln der linken oberen Ecke eines Dialogelements relativ zum Formular an. Bei Formularen wird der Wert der Eigenschaft Top in Pixeln relativ zum Bildschirm angegeben.

Ereignisse:

property OnApply: TFDApplyEvent
OnApply tritt immer dann ein, wenn Sie den Zuweisen-Button im Dialog betätigen.

OnApply ist vom Typ

`TFDApplyEvent = procedure(Sender: TObject; Wnd: HWND) of object;`

TFDApplyEvent zeigt also auf eine Methode, die einen Befehl ausführt, wenn Sie im Dialog einen Font als ausgewählt bestätigen.

Methoden:

constructor Create;
Create weist Speicher zu, um das Objekt und damit die Komponente zu erzeugen und nach Bedarf seine Daten zu initialisieren. Jedes Objekt kann eine Methode Create besitzen, die individuell so angepaßt ist, daß sie diese bestimmte Art von Objekt erzeugt. Im Normalfall benötigen Sie diese Methoden nicht, da Borland Delphi alles unternimmt, um Ihre Anwendung und die darin enthaltenen Komponenten zu erzeugen. Sollten Sie allerdings ein Ereignis oder die Initialisierung eines Wertes einer selbst geschaffenen Komponente zur Zeit der Erzeugung einstellen wollen, dann können Sie dies in der Methode Create erledigen. Dazu benötigen Sie aber genaue Kenntnisse und Techniken der OOP. Ansonsten sollten Sie Create unverändert lassen und nicht aufrufen.

function Execute: Boolean;
Mit Execute starten Sie den Dialog. Wird aus irgendeinem Grund der Dialog nicht angezeigt, dann liefert die Methode den Wert False zurück, ansonsten ist der Rückgabewert True.

procedure Free;
Die Methode Free entfernt das Objekt und gibt den dazugehörigen Speicher frei. Haben Sie das Objekt unter Verwendung der Methode Create erzeugt, so benutzen Sie zum Entfernen und für die Freigabe des Speichers die Methode Free. Free gelingt auch dann, wenn das Objekt selbst nicht mehr existiert (zum Beispiel durch einen vorherigen Aufruf von Free. Delphi erledigt dies für Objekte der Bibliothek visueller Komponenten automatisch.

Sie sollten also niemals eine Komponente innerhalb ihrer Anwendung entfernen.

Falls Sie ein Formular freigeben wollen, rufen Sie die Methode Release auf, um das Formular zu löschen und dessen benutzten Speicher freizugeben.

Komponentenname:	ColorDialog
Klassenname:	TColorDialog

Beschreibung:
ColorDialog stellt Ihnen einen Farbpaletten-Dialog zur Verfügung.

Eigenschaften:

property Color: TColor;
Die Eigenschaft Color legt für den Dialog die Vorgabe-Farbe fest, die beim Aufruf des Dialogs erscheint. Mögliche Werte sind:

clBlack	Schwarz
clMaroon	Rotbraun
clGreen	Grün
clOlive	Olivgrün
clNavy	Marineblau
clPurple	Violett
clTeal	Petrol
clGray	Grau
clSilver	Silber
clRed	Rot
clLime	Limonengrün
clBlue	Blau
clFuchsia	Pink
clAqua	Karibikblau
clWhite	Weiß

(Systemfarben von Windows:)

clBackground	Aktuelle Windows-Hintergrundfarbe
clActiveCaption	Aktuelle Farbe der Titelleiste des aktiven Fensters
clInactiveCaption	Aktuelle Farbe der Titelleiste der inaktiven Fenster
clMenu	Aktuelle Hintergrundfarbe der Menüs
clWindow	Aktuelle Hintergrundfarbe der Fenster
clWindowFrame	Aktuelle Farbe der Fensterrahmen
clMenuText	Aktuelle Farbe vom Menütext
clWindowText	Aktuelle Farbe vom Fenstertext
clCaptionText	Aktuelle Textfarbe der Titelleiste des aktiven Fensters
clActiveBorder	Aktuelle Rahmenfarbe des aktiven Fensters
clInactiveBorder	Aktuelle Rahmenfarbe der inaktiven Fenster
clAppWorkSpace	Aktuelle Farbe des Arbeitsbereichs der Anwendung
clHighlight	Aktuelle Hintergrundfarbe vom ausgewählten Text
clHightlightText	Aktuelle Farbe vom ausgewählten Text
clBtnFace	Aktuelle Farbe einer Schalterfläche
clBtnShadow	Aktuelle Schattenfarbe eines Schalters
clGrayText	Aktuelle Farbe von grau dargestelltem Text
clBtnText	Aktuelle Farbe von Text auf einem Schalter
clInactiveCaptionText	Aktuelle Textfarbe in der Titelleiste eines inaktiven Fensters
clBtnHighlight	Aktuelle Farbe der Markierung eines Schalters

Mit einem Doppelklick auf Color öffnet sich das Farbschema von Windows, in dem Sie auch eigene Farben zusammenstellen können.

property ComponentIndex: Integer;
Die Eigenschaft ComponentIndex zeigt die Position einer Komponente in der Eigenschaftsliste Components ihres Besitzers an. Die erste Komponente in der Liste hat den ComponentIndex-Wert 0, die zweite hat den Wert 1, die dritte den Wert 2 etc. Diese Eigenschaft ist nur zur Laufzeit und dann auch nur im Read-Only-Modus benutzbar.

property Controls[Index: Integer]: TControl;
Controls ist ein Array aller untergeordneten Komponenten der Komponente. Controls ist dann von Nutzen, wenn Sie auf die untergeordneten Komponenten über die Zahl statt über den Namen zugreifen müssen.

property Ctl3D: Boolean;
Die Eigenschaft Ctl3D legt fest, ob ein Dialogelement ein dreidimensionales (3-D) oder zweidimensionales Aussehen besitzt. Wenn Ctl3D True ist, erscheint das Dialogelement dreidimensional. Die Voreinstellung von Ctl3D ist True. Wenn die Eigenschaft ParentCtl3D einer Komponente auf True gesetzt ist, verändert jede Modifikation der Eigenschaft Ctl3D des übergeordneten Dialogelements automatisch auch die Eigenschaft Ctl3D des Dialogelements.

Achtung: Damit Ctl3D überhaupt funktioniert, muß sich die dynamische Link-Bibliothek CTL3DV2.DLL im Suchpfad befinden. Idealerweise sollte sich diese Datei im System-Verzeichnis von Windows aufhalten.

property CustomColors: TStrings;
Mit CustomColors können Sie benutzerdefinierten Farben im Dialog definieren. Jede benutzerdefinierte Farbe wird durch einen String dargestellt, der das folgende Format besitzt:

```
ColorX=HexValue
```

Dieser String kann z.B. angeben, daß das erste benutzerdefinierte Farbfeld im Dialogfenster Farben dieses ist:

```
ColorA=808022
```

Es handelt sich hier um das gleiche Format, das Ihre CONTROL.INI-Datei für die Angabe der benutzerdefinierten Farben im Windows-Dialogfenster Farben verwendet. Sie können bis zu 16 benutzerdefinierte Farben angeben: ColorA bis ColorP. Verwenden Sie die String-Liste der benutzerdefinierten Farben, um die im Dialogfenster angegebenen Farben zu speichern, damit Sie sie auch an anderer Stelle einsetzen können. Sie könnten sie beispielsweise in einer .INI-Datei für Ihre Anwendung speichern, damit diese auf die Farben zugreifen kann.

property Handle: ...;
Der Typ der Eigenschaft Handle ist abhängig von der jeweiligen Komponente. Im allgemeinen gilt: Sollte eine Windows-API-Funktion ein Handle der betreffenden Komponente verlangen, dann setzen Sie dazu die jeweilige Eigenschaft Handle der

betreffenden Komponente ein. Verlangt eine Windows-API-Funktion zum Beispiel das Handle Ihrer gesamten Anwendung, dann benutzen Sie am besten die Eigenschaft Handle des Objekts TApplication. Hier die Übersicht der verschiedenen Typen der Eigenschaft Handle:

Handle für die Komponenten:

Bitmap	property Handle: HBitmap;
Brush	property Handle: HBrush;
Canvas	property Handle: HDC;
Font	property Handle: HFont;
Icon	property Handle: HIcon;
Metafile	property Handle: HMetafile;
Pen	property Handle: HPen;

Handle gibt Ihnen den Zugriff auf das Handle des jeweiligen GDI-Objekts. Benötigen Sie zum Beispiel zum Aufruf einer Windows-API-Funktion ein Handle auf ein Stiftobjekt oder ein Bitmap-Objekt, dann können Sie dazu das Handle der Komponente Pen beziehungsweise der Komponente Bitmap benutzen.

Handle für das Objekt TApplication und die folgenden Komponenten:

Bevel	DBText	Memo
BitBtn	DirectoryListBox	Notebook
Button	DrawGrid	OLEContainer
CheckBox	DriveComboBox	Outline
ComboBox	Edit	PaintBox
DBCheckBox	FileListBox	Panel
DBComboBox	FilterComboBox	RadioButton
DBEdit	FindDialog	RadioGroup
DBGrid	Form	ReplaceDialog
DBImage	GroupBox	ScrollBar
DBListBox	Header	ScrollBox
DBLookupCombo	Image	Shape
DBLookupList	Label	SpeedButton
DBMemo	ListBox	StringGrid
DBNavigator	MaskEdit	TabbedNotebook
DBRadioGroup	MediaPlayer	TabSet

property Handle: HWND;
Handle ermöglicht Ihnen Zugriff auf das Handle der jeweiligen Komponente (z.B.: Fenster-Handle, Dialog-Handle etc.). Dieses Handle wird von einigen Windows-API-Funktionen beim Aufruf erwartet. Sie können in diesem Fall das Handle der jeweils betroffenen Komponente oder – falls das Handle Ihrer Anwendung gefordert wird – das Handle des Objekts TApplication übergeben.

Handle für die Komponenten:

MainMenu	MenuItem	PopupMenu

property Handle: HMENU;
Sollte eine Windows-API-Funktion ein Handle eines Menüs, Menü-Eintrags oder eines lokalen Menüs verlangen, dann können Sie dazu die Eigenschaft Handle von MainMenu, MenuItem und PopupMenu benutzen.

Handle für die Komponente Printer:

property Handle: HDC;
Handle beinhaltet das Handle des jeweiligen Druckerobjektes TPrinter der Komponente Printer.

Handle für die Komponente DataBase:

property Handle: HDBIDB;
Um direkte Aufrufe in die Richtung des Borland Database-Engine (BDE)-API zu tätigen, benötigen Sie ein Handle der jeweiligen Datenbank-Komponente. Dazu dient Ihnen die Eigenschaft Handle der Komponente DataBase. Dies erlaubt Ihnen Zugriffe auf Funktionen des BDE-API, die nicht in die VCL-Bibliothek integriert wurden. Bevor Sie allerdings diese Funktionen aufrufen, sollten Sie prüfen, ob diese Funktion nicht doch schon in der VCL-Bibliothek gekapselt wurde.

Handle für das Objekt TSession:

Delphi erzeugt eine Komponente Session vom Typ TSession immer dann, wenn eine Anwendung ausgeführt wird. Sessions sollten nicht von Ihnen erzeugt oder zerstört werden. Session erlaubt globale Prüfung über Datenbankverbindungen. Die Eigenschaft Databases von Session ist ein Array von allen aktiven Datenbanken in der Sitzung. Die Eigenschaft DatabaseCount vom Typ Integer gibt die Anzahl der aktiven Datenbanken in der Sitzung an.

property Handle: HDBISES;
Mit dieser Eigenschaft Handle können Sie direkte Aufrufe an die Borland Datenbank-Engine, bezogen auf eine bestimmte Sitzung (Session/TSession), machen. Die Komponente Session werden Sie im Prinzip nicht benutzen müssen. Die wichtigsten Funktionen der BDE-API sind in der VCL-Bibliothek gekapselt und ersparen Ihnen diesen Weg.

Handle für die die Komponenten Table, Query und StoredProc:

property Handle: HDBICur;
Ebenfalls für direkte Zugriffe auf Funktionen der BDE-API und unter normalen Umständen nicht zu benutzen, da die wichtigsten BDP-API-Funktionen via der VCL-Bibliothek einen einfacheren Zugriff ermöglichen.

property HelpContext: THelpContext;
Die Eigenschaft HelpContext stellt eine Kontextnummer für die Verwendung beim Aufruf kontextbezogener Online-Hilfe bereit. Jeder Hilfebildschirm des Hilfesystems sollte eine eindeutige Kontextnummer besitzen. Ist in der Anwendung eine Komponente selektiert, so wird nach Betätigen von F1 ein Hilfebildschirm angezeigt. Welcher Hilfebildschirm angezeigt wird, hängt vom Wert der Eigenschaft HelpContext ab.

property Left: Integer;
Die Eigenschaft Left bestimmt die horizontalen Koordinaten in Pixeln der linken Kante einer Komponente relativ zum Formular. Für Formulare ist der Wert der Eigenschaft Left relativ zum Bildschirm (ebenfalls in Pixeln).

property Name: TComponentName;
Die Eigenschaft Name enthält den Namen der Komponente wie er von anderen Komponenten für den Zugriff verwendet wird. Delphi weist als Vorgabewerte sequentielle Namen zu, die auf dem Typ der Komponente basieren, also etwa für Buttons »Button1«, »Button2« etc. Dies können Sie gemäß Ihrer Vorstellungen abändern. Komponentennamen sollten ausdrücklich nur zur Entwurfszeit geändert werden.

property Options: TOpenOptions;
Die Eigenschaft Options enthält eine Reihe von Flags, die das Ausführen des Dialogs bestimmen.

cdFullOpen	Zeigt ebenfalls die selbstdefinierbare Farben an.
cdPreventFullOpen	Deaktiviert den Schalter zum Erstellen eigener Farben.
cdShowHelp	Hilfe-Button erscheint im Dialog.

property Owner: TComponent;
Die Eigenschaft Owner teilt Ihnen mit, welche Komponente zu welcher Komponente gehört. Dem Formular gehören alle Komponenten, die auf ihm vorhanden sind. Umgekehrt gehört das Formular zur Anwendung. Gehört eine Komponente A einer anderen Komponente B, wird der Speicher der Komponente A freigegeben, wenn der Speicher der Komponente B freigegeben wird. Es werden also folgerichtig alle Komponenten des Formulars gelöscht, wenn das Formular gelöscht wird. Außerdem wird natürlich der Speicher für das Formular und dessen Komponenten freigegeben, wenn der Speicher der Anwendung selbst freigegeben wird.

property Tag: Longint;
Die Eigenschaft Tag kann einen Integerwert als Element einer Komponente speichern. Tag wird von Delphi nicht benutzt und steht Ihnen damit zur freien Verfügung.

property Top: Integer;
Die Eigenschaft Top gibt die y-Koordinate in Pixeln der linken oberen Ecke eines Dialogelements relativ zum Formular an. Bei Formularen wird der Wert der Eigenschaft Top in Pixeln relativ zum Bildschirm angegeben.

Ereignisse:

Methoden:

constructor Create;
Create weist Speicher zu, um das Objekt und damit die Komponente zu erzeugen und nach Bedarf seine Daten zu initialisieren. Jedes Objekt kann eine Methode Create besitzen, die individuell so angepaßt ist, daß sie diese bestimmte Art von Objekt erzeugt. Im Normalfall benötigen Sie diese Methoden nicht, da Borland Delphi

alles unternimmt, um Ihre Anwendung und die darin enthaltenen Komponenten zu erzeugen. Sollten Sie allerdings ein Ereignis oder die Initialisierung eines Wertes einer selbst geschaffenen Komponente zur Zeit der Erzeugung einstellen wollen, dann können Sie dies in der Methode Create erledigen. Dazu benötigen Sie aber genaue Kenntnisse und Techniken der OOP. Ansonsten sollten Sie Create unverändert lassen und nicht aufrufen.

function Execute: Boolean;
Mit Execute starten Sie den Dialog. Wird aus irgendeinem Grund der Dialog nicht angezeigt, dann liefert die Methode den Wert False zurück, ansonsten ist der Rückgabewert True.

procedure Free;
Die Methode Free entfernt das Objekt und gibt den dazugehörigen Speicher frei. Haben Sie das Objekt unter Verwendung der Methode Create erzeugt, so benutzen Sie zum Entfernen und für die Freigabe des Speichers die Methode Free. Free gelingt auch dann, wenn das Objekt selbst nicht mehr existiert (zum Beispiel durch einen vorherigen Aufruf von Free. Delphi erledigt dies für Objekte der Bibliothek visueller Komponenten automatisch.

Sie sollten also niemals eine Komponente innerhalb ihrer Anwendung entfernen.

Falls Sie ein Formular freigeben wollen, rufen Sie die Methode Release auf, um das Formular zu löschen und dessen benutzten Speicher freizugeben.

Komponentenname: PrintDialog
Klassenname: TPrintDialog

Beschreibung:

PrintDialog stellt Ihnen einen Druck-Dialog zur Verfügung, um Druck-Vorgänge starten zu können.

Eigenschaften:

property Collate: Boolean;
Mit Collate können Sie bestimmen, ob das Markierungsfeld Sortieren markiert ist und ob somit der Sortieren-Vorgang ausgewählt ist, um den Druckauftrag exemplarisch zu sortieren oder nicht. Sie können im gestarteten Dialog das Markierungsfeld Sortieren jederzeit markieren oder demarkieren, und damit die Eigenschaft Collate – unabhängig von ihrem Anfangswert – ändern.

property ComponentIndex: Integer;
Die Eigenschaft ComponentIndex zeigt die Position einer Komponente in der Eigenschaftsliste Components ihres Besitzers an. Die erste Komponente in der Liste hat den ComponentIndex-Wert 0, die zweite hat den Wert 1, die dritte den Wert 2 etc. Diese Eigenschaft ist nur zur Laufzeit und dann auch nur im Read-Only-Modus benutzbar.

property Controls[Index: Integer]: TControl;
Controls ist ein Array aller untergeordneten Komponenten der Komponente. Controls ist dann von Nutzen, wenn Sie auf die untergeordneten Komponenten über die Zahl statt über den Namen zugreifen müssen.

property Copies: Integer;
Mit Copies können Sie die Anzahl der Kopien bestimmen, die bei einem Druckauftrag ausgedruckt werden. Dieser Wert bildet dann den Vorgabe-Wert des Dialogs. Der Wert kann aber vom Anwender im Dialog zur Laufzeit geändert werden.

property Ctl3D: Boolean;
Die Eigenschaft Ctl3D legt fest, ob ein Dialogelement ein dreidimensionales (3-D) oder zweidimensionales Aussehen besitzt. Wenn Ctl3D True ist, erscheint das Dialogelement dreidimensional. Die Voreinstellung von Ctl3D ist True. Wenn die Eigenschaft ParentCtl3D einer Komponente auf True gesetzt ist, verändert jede Modifikation der Eigenschaft Ctl3D des übergeordneten Dialogelements automatisch auch die Eigenschaft Ctl3D des Dialogelements.

Achtung: Damit Ctl3D überhaupt funktioniert, muß sich die dynamische Link-Bibliothek CTL3DV2.DLL im Suchpfad befinden. Idealerweise sollte sich diese Datei im System-Verzeichnis von Windows aufhalten.

property FromPage: Integer;
Mit FromPage bestimmen Sie, mit welcher Seite die Druckausgabe beginnt. Der Standardwert ist 0, der Wert ist zur Laufzeit im Dialog änderbar.

property Handle: ...;
Der Typ der Eigenschaft Handle ist abhängig von der jeweiligen Komponente. Im allgemeinen gilt: Sollte eine Windows-API-Funktion ein Handle der betreffenden Komponente verlangen, dann setzen Sie dazu die jeweilige Eigenschaft Handle der betreffenden Komponente ein. Verlangt eine Windows-API-Funktion zum Beispiel das Handle Ihrer gesamten Anwendung, dann benutzen Sie am besten die Eigenschaft Handle des Objekts TApplication. Hier die Übersicht der verschiedenen Typen der Eigenschaft Handle:

Handle für die Komponenten:

Bitmap	property Handle: HBitmap;
Brush	property Handle: HBrush;
Canvas	property Handle: HDC;
Font	property Handle: HFont;
Icon	property Handle: HIcon;
Metafile	property Handle: HMetafile;
Pen	property Handle: HPen;

Handle gibt Ihnen den Zugriff auf das Handle des jeweiligen GDI-Objekts. Benötigen Sie zum Beispiel zum Aufruf einer Windows-API-Funktion ein Handle auf ein Stiftobjekt oder ein Bitmap-Objekt, dann können Sie dazu das Handle der Komponente Pen beziehungsweise der Komponente Bitmap benutzen.

Kapitel 5

Handle für das Objekt TApplication und die folgenden Komponenten:

Bevel	DBText	Memo
BitBtn	DirectoryListBox	Notebook
Button	DrawGrid	OLEContainer
CheckBox	DriveComboBox	Outline
ComboBox	Edit	PaintBox
DBCheckBox	FileListBox	Panel
DBComboBox	FilterComboBox	RadioButton
DBEdit	FindDialog	RadioGroup
DBGrid	Form	ReplaceDialog
DBImage	GroupBox	ScrollBar
DBListBox	Header	ScrollBox
DBLookupCombo	Image	Shape
DBLookupList	Label	SpeedButton
DBMemo	ListBox	StringGrid
DBNavigator	MaskEdit	TabbedNotebook
DBRadioGroup	MediaPlayer	TabSet

property Handle: HWND;

Handle ermöglicht Ihnen Zugriff auf das Handle der jeweiligen Komponente (z.B.: Fenster-Handle, Dialog-Handle etc.). Dieses Handle wird von einigen Windows-API-Funktionen beim Aufruf erwartet. Sie können in diesem Fall das Handle der jeweils betroffenen Komponente oder – falls das Handle Ihrer Anwendung gefordert wird – das Handle des Objekts TApplication übergeben.

Handle für die Komponenten:

MainMenu	MenuItem	PopupMenu

property Handle: HMENU;

Sollte eine Windows-API-Funktion ein Handle eines Menüs, Menü-Eintrags oder eines lokalen Menüs verlangen, dann können Sie dazu die Eigenschaft Handle von MainMenu, MenuItem und PopupMenu benutzen.

Handle für die Komponente Printer:

property Handle: HDC;

Handle beinhaltet das Handle des jeweiligen Druckerobjektes TPrinter der Komponente Printer.

Handle für die Komponente DataBase:

property Handle: HDBIDB;

Um direkte Aufrufe in die Richtung des Borland Database-Engine (BDE)-API zu tätigen, benötigen Sie ein Handle der jeweiligen Datenbank-Komponente. Dazu dient Ihnen die Eigenschaft Handle der Komponente DataBase. Dies erlaubt Ihnen Zugriffe auf Funktionen des BDE-API, die nicht in die VCL-Bibliothek integriert wurden. Bevor Sie allerdings diese Funktionen aufrufen, sollten Sie prüfen, ob diese Funktion nicht doch schon in der VCL-Bibliothek gekapselt wurde.

Handle für das Objekt TSession:

Delphi erzeugt eine Komponente Session vom Typ TSession immer dann, wenn eine Anwendung ausgeführt wird. Sessions sollten nicht von Ihnen erzeugt oder zerstört werden. Session erlaubt globale Prüfung über Datenbankverbindungen. Die Eigenschaft Databases von Session ist ein Array von allen aktiven Datenbanken in der Sitzung. Die Eigenschaft DatabaseCount vom Typ Integer gibt die Anzahl der aktiven Datenbanken in der Sitzung an.

property Handle: HDBISES;
Mit dieser Eigenschaft Handle können Sie direkte Aufrufe an die Borland Datenbank-Engine, bezogen auf eine bestimmte Sitzung (Session/TSession), machen. Die Komponente Session werden Sie im Prinzip nicht benutzen müssen. Die wichtigsten Funktionen der BDE-API sind in der VCL-Bibliothek gekapselt und ersparen Ihnen diesen Weg.

Handle für die die Komponenten Table, Query und StoredProc:

property Handle: HDBICur;
Ebenfalls für direkte Zugriffe auf Funktionen der BDE-API und unter normalen Umständen nicht zu benutzen, da die wichtigsten BDP-API-Funktionen via der VCL-Bibliothek einen einfacheren Zugriff ermöglichen.

property HelpContext: THelpContext;
Die Eigenschaft HelpContext stellt eine Kontextnummer für die Verwendung beim Aufruf kontextbezogener Online-Hilfe bereit. Jeder Hilfebildschirm des Hilfesystems sollte eine eindeutige Kontextnummer besitzen. Ist in der Anwendung eine Komponente selektiert, so wird nach Betätigen von F1 ein Hilfebildschirm angezeigt. Welcher Hilfebildschirm angezeigt wird, hängt vom Wert der Eigenschaft HelpContext ab.

property Left: Integer;
Die Eigenschaft Left bestimmt die horizontalen Koordinaten in Pixeln der linken Kante einer Komponente relativ zum Formular. Für Formulare ist der Wert der Eigenschaft Left relativ zum Bildschirm (ebenfalls in Pixeln).

property MaxPage: Integer;
Mit MaxPage bestimmen Sie höchstmögliche Seitenzahl, die der Anwender ausdrukken kann. Ist der Wert, den der Anwender angibt, größer, dann erscheint eine Warnung. Die Eigenschaft Options muß dazu das Flag poPageNums gesetzt haben.

property MinPage: Integer;
Mit MinPage bestimmen Sie kleinstmögliche Seitenzahl, die der Anwender ausdrukken kann. Ist der Wert, den der Anwender angibt kleiner, dann erscheint eine Warnung. Die Eigenschaft Options muß dazu das Flag poPageNums gesetzt haben.

property Name: TComponentName;
Die Eigenschaft Name enthält den Namen der Komponente wie er von anderen Komponenten für den Zugriff verwendet wird. Delphi weist als Vorgabewerte sequentielle Namen zu, die auf dem Typ der Komponente basieren, also etwa für But-

tons »Button1«, »Button2« etc. Dies können Sie gemäß Ihrer Vorstellungen abändern. Komponentennamen sollten ausdrücklich nur zur Entwurfszeit geändert werden.

property Options: TOpenOptions;
Die Eigenschaft Options enthält eine Reihe von Flags, die das Ausführen des Dialogs bestimmen.

Wert	Bedeutung (wenn Flag auf True gesetzt)
poHelp	Hilfe-Button erscheint im Dialog.
poPageNums	Der Anwender kann einen Bereich von Seiten angeben.
poPrintToFile	Markierungsfeld „In Datei drucken" wird angezeigt.
poSelection	Anwender kann dann nur markierten Text drucken.
poWarning	Ist kein Drucker installiert ist, erscheint ein Meldungsfenster.

property Owner: TComponent;
Die Eigenschaft Owner teilt Ihnen mit, welche Komponente zu welcher Komponente gehört. Dem Formular gehören alle Komponenten, die auf ihm vorhanden sind. Umgekehrt gehört das Formular zur Anwendung. Gehört eine Komponente A einer anderen Komponente B, wird der Speicher der Komponente A freigegeben, wenn der Speicher der Komponente B freigegeben wird. Es werden also folgerichtig alle Komponenten des Formulars gelöscht, wenn das Formular gelöscht wird. Außerdem wird natürlich der Speicher für das Formular und dessen Komponenten freigegeben, wenn der Speicher der Anwendung selbst freigegeben wird.

property PrintRange: TPrintRange;
Mit PrintRange ermitteln Sie die Art des aktuell verwendeten Druckbereichs:

Wert	Bedeutung (wenn Flag gesetzt)
prAllPages	Alle Seiten sollen ausgedruckt werden.
prSelection	Nur markierter Text soll ausgedruckt werden
prPageNums	Nur ein angegebener Bereich von Seiten soll ausgedruckt werden.

prSelections und prPageNums können nur auftreten, wenn die ensprechenden Flags poSelections und poPageNums in der Eigenschaft Options gesetzt sind – also ganz im Sinne der normalen Logik.

property PrintToFile: Boolean;
Mit dieser Eigenschaft können Sie der CheckBox »In Datei drucken« einen Vorgabe-Wert geben, der aber zur Laufzeit von Anwender geändert werden kann. Bei PrintToFile ist diese Option markiert. Um diese Funktion überhaupt nutzen zu können, muß das Flag poPrintToFile in der Eigenschaft Options gesetzt sein.

property Tag: Longint;
Die Eigenschaft Tag kann einen Integerwert als Element einer Komponente speichern. Tag wird von Delphi nicht benutzt und steht Ihnen damit zur freien Verfügung

property Top: Integer;
Die Eigenschaft Top gibt die y-Koordinate in Pixeln der linken oberen Ecke eines Dialogelements relativ zum Formular an. Bei Formularen wird der Wert der Eigenschaft Top in Pixeln relativ zum Bildschirm angegeben.

property ToPage: Integer;
Mit ToPage können Sie festlegen, ab welcher Seitenzahl der Druckauftrag enden soll. 0 bedeutet, daß keine Limitierung gewählt wurde.

Ereignisse:

Methoden:

constructor Create;
Create weist Speicher zu, um das Objekt und damit die Komponente zu erzeugen und nach Bedarf seine Daten zu initialisieren. Jedes Objekt kann eine Methode Create besitzen, die individuell so angepaßt ist, daß sie diese bestimmte Art von Objekt erzeugt. Im Normalfall benötigen Sie diese Methoden nicht, da Borland Delphi alles unternimmt, um Ihre Anwendung und die darin enthaltenen Komponenten zu erzeugen. Sollten Sie allerdings ein Ereignis oder die Initialisierung eines Wertes einer selbst geschaffenen Komponente zur Zeit der Erzeugung einstellen wollen, dann können Sie dies in der Methode Create erledigen. Dazu benötigen Sie aber genaue Kenntnisse und Techniken der OOP. Ansonsten sollten Sie Create unverändert lassen und nicht aufrufen.

function Execute: Boolean;
Mit Execute starten Sie den Dialog. Wird aus irgendeinem Grund der Dialog nicht angezeigt, dann liefert die Methode den Wert False zurück, ansonsten ist der Rückgabewert True.

procedure Free;
Die Methode Free entfernt das Objekt und gibt den dazugehörigen Speicher frei. Haben Sie das Objekt unter Verwendung der Methode Create erzeugt, so benutzen Sie zum Entfernen und für die Freigabe des Speichers die Methode Free. Free gelingt auch dann, wenn das Objekt selbst nicht mehr existiert (zum Beispiel durch einen vorherigen Aufruf von Free. Delphi erledigt dies für Objekte der Bibliothek visueller Komponenten automatisch.

Sie sollten also niemals eine Komponente innerhalb ihrer Anwendung entfernen.

Falls Sie ein Formular freigeben wollen, rufen Sie die Methode Release auf, um das Formular zu löschen und dessen benutzten Speicher freizugeben.

Komponentenname: PrinterSetupDialog
Klassenname: TPrinterSetupDialog

Beschreibung:

PrintSetupDialog stellt Ihnen den Standard-Windows-Dialog zum Einstellen der Drucker zur Verfügung. Die Eigenschaften und Methoden entsprechen zumeist den generellen Aspekten. Für diesen Dialog spezifische Eigenschaften, Ereignisse und Methoden existieren nicht.

Eigenschaften:

property ComponentIndex: Integer;
Die Eigenschaft ComponentIndex zeigt die Position einer Komponente in der Eigenschaftsliste Components ihres Besitzers an. Die erste Komponente in der Liste hat den ComponentIndex-Wert 0, die zweite hat den Wert 1, die dritte den Wert 2 etc. Diese Eigenschaft ist nur zur Laufzeit und dann auch nur im Read-Only-Modus benutzbar.

property Controls[Index: Integer]: TControl;
Controls ist ein Array aller untergeordneten Komponenten der Komponente. Controls ist dann von Nutzen, wenn Sie auf die untergeordneten Komponenten über die Zahl statt über den Namen zugreifen müssen.

property Ctl3D: Boolean;
Die Eigenschaft Ctl3D legt fest, ob ein Dialogelement ein dreidimensionales (3-D) oder zweidimensionales Aussehen besitzt. Wenn Ctl3D True ist, erscheint das Dialogelement dreidimensional. Die Voreinstellung von Ctl3D ist True. Wenn die Eigenschaft ParentCtl3D einer Komponente auf True gesetzt ist, verändert jede Modifikation der Eigenschaft Ctl3D des übergeordneten Dialogelements automatisch auch die Eigenschaft Ctl3D des Dialogelements.

Achtung: Damit Ctl3D überhaupt funktioniert, muß sich die dynamische Link-Bibliothek CTL3DV2.DLL im Suchpfad befinden. Idealerweise sollte sich diese Datei im System-Verzeichnis von Windows aufhalten.

property Handle: ...;
Der Typ der Eigenschaft Handle ist abhängig von der jeweiligen Komponente. Im allgemeinen gilt: Sollte eine Windows-API-Funktion ein Handle der betreffenden Komponente verlangen, dann setzen Sie dazu die jeweilige Eigenschaft Handle der betreffenden Komponente ein. Verlangt eine Windows-API-Funktion zum Beispiel das Handle Ihrer gesamten Anwendung, dann benutzen Sie am besten die Eigenschaft Handle des Objekts TApplication. Hier die Übersicht der verschiedenen Typen der Eigenschaft Handle:

Handle für die Komponenten:

Bitmap	property Handle: HBitmap;
Brush	property Handle: HBrush;
Canvas	property Handle: HDC;
Font	property Handle: HFont;
Icon	property Handle: HIcon;
Metafile	property Handle: HMetafile;
Pen	property Handle: HPen;

Handle gibt Ihnen den Zugriff auf das Handle des jeweiligen GDI-Objekts. Benötigen Sie zum Beispiel zum Aufruf einer Windows-API-Funktion ein Handle auf ein Stiftobjekt oder ein Bitmap-Objekt, dann können Sie dazu das Handle der Komponente Pen beziehungsweise der Komponente Bitmap benutzen.

Handle für das Objekt TApplication und die folgenden Komponenten:

Bevel	DBText	Memo
BitBtn	DirectoryListBox	Notebook
Button	DrawGrid	OLEContainer
CheckBox	DriveComboBox	Outline
ComboBox	Edit	PaintBox
DBCheckBox	FileListBox	Panel
DBComboBox	FilterComboBox	RadioButton
DBEdit	FindDialog	RadioGroup
DBGrid	Form	ReplaceDialog
DBImage	GroupBox	ScrollBar
DBListBox	Header	ScrollBox
DBLookupCombo	Image	Shape
DBLookupList	Label	SpeedButton
DBMemo	ListBox	StringGrid
DBNavigator	MaskEdit	TabbedNotebook
DBRadioGroup	MediaPlayer	TabSet

property Handle: HWND;
Handle ermöglicht Ihnen Zugriff auf das Handle der jeweiligen Komponente (z.B.: Fenster-Handle, Dialog-Handle etc.). Dieses Handle wird von einigen Windows-API-Funktionen beim Aufruf erwartet. Sie können in diesem Fall das Handle der jeweils betroffenen Komponente oder – falls das Handle Ihrer Anwendung gefordert wird – das Handle des Objekts TApplication übergeben.

Handle für die Komponenten:

MainMenu	MenuItem	PopupMenu

property Handle: HMENU;
Sollte eine Windows-API-Funktion ein Handle eines Menüs, Menü-Eintrags oder eines lokalen Menüs verlangen, dann können Sie dazu die Eigenschaft Handle von MainMenu, MenuItem und PopupMenu benutzen.

Handle für die Komponente Printer:

property Handle: HDC;
Handle beinhaltet das Handle des jeweiligen Druckerobjektes TPrinter der Komponente Printer.

Handle für die Komponente DataBase:

property Handle: HDBIDB;
Um direkte Aufrufe in die Richtung des Borland Database-Engine (BDE)-API zu tätigen, benötigen Sie ein Handle der jeweiligen Datenbank-Komponente. Dazu dient Ihnen die Eigenschaft Handle der Komponente DataBase. Dies erlaubt Ihnen Zugriffe auf Funktionen des BDE-API, die nicht in die VCL-Bibliothek integriert wurden. Bevor Sie allerdings diese Funktionen aufrufen, sollten Sie prüfen, ob diese Funktion nicht doch schon in der VCL-Bibliothek gekapselt wurde.

Handle für das Objekt TSession:

Delphi erzeugt eine Komponente Session vom Typ TSession immer dann, wenn eine Anwendung ausgeführt wird. Sessions sollten nicht von Ihnen erzeugt oder zerstört werden. Session erlaubt globale Prüfung über Datenbankverbindungen. Die Eigenschaft Databases von Session ist ein Array von allen aktiven Datenbanken in der Sitzung. Die Eigenschaft DatabaseCount vom Typ Integer gibt die Anzahl der aktiven Datenbanken in der Sitzung an.

property Handle: HDBISES;
Mit dieser Eigenschaft Handle können Sie direkte Aufrufe an die Borland Datenbank-Engine, bezogen auf eine bestimmte Sitzung (Session/TSession), machen. Die Komponente Session werden Sie im Prinzip nicht benutzen müssen. Die wichtigsten Funktionen der BDE-API sind in der VCL-Bibliothek gekapselt und ersparen Ihnen diesen Weg.

Handle für die die Komponenten Table, Query und StoredProc:

property Handle: HDBICur;
Ebenfalls für direkte Zugriffe auf Funktionen der BDE-API und unter normalen Umständen nicht zu benutzen, da die wichtigsten BDP-API-Funktionen via der VCL-Bibliothek einen einfacheren Zugriff ermöglichen.

property HelpContext: THelpContext;
Die Eigenschaft HelpContext stellt eine Kontextnummer für die Verwendung beim Aufruf kontextbezogener Online-Hilfe bereit. Jeder Hilfebildschirm des Hilfesystems sollte eine eindeutige Kontextnummer besitzen. Ist in der Anwendung eine Komponente selektiert, so wird nach Betätigen von F1 ein Hilfebildschirm angezeigt. Welcher Hilfebildschirm angezeigt wird, hängt vom Wert der Eigenschaft HelpContext ab.

property Left: Integer;
Die Eigenschaft Left bestimmt die horizontalen Koordinaten in Pixeln der linken Kante einer Komponente relativ zum Formular. Für Formulare ist der Wert der Eigenschaft Left relativ zum Bildschirm (ebenfalls in Pixeln).

property Name: TComponentName;
Die Eigenschaft Name enthält den Namen der Komponente wie er von anderen Komponenten für den Zugriff verwendet wird. Delphi weist als Vorgabewerte sequentielle Namen zu, die auf dem Typ der Komponente basieren, also etwa für Buttons »Button1«, »Button2« etc. Dies können Sie gemäß Ihrer Vorstellungen abändern. Komponentennamen sollten ausdrücklich nur zur Entwurfszeit geändert werden.

property Owner: TComponent;
Die Eigenschaft Owner teilt Ihnen mit, welche Komponente zu welcher Komponente gehört. Dem Formular gehören alle Komponenten, die auf ihm vorhanden sind. Umgekehrt gehört das Formular zur Anwendung. Gehört eine Komponente A einer anderen Komponente B, wird der Speicher der Komponente A freigegeben, wenn der Speicher der Komponente B freigegeben wird. Es werden also folgerichtig alle Komponenten des Formulars gelöscht, wenn das Formular gelöscht wird. Außerdem wird natürlich der Speicher für das Formular und dessen Komponenten freigegeben, wenn der Speicher der Anwendung selbst freigegeben wird.

property Tag: Longint;
Die Eigenschaft Tag kann einen Integerwert als Element einer Komponente speichern. Tag wird von Delphi nicht benutzt und steht Ihnen damit zur freien Verfügung.

property Top: Integer;
Die Eigenschaft Top gibt die y-Koordinate in Pixeln der linken oberen Ecke eines Dialogelements relativ zum Formular an. Bei Formularen wird der Wert der Eigenschaft Top in Pixeln relativ zum Bildschirm angegeben.

Ereignisse:

Methoden:

constructor Create;
Create weist Speicher zu, um das Objekt und damit die Komponente zu erzeugen und nach Bedarf seine Daten zu initialisieren. Jedes Objekt kann eine Methode Create besitzen, die individuell so angepaßt ist, daß sie diese bestimmte Art von Objekt erzeugt. Im Normalfall benötigen Sie diese Methoden nicht, da Borland Delphi alles unternimmt, um Ihre Anwendung und die darin enthaltenen Komponenten zu erzeugen. Sollten Sie allerdings ein Ereignis oder die Initialisierung eines Wertes einer selbst geschaffenen Komponente zur Zeit der Erzeugung einstellen wollen, dann können Sie dies in der Methode Create erledigen. Dazu benötigen Sie aber genaue Kenntnisse und Techniken der OOP. Ansonsten sollten Sie Create unverändert lassen und nicht aufrufen.

function Execute: Boolean;
Mit Execute starten Sie den Dialog. Wird aus irgendeinem Grund der Dialog nicht angezeigt, dann liefert die Methode den Wert False zurück, ansonsten ist der Rückgabewert True.

procedure Free;
Die Methode Free entfernt das Objekt und gibt den dazugehörigen Speicher frei. Haben Sie das Objekt unter Verwendung der Methode Create erzeugt, so benutzen Sie zum Entfernen und für die Freigabe des Speichers die Methode Free. Free gelingt auch dann, wenn das Objekt selbst nicht mehr existiert (zum Beispiel durch einen vorherigen Aufruf von Free. Delphi erledigt dies für Objekte der Bibliothek visueller Komponenten automatisch.

Sie sollten also niemals eine Komponente innerhalb ihrer Anwendung entfernen.

Falls Sie ein Formular freigeben wollen, rufen Sie die Methode Release auf, um das Formular zu löschen und dessen benutzten Speicher freizugeben.

Komponentenname: FindDialog
Klassenname: TFindDialog

Beschreibung:
FindDialog stellt Ihnen einen Dialog zum Suchen von Texten zur Verfügung.

Eigenschaften:

property ComponentIndex: Integer;
Die Eigenschaft ComponentIndex zeigt die Position einer Komponente in der Eigenschaftsliste Components ihres Besitzers an. Die erste Komponente in der Liste hat den ComponentIndex-Wert 0, die zweite hat den Wert 1, die dritte den Wert 2 etc. Diese Eigenschaft ist nur zur Laufzeit und dann auch nur im Read-Only-Modus benutzbar.

property Controls[Index: Integer]: TControl;
Controls ist ein Array aller untergeordneten Komponenten der Komponente. Controls ist dann von Nutzen, wenn Sie auf die untergeordneten Komponenten über die Zahl statt über den Namen zugreifen müssen.

property Ctl3D: Boolean;
Die Eigenschaft Ctl3D legt fest, ob ein Dialogelement ein dreidimensionales (3-D) oder zweidimensionales Aussehen besitzt. Wenn Ctl3D True ist, erscheint das Dialogelement dreidimensional. Die Voreinstellung von Ctl3D ist True. Wenn die Eigenschaft ParentCtl3D einer Komponente auf True gesetzt ist, verändert jede Modifikation der Eigenschaft Ctl3D des übergeordneten Dialogelements automatisch auch die Eigenschaft Ctl3D des Dialogelements.

Achtung: Damit Ctl3D überhaupt funktioniert, muß sich die dynamische Link-Bibliothek CTL3DV2.DLL im Suchpfad befinden. Idealerweise sollte sich diese Datei im System-Verzeichnis von Windows aufhalten.

property FindText: string;
In FindText können Sie einen Vorgabe-String eingeben, nach dem gesucht werden soll. Dieser Wert ist zur Laufzeit im Dialog durch den Anwender veränderbar.

property Handle: ...;
Der Typ der Eigenschaft Handle ist abhängig von der jeweiligen Komponente. Im allgemeinen gilt: Sollte eine Windows-API-Funktion ein Handle der betreffenden Komponente verlangen, dann setzen Sie dazu die jeweilige Eigenschaft Handle der betreffenden Komponente ein. Verlangt eine Windows-API-Funktion zum Beispiel das Handle Ihrer gesamten Anwendung, dann benutzen Sie am besten die Eigenschaft Handle des Objekts TApplication. Hier die Übersicht der verschiedenen Typen der Eigenschaft Handle:

Handle für die Komponenten:

Bitmap	property Handle: HBitmap;
Brush	property Handle: HBrush;
Canvas	property Handle: HDC;
Font	property Handle: HFont;
Icon	property Handle: HIcon;
Metafile	property Handle: HMetafile;
Pen	property Handle: HPen;

Handle gibt Ihnen den Zugriff auf das Handle des jeweiligen GDI-Objekts. Benötigen Sie zum Beispiel zum Aufruf einer Windows-API-Funktion ein Handle auf ein Stiftobjekt oder ein Bitmap-Objekt, dann können Sie dazu das Handle der Komponente Pen beziehungsweise der Komponente Bitmap benutzen.

Handle für das Objekt TApplication und die folgenden Komponenten:

Bevel	DBText	Memo	
BitBtn	DirectoryListBox	Notebook	
Button	DrawGrid	OLEContainer	
CheckBox	DriveComboBox	Outline	
ComboBox	Edit	PaintBox	
DBCheckBox	FileListBox	Panel	
DBComboBox	FilterComboBox	RadioButton	
DBEdit	FindDialog	RadioGroup	
DBGrid	Form	ReplaceDialog	
DBImage	GroupBox	ScrollBar	
DBListBox	Header	ScrollBox	
DBLookupCombo	Image	Shape	
DBLookupList	Label	SpeedButton	
DBMemo	ListBox	StringGrid	
DBNavigator	MaskEdit	TabbedNotebook	
DBRadioGroup	MediaPlayer	TabSet	

property Handle: HWND;
Handle ermöglicht Ihnen Zugriff auf das Handle der jeweiligen Komponente (z.B.: Fenster-Handle, Dialog-Handle, etc.). Dieses Handle wird von einigen Windows-API-Funktionen beim Aufruf erwartet. Sie können in diesem Fall das Handle der jeweils betroffenen Komponente oder – falls das Handle Ihrer Anwendung gefordert wird – das Handle des Objekts TApplication übergeben.

Handle für die Komponenten:

MainMenu   MenuItem   PopupMenu

property Handle: HMENU;
Sollte eine Windows-API-Funktion ein Handle eines Menüs, Menü-Eintrags oder eines lokalen Menüs verlangen, dann können Sie dazu die Eigenschaft Handle von MainMenu, MenuItem und PopupMenu benutzen.

Handle für die Komponente Printer:

property Handle: HDC;
Handle beinhaltet das Handle des jeweiligen Druckerobjektes TPrinter der Komponente Printer.

Handle für die Komponente DataBase:

property Handle: HDBIDB;
Um direkte Aufrufe in die Richtung des Borland Database-Engine (BDE)-API zu tätigen, benötigen Sie ein Handle der jeweiligen Datenbank-Komponente. Dazu dient Ihnen die Eigenschaft Handle der Komponente DataBase. Dies erlaubt Ihnen Zugriffe auf Funktionen des BDE-API, die nicht in die VCL-Bibliothek integriert wurden. Bevor Sie allerdings diese Funktionen aufrufen, sollten Sie prüfen, ob diese Funktion nicht doch schon in der VCL-Bibliothek gekapselt wurde.

Handle für das Objekt TSession:

Delphi erzeugt eine Komponente Session vom Typ TSession immer dann, wenn eine Anwendung ausgeführt wird. Sessions sollten nicht von Ihnen erzeugt oder zerstört werden. Session erlaubt globale Prüfung über Datenbankverbindungen. Die Eigenschaft Databases von Session ist ein Array von allen aktiven Datenbanken in der Sitzung. Die Eigenschaft DatabaseCount vom Typ Integer gibt die Anzahl der aktiven Datenbanken in der Sitzung an.

property Handle: HDBISES;
Mit dieser Eigenschaft Handle können Sie direkte Aufrufe an die Borland Datenbank-Engine, bezogen auf eine bestimmte Sitzung (Session/TSession), machen. Die Komponente Session werden Sie im Prinzip nicht benutzen müssen. Die wichtigsten Funktionen der BDE-API sind in der VCL-Bibliothek gekapselt und ersparen Ihnen diesen Weg.

Handle für die die Komponenten Table, Query und StoredProc:

property Handle: HDBICur;
Ebenfalls für direkte Zugriffe auf Funktionen der BDE-API und unter normalen Umständen nicht zu benutzen, da die wichtigsten BDP-API-Funktionen via der VCL-Bibliothek einen einfacheren Zugriff ermöglichen.

property HelpContext: THelpContext;
Die Eigenschaft HelpContext stellt eine Kontextnummer für die Verwendung beim Aufruf kontextbezogener Online-Hilfe bereit. Jeder Hilfebildschirm des Hilfesystems sollte eine eindeutige Kontextnummer besitzen. Ist in der Anwendung eine Komponente selektiert, so wird nach Betätigen von F1 ein Hilfebildschirm angezeigt. Welcher Hilfebildschirm angezeigt wird, hängt vom Wert der Eigenschaft HelpContext ab.

property Name: TComponentName;
Die Eigenschaft Name enthält den Namen der Komponente wie er von anderen Komponenten für den Zugriff verwendet wird. Delphi weist als Vorgabewerte sequentielle Namen zu, die auf dem Typ der Komponente basieren, also etwa für Buttons »Button1«, »Button2« etc. Dies können Sie gemäß Ihrer Vorstellungen abändern. Komponentennamen sollten ausdrücklich nur zur Entwurfszeit geändert werden.

property Options: TOpenOptions;
Die Eigenschaft Options enthält eine Reihe von Flags, die das Ausführen des Dialogs bestimmen.

Wert	Bedeutung (wenn Flag auf True gesetzt)
frDisableMatchCase	Die Checkbox »Groß-/Kleinschreibung beachten« kann nicht ausgewählt werden.
frDisableUpDown	Die Button »Nach oben« und »Nach unten« können nicht ausgewählt werden.
frDisableWholeWord	Die Checkbox »Ganzes Wort« kann nicht ausgewählt werden.
frDown	Setzt die Vorgabe der Suchrichtung auf »Nach unten«. Wenn nicht auf True gesetzt, dann ist die Vorgabe auf »Nach oben« eingestellt
frFindNext	Der Anwender hat den Schalter »Nächsten suchen« ausgewählt.
frHideMatchCase	Die Checkbox »Groß-/Kleinschreibung beachten« ist nicht sichtbar.
frHideWholeWord	Die Checkbox »Ganzes Wort« ist nicht sichtbar.
frHideUpDown	Die Button »Nach oben« und »Nach unten« sind nicht sichtbar.
frMatchCase	Die Checkbox »Ganzes Wort« ist markiert.
frReplace	gilt nur für ReplaceDialog.

Wert	Bedeutung (wenn Flag auf True gesetzt)
frReplaceAll	gilt nur für ReplaceDialog.
frShowHelp	Hilfe-Button erscheint im Dialog
frWholeWord	Die Checkbox »Ganzes Wort« ist markiert.

property Owner: TComponent;
Die Eigenschaft Owner teilt Ihnen mit, welche Komponente zu welcher Komponente gehört. Dem Formular gehören alle Komponenten, die auf ihm vorhanden sind. Umgekehrt gehört das Formular zur Anwendung. Gehört eine Komponente A einer anderen Komponente B, wird der Speicher der Komponente A freigegeben, wenn der Speicher der Komponente B freigegeben wird. Es werden also folgerichtig alle Komponenten des Formulars gelöscht, wenn das Formular gelöscht wird. Außerdem wird natürlich der Speicher für das Formular und dessen Komponenten freigegeben, wenn der Speicher der Anwendung selbst freigegeben wird.

property Position: TPoint;
Position bestimmt, wo FindDialog und Replacedialog auf dem Bildschirm dargestellt werden sollen.

property Tag: Longint;
Die Eigenschaft Tag kann einen Integerwert als Element einer Komponente speichern. Tag wird von Delphi nicht benutzt und steht Ihnen damit zur freien Verfügung.

Ereignisse:

property OnFind: TNotifyEvent;
OnFind tritt immer dann ein, wenn der Anwender den Button Weitersuchen in einem FindDialog oder einem ReplcaeDialog auswählt.

OnFind ist vom Typ

```
TNotifyEvent = procedure (Sender: TObject) of object;
```

TNotifyEvent weist also auf eine Methode, welche diese Aktion behandelt. Der Parameter Sender ist das Dialogelement, in dem der Button ausgewählt wurde.

Methoden:

procedure CloseDialog;
Mit CloseDialog können Sie FindDialog und ReplaceDialog wieder schließen.

constructor Create;
Create weist Speicher zu, um das Objekt und damit die Komponente zu erzeugen und nach Bedarf seine Daten zu initialisieren. Jedes Objekt kann eine Methode Create besitzen, die individuell so angepaßt ist, daß sie diese bestimmte Art von Objekt erzeugt. Im Normalfall benötigen Sie diese Methoden nicht, da Borland Delphi alles unternimmt, um Ihre Anwendung und die darin enthaltenen Komponenten zu erzeugen. Sollten Sie allerdings ein Ereignis oder die Initialisierung eines Wertes einer selbst geschaffenen Komponente zur Zeit der Erzeugung einstellen wollen, dann

können Sie dies in der Methode Create erledigen. Dazu benötigen Sie aber genaue Kenntnisse und Techniken der OOP. Ansonsten sollten Sie Create unverändert lassen und nicht aufrufen.

function Execute: Boolean;
Mit Execute starten Sie den Dialog. Wird aus irgendeinem Grund der Dialog nicht angezeigt, dann liefert die Methode den Wert False zurück, ansonsten ist der Rückgabewert True.

procedure Free;
Die Methode Free entfernt das Objekt und gibt den dazugehörigen Speicher frei. Haben Sie das Objekt unter Verwendung der Methode Create erzeugt, so benutzen Sie zum Entfernen und für die Freigabe des Speichers die Methode Free. Free gelingt auch dann, wenn das Objekt selbst nicht mehr existiert (zum Beispiel durch einen vorherigen Aufruf von Free. Delphi erledigt dies für Objekte der Bibliothek visueller Komponenten automatisch.

Sie sollten also niemals eine Komponente innerhalb ihrer Anwendung entfernen.

Falls Sie ein Formular freigeben wollen, rufen Sie die Methode Release auf, um das Formular zu löschen und dessen benutzten Speicher freizugeben.

Komponentenname: ReplaceDialog
Klassenname: TReplaceDialog

Beschreibung:
ReplaceDialog liefert Ihnen einen Dialog zum Suchen und Ersetzen von Texten.

Eigenschaften:

property ComponentIndex: Integer;
Die Eigenschaft ComponentIndex zeigt die Position einer Komponente in der Eigenschaftsliste Components ihres Besitzers an. Die erste Komponente in der Liste hat den ComponentIndex-Wert 0, die zweite hat den Wert 1, die dritte den Wert 2 etc. Diese Eigenschaft ist nur zur Laufzeit und dann auch nur im Read-Only-Modus benutzbar.

property Controls[Index: Integer]: TControl;
Controls ist ein Array aller untergeordneten Komponenten der Komponente. Controls ist dann von Nutzen, wenn Sie auf die untergeordneten Komponenten über die Zahl statt über den Namen zugreifen müssen.

property Ctl3D: Boolean;
Die Eigenschaft Ctl3D legt fest, ob ein Dialogelement ein dreidimensionales (3-D) oder zweidimensionales Aussehen besitzt. Wenn Ctl3D True ist, erscheint das Dialogelement dreidimensional. Die Voreinstellung von Ctl3D ist True. Wenn die Eigenschaft ParentCtl3D einer Komponente auf True gesetzt ist, verändert jede Modifika-

tion der Eigenschaft Ctl3D des übergeordneten Dialogelements automatisch auch die Eigenschaft Ctl3D des Dialogelements.

Achtung: Damit Ctl3D überhaupt funktioniert, muß sich die dynamische Link-Bibliothek CTL3DV2.DLL im Suchpfad befinden. Idealerweise sollte sich diese Datei im System-Verzeichnis von Windows aufhalten.

property FindText: string;
In FindText können Sie einen Vorgabe-String eingeben, nach dem gesucht werden soll. Dieser Wert ist zur Laufzeit im Dialog durch den Anwender veränderbar.

property Handle: ...;
Der Typ der Eigenschaft Handle ist abhängig von der jeweiligen Komponente. Im allgemeinen gilt: Sollte eine Windows-API-Funktion ein Handle der betreffenden Komponente verlangen, dann setzen Sie dazu die jeweilige Eigenschaft Handle der betreffenden Komponente ein. Verlangt eine Windows-API-Funktion zum Beispiel das Handle Ihrer gesamten Anwendung, dann benutzen Sie am besten die Eigenschaft Handle des Objekts TApplication. Hier die Übersicht der verschiedenen Typen der Eigenschaft Handle:

Handle für die Komponenten:

Bitmap	property Handle: HBitmap;
Brush	property Handle: HBrush;
Canvas	property Handle: HDC;
Font	property Handle: HFont;
Icon	property Handle: HIcon;
Metafile	property Handle: HMetafile;
Pen	property Handle: HPen;

Handle gibt Ihnen den Zugriff auf das Handle des jeweiligen GDI-Objekts. Benötigen Sie zum Beispiel zum Aufruf einer Windows-API-Funktion ein Handle auf ein Stiftobjekt oder ein Bitmap-Objekt, dann können Sie dazu das Handle der Komponente Pen beziehungsweise der Komponente Bitmap benutzen.

Handle für das Objekt TApplication und die folgenden Komponenten:

Bevel	DBText	Memo
BitBtn	DirectoryListBox	Notebook
Button	DrawGrid	OLEContainer
CheckBox	DriveComboBox	Outline
ComboBox	Edit	PaintBox
DBCheckBox	FileListBox	Panel
DBComboBox	FilterComboBox	RadioButton
DBEdit	FindDialog	RadioGroup
DBGrid	Form	ReplaceDialog
DBImage	GroupBox	ScrollBar
DBListBox	Header	ScrollBox
DBLookupCombo	Image	Shape
DBLookupList	Label	SpeedButton

DBMemo	ListBox	StringGrid
DBNavigator	MaskEdit	TabbedNotebook
DBRadioGroup	MediaPlayer	TabSet

property Handle: HWND;
Handle ermöglicht Ihnen Zugriff auf das Handle der jeweiligen Komponente (z.B.: Fenster-Handle, Dialog-Handle etc.). Dieses Handle wird von einigen Windows-API-Funktionen beim Aufruf erwartet. Sie können in diesem Fall das Handle der jeweils betroffenen Komponente oder – falls das Handle Ihrer Anwendung gefordert wird – das Handle des Objekts TApplication übergeben.

Handle für die Komponenten:

MainMenu	MenuItem	PopupMenu

property Handle: HMENU;
Sollte eine Windows-API-Funktion ein Handle eines Menüs, Menü-Eintrags oder eines lokalen Menüs verlangen, dann können Sie dazu die Eigenschaft Handle von MainMenu, MenuItem und PopupMenu benutzen.

Handle für die Komponente Printer:

property Handle: HDC;
Handle beinhaltet das Handle des jeweiligen Druckerobjektes TPrinter der Komponente Printer.

Handle für die Komponente DataBase:

property Handle: HDBIDB;
Um direkte Aufrufe in die Richtung des Borland Database-Engine (BDE)-API zu tätigen, benötigen Sie ein Handle der jeweiligen Datenbank-Komponente. Dazu dient Ihnen die Eigenschaft Handle der Komponente DataBase. Dies erlaubt Ihnen Zugriffe auf Funktionen des BDE-API, die nicht in die VCL-Bibliothek integriert wurden. Bevor Sie allerdings diese Funktionen aufrufen, sollten Sie prüfen, ob diese Funktion nicht doch schon in der VCL-Bibliothek gekapselt wurde.

Handle für das Objekt TSession:

Delphi erzeugt eine Komponente Session vom Typ TSession immer dann, wenn eine Anwendung ausgeführt wird. Sessions sollten nicht von Ihnen erzeugt oder zerstört werden. Session erlaubt globale Prüfung über Datenbankverbindungen. Die Eigenschaft Databases von Session ist ein Array von allen aktiven Datenbanken in der Sitzung. Die Eigenschaft DatabaseCount vom Typ Integer gibt die Anzahl der aktiven Datenbanken in der Sitzung an.

property Handle: HDBISES;
Mit dieser Eigenschaft Handle können Sie direkte Aufrufe an die Borland Datenbank-Engine, bezogen auf eine bestimmte Sitzung (Session/TSession), machen. Die Komponente Session werden Sie im Prinzip nicht benutzen müssen. Die wichtigsten Funktionen der BDE-API sind in der VCL-Bibliothek gekapselt und ersparen Ihnen diesen Weg.

Handle für die die Komponenten Table, Query und StoredProc:

property Handle: HDBICur;
Ebenfalls für direkte Zugriffe auf Funktionen der BDE-API und unter normalen Umständen nicht zu benutzen, da die wichtigsten BDP-API-Funktionen via der VCL-Bibliothek einen einfacheren Zugriff ermöglichen.

property HelpContext: THelpContext;
Die Eigenschaft HelpContext stellt eine Kontextnummer für die Verwendung beim Aufruf kontextbezogener Online-Hilfe bereit. Jeder Hilfebildschirm des Hilfesystems sollte eine eindeutige Kontextnummer besitzen. Ist in der Anwendung eine Komponente selektiert, so wird nach Betätigen von F1 ein Hilfebildschirm angezeigt. Welcher Hilfebildschirm angezeigt wird, hängt vom Wert der Eigenschaft HelpContext ab.

property Name: TComponentName;
Die Eigenschaft Name enthält den Namen der Komponente wie er von anderen Komponenten für den Zugriff verwendet wird. Delphi weist als Vorgabewerte sequentielle Namen zu, die auf dem Typ der Komponente basieren, also etwa für Buttons »Button1«, »Button2« etc. Dies können Sie gemäß Ihrer Vorstellungen abändern. Komponentennamen sollten ausdrücklich nur zur Entwurfszeit geändert werden.

property Options: TOpenOptions;
Die Eigenschaft Options enthält eine Reihe von Flags, die das Ausführen des Dialogs bestimmen.

Wert	Bedeutung (wenn Flag auf True gesetzt)
frDisableMatchCase	Die Checkbox »Groß-/Kleinschreibung beachten« kann nicht ausgewählt werden.
frDisableUpDown	Die Button »Nach oben« und »Nach unten« können nicht ausgewählt werden.
frDisableWholeWord	Die Checkbox »Ganzes Wort« kann nicht ausgewählt werden.
frDown	Setzt die Vorgabe der Suchrichtung auf »Nach unten«. Wenn nicht auf True gesetzt, dann ist die Vorgabe auf »Nach oben« eingestellt
frFindNext	Der Anwender hat den Schalter »Nächsten suchen« ausgewählt.
frHideMatchCase	Die Checkbox »Groß-/Kleinschreibung beachten« ist nicht sichtbar.
frHideWholeWord	Die Checkbox »Ganzes Wort« ist nicht sichtbar.
frHideUpDown	Die Button »Nach oben« und »Nach unten« sind nicht sichtbar.

Wert	Bedeutung (wenn Flag auf True gesetzt)
frMatchCase	Die Checkbox »Ganzes Wort« ist markiert.
frReplace	Der zuerst gefundene Text, der mit FindText übereinstimmt, wird ersetzt.
frReplaceAll	Alle gefundenen Texte, die mit FindText übereinstimmen, werden ersetzt.
frShowHelp	Hilfe-Button erscheint im Dialog
frWholeWord	Die Checkbox »Ganzes Wort« ist markiert.

property Owner: TComponent;
Die Eigenschaft Owner teilt Ihnen mit, welche Komponente zu welcher Komponente gehört. Dem Formular gehören alle Komponenten, die auf ihm vorhanden sind. Umgekehrt gehört das Formular zur Anwendung. Gehört eine Komponente A einer anderen Komponente B, wird der Speicher der Komponente A freigegeben, wenn der Speicher der Komponente B freigegeben wird. Es werden also folgerichtig alle Komponenten des Formulars gelöscht, wenn das Formular gelöscht wird. Außerdem wird natürlich der Speicher für das Formular und dessen Komponenten freigegeben, wenn der Speicher der Anwendung selbst freigegeben wird.

property Position: TPoint;
Position bestimmt, wo FindDialog und Replacedialog auf dem Bildschirm dargestellt werden sollen.

property ReplaceText: string;
ReplaceText spezifieziert den Text, der den in FindText angegebenen Text ersetzen soll. Dies ist nur ein Vorgabewert und kann zur Laufzeit im Dialog geändert werden.

property Tag: Longint;
Die Eigenschaft Tag kann einen Integerwert als Element einer Komponente speichern. Tag wird von Delphi nicht benutzt und steht Ihnen damit zur freien Verfügung.

Ereignisse:

property OnFind: TNotifyEvent;
OnFind tritt immer dann ein, wenn der Anwender den Button »Weitersuchen« in einem FindDialog oder einem ReplaceDialog auswählt. OnFind ist vom Typ

```
TNotifyEvent = procedure (Sender: TObject) of object;
```

TNotifyEvent weist also auf eine Methode, welche diese Aktion behandelt. Der Parameter Sender ist das Dialogelement, in dem der Button ausgewählt wurde.

property OnReplace: TNotifyEvent;
OnReplace tritt immer dann ein, wenn Sie den Button »Ersetzen« oder »Alles ersetzen« ausgewählt haben. OnReplace ist vom Typ

```
TNotifyEvent = procedure (Sender: TObject) of object;
```

TNotifyEvent weist also auf eine Methode, welche diese Aktion behandelt. Der Parameter Sender ist mit dem ReplaceDialog gleichbedeutend.

Methoden:

procedure CloseDialog;
Mit CloseDialog können Sie FindDialog und ReplaceDialog wieder schließen.

constructor Create;
Create weist Speicher zu, um das Objekt und damit die Komponente zu erzeugen und nach Bedarf seine Daten zu initialisieren. Jedes Objekt kann eine Methode Create besitzen, die individuell so angepaßt ist, daß sie diese bestimmte Art von Objekt erzeugt. Im Normalfall benötigen Sie diese Methoden nicht, da Borland Delphi alles unternimmt, um Ihre Anwendung und die darin enthaltenen Komponenten zu erzeugen. Sollten Sie allerdings ein Ereignis oder die Initialisierung eines Wertes einer selbst geschaffenen Komponente zur Zeit der Erzeugung einstellen wollen, dann können Sie dies in der Methode Create erledigen. Dazu benötigen Sie aber genaue Kenntnisse und Techniken der OOP. Ansonsten sollten Sie Create unverändert lassen und nicht aufrufen.

function Execute: Boolean;
Mit Execute starten Sie den Dialog. Wird aus irgendeinem Grund der Dialog nicht angezeigt, dann liefert die Methode den Wert False zurück, ansonsten ist der Rückgabewert True.

procedure Free;
Die Methode Free entfernt das Objekt und gibt den dazugehörigen Speicher frei. Haben Sie das Objekt unter Verwendung der Methode Create erzeugt, so benutzen Sie zum Entfernen und für die Freigabe des Speichers die Methode Free. Free gelingt auch dann, wenn das Objekt selbst nicht mehr existiert (zum Beispiel durch einen vorherigen Aufruf von Free. Delphi erledigt dies für Objekte der Bibliothek visueller Komponenten automatisch.

Sie sollten also niemals eine Komponente innerhalb ihrer Anwendung entfernen.

Falls Sie ein Formular freigeben wollen, rufen Sie die Methode Release auf, um das Formular zu löschen und dessen benutzten Speicher freizugeben.

KAPITEL 6

Seite System

Komponentenname: **Timer**
Klassenname: **TTimer**

Beschreibung:

Timer löst immer dann ein Ereignis OnTimer aus, wenn eine definierte Zeitspanne vorüber ist.

Eigenschaften:

property ComponentIndex: Integer;
Die Eigenschaft ComponentIndex zeigt die Position einer Komponente in der Eigenschaftsliste Components ihres Besitzers an. Die erste Komponente in der Liste hat den ComponentIndex-Wert 0, die zweite hat den Wert 1, die dritte den Wert 2 etc. Diese Eigenschaft ist nur zur Laufzeit und dann auch nur im Read-Only-Modus benutzbar.

property Controls[Index: Integer]: TControl;
Controls ist ein Array aller untergeordneten Komponenten der Komponente. Controls ist dann von Nutzen, wenn Sie auf die untergeordneten Komponenten über die Zahl statt über den Namen zugreifen müssen.

property Enabled: Boolean;
Die Eigenschaft Enabled bestimmt, ob die Komponente auf Maus-, Tastatur- und Timer-Ereignisse reagiert. Wenn Enabled auf True gesetzt ist, reagiert die Komponente normal. Ist Enabled hingegen False, ignoriert das Dialogelement Maus- und Tastaturereignisse. Bei einer Timer-Komponente werden die für das OnTimer-Ereignis deaktivierten Komponenten-Dialogelemente grau dargestellt.

property Interval: Integer;
Mit Interval legen Sie in Millisekunden die Zeit fest, die vergehen soll, bevor ein Ereignis OnTimer ausgelöst wird. Erlaubt sind Wert zwischen 0 und 65535. 0 und kleiner bedeutet, daß OnTimer nicht ausgeführt wird.

property Name: TComponentName;
Die Eigenschaft Name enthält den Namen der Komponente wie er von anderen Komponenten für den Zugriff verwendet wird. Delphi weist als Vorgabewerte se-

quentielle Namen zu, die auf dem Typ der Komponente basieren, also etwa für Buttons »Button1«, »Button2« etc. Dies können Sie gemäß Ihrer Vorstellungen abändern. Komponentennamen sollten ausdrücklich nur zur Entwurfszeit geändert werden.

property Owner: TComponent;
Die Eigenschaft Owner teilt Ihnen mit, die Komponente zu welcher Komponente gehört. Dem Formular gehören alle Komponenten, die auf ihm vorhanden sind. Umgekehrt gehört das Formular zur Anwendung. Gehört eine Komponente A einer anderen Komponente B, wird der Speicher der Komponente A freigegeben, wenn der Speicher der Komponente B freigegeben wird. Es werden also folgerichtig alle Komponenten des Formulars gelöscht, wenn das Formular gelöscht wird. Außerdem wird natürlich der Speicher für das Formular und dessen Komponenten freigegeben, wenn der Speicher der Anwendung selbst freigegeben wird.

property Tag: Longint;
Die Eigenschaft Tag kann einen Integerwert als Element einer Komponente speichern. Tag wird von Delphi nicht benutzt und steht Ihnen damit zur freien Verfügung.

Ereignisse:

property OnTimer: TNotifyEvent;
OnTimer tritt immer dann ein, wenn die Zeit in der Eigenschaft Intervall verstrichen ist. Wollen Sie also in regelmäßigen Abständen in Ihrer Anwendung eine Aktion ausführen, dann brauchen Sie nur eine Behandlungsroutine mit dem Ereignis OnTimer zu verbinden.

OnTimer ist vom Typ

```
TNotifyEvent = procedure (Sender: TObject) of object;
```

TNotifyEvent weist also auf eine Methode, die diese Aktion behandelt.

Methoden:

constructor Create;
Create weist Speicher zu, um das Objekt und damit die Komponente zu erzeugen und nach Bedarf seine Daten zu initialisieren. Jedes Objekt kann eine Methode Create besitzen, die individuell so angepaßt ist, daß sie diese bestimmte Art von Objekt erzeugt. Im Normalfall benötigen Sie diese Methoden nicht, da Borland Delphi alles unternimmt, um Ihre Anwendung und die darin enthaltenen Komponenten zu erzeugen. Sollten Sie allerdings ein Ereignis oder die Initialisierung eines Wertes einer selbst geschaffenen Komponente zur Zeit der Erzeugung einstellen wollen, dann können Sie dies in der Methode Create erledigen. Dazu benötigen Sie aber genaue Kenntnisse und Techniken der OOP. Ansonsten sollten Sie Create unverändert lassen und nicht aufrufen.

function FindComponent(const AName: string): TComponent;
Die Methode FindComponent gibt im Array Components die Komponente zurück, deren Name zum String im Parameter AName paßt. FindComponent beachtet dabei keine Groß-/Kleinschreibung.

Beispiel: Es existiert ein Button »Button1« in Ihrer Anwendung. Um die eigentliche Komponente TButton1 im Array Components zurückzugeben, rufen Sie FindComponents wie folgt auf:

```
FindComponent('Button1');
```

procedure Free;
Die Methode Free entfernt das Objekt und gibt den dazugehörigen Speicher frei. Haben Sie das Objekt unter Verwendung der Methode Create erzeugt, so benutzen Sie zum Entfernen und für die Freigabe des Speichers die Methode Free. Free gelingt auch dann, wenn das Objekt selbst nicht mehr existiert (zum Beispiel durch einen vorherigen Aufruf von Free). Delphi erledigt dies für Objekte der Bibliothek visueller Komponenten automatisch.

Sie sollten also niemals eine Komponente innerhalb Ihrer Anwendung entfernen.

Falls Sie ein Formular freigeben wollen, rufen Sie die Methode Release auf, um das Formular zu löschen und dessen benutzten Speicher freizugeben.

procedure InsertComponent(AComponent: TComponent);
InsertComponent macht die Komponente zum Besitzer der im Parameter AComponent übergebenen Komponente. Die Komponente wird am Ende der Array-Eigenschaft Components hinzugefügt. Die eingefügte Komponente darf keinen Namen haben (keinen für die Eigenschaft Name spezifizierten Wert) oder der Name muß sich eindeutig von allen anderen in der Components-Liste unterscheiden. Wird die Besitzerkomponente entfernt, so wird auch AComponent gelöscht.

procedure RemoveComponent(AComponent: TComponent);
RemoveComponent entfernt die Komponente, die im Parameter AComponent festgelegt ist, aus der Komponentenliste Components. Die Position in der Liste wird zu nil.

Komponentenname: PaintBox
Klassenname: TPaintBox

Beschreibung:

PaintBox liefert Ihnen einen rechteckigen Bereich, in dem Sie zeichnen können.

Eigenschaften:

property Align: TAlign;
Die Eigenschaft Align legt fest, wie Dialogelemente zum Beispiel im Formular ausgerichtet werden. Mögliche Werte:

alNone	Die Komponente bleibt an der Einfügeposition im Formular (Standardeinstellung).

alTop	Die Komponente wird an die Oberkante des Formulars verschoben und an seine Breite angepaßt. Die Höhe der Komponente bleibt unverändert.
alBottom	Die Komponente wird an die Unterkante des Formulars verschoben und an seine Breite angepaßt. Die Höhe der Komponente bleibt unverändert.
alLeft	Die Komponente wird an die linke Kante des Formulars verschoben und an seine Höhe angepaßt. Die Breite der Komponente bleibt unverändert.
alRight	Die Komponente wird an die rechte Kante des Formulars verschoben und an seine Höhe angepaßt. Die Breite der Komponente bleibt unverändert.
alClient	Die Größe der Komponente wird an den Client-Bereich eines Formulars angepaßt. Ist ein Teil des Client-Bereichs bereits von einer anderen Komponente besetzt, füllt die Komponente den verbleibenden Teil des Client-Bereichs aus.

Wird zum Beispiel ein Formular, das Besitzer eines Labels ist, in der Größe verändert, werden die Komponenten innerhalb des Formulars neu ausgerichtet. Die Verwendung der Eigenschaft Align ist dann sinnvoll, wenn ein Dialogelement an einer Position des Formulars stehenbleiben soll, auch wenn sich die Größe des Formulars ändert.

property BoundsRect: TRect;
Die Eigenschaft BoundsRect liefert das Begrenzungsrechteck der Komponente – ausgedrückt im Koordinatensystem des übergeordneten Dialogelements – zurück. Mit BoundsRect ersetzen und erleichtern Sie sich somit die Abfrage der einzelnen Werte für die Eigenschaften Left, Top, Width und Height.

property Canvas: TCanvas;
Canvas stellt einen Bereich zum Anfertigen von Zeichnungen zur Verfügung. Je nach Komponente kann die Art und Weise von Canvas variieren:

Canvas für die Komponenten Form, Image und PaintBox:

Canvas stellt den Zugriff auf eine Zeichenoberfläche zur Verfügung, die Sie bei der Implementierung einer Behandlungsroutine für das OnPaint-Ereignis eines Formulars, eines Bildes oder eines Zeichenfensters verwenden können. Allerdings: Es ist nur der Lesezugriff erlaubt.

Canvas für die Komponenten ComboBox, DirectoryListBox, FileListBox, ListBox und Outline:

Canvas stellt den Zugriff auf eine Zeichenoberfläche zur Verfügung, die Sie bei der Implementierung einer Behandlungsroutine für das OnDrawItem-Ereignis eines besitzergezeichneten Listenfensters, Kombinationsfensters oder Gliederungsdialogelements verwenden können. Allerdings: Es ist nur der Lesezugriff erlaubt.

Canvas für die Komponenten DrawGrid und StringGrid:

Canvas stellt den Zugriff auf eine Zeichenoberfläche zur Verfügung, die Sie bei der Implementierung einer Behandlungsroutine für das Ereignis OnDrawCell oder OnDrawDataCell eines Gitternetz-Dialogelements verwenden können. Allerdings: Es ist nur der Lesezugriff erlaubt.

Canvas für die Komponente TPrinter:

Canvas repräsentiert für ein Druckerobjekt die Oberfläche der Seite, die aktuell gedruckt wird. Einige Drucker unterstützen keine Grafik und können hiermit nicht unterstützt werden. Es ist nur der Lesezugriff erlaubt.

Canvas für die Komponente TBitmap:

Canvas gibt Ihnen Zugriff auf eine Zeichenoberfläche, die die Bitmap repräsentiert. Wenn Sie auf die Zeichenfläche zeichnen, modifizieren Sie im Endeffekt damit die zugrundeliegende Bitmap.

property Color: TColor;

Die Eigenschaft Color legt für alle Komponenten mit Ausnahme des Dialogfensters die Farbe fest (Hintergrundfarbe eines Formulars oder eines Dialogelements oder Grafikobjekts).

Ist die Eigenschaft ParentColor auf True gesetzt, bewirkt eine Änderung der Eigenschaft Color einer Komponente A automatisch eine Änderung der Eigenschaft Color aller Komponenten, die als Besitzer die Komponente A haben. Wenn Sie der Eigenschaft Color eines Dialogelements einen Wert zuweisen, wird seine Eigenschaft ParentColor automatisch auf False gesetzt. Mögliche Werte sind:

clBlack	Schwarz
clMaroon	Rotbraun
clGreen	Grün
clOlive	Olivgrün
clNavy	Marineblau
clPurple	Violett
clTeal	Petrol
clGray	Grau
clSilver	Silber
clRed	Rot
clLime	Limonengrün
clBlue	Blau
clFuchsia	Pink
clAqua	Karibikblau
clWhite	Weiß

(Systemfarben von Windows:)

clBackground	Aktuelle Windows-Hintergrundfarbe
clActiveCaption	Aktuelle Farbe der Titelleiste des aktiven Fensters
clInactiveCaption	Aktuelle Farbe der Titelleiste der inaktiven Fenster
clMenu	Aktuelle Hintergrundfarbe der Menüs

clWindow	Aktuelle Hintergrundfarbe der Fenster
clWindowFrame	Aktuelle Farbe der Fensterrahmen
clMenuText	Aktuelle Farbe vom Menütext
clWindowText	Aktuelle Farbe vom Fenstertext
clCaptionText	Aktuelle Textfarbe der Titelleiste des aktiven Fensters
clActiveBorder	Aktuelle Rahmenfarbe des aktiven Fensters
clInactiveBorder	Aktuelle Rahmenfarbe der inaktiven Fenster
clAppWorkSpace	Aktuelle Farbe des Arbeitsbereichs der Anwendung
clHighlight	Aktuelle Hintergrundfarbe vom ausgewählten Text
clHightlightText	Aktuelle Farbe vom ausgewählten Text
clBtnFace	Aktuelle Farbe einer Schalterfläche
clBtnShadow	Aktuelle Schattenfarbe eines Schalters
clGrayText	Aktuelle Farbe von grau dargestelltem Text
clBtnText	Aktuelle Farbe von Text auf einem Schalter
clInactiveCaptionText	Aktuelle Textfarbe in der Titelleiste eines inaktiven Fensters
clBtnHighlight	Aktuelle Farbe der Markierung eines Schalters

Mit einem Doppelklick auf Color öffnet sich das Farbschema von Windows, in dem Sie auch eigene Farben zusammenstellen können.

property ComponentIndex: Integer;
Die Eigenschaft ComponentIndex zeigt die Position einer Komponente in der Eigenschaftsliste Components ihres Besitzers an. Die erste Komponente in der Liste hat den ComponentIndex-Wert 0, die zweite hat den Wert 1, die dritte den Wert 2 etc. Diese Eigenschaft ist nur zur Laufzeit und dann auch nur im Read-Only-Modus benutzbar.

property Controls[Index: Integer]: TControl;
Controls ist ein Array aller untergeordneten Komponenten der Komponente. Controls ist dann von Nutzen, wenn Sie auf die untergeordneten Komponenten über die Zahl statt über den Namen zugreifen müssen.

property Cursor: TCursor;
Mit der Eigenschaft Cursor stellen Sie das Aussehen des Cursors ein, wenn dieser auf die Komponente zeigt.

Mögliche Werte sind:

crDefault	crArrow	crCross
crIBeam	crSize	crSizeNESW
crSizeNS	crSizeNWSE	crSizeWE
crUpArrow	crHourglass	crDrag
crNoDrop	crHSplit	crVSplit

property DragCursor: TCursor;
Die Eigenschaft DragCursor bestimmt die Form des Mauszeigers, wenn sich der Zeiger über einer Komponente befindet, die ein gezogenes Objekt akzeptieren kann. Mögliche Werte sind mit denen der Eigenschaft Cursor identisch.

property DragMode: TDragMode;
Die Eigenschaft DragMode legt das Ziehen-und-Ablegen-Verhalten einer Komponente fest. Mögliche Werte sind:

dmAutomatic	Wenn dmAutomatic ausgewählt ist, ist das Dialogelement bereit, gezogen zu werden; der Anwender klickt nur und zieht es dann.
dmManual	Wenn dmManual ausgewählt ist, kann das Dialogelement nicht gezogen werden, bevor die Anwendung die Methode BeginDrag aufgerufen hat.

Ist die Eigenschaft DragMode einer Komponente dmAutomatic, kann die Anwendung dies zur Laufzeit durch Einstellung des Werts dmManual deaktivieren.

property Enabled: Boolean;
Die Eigenschaft Enabled bestimmt, ob die Komponente auf Maus-, Tastatur- und Timer-Ereignisse reagiert. Wenn Enabled auf True gesetzt ist, reagiert die Komponente normal. Ist Enabled hingegen False, ignoriert das Dialogelement Maus- und Tastaturereignisse. Bei einer Timer-Komponente werden die für das OnTimer-Ereignis deaktivierten Komponenten-Dialogelemente grau dargestellt.

property Font: TFont;
Die Eigenschaft Font legt den Font und die Eigenschaften dieses Font der Komponente fest. Sie haben die Möglichkeit, diese Werte im Objectinspektor zu ändern oder – wesentlich komfortabler – mit Hilfe eines Doppelklicks auf diese Eigenschaft einen Dialog zu öffnen, der alle möglichen Werte anzeigt.

property Handle: ...;
Der Typ der Eigenschaft Handle ist abhängig von der jeweiligen Komponente. Im allgemeinen gilt: Sollte eine Windows-API-Funktion ein Handle der betreffenden Komponente verlangen, setzen Sie dazu die jeweilige Eigenschaft Handle der betreffenden Komponente ein. Verlangt eine Windows-API-Funktion zum Beispiel das Handle Ihrer gesamten Anwendung, benutzen Sie am besten die Eigenschaft Handle des Objekts TApplication. Hier die Übersicht der verschiedenen Typen der Eigenschaft Handle:

Handle für die Komponenten:

Bitmap	property Handle: HBitmap;
Brush	property Handle: HBrush;
Canvas	property Handle: HDC;
Font	property Handle: HFont;
Icon	property Handle: HIcon;
Metafile	property Handle: HMetafile;
Pen	property Handle: HPen;

Handle gibt Ihnen den Zugriff auf das Handle des jeweiligen GDI-Objekts. Benötigen Sie zum Beispiel zum Aufruf einer Windows-API-Funktion ein Handle auf ein Stiftobjekt oder ein Bitmap-Objekt, können Sie dazu das Handle der Komponente Pen beziehungsweise der Komponente Bitmap benutzen.

Handle für das Objekt TApplication und die folgenden Komponenten:

Bevel	DBText	Memo
BitBtn	DirectoryListBox	Notebook
Button	DrawGrid	OLEContainer
CheckBox	DriveComboBox	Outline
ComboBox	Edit	PaintBox
DBCheckBox	FileListBox	Panel
DBComboBox	FilterComboBox	RadioButton
DBEdit	FindDialog	RadioGroup
DBGrid	Form	ReplaceDialog
DBImage	GroupBox	ScrollBar
DBListBox	Header	ScrollBox
DBLookupCombo	Image	Shape
DBLookupList	Label	SpeedButton
DBMemo	ListBox	StringGrid
DBNavigator	MaskEdit	TabbedNotebook
DBRadioGroup	MediaPlayer	TabSet

property Handle: HWND;
Handle bietet Ihnen Zugriff auf das Handle der jeweiligen Komponente (z.B. Fenster-Handle, Dialog-Handle etc.). Dieses Handle wird von einigen Windows-API-Funktionen beim Aufruf erwartet. Sie können in diesem Fall das Handle der jeweils betroffenen Komponente oder – falls das Handle Ihrer Anwendung gefordert wird – das Handle des Objekts TApplication übergeben.

Handle für die Komponenten:

MainMenu	MenuItem	PopupMenu

property Handle: HMENU;
Sollte eine Windows-API-Funktion ein Handle eines Menüs, Menü-Eintrags oder eines lokalen Menüs verlangen, können Sie dazu die Eigenschaft Handle von MainMenu, MenuItem und PopupMenu benutzen.

Handle für die Komponente Printer:

property Handle: HDC;
Handle beinhaltet das Handle des jeweiligen Druckerobjektes TPrinter der Komponente Printer.

Handle für die Komponente DataBase:

property Handle: HDBIDB;
Um direkte Aufrufe in die Richtung der Borland Database-Engine-(BDE)-API zu tätigen, benötigen Sie ein Handle der jeweiligen Datenbank-Komponente. Dazu dient Ihnen die Eigenschaft Handle der Komponente DataBase. Sie erlaubt Ihnen Zugriffe auf Funktionen des BDE-API, die nicht in die VCL-Bibliothek integriert wurden. Bevor Sie allerdings diese Funktionen aufrufen, sollten Sie prüfen, ob diese Funktion nicht doch schon in der VCL-Bibliothek gekapselt wurde.

Handle für das Objekt TSession:

Delphi erzeugt eine Komponente Session vom Typ TSession immer dann, wenn eine Anwendung ausgeführt wird. Sessions sollten nicht von Ihnen erzeugt oder zerstört werden. Session erlaubt globale Prüfung über Datenbankverbindungen. Die Eigenschaft Databases von Session ist ein Array von allen aktiven Datenbanken in der Sitzung. Die Eigenschaft DatabaseCount vom Typ Integer gibt die Anzahl der aktiven Datenbanken in der Sitzung an.

property Handle: HDBISES;
Mit dieser Eigenschaft Handle können Sie direkte Aufrufe an die Borland-Datenbank-Engine – bezogen auf eine bestimmte Sitzung (Session/TSession) – machen. Die Komponente Session werden Sie kaum benutzen. Die wichtigsten Funktionen der BDE-API sind in der VCL-Bibliothek gekapselt und ersparen Ihnen diesen Weg.

Handle für die Komponenten Table, Query und StoredProc:

property Handle: HDBICur;
Ebenfalls für direkte Zugriffe auf Funktionen der BDE-API und unter normalen Umständen nicht zu benutzen, da die wichtigsten BDP-API-Funktionen via VCL-Bibliothek einen einfacheren Zugriff ermöglichen.

property Height: Integer;
Die Eigenschaft Height eines Dialogelements legt die Höhe der Komponente in Pixeln fest.

property Hint: string;
Die Eigenschaft Hint ist der Text-String, der erscheinen kann, wenn ein OnHint-Ereignis eintritt, also wenn der Benutzer den Cursor über die Komponente bewegt. Wie der String angezeigt wird, bestimmt der Code in der Ereignisbehandlungs-Routine OnHint. Sie können eine Schnellhilfe, d.h. ein Fenster, das einen Hilfetext enthält, für eine Komponente erscheinen lassen, wenn der Anwender den Mauszeiger über das Dialogelement führt und dort kurz verweilt. Dies funktioniert wie folgt:

1. Spezifizieren Sie für jede Komponente, die einen Schnellhinweis anzeigen soll, einen Hint-Wert.
2. Setzen Sie die Eigenschaft ShowHints des Bedienfelds auf True.
3. Setzen Sie die Eigenschaft ShowHint der Anwendung zur Laufzeit auf True.

Sie können Hint gleichzeitig sowohl für ein Hilfehinweisfenster als auch für die Verwendung innerhalb der Behandlungsroutine OnHint spezifizieren, indem Sie zwei durch das Zeichen | (das »oder« oder Pipe-Symbol) abgeteilte Werte angeben, also beispielsweise:

```
Edit1.Hint := 'Aufforderung|Geben Sie den richtigen Wert ein';
```

Der String »Aufforderung« erscheint im Hilfehinweisfenster und der String »Geben Sie den richtigen Wert ein« erscheint wie in der Ereignisbehandlungs-Routine OnHint spezifiziert.

property Left: Integer;
Die Eigenschaft Left bestimmt die horizontalen Koordinaten in Pixeln der linken Kante einer Komponente relativ zum Formular. Für Formulare ist der Wert der Eigenschaft Left relativ zum Bildschirm (ebenfalls in Pixeln).

property Name: TComponentName;
Die Eigenschaft Name enthält den Namen der Komponente wie er von anderen Komponenten für den Zugriff verwendet wird. Delphi weist als Vorgabewerte sequentielle Namen zu, die auf dem Typ der Komponente basieren, also etwa für Buttons »Button1«, »Button2« etc. Dies können Sie gemäß Ihrer Vorstellungen abändern. Komponentennamen sollten ausdrücklich nur zur Entwurfszeit geändert werden.

property Owner: TComponent;
Die Eigenschaft Owner teilt Ihnen mit, die Komponente zu welcher Komponente gehört. Dem Formular gehören alle Komponenten, die auf ihm vorhanden sind. Umgekehrt gehört das Formular zur Anwendung. Gehört eine Komponente A einer anderen Komponente B, wird der Speicher der Komponente A freigegeben, wenn der Speicher der Komponente B freigegeben wird. Es werden also folgerichtig alle Komponenten des Formulars gelöscht, wenn das Formular gelöscht wird. Außerdem wird natürlich der Speicher für das Formular und dessen Komponenten freigegeben, wenn der Speicher der Anwendung selbst freigegeben wird.

property Parent: TWinControl;
Die Eigenschaft Parent enthält den Namen der übergeordneten Komponente. Wenn eine Komponente A eine andere Komponente B enthält, sind die in B enthaltenen Komponenten untergeordnete Komponenten von A. Wenn Ihre Anwendung beispielsweise drei Buttons in einer GroupBox enthält, dann ist die GroupBox das übergeordnete Element der drei Buttons und die Button-Schaltfelder sind der GroupBox untergeordnet.

Parent und Owner sind leider etwas verwirrend. Daher hier eine kleine Entwirrung:

Ein Formular ist der Besitzer aller darauf enthaltenen Komponenten, egal, ob sie ein Fensterelement sind oder nicht. Für unser Beispiel mit den drei Buttons und der GroupBox bedeutet dies: Der Besitzer der Button ist immer das Formular, aber die GroupBox ist das übergeordnete Element.

Wenn Sie einen neuen Dialog erzeugen, müssen Sie dem neuen Dialogelement einen Wert der Eigenschaft Parent zuweisen. Üblicherweise sind dies Formulare, Bedienfelder, GroupBoxen oder andere Dialoge, die andere Komponenten-Elemente enthalten können. Es ist möglich, jedes Element als das übergeordnete zuzuweisen, aber das darin enthaltene Dialogelement wird wahrscheinlich überschrieben.

Wird das übergeordnete Element gelöscht wird, dann werden auch alle Elemente, die ihm untergeordnet sind, gelöscht.

property ParentColor: Boolean;
Die Eigenschaft ParentColor bestimmt, wo eine Komponente nach ihrer Farbeigenschaft suchen soll. Falls ParentColor True ist, verwendet die Komponente die Farbeigenschaft der übergeordneten Komponente.

Wenn ParentColor False ist, verwendet die Komponente ihre eigene Eigenschaft Color. Durch Verwendung von ParentColor können Sie sicherstellen, daß alle Komponenten auf einem Formular das gleiche Erscheinungsbild haben.

property ParentFont: Boolean;
Die Eigenschaft ParentFont bestimmt, wo eine Komponente nach ihrer Fonteigenschaft suchen soll. Falls ParentFont True ist, verwendet die Komponente den Font der Eigenschaft der übergeordneten Komponente.

Ist ParentFont False, verwendet die Komponente ihre eigene Eigenschaft Font. Durch Verwendung von ParentFont können Sie sicherstellen, daß alle Komponenten auf einem Formular das gleiche Erscheinungsbild haben.

property ParentShowHint: Boolean;
Die Eigenschaft ParentShowHint bestimmt, wo eine Komponente nach ihrer Hinteigenschaft suchen soll. Falls ParentShowHint True ist, verwendet die Komponente die Hint-Eigenschaft der übergeordneten Komponente.

Ist ParentShowHint False, verwendet die Komponente ihre eigene Eigenschaft Hint. Durch Verwendung von ParentShowHint können Sie sicherstellen, daß alle Komponenten auf einem Formular das gleiche Erscheinungsbild haben.

property PopupMenu: TPopupMenu;
Die Eigenschaft PopupMenu legt den Namen des Popup-Menüs fest, das erscheint, wenn der Anwender die Komponente auswählt oder die rechte Maustaste drückt (bei dem Wert True für AutoPopup des Popup) oder wenn die Methode Popup des Popup-Menüs ausgeführt wird.

property ShowHint: Boolean;
Die Eigenschaft ShowHint bestimmt, ob das Dialogelement eine Schnellhilfe anzeigen soll, wenn der Mauszeiger eine Weile auf ihm verweilt. Die Schnellhilfe entspricht dem Wert der Eigenschaft Hint, die in einem Feld direkt unterhalb des Elements angezeigt wird. Wenn die Eigenschaft ShowHint den Wert True hat, kann die Schnellhilfe erscheinen.

Ist ShowHint False, kann die Schnellhilfe auch angezeigt werden, wenn ParentShowHint auf True gesetzt wurde, und die Eigenschaft ShowHint der übergeordneten Komponente ebenfalls auf True gesetzt wurde.

property Showing: Boolean;
Die Eigenschaft Showing legt fest, ob eine Komponente momentan auf dem Bildschirm angezeigt wird oder nicht. Falls die Eigenschaft Visible einer Komponente und aller übergeordneten Komponenten in der übergeordneten Hierarchie True ist, ist Showing auch True. Wenn einer der Vorfahren der Komponente den Wert False als Wert für die Eigenschaft Visible hat, dann ist auch Showing False.

property Tag: Longint;
Die Eigenschaft Tag kann einen Integerwert als Element einer Komponente speichern. Tag wird von Delphi nicht benutzt und steht Ihnen damit zur freien Verfügung.

property Top: Integer;
Die Eigenschaft Top gibt die y-Koordinate in Pixeln der linken oberen Ecke eines Dialogelements relativ zum Formular an. Bei Formularen wird der Wert der Eigenschaft Top in Pixeln relativ zum Bildschirm angegeben.

property Visible: Boolean;
Die Eigenschaft Visible bestimmt, ob eine Komponente auf dem Bildschirm sichtbar ist (True) oder nicht (False).

property Width: integer;
Die Eigenschaft Width bestimmt die Breite der Komponente, gemessen in Pixeln.

Ereignisse:

property OnClick: TNotifyEvent;
Das Ereignis OnClick erscheint, wenn der Benutzer auf die Komponente klickt. In einem Formular tritt OnClick ein, wenn der Benutzer auf eine freie Stelle im Formular oder eine inaktive Komponente klickt.

OnClick ist vom Typ

```
TNotifyEvent = procedure (Sender: TObject) of object;
```

Der Typ TNotifyEvent weist also auf eine Methode, die das Anklicken eines Objekts behandelt. Der Parameter Sender ist das Dialogelement, das angeklickt wurde.

property OnDblClick: TNotifyEvent;
Das Ereignis OnDblClick erscheint, wenn der Benutzer auf die Komponente einen Doppelklick ausführt. In einem Formular tritt das Ereignis OnDblClick ein, wenn der Benutzer auf eine freie Stelle im Formular oder eine inaktive Komponente einen Doppelklick ausführt.

OnDblClick ist vom Typ

```
TNotifyEvent = procedure (Sender: TObject) of object;
```

Der Typ TNotifyEvent weist also auf eine Methode, die das Doppelklicken eines Objekts behandelt. Der Parameter Sender ist das Dialogelement, das mit einem Doppelklick bearbeitet wurde.

property OnDragDrop: TDragDropEvent;
Das Ereignis OnDragDrop tritt ein, wenn der Anwender ein gezogenes Objekt ablegt. Verwenden Sie die Ereignisbehandlungs-Routine OnDragDrop, um festzulegen, was passieren soll, wenn der Anwender ein Objekt ablegt.

OnDragClick ist vom Typ

```
TDragDropEvent = procedure(Sender, Source: TObject; X, Y: Integer) of object;
```

Der Typ TDragDropEvent zeigt also auf eine Methode, die das Ablegen eines gezogenen Objekts behandelt. Der Parameter Source des Ereignisses OnDragDrop ist das abzulegende Objekt und der Parameter Sender ist das Dialogelement, auf das das Objekt abgelegt wurde. Die Parameter X und Y sind die Koordinaten des Mauszeigers, der über dem Dialogelement positioniert wird.

property OnDragOver: TDragOverEvent;
Das Ereignis OnDragOver tritt ein, wenn der Anwender ein Objekt über eine Komponente zieht. Üblicherweise werden Sie ein Ereignis OnDragOver verwenden, um ein Objekt zu akzeptieren, damit der Anwender es ablegen kann.

OnDragClick ist vom Typ

```
TDragOverEvent = procedure(Sender, Source: TObject; X, Y: Integer;
                  State: TDragState; var Accept: Boolean) of object;
```

Der Typ TDragOverEvent zeigt also auf eine Methode, die das Ziehen eines Objekts über ein anderes Objekt behandelt. Der Parameter Source ist das gezogene Objekt, Sender ist das Objekt, über das Source gezogen wurde, X und Y sind die Koordinaten des Mauszeigers, der über dem Dialogelement positioniert wird in Pixeln, State ist der Status des gezogenen Objekts in Verbindung zum darübergezogenen Objekt, und Accept legt fest, ob der Sender das Ziehobjekt erkennt. Accept wird nicht per Voreinstellung auf True oder False gesetzt; Sie müssen die passenden Werte selbst zuweisen.

Das Ereignis OnDragOver akzeptiert ein Objekt, wenn der Parameter Accept True ist. Durch Ändern des Werts der Eigenschaft DragCursor können Sie das Erscheinungsbild des Cursors beeinflussen. Dies können Sie entweder während des Entwickelns oder zur Laufzeit, bevor ein Ereignis OnDragOver eintritt, durchführen.

property OnEndDrag: TEndDragEvent;
Das Ereignis OnEndDrag tritt immer dann ein, wenn das Ziehen eines Objekts abgeschlossen oder abgebrochen wird. Wenn Sie eine besondere Behandlung haben möchten, wenn das Ziehen beendet wird, verwenden Sie die Ereignisbehandlungs-Routine OnEndDrag.

OnEndDrag ist vom Typ

```
TEndDragEvent = procedure(Sender, Target: TObject; X, Y: Integer) of object;
```

Der Typ TEndDragEvent zeigt also auf eine Methode, die das Anhalten des Ziehens eines Objekts behandelt. Der Sender ist das Objekt, das gezogen wird, Target ist das Objekt, zu dem Sender hingezogen wird, und X und Y sind die dazugehörigen Bildschirmkoordinaten des Mauszeigers, der über dem Dialogelement positioniert wird. Falls das gezogene Objekt abgelegt und durch das Dialogelement akzeptiert wurde, ist der Parameter Target des Ereignisses OnEndDrag True. Wenn das Objekt nicht erfolgreich abgelegt wurde, beträgt der Wert Target nil.

property OnMouseDown: TMouseEvent;
Ereignis OnMouseDown tritt ein, wenn der Anwender eine Maustaste zu dem Zeitpunkt drückt, an dem sich der Mauszeiger über einem Dialogelement.

OnMouseDown ist vom Typ

```
TMouseEvent=procedure (Sender: TObject; Button: TMouseButton; Shift: TShiftState;
                  X, Y: Integer) of object;
```

Der Typ TMouseEvent weist also auf eine Methode zur Bearbeitung von Maustasten-Ereignissen hin. Der Parameter Button gibt an, die Maustaste gedrückt wurde, während Shift Auskunft darüber gibt, die Umschalt- (UMSCHALT, STRG oder ALT) bzw. Maustasten gedrückt waren, während die das Mausereignis verursachende Maustaste gedrückt oder losgelassen wurde. X und Y sind die Bildschirmkoordinaten des Mauszeigers in Pixeln. Der Parameter Button des Ereignisses OnMouseDown zeigt an, die Maustaste gedrückt wurde. Durch Verwenden des Parameters Shift der Ereignisbehandlungs-Routine OnMouseDown können Sie auf den Status der Maus- und Umschalttasten reagieren. Umschalttasten sind die Tasten UMSCHALT, STRG und ALT.

property OnMouseMove: TMouseMoveEvent;
Das Ereignis OnMouseMove tritt ein, wenn der Anwender den Mauszeiger bewegt und dieser sich bereits über einem Dialogelement befindet.

OnMouseMove ist vom Typ

```
TMouseMoveEvent = procedure(Sender: TObject; Shift: TShiftState; X, Y: Integer)
                            of object;
```

Der Typ TMouseMoveEvent zeigt also auf eine Methode, die Mausereignisse infolge Mausbewegung verarbeitet. Der Parameter Button gibt an, die Maustaste gedrückt wurde, während Shift anzeigt, die UMSCHALT- (UMSCHALT, STRG oder ALT) bzw. Maustasten während der Mausbewegung gedrückt waren. X und Y sind die Bildschirmkoordinaten des Mauszeigers in Pixeln Durch Verwenden des Parameters Shift können Sie auf den Status der Maus- und Umschalttasten reagieren. Umschalttasten sind die Tasten UMSCHALT, STRG und ALT.

property OnMouseUp: TMouseEvent;
Das Ereignis OnMouseUp tritt ein, wenn der Anwender die gedrückte Maustaste wieder freigibt, wenn sich der Mauszeiger über einer Komponente befindet.

Die Ereignisbehandlungs-Routine OnMouseUp kann auf Betätigungen der rechten, mittleren und linken Maustasten reagieren sowie auf Maustastenkombinationen mit Umschalttasten (Tasten UMSCHALT, STRG und ALT).

OnMouseUp ist vom Typ

```
TMouseEvent = procedure (Sender: TObject; Button: TMouseButton; Shift: TShiftState;
                         X, Y: Integer) of object;
```

Der Typ TMouseEvent zeigt also auf eine Methode zur Bearbeitung von Maustasten-Ereignissen hin. Der Parameter Button gibt an, die Maustaste gedrückt wurde, während Shift Auskunft darüber gibt, die UMSCHALT- (UMSCHALT, STRG oder ALT) bzw. Maustasten gedrückt waren, während die das Mausereignis verursachende Maustaste gedrückt oder losgelassen wurde. X und Y sind die Bildschirmkoordinaten des Mauszeigers in Pixeln.

property OnPaint: TNotifyEvent;
OnPaint tritt immer dann ein, wenn Windows die Komponente dazu auffordert, sich neu zu zeichnen. Sie können dieses Ereignis dazu nutzen, um auf einer Zeichenfläche der Komponente zu zeichnen.

OnPaint ist vom Typ

```
TNotifyEvent = procedure (Sender: TObject) of object;
```

TNotifyEvent weist also auf eine Methode, die diese Aktion behandelt. Der Parameter Sender ist das Komponente, in der diese Aktion auftrat.

Methoden:

procedure BeginDrag(Immediate: Boolean);
Die Methode BeginDrag leitet den Ziehvorgang einer Komponente ein. Wenn der Parameter Immediate auf True gesetzt ist, wird der Mauszeiger auf den Wert der Eigenschaft DragCursor gesetzt und der Ziehvorgang beginnt. Ist Immediate False, wird der Mauszeiger nicht auf den Wert der Eigenschaft DragCursor gesetzt, und der Ziehvorgang wird erst eingeleitet, wenn der Anwender den Mauszeiger mindestens um 5 Pixel bewegt. Auf diese Weise kann die Komponente Mausklicks akzeptieren, ohne einen Ziehvorgang einzuleiten.

Ihre Anwendung muß die Methode BeginDrag zum Einleiten eines Ziehvorgangs nur aufrufen, wenn DragMode auf dmManual gesetzt ist.

procedure BringToFront;
Die Methode BringToFront setzt eine Komponente innerhalb einer übergeordneten Komponente vor alle anderen Komponenten. BringToFront hilft insbesondere sicherzustellen, daß ein Formular sichtbar ist. Verwenden Sie diese Methode, wenn Sie die Reihenfolge überlappender Komponenten in einem Formular neu festlegen wollen.

Die Reihenfolge, in der Komponenten übereinander gelagert werden (Z-Reihenfolge), hängt davon ab, ob es sich um fensterähnliche oder um nicht-fensterähnliche Komponente handelt. Die Reihenfolge arbeitet nach dem Prinzip, daß die zuletzt eingefügte Komponente die oberste und damit sichtbare Komponente ist.

Mit der Methode BringToFront einer Komponente würde diese Komponente ganz nach oben auf den Stapel kommen und somit sichtbar sein.

Bei der Stapelung ist zu beachten, daß fensterähnliche Komponenten immer auf nicht-fensterähnlichen Komponenten gestapelt werden. Ein Aufruf von BringToFront einer nicht-fensterähnlichen Komponente bewirkt also gar nichts, wenn oben auf dem Stapel eine fensterähnliche Komponente liegt.

Die folgenden Komponenten zählen zu den fensterähnlichen Komponenten:

BitBtn	DBNavigator	MediaPlayer
Button	DBRadioGroup	Memo
CheckBox	DirectoryListBox	Notebook
ComboBox	DrawGrid	OLEContainer

KAPITEL 6

DBCheckBox	DriveComboBox	Outline
DBComboBox	Edit	Panel
DBEdit	FileListBox	RadioButton
DBGrid	FilterComboBox	RadioGroup
DBImage	Form	ScrollBar
DBListBox	GroupBox	ScrollBox
DBLookupCombo	Header	StringGrid
DBLookupList	ListBox	TabbedNotebook
DBMemo	MaskEdit	TabSet

Die nun folgenden Komponenten zählen zu den nicht-fensterähnlichen Komponenten:

Bevel	Label	SpeedButton
DBText	PaintBox	Image
Shape		

function CanFocus: Boolean;
CanFocus stellt fest, ob eine Komponente den Eingabefokus erhalten kann. CanFocus gibt True zurück, wenn die Eigenschaften Visible und Enabled sowohl der Komponente als auch der übergeordneten Komponenten auf True gesetzt sind. Sind nicht alle Eigenschaften Visible und Enabled dieser Komponenten auf True gesetzt, liefert CanFocus False zurück.

function ClientToScreen(Point: TPoint): TPoint;
Die Methode ClientToScreen übersetzt den angegebenen Punkt aus Client-Bereichskoordinaten in globale Bildschirmkoordinaten. In Client-Bereichskoordinaten entspricht der Punkt (0, 0) der oberen linken Ecke des Client-Bereichs der Komponente. In Bildschirmkoordinaten entspricht (0, 0) der oberen linken Ecke des Bildschirms. Mit den Methoden ClientToScreen und ScreenToClient rechnen Sie Positionen aus dem Koordinatensystem einer Komponente A in das Koordinatensystem einer Komponente B um.

Beispiel: Umrechnung der Koordinaten einer Komponente A in die Koordinaten einer Komponente B (TPoint ist ein Record mit den Feldern X und Y):

```
TPoint = record
       X : integer;
       Y : integer;
END;
VAR
   Koord: TPoint;
Koord:= B.ScreenToClient(A.ClientToScreen(Koord));
```

constructor Create;
Create weist Speicher zu, um das Objekt und damit die Komponente zu erzeugen und nach Bedarf seine Daten zu initialisieren. Jedes Objekt kann eine Methode Create besitzen, die individuell so angepaßt ist, daß sie diese bestimmte Art von Objekt erzeugt. Im Normalfall benötigen Sie diese Methoden nicht, da Borland Delphi alles unternimmt, um Ihre Anwendung und die darin enthaltenen Komponenten zu

erzeugen. Sollten Sie allerdings ein Ereignis oder die Initialisierung eines Wertes einer selbst geschaffenen Komponente zur Zeit der Erzeugung einstellen wollen, dann können Sie dies in der Methode Create erledigen. Dazu benötigen Sie aber genaue Kenntnisse und Techniken der OOP. Ansonsten sollten Sie Create unverändert lassen und nicht aufrufen.

function Dragging: Boolean;
Die Methode Dragging gibt an, ob eine Komponente gezogen wird. Wenn Dragging True zurückgibt, wird die Komponente gezogen.

procedure EndDrag(Drop: Boolean);
Die Methode EndDrag verhindert, daß eine Komponente weiter gezogen wird. Wenn der Parameter Drop True ist, wird die gezogene Komponente abgelegt. Ist Drop False, wird die Komponente nicht abgelegt und der Vorgang wird abgebrochen.

function FindComponent(const AName: string): TComponent;
Die Methode FindComponent gibt im Array Components die Komponente zurück, deren Name zum String im Parameter AName paßt. FindComponent beachtet dabei keine Groß-/Kleinschreibung.

Beispiel: Es existiert ein Button »Button1« in Ihrer Anwendung. Um die eigentliche Komponente TButton1 im Array Components zurückzugeben, rufen Sie FindComponents wie folgt auf:

```
FindComponents('Button1');
```

function Focused: Boolean;
Focused wird verwendet, um zu bestimmen, ob ein Fensterdialogelement den Fokus besitzt und deshalb das aktive Dialogelement in ActiveControl ist.

procedure Free;
Die Methode Free entfernt das Objekt und gibt den dazugehörigen Speicher frei. Haben Sie das Objekt unter Verwendung der Methode Create erzeugt, so benutzen Sie zum Entfernen und für die Freigabe des Speichers die Methode Free. Free gelingt auch dann, wenn das Objekt selbst nicht mehr existiert (zum Beispiel durch einen vorherigen Aufruf von Free). Delphi erledigt dies für Objekte der Bibliothek visueller Komponenten automatisch.

Sie sollten also niemals eine Komponente innerhalb Ihrer Anwendung entfernen.

Falls Sie ein Formular freigeben wollen, rufen Sie die Methode Release auf, um das Formular zu löschen und dessen benutzten Speicher freizugeben.

function GetTextBuf(Buffer: PChar; BufSize: Integer): Integer;
Die Methode GetTextBuf holt den Text der Komponente und kopiert ihn in den Puffer als Null-terminierten String (Ende der Zeichenkette wird mit 0 angegeben), auf den Buffer zeigt. Die maximale Länge des Strings wird mit BufSize (siehe dazu GetTextLen) festgelegt. In BufSize wird nach der Ausführung die Anzahl der Zeichen des Strings zu finden sein. Diese Methode ist vor allem dann sehr nützlich, wenn mit Strings größer als 256 Zeichen gearbeitet wird. Der Typ STRING kann nicht mehr als

256 Zeichen aufnehmen. Dabei entfällt aber das erste Element in diesem Typ auf die Längenangabe des Strings, so daß nur noch maximal 255 zeichen möglich sind. Ein PChar ist ein Zeiger auf das erste Zeichen einer Zeichenkette. Eine derart definierte Zeichenkette besitzt keine Längenangabe, sondern trägt eine 0 am Ende der Kette, daher auch der Name Null-terminierter String. Ein PChar kann die maximale Größe von 64 Kbyte erreichen. Die maximale Anzahl der Zeichen ist also auf 64 Kbyte und nicht auf 255 Zeichen beschränkt (siehe auch GetTextLen und SetTextBuf).

function GetTextLen: Integer;
Die Methode GetTextLen gibt die Länge des Textes der Komponente zurück. Dieser Wert kann für BufSize in GetTextBuf verwendet werden (siehe auch GetTextBuf und SetTextBuf).

procedure Hide;
Die Methode Hide versteckt eine Komponente, sie ist also nicht mehr auf dem Bildschirm sichtbar. Dabei wird die Eigenschaft Visible auf False gesetzt. Dabei ist eine Komponente aber weiterhin aktiv, das heißt, kann bearbeitet werden.

procedure Invalidate;
Die Methode Invalidate erzwingt das Neuzeichnen einer Komponente, sobald dies möglich ist.

procedure InsertComponent(AComponent: TComponent);
InsertComponent macht die Komponente zum Besitzer der im Parameter AComponent übergebenen Komponente. Die Komponente wird am Ende der Array-Eigenschaft Components hinzugefügt. Die eingefügte Komponente darf keinen Namen haben (keinen für die Eigenschaft Name spezifizierten Wert) oder der Name muß sich eindeutig von allen anderen in der Components-Liste unterscheiden. Wird die Besitzerkomponente entfernt, so wird auch AComponent gelöscht.

procedure Refresh;
Die Methode Refresh reagiert je nach Art der Komponente, ob Daten oder die Komponenten selber neu gezeichnet werden. Die Methode Refresh kann also jedes Bild auf dem Bildschirm löschen und alle Dialogelemente neuzeichnen beziehungsweise Datensätze einer Datei erneut einlesen.

Innerhalb der Implementation von Refresh beim Neuzeichnen von Komponenten wird die Methode Invalidate und dann die Methode Update aufgerufen.

Beim Refresh von Daten ist zu beachten: Durch Refresh können sich die angezeigten Daten unerwartet verändern und so den Anwender verwirren. Ein Dialog oder eine andere Mitteilung, die dem Anwender den Refresh der Daten mitteilt, wäre somit wohl angebracht und von äußerster Nützlichkeit.

procedure RemoveComponent(AComponent: TComponent);
RemoveComponent entfernt die Komponente, die im Parameter AComponent festgelegt ist, aus der Komponentenliste Components. Die Position in der Liste wird zu nil.

procedure Repaint;
Die Methode Repaint fordert das Dialogelement auf, dessen Bild auf dem Bildschirm neu zu zeichnen, ohne jedoch das bereits Erschienene zu löschen. Um vor dem Neuzeichnen zu löschen, müssen Sie anstelle von Repaint die Methode Refresh aufrufen.

function ScreenToClient(Point: TPoint): TPoint;
Die Methode ScreenToClient wird verwendet, um den Koordinatenpunkt in Pixeln der Komponente auf dem Bildschirm zu bestimmen. ScreenToClient gibt die X- und Y-Koordinaten in einem Record des Typs TPoint zurück.

procedure SendToBack;
Die Methode SendToBack setzt eine Komponente innerhalb einer übergeordneten Komponente hinter alle anderen Komponenten. Die Reihenfolge, in der Komponenten übereinander gelagert werden (Z-Reihenfolge), hängt davon ab, ob es sich um fensterähnliche oder um nicht-fensterähnliche Komponenten handelt. Die Reihenfolge arbeitet nach dem Prinzip, daß die zuletzt eingefügte Komponente die oberste und damit sichtbare Komponente ist.

Mit der Methode SendToBack einer Komponente würde diese Komponente ganz nach unten auf den Stapel kommen und somit unsichtbar sein.

Bei der Stapelung ist zu beachten, daß fensterähnliche Komponenten immer auf nicht-fensterähnlichen Komponenten gestapelt werden. Ein Aufruf von SendToBack einer fensterähnlichen Komponente bewirkt also gar nichts, wenn unter dem Stapel eine nicht-fensterähnliche Komponente liegt (siehe auch BringToFront).

Die folgenden Komponenten zählen zu den fensterähnlichen Komponenten:

BitBtn	DBNavigator	MediaPlayer
Button	DBRadioGroup	Memo
CheckBox	DirectoryListBox	Notebook
ComboBox	DrawGrid	OLEContainer
DBCheckBox	DriveComboBox	Outline
DBComboBox	Edit	Panel
DBEdit	FileListBox	RadioButton
DBGrid	FilterComboBox	RadioGroup
DBImage	Form	ScrollBar
DBListBox	GroupBox	ScrollBox
DBLookupCombo	Header	StringGrid
DBLookupList	ListBox	TabbedNotebook
DBMemo	MaskEdit	TabSet

Die nun folgenden Komponenten zählen zu den nicht-fensterähnlichen Komponenten:

Bevel	Label	SpeedButton
DBText	PaintBox	Image
Shape		

procedure SetBounds(ALeft, ATop, AWidth, AHeight: Integer);
Die Methode SetBounds setzt die Begrenzungseigenschaften der Komponente Left, Top, Width und Height auf die Werte, die in den entsprechenden Werten ALeft, ATop, AWidth und AHeight übergeben werden. SetBounds erlaubt Ihnen, mehr als eine Begrenzungseigenschaft der Komponente zur gleichen Zeit einzustellen. Obwohl Sie immer einzelne Begrenzungen einstellen können, erlaubt Ihnen die Verwendung von SetBounds, mehrere Änderungen auf einmal durchzuführen, ohne daß jedesmal das Dialogfenster neu gezeichnet werden muß.

procedure SetFocus;
SetFocus übergibt den Focus an die Komponente. Bei Formularen ruft das jeweilige Formular die Methode SetFocus des standardmäßig aktiven Dialogelements auf.

procedure SetTextBuf(Buffer: PChar);
Die Methode SetTextBuf ersetzt den Text in einer Komponente durch den Text in Buffer. Buffer muß auf einen mit Null abgeschlossenen String zeigen (siehe auch GetTextBuf und GetTextLen).

procedure Show;
Die Methode Show bringt eine Komponente sichtbar auf dem Bildschirm, indem die Eigenschaft Visible auf True eingestellt wird. Falls die Methode Show eines Formulars aufgerufen wird und das Formular ist unsichtbar, versucht Show das Formular sichtbar zu machen, indem sie das Formular mit der Methode BringToFront in den Vordergrund bringt. Ein Formular verfügt zusätzlich über die Methode ShowModal, um einen modalen Dialog erzeugen zu können. Ein modaler Dialog muß bearbeitet und geschlossen werden. Ein SendToBack hätte also keinen Erfolg.

procedure Update;
In der Methode Update wird die API-Funktion UpdateWindow von Windows aufgerufen, die alle beim Zeichnen entstandenen und noch nicht erledigten Meldungen bearbeitet.

UpdateWindows ist definiert als

```
procedure UpdateWindow(Wnd: HWnd);
```

Die Routine UpdateWindow aktualisiert den Client-Bereich des angegebenen Fensters, indem sie eine WM_PAINT-Meldung an das Fenster sendet, wenn der Aktualisierungsbereich für das Fenster nicht leer ist. Die Routine UpdateWindow sendet eine WM_PAINT-Meldung unter Umgehung der Anwendungswarteschlange direkt an die Fensterfunktion des gegebenen Fensters. Wenn der Aktualisierungsbereich leer ist, wird keine Meldung gesendet. Der Parameter Wnd bezeichnet das Fenster oder besser das Handle des Fensters, das aktualisiert werden soll.

Komponentenname: FileListBox
Klassenname: TFileListBox

Beschreibung:

FileListBox liefert Ihnen ein Listenfeld, das alle Dateien im aktuellen Verzeichnis auflisten kann. Um Dateien aus einem anderen Verzeichnis anzuzeigen, ändern Sie die Eigenschaft Directory.

Eigenschaften:

property Align: TAlign;
Die Eigenschaft Align legt fest, wie Dialogelemente zum Beispiel im Formular ausgerichtet werden. Mögliche Werte:

alNone	Die Komponente bleibt an der Einfügeposition im Formular (Standardeinstellung).
alTop	Die Komponente wird an die Oberkante des Formulars verschoben und an seine Breite angepaßt. Die Höhe der Komponente bleibt unverändert.
alBottom	Die Komponente wird an die Unterkante des Formulars verschoben und an seine Breite angepaßt. Die Höhe der Komponente bleibt unverändert.
alLeft	Die Komponente wird an die linke Kante des Formulars verschoben und an seine Höhe angepaßt. Die Breite der Komponente bleibt unverändert.
alRight	Die Komponente wird an die rechte Kante des Formulars verschoben und an seine Höhe angepaßt. Die Breite der Komponente bleibt unverändert.
alClient	Die Größe der Komponente wird an den Client-Bereich eines Formulars angepaßt. Ist ein Teil des Client-Bereichs bereits von einer anderen Komponente besetzt, füllt die Komponente den verbleibenden Teil des Client-Bereichs aus.

Wird zum Beispiel ein Formular, das Besitzer eines Labels ist, in der Größe verändert, werden die Komponenten innerhalb des Formulars neu ausgerichtet. Die Verwendung der Eigenschaft Align ist dann sinnvoll, wenn ein Dialogelement an einer Position des Formulars stehenbleiben soll, auch wenn sich die Größe des Formulars ändert.

property BoundsRect: TRect;
Die Eigenschaft BoundsRect liefert das Begrenzungsrechteck der Komponente – ausgedrückt im Koordinatensystem des übergeordneten Dialogelements – zurück. Mit BoundsRect ersetzen und erleichtern Sie sich somit die Abfrage der einzelnen Werte für die Eigenschaften Left, Top, Width und Height.

property Canvas: TCanvas;
Canvas stellt einen Bereich zum Anfertigen von Zeichnungen zur Verfügung. Je nach Komponente kann die Art und Weise von Canvas variieren:

Canvas für die Komponenten Form, Image und PaintBox:

Canvas stellt den Zugriff auf eine Zeichenoberfläche zur Verfügung, die Sie bei der Implementierung einer Behandlungsroutine für das OnPaint-Ereignis eines Formulars, eines Bildes oder eines Zeichenfensters verwenden können. Allerdings: Es ist nur der Lesezugriff erlaubt.

Canvas für die Komponenten ComboBox, DirectoryListBox, FileListBox, ListBox und Outline:

Canvas stellt den Zugriff auf eine Zeichenoberfläche zur Verfügung, die Sie bei der Implementierung einer Behandlungsroutine für das OnDrawItem-Ereignis eines besitzergezeichneten Listenfensters, Kombinationsfensters oder Gliederungsdialogelements verwenden können. Allerdings: Es ist nur der Lesezugriff erlaubt.

Canvas für die Komponenten DrawGrid und StringGrid:

Canvas stellt den Zugriff auf eine Zeichenoberfläche zur Verfügung, die Sie bei der Implementierung einer Behandlungsroutine für das Ereignis OnDrawCell oder OnDrawDataCell eines Gitternetz-Dialogelements verwenden können. Allerdings: Es ist nur der Lesezugriff erlaubt.

Canvas für die Komponente TPrinter:

Canvas repräsentiert für ein Druckerobjekt die Oberfläche der Seite, die aktuell gedruckt wird. Einige Drucker unterstützen keine Grafik und können hiermit nicht unterstützt werden. Es ist nur der Lesezugriff erlaubt.

Canvas für die Komponente TBitmap:

Canvas gibt Ihnen Zugriff auf eine Zeichenoberfläche, die die Bitmap repräsentiert. Wenn Sie auf die Zeichenfläche zeichnen, modifizieren Sie im Endeffekt damit die zugrundeliegende Bitmap.

property Color: TColor;
Die Eigenschaft Color legt für alle Komponenten mit Ausnahme des Dialogfensters die Farbe fest (Hintergrundfarbe eines Formulars oder eines Dialogelements oder Grafikobjekts). Ist die Eigenschaft ParentColor auf True gesetzt, bewirkt eine Änderung der Eigenschaft Color einer Komponente A automatisch eine Änderung der Eigenschaft Color aller Komponenten, die als Besitzer die Komponente A haben. Wenn Sie der Eigenschaft Color eines Dialogelements einen Wert zuweisen, wird seine Eigenschaft ParentColor automatisch auf False gesetzt. Mögliche Werte sind:

clBlack	Schwarz
clMaroon	Rotbraun
clGreen	Grün
clOlive	Olivgrün
clNavy	Marineblau

clPurple	Violett
clTeal	Petrol
clGray	Grau
clSilver	Silber
clRed	Rot
clLime	Limonengrün
clBlue	Blau
clFuchsia	Pink
clAqua	Karibikblau
clWhite	Weiß

(Systemfarben von Windows:)

clBackground	Aktuelle Windows-Hintergrundfarbe
clActiveCaption	Aktuelle Farbe der Titelleiste des aktiven Fensters
clInactiveCaption	Aktuelle Farbe der Titelleiste der inaktiven Fenster
clMenu	Aktuelle Hintergrundfarbe der Menüs
clWindow	Aktuelle Hintergrundfarbe der Fenster
clWindowFrame	Aktuelle Farbe der Fensterrahmen
clMenuText	Aktuelle Farbe vom Menütext
clWindowText	Aktuelle Farbe vom Fenstertext
clCaptionText	Aktuelle Textfarbe der Titelleiste des aktiven Fensters
clActiveBorder	Aktuelle Rahmenfarbe des aktiven Fensters
clInactiveBorder	Aktuelle Rahmenfarbe der inaktiven Fenster
clAppWorkSpace	Aktuelle Farbe des Arbeitsbereichs der Anwendung
clHighlight	Aktuelle Hintergrundfarbe vom ausgewählten Text
clHightlightText	Aktuelle Farbe vom ausgewählten Text
clBtnFace	Aktuelle Farbe einer Schalterfläche
clBtnShadow	Aktuelle Schattenfarbe eines Schalters
clGrayText	Aktuelle Farbe von grau dargestelltem Text
clBtnText	Aktuelle Farbe von Text auf einem Schalter
clInactiveCaptionText	Aktuelle Textfarbe in der Titelleiste eines inaktiven Fensters
clBtnHighlight	Aktuelle Farbe der Markierung eines Schalters

Mit einem Doppelklick auf Color öffnet sich das Farbschema von Windows, in dem Sie auch eigene Farben zusammenstellen können.

property ComponentIndex: Integer;
Die Eigenschaft ComponentIndex zeigt die Position einer Komponente in der Eigenschaftsliste Components ihres Besitzers an. Die erste Komponente in der Liste hat den ComponentIndex-Wert 0, die zweite hat den Wert 1, die dritte den Wert 2 etc. Diese Eigenschaft ist nur zur Laufzeit und dann auch nur im Read-Only-Modus benutzbar.

property Controls[Index: Integer]: TControl;
Controls ist ein Array aller untergeordneten Komponenten der Komponente. Controls ist dann von Nutzen, wenn Sie auf die untergeordneten Komponenten über die Zahl statt über den Namen zugreifen müssen.

property Ctl3D: Boolean;
Die Eigenschaft Ctl3D legt fest, ob ein Dialogelement ein dreidimensionales (3-D) oder zweidimensionales Aussehen besitzt. Wenn Ctl3D True ist, erscheint das Dialogelement dreidimensional. Die Voreinstellung von Ctl3D ist True. Wenn die Eigenschaft ParentCtl3D einer Komponente auf True gesetzt ist, verändert jede Modifikation der Eigenschaft Ctl3D des übergeordneten Dialogelements automatisch auch die Eigenschaft Ctl3D des Dialogelements.

Achtung: Damit Ctl3D überhaupt funktioniert, muß sich die dynamische Link-Bibliothek CTL3DV2.DLL im Suchpfad befinden. Idealerweise sollte sich diese Datei im System-Verzeichnis von Windows aufhalten.

property Cursor: TCursor;
Mit der Eigenschaft Cursor stellen Sie das Aussehen des Cursors ein, wenn dieser auf die Komponente zeigt.

Mögliche Werte sind:

crDefault	crArrow	crCross
crIBeam	crSize	crSizeNESW
crSizeNS	crSizeNWSE	crSizeWE
crUpArrow	crHourglass	crDrag
crNoDrop	crHSplit	crVSplit

property Directory: string;
Mit Directory legen Sie das Verzeichnis für die Komponenten fest.

property DragCursor: TCursor;
Die Eigenschaft DragCursor bestimmt die Form des Mauszeigers, wenn sich der Zeiger über einer Komponente befindet, die ein gezogenes Objekt akzeptieren kann. Mögliche Werte sind mit denen der Eigenschaft Cursor identisch.

property DragMode: TDragMode;
Die Eigenschaft DragMode legt das Ziehen-und-Ablegen-Verhalten einer Komponente fest. Mögliche Werte sind:

dmAutomatic	Wenn dmAutomatic ausgewählt ist, ist das Dialogelement bereit, gezogen zu werden; der Anwender klickt nur und zieht es dann.
dmManual	Wenn dmManual ausgewählt ist, kann das Dialogelement nicht gezogen werden, bevor die Anwendung die Methode BeginDrag aufgerufen hat.

Ist die Eigenschaft DragMode einer Komponente dmAutomatic, kann die Anwendung dies zur Laufzeit durch Einstellung des Werts dmManual deaktivieren.

property Enabled: Boolean;
Die Eigenschaft Enabled bestimmt, ob die Komponente auf Maus-, Tastatur- und Timer-Ereignisse reagiert. Wenn Enabled auf True gesetzt ist, reagiert die Komponente normal. Ist Enabled hingegen False, ignoriert das Dialogelement Maus- und Tastaturereignisse. Bei einer Timer-Komponente werden die für das OnTimer-Ereignis deaktivierten Komponenten-Dialogelemente grau dargestellt.

property FileEdit: TEdit;
Mit FileEdit können Sie den ausgewählten Dateinamen in die Editierzeile der Komponente einfügen.

property FileName: string;
FileName enthält den ausgewählten Dateinamen einschließlich des Pfadnamens.

property FileType: TFileType;
FileType legt aufgrund der Dateiattribute fest, die Dateien angezeigt werden. Mögliche Werte:

Wert	Bedeutung (wenn Flag auf True gesetzt wurde)
ftReadOnly	Dateien mit dem Read-Only-Attribut werden angezeigt.
ftHidden	Dateien mit dem Hidden-Attribut werden angezeigt.
ftSystem	Dateien mit dem System-Attribut werden angezeigt.
ftVolumeID	Der Volum-Name des Laufwerks wird angezeigt.
ftDirectory	Die Verzeichnisse werden anzeigt.
ftArchive	Dateien mit dem Archiv-Attribut werden angezeigt.
ftNormal	Dateien ohne Attribute werden angezeigt.

property Font: TFont;
Die Eigenschaft Font legt den Font und die Eigenschaften dieses Font der Komponente fest. Sie haben die Möglichkeit, diese Werte im Objectinspektor zu ändern oder – wesentlich komfortabler – mit Hilfe eines Doppelklicks auf diese Eigenschaft einen Dialog zu öffnen, der alle möglichen Werte anzeigt.

property Handle: ...;
Der Typ der Eigenschaft Handle ist abhängig von der jeweiligen Komponente. Im allgemeinen gilt: Sollte eine Windows-API-Funktion ein Handle der betreffenden Komponente verlangen, setzen Sie dazu die jeweilige Eigenschaft Handle der betreffenden Komponente ein. Verlangt eine Windows-API-Funktion zum Beispiel das Handle Ihrer gesamten Anwendung, benutzen Sie am besten die Eigenschaft Handle des Objekts TApplication. Hier die Übersicht der verschiedenen Typen der Eigenschaft Handle:

Handle für die Komponenten:

Bitmap	property Handle: HBitmap;
Brush	property Handle: HBrush;
Canvas	property Handle: HDC;
Font	property Handle: HFont;

KAPITEL 6

Icon   property Handle: HIcon;
Metafile   property Handle: HMetafile;
Pen   property Handle: HPen;

Handle gibt Ihnen den Zugriff auf das Handle des jeweiligen GDI-Objekts. Benötigen Sie zum Beispiel zum Aufruf einer Windows-API-Funktion ein Handle auf ein Stiftobjekt oder ein Bitmap-Objekt, können Sie dazu das Handle der Komponente Pen beziehungsweise der Komponente Bitmap benutzen.

Handle für das Objekt TApplication und die folgenden Komponenten:

Bevel	DBText	Memo
BitBtn	DirectoryListBox	Notebook
Button	DrawGrid	OLEContainer
CheckBox	DriveComboBox	Outline
ComboBox	Edit	PaintBox
DBCheckBox	FileListBox	Panel
DBComboBox	FilterComboBox	RadioButton
DBEdit	FindDialog	RadioGroup
DBGrid	Form	ReplaceDialog
DBImage	GroupBox	ScrollBar
DBListBox	Header	ScrollBox
DBLookupCombo	Image	Shape
DBLookupList	Label	SpeedButton
DBMemo	ListBox	StringGrid
DBNavigator	MaskEdit	TabbedNotebook
DBRadioGroup	MediaPlayer	TabSet

property Handle: HWND;
Handle bietet Ihnen Zugriff auf das Handle der jeweiligen Komponente (z.B. Fenster-Handle, Dialog-Handle etc.). Dieses Handle wird von einigen Windows-API-Funktionen beim Aufruf erwartet. Sie können in diesem Fall das Handle der jeweils betroffenen Komponente oder – falls das Handle Ihrer Anwendung gefordert wird – das Handle des Objekts TApplication übergeben.

Handle für die Komponenten:

MainMenu   MenuItem   PopupMenu

property Handle: HMENU;
Sollte eine Windows-API-Funktion ein Handle eines Menüs, Menü-Eintrags oder eines lokalen Menüs verlangen, können Sie dazu die Eigenschaft Handle von MainMenu, MenuItem und PopupMenu benutzen.

Handle für die Komponente Printer:

property Handle: HDC;
Handle beinhaltet das Handle des jeweiligen Druckerobjektes TPrinter der Komponente Printer.

Handle für die Komponente DataBase:

property Handle: HDBIDB;
Um direkte Aufrufe in die Richtung der Borland Database-Engine-(BDE)-API zu tätigen, benötigen Sie ein Handle der jeweiligen Datenbank-Komponente. Dazu dient Ihnen die Eigenschaft Handle der Komponente DataBase. Sie erlaubt Ihnen Zugriffe auf Funktionen des BDE-API, die nicht in die VCL-Bibliothek integriert wurden. Bevor Sie allerdings diese Funktionen aufrufen, sollten Sie prüfen, ob diese Funktion nicht doch schon in der VCL-Bibliothek gekapselt wurde.

Handle für das Objekt TSession:

Delphi erzeugt eine Komponente Session vom Typ TSession immer dann, wenn eine Anwendung ausgeführt wird. Sessions sollten nicht von Ihnen erzeugt oder zerstört werden. Session erlaubt globale Prüfung über Datenbankverbindungen. Die Eigenschaft Databases von Session ist ein Array von allen aktiven Datenbanken in der Sitzung. Die Eigenschaft DatabaseCount vom Typ Integer gibt die Anzahl der aktiven Datenbanken in der Sitzung an.

property Handle: HDBISES;
Mit dieser Eigenschaft Handle können Sie direkte Aufrufe an die Borland-Datenbank-Engine – bezogen auf eine bestimmte Sitzung (Session/TSession) – machen. Die Komponente Session werden Sie kaum benutzen. Die wichtigsten Funktionen der BDE-API sind in der VCL-Bibliothek gekapselt und ersparen Ihnen diesen Weg.

Handle für die Komponenten Table, Query und StoredProc:

property Handle: HDBICur;
Ebenfalls für direkte Zugriffe auf Funktionen der BDE-API und unter normalen Umständen nicht zu benutzen, da die wichtigsten BDP-API-Funktionen via VCL-Bibliothek einen einfacheren Zugriff ermöglichen.

property Height: Integer;
Die Eigenschaft Height eines Dialogelements legt die Höhe der Komponente in Pixeln fest.

property HelpContext: THelpContext;
Die Eigenschaft HelpContext stellt eine Kontextnummer für die Verwendung beim Aufruf kontextbezogener Online-Hilfe bereit. Jeder Hilfebildschirm des Hilfesystems sollte eine eindeutige Kontextnummer besitzen. Ist in der Anwendung eine Komponente selektiert, so wird nach Betätigen von F1 ein Hilfebildschirm angezeigt. Welcher Hilfebildschirm angezeigt wird, hängt vom Wert der Eigenschaft HelpContext ab.

property Hint: string;
Die Eigenschaft Hint ist der Text-String, der erscheinen kann, wenn ein OnHint-Ereignis eintritt, also wenn der Benutzer den Cursor über die Komponente bewegt. Wie der String angezeigt wird, bestimmt der Code in der Ereignisbehandlungs-Routine OnHint. Sie können eine Schnellhilfe, d.h. ein Fenster, das einen Hilfetext enthält, für eine Komponente erscheinen lassen, wenn der Anwender den Mauszeiger über das Dialogelement führt und dort kurz verweilt. Dies funktioniert wie folgt:

1. Spezifizieren Sie für jede Komponente, die einen Schnellhinweis anzeigen soll, einen Hint-Wert.
2. Setzen Sie die Eigenschaft ShowHints des Bedienfelds auf True.
3. Setzen Sie die Eigenschaft ShowHint der Anwendung zur Laufzeit auf True.

Sie können Hint gleichzeitig sowohl für ein Hilfehinweisfenster als auch für die Verwendung innerhalb der Behandlungsroutine OnHint spezifizieren, indem Sie zwei durch das Zeichen | (das »oder« oder »Pipe«-Symbol) abgeteilte Werte angeben, also beispielsweise:

Edit1.Hint := 'Aufforderung|Geben Sie den richtigen Wert ein';

Der String »Aufforderung« erscheint im Hilfehinweisfenster und der String »Geben Sie den richtigen Wert ein« erscheint wie in der Ereignisbehandlungs-Routine OnHint spezifiziert.

property IntegralHeight: Boolean;
IntegralHeight bestimmt die Gestaltung der Komponente. Bei IntegralHeight = True wird die ListBox so gezeichnet, daß nur die Elemente gezeigt werden, die vollständig in vertikaler Richtung hineinpassen.

Dabei wird der untere Rand der ListBox bis unter das letzte vollständig angezeigt Element verschoben.

Ist IntegralHeight = False, dann ist die Listbox durch den Wert der Eigenschaft ItemHeight begrenzt.

Bei lsOwnerDrawVariable für die Eigenschaft Style wird IntegralHeight nicht beachtet. Erst der Wert lsOwnerDrawFixed für Style macht IntegralHeight aktiv.

property ItemHeight: Integer;
ItemHeight bedeutet die Höhe in Pixeln eines Eintrags in der Komponente, wenn die Eigenschaft Style den Wert lsOwnerDrawFixed hat. Hat Style den Wert lsStandard oder lsOwnerDrawVariable, dann wird ItemHeight ignoriert.

property ItemIndex: Integer;
Der Wert ItemIndex ist die Ordinalzahl des selektierten Elements der Komponente.

Der Wert -1 bedeutet, daß kein Element selektiert wurde. Zur Laufzeit selektieren Sie im Programm ein Element, indem Sie den Index des Elements in diese Eigenschaft einsetzen. Dabei beginnt die Zählung der Elemente bei 0. 0 ist also das erste Element.

Besitzt die Komponente die Eigenschaft MultiSelect und ist diese auf True gesetzt, dann finden Sie bei mehreren ausgewählten Elementen in ItemIndex den Wert für das fokusierte (das zuletzt ausgewählte) Element.

property Items: TStrings;
Items beinhaltet Strings, die als Elemente in Listboxen erscheinen.

Der Typ TStrings von Items liefert Ihnen eine Reihe von Methoden zum Bearbeiten und Einfügen der Strings, aber dazu mehr am Schluß der Definition von Items. TString hat zwar keine Möglichkeit, Strings zu speichern, kann aber die Speichermöglichkeiten der Komponente nutzen.

Mit Methoden wie Add, Delete, Insert, Move und Exchange eines String-Objekts kann man Strings hinzufügen, löschen, einfügen, bewegen und austauschen.

property Left: Integer;
Die Eigenschaft Left bestimmt die horizontalen Koordinaten in Pixeln der linken Kante einer Komponente relativ zum Formular. Für Formulare ist der Wert der Eigenschaft Left relativ zum Bildschirm (ebenfalls in Pixeln).

property Mask: string
Mit Mask bestimmen Sie, die Dateien in der Liste aufgeführt werden. Beispiel:
```
*.*
*.PAS
*.DOC
*.DBF
*.NIL
```

property MultiSelect: Boolean;
MultiSelect bestimmt, ob ein Benutzer mehr als ein Element auf einmal aus einer Liste selektieren kann. Falls MultiSelect True ist, kann der Anwender mehrere Einträge auswählen.

property Name: TComponentName;
Die Eigenschaft Name enthält den Namen der Komponente wie er von anderen Komponenten für den Zugriff verwendet wird. Delphi weist als Vorgabewerte sequentielle Namen zu, die auf dem Typ der Komponente basieren, also etwa für Buttons »Button1«, »Button2« etc. Dies können Sie gemäß Ihrer Vorstellungen abändern. Komponentennamen sollten ausdrücklich nur zur Entwurfszeit geändert werden.

property Owner: TComponent;
Die Eigenschaft Owner teilt Ihnen mit, die Komponente zu welcher Komponente gehört. Dem Formular gehören alle Komponenten, die auf ihm vorhanden sind. Umgekehrt gehört das Formular zur Anwendung. Gehört eine Komponente A einer anderen Komponente B, wird der Speicher der Komponente A freigegeben, wenn der Speicher der Komponente B freigegeben wird. Es werden also folgerichtig alle Komponenten des Formulars gelöscht, wenn das Formular gelöscht wird. Außerdem wird natürlich der Speicher für das Formular und dessen Komponenten freigegeben, wenn der Speicher der Anwendung selbst freigegeben wird.

property Parent: TWinControl;
Die Eigenschaft Parent enthält den Namen der übergeordneten Komponente. Wenn eine Komponente A eine andere Komponente B enthält, sind die in B enthaltenen Komponenten untergeordnete Komponenten von A. Wenn Ihre Anwendung beispielsweise drei Buttons in einer GroupBox enthält, dann ist die GroupBox das übergeordnete Element der drei Buttons und die Button-Schaltfelder sind der GroupBox untergeordnet.

Parent und Owner sind leider etwas verwirrend. Daher hier eine kleine Entwirrung:

Ein Formular ist der Besitzer aller darauf enthaltenen Komponenten, egal, ob sie ein Fensterelement sind oder nicht. Für unser Beispiel mit den drei Buttons und der

GroupBox bedeutet dies: Der Besitzer der Button ist immer das Formular, aber die GroupBox ist das übergeordnete Element.

Wenn Sie einen neuen Dialog erzeugen, müssen Sie dem neuen Dialogelement einen Wert der Eigenschaft Parent zuweisen. Üblicherweise sind dies Formulare, Bedienfelder, GroupBoxen oder andere Dialoge, die andere Komponenten-Elemente enthalten können. Es ist möglich, jedes Element als das übergeordnete zuzuweisen, aber das darin enthaltene Dialogelement wird wahrscheinlich überschrieben.

Wird das übergeordnete Element gelöscht wird, dann werden auch alle Elemente, die ihm untergeordnet sind, gelöscht.

property ParentColor: Boolean;
Die Eigenschaft ParentColor bestimmt, wo eine Komponente nach ihrer Farbeigenschaft suchen soll. Falls ParentColor True ist, verwendet die Komponente die Farbeigenschaft der übergeordneten Komponente.

Wenn ParentColor False ist, verwendet die Komponente ihre eigene Eigenschaft Color. Durch Verwendung von ParentColor können Sie sicherstellen, daß alle Komponenten auf einem Formular das gleiche Erscheinungsbild haben.

property ParentCtl3D: Boolean;
Die Eigenschaft ParentCtl3D bestimmt, wo eine Komponente nach seiner Eigenschaft Ctl3D suchen muß. Ist ParentCtl3D auf True gesetzt, verwendet die Komponente die Dimensionen der Eigenschaft Ctl3D von dessen übergeordneter Komponente. Wenn ParentCtl3D False ist, verwendet die Komponente ihre eigene Eigenschaft Ctl3D. Durch Verwendung von ParentCtl3D stellen Sie sicher, daß alle Komponenten auf einem Formular das gleiche Erscheinungsbild haben. Wenn Sie beispielsweise möchten, daß alle Komponenten auf einem Formular ein dreidimensionales Erscheinungsbild haben, setzen Sie die Eigenschaft Ctl3D des Formulars auf True und die Eigenschaft ParentCtl3D jeder Komponente auf True.

property ParentFont: Boolean;
Die Eigenschaft ParentFont bestimmt, wo eine Komponente nach ihrer Fonteigenschaft suchen soll. Falls ParentFont True ist, verwendet die Komponente den Font der Eigenschaft der übergeordneten Komponente.

Ist ParentFont False, verwendet die Komponente ihre eigene Eigenschaft Font. Durch Verwendung von ParentFont können Sie sicherstellen, daß alle Komponenten auf einem Formular das gleiche Erscheinungsbild haben.

property ParentShowHint: Boolean;
Die Eigenschaft ParentShowHint bestimmt, wo eine Komponente nach ihrer Hinteigenschaft suchen soll. Falls ParentShowHint True ist, verwendet die Komponente die Hint-Eigenschaft der übergeordneten Komponente.

Ist ParentShowHint False, verwendet die Komponente ihre eigene Eigenschaft Hint. Durch Verwendung von ParentShowHint können Sie sicherstellen, daß alle Komponenten auf einem Formular das gleiche Erscheinungsbild haben.

property PopupMenu: TPopupMenu;
Die Eigenschaft PopupMenu legt den Namen des Popup-Menüs fest, das erscheint, wenn der Anwender die Komponente auswählt oder die rechte Maustaste drückt (bei dem Wert True für AutoPopup des Popup) oder wenn die Methode Popup des Popup-Menüs ausgeführt wird.

property Selected[X: Integer]: Boolean;
Selected legt fest, ob ein bestimmter Eintrag in einer Komponente ausgewählt ist. Der Parameter X bedeutet die Position in der Komponente, auf dessen Element verwiesen wird. Ist das Element ausgewählt, dann ist Selected True.

property ShowGlyphs: Boolean;
ShowGlyphs bestimmt, ob kleine Bitmaps neben dem Dateinamen in einem Dateilistenfenster angezeigt werden (beim Wert = True).

property ShowHint: Boolean;
Die Eigenschaft ShowHint bestimmt, ob das Dialogelement eine Schnellhilfe anzeigen soll, wenn der Mauszeiger eine Weile auf ihm verweilt. Die Schnellhilfe entspricht dem Wert der Eigenschaft Hint, die in einem Feld direkt unterhalb des Elements angezeigt wird. Wenn die Eigenschaft ShowHint den Wert True hat, kann die Schnellhilfe erscheinen.

Ist ShowHint False, kann die Schnellhilfe auch angezeigt werden, wenn ParentShowHint auf True gesetzt wurde, und die Eigenschaft ShowHint der übergeordneten Komponente ebenfalls auf True gesetzt wurde.

property Showing: Boolean;
Die Eigenschaft Showing legt fest, ob eine Komponente momentan auf dem Bildschirm angezeigt wird oder nicht. Falls die Eigenschaft Visible einer Komponente und aller übergeordneten Komponenten in der übergeordneten Hierarchie True ist, ist Showing auch True. Wenn einer der Vorfahren der Komponente den Wert False als Wert für die Eigenschaft Visible hat, dann ist auch Showing False.

property TabOrder: TTabOrder;
Die Eigenschaft TabOrder bestimmt die Position einer Komponente in der Tabulatorreihenfolge, in der Komponenten den Fokus erhalten, wenn der Anwender die Taste TAB drückt. Anfänglich ist die Tabulatorreihenfolge immer die Reihenfolge, in der die Komponenten in das Formular hinzugefügt wurden. Der Wert der Eigenschaft TabOrder ist für jede Komponente auf dem Formular einmalig. Die erste dem Formular hinzugefügte Komponente hat den Wert 0 von TabOrder, die zweite hat 1, die dritte 2 usw.

Falls Sie den Wert der Eigenschaft TabOrder einer Komponente den gleichen Wert einer anderen Komponente zuweisen, numeriert Delphi automatisch die Werte für alle anderen Komponenten neu. Angenommen, eine Komponente ist beispielsweise die sechste Komponente in der Tabulatorreihenfolge. Wenn Sie den Wert der Eigenschaft TabOrder der Komponente auf 3 ändern (dies macht die Komponente zu der vierten in der Tabulatorreihenfolge), wird die Komponente, die die vierte war, nun zur fünften und die Komponente, die die fünfte war, wird jetzt die sechste.

property TabStop: Boolean;
Die Eigenschaft TabStop bestimmt, ob der Anwender diese Komponente mit der Taste TAB anspringen kann. Falls TabStop True ist, befindet sich die Komponente in der Tabulatorreihenfolge. Wenn TabStop False ist, ist das Dialogelement nicht in der Tabulatorreihenfolge.

property Tag: Longint;
Die Eigenschaft Tag kann einen Integerwert als Element einer Komponente speichern. Tag wird von Delphi nicht benutzt und steht Ihnen damit zur freien Verfügung

property Top: Integer;
Die Eigenschaft Top gibt die y-Koordinate in Pixeln der linken oberen Ecke eines Dialogelements relativ zum Formular an. Bei Formularen wird der Wert der Eigenschaft Top in Pixeln relativ zum Bildschirm angegeben.

property TopIndex: Integer;
TopIndex bedeutet die Indexnummer des obersten Elements in ListBoxen.

Mit TopIndex können Sie frei wählen, dies Element als erstes in der ListBox angezeigt werden soll.

property Visible: Boolean;
Die Eigenschaft Visible bestimmt, ob eine Komponente auf dem Bildschirm sichtbar ist (True) oder nicht (False).

property Width: integer;
Die Eigenschaft Width bestimmt die Breite der Komponente, gemessen in Pixeln.

Ereignisse:

property OnChange: TNotifyEvent;
Das Ereignis OnChange erscheint, wenn der Inhalt einer Komponente oder eines Objekts sich ändert. Bei grafischen Objekten tritt OnChange ein, wenn sich die Grafik, die vom Objekt gekapselt wird, ändert. Zum Beispiel tritt das Ereignis OnChange für einen Stift ein, wenn die Eigenschaften Color, Mode, Style oder Width des TPen-Objekts geändert werden. Bei Komponenten tritt OnChange ein, wenn der Hauptwert oder die Hauptwerte der Komponente geändert werden.

Bei Kombinationsfenstern tritt das Ereignis OnChange auch ein, wenn ein Element in der aufklappbaren Liste gewählt wird. Bei String-Listen-Objekten tritt das Ereignis OnChange ein, wenn sich eine Änderung für einen String ergibt, der in der String-Liste gespeichert ist.

OnChange ist vom Typ

```
TNotifyEvent = procedure (Sender: TObject) of object:
```

Der Typ TNotifyEvent weist also auf eine Methode, die das Anklicken eines Objekts behandelt. Der Parameter Sender ist das Dialogelement, das angeklickt wurde.

property OnClick: TNotifyEvent;
Das Ereignis OnClick erscheint, wenn der Benutzer auf die Komponente klickt. In einem Formular tritt OnClick ein, wenn der Benutzer auf eine freie Stelle im Formular oder eine inaktive Komponente klickt.

OnClick ist vom Typ

```
TNotifyEvent = procedure (Sender: TObject) of object;
```

Der Typ TNotifyEvent weist also auf eine Methode, die das Anklicken eines Objekts behandelt. Der Parameter Sender ist das Dialogelement, das angeklickt wurde.

property OnDblClick: TNotifyEvent;
Das Ereignis OnDblClick erscheint, wenn der Benutzer auf die Komponente einen Doppelklick ausführt. In einem Formular tritt das Ereignis OnDblClick ein, wenn der Benutzer auf eine freie Stelle im Formular oder eine inaktive Komponente einen Doppelklick ausführt.

OnDblClick ist vom Typ

```
TNotifyEvent = procedure (Sender: TObject) of object;
```

Der Typ TNotifyEvent weist also auf eine Methode, die das Doppelklicken eines Objekts behandelt. Der Parameter Sender ist das Dialogelement, das mit einem Doppelklick bearbeitet wurde.

property OnDragDrop: TDragDropEvent;
Das Ereignis OnDragDrop tritt ein, wenn der Anwender ein gezogenes Objekt ablegt. Verwenden Sie die Ereignisbehandlungs-Routine OnDragDrop, um festzulegen, was passieren soll, wenn der Anwender ein Objekt ablegt.

OnDragClick ist vom Typ

```
TDragDropEvent = procedure(Sender, Source: TObject; X, Y: Integer) of object;
```

Der Typ TDragDropEvent zeigt also auf eine Methode, die das Ablegen eines gezogenen Objekts behandelt. Der Parameter Source des Ereignisses OnDragDrop ist das abzulegende Objekt und der Parameter Sender ist das Dialogelement, auf das das Objekt abgelegt wurde. Die Parameter X und Y sind die Koordinaten des Mauszeigers, der über dem Dialogelement positioniert wird.

property OnDragOver: TDragOverEvent;
Das Ereignis OnDragOver tritt ein, wenn der Anwender ein Objekt über eine Komponente zieht. Üblicherweise werden Sie ein Ereignis OnDragOver verwenden, um ein Objekt zu akzeptieren, damit der Anwender es ablegen kann.

OnDragClick ist vom Typ

```
TDragOverEvent = procedure(Sender, Source: TObject; X, Y: Integer;
                   State: TDragState; var Accept: Boolean) of object;
```

Der Typ TDragOverEvent zeigt also auf eine Methode, die das Ziehen eines Objekts über ein anderes Objekt behandelt. Der Parameter Source ist das gezogene Objekt, Sender ist das Objekt, über das Source gezogen wurde, X und Y sind die Koordina-

ten des Mauszeigers, der über dem Dialogelement positioniert wird in Pixeln, State ist der Status des gezogenen Objekts in Verbindung zum darübergezogenen Objekt, und Accept legt fest, ob der Sender das Ziehobjekt erkennt. Accept wird nicht per Voreinstellung auf True oder False gesetzt; Sie müssen die passenden Werte selbst zuweisen.

Das Ereignis OnDragOver akzeptiert ein Objekt, wenn der Parameter Accept True ist. Durch Ändern des Werts der Eigenschaft DragCursor können Sie das Erscheinungsbild des Cursors beeinflussen. Dies können Sie entweder während des Entwikkelns oder zur Laufzeit, bevor ein Ereignis OnDragOver eintritt, durchführen.

property OnEndDrag: TEndDragEvent;
Das Ereignis OnEndDrag tritt immer dann ein, wenn das Ziehen eines Objekts abgeschlossen oder abgebrochen wird. Wenn Sie eine besondere Behandlung haben möchten, wenn das Ziehen beendet wird, verwenden Sie die Ereignisbehandlungs-Routine OnEndDrag.

OnEndDrag ist vom Typ

```
TEndDragEvent = procedure(Sender, Target: TObject; X, Y: Integer) of object;
```

Der Typ TEndDragEvent zeigt also auf eine Methode, die das Anhalten des Ziehens eines Objekts behandelt. Der Sender ist das Objekt, das gezogen wird, Target ist das Objekt, zu dem Sender hingezogen wird, und X und Y sind die dazugehörigen Bildschirmkoordinaten des Mauszeigers, der über dem Dialogelement positioniert wird. Falls das gezogene Objekt abgelegt und durch das Dialogelement akzeptiert wurde, ist der Parameter Target des Ereignisses OnEndDrag True. Wenn das Objekt nicht erfolgreich abgelegt wurde, beträgt der Wert Target nil.

property OnEnter: TNotifyEvent;
OnEnter tritt ein, wenn eine Komponente aktiviert wird. Wenn Sie eine besondere Behandlung festlegen möchten, wenn eine Komponente aktiviert wird, verwenden Sie die Ereignisbehandlungs-Routine OnEnter.

OnEnter erscheint nie, wenn Sie zwischen Formularen oder einer anderen Windows-Anwendung und Ihrer Anwendung umschalten. OnEnter für eine Komponente des Typs TPanel oder THeader tritt nie ein, da Bedienfelder oder Header keinen Fokus erhalten können. Somit ist dort OnEnter vollkommen nutzlos. Sie haben diese Ereignisbehandlung aber geerbt.

OnEnter ist vom Typ

```
TNotifyEvent = procedure (Sender: TObject) of object;
```

Der Typ TNotifyEvent weist also auf eine Methode, die das Doppelklicken eines Objekts behandelt. Der Parameter Sender ist das Dialogelement, das mit einem Doppelklick bearbeitet wurde.

property OnExit: TNotifyEvent;
OnExit erscheint, wenn der Eingabefokus einer Komponente an eine andere übergeben wird. OnExit tritt nicht ein, wenn Sie zwischen Formularen oder zwischen einer Windows-Anwendung und Ihrer Anwendung umschalten. OnExit tritt bei den

Komponenten Panel und Speedbutton nicht ein, da diese niemals den Fokus erhalten.

OnExit ist vom Typ

```
TNotifyEvent = procedure (Sender: TObject) of object;
```

Der Typ TNotifyEvent weist also auf eine Methode, die das Doppelklicken eines Objekts behandelt. Der Parameter Sender ist das Dialogelement, das mit einem Doppelklick bearbeitet wurde.

property OnKeyDown: TKeyEvent;
OnKeyDown tritt ein, wenn der Anwender irgendeine Taste drückt, während die Komponente den Fokus hat. Verwenden Sie OnKeyDown, um eine besondere Behandlung festzulegen, die ausgeführt wird, wenn eine Taste gedrückt wird. Der Handler OnKeyDown kann auf alle Tasten der Tastatur, einschließlich Funktionstasten und Tastenkombinationen mit den Tasten UMSCHALT, ALT und STRG sowie betätigten Maustasten reagieren.

OnKeyDown ist vom Typ

```
TKeyEvent = procedure (Sender: TObject; var Key: Word; Shift: TShiftState)
                      of object;
```

Der Typ TKeyEvent weist also auf eine Methode, die Tastaturereignisse verarbeitet. Der Parameter Key steht für die Taste und Shift und kann die folgenden Wert annehmen:

ssShift	UMSCHALTTASTE (SHIFT) wird festgehalten
ssAlt	linke ALT-Taste wird festgehalten
[ssAlt, ssCtrl]	ALTGR-Taste wird festgehalten
ssCtrl	Taste STRG wird festgehalten
ssLeft	Linke Maustaste wird festgehalten
ssMiddle	Mittlere Maustaste wird festgehalten
ssDouble	Rechte und linke Maustaste werden gleichzeitig festgehalten

property OnKeyPress: TKeyPressEvent;
OnKeyPress erscheint, wenn der Anwender eine einzelne Zeichentaste drückt.

OnKeyPress ist vom Typ

```
TKeyPressEvent = procedure (Sender: TObject; var Key: Char) of object;
```

TKeyPressEvent weist also auf eine Methode, die einen Tastendruck für ein einzelnes Zeichen verarbeitet. Der Parameter Key gibt die Taste an. Der Parameter Key ist vom Typ Char; deshalb registriert OnKeyPress das ASCII-Zeichen der gedrückten Taste. Tasten, die nicht mit einem ASCII-Zeichen übereinstimmen (beispielsweise UMSCHALT oder F1), werden kein OnKeyPress erzeugen. Tastenkombinationen (wie UMSCHALT+A) erzeugen nur ein Ereignis des Typs OnKeyPress (in diesem Beispiel ergibt UMSCHALT+A einen Wert Key von »A«, wenn die Feststelltaste ausgeschaltet

ist). Falls Sie auf Nicht-ASCII-Tasten oder Tastenkombinationen reagieren möchten, verwenden Sie die Ereignisbehandlungsroutinen OnKeyDown oder OnKeyUp.

property OnKeyUp: TKeyEvent;
OnKeyUp tritt ein, wenn der Anwender die gedrückte Taste wieder losläßt. OnKeyUp kann auf alle Tasten der Tastatur, einschließlich Funktionstasten und Tastenkombinationen mit den Tasten UMSCHALT, ALT und STRG sowie betätigten Maustasten reagieren.

```
TKeyEvent = procedure (Sender: TObject; var Key: Word; Shift: TShiftState)
                of object;
```

Der Typ TKeyEvent weist also auf eine Methode, die Tastaturereignisse verarbeitet. Der Parameter Key steht für die Taste und Shift und kann die folgenden Wert annehmen:

ssShift	UMSCHALTTASTE (SHIFT) wird festgehalten
ssAlt	linke ALT-Taste wird festgehalten
[ssAlt, ssCtrl]	ALTGR-Taste wird festgehalten
ssCtrl	Taste STRG wird festgehalten
ssLeft	Linke Maustaste wird festgehalten
ssMiddle	Mittlere Maustaste wird festgehalten
ssDouble	Rechte und linke Maustaste werden gleichzeitig festgehalten

property OnMouseDown: TMouseEvent;
Ereignis OnMouseDown tritt ein, wenn der Anwender eine Maustaste zu dem Zeitpunkt drückt, an dem sich der Mauszeiger über einem Dialogelement.

OnMouseDown ist vom Typ

```
TMouseEvent=procedure (Sender: TObject; Button: TMouseButton; Shift: TShiftState;
                X, Y: Integer) of object;
```

Der Typ TMouseEvent weist also auf eine Methode zur Bearbeitung von Maustasten-Ereignissen hin. Der Parameter Button gibt an, die Maustaste gedrückt wurde, während Shift Auskunft darüber gibt, die UMSCHALT- (UMSCHALT, STRG oder ALT) bzw. Maustasten gedrückt waren, während die das Mausereignis verursachende Maustaste gedrückt oder losgelassen wurde. X und Y sind die Bildschirmkoordinaten des Mauszeigers in Pixeln. Der Parameter Button des Ereignisses OnMouseDown zeigt an, die Maustaste gedrückt wurde. Durch Verwenden des Parameters Shift der Ereignisbehandlungs-Routine OnMouseDown können Sie auf den Status der Maus- und Umschalttasten reagieren. Umschalttasten sind die Tasten UMSCHALT, STRG und ALT.

property OnMouseMove: TMouseMoveEvent;
Das Ereignis OnMouseMove tritt ein, wenn der Anwender den Mauszeiger bewegt und dieser sich bereits über einem Dialogelement befindet.

OnMouseMove ist vom Typ

```
TMouseMoveEvent = procedure(Sender: TObject; Shift: TShiftState; X, Y: Integer)
                    of object;
```

Der Typ TMouseMoveEvent zeigt also auf eine Methode, die Mausereignisse infolge Mausbewegung verarbeitet. Der Parameter Button gibt an, die Maustaste gedrückt wurde, während Shift anzeigt, die UMSCHALT- (UMSCHALT, STRG oder ALT) bzw. Maustasten während der Mausbewegung gedrückt waren. X und Y sind die Bildschirmkoordinaten des Mauszeigers in Pixeln Durch Verwenden des Parameters Shift können Sie auf den Status der Maus- und Umschalttasten reagieren. Umschalttasten sind die Tasten UMSCHALT, STRG und ALT.

property OnMouseUp: TMouseEvent;
Das Ereignis OnMouseUp tritt ein, wenn der Anwender die gedrückte Maustaste wieder freigibt, wenn sich der Mauszeiger über einer Komponente befindet.

Die Ereignisbehandlungs-Routine OnMouseUp kann auf Betätigungen der rechten, mittleren und linken Maustasten reagieren sowie auf Maustastenkombinationen mit Umschalttasten (Tasten UMSCHALT, STRG und ALT).

OnMouseUp ist vom Typ

```
TMouseEvent = procedure (Sender: TObject; Button: TMouseButton; Shift: TShiftState;
                    X, Y: Integer) of object;
```

Der Typ TMouseEvent zeigt also auf eine Methode zur Bearbeitung von Maustasten-Ereignissen. Der Parameter Button gibt an, die Maustaste gedrückt wurde, während Shift Auskunft darüber gibt, die UMSCHALT- (UMSCHALT, STRG oder ALT) bzw. Maustasten gedrückt waren, während die das Mausereignis verursachende Maustaste gedrückt oder losgelassen wurde. X und Y sind die Bildschirmkoordinaten des Mauszeigers in Pixeln.

Methoden:

procedure BeginDrag(Immediate: Boolean);
Die Methode BeginDrag leitet den Ziehvorgang einer Komponente ein. Wenn der Parameter Immediate auf True gesetzt ist, wird der Mauszeiger auf den Wert der Eigenschaft DragCursor gesetzt und der Ziehvorgang beginnt. Ist Immediate False, wird der Mauszeiger nicht auf den Wert der Eigenschaft DragCursor gesetzt, und der Ziehvorgang wird erst eingeleitet, wenn der Anwender den Mauszeiger mindestens um 5 Pixel bewegt. Auf diese Weise kann die Komponente Mausklicks akzeptieren, ohne einen Ziehvorgang einzuleiten.

Ihre Anwendung muß die Methode BeginDrag zum Einleiten eines Ziehvorgangs nur aufrufen, wenn DragMode auf dmManual gesetzt ist.

procedure BringToFront;
Die Methode BringToFront setzt eine Komponente innerhalb einer übergeordneten Komponente vor alle anderen Komponenten. BringToFront hilft insbesondere sicherzustellen, daß ein Formular sichtbar ist. Verwenden Sie diese Methode, wenn Sie die Reihenfolge überlappender Komponenten in einem Formular neu festlegen wollen.

Die Reihenfolge, in der Komponenten übereinander gelagert werden (Z-Reihenfolge), hängt davon ab, ob es sich um fensterähnliche oder um nicht-fensterähnliche Komponente handelt. Die Reihenfolge arbeitet nach dem Prinzip, daß die zuletzt eingefügte Komponente die oberste und damit sichtbare Komponente ist.

Mit der Methode BringToFront einer Komponente würde diese Komponente ganz nach oben auf den Stapel kommen und somit sichtbar sein.

Bei der Stapelung ist zu beachten, daß fensterähnliche Komponenten immer auf nicht-fensterähnlichen Komponenten gestapelt werden. Ein Aufruf von BringToFront einer nicht-fensterähnlichen Komponente bewirkt also gar nichts, wenn oben auf dem Stapel eine fensterähnliche Komponente liegt.

Die folgenden Komponenten zählen zu den fensterähnlichen Komponenten:

BitBtn	DBNavigator	MediaPlayer
Button	DBRadioGroup	Memo
CheckBox	DirectoryListBox	Notebook
ComboBox	DrawGrid	OLEContainer
DBCheckBox	DriveComboBox	Outline
DBComboBox	Edit	Panel
DBEdit	FileListBox	RadioButton
DBGrid	FilterComboBox	RadioGroup
DBImage	Form	ScrollBar
DBListBox	GroupBox	ScrollBox
DBLookupCombo	Header	StringGrid
DBLookupList	ListBox	TabbedNotebook
DBMemo	MaskEdit	TabSet

Die nun folgenden Komponenten zählen zu den nicht-fensterähnlichen Komponenten:

Bevel	Label	SpeedButton
DBText	PaintBox	Image
Shape		

function CanFocus: Boolean;
CanFocus stellt fest, ob eine Komponente den Eingabefokus erhalten kann. CanFocus gibt True zurück, wenn die Eigenschaften Visible und Enabled sowohl der Komponente als auch der übergeordneten Komponenten auf True gesetzt sind. Sind nicht alle Eigenschaften Visible und Enabled dieser Komponenten auf True gesetzt, liefert CanFocus False zurück.

procedure Clear;
Die Art und Weise der Methode Clear hängt von den jeweiligen Komponenten ab:

Clear für die Standard-Komponenten:

TClipboard	TDBEdit	TFileListBox
TList	TDBListBox	TFilterComboBox
TStringList	TDBMemo	TListBox

TStrings	TDirectoryListBox	TMaskEdit
TComboBox	TDriveComboBox	TMemo
TDBComboBox	TEdit	TOutline

Clear löscht alle Texteintragungen beziehungsweise Text-Einträge aus den Komponenten. Bei TClipboard wird der gesamte Inhalt der Zwischenablage gelöscht, vor allem geschieht dies bei bei Copy- und bei Cut-Ereignissen automatisch, bevor Daten in das Clipboard eingefügt werden.

Clear für die Feldkomponenten:

TBCDField	TCurrencyField	TGraphicField
TStringField	TBlobField	TDateField
TIntegerField	TTimeField	TBooleanField
TDateTimeField	TMemoField	TVarBytesField
TBytesField	TFloatField	TSmallintField
TWordField		

Clear setzt den Wert des Feldes auf NULL.

Clear für die Komponente TFieldDefs:

Clear setzt alle Werte der Eigenschaft Items zurück. Dadurch werden alle Objekte vom Typ TFieldDef aus der Komponente TFieldDefs gelöscht.

Clear für die Komponente TIndexDefs:

Clear setzt alle Werte der Eigenschaft Items zurück. Dadurch werden alle Objekte vom Typ TIndexDef aus der Komponente TFieldDefs gelöscht.

Clear für die Komponente TParam:

Clear setzt die Komponente zurück, also auf 0 und löscht alle bisher zugewiesenen Daten. Die Eigenschaften Name, DataType und ParamType bleiben unverändert.

Clear für die Komponente TParams:

Clear löscht alle Parameterinformationen aus der Eigenschaft Items.

procedure ClearSelection;
ClearSelection löscht den ausgewählten beziehungsweise markierten Text aus der Komponente.

function ClientToScreen(Point: TPoint): TPoint;
Die Methode ClientToScreen übersetzt den angegebenen Punkt aus Client-Bereichkoordinaten in globale Bildschirmkoordinaten. In Client-Bereichkoordinaten entspricht der Punkt (0, 0) der oberen linken Ecke des Client-Bereichs der Komponente. In Bildschirmkoordinaten entspricht (0, 0) der oberen linken Ecke des Bildschirms. Mit den Methoden ClientToScreen und ScreenToClient rechnen Sie Positionen aus dem Koordinatensystem einer Komponente A in das Koordinatensystem einer Komponente B um.

Beispiel: Umrechnung der Koordinaten einer Komponente A in die Koordinaten einer Komponente B (TPoint ist ein Record mit den Feldern X und Y):

KAPITEL 6

```
TPoint =  record
       X  : integer;
       Y  : integer;
END;
VAR
   Koord: TPoint;
Koord:= B.ScreenToClient(A.ClientToScreen(Koord));
```

constructor Create;
Create weist Speicher zu, um das Objekt und damit die Komponente zu erzeugen und nach Bedarf seine Daten zu initialisieren. Jedes Objekt kann eine Methode Create besitzen, die individuell so angepaßt ist, daß sie diese bestimmte Art von Objekt erzeugt. Im Normalfall benötigen Sie diese Methoden nicht, da Borland Delphi alles unternimmt, um Ihre Anwendung und die darin enthaltenen Komponenten zu erzeugen. Sollten Sie allerdings ein Ereignis oder die Initialisierung eines Wertes einer selbst geschaffenen Komponente zur Zeit der Erzeugung einstellen wollen, dann können Sie dies in der Methode Create erledigen. Dazu benötigen Sie aber genaue Kenntnisse und Techniken der OOP. Ansonsten sollten Sie Create unverändert lassen und nicht aufrufen.

function Dragging: Boolean;
Die Methode Dragging gibt an, ob eine Komponente gezogen wird. Wenn Dragging True zurückgibt, wird die Komponente gezogen.

procedure EndDrag(Drop: Boolean);
Die Methode EndDrag verhindert, daß eine Komponente weiter gezogen wird. Wenn der Parameter Drop True ist, wird die gezogene Komponente abgelegt. Ist Drop False, wird die Komponente nicht abgelegt und der Vorgang wird abgebrochen.

function FindComponent(const AName: string): TComponent;
Die Methode FindComponent gibt im Array Components die Komponente zurück, deren Name zum String im Parameter AName paßt. FindComponent beachtet dabei keine Groß-/Kleinschreibung.

Beispiel: Es existiert ein Button »Button1« in Ihrer Anwendung. Um die eigentliche Komponente TButton1 im Array Components zurückzugeben, rufen Sie FindComponents wie folgt auf:

```
FindComponents('Button1');
```

function Focused: Boolean;
Focused wird verwendet, um zu bestimmen, ob ein Fensterdialogelement den Fokus besitzt und deshalb das aktive Dialogelement in ActiveControl ist.

procedure Free;
Die Methode Free entfernt das Objekt und gibt den dazugehörigen Speicher frei. Haben Sie das Objekt unter Verwendung der Methode Create erzeugt, so benutzen Sie zum Entfernen und für die Freigabe des Speichers die Methode Free. Free gelingt auch dann, wenn das Objekt selbst nicht mehr existiert (zum Beispiel durch einen

vorherigen Aufruf von Free). Delphi erledigt dies für Objekte der Bibliothek visueller Komponenten automatisch.

Sie sollten also niemals eine Komponente innerhalb Ihrer Anwendung entfernen.

Falls Sie ein Formular freigeben wollen, rufen Sie die Methode Release auf, um das Formular zu löschen und dessen benutzten Speicher freizugeben.

function GetSelTextBuf(Buffer: PChar; BufSize: Integer): Integer;
GetSelTextBuf kopiert den markierten Text aus einer Komponente in den Puffer, auf den der Parameter Buffer weist. Der Parameter BufSize bezeichnet dabei die Größe des Puffers (in Anzahl der Zeichen) beziehungsweise nach Ausführung der Methode die Anzahl der kopierten Zeichen.

function GetTextBuf(Buffer: PChar; BufSize: Integer): Integer;
Die Methode GetTextBuf holt den Text der Komponente und kopiert ihn in den Puffer als Null-terminierten String (Ende der Zeichenkette wird mit 0 angegeben), auf den Buffer zeigt. Die maximale Länge des Strings wird mit BufSize (siehe dazu GetTextLen) festgelegt. In BufSize wird nach der Ausführung die Anzahl der Zeichen des Strings zu finden sein. Diese Methode ist vor allem dann sehr nützlich, wenn mit Strings größer als 256 Zeichen gearbeitet wird. Der Typ STRING kann nicht mehr als 256 Zeichen aufnehmen. Dabei entfällt aber das erste Element in diesem Typ auf die Längenangabe des Strings, so daß nur noch maximal 255 zeichen möglich sind. Ein PChar ist ein Zeiger auf das erste Zeichen einer Zeichenkette. Eine derart definierte Zeichenkette besitzt keine Längenangabe, sondern trägt eine 0 am Ende der Kette, daher auch der Name Null-terminierter String. Ein PChar kann die maximale Größe von 64 Kbyte erreichen. Die maximale Anzahl der Zeichen ist also auf 64 Kbyte und nicht auf 255 Zeichen beschränkt (siehe auch GetTextLen und SetTextBuf).

function GetTextLen: Integer;
Die Methode GetTextLen gibt die Länge des Textes der Komponente zurück. Dieser Wert kann für BufSize in GetTextBuf verwendet werden (siehe auch GetTextBuf und SetTextBuf).

procedure Hide;
Die Methode Hide versteckt eine Komponente, sie ist also nicht mehr auf dem Bildschirm sichtbar. Dabei wird die Eigenschaft Visible auf False gesetzt. Dabei ist eine Komponente aber weiterhin aktiv, das heißt, kann bearbeitet werden.

procedure Invalidate;
Die Methode Invalidate erzwingt das Neuzeichnen einer Komponente, sobald dies möglich ist.

procedure InsertComponent(AComponent: TComponent);
InsertComponent macht die Komponente zum Besitzer der im Parameter AComponent übergebenen Komponente. Die Komponente wird am Ende der Array-Eigenschaft Components hinzugefügt. Die eingefügte Komponente darf keinen Namen haben (keinen für die Eigenschaft Name spezifizierten Wert) oder der Name muß sich eindeutig von allen anderen in der Components-Liste unterscheiden. Wird die Besitzerkomponente entfernt, so wird auch AComponent gelöscht.

function ItemAtPos(Pos: TPoint; Existing: Boolean): Integer;
ItemAtPos gibt den Index-Wert eines Elements der Liste zurück. Pos benennt den abzufragenden Punkt in der Komponente (in Pixel). Wenn Pos auf eine Stelle nach dem letzten Item der Komponente zeigt, dann gibt IndexAtPos den Wert für das letze Element der Komponente zurück. Wenn Sie den Parameter Existing auf True gesetzt haben, dann gibt ItemAtPos -1 zurück, falls an der Stelle Pos kein Element existiert. Bei Existing = False, wird der Wert des letzten Elements zurückgegeben, wenn Pos nicht auf ein nicht-existierendes Element zeigt.

function ItemRect(Item: Integer): TRect;
ItemRect gibt das Rechteck zurück, das den im Parameter Item spezifizierten Eintrag umgibt. Hiermit ist wohl mehr oder weniger die Ausdehnung des Elements der Komponente gemeint.

procedure Refresh;
Die Methode Refresh reagiert je nach Art der Komponente, ob Daten oder die Komponenten selber neu gezeichnet werden. Die Methode Refresh kann also jedes Bild auf dem Bildschirm löschen und alle Dialogelemente neuzeichnen beziehungsweise Datensätze einer Datei erneut einlesen.

Innerhalb der Implementation von Refresh beim Neuzeichnen von Komponenten wird die Methode Invalidate und dann die Methode Update aufgerufen.

Beim Refresh von Daten ist zu beachten: Durch Refresh können sich die angezeigten Daten unerwartet verändern und so den Anwender verwirren. Ein Dialog oder eine andere Mitteilung, die dem Anwender den Refresh der Daten mitteilt, wäre somit wohl angebracht und von äußerster Nützlichkeit.

procedure RemoveComponent(AComponent: TComponent);
RemoveComponent entfernt die Komponente, die im Parameter AComponent festgelegt ist, aus der Komponentenliste Components. Die Position in der Liste wird zu nil.

procedure Repaint;
Die Methode Repaint fordert das Dialogelement auf, dessen Bild auf dem Bildschirm neu zu zeichnen, ohne jedoch das bereits Erschienene zu löschen. Um vor dem Neuzeichnen zu löschen, müssen Sie anstelle von Repaint die Methode Refresh aufrufen.

procedure ScaleBy(M, D: Integer);
Die Methode ScaleBy skaliert eine Komponente um einen Prozentsatz ihrer ursprünglichen Größe. Der Parameter M ist der Multiplikator und der Parameter D der Divisor. Wenn Sie beispielsweise die Größe des Dialogelements auf 66% seines ursprünglichen Formats ändern möchten, geben Sie in M den Wert 66 und in D den Wert 100 an (66/100). Bei der Vergrößerung gehen Sie einfach den umgekehrten Weg: Vergrößerung um 66% bedeutet nichts anderes als M=166 und D=100.

function ScreenToClient(Point: TPoint): TPoint;
Die Methode ScreenToClient wird verwendet, um den Koordinatenpunkt in Pixeln der Komponente auf dem Bildschirm zu bestimmen. ScreenToClient gibt die X- und Y-Koordinaten in einem Record des Typs TPoint zurück.

procedure ScrollBy(DeltaX, DeltaY: Integer);
ScrollBy scrollt den Inhalt einer Komponente. Statt der Methode ScrollBy sollten Sie im Normalfall lieber mit den eingebauten Bildlaufleisten arbeiten, es sei denn, diese Leisten wären für Ihre Programm-Idee aus irgendeinem Grund nicht brauchbar.

DeltaX enthält die Veränderung in Pixeln in Richtung der X-Achse. Ein positiver Wert von DeltaX verschiebt den Inhalt nach rechts, ein negativer Wert verschiebt den Inhalt nach links. DeltaY bezeichnet die Veränderungen in Pixeln in Richtung der Y-Achse. Ein positiver Wert von DeltaY verschiebt den Inhalt nach unten, ein negativer Wert verschiebt den Inhalt nach oben.

procedure SendToBack;
Die Methode SendToBack setzt eine Komponente innerhalb einer übergeordneten Komponente hinter alle anderen Komponenten. Die Reihenfolge, in der Komponenten übereinander gelagert werden (Z-Reihenfolge), hängt davon ab, ob es sich um fensterähnliche oder um nicht-fensterähnliche Komponenten handelt. Die Reihenfolge arbeitet nach dem Prinzip, daß die zuletzt eingefügte Komponente die oberste und damit sichtbare Komponente ist.

Mit der Methode SendToBack einer Komponente würde diese Komponente ganz nach unten auf den Stapel kommen und somit unsichtbar sein.

Bei der Stapelung ist zu beachten, daß fensterähnliche Komponenten immer auf nicht-fensterähnlichen Komponenten gestapelt werden. Ein Aufruf von SendToBack einer fensterähnlichen Komponente bewirkt also gar nichts, wenn unter dem Stapel eine nicht-fensterähnliche Komponente liegt (siehe auch BringToFront).

Die folgenden Komponenten zählen zu den fensterähnlichen Komponenten:

BitBtn	DBNavigator	MediaPlayer
Button	DBRadioGroup	Memo
CheckBox	DirectoryListBox	Notebook
ComboBox	DrawGrid	OLEContainer
DBCheckBox	DriveComboBox	Outline
DBComboBox	Edit	Panel
DBEdit	FileListBox	RadioButton
DBGrid	FilterComboBox	RadioGroup
DBImage	Form	ScrollBar
DBListBox	GroupBox	ScrollBox
DBLookupCombo	Header	StringGrid
DBLookupList	ListBox	TabbedNotebook
DBMemo	MaskEdit	TabSet

Die nun folgenden Komponenten zählen zu den nicht-fensterähnlichen Komponenten:

Bevel	Label	SpeedButton
DBText	PaintBox	Image
Shape		

procedure SetBounds(ALeft, ATop, AWidth, AHeight: Integer);
Die Methode SetBounds setzt die Begrenzungseigenschaften der Komponente Left, Top, Width und Height auf die Werte, die in den entsprechenden Werten ALeft, ATop, AWidth und AHeight übergeben werden. SetBounds erlaubt Ihnen, mehr als eine Begrenzungseigenschaft der Komponente zur gleichen Zeit einzustellen. Obwohl Sie immer einzelne Begrenzungen einstellen können, erlaubt Ihnen die Verwendung von SetBounds, mehrere Änderungen auf einmal durchzuführen, ohne daß jedesmal das Dialogfenster neu gezeichnet werden muß.

procedure SetFocus;
SetFocus übergibt den Focus an die Komponente. Bei Formularen ruft das jeweilige Formular die Methode SetFocus des standardmäßig aktiven Dialogelements auf.

procedure SetSelTextBuf(Buffer: PChar);
SetSelTextBuf ersetzt den markierten Text einer Komponente durch den Text aus dem mit Buffer angezeigten Puffer.

procedure SetTextBuf(Buffer: PChar);
Die Methode SetTextBuf ersetzt den Text in einer Komponente durch den Text in Buffer. Buffer muß auf einen mit Null abgeschlossenen String zeigen (siehe auch GetTextBuf und GetTextLen).

procedure Show;
Die Methode Show bringt eine Komponente sichtbar auf dem Bildschirm, indem die Eigenschaft Visible auf True eingestellt wird. Falls die Methode Show eines Formulars aufgerufen wird und das Formular ist unsichtbar, versucht Show das Formular sichtbar zu machen, indem sie das Formular mit der Methode BringToFront in den Vordergrund bringt. Ein Formular verfügt zusätzlich über die Methode ShowModal, um einen modalen Dialog erzeugen zu können. Ein modaler Dialog muß bearbeitet und geschlossen werden. Ein SendToBack hätte also keinen Erfolg.

procedure Update;
In der Methode Update wird die API-Funktion UpdateWindow von Windows aufgerufen, die alle beim Zeichnen entstandenen und noch nicht erledigten Meldungen bearbeitet.

UpdateWindows ist definiert als

```
procedure UpdateWindow(Wnd: HWnd);
```

Die Routine UpdateWindow aktualisiert den Client-Bereich des angegebenen Fensters, indem sie eine WM_PAINT-Meldung an das Fenster sendet, wenn der Aktualisierungsbereich für das Fenster nicht leer ist. Die Routine UpdateWindow sendet eine WM_PAINT-Meldung unter Umgehung der Anwendungswarteschlange direkt an die Fensterfunktion des gegebenen Fensters. Wenn der Aktualisierungsbereich leer ist, wird keine Meldung gesendet. Der Parameter Wnd bezeichnet das Fenster oder besser das Handle des Fensters, das aktualisiert werden soll.

Komponentenname: DirectoryListBox
Klassenname: TDirectoryListBox

Beschreibung:
DirectoryListBox liefert Ihnen ein Listenfeld, das die Verzeichnisse des aktuellen Laufwerks auflisten kann. Wenn Sie ein anderes Laufwerk als das aktuelle anzeigen möchten, dann ändern Sie entsprechend die Eigenschaft Drive.

Eigenschaften:
property Align: TAlign;
Die Eigenschaft Align legt fest, wie Dialogelemente zum Beispiel im Formular ausgerichtet werden. Mögliche Werte:

alNone	Die Komponente bleibt an der Einfügeposition im Formular (Standardeinstellung).
alTop	Die Komponente wird an die Oberkante des Formulars verschoben und an seine Breite angepaßt. Die Höhe der Komponente bleibt unverändert.
alBottom	Die Komponente wird an die Unterkante des Formulars verschoben und an seine Breite angepaßt. Die Höhe der Komponente bleibt unverändert.
alLeft	Die Komponente wird an die linke Kante des Formulars verschoben und an seine Höhe angepaßt. Die Breite der Komponente bleibt unverändert.
alRight	Die Komponente wird an die rechte Kante des Formulars verschoben und an seine Höhe angepaßt. Die Breite der Komponente bleibt unverändert.
alClient	Die Größe der Komponente wird an den Client-Bereich eines Formulars angepaßt. Ist ein Teil des Client-Bereichs bereits von einer anderen Komponente besetzt, füllt die Komponente den verbleibenden Teil des Client-Bereichs aus.

Wird zum Beispiel ein Formular, das Besitzer eines Labels ist, in der Größe verändert, werden die Komponenten innerhalb des Formulars neu ausgerichtet. Die Verwendung der Eigenschaft Align ist dann sinnvoll, wenn ein Dialogelement an einer Position des Formulars stehenbleiben soll, auch wenn sich die Größe des Formulars ändert.

property BoundsRect: TRect;
Die Eigenschaft BoundsRect liefert das Begrenzungsrechteck der Komponente – ausgedrückt im Koordinatensystem des übergeordneten Dialogelements – zurück. Mit BoundsRect ersetzen und erleichtern Sie sich somit die Abfrage der einzelnen Werte für die Eigenschaften Left, Top, Width und Height.

property Canvas: TCanvas;
Canvas stellt einen Bereich zum Anfertigen von Zeichnungen zur Verfügung. Je nach Komponente kann die Art und Weise von Canvas variieren:

Canvas für die Komponenten Form, Image und PaintBox:

Canvas stellt den Zugriff auf eine Zeichenoberfläche zur Verfügung, die Sie bei der Implementierung einer Behandlungsroutine für das OnPaint-Ereignis eines Formulars, eines Bildes oder eines Zeichenfensters verwenden können. Allerdings: Es ist nur der Lesezugriff erlaubt.

Canvas für die Komponenten ComboBox, DirectoryListBox, FileListBox, ListBox und Outline:

Canvas stellt den Zugriff auf eine Zeichenoberfläche zur Verfügung, die Sie bei der Implementierung einer Behandlungsroutine für das OnDrawItem-Ereignis eines besitzergezeichneten Listenfensters, Kombinationsfensters oder Gliederungsdialogelements verwenden können. Allerdings: Es ist nur der Lesezugriff erlaubt.

Canvas für die Komponenten DrawGrid und StringGrid:

Canvas stellt den Zugriff auf eine Zeichenoberfläche zur Verfügung, die Sie bei der Implementierung einer Behandlungsroutine für das Ereignis OnDrawCell oder OnDrawDataCell eines Gitternetz-Dialogelements verwenden können. Allerdings: Es ist nur der Lesezugriff erlaubt.

Canvas für die Komponente TPrinter:

Canvas repräsentiert für ein Druckerobjekt die Oberfläche der Seite, die aktuell gedruckt wird. Einige Drucker unterstützen keine Grafik und können hiermit nicht unterstützt werden. Es ist nur der Lesezugriff erlaubt.

Canvas für die Komponente TBitmap:

Canvas gibt Ihnen Zugriff auf eine Zeichenoberfläche, die die Bitmap repräsentiert. Wenn Sie auf die Zeichenfläche zeichnen, modifizieren Sie im Endeffekt damit die zugrundeliegende Bitmap.

property Color: TColor;
Die Eigenschaft Color legt für alle Komponenten mit Ausnahme des Dialogfensters die Farbe fest (Hintergrundfarbe eines Formulars oder eines Dialogelements oder Grafikobjekts).

Ist die Eigenschaft ParentColor auf True gesetzt, bewirkt eine Änderung der Eigenschaft Color einer Komponente A automatisch eine Änderung der Eigenschaft Color aller Komponenten, die als Besitzer die Komponente A haben. Wenn Sie der Eigenschaft Color eines Dialogelements einen Wert zuweisen, wird seine Eigenschaft ParentColor automatisch auf False gesetzt. Mögliche Werte sind:

clBlack	Schwarz
clMaroon	Rotbraun
clGreen	Grün
clOlive	Olivgrün

clNavy	Marineblau
clPurple	Violett
clTeal	Petrol
clGray	Grau
clSilver	Silber
clRed	Rot
clLime	Limonengrün
clBlue	Blau
clFuchsia	Pink
clAqua	Karibikblau
clWhite	Weiß

(Systemfarben von Windows:)

clBackground	Aktuelle Windows-Hintergrundfarbe
clActiveCaption	Aktuelle Farbe der Titelleiste des aktiven Fensters
clInactiveCaption	Aktuelle Farbe der Titelleiste der inaktiven Fenster
clMenu	Aktuelle Hintergrundfarbe der Menüs
clWindow	Aktuelle Hintergrundfarbe der Fenster
clWindowFrame	Aktuelle Farbe der Fensterrahmen
clMenuText	Aktuelle Farbe vom Menütext
clWindowText	Aktuelle Farbe vom Fenstertext
clCaptionText	Aktuelle Textfarbe der Titelleiste des aktiven Fensters
clActiveBorder	Aktuelle Rahmenfarbe des aktiven Fensters
clInactiveBorder	Aktuelle Rahmenfarbe der inaktiven Fenster
clAppWorkSpace	Aktuelle Farbe des Arbeitsbereichs der Anwendung
clHighlight	Aktuelle Hintergrundfarbe vom ausgewählten Text
clHightlightText	Aktuelle Farbe vom ausgewählten Text
clBtnFace	Aktuelle Farbe einer Schalterfläche
clBtnShadow	Aktuelle Schattenfarbe eines Schalters
clGrayText	Aktuelle Farbe von grau dargestelltem Text
clBtnText	Aktuelle Farbe von Text auf einem Schalter
clInactiveCaptionText	Aktuelle Textfarbe in der Titelleiste eines inaktiven Fensters
clBtnHighlight	Aktuelle Farbe der Markierung eines Schalters

Mit einem Doppelklick auf Color öffnet sich das Farbschema von Windows, in dem Sie auch eigene Farben zusammenstellen können.

property Columns: Longint;
Columns gibt die Anzahl der Spalten in einer Komponente an. Geben Sie die gewünscht Anzahl der Spalten einer Komponente als Wert von Columns an.

property ComponentIndex: Integer;
Die Eigenschaft ComponentIndex zeigt die Position einer Komponente in der Eigenschaftsliste Components ihres Besitzers an. Die erste Komponente in der Liste hat den ComponentIndex-Wert 0, die zweite hat den Wert 1, die dritte den Wert 2 etc.

Diese Eigenschaft ist nur zur Laufzeit und dann auch nur im Read-Only-Modus benutzbar.

property Controls[Index: Integer]: TControl;
Controls ist ein Array aller untergeordneten Komponenten der Komponente. Controls ist dann von Nutzen, wenn Sie auf die untergeordneten Komponenten über die Zahl statt über den Namen zugreifen müssen.

property Ctl3D: Boolean;
Die Eigenschaft Ctl3D legt fest, ob ein Dialogelement ein dreidimensionales (3-D) oder zweidimensionales Aussehen besitzt. Wenn Ctl3D True ist, erscheint das Dialogelement dreidimensional. Die Voreinstellung von Ctl3D ist True. Wenn die Eigenschaft ParentCtl3D einer Komponente auf True gesetzt ist, verändert jede Modifikation der Eigenschaft Ctl3D des übergeordneten Dialogelements automatisch auch die Eigenschaft Ctl3D des Dialogelements.

Achtung: Damit Ctl3D überhaupt funktioniert, muß sich die dynamische Link-Bibliothek CTL3DV2.DLL im Suchpfad befinden. Idealerweise sollte sich diese Datei im System-Verzeichnis von Windows aufhalten.

property Cursor: TCursor;
Mit der Eigenschaft Cursor stellen Sie das Aussehen des Cursors ein, wenn dieser auf die Komponente zeigt.

Mögliche Werte sind:

crDefault	crArrow	crCross
crIBeam	crSize	crSizeNESW
crSizeNS	crSizeNWSE	crSizeWE
crUpArrow	crHourglass	crDrag
crNoDrop	crHSplit	crVSplit

property Directory: string;
Mit Directory legen Sie das Verzeichnis für die Komponenten fest.

property DirLabel: TLabel;
Mit DirLabel wird das aktuelle Verzeichnis als Label im Titel angezeigt. das Label ändert sich jedesmal, wenn sich das Verzeichnis ändert.

property DragCursor: TCursor;
Die Eigenschaft DragCursor bestimmt die Form des Mauszeigers, wenn sich der Zeiger über einer Komponente befindet, die ein gezogenes Objekt akzeptieren kann. Mögliche Werte sind mit denen der Eigenschaft Cursor identisch.

property DragMode: TDragMode;
Die Eigenschaft DragMode legt das Ziehen-und-Ablegen-Verhalten einer Komponente fest. Mögliche Werte sind:

dmAutomatic	Wenn dmAutomatic ausgewählt ist, ist das Dialogelement bereit, gezogen zu werden; der Anwender klickt nur und zieht es dann.

dmManual   Wenn dmManual ausgewählt ist, kann das Dialogelement nicht gezogen werden, bevor die Anwendung die Methode Begin-Drag aufgerufen hat.

Ist die Eigenschaft DragMode einer Komponente dmAutomatic, kann die Anwendung dies zur Laufzeit durch Einstellung des Werts dmManual deaktivieren.

property Drive: Char;
Mit Drive können Sie zur Laufzeit das Laufwerks wählen, das angezeigt werden soll. Ändert sich der Wert von Drive, dann ändert sich auch der Wert für Directory.

property Enabled: Boolean;
Die Eigenschaft Enabled bestimmt, ob die Komponente auf Maus-, Tastatur- und Timer-Ereignisse reagiert. Wenn Enabled auf True gesetzt ist, reagiert die Komponente normal. Ist Enabled hingegen False, ignoriert das Dialogelement Maus- und Tastaturereignisse. Bei einer Timer-Komponente werden die für das OnTimer-Ereignis deaktivierten Komponenten-Dialogelemente grau dargestellt.

property FileList: TFileListBox;
FileList wird für zwei verschiedene Zwecke verwendet:

Bei DirectoryListBoxen dient FileList als einfaches Verfahren, eine DirectoryListBox mit einer FileListBox zu verbinden. Sobald die beiden Komponenten verbunden sind und ein neues Verzeichnis über das Verzeichnislistenfenster als aktuelles Verzeichnis ausgewählt wurde, zeigt die FileListBox die Dateien im aktuellen Verzeichnis an.

Bei FilterComboBoxen dient FileList als einfaches Verfahren, eine FilterComboBox mit einer FileListBox zu verbinden. Sobald die beiden Komponenten verbunden sind und ein neuer Filter über die FilterComboBox ausgewählt wurde, zeigt die FileListBox die Dateien an, die dem ausgewählten Filter entsprechen.

property Font: TFont;
Die Eigenschaft Font legt den Font und die Eigenschaften dieses Font der Komponente fest. Sie haben die Möglichkeit, diese Werte im Objectinspektor zu ändern oder – wesentlich komfortabler – mit Hilfe eines Doppelklicks auf diese Eigenschaft einen Dialog zu öffnen, der alle möglichen Werte anzeigt.

property Handle: ...;
Der Typ der Eigenschaft Handle ist abhängig von der jeweiligen Komponente. Im allgemeinen gilt: Sollte eine Windows-API-Funktion ein Handle der betreffenden Komponente verlangen, setzen Sie dazu die jeweilige Eigenschaft Handle der betreffenden Komponente ein. Verlangt eine Windows-API-Funktion zum Beispiel das Handle Ihrer gesamten Anwendung, benutzen Sie am besten die Eigenschaft Handle des Objekts TApplication. Hier die Übersicht der verschiedenen Typen der Eigenschaft Handle:

Handle für die Komponenten:

Bitmap	property Handle: HBitmap;
Brush	property Handle: HBrush;
Canvas	property Handle: HDC;

1007

KAPITEL 6

Font   property Handle: HFont;
Icon   property Handle: HIcon;
Metafile   property Handle: HMetafile;
Pen   property Handle: HPen;

Handle gibt Ihnen den Zugriff auf das Handle des jeweiligen GDI-Objekts. Benötigen Sie zum Beispiel zum Aufruf einer Windows-API-Funktion ein Handle auf ein Stiftobjekt oder ein Bitmap-Objekt, können Sie dazu das Handle der Komponente Pen beziehungsweise der Komponente Bitmap benutzen.

Handle für das Objekt TApplication und die folgenden Komponenten:

Bevel	DBText	Memo
BitBtn	DirectoryListBox	Notebook
Button	DrawGrid	OLEContainer
CheckBox	DriveComboBox	Outline
ComboBox	Edit	PaintBox
DBCheckBox	FileListBox	Panel
DBComboBox	FilterComboBox	RadioButton
DBEdit	FindDialog	RadioGroup
DBGrid	Form	ReplaceDialog
DBImage	GroupBox	ScrollBar
DBListBox	Header	ScrollBox
DBLookupCombo	Image	Shape
DBLookupList	Label	SpeedButton
DBMemo	ListBox	StringGrid
DBNavigator	MaskEdit	TabbedNotebook
DBRadioGroup	MediaPlayer	TabSet

property Handle: HWND;
Handle bietet Ihnen Zugriff auf das Handle der jeweiligen Komponente (z.B. Fenster-Handle, Dialog-Handle etc.). Dieses Handle wird von einigen Windows-API-Funktionen beim Aufruf erwartet. Sie können in diesem Fall das Handle der jeweils betroffenen Komponente oder – falls das Handle Ihrer Anwendung gefordert wird – das Handle des Objekts TApplication übergeben.

Handle für die Komponenten:

MainMenu	MenuItem	PopupMenu

property Handle: HMENU;
Sollte eine Windows-API-Funktion ein Handle eines Menüs, Menü-Eintrags oder eines lokalen Menüs verlangen, können Sie dazu die Eigenschaft Handle von MainMenu, MenuItem und PopupMenu benutzen.

Handle für die Komponente Printer:

property Handle: HDC;
Handle beinhaltet das Handle des jeweiligen Druckerobjektes TPrinter der Komponente Printer.

Handle für die Komponente DataBase:

property Handle: HDBIDB;
Um direkte Aufrufe in die Richtung der Borland Database-Engine-(BDE)-API zu tätigen, benötigen Sie ein Handle der jeweiligen Datenbank-Komponente. Dazu dient Ihnen die Eigenschaft Handle der Komponente DataBase. Sie erlaubt Ihnen Zugriffe auf Funktionen des BDE-API, die nicht in die VCL-Bibliothek integriert wurden. Bevor Sie allerdings diese Funktionen aufrufen, sollten Sie prüfen, ob diese Funktion nicht doch schon in der VCL-Bibliothek gekapselt wurde.

Handle für das Objekt TSession:

Delphi erzeugt eine Komponente Session vom Typ TSession immer dann, wenn eine Anwendung ausgeführt wird. Sessions sollten nicht von Ihnen erzeugt oder zerstört werden. Session erlaubt globale Prüfung über Datenbankverbindungen. Die Eigenschaft Databases von Session ist ein Array von allen aktiven Datenbanken in der Sitzung. Die Eigenschaft DatabaseCount vom Typ Integer gibt die Anzahl der aktiven Datenbanken in der Sitzung an.

property Handle: HDBISES;
Mit dieser Eigenschaft Handle können Sie direkte Aufrufe an die Borland-Datenbank-Engine – bezogen auf eine bestimmte Sitzung (Session/TSession) – machen. Die Komponente Session werden Sie kaum benutzen. Die wichtigsten Funktionen der BDE-API sind in der VCL-Bibliothek gekapselt und ersparen Ihnen diesen Weg.

Handle für die Komponenten Table, Query und StoredProc:

property Handle: HDBICur;
Ebenfalls für direkte Zugriffe auf Funktionen der BDE-API und unter normalen Umständen nicht zu benutzen, da die wichtigsten BDP-API-Funktionen via VCL-Bibliothek einen einfacheren Zugriff ermöglichen.

property Height: Integer;
Die Eigenschaft Height eines Dialogelements legt die Höhe der Komponente in Pixeln fest.

property HelpContext: THelpContext;
Die Eigenschaft HelpContext stellt eine Kontextnummer für die Verwendung beim Aufruf kontextbezogener Online-Hilfe bereit. Jeder Hilfebildschirm des Hilfesystems sollte eine eindeutige Kontextnummer besitzen. Ist in der Anwendung eine Komponente selektiert, so wird nach Betätigen von F1 ein Hilfebildschirm angezeigt. Welcher Hilfebildschirm angezeigt wird, hängt vom Wert der Eigenschaft HelpContext ab.

property Hint: string;
Die Eigenschaft Hint ist der Text-String, der erscheinen kann, wenn ein OnHint-Ereignis eintritt, also wenn der Benutzer den Cursor über die Komponente bewegt. Wie der String angezeigt wird, bestimmt der Code in der Ereignisbehandlungs-Routine OnHint. Sie können eine Schnellhilfe, d.h. ein Fenster, das einen Hilfetext

enthält, für eine Komponente erscheinen lassen, wenn der Anwender den Mauszeiger über das Dialogelement führt und dort kurz verweilt. Dies funktioniert wie folgt:
1. Spezifizieren Sie für jede Komponente, die einen Schnellhinweis anzeigen soll, einen Hint-Wert.
2. Setzen Sie die Eigenschaft ShowHints des Bedienfelds auf True.
3. Setzen Sie die Eigenschaft ShowHint der Anwendung zur Laufzeit auf True.

Sie können Hint gleichzeitig sowohl für ein Hilfehinweisfenster als auch für die Verwendung innerhalb der Behandlungsroutine OnHint spezifizieren, indem Sie zwei durch das Zeichen | (das »oder« oder Pipe-Symbol) abgeteilte Werte angeben, also beispielsweise:

```
Edit1.Hint := 'Aufforderung|Geben Sie den richtigen Wert ein';
```

Der String »Aufforderung« erscheint im Hilfehinweisfenster und der String »Geben Sie den richtigen Wert ein« erscheint wie in der Ereignisbehandlungs-Routine OnHint spezifiziert.

property IntegralHeight: Boolean;
IntegralHeight bestimmt die Gestaltung der Komponente. Bei IntegralHeight = True wird die ListBox so gezeichnet, daß nur die Elemente gezeigt werden, die vollständig in vertikaler Richtung hineinpassen.

Dabei wird der untere Rand der ListBox bis unter das letzte vollständig angezeigt Element verschoben. Ist IntegralHeight = False, dann ist die Listbox durch den Wert der Eigenschaft ItemHeight begrenzt.

Bei dem Wert lsOwnerDrawVariable für die Eigenschaft Style wird IntegralHeight nicht beachtet. Erst der Wert lsOwnerDrawFixed für Style macht IntegralHeight aktiv.

property ItemHeight: Integer;
ItemHeight bedeutet die Höhe in Pixeln eines Eintrags in der Komponente, wenn die Eigenschaft Style den Wert lsOwnerDrawFixed hat. Hat Style den Wert lsStandard oder lsOwnerDrawVariable, dann wird ItemHeight ignoriert.

property ItemIndex: Integer;
Der Wert ItemIndex ist die Ordinalzahl des selektierten Elements der Komponente.

Der Wert -1 bedeutet, daß kein Element selektiert wurde. Zur Laufzeit selektieren Sie im Programm ein Element, indem Sie den Index des Elements in diese Eigenschaft einsetzen. Dabei beginnt die Zählung der Elemente bei 0. 0 ist also das erste Element.

Besitzt die Komponente die Eigenschaft MultiSelect und ist diese auf True gesetzt, dann finden Sie bei mehreren ausgewählten Elementen in ItemIndex den Wert für das fokusierte (das zuletzt ausgewählte) Element.

property Items: TStrings;
Items beinhaltet Strings, die als Elemente in Listboxen erscheinen. Der Typ TStrings von Items liefert Ihnen eine Reihe von Methoden zum Bearbeiten und Einfügen der Strings, aber dazu mehr am Schluß der Definition von Items. TString hat zwar keine

Möglichkeit, Strings zu speichern, kann aber die Speichermöglichkeiten der Komponente nutzen.

Mit Methoden wie Add, Delete, Insert, Move und Exchange eines String-Objekts kann man Strings hinzufügen, löschen, einfügen, bewegen und austauschen.

property Left: Integer;
Die Eigenschaft Left bestimmt die horizontalen Koordinaten in Pixeln der linken Kante einer Komponente relativ zum Formular. Für Formulare ist der Wert der Eigenschaft Left relativ zum Bildschirm (ebenfalls in Pixeln).

property Name: TComponentName;
Die Eigenschaft Name enthält den Namen der Komponente wie er von anderen Komponenten für den Zugriff verwendet wird. Delphi weist als Vorgabewerte sequentielle Namen zu, die auf dem Typ der Komponente basieren, also etwa für Buttons »Button1«, »Button2« etc. Dies können Sie gemäß Ihrer Vorstellungen abändern. Komponentennamen sollten ausdrücklich nur zur Entwurfszeit geändert werden.

property Owner: TComponent;
Die Eigenschaft Owner teilt Ihnen mit, die Komponente zu welcher Komponente gehört. Dem Formular gehören alle Komponenten, die auf ihm vorhanden sind. Umgekehrt gehört das Formular zur Anwendung. Gehört eine Komponente A einer anderen Komponente B, wird der Speicher der Komponente A freigegeben, wenn der Speicher der Komponente B freigegeben wird. Es werden also folgerichtig alle Komponenten des Formulars gelöscht, wenn das Formular gelöscht wird. Außerdem wird natürlich der Speicher für das Formular und dessen Komponenten freigegeben, wenn der Speicher der Anwendung selbst freigegeben wird.

property Parent: TWinControl;
Die Eigenschaft Parent enthält den Namen der übergeordneten Komponente. Wenn eine Komponente A eine andere Komponente B enthält, sind die in B enthaltenen Komponenten untergeordnete Komponenten von A. Wenn Ihre Anwendung beispielsweise drei Buttons in einer GroupBox enthält, dann ist die GroupBox das übergeordnete Element der drei Buttons und die Button-Schaltfelder sind der GroupBox untergeordnet.

Parent und Owner sind leider etwas verwirrend. Daher hier eine kleine Entwirrung:

Ein Formular ist der Besitzer aller darauf enthaltenen Komponenten, egal, ob sie ein Fensterelement sind oder nicht. Für unser Beispiel mit den drei Buttons und der GroupBox bedeutet dies: Der Besitzer der Button ist immer das Formular, aber die GroupBox ist das übergeordnete Element.

Wenn Sie einen neuen Dialog erzeugen, müssen Sie dem neuen Dialogelement einen Wert der Eigenschaft Parent zuweisen. Üblicherweise sind dies Formulare, Bedienfelder, GroupBoxen oder andere Dialoge, die andere Komponenten-Elemente enthalten können. Es ist möglich, jedes Element als das übergeordnete zuzuweisen, aber das darin enthaltene Dialogelement wird wahrscheinlich überschrieben.

Wird das übergeordnete Element gelöscht wird, dann werden auch alle Elemente, die ihm untergeordnet sind, gelöscht.

property ParentColor: Boolean;
Die Eigenschaft ParentColor bestimmt, wo eine Komponente nach ihrer Farbeigenschaft suchen soll. Falls ParentColor True ist, verwendet die Komponente die Farbeigenschaft der übergeordneten Komponente.

Wenn ParentColor False ist, verwendet die Komponente ihre eigene Eigenschaft Color. Durch Verwendung von ParentColor können Sie sicherstellen, daß alle Komponenten auf einem Formular das gleiche Erscheinungsbild haben.

property ParentCtl3D: Boolean;
Die Eigenschaft ParentCtl3D bestimmt, wo eine Komponente nach seiner Eigenschaft Ctl3D suchen muß. Ist ParentCtl3D auf True gesetzt, verwendet die Komponente die Dimensionen der Eigenschaft Ctl3D von dessen übergeordneter Komponente. Wenn ParentCtl3D False ist, verwendet die Komponente ihre eigene Eigenschaft Ctl3D. Durch Verwendung von ParentCtl3D stellen Sie sicher, daß alle Komponenten auf einem Formular das gleiche Erscheinungsbild haben. Wenn Sie beispielsweise möchten, daß alle Komponenten auf einem Formular ein dreidimensionales Erscheinungsbild haben, setzen Sie die Eigenschaft Ctl3D des Formulars auf True und die Eigenschaft ParentCtl3D jeder Komponente auf True.

property ParentFont: Boolean;
Die Eigenschaft ParentFont bestimmt, wo eine Komponente nach ihrer Fonteigenschaft suchen soll. Falls ParentFont True ist, verwendet die Komponente den Font der Eigenschaft der übergeordneten Komponente.

Ist ParentFont False, verwendet die Komponente ihre eigene Eigenschaft Font. Durch Verwendung von ParentFont können Sie sicherstellen, daß alle Komponenten auf einem Formular das gleiche Erscheinungsbild haben.

property ParentShowHint: Boolean;
Die Eigenschaft ParentShowHint bestimmt, wo eine Komponente nach ihrer Hinteigenschaft suchen soll. Falls ParentShowHint True ist, verwendet die Komponente die Hint-Eigenschaft der übergeordneten Komponente.

Ist ParentShowHint False, verwendet die Komponente ihre eigene Eigenschaft Hint. Durch Verwendung von ParentShowHint können Sie sicherstellen, daß alle Komponenten auf einem Formular das gleiche Erscheinungsbild haben.

property PopupMenu: TPopupMenu;
Die Eigenschaft PopupMenu legt den Namen des Popup-Menüs fest, das erscheint, wenn der Anwender die Komponente auswählt oder die rechte Maustaste drückt (bei dem Wert True für AutoPopup des Popup) oder wenn die Methode Popup des Popup-Menüs ausgeführt wird.

property Selected[X: Integer]: Boolean;
Selected legt fest, ob ein bestimmter Eintrag in einer Komponente ausgewählt ist. Der Parameter X bedeutet die Position in der Komponente, auf dessen Element verwiesen wird. Ist das Element ausgewählt, dann ist Selected True.

property ShowHint: Boolean;
Die Eigenschaft ShowHint bestimmt, ob das Dialogelement eine Schnellhilfe anzeigen soll, wenn der Mauszeiger eine Weile auf ihm verweilt. Die Schnellhilfe entspricht dem Wert der Eigenschaft Hint, die in einem Feld direkt unterhalb des Elements angezeigt wird. Wenn die Eigenschaft ShowHint den Wert True hat, kann die Schnellhilfe erscheinen.

Ist ShowHint False, kann die Schnellhilfe auch angezeigt werden, wenn ParentShowHint auf True gesetzt wurde, und die Eigenschaft ShowHint der übergeordneten Komponente ebenfalls auf True gesetzt wurde.

property Showing: Boolean;
Die Eigenschaft Showing legt fest, ob eine Komponente momentan auf dem Bildschirm angezeigt wird oder nicht. Falls die Eigenschaft Visible einer Komponente und aller übergeordneten Komponenten in der übergeordneten Hierarchie True ist, ist Showing auch True. Wenn einer der Vorfahren der Komponente den Wert False als Wert für die Eigenschaft Visible hat, dann ist auch Showing False.

property TabOrder: TTabOrder;
Die Eigenschaft TabOrder bestimmt die Position einer Komponente in der Tabulatorreihenfolge, in der Komponenten den Fokus erhalten, wenn der Anwender die Taste TAB drückt. Anfänglich ist die Tabulatorreihenfolge immer die Reihenfolge, in der die Komponenten in das Formular hinzugefügt wurden. Der Wert der Eigenschaft TabOrder ist für jede Komponente auf dem Formular einmalig. Die erste dem Formular hinzugefügte Komponente hat den Wert 0 von TabOrder, die zweite hat 1, die dritte 2 usw.

Falls Sie den Wert der Eigenschaft TabOrder einer Komponente den gleichen Wert einer anderen Komponente zuweisen, numeriert Delphi automatisch die Werte für alle anderen Komponenten neu. Angenommen, eine Komponente ist beispielsweise die sechste Komponente in der Tabulatorreihenfolge. Wenn Sie den Wert der Eigenschaft TabOrder der Komponente auf 3 ändern (dies macht die Komponente zu der vierten in der Tabulatorreihenfolge), wird die Komponente, die die vierte war, nun zur fünften und die Komponente, die die fünfte war, wird jetzt die sechste.

property TabStop: Boolean;
Die Eigenschaft TabStop bestimmt, ob der Anwender diese Komponente mit der Taste TAB anspringen kann. Falls TabStop True ist, befindet sich die Komponente in der Tabulatorreihenfolge. Wenn TabStop False ist, ist das Dialogelement nicht in der Tabulatorreihenfolge.

property Tag: Longint;
Die Eigenschaft Tag kann einen Integerwert als Element einer Komponente speichern. Tag wird von Delphi nicht benutzt und steht Ihnen damit zur freien Verfügung.

property Top: Integer;
Die Eigenschaft Top gibt die y-Koordinate in Pixeln der linken oberen Ecke eines Dialogelements relativ zum Formular an. Bei Formularen wird der Wert der Eigenschaft Top in Pixeln relativ zum Bildschirm angegeben.

property TopIndex: Integer;
TopIndex bedeutet die Indexnummer des obersten Elements in ListBoxen. Mit TopIndex können Sie frei wählen, dies Element als erstes in der ListBox angezeigt werden soll.

property Visible: Boolean;
Die Eigenschaft Visible bestimmt, ob eine Komponente auf dem Bildschirm sichtbar ist (True) oder nicht (False).

property Width: integer;
Die Eigenschaft Width bestimmt die Breite der Komponente, gemessen in Pixeln.

Ereignisse:

property OnChange: TNotifyEvent;
Das Ereignis OnChange erscheint, wenn der Inhalt einer Komponente oder eines Objekts sich ändert. Bei grafischen Objekten tritt OnChange ein, wenn sich die Grafik, die vom Objekt gekapselt wird, ändert. Zum Beispiel tritt das Ereignis OnChange für einen Stift ein, wenn die Eigenschaften Color, Mode, Style oder Width des TPen-Objekts geändert werden. Bei Komponenten tritt OnChange ein, wenn der Hauptwert oder die Hauptwerte der Komponente geändert werden.

Bei Kombinationsfenstern tritt das Ereignis OnChange auch ein, wenn ein Element in der aufklappbaren Liste gewählt wird. Bei String-Listen-Objekten tritt das Ereignis OnChange ein, wenn sich eine Änderung für einen String ergibt, der in der String-Liste gespeichert ist.

OnChange ist vom Typ

```
TNotifyEvent = procedure (Sender: TObject) of object;
```

Der Typ TNotifyEvent weist also auf eine Methode, die das Anklicken eines Objekts behandelt. Der Parameter Sender ist das Dialogelement, das angeklickt wurde.

property OnClick: TNotifyEvent;
Das Ereignis OnClick erscheint, wenn der Benutzer auf die Komponente klickt. In einem Formular tritt OnClick ein, wenn der Benutzer auf eine freie Stelle im Formular oder eine inaktive Komponente klickt.

OnClick ist vom Typ

```
TNotifyEvent = procedure (Sender: TObject) of object;
```

Der Typ TNotifyEvent weist also auf eine Methode, die das Anklicken eines Objekts behandelt. Der Parameter Sender ist das Dialogelement, das angeklickt wurde.

property OnDblClick: TNotifyEvent;
Das Ereignis OnDblClick erscheint, wenn der Benutzer auf die Komponente einen Doppelklick ausführt. In einem Formular tritt das Ereignis OnDblClick ein, wenn der Benutzer auf eine freie Stelle im Formular oder eine inaktive Komponente einen Doppelklick ausführt.

OnDblClick ist vom Typ

```
TNotifyEvent = procedure (Sender: TObject) of object;
```

Der Typ TNotifyEvent weist also auf eine Methode, die das Doppelklicken eines Objekts behandelt. Der Parameter Sender ist das Dialogelement, das mit einem Doppelklick bearbeitet wurde.

property OnDragDrop: TDragDropEvent;
Das Ereignis OnDragDrop tritt ein, wenn der Anwender ein gezogenes Objekt ablegt. Verwenden Sie die Ereignisbehandlungs-Routine OnDragDrop, um festzulegen, was passieren soll, wenn der Anwender ein Objekt ablegt.

OnDragClick ist vom Typ

```
TDragDropEvent = procedure(Sender, Source: TObject; X, Y: Integer) of object;
```

Der Typ TDragDropEvent zeigt also auf eine Methode, die das Ablegen eines gezogenen Objekts behandelt. Der Parameter Source des Ereignisses OnDragDrop ist das abzulegende Objekt und der Parameter Sender ist das Dialogelement, auf das das Objekt abgelegt wurde. Die Parameter X und Y sind die Koordinaten des Mauszeigers, der über dem Dialogelement positioniert wird.

property OnDragOver: TDragOverEvent;
Das Ereignis OnDragOver tritt ein, wenn der Anwender ein Objekt über eine Komponente zieht. Üblicherweise werden Sie ein Ereignis OnDragOver verwenden, um ein Objekt zu akzeptieren, damit der Anwender es ablegen kann.

OnDragClick ist vom Typ

```
TDragOverEvent = procedure(Sender, Source: TObject; X, Y: Integer;
                           State: TDragState; var Accept: Boolean) of object;
```

Der Typ TDragOverEvent zeigt also auf eine Methode, die das Ziehen eines Objekts über ein anderes Objekt behandelt. Der Parameter Source ist das gezogene Objekt, Sender ist das Objekt, über das Source gezogen wurde, X und Y sind die Koordinaten des Mauszeigers, der über dem Dialogelement positioniert wird in Pixeln, State ist der Status des gezogenen Objekts in Verbindung zum darübergezogenen Objekt, und Accept legt fest, ob der Sender das Ziehobjekt erkennt. Accept wird nicht per Voreinstellung auf True oder False gesetzt; Sie müssen die passenden Werte selbst zuweisen.

Das Ereignis OnDragOver akzeptiert ein Objekt, wenn der Parameter Accept True ist. Durch Ändern des Werts der Eigenschaft DragCursor können Sie das Erscheinungsbild des Cursors beeinflussen. Dies können Sie entweder während des Entwickelns oder zur Laufzeit, bevor ein Ereignis OnDragOver eintritt, durchführen.

property OnEndDrag: TEndDragEvent;
Das Ereignis OnEndDrag tritt immer dann ein, wenn das Ziehen eines Objekts abgeschlossen oder abgebrochen wird. Wenn Sie eine besondere Behandlung haben möchten, wenn das Ziehen beendet wird, verwenden Sie die Ereignisbehandlungs-Routine OnEndDrag.

OnEndDrag ist vom Typ

```
TEndDragEvent = procedure(Sender, Target: TObject; X, Y: Integer) of object;
```

Der Typ TEndDragEvent zeigt also auf eine Methode, die das Anhalten des Ziehens eines Objekts behandelt. Der Sender ist das Objekt, das gezogen wird, Target ist das Objekt, zu dem Sender hingezogen wird, und X und Y sind die dazugehörigen Bildschirmkoordinaten des Mauszeigers, der über dem Dialogelement positioniert wird. Falls das gezogene Objekt abgelegt und durch das Dialogelement akzeptiert wurde, ist der Parameter Target des Ereignisses OnEndDrag True. Wenn das Objekt nicht erfolgreich abgelegt wurde, beträgt der Wert Target nil.

property OnEnter: TNotifyEvent;
OnEnter tritt ein, wenn eine Komponente aktiviert wird. Wenn Sie eine besondere Behandlung festlegen möchten, wenn eine Komponente aktiviert wird, verwenden Sie die Ereignisbehandlungs-Routine OnEnter.

OnEnter erscheint nie, wenn Sie zwischen Formularen oder einer anderen Windows-Anwendung und Ihrer Anwendung umschalten. OnEnter für eine Komponente des Typs TPanel oder THeader tritt nie ein, da Bedienfelder oder Header keinen Fokus erhalten können. Somit ist dort OnEnter vollkommen nutzlos. Sie haben diese Ereignisbehandlung aber geerbt.

OnEnter ist vom Typ

```
TNotifyEvent = procedure (Sender: TObject) of object;
```

Der Typ TNotifyEvent weist also auf eine Methode, die das Doppelklicken eines Objekts behandelt. Der Parameter Sender ist das Dialogelement, das mit einem Doppelklick bearbeitet wurde.

property OnExit: TNotifyEvent;
OnExit erscheint, wenn der Eingabefokus einer Komponente an eine andere übergeben wird. OnExit tritt nicht ein, wenn Sie zwischen Formularen oder zwischen einer Windows-Anwendung und Ihrer Anwendung umschalten. OnExit tritt bei den Komponenten Panel und Speedbutton nicht ein, da diese niemals den Fokus erhalten.

OnExit ist vom Typ

```
TNotifyEvent = procedure (Sender: TObject) of object;
```

Der Typ TNotifyEvent weist also auf eine Methode, die das Doppelklicken eines Objekts behandelt. Der Parameter Sender ist das Dialogelement, das mit einem Doppelklick bearbeitet wurde.

property OnKeyDown: TKeyEvent;
OnKeyDown tritt ein, wenn der Anwender irgendeine Taste drückt, während die Komponente den Fokus hat. Verwenden Sie OnKeyDown, um eine besondere Behandlung festzulegen, die ausgeführt wird, wenn eine Taste gedrückt wird. Der Handler OnKeyDown kann auf alle Tasten der Tastatur, einschließlich Funktionstasten und Tastenkombinationen mit den Tasten UMSCHALT, ALT und STRG sowie betätigten Maustasten reagieren.

OnKeyDown ist vom Typ

```
TKeyEvent = procedure (Sender: TObject; var Key: Word; Shift: TShiftState)
                      of object;
```

Der Typ TKeyEvent weist also auf eine Methode, die Tastaturereignisse verarbeitet. Der Parameter Key steht für die Taste und Shift und kann die folgenden Wert annehmen:

ssShift	UMSCHALTTASTE (SHIFT) wird festgehalten
ssAlt	linke ALT-Taste wird festgehalten
[ssAlt, ssCtrl]	ALTGR-Taste wird festgehalten
ssCtrl	Taste STRG wird festgehalten
ssLeft	Linke Maustaste wird festgehalten
ssMiddle	Mittlere Maustaste wird festgehalten
ssDouble	Rechte und linke Maustaste werden gleichzeitig festgehalten

property OnKeyPress: TKeyPressEvent;
OnKeyPress erscheint, wenn der Anwender eine einzelne Zeichentaste drückt.

OnKeyPress ist vom Typ

```
TKeyPressEvent = procedure (Sender: TObject; var Key: Char) of object;
```

TKeyPressEvent weist also auf eine Methode, die einen Tastendruck für ein einzelnes Zeichen verarbeitet. Der Parameter Key gibt die Taste an. Der Parameter Key ist vom Typ Char; deshalb registriert OnKeyPress das ASCII-Zeichen der gedrückten Taste. Tasten, die nicht mit einem ASCII-Zeichen übereinstimmen (beispielsweise UMSCHALT oder F1), werden kein OnKeyPress erzeugen. Tastenkombinationen (wie UMSCHALT+A) erzeugen nur ein Ereignis des Typs OnKeyPress (in diesem Beispiel ergibt UMSCHALT+A einen Wert Key von »A«, wenn die Feststelltaste ausgeschaltet ist). Falls Sie auf Nicht-ASCII-Tasten oder Tastenkombinationen reagieren möchten, verwenden Sie die Ereignisbehandlungsroutinen OnKeyDown oder OnKeyUp.

property OnKeyUp: TKeyEvent;
OnKeyUp tritt ein, wenn der Anwender die gedrückte Taste wieder losläßt. OnKeyUp kann auf alle Tasten der Tastatur, einschließlich Funktionstasten und Tastenkombinationen mit den Tasten UMSCHALT, ALT und STRG sowie betätigten Maustasten reagieren.

```
TKeyEvent = procedure (Sender: TObject; var Key: Word; Shift: TShiftState)
                      of object;
```

Der Typ TKeyEvent weist also auf eine Methode, die Tastaturereignisse verarbeitet. Der Parameter Key steht für die Taste und Shift und kann die folgenden Wert annehmen:

ssShift	UMSCHALTTASTE (SHIFT) wird festgehalten
ssAlt	linke ALT-Taste wird festgehalten
[ssAlt, ssCtrl]	ALTGR-Taste wird festgehalten
ssCtrl	Taste STRG wird festgehalten
ssLeft	Linke Maustaste wird festgehalten
ssMiddle	Mittlere Maustaste wird festgehalten
ssDouble	Rechte und linke Maustaste werden gleichzeitig festgehalten

property OnMouseDown: TMouseEvent;

Ereignis OnMouseDown tritt ein, wenn der Anwender eine Maustaste zu dem Zeitpunkt drückt, an dem sich der Mauszeiger über einem Dialogelement.

OnMouseDown ist vom Typ

```
TMouseEvent=procedure (Sender: TObject; Button: TMouseButton; Shift: TShiftState;
                X, Y: Integer) of object;
```

Der Typ TMouseEvent weist also auf eine Methode zur Bearbeitung von Maustasten-Ereignissen hin. Der Parameter Button gibt an, die Maustaste gedrückt wurde, während Shift Auskunft darüber gibt, die UMSCHALT- (UMSCHALT, STRG oder ALT) bzw. Maustasten gedrückt waren, während die das Mausereignis verursachende Maustaste gedrückt oder losgelassen wurde. X und Y sind die Bildschirmkoordinaten des Mauszeigers in Pixel. Der Parameter Button des Ereignisses OnMouseDown zeigt an, die Maustaste gedrückt wurde. Durch Verwenden des Parameters Shift der Ereignisbehandlungs-Routine OnMouseDown können Sie auf den Status der Maus- und Umschalttasten reagieren. Umschalttasten sind die Tasten UMSCHALT, STRG und ALT.

property OnMouseMove: TMouseMoveEvent;
Das Ereignis OnMouseMove tritt ein, wenn der Anwender den Mauszeiger bewegt und dieser sich bereits über einem Dialogelement befindet.

OnMouseMove ist vom Typ

```
TMouseMoveEvent = procedure(Sender: TObject; Shift: TShiftState;  X, Y: Integer)
                of object;
```

Der Typ TMouseMoveEvent zeigt also auf eine Methode, die Mausereignisse infolge Mausbewegung verarbeitet. Der Parameter Button gibt an, die Maustaste gedrückt wurde, während Shift anzeigt, die UMSCHALT- (UMSCHALT, STRG oder ALT) bzw. Maustasten während der Mausbewegung gedrückt waren. X und Y sind die Bildschirmkoordinaten des Mauszeigers in Pixeln Durch Verwenden des Parameters Shift können Sie auf den Status der Maus- und Umschalttasten reagieren. Umschalttasten sind die Tasten UMSCHALT, STRG und ALT.

property OnMouseUp: TMouseEvent;
Das Ereignis OnMouseUp tritt ein, wenn der Anwender die gedrückte Maustaste wieder freigibt, wenn sich der Mauszeiger über einer Komponente befindet.

Die Ereignisbehandlungs-Routine OnMouseUp kann auf Betätigungen der rechten, mittleren und linken Maustasten reagieren sowie auf Maustastenkombinationen mit Umschalttasten (Tasten UMSCHALT, STRG und ALT).

OnMouseUp ist vom Typ

```
TMouseEvent = procedure (Sender: TObject; Button: TMouseButton; Shift: TShiftState;
                        X, Y: Integer) of object;
```

Der Typ TMouseEvent zeigt also auf eine Methode zur Bearbeitung von Maustasten-Ereignissen hin. Der Parameter Button gibt an, die Maustaste gedrückt wurde, während Shift Auskunft darüber gibt, die UMSCHALT- (UMSCHALT, STRG oder ALT) bzw. Maustasten gedrückt waren, während die das Mausereignis verursachende Maustaste gedrückt oder losgelassen wurde. X und Y sind die Bildschirmkoordinaten des Mauszeigers in Pixeln.

Methoden:

procedure BeginDrag(Immediate: Boolean);
Die Methode BeginDrag leitet den Ziehvorgang einer Komponente ein. Wenn der Parameter Immediate auf True gesetzt ist, wird der Mauszeiger auf den Wert der Eigenschaft DragCursor gesetzt und der Ziehvorgang beginnt. Ist Immediate False, wird der Mauszeiger nicht auf den Wert der Eigenschaft DragCursor gesetzt, und der Ziehvorgang wird erst eingeleitet, wenn der Anwender den Mauszeiger mindestens um 5 Pixel bewegt. Auf diese Weise kann die Komponente Mausklicks akzeptieren, ohne einen Ziehvorgang einzuleiten.

Ihre Anwendung muß die Methode BeginDrag zum Einleiten eines Ziehvorgangs nur aufrufen, wenn DragMode auf dmManual gesetzt ist.

procedure BringToFront;
Die Methode BringToFront setzt eine Komponente innerhalb einer übergeordneten Komponente vor alle anderen Komponenten. BringToFront hilft insbesondere sicherzustellen, daß ein Formular sichtbar ist. Verwenden Sie diese Methode, wenn Sie die Reihenfolge überlappender Komponenten in einem Formular neu festlegen wollen.

Die Reihenfolge, in der Komponenten übereinander gelagert werden (Z-Reihenfolge), hängt davon ab, ob es sich um fensterähnliche oder um nicht-fensterähnliche Komponenten handelt. Die Reihenfolge arbeitet nach dem Prinzip, daß die zuletzt eingefügte Komponente die oberste und damit sichtbare Komponente ist.

Mit der Methode BringToFront einer Komponente würde diese Komponente ganz nach oben auf den Stapel kommen und somit sichtbar sein.

Bei der Stapelung ist zu beachten, daß fensterähnliche Komponenten immer auf nicht-fensterähnlichen Komponenten gestapelt werden. Ein Aufruf von BringTo-

Front einer nicht-fensterähnlichen Komponente bewirkt also gar nichts, wenn oben auf dem Stapel eine fensterähnliche Komponente liegt.

Die folgenden Komponenten zählen zu den fensterähnlichen Komponenten:

BitBtn	DBNavigator	MediaPlayer
Button	DBRadioGroup	Memo
CheckBox	DirectoryListBox	Notebook
ComboBox	DrawGrid	OLEContainer
DBCheckBox	DriveComboBox	Outline
DBComboBox	Edit	Panel
DBEdit	FileListBox	RadioButton
DBGrid	FilterComboBox	RadioGroup
DBImage	Form	ScrollBar
DBListBox	GroupBox	ScrollBox
DBLookupCombo	Header	StringGrid
DBLookupList	ListBox	TabbedNotebook
DBMemo	MaskEdit	TabSet

Die nun folgenden Komponenten zählen zu den nicht-fensterähnlichen Komponenten:

Bevel	Label	SpeedButton
DBText	PaintBox	Image
Shape		

function CanFocus: Boolean;
CanFocus stellt fest, ob eine Komponente den Eingabefokus erhalten kann. CanFocus gibt True zurück, wenn die Eigenschaften Visible und Enabled sowohl der Komponente als auch der übergeordneten Komponenten auf True gesetzt sind. Sind nicht alle Eigenschaften Visible und Enabled dieser Komponenten auf True gesetzt, liefert CanFocus False zurück.

procedure Clear;
Die Art und Weise der Methode Clear hängt von den jeweiligen Komponenten ab:

Clear für die Standard-Komponenten:

TClipboard	TDBEdit	TFileListBox
TList	TDBListBox	TFilterComboBox
TStringList	TDBMemo	TListBox
TStrings	TDirectoryListBox	TMaskEdit
TComboBox	TDriveComboBox	TMemo
TDBComboBox	TEdit	TOutline

Clear löscht alle Texteintragungen beziehungsweise Text-Einträge aus den Komponenten. Bei TClipboard wird der gesamte Inhalt der Zwischenablage gelöscht, vor allem geschieht dies bei bei Copy- und bei Cut-Ereignissen automatisch, bevor Daten in das Clipboard eingefügt werden.

Clear für die Feldkomponenten:

TBCDField	TCurrencyField	TGraphicField
TStringField	TBlobField	TDateField
TIntegerField	TTimeField	TBooleanField
TDateTimeField	TMemoField	TVarBytesField
TBytesField	TFloatField	TSmallintField
TWordField		

Clear setzt den Wert des Feldes auf NULL.

<u>Clear für die Komponente TFieldDefs:</u>

Clear setzt alle Werte der Eigenschaft Items zurück. Dadurch werden alle Objekte vom Typ TFieldDef aus der Komponente TFieldDefs gelöscht.

<u>Clear für die Komponente TIndexDefs:</u>

Clear setzt alle Werte der Eigenschaft Items zurück. Dadurch werden alle Objekte vom Typ TIndexDef aus der Komponente TFieldDefs gelöscht.

<u>Clear für die Komponente TParam:</u>

Clear setzt die Komponente zurück, also auf 0 und löscht alle bisher zugewiesenen Daten. Die Eigenschaften Name, DataType und ParamType bleiben unverändert.

<u>Clear für die Komponente TParams:</u>

Clear löscht alle Parameterinformationen aus der Eigenschaft Items.

procedure ClearSelection;
ClearSelection löscht den ausgewählten beziehungsweise markierten Text aus der Komponente.

function ClientToScreen(Point: TPoint): TPoint;
Die Methode ClientToScreen übersetzt den angegebenen Punkt aus Client-Bereichkoordinaten in globale Bildschirmkoordinaten. In Client-Bereichkoordinaten entspricht der Punkt (0, 0) der oberen linken Ecke des Client-Bereichs der Komponente. In Bildschirmkoordinaten entspricht (0, 0) der oberen linken Ecke des Bildschirms. Mit den Methoden ClientToScreen und ScreenToClient rechnen Sie Positionen aus dem Koordinatensystem einer Komponente A in das Koordinatensystem einer Komponente B um.

Beispiel: Umrechnung der Koordinaten einer Komponente A in die Koordinaten einer Komponente B (TPoint ist ein Record mit den Feldern X und Y):

```
TPoint =  record
       X  : integer;
       Y  : integer;
END;
VAR
   Koord: TPoint;
Koord:= B.ScreenToClient(A.ClientToScreen(Koord));
```

constructor Create;
Create weist Speicher zu, um das Objekt und damit die Komponente zu erzeugen und nach Bedarf seine Daten zu initialisieren. Jedes Objekt kann eine Methode Create besitzen, die individuell so angepaßt ist, daß sie diese bestimmte Art von Objekt erzeugt. Im Normalfall benötigen Sie diese Methoden nicht, da Borland Delphi alles unternimmt, um Ihre Anwendung und die darin enthaltenen Komponenten zu erzeugen. Sollten Sie allerdings ein Ereignis oder die Initialisierung eines Wertes einer selbst geschaffenen Komponente zur Zeit der Erzeugung einstellen wollen, dann können Sie dies in der Methode Create erledigen. Dazu benötigen Sie aber genaue Kenntnisse und Techniken der OOP. Ansonsten sollten Sie Create unverändert lassen und nicht aufrufen.

function Dragging: Boolean;
Die Methode Dragging gibt an, ob eine Komponente gezogen wird. Wenn Dragging True zurückgibt, wird die Komponente gezogen.

procedure EndDrag(Drop: Boolean);
Die Methode EndDrag verhindert, daß eine Komponente weiter gezogen wird. Wenn der Parameter Drop True ist, wird die gezogene Komponente abgelegt. Ist Drop False, wird die Komponente nicht abgelegt und der Vorgang wird abgebrochen.

function FindComponent(const AName: string): TComponent;
Die Methode FindComponent gibt im Array Components die Komponente zurück, deren Name zum String im Parameter AName paßt. FindComponent beachtet dabei keine Groß-/Kleinschreibung.

Beispiel: Es existiert ein Button »Button1« in Ihrer Anwendung. Um die eigentliche Komponente TButton1 im Array Components zurückzugeben, rufen Sie FindComponents wie folgt auf:

```
FindComponents('Button1');
```

function Focused: Boolean;
Focused wird verwendet, um zu bestimmen, ob ein Fensterdialogelement den Fokus besitzt und deshalb das aktive Dialogelement in ActiveControl ist.

procedure Free;
Die Methode Free entfernt das Objekt und gibt den dazugehörigen Speicher frei. Haben Sie das Objekt unter Verwendung der Methode Create erzeugt, so benutzen Sie zum Entfernen und für die Freigabe des Speichers die Methode Free. Free gelingt auch dann, wenn das Objekt selbst nicht mehr existiert (zum Beispiel durch einen vorherigen Aufruf von Free. Delphi erledigt dies für Objekte der Bibliothek visueller Komponenten automatisch. Sie sollten also niemals eine Komponente innerhalb Ihrer Anwendung entfernen.

Falls Sie ein Formular freigeben wollen, rufen Sie die Methode Release auf, um das Formular zu löschen und dessen benutzten Speicher freizugeben.

function GetItemPath(Index : Integer): string;
GetItemPath übergibt Ihnen den Pfadnamen eines Verzeichnisses aus einer Verzeichnisliste als String. Index ist die Position des Verzeichnisses in der Liste (Startwert=0!).

function GetSelTextBuf(Buffer: PChar; BufSize: Integer): Integer;
GetSelTextBuf kopiert den markierten Text aus einer Komponente in den Puffer, auf den der Parameter Buffer weist. Der Parameter BufSize bezeichnet dabei die Größe des Puffers (in Anzahl der Zeichen) beziehungsweise nach Ausführung der Methode die Anzahl der kopierten Zeichen.

function GetTextBuf(Buffer: PChar; BufSize: Integer): Integer;
Die Methode GetTextBuf holt den Text der Komponente und kopiert ihn in den Puffer als Null-terminierten String (Ende der Zeichenkette wird mit 0 angegeben), auf den Buffer zeigt. Die maximale Länge des Strings wird mit BufSize (siehe dazu GetTextLen) festgelegt. In BufSize wird nach der Ausführung die Anzahl der Zeichen des Strings zu finden sein. Diese Methode ist vor allem dann sehr nützlich, wenn mit Strings größer als 256 Zeichen gearbeitet wird. Der Typ STRING kann nicht mehr als 256 Zeichen aufnehmen. Dabei entfällt aber das erste Element in diesem Typ auf die Längenangabe des Strings, so daß nur noch maximal 255 zeichen möglich sind. Ein PChar ist ein Zeiger auf das erste Zeichen einer Zeichenkette. Eine derart definierte Zeichenkette besitzt keine Längenangabe, sondern trägt eine 0 am Ende der Kette, daher auch der Name Null-terminierter String. Ein PChar kann die maximale Größe von 64 Kbyte erreichen. Die maximale Anzahl der Zeichen ist also auf 64 Kbyte und nicht auf 255 Zeichen beschränkt (siehe auch GetTextLen und SetTextBuf).

function GetTextLen: Integer;
Die Methode GetTextLen gibt die Länge des Textes der Komponente zurück. Dieser Wert kann für BufSize in GetTextBuf verwendet werden (siehe auch GetTextBuf und SetTextBuf).

procedure Hide;
Die Methode Hide versteckt eine Komponente, sie ist also nicht mehr auf dem Bildschirm sichtbar. Dabei wird die Eigenschaft Visible auf False gesetzt. Dabei ist eine Komponente aber weiterhin aktiv, das heißt, kann bearbeitet werden.

procedure Invalidate;
Die Methode Invalidate erzwingt das Neuzeichnen einer Komponente, sobald dies möglich ist.

procedure InsertComponent(AComponent: TComponent);
InsertComponent macht die Komponente zum Besitzer der im Parameter AComponent übergebenen Komponente. Die Komponente wird am Ende der Array-Eigenschaft Components hinzugefügt. Die eingefügte Komponente darf keinen Namen haben (keinen für die Eigenschaft Name spezifizierten Wert) oder der Name muß sich eindeutig von allen anderen in der Components-Liste unterscheiden. Wird die Besitzerkomponente entfernt, so wird auch AComponent gelöscht.

function ItemAtPos(Pos: TPoint; Existing: Boolean): Integer;
ItemAtPos gibt den Index-Wert eines Elements der Liste zurück. Pos benennt den abzufragenden Punkt in der Komponente (in Pixel). Wenn Pos auf eine Stelle nach dem letzten Item der Komponente zeigt, dann gibt IndexAtPos den Wert für das letzte Element der Komponente zurück. Wenn Sie den Parameter Existing auf True gesetzt haben, dann gibt ItemAtPos -1 zurück, falls an der Stelle Pos kein Element existiert. Bei Existing = False wird der Wert des letzten Elements zurückgegeben, wenn Pos nicht auf ein nicht-existierendes Element zeigt.

function ItemRect(Item: Integer): TRect;
ItemRect gibt das Rechteck zurück, das den im Parameter Item spezifizierten Eintrag umgibt. Hiermit ist wohl mehr oder weniger die Ausdehnung des Elements der Komponente gemeint.

procedure Refresh;
Die Methode Refresh reagiert je nach Art der Komponente, ob Daten oder die Komponenten selber neu gezeichnet werden. Die Methode Refresh kann also jedes Bild auf dem Bildschirm löschen und alle Dialogelemente neuzeichnen beziehungsweise Datensätze einer Datei erneut einlesen.

Innerhalb der Implementation von Refresh beim Neuzeichnen von Komponenten wird die Methode Invalidate und dann die Methode Update aufgerufen.

Beim Refresh von Daten ist zu beachten: Durch Refresh können sich die angezeigten Daten unerwartet verändern und so den Anwender verwirren. Ein Dialog oder eine andere Mitteilung, die dem Anwender den Refresh der Daten mitteilt, wäre somit wohl angebracht und von äußerster Nützlichkeit.

procedure RemoveComponent(AComponent: TComponent);
RemoveComponent entfernt die Komponente, die im Parameter AComponent festgelegt ist, aus der Komponentenliste Components. Die Position in der Liste wird zu nil.

procedure Repaint;
Die Methode Repaint fordert das Dialogelement auf, dessen Bild auf dem Bildschirm neu zu zeichnen, ohne jedoch das bereits Erschienene zu löschen. Um vor dem Neuzeichnen zu löschen, müssen Sie anstelle von Repaint die Methode Refresh aufrufen.

procedure ScaleBy(M, D: Integer);
Die Methode ScaleBy skaliert eine Komponente um einen Prozentsatz ihrer ursprünglichen Größe. Der Parameter M ist der Multiplikator und der Parameter D der Divisor. Wenn Sie beispielsweise die Größe des Dialogelements auf 66% seines ursprünglichen Formats ändern möchten, geben Sie in M den Wert 66 und in D den Wert 100 an (66/100). Bei der Vergrößerung gehen Sie einfach den umgekehrten Weg: Vergrößerung um 66% bedeutet nichts anderes als M=166 und D=100.

function ScreenToClient(Point: TPoint): TPoint;
Die Methode ScreenToClient wird verwendet, um den Koordinatenpunkt in Pixeln der Komponente auf dem Bildschirm zu bestimmen. ScreenToClient gibt die X- und Y-Koordinaten in einem Record des Typs TPoint zurück.

procedure ScrollBy(DeltaX, DeltaY: Integer);
ScrollBy scrollt den Inhalt einer Komponente. Statt der Methode ScrollBy sollten Sie im Normalfall lieber mit den eingebauten Bildlaufleisten arbeiten, es sei denn, diese Leisten wären für Ihre Programm-Idee aus irgendeinem Grund nicht brauchbar.

DeltaX enthält die Veränderung in Pixeln in Richtung der X-Achse. Ein positiver Wert von DeltaX verschiebt den Inhalt nach rechts, ein negativer Wert verschiebt den Inhalt nach links. DeltaY bezeichnet die Veränderungen in Pixeln in Richtung der Y-Achse. Ein positiver Wert von DeltaY verschiebt den Inhalt nach unten, ein negativer Wert verschiebt den Inhalt nach oben.

procedure SendToBack;
Die Methode SendToBack setzt eine Komponente innerhalb einer übergeordneten Komponente hinter alle anderen Komponenten. Die Reihenfolge, in der Komponenten übereinander gelagert werden (Z-Reihenfolge), hängt davon ab, ob es sich um fensterähnliche oder um nicht-fensterähnliche Komponenten handelt. Die Reihenfolge arbeitet nach dem Prinzip, daß die zuletzt eingefügte Komponente die oberste und damit sichtbare Komponente ist.

Mit der Methode SendToBack einer Komponente würde diese Komponente ganz nach unten auf den Stapel kommen und somit unsichtbar sein.

Bei der Stapelung ist zu beachten, daß fensterähnliche Komponenten immer auf nicht-fensterähnlichen Komponenten gestapelt werden. Ein Aufruf von SendToBack einer fensterähnlichen Komponente bewirkt also gar nichts, wenn unter dem Stapel eine nicht-fensterähnliche Komponente liegt (siehe auch BringToFront).

Die folgenden Komponenten zählen zu den fensterähnlichen Komponenten:

BitBtn	DBNavigator	MediaPlayer
Button	DBRadioGroup	Memo
CheckBox	DirectoryListBox	Notebook
ComboBox	DrawGrid	OLEContainer
DBCheckBox	DriveComboBox	Outline
DBComboBox	Edit	Panel
DBEdit	FileListBox	RadioButton
DBGrid	FilterComboBox	RadioGroup
DBImage	Form	ScrollBar
DBListBox	GroupBox	ScrollBox
DBLookupCombo	Header	StringGrid
DBLookupList	ListBox	TabbedNotebook
DBMemo	MaskEdit	TabSet

Die nun folgenden Komponenten zählen zu den nicht-fensterähnlichen Komponenten:

Bevel	Label	SpeedButton
DBText	PaintBox	Image
Shape		

procedure SetBounds(ALeft, ATop, AWidth, AHeight: Integer);
Die Methode SetBounds setzt die Begrenzungseigenschaften der Komponente Left, Top, Width und Height auf die Werte, die in den entsprechenden Werten ALeft, ATop, AWidth und AHeight übergeben werden. SetBounds erlaubt Ihnen, mehr als eine Begrenzungseigenschaft der Komponente zur gleichen Zeit einzustellen. Obwohl Sie immer einzelne Begrenzungen einstellen können, erlaubt Ihnen die Verwendung von SetBounds, mehrere Änderungen auf einmal durchzuführen, ohne daß jedesmal das Dialogfenster neu gezeichnet werden muß.

procedure SetFocus;
SetFocus übergibt den Focus an die Komponente. Bei Formularen ruft das jeweilige Formular die Methode SetFocus des standardmäßig aktiven Dialogelements auf.

procedure SetSelTextBuf(Buffer: PChar);
SetSelTextBuf ersetzt den markierten Text einer Komponente durch den Text aus dem mit Buffer angezeigten Puffer.

procedure SetTextBuf(Buffer: PChar);
Die Methode SetTextBuf ersetzt den Text in einer Komponente durch den Text in Buffer. Buffer muß auf einen mit Null abgeschlossenen String zeigen (siehe auch GetTextBuf und GetTextLen).

procedure Show;
Die Methode Show bringt eine Komponente sichtbar auf dem Bildschirm, indem die Eigenschaft Visible auf True eingestellt wird. Falls die Methode Show eines Formulars aufgerufen wird und das Formular ist unsichtbar, versucht Show das Formular sichtbar zu machen, indem sie das Formular mit der Methode BringToFront in den Vordergrund bringt. Ein Formular verfügt zusätzlich über die Methode ShowModal, um einen modalen Dialog erzeugen zu können. Ein modaler Dialog muß bearbeitet und geschlossen werden. Ein SendToBack hätte also keinen Erfolg.

procedure Update;
In der Methode Update wird die API-Funktion UpdateWindow von Windows aufgerufen, die alle beim Zeichnen entstandenen und noch nicht erledigten Meldungen bearbeitet.

UpdateWindows ist definiert als

```
procedure UpdateWindow(Wnd: HWnd);
```

Die Routine UpdateWindow aktualisiert den Client-Bereich des angegebenen Fensters, indem sie eine WM_PAINT-Meldung an das Fenster sendet, wenn der Aktualisierungsbereich für das Fenster nicht leer ist. Die Routine UpdateWindow sendet eine WM_PAINT-Meldung unter Umgehung der Anwendungswarteschlange direkt an die Fensterfunktion des gegebenen Fensters. Wenn der Aktualisierungsbereich leer ist, wird keine Meldung gesendet. Der Parameter Wnd bezeichnet das Fenster oder besser das Handle des Fensters, das aktualisiert werden soll.

Komponentenname: DriveComboBox
Klassenname: TDriveComboBox

Beschreibung:

DriveComboBox liefert Ihnen eine Kombinationsbox mit allen verfügbaren Laufwerken (inklusive Netzwerk-Laufwerke).

Eigenschaften:

property Align: TAlign;
Die Eigenschaft Align legt fest, wie Dialogelemente zum Beispiel im Formular ausgerichtet werden. Mögliche Werte:

alNone	Die Komponente bleibt an der Einfügeposition im Formular (Standardeinstellung).
alTop	Die Komponente wird an die Oberkante des Formulars verschoben und an seine Breite angepaßt. Die Höhe der Komponente bleibt unverändert.
alBottom	Die Komponente wird an die Unterkante des Formulars verschoben und an seine Breite angepaßt. Die Höhe der Komponente bleibt unverändert.
alLeft	Die Komponente wird an die linke Kante des Formulars verschoben und an seine Höhe angepaßt. Die Breite der Komponente bleibt unverändert.
alRight	Die Komponente wird an die rechte Kante des Formulars verschoben und an seine Höhe angepaßt. Die Breite der Komponente bleibt unverändert.
alClient	Die Größe der Komponente wird an den Client-Bereich eines Formulars angepaßt. Ist ein Teil des Client-Bereichs bereits von einer anderen Komponente besetzt, füllt die Komponente den verbleibenden Teil des Client-Bereichs aus.

Wird zum Beispiel ein Formular, das Besitzer eines Labels ist, in der Größe verändert, werden die Komponenten innerhalb des Formulars neu ausgerichtet. Die Verwendung der Eigenschaft Align ist dann sinnvoll, wenn ein Dialogelement an einer Position des Formulars stehenbleiben soll, auch wenn sich die Größe des Formulars ändert.

property BoundsRect: TRect;
Die Eigenschaft BoundsRect liefert das Begrenzungsrechteck der Komponente – ausgedrückt im Koordinatensystem des übergeordneten Dialogelements – zurück. Mit BoundsRect ersetzen und erleichtern Sie sich somit die Abfrage der einzelnen Werte für die Eigenschaften Left, Top, Width und Height.

property Canvas: TCanvas;
Canvas stellt einen Bereich zum Anfertigen von Zeichnungen zur Verfügung. Je nach Komponente kann die Art und Weise von Canvas variieren:

Canvas für die Komponenten Form, Image und PaintBox:

Canvas stellt den Zugriff auf eine Zeichenoberfläche zur Verfügung, die Sie bei der Implementierung einer Behandlungsroutine für das OnPaint-Ereignis eines Formulars, eines Bildes oder eines Zeichenfensters verwenden können. Allerdings: Es ist nur der Lesezugriff erlaubt.

Canvas für die Komponenten ComboBox, DirectoryListBox, FileListBox, ListBox und Outline:

Canvas stellt den Zugriff auf eine Zeichenoberfläche zur Verfügung, die Sie bei der Implementierung einer Behandlungsroutine für das OnDrawItem-Ereignis eines besitzergezeichneten Listenfensters, Kombinationsfensters oder Gliederungsdialogelements verwenden können. Allerdings: Es ist nur der Lesezugriff erlaubt.

Canvas für die Komponenten DrawGrid und StringGrid:

Canvas stellt den Zugriff auf eine Zeichenoberfläche zur Verfügung, die Sie bei der Implementierung einer Behandlungsroutine für das Ereignis OnDrawCell oder OnDrawDataCell eines Gitternetz-Dialogelements verwenden können. Allerdings: Es ist nur der Lesezugriff erlaubt.

Canvas für die Komponente TPrinter:

Canvas repräsentiert für ein Druckerobjekt die Oberfläche der Seite, die aktuell gedruckt wird. Einige Drucker unterstützen keine Grafik und können hiermit nicht unterstützt werden. Es ist nur der Lesezugriff erlaubt.

Canvas für die Komponente TBitmap:

Canvas gibt Ihnen Zugriff auf eine Zeichenoberfläche, die die Bitmap repräsentiert. Wenn Sie auf die Zeichenfläche zeichnen, modifizieren Sie im Endeffekt damit die zugrundeliegende Bitmap.

property Color: TColor;
Die Eigenschaft Color legt für alle Komponenten mit Ausnahme des Dialogfensters die Farbe fest (Hintergrundfarbe eines Formulars oder eines Dialogelements oder Grafikobjekts).

Ist die Eigenschaft ParentColor auf True gesetzt, bewirkt eine Änderung der Eigenschaft Color einer Komponente A automatisch eine Änderung der Eigenschaft Color aller Komponenten, die als Besitzer die Komponente A haben. Wenn Sie der Eigenschaft Color eines Dialogelements einen Wert zuweisen, wird seine Eigenschaft ParentColor automatisch auf False gesetzt. Mögliche Werte sind:

clBlack	Schwarz
clMaroon	Rotbraun
clGreen	Grün
clOlive	Olivgrün

clNavy	Marineblau
clPurple	Violett
clTeal	Petrol
clGray	Grau
clSilver	Silber
clRed	Rot
clLime	Limonengrün
clBlue	Blau
clFuchsia	Pink
clAqua	Karibikblau
clWhite	Weiß

(Systemfarben von Windows:)

clBackground	Aktuelle Windows-Hintergrundfarbe
clActiveCaption	Aktuelle Farbe der Titelleiste des aktiven Fensters
clInactiveCaption	Aktuelle Farbe der Titelleiste der inaktiven Fenster
clMenu	Aktuelle Hintergrundfarbe der Menüs
clWindow	Aktuelle Hintergrundfarbe der Fenster
clWindowFrame	Aktuelle Farbe der Fensterrahmen
clMenuText	Aktuelle Farbe vom Menütext
clWindowText	Aktuelle Farbe vom Fenstertext
clCaptionText	Aktuelle Textfarbe der Titelleiste des aktiven Fensters
clActiveBorder	Aktuelle Rahmenfarbe des aktiven Fensters
clInactiveBorder	Aktuelle Rahmenfarbe der inaktiven Fenster
clAppWorkSpace	Aktuelle Farbe des Arbeitsbereichs der Anwendung
clHighlight	Aktuelle Hintergrundfarbe vom ausgewählten Text
clHightlightText	Aktuelle Farbe vom ausgewählten Text
clBtnFace	Aktuelle Farbe einer Schalterfläche
clBtnShadow	Aktuelle Schattenfarbe eines Schalters
clGrayText	Aktuelle Farbe von grau dargestelltem Text
clBtnText	Aktuelle Farbe von Text auf einem Schalter
clInactiveCaptionText	Aktuelle Textfarbe in der Titelleiste eines inaktiven Fensters
clBtnHighlight	Aktuelle Farbe der Markierung eines Schalters

Mit einem Doppelklick auf Color öffnet sich das Farbschema von Windows, in dem Sie auch eigene Farben zusammenstellen können.

property ComponentIndex: Integer;
Die Eigenschaft ComponentIndex zeigt die Position einer Komponente in der Eigenschaftsliste Components ihres Besitzers an. Die erste Komponente in der Liste hat den ComponentIndex-Wert 0, die zweite hat den Wert 1, die dritte den Wert 2 etc. Diese Eigenschaft ist nur zur Laufzeit und dann auch nur im Read-Only-Modus benutzbar.

property Controls[Index: Integer]: TControl;
Controls ist ein Array aller untergeordneten Komponenten der Komponente. Controls ist dann von Nutzen, wenn Sie auf die untergeordneten Komponenten über die Zahl statt über den Namen zugreifen müssen.

property Ctl3D: Boolean;
Die Eigenschaft Ctl3D legt fest, ob ein Dialogelement ein dreidimensionales (3-D) oder zweidimensionales Aussehen besitzt. Wenn Ctl3D True ist, erscheint das Dialogelement dreidimensional. Die Voreinstellung von Ctl3D ist True. Wenn die Eigenschaft ParentCtl3D einer Komponente auf True gesetzt ist, verändert jede Modifikation der Eigenschaft Ctl3D des übergeordneten Dialogelements automatisch auch die Eigenschaft Ctl3D des Dialogelements.

Achtung: Damit Ctl3D überhaupt funktioniert, muß sich die dynamische Link-Bibliothek CTL3DV2.DLL im Suchpfad befinden. Idealerweise sollte sich diese Datei im System-Verzeichnis von Windows aufhalten.

property Cursor: TCursor;
Mit der Eigenschaft Cursor stellen Sie das Aussehen des Cursors ein, wenn dieser auf die Komponente zeigt.

Mögliche Werte sind:

crDefault	crArrow	crCross
crIBeam	crSize	crSizeNESW
crSizeNS	crSizeNWSE	crSizeWE
crUpArrow	crHourglass	crDrag
crNoDrop	crHSplit	crVSplit

property DirList: TDirectoryListBox;
Mit DirList können Sie einfach DirectoryListBoxen und DriveComboBoxen miteinander verbinden. Dazu geben Sie einfach den Namen der gewünschten Directory-ListBox an.

property DragCursor: TCursor;
Die Eigenschaft DragCursor bestimmt die Form des Mauszeigers, wenn sich der Zeiger über einer Komponente befindet, die ein gezogenes Objekt akzeptieren kann. Mögliche Werte sind mit denen der Eigenschaft Cursor identisch.

property DragMode: TDragMode;
Die Eigenschaft DragMode legt das Ziehen-und-Ablegen-Verhalten einer Komponente fest. Mögliche Werte sind:

dmAutomatic   Wenn dmAutomatic ausgewählt ist, ist das Dialogelement bereit, gezogen zu werden; der Anwender klickt nur und zieht es dann.

dmManual   Wenn dmManual ausgewählt ist, kann das Dialogelement nicht gezogen werden, bevor die Anwendung die Methode BeginDrag aufgerufen hat.

Ist die Eigenschaft DragMode einer Komponente dmAutomatic, kann die Anwendung dies zur Laufzeit durch Einstellung des Werts dmManual deaktivieren.

property Drive: Char;
Mit Drive können Sie zur Laufzeit das Laufwerks wählen, das angezeigt werden soll. Ändert sich der Wert von Drive, dann ändert sich auch der Wert für Directory.

property Enabled: Boolean;
Die Eigenschaft Enabled bestimmt, ob die Komponente auf Maus-, Tastatur- und Timer-Ereignisse reagiert. Wenn Enabled auf True gesetzt ist, reagiert die Komponente normal. Ist Enabled hingegen False, ignoriert das Dialogelement Maus- und Tastaturereignisse. Bei einer Timer-Komponente werden die für das OnTimer-Ereignis deaktivierten Komponenten-Dialogelemente grau dargestellt.

property Font: TFont;
Die Eigenschaft Font legt den Font und die Eigenschaften dieses Font der Komponente fest. Sie haben die Möglichkeit, diese Werte im Objectinspektor zu ändern oder – wesentlich komfortabler – mit Hilfe eines Doppelklicks auf diese Eigenschaft einen Dialog zu öffnen, der alle möglichen Werte anzeigt.

property Handle: ...;
Der Typ der Eigenschaft Handle ist abhängig von der jeweiligen Komponente. Im allgemeinen gilt: Sollte eine Windows-API-Funktion ein Handle der betreffenden Komponente verlangen, setzen Sie dazu die jeweilige Eigenschaft Handle der betreffenden Komponente ein. Verlangt eine Windows-API-Funktion zum Beispiel das Handle Ihrer gesamten Anwendung, benutzen Sie am besten die Eigenschaft Handle des Objekts TApplication. Hier die Übersicht der verschiedenen Typen der Eigenschaft Handle:

Handle für die Komponenten:

Bitmap	property Handle: HBitmap;
Brush	property Handle: HBrush;
Canvas	property Handle: HDC;
Font	property Handle: HFont;
Icon	property Handle: HIcon;
Metafile	property Handle: HMetafile;
Pen	property Handle: HPen;

Handle gibt Ihnen den Zugriff auf das Handle des jeweiligen GDI-Objekts. Benötigen Sie zum Beispiel zum Aufruf einer Windows-API-Funktion ein Handle auf ein Stiftobjekt oder ein Bitmap-Objekt, können Sie dazu das Handle der Komponente Pen beziehungsweise der Komponente Bitmap benutzen.

Handle für das Objekt TApplication und die folgenden Komponenten:

Bevel	DBText	Memo
BitBtn	DirectoryListBox	Notebook
Button	DrawGrid	OLEContainer
CheckBox	DriveComboBox	Outline
ComboBox	Edit	PaintBox

DBCheckBox	FileListBox	Panel
DBComboBox	FilterComboBox	RadioButton
DBEdit	FindDialog	RadioGroup
DBGrid	Form	ReplaceDialog
DBImage	GroupBox	ScrollBar
DBListBox	Header	ScrollBox
DBLookupCombo	Image	Shape
DBLookupList	Label	SpeedButton
DBMemo	ListBox	StringGrid
DBNavigator	MaskEdit	TabbedNotebook
DBRadioGroup	MediaPlayer	TabSet

property Handle: HWND;
Handle bietet Ihnen Zugriff auf das Handle der jeweiligen Komponente (z.B. Fenster-Handle, Dialog-Handle etc.). Dieses Handle wird von einigen Windows-API-Funktionen beim Aufruf erwartet. Sie können in diesem Fall das Handle der jeweils betroffenen Komponente oder – falls das Handle Ihrer Anwendung gefordert wird – das Handle des Objekts TApplication übergeben.

Handle für die Komponenten:

MainMenu	MenuItem	PopupMenu

property Handle: HMENU;
Sollte eine Windows-API-Funktion ein Handle eines Menüs, Menü-Eintrags oder eines lokalen Menüs verlangen, können Sie dazu die Eigenschaft Handle von MainMenu, MenuItem und PopupMenu benutzen.

Handle für die Komponente Printer:

property Handle: HDC;
Handle beinhaltet das Handle des jeweiligen Druckerobjektes TPrinter der Komponente Printer.

Handle für die Komponente DataBase:

property Handle: HDBIDB;
Um direkte Aufrufe in die Richtung der Borland Database-Engine-(BDE)-API zu tätigen, benötigen Sie ein Handle der jeweiligen Datenbank-Komponente. Dazu dient Ihnen die Eigenschaft Handle der Komponente DataBase. Sie erlaubt Ihnen Zugriffe auf Funktionen des BDE-API, die nicht in die VCL-Bibliothek integriert wurden. Bevor Sie allerdings diese Funktionen aufrufen, sollten Sie prüfen, ob diese Funktion nicht doch schon in der VCL-Bibliothek gekapselt wurde.

Handle für das Objekt TSession:

Delphi erzeugt eine Komponente Session vom Typ TSession immer dann, wenn eine Anwendung ausgeführt wird. Sessions sollten nicht von Ihnen erzeugt oder zerstört werden. Session erlaubt globale Prüfung über Datenbankverbindungen. Die Eigenschaft Databases von Session ist ein Array von allen aktiven Datenbanken in der Sitzung. Die Eigenschaft DatabaseCount vom Typ Integer gibt die Anzahl der aktiven Datenbanken in der Sitzung an.

property Handle: HDBISES;
Mit dieser Eigenschaft Handle können Sie direkte Aufrufe an die Borland-Datenbank-Engine – bezogen auf eine bestimmte Sitzung (Session/TSession) – machen. Die Komponente Session werden Sie kaum benutzen. Die wichtigsten Funktionen der BDE-API sind in der VCL-Bibliothek gekapselt und ersparen Ihnen diesen Weg.

Handle für die Komponenten Table, Query und StoredProc:

property Handle: HDBICur;
Ebenfalls für direkte Zugriffe auf Funktionen der BDE-API und unter normalen Umständen nicht zu benutzen, da die wichtigsten BDP-API-Funktionen via VCL-Bibliothek einen einfacheren Zugriff ermöglichen.

property Height: Integer;
Die Eigenschaft Height eines Dialogelements legt die Höhe der Komponente in Pixeln fest.

property HelpContext: THelpContext;
Die Eigenschaft HelpContext stellt eine Kontextnummer für die Verwendung beim Aufruf kontextbezogener Online-Hilfe bereit. Jeder Hilfebildschirm des Hilfesystems sollte eine eindeutige Kontextnummer besitzen. Ist in der Anwendung eine Komponente selektiert, so wird nach Betätigen von F1 ein Hilfebildschirm angezeigt. Welcher Hilfebildschirm angezeigt wird, hängt vom Wert der Eigenschaft HelpContext ab.

property Hint: string;
Die Eigenschaft Hint ist der Text-String, der erscheinen kann, wenn ein OnHint-Ereignis eintritt, also wenn der Benutzer den Cursor über die Komponente bewegt. Wie der String angezeigt wird, bestimmt der Code in der Ereignisbehandlungs-Routine OnHint. Sie können eine Schnellhilfe, d.h. ein Fenster, das einen Hilfetext enthält, für eine Komponente erscheinen lassen, wenn der Anwender den Mauszeiger über das Dialogelement führt und dort kurz verweilt. Dies funktioniert wie folgt:

1. Spezifizieren Sie für jede Komponente, die einen Schnellhinweis anzeigen soll, einen Hint-Wert.
2. Setzen Sie die Eigenschaft ShowHints des Bedienfelds auf True.
3. Setzen Sie die Eigenschaft ShowHint der Anwendung zur Laufzeit auf True.

Sie können Hint gleichzeitig sowohl für ein Hilfehinweisfenster als auch für die Verwendung innerhalb der Behandlungsroutine OnHint spezifizieren, indem Sie zwei durch das Zeichen | (das »oder« oder Pipe-Symbol) abgeteilte Werte angeben, also beispielsweise:

```
Edit1.Hint := 'Aufforderung|Geben Sie den richtigen Wert ein';
```

Der String »Aufforderung« erscheint im Hilfehinweisfenster und der String »Geben Sie den richtigen Wert ein« erscheint wie in der Ereignisbehandlungs-Routine On-Hint spezifiziert.

property ItemIndex: Integer;
Der Wert ItemIndex ist die Ordinalzahl des selektierten Elements der Komponente.

Der Wert -1 bedeutet, daß kein Element selektiert wurde. Zur Laufzeit selektieren Sie im Programm ein Element, indem Sie den Index des Elements in diese Eigenschaft einsetzen. Dabei beginnt die Zählung der Elemente bei 0. 0 ist also das erste Element.

Besitzt die Komponente die Eigenschaft MultiSelect und ist diese auf True gesetzt, dann finden Sie bei mehreren ausgewählten Elementen in ItemIndex den Wert für das fokusierte (das zuletzt ausgewählte) Element.

property Items: TStrings;
Items beinhaltet Strings, die als Elemente in Listboxen erscheinen. Der Typ TStrings von Items liefert Ihnen eine Reihe von Methoden zum Bearbeiten und Einfügen der Strings, aber dazu mehr am Schluß der Definition von Items. TString hat zwar keine Möglichkeit, Strings zu speichern, kann aber die Speichermöglichkeiten der Komponente nutzen. Mit Methoden wie Add, Delete, Insert, Move und Exchange eines String-Objekts kann man Strings hinzufügen, löschen, einfügen, bewegen und austauschen.

property Left: Integer;
Die Eigenschaft Left bestimmt die horizontalen Koordinaten in Pixeln der linken Kante einer Komponente relativ zum Formular. Für Formulare ist der Wert der Eigenschaft Left relativ zum Bildschirm (ebenfalls in Pixeln).

property Name: TComponentName;
Die Eigenschaft Name enthält den Namen der Komponente wie er von anderen Komponenten für den Zugriff verwendet wird. Delphi weist als Vorgabewerte sequentielle Namen zu, die auf dem Typ der Komponente basieren, also etwa für Buttons »Button1«, »Button2« etc. Dies können Sie gemäß Ihrer Vorstellungen abändern. Komponentennamen sollten ausdrücklich nur zur Entwurfszeit geändert werden.

property Owner: TComponent;
Die Eigenschaft Owner teilt Ihnen mit, die Komponente zu welcher Komponente gehört. Dem Formular gehören alle Komponenten, die auf ihm vorhanden sind. Umgekehrt gehört das Formular zur Anwendung. Gehört eine Komponente A einer anderen Komponente B, wird der Speicher der Komponente A freigegeben, wenn der Speicher der Komponente B freigegeben wird. Es werden also folgerichtig alle Komponenten des Formulars gelöscht, wenn das Formular gelöscht wird. Außerdem wird natürlich der Speicher für das Formular und dessen Komponenten freigegeben, wenn der Speicher der Anwendung selbst freigegeben wird.

property Parent: TWinControl;
Die Eigenschaft Parent enthält den Namen der übergeordneten Komponente. Wenn eine Komponente A eine andere Komponente B enthält, sind die in B enthaltenen Komponenten untergeordnete Komponenten von A. Wenn Ihre Anwendung bei-

spielsweise drei Buttons in einer GroupBox enthält, dann ist die GroupBox das übergeordnete Element der drei Buttons und die Button-Schaltfelder sind der GroupBox untergeordnet.

Parent und Owner sind leider etwas verwirrend. Daher hier eine kleine Entwirrung:

Ein Formular ist der Besitzer aller darauf enthaltenen Komponenten, egal, ob sie ein Fensterelement sind oder nicht. Für unser Beispiel mit den drei Buttons und der GroupBox bedeutet dies: Der Besitzer der Button ist immer das Formular, aber die GroupBox ist das übergeordnete Element.

Wenn Sie einen neuen Dialog erzeugen, müssen Sie dem neuen Dialogelement einen Wert der Eigenschaft Parent zuweisen. Üblicherweise sind dies Formulare, Bedienfelder, GroupBoxen oder andere Dialoge, die andere Komponenten-Elemente enthalten können. Es ist möglich, jedes Element als das übergeordnete zuzuweisen, aber das darin enthaltene Dialogelement wird wahrscheinlich überschrieben.

Wird das übergeordnete Element gelöscht, werden auch alle Elemente, die ihm untergeordnet sind, gelöscht.

property ParentColor: Boolean;
Die Eigenschaft ParentColor bestimmt, wo eine Komponente nach ihrer Farbeigenschaft suchen soll. Falls ParentColor True ist, verwendet die Komponente die Farbeigenschaft der übergeordneten Komponente.

Wenn ParentColor False ist, verwendet die Komponente ihre eigene Eigenschaft Color. Durch Verwendung von ParentColor können Sie sicherstellen, daß alle Komponenten auf einem Formular das gleiche Erscheinungsbild haben.

property ParentCtl3D: Boolean;
Die Eigenschaft ParentCtl3D bestimmt, wo eine Komponente nach seiner Eigenschaft Ctl3D suchen muß. Ist ParentCtl3D auf True gesetzt, verwendet die Komponente die Dimensionen der Eigenschaft Ctl3D von dessen übergeordneter Komponente. Wenn ParentCtl3D False ist, verwendet die Komponente ihre eigene Eigenschaft Ctl3D. Durch Verwendung von ParentCtl3D stellen Sie sicher, daß alle Komponenten auf einem Formular das gleiche Erscheinungsbild haben. Wenn Sie beispielsweise möchten, daß alle Komponenten auf einem Formular ein dreidimensionales Erscheinungsbild haben, setzen Sie die Eigenschaft Ctl3D des Formulars auf True und die Eigenschaft ParentCtl3D jeder Komponente auf True.

property ParentFont: Boolean;
Die Eigenschaft ParentFont bestimmt, wo eine Komponente nach ihrer Fonteigenschaft suchen soll. Falls ParentFont True ist, verwendet die Komponente den Font der Eigenschaft der übergeordneten Komponente.

Ist ParentFont False, verwendet die Komponente ihre eigene Eigenschaft Font. Durch Verwendung von ParentFont können Sie sicherstellen, daß alle Komponenten auf einem Formular das gleiche Erscheinungsbild haben.

property ParentShowHint: Boolean;
Die Eigenschaft ParentShowHint bestimmt, wo eine Komponente nach ihrer Hinteigenschaft suchen soll. Falls ParentShowHint True ist, verwendet die Komponente die Hint-Eigenschaft der übergeordneten Komponente.

Ist ParentShowHint False, verwendet die Komponente ihre eigene Eigenschaft Hint. Durch Verwendung von ParentShowHint können Sie sicherstellen, daß alle Komponenten auf einem Formular das gleiche Erscheinungsbild haben.

property PopupMenu: TPopupMenu;
Die Eigenschaft PopupMenu legt den Namen des Popup-Menüs fest, das erscheint, wenn der Anwender die Komponente auswählt oder die rechte Maustaste drückt (bei dem Wert True für AutoPopup des Popup) oder wenn die Methode Popup des Popup-Menüs ausgeführt wird.

property SelLength: Integer;
Die Eigenschaft SelLength gibt die Länge (in Zeichen) des in der Komponente ausgewählten Texts an. Mit SelLength und der Eigenschaft SelStart legen Sie fest, dier Teil des Texts in der Komponente ausgewählt wird. Sie können die Anzahl der ausgewählten Zeichen durch eine Änderung von SelLength erreichen. Wenn der Wert für SelStart geändert wird, ändert sich entsprechend der Wert von SelLength. Die Komponente muß die aktive Komponente sein, wenn Sie den Wert von SelLength ändern wollen.

property SelStart: Integer;
SelStart gibt die Anfangsposition des markierten Teils eines Texts in der Komponente zurück. Sie können SelStart zusammen mit der Eigenschaft SelLength verwenden, um eine Teil des Textes auszuwählen. Legen Sie das Zeichen, ab dessen Position Sie die Markierung des Texts beginnen möchten, als Wert von SelStart fest.

Wenn der Wert von SelStart geändert wird, ändert sich entsprechend auch der Wert von SelLength. Die Komponente muß die aktive Komponente sein, wenn Sie den Wert von SelLength ändern wollen.

property SelText: string;
Die Eigenschaft SelText enthält den ausgewählten Teil des Texts der Komponente. Sie können sie verwenden, um zu bestimmen, was der markierte Text enthält oder Sie können den markierten Text ändern, indem Sie einen neuen String angeben. Falls kein Text momentan markiert ist, wird der String in SelText an der Cursor-Position im Text eingefügt.

property ShowHint: Boolean;
Die Eigenschaft ShowHint bestimmt, ob das Dialogelement eine Schnellhilfe anzeigen soll, wenn der Mauszeiger eine Weile auf ihm verweilt. Die Schnellhilfe entspricht dem Wert der Eigenschaft Hint, die in einem Feld direkt unterhalb des Elements angezeigt wird. Wenn die Eigenschaft ShowHint den Wert True hat, kann die Schnellhilfe erscheinen.

Ist ShowHint False, kann die Schnellhilfe auch angezeigt werden, wenn ParentShowHint auf True gesetzt wurde, und die Eigenschaft ShowHint der übergeordneten Komponente ebenfalls auf True gesetzt wurde.

property Showing: Boolean;
Die Eigenschaft Showing legt fest, ob eine Komponente momentan auf dem Bildschirm angezeigt wird oder nicht. Falls die Eigenschaft Visible einer Komponente und aller übergeordneten Komponenten in der übergeordneten Hierarchie True ist, ist Showing auch True. Wenn einer der Vorfahren der Komponente den Wert False als Wert für die Eigenschaft Visible hat, dann ist auch Showing False.

property TabOrder: TTabOrder;
Die Eigenschaft TabOrder bestimmt die Position einer Komponente in der Tabulatorreihenfolge, in der Komponenten den Fokus erhalten, wenn der Anwender die Taste TAB drückt. Anfänglich ist die Tabulatorreihenfolge immer die Reihenfolge, in der die Komponenten in das Formular hinzugefügt wurden. Der Wert der Eigenschaft TabOrder ist für jede Komponente auf dem Formular einmalig. Die erste dem Formular hinzugefügte Komponente hat den Wert 0 von TabOrder, die zweite hat 1, die dritte 2 usw.

Falls Sie den Wert der Eigenschaft TabOrder einer Komponente den gleichen Wert einer anderen Komponente zuweisen, numeriert Delphi automatisch die Werte für alle anderen Komponenten neu. Angenommen, eine Komponente ist beispielsweise die sechste Komponente in der Tabulatorreihenfolge. Wenn Sie den Wert der Eigenschaft TabOrder der Komponente auf 3 ändern (dies macht die Komponente zu der vierten in der Tabulatorreihenfolge), wird die Komponente, die die vierte war, nun zur fünften und die Komponente, die die fünfte war, wird jetzt die sechste.

property TabStop: Boolean;
Die Eigenschaft TabStop bestimmt, ob der Anwender diese Komponente mit der Taste TAB anspringen kann. Falls TabStop True ist, befindet sich die Komponente in der Tabulatorreihenfolge. Wenn TabStop False ist, ist das Dialogelement nicht in der Tabulatorreihenfolge.

property Tag: Longint;
Die Eigenschaft Tag kann einen Integerwert als Element einer Komponente speichern. Tag wird von Delphi nicht benutzt und steht Ihnen damit zur freien Verfügung.

property Text: TCaption;
Die Eigenschaft Text einer Komponente legt den Text fest, dier in der Komponente erscheint. Der voreingestellte Text ist der Name des Elements. Ihr Programm kann den Wert von Text zum Einsetzen in das Programm benutzen oder um dem Anwender Daten darzustellen. Die maximale Länge des Strings in der Eigenschaft Text ist 255 Zeichen. Der Wert der Eigenschaft Text einer Maskeneditierzeile (MaskEdit) oder Datenbankeditierzeile (DBEdit) oder eines Datenbankmemos (DBMemo) enthält den Text und die literalen Maskenzeichen, spezifiziert mit der Eigenschaft EditText, wenn der Anwender die Maskenzeichen mit dem Text speichern läßt. Wenn die Maskenzeichen nicht gespeichert werden, enthält der Text diese nicht.

Die Eigenschaft Text einer Datenbank-Editierzeile oder eines Datenbankmemos ist nur zur Laufzeit verfügbar. Sie sollten nicht oft einen neuen Wert der Eigenschaft Text zuweisen. Falls die Datenmenge den Status »nur lesen« bekommt, wenn der neue Wert Text zugewiesen wird, würde sich der Feldinhalt nicht ändern. Dazu sollten Sie den Wert des darunterliegenden Feldes durch Einsatz der Eigenschaft Field des Editierzeile ändern. Beispiel:

```
DBEdit1.Field.AsString := 'Ein neuer Text und ein neuer Wert';
```

property TextCase: TTextCase;
Mit TextCase legen Sie fest, ob der Name des Datenträgers in der Eigenschaft Text in Groß- oder Kleinschreibung erscheint. Mögliche Werte:

tcLowerCase   Der Text wird in Kleinbuchstaben dargestellt.
tcUpperCase   Der text wird in Großbuchstaben dargestellt.

property Top: Integer;
Die Eigenschaft Top gibt die y-Koordinate in Pixeln der linken oberen Ecke eines Dialogelements relativ zum Formular an. Bei Formularen wird der Wert der Eigenschaft Top in Pixeln relativ zum Bildschirm angegeben.

property Visible: Boolean;
Die Eigenschaft Visible bestimmt, ob eine Komponente auf dem Bildschirm sichtbar ist (True) oder nicht (False).

property Width: integer;
Die Eigenschaft Width bestimmt die Breite der Komponente, gemessen in Pixeln.

Ereignisse:

property OnChange: TNotifyEvent;
Das Ereignis OnChange erscheint, wenn der Inhalt einer Komponente oder eines Objekts sich ändert. Bei grafischen Objekten tritt OnChange ein, wenn sich die Grafik, die vom Objekt gekapselt wird, ändert. Zum Beispiel tritt das Ereignis OnChange für einen Stift ein, wenn die Eigenschaften Color, Mode, Style oder Width des TPen-Objekts geändert werden. Bei Komponenten tritt OnChange ein, wenn der Hauptwert oder die Hauptwerte der Komponente geändert werden.

Bei Kombinationsfenstern tritt das Ereignis OnChange auch ein, wenn ein Element in der aufklappbaren Liste gewählt wird. Bei String-Listen-Objekten tritt das Ereignis OnChange ein, wenn sich eine Änderung für einen String ergibt, der in der String-Liste gespeichert ist.

OnChange ist vom Typ

```
TNotifyEvent = procedure (Sender: TObject) of object;
```

Der Typ TNotifyEvent weist also auf eine Methode, die das Anklicken eines Objekts behandelt. Der Parameter Sender ist das Dialogelement, das angeklickt wurde.

property OnClick: TNotifyEvent;
Das Ereignis OnClick erscheint, wenn der Benutzer auf die Komponente klickt. In einem Formular tritt OnClick ein, wenn der Benutzer auf eine freie Stelle im Formular oder eine inaktive Komponente klickt.

OnClick ist vom Typ

```
TNotifyEvent = procedure (Sender: TObject) of object;
```

Der Typ TNotifyEvent weist also auf eine Methode, die das Anklicken eines Objekts behandelt. Der Parameter Sender ist das Dialogelement, das angeklickt wurde.

property OnDblClick: TNotifyEvent;
Das Ereignis OnDblClick erscheint, wenn der Benutzer auf die Komponente einen Doppelklick ausführt. In einem Formular tritt das Ereignis OnDblClick ein, wenn der Benutzer auf eine freie Stelle im Formular oder eine inaktive Komponente einen Doppelklick ausführt.

OnDblClick ist vom Typ

```
TNotifyEvent = procedure (Sender: TObject) of object;
```

Der Typ TNotifyEvent weist also auf eine Methode, die das Doppelklicken eines Objekts behandelt. Der Parameter Sender ist das Dialogelement, das mit einem Doppelklick bearbeitet wurde.

property OnDragDrop: TDragDropEvent;
Das Ereignis OnDragDrop tritt ein, wenn der Anwender ein gezogenes Objekt ablegt. Verwenden Sie die Ereignisbehandlungs-Routine OnDragDrop, um festzulegen, was passieren soll, wenn der Anwender ein Objekt ablegt.

OnDragClick ist vom Typ

```
TDragDropEvent = procedure(Sender, Source: TObject; X, Y: Integer) of  object;
```

Der Typ TDragDropEvent zeigt also auf eine Methode, die das Ablegen eines gezogenen Objekts behandelt. Der Parameter Source des Ereignisses OnDragDrop ist das abzulegende Objekt und der Parameter Sender ist das Dialogelement, auf das das Objekt abgelegt wurde. Die Parameter X und Y sind die Koordinaten des Mauszeigers, der über dem Dialogelement positioniert wird.

property OnDragOver: TDragOverEvent;
Das Ereignis OnDragOver tritt ein, wenn der Anwender ein Objekt über eine Komponente zieht. Üblicherweise werden Sie ein Ereignis OnDragOver verwenden, um ein Objekt zu akzeptieren, damit der Anwender es ablegen kann.

OnDragClick ist vom Typ

```
TDragOverEvent = procedure(Sender, Source: TObject; X, Y: Integer;
                    State: TDragState; var Accept: Boolean) of object;
```

Der Typ TDragOverEvent zeigt also auf eine Methode, die das Ziehen eines Objekts über ein anderes Objekt behandelt. Der Parameter Source ist das gezogene Objekt, Sender ist das Objekt, über das Source gezogen wurde, X und Y sind die Koordina-

ten des Mauszeigers, der über dem Dialogelement positioniert wird in Pixeln, State ist der Status des gezogenen Objekts in Verbindung zum darübergezogenen Objekt, und Accept legt fest, ob der Sender das Ziehobjekt erkennt. Accept wird nicht per Voreinstellung auf True oder False gesetzt; Sie müssen die passenden Werte selbst zuweisen.

Das Ereignis OnDragOver akzeptiert ein Objekt, wenn der Parameter Accept True ist. Durch Ändern des Werts der Eigenschaft DragCursor können Sie das Erscheinungsbild des Cursors beeinflussen. Dies können Sie entweder während des Entwikkelns oder zur Laufzeit, bevor ein Ereignis OnDragOver eintritt, durchführen.

property OnEndDrag: TEndDragEvent;
Das Ereignis OnEndDrag tritt immer dann ein, wenn das Ziehen eines Objekts abgeschlossen oder abgebrochen wird. Wenn Sie eine besondere Behandlung haben möchten, wenn das Ziehen beendet wird, verwenden Sie die Ereignisbehandlungs-Routine OnEndDrag.

OnEndDrag ist vom Typ

```
TEndDragEvent = procedure(Sender, Target: TObject; X, Y: Integer) of object;
```

Der Typ TEndDragEvent zeigt also auf eine Methode, die das Anhalten des Ziehens eines Objekts behandelt. Der Sender ist das Objekt, das gezogen wird, Target ist das Objekt, zu dem Sender hingezogen wird, und X und Y sind die dazugehörigen Bildschirmkoordinaten des Mauszeigers, der über dem Dialogelement positioniert wird. Falls das gezogene Objekt abgelegt und durch das Dialogelement akzeptiert wurde, ist der Parameter Target des Ereignisses OnEndDrag True. Wenn das Objekt nicht erfolgreich abgelegt wurde, beträgt der Wert Target nil.

property OnEnter: TNotifyEvent;
OnEnter tritt ein, wenn eine Komponente aktiviert wird. Wenn Sie eine besondere Behandlung festlegen möchten, wenn eine Komponente aktiviert wird, verwenden Sie die Ereignisbehandlungs-Routine OnEnter.

OnEnter erscheint nie, wenn Sie zwischen Formularen oder einer anderen Windows-Anwendung und Ihrer Anwendung umschalten. OnEnter für eine Komponente des Typs TPanel oder THeader tritt nie ein, da Bedienfelder oder Header keinen Fokus erhalten können. Somit ist dort OnEnter vollkommen nutzlos. Sie haben diese Ereignisbehandlung aber geerbt.

OnEnter ist vom Typ

```
TNotifyEvent = procedure (Sender: TObject) of object;
```

Der Typ TNotifyEvent weist also auf eine Methode, die das Doppelklicken eines Objekts behandelt. Der Parameter Sender ist das Dialogelement, das mit einem Doppelklick bearbeitet wurde.

property OnExit: TNotifyEvent;
OnExit erscheint, wenn der Eingabefokus einer Komponente an eine andere übergeben wird. OnExit tritt nicht ein, wenn Sie zwischen Formularen oder zwischen einer Windows-Anwendung und Ihrer Anwendung umschalten. OnExit tritt bei den

Komponenten Panel und Speedbutton nicht ein, da diese niemals den Fokus erhalten.

OnExit ist vom Typ

```
TNotifyEvent = procedure (Sender: TObject) of object;
```

Der Typ TNotifyEvent weist also auf eine Methode, die das Doppelklicken eines Objekts behandelt. Der Parameter Sender ist das Dialogelement, das mit einem Doppelklick bearbeitet wurde.

property OnKeyDown: TKeyEvent;
OnKeyDown tritt ein, wenn der Anwender irgendeine Taste drückt, während die Komponente den Fokus hat. Verwenden Sie OnKeyDown, um eine besondere Behandlung festzulegen, die ausgeführt wird, wenn eine Taste gedrückt wird. Der Handler OnKeyDown kann auf alle Tasten der Tastatur, einschließlich Funktionstasten und Tastenkombinationen mit den Tasten UMSCHALT, ALT und STRG sowie betätigten Maustasten reagieren.

OnKeyDown ist vom Typ

```
TKeyEvent = procedure (Sender: TObject; var Key: Word; Shift: TShiftState)
            of object;
```

Der Typ TKeyEvent weist also auf eine Methode, die Tastaturereignisse verarbeitet. Der Parameter Key steht für die Taste und Shift und kann die folgenden Wert annehmen:

ssShift	UMSCHALTTASTE (SHIFT) wird festgehalten
ssAlt	linke ALT-Taste wird festgehalten
[ssAlt, ssCtrl]	ALTGR-Taste wird festgehalten
ssCtrl	Taste STRG wird festgehalten
ssLeft	Linke Maustaste wird festgehalten
ssMiddle	Mittlere Maustaste wird festgehalten
ssDouble	Rechte und linke Maustaste werden gleichzeitig festgehalten

property OnKeyPress: TKeyPressEvent;
OnKeyPress erscheint, wenn der Anwender eine einzelne Zeichentaste drückt.

OnKeyPress ist vom Typ

```
TKeyPressEvent = procedure (Sender: TObject; var Key: Char) of object;
```

TKeyPressEvent weist also auf eine Methode, die einen Tastendruck für ein einzelnes Zeichen verarbeitet. Der Parameter Key gibt die Taste an. Der Parameter Key ist vom Typ Char; deshalb registriert OnKeyPress das ASCII-Zeichen der gedrückten Taste. Tasten, die nicht mit einem ASCII-Zeichen übereinstimmen (beispielsweise UMSCHALT oder F1), werden kein OnKeyPress erzeugen. Tastenkombinationen (wie UMSCHALT+A) erzeugen nur ein Ereignis des Typs OnKeyPress (in diesem Beispiel ergibt UMSCHALT+A einen Wert Key von »A«, wenn die Feststelltaste ausgeschaltet

ist). Falls Sie auf Nicht-ASCII-Tasten oder Tastenkombinationen reagieren möchten, verwenden Sie die Ereignisbehandlungsroutinen OnKeyDown oder OnKeyUp.

property OnKeyUp: TKeyEvent;
OnKeyUp tritt ein, wenn der Anwender die gedrückte Taste wieder losläßt. OnKeyUp kann auf alle Tasten der Tastatur, einschließlich Funktionstasten und Tastenkombinationen mit den Tasten UMSCHALT, ALT und STRG sowie betätigten Maustasten reagieren.

```
TKeyEvent = procedure (Sender: TObject; var Key: Word; Shift: TShiftState)
                of object;
```

Der Typ TKeyEvent weist also auf eine Methode, die Tastaturereignisse verarbeitet. Der Parameter Key steht für die Taste und Shift und kann die folgenden Wert annehmen:

ssShift	UMSCHALTTASTE (SHIFT) wird festgehalten
ssAlt	linke ALT-Taste wird festgehalten
[ssAlt, ssCtrl]	ALTGR-Taste wird festgehalten
ssCtrl	Taste STRG wird festgehalten
ssLeft	Linke Maustaste wird festgehalten
ssMiddle	Mittlere Maustaste wird festgehalten
ssDouble	Rechte und linke Maustaste werden gleichzeitig festgehalten

Methoden:

procedure BeginDrag(Immediate: Boolean);
Die Methode BeginDrag leitet den Ziehvorgang einer Komponente ein. Wenn der Parameter Immediate auf True gesetzt ist, wird der Mauszeiger auf den Wert der Eigenschaft DragCursor gesetzt und der Ziehvorgang beginnt. Ist Immediate False, wird der Mauszeiger nicht auf den Wert der Eigenschaft DragCursor gesetzt, und der Ziehvorgang wird erst eingeleitet, wenn der Anwender den Mauszeiger mindestens um 5 Pixel bewegt. Auf diese Weise kann die Komponente Mausklicks akzeptieren, ohne einen Ziehvorgang einzuleiten.

Ihre Anwendung muß die Methode BeginDrag zum Einleiten eines Ziehvorgangs nur aufrufen, wenn DragMode auf dmManual gesetzt ist.

procedure BringToFront;
Die Methode BringToFront setzt eine Komponente innerhalb einer übergeordneten Komponente vor alle anderen Komponenten. BringToFront hilft insbesondere sicherzustellen, daß ein Formular sichtbar ist. Verwenden Sie diese Methode, wenn Sie die Reihenfolge überlappender Komponenten in einem Formular neu festlegen wollen.

Die Reihenfolge, in der Komponenten übereinander gelagert werden (Z-Reihenfolge), hängt davon ab, ob es sich um fensterähnliche oder um nicht-fensterähnliche Komponenten handelt. Die Reihenfolge arbeitet nach dem Prinzip, daß die zuletzt eingefügte Komponente die oberste und damit sichtbare Komponente ist.

Mit der Methode BringToFront einer Komponente würde diese Komponente ganz nach oben auf den Stapel kommen und somit sichtbar sein.

Bei der Stapelung ist zu beachten, daß fensterähnliche Komponenten immer auf nicht-fensterähnlichen Komponenten gestapelt werden. Ein Aufruf von BringToFront einer nicht-fensterähnlichen Komponente bewirkt also gar nichts, wenn oben auf dem Stapel eine fensterähnliche Komponente liegt.

Die folgenden Komponenten zählen zu den fensterähnlichen Komponenten:

BitBtn	DBNavigator	MediaPlayer
Button	DBRadioGroup	Memo
CheckBox	DirectoryListBox	Notebook
ComboBox	DrawGrid	OLEContainer
DBCheckBox	DriveComboBox	Outline
DBComboBox	Edit	Panel
DBEdit	FileListBox	RadioButton
DBGrid	FilterComboBox	RadioGroup
DBImage	Form	ScrollBar
DBListBox	GroupBox	ScrollBox
DBLookupCombo	Header	StringGrid
DBLookupList	ListBox	TabbedNotebook
DBMemo	MaskEdit	TabSet

Die nun folgenden Komponenten zählen zu den nicht-fensterähnlichen Komponenten:

Bevel	Label	SpeedButton
DBText	PaintBox	Image
Shape		

function CanFocus: Boolean;

CanFocus stellt fest, ob eine Komponente den Eingabefokus erhalten kann. CanFocus gibt True zurück, wenn die Eigenschaften Visible und Enabled sowohl der Komponente als auch der übergeordneten Komponenten auf True gesetzt sind. Sind nicht alle Eigenschaften Visible und Enabled dieser Komponenten auf True gesetzt, liefert CanFocus False zurück.

procedure Clear;

Die Art und Weise der Methode Clear hängt von den jeweiligen Komponenten ab:

Clear für die Standard-Komponenten:

TClipboard	TDBEdit	TFileListBox
TList	TDBListBox	TFilterComboBox
TStringList	TDBMemo	TListBox
TStrings	TDirectoryListBox	TMaskEdit
TComboBox	TDriveComboBox	TMemo
TDBComboBox	TEdit	TOutline

Clear löscht alle Texteintragungen beziehungsweise Text-Einträge aus den Komponenten. Bei TClipboard wird der gesamte Inhalt der Zwischenablage gelöscht, vor allem geschieht dies bei bei Copy- und bei Cut-Ereignissen automatisch, bevor Daten in das Clipboard eingefügt werden.

Clear für die Feldkomponenten:

TBCDField	TCurrencyField	TGraphicField
TStringField	TBlobField	TDateField
TIntegerField	TTimeField	TBooleanField
TDateTimeField	TMemoField	TVarBytesField
TBytesField	TFloatField	TSmallintField
TWordField		

Clear setzt den Wert des Feldes auf NULL.

Clear für die Komponente TFieldDefs:

Clear setzt alle Werte der Eigenschaft Items zurück. Dadurch werden alle Objekte vom Typ TFieldDef aus der Komponente TFieldDefs gelöscht.

Clear für die Komponente TIndexDefs:

Clear setzt alle Werte der Eigenschaft Items zurück. Dadurch werden alle Objekte vom Typ TIndexDef aus der Komponente TFieldDefs gelöscht.

Clear für die Komponente TParam:

Clear setzt die Komponente zurück, also auf 0 und löscht alle bisher zugewiesenen Daten. Die Eigenschaften Name, DataType und ParamType bleiben unverändert.

Clear für die Komponente TParams:

Clear löscht alle Parameterinformationen aus der Eigenschaft Items.

procedure ClearSelection;
ClearSelection löscht den ausgewählten beziehungsweise markierten Text aus der Komponente.

function ClientToScreen(Point: TPoint): TPoint;
Die Methode ClientToScreen übersetzt den angegebenen Punkt aus Client-Bereichkoordinaten in globale Bildschirmkoordinaten. In Client-Bereichkoordinaten entspricht der Punkt (0, 0) der oberen linken Ecke des Client-Bereichs der Komponente. In Bildschirmkoordinaten entspricht (0, 0) der oberen linken Ecke des Bildschirms. Mit den Methoden ClientToScreen und ScreenToClient rechnen Sie Positionen aus dem Koordinatensystem einer Komponente A in das Koordinatensystem einer Komponente B um.

Beispiel: Umrechnung der Koordinaten einer Komponente A in die Koordinaten einer Komponente B (TPoint ist ein Record mit den Feldern X und Y):

```
TPoint =  record
     X : integer;
     Y : integer;
END;
VAR
  Koord: TPoint;
Koord:= B.ScreenToClient(A.ClientToScreen(Koord));
```

constructor Create;
Create weist Speicher zu, um das Objekt und damit die Komponente zu erzeugen und nach Bedarf seine Daten zu initialisieren. Jedes Objekt kann eine Methode Create besitzen, die individuell so angepaßt ist, daß sie diese bestimmte Art von Objekt erzeugt. Im Normalfall benötigen Sie diese Methoden nicht, da Borland Delphi alles unternimmt, um Ihre Anwendung und die darin enthaltenen Komponenten zu erzeugen. Sollten Sie allerdings ein Ereignis oder die Initialisierung eines Wertes einer selbst geschaffenen Komponente zur Zeit der Erzeugung einstellen wollen, dann können Sie dies in der Methode Create erledigen. Dazu benötigen Sie aber genaue Kenntnisse und Techniken der OOP. Ansonsten sollten Sie Create unverändert lassen und nicht aufrufen.

function Dragging: Boolean;
Die Methode Dragging gibt an, ob eine Komponente gezogen wird. Wenn Dragging True zurückgibt, wird die Komponente gezogen.

procedure EndDrag(Drop: Boolean);
Die Methode EndDrag verhindert, daß eine Komponente weiter gezogen wird. Wenn der Parameter Drop True ist, wird die gezogene Komponente abgelegt. Ist Drop False, wird die Komponente nicht abgelegt und der Vorgang wird abgebrochen.

function FindComponent(const AName: string): TComponent;
Die Methode FindComponent gibt im Array Components die Komponente zurück, deren Name zum String im Parameter AName paßt. FindComponent beachtet dabei keine Groß-/Kleinschreibung.

Beispiel: Es existiert ein Button »Button1« in Ihrer Anwendung. Um die eigentliche Komponente TButton1 im Array Components zurückzugeben, rufen Sie FindComponents wie folgt auf:

```
FindComponents('Button1');
```

function Focused: Boolean;
Focused wird verwendet, um zu bestimmen, ob ein Fensterdialogelement den Fokus besitzt und deshalb das aktive Dialogelement in ActiveControl ist.

procedure Free;
Die Methode Free entfernt das Objekt und gibt den dazugehörigen Speicher frei. Haben Sie das Objekt unter Verwendung der Methode Create erzeugt, so benutzen Sie zum Entfernen und für die Freigabe des Speichers die Methode Free. Free gelingt auch dann, wenn das Objekt selbst nicht mehr existiert (zum Beispiel durch einen

vorherigen Aufruf von Free. Delphi erledigt dies für Objekte der Bibliothek visueller Komponenten automatisch.

Sie sollten also niemals eine Komponente innerhalb Ihrer Anwendung entfernen.

Falls Sie ein Formular freigeben wollen, rufen Sie die Methode Release auf, um das Formular zu löschen und dessen benutzten Speicher freizugeben.

function GetSelTextBuf(Buffer: PChar; BufSize: Integer): Integer;
GetSelTextBuf kopiert den markierten Text aus einer Komponente in den Puffer, auf den der Parameter Buffer weist. Der Parameter BufSize bezeichnet dabei die Größe des Puffers (in Anzahl der Zeichen) beziehungsweise nach Ausführung der Methode die Anzahl der kopierten Zeichen.

function GetTextBuf(Buffer: PChar; BufSize: Integer): Integer;
Die Methode GetTextBuf holt den Text der Komponente und kopiert ihn in den Puffer als Null-terminierten String (Ende der Zeichenkette wird mit 0 angegeben), auf den Buffer zeigt. Die maximale Länge des Strings wird mit BufSize (siehe dazu GetTextLen) festgelegt. In BufSize wird nach der Ausführung die Anzahl der Zeichen des Strings zu finden sein. Diese Methode ist vor allem dann sehr nützlich, wenn mit Strings größer als 256 Zeichen gearbeitet wird. Der Typ STRING kann nicht mehr als 256 Zeichen aufnehmen. Dabei entfällt aber das erste Element in diesem Typ auf die Längenangabe des Strings, so daß nur noch maximal 255 zeichen möglich sind. Ein PChar ist ein Zeiger auf das erste Zeichen einer Zeichenkette. Eine derart definierte Zeichenkette besitzt keine Längenangabe, sondern trägt eine 0 am Ende der Kette, daher auch der Name Null-terminierter String. Ein PChar kann die maximale Größe von 64 Kbyte erreichen. Die maximale Anzahl der Zeichen ist also auf 64 Kbyte und nicht auf 255 Zeichen beschränkt (siehe auch GetTextLen und SetTextBuf).

function GetTextLen: Integer;
Die Methode GetTextLen gibt die Länge des Textes der Komponente zurück. Dieser Wert kann für BufSize in GetTextBuf verwendet werden (siehe auch GetTextBuf und SetTextBuf).

procedure Hide;
Die Methode Hide versteckt eine Komponente, sie ist also nicht mehr auf dem Bildschirm sichtbar. Dabei wird die Eigenschaft Visible auf False gesetzt. Dabei ist eine Komponente aber weiterhin aktiv, das heißt, kann bearbeitet werden.

procedure Invalidate;
Die Methode Invalidate erzwingt das Neuzeichnen einer Komponente, sobald dies möglich ist.

procedure InsertComponent(AComponent: TComponent);
InsertComponent macht die Komponente zum Besitzer der im Parameter AComponent übergebenen Komponente. Die Komponente wird am Ende der Array-Eigenschaft Components hinzugefügt. Die eingefügte Komponente darf keinen Namen haben (keinen für die Eigenschaft Name spezifizierten Wert) oder der Name muß sich eindeutig von allen anderen in der Components-Liste unterscheiden. Wird die Besitzerkomponente entfernt, so wird auch AComponent gelöscht.

procedure Refresh;
Die Methode Refresh reagiert je nach Art der Komponente, ob Daten oder die Komponenten selber neu gezeichnet werden. Die Methode Refresh kann also jedes Bild auf dem Bildschirm löschen und alle Dialogelemente neuzeichnen beziehungsweise Datensätze einer Datei erneut einlesen.

Innerhalb der Implementation von Refresh beim Neuzeichnen von Komponenten wird die Methode Invalidate und dann die Methode Update aufgerufen.

Beim Refresh von Daten ist zu beachten: Durch Refresh können sich die angezeigten Daten unerwartet verändern und so den Anwender verwirren. Ein Dialog oder eine andere Mitteilung, die dem Anwender den Refresh der Daten mitteilt, wäre somit wohl angebracht und von äußerster Nützlichkeit.

procedure RemoveComponent(AComponent: TComponent);
RemoveComponent entfernt die Komponente, die im Parameter AComponent festgelegt ist, aus der Komponentenliste Components. Die Position in der Liste wird zu nil.

procedure Repaint;
Die Methode Repaint fordert das Dialogelement auf, dessen Bild auf dem Bildschirm neu zu zeichnen, ohne jedoch das bereits Erschienene zu löschen. Um vor dem Neuzeichnen zu löschen, müssen Sie anstelle von Repaint die Methode Refresh aufrufen.

procedure ScaleBy(M, D: Integer);
Die Methode ScaleBy skaliert eine Komponente um einen Prozentsatz ihrer ursprünglichen Größe. Der Parameter M ist der Multiplikator und der Parameter D der Divisor. Wenn Sie beispielsweise die Größe des Dialogelements auf 66% seines ursprünglichen Formats ändern möchten, geben Sie in M den Wert 66 und in D den Wert 100 an (66/100). Bei der Vergrößerung gehen Sie einfach den umgekehrten Weg: Vergrößerung um 66% bedeutet nichts anderes als M=166 und D=100.

function ScreenToClient(Point: TPoint): TPoint;
Die Methode ScreenToClient wird verwendet, um den Koordinatenpunkt in Pixeln der Komponente auf dem Bildschirm zu bestimmen. ScreenToClient gibt die X- und Y-Koordinaten in einem Record des Typs TPoint zurück.

procedure ScrollBy(DeltaX, DeltaY: Integer);
ScrollBy scrollt den Inhalt einer Komponente. Statt der Methode ScrollBy sollten Sie im Normalfall lieber mit den eingebauten Bildlaufleisten arbeiten, es sei denn, diese Leisten wären für Ihre Programm-Idee aus irgendeinem Grund nicht brauchbar.

DeltaX enthält die Veränderung in Pixeln in Richtung der X-Achse. Ein positiver Wert von DeltaX verschiebt den Inhalt nach rechts, ein negativer Wert verschiebt den Inhalt nach links. DeltaY bezeichnet die Veränderungen in Pixeln in Richtung der Y-Achse. Ein positiver Wert von DeltaY verschiebt den Inhalt nach unten, ein negativer Wert verschiebt den Inhalt nach oben.

procedure SelectAll;
SelectAll wählt den gesamten Inhalt einer Komponente (Text oder Bild) aus.

procedure SendToBack;
Die Methode SendToBack setzt eine Komponente innerhalb einer übergeordneten Komponente hinter alle anderen Komponenten. Die Reihenfolge, in der Komponenten übereinander gelagert werden (Z-Reihenfolge), hängt davon ab, ob es sich um fensterähnliche oder um nicht-fensterähnliche Komponenten handelt. Die Reihenfolge arbeitet nach dem Prinzip, daß die zuletzt eingefügte Komponente die oberste und damit sichtbare Komponente ist.

Mit der Methode SendToBack einer Komponente würde diese Komponente ganz nach unten auf den Stapel kommen und somit unsichtbar sein.

Bei der Stapelung ist zu beachten, daß fensterähnliche Komponenten immer auf nicht-fensterähnlichen Komponenten gestapelt werden. Ein Aufruf von SendToBack einer fensterähnlichen Komponente bewirkt also gar nichts, wenn unter dem Stapel eine nicht-fensterähnliche Komponente liegt (siehe auch BringToFront).

Die folgenden Komponenten zählen zu den fensterähnlichen Komponenten:

BitBtn	DBNavigator	MediaPlayer
Button	DBRadioGroup	Memo
CheckBox	DirectoryListBox	Notebook
ComboBox	DrawGrid	OLEContainer
DBCheckBox	DriveComboBox	Outline
DBComboBox	Edit	Panel
DBEdit	FileListBox	RadioButton
DBGrid	FilterComboBox	RadioGroup
DBImage	Form	ScrollBar
DBListBox	GroupBox	ScrollBox
DBLookupCombo	Header	StringGrid
DBLookupList	ListBox	TabbedNotebook
DBMemo	MaskEdit	TabSet

Die nun folgenden Komponenten zählen zu den nicht-fensterähnlichen Komponenten:

Bevel	Label	SpeedButton
DBText	PaintBox	Image
Shape		

procedure SetBounds(ALeft, ATop, AWidth, AHeight: Integer);
Die Methode SetBounds setzt die Begrenzungseigenschaften der Komponente Left, Top, Width und Height auf die Werte, die in den entsprechenden Werten ALeft, ATop, AWidth und AHeight übergeben werden. SetBounds erlaubt Ihnen, mehr als eine Begrenzungseigenschaft der Komponente zur gleichen Zeit einzustellen. Obwohl Sie immer einzelne Begrenzungen einstellen können, erlaubt Ihnen die Verwendung von SetBounds, mehrere Änderungen auf einmal durchzuführen, ohne daß jedesmal das Dialogfenster neu gezeichnet werden muß.

procedure SetFocus;
SetFocus übergibt den Focus an die Komponente. Bei Formularen ruft das jeweilige Formular die Methode SetFocus des standardmäßig aktiven Dialogelements auf.

procedure SetSelTextBuf(Buffer: PChar);
SetSelTextBuf ersetzt den markierten Text einer Komponente durch den Text aus dem mit Buffer angezeigten Puffer.

procedure SetTextBuf(Buffer: PChar);
Die Methode SetTextBuf ersetzt den Text in einer Komponente durch den Text in Buffer. Buffer muß auf einen mit Null abgeschlossenen String zeigen (siehe auch GetTextBuf und GetTextLen).

procedure Show;
Die Methode Show bringt eine Komponente sichtbar auf dem Bildschirm, indem die Eigenschaft Visible auf True eingestellt wird. Falls die Methode Show eines Formulars aufgerufen wird und das Formular ist unsichtbar, versucht Show das Formular sichtbar zu machen, indem sie das Formular mit der Methode BringToFront in den Vordergrund bringt. Ein Formular verfügt zusätzlich über die Methode ShowModal, um einen modalen Dialog erzeugen zu können. Ein modaler Dialog muß bearbeitet und geschlossen werden. Ein SendToBack hätte also keinen Erfolg.

procedure Update;
In der Methode Update wird die API-Funktion UpdateWindow von Windows aufgerufen, die alle beim Zeichnen entstandenen und noch nicht erledigten Meldungen bearbeitet.

UpdateWindows ist definiert als

```
procedure UpdateWindow(Wnd: HWnd);
```

Die Routine UpdateWindow aktualisiert den Client-Bereich des angegebenen Fensters, indem sie eine WM_PAINT-Meldung an das Fenster sendet, wenn der Aktualisierungsbereich für das Fenster nicht leer ist. Die Routine UpdateWindow sendet eine WM_PAINT-Meldung unter Umgehung der Anwendungswarteschlange direkt an die Fensterfunktion des gegebenen Fensters. Wenn der Aktualisierungsbereich leer ist, wird keine Meldung gesendet. Der Parameter Wnd bezeichnet das Fenster oder besser das Handle des Fensters, das aktualisiert werden soll.

Komponentenname: FilterComboBox
Klassenname: TFilterComboBox

Beschreibung:
FilterComboBox liefert Ihnen ein Kombinationsbox mit der Möglichkeit, Dateifilter vorzudefinieren.

Eigenschaften:

property Align: TAlign;
Die Eigenschaft Align legt fest, wie Dialogelemente zum Beispiel im Formular ausgerichtet werden. Mögliche Werte:

alNone	Die Komponente bleibt an der Einfügeposition im Formular (Standardeinstellung).
alTop	Die Komponente wird an die Oberkante des Formulars verschoben und an seine Breite angepaßt. Die Höhe der Komponente bleibt unverändert.
alBottom	Die Komponente wird an die Unterkante des Formulars verschoben und an seine Breite angepaßt. Die Höhe der Komponente bleibt unverändert.
alLeft	Die Komponente wird an die linke Kante des Formulars verschoben und an seine Höhe angepaßt. Die Breite der Komponente bleibt unverändert.
alRight	Die Komponente wird an die rechte Kante des Formulars verschoben und an seine Höhe angepaßt. Die Breite der Komponente bleibt unverändert.
alClient	Die Größe der Komponente wird an den Client-Bereich eines Formulars angepaßt. Ist ein Teil des Client-Bereichs bereits von einer anderen Komponente besetzt, füllt die Komponente den verbleibenden Teil des Client-Bereichs aus.

Wird zum Beispiel ein Formular, das Besitzer eines Labels ist, in der Größe verändert, werden die Komponenten innerhalb des Formulars neu ausgerichtet. Die Verwendung der Eigenschaft Align ist dann sinnvoll, wenn ein Dialogelement an einer Position des Formulars stehenbleiben soll, auch wenn sich die Größe des Formulars ändert.

property BoundsRect: TRect;
Die Eigenschaft BoundsRect liefert das Begrenzungsrechteck der Komponente – ausgedrückt im Koordinatensystem des übergeordneten Dialogelements – zurück. Mit BoundsRect ersetzen und erleichtern Sie sich somit die Abfrage der einzelnen Werte für die Eigenschaften Left, Top, Width und Height.

property Canvas: TCanvas;
Canvas stellt einen Bereich zum Anfertigen von Zeichnungen zur Verfügung. Je nach Komponente kann die Art und Weise von Canvas variieren:

Canvas für die Komponenten Form, Image und PaintBox:

Canvas stellt den Zugriff auf eine Zeichenoberfläche zur Verfügung, die Sie bei der Implementierung einer Behandlungsroutine für das OnPaint-Ereignis eines Formulars, eines Bildes oder eines Zeichenfensters verwenden können. Allerdings: Es ist nur der Lesezugriff erlaubt.

Canvas für die Komponenten ComboBox, DirectoryListBox, FileListBox, ListBox und Outline:

Canvas stellt den Zugriff auf eine Zeichenoberfläche zur Verfügung, die Sie bei der Implementierung einer Behandlungsroutine für das OnDrawItem-Ereignis eines besitzergezeichneten Listenfensters, Kombinationsfensters oder Gliederungsdialogelements verwenden können. Allerdings: Es ist nur der Lesezugriff erlaubt.

Canvas für die Komponenten DrawGrid und StringGrid:

Canvas stellt den Zugriff auf eine Zeichenoberfläche zur Verfügung, die Sie bei der Implementierung einer Behandlungsroutine für das Ereignis OnDrawCell oder OnDrawDataCell eines Gitternetz-Dialogelements verwenden können. Allerdings: Es ist nur der Lesezugriff erlaubt.

Canvas für die Komponente TPrinter:

Canvas repräsentiert für ein Druckerobjekt die Oberfläche der Seite, die aktuell gedruckt wird. Einige Drucker unterstützen keine Grafik und können hiermit nicht unterstützt werden. Es ist nur der Lesezugriff erlaubt.

Canvas für die Komponente TBitmap:

Canvas gibt Ihnen Zugriff auf eine Zeichenoberfläche, die die Bitmap repräsentiert. Wenn Sie auf die Zeichenfläche zeichnen, modifizieren Sie im Endeffekt damit die zugrundeliegende Bitmap.

property Color: TColor;

Die Eigenschaft Color legt für alle Komponenten mit Ausnahme des Dialogfensters die Farbe fest (Hintergrundfarbe eines Formulars oder eines Dialogelements oder Grafikobjekts).

Ist die Eigenschaft ParentColor auf True gesetzt, bewirkt eine Änderung der Eigenschaft Color einer Komponente A automatisch eine Änderung der Eigenschaft Color aller Komponenten, die als Besitzer die Komponente A haben. Wenn Sie der Eigenschaft Color eines Dialogelements einen Wert zuweisen, wird seine Eigenschaft ParentColor automatisch auf False gesetzt. Mögliche Werte sind:

clBlack	Schwarz
clMaroon	Rotbraun
clGreen	Grün
clOlive	Olivgrün
clNavy	Marineblau
clPurple	Violett
clTeal	Petrol
clGray	Grau
clSilver	Silber
clRed	Rot
clLime	Limonengrün
clBlue	Blau
clFuchsia	Pink
clAqua	Karibikblau
clWhite	Weiß

(Systemfarben von Windows:)

clBackground	Aktuelle Windows-Hintergrundfarbe
clActiveCaption	Aktuelle Farbe der Titelleiste des aktiven Fensters
clInactiveCaption	Aktuelle Farbe der Titelleiste der inaktiven Fenster
clMenu	Aktuelle Hintergrundfarbe der Menüs
clWindow	Aktuelle Hintergrundfarbe der Fenster
clWindowFrame	Aktuelle Farbe der Fensterrahmen
clMenuText	Aktuelle Farbe vom Menütext
clWindowText	Aktuelle Farbe vom Fenstertext
clCaptionText	Aktuelle Textfarbe der Titelleiste des aktiven Fensters
clActiveBorder	Aktuelle Rahmenfarbe des aktiven Fensters
clInactiveBorder	Aktuelle Rahmenfarbe der inaktiven Fenster
clAppWorkSpace	Aktuelle Farbe des Arbeitsbereichs der Anwendung
clHighlight	Aktuelle Hintergrundfarbe vom ausgewählten Text
clHightlightText	Aktuelle Farbe vom ausgewählten Text
clBtnFace	Aktuelle Farbe einer Schalterfläche
clBtnShadow	Aktuelle Schattenfarbe eines Schalters
clGrayText	Aktuelle Farbe von grau dargestelltem Text
clBtnText	Aktuelle Farbe von Text auf einem Schalter
clInactiveCaptionText	Aktuelle Textfarbe in der Titelleiste eines inaktiven Fensters
clBtnHighlight	Aktuelle Farbe der Markierung eines Schalters

Mit einem Doppelklick auf Color öffnet sich das Farbschema von Windows, in dem Sie auch eigene Farben zusammenstellen können.

property ComponentIndex: Integer;
Die Eigenschaft ComponentIndex zeigt die Position einer Komponente in der Eigenschaftsliste Components ihres Besitzers an. Die erste Komponente in der Liste hat den ComponentIndex-Wert 0, die zweite hat den Wert 1, die dritte den Wert 2 etc. Diese Eigenschaft ist nur zur Laufzeit und dann auch nur im Read-Only-Modus benutzbar.

property Controls[Index: Integer]: TControl;
Controls ist ein Array aller untergeordneten Komponenten der Komponente. Controls ist dann von Nutzen, wenn Sie auf die untergeordneten Komponenten über die Zahl statt über den Namen zugreifen müssen.

property Ctl3D: Boolean;
Die Eigenschaft Ctl3D legt fest, ob ein Dialogelement ein dreidimensionales (3-D) oder zweidimensionales Aussehen besitzt. Wenn Ctl3D True ist, erscheint das Dialogelement dreidimensional. Die Voreinstellung von Ctl3D ist True. Wenn die Eigenschaft ParentCtl3D einer Komponente auf True gesetzt ist, verändert jede Modifikation der Eigenschaft Ctl3D des übergeordneten Dialogelements automatisch auch die Eigenschaft Ctl3D des Dialogelements.

Achtung: Damit Ctl3D überhaupt funktioniert, muß sich die dynamische Link-Bibliothek CTL3DV2.DLL im Suchpfad befinden. Idealerweise sollte sich diese Datei im System-Verzeichnis von Windows aufhalten.

property Cursor: TCursor;
Mit der Eigenschaft Cursor stellen Sie das Aussehen des Cursors ein, wenn dieser auf die Komponente zeigt.

Mögliche Werte sind:

crDefault	crArrow	crCross
crIBeam	crSize	crSizeNESW
crSizeNS	crSizeNWSE	crSizeWE
crUpArrow	crHourglass	crDrag
crNoDrop	crHSplit	crVSplit

property DragCursor: TCursor;
Die Eigenschaft DragCursor bestimmt die Form des Mauszeigers, wenn sich der Zeiger über einer Komponente befindet, die ein gezogenes Objekt akzeptieren kann. Mögliche Werte sind mit denen der Eigenschaft Cursor identisch.

property DragMode: TDragMode;
Die Eigenschaft DragMode legt das Ziehen-und-Ablegen-Verhalten einer Komponente fest. Mögliche Werte sind:

dmAutomatic	Wenn dmAutomatic ausgewählt ist, ist das Dialogelement bereit, gezogen zu werden; der Anwender klickt nur und zieht es dann.
dmManual	Wenn dmManual ausgewählt ist, kann das Dialogelement nicht gezogen werden, bevor die Anwendung die Methode BeginDrag aufgerufen hat.

Ist die Eigenschaft DragMode einer Komponente dmAutomatic, kann die Anwendung dies zur Laufzeit durch Einstellung des Werts dmManual deaktivieren.

property Enabled: Boolean;
Die Eigenschaft Enabled bestimmt, ob die Komponente auf Maus-, Tastatur- und Timer-Ereignisse reagiert. Wenn Enabled auf True gesetzt ist, reagiert die Komponente normal. Ist Enabled hingegen False, ignoriert das Dialogelement Maus- und Tastaturereignisse. Bei einer Timer-Komponente werden die für das OnTimer-Ereignis deaktivierten Komponenten-Dialogelemente grau dargestellt.

property FileList: TFileListBox;
FileList wird für zwei verschiedene Zwecke verwendet:

Bei DirectoryListBoxen dient FileList als einfaches Verfahren, eine DirectoryListBox mit einer FileListBox zu verbinden. Sobald die beiden Komponenten verbunden sind und ein neues Verzeichnis über das Verzeichnislistenfenster als aktuelles Verzeichnis ausgewählt wurde, zeigt die FileListBox die Dateien im aktuellen Verzeichnis an.

Bei FilterComboBoxen dient FileList als einfaches Verfahren, eine FilterComboBoxen mit einer FileListBox zu verbinden. Sobald die beiden Komponenten verbunden sind und ein neuer Filter über die FilterComboBox ausgewählt wurde, zeigt die FileListBox die Dateien an, die dem ausgewählten Filter entsprechen.

property Filter: string;
Mit Filter können Sie die Dateimaske festlegen, die Ihnen zur Bestimmung der in der Liste des Dialogs darzustellenden Dateien zur Verfügung steht. Es werden nur die Dateien angezeigt, die zu dem gewählten Filter passen. Um einen Filter zu erzeugen, müssen Sie wie im folgenden Beispiel vorgehen. Beispiel für nur einen Filter:

`'Delphi Quelltexte (*.PAS)|*.PAS'`

Geben Sie diesen String in Filter ein, dann wird der Teil vor dem Zeichen | im Dialog als Beschreibung erscheinen. Der Teil nach dem Zeichen | bildet die Dateierweiterung, die als einzige im Dialog angezeigt wird. Beispiel für mehrere Filter:

`'Delphi Quelltext (*.PAS)|*.PAS|Delphi Projektdateien (*.DPR)|*.DPR|'`

Das Schema für mehrere Filter lautet also:

`'Kommentar1|FILTER1|Kommentar2|FILTER2|Kommmentar3|FILTER3|...'`

property FilterIndex: Integer;
Mit FilterIndex legen Sie fest, dier von den in Filter spezifizierten Dateifiltern als Startfilter beim Aufblenden des Dialogs verwendet wird. Wenn Sie zum Beispiel 5 Filter definiert haben und der dritte Filter soll die Vorgabe sein, dann tragen Sie einfach den Wert 3 in diese Eigenschaft ein.

property Font: TFont;
Die Eigenschaft Font legt den Font und die Eigenschaften dieses Font der Komponente fest. Sie haben die Möglichkeit, diese Werte im Objectinspektor zu ändern oder – wesentlich komfortabler – mit Hilfe eines Doppelklicks auf diese Eigenschaft einen Dialog zu öffnen, der alle möglichen Werte anzeigt.

property Handle: ...;
Der Typ der Eigenschaft Handle ist abhängig von der jeweiligen Komponente. Im allgemeinen gilt: Sollte eine Windows-API-Funktion ein Handle der betreffenden Komponente verlangen, setzen Sie dazu die jeweilige Eigenschaft Handle der betreffenden Komponente ein. Verlangt eine Windows-API-Funktion zum Beispiel das Handle Ihrer gesamten Anwendung, benutzen Sie am besten die Eigenschaft Handle des Objekts TApplication. Hier die Übersicht der verschiedenen Typen der Eigenschaft Handle:

Handle für die Komponenten:

Bitmap	property Handle: HBitmap;
Brush	property Handle: HBrush;
Canvas	property Handle: HDC;
Font	property Handle: HFont;
Icon	property Handle: HIcon;

Metafile	property Handle: HMetafile;	
Pen	property Handle: HPen;	

Handle gibt Ihnen den Zugriff auf das Handle des jeweiligen GDI-Objekts. Benötigen Sie zum Beispiel zum Aufruf einer Windows-API-Funktion ein Handle auf ein Stiftobjekt oder ein Bitmap-Objekt, können Sie dazu das Handle der Komponente Pen beziehungsweise der Komponente Bitmap benutzen.

Handle für das Objekt TApplication und die folgenden Komponenten:

Bevel	DBText	Memo
BitBtn	DirectoryListBox	Notebook
Button	DrawGrid	OLEContainer
CheckBox	DriveComboBox	Outline
ComboBox	Edit	PaintBox
DBCheckBox	FileListBox	Panel
DBComboBox	FilterComboBox	RadioButton
DBEdit	FindDialog	RadioGroup
DBGrid	Form	ReplaceDialog
DBImage	GroupBox	ScrollBar
DBListBox	Header	ScrollBox
DBLookupCombo	Image	Shape
DBLookupList	Label	SpeedButton
DBMemo	ListBox	StringGrid
DBNavigator	MaskEdit	TabbedNotebook
DBRadioGroup	MediaPlayer	TabSet

property Handle: HWND;
Handle bietet Ihnen Zugriff auf das Handle der jeweiligen Komponente (z.B. Fenster-Handle, Dialog-Handle etc.). Dieses Handle wird von einigen Windows-API-Funktionen beim Aufruf erwartet. Sie können in diesem Fall das Handle der jeweils betroffenen Komponente oder – falls das Handle Ihrer Anwendung gefordert wird – das Handle des Objekts TApplication übergeben.

Handle für die Komponenten:

MainMenu	MenuItem	PopupMenu

property Handle: HMENU;
Sollte eine Windows-API-Funktion ein Handle eines Menüs, Menü-Eintrags oder eines lokalen Menüs verlangen, können Sie dazu die Eigenschaft Handle von MainMenu, MenuItem und PopupMenu benutzen.

Handle für die Komponente Printer:

property Handle: HDC;
Handle beinhaltet das Handle des jeweiligen Druckerobjektes TPrinter der Komponente Printer.

Handle für die Komponente DataBase:

property Handle: HDBIDB;
Um direkte Aufrufe in die Richtung der Borland Database-Engine-(BDE)-API zu tätigen, benötigen Sie ein Handle der jeweiligen Datenbank-Komponente. Dazu dient Ihnen die Eigenschaft Handle der Komponente DataBase. Sie erlaubt Ihnen Zugriffe auf Funktionen des BDE-API, die nicht in die VCL-Bibliothek integriert wurden. Bevor Sie allerdings diese Funktionen aufrufen, sollten Sie prüfen, ob diese Funktion nicht doch schon in der VCL-Bibliothek gekapselt wurde.

Handle für das Objekt TSession:

Delphi erzeugt eine Komponente Session vom Typ TSession immer dann, wenn eine Anwendung ausgeführt wird. Sessions sollten nicht von Ihnen erzeugt oder zerstört werden. Session erlaubt globale Prüfung über Datenbankverbindungen. Die Eigenschaft Databases von Session ist ein Array von allen aktiven Datenbanken in der Sitzung. Die Eigenschaft DatabaseCount vom Typ Integer gibt die Anzahl der aktiven Datenbanken in der Sitzung an.

property Handle: HDBISES;
Mit dieser Eigenschaft Handle können Sie direkte Aufrufe an die Borland-Datenbank-Engine – bezogen auf eine bestimmte Sitzung (Session/TSession) – machen. Die Komponente Session werden Sie kaum benutzen. Die wichtigsten Funktionen der BDE-API sind in der VCL-Bibliothek gekapselt und ersparen Ihnen diesen Weg.

Handle für die Komponenten Table, Query und StoredProc:

property Handle: HDBICur;
Ebenfalls für direkte Zugriffe auf Funktionen der BDE-API und unter normalen Umständen nicht zu benutzen, da die wichtigsten BDP-API-Funktionen via VCL-Bibliothek einen einfacheren Zugriff ermöglichen.

property Height: Integer;
Die Eigenschaft Height eines Dialogelements legt die Höhe der Komponente in Pixeln fest.

property HelpContext: THelpContext;
Die Eigenschaft HelpContext stellt eine Kontextnummer für die Verwendung beim Aufruf kontextbezogener Online-Hilfe bereit. Jeder Hilfebildschirm des Hilfesystems sollte eine eindeutige Kontextnummer besitzen. Ist in der Anwendung eine Komponente selektiert, so wird nach Betätigen von F1 ein Hilfebildschirm angezeigt. Welcher Hilfebildschirm angezeigt wird, hängt vom Wert der Eigenschaft HelpContext ab.

property Hint: string;
Die Eigenschaft Hint ist der Text-String, der erscheinen kann, wenn ein OnHint-Ereignis eintritt, also wenn der Benutzer den Cursor über die Komponente bewegt. Wie der String angezeigt wird, bestimmt der Code in der Ereignisbehandlungs-Routine OnHint. Sie können eine Schnellhilfe, d.h. ein Fenster, das einen Hilfetext

enthält, für eine Komponente erscheinen lassen, wenn der Anwender den Mauszeiger über das Dialogelement führt und dort kurz verweilt. Dies funktioniert wie folgt:
1. Spezifizieren Sie für jede Komponente, die einen Schnellhinweis anzeigen soll, einen Hint-Wert.
2. Setzen Sie die Eigenschaft ShowHints des Bedienfelds auf True.
3. Setzen Sie die Eigenschaft ShowHint der Anwendung zur Laufzeit auf True.

Sie können Hint gleichzeitig sowohl für ein Hilfehinweisfenster als auch für die Verwendung innerhalb der Behandlungsroutine OnHint spezifizieren, indem Sie zwei durch das Zeichen | (das »oder« oder Pipe-Symbol) abgeteilte Werte angeben, also beispielsweise:

Edit1.Hint := 'Aufforderung|Geben Sie den richtigen Wert ein';

Der String »Aufforderung« erscheint im Hilfehinweisfenster und der String »Geben Sie den richtigen Wert ein« erscheint wie in der Ereignisbehandlungs-Routine OnHint spezifiziert.

property ItemIndex: Integer;
Der Wert ItemIndex ist die Ordinalzahl des selektierten Elements der Komponente.

Der Wert -1 bedeutet, daß kein Element selektiert wurde. Zur Laufzeit selektieren Sie im Programm ein Element, indem Sie den Index des Elements in diese Eigenschaft einsetzen. Dabei beginnt die Zählung der Elemente bei 0. 0 ist also das erste Element.

Besitzt die Komponente die Eigenschaft MultiSelect und ist diese auf True gesetzt, dann finden Sie bei mehreren ausgewählten Elementen in ItemIndex den Wert für das fokusierte (das zuletzt ausgewählte) Element.

property Items: TStrings;
Items beinhaltet Strings, die als Elemente in Listboxen erscheinen.

Der Typ TStrings von Items liefert Ihnen eine Reihe von Methoden zum Bearbeiten und Einfügen der Strings, aber dazu mehr am Schluß der Definition von Items. TString hat zwar keine Möglichkeit, Strings zu speichern, kann aber die Speichermöglichkeiten der Komponente nutzen.

Mit Methoden wie Add, Delete, Insert, Move und Exchange eines String-Objekts kann man Strings hinzufügen, löschen, einfügen, bewegen und austauschen.

property Left: Integer;
Die Eigenschaft Left bestimmt die horizontalen Koordinaten in Pixeln der linken Kante einer Komponente relativ zum Formular. Für Formulare ist der Wert der Eigenschaft Left relativ zum Bildschirm (ebenfalls in Pixeln).

property Mask: string
Mask gibt an, dier Filter in der FilterComboBox ausgewählt wurde.

property Name: TComponentName;
Die Eigenschaft Name enthält den Namen der Komponente wie er von anderen Komponenten für den Zugriff verwendet wird. Delphi weist als Vorgabewerte sequentielle Namen zu, die auf dem Typ der Komponente basieren, also etwa für But-

tons »Button1«, »Button2« etc. Dies können Sie gemäß Ihrer Vorstellungen abändern. Komponentennamen sollten ausdrücklich nur zur Entwurfszeit geändert werden.

property Owner: TComponent;
Die Eigenschaft Owner teilt Ihnen mit, die Komponente zu welcher Komponente gehört. Dem Formular gehören alle Komponenten, die auf ihm vorhanden sind. Umgekehrt gehört das Formular zur Anwendung. Gehört eine Komponente A einer anderen Komponente B, wird der Speicher der Komponente A freigegeben, wenn der Speicher der Komponente B freigegeben wird. Es werden also folgerichtig alle Komponenten des Formulars gelöscht, wenn das Formular gelöscht wird. Außerdem wird natürlich der Speicher für das Formular und dessen Komponenten freigegeben, wenn der Speicher der Anwendung selbst freigegeben wird.

property Parent: TWinControl;
Die Eigenschaft Parent enthält den Namen der übergeordneten Komponente. Wenn eine Komponente A eine andere Komponente B enthält, sind die in B enthaltenen Komponenten untergeordnete Komponenten von A. Wenn Ihre Anwendung beispielsweise drei Buttons in einer GroupBox enthält, dann ist die GroupBox das übergeordnete Element der drei Buttons und die Button-Schaltfelder sind der GroupBox untergeordnet.

Parent und Owner sind leider etwas verwirrend. Daher hier eine kleine Entwirrung:

Ein Formular ist der Besitzer aller darauf enthaltenen Komponenten, egal, ob sie ein Fensterelement sind oder nicht. Für unser Beispiel mit den drei Buttons und der GroupBox bedeutet dies: Der Besitzer der Button ist immer das Formular, aber die GroupBox ist das übergeordnete Element.

Wenn Sie einen neuen Dialog erzeugen, müssen Sie dem neuen Dialogelement einen Wert der Eigenschaft Parent zuweisen. Üblicherweise sind dies Formulare, Bedienfelder, GroupBoxen oder andere Dialoge, die andere Komponenten-Elemente enthalten können. Es ist möglich, jedes Element als das übergeordnete zuzuweisen, aber das darin enthaltene Dialogelement wird wahrscheinlich überschrieben.

Wird das übergeordnete Element gelöscht, werden auch alle Elemente, die ihm untergeordnet sind, gelöscht.

property ParentColor: Boolean;
Die Eigenschaft ParentColor bestimmt, wo eine Komponente nach ihrer Farbeigenschaft suchen soll. Falls ParentColor True ist, verwendet die Komponente die Farbeigenschaft der übergeordneten Komponente.

Wenn ParentColor False ist, verwendet die Komponente ihre eigene Eigenschaft Color. Durch Verwendung von ParentColor können Sie sicherstellen, daß alle Komponenten auf einem Formular das gleiche Erscheinungsbild haben.

property ParentCtl3D: Boolean;
Die Eigenschaft ParentCtl3D bestimmt, wo eine Komponente nach seiner Eigenschaft Ctl3D suchen muß. Ist ParentCtl3D auf True gesetzt, verwendet die Komponente die Dimensionen der Eigenschaft Ctl3D von dessen übergeordneter Komponente. Wenn ParentCtl3D False ist, verwendet die Komponente ihre eigene Eigenschaft Ctl3D.

Durch Verwendung von ParentCtl3D stellen Sie sicher, daß alle Komponenten auf einem Formular das gleiche Erscheinungsbild haben. Wenn Sie beispielsweise möchten, daß alle Komponenten auf einem Formular ein dreidimensionales Erscheinungsbild haben, setzen Sie die Eigenschaft Ctl3D des Formulars auf True und die Eigenschaft ParentCtl3D jeder Komponente auf True.

property ParentFont: Boolean;
Die Eigenschaft ParentFont bestimmt, wo eine Komponente nach ihrer Fonteigenschaft suchen soll. Falls ParentFont True ist, verwendet die Komponente den Font der Eigenschaft der übergeordneten Komponente.

Ist ParentFont False, verwendet die Komponente ihre eigene Eigenschaft Font. Durch Verwendung von ParentFont können Sie sicherstellen, daß alle Komponenten auf einem Formular das gleiche Erscheinungsbild haben.

property ParentShowHint: Boolean;
Die Eigenschaft ParentShowHint bestimmt, wo eine Komponente nach ihrer Hinteigenschaft suchen soll. Falls ParentShowHint True ist, verwendet die Komponente die Hint-Eigenschaft der übergeordneten Komponente.

Ist ParentShowHint False, verwendet die Komponente ihre eigene Eigenschaft Hint. Durch Verwendung von ParentShowHint können Sie sicherstellen, daß alle Komponenten auf einem Formular das gleiche Erscheinungsbild haben.

property SelLength: Integer;
Die Eigenschaft SelLength gibt die Länge (in Zeichen) des in der Komponente ausgewählten Texts an. Mit SelLength und der Eigenschaft SelStart legen Sie fest, dier Teil des Texts in der Komponente ausgewählt wird. Sie können die Anzahl der ausgewählten Zeichen durch eine Änderung von SelLength erreichen. Wenn der Wert für SelStart geändert wird, ändert sich entsprechend der Wert von SelLength. Die Komponente muß die aktive Komponente sein, wenn Sie den Wert von SelLength ändern wollen.

property SelStart: Integer;
SelStart gibt die Anfangsposition des markierten Teils eines Texts in der Komponente zurück. Sie können SelStart zusammen mit der Eigenschaft SelLength verwenden, um eine Teil des Textes auszuwählen. Legen Sie das Zeichen, ab dessen Position Sie die Markierung des Texts beginnen möchten, als Wert von SelStart fest.

Wenn der Wert von SelStart geändert wird, ändert sich entsprechend auch der Wert von SelLength. Die Komponente muß die aktive Komponente sein, wenn Sie den Wert von SelLength ändern wollen.

property SelText: string;
Die Eigenschaft SelText enthält den ausgewählten Teil des Texts der Komponente. Sie können sie verwenden, um zu bestimmen, was der markierte Text enthält oder Sie können den markierten Text ändern, indem Sie einen neuen String angeben. Falls kein Text momentan markiert ist, wird der String in SelText an der Cursor-Position im Text eingefügt.

property ShowHint: Boolean;
Die Eigenschaft ShowHint bestimmt, ob das Dialogelement eine Schnellhilfe anzeigen soll, wenn der Mauszeiger eine Weile auf ihm verweilt. Die Schnellhilfe entspricht dem Wert der Eigenschaft Hint, die in einem Feld direkt unterhalb des Elements angezeigt wird. Wenn die Eigenschaft ShowHint den Wert True hat, kann die Schnellhilfe erscheinen.

Ist ShowHint False, kann die Schnellhilfe auch angezeigt werden, wenn ParentShowHint auf True gesetzt wurde, und die Eigenschaft ShowHint der übergeordneten Komponente ebenfalls auf True gesetzt wurde.

property Showing: Boolean;
Die Eigenschaft Showing legt fest, ob eine Komponente momentan auf dem Bildschirm angezeigt wird oder nicht. Falls die Eigenschaft Visible einer Komponente und aller übergeordneten Komponenten in der übergeordneten Hierarchie True ist, ist Showing auch True. Wenn einer der Vorfahren der Komponente den Wert False als Wert für die Eigenschaft Visible hat, dann ist auch Showing False.

property TabOrder: TTabOrder;
Die Eigenschaft TabOrder bestimmt die Position einer Komponente in der Tabulatorreihenfolge, in der Komponenten den Fokus erhalten, wenn der Anwender die Taste TAB drückt. Anfänglich ist die Tabulatorreihenfolge immer die Reihenfolge, in der die Komponenten in das Formular hinzugefügt wurden. Der Wert der Eigenschaft TabOrder ist für jede Komponente auf dem Formular einmalig. Die erste dem Formular hinzugefügte Komponente hat den Wert 0 von TabOrder, die zweite hat 1, die dritte 2 usw.

Falls Sie den Wert der Eigenschaft TabOrder einer Komponente den gleichen Wert einer anderen Komponente zuweisen, numeriert Delphi automatisch die Werte für alle anderen Komponenten neu. Angenommen, eine Komponente ist beispielsweise die sechste Komponente in der Tabulatorreihenfolge. Wenn Sie den Wert der Eigenschaft TabOrder der Komponente auf 3 ändern (dies macht die Komponente zu der vierten in der Tabulatorreihenfolge), wird die Komponente, die die vierte war, nun zur fünften und die Komponente, die die fünfte war, wird jetzt die sechste.

property TabStop: Boolean;
Die Eigenschaft TabStop bestimmt, ob der Anwender diese Komponente mit der Taste TAB anspringen kann. Falls TabStop True ist, befindet sich die Komponente in der Tabulatorreihenfolge. Wenn TabStop False ist, ist das Dialogelement nicht in der Tabulatorreihenfolge.

property Tag: Longint;
Die Eigenschaft Tag kann einen Integerwert als Element einer Komponente speichern. Tag wird von Delphi nicht benutzt und steht Ihnen damit zur freien Verfügung.

property Text: TCaption;
Die Eigenschaft Text einer Komponente legt den Text fest, dier in der Komponente erscheint. Der voreingestellte Text ist der Name des Elements. Ihr Programm kann

den Wert von Text zum Einsetzen in das Programm benutzen oder um dem Anwender Daten darzustellen. Die maximale Länge des Strings in der Eigenschaft Text ist 255 Zeichen. Der Wert der Eigenschaft Text einer Maskeneditierzeile (MaskEdit) oder Datenbankeditierzeile (DBEdit) oder eines Datenbankmemos (DBMemo) enthält den Text und die literalen Maskenzeichen, spezifiziert mit der Eigenschaft EditText, wenn der Anwender die Maskenzeichen mit dem Text speichern läßt. Wenn die Maskenzeichen nicht gespeichert werden, enthält der Text diese nicht.

Die Eigenschaft Text einer Datenbank-Editierzeile oder eines Datenbankmemos ist nur zur Laufzeit verfügbar. Sie sollten der Eigenschaft Text nicht oft einen neuen Wert zuweisen. Falls die Datenmenge den Status »nur lesen« bekommt, wenn der neue Wert Text zugewiesen wird, würde sich der Feldinhalt nicht ändern. Dazu sollten Sie den Wert des darunterliegenden Feldes durch Einsatz der Eigenschaft Field des Editierzeile ändern. Beispiel:

```
DBEdit1.Field.AsString := 'Ein neuer Text und ein neuer Wert';
```

property Top: Integer;
Die Eigenschaft Top gibt die y-Koordinate in Pixeln der linken oberen Ecke eines Dialogelements relativ zum Formular an. Bei Formularen wird der Wert der Eigenschaft Top in Pixeln relativ zum Bildschirm angegeben.

property Visible: Boolean;
Die Eigenschaft Visible bestimmt, ob eine Komponente auf dem Bildschirm sichtbar ist (True) oder nicht (False).

property Width: integer;
Die Eigenschaft Width bestimmt die Breite der Komponente, gemessen in Pixeln.

Ereignisse:

property OnChange: TNotifyEvent;
Das Ereignis OnChange erscheint, wenn der Inhalt einer Komponente oder eines Objekts sich ändert. Bei grafischen Objekten tritt OnChange ein, wenn sich die Grafik, die vom Objekt gekapselt wird, ändert. Zum Beispiel tritt das Ereignis OnChange für einen Stift ein, wenn die Eigenschaften Color, Mode, Style oder Width des TPen-Objekts geändert werden. Bei Komponenten tritt OnChange ein, wenn der Hauptwert oder die Hauptwerte der Komponente geändert werden.

Bei Kombinationsfenstern tritt das Ereignis OnChange auch ein, wenn ein Element in der aufklappbaren Liste gewählt wird. Bei String-Listen-Objekten tritt das Ereignis OnChange ein, wenn sich eine Änderung für einen String ergibt, der in der String-Liste gespeichert ist.

OnChange ist vom Typ

```
TNotifyEvent = procedure (Sender: TObject) of object;
```

Der Typ TNotifyEvent weist also auf eine Methode, die das Anklicken eines Objekts behandelt. Der Parameter Sender ist das Dialogelement, das angeklickt wurde.

property OnClick: TNotifyEvent;
Das Ereignis OnClick erscheint, wenn der Benutzer auf die Komponente klickt. In einem Formular tritt OnClick ein, wenn der Benutzer auf eine freie Stelle im Formular oder eine inaktive Komponente klickt.

OnClick ist vom Typ

```
TNotifyEvent = procedure (Sender: TObject) of object;
```

Der Typ TNotifyEvent weist also auf eine Methode, die das Anklicken eines Objekts behandelt. Der Parameter Sender ist das Dialogelement, das angeklickt wurde.

property OnDblClick: TNotifyEvent;
Das Ereignis OnDblClick erscheint, wenn der Benutzer auf die Komponente einen Doppelklick ausführt. In einem Formular tritt das Ereignis OnDblClick ein, wenn der Benutzer auf eine freie Stelle im Formular oder eine inaktive Komponente einen Doppelklick ausführt.

OnDblClick ist vom Typ

```
TNotifyEvent = procedure (Sender: TObject) of object;
```

Der Typ TNotifyEvent weist also auf eine Methode, die das Doppelklicken eines Objekts behandelt. Der Parameter Sender ist das Dialogelement, das mit einem Doppelklick bearbeitet wurde.

property OnDragDrop: TDragDropEvent;
Das Ereignis OnDragDrop tritt ein, wenn der Anwender ein gezogenes Objekt ablegt. Verwenden Sie die Ereignisbehandlungs-Routine OnDragDrop, um festzulegen, was passieren soll, wenn der Anwender ein Objekt ablegt.

OnDragClick ist vom Typ

```
TDragDropEvent = procedure(Sender, Source: TObject; X, Y: Integer) of  object;
```

Der Typ TDragDropEvent zeigt also auf eine Methode, die das Ablegen eines gezogenen Objekts behandelt. Der Parameter Source des Ereignisses OnDragDrop ist das abzulegende Objekt und der Parameter Sender ist das Dialogelement, auf das das Objekt abgelegt wurde. Die Parameter X und Y sind die Koordinaten des Mauszeigers, der über dem Dialogelement positioniert wird.

property OnDragOver: TDragOverEvent;
Das Ereignis OnDragOver tritt ein, wenn der Anwender ein Objekt über eine Komponente zieht. Üblicherweise werden Sie ein Ereignis OnDragOver verwenden, um ein Objekt zu akzeptieren, damit der Anwender es ablegen kann.

OnDragClick ist vom Typ

```
TDragOverEvent = procedure(Sender, Source: TObject; X, Y: Integer;
                  State: TDragState; var Accept: Boolean) of object;
```

Der Typ TDragOverEvent zeigt also auf eine Methode, die das Ziehen eines Objekts über ein anderes Objekt behandelt. Der Parameter Source ist das gezogene Objekt, Sender ist das Objekt, über das Source gezogen wurde, X und Y sind die Koordina-

ten des Mauszeigers, der über dem Dialogelement positioniert wird in Pixeln, State ist der Status des gezogenen Objekts in Verbindung zum darübergezogenen Objekt, und Accept legt fest, ob der Sender das Ziehobjekt erkennt. Accept wird nicht per Voreinstellung auf True oder False gesetzt; Sie müssen die passenden Werte selbst zuweisen.

Das Ereignis OnDragOver akzeptiert ein Objekt, wenn der Parameter Accept True ist. Durch Ändern des Werts der Eigenschaft DragCursor können Sie das Erscheinungsbild des Cursors beeinflussen. Dies können Sie entweder während des Entwikkelns oder zur Laufzeit, bevor ein Ereignis OnDragOver eintritt, durchführen.

property OnEndDrag: TEndDragEvent;
Das Ereignis OnEndDrag tritt immer dann ein, wenn das Ziehen eines Objekts abgeschlossen oder abgebrochen wird. Wenn Sie eine besondere Behandlung haben möchten, wenn das Ziehen beendet wird, verwenden Sie die Ereignisbehandlungs-Routine OnEndDrag.

OnEndDrag ist vom Typ

```
TEndDragEvent = procedure(Sender, Target: TObject; X, Y: Integer) of object;
```

Der Typ TEndDragEvent zeigt also auf eine Methode, die das Anhalten des Ziehens eines Objekts behandelt. Der Sender ist das Objekt, das gezogen wird, Target ist das Objekt, zu dem Sender hingezogen wird, und X und Y sind die dazugehörigen Bildschirmkoordinaten des Mauszeigers, der über dem Dialogelement positioniert wird. Falls das gezogene Objekt abgelegt und durch das Dialogelement akzeptiert wurde, ist der Parameter Target des Ereignisses OnEndDrag True. Wenn das Objekt nicht erfolgreich abgelegt wurde, beträgt der Wert Target nil.

property OnEnter: TNotifyEvent;
OnEnter tritt ein, wenn eine Komponente aktiviert wird. Wenn Sie eine besondere Behandlung festlegen möchten, wenn eine Komponente aktiviert wird, verwenden Sie die Ereignisbehandlungs-Routine OnEnter. OnEnter erscheint nie, wenn Sie zwischen Formularen oder einer anderen Windows-Anwendung und Ihrer Anwendung umschalten. OnEnter für eine Komponente des Typs TPanel oder THeader tritt nie ein, da Bedienfelder oder Header keinen Fokus erhalten können. Somit ist dort OnEnter vollkommen nutzlos. Sie haben diese Ereignisbehandlung aber geerbt.

OnEnter ist vom Typ

```
TNotifyEvent = procedure (Sender: TObject) of object;
```

Der Typ TNotifyEvent weist also auf eine Methode, die das Doppelklicken eines Objekts behandelt. Der Parameter Sender ist das Dialogelement, das mit einem Doppelklick bearbeitet wurde.

property OnExit: TNotifyEvent;
OnExit erscheint, wenn der Eingabefokus einer Komponente an eine andere übergeben wird. OnExit tritt nicht ein, wenn Sie zwischen Formularen oder zwischen einer Windows-Anwendung und Ihrer Anwendung umschalten. OnExit tritt bei den

Komponenten Panel und Speedbutton nicht ein, da diese niemals den Fokus erhalten.

OnExit ist vom Typ

```
TNotifyEvent = procedure (Sender: TObject) of object;
```

Der Typ TNotifyEvent weist also auf eine Methode, die das Doppelklicken eines Objekts behandelt. Der Parameter Sender ist das Dialogelement, das mit einem Doppelklick bearbeitet wurde.

property OnKeyDown: TKeyEvent;
OnKeyDown tritt ein, wenn der Anwender irgendeine Taste drückt, während die Komponente den Fokus hat. Verwenden Sie OnKeyDown, um eine besondere Behandlung festzulegen, die ausgeführt wird, wenn eine Taste gedrückt wird. Der Handler OnKeyDown kann auf alle Tasten der Tastatur, einschließlich Funktionstasten und Tastenkombinationen mit den Tasten UMSCHALT, ALT und STRG sowie betätigten Maustasten reagieren.

OnKeyDown ist vom Typ

```
TKeyEvent = procedure (Sender: TObject; var Key: Word; Shift: TShiftState)
                      of object;
```

Der Typ TKeyEvent weist also auf eine Methode, die Tastaturereignisse verarbeitet. Der Parameter Key steht für die Taste und Shift und kann die folgenden Wert annehmen:

ssShift	UMSCHALTTASTE (SHIFT) wird festgehalten
ssAlt	linke ALT-Taste wird festgehalten
[ssAlt, ssCtrl]	ALTGR-Taste wird festgehalten
ssCtrl	Taste STRG wird festgehalten
ssLeft	Linke Maustaste wird festgehalten
ssMiddle	Mittlere Maustaste wird festgehalten
ssDouble	Rechte und linke Maustaste werden gleichzeitig festgehalten

property OnKeyPress: TKeyPressEvent;
OnKeyPress erscheint, wenn der Anwender eine einzelne Zeichentaste drückt.

OnKeyPress ist vom Typ

```
TKeyPressEvent = procedure (Sender: TObject; var Key: Char) of object;
```

TKeyPressEvent weist also auf eine Methode, die einen Tastendruck für ein einzelnes Zeichen verarbeitet. Der Parameter Key gibt die Taste an. Der Parameter Key ist vom Typ Char; deshalb registriert OnKeyPress das ASCII-Zeichen der gedrückten Taste. Tasten, die nicht mit einem ASCII-Zeichen übereinstimmen (beispielsweise UMSCHALT oder F1), werden kein OnKeyPress erzeugen. Tastenkombinationen (wie UMSCHALT+A) erzeugen nur ein Ereignis des Typs OnKeyPress (in diesem Beispiel ergibt UMSCHALT+A einen Wert Key von »A«, wenn die Feststelltaste ausgeschaltet

ist). Falls Sie auf Nicht-ASCII-Tasten oder Tastenkombinationen reagieren möchten, verwenden Sie die Ereignisbehandlungsroutinen OnKeyDown oder OnKeyUp.

property OnKeyUp: TKeyEvent;
OnKeyUp tritt ein, wenn der Anwender die gedrückte Taste wieder losläßt. OnKeyUp kann auf alle Tasten der Tastatur, einschließlich Funktionstasten und Tastenkombinationen mit den Tasten UMSCHALT, ALT und STRG sowie betätigten Maustasten reagieren.

```
TKeyEvent = procedure (Sender: TObject; var Key: Word; Shift: TShiftState)
                      of object;
```

Der Typ TKeyEvent weist also auf eine Methode, die Tastaturereignisse verarbeitet. Der Parameter Key steht für die Taste und Shift und kann die folgenden Wert annehmen:

ssShift	UMSCHALTTASTE (SHIFT) wird festgehalten
ssAlt	linke ALT-Taste wird festgehalten
[ssAlt, ssCtrl]	ALTGR-Taste wird festgehalten
ssCtrl	Taste STRG wird festgehalten
ssLeft	Linke Maustaste wird festgehalten
ssMiddle	Mittlere Maustaste wird festgehalten
ssDouble	Rechte und linke Maustaste werden gleichzeitig festgehalten

Methoden:

procedure BeginDrag(Immediate: Boolean);
Die Methode BeginDrag leitet den Ziehvorgang einer Komponente ein. Wenn der Parameter Immediate auf True gesetzt ist, wird der Mauszeiger auf den Wert der Eigenschaft DragCursor gesetzt und der Ziehvorgang beginnt. Ist Immediate False, wird der Mauszeiger nicht auf den Wert der Eigenschaft DragCursor gesetzt, und der Ziehvorgang wird erst eingeleitet, wenn der Anwender den Mauszeiger mindestens um 5 Pixel bewegt. Auf diese Weise kann die Komponente Mausklicks akzeptieren, ohne einen Ziehvorgang einzuleiten.

Ihre Anwendung muß die Methode BeginDrag zum Einleiten eines Ziehvorgangs nur aufrufen, wenn DragMode auf dmManual gesetzt ist.

procedure BringToFront;
Die Methode BringToFront setzt eine Komponente innerhalb einer übergeordneten Komponente vor alle anderen Komponenten. BringToFront hilft insbesondere sicherzustellen, daß ein Formular sichtbar ist. Verwenden Sie diese Methode, wenn Sie die Reihenfolge überlappender Komponenten in einem Formular neu festlegen wollen.

Die Reihenfolge, in der Komponenten übereinander gelagert werden (Z-Reihenfolge), hängt davon ab, ob es sich um fensterähnliche oder um nicht-fensterähnliche Komponenten handelt. Die Reihenfolge arbeitet nach dem Prinzip, daß die zuletzt eingefügte Komponente die oberste und damit sichtbare Komponente ist.

KAPITEL 6

Mit der Methode BringToFront einer Komponente würde diese Komponente ganz nach oben auf den Stapel kommen und somit sichtbar sein.

Bei der Stapelung ist zu beachten, daß fensterähnliche Komponenten immer auf nicht-fensterähnlichen Komponenten gestapelt werden. Ein Aufruf von BringToFront einer nicht-fensterähnlichen Komponente bewirkt also gar nichts, wenn oben auf dem Stapel eine fensterähnliche Komponente liegt.

Die folgenden Komponenten zählen zu den fensterähnlichen Komponenten:

BitBtn	DBNavigator	MediaPlayer
Button	DBRadioGroup	Memo
CheckBox	DirectoryListBox	Notebook
ComboBox	DrawGrid	OLEContainer
DBCheckBox	DriveComboBox	Outline
DBComboBox	Edit	Panel
DBEdit	FileListBox	RadioButton
DBGrid	FilterComboBox	RadioGroup
DBImage	Form	ScrollBar
DBListBox	GroupBox	ScrollBox
DBLookupCombo	Header	StringGrid
DBLookupList	ListBox	TabbedNotebook
DBMemo	MaskEdit	TabSet

Die nun folgenden Komponenten zählen zu den nicht-fensterähnlichen Komponenten:

Bevel	Label	SpeedButton
DBText	PaintBox	Image
Shape		

function CanFocus: Boolean;
CanFocus stellt fest, ob eine Komponente den Eingabefokus erhalten kann. CanFocus gibt True zurück, wenn die Eigenschaften Visible und Enabled sowohl der Komponente als auch der übergeordneten Komponenten auf True gesetzt sind. Sind nicht alle Eigenschaften Visible und Enabled dieser Komponenten auf True gesetzt, liefert CanFocus False zurück.

procedure Clear;
Die Art und Weise der Methode Clear hängt von den jeweiligen Komponenten ab:

Clear für die Standard-Komponenten:

TClipboard	TDBEdit	TFileListBox
TList	TDBListBox	TFilterComboBox
TStringList	TDBMemo	TListBox
TStrings	TDirectoryListBox	TMaskEdit
TComboBox	TDriveComboBox	TMemo
TDBComboBox	TEdit	TOutline

Clear löscht alle Texteintragungen beziehungsweise Text-Einträge aus den Komponenten. Bei TClipboard wird der gesamte Inhalt der Zwischenablage gelöscht, vor allem geschieht dies bei bei Copy- und bei Cut-Ereignissen automatisch, bevor Daten in das Clipboard eingefügt werden.

Clear für die Feldkomponenten:

TBCDField	TCurrencyField	TGraphicField
TStringField	TBlobField	TDateField
TIntegerField	TTimeField	TBooleanField
TDateTimeField	TMemoField	TVarBytesField
TBytesField	TFloatField	TSmallintField
TWordField		

Clear setzt den Wert des Feldes auf NULL.

Clear für die Komponente TFieldDefs:

Clear setzt alle Werte der Eigenschaft Items zurück. Dadurch werden alle Objekte vom Typ TFieldDef aus der Komponente TFieldDefs gelöscht.

Clear für die Komponente TIndexDefs:

Clear setzt alle Werte der Eigenschaft Items zurück. Dadurch werden alle Objekte vom Typ TIndexDef aus der Komponente TFieldDefs gelöscht.

Clear für die Komponente TParam:

Clear setzt die Komponente zurück, also auf 0 und löscht alle bisher zugewiesenen Daten. Die Eigenschaften Name, DataType und ParamType bleiben unverändert.

Clear für die Komponente TParams:

Clear löscht alle Parameterinformationen aus der Eigenschaft Items.

procedure ClearSelection;
ClearSelection löscht den ausgewählten beziehungsweise markierten Text aus der Komponente.

function ClientToScreen(Point: TPoint): TPoint;
Die Methode ClientToScreen übersetzt den angegebenen Punkt aus Client-Bereichkoordinaten in globale Bildschirmkoordinaten. In Client-Bereichkoordinaten entspricht der Punkt (0, 0) der oberen linken Ecke des Client-Bereichs der Komponente. In Bildschirmkoordinaten entspricht (0, 0) der oberen linken Ecke des Bildschirms. Mit den Methoden ClientToScreen und ScreenToClient rechnen Sie Positionen aus dem Koordinatensystem einer Komponente A in das Koordinatensystem einer Komponente B um.

Beispiel: Umrechnung der Koordinaten einer Komponente A in die Koordinaten einer Komponente B (TPoint ist ein Record mit den Feldern X und Y):

```
TPoint =  record
       X  : integer;
       Y  : integer;
END;
VAR
   Koord: TPoint;
Koord:= B.ScreenToClient(A.ClientToScreen(Koord));
```

constructor Create;
Create weist Speicher zu, um das Objekt und damit die Komponente zu erzeugen und nach Bedarf seine Daten zu initialisieren. Jedes Objekt kann eine Methode Create besitzen, die individuell so angepaßt ist, daß sie diese bestimmte Art von Objekt erzeugt. Im Normalfall benötigen Sie diese Methoden nicht, da Borland Delphi alles unternimmt, um Ihre Anwendung und die darin enthaltenen Komponenten zu erzeugen. Sollten Sie allerdings ein Ereignis oder die Initialisierung eines Wertes einer selbst geschaffenen Komponente zur Zeit der Erzeugung einstellen wollen, dann können Sie dies in der Methode Create erledigen. Dazu benötigen Sie aber genaue Kenntnisse und Techniken der OOP. Ansonsten sollten Sie Create unverändert lassen und nicht aufrufen.

function Dragging: Boolean;
Die Methode Dragging gibt an, ob eine Komponente gezogen wird. Wenn Dragging True zurückgibt, wird die Komponente gezogen.

procedure EndDrag(Drop: Boolean);
Die Methode EndDrag verhindert, daß eine Komponente weiter gezogen wird. Wenn der Parameter Drop True ist, wird die gezogene Komponente abgelegt. Ist Drop False, wird die Komponente nicht abgelegt und der Vorgang wird abgebrochen.

function FindComponent(const AName: string): TComponent;
Die Methode FindComponent gibt im Array Components die Komponente zurück, deren Name zum String im Parameter AName paßt. FindComponent beachtet dabei keine Groß-/Kleinschreibung.

Beispiel: Es existiert ein Button »Button1« in Ihrer Anwendung. Um die eigentliche Komponente TButton1 im Array Components zurückzugeben, rufen Sie FindComponents wie folgt auf:

```
FindComponents('Button1');
```

function Focused: Boolean;
Focused wird verwendet, um zu bestimmen, ob ein Fensterdialogelement den Fokus besitzt und deshalb das aktive Dialogelement in ActiveControl ist.

procedure Free;
Die Methode Free entfernt das Objekt und gibt den dazugehörigen Speicher frei. Haben Sie das Objekt unter Verwendung der Methode Create erzeugt, so benutzen Sie zum Entfernen und für die Freigabe des Speichers die Methode Free. Free gelingt auch dann, wenn das Objekt selbst nicht mehr existiert (zum Beispiel durch einen

vorherigen Aufruf von Free. Delphi erledigt dies für Objekte der Bibliothek visueller Komponenten automatisch.

Sie sollten also niemals eine Komponente innerhalb Ihrer Anwendung entfernen.

Falls Sie ein Formular freigeben wollen, rufen Sie die Methode Release auf, um das Formular zu löschen und dessen benutzten Speicher freizugeben.

function GetTextBuf(Buffer: PChar; BufSize: Integer): Integer;
Die Methode GetTextBuf holt den Text der Komponente und kopiert ihn in den Puffer als Null-terminierten String (Ende der Zeichenkette wird mit 0 angegeben), auf den Buffer zeigt. Die maximale Länge des Strings wird mit BufSize (siehe dazu GetTextLen) festgelegt. In BufSize wird nach der Ausführung die Anzahl der Zeichen des Strings zu finden sein. Diese Methode ist vor allem dann sehr nützlich, wenn mit Strings größer als 256 Zeichen gearbeitet wird. Der Typ STRING kann nicht mehr als 256 Zeichen aufnehmen. Dabei entfällt aber das erste Element in diesem Typ auf die Längenangabe des Strings, so daß nur noch maximal 255 zeichen möglich sind. Ein PChar ist ein Zeiger auf das erste Zeichen einer Zeichenkette. Eine derart definierte Zeichenkette besitzt keine Längenangabe, sondern trägt eine 0 am Ende der Kette, daher auch der Name Null-terminierter String. Ein PChar kann die maximale Größe von 64 Kbyte erreichen. Die maximale Anzahl der Zeichen ist also auf 64 Kbyte und nicht auf 255 Zeichen beschränkt (siehe auch GetTextLen und SetTextBuf).

function GetTextLen: Integer;
Die Methode GetTextLen gibt die Länge des Textes der Komponente zurück. Dieser Wert kann für BufSize in GetTextBuf verwendet werden (siehe auch GetTextBuf und SetTextBuf).

procedure Hide;
Die Methode Hide versteckt eine Komponente, sie ist also nicht mehr auf dem Bildschirm sichtbar. Dabei wird die Eigenschaft Visible auf False gesetzt. Dabei ist eine Komponente aber weiterhin aktiv, das heißt, kann bearbeitet werden.

procedure InsertComponent(AComponent: TComponent);
InsertComponent macht die Komponente zum Besitzer der im Parameter AComponent übergebenen Komponente. Die Komponente wird am Ende der Array-Eigenschaft Components hinzugefügt. Die eingefügte Komponente darf keinen Namen haben (keinen für die Eigenschaft Name spezifizierten Wert) oder der Name muß sich eindeutig von allen anderen in der Components-Liste unterscheiden. Wird die Besitzerkomponente entfernt, so wird auch AComponent gelöscht.

procedure Invalidate;
Die Methode Invalidate erzwingt das Neuzeichnen einer Komponente, sobald dies möglich ist.

procedure Refresh;
Die Methode Refresh reagiert je nach Art der Komponente, ob Daten oder die Komponenten selber neu gezeichnet werden. Die Methode Refresh kann also jedes Bild auf dem Bildschirm löschen und alle Dialogelemente neuzeichnen beziehungsweise Datensätze einer Datei erneut einlesen.

Innerhalb der Implementation von Refresh beim Neuzeichnen von Komponenten wird die Methode Invalidate und dann die Methode Update aufgerufen.

Beim Refresh von Daten ist zu beachten: Durch Refresh können sich die angezeigten Daten unerwartet verändern und so den Anwender verwirren. Ein Dialog oder eine andere Mitteilung, die dem Anwender den Refresh der Daten mitteilt, wäre somit wohl angebracht und von äußerster Nützlichkeit.

procedure RemoveComponent(AComponent: TComponent);
RemoveComponent entfernt die Komponente, die im Parameter AComponent festgelegt ist, aus der Komponentenliste Components. Die Position in der Liste wird zu nil.

procedure Repaint;
Die Methode Repaint fordert das Dialogelement auf, dessen Bild auf dem Bildschirm neu zu zeichnen, ohne jedoch das bereits Erschienene zu löschen. Um vor dem Neuzeichnen zu löschen, müssen Sie anstelle von Repaint die Methode Refresh aufrufen.

procedure ScaleBy(M, D: Integer);
Die Methode ScaleBy skaliert eine Komponente um einen Prozentsatz ihrer ursprünglichen Größe. Der Parameter M ist der Multiplikator und der Parameter D der Divisor. Wenn Sie beispielsweise die Größe des Dialogelements auf 66% seines ursprünglichen Formats ändern möchten, geben Sie in M den Wert 66 und in D den Wert 100 an (66/100). Bei der Vergrößerung gehen Sie einfach den umgekehrten Weg: Vergrößerung um 66% bedeutet nichts anderes als M=166 und D=100.

function ScreenToClient(Point: TPoint): TPoint;
Die Methode ScreenToClient wird verwendet, um den Koordinatenpunkt in Pixeln der Komponente auf dem Bildschirm zu bestimmen. ScreenToClient gibt die X- und Y-Koordinaten in einem Record des Typs TPoint zurück.

procedure ScrollBy(DeltaX, DeltaY: Integer);
ScrollBy scrollt den Inhalt einer Komponente. Statt der Methode ScrollBy sollten Sie im Normalfall lieber mit den eingebauten Bildlaufleisten arbeiten, es sei denn, diese Leisten wären für Ihre Programm-Idee aus irgendeinem Grund nicht brauchbar.

DeltaX enthält die Veränderung in Pixeln in Richtung der X-Achse. Ein positiver Wert von DeltaX verschiebt den Inhalt nach rechts, ein negativer Wert verschiebt den Inhalt nach links. DeltaY bezeichnet die Veränderungen in Pixeln in Richtung der Y-Achse. Ein positiver Wert von DeltaY verschiebt den Inhalt nach unten, ein negativer Wert verschiebt den Inhalt nach oben.

procedure SelectAll;
SelectAll wählt den gesamten Inhalt einer Komponente (Text oder Bild) aus.

procedure SendToBack;
Die Methode SendToBack setzt eine Komponente innerhalb einer übergeordneten Komponente hinter alle anderen Komponenten. Die Reihenfolge, in der Komponenten übereinander gelagert werden (Z-Reihenfolge), hängt davon ab, ob es sich um fensterähnliche oder um nicht-fensterähnliche Komponenten handelt. Die Reihenfolge arbeitet nach dem Prinzip, daß die zuletzt eingefügte Komponente die oberste

und damit sichtbare Komponente ist. Mit der Methode SendToBack einer Komponente würde diese Komponente ganz nach unten auf den Stapel kommen und somit unsichtbar sein.

Bei der Stapelung ist zu beachten, daß fensterähnliche Komponenten immer auf nicht-fensterähnlichen Komponenten gestapelt werden. Ein Aufruf von SendToBack einer fensterähnlichen Komponente bewirkt also gar nichts, wenn unter dem Stapel eine nicht-fensterähnliche Komponente liegt (siehe auch BringToFront).

Die folgenden Komponenten zählen zu den fensterähnlichen Komponenten:

BitBtn	DBNavigator	MediaPlayer
Button	DBRadioGroup	Memo
CheckBox	DirectoryListBox	Notebook
ComboBox	DrawGrid	OLEContainer
DBCheckBox	DriveComboBox	Outline
DBComboBox	Edit	Panel
DBEdit	FileListBox	RadioButton
DBGrid	FilterComboBox	RadioGroup
DBImage	Form	ScrollBar
DBListBox	GroupBox	ScrollBox
DBLookupCombo	Header	StringGrid
DBLookupList	ListBox	TabbedNotebook
DBMemo	MaskEdit	TabSet

Die nun folgenden Komponenten zählen zu den nicht-fensterähnlichen Komponenten:

Bevel	Label	SpeedButton
DBText	PaintBox	Image
Shape		

procedure SetBounds(ALeft, ATop, AWidth, AHeight: Integer);
Die Methode SetBounds setzt die Begrenzungseigenschaften der Komponente Left, Top, Width und Height auf die Werte, die in den entsprechenden Werten ALeft, ATop, AWidth und AHeight übergeben werden. SetBounds erlaubt Ihnen, mehr als eine Begrenzungseigenschaft der Komponente zur gleichen Zeit einzustellen. Obwohl Sie immer einzelne Begrenzungen einstellen können, erlaubt Ihnen die Verwendung von SetBounds, mehrere Änderungen auf einmal durchzuführen, ohne daß jedesmal das Dialogfenster neu gezeichnet werden muß.

procedure SetFocus;
SetFocus übergibt den Focus an die Komponente. Bei Formularen ruft das jeweilige Formular die Methode SetFocus des standardmäßig aktiven Dialogelements auf.

procedure SetTextBuf(Buffer: PChar);
Die Methode SetTextBuf ersetzt den Text in einer Komponente durch den Text in Buffer. Buffer muß auf einen mit Null abgeschlossenen String zeigen (siehe auch GetTextBuf und GetTextLen).

procedure Show;
Die Methode Show bringt eine Komponente sichtbar auf dem Bildschirm, indem die Eigenschaft Visible auf True eingestellt wird. Falls die Methode Show eines Formulars aufgerufen wird und das Formular ist unsichtbar, versucht Show das Formular sichtbar zu machen, indem sie das Formular mit der Methode BringToFront in den Vordergrund bringt. Ein Formular verfügt zusätzlich über die Methode ShowModal, um einen modalen Dialog erzeugen zu können. Ein modaler Dialog muß bearbeitet und geschlossen werden. Ein SendToBack hätte also keinen Erfolg.

procedure Update;
In der Methode Update wird die API-Funktion UpdateWindow von Windows aufgerufen, die alle beim Zeichnen entstandenen und noch nicht erledigten Meldungen bearbeitet.

UpdateWindows ist definiert als

```
procedure UpdateWindow(Wnd: HWnd);
```

Die Routine UpdateWindow aktualisiert den Client-Bereich des angegebenen Fensters, indem sie eine WM_PAINT-Meldung an das Fenster sendet, wenn der Aktualisierungsbereich für das Fenster nicht leer ist. Die Routine UpdateWindow sendet eine WM_PAINT-Meldung unter Umgehung der Anwendungswarteschlange direkt an die Fensterfunktion des gegebenen Fensters. Wenn der Aktualisierungsbereich leer ist, wird keine Meldung gesendet. Der Parameter Wnd bezeichnet das Fenster oder besser das Handle des Fensters, das aktualisiert werden soll.

Komponentenname: MediaPlayer
Klassenname: TMediaPlayer

Beschreibung:

MediaPlayer dient Ihnen zur Steuerung von Multimedia-Geräten mit einem Treiber der Mediensteuerungsschnittstelle (Media Control Interface, MDI). Mit MediaPlayer können Sie also Geräte wie CD ROM-Laufwerke, MIDI-Sequenzer oder Videorecorder steuern.

Eigenschaften:

property Align: TAlign;
Die Eigenschaft Align legt fest, wie Dialogelemente zum Beispiel im Formular ausgerichtet werden. Mögliche Werte:

alNone   Die Komponente bleibt an der Einfügeposition im Formular (Standardeinstellung).

alTop   Die Komponente wird an die Oberkante des Formulars verschoben und an seine Breite angepaßt. Die Höhe der Komponente bleibt unverändert.

alBottom	Die Komponente wird an die Unterkante des Formulars verschoben und an seine Breite angepaßt. Die Höhe der Komponente bleibt unverändert.
alLeft	Die Komponente wird an die linke Kante des Formulars verschoben und an seine Höhe angepaßt. Die Breite der Komponente bleibt unverändert.
alRight	Die Komponente wird an die rechte Kante des Formulars verschoben und an seine Höhe angepaßt. Die Breite der Komponente bleibt unverändert.
alClient	Die Größe der Komponente wird an den Client-Bereich eines Formulars angepaßt. Ist ein Teil des Client-Bereichs bereits von einer anderen Komponente besetzt, füllt die Komponente den verbleibenden Teil des Client-Bereichs aus.

Wird zum Beispiel ein Formular, das Besitzer eines Labels ist, in der Größe verändert, werden die Komponenten innerhalb des Formulars neu ausgerichtet. Die Verwendung der Eigenschaft Align ist dann sinnvoll, wenn ein Dialogelement an einer Position des Formulars stehenbleiben soll, auch wenn sich die Größe des Formulars ändert.

property AutoEnable: Boolean;
Mit AutoEnable können Sie bestimmen, ob das Medienwiedergabegerät einzelne Schalter in der Komponente automatisch aktiviert und deaktiviert. Ist AutoEnable auf True gesetzt, aktiviert oder deaktiviert das Medienwiedergabegerät automatisch die Steuerschalter. Welche Schalter zu aktivieren und deaktivieren sind, entscheidet das Gerät anhand des Werts der Eigenschaft Mode und des aktuellen Geräte-Typs, der in der Eigenschaft DeviceType angegeben ist. AutoEnable überschreibt die Eigenschaft EnabledButtons. Die vom Gerät automatisch aktivierten oder deaktivierten Schalter haben Vorrang vor den Einstellungen von EnabledButtons. Ist AutoEnable auf False gesetzt, dann werden die Schalter nicht vom Gerät aktiviert oder deaktiviert, dann richtet sich alles nach dem Wert der Eigenschaft EnabledButtons.
Die folgende Wertetabelle zeigen Ihnen auf, ob Schalter für jedes Gerätemodell automatisch aktiviert oder deaktiviert werden:

Schalter	Wiedergabe	Aufnahme	Pause	Stop	n. geöffnet
Zurück	Aktiviert	Aktiviert	Aktiviert	Aktiviert	Deaktiviert
Auswerfen	Aktiviert	Aktiviert	Aktiviert	Aktiviert	Deaktiviert
Nächstes	Aktiviert	Aktiviert	Aktiviert	Aktiviert	Deaktiviert
Pause	Aktiviert	Aktiviert	Aktiviert	Deaktiviert	Deaktiviert
Wiedergabe	Deaktiviert	Deaktiviert	Aktiviert	Aktiviert	Deaktiviert
Vorheriges	Aktiviert	Aktiviert	Aktiviert	Aktiviert	Deaktiviert
Aufnahme	Deaktiviert	Deaktiviert	Aktiviert	Aktiviert	Deaktiviert
Einzelschritt	Aktiviert	Aktiviert	Aktiviert	Aktiviert	Deaktiviert
Stop	Aktiviert	Aktiviert	Deaktiviert	Deaktiviert	Deaktiviert

property AutoOpen: Boolean;
Mit AutoOpen legen Sie fest, ob das Gerät bei Programmausführung automatisch geöffnet wird.

Ist AutoOpen auf True gesetzt, versucht der Geräte-Treiber, das in der Eigenschaft DeviceType (oder FileName, wenn DeviceType = dtAutoSelect) angegebene Multimedia-Gerät zu öffnen. Ist AutoOpen dagegen auf False gesetzt, dann muß das Gerät mit der Methode Open geöffnet werden.

Tritt beim Öffnen ein Fehler auf, dann wird eine Exception vom Typ EMCIDeviceError erzeugt, die eine entsprechende Fehlermeldung enthält. Danach wird in der Eigenschaft Error ein Fehlerwert und die entsprechende Fehlermeldung in der Eigenschaft ErrorMessage abgelegt. Die Eigenschaft Wait gibt an, ob die Programmausführung vor dem Öffnen des Geräts an die Anwendung zurückgegeben wird. Notify legt dabei fest, ob das Öffnen des Geräts ein OnNotify-Ereignis erzeugt.

property AutoRewind: Boolean;
Mit AutoRewind bestimmen Sie, ob das Wiedergabegerät vor dem Beginn von Aufnahme oder Wiedergabe zurückspult. Ist AutoRewind auf True gesetzt und ist die aktuelle Position am Ende des Mediums, wird durch Play oder StartRecording die aktuelle Position vor Beginn der Wiedergabe oder Aufnahme an den Anfang gesetzt. Noch zu beachten: Wurden StartPos oder EndPos Werte zugewiesen oder verwendet das Gerät Spuren (Tracks), ist AutoRewind ohne Wirkung. Wenn Sie in diesem Fall Play oder StartRecording aufrufen, bleibt die aktuelle Position am Ende des Mediums.

property BoundsRect: TRect;
Die Eigenschaft BoundsRect liefert das Begrenzungsrechteck der Komponente – ausgedrückt im Koordinatensystem des übergeordneten Dialogelements – zurück. Mit BoundsRect ersetzen und erleichtern Sie sich somit die Abfrage der einzelnen Werte für die Eigenschaften Left, Top, Width und Height.

property Capabilities: TMPDevCapsSet;
Mit Capabilities ermitteln Sie die Fähigkeiten des geöffneten Geräts. Mögliche Werte:

Wert	Fähigkeit
mpCanEject	Medien können ausgeworfen werden
mpCanPlay	Medien können abgespielt werden
mpCanRecord	Medien können aufgezeichnet werden
mpCanStep	Gerät kann in Medien schrittweise vor- und zurückgehen
mpUsesWindows	Gerät benutzt ein Fenster für die Ausgabe.

Noch zu beachten: Im Moment ist die Möglichkeit, die Fähigkeit eines Geräts zum schrittweisen Vor- und Zurückgehen zu überprüfen, stark eingeschränkt. Capabilities ermittelt für mpCanStep nur Werte, falls der Gerätetyp (DeviceType) Animation, AVI Video, Digital Video, Overlay oder VCR ist.

property ColoredButtons: TButtonSet;
Mit ColoredButtons bestimmen Sie, ob und wenn ja, welche Buttons der Komponente farbig dargestellt werden. Mögliche Werte:

Werte	Bedeutung (wenn Flag auf True gesetzt):
btPlay	Abspiel-Taste farbig.
btPause	Pause-Taste farbig
btStop	Stop-Taste farbig
btNext	Nächstes-Taste farbig
btPrev	Letztes-Taste farbig
btStep	Sprung-Taste farbig
btBack	Zurück-Taste farbig
btRecord	Aufnahme-Taste farbig
btEject	Auswurf-Taste farbig

property ComponentIndex: Integer;
Die Eigenschaft ComponentIndex zeigt die Position einer Komponente in der Eigenschaftsliste Components ihres Besitzers an. Die erste Komponente in der Liste hat den ComponentIndex-Wert 0, die zweite hat den Wert 1, die dritte den Wert 2 etc. Diese Eigenschaft ist nur zur Laufzeit und dann auch nur im Read-Only-Modus benutzbar.

property Controls[Index: Integer]: TControl;
Controls ist ein Array aller untergeordneten Komponenten der Komponente. Controls ist dann von Nutzen, wenn Sie auf die untergeordneten Komponenten über die Zahl statt über den Namen zugreifen müssen.

property Cursor: TCursor;
Mit der Eigenschaft Cursor stellen Sie das Aussehen des Cursors ein, wenn dieser auf die Komponente zeigt.

Mögliche Werte sind:

crDefault	crArrow	crCross
crIBeam	crSize	crSizeNESW
crSizeNS	crSizeNWSE	crSizeWE
crUpArrow	crHourglass	crDrag
crNoDrop	crHSplit	crVSplit

property DeviceID: Word;
DeviceID gibt Ihnen die Gerätekennung des aktuell geöffneten Multimedia-Geräts an. Der Wert von DeviceID wird festgelegt, wenn ein Gerät mt der Methode Open geöffnet wird. Ist kein Gerät geöffnet, ist DeviceID 0.

property DeviceType: TMPDeviceTypes;
Mit DeviceType geben Sie den Typ des Multimedia-Gerätes an. Mögliche Werte:

KAPITEL 6

Wert	Bedeutung
dtAutoSelect	automatische Erkennung
dtAVIVideo	AVI-Video (z.B.: Video for Windows)
dtCDAudio	CD-Player (Musik)
dtDAT	DAT-Rekorder
dtDigitalVideo	Digital Video
dtMMMovie	Multimedia-Film
dtOther	Diverse
dtOverlay	Overlay
dtScanner	Scanner
dtSequencer	Sequenzer
dtVCR	VCR
dtVideodisc	Video-Disc/CD
dtWaveAudio	Wav-Player

Bei dtAutoSelect wird der Gerätetyp durch die Dateierweiterung, die in der Eigenschaft FileName angegeben ist, festgestellt. Ist kein Gerätetyp mit der Erweiterung verknüpft, müssen Sie den richtigen Gerätetyp explizit angeben, indem Sie DeviceType auf einen anderen Wert als dtAutoSelect setzen. Die Verknüpfungen zwischen Dateiendungen und Geräten finden Sie normalerweise in der Datei WIN.INI im Bereich [mci extensions].

property Display: TWinControl;
Mit Display bestimmen Sie das Anzeigefenster für ein Multimedia-Gerät, das ein Fenster für seine Ausgabe verwendet (zum Beispiel beim Abspielen von Videos oder Foto-CDs). Weisen Sie Display den Namen einesrFensterkomponente zu (zum Beispiel ein leeres Formular), um die Ausgabe anzuzeigen. Ist nichts angegeben, dann versucht das Gerät von sich aus, ein Fenster für die Ausgabe zu öffnen. Beispiele für solche Multimedia-Geräte sind Animation, AVI Video, Digital Video, Overlay und Videorecorder.

property DisplayRect: TRect;
Mit DisplayRect bestimmen Sie zur Laufzeit den rechteckigen mit der Eigenschaft Display festgelegten Bereich innerhalb Ihres Formulars, in der die Ausgabe des Gerätes erfolgen soll. DisplayRect wird ignoriert, wenn der Wert von Display nil ist. DisplayRect kann erst gesetzt werden, nachdem das Gerät geöffnet wurde.

property DragCursor: TCursor;
Die Eigenschaft DragCursor bestimmt die Form des Mauszeigers, wenn sich der Zeiger über einer Komponente befindet, die ein gezogenes Objekt akzeptieren kann. Mögliche Werte sind mit denen der Eigenschaft Cursor identisch.

property DragMode: TDragMode;
Die Eigenschaft DragMode legt das Ziehen-und-Ablegen-Verhalten einer Komponente fest. Mögliche Werte sind:

dmAutomatic	Wenn dmAutomatic ausgewählt ist, ist das Dialogelement bereit, gezogen zu werden; der Anwender klickt nur und zieht es dann.
dmManual	Wenn dmManual ausgewählt ist, kann das Dialogelement nicht gezogen werden, bevor die Anwendung die Methode BeginDrag aufgerufen hat.

Ist die Eigenschaft DragMode einer Komponente dmAutomatic, kann die Anwendung dies zur Laufzeit durch Einstellung des Werts dmManual deaktivieren.

property Enabled: Boolean;
Die Eigenschaft Enabled bestimmt, ob die Komponente auf Maus-, Tastatur- und Timer-Ereignisse reagiert. Wenn Enabled auf True gesetzt ist, reagiert die Komponente normal. Ist Enabled hingegen False, ignoriert das Dialogelement Maus- und Tastaturereignisse. Bei einer Timer-Komponente werden die für das OnTimer-Ereignis deaktivierten Komponenten-Dialogelemente grau dargestellt.

property EnabledButtons: TButtonSet;
Mit EnabledButtons bestimmen Sie, dier Schalter eines Medienwiedergabegeräts aktiviert ist. Die möglichen Werte und ihre Bedeutung können Sie der folgenden Tabelle entnehmen:

Werte	Bedeutung (wenn Flag auf True gesetzt):
btPlay	Abspiel-Taste ist anwählbar
btPause	Pause-Taste ist anwählbar
btStop	Stop-Taste ist anwählbar
btNext	Nächste-Taste ist anwählbar
btPrev	Letzte-Taste ist anwählbar
btStep	Sprung-Taste ist anwählbar
btBack	Zurück-Taste ist anwählbar
btRecord	Aufnahme-Taste ist anwählbar
btEject	Auswurf-Taste ist anwählbar

Ist die Eigenschaft AutoEnable auf True gesetzt, dann hat EnabledButtons keine Wirkung.

property EndPos: Longint;
Mit EndPos geben Sie zur Laufzeit die Position innerhalb des aktuell geladenen Mediums an, an der Wiedergabe oder Aufnahme angehalten werden sollen. EndPos wird im aktuellen Zeitformat angegeben, das in der Eigenschaft TimeFormat festgelegt ist. Die Eigenschaft EndPos hat nur Auswirkungen auf die nächste Methode Play oder StartRecording, die nach dem Setzen von EndPos aufgerufen wird. EndPos muß danach immer wieder neu gesetzt werden.

property Error: Longint;
Error enthält den MCI-Fehler-Code, der von der zuletzt aufgerufenen Steuerungsmethode (Back, Close, Eject, Next, Open, Pause, PauseOnly, Play, Previous, StartRecording, Resume, Rewind, Step oder Stop) zurückgegeben wurde.

Diese Werte sind mit den Ergebnissen der Funktion mciSendCommand identisch. Die Fehler-Meldung wird in der Eigenschaft ErrorMessages abgelegt.

property ErrorMessage: String;
ErrorMessage enthält die Fehlermeldung der zuletzt aufgerufenen Steuerungsmethode (Back, Close, Eject, Next, Open, Pause, PauseOnly, Play, Previous, StartRecording, Resume, Rewind, Step oder Stop). Der Fehler-Code liegt in der Eigenschaft Error vor.

property FileName: String;
In FileName geben Sie die abzuspielende Mediadatei an, die mit Hilfe der Methode Open geöffnet oder der Methode Save gespeichert werden soll. Ein Doppelklick auf diese Eigenschaft im Objektinspektor öffnet einen Dialog zum Laden der Datei.

property Frames: Longint;
Mit Hilfe von Frames legen Sie zur Laufzeit die Anzahl der Rahmen fest, um welche die Methode Step vorwärtsschreitet bzw. die Methode Back rückwärtsschreitet. Der Vorgabewert für Frames ist 10% der Länge des aktuell geladenen Mediums (siehe Eigenschaft Length).

property Handle: ...;
Der Typ der Eigenschaft Handle ist abhängig von der jeweiligen Komponente. Im allgemeinen gilt: Sollte eine Windows-API-Funktion ein Handle der betreffenden Komponente verlangen, setzen Sie dazu die jeweilige Eigenschaft Handle der betreffenden Komponente ein. Verlangt eine Windows-API-Funktion zum Beispiel das Handle Ihrer gesamten Anwendung, benutzen Sie am besten die Eigenschaft Handle des Objekts TApplication. Hier die Übersicht der verschiedenen Typen der Eigenschaft Handle:

Handle für die Komponenten:

Bitmap	property Handle: HBitmap;
Brush	property Handle: HBrush;
Canvas	property Handle: HDC;
Font	property Handle: HFont;
Icon	property Handle: HIcon;
Metafile	property Handle: HMetafile;
Pen	property Handle: HPen;

Handle gibt Ihnen den Zugriff auf das Handle des jeweiligen GDI-Objekts, damit Sie auf dieses zugreifen können. Benötigen Sie zum Beispiel zum Aufruf einer Windows-API-Funktion ein Handle auf ein Stiftobjekt oder ein Bitmap-Objekt, können Sie dazu das Handle der Komponente Pen beziehungsweise der Komponente Bitmap benutzen.

Handle für das Objekt TApplication und die folgenden Komponenten:

Bevel	DBText	Memo
BitBtn	DirectoryListBox	Notebook
Button	DrawGrid	OLEContainer
CheckBox	DriveComboBox	Outline
ComboBox	Edit	PaintBox
DBCheckBox	FileListBox	Panel
DBComboBox	FilterComboBox	RadioButton
DBEdit	FindDialog	RadioGroup
DBGrid	Form	ReplaceDialog
DBImage	GroupBox	ScrollBar
DBListBox	Header	ScrollBox
DBLookupCombo	Image	Shape
DBLookupList	Label	SpeedButton
DBMemo	ListBox	StringGrid
DBNavigator	MaskEdit	TabbedNotebook
DBRadioGroup	MediaPlayer	TabSet

property Handle: HWND;
Handle bietet Ihnen Zugriff auf das Handle der jeweiligen Komponente (z.B. Fenster-Handle, Dialog-Handle etc.). Dieses Handle wird von einigen Windows-API-Funktionen beim Aufruf erwartet. Sie können in diesem Fall das Handle der jeweils betroffenen Komponente oder – falls das Handle Ihrer Anwendung gefordert wird – das Handle des Objekts TApplication übergeben.

Handle für die Komponenten:

MainMenu	MenuItem	PopupMenu

property Handle: HMENU;
Sollte eine Windows-API-Funktion ein Handle eines Menüs, Menü-Eintrags oder eines lokalen Menüs verlangen, können Sie dazu die Eigenschaft Handle von MainMenu, MenuItem und PopupMenu benutzen.

Handle für die Komponente Printer:

property Handle: HDC;
Handle beinhaltet das Handle des jeweiligen Druckerobjektes TPrinter der Komponente Printer.

Handle für die Komponente DataBase:

property Handle: HDBIDB;
Um direkte Aufrufe in die Richtung der Borland Database-Engine-(BDE)-API zu tätigen, benötigen Sie ein Handle der jeweiligen Datenbank-Komponente. Dazu dient Ihnen die Eigenschaft Handle der Komponente DataBase. Sie erlaubt Ihnen Zugriffe auf Funktionen des BDE-API, die nicht in die VCL-Bibliothek integriert wurden. Bevor Sie allerdings diese Funktionen aufrufen, sollten Sie prüfen, ob diese Funktion nicht doch schon in der VCL-Bibliothek gekapselt wurde.

Handle für das Objekt TSession:

Delphi erzeugt eine Komponente Session vom Typ TSession immer dann, wenn eine Anwendung ausgeführt wird. Sessions sollten nicht von Ihnen erzeugt oder zerstört werden. Session erlaubt globale Prüfung über Datenbankverbindungen. Die Eigenschaft Databases von Session ist ein Array von allen aktiven Datenbanken in der Sitzung. Die Eigenschaft DatabaseCount vom Typ Integer gibt die Anzahl der aktiven Datenbanken in der Sitzung an.

property Handle: HDBISES;
Mit dieser Eigenschaft Handle können Sie direkte Aufrufe an die Borland-Datenbank-Engine – bezogen auf eine bestimmte Sitzung (Session/TSession) – machen. Die Komponente Session werden Sie kaum benutzen. Die wichtigsten Funktionen der BDE-API sind in der VCL-Bibliothek gekapselt und ersparen Ihnen diesen Weg.

Handle für die Komponenten Table, Query und StoredProc:

property Handle: HDBICur;
Ebenfalls für direkte Zugriffe auf Funktionen der BDE-API und unter normalen Umständen nicht zu benutzen, da die wichtigsten BDP-API-Funktionen via VCL-Bibliothek einen einfacheren Zugriff ermöglichen.

property Height: Integer;
Die Eigenschaft Height eines Dialogelements legt die Höhe der Komponente in Pixeln fest.

property HelpContext: THelpContext;
Die Eigenschaft HelpContext stellt eine Kontextnummer für die Verwendung beim Aufruf kontextbezogener Online-Hilfe bereit. Jeder Hilfebildschirm des Hilfesystems sollte eine eindeutige Kontextnummer besitzen. Ist in der Anwendung eine Komponente selektiert, so wird nach Betätigen von F1 ein Hilfebildschirm angezeigt. Welcher Hilfebildschirm angezeigt wird, hängt vom Wert der Eigenschaft HelpContext ab.

property Hint: string;
Die Eigenschaft Hint ist der Text-String, der erscheinen kann, wenn ein OnHint-Ereignis eintritt, also wenn der Benutzer den Cursor über die Komponente bewegt. Wie der String angezeigt wird, bestimmt der Code in der Ereignisbehandlungs-Routine OnHint. Sie können eine Schnellhilfe, d.h. ein Fenster, das einen Hilfetext enthält, für eine Komponente erscheinen lassen, wenn der Anwender den Mauszeiger über das Dialogelement führt und dort kurz verweilt. Dies funktioniert wie folgt:

1. Spezifizieren Sie für jede Komponente, die einen Schnellhinweis anzeigen soll, einen Hint-Wert.
2. Setzen Sie die Eigenschaft ShowHints des Bedienfelds auf True.
3. Setzen Sie die Eigenschaft ShowHint der Anwendung zur Laufzeit auf True.

Sie können Hint gleichzeitig sowohl für ein Hilfehinweisfenster als auch für die Verwendung innerhalb der Behandlungsroutine OnHint spezifizieren, indem Sie

zwei durch das Zeichen | (das »oder« oder »Pipe«-Symbol) abgeteilte Werte angeben, also beispielsweise:

```
Edit1.Hint := 'Aufforderung|Geben Sie den richtigen Wert ein';
```

Der String »Aufforderung« erscheint im Hilfehinweisfenster und der String »Geben Sie den richtigen Wert ein« erscheint wie in der Ereignisbehandlungs-Routine OnHint spezifiziert.

property Left: Integer;
Die Eigenschaft Left bestimmt die horizontalen Koordinaten in Pixeln der linken Kante einer Komponente relativ zum Formular. Für Formulare ist der Wert der Eigenschaft Left relativ zum Bildschirm (ebenfalls in Pixeln).

property Length: Longint;
Length enthält den Wert für die Länge des Mediums im geöffneten Gerät (zum Beispiel bei einer Musik-CD die Gesamtspielzeit). Die Maßeinheit von length wird mit der Eigenschaft TimeFormat festgelegt.

property Mode: TMPModes;
Mode ermittelt für Sie den Arbeits-Modus des aktuell geöffneten Wiedergabegeräts. Mögliche Werte für Mode:

Wert	Modus
mpNotReady	Gerät nicht bereit
mpStopped	Gerät wurde angehalten
mpPlaying	Gerät spielt zur zeit
mpRecording	Gerät zeichnet zur zeit auf
mpSeeking	Gerät sucht zur Zeit
mpPaused	Pause-Taste wurde gedrückt (Pause)
mpOpen	Geerät wurde geöffnet

property Name: TComponentName;
Die Eigenschaft Name enthält den Namen der Komponente wie er von anderen Komponenten für den Zugriff verwendet wird. Delphi weist als Vorgabewerte sequentielle Namen zu, die auf dem Typ der Komponente basieren, also etwa für Buttons »Button1«, »Button2« etc. Dies können Sie gemäß Ihrer Vorstellungen abändern. Komponentennamen sollten ausdrücklich nur zur Entwurfszeit geändert werden.

property Notify: Boolean;
Mit Notify bestimmen Sie zur Laufzeit, ob der nächste Aufruf einer Steuerungsmethode (Back, Close, Eject, Next, Open, Pause, PauseOnly, Play, Previous, StartRecording, Resume, Rewind, Step oder Stop) bei seiner Beendigung ein Ereignis OnNotify erzeugt.

Bei Notify = True wird bei Beendigung der Methode das Ereignis OnNotify erzeugt und speichert die Benachrichtigungsbotschaft in der Eigenschaft NotifyValue. Notify und OnNotify können dazu dienen, bei Methoden, die eine längere Zeit zur Beendigung benötigen, dem Anwender eine Nachricht zukommen zu lassen.

property NotifyValue: TMPNotifyValues;
NotifyValue enthält das Ergebnis der letzten Steuerungsmethode (Back, Close, Eject, Next, Open, Pause, PauseOnly, Play, Previous, StartRecording, Resume, Rewind, Step oder Stop), wenn Notify auf True gesetzt wurde. Dadurch kann das Ergebnis der letzten Methode erfragt werden. Mögliche Werte:

Wert	Ergebnis
nvSuccessful	Aktion erfolgreich beendet
nvSuperseded	Aktion wurde von einer anderen Aktion verdrängt u. beendet
nvAborted	Aktion wurde vom Benutzer abgebrochen
nvFailure	Aktion mißlungen

property Owner: TComponent;
Die Eigenschaft Owner teilt Ihnen mit, die Komponente zu welcher Komponente gehört. Dem Formular gehören alle Komponenten, die auf ihm vorhanden sind. Umgekehrt gehört das Formular zur Anwendung. Gehört eine Komponente A einer anderen Komponente B, wird der Speicher der Komponente A freigegeben, wenn der Speicher der Komponente B freigegeben wird. Es werden also folgerichtig alle Komponenten des Formulars gelöscht, wenn das Formular gelöscht wird. Außerdem wird natürlich der Speicher für das Formular und dessen Komponenten freigegeben, wenn der Speicher der Anwendung selbst freigegeben wird.

property Parent: TWinControl;
Die Eigenschaft Parent enthält den Namen der übergeordneten Komponente. Wenn eine Komponente A eine andere Komponente B enthält, sind die in B enthaltenen Komponenten untergeordnete Komponenten von A. Wenn Ihre Anwendung beispielsweise drei Buttons in einer GroupBox enthält, dann ist die GroupBox das übergeordnete Element der drei Buttons und die Button-Schaltfelder sind der GroupBox untergeordnet.

Parent und Owner sind leider etwas verwirrend. Daher hier eine kleine Entwirrung:

Ein Formular ist der Besitzer aller darauf enthaltenen Komponenten, egal, ob sie ein Fensterelement sind oder nicht. Für unser Beispiel mit den drei Buttons und der GroupBox bedeutet dies: Der Besitzer der Button ist immer das Formular, aber die GroupBox ist das übergeordnete Element.

Wenn Sie einen neuen Dialog erzeugen, müssen Sie dem neuen Dialogelement einen Wert der Eigenschaft Parent zuweisen. Üblicherweise sind dies Formulare, Bedienfelder, GroupBoxen oder andere Dialoge, die andere Komponenten-Elemente enthalten können. Es ist möglich, jedes Element als das übergeordnete zuzuweisen, aber das darin enthaltene Dialogelement wird wahrscheinlich überschrieben.

Wird das übergeordnete Element gelöscht, dann werden auch alle Elemente, die ihm untergeordnet sind, gelöscht.

property ParentShowHint: Boolean;
Die Eigenschaft ParentShowHint bestimmt, wo eine Komponente nach ihrer Hinteigenschaft suchen soll. Falls ParentShowHint True ist, verwendet die Komponente die Hint-Eigenschaft der übergeordneten Komponente.

Ist ParentShowHint False, verwendet die Komponente ihre eigene Eigenschaft Hint. Durch Verwendung von ParentShowHint können Sie sicherstellen, daß alle Komponenten auf einem Formular das gleiche Erscheinungsbild haben.

property Position: Longint;
Mit Position bestimmen Sie zur Laufzeit die gegenwärtige Position innerhalb des gerade geladenen Mediums. Die Maßeinheit des Ergebnisses richtet sich nach der Eigenschaft TimeFormat.

property Shareable: Boolean;
Mit Hilfe von Shareable können Sie festlegen, ob mehr als eine Anwendung auf das Multimediagerät zugreifen kann (True). Sollte ein Gerät dies nicht erlauben, wird beim Aufruf der Methode Open ein Fehler-Code in die Eigenschaft error und die dazugehörige Fehlermeldung in ErrorMessage abgelegt.

property ShowHint: Boolean;
Die Eigenschaft ShowHint bestimmt, ob das Dialogelement eine Schnellhilfe anzeigen soll, wenn der Mauszeiger eine Weile auf ihm verweilt. Die Schnellhilfe entspricht dem Wert der Eigenschaft Hint, die in einem Feld direkt unterhalb des Elements angezeigt wird. Wenn die Eigenschaft ShowHint den Wert True hat, kann die Schnellhilfe erscheinen.

Ist ShowHint False, kann die Schnellhilfe auch angezeigt werden, wenn ParentShowHint auf True gesetzt wurde, und die Eigenschaft ShowHint der übergeordneten Komponente ebenfalls auf True gesetzt wurde.

property Showing: Boolean;
Die Eigenschaft Showing legt fest, ob eine Komponente momentan auf dem Bildschirm angezeigt wird oder nicht. Falls die Eigenschaft Visible einer Komponente und aller übergeordneten Komponenten in der übergeordneten Hierarchie True ist, ist Showing auch True. Wenn einer der Vorfahren der Komponente den Wert False als Wert für die Eigenschaft Visible hat, dann ist auch Showing False.

property Start: Longint;
Start legt die Startposition innerhalb des gegenwärtig geladenen Mediums fest. Start ist der Anfang des Mediums für Geräte, die keine Spuren verwenden oder der Anfang der ersten Spur bei Geräten, die Spuren verwenden. Start wird definiert, wenn ein Multimediagerät mit der Methode Open geöffnet wird (die Maßeinheit wird in der Eigenschaft TimeFormat spezifiziert).

property StartPos: Longint;
Mit StartPos legen Sie die Position innerhalb des gegenwärtig geladenen Mediums fest, ab der abgespielt oder aufgenommen werden soll. StartPos wird unter Verwendung des aktuellen Zeitformats spezifiziert, das in der Eigenschaft TimeFormat festgelegt ist. Die Eigenschaft StartPos beeinflußt nur die Methoden Play oder StartRe-

cording, wenn diese nach der Einstellung von StartPos aufgerufen werden. Sie müssen StartPos zurücksetzen, um nachfolgende Aufrufe von Play oder StartRecording zu beeinflussen.

property TabOrder: TTabOrder;
Die Eigenschaft TabOrder bestimmt die Position einer Komponente in der Tabulatorreihenfolge, in der Komponenten den Fokus erhalten, wenn der Anwender die Taste TAB drückt. Anfänglich ist die Tabulatorreihenfolge immer die Reihenfolge, in der die Komponenten in das Formular hinzugefügt wurden. Der Wert der Eigenschaft TabOrder ist für jede Komponente auf dem Formular einmalig. Die erste dem Formular hinzugefügte Komponente hat den Wert 0 von TabOrder, die zweite hat 1, die dritte 2 usw.

Falls Sie den Wert der Eigenschaft TabOrder einer Komponente den gleichen Wert einer anderen Komponente zuweisen, numeriert Delphi automatisch die Werte für alle anderen Komponenten neu. Angenommen, eine Komponente ist beispielsweise die sechste Komponente in der Tabulatorreihenfolge. Wenn Sie den Wert der Eigenschaft TabOrder der Komponente auf 3 ändern (dies macht die Komponente zu der vierten in der Tabulatorreihenfolge), wird die Komponente, die die vierte war, nun zur fünften und die Komponente, die die fünfte war, wird jetzt die sechste.

property TabStop: Boolean;
Die Eigenschaft TabStop bestimmt, ob der Anwender diese Komponente mit der Taste TAB anspringen kann. Falls TabStop True ist, befindet sich die Komponente in der Tabulatorreihenfolge. Wenn TabStop False ist, ist das Dialogelement nicht in der Tabulatorreihenfolge.

property Tag: Longint;
Die Eigenschaft Tag kann einen Integerwert als Element einer Komponente speichern. Tag wird von Delphi nicht benutzt und steht Ihnen damit zur freien Verfügung.

property TimeFormat: TMPTimeFormats;
Mit TimeFormat bestimmen Sie zur Laufzeit das Zeit-Format des Mediums. Dadurch werden die Eigenschaften StartPos, Length, Position, Start und EndPos beeinflußt. Mögliche Werte für TimeFormat:

Wert	Zeitformat	Variablentyp
tfMilliseconds	Millisekunden	LongInt.
tfHMS	Stunden, Minuten und Sekunden werden in folgender Reihenfolge gepackt: Stunden (niedrigstwertiges Byte) Minuten Sekunden Nicht benutzt (höchstwertiges Byte)	LongInt

Wert	Zeitformat	Variablentyp
tfMSF	Minuten, Sekunden und Rahmen werden in folgender Reihenfolge gepackt Minuten (niedrigstwertiges Byte) Sekunden Rahmen Nicht benutzt (höchstwertiges Byte)	LongInt
tfFrames	Rahmen	LongInt

Das SMPTE-Zeitformat (Society of Motion Picture and Television Engineers) ist ein absolutes Zeitformat mit Stunden, Minuten, Sekunden und Rahmen. Üblich sind Zeitformate mit 24, 25 und 30 Rahmen pro Sekunde:

Wert	Zeitformat	Variablentyp
tfSMPTE24	Daten im SMPTE-Zeitformat mit 24 Rahmen pro Sekunde werden in folgender Reihenfolge gepackt: Stunden (niedrigstwertiges Byte) Minuten Sekunden Rahmen (höchstwertiges Byte)	LongInt
tfSMPTE25	Daten im SMPTE-Zeitformat mit 25 Rahmen pro Sekunde werden in folgender Reihenfolge gepackt: Stunden (niedrigstwertiges Byte) Minuten Sekunden Rahmen (höchstwertiges Byte)	LongInt
tfSMPTE30	Daten im SMPTE-Zeitformat mit 30 Rahmen pro Sekunde werden in folgender Reihenfolge gepackt: Stunden (niedrigstwertiges Byte) Minuten Sekunden Rahmen (höchstwertiges Byte)	LongInt

Wert	Zeitformat	Variablentyp
tfSMPTE30Drop	Daten im Zeitformat SMPTE mit 30 Drop-Rahmen werden in folgender Reihenfolge gepackt: Stunden (niedrigstwertiges Byte) Minuten Sekunden Rahmen (höchstwertiges Byte)	LongInt
tfBytes	Bytes	LongInt (als Byte)
tfSamples	Samples	LongInt
tfTMSF	Spuren, Minuten, Sekunden und Rahmen werden in folgender Reihenfolge gepackt: Spuren (niedrigstwertiges Byte) Minuten Sekunden Rahmen (höchstwertiges Byte)	LongInt

Zu beachten ist noch, daß MCI mit fortlaufender Spurennumerierung arbeitet.

property Top: Integer;
Die Eigenschaft Top gibt die y-Koordinate in Pixeln der linken oberen Ecke eines Dialogelements relativ zum Formular an. Bei Formularen wird der Wert der Eigenschaft Top in Pixeln relativ zum Bildschirm angegeben.

property TrackLength[TrackNum: Integer]: Longint;
TrackLength gibt zur Laufzeit die Länge der durch den Index TrackNum bestimmten Spur an. Der Wert von TrackLength wird im gleichen Format wie die aktuelle Zeit angegeben, das in der Eigenschaft TimeFormat definiert ist.

property TrackPosition[TrackNum: Integer]: Longint;
TrackPosition gibt die Anfangsposition der im Index angegebenen Spur an (Format wird durch die Eigenschaft TimeFormat definiert).

property Tracks: Longint;
Tracks gibt die Anzahl der abspielbaren Spuren auf dem geöffneten Gerät an. Tracks ist für Geräte ohne Spuren undefiniert.

property Visible: Boolean;
Die Eigenschaft Visible bestimmt, ob eine Komponente auf dem Bildschirm sichtbar ist (True) oder nicht (False).

property VisibleButtons: TButtonSet;
Mit VisibleButtons legen Sie fest, welche der Schaltfelder auf dem Media Player sichtbar sind. Sollte einmal wider Erwarten ein Button zur Laufzeit nicht sichtbar

sein, dann kontrollieren Sie am besten den Wert dieser Eigenschaft für den entsprechende Button. VisibleButtons ist die alles entscheidende Eigenschaft:

Wird ein Button mit VisibleButtons nicht sichtbar gemacht, wird es zur Laufzeit auch nicht angezeigt.

Schalter	Wert	Bedeutung
Play	btPlay	Start der Wiedergabe.
Record	btRecord	Start der Aufnahme.
Stop	btStop	Stoppt das Gerät
Next	btNext	Springt zur nächsten Spur oder an das Ende, wenn das Medium keine Spuren verwendet.
Prev	btPrev	Springt zur vorherigen Spur oder an den Anfang, wenn das Medium keine Spuren verwendet.
Step	btStep	Bewegt eine Anzahl von Rahmen weiter.
Back	btBack	Bewegt eine Anzahl von Rahmen zurück.
Pause	btPause	Pause-Taste
Eject	btEject	Medium-Aufwurf

property Wait: Boolean;
Mit Wait bestimmen Sie zur Laufzeit, ob eine Steuerungsmethode (Back, Close, Eject, Next, Open, Pause, PauseOnly, Play, Previous, StartRecording, Resume, Rewind, Step oder Stop) die Steuerung an das Programm nur nach ihrem erfolgreichen Abschluß zurückgibt. Wait ist in der Programmierphase nicht verfügbar.

Ist Wait auf True gesetzt, dann wartet die Medienwiedergabe-Komponente, bis die nächste Mediensteuerungsmethode abgeschlossen ist, bevor sie die Steuerung an das Programm zurückgibt.

property Width: integer;
Die Eigenschaft Width bestimmt die Breite der Komponente, gemessen in Pixeln.

Ereignisse:

property OnChange: TNotifyEvent;
Das Ereignis OnChange erscheint, wenn der Inhalt einer Komponente oder eines Objekts sich ändert. Bei grafischen Objekten tritt OnChange ein, wenn sich die Grafik, die vom Objekt gekapselt wird, ändert. Zum Beispiel tritt das Ereignis OnChange für einen Stift ein, wenn die Eigenschaften Color, Mode, Style oder Width des TPen-Objekts geändert werden. Bei Komponenten tritt OnChange ein, wenn der Hauptwert oder die Hauptwerte der Komponente geändert werden.

Bei Kombinationsfenstern tritt das Ereignis OnChange auch ein, wenn ein Element in der aufklappbaren Liste gewählt wird. Bei String-Listen-Objekten tritt das Ereignis OnChange ein, wenn sich eine Änderung für einen String ergibt, der in der String-Liste gespeichert ist.

OnChange ist vom Typ

```
TNotifyEvent = procedure (Sender: TObject) of object;
```

Der Typ TNotifyEvent weist also auf eine Methode, die das Anklicken eines Objekts behandelt. Der Parameter Sender ist das Dialogelement, das angeklickt wurde.

property OnClick: TNotifyEvent;
Das Ereignis OnClick erscheint, wenn der Benutzer auf die Komponente klickt. In einem Formular tritt OnClick ein, wenn der Benutzer auf eine freie Stelle im Formular oder eine inaktive Komponente klickt.

OnClick ist vom Typ

```
TNotifyEvent = procedure (Sender: TObject) of object;
```

Der Typ TNotifyEvent weist also auf eine Methode, die das Anklicken eines Objekts behandelt. Der Parameter Sender ist das Dialogelement, das angeklickt wurde.

property OnEnter: TNotifyEvent;
OnEnter tritt ein, wenn eine Komponente aktiviert wird. Wenn Sie eine besondere Behandlung festlegen möchten, wenn eine Komponente aktiviert wird, verwenden Sie die Ereignisbehandlungs-Routine OnEnter.

OnEnter erscheint nie, wenn Sie zwischen Formularen oder einer anderen Windows-Anwendung und Ihrer Anwendung umschalten. OnEnter für eine Komponente des Typs TPanel oder THeader tritt nie ein, da Bedienfelder oder Header keinen Fokus erhalten können. Somit ist dort OnEnter vollkommen nutzlos. Sie haben diese Ereignisbehandlung aber geerbt.

OnEnter ist vom Typ

```
TNotifyEvent = procedure (Sender: TObject) of object;
```

Der Typ TNotifyEvent weist also auf eine Methode, die das Doppelklicken eines Objekts behandelt. Der Parameter Sender ist das Dialogelement, das mit einem Doppelklick bearbeitet wurde.

property OnExit: TNotifyEvent;
OnExit erscheint, wenn der Eingabefokus einer Komponente an eine andere übergeben wird. OnExit tritt nicht ein, wenn Sie zwischen Formularen oder zwischen einer Windows-Anwendung und Ihrer Anwendung umschalten. OnExit tritt bei den Komponenten Panel und Speedbutton nicht ein, da diese niemals den Fokus erhalten.

OnExit ist vom Typ

```
TNotifyEvent = procedure (Sender: TObject) of object;
```

Der Typ TNotifyEvent weist also auf eine Methode, die das Doppelklicken eines Objekts behandelt. Der Parameter Sender ist das Dialogelement, das mit einem Doppelklick bearbeitet wurde.

property OnNotify: TNotifyEvent;
OnNotify tritt immer dann ein, wenn eine Steuerungsmethode (Back, Close, Eject, Next, Open, Pause, PauseOnly, Play, Previous, Resume, Rewind, StartRecording, Step oder Stop) ausgeführt worden ist und die Eigenschaft Notifiy vorher auf True gesetzt worden ist. OnNotify dient dazu, bei Methoden, die eine längere Zeit zur Beendigung benötigen, dem Anwender eine Nachricht zukommen zu lassen.

OnNotify ist vom Typ

```
TNotifyEvent = procedure (Sender: TObject) of object;
```

TNotifyEvent zeigt also auf eine Methode, die dieses Ereignis behandelt. Sender ist dabei die Klasse der Komponente, die dieses Ereignis ausgelöst hat.

property OnPostClick: EMPPostNotify;
OnPostClick tritt immer nach OnClick ein. Ist die Eigenschaft Wait auf True gesetzt, wird OnPostClick solange nicht aufgerufen, bis der Code von OnClick vollständig ausgeführt wurde.

Methoden:

procedure Back;
Mit Back können Sie in dem aktuell geladenen Medium um eine Anzahl von Frames zurückblättern. Back ist die Methode, die bei der Betätigung des Buttons »Zurück« ausgelöst wird.

procedure BeginDrag(Immediate: Boolean);
Die Methode BeginDrag leitet den Ziehvorgang einer Komponente ein. Wenn der Parameter Immediate auf True gesetzt ist, wird der Mauszeiger auf den Wert der Eigenschaft DragCursor gesetzt und der Ziehvorgang beginnt. Ist Immediate False, wird der Mauszeiger nicht auf den Wert der Eigenschaft DragCursor gesetzt, und der Ziehvorgang wird erst eingeleitet, wenn der Anwender den Mauszeiger mindestens um 5 Pixel bewegt. Auf diese Weise kann die Komponente Mausklicks akzeptieren, ohne einen Ziehvorgang einzuleiten.

Ihre Anwendung muß die Methode BeginDrag zum Einleiten eines Ziehvorgangs nur aufrufen, wenn DragMode auf dmManual gesetzt ist.

procedure BringToFront;
Die Methode BringToFront setzt eine Komponente innerhalb einer übergeordneten Komponente vor alle anderen Komponenten. BringToFront hilft insbesondere sicherzustellen, daß ein Formular sichtbar ist. Verwenden Sie diese Methode, wenn Sie die Reihenfolge überlappender Komponenten in einem Formular neu festlegen wollen.

Die Reihenfolge, in der Komponenten übereinander gelagert werden (Z-Reihenfolge), hängt davon ab, ob es sich um fensterähnliche oder um nichtfensterähnliche Komponenten handelt. Die Reihenfolge arbeitet nach dem Prinzip, daß die zuletzt eingefügte Komponente die oberste und damit sichtbare Komponente ist.

Mit der Methode BringToFront einer Komponente würde diese Komponente ganz nach oben auf den Stapel kommen und somit sichtbar sein.

Bei der Stapelung ist zu beachten, daß fensterähnliche Komponenten immer auf nicht-fensterähnlichen Komponenten gestapelt werden. Ein Aufruf von BringToFront einer nicht-fensterähnlichen Komponente bewirkt also gar nichts, wenn oben auf dem Stapel eine fensterähnliche Komponente liegt.

Die folgenden Komponenten zählen zu den fensterähnlichen Komponenten:

BitBtn	DBNavigator	MediaPlayer
Button	DBRadioGroup	Memo
CheckBox	DirectoryListBox	Notebook
ComboBox	DrawGrid	OLEContainer
DBCheckBox	DriveComboBox	Outline
DBComboBox	Edit	Panel
DBEdit	FileListBox	RadioButton
DBGrid	FilterComboBox	RadioGroup
DBImage	Form	ScrollBar
DBListBox	GroupBox	ScrollBox
DBLookupCombo	Header	StringGrid
DBLookupList	ListBox	TabbedNotebook
DBMemo	MaskEdit	TabSet

Die nun folgenden Komponenten zählen zu den nicht-fensterähnlichen Komponenten:

Bevel	Label	SpeedButton
DBText	PaintBox	Image
Shape		

function CanFocus: Boolean;
CanFocus stellt fest, ob eine Komponente den Eingabefokus erhalten kann. CanFocus gibt True zurück, wenn die Eigenschaften Visible und Enabled sowohl der Komponente als auch der übergeordneten Komponenten auf True gesetzt sind. Sind nicht alle Eigenschaften Visible und Enabled dieser Komponenten auf True gesetzt, liefert CanFocus False zurück.

function ClientToScreen(Point: TPoint): TPoint;
Die Methode ClientToScreen übersetzt den angegebenen Punkt aus Client-Bereichskoordinaten in globale Bildschirmkoordinaten. In Client-Bereichskoordinaten entspricht der Punkt (0, 0) der oberen linken Ecke des Client-Bereichs der Komponente. In Bildschirmkoordinaten entspricht (0, 0) der oberen linken Ecke des Bildschirms. Mit den Methoden ClientToScreen und ScreenToClient rechnen Sie Positionen aus dem Koordinatensystem einer Komponente A in das Koordinatensystem einer Komponente B um.

Beispiel: Umrechnung der Koordinaten einer Komponente A in die Koordinaten einer Komponente B (TPoint ist ein Record mit den Feldern X und Y):

```
TPoint =   record
       X  : integer;
       Y  : integer;
END;
VAR
   Koord: TPoint;
Koord:= B.ScreenToClient(A.ClientToScreen(Koord));
```

procedure Close;
Mit der Methode Close schließen Sie ein geöffnetes Multimedia-Gerät.

constructor Create;
Create weist Speicher zu, um das Objekt und damit die Komponente zu erzeugen und nach Bedarf seine Daten zu initialisieren. Jedes Objekt kann eine Methode Create besitzen, die individuell so angepaßt ist, daß sie diese bestimmte Art von Objekt erzeugt. Im Normalfall benötigen Sie diese Methoden nicht, da Borland Delphi alles unternimmt, um Ihre Anwendung und die darin enthaltenen Komponenten zu erzeugen. Sollten Sie allerdings ein Ereignis oder die Initialisierung eines Wertes einer selbst geschaffenen Komponente zur Zeit der Erzeugung einstellen wollen, dann können Sie dies in der Methode Create erledigen. Dazu benötigen Sie aber genaue Kenntnisse und Techniken der OOP. Ansonsten sollten Sie Create unverändert lassen und nicht aufrufen.

function Dragging: Boolean;
Die Methode Dragging gibt an, ob eine Komponente gezogen wird. Wenn Dragging True zurückgibt, wird die Komponente gezogen.

procedure Eject;
Mit Eject können Sie das geladene Medium (z.B. eine CD) aus dem Gerät auswerfen. Die Methode Eject wird bei der Auswahl des Buttons "Auswerfen" in Aktion versetzt.

procedure EndDrag(Drop: Boolean);
Die Methode EndDrag verhindert, daß eine Komponente weiter gezogen wird. Wenn der Parameter Drop True ist, wird die gezogene Komponente abgelegt. Ist Drop False, wird die Komponente nicht abgelegt und der Vorgang wird abgebrochen.

function FindComponent(const AName: string): TComponent;
Die Methode FindComponent gibt im Array Components die Komponente zurück, deren Name zum String im Parameter AName paßt. FindComponent beachtet dabei keine Groß-/Kleinschreibung.

Beispiel: Es existiert ein Button »Button1« in Ihrer Anwendung. Um die eigentliche Komponente TButton1 im Array Components zurückzugeben, rufen Sie FindComponents wie folgt auf:

```
FindComponents('Button1');
```

function Focused: Boolean;
Focused wird verwendet, um zu bestimmen, ob ein Fensterdialogelement den Fokus besitzt und deshalb das aktive Dialogelement in ActiveControl ist.

procedure Free;
Die Methode Free entfernt das Objekt und gibt den dazugehörigen Speicher frei. Haben Sie das Objekt unter Verwendung der Methode Create erzeugt, so benutzen Sie zum Entfernen und für die Freigabe des Speichers die Methode Free. Free gelingt auch dann, wenn das Objekt selbst nicht mehr existiert (zum Beispiel durch einen vorherigen Aufruf von Free. Delphi erledigt dies für Objekte der Bibliothek visueller Komponenten automatisch.

Sie sollten also niemals eine Komponente innerhalb Ihrer Anwendung entfernen.

Falls Sie ein Formular freigeben wollen, rufen Sie die Methode Release auf, um das Formular zu löschen und dessen benutzten Speicher freizugeben.

function GetTextBuf(Buffer: PChar; BufSize: Integer): Integer;
Die Methode GetTextBuf holt den Text der Komponente und kopiert ihn in den Puffer als Null-terminierten String (Ende der Zeichenkette wird mit 0 angegeben), auf den Buffer zeigt. Die maximale Länge des Strings wird mit BufSize (siehe dazu GetTextLen) festgelegt. In BufSize wird nach der Ausführung die Anzahl der Zeichen des Strings zu finden sein. Diese Methode ist vor allem dann sehr nützlich, wenn mit Strings größer als 256 Zeichen gearbeitet wird. Der Typ STRING kann nicht mehr als 256 Zeichen aufnehmen. Dabei entfällt aber das erste Element in diesem Typ auf die Längenangabe des Strings, so daß nur noch maximal 255 zeichen möglich sind. Ein PChar ist ein Zeiger auf das erste Zeichen einer Zeichenkette. Eine derart definierte Zeichenkette besitzt keine Längenangabe, sondern trägt eine 0 am Ende der Kette, daher auch der Name Null-terminierter String. Ein PChar kann die maximale Größe von 64 Kbyte erreichen. Die maximale Anzahl der Zeichen ist also auf 64 Kbyte und nicht auf 255 Zeichen beschränkt (siehe auch GetTextLen und SetTextBuf).

function GetTextLen: Integer;
Die Methode GetTextLen gibt die Länge des Textes der Komponente zurück. Dieser Wert kann für BufSize in GetTextBuf verwendet werden (siehe auch GetTextBuf und SetTextBuf).

procedure Hide;
Die Methode Hide versteckt eine Komponente, sie ist also nicht mehr auf dem Bildschirm sichtbar. Dabei wird die Eigenschaft Visible auf False gesetzt. Dabei ist eine Komponente aber weiterhin aktiv, das heißt, kann bearbeitet werden.

procedure InsertComponent(AComponent: TComponent);
InsertComponent macht die Komponente zum Besitzer der im Parameter AComponent übergebenen Komponente. Die Komponente wird am Ende der Array-Eigenschaft Components hinzugefügt. Die eingefügte Komponente darf keinen Namen haben (keinen für die Eigenschaft Name spezifizierten Wert) oder der Name muß sich eindeutig von allen anderen in der Components-Liste unterscheiden. Wird die Besitzerkomponente entfernt, so wird auch AComponent gelöscht.

procedure Invalidate;
Die Methode Invalidate erzwingt das Neuzeichnen einer Komponente, sobald dies möglich ist.

procedure Next;
Mit Next können Sie an den Anfang der nächsten Spur des Mediums gelangen. Ist die aktuelle Position auf der letzten Spur, so macht Next den Anfang der letzten Spur zur aktuellen Position.Verwendet das Gerät keine Spuren, so geht Next ans Ende des Mediums. Next ist sozusagen mit dem Next-Button identisch

procedure Open;
Mit Open öffnen Sie ein Gerät. Der Typ des Geräts muß vor dem Aufruf von Open in der Eigenschaft DeviceType eingestellt sein.

procedure Pause;
Mit der Methode Pause bringen Sie das Multimediagerät zum Pausieren. Diese Methode wird immer dann ausgelöst, wenn der Pause-Button betätigt wird.

procedure PauseOnly;
PauseOnly unterbricht ein Multimediagerät nur, wenn es vorher geöffnet wurde.

procedure Play;
Mit Play starten Sie das Abspielen eines geöffneten Multimediageräts. Play ist gleichbedeutend mit dem Play-Button.

procedure Previous;
Mit Previous stellen Sie die aktuelle Position auf den Anfang der vorhergehenden Spur. Ist die aktuelle Position auf der ersten Spur oder nicht am Anfang einer Spur, dann wird die aktuelle Position auf den Anfang der gegenwärtigen Spur gestellt. Verfügt das Medium über keine Spuren, dann wird die aktuelle Position an den Anfang des Mediums gesetzt (festgelegt durch die Eigenschaft Start). Die Methode Previous wird immer dann aufgerufen, wenn der Button »Letztes« ausgewählt wurde.

procedure Refresh;
Die Methode Refresh reagiert je nach Art der Komponente, ob Daten oder die Komponenten selber neu gezeichnet werden. Die Methode Refresh kann also jedes Bild auf dem Bildschirm löschen und alle Dialogelemente neuzeichnen beziehungsweise Datensätze einer Datei erneut einlesen.

Innerhalb der Implementation von Refresh beim Neuzeichnen von Komponenten wird die Methode Invalidate und dann die Methode Update aufgerufen.

Beim Refresh von Daten ist zu beachten: Durch Refresh können sich die angezeigten Daten unerwartet verändern und so den Anwender verwirren. Ein Dialog oder eine andere Mitteilung, die dem Anwender den Refresh der Daten mitteilt, wäre somit wohl angebracht und von äußerster Nützlichkeit.

procedure RemoveComponent(AComponent: TComponent);
RemoveComponent entfernt die Komponente, die im Parameter AComponent festgelegt ist, aus der Komponentenliste Components. Die Position in der Liste wird zu nil.

procedure Repaint;
Die Methode Repaint fordert das Dialogelement auf, dessen Bild auf dem Bildschirm neu zu zeichnen, ohne jedoch das bereits erschienene zu löschen. Um vor dem Neuzeichnen zu löschen, müssen Sie anstelle von Repaint die Methode Refresh aufrufen.

procedure Resume;
Mit Resume starten Sie das Abspielen oder Aufnehmen eines Geräts wieder (zum Beispiel nach Betätigen des Pause-Buttons).

procedure Rewind;
Mit der Methode Rewind »spulen« Sie an den Anfang des Mediums zurück. Rewind ist mit dem Button »Zurückspulen« identisch.

procedure Save;
Mit Save speichern Sie das geladene Medium in der durch die Eigenschaft FileName angegebenen Datei. Ist das Medium vorher nicht in einer Datei vorhanden gewesen, wird dieser Aufruf ignoriert.

procedure ScaleBy(M, D: Integer);
Die Methode ScaleBy skaliert eine Komponente um einen Prozentsatz ihrer ursprünglichen Größe. Der Parameter M ist der Multiplikator und der Parameter D der Divisor. Wenn Sie beispielsweise die Größe des Dialogelements auf 66% seines ursprünglichen Formats ändern möchten, geben Sie in M den Wert 66 und in D den Wert 100 an (66/100). Bei der Vergrößerung gehen Sie einfach den umgekehrten Weg: Vergrößerung um 66% bedeutet nichts anderes als M=166 und D=100.

function ScreenToClient(Point: TPoint): TPoint;
Die Methode ScreenToClient wird verwendet, um den Koordinatenpunkt der Komponente in Pixeln auf dem Bildschirm zu bestimmen. ScreenToClient gibt die X- und Y-Koordinaten in einem Record des Typs TPoint zurück.

procedure SendToBack;
Die Methode SendToBack setzt eine Komponente innerhalb einer übergeordneten Komponente hinter alle anderen Komponenten. Die Reihenfolge, in der Komponenten übereinander gelagert werden (Z-Reihenfolge), hängt davon ab, ob es sich um fensterähnliche oder um nicht-fensterähnliche Komponenten handelt. Die Reihenfolge arbeitet nach dem Prinzip, daß die zuletzt eingefügte Komponente die oberste und damit sichtbare Komponente ist.

Mit der Methode SendToBack einer Komponente würde diese Komponente ganz nach unten auf den Stapel kommen und somit unsichtbar sein.

Bei der Stapelung ist zu beachten, daß fensterähnliche Komponenten immer auf nicht-fensterähnlichen Komponenten gestapelt werden. Ein Aufruf von SendToBack einer fensterähnlichen Komponente bewirkt also gar nichts, wenn unter dem Stapel eine nicht-fensterähnliche Komponente liegt (siehe auch BringToFront).

Die folgenden Komponenten zählen zu den fensterähnlichen Komponenten:

BitBtn	DBNavigator	MediaPlayer
Button	DBRadioGroup	Memo
CheckBox	DirectoryListBox	Notebook
ComboBox	DrawGrid	OLEContainer
DBCheckBox	DriveComboBox	Outline
DBComboBox	Edit	Panel
DBEdit	FileListBox	RadioButton
DBGrid	FilterComboBox	RadioGroup
DBImage	Form	ScrollBar
DBListBox	GroupBox	ScrollBox
DBLookupCombo	Header	StringGrid
DBLookupList	ListBox	TabbedNotebook
DBMemo	MaskEdit	TabSet

Die nun folgenden Komponenten zählen zu den nicht-fensterähnlichen Komponenten:

Bevel	Label	SpeedButton
DBText	PaintBox	Image
Shape		

procedure SetBounds(ALeft, ATop, AWidth, AHeight: Integer);
Die Methode SetBounds setzt die Begrenzungseigenschaften der Komponente Left, Top, Width und Height auf die Werte, die in den entsprechenden Werten ALeft, ATop, AWidth und AHeight übergeben werden. SetBounds erlaubt Ihnen, mehr als eine Begrenzungseigenschaft der Komponente zur gleichen Zeit einzustellen. Obwohl Sie immer einzelne Begrenzungen einstellen können, erlaubt Ihnen die Verwendung von SetBounds, mehrere Änderungen auf einmal durchzuführen, ohne daß jedesmal das Dialogfenster neu gezeichnet werden muß.

procedure SetFocus;
SetFocus übergibt den Focus an die Komponente. Bei Formularen ruft das jeweilige Formular die Methode SetFocus des standardmäßig aktiven Dialogelements auf.

procedure SetTextBuf(Buffer: PChar);
Die Methode SetTextBuf ersetzt den Text in einer Komponente durch den Text in Buffer. Buffer muß auf einen mit Null abgeschlossenen String zeigen (siehe auch GetTextBuf und GetTextLen).

procedure Show;
Die Methode Show bringt eine Komponente sichtbar auf dem Bildschirm, indem die Eigenschaft Visible auf True eingestellt wird. Falls die Methode Show eines Formulars aufgerufen wird und das Formular ist unsichtbar, versucht Show das Formular sichtbar zu machen, indem sie das Formular mit der Methode BringToFront in den Vordergrund bringt. Ein Formular verfügt zusätzlich über die Methode ShowModal, um einen modalen Dialog erzeugen zu können. Ein modaler Dialog muß bearbeitet und geschlossen werden. Ein SendToBack hätte also keinen Erfolg.

procedure StartRecording;
Mit StartRecording starten Sie das Aufnehmen eines geöffneten Geräts. Diese Methode ist gleichbedeutend mit dem Button »Aufnehmen«.

procedure Step;
Durch den Aufruf von Step springen Sie schrittweise eine Anzahl von Frames (Eigenschaft Frames) in dem geladenen Medium vorwärts. Step ist gleichbedeutend mit dem Button »Sprung«.

procedure Stop;
Mit Stop halten Sie das geöffnete Gerät an (zum Beispiel während Aktionen wie Abspielen oder Aufnehmen). Stop ist gleichbedeutend mit dem Button »Stop«.

procedure Update;
In der Methode Update wird die API-Funktion UpdateWindow von Windows aufgerufen, die alle beim Zeichnen entstandenen und noch nicht erledigten Meldungen bearbeitet.

UpdateWindows ist definiert als

```
procedure UpdateWindow(Wnd: HWnd);
```

Die Routine UpdateWindow aktualisiert den Client-Bereich des angegebenen Fensters, indem sie eine WM_PAINT-Meldung an das Fenster sendet, wenn der Aktualisierungsbereich für das Fenster nicht leer ist. Die Routine UpdateWindow sendet eine WM_PAINT-Meldung unter Umgehung der Anwendungswarteschlange direkt an die Fensterfunktion des gegebenen Fensters. Wenn der Aktualisierungsbereich leer ist, wird keine Meldung gesendet. Der Parameter Wnd bezeichnet das Fenster oder besser das Handle des Fensters, das aktualisiert werden soll.

Komponentenname: OLEContainer
Klassenname: TOLEContainer

Beschreibung:

Mit OLEContainer können Sie verknüpfte oder eingebundene OLE-Objekte speichern.

Eigenschaften:

property Active: Boolean;
Mit Active bestimmen Sie zur Laufzeit, ob das OLE-Objekt in einem OLE-Container aktiv ist. Setzen Sie Active auf True, um das OLE-Objekt zu aktivieren, und auf False, um das OLE-Objekt zu deaktivieren.

property Align: TAlign;
Die Eigenschaft Align legt fest, wie Dialogelemente zum Beispiel im Formular ausgerichtet werden. Mögliche Werte:

alNone	Die Komponente bleibt an der Einfügeposition im Formular (Standardeinstellung).
alTop	Die Komponente wird an die Oberkante des Formulars verschoben und an seine Breite angepaßt. Die Höhe der Komponente bleibt unverändert.
alBottom	Die Komponente wird an die Unterkante des Formulars verschoben und an seine Breite angepaßt. Die Höhe der Komponente bleibt unverändert.
alLeft	Die Komponente wird an die linke Kante des Formulars verschoben und an seine Höhe angepaßt. Die Breite der Komponente bleibt unverändert.
alRight	Die Komponente wird an die rechte Kante des Formulars verschoben und an seine Höhe angepaßt. Die Breite der Komponente bleibt unverändert.
alClient	Die Größe der Komponente wird an den Client-Bereich eines Formulars angepaßt. Ist ein Teil des Client-Bereichs bereits von einer anderen Komponente besetzt, füllt die Komponente den verbleibenden Teil des Client-Bereichs aus.

Wird zum Beispiel ein Formular, das Besitzer eines Labels ist, in der Größe verändert, werden die Komponenten innerhalb des Formulars neu ausgerichtet. Die Verwendung der Eigenschaft Align ist dann sinnvoll, wenn ein Dialogelement an einer Position des Formulars stehenbleiben soll, auch wenn sich die Größe des Formulars ändert.

property AllowInPlace: Boolean;
Mit AllowInPlace bestimmen Sie, ob ein OLE-Objekt im eingebetteten Zustand aktiviert werden kann. Ist AllowInPlace auf True gesetzt, ist dies erlaubt. Ist AllowInPlace dagegen auf False gesetzt, dann wird das OLE-Objekt in seinem eigenen Fenster aktiviert (alter OLE 1.0-Stil). Damit die OLE-Container-Anwendung eine Aktivierung im eingebetteten Zustand unterstützen kann, muß sie eine TMainMenu-Komponente enthalten.

property AutoActivate: TAutoActivate;
Mit AutoActivate legen Sie fest, wie ein Objekt in einem OLE-Container aktiviert werden kann. Mögliche Werte:

Wert	Bedeutung
aaManual	Das OLE-Objekt muß manuell aktiviert werden.
aaGetFocus	Aktivierung des OLE-Objekts durch Anklicken des OLE-Containers (bis die Komponente also den aktuellen Fokus bekommt).
aaDoubleClick	Aktivierung des OLE-Objekts durch Doppelklick auf den OLE-Container.

property AutoSize: Boolean;
Ist die Eigenschaft AutoSize auf True gesetzt, ändert sich die Höhe der Komponente, um Änderungen der Schriftgröße des Textes auszugleichen. Hat die Komponente keine Rahmen (BorderStyle=bsNone), dann hat die Änderung dieser Eigenschaft keine Auswirkungen.

property BorderStyle: TBorderStyle;
BorderStyle legt fest, ob diese Komponenten einen Rahmen haben. Dies sind die möglichen Werte:

bsNone	Kein sichtbarer Rahmen
bsSingle	Rahmen mit einfacher Rahmenlinie

Weitere nur bei manchen Komponenten (mehr oder weniger sogar nur die Komponente vom Typ TForm, also ein Formular) mögliche Werte:

bsSizeable	Größenveränderlicher Standardrahmen
bsDialog	Nicht größenveränderlich; Standardrahmen für Dialogfenster

Hat eine Komponente zusätzlich die Eigenschaft AutoSize und wird diese auf True gesetzt, paßt die Komponente ihre Größe automatisch an, wenn sich die Schriftgröße des Textes ändert. Damit AutoSize wirksam wird, müssen Sie die Eigenschaft BorderStyle auf bsSingle setzen.

property BoundsRect: TRect;
Die Eigenschaft BoundsRect liefert das Begrenzungsrechteck der Komponente – ausgedrückt im Koordinatensystem des übergeordneten Dialogelements – zurück. Mit BoundsRect ersetzen und erleichtern Sie sich somit die Abfrage der einzelnen Werte für die Eigenschaften Left, Top, Width und Height.

property ComponentIndex: Integer;
Die Eigenschaft ComponentIndex zeigt die Position einer Komponente in der Eigenschaftsliste Components ihres Besitzers an. Die erste Komponente in der Liste hat den ComponentIndex-Wert 0, die zweite hat den Wert 1, die dritte den Wert 2 etc. Diese Eigenschaft ist nur zur Laufzeit und dann auch nur im Read-Only-Modus benutzbar.

property Controls[Index: Integer]: TControl;
Controls ist ein Array aller untergeordneten Komponenten der Komponente. Controls ist dann von Nutzen, wenn Sie auf die untergeordneten Komponenten über die Zahl statt über den Namen zugreifen müssen.

property ConvertDlgHelp: THelpContext;
ConvertDlgHelp ermittelt für Sie die ID-Nummer der kontextsensitiven Hilfe für das Dialogfenster Umwandeln. Wenn Online-Hilfe in Ihrer Anwendung programmiert ist, geben Sie für ConvertDlgHelp eine Ganzzahl an, mit der das aufzurufende Hilfethema identifiziert wird, wenn der Anwender im Dialogfenster Umwandeln Hilfe anfordert. Der Dialog Umwandeln ermöglicht dem Anwender die Umwandlung eines OLE-Objekts in einen anderen Objekttyp. Um das Dialogfenster Umwandeln anzuzeigen, müssen Sie ein Menüelement in der Eigenschaft ObjectMenuItem des Formulars einsetzen.

Die Funktionen des Dialogs Umwandeln und des Menüelements OLE-Objekt brauchen Sie nicht explizit in Ihre Anwendung einfügen. Diese werden von der OLE-Server-Anwendung automatisch zur Verfügung gestellt, wenn ein OLE-Container den Fokus hat. Aber Sie müssen den Namen eines Menüelements in der Eigenschaft ObjectMenuItem angeben.

property Ctl3D: Boolean;
Die Eigenschaft Ctl3D legt fest, ob ein Dialogelement ein dreidimensionales (3-D) oder zweidimensionales Aussehen besitzt. Wenn Ctl3D True ist, erscheint das Dialogelement dreidimensional. Die Voreinstellung von Ctl3D ist True. Wenn die Eigenschaft ParentCtl3D einer Komponente auf True gesetzt ist, verändert jede Modifikation der Eigenschaft Ctl3D des übergeordneten Dialogelements automatisch auch die Eigenschaft Ctl3D des Dialogelements.

Achtung: Damit Ctl3D überhaupt funktioniert, muß sich die dynamische Link-Bibliothek CTL3DV2.DLL im Suchpfad befinden. Idealerweise sollte sich diese Datei im System-Verzeichnis von Windows aufhalten.

property Cursor: TCursor;
Mit der Eigenschaft Cursor stellen Sie das Aussehen des Cursors ein, wenn dieser auf die Komponente zeigt.

Mögliche Werte sind:

crDefault	crArrow	crCross
crIBeam	crSize	crSizeNESW
crSizeNS	crSizeNWSE	crSizeWE
crUpArrow	crHourglass	crDrag
crNoDrop	crHSplit	crVSplit

property DragCursor: TCursor;
Die Eigenschaft DragCursor bestimmt die Form des Mauszeigers, wenn sich der Zeiger über einer Komponente befindet, die ein gezogenes Objekt akzeptieren kann. Mögliche Werte sind mit denen der Eigenschaft Cursor identisch.

property DragMode: TDragMode;
Die Eigenschaft DragMode legt das Ziehen-und-Ablegen-Verhalten einer Komponente fest. Mögliche Werte sind:

dmAutomatic	Wenn dmAutomatic ausgewählt ist, ist das Dialogelement bereit, gezogen zu werden; der Anwender klickt nur und zieht es dann.
dmManual	Wenn dmManual ausgewählt ist, kann das Dialogelement nicht gezogen werden, bevor die Anwendung die Methode BeginDrag aufgerufen hat.

Ist die Eigenschaft DragMode einer Komponente dmAutomatic, kann die Anwendung dies zur Laufzeit durch Einstellung des Werts dmManual deaktivieren.

property Enabled: Boolean;
Die Eigenschaft Enabled bestimmt, ob die Komponente auf Maus-, Tastatur- und Timer-Ereignisse reagiert. Wenn Enabled auf True gesetzt ist, reagiert die Komponente normal. Ist Enabled hingegen False, ignoriert das Dialogelement Maus- und Tastaturereignisse. Bei einer Timer-Komponente werden die für das OnTimer-Ereignis deaktivierten Komponenten-Dialogelemente grau dargestellt.

property Handle: ...;
Der Typ der Eigenschaft Handle ist abhängig von der jeweiligen Komponente. Im allgemeinen gilt: Sollte eine Windows-API-Funktion ein Handle der betreffenden Komponente verlangen, setzen Sie dazu die jeweilige Eigenschaft Handle der betreffenden Komponente ein. Verlangt eine Windows-API-Funktion zum Beispiel das Handle Ihrer gesamten Anwendung, benutzen Sie am besten die Eigenschaft Handle des Objekts TApplication. Hier die Übersicht der verschiedenen Typen der Eigenschaft Handle:

Handle für die Komponenten:

Bitmap	property Handle: HBitmap;
Brush	property Handle: HBrush;
Canvas	property Handle: HDC;
Font	property Handle: HFont;
Icon	property Handle: HIcon;
Metafile	property Handle: HMetafile;
Pen	property Handle: HPen;

Handle gibt Ihnen den Zugriff auf das Handle des jeweiligen GDI-Objekts. Benötigen Sie zum Beispiel zum Aufruf einer Windows-API-Funktion ein Handle auf ein Stiftobjekt oder ein Bitmap-Objekt, können Sie dazu das Handle der Komponente Pen beziehungsweise der Komponente Bitmap benutzen.

Handle für das Objekt TApplication und die folgenden Komponenten:

Bevel	DBText	Memo
BitBtn	DirectoryListBox	Notebook
Button	DrawGrid	OLEContainer
CheckBox	DriveComboBox	Outline
ComboBox	Edit	PaintBox
DBCheckBox	FileListBox	Panel
DBComboBox	FilterComboBox	RadioButton
DBEdit	FindDialog	RadioGroup
DBGrid	Form	ReplaceDialog
DBImage	GroupBox	ScrollBar
DBListBox	Header	ScrollBox
DBLookupCombo	Image	Shape
DBLookupList	Label	SpeedButton
DBMemo	ListBox	StringGrid
DBNavigator	MaskEdit	TabbedNotebook
DBRadioGroup	MediaPlayer	TabSet

property Handle: HWND;
Handle bietet Ihnen Zugriff auf das Handle der jeweiligen Komponente (z.B. Fenster-Handle, Dialog-Handle etc.). Dieses Handle wird von einigen Windows-API-Funktionen beim Aufruf erwartet. Sie können in diesem Fall das Handle der jeweils betroffenen Komponente oder – falls das Handle Ihrer Anwendung gefordert wird – das Handle des Objekts TApplication übergeben.

Handle für die Komponenten:

MainMenu   MenuItem   PopupMenu

property Handle: HMENU;
Sollte eine Windows-API-Funktion ein Handle eines Menüs, Menü-Eintrags oder eines lokalen Menüs verlangen, können Sie dazu die Eigenschaft Handle von MainMenu, MenuItem und PopupMenu benutzen.

Handle für die Komponente Printer:

property Handle: HDC;
Handle beinhaltet das Handle des jeweiligen Druckerobjektes TPrinter der Komponente Printer.

Handle für die Komponente DataBase:

property Handle: HDBIDB;
Um direkte Aufrufe in die Richtung der Borland Database-Engine-(BDE)-API zu tätigen, benötigen Sie ein Handle der jeweiligen Datenbank-Komponente. Dazu dient Ihnen die Eigenschaft Handle der Komponente DataBase. Sie erlaubt Ihnen Zugriffe auf Funktionen des BDE-API, die nicht in die VCL-Bibliothek integriert wurden. Bevor Sie allerdings diese Funktionen aufrufen, sollten Sie prüfen, ob diese Funktion nicht doch schon in der VCL-Bibliothek gekapselt wurde.

Handle für das Objekt TSession:

Delphi erzeugt eine Komponente Session vom Typ TSession immer dann, wenn eine Anwendung ausgeführt wird. Sessions sollten nicht von Ihnen erzeugt oder zerstört werden. Session erlaubt globale Prüfung über Datenbankverbindungen. Die Eigenschaft Databases von Session ist ein Array von allen aktiven Datenbanken in der Sitzung. Die Eigenschaft DatabaseCount vom Typ Integer gibt die Anzahl der aktiven Datenbanken in der Sitzung an.

property Handle: HDBISES;
Mit dieser Eigenschaft Handle können Sie direkte Aufrufe an die Borland-Datenbank-Engine – bezogen auf eine bestimmte Sitzung (Session/TSession) – machen. Die Komponente Session werden Sie kaum benutzen. Die wichtigsten Funktionen der BDE-API sind in der VCL-Bibliothek gekapselt und ersparen Ihnen diesen Weg.

Handle für die Komponenten Table, Query und StoredProc:

property Handle: HDBICur;
Ebenfalls für direkte Zugriffe auf Funktionen der BDE-API und unter normalen Umständen nicht zu benutzen, da die wichtigsten BDP-API-Funktionen via VCL-Bibliothek einen einfacheren Zugriff ermöglichen.

property Height: Integer;
Die Eigenschaft Height eines Dialogelements legt die Höhe der Komponente in Pixeln fest.

property HelpContext: THelpContext;
Die Eigenschaft HelpContext stellt eine Kontextnummer für die Verwendung beim Aufruf kontextbezogener Online-Hilfe bereit. Jeder Hilfebildschirm des Hilfesystems sollte eine eindeutige Kontextnummer besitzen. Ist in der Anwendung eine Komponente selektiert, so wird nach Betätigen von F1 ein Hilfebildschirm angezeigt. Welcher Hilfebildschirm angezeigt wird, hängt vom Wert der Eigenschaft HelpContext ab.

property Hint: string;
Die Eigenschaft Hint ist der Text-String, der erscheinen kann, wenn ein OnHint-Ereignis eintritt, also wenn der Benutzer den Cursor über die Komponente bewegt. Wie der String angezeigt wird, bestimmt der Code in der Ereignisbehandlungs-Routine OnHint. Sie können eine Schnellhilfe, d.h. ein Fenster, das einen Hilfetext enthält, für eine Komponente erscheinen lassen, wenn der Anwender den Mauszeiger über das Dialogelement führt und dort kurz verweilt. Dies funktioniert wie folgt:

1. Spezifizieren Sie für jede Komponente, die einen Schnellhinweis anzeigen soll, einen Hint-Wert.
2. Setzen Sie die Eigenschaft ShowHints des Bedienfelds auf True.
3. Setzen Sie die Eigenschaft ShowHint der Anwendung zur Laufzeit auf True.

Sie können Hint gleichzeitig sowohl für ein Hilfehinweisfenster als auch für die Verwendung innerhalb der Behandlungsroutine OnHint spezifizieren, indem Sie zwei durch das Zeichen | (das »oder« oder Pipe-Symbol) abgeteilte Werte angeben, also beispielsweise:

```
Edit1.Hint := 'Aufforderung|Geben Sie den richtigen Wert ein';
```

Der String »Aufforderung« erscheint im Hilfehinweisfenster und der String »Geben Sie den richtigen Wert ein« erscheint wie in der Ereignisbehandlungs-Routine OnHint spezifiziert.

property Left: Integer;
Die Eigenschaft Left bestimmt die horizontalen Koordinaten in Pixeln der linken Kante einer Komponente relativ zum Formular. Für Formulare ist der Wert der Eigenschaft Left relativ zum Bildschirm (ebenfalls in Pixeln).

property Name: TComponentName;
Die Eigenschaft Name enthält den Namen der Komponente wie er von anderen Komponenten für den Zugriff verwendet wird. Delphi weist als Vorgabewerte se-

quentielle Namen zu, die auf dem Typ der Komponente basieren, also etwa für Buttons »Button1«, »Button2« etc. Dies können Sie gemäß Ihrer Vorstellungen abändern. Komponentennamen sollten ausdrücklich nur zur Entwurfszeit geändert werden.

property Owner: TComponent;
Die Eigenschaft Owner teilt Ihnen mit, die Komponente zu welcher Komponente gehört. Dem Formular gehören alle Komponenten, die auf ihm vorhanden sind. Umgekehrt gehört das Formular zur Anwendung. Gehört eine Komponente A einer anderen Komponente B, wird der Speicher der Komponente A freigegeben, wenn der Speicher der Komponente B freigegeben wird. Es werden also folgerichtig alle Komponenten des Formulars gelöscht, wenn das Formular gelöscht wird. Außerdem wird natürlich der Speicher für das Formular und dessen Komponenten freigegeben, wenn der Speicher der Anwendung selbst freigegeben wird.

property Parent: TWinControl;
Die Eigenschaft Parent enthält den Namen der übergeordneten Komponente. Wenn eine Komponente A eine andere Komponente B enthält, sind die in B enthaltenen Komponenten untergeordnete Komponenten von A. Wenn Ihre Anwendung beispielsweise drei Buttons in einer GroupBox enthält, dann ist die GroupBox das übergeordnete Element der drei Buttons und die Button-Schaltfelder sind der GroupBox untergeordnet.

Parent und Owner sind leider etwas verwirrend. Daher hier eine kleine Entwirrung:

Ein Formular ist der Besitzer aller darauf enthaltenen Komponenten, egal, ob sie ein Fensterelement sind oder nicht. Für unser Beispiel mit den drei Buttons und der GroupBox bedeutet dies: Der Besitzer der Button ist immer das Formular, aber die GroupBox ist das übergeordnete Element.

Wenn Sie einen neuen Dialog erzeugen, müssen Sie dem neuen Dialogelement einen Wert der Eigenschaft Parent zuweisen. Üblicherweise sind dies Formulare, Bedienfelder, GroupBoxen oder andere Dialoge, die andere Komponenten-Elemente enthalten können. Es ist möglich, jedes Element als das übergeordnete zuzuweisen, aber das darin enthaltene Dialogelement wird wahrscheinlich überschrieben.

Wird das übergeordnete Element gelöscht, werden auch alle Elemente, die ihm untergeordnet sind, gelöscht.

property ParentCtl3D: Boolean;
Die Eigenschaft ParentCtl3D bestimmt, wo eine Komponente nach seiner Eigenschaft Ctl3D suchen muß. Ist ParentCtl3D auf True gesetzt, verwendet die Komponente die Dimensionen der Eigenschaft Ctl3D von dessen übergeordneter Komponente. Wenn ParentCtl3D False ist, verwendet die Komponente ihre eigene Eigenschaft Ctl3D. Durch Verwendung von ParentCtl3D stellen Sie sicher, daß alle Komponenten auf einem Formular das gleiche Erscheinungsbild haben. Wenn Sie beispielsweise möchten, daß alle Komponenten auf einem Formular ein dreidimensionales Erscheinungsbild haben, setzen Sie die Eigenschaft Ctl3D des Formulars auf True und die Eigenschaft ParentCtl3D jeder Komponente auf True.

property ParentShowHint: Boolean;
Die Eigenschaft ParentShowHint bestimmt, wo eine Komponente nach ihrer Hinteigenschaft suchen soll. Falls ParentShowHint True ist, verwendet die Komponente die Hint-Eigenschaft der übergeordneten Komponente.

Ist ParentShowHint False, verwendet die Komponente ihre eigene Eigenschaft Hint. Durch Verwendung von ParentShowHint können Sie sicherstellen, daß alle Komponenten auf einem Formular das gleiche Erscheinungsbild haben.

property ShowHint: Boolean;
Die Eigenschaft ShowHint bestimmt, ob das Dialogelement eine Schnellhilfe anzeigen soll, wenn der Mauszeiger eine Weile auf ihm verweilt. Die Schnellhilfe entspricht dem Wert der Eigenschaft Hint, die in einem Feld direkt unterhalb des Elements angezeigt wird. Wenn die Eigenschaft ShowHint den Wert True hat, kann die Schnellhilfe erscheinen.

Ist ShowHint False, kann die Schnellhilfe auch angezeigt werden, wenn ParentShowHint auf True gesetzt wurde und die Eigenschaft ShowHint der übergeordneten Komponente ebenfalls auf True gesetzt wurde.

property Showing: Boolean;
Die Eigenschaft Showing legt fest, ob eine Komponente momentan auf dem Bildschirm angezeigt wird oder nicht. Falls die Eigenschaft Visible einer Komponente und aller übergeordneten Komponenten in der übergeordneten Hierarchie True ist, ist Showing auch True. Wenn einer der Vorfahren der Komponente den Wert False als Wert für die Eigenschaft Visible hat, dann ist auch Showing False.

property TabOrder: TTabOrder;
Die Eigenschaft TabOrder bestimmt die Position einer Komponente in der Tabulatorreihenfolge, in der Komponenten den Fokus erhalten, wenn der Anwender die Taste TAB drückt. Anfänglich ist die Tabulatorreihenfolge immer die Reihenfolge, in der die Komponenten in das Formular hinzugefügt wurden. Der Wert der Eigenschaft TabOrder ist für jede Komponente auf dem Formular einmalig. Die erste dem Formular hinzugefügte Komponente hat den Wert 0 von TabOrder, die zweite hat 1, die dritte 2 usw.

Falls Sie den Wert der Eigenschaft TabOrder einer Komponente den gleichen Wert einer anderen Komponente zuweisen, numeriert Delphi automatisch die Werte für alle anderen Komponenten neu. Angenommen, eine Komponente ist beispielsweise die sechste Komponente in der Tabulatorreihenfolge. Wenn Sie den Wert der Eigenschaft TabOrder der Komponente auf 3 ändern (dies macht die Komponente zu der vierten in der Tabulatorreihenfolge), wird die Komponente, die die vierte war, nun zur fünften und die Komponente, die die fünfte war, wird jetzt die sechste.

property TabStop: Boolean;
Die Eigenschaft TabStop bestimmt, ob der Anwender diese Komponente mit der Taste TAB anspringen kann. Falls TabStop True ist, befindet sich die Komponente in der Tabulatorreihenfolge. Wenn TabStop False ist, ist das Dialogelement nicht in der Tabulatorreihenfolge.

property Tag: Longint;
Die Eigenschaft Tag kann einen Integerwert als Element einer Komponente speichern. Tag wird von Delphi nicht benutzt und steht Ihnen damit zur freien Verfügung.

property Top: Integer;
Die Eigenschaft Top gibt die y-Koordinate in Pixeln der linken oberen Ecke eines Dialogelements relativ zum Formular an. Bei Formularen wird der Wert der Eigenschaft Top in Pixeln relativ zum Bildschirm angegeben.

property Visible: Boolean;
Die Eigenschaft Visible bestimmt, ob eine Komponente auf dem Bildschirm sichtbar ist (True) oder nicht (False).

property Width: integer;
Die Eigenschaft Width bestimmt die Breite der Komponente, gemessen in Pixeln.

property Zoom : TZoomFactor
Mit Zoom können Sie zur Laufzeit definieren, um wieviel das Bild eines OLE-Objekts in einem OLE-Container vergrößert bzw. verkleinert werden soll. Der Vorgabewert für Zoom ist z100. Eine Änderung von Zoom bewirkt, daß das Bild des OLE-Objekts im OLE-Container entsprechend skaliert wird. Mögliche Werte:

Wert	Bedeutung
z025	OLE-Objekt auf 25% der Originalgröße
z050	OLE-Objekt auf 50% der Originalgröße
z100	OLE-Objekt auf 100% der Originalgröße
z150	OLE-Objekt auf 150% der Originalgröße
z200	OLE-Objekt auf 200% der Originalgröße

Ereignisse:

property OnActivate: TNotifyEvent;
OnActivate tritt immer dann ein, wenn das OLE-Object so aktiviert wird, wie es durch AutoActivate festgelegt wurde. OnActivate ist vom Typ

```
TNotifyEvent = procedure (Sender: TObject) of object;
```

TNotifyEvent weist also auf eine Methode, die diese Aktion behandelt. Sender ist die Komponente, in der das Ereignis ausgelöst wurde.

property OnDblClick: TNotifyEvent;
Das Ereignis OnClick erscheint, wenn der Benutzer auf die Komponente einen Doppelklick ausführt. In einem Formular tritt das Ereignis OnDblClick ein, wenn der Benutzer auf eine freie Stelle im Formular oder eine inaktive Komponente einen Doppelklick ausführt.

OnDblClick ist vom Typ

```
TNotifyEvent = procedure (Sender: TObject) of object;
```

Der Typ TNotifyEvent weist also auf eine Methode, die das Doppelklicken eines Objekts behandelt. Der Parameter Sender ist das Dialogelement, das mit einem Doppelklick bearbeitet wurde.

property OnDragDrop: TDragDropEvent;
Das Ereignis OnDragDrop tritt ein, wenn der Anwender ein gezogenes Objekt ablegt. Verwenden Sie die Ereignisbehandlungs-Routine OnDragDrop, um festzulegen, was passieren soll, wenn der Anwender ein Objekt ablegt.

OnDragClick ist vom Typ

```
TDragDropEvent = procedure(Sender, Source: TObject; X, Y: Integer) of object;
```

Der Typ TDragDropEvent zeigt also auf eine Methode, die das Ablegen eines gezogenen Objekts behandelt. Der Parameter Source des Ereignisses OnDragDrop ist das abzulegende Objekt und der Parameter Sender ist das Dialogelement, auf das das Objekt abgelegt wurde. Die Parameter X und Y sind die Koordinaten des Mauszeigers, der über dem Dialogelement positioniert wird.

property OnDragOver: TDragOverEvent;
Das Ereignis OnDragOver tritt ein, wenn der Anwender ein Objekt über eine Komponente zieht. Üblicherweise werden Sie ein Ereignis OnDragOver verwenden, um ein Objekt zu akzeptieren, damit der Anwender es ablegen kann.

OnDragClick ist vom Typ

```
TDragOverEvent = procedure(Sender, Source: TObject; X, Y: Integer;
                State: TDragState; var Accept: Boolean) of object;
```

Der Typ TDragOverEvent zeigt also auf eine Methode, die das Ziehen eines Objekts über ein anderes Objekt behandelt. Der Parameter Source ist das gezogene Objekt, Sender ist das Objekt, über das Source gezogen wurde, X und Y sind die Koordinaten des Mauszeigers, der über dem Dialogelement positioniert wird in Pixeln, State ist der Status des gezogenen Objekts in Verbindung zum darübergezogenen Objekt, und Accept legt fest, ob der Sender das Ziehobjekt erkennt. Accept wird nicht per Voreinstellung auf True oder False gesetzt; Sie müssen die passenden Werte selbst zuweisen.

Das Ereignis OnDragOver akzeptiert ein Objekt, wenn der Parameter Accept True ist. Durch Ändern des Werts der Eigenschaft DragCursor können Sie das Erscheinungsbild des Cursors beeinflussen. Dies können Sie entweder während des Entwickelns oder zur Laufzeit, bevor ein Ereignis OnDragOver eintritt, durchführen.

property OnEndDrag: TEndDragEvent;
Das Ereignis OnEndDrag tritt immer dann ein, wenn das Ziehen eines Objekts abgeschlossen oder abgebrochen wird. Wenn Sie eine besondere Behandlung haben möchten, wenn das Ziehen beendet wird, verwenden Sie die Ereignisbehandlungs-Routine OnEndDrag.

OnEndDrag ist vom Typ

```
TEndDragEvent = procedure(Sender, Target: TObject; X, Y: Integer) of object;
```

Der Typ TEndDragEvent zeigt also auf eine Methode, die das Anhalten des Ziehens eines Objekts behandelt. Der Sender ist das Objekt, das gezogen wird, Target ist das Objekt, zu dem Sender hingezogen wird, und X und Y sind die dazugehörigen Bildschirmkoordinaten des Mauszeigers, der über dem Dialogelement positioniert wird. Falls das gezogene Objekt abgelegt und durch das Dialogelement akzeptiert wurde, ist der Parameter Target des Ereignisses OnEndDrag True. Wenn das Objekt nicht erfolgreich abgelegt wurde, beträgt der Wert Target nil.

property OnEnter: TNotifyEvent;
OnEnter tritt ein, wenn eine Komponente aktiviert wird. Wenn Sie eine besondere Behandlung festlegen möchten, wenn eine Komponente aktiviert wird, verwenden Sie die Ereignisbehandlungs-Routine OnEnter.

OnEnter erscheint nie, wenn Sie zwischen Formularen oder einer anderen Windows-Anwendung und Ihrer Anwendung umschalten. OnEnter für eine Komponente des Typs TPanel oder THeader tritt nie ein, da Bedienfelder oder Header keinen Fokus erhalten können. Somit ist dort OnEnter vollkommen nutzlos. Sie haben diese Ereignisbehandlung aber geerbt.

OnEnter ist vom Typ

```
TNotifyEvent = procedure (Sender: TObject) of object;
```

Der Typ TNotifyEvent weist also auf eine Methode, die das Doppelklicken eines Objekts behandelt. Der Parameter Sender ist das Dialogelement, das mit einem Doppelklick bearbeitet wurde.

property OnExit: TNotifyEvent;
OnExit erscheint, wenn der Eingabefokus einer Komponente an eine andere übergeben wird. OnExit tritt nicht ein, wenn Sie zwischen Formularen oder zwischen einer Windows-Anwendung und Ihrer Anwendung umschalten. OnExit tritt bei den Komponenten Panel und Speedbutton nicht ein, da diese niemals den Fokus erhalten.

OnExit ist vom Typ

```
TNotifyEvent = procedure (Sender: TObject) of object;
```

Der Typ TNotifyEvent weist also auf eine Methode, die das Doppelklicken eines Objekts behandelt. Der Parameter Sender ist das Dialogelement, das mit einem Doppelklick bearbeitet wurde.

property OnKeyDown: TKeyEvent;
OnKeyDown tritt ein, wenn der Anwender irgendeine Taste drückt, während die Komponente den Fokus hat. Verwenden Sie OnKeyDown, um eine besondere Behandlung festzulegen, die ausgeführt wird, wenn eine Taste gedrückt wird. Der Handler OnKeyDown kann auf alle Tasten der Tastatur, einschließlich Funktionstasten und Tastenkombinationen mit den Tasten UMSCHALT, ALT und STRG sowie betätigten Maustasten reagieren.

OnKeyDown ist vom Typ

```
TKeyEvent = procedure (Sender: TObject; var Key: Word; Shift: TShiftState)
                      of object;
```

Der Typ TKeyEvent weist also auf eine Methode, die Tastaturereignisse verarbeitet. Der Parameter Key steht für die Taste und Shift und kann die folgenden Wert annehmen:

ssShift	UMSCHALTTASTE (SHIFT) wird festgehalten
ssAlt	linke ALT-Taste wird festgehalten
[ssAlt, ssCtrl]	ALTGR-Taste wird festgehalten
ssCtrl	Taste STRG wird festgehalten
ssLeft	Linke Maustaste wird festgehalten
ssMiddle	Mittlere Maustaste wird festgehalten
ssDouble	Rechte und linke Maustaste werden gleichzeitig festgehalten

property OnKeyPress: TKeyPressEvent;
OnKeyPress erscheint, wenn der Anwender eine einzelne Zeichentaste drückt.

OnKeyPress ist vom Typ

```
TKeyPressEvent = procedure (Sender: TObject; var Key: Char) of object;
```

TKeyPressEvent weist also auf eine Methode, die einen Tastendruck für ein einzelnes Zeichen verarbeitet. Der Parameter Key gibt die Taste an. Der Parameter Key ist vom Typ Char; deshalb registriert OnKeyPress das ASCII-Zeichen der gedrückten Taste. Tasten, die nicht mit einem ASCII-Zeichen übereinstimmen (beispielsweise UMSCHALT oder F1), werden kein OnKeyPress erzeugen. Tastenkombinationen (wie UMSCHALT+A) erzeugen nur ein Ereignis des Typs OnKeyPress (in diesem Beispiel ergibt UMSCHALT+A einen Wert Key von »A«, wenn die Feststelltaste ausgeschaltet ist). Falls Sie auf Nicht-ASCII-Tasten oder Tastenkombinationen reagieren möchten, verwenden Sie die Ereignisbehandlungsroutinen OnKeyDown oder OnKeyUp.

property OnKeyUp: TKeyEvent;
OnKeyUp tritt ein, wenn der Anwender die gedrückte Taste wieder losläßt. OnKeyUp kann auf alle Tasten der Tastatur, einschließlich Funktionstasten und Tastenkombinationen mit den Tasten UMSCHALT, ALT und STRG sowie betätigten Maustasten reagieren.

```
TKeyEvent = procedure (Sender: TObject; var Key: Word; Shift: TShiftState)
                      of object;
```

Der Typ TKeyEvent weist also auf eine Methode, die Tastaturereignisse verarbeitet. Der Parameter Key steht für die Taste; Shift kann die folgenden Wert annehmen:

ssShift	UMSCHALTTASTE (SHIFT) wird festgehalten
ssAlt	linke ALT-Taste wird festgehalten
[ssAlt, ssCtrl]	ALTGR-Taste wird festgehalten
ssCtrl	Taste STRG wird festgehalten
ssLeft	Linke Maustaste wird festgehalten

ssMiddle   Mittlere Maustaste wird festgehalten
ssDouble   Rechte und linke Maustaste werden gleichzeitig festgehalten

property OnMouseDown: TMouseEvent;
Ereignis OnMouseDown tritt ein, wenn der Anwender eine Maustaste zu dem Zeitpunkt drückt, an dem sich der Mauszeiger über einem Dialogelement befindet.

OnMouseDown ist vom Typ

```
TMouseEvent=procedure (Sender: TObject; Button: TMouseButton; Shift: TShiftState;
                X, Y: Integer) of object;
```

Der Typ TMouseEvent weist also auf eine Methode zur Bearbeitung von Maustasten-Ereignissen hin. Der Parameter Button gibt an, die Maustaste gedrückt wurde, während Shift Auskunft darüber gibt, die UMSCHALT- (UMSCHALT, STRG oder ALT) bzw. Maustasten gedrückt waren, während die das Mausereignis verursachende Maustaste gedrückt oder losgelassen wurde. X und Y sind die Bildschirmkoordinaten des Mauszeigers in Pixeln. Der Parameter Button des Ereignisses OnMouseDown zeigt an, die Maustaste gedrückt wurde. Durch Verwenden des Parameters Shift der Ereignisbehandlungs-Routine OnMouseDown können Sie auf den Status der Maus- und Umschalttasten reagieren. Umschalttasten sind die Tasten UMSCHALT, STRG und ALT.

property OnMouseMove: TMouseMoveEvent;
Das Ereignis OnMouseMove tritt ein, wenn der Anwender den Mauszeiger bewegt und dieser sich bereits über einem Dialogelement befindet.

OnMouseMove ist vom Typ

```
TMouseMoveEvent = procedure(Sender: TObject; Shift: TShiftState; X, Y: Integer)
                of object;
```

Der Typ TMouseMoveEvent zeigt also auf eine Methode, die Mausereignisse infolge Mausbewegung verarbeitet. Der Parameter Button gibt an, die Maustaste gedrückt wurde, während Shift anzeigt, die UMSCHALT- (UMSCHALT, STRG oder ALT) bzw. Maustasten während der Mausbewegung gedrückt waren. X und Y sind die Bildschirmkoordinaten des Mauszeigers in Pixeln. Durch Verwenden des Parameters Shift können Sie auf den Status der Maus- und Umschalttasten reagieren. Umschalttasten sind die Tasten UMSCHALT, STRG und ALT.

property OnMouseUp: TMouseEvent;
Das Ereignis OnMouseUp tritt ein, wenn der Anwender die gedrückte Maustaste wieder freigibt, wenn sich der Mauszeiger über einer Komponente befindet.

Die Ereignisbehandlungs-Routine OnMouseUp kann auf Betätigungen der rechten, mittleren und linken Maustasten reagieren sowie auf Maustastenkombinationen mit Umschalttasten (Tasten UMSCHALT, STRG und ALT).

OnMouseUp ist vom Typ

```
TMouseEvent = procedure (Sender: TObject; Button: TMouseButton; Shift: TShiftState;
                    X, Y: Integer) of object;
```

Der Typ TMouseEvent zeigt also auf eine Methode zur Bearbeitung von Maustasten-Ereignissen hin. Der Parameter Button gibt an, die Maustaste gedrückt wurde, während Shift Auskunft darüber gibt, die UMSCHALT- (UMSCHALT, STRG oder ALT) bzw. Maustasten gedrückt waren, während die das Mausereignis verursachende Maustaste gedrückt oder losgelassen wurde. X und Y sind die Bildschirmkoordinaten des Mauszeigers in Pixeln.

property OnStatusLineEvent: TStatusLineEvent;
OnStatusLineEvent tritt immer dann ein, wenn eine OLE Server-Anwendung eine Nachricht in der Statuszeile der OLE Container-Anwendung anzuzeigen hat, während das OLE-Objekt direkt aktiviert ist.

OnStatusLineEvent ist vom Typ

```
TStatusLineEvent = procedure(Sender: TObject; Msg: string) of object;
```

TStatusLineEvent zeigt also auf eine Methode, die dieses Ereignis behandelt. In Msg ist der String mit der Meldung aus der OLE-Server-Anwendung enthalten.

Methoden:

procedure BeginDrag(Immediate: Boolean);
Die Methode BeginDrag leitet den Ziehvorgang einer Komponente ein. Wenn der Parameter Immediate auf True gesetzt ist, wird der Mauszeiger auf den Wert der Eigenschaft DragCursor gesetzt und der Ziehvorgang beginnt. Ist Immediate False, wird der Mauszeiger nicht auf den Wert der Eigenschaft DragCursor gesetzt, und der Ziehvorgang wird erst eingeleitet, wenn der Anwender den Mauszeiger mindestens um 5 Pixel bewegt. Auf diese Weise kann die Komponente Mausklicks akzeptieren, ohne einen Ziehvorgang einzuleiten.

Ihre Anwendung muß die Methode BeginDrag zum Einleiten eines Ziehvorgangs nur aufrufen, wenn DragMode auf dmManual gesetzt ist.

procedure BringToFront;
Die Methode BringToFront setzt eine Komponente innerhalb einer übergeordneten Komponente vor alle anderen Komponenten. BringToFront hilft insbesondere sicherzustellen, daß ein Formular sichtbar ist. Verwenden Sie diese Methode, wenn Sie die Reihenfolge überlappender Komponenten in einem Formular neu festlegen wollen.

Die Reihenfolge, in der Komponenten übereinander gelagert werden (Z-Reihenfolge), hängt davon ab, ob es sich um fensterähnliche oder um nicht-fensterähnliche Komponente handelt. Die Reihenfolge arbeitet nach dem Prinzip, daß die zuletzt eingefügte Komponente die oberste und damit sichtbare Komponente ist.

Mit der Methode BringToFront einer Komponente würde diese Komponente ganz nach oben auf den Stapel kommen und somit sichtbar sein.

Bei der Stapelung ist zu beachten, daß fensterähnliche Komponenten immer auf nicht-fensterähnlichen Komponenten gestapelt werden. Ein Aufruf von BringTo-

Front einer nicht-fensterähnlichen Komponente bewirkt also gar nichts, wenn oben auf dem Stapel eine fensterähnliche Komponente liegt.

Die folgenden Komponenten zählen zu den fensterähnlichen Komponenten:

BitBtn	DBNavigator	MediaPlayer
Button	DBRadioGroup	Memo
CheckBox	DirectoryListBox	Notebook
ComboBox	DrawGrid	OLEContainer
DBCheckBox	DriveComboBox	Outline
DBComboBox	Edit	Panel
DBEdit	FileListBox	RadioButton
DBGrid	FilterComboBox	RadioGroup
DBImage	Form	ScrollBar
DBListBox	GroupBox	ScrollBox
DBLookupCombo	Header	StringGrid
DBLookupList	ListBox	TabbedNotebook
DBMemo	MaskEdit	TabSet

Die nun folgenden Komponenten zählen zu den nicht-fensterähnlichen Komponenten:

Bevel	Label	SpeedButton
DBText	PaintBox	Image
Shape		

function CanFocus: Boolean;
CanFocus stellt fest, ob eine Komponente den Eingabefokus erhalten kann. CanFocus gibt True zurück, wenn die Eigenschaften Visible und Enabled sowohl der Komponente als auch der übergeordneten Komponenten auf True gesetzt sind. Sind nicht alle Eigenschaften Visible und Enabled dieser Komponenten auf True gesetzt, liefert CanFocus False zurück.

function ClientToScreen(Point: TPoint): TPoint;
Die Methode ClientToScreen übersetzt den angegebenen Punkt aus Client-Bereichskoordinaten in globale Bildschirmkoordinaten. In Client-Bereichskoordinaten entspricht der Punkt (0, 0) der oberen linken Ecke des Client-Bereichs der Komponente. In Bildschirmkoordinaten entspricht (0, 0) der oberen linken Ecke des Bildschirms. Mit den Methoden ClientToScreen und ScreenToClient rechnen Sie Positionen aus dem Koordinatensystem einer Komponente A in das Koordinatensystem einer Komponente B um.

Beispiel: Umrechnung der Koordinaten einer Komponente A in die Koordinaten einer Komponente B (TPoint ist ein Record mit den Feldern X und Y):

```
TPoint =   record
        X   : integer;
        Y   : integer;
END;
VAR
   Koord: TPoint;
Koord:= B.ScreenToClient(A.ClientToScreen(Koord));
```

procedure CopyToClipboard;
CopyToClipboard kopiert den in der Komponente markierten Text in die Zwischenablage. Bei TDBImage wird das markierte Bild in das Clipboard kopiert.

constructor Create;
Create weist Speicher zu, um das Objekt und damit die Komponente zu erzeugen und nach Bedarf seine Daten zu initialisieren. Jedes Objekt kann eine Methode Create besitzen, die individuell so angepaßt ist, daß sie diese bestimmte Art von Objekt erzeugt. Im Normalfall benötigen Sie diese Methoden nicht, da Borland Delphi alles unternimmt, um Ihre Anwendung und die darin enthaltenen Komponenten zu erzeugen. Sollten Sie allerdings ein Ereignis oder die Initialisierung eines Wertes einer selbst geschaffenen Komponente zur Zeit der Erzeugung einstellen wollen, dann können Sie dies in der Methode Create erledigen. Dazu benötigen Sie aber genaue Kenntnisse und Techniken der OOP. Ansonsten sollten Sie Create unverändert lassen und nicht aufrufen.

procedure CutToClipboard
CutToClipboard kopiert den in der Komponente markierten Text in die Zwischenablage und löscht den Text aus der Komponente. Bei TDBImage wird das markierte Bild gelöscht und in das Clipboard kopiert.

function Dragging: Boolean;
Die Methode Dragging gibt an, ob eine Komponente gezogen wird. Wenn Dragging True zurückgibt, wird die Komponente gezogen.

procedure EndDrag(Drop: Boolean);
Die Methode EndDrag verhindert, daß eine Komponente weiter gezogen wird. Wenn der Parameter Drop True ist, wird die gezogene Komponente abgelegt. Ist Drop False, wird die Komponente nicht abgelegt und der Vorgang wird abgebrochen.

function FindComponent(const AName: string): TComponent;
Die Methode FindComponent gibt im Array Components die Komponente zurück, deren Name zum String im Parameter AName paßt. FindComponent beachtet dabei keine Groß-/Kleinschreibung.

Beispiel: Es existiert ein Button »Button1« in Ihrer Anwendung. Um die eigentliche Komponente TButton1 im Array Components zurückzugeben, rufen Sie FindComponents wie folgt auf:

```
FindComponents('Button1');
```

function Focused: Boolean;
Focused wird verwendet, um zu bestimmen, ob ein Fensterdialogelement den Fokus besitzt und deshalb das aktive Dialogelement in ActiveControl ist.

procedure Free;
Die Methode Free entfernt das Objekt und gibt den dazugehörigen Speicher frei. Haben Sie das Objekt unter Verwendung der Methode Create erzeugt, so benutzen Sie zum Entfernen und für die Freigabe des Speichers die Methode Free. Free gelingt auch dann, wenn das Objekt selbst nicht mehr existiert (zum Beispiel durch einen vorherigen Aufruf von Free. Delphi erledigt dies für Objekte der Bibliothek visueller Komponenten automatisch.

Sie sollten also niemals eine Komponente innerhalb Ihrer Anwendung entfernen.

Falls Sie ein Formular freigeben wollen, rufen Sie die Methode Release auf, um das Formular zu löschen und dessen benutzten Speicher freizugeben.

function GetTextBuf(Buffer: PChar; BufSize: Integer): Integer;
Die Methode GetTextBuf holt den Text der Komponente und kopiert ihn in den Puffer als Null-terminierten String (Ende der Zeichenkette wird mit 0 angegeben), auf den Buffer zeigt. Die maximale Länge des Strings wird mit BufSize (siehe dazu GetTextLen) festgelegt. In BufSize wird nach der Ausführung die Anzahl der Zeichen des Strings zu finden sein. Diese Methode ist vor allem dann sehr nützlich, wenn mit Strings größer als 256 Zeichen gearbeitet wird. Der Typ STRING kann nicht mehr als 256 Zeichen aufnehmen. Dabei entfällt aber das erste Element in diesem Typ auf die Längenangabe des Strings, so daß nur noch maximal 255 zeichen möglich sind. Ein PChar ist ein Zeiger auf das erste Zeichen einer Zeichenkette. Eine derart definierte Zeichenkette besitzt keine Längenangabe, sondern trägt eine 0 am Ende der Kette, daher auch der Name Null-terminierter String. Ein PChar kann die maximale Größe von 64 Kbyte erreichen. Die maximale Anzahl der Zeichen ist also auf 64 Kbyte und nicht auf 255 Zeichen beschränkt (siehe auch GetTextLen und SetTextBuf).

function GetTextLen: Integer;
Die Methode GetTextLen gibt die Länge des Textes der Komponente zurück. Dieser Wert kann für BufSize in GetTextBuf verwendet werden (siehe auch GetTextBuf und SetTextBuf).

function HandleAllocated: Boolean;
Mit HandleAllocated ermitteln Sie, ob für die Komponente ein Fenster-Handle existiert; existiert keines, so gibt HandleAllocated False zurück. Wenden Sie sich direkt an die Eigenschaft Handle eines Dialogelements, so wird ein Handle erzeugt, falls es vorher noch nicht existierte. Also sollten Sie zuvor HandleAllocated aufrufen, falls Sie nur wissen wollen, ob eines existiert und nicht wollen, daß eines automatisch erzeugt wird.

procedure HandleNeeded;
Mit HandleNeeded erzeugen Sie ein Fenster-Handle für die Komponente, falls nicht bereits ein Handle existiert.

procedure Hide;
Die Methode Hide versteckt eine Komponente, sie ist also nicht mehr auf dem Bildschirm sichtbar. Dabei wird die Eigenschaft Visible auf False gesetzt. Dabei ist eine Komponente aber weiterhin aktiv, das heißt, kann bearbeitet werden.

procedure InsertComponent(AComponent: TComponent);
InsertComponent macht die Komponente zum Besitzer der im Parameter AComponent übergebenen Komponente. Die Komponente wird am Ende der Array-Eigenschaft Components hinzugefügt. Die eingefügte Komponente darf keinen Namen haben (keinen für die Eigenschaft Name spezifizierten Wert) oder der Name muß sich eindeutig von allen anderen in der Components-Liste unterscheiden. Wird die Besitzerkomponente entfernt, so wird auch AComponent gelöscht.

procedure Invalidate;
Die Methode Invalidate erzwingt das Neuzeichnen einer Komponente, sobald dies möglich ist.

procedure LoadFromFile(const FileName: string);
Mit LoadFromFile laden Sie die durch FileName benannte Datei und somit das OLE-Objekt in die Komponente.

function OleObjAllocated: Boolean;
Mit OLEObjAllocated können Sie bestimmen, ob ein OLE-Container initialisiert wurde und somit ein OLE-Objekt enthält (True).

procedure PasteFromClipboard;
PasteFromClipboard kopiert den Inhalt der Zwischenablage in die Komponente an die Position des aktuellen Cursors.

procedure Refresh;
Die Methode Refresh reagiert je nach Art der Komponente, ob Daten oder die Komponenten selber neu gezeichnet werden. Die Methode Refresh kann also jedes Bild auf dem Bildschirm löschen und alle Dialogelemente neuzeichnen beziehungsweise Datensätze einer Datei erneut einlesen.

Innerhalb der Implementation von Refresh beim Neuzeichnen von Komponenten wird die Methode Invalidate und dann die Methode Update aufgerufen.

Beim Refresh von Daten ist zu beachten: Durch Refresh können sich die angezeigten Daten unerwartet verändern und so den Anwender verwirren. Ein Dialog oder eine andere Mitteilung, die dem Anwender den Refresh der Daten mitteilt, wäre somit wohl angebracht und von äußerster Nützlichkeit.

procedure RemoveComponent(AComponent: TComponent);
RemoveComponent entfernt die Komponente, die im Parameter AComponent festgelegt ist, aus der Komponentenliste Components. Die Position in der Liste wird zu nil.

procedure Repaint;
Die Methode Repaint fordert das Dialogelement auf, dessen Bild auf dem Bildschirm neu zu zeichnen, ohne jedoch das bereits erschienene zu löschen. Um vor dem Neuzeichnen zu löschen, müssen Sie anstelle von Repaint die Methode Refresh aufrufen.

procedure SaveToFile(const FileName: string);
Mit SaveToFile speichern Sie ein OLE-Objekt in die durch FileName benannte Datei.

procedure ScaleBy(M, D: Integer);
Die Methode ScaleBy skaliert eine Komponente um einen Prozentsatz ihrer ursprünglichen Größe. Der Parameter M ist der Multiplikator und der Parameter D der Divisor. Wenn Sie beispielsweise die Größe des Dialogelements auf 66% seines ursprünglichen Formats ändern möchten, geben Sie in M den Wert 66 und in D den Wert 100 an (66/100). Bei der Vergrößerung gehen Sie einfach den umgekehrten Weg: Vergrößerung um 66% bedeutet nichts anderes als M=166 und D=100.

function ScreenToClient(Point: TPoint): TPoint;
Die Methode ScreenToClient wird verwendet, um den Koordinatenpunkt der Komponente in Pixeln auf dem Bildschirm zu bestimmen. ScreenToClient gibt die X- und Y-Koordinaten in einem Record des Typs TPoint zurück.

procedure ScrollBy(DeltaX, DeltaY: Integer);
ScrollBy scrollt den Inhalt einer Komponente. Statt der Methode ScrollBy sollten Sie im Normalfall lieber mit den eingebauten Bildlaufleisten arbeiten, es sei denn, diese Leisten wären für Ihre Programm-Idee aus irgendeinem Grund nicht brauchbar.

DeltaX enthält die Veränderung in Pixeln in Richtung der X-Achse. Ein positiver Wert von DeltaX verschiebt den Inhalt nach rechts, ein negativer Wert verschiebt den Inhalt nach links. DeltaY bezeichnet die Veränderungen in Pixeln in Richtung der Y-Achse. Ein positiver Wert von DeltaY verschiebt den Inhalt nach unten, ein negativer Wert verschiebt den Inhalt nach oben.

procedure SendToBack;
Die Methode SendToBack setzt eine Komponente innerhalb einer übergeordneten Komponente hinter alle anderen Komponenten. Die Reihenfolge, in der Komponenten übereinander gelagert werden (Z-Reihenfolge), hängt davon ab, ob es sich um fensterähnliche oder um nicht-fensterähnliche Komponenten handelt. Die Reihenfolge arbeitet nach dem Prinzip, daß die zuletzt eingefügte Komponente die oberste und damit sichtbare Komponente ist.

Mit der Methode SendToBack einer Komponente würde diese Komponente ganz nach unten auf den Stapel kommen und somit unsichtbar sein.

Bei der Stapelung ist zu beachten, daß fensterähnliche Komponenten immer auf nicht-fensterähnlichen Komponenten gestapelt werden. Ein Aufruf von SendToBack einer fensterähnlichen Komponente bewirkt also gar nichts, wenn unter dem Stapel eine nicht-fensterähnliche Komponente liegt (siehe auch BringToFront).

Die folgenden Komponenten zählen zu den fensterähnlichen Komponenten:

BitBtn	DBNavigator	MediaPlayer
Button	DBRadioGroup	Memo
CheckBox	DirectoryListBox	Notebook
ComboBox	DrawGrid	OLEContainer
DBCheckBox	DriveComboBox	Outline
DBComboBox	Edit	Panel
DBEdit	FileListBox	RadioButton
DBGrid	FilterComboBox	RadioGroup
DBImage	Form	ScrollBar
DBListBox	GroupBox	ScrollBox
DBLookupCombo	Header	StringGrid
DBLookupList	ListBox	TabbedNotebook
DBMemo	MaskEdit	TabSet

Die nun folgenden Komponenten zählen zu den nicht-fensterähnlichen Komponenten:

Bevel	Label	SpeedButton
DBText	PaintBox	Image
Shape		

procedure SetBounds(ALeft, ATop, AWidth, AHeight: Integer);
Die Methode SetBounds setzt die Begrenzungseigenschaften der Komponente Left, Top, Width und Height auf die Werte, die in den entsprechenden Werten ALeft, ATop, AWidth und AHeight übergeben werden. SetBounds erlaubt Ihnen, mehr als eine Begrenzungseigenschaft der Komponente zur gleichen Zeit einzustellen. Obwohl Sie immer einzelne Begrenzungen einstellen können, erlaubt Ihnen die Verwendung von SetBounds, mehrere Änderungen auf einmal durchzuführen, ohne daß jedesmal das Dialogfenster neu gezeichnet werden muß.

procedure SetFocus;
SetFocus übergibt den Focus an die Komponente. Bei Formularen ruft das jeweilige Formular die Methode SetFocus des standardmäßig aktiven Dialogelements auf.

procedure SetTextBuf(Buffer: PChar);
Die Methode SetTextBuf ersetzt den Text in einer Komponente durch den Text in Buffer. Buffer muß auf einen mit Null abgeschlossenen String zeigen (siehe auch GetTextBuf und GetTextLen).

procedure Show;
Die Methode Show bringt eine Komponente sichtbar auf dem Bildschirm, indem die Eigenschaft Visible auf True eingestellt wird. Falls die Methode Show eines Formulars aufgerufen wird und das Formular ist unsichtbar, versucht Show das Formular sichtbar zu machen, indem sie das Formular mit der Methode BringToFront in den Vordergrund bringt. Ein Formular verfügt zusätzlich über die Methode ShowModal, um einen modalen Dialog erzeugen zu können. Ein modaler Dialog muß bearbeitet und geschlossen werden. Ein SendToBack hätte also keinen Erfolg.

procedure Update;
In der Methode Update wird die API-Funktion UpdateWindow von Windows aufgerufen, die alle beim Zeichnen entstandenen und noch nicht erledigten Meldungen bearbeitet.

UpdateWindows ist definiert als

```
procedure UpdateWindow(Wnd: HWnd);
```

Die Routine UpdateWindow aktualisiert den Client-Bereich des angegebenen Fensters, indem sie eine WM_PAINT-Meldung an das Fenster sendet, wenn der Aktualisierungsbereich für das Fenster nicht leer ist. Die Routine UpdateWindow sendet eine WM_PAINT-Meldung unter Umgehung der Anwendungswarteschlange direkt an die Fensterfunktion des gegebenen Fensters. Wenn der Aktualisierungsbereich leer ist, wird keine Meldung gesendet. Der Parameter Wnd bezeichnet das Fenster oder besser das Handle des Fensters, das aktualisiert werden soll.

Komponentenname: DDEClientConv
Klassenname: TDDEClientConv

Beschreibung:

Mit DDEClientConv können Sie eine DDE Konversation mit einer DDE Client-Anwendung erzeugen. Zusammen mit der Komponente TDDEClientItem machen Sie Ihre Anwendung zum DDE-Server.

Eigenschaften:

property ComponentIndex: Integer;
Die Eigenschaft ComponentIndex zeigt die Position einer Komponente in der Eigenschaftsliste Components ihres Besitzers an. Die erste Komponente in der Liste hat den ComponentIndex-Wert 0, die zweite hat den Wert 1, die dritte den Wert 2 etc. Diese Eigenschaft ist nur zur Laufzeit und dann auch nur im Read-Only-Modus benutzbar.

property ConnectMode: TDataMode;
Mit ConnectMode legen Sie den Verbindungstyp fest, der bei einer Verknüpfung mit einer DDE-Server-Anwendung aufgebaut wird. Mögliche Werte:

Wert	Bedeutung
ddeAutomatic	Die Verknüpfung wird automatisch eingerichtet, wenn das Formular, das die TDDEClient-Komponente enthält, zur Laufzeit erzeugt wird.
ddeManual	Die Verknüpfung wird nur dann eingerichtet, wenn die Methode OpenLink aufgerufen wird.

property Controls[Index: Integer]: TControl;
Controls ist ein Array aller untergeordneten Komponenten der Komponente. Controls ist dann von Nutzen, wenn Sie auf die untergeordneten Komponenten über die Zahl statt über den Namen zugreifen müssen.

property Cursor: TCursor;
Mit der Eigenschaft Cursor stellen Sie das Aussehen des Cursors ein, wenn dieser auf die Komponente zeigt.

Mögliche Werte sind:

crDefault	crArrow	crCross
crIBeam	crSize	crSizeNESW
crSizeNS	crSizeNWSE	crSizeWE
crUpArrow	crHourglass	crDrag
crNoDrop	crHSplit	crVSplit

property DDEService: String;
Mit DDEService geben Sie die DDE-Server-Anwendung an, die mit einem DDE-Client verknüpft werden soll (Dateiname und Pfad, bei ausführbaren Programmen ohne Extension .EXE). Ist der DDE-Server eine Delphi-Anwendung, dann ist der DDEService mit dem Projektnamen gleichbedeutend (ohne die Erweiterung .DPR oder .EXE).

property DDETopic: String;
Mit DDETopic geben Sie das Thema einer DDE-Konversation an (Dateiname und Pfad), das von der in DDEService angegebenen Anwendung benutzt wird. Ist der DDE-Server eine Delphi-Anwendung, ist DDETopic per Voreinstellung der Titel des Formulars, das die verknüpfte Komponente enthält. Um z.B. eine Komponente auf einem Formular namens Form1 zu verknüpfen, setzen Sie DDETopic auf Form1. Wenn der DDE-Client hingegen mit einer TDDEServerConv-Komponente verknüpft ist, ist DDETopic der Name der Server-Konversationskomponente anstelle des Formulartitels. Um beispielsweise DDEServerConv1 zu verknüpfen, setzen Sie DDE-Topic auf DDEServerConv1.

property FormatChars: Boolean;
Mit FormatChars ermitteln Sie, ob von der DDE-Server-Anwendung bestimmte Zeichen aus den übertragenen Textdaten herausgefiltert werden. Manche DDE-Server-Anwendungen übertragen mit den Textdaten auch Rückschritte, Zeilenvorschübe, Zeilenrückläufe und Tabulatoren. Dies verursacht gelegentlich falsche Zeichen, Abstände oder Zeilenumbrüche in den DDE-Client-Daten. In diesem Fall sollten die Zeichen gefiltert werden; der Vorgabewert für FormatChars ist False.

Bei False erscheinen alle verknüpften Daten des DDE-Servers in den verknüpften Daten des DDE-Client. Bei True werden die ASCII-Zeichen 8 (Rückschritt), 9 (Tabulator), 10 (Zeilenvorschub) und 13 (Zeilenrücklauf) herausgefiltert und erscheinen folglich nicht in den Daten des DDE-Cient.

property Handle: ...;
Der Typ der Eigenschaft Handle ist abhängig von der jeweiligen Komponente. Im allgemeinen gilt: Sollte eine Windows-API-Funktion ein Handle der betreffenden Komponente verlangen, setzen Sie dazu die jeweilige Eigenschaft Handle der betreffenden Komponente ein. Verlangt eine Windows-API-Funktion zum Beispiel das Handle Ihrer gesamten Anwendung, benutzen Sie am besten die Eigenschaft Handle des Objekts TApplication. Hier die Übersicht der verschiedenen Typen der Eigenschaft Handle:

Handle für die Komponenten:

Bitmap	property Handle: HBitmap;
Brush	property Handle: HBrush;
Canvas	property Handle: HDC;
Font	property Handle: HFont;
Icon	property Handle: HIcon;
Metafile	property Handle: HMetafile;
Pen	property Handle: HPen;

Handle gibt Ihnen den Zugriff auf das Handle des jeweiligen GDI-Objekts. Benötigen Sie zum Beispiel zum Aufruf einer Windows-API-Funktion ein Handle auf ein Stiftobjekt oder ein Bitmap-Objekt, können Sie dazu das Handle der Komponente Pen beziehungsweise der Komponente Bitmap benutzen.

Handle für das Objekt TApplication und die folgenden Komponenten:

Bevel	DBText	Memo
BitBtn	DirectoryListBox	Notebook
Button	DrawGrid	OLEContainer
CheckBox	DriveComboBox	Outline
ComboBox	Edit	PaintBox
DBCheckBox	FileListBox	Panel
DBComboBox	FilterComboBox	RadioButton
DBEdit	FindDialog	RadioGroup
DBGrid	Form	ReplaceDialog
DBImage	GroupBox	ScrollBar
DBListBox	Header	ScrollBox
DBLookupCombo	Image	Shape
DBLookupList	Label	SpeedButton
DBMemo	ListBox	StringGrid
DBNavigator	MaskEdit	TabbedNotebook
DBRadioGroup	MediaPlayer	TabSet

property Handle: HWND;
Handle bietet Ihnen Zugriff auf das Handle der jeweiligen Komponente (z.B. Fenster-Handle, Dialog-Handle etc.). Dieses Handle wird von einigen Windows-API-Funktionen beim Aufruf erwartet. Sie können in diesem Fall das Handle der jeweils betroffenen Komponente oder – falls das Handle Ihrer Anwendung gefordert wird – das Handle des Objekts TApplication übergeben.

Handle für die Komponenten:

MainMenu   MenuItem   PopupMenu

property Handle: HMENU;
Sollte eine Windows-API-Funktion ein Handle eines Menüs, Menü-Eintrags oder eines lokalen Menüs verlangen, können Sie dazu die Eigenschaft Handle von MainMenu, MenuItem und PopupMenu benutzen.

Handle für die Komponente Printer:

property Handle: HDC;
Handle beinhaltet das Handle des jeweiligen Druckerobjektes TPrinter der Komponente Printer.

Handle für die Komponente DataBase:

property Handle: HDBIDB;
Um direkte Aufrufe in die Richtung der Borland Database-Engine-(BDE)-API zu tätigen, benötigen Sie ein Handle der jeweiligen Datenbank-Komponente. Dazu dient Ihnen die Eigenschaft Handle der Komponente DataBase. Sie erlaubt Ihnen Zugriffe auf Funktionen des BDE-API, die nicht in die VCL-Bibliothek integriert wurden. Bevor Sie allerdings diese Funktionen aufrufen, sollten Sie prüfen, ob diese Funktion nicht doch schon in der VCL-Bibliothek gekapselt wurde.

Handle für das Objekt TSession:

Delphi erzeugt eine Komponente Session vom Typ TSession immer dann, wenn eine Anwendung ausgeführt wird. Sessions sollten nicht von Ihnen erzeugt oder zerstört werden. Session erlaubt globale Prüfung über Datenbankverbindungen. Die Eigenschaft Databases von Session ist ein Array von allen aktiven Datenbanken in der Sitzung. Die Eigenschaft DatabaseCount vom Typ Integer gibt die Anzahl der aktiven Datenbanken in der Sitzung an.

property Handle: HDBISES;
Mit dieser Eigenschaft Handle können Sie direkte Aufrufe an die Borland-Datenbank-Engine – bezogen auf eine bestimmte Sitzung (Session/TSession) – machen. Die Komponente Session werden Sie kaum benutzen. Die wichtigsten Funktionen der BDE-API sind in der VCL-Bibliothek gekapselt und ersparen Ihnen diesen Weg.

Handle für die Komponenten Table, Query und StoredProc:

property Handle: HDBICur;
Ebenfalls für direkte Zugriffe auf Funktionen der BDE-API und unter normalen Umständen nicht zu benutzen, da die wichtigsten BDP-API-Funktionen via VCL-Bibliothek einen einfacheren Zugriff ermöglichen.

property Name: TComponentName;
Die Eigenschaft Name enthält den Namen der Komponente wie er von anderen Komponenten für den Zugriff verwendet wird. Delphi weist als Vorgabewerte sequentielle Namen zu, die auf dem Typ der Komponente basieren, also etwa für But-

tons »Button1«, »Button2« etc. Dies können Sie gemäß Ihrer Vorstellungen abändern. Komponentennamen sollten ausdrücklich nur zur Entwurfszeit geändert werden.

property Owner: TComponent;
Die Eigenschaft Owner teilt Ihnen mit, die Komponente zu welcher Komponente gehört. Dem Formular gehören alle Komponenten, die auf ihm vorhanden sind. Umgekehrt gehört das Formular zur Anwendung. Gehört eine Komponente A einer anderen Komponente B, wird der Speicher der Komponente A freigegeben, wenn der Speicher der Komponente B freigegeben wird. Es werden also folgerichtig alle Komponenten des Formulars gelöscht, wenn das Formular gelöscht wird. Außerdem wird natürlich der Speicher für das Formular und dessen Komponenten freigegeben, wenn der Speicher der Anwendung selbst freigegeben wird.

property Parent: TWinControl;
Die Eigenschaft Parent enthält den Namen der übergeordneten Komponente. Wenn eine Komponente A eine andere Komponente B enthält, sind die in B enthaltenen Komponenten untergeordnete Komponenten von A. Wenn Ihre Anwendung beispielsweise drei Buttons in einer GroupBox enthält, dann ist die GroupBox das übergeordnete Element der drei Buttons und die Button-Schaltfelder sind der GroupBox untergeordnet.

Parent und Owner sind leider etwas verwirrend. Daher hier eine kleine Entwirrung:

Ein Formular ist der Besitzer aller darauf enthaltenen Komponenten, egal, ob sie ein Fensterelement sind oder nicht. Für unser Beispiel mit den drei Buttons und der GroupBox bedeutet dies: Der Besitzer der Button ist immer das Formular, aber die GroupBox ist das übergeordnete Element.

Wenn Sie einen neuen Dialog erzeugen, müssen Sie dem neuen Dialogelement einen Wert der Eigenschaft Parent zuweisen. Üblicherweise sind dies Formulare, Bedienfelder, GroupBoxen oder andere Dialoge, die andere Komponenten-Elemente enthalten können. Es ist möglich, jedes Element als das übergeordnete zuzuweisen, aber das darin enthaltene Dialogelement wird wahrscheinlich überschrieben.

Wird das übergeordnete Element gelöscht, werden auch alle Elemente, die ihm untergeordnet sind, gelöscht.

property ServiceApplication: string;
Mit ServiceApplication legen Sie den Namen (und den Pfad, wenn nötig) der ausführbaren Hauptdatei einer DDE-Server-Anwendung ohne die Namenserweiterung .EXE fest. Üblicherweise hat diese denselben Wert wie die Eigenschaft DDEService. Manchmal hat jedoch DDEService einen anderen Wert als den Namen der ausführbaren Datei der DDE-Server-Anwendung. In jedem Fall muß für Delphi ServiceApplication spezifiziert werden, damit ein nicht aktiver DDE-Server eine DDE-Verbindung aufbauen kann.

property Showing: Boolean;
Die Eigenschaft Showing legt fest, ob eine Komponente momentan auf dem Bildschirm angezeigt wird oder nicht. Falls die Eigenschaft Visible einer Komponente und aller übergeordneten Komponenten in der übergeordneten Hierarchie True ist,

ist Showing auch True. Wenn einer der Vorfahren der Komponente den Wert False als Wert für die Eigenschaft Visible hat, dann ist auch Showing False.

property Tag: Longint;
Die Eigenschaft Tag kann einen Integerwert als Element einer Komponente speichern. Tag wird von Delphi nicht benutzt und steht Ihnen damit zur freien Verfügung.

Ereignisse:

property OnClose: TNotifyEvent;
OnClose tritt immer dann ein, wenn eine DDE-Konversation beendet wird. Eine Konversation wird beendet, wenn eine der beteiligten Anwendungen geschlossen wird oder wenn die Methode CloseLink aufgerufen wird.

OnClose ist vom Typ

```
TNotifyEvent = procedure (Sender: TObject) of object;
```

TNotifyEvent weist also auf eine Methode, die dieses Ereignis behandelt.

property OnOpen: TNotifyEvent;
OnOpen tritt immer dann ein, wenn eine DDE-Konversation geöffnet wird. Eine DDE-Konversation kann automatisch oder manuell eingeleitet werden. Eine Konversation wird automatisch geöffnet, wenn der Wert der Eigenschaft ConnectMode auf ddeAutomatic eingestellt ist. Während das Formular, das die DDE Client-Konversationskomponente enthält, zur Laufzeit erzeugt wird, wird die DDE-Konversation geöffnet. Öffnen Sie manuell eine Konversation durch Setzen des Werts der Eigenschaft ConnectMode auf ddeManual und rufen Sie dann die Methode OpenLink auf.

OnOpen ist vom Typ

```
TNotifyEvent = procedure (Sender: TObject) of object;
```

TNotifyEvent weist also auf eine Methode, die dieses Ereignis behandelt.

Methoden:

procedure BringToFront;
Die Methode BringToFront setzt eine Komponente innerhalb einer übergeordneten Komponente vor alle anderen Komponenten. BringToFront hilft insbesondere sicherzustellen, daß ein Formular sichtbar ist. Verwenden Sie diese Methode, wenn Sie die Reihenfolge überlappender Komponenten in einem Formular neu festlegen wollen.

Die Reihenfolge, in der Komponenten übereinander gelagert werden (Z-Reihenfolge), hängt davon ab, ob es sich um fensterähnliche oder um nichtfensterähnliche Komponente handelt. Die Reihenfolge arbeitet nach dem Prinzip, daß die zuletzt eingefügte Komponente die oberste und damit sichtbare Komponente ist.

Mit der Methode BringToFront einer Komponente würde diese Komponente ganz nach oben auf den Stapel kommen und somit sichtbar sein.

Bei der Stapelung ist zu beachten, daß fensterähnliche Komponenten immer auf nicht-fensterähnlichen Komponenten gestapelt werden. Ein Aufruf von BringToFront einer nicht-fensterähnlichen Komponente bewirkt also gar nichts, wenn oben auf dem Stapel eine fensterähnliche Komponente liegt.

Die folgenden Komponenten zählen zu den fensterähnlichen Komponenten:

BitBtn	DBNavigator	MediaPlayer
Button	DBRadioGroup	Memo
CheckBox	DirectoryListBox	Notebook
ComboBox	DrawGrid	OLEContainer
DBCheckBox	DriveComboBox	Outline
DBComboBox	Edit	Panel
DBEdit	FileListBox	RadioButton
DBGrid	FilterComboBox	RadioGroup
DBImage	Form	ScrollBar
DBListBox	GroupBox	ScrollBox
DBLookupCombo	Header	StringGrid
DBLookupList	ListBox	TabbedNotebook
DBMemo	MaskEdit	TabSet

Die nun folgenden Komponenten zählen zu den nicht-fensterähnlichen Komponenten:

Bevel	Label	SpeedButton
DBText	PaintBox	Image
Shape		

function CanFocus: Boolean;
CanFocus stellt fest, ob eine Komponente den Eingabefokus erhalten kann. CanFocus gibt True zurück, wenn die Eigenschaften Visible und Enabled sowohl der Komponente als auch der übergeordneten Komponenten auf True gesetzt sind. Sind nicht alle Eigenschaften Visible und Enabled dieser Komponenten auf True gesetzt, liefert CanFocus False zurück.

function ClientToScreen(Point: TPoint): TPoint;
Die Methode ClientToScreen übersetzt den angegebenen Punkt aus Client-Bereichskoordinaten in globale Bildschirmkoordinaten. In Client-Bereichskoordinaten entspricht der Punkt (0, 0) der oberen linken Ecke des Client-Bereichs der Komponente. In Bildschirmkoordinaten entspricht (0, 0) der oberen linken Ecke des Bildschirms. Mit den Methoden ClientToScreen und ScreenToClient rechnen Sie Positionen aus dem Koordinatensystem einer Komponente A in das Koordinatensystem einer Komponente B um.

Beispiel: Umrechnung der Koordinaten einer Komponente A in die Koordinaten einer Komponente B (TPoint ist ein Record mit den Feldern X und Y):

```
TPoint =  record
     X  : integer;
     Y  : integer;
END;
VAR
   Koord: TPoint;
Koord:= B.ScreenToClient(A.ClientToScreen(Koord));
```

function CloseLink;
Mit CloseLink beenden Sie eine laufende DDE-Konversation.

procedure CopyToClipboard;
CopyToClipboard kopiert den in der Komponente markierten Text in die Zwischenablage. Bei TDBImage wird das markierte Bild in das Clipboard kopiert.

constructor Create;
Create weist Speicher zu, um das Objekt und damit die Komponente zu erzeugen und nach Bedarf seine Daten zu initialisieren. Jedes Objekt kann eine Methode Create besitzen, die individuell so angepaßt ist, daß sie diese bestimmte Art von Objekt erzeugt. Im Normalfall benötigen Sie diese Methoden nicht, da Borland Delphi alles unternimmt, um Ihre Anwendung und die darin enthaltenen Komponenten zu erzeugen. Sollten Sie allerdings ein Ereignis oder die Initialisierung eines Wertes einer selbst geschaffenen Komponente zur Zeit der Erzeugung einstellen wollen, dann können Sie dies in der Methode Create erledigen. Dazu benötigen Sie aber genaue Kenntnisse und Techniken der OOP. Ansonsten sollten Sie Create unverändert lassen und nicht aufrufen.

procedure CutToClipboard
CutToClipboard kopiert den in der Komponente markierten Text in die Zwischenablage und löscht den Text aus der Komponente. Bei TDBImage wird das markierte Bild gelöscht und in das Clipboard kopiert.

function Dragging: Boolean;
Die Methode Dragging gibt an, ob eine Komponente gezogen wird. Wenn Dragging True zurückgibt, wird die Komponente gezogen.

procedure EndDrag(Drop: Boolean);
Die Methode EndDrag verhindert, daß eine Komponente weiter gezogen wird. Wenn der Parameter Drop True ist, wird die gezogene Komponente abgelegt. Ist Drop False, wird die Komponente nicht abgelegt und der Vorgang wird abgebrochen.

function ExecuteMacro(Cmd: PChar; WaitFlg: Boolean): Boolean;
Mit ExecuteMacro können Sie einen Makro-Befehls-String an eine DDE-Server-Anwendung senden.

ExecuteMacro gibt True zurück, wenn das Makro der DDE-Server-Anwendung erfolgreich übergeben wurde. Cmd ist ein nullterminierter String, der das Makro enthält, das die DDE-Server-Anwendung ausführen soll. Der tatsächliche Wert von Cmd hängt von der DDE-Server-Anwendung ab. Die Dokumentation Ihrer DDE-

Server-Anwendung gibt Ihnen Auskunft darüber, die Befehls-Strings akzeptiert werden.

WaitFlg bestimmt, ob Ihre Anwendung wartet, bis die DDE-Server-Anwendung die Ausführung des Makros beendet hat, bevor ein neuer erfolgreicher Aufruf der Methoden ExecuteMacro oder ExecuteMacroLines, PokeData und PokeDataLines zugelassen wird. Wurde WaitFlg auf True gesetzt, so senden Folgeaufrufe dieser Methoden vor Abarbeitung des ersten Makros durch die DDE-Server-Anwendung keine Daten an den DDE-Server, und es wird False zurückgegeben. Wurde WaitFlg hingegen auf False gesetzt, wird versucht, bei Folgeaufrufen Daten an den DDE-Server zu senden, bevor die DDE-Server-Anwendung das erste Makro beendet hat. Wenn Sie eine ganze Liste von Makro-Befehlen anstatt eines einzelnen Strings senden wollen, verwenden Sie die Methode ExecuteMacroLines.

function ExecuteMacroLines(Cmd: TStrings; WaitFlg: Boolean): Boolean;
Wie ExecuteMacro, nur, daß Sie hier eine ganze Liste von Befehlen (vom Typ TString) übermitteln können.

function FindComponent(const AName: string): TComponent;
Die Methode FindComponent gibt im Array Components die Komponente zurück, deren Name zum String im Parameter AName paßt. FindComponent beachtet dabei keine Groß-/Kleinschreibung.

Beispiel: Es existiert ein Button »Button1« in Ihrer Anwendung. Um die eigentliche Komponente TButton1 im Array Components zurückzugeben, rufen Sie FindComponents wie folgt auf:

```
FindComponents('Button1');
```

function Focused: Boolean;
Focused wird verwendet, um zu bestimmen, ob ein Fensterdialogelement den Fokus besitzt und deshalb das aktive Dialogelement in ActiveControl ist.

procedure Free;
Die Methode Free entfernt das Objekt und gibt den dazugehörigen Speicher frei. Haben Sie das Objekt unter Verwendung der Methode Create erzeugt, so benutzen Sie zum Entfernen und für die Freigabe des Speichers die Methode Free. Free gelingt auch dann, wenn das Objekt selbst nicht mehr existiert (zum Beispiel durch einen vorherigen Aufruf von Free. Delphi erledigt dies für Objekte der Bibliothek visueller Komponenten automatisch.

Sie sollten also niemals eine Komponente innerhalb Ihrer Anwendung entfernen.

Falls Sie ein Formular freigeben wollen, rufen Sie die Methode Release auf, um das Formular zu löschen und dessen benutzten Speicher freizugeben.

function GetTextBuf(Buffer: PChar; BufSize: Integer): Integer;
Die Methode GetTextBuf holt den Text der Komponente und kopiert ihn in den Puffer als Null-terminierten String (Ende der Zeichenkette wird mit 0 angegeben), auf den Buffer zeigt. Die maximale Länge des Strings wird mit BufSize (siehe dazu GetTextLen) festgelegt. In BufSize wird nach der Ausführung die Anzahl der Zeichen

des Strings zu finden sein. Diese Methode ist vor allem dann sehr nützlich, wenn mit Strings größer als 256 Zeichen gearbeitet wird. Der Typ STRING kann nicht mehr als 256 Zeichen aufnehmen. Dabei entfällt aber das erste Element in diesem Typ auf die Längenangabe des Strings, so daß nur noch maximal 255 zeichen möglich sind. Ein PChar ist ein Zeiger auf das erste Zeichen einer Zeichenkette. Eine derart definierte Zeichenkette besitzt keine Längenangabe, sondern trägt eine 0 am Ende der Kette, daher auch der Name Null-terminierter String. Ein PChar kann die maximale Größe von 64 Kbyte erreichen. Die maximale Anzahl der Zeichen ist also auf 64 Kbyte und nicht auf 255 Zeichen beschränkt (siehe auch GetTextLen und SetTextBuf).

function GetTextLen: Integer;
Die Methode GetTextLen gibt die Länge des Textes der Komponente zurück. Dieser Wert kann für BufSize in GetTextBuf verwendet werden (siehe auch GetTextBuf und SetTextBuf).

procedure Hide;
Die Methode Hide versteckt eine Komponente, sie ist also nicht mehr auf dem Bildschirm sichtbar. Dabei wird die Eigenschaft Visible auf False gesetzt. Dabei ist eine Komponente aber weiterhin aktiv, das heißt, kann bearbeitet werden.

procedure InsertComponent(AComponent: TComponent);
InsertComponent macht die Komponente zum Besitzer der im Parameter AComponent übergebenen Komponente. Die Komponente wird am Ende der Array-Eigenschaft Components hinzugefügt. Die eingefügte Komponente darf keinen Namen haben (keinen für die Eigenschaft Name spezifizierten Wert) oder der Name muß sich eindeutig von allen anderen in der Components-Liste unterscheiden. Wird die Besitzerkomponente entfernt, so wird auch AComponent gelöscht.

procedure Invalidate;
Die Methode Invalidate erzwingt das Neuzeichnen einer Komponente, sobald dies möglich ist.

function OpenLink: Boolean;
Mit OpenLink leiten Sie eine neue DDE-Konversation ein. Falls die Konversation erfolgreich geöffnet wurde, wird ein Ereignis OnOpen ausgelöst und OpenLink gibt True zurück.

procedure PasteFromClipboard;
PasteFromClipboard kopiert den Inhalt der Zwischenablage in die Komponente an die Position des aktuellen Cursors.

function PokeData(Item: string; Data: PChar): Boolean;
Mit PokeData senden Sie Daten zu einer DDE-Server-Anwendung. Textdaten eines verknüpften Dialogelements der DDE-Client-Anwendung werden zu dem verknüpften Abschnitt der DDE-Server-Anwendung übertragen. Item legt das verknüpfte Element im DDE-Server fest. Data ist ein mit Null abgeschlossener String, der die Textdaten, die zu dem DDE-Server übertragen werden, festlegt.

procedure Refresh;
Die Methode Refresh reagiert je nach Art der Komponente, ob Daten oder die Komponenten selber neu gezeichnet werden. Die Methode Refresh kann also jedes Bild auf dem Bildschirm löschen und alle Dialogelemente neuzeichnen beziehungsweise Datensätze einer Datei erneut einlesen.

Innerhalb der Implementation von Refresh beim Neuzeichnen von Komponenten wird die Methode Invalidate und dann die Methode Update aufgerufen.

Beim Refresh von Daten ist zu beachten: Durch Refresh können sich die angezeigten Daten unerwartet verändern und so den Anwender verwirren. Ein Dialog oder eine andere Mitteilung, die dem Anwender den Refresh der Daten mitteilt, wäre somit wohl angebracht und von äußerster Nützlichkeit.

procedure RemoveComponent(AComponent: TComponent);
RemoveComponent entfernt die Komponente, die im Parameter AComponent festgelegt ist, aus der Komponentenliste Components. Die Position in der Liste wird zu nil.

procedure Repaint;
Die Methode Repaint fordert das Dialogelement auf, dessen Bild auf dem Bildschirm neu zu zeichnen, ohne jedoch das bereits erschienene zu löschen. Um vor dem Neuzeichnen zu löschen, müssen Sie anstelle von Repaint die Methode Refresh aufrufen.

function RequestData(const Item: string): PChar;
Mit RequestData fordern Sie Daten von einem DDE-Server an. Item legt das DDE-Server-Element fest, von dem Sie die Daten haben möchten.

procedure ScaleBy(M, D: Integer);
Die Methode ScaleBy skaliert eine Komponente um einen Prozentsatz ihrer ursprünglichen Größe. Der Parameter M ist der Multiplikator und der Parameter D der Divisor. Wenn Sie beispielsweise die Größe des Dialogelements auf 66% seines ursprünglichen Formats ändern möchten, geben Sie in M den Wert 66 und in D den Wert 100 an (66/100). Bei der Vergrößerung gehen Sie einfach den umgekehrten Weg: Vergrößerung um 66% bedeutet nichts anderes als M=166 und D=100.

function ScreenToClient(Point: TPoint): TPoint;
Die Methode ScreenToClient wird verwendet, um den Koordinatenpunkt der Komponente in Pixeln auf dem Bildschirm zu bestimmen. ScreenToClient gibt die X- und Y-Koordinaten in einem Record des Typs TPoint zurück.

procedure ScrollBy(DeltaX, DeltaY: Integer);
ScrollBy scrollt den Inhalt einer Komponente. Statt der Methode ScrollBy sollten Sie im Normalfall lieber mit den eingebauten Bildlaufleisten arbeiten, es sei denn, diese Leisten wären für Ihre Programm-Idee aus irgendeinem Grund nicht brauchbar.

DeltaX enthält die Veränderung in Pixeln in Richtung der X-Achse. Ein positiver Wert von DeltaX verschiebt den Inhalt nach rechts, ein negativer Wert verschiebt den Inhalt nach links. DeltaY bezeichnet die Veränderungen in Pixeln in Richtung der Y-Achse. Ein positiver Wert von DeltaY verschiebt den Inhalt nach unten, ein negativer Wert verschiebt den Inhalt nach oben.

procedure SendToBack;
Die Methode SendToBack setzt eine Komponente innerhalb einer übergeordneten Komponente hinter alle anderen Komponenten. Die Reihenfolge, in der Komponenten übereinander gelagert werden (Z-Reihenfolge), hängt davon ab, ob es sich um fensterähnliche oder um nicht-fensterähnliche Komponenten handelt. Die Reihenfolge arbeitet nach dem Prinzip, daß die zuletzt eingefügte Komponente die oberste und damit sichtbare Komponente ist.

Mit der Methode SendToBack einer Komponente würde diese Komponente ganz nach unten auf den Stapel kommen und somit unsichtbar sein.

Bei der Stapelung ist zu beachten, daß fensterähnliche Komponenten immer auf nicht-fensterähnlichen Komponenten gestapelt werden. Ein Aufruf von SendToBack einer fensterähnlichen Komponente bewirkt also gar nichts, wenn unter dem Stapel eine nicht-fensterähnliche Komponente liegt (siehe auch BringToFront).

Die folgenden Komponenten zählen zu den fensterähnlichen Komponenten:

BitBtn	DBNavigator	MediaPlayer
Button	DBRadioGroup	Memo
CheckBox	DirectoryListBox	Notebook
ComboBox	DrawGrid	OLEContainer
DBCheckBox	DriveComboBox	Outline
DBComboBox	Edit	Panel
DBEdit	FileListBox	RadioButton
DBGrid	FilterComboBox	RadioGroup
DBImage	Form	ScrollBar
DBListBox	GroupBox	ScrollBox
DBLookupCombo	Header	StringGrid
DBLookupList	ListBox	TabbedNotebook
DBMemo	MaskEdit	TabSet

Die nun folgenden Komponenten zählen zu den nicht-fensterähnlichen Komponenten:

Bevel	Label	SpeedButton
DBText	PaintBox	Image
Shape		

procedure SetFocus;
SetFocus übergibt den Focus an die Komponente. Bei Formularen ruft das jeweilige Formular die Methode SetFocus des standardmäßig aktiven Dialogelements auf.

function SetLink(Service: string; Topic: string): Boolean;
Mit SetLink legen Sie den Service und das Thema einer DDE-Verbindung fest und versuchen die Verbindung zu starten, wenn ConnectMode ddeAutomatic ist. Der Parameter Service definiert den DDE-Service und ist der Eigenschaft DDEService zugeordnet. Der Parameter Topic definiert das DDE-Thema und ist der Eigenschaft DDETopic zugeordnet.

procedure SetTextBuf(Buffer: PChar);
Die Methode SetTextBuf ersetzt den Text in einer Komponente durch den Text in Buffer. Buffer muß auf einen mit Null abgeschlossenen String zeigen (siehe auch GetTextBuf und GetTextLen).

procedure Show;
Die Methode Show bringt eine Komponente sichtbar auf dem Bildschirm, indem die Eigenschaft Visible auf True eingestellt wird. Falls die Methode Show eines Formulars aufgerufen wird und das Formular ist unsichtbar, versucht Show das Formular sichtbar zu machen, indem sie das Formular mit der Methode BringToFront in den Vordergrund bringt. Ein Formular verfügt zusätzlich über die Methode ShowModal, um einen modalen Dialog erzeugen zu können. Ein modaler Dialog muß bearbeitet und geschlossen werden. Ein SendToBack hätte also keinen Erfolg.

procedure Update;
In der Methode Update wird die API-Funktion UpdateWindow von Windows aufgerufen, die alle beim Zeichnen entstandenen und noch nicht erledigten Meldungen bearbeitet.

UpdateWindows ist definiert als

```
procedure UpdateWindow(Wnd: HWnd);
```

Die Routine UpdateWindow aktualisiert den Client-Bereich des angegebenen Fensters, indem sie eine WM_PAINT-Meldung an das Fenster sendet, wenn der Aktualisierungsbereich für das Fenster nicht leer ist. Die Routine UpdateWindow sendet eine WM_PAINT-Meldung unter Umgehung der Anwendungswarteschlange direkt an die Fensterfunktion des gegebenen Fensters. Wenn der Aktualisierungsbereich leer ist, wird keine Meldung gesendet. Der Parameter Wnd bezeichnet das Fenster oder besser das Handle des Fensters, das aktualisiert werden soll.

Komponentenname: DDEClientItem
Klassenname: TDDEClientItem

Beschreibung:

Mit DDEClientItem definieren Sie sich den Eintrag einer DDE-Konversation. Zusammen mit der Komponenten TDDEClientConv wird Ihre Anwendung zum DDE-Client.

Eigenschaften:

property ComponentIndex: Integer;
Die Eigenschaft ComponentIndex zeigt die Position einer Komponente in der Eigenschaftsliste Components ihres Besitzers an. Die erste Komponente in der Liste hat den ComponentIndex-Wert 0, die zweite hat den Wert 1, die dritte den Wert 2 etc. Diese Eigenschaft ist nur zur Laufzeit und dann auch nur im Read-Only-Modus benutzbar.

property Controls[Index: Integer]: TControl;
Controls ist ein Array aller untergeordneten Komponenten der Komponente. Controls ist dann von Nutzen, wenn Sie auf die untergeordneten Komponenten über die Zahl statt über den Namen zugreifen müssen.

property DDEConv: TDdeClientConv;
Mit DDEConv geben Sie die DDE-Client-Konversationskomponente an, die mit der DDE-Client-Elementkomponente verknüpft werden soll. Der Wert von DDEConv ist der Name der DDE-Client-Konversationskomponente, die die DDE-Konversation definiert.

property DDEItem: String;
Mit DDEItem geben Sie das Element einer DDE-Konversation an. Der Wert von DDEItem hängt von der verknüpften DDE-Server-Anwendung ab. Bei DDEItem kann es sich zum Beispiel um ein auswählbares Textstück oder ein Datenbankfeld in einer Editierzeile handeln. Ist der DDE-Server eine Delphi-Anwendung, dann ist DDEItem der Name der verknüpften DDE-Server-Komponente.

property Lines: TStrings;
Mit Lines bearbeiten Sie die in einer DDE-Konversion auszutauschenden Textdaten. Für DDEClientItem-Komponenten definieren Sie mit Hilfe von Lines den Text, der von der DDE-Server-Anwendung aktualisiert wird. Für DDEServerItem-Komponenten definieren Sie mit Hilfe von Lines den Text, der zu einem DDE-Client gesendet wird, wenn sich der Wert von Lines ändert oder ein Client verlangt, aktualisiert zu werden.

property Name: TComponentName;
Die Eigenschaft Name enthält den Namen der Komponente wie er von anderen Komponenten für den Zugriff verwendet wird. Delphi weist als Vorgabewerte sequentielle Namen zu, die auf dem Typ der Komponente basieren, also etwa für Buttons »Button1«, »Button2« etc. Dies können Sie gemäß Ihrer Vorstellungen abändern. Komponentennamen sollten ausdrücklich nur zur Entwurfszeit geändert werden.

property Owner: TComponent;
Die Eigenschaft Owner teilt Ihnen mit, die Komponente zu welcher Komponente gehört. Dem Formular gehören alle Komponenten, die auf ihm vorhanden sind. Umgekehrt gehört das Formular zur Anwendung. Gehört eine Komponente A einer anderen Komponente B, wird der Speicher der Komponente A freigegeben, wenn der Speicher der Komponente B freigegeben wird. Es werden also folgerichtig alle Komponenten des Formulars gelöscht, wenn das Formular gelöscht wird. Außerdem wird natürlich der Speicher für das Formular und dessen Komponenten freigegeben, wenn der Speicher der Anwendung selbst freigegeben wird.

property Parent: TWinControl;
Die Eigenschaft Parent enthält den Namen der übergeordneten Komponente. Wenn eine Komponente A eine andere Komponente B enthält, sind die in B enthaltenen Komponenten untergeordnete Komponenten von A. Wenn Ihre Anwendung beispielsweise drei Buttons in einer GroupBox enthält, dann ist die GroupBox das über-

geordnete Element der drei Buttons und die Button-Schaltfelder sind der GroupBox untergeordnet.

Parent und Owner sind leider etwas verwirrend. Daher hier eine kleine Entwirrung:

Ein Formular ist der Besitzer aller darauf enthaltenen Komponenten, egal, ob sie ein Fensterelement sind oder nicht. Für unser Beispiel mit den drei Buttons und der GroupBox bedeutet dies: Der Besitzer der Button ist immer das Formular, aber die GroupBox ist das übergeordnete Element.

Wenn Sie einen neuen Dialog erzeugen, müssen Sie dem neuen Dialogelement einen Wert der Eigenschaft Parent zuweisen. Üblicherweise sind dies Formulare, Bedienfelder, GroupBoxen oder andere Dialoge, die andere Komponenten-Elemente enthalten können. Es ist möglich, jedes Element als das übergeordnete zuzuweisen, aber das darin enthaltene Dialogelement wird wahrscheinlich überschrieben.

Wird das übergeordnete Element gelöscht wird, dann werden auch alle Elemente, die ihm untergeordnet sind, gelöscht.

property Tag: Longint;
Die Eigenschaft Tag kann einen Integerwert als Element einer Komponente speichern. Tag wird von Delphi nirgendwo benutzt und steht Ihnen damit zur freien Verfügung.

property Text: string;
In Text geben Sie die die Textdaten ein, die Sie zum Austausch in einer DDE-Konversation benötigen. Für die Komponente DDEClientItem ist dies der Text, der von der DDE-Server-Anwendung aktualisiert werden soll. Für die Komponenten DDEServerItem ist dies der Text, der an einen DDE-Client gesendet werden soll, wenn sich der Wert von Text ändert oder wenn der Klient anfragt, um auf den neuesten Stand gebracht zu werden. Wenn Text geändert wurde, tritt ein Ereignis OnChange auf.

Ereignisse:

property OnChange: TNotifyEvent;
OnChange tritt immer dann ein, wenn sich der Wert der Eigenschaft Value eines DDE Client-Elements oder einer Komponente eines DDE Server-Elements ändert.

OnChange ist vom Typ

`TNotifyEvent = procedure (Sender: TObject) of object;`

TNotifyEvent weist also auf eine Methode, die dieses Ereignis behandelt.

Methoden:

constructor Create;
Create weist Speicher zu, um das Objekt und damit die Komponente zu erzeugen und nach Bedarf seine Daten zu initialisieren. Jedes Objekt kann eine Methode Create besitzen, die individuell so angepaßt ist, daß sie diese bestimmte Art von Objekt erzeugt. Im Normalfall benötigen Sie diese Methoden nicht, da Borland Delphi alles unternimmt, um Ihre Anwendung und die darin enthaltenen Komponenten zu

erzeugen. Sollten Sie allerdings ein Ereignis oder die Initialisierung eines Wertes einer selbst geschaffenen Komponente zur Zeit der Erzeugung einstellen wollen, dann können Sie dies in der Methode Create erledigen. Dazu benötigen Sie aber genaue Kenntnisse und Techniken der OOP. Ansonsten sollten Sie Create unverändert lassen und nicht aufrufen.

function FindComponent(const AName: string): TComponent;
Die Methode FindComponent gibt im Array Components die Komponente zurück, deren Name zum String im Parameter AName paßt. FindComponent beachtet dabei keine Groß-/Kleinschreibung.

Beispiel: Es existiert ein Button »Button1« in Ihrer Anwendung. Um die eigentliche Komponente TButton1 im Array Components zurückzugeben, rufen Sie FindComponents wie folgt auf:

```
FindComponents('Button1');
```

procedure Free;
Die Methode Free entfernt das Objekt und gibt den dazugehörigen Speicher frei. Haben Sie das Objekt unter Verwendung der Methode Create erzeugt, so benutzen Sie zum Entfernen und für die Freigabe des Speichers die Methode Free. Free gelingt auch dann, wenn das Objekt selbst nicht mehr existiert (zum Beispiel durch einen vorherigen Aufruf von Free. Delphi erledigt dies für Objekte der Bibliothek visueller Komponenten automatisch.

Sie sollten also niemals eine Komponente innerhalb Ihrer Anwendung entfernen.

Falls Sie ein Formular freigeben wollen, rufen Sie die Methode Release auf, um das Formular zu löschen und dessen benutzten Speicher freizugeben.

procedure InsertComponent(AComponent: TComponent);
InsertComponent macht die Komponente zum Besitzer der im Parameter AComponent übergebenen Komponente. Die Komponente wird am Ende der Array-Eigenschaft Components hinzugefügt. Die eingefügte Komponente darf keinen Namen haben (keinen für die Eigenschaft Name spezifizierten Wert) oder der Name muß sich eindeutig von allen anderen in der Components-Liste unterscheiden. Wird die Besitzerkomponente entfernt, so wird auch AComponent gelöscht.

procedure RemoveComponent(AComponent: TComponent);
RemoveComponent entfernt die Komponente, die im Parameter AComponent festgelegt ist, aus der Komponentenliste Components. Die Position in der Liste wird zu nil.

Komponentenname: DDEServerConv
Klassenname: TDDEServerConv

Beschreibung:

Mit der Komponente DDEServerConv richten Sie sich eine DDE Konversation mit einer DDE-Client-Anwendung ein. Zusammen mit der Komponente DDEServerItem wird Ihre Anwendung zum DDE-Server.

Eigenschaften:

property ComponentIndex: Integer;
Die Eigenschaft ComponentIndex zeigt die Position einer Komponente in der Eigenschaftsliste Components ihres Besitzers an. Die erste Komponente in der Liste hat den ComponentIndex-Wert 0, die zweite hat den Wert 1, die dritte den Wert 2 etc. Diese Eigenschaft ist nur zur Laufzeit und dann auch nur im Read-Only-Modus benutzbar.

property Controls[Index: Integer]: TControl;
Controls ist ein Array aller untergeordneten Komponenten der Komponente. Controls ist dann von Nutzen, wenn Sie auf die untergeordneten Komponenten über die Zahl statt über den Namen zugreifen müssen.

property Handle: ...;
Der Typ der Eigenschaft Handle ist abhängig von der jeweiligen Komponente. Im allgemeinen gilt: Sollte eine Windows-API-Funktion ein Handle der betreffenden Komponente verlangen, setzen Sie dazu die jeweilige Eigenschaft Handle der betreffenden Komponente ein. Verlangt eine Windows-API-Funktion zum Beispiel das Handle Ihrer gesamten Anwendung, benutzen Sie am besten die Eigenschaft Handle des Objekts TApplication. Hier die Übersicht der verschiedenen Typen der Eigenschaft Handle:

Handle für die Komponenten:

Bitmap	property Handle: HBitmap;
Brush	property Handle: HBrush;
Canvas	property Handle: HDC;
Font	property Handle: HFont;
Icon	property Handle: HIcon;
Metafile	property Handle: HMetafile;
Pen	property Handle: HPen;

Handle gibt Ihnen den Zugriff auf das Handle des jeweiligen GDI-Objekts. Benötigen Sie zum Beispiel zum Aufruf einer Windows-API-Funktion ein Handle auf ein Stiftobjekt oder ein Bitmap-Objekt, können Sie dazu das Handle der Komponente Pen beziehungsweise der Komponente Bitmap benutzen.

Handle für das Objekt TApplication und die folgenden Komponenten:

Bevel	DBText	Memo
BitBtn	DirectoryListBox	Notebook
Button	DrawGrid	OLEContainer
CheckBox	DriveComboBox	Outline
ComboBox	Edit	PaintBox
DBCheckBox	FileListBox	Panel
DBComboBox	FilterComboBox	RadioButton
DBEdit	FindDialog	RadioGroup
DBGrid	Form	ReplaceDialog
DBImage	GroupBox	ScrollBar
DBListBox	Header	ScrollBox
DBLookupCombo	Image	Shape
DBLookupList	Label	SpeedButton
DBMemo	ListBox	StringGrid
DBNavigator	MaskEdit	TabbedNotebook
DBRadioGroup	MediaPlayer	TabSet

property Handle: HWND;
Handle bietet Ihnen Zugriff auf das Handle der jeweiligen Komponente (z.B. Fenster-Handle, Dialog-Handle etc.). Dieses Handle wird von einigen Windows-API-Funktionen beim Aufruf erwartet. Sie können in diesem Fall das Handle der jeweils betroffenen Komponente oder – falls das Handle Ihrer Anwendung gefordert wird – das Handle des Objekts TApplication übergeben.

Handle für die Komponenten:

MainMenu	MenuItem	PopupMenu

property Handle: HMENU;
Sollte eine Windows-API-Funktion ein Handle eines Menüs, Menü-Eintrags oder eines lokalen Menüs verlangen, können Sie dazu die Eigenschaft Handle von MainMenu, MenuItem und PopupMenu benutzen.

Handle für die Komponente Printer:

property Handle: HDC;
Handle beinhaltet das Handle des jeweiligen Druckerobjektes TPrinter der Komponente Printer.

Handle für die Komponente DataBase:

property Handle: HDBIDB;
Um direkte Aufrufe in die Richtung der Borland Database-Engine-(BDE)-API zu tätigen, benötigen Sie ein Handle der jeweiligen Datenbank-Komponente. Dazu dient Ihnen die Eigenschaft Handle der Komponente DataBase. Sie erlaubt Ihnen Zugriffe auf Funktionen des BDE-API, die nicht in die VCL-Bibliothek integriert wurden. Bevor Sie allerdings diese Funktionen aufrufen, sollten Sie prüfen, ob diese Funktion nicht doch schon in der VCL-Bibliothek gekapselt wurde.

Handle für das Objekt TSession:

Delphi erzeugt eine Komponente Session vom Typ TSession immer dann, wenn eine Anwendung ausgeführt wird. Sessions sollten nicht von Ihnen erzeugt oder zerstört werden. Session erlaubt globale Prüfung über Datenbankverbindungen. Die Eigenschaft Databases von Session ist ein Array von allen aktiven Datenbanken in der Sitzung. Die Eigenschaft DatabaseCount vom Typ Integer gibt die Anzahl der aktiven Datenbanken in der Sitzung an.

property Handle: HDBISES;
Mit dieser Eigenschaft Handle können Sie direkte Aufrufe an die Borland-Datenbank-Engine – bezogen auf eine bestimmte Sitzung (Session/TSession) – machen. Die Komponente Session werden Sie kaum benutzen. Die wichtigsten Funktionen der BDE-API sind in der VCL-Bibliothek gekapselt und ersparen Ihnen diesen Weg.

Handle für die Komponenten Table, Query und StoredProc:

property Handle: HDBICur;
Ebenfalls für direkte Zugriffe auf Funktionen der BDE-API und unter normalen Umständen nicht zu benutzen, da die wichtigsten BDP-API-Funktionen via VCL-Bibliothek einen einfacheren Zugriff ermöglichen.

property Name: TComponentName;
Die Eigenschaft Name enthält den Namen der Komponente wie er von anderen Komponenten für den Zugriff verwendet wird. Delphi weist als Vorgabewerte sequentielle Namen zu, die auf dem Typ der Komponente basieren, also etwa für Buttons »Button1«, »Button2« etc. Dies können Sie gemäß Ihrer Vorstellungen abändern. Komponentennamen sollten ausdrücklich nur zur Entwurfszeit geändert werden.

property Owner: TComponent;
Die Eigenschaft Owner teilt Ihnen mit, die Komponente zu welcher Komponente gehört. Dem Formular gehören alle Komponenten, die auf ihm vorhanden sind. Umgekehrt gehört das Formular zur Anwendung. Gehört eine Komponente A einer anderen Komponente B, wird der Speicher der Komponente A freigegeben, wenn der Speicher der Komponente B freigegeben wird. Es werden also folgerichtig alle Komponenten des Formulars gelöscht, wenn das Formular gelöscht wird. Außerdem wird natürlich der Speicher für das Formular und dessen Komponenten freigegeben, wenn der Speicher der Anwendung selbst freigegeben wird.

property Parent: TWinControl;
Die Eigenschaft Parent enthält den Namen der übergeordneten Komponente. Wenn eine Komponente A eine andere Komponente B enthält, sind die in B enthaltenen Komponenten untergeordnete Komponenten von A. Wenn Ihre Anwendung beispielsweise drei Buttons in einer GroupBox enthält, dann ist die GroupBox das übergeordnete Element der drei Buttons und die Button-Schaltfelder sind der GroupBox untergeordnet.

Parent und Owner sind leider etwas verwirrend. Daher hier eine kleine Entwirrung:

Ein Formular ist der Besitzer aller darauf enthaltenen Komponenten, egal, ob sie ein Fensterelement sind oder nicht. Für unser Beispiel mit den drei Buttons und der GroupBox bedeutet dies: Der Besitzer der Button ist immer das Formular, aber die GroupBox ist das übergeordnete Element.

Wenn Sie einen neuen Dialog erzeugen, müssen Sie dem neuen Dialogelement einen Wert der Eigenschaft Parent zuweisen. Üblicherweise sind dies Formulare, Bedienfelder, GroupBoxen oder andere Dialoge, die andere Komponenten-Elemente enthalten können. Es ist möglich, jedes Element als das übergeordnete zuzuweisen, aber das darin enthaltene Dialogelement wird wahrscheinlich überschrieben.

Wird das übergeordnete Element gelöscht wird, dann werden auch alle Elemente, die ihm untergeordnet sind, gelöscht.

property Tag: Longint;
Die Eigenschaft Tag kann einen Integerwert als Element einer Komponente speichern. Tag wird von Delphi nicht benutzt und steht Ihnen damit zur freien Verfügung.

Ereignisse:

property OnClose: TNotifyEvent;
OnClose tritt immer dann ein, wenn eine DDE-Konversation beendet wird. Eine Konversation wird beendet, wenn eine der beteiligten Anwendungen geschlossen wird oder wenn die Methode CloseLink aufgerufen wird.

OnClose ist vom Typ

```
TNotifyEvent = procedure (Sender: TObject) of object;
```

TNotifyEvent weist also auf eine Methode, die dieses Ereignis behandelt.

property OnExecuteMacro : TMacroEvent;
OnExecuteMacro tritt immer dann ein, wenn eine DDE Client-Anwendung ein Makro an eine DDE Server-Konversationskomponente sendet.

OnExecuteMacro ist vom Typ

```
TMacroEvent = procedure(Sender: TObject; Msg : String) of object;
```

TMacroEvent zeigt also auf eine Methode, die die Übertragung eines Makro-Strings von einer DDE-Client- in eine DDE-Server-Dialogkomponente (DDEServerConv) bearbeitet. Der Parameter Msg enthält dabei das Makro.

property OnOpen: TNotifyEvent;
OnOpen tritt immer dann ein, wenn eine DDE-Konversation geöffnet wird. Eine DDE-Konversation kann automatisch oder manuell eingeleitet werden. Eine Konversation wird automatisch geöffnet, wenn der Wert der Eigenschaft ConnectMode auf ddeAutomatic eingestellt ist. Während das Formular, das die DDE Client-Konversationskomponente enthält, zur Laufzeit erzeugt wird, wird die DDE-Konversation geöffnet. Öffnen Sie manuell eine Konversation durch Setzen des Werts der Eigenschaft ConnectMode auf ddeManual und rufen Sie dann die Methode OpenLink auf.

OnOpen ist vom Typ

```
TNotifyEvent = procedure (Sender: TObject) of object;
```

TNotifyEvent weist also auf eine Methode, die dieses Ereignis behandelt.

Methoden:

constructor Create;

Create weist Speicher zu, um das Objekt und damit die Komponente zu erzeugen und nach Bedarf seine Daten zu initialisieren. Jedes Objekt kann eine Methode Create besitzen, die individuell so angepaßt ist, daß sie diese bestimmte Art von Objekt erzeugt. Im Normalfall benötigen Sie diese Methoden nicht, da Borland Delphi alles unternimmt, um Ihre Anwendung und die darin enthaltenen Komponenten zu erzeugen. Sollten Sie allerdings ein Ereignis oder die Initialisierung eines Wertes einer selbst geschaffenen Komponente zur Zeit der Erzeugung einstellen wollen, dann können Sie dies in der Methode Create erledigen. Dazu benötigen Sie aber genaue Kenntnisse und Techniken der OOP. Ansonsten sollten Sie Create unverändert lassen und nicht aufrufen.

function FindComponent(const AName: string): TComponent;

Die Methode FindComponent gibt im Array Components die Komponente zurück, deren Name zum String im Parameter AName paßt. FindComponent beachtet dabei keine Groß-/Kleinschreibung.

Beispiel: Es existiert ein Button »Button1« in Ihrer Anwendung. Um die eigentliche Komponente TButton1 im Array Components zurückzugeben, rufen Sie FindComponents wie folgt auf:

```
FindComponents('Button1');
```

procedure Free;

Die Methode Free entfernt das Objekt und gibt den dazugehörigen Speicher frei. Haben Sie das Objekt unter Verwendung der Methode Create erzeugt, so benutzen Sie zum Entfernen und für die Freigabe des Speichers die Methode Free. Free gelingt auch dann, wenn das Objekt selbst nicht mehr existiert (zum Beispiel durch einen vorherigen Aufruf von Free. Delphi erledigt dies für Objekte der Bibliothek visueller Komponenten automatisch.

Sie sollten also niemals eine Komponente innerhalb Ihrer Anwendung entfernen.

Falls Sie ein Formular freigeben wollen, rufen Sie die Methode Release auf, um das Formular zu löschen und dessen benutzten Speicher freizugeben.

procedure InsertComponent(AComponent: TComponent);

InsertComponent macht die Komponente zum Besitzer der im Parameter AComponent übergebenen Komponente. Die Komponente wird am Ende der Array-Eigenschaft Components hinzugefügt. Die eingefügte Komponente darf keinen Namen haben (keinen für die Eigenschaft Name spezifizierten Wert) oder der Name muß sich eindeutig von allen anderen in der Components-Liste unterscheiden. Wird die Besitzerkomponente entfernt, so wird auch AComponent gelöscht.

procedure RemoveComponent(AComponent: TComponent);
RemoveComponent entfernt die Komponente, die im Parameter AComponent festgelegt ist, aus der Komponentenliste Components. Die Position in der Liste wird zu nil.

Komponentenname:	**DDEServerItem**
Klassenname:	**TDDEServerItem**

Beschreibung:

Mit DDEServerItem definieren Sie den Eintrag einer DDE-Konversation. Zusammen mit der Komponente DDEServerConv wird Ihre Anwendung zum DDE-Server.

Eigenschaften:

property ComponentIndex: Integer;
Die Eigenschaft ComponentIndex zeigt die Position einer Komponente in der Eigenschaftsliste Components ihres Besitzers an. Die erste Komponente in der Liste hat den ComponentIndex-Wert 0, die zweite hat den Wert 1, die dritte den Wert 2 etc. Diese Eigenschaft ist nur zur Laufzeit und dann auch nur im Read-Only-Modus benutzbar.

property Controls[Index: Integer]: TControl;
Controls ist ein Array aller untergeordneten Komponenten der Komponente. Controls ist dann von Nutzen, wenn Sie auf die untergeordneten Komponenten über die Zahl statt über den Namen zugreifen müssen.

property Handle: ...;
Der Typ der Eigenschaft Handle ist abhängig von der jeweiligen Komponente. Im allgemeinen gilt: Sollte eine Windows-API-Funktion ein Handle der betreffenden Komponente verlangen, setzen Sie dazu die jeweilige Eigenschaft Handle der betreffenden Komponente ein. Verlangt eine Windows-API-Funktion zum Beispiel das Handle Ihrer gesamten Anwendung, benutzen Sie am besten die Eigenschaft Handle des Objekts TApplication. Hier die Übersicht der verschiedenen Typen der Eigenschaft Handle:

Handle für die Komponenten:

Bitmap	property Handle: HBitmap;
Brush	property Handle: HBrush;
Canvas	property Handle: HDC;
Font	property Handle: HFont;
Icon	property Handle: HIcon;
Metafile	property Handle: HMetafile;
Pen	property Handle: HPen;

Handle gibt Ihnen den Zugriff auf das Handle des jeweiligen GDI-Objekts. Benötigen Sie zum Beispiel zum Aufruf einer Windows-API-Funktion ein Handle auf ein

Stiftobjekt oder ein Bitmap-Objekt, können Sie dazu das Handle der Komponente Pen beziehungsweise der Komponente Bitmap benutzen.

Handle für das Objekt TApplication und die folgenden Komponenten:

Bevel	DBText	Memo
BitBtn	DirectoryListBox	Notebook
Button	DrawGrid	OLEContainer
CheckBox	DriveComboBox	Outline
ComboBox	Edit	PaintBox
DBCheckBox	FileListBox	Panel
DBComboBox	FilterComboBox	RadioButton
DBEdit	FindDialog	RadioGroup
DBGrid	Form	ReplaceDialog
DBImage	GroupBox	ScrollBar
DBListBox	Header	ScrollBox
DBLookupCombo	Image	Shape
DBLookupList	Label	SpeedButton
DBMemo	ListBox	StringGrid
DBNavigator	MaskEdit	TabbedNotebook
DBRadioGroup	MediaPlayer	TabSet

property Handle: HWND;
Handle bietet Ihnen Zugriff auf das Handle der jeweiligen Komponente (z.B. Fenster-Handle, Dialog-Handle etc.). Dieses Handle wird von einigen Windows-API-Funktionen beim Aufruf erwartet. Sie können in diesem Fall das Handle der jeweils betroffenen Komponente oder – falls das Handle Ihrer Anwendung gefordert wird – das Handle des Objekts TApplication übergeben.

Handle für die Komponenten:

MainMenu	MenuItem	PopupMenu

property Handle: HMENU;
Sollte eine Windows-API-Funktion ein Handle eines Menüs, Menü-Eintrags oder eines lokalen Menüs verlangen, können Sie dazu die Eigenschaft Handle von MainMenu, MenuItem und PopupMenu benutzen.

Handle für die Komponente Printer:

property Handle: HDC;
Handle beinhaltet das Handle des jeweiligen Druckerobjektes TPrinter der Komponente Printer.

Handle für die Komponente DataBase:

property Handle: HDBIDB;
Um direkte Aufrufe in die Richtung der Borland Database-Engine-(BDE)-API zu tätigen, benötigen Sie ein Handle der jeweiligen Datenbank-Komponente. Dazu dient Ihnen die Eigenschaft Handle der Komponente DataBase. Sie erlaubt Ihnen Zugriffe auf Funktionen des BDE-API, die nicht in die VCL-Bibliothek integriert wurden. Be-

vor Sie allerdings diese Funktionen aufrufen, sollten Sie prüfen, ob diese Funktion nicht doch schon in der VCL-Bibliothek gekapselt wurde.

Handle für das Objekt TSession:

Delphi erzeugt eine Komponente Session vom Typ TSession immer dann, wenn eine Anwendung ausgeführt wird. Sessions sollten nicht von Ihnen erzeugt oder zerstört werden. Session erlaubt globale Prüfung über Datenbankverbindungen. Die Eigenschaft Databases von Session ist ein Array von allen aktiven Datenbanken in der Sitzung. Die Eigenschaft DatabaseCount vom Typ Integer gibt die Anzahl der aktiven Datenbanken in der Sitzung an.

property Handle: HDBISES;
Mit dieser Eigenschaft Handle können Sie direkte Aufrufe an die Borland-Datenbank-Engine – bezogen auf eine bestimmte Sitzung (Session/TSession) – machen. Die Komponente Session werden Sie kaum benutzen. Die wichtigsten Funktionen der BDE-API sind in der VCL-Bibliothek gekapselt und ersparen Ihnen diesen Weg.

Handle für die Komponenten Table, Query und StoredProc:

property Handle: HDBICur;
Ebenfalls für direkte Zugriffe auf Funktionen der BDE-API und unter normalen Umständen nicht zu benutzen, da die wichtigsten BDP-API-Funktionen via VCL-Bibliothek einen einfacheren Zugriff ermöglichen.

property Lines: TStrings;
Mit Lines bearbeiten Sie die in einer DDE-Konversion auszutauschenden Textdaten. Für DDEClientItem-Komponenten definieren Sie mit Hilfe von Lines den Text, der von der DDE-Server-Anwendung aktualisiert wird. Für DDEServerItem-Komponenten definieren Sie mit Hilfe von Lines den Text, der zu einem DDE-Client gesendet wird, wenn sich der Wert von Lines ändert oder ein Client verlangt, aktualisiert zu werden.

property Name: TComponentName;
Die Eigenschaft Name enthält den Namen der Komponente wie er von anderen Komponenten für den Zugriff verwendet wird. Delphi weist als Vorgabewerte sequentielle Namen zu, die auf dem Typ der Komponente basieren, also etwa für Buttons »Button1«, »Button2« etc. Dies können Sie gemäß Ihrer Vorstellungen abändern. Komponentennamen sollten ausdrücklich nur zur Entwurfszeit geändert werden.

property Owner: TComponent;
Die Eigenschaft Owner teilt Ihnen mit, die Komponente zu welcher Komponente gehört. Dem Formular gehören alle Komponenten, die auf ihm vorhanden sind. Umgekehrt gehört das Formular zur Anwendung. Gehört eine Komponente A einer anderen Komponente B, wird der Speicher der Komponente A freigegeben, wenn der Speicher der Komponente B freigegeben wird. Es werden also folgerichtig alle Komponenten des Formulars gelöscht, wenn das Formular gelöscht wird. Außerdem wird natürlich der Speicher für das Formular und dessen Komponenten freigegeben, wenn der Speicher der Anwendung selbst freigegeben wird.

property Parent: TWinControl;
Die Eigenschaft Parent enthält den Namen der übergeordneten Komponente. Wenn eine Komponente A eine andere Komponente B enthält, sind die in B enthaltenen Komponenten untergeordnete Komponenten von A. Wenn Ihre Anwendung beispielsweise drei Buttons in einer GroupBox enthält, dann ist die GroupBox das übergeordnete Element der drei Buttons und die Button-Schaltfelder sind der GroupBox untergeordnet.

Parent und Owner sind leider etwas verwirrend. Daher hier eine kleine Entwirrung:

Ein Formular ist der Besitzer aller darauf enthaltenen Komponenten, egal, ob sie ein Fensterelement sind oder nicht. Für unser Beispiel mit den drei Buttons und der GroupBox bedeutet dies: Der Besitzer der Button ist immer das Formular, aber die GroupBox ist das übergeordnete Element.

Wenn Sie einen neuen Dialog erzeugen, müssen Sie dem neuen Dialogelement einen Wert der Eigenschaft Parent zuweisen. Üblicherweise sind dies Formulare, Bedienfelder, GroupBoxen oder andere Dialoge, die andere Komponenten-Elemente enthalten können. Es ist möglich, jedes Element als das übergeordnete zuzuweisen, aber das darin enthaltene Dialogelement wird wahrscheinlich überschrieben.

Wird das übergeordnete Element gelöscht wird, dann werden auch alle Elemente, die ihm untergeordnet sind, gelöscht.

property ServerConv: TDdeServerConv;
Mit ServerConv legen Sie die DDE-Server-Verbindungskomponente fest, die mit der DDE-Server-Elementkomponente assoziiert ist. Der Wert von ServerConv ist der Name der DDE-Server-Verbindungskomponente, die die DDE-Verbindung definiert.

property Tag: Longint;
Die Eigenschaft Tag kann einen Integerwert als Element einer Komponente speichern. Tag wird von Delphi nicht benutzt und steht Ihnen damit zur freien Verfügung

property Text: string;
In Text geben Sie die die Textdaten ein, die Sie zum Austausch in einer DDE-Konversation benötigen. Für die Komponente DDEClientItem ist dies der Text, der von der DDE-Server-Anwendung aktualisiert werden soll. Für die Komponenten DDEServerItem ist dies der Text, der an einen DDE-Client gesendet werden soll, wenn sich der Wert von Text ändert oder wenn der Klient anfragt, um auf den neuesten Stand gebracht zu werden. Wenn Text geändert wurde, tritt ein Ereignis OnChange auf.

Ereignisse:

property OnChange: TNotifyEvent;
OnChange tritt immer dann ein, wenn sich der Wert der Eigenschaft Value eines DDE Client-Elements oder einer Komponente eines DDE Server-Elements ändert.

OnChange ist vom Typ

```
TNotifyEvent = procedure (Sender: TObject) of object;
```

TNotifyEvent weist also auf eine Methode, die dieses Ereignis behandelt.

property OnPokeData: TNotifyEvent
OnPokeData tritt immer dann ein, wenn die DDE Client-Anwendung Daten an Ihre DDE Server-Anwendung poked. Poked ein Client Daten, dann sendet er Text an den verknüpften DDE Server. Die Eigenschaften Text und Lines werden, damit sie die gepokten Daten enthalten, aktualisiert. Danach tritt das Ereignis OnPokeData ein. OnPokeData ist vom Typ

```
TNotifyEvent = procedure (Sender: TObject) of object;
```

TNotifyEvent weist also auf eine Methode, die dieses Ereignis behandelt.

Methoden:

function ClientToScreen(Point: TPoint): TPoint;
Die Methode ClientToScreen übersetzt den angegebenen Punkt aus Client-Bereichskoordinaten in globale Bildschirmkoordinaten. In Client-Bereichskoordinaten entspricht der Punkt (0, 0) der oberen linken Ecke des Client-Bereichs der Komponente. In Bildschirmkoordinaten entspricht (0, 0) der oberen linken Ecke des Bildschirms. Mit den Methoden ClientToScreen und ScreenToClient rechnen Sie Positionen aus dem Koordinatensystem einer Komponente A in das Koordinatensystem einer Komponente B um. Beispiel: Umrechnung der Koordinaten einer Komponente A in die Koordinaten einer Komponente B (TPoint ist ein Record mit den Feldern X und Y):

```
TPoint = record
        X : integer;
        Y : integer;
END;
VAR
    Koord: TPoint;
Koord:= B.ScreenToClient(A.ClientToScreen(Koord));
```

procedure CopyToClipboard;
CopyToClipboard kopiert den in der Komponente markierten Text in die Zwischenablage. Bei TDBImage wird das markierte Bild in das Clipboard kopiert.

constructor Create;
Create weist Speicher zu, um das Objekt und damit die Komponente zu erzeugen und nach Bedarf seine Daten zu initialisieren. Jedes Objekt kann eine Methode Create besitzen, die individuell so angepaßt ist, daß sie diese bestimmte Art von Objekt erzeugt. Im Normalfall benötigen Sie diese Methoden nicht, da Borland Delphi alles unternimmt, um Ihre Anwendung und die darin enthaltenen Komponenten zu erzeugen. Sollten Sie allerdings ein Ereignis oder die Initialisierung eines Wertes einer selbst geschaffenen Komponente zur Zeit der Erzeugung einstellen wollen, dann können Sie dies in der Methode Create erledigen. Dazu benötigen Sie aber genaue Kenntnisse und Techniken der OOP. Ansonsten sollten Sie Create unverändert lassen und nicht aufrufen.

procedure CutToClipboard
CutToClipboard kopiert den in der Komponente markierten Text in die Zwischenablage und löscht den Text aus der Komponente. Bei TDBImage wird das markierte Bild gelöscht und in das Clipboard kopiert.

function FindComponent(const AName: string): TComponent;
Die Methode FindComponent gibt im Array Components die Komponente zurück, deren Name zum String im Parameter AName paßt. FindComponent beachtet dabei keine Groß-/Kleinschreibung.

Beispiel: Es existiert ein Button »Button1« in Ihrer Anwendung. Um die eigentliche Komponente TButton1 im Array Components zurückzugeben, rufen Sie FindComponents wie folgt auf:

```
FindComponents('Button1');
```

procedure Free;
Die Methode Free entfernt das Objekt und gibt den dazugehörigen Speicher frei. Haben Sie das Objekt unter Verwendung der Methode Create erzeugt, so benutzen Sie zum Entfernen und für die Freigabe des Speichers die Methode Free. Free gelingt auch dann, wenn das Objekt selbst nicht mehr existiert (zum Beispiel durch einen vorherigen Aufruf von Free. Delphi erledigt dies für Objekte der Bibliothek visueller Komponenten automatisch.

Sie sollten also niemals eine Komponente innerhalb Ihrer Anwendung entfernen.

Falls Sie ein Formular freigeben wollen, rufen Sie die Methode Release auf, um das Formular zu löschen und dessen benutzten Speicher freizugeben.

procedure InsertComponent(AComponent: TComponent);
InsertComponent macht die Komponente zum Besitzer der im Parameter AComponent übergebenen Komponente. Die Komponente wird am Ende der Array-Eigenschaft Components hinzugefügt. Die eingefügte Komponente darf keinen Namen haben (keinen für die Eigenschaft Name spezifizierten Wert) oder der Name muß sich eindeutig von allen anderen in der Components-Liste unterscheiden. Wird die Besitzerkomponente entfernt, so wird auch AComponent gelöscht.

procedure PasteFromClipboard;
PasteFromClipboard kopiert den Inhalt der Zwischenablage in die Komponente an die Position des aktuellen Cursors.

procedure RemoveComponent(AComponent: TComponent);
RemoveComponent entfernt die Komponente, die im Parameter AComponent festgelegt ist, aus der Komponentenliste Components. Die Position in der Liste wird zu nil.

function ScreenToClient(Point: TPoint): TPoint;
Die Methode ScreenToClient wird verwendet, um den Koordinatenpunkt der Komponente in Pixeln auf dem Bildschirm zu bestimmen. ScreenToClient gibt die X- und Y-Koordinaten in einem Record des Typs TPoint zurück.

KAPITEL 7

Seite VBX

Bei den VBX-Controls möchte ich nur die Eigenschaft und Ereignisse aufführen, da die Aufführung der Methoden uns etwas aus dem eigentlichen Thema Delphi herausführt. Da aber in Delphi selber keine größe Beschreibung der VBX-Controls zu finden ist, habe ich mich dazu entschlossen, wenigstens die Eigenschaften und Ereignisse aus der Delphi-Sicht zu beschreiben.

Komponentenname:	BiSwitch
Klassenname:	TBiSwitch

Beschreibung:
BiSwitch stellt einen Kippschalter dar.

Eigenschaften:

property BackColor: TColor;
BackColor legt die Hintergrundfarbe des VBX-Controls fest. Mögliche Werte:

clBlack	Schwarz
clMaroon	Rotbraun
clGreen	Grün
clOlive	Olivgrün
clNavy	Marineblau
clPurple	Violett
clTeal	Petrol
clGray	Grau
clSilver	Silber
clRed	Rot
clLime	Limonengrün
clBlue	Blau
clFuchsia	Pink
clAqua	Karibikblau
clWhite	Weiß

(Systemfarben von Windows:)

clBackground	Aktuelle Windows-Hintergrundfarbe
clActiveCaption	Aktuelle Farbe der Titelleiste des aktiven Fensters
clInactiveCaption	Aktuelle Farbe der Titelleiste der inaktiven Fenster
clMenu	Aktuelle Hintergrundfarbe der Menüs
clWindow	Aktuelle Hintergrundfarbe der Fenster
clWindowFrame	Aktuelle Farbe der Fensterrahmen
clMenuText	Aktuelle Farbe vom Menütext
clWindowText	Aktuelle Farbe vom Fenstertext
clCaptionText	Aktuelle Textfarbe der Titelleiste des aktiven Fensters
clActiveBorder	Aktuelle Rahmenfarbe des aktiven Fensters
clInactiveBorder	Aktuelle Rahmenfarbe der inaktiven Fenster
clAppWorkSpace	Aktuelle Farbe des Arbeitsbereichs der Anwendung
clHighlight	Aktuelle Hintergrundfarbe vom ausgewählten Text
clHightlightText	Aktuelle Farbe vom ausgewählten Text
clBtnFace	Aktuelle Farbe einer Schalterfläche
clBtnShadow	Aktuelle Schattenfarbe eines Schalters
clGrayText	Aktuelle Farbe von grau dargestelltem Text
clBtnText	Aktuelle Farbe von Text auf einem Schalter
clInactiveCaptionText	Aktuelle Textfarbe in der Titelleiste eines inaktiven Fensters
clBtnHighlight	Aktuelle Farbe der Markierung eines Schalters

Mit einem Doppelklick auf Color öffnet sich das Farbschema von Windows, in dem Sie auch eigene Farben zusammenstellen können.

property BorderStyle: integer;
BorderStyle legt fest, ob das VBX-Control einen Rahmen hat. Dies sind die möglichen Werte:

0 – None	Kein sichtbarer Rahmen
1 – Fixed Single	Rahmen mit einfacher Rahmenlinie

property Caption: String;
Die Eigenschaft Caption ist der Text, der in der Komponente angezeigt wird. Zum Beispiel in der Titelleiste des Formulars.

property Cursor: TCursor;
Mit der Eigenschaft Cursor stellen Sie das Aussehen des Cursors ein, wenn dieser auf die Komponente zeigt.

Mögliche Werte sind:

crDefault	crArrow	crCross
crIBeam	crSize	crSizeNESW
crSizeNS	crSizeNWSE	crSizeWE
crUpArrow	crHourglass	crDrag
crNoDrop	crHSplit	crVSplit

property DragCursor: TCursor;
Die Eigenschaft DragCursor bestimmt die Form des Mauszeigers, wenn sich der Zeiger über einer Komponente befindet, die ein gezogenes Objekt akzeptieren kann. Die möglichen Werte sind mit denen der Eigenschaft Cursor identisch.

property DragMode: TDragMode;
Die Eigenschaft DragMode legt das Ziehen-und-Ablegen-Verhalten einer Komponente fest. Mögliche Werte sind:

dmAutomatic	Wenn dmAutomatic ausgewählt ist, ist das Dialogelement bereit, gezogen zu werden; der Anwender klickt nur und zieht es dann.
dmManual	Wenn dmManual ausgewählt ist, kann das Dialogelement nicht gezogen werden, bevor die Anwendung die Methode BeginDrag aufgerufen hat.

Ist die Eigenschaft DragMode einer Komponente dmAutomatic, kann die Anwendung dies zur Laufzeit durch Einstellung des Werts dmManual deaktivieren.

property Font: TFont;
Die Eigenschaft Font legt den Font und die Eigenschaften des Fonts der Komponente fest. Sie haben die Möglichkeit, diese Werte im Objectinspektor zu ändern oder – wesentlich komfotabler – mit Hilfe eines Doppelklicks auf diese Eigenschaft einen Dialog zu öffnen, der alle möglichen Werte anzeigt.

property ForeColor: TColor;
ForeColor legt die Vordergundfarbe des VBX-Controls fest. Mögliche Werte:

clBlack	Schwarz
clMaroon	Rotbraun
clGreen	Grün
clOlive	Olivgrün
clNavy	Marineblau
clPurple	Violett
clTeal	Petrol
clGray	Grau
clSilver	Silber
clRed	Rot
clLime	Limonengrün
clBlue	Blau
clFuchsia	Pink
clAqua	Karibikblau
clWhite	Weiß

(Systemfarben von Windows:)

clBackground	Aktuelle Windows-Hintergrundfarbe
clActiveCaption	Aktuelle Farbe der Titelleiste des aktiven Fensters
clInactiveCaption	Aktuelle Farbe der Titelleiste der inaktiven Fenster

clMenu	Aktuelle Hintergrundfarbe der Menüs
clWindow	Aktuelle Hintergrundfarbe der Fenster
clWindowFrame	Aktuelle Farbe der Fensterrahmen
clMenuText	Aktuelle Farbe vom Menütext
clWindowText	Aktuelle Farbe vom Fenstertext
clCaptionText	Aktuelle Textfarbe der Titelleiste des aktiven Fensters
clActiveBorder	Aktuelle Rahmenfarbe des aktiven Fensters
clInactiveBorder	Aktuelle Rahmenfarbe der inaktiven Fenster
clAppWorkSpace	Aktuelle Farbe des Arbeitsbereichs der Anwendung
clHighlight	Aktuelle Hintergrundfarbe vom ausgewählten Text
clHightlightText	Aktuelle Farbe vom ausgewählten Text
clBtnFace	Aktuelle Farbe einer Schalterfläche
clBtnShadow	Aktuelle Schattenfarbe eines Schalters
clGrayText	Aktuelle Farbe von grau dargestelltem Text
clBtnText	Aktuelle Farbe von Text auf einem Schalter
clInactiveCaptionText	Aktuelle Textfarbe in der Titelleiste eines inaktiven Fensters
clBtnHighlight	Aktuelle Farbe der Markierung eines Schalters

Mit einem Doppelklick auf Color öffnet sich das Farbschema von Windows, in dem Sie auch eigene Farben zusammenstellen können.

property Height: Integer;
Die Eigenschaft Height eines Dialogelements legt die Höhe der Komponente in Pixeln fest.

property HelpContext: THelpContext;
Die Eigenschaft HelpContext stellt eine Kontextnummer für die Verwendung beim Aufruf kontextbezogener Online-Hilfe bereit. Jeder Hilfebildschirm des Hilfesystems sollte eine eindeutige Kontextnummer besitzen. Ist in der Anwendung eine Komponente selektiert, so wird nach Betätigen von F1 ein Hilfebildschirm angezeigt. Welcher Hilfebildschirm angezeigt wird, hängt vom Wert der Eigenschaft HelpContext ab.

property Hint: string;
Die Eigenschaft Hint ist der Text-String, der erscheinen kann, wenn ein OnHint-Ereignis eintritt, also wenn der Benutzer den Cursor über die Komponente bewegt. Wie der String angezeigt wird, bestimmt der Code in der Ereignisbehandlungs-Routine OnHint. Sie können eine Schnellhilfe, ein Fenster, das einen Hilfetext enthält, für eine Komponente erscheinen lassen, wenn der Anwender den Mauszeiger über das Dialogelement führt und dort kurz verweilt. Dies funktioniert wie folgt:

1. Spezifizieren Sie für jede Komponente, die einen Schnellhinweis anzeigen soll, einen Hint-Wert.
2. Setzen Sie die Eigenschaft ShowHints des Bedienfelds auf True.
3. Setzen Sie die Eigenschaft ShowHint der Anwendung zur Laufzeit auf True.

Sie können Hint gleichzeitig sowohl für ein Hilfehinweisfenster als auch für die Verwendung innerhalb der Behandlungsroutine OnHint spezifizieren, indem Sie

zwei durch das Zeichen | (das »oder« oder »Pipe«-Symbol) abgeteilte Werte angeben, also beispielsweise:

`Edit1.Hint := 'Aufforderung|Geben Sie den richtigen Wert ein';`

Der String »Aufforderung« erscheint im Hilfehinweisfenster und der String »Geben Sie den richtigen Wert ein« erscheint wie in der Ereignisbehandlungs-Routine On-Hint spezifiziert.

property Left: Integer;
Die Eigenschaft Left bestimmt die horizontalen Koordinaten in Pixeln der linken Kante einer Komponente relativ zum Formular. Für Formulare ist der Wert der Eigenschaft Left relativ zum Bildschirm (ebenfalls in Pixeln).

property Name: TComponentName;
Die Eigenschaft Name enthält den Namen der Komponente wie er von anderen Komponenten für den Zugriff verwendet wird. Delphi weist als Vorgabewerte sequentielle Namen zu, die auf dem Typ der Komponente basieren, also etwa für Buttons »Button1«, »Button2« etc. Dies können Sie gemäß Ihrer Vorstellungen abändern. Komponentennamen sollten ausdrücklich nur zur Entwurfszeit geändert werden.

property Owner: TComponent;
Die Eigenschaft Owner teilt Ihnen mit, welche Komponente zu welcher Komponente gehört. Dem Formular gehören alle Komponenten, die auf ihm vorhanden sind. Umgekehrt gehört das Formular zur Anwendung. Gehört eine Komponente A einer anderen Komponente B, wird der Speicher der Komponente A freigegeben, wenn der Speicher der Komponente B freigegeben wird. Es werden also folgerichtig alle Komponenten des Formulars gelöscht, wenn das Formular gelöscht wird. Außerdem wird natürlich der Speicher für das Formular und dessen Komponenten freigegeben, wenn der Speicher der Anwendung selbst freigegeben wird.

property Parent: TWinControl;
Die Eigenschaft Parent enthält den Namen der übergeordneten Komponente. Wenn eine Komponente A eine andere Komponente B enthält, sind die in B enthaltenen Komponenten untergeordnete Komponenten von A. Wenn Ihre Anwendung beispielsweise drei Buttons in einer GroupBox enthält, dann ist die GroupBox das übergeordnete Element der drei Buttons und die Button-Schaltfelder sind der GroupBox untergeordnet.

Parent und Owner sind leider etwas verwirrend. Daher hier eine kleine Entwirrung:

Ein Formular ist der Besitzer aller darauf enthaltenen Komponenten, egal, ob sie ein Fensterelement sind oder nicht. Für unser Beispiel mit den drei Buttons und der GroupBox bedeutet dies: Der Besitzer der Buttons ist immer das Formular, aber die GroupBox ist das übergeordnete Element.

Wenn Sie einen neuen Dialog erzeugen, müssen Sie dem neuen Dialogelement einen Wert der Eigenschaft Parent zuweisen. Üblicherweise sind dies Formulare, Bedienfelder, GroupBoxen oder andere Dialoge, die andere Komponenten-Elemente enthalten können. Es ist möglich, jedes Element als das übergeordnete zuzuweisen, aber das darin enthaltene Dialogelement wird wahrscheinlich überschrieben.

Wird das übergeordnete Element gelöscht, dann werden auch alle Elemente, die ihm untergeordnet sind, gelöscht.

property ParentFont: Boolean;
Die Eigenschaft ParentFont bestimmt, wo eine Komponente nach dessen Fonteigenschaft suchen soll. Falls ParentFont True ist, verwendet die Komponente den Font der Eigenschaft der übergeordneten Komponente.

Wenn ParentFont True ist, verwendet die Komponente seine eigene Eigenschaft Font. Durch Verwendung von ParentFont können Sie sicherstellen, daß alle Komponenten auf einem Formular das gleiche Erscheinungsbild haben.

property pOn: Boolean;
pOn legt fest, ob der Kippschalter in der eingeschalteten Position (True) steht.

property TabOrder: TTabOrder;
Die Eigenschaft TabOrder bestimmt die Position einer Komponente in der Tabulatorreihenfolge, in der Komponenten den Fokus erhalten, wenn der Anwender die Taste TAB drückt. Anfänglich ist die Tabulatorreihenfolge immer die Reihenfolge, in der die Komponenten in das Formular hinzugefügt wurden. Der Wert der Eigenschaft TabOrder ist für jede Komponente auf dem Formular einmalig. Die erste dem Formular hinzugefügte Komponente hat den Wert 0 von TabOrder, die zweite hat 1, die dritte 2 usw.

Falls Sie den Wert der Eigenschaft TabOrder einer Komponente den gleichen Wert einer anderen Komponente zuweisen, numeriert Delphi automatisch die Werte für alle anderen Komponenten neu. Angenommen, eine Komponente ist beispielsweise die sechste Komponente in der Tabulatorreihenfolge. Wenn Sie den Wert der Eigenschaft TabOrder der Komponente auf 3 ändern (dies macht die Komponente zu der vierten in der Tabulatorreihenfolge), wird die Komponente, die die vierte war, nun zur fünften und die Komponente, die die fünfte war, wird jetzt die sechste.

property TabStop: Boolean;
Die Eigenschaft TabStop bestimmt, ob der Anwender diese Komponente mit der Taste TAB anspringen kann. Falls TabStop True ist, befindet sich die Komponente in der Tabulatorreihenfolge. Wenn TabStop False ist, ist das Dialogelement nicht in der Tabulatorreihenfolge.

property Tag: Longint;
Die Eigenschaft Tag kann einen Integerwert als Element einer Komponente speichern. Tag wird von Delphi nicht benutzt und steht Ihnen damit zur freien Verfügung.

property TextPosition: integer;
TextPosition gibt die Position des Texts relativ zum Kippschalter an. Mögliche Werte:

Wert	Bedeutung
0 – Right	Text rechts vom Schalter
1 – Left	Text links vom Schalter
2 – Above	Text oberhalb des Schalters
3 – Below	Text unterhalb des Schalters

property Top: Integer;
Die Eigenschaft Top gibt die y-Koordinate in Pixeln der linken oberen Ecke eines Dialogelements relativ zum Formular an. Bei Formularen wird der Wert der Eigenschaft Top in Pixeln relativ zum Bildschirm angegeben.

property Visible: Boolean;
Die Eigenschaft Visible bestimmt, ob eine Komponente auf dem Bildschirm sichtbar ist (True) oder nicht (False).

property Width: integer;
Die Eigenschaft Width bestimmt die Breite einer Komponente, gemessen in Pixeln.

Ereignisse:

property OnDragDrop: TDragDropEvent;
Das Ereignis OnDragDrop tritt ein, wenn der Anwender ein gezogenes Objekt ablegt. Verwenden Sie die Ereignisbehandlungs-Routine OnDragDrop, um festzulegen, was passieren soll, wenn der Anwender ein Objekt ablegt.

OnDragClick ist vom Typ

```
TDragDropEvent = procedure(Sender, Source: TObject; X, Y: Integer) of object;
```

Der Typ TDragDropEvent zeigt also auf eine Methode, welche das Ablegen eines gezogenen Objekts behandelt. Der Parameter Source des Ereignisses OnDragDrop ist das abzulegende Objekt und der Parameter Sender ist das Dialogelement, auf das das Objekt abgelegt wurde. Die Parameter X und Y sind die Koordinaten des Mauszeigers, der über dem Dialogelement positioniert wird.

property OnDragOver: TDragOverEvent;
Das Ereignis OnDragOver tritt ein, wenn der Anwender ein Objekt über eine Komponente zieht. Üblicherweise werden Sie ein Ereignis OnDragOver verwenden, um ein Objekt zu akzeptieren, damit der Anwender es ablegen kann.

OnDragClick ist vom Typ

```
TDragOverEvent = procedure(Sender, Source: TObject; X, Y: Integer;
                           State: TDragState; var Accept: Boolean) of object;
```

Der Typ TDragOverEvent zeigt also auf eine Methode, welche das Ziehen eines Objekts über ein anderes Objekt behandelt. Der Parameter Source ist das gezogene Objekt, Sender ist das Objekt, über das Source gezogen wurde, X und Y sind die Koordinaten des Mauszeigers, der über dem Dialogelement positioniert wird in Pixeln, State ist der Status des gezogenen Objekts in Verbindung zum darübergezogenen

Objekt, und Accept legt fest, ob der Sender das Ziehobjekt erkennt. Accept wird nicht per Voreinstellung auf True oder False gesetzt; Sie müssen die passenden Werte selbst zuweisen.

Das Ereignis OnDragOver akzeptiert ein Objekt, wenn der Parameter Accept True ist. Durch Ändern des Werts der Eigenschaft DragCursor können Sie das Erscheinungsbild des Cursors beeinflussen. Dies können Sie entweder während des Entwikkelns oder zur Laufzeit, bevor ein Ereignis OnDragOver eintritt, durchführen.

property OnEndDrag: TEndDragEvent;
Das Ereignis OnEndDrag tritt immer dann ein, wenn das Ziehen eines Objekts abgeschlossen oder abgebrochen wird. Wenn Sie eine besondere Behandlung haben möchten, wenn das Ziehen beendet wird, verwenden Sie die Ereignisbehandlungs-Routine OnEndDrag.

OnEndDrag ist vom Typ

```
TEndDragEvent = procedure(Sender, Target: TObject; X, Y: Integer) of object;
```

Der Typ TEndDragEvent zeigt also auf eine Methode, die das Anhalten des Ziehens eines Objekts behandelt. Der Sender ist das Objekt, das gezogen wird, Target ist das Objekt, zu dem Sender hingezogen wird, und X und Y sind die dazugehörigen Bildschirmkoordinaten des Mauszeigers, der über dem Dialogelement positioniert wird. Falls das gezogene Objekt abgelegt und durch das Dialogelement akzeptiert wurde, ist der Parameter Target des Ereignisses OnEndDrag True. Wenn das Objekt nicht erfolgreich abgelegt wurde, beträgt der Wert Target nil.

property OnEnter: TNotifyEvent;
OnEnter tritt ein, wenn eine Komponente aktiviert wird. Wenn Sie eine besondere Behandlung festlegen möchten, wenn eine Komponente aktiviert wird, verwenden Sie die Ereignisbehandlungs-Routine OnEnter.

OnEnter erscheint nie, wenn Sie zwischen Formularen oder einer anderen Windows-Anwendung und Ihrer Anwendung umschalten. OnEnter für eine Komponente des Typs TPanel oder THeader tritt nie ein, da Bedienfelder oder Header keinen Fokus erhalten können. Somit ist dort OnEnter vollkommen nutzlos. Sie haben diese Ereignisbehandlung aber geerbt.

OnEnter ist vom Typ

```
TNotifyEvent = procedure (Sender: TObject) of object;
```

Der Typ TNotifyEvent weist also auf eine Methode, welche das Doppelklicken eines Objekt behandelt. Der Parameter Sender ist das Dialogelement, das mit einem Doppelklick bearbeitet wurde.

property OnExit: TNotifyEvent;
OnExit erscheint, wenn der Eingabefokus einer Komponente an eine andere übergeben wird. OnExit tritt nicht ein, wenn Sie zwischen Formularen oder zwischen einer Windows-Anwendung und Ihrer Anwendung umschalten. OnExit tritt bei den Komponenten Panel und Speedbutton nicht ein, da diese niemals den Fokus erhalten.

OnExit ist vom Typ

```
TNotifyEvent = procedure (Sender: TObject) of object;
```

Der Typ TNotifyEvent weist also auf eine Methode, welche das Doppelklicken eines Objekt behandelt. Der Parameter Sender ist das Dialogelement, das mit einem Doppelklick bearbeitet wurde.

property OnKeyDown: TKeyEvent;
OnKeyDown tritt ein, wenn der Anwender irgendeine Taste drückt, während die Komponente den Fokus hat. Verwenden Sie OnKeyDown, um eine besondere Behandlung festzulegen, die ausgeführt wird, wenn eine Taste gedrückt wird. Der Handler OnKeyDown kann auf alle Tasten der Tastatur, einschließlich Funktionstasten und Tastenkombinationen mit den Tasten STRG, ALT und STRG sowie betätigten Maustasten reagieren.

OnKeyDown ist vom Typ

```
TKeyEvent = procedure (Sender: TObject; var Key: Word; Shift: TShiftState)
            of object;
```

Der Typ TKeyEvent weist also auf eine Methode, die Tastaturereignisse verarbeitet. Der Parameter Key steht für die Taste und Shift und kann die folgenden Wert annehmen:

ssShift	UMSCHALTTASTE (SHIFT) wird festgehalten
ssAlt	linke ALT-Taste wird festgehalten
[ssAlt, ssCtrl]	ALTGR-Taste wird fesntgehalten
ssCtrl	Taste STRG wird festgehalten
ssLeft	Linke Maustaste wird festgehalten
ssMiddle	Mittlere Maustaste wird festgehalten
ssDouble	Rechte und linke Maustaste werden gleichzeitig festgehalten

property OnKeyPress: TKeyPressEvent;
OnKeyPress erscheint, wenn der Anwender eine einzelne Zeichentaste drückt.

OnKeyPress ist vom Typ

```
TKeyPressEvent = procedure (Sender: TObject; var Key: Char) of object;
```

TKeyPressEvent weist also auf eine Methode, die einen Tastendruck für ein einzelnes Zeichen verarbeitet. Der Parameter Key gibt die Taste an. Der Parameter Key ist vom Typ Char; deshalb registriert OnKeyPress das ASCII-Zeichen der gedrückten Taste. Tasten, die nicht mit einem ASCII-Zeichen übereinstimmen (beispielsweise STRG oder F1), werden kein OnKeyPress erzeugen. Tastenkombinationen (wie STRG+A) erzeugen nur ein Ereignis des Typs OnKeyPress (in diesem Beispiel ergibt STRG+A einen Wert Key von »A«, wenn die Feststelltaste ausgeschaltet ist). Falls Sie auf Nicht-ASCII-Tasten oder -Tastenkombinationen reagieren möchten, verwenden Sie die Ereignisbehandlungsroutinen OnKeyDown oder OnKeyUp.

property OnKeyUp: TKeyEvent;
OnKeyUp tritt ein, wenn der Anwender die gedrückte Taste wieder losläßt. OnKeyUp kann auf alle Tasten der Tastatur, einschließlich Funktionstasten und Tastenkombinationen mit den Tasten STRG, ALT und STRG sowie betätigten Maustasten reagieren.

```
TKeyEvent = procedure (Sender: TObject; var Key: Word; Shift: TShiftState)
                      of object;
```

Der Typ TKeyEvent weist also auf eine Methode, die Tastaturereignisse verarbeitet. Der Parameter Key steht für die Taste und Shift und kann die folgenden Wert annehmen:

ssShift	UMSCHALTTASTE (SHIFT) wird festgehalten
ssAlt	linke ALT-Taste wird festgehalten
[ssAlt, ssCtrl]	ALTGR-Taste wird fesntgehalten
ssCtrl	Taste STRG wird festgehalten
ssLeft	Linke Maustaste wird festgehalten
ssMiddle	Mittlere Maustaste wird festgehalten
ssDouble	Rechte und linke Maustaste werden gleichzeitig festgehalten

property OnMouseDown: TMouseEvent;
Ereignis OnMouseDown tritt ein, wenn der Anwender eine Maustaste zu dem Zeitpunkt drückt, an dem sich der Mauszeiger über einem Dialogelement befindet.

OnMouseDown ist vom Typ

```
TMouseEvent=procedure (Sender: TObject; Button: TMouseButton; Shift: TShiftState;
                       X, Y: Integer) of object;
```

Der Typ TMouseEvent weist also auf eine Methode zur Bearbeitung von Maustasten-Ereignissen hin. Der Parameter Button gibt an, welche Maustaste gedrückt wurde, während Shift Auskunft darüber gibt, welche Umschalt- (STRG, STRG oder ALT) bzw. Maustasten gedrückt waren, während die das Mausereignis verursachende Maustaste gedrückt oder losgelassen wurde. X und Y sind die Bildschirmkoordinaten des Mauszeigers in Pixeln. Der Parameter Button des Ereignisses OnMouseDown zeigt an, welche Maustaste gedrückt wurde. Durch Verwenden des Parameters Shift der Ereignisbehandlungs-Routine OnMouseDown können Sie auf den Status der Maus- und Umschalttasten reagieren. Umschalttasten sind die Tasten STRG, STRG und ALT.

property OnMouseMove: TMouseMoveEvent;
Das Ereignis OnMouseMove tritt ein, wenn der Anwender den Mauszeiger bewegt und dieser sich bereits über einem Dialogelement befindet.

OnMouseMove ist vom Typ

```
TMouseMoveEvent = procedure(Sender: TObject; Shift: TShiftState; X, Y: Integer)
                           of object;
```

Der Typ TMouseMoveEvent zeigt also auf eine Methode, die Mausereignisse infolge Mausbewegung verarbeitet. Der Parameter Button gibt an, welche Maustaste gedrückt wurde, während Shift anzeigt, welche Umschalt- (STRG, STRG oder ALT) bzw. Maustasten während der Mausbewegung gedrückt waren. X und Y sind die Bildschirmkoordinaten des Mauszeigers in Pixel. Durch Verwenden des Parameters Shift können Sie auf den Status der Maus- und Umschalttasten reagieren. Umschalttasten sind die Tasten STRG, STRG und ALT.

property OnMouseUp: TMouseEvent;
Das Ereignis OnMouseUp tritt ein, wenn der Anwender die gedrückte Maustaste wieder freigibt, wenn sich der Mauszeiger über einer Komponente befindet.

Die Ereignisbehandlungs-Routine OnMouseUp kann auf Betätigungen der rechten, mittleren und linken Maustasten reagieren sowie auf Maustastenkombinationen mit Umschalttasten (Tasten STRG, STRG und ALT).

OnMouseUp ist vom Typ

```
TMouseEvent = procedure (Sender: TObject; Button: TMouseButton; Shift: TShiftState;
                        X, Y: Integer) of object;
```

Der Typ TMouseEvent zeigt also auf eine Methode zur Bearbeitung von Maustasten-Ereignissen. Der Parameter Button gibt an, welche Maustaste gedrückt wurde, während Shift Auskunft darüber gibt, welche Umschalt- (STRG, STRG oder ALT) bzw. Maustasten gedrückt waren, während die das Mausereignis verursachende Maustaste gedrückt oder losgelassen wurde. X und Y sind die Bildschirmkoordinaten des Mauszeigers in Pixeln.

property OnOff: TNotifyEvent;
OnOff tritt immer dann ein, wenn der Kippschalter in die ausgeschaltete Stellung wechselt.

OnOff ist vom Typ

```
TNotifyEvent = procedure (Sender: TObject) of object;
```

TNotifyEvent weist also auf eine Methode, welche dieses Ereignis behandelt.

property OnOn: TNotifyEvent;
OnOn tritt immer dann ein, wenn der Kippschalter in die eingeschaltete Stellung wechselt.

OnOn ist vom Typ

```
TNotifyEvent = procedure (Sender: TObject) of object;
```

TNotifyEvent weist also auf eine Methode, welche dieses Ereignis behandelt.

Komponentenname:	BiGauge
Klassenname:	TBiGauge

Beschreibung:
BiGauge stellt eine Säule dar, wie sie bei Kopiervorgängen oder bei Installationsvorgängen zur Anzeige des Bearbeitungs-Status genutzt wird.

Eigenschaften:
property BarColor: TColor
Mit BarColor bestimmen Sie die Farbe der Säule. Mögliche Werte:

clBlack	Schwarz
clMaroon	Rotbraun
clGreen	Grün
clOlive	Olivgrün
clNavy	Marineblau
clPurple	Violett
clTeal	Petrol
clGray	Grau
clSilver	Silber
clRed	Rot
clLime	Limonengrün
clBlue	Blau
clFuchsia	Pink
clAqua	Karibikblau
clWhite	Weiß

(Systemfarben von Windows:)

clBackground	Aktuelle Windows-Hintergrundfarbe
clActiveCaption	Aktuelle Farbe der Titelleiste des aktiven Fensters
clInactiveCaption	Aktuelle Farbe der Titelleiste der inaktiven Fenster
clMenu	Aktuelle Hintergrundfarbe der Menüs
clWindow	Aktuelle Hintergrundfarbe der Fenster
clWindowFrame	Aktuelle Farbe der Fensterrahmen
clMenuText	Aktuelle Farbe vom Menütext
clWindowText	Aktuelle Farbe vom Fenstertext
clCaptionText	Aktuelle Textfarbe der Titelleiste des aktiven Fensters
clActiveBorder	Aktuelle Rahmenfarbe des aktiven Fensters
clInactiveBorder	Aktuelle Rahmenfarbe der inaktiven Fenster
clAppWorkSpace	Aktuelle Farbe des Arbeitsbereichs der Anwendung
clHighlight	Aktuelle Hintergrundfarbe vom ausgewählten Text
clHightlightText	Aktuelle Farbe vom ausgewählten Text

clBtnFace   Aktuelle Farbe einer Schalterfläche
clBtnShadow   Aktuelle Schattenfarbe eines Schalters
clGrayText   Aktuelle Farbe von grau dargestelltem Text
clBtnText   Aktuelle Farbe von Text auf einem Schalter
clInactiveCaptionText Aktuelle Textfarbe in der Titelleiste eines inaktiven Fensters
clBtnHighlight   Aktuelle Farbe der Markierung eines Schalters

Mit einem Doppelklick auf Color öffnet sich das Farbschema von Windows, in dem Sie auch eigene Farben zusammenstellen können.

property BevelSize: integer;
Mit BevelSize geben Sie die Größe der Bevels des VBX-Controls an. Werte größer als 15 oder kleiner als 0 werden wie die Einstellung 0 behandelt.

property BevelStyle: integer;
BevelStyle bestimmt die Art der Bevels. Mögliche Werte:

0 – Lowered   nach innen abfallendes Bevel
1 – Raised   nach außen abfallendes Bevel

property BorderStyle: integer;
BorderStyle legt fest, ob das VBX-Control einen Rahmen hat. Dies sind die möglichen Werte:

0 – None   Kein sichtbarer Rahmen
1 – Fixed Single   Rahmen mit einfacher Rahmenlinie

property Caption: String;
Die Eigenschaft Caption ist der Text, der in der Komponente angezeigt wird. Zum Beispiel in der Titelleiste des Formulars.

property Cursor: TCursor;
Mit der Eigenschaft Cursor stellen Sie das Aussehen des Cursors ein, wenn dieser auf die Komponente zeigt.

Mögliche Werte sind:

crDefault	crArrow	crCross
crIBeam	crSize	crSizeNESW
crSizeNS	crSizeNWSE	crSizeWE
crUpArrow	crHourglass	crDrag
crNoDrop	crHSplit	crVSplit

property Height: Integer;
Die Eigenschaft Height eines Dialogelements legt die Höhe der Komponente in Pixeln fest.

property HelpContext: THelpContext;
Die Eigenschaft HelpContext stellt eine Kontextnummer für die Verwendung beim Aufruf kontextbezogener Online-Hilfe bereit. Jeder Hilfebildschirm des Hilfesystems sollte eine eindeutige Kontextnummer besitzen. Ist in der Anwendung eine Kompo-

nente selektiert, so wird nach Betätigen von F1 ein Hilfebildschirm angezeigt. Welcher Hilfebildschirm angezeigt wird, hängt vom Wert der Eigenschaft HelpContext ab.

property Hint: string;
Die Eigenschaft Hint ist der Text-String, der erscheinen kann, wenn ein OnHint-Ereignis eintritt, also wenn der Benutzer den Cursor über die Komponente bewegt. Wie der String angezeigt wird, bestimmt der Code in der Ereignisbehandlungs-Routine OnHint. Sie können eine Schnellhilfe, ein Fenster, das einen Hilfetext enthält, für eine Komponente erscheinen lassen, wenn der Anwender den Mauszeiger über das Dialogelement führt und dort kurz verweilt. Dies funktioniert wie folgt:

1. Spezifizieren Sie für jede Komponente, die einen Schnellhinweis anzeigen soll, einen Hint-Wert.
2. Setzen Sie die Eigenschaft ShowHints des Bedienfelds auf True.
3. Setzen Sie die Eigenschaft ShowHint der Anwendung zur Laufzeit auf True.

Sie können Hint gleichzeitig sowohl für ein Hilfehinweisfenster als auch für die Verwendung innerhalb der Behandlungsroutine OnHint spezifizieren, indem Sie zwei durch das Zeichen | (das »oder« oder Pipe-Symbol) abgeteilte Werte angeben, also beispielsweise:

```
Edit1.Hint := 'Aufforderung|Geben Sie den richtigen Wert ein';
```

Der String »Aufforderung« erscheint im Hilfehinweisfenster und der String »Geben Sie den richtigen Wert ein« erscheint wie in der Ereignisbehandlungs-Routine OnHint spezifiziert.

property Left: Integer;
Die Eigenschaft Left bestimmt die horizontalen Koordinaten in Pixeln der linken Kante einer Komponente relativ zum Formular. Für Formulare ist der Wert der Eigenschaft Left relativ zum Bildschirm (ebenfalls in Pixeln).

property Margin: integer;
Margin legt den Abstand zwischen der Säule in dem Bevel fest.

property Max: integer;
Max bezeichnet den Wert für die maximale Größe der Säule (entspräche 100%).

property Min: integer;
Min bezeichnet den Wert für die minimale Größe der Säule (in der Regel 0).

property Name: TComponentName;
Die Eigenschaft Name enthält den Namen der Komponente, wie er von anderen Komponenten für den Zugriff verwendet wird. Delphi weist als Vorgabewerte sequentielle Namen zu, die auf dem Typ der Komponente basieren, also etwa für Buttons »Button1«, »Button2« etc. Dies können Sie gemäß Ihrer Vorstellungen abändern. Komponentennamen sollten ausdrücklich nur zur Entwurfszeit geändert werden.

property Owner: TComponent;
Die Eigenschaft Owner teilt Ihnen mit, welche Komponente zu welcher Komponente gehört. Dem Formular gehören alle Komponenten, die auf ihm vorhanden sind.

Umgekehrt gehört das Formular zur Anwendung. Gehört eine Komponente A einer anderen Komponente B, wird der Speicher der Komponente A freigegeben, wenn der Speicher der Komponente B freigegeben wird. Es werden also folgerichtig alle Komponenten des Formulars gelöscht, wenn das Formular gelöscht wird. Außerdem wird natürlich der Speicher für das Formular und dessen Komponenten freigegeben, wenn der Speicher der Anwendung selbst freigegeben wird.

property Parent: TWinControl;
Die Eigenschaft Parent enthält den Namen der übergeordneten Komponente. Wenn eine Komponente A eine andere Komponente B enthält, sind die in B enthaltenen Komponenten untergeordnete Komponenten von A. Wenn Ihre Anwendung beispielsweise drei Buttons in einer GroupBox enthält, dann ist die GroupBox das übergeordnete Element der drei Buttons und die Button-Schaltfelder sind der GroupBox untergeordnet.

Parent und Owner sind leider etwas verwirrend. Daher hier eine kleine Entwirrung:

Ein Formular ist der Besitzer aller darauf enthaltenen Komponenten, egal, ob sie ein Fensterelement sind oder nicht. Für unser Beispiel mit den drei Buttons und der GroupBox bedeutet dies: Der Besitzer der Buttons ist immer das Formular, aber die GroupBox ist das übergeordnete Element.

Wenn Sie einen neuen Dialog erzeugen, müssen Sie dem neuen Dialogelement einen Wert der Eigenschaft Parent zuweisen. Üblicherweise sind dies Formulare, Bedienfelder, GroupBoxen oder andere Dialoge, die andere Komponenten-Elemente enthalten können. Es ist möglich, jedes Element als das übergeordnete zuzuweisen, aber das darin enthaltene Dialogelement wird wahrscheinlich überschrieben.

Wird das übergeordnete Element gelöscht, dann werden auch alle Elemente, die ihm untergeordnet sind, gelöscht.

property Orientation: integer;
Orientation legt die Orientierung der Säule fest. Mögliche Werte:

0 – Horizontal   Säule verläuft horizontal von links nach rechts
1 – Vertical   Säule verläuft vertical von unter nach oben

property Tag: Longint;
Die Eigenschaft Tag kann einen Integerwert als Element einer Komponente speichern. Tag wird von Delphi nicht benutzt und steht Ihnen damit zur freien Verfügung.

property Top: Integer;
Die Eigenschaft Top gibt die y-Koordinate in Pixeln der linken oberen Ecke eines Dialogelements relativ zum Formular an. Bei Formularen wird der Wert der Eigenschaft Top in Pixeln relativ zum Bildschirm angegeben.

property Value: integer;
Stellt den aktuelle Anzeige-Wert der Säule ein.

property Visible: Boolean;
Die Eigenschaft Visible bestimmt, ob eine Komponente auf dem Bildschirm sichtbar ist (True) oder nicht (False).

property Width: integer;
Die Eigenschaft Width ist die Breite einer Komponente, gemessen in Pixeln.

Ereignisse:

property OnClick: TNotifyEvent;
Das Ereignis OnClick erscheint, wenn der Benutzer auf die Komponente klickt. In einem Formular tritt OnClick ein, wenn der Benutzer auf eine freie Stelle im Formular oder eine inaktive Komponente klickt.

OnClick ist vom Typ

```
TNotifyEvent = procedure (Sender: TObject) of object;
```

Der Typ TNotifyEvent weist also auf eine Methode, welche das Anklicken eines Objekts behandelt. Der Parameter Sender ist das Dialogelement, das angeklickt wurde.

property OnDblClick: TNotifyEvent;
Das Ereignis OnClick erscheint, wenn der Benutzer auf die Komponente einen Doppelklick ausführt. In einem Formular tritt das Ereignis OnDblClick ein, wenn der Benutzer auf eine freie Stelle im Formular oder eine inaktive Komponente einen Doppelklick ausführt.

OnDblClick ist vom Typ

```
TNotifyEvent = procedure (Sender: TObject) of object;
```

Der Typ TNotifyEvent weist also auf eine Methode, welche das Doppelklicken eines Objekt behandelt. Der Parameter Sender ist das Dialogelement, das mit einem Doppelklick bearbeitet wurde.

property OnMouseDown: TMouseEvent;
Das Ereignis OnMouseDown tritt ein, wenn der Anwender eine Maustaste zu dem Zeitpunkt drückt, an dem sich der Mauszeiger über einem Dialogelement befindet.

OnMouseDown ist vom Typ

```
TMouseEvent=procedure (Sender: TObject; Button: TMouseButton; Shift: TShiftState;
                       X, Y: Integer) of object;
```

Der Typ TMouseEvent weist also auf eine Methode zur Bearbeitung von Maustasten-Ereignissen hin. Der Parameter Button gibt an, welche Maustaste gedrückt wurde, während Shift Auskunft darüber gibt, welche Umschalt- (STRG, STRG oder ALT) bzw. Maustasten gedrückt waren, während die das Mausereignis verursachende Maustaste gedrückt oder losgelassen wurde. X und Y sind die Bildschirmkoordinaten des Mauszeigers in Pixeln. Der Parameter Button des Ereignisses OnMouseDown zeigt an, welche Maustaste gedrückt wurde. Durch Verwenden des Parameters Shift der Ereignisbehandlungs-Routine OnMouseDown können Sie auf den Status der Maus- und Umschalttasten reagieren. Umschalttasten sind die Tasten STRG, STRG und ALT.

property OnMouseMove: TMouseMoveEvent;
Das Ereignis OnMouseMove tritt ein, wenn der Anwender den Mauszeiger bewegt und dieser sich bereits über einem Dialogelement befindet.

OnMouseMove ist vom Typ

```
TMouseMoveEvent = procedure(Sender: TObject; Shift: TShiftState; X, Y: Integer)
                  of object;
```

Der Typ TMouseMoveEvent zeigt also auf eine Methode, die Mausereignisse infolge Mausbewegung verarbeitet. Der Parameter Button gibt an, welche Maustaste gedrückt wurde, während Shift anzeigt, welche Umschalt- (STRG, STRG oder ALT) bzw. Maustasten während der Mausbewegung gedrückt waren. X und Y sind die Bildschirmkoordinaten des Mauszeigers in Pixeln. Durch Verwenden des Parameters Shift können Sie auf den Status der Maus- und Umschalttasten reagieren. Umschalttasten sind die Tasten STRG, STRG und ALT.

property OnMouseUp: TMouseEvent;
Das Ereignis OnMouseUp tritt ein, wenn der Anwender die gedrückte Maustaste wieder freigibt, wenn sich der Mauszeiger über einer Komponente befindet.

Die Ereignisbehandlungs-Routine OnMouseUp kann auf Betätigungen der rechten, mittleren und linken Maustasten reagieren sowie auf Maustastenkombinationen mit Umschalttasten (Tasten STRG, STRG und ALT).

OnMouseUp ist vom Typ

```
TMouseEvent = procedure (Sender: TObject; Button: TMouseButton; Shift: TShiftState;
                  X, Y: Integer) of object;
```

Der Typ TMouseEvent zeigt also auf eine Methode zur Bearbeitung von Maustasten-Ereignissen. Der Parameter Button gibt an, welche Maustaste gedrückt wurde, während Shift Auskunft darüber gibt, welche Umschalt- (STRG, STRG oder ALT) bzw. Maustasten gedrückt waren, während die das Mausereignis verursachende Maustaste gedrückt oder losgelassen wurde. X und Y sind die Bildschirmkoordinaten des Mauszeigers in Pixeln.

Komponentenname: BiPict
Klassenname: TBiPict

Beschreibung:
BiPict kann Ihnen zur Anzeige einer Bitmap dienen.

Eigenschaften:

property BevelSize: integer;
Mit BevelSize geben Sie die Größe der Bevels des VBX-Controls an. Werte größer als 15 oder kleiner als 0 werden wie die Einstellung 0 behandelt.

property BevelStyle: integer;
BevelStyle bestimmt die Art der Bevels. Mögliche Werte:

0 – Lowered   nach innen abfallendes Bevel
1 – Raised   nach aussen abfallendes Bevel

property BorderStyle: integer;
BorderStyle legt fest, ob das VBX-Control einen Rahmen hat. Dies sind die möglichen Werte:

0 – None   Kein sichtbarer Rahmen
1 – Fixed Single   Rahmen mit einfacher Rahmenlinie

property Cursor: TCursor;
Mit der Eigenschaft Cursor stellen Sie das Aussehen des Cursors ein, wenn dieser auf die Komponente zeigt.

Mögliche Werte sind:

crDefault	crArrow	crCross
crIBeam	crSize	crSizeNESW
crSizeNS	crSizeNWSE	crSizeWE
crUpArrow	crHourglass	crDrag
crNoDrop	crHSplit	crVSplit

property DragCursor: TCursor;
Die Eigenschaft DragCursor bestimmt die Form des Mauszeigers, wenn sich der Zeiger über einer Komponente befindet, die ein gezogenes Objekt akzeptieren kann. Die möglichen Werte sind mit denen der Eigenschaft Cursor identisch.

property DragMode: TDragMode;
Die Eigenschaft DragMode legt das Ziehen-und-Ablegen-Verhalten einer Komponente fest. Mögliche Werte sind:

dmAutomatic   Wenn dmAutomatic ausgewählt ist, ist das Dialogelement bereit, gezogen zu werden; der Anwender klickt nur und zieht es dann.
dmManual   Wenn dmManual ausgewählt ist, kann das Dialogelement nicht gezogen werden, bevor die Anwendung die Methode BeginDrag aufgerufen hat.

Ist die Eigenschaft DragMode einer Komponente dmAutomatic, kann die Anwendung dies zur Laufzeit durch Einstellung des Werts dmManual deaktivieren.

property Height: Integer;
Die Eigenschaft Height eines Dialogelements legt die Höhe der Komponente in Pixeln fest.

property HelpContext: THelpContext;
Die Eigenschaft HelpContext stellt eine Kontextnummer für die Verwendung beim Aufruf kontextbezogener Online-Hilfe bereit. Jeder Hilfebildschirm des Hilfesystems sollte eine eindeutige Kontextnummer besitzen. Ist in der Anwendung eine Kompo-

nente selektiert, so wird nach Betätigen von F1 ein Hilfebildschirm angezeigt. Welcher Hilfebildschirm angezeigt wird, hängt vom Wert der Eigenschaft HelpContext ab.

property Hint: string;
Die Eigenschaft Hint ist der Text-String, der erscheinen kann, wenn ein OnHint-Ereignis eintritt, also wenn der Benutzer den Cursor über die Komponente bewegt. Wie der String angezeigt wird, bestimmt der Code in der Ereignisbehandlungs-Routine OnHint. Sie können eine Schnellhilfe, ein Fenster, das einen Hilfetext enthält, für eine Komponente erscheinen lassen, wenn der Anwender den Mauszeiger über das Dialogelement führt und dort kurz verweilt. Dies funktioniert wie folgt:

1. Spezifizieren Sie für jede Komponente, die einen Schnellhinweis anzeigen soll, einen Hint-Wert.
2. Setzen Sie die Eigenschaft ShowHints des Bedienfelds auf True.
3. Setzen Sie die Eigenschaft ShowHint der Anwendung zur Laufzeit auf True.

Sie können Hint gleichzeitig sowohl für ein Hilfehinweisfenster als auch für die Verwendung innerhalb der Behandlungsroutine OnHint spezifizieren, indem Sie zwei durch das Zeichen | (das »oder« oder »Pipe«-Symbol) abgeteilte Werte angeben, also beispielsweise:

```
Edit1.Hint := 'Aufforderung|Geben Sie den richtigen Wert ein';
```

Der String »Aufforderung« erscheint im Hilfehinweisfenster und der String »Geben Sie den richtigen Wert ein« erscheint wie in der Ereignisbehandlungs-Routine OnHint spezifiziert.

property Left: Integer;
Die Eigenschaft Left bestimmt die horizontalen Koordinaten in Pixeln der linken Kante einer Komponente relativ zum Formular. Für Formulare ist der Wert der Eigenschaft Left relativ zum Bildschirm (ebenfalls in Pixeln).

property Name: TComponentName;
Die Eigenschaft Name enthält den Namen der Komponente wie er von anderen Komponenten für den Zugriff verwendet wird. Delphi weist als Vorgabewerte sequentielle Namen zu, die auf dem Typ der Komponente basieren, also etwa für Buttons »Button1«, »Button2« etc. Dies können Sie gemäß Ihrer Vorstellungen abändern. Komponentennamen sollten ausdrücklich nur zur Entwurfszeit geändert werden.

property Owner: TComponent;
Die Eigenschaft Owner teilt Ihnen mit, welche Komponente zu welcher Komponente gehört. Dem Formular gehören alle Komponenten, die auf ihm vorhanden sind. Umgekehrt gehört das Formular zur Anwendung. Gehört eine Komponente A einer anderen Komponente B, wird der Speicher der Komponente A freigegeben, wenn der Speicher der Komponente B freigegeben wird. Es werden also folgerichtig alle Komponenten des Formulars gelöscht, wenn das Formular gelöscht wird. Außerdem wird natürlich der Speicher für das Formular und dessen Komponenten freigegeben, wenn der Speicher der Anwendung selbst freigegeben wird.

property Picture: TPicture;
Mit Picture bestimmen Sie das Bild, das in dem VBX-Control erscheinen soll. Der Wert der Eigenschaft ist ein TPicture-Objekt, das ein Symbol, eine Metadatei oder eine Bitmap-Grafik enthalten kann.

property StretchBlt: Boolean;
Mit StretchBlt verhindern Sie (Wert=True), daß Bitmaps und Metadateien die Größe und Form des VBX-Controls annehmen sollen. Wenn das VBX-Control in der Größe geändert wird, wird das Bild auch geändert.

property Tag: Longint;
Die Eigenschaft Tag kann einen Integerwert als Element einer Komponente speichern. Tag wird von Delphi nicht benutzt und steht Ihnen damit zur freien Verfügung.

property Top: Integer;
Die Eigenschaft Top gibt die y-Koordinate in Pixeln der linken oberen Ecke eines Dialogelements relativ zum Formular an. Bei Formularen wird der Wert der Eigenschaft Top in Pixeln relativ zum Bildschirm angegeben.

property Visible: Boolean;
Die Eigenschaft Visible bestimmt, ob eine Komponente auf dem Bildschirm sichtbar ist (True) oder nicht (False).

property Width: integer;
Die Eigenschaft Width bestimmt die Breite einer Komponente, gemessen in Pixeln.

Ereignisse:

property OnClick: TNotifyEvent;
Das Ereignis OnClick erscheint, wenn der Benutzer auf die Komponente klickt. In einem Formular tritt OnClick ein, wenn der Benutzer auf eine freie Stelle im Formular oder eine inaktive Komponente klickt.

OnClick ist vom Typ

```
TNotifyEvent = procedure (Sender: TObject) of object;
```

Der Typ TNotifyEvent weist also auf eine Methode, welche das Anklicken eines Objekts behandelt. Der Parameter Sender ist das Dialogelement, das angeklickt wurde.

property OnDblClick: TNotifyEvent;
Das Ereignis OnDblClick erscheint, wenn der Benutzer auf die Komponente einen Doppelklick ausführt. In einem Formular tritt das Ereignis OnDblClick ein, wenn der Benutzer auf eine freie Stelle im Formular oder eine inaktive Komponente einen Doppelklick ausführt.

OnDblClick ist vom Typ

```
TNotifyEvent = procedure (Sender: TObject) of object;
```

Der Typ TNotifyEvent weist also auf eine Methode, welche das Doppelklicken eines Objekt behandelt. Der Parameter Sender ist das Dialogelement, das mit einem Doppelklick bearbeitet wurde.

property OnDragDrop: TDragDropEvent;
Das Ereignis OnDragDrop tritt ein, wenn der Anwender ein gezogenes Objekt ablegt. Verwenden Sie die Ereignisbehandlungs-Routine OnDragDrop, um festzulegen, was passieren soll, wenn der Anwender ein Objekt ablegt.

OnDragClick ist vom Typ

```
TDragDropEvent = procedure(Sender, Source: TObject; X, Y: Integer) of object;
```

Der Typ TDragDropEvent zeigt also auf eine Methode, welche das Ablegen eines gezogenen Objekts behandelt. Der Parameter Source des Ereignisses OnDragDrop ist das abzulegende Objekt und der Parameter Sender ist das Dialogelement, auf das das Objekt abgelegt wurde. Die Parameter X und Y sind die Koordinaten des Mauszeigers, der über dem Dialogelement positioniert wird.

property OnDragOver: TDragOverEvent;
Das Ereignis OnDragOver tritt ein, wenn der Anwender ein Objekt über eine Komponente zieht. Üblicherweise werden Sie ein Ereignis OnDragOver verwenden, um ein Objekt zu akzeptieren, damit der Anwender es ablegen kann.

OnDragClick ist vom Typ

```
TDragOverEvent = procedure(Sender, Source: TObject; X, Y: Integer;
                State: TDragState; var Accept: Boolean) of object;
```

Der Typ TDragOverEvent zeigt also auf eine Methode, welche das Ziehen eines Objekts über ein anderes Objekt behandelt. Der Parameter Source ist das gezogene Objekt, Sender ist das Objekt, über das Source gezogen wurde, X und Y sind die Koordinaten des Mauszeigers, der über dem Dialogelement positioniert wird in Pixeln, State ist der Status des gezogenen Objekts in Verbindung zum darübergezogenen Objekt, und Accept legt fest, ob der Sender das Ziehobjekt erkennt. Accept wird nicht per Voreinstellung auf True oder False gesetzt; Sie müssen die passenden Werte selbst zuweisen.

Das Ereignis OnDragOver akzeptiert ein Objekt, wenn der Parameter Accept True ist. Durch Ändern des Werts der Eigenschaft DragCursor können Sie das Erscheinungsbild des Cursors beeinflussen. Dies können Sie entweder während des Entwickelns oder zur Laufzeit, bevor ein Ereignis OnDragOver eintritt, durchführen.

property OnEndDrag: TEndDragEvent;
Das Ereignis OnEndDrag tritt immer dann ein, wenn das Ziehen eines Objekts abgeschlossen oder abgebrochen wird. Wenn Sie eine besondere Behandlung haben möchten, wenn das Ziehen beendet wird, verwenden Sie die Ereignisbehandlungs-Routine OnEndDrag.

OnEndDrag ist vom Typ

```
TEndDragEvent = procedure(Sender, Target: TObject; X, Y: Integer) of object;
```

Der Typ TEndDragEvent zeigt also auf eine Methode, die das Anhalten des Ziehens eines Objekts behandelt. Der Sender ist das Objekt, das gezogen wird, Target ist das Objekt, zu dem Sender hingezogen wird, und X und Y sind die dazugehörigen Bildschirmkoordinaten des Mauszeigers, der über dem Dialogelement positioniert wird. Falls das gezogene Objekt abgelegt und durch das Dialogelement akzeptiert wurde, ist der Parameter Target des Ereignisses OnEndDrag True. Wenn das Objekt nicht erfolgreich abgelegt wurde, beträgt der Wert Target nil.

property OnMouseDown: TMouseEvent;
Das Ereignis OnMouseDown tritt ein, wenn der Anwender eine Maustaste zu dem Zeitpunkt drückt, an dem sich der Mauszeiger über einem Dialogelement befindet.

OnMouseDown ist vom Typ

```
TMouseEvent=procedure (Sender: TObject; Button: TMouseButton; Shift: TShiftState;
                      X, Y: Integer) of object;
```

Der Typ TMouseEvent weist also auf eine Methode zur Bearbeitung von Maustasten-Ereignissen hin. Der Parameter Button gibt an, welche Maustaste gedrückt wurde, während Shift Auskunft darüber gibt, welche Umschalt- (STRG, STRG oder ALT) bzw. Maustasten gedrückt waren, während die das Mausereignis verursachende Maustaste gedrückt oder losgelassen wurde. X und Y sind die Bildschirmkoordinaten des Mauszeigers in Pixeln. Der Parameter Button des Ereignisses OnMouseDown zeigt an, welche Maustaste gedrückt wurde. Durch Verwenden des Parameters Shift der Ereignisbehandlungs-Routine OnMouseDown können Sie auf den Status der Maus- und Umschalttasten reagieren. Umschalttasten sind die Tasten STRG, STRG und ALT.

property OnMouseMove: TMouseMoveEvent;
Das Ereignis OnMouseMove tritt ein, wenn der Anwender den Mauszeiger bewegt und dieser sich bereits über einem Dialogelement befindet.

OnMouseMove ist vom Typ

```
TMouseMoveEvent = procedure(Sender: TObject; Shift: TShiftState;  X, Y: Integer)
                      of object;
```

Der Typ TMouseMoveEvent zeigt also auf eine Methode, die Mausereignisse infolge Mausbewegung verarbeitet. Der Parameter Button gibt an, welche Maustaste gedrückt wurde, während Shift anzeigt, welche Umschalt- (STRG, STRG oder ALT) bzw. Maustasten während der Mausbewegung gedrückt waren. X und Y sind die Bildschirmkoordinaten des Mauszeigers in Pixeln. Durch Verwenden des Parameters Shift können Sie auf den Status der Maus- und Umschalttasten reagieren. Umschalttasten sind die Tasten STRG, STRG und ALT.

property OnMouseUp: TMouseEvent;
Das Ereignis OnMouseUp tritt ein, wenn der Anwender die gedrückte Maustaste wieder freigibt, wenn sich der Mauszeiger über einer Komponente befindet.

Die Ereignisbehandlungs-Routine OnMouseUp kann auf Betätigungen der rechten, mittleren und linken Maustasten reagieren sowie auf Maustastenkombinationen mit Umschalttasten (Tasten STRG, STRG und ALT).

OnMouseUp ist vom Typ

```
TMouseEvent = procedure (Sender: TObject; Button: TMouseButton; Shift: TShiftState;
                         X, Y: Integer) of object;
```

Der Typ TMouseEvent zeigt also auf eine Methode zur Bearbeitung von Maustasten-Ereignissen hin. Der Parameter Button gibt an, welche Maustaste gedrückt wurde, während Shift Auskunft darüber gibt, welche Umschalt- (STRG, STRG oder ALT) bzw. Maustasten gedrückt waren, während die das Mausereignis verursachende Maustaste gedrückt oder losgelassen wurde. X und Y sind die Bildschirmkoordinaten des Mauszeigers in Pixeln.

Komponentenname: ChartFX
Klassenname: TChartFX

Beschreibung:

ChartFX dient Ihnen im Prinzip zum Generieren von Chart-Diagrammen.

Eigenschaften:

property AdmDlg: TChartFXAdmDlg(?);
Bei dieser Eigenschaft können Sie verschiedene Werte des VBX-Controls einstellen. DFaher sollte der Typ dieser Eigenschaft im Prinzip ein Record mit den folgenden vier Einstellungen als Variablen sein:

Y Min:	Mindest-Wert der Y-Achse
Y Max:	Maxinaler Wert der Y-Achse
Gap:	Rastergröße der Y-Achse
Scale:	Anzeige-Faktor für die Werte der Y-Achse

Tragen Sie bei Scale allerdings nie den Wert 0 ein, denn durch die unerlaubte Teilung durch 0 bekommen Sie meist eine kurze Fehlermeldung des VBX-Controls und danach beedet das VBX-Control seine Arbeit und die von Delphi gleich mit. Natürlich ohne Speicherung wichtiger Daten.

property BorderStyle: integer;
BorderStyle legt fest, ob das VBX-Control einen Rahmen hat. Dies sind die möglichen Werte:

0 – None	Kein sichtbarer Rahmen
1 – Fixed Single	Rahmen mit einfacher Rahmenlinie

property BottomGap: integer;
Mit BottomGap legen Sie den Abstand zwischen der X-Achse und dem Rand des Controls fest.

property Chart3D: Boolean;
Mit der Einstellung True wird der Graph 3-dimensional dargestellt.

property ChartType: Integer;
Bei ChartType können Sie den Typ des angezeigten Graphen wählen. Mögliche Werte:

Wert	Bedeutung
1. – Line	Linien
2. – Bar	horizontale Säulen
3. – Spline	begradigte Flächen / Linien
4. – Mark	einfache Markierungen
5. – Pie	die berühmte Torte
6. – Area	unterhalb ausgefüllt Linien / Säulen
7. – Pareto	Kombinierte Linien und Säulen mit Prozentberechnung
8. – Scatter	Markierungen mit Einteilung der X-Achse
9. – HiLow	Maximal / Minimal Säulen

Zur Suche nach dem idealen Chart-Typ experimentieren Sie am besten mit dem gesamten Angebot.

property Cursor: TCursor;
Mit der Eigenschaft Cursor stellen Sie das Aussehen des Cursors ein, wenn dieser auf die Komponente zeigt.

Mögliche Werte sind:

crDefault	crArrow	crCross
crIBeam	crSize	crSizeNESW
crSizeNS	crSizeNWSE	crSizeWE
crUpArrow	crHourglass	crDrag
crNoDrop	crHSplit	crVSplit

property CustomTools: TChartFXCustomTools(?);
Der Typ dieser Eigenschaft sollte ebenfalls Record-ähnlichen Charakter haben. CustomTools bringt einen Dialog mit, in dem die verschiedenen Eigenschaft des VBX-Control eingestellt werden können.

property DblClkDlg: integer;
Ist der Graph aktiv, dann können Sie sich mit Hilfe eines Doppelklicks auf den Graphen den dort aktuellen Wert anzeigen lassen. Die Erscheinungsform der Info wird mit der Eigenschaft DblClkDlg eingestellt. Mögliche Werte:

Wert	Bedeutung
0. – Ballon	Die Info escheint in einer Art Sprechblase (aber ohne Ton)
1. – Dialog	Die Info erscheint in einem schlichten Dialog mit dem Titel Chart-Info
2. – None	Es erscheint keine Info

property Decimals: integer;
Hier stellen Sie die Anzahl der Nachkomma-Stellen ein, die im Graphen angezeigt werden sollen.

property FixedGap: integer;
Mit FxiedGap stellen Sie die Skaleneinteilung der X-Achse ein.

property FontDlg: TChartFXFontDlg(?);
Bei FontDlg öffnet sich ein schlichter Dialog zur Einstellung der Schriftarten und deren Eigenschaften.

property Grid: Integer;
Mit Grid können Sie die Art des Gittermusters bestimmen. Mögliche Werte:

Wert	Bedeutung
0. – None	Kein Gitter
1. – Horizontal	horizontales Gitter
2. – Vertical	vertikales Gitter
3. – Both	horizontales und vertikales Gitter

property Height: Integer;
Die Eigenschaft Height eines Dialogelements legt die Höhe der Komponente in Pixeln fest.

property HelpContext: THelpContext;
Die Eigenschaft HelpContext stellt eine Kontextnummer für die Verwendung beim Aufruf kontextbezogener Online-Hilfe bereit. Jeder Hilfebildschirm des Hilfesystems sollte eine eindeutige Kontextnummer besitzen. Ist in der Anwendung eine Komponente selektiert, so wird nach Betätigen von F1 ein Hilfebildschirm angezeigt. Welcher Hilfebildschirm angezeigt wird, hängt vom Wert der Eigenschaft HelpContext ab.

property Hint: string;
Die Eigenschaft Hint ist der Text-String, der erscheinen kann, wenn ein OnHint-Ereignis eintritt, also wenn der Benutzer den Cursor über die Komponente bewegt. Wie der String angezeigt wird, bestimmt der Code in der Ereignisbehandlungs-Routine OnHint. Sie können eine Schnellhilfe, ein Fenster, das einen Hilfetext enthält, für eine Komponente erscheinen lassen, wenn der Anwender den Mauszeiger über das Dialogelement führt und dort kurz verweilt. Dies funktioniert wie folgt:

1. Spezifizieren Sie für jede Komponente, die einen Schnellhinweis anzeigen soll, einen Hint-Wert.
2. Setzen Sie die Eigenschaft ShowHints des Bedienfelds auf True.
3. Setzen Sie die Eigenschaft ShowHint der Anwendung zur Laufzeit auf True.

Sie können Hint gleichzeitig sowohl für ein Hilfehinweisfenster als auch für die Verwendung innerhalb der Behandlungsroutine OnHint spezifizieren, indem Sie zwei durch das Zeichen | (das »oder« oder Pipe-Symbol) abgeteilte Werte angeben, also beispielsweise:

```
Edit1.Hint := 'Aufforderung|Geben Sie den richtigen Wert ein';
```

Der String »Aufforderung« erscheint im Hilfehinweisfenster und der String »Geben Sie den richtigen Wert ein« erscheint wie in der Ereignisbehandlungs-Routine OnHint spezifiziert.

property Left: Integer;
Die Eigenschaft Left bestimmt die horizontalen Koordinaten in Pixeln der linken Kante einer Komponente relativ zum Formular. Für Formulare ist der Wert der Eigenschaft Left relativ zum Bildschirm (ebenfalls in Pixeln).

property LeftGap: integer;
Mit LeftGap legen Sie den Abstand zwischen der Y-Achse und dem Rand des Controls fest.

property LineBkColor: TColor;
Mit dieser Eigenschaft legen Sie die Hintergrund-Farbe der Graph-Linien fest. Mögliche Werte sind:

clBlack	Schwarz
clMaroon	Rotbraun
clGreen	Grün
clOlive	Olivgrün
clNavy	Marineblau
clPurple	Violett
clTeal	Petrol
clGray	Grau
clSilver	Silber
clRed	Rot
clLime	Limonengrün
clBlue	Blau
clFuchsia	Pink
clAqua	Karibikblau
clWhite	Weiß

(Systemfarben von Windows:)

clBackground	Aktuelle Windows-Hintergrundfarbe
clActiveCaption	Aktuelle Farbe der Titelleiste des aktiven Fensters
clInactiveCaption	Aktuelle Farbe der Titelleiste der inaktiven Fenster

clMenu	Aktuelle Hintergrundfarbe der Menüs
clWindow	Aktuelle Hintergrundfarbe der Fenster
clWindowFrame	Aktuelle Farbe der Fensterrahmen
clMenuText	Aktuelle Farbe vom Menütext
clWindowText	Aktuelle Farbe vom Fenstertext
clCaptionText	Aktuelle Textfarbe der Titelleiste des aktiven Fensters
clActiveBorder	Aktuelle Rahmenfarbe des aktiven Fensters
clInactiveBorder	Aktuelle Rahmenfarbe der inaktiven Fenster
clAppWorkSpace	Aktuelle Farbe des Arbeitsbereichs der Anwendung
clHighlight	Aktuelle Hintergrundfarbe vom ausgewählten Text
clHightlightText	Aktuelle Farbe vom ausgewählten Text
clBtnFace	Aktuelle Farbe einer Schalterfläche
clBtnShadow	Aktuelle Schattenfarbe eines Schalters
clGrayText	Aktuelle Farbe von grau dargestelltem Text
clBtnText	Aktuelle Farbe von Text auf einem Schalter
clInactiveCaptionText	Aktuelle Textfarbe in der Titelleiste eines inaktiven Fensters
clBtnHighlight	Aktuelle Farbe der Markierung eines Schalters

Mit einem Doppelklick auf Color öffnet sich das Farbschema von Windows, in dem Sie auch eigene Farben zusammenstellen können.

property LineColor: TColor;
LineColor legt die Farbe der Linien fest. Mögliche Werte siehe Eigenschaft LineBkColor.

property LineStyle:integer;
Mit LineStyle können Sie die Art der Linien bestimmen. Mögliche Werte:

Wert	Bedeutung
0. – Solid	durchgezogene Linien
1. – Dash	Striche mit großen Leerräumen
2. – Dot	Stringe mit kleinen Leeräumen
3. – Dash-Dot	Abwechseln Style 1 und 2
4. – Dash-Dot-Dot	Abwechseln Style 1 und zweimal Style 2

property LineWidth: integer;
Hier stellen Sie die Breite der Linien ein.

property Name: TComponentName;
Die Eigenschaft Name enthält den Namen der Komponente wie er von anderen Komponenten für den Zugriff verwendet wird. Delphi weist als Vorgabewerte sequentielle Namen zu, die auf dem Typ der Komponente basieren, also etwa für Buttons »Button1«, »Button2« etc. Dies können Sie gemäß Ihrer Vorstellungen abändern. Komponentennamen sollten ausdrücklich nur zur Entwurfszeit geändert werden.

property NSeries: integer;
Diese Eigenschaft legt die Anzahl der Graph-Linien fest.

property NValues: integer;
NValues bestimmt die Anzahl der X-Werte

property Owner: TComponent;
Die Eigenschaft Owner teilt Ihnen mit, welche Komponente zu welcher Komponente gehört. Dem Formular gehören alle Komponenten, die auf ihm vorhanden sind. Umgekehrt gehört das Formular zur Anwendung. Gehört eine Komponente A einer anderen Komponente B, wird der Speicher der Komponente A freigegeben, wenn der Speicher der Komponente B freigegeben wird. Es werden also folgerichtig alle Komponenten des Formulars gelöscht, wenn das Formular gelöscht wird. Außerdem wird natürlich der Speicher für das Formular und dessen Komponenten freigegeben, wenn der Speicher der Anwendung selbst freigegeben wird.

property Parent: TWinControl;
Die Eigenschaft Parent enthält den Namen der übergeordneten Komponente. Wenn eine Komponente A eine andere Komponente B enthält, sind die in B enthaltenen Komponente untergeordnete Komponenten von A. Wenn Ihre Anwendung beispielsweise drei Buttons in einer GroupBox enthält, dann ist die GroupBox das übergeordnete Element der drei Buttons und die Button-Schaltfelder sind der GroupBox untergeordnet.

Parent und Owner sind leider etwas verwirrend. Daher hier eine kleine Entwirrung:

Ein Formular ist der Besitzer aller darauf enthaltenen Komponenten, egal, ob sie ein Fensterelement sind oder nicht. Für unser Beispiel mit den drei Buttons und der GroupBox bedeutet dies: Der Besitzer der Buttons ist immer das Formular, aber die GroupBox ist das übergeordnete Element.

Wenn Sie einen neuen Dialog erzeugen, müssen Sie dem neuen Dialogelement einen Wert der Eigenschaft Parent zuweisen. Üblicherweise sind dies Formulare, Bedienfelder, GroupBoxen oder andere Dialoge, die andere Komponenten-Elemente enthalten können. Es ist möglich, jedes Element als das übergeordnete zuzuweisen, aber das darin enthaltene Dialogelement wird wahrscheinlich überschrieben.

Wird das übergeordnete Element gelöscht, werden auch alle Elemente, die ihm untergeordnet sind, gelöscht.

property PaletteBar: Boolean;
Bei dem Wert True für PaletteBar bekommen Sie am oberen Rand des Control eine Farb-Palette angezeigt.

property PatternBar;
Ist PatterBar auf True gesetzt, dann erscheint am oberen Rand des Controls eine Füllmuster-Palette.

property PointType;
Mit PointType können Sie die Art der Markierungen im Graphen bestimmen. Mögliche Werte:

Wert	Bedeutung
0. – None	keine Markierung
1. – Rect	rechteckige Markierungen
2. – Circle	kreisförmige Markierungen
3. – Triangle	dreieckige Markierungen
4. – Marble	kugelförmige Markierungen
5. – Cube	kubische Markierungen
6. – Many	jeder Grapg bekommt seine eigene Markierung

property pType: TChartFXpType(?);
Diese Eigenschaft enthält einen Dialog zur Einstellung aller Graphen-spezifischer Eigenschaften.

property RGB2DBk: TColor;
Diese Eigenschaft bestimmt die Hintergrund-Farbe bei 2D-Graphen. Mögliche Werte siehe LineBkColor;

property RGB3DBk: TColor;
Diese Eigenschaft bestimmt die Hintergrund-Farbe bei 3D-Graphen. Mögliche Werte siehe LineBkColor;

property RGBBarHorz: TColor;
Diese Eigenschaft bestimmt die Farbe des horizontalen Scrollbars. Mögliche Werte siehe LineBkColor;

property RGBBk: TColor;
Diese Eigenschaft bestimmt die Hintergrund-Farbe des Controls. Mögliche Werte siehe LineBkColor;

property RightGap: Integer;
Diese Eigenschaft bestimmt den Abstand zwischen dem rechten Rand der Graphen und dem Rand des Controls.

property Scheme: Integer;
Scheme legt das Füllmuster des Graphen fest. Mögliche Werte:

Wert	Bedeutung
0. – Solid	durchgängige Farbe
1. – BW Patt	schwarzweisses Muster
2. – Patt	frabiges Muster

property Style;
Style enthält einen Dialog zum globalen Einstellen der Graphen-Art

property Tag: Longint;
Die Eigenschaft Tag kann einen Integerwert als Element einer Komponente speichern. Tag wird von Delphi nicht benutzt und steht Ihnen damit zur freien Verfügung.

property ThisBkColor: TColor;
Stellt die Hintergrund-Farbe des mit der Eigenschaft ThisSeries bezeichneten Graphen ein. Mögliche Werte siehe LineBkColor.

property ThisColor: TColor;
Stellt die Farbe des mit der Eigenschaft ThisSeries bezeichneten Graphen ein. Mögliche Werte siehe LineBkColor.

property ThisPoint: integer;
Enthält einen Zeiger auf die Markierung des mit der Eigenschaft ThisSeries bezeichneten Graphen.

property ThisSeries: integer;
Enthält eine Art Zeiger auf einen der vorhandenen Graphen zur Einstellung der Eigenschaften ThisBkColor und ThisColor.

property TitleDlg;
Diese Eigenschaft entält einen Dialog, mit dem die Beschriftung und der Titel des Graphen eingegeben werden kann.

property ToolBar: Boolean;
Ist ToolBar auf True gesetzt, erscheint am oberen Rand des Controls eine Leiste mit Buttons für Tools zur benutzerdefinierten Einstellung des Graphen.

property Top: Integer;
Die Eigenschaft Top gibt die y-Koordinate in Pixeln der linken oberen Ecke eines Dialogelements relativ zum Formular an. Bei Formularen wird der Wert der Eigenschaft Top in Pixeln relativ zum Bildschirm angegeben.

property TopGap: Integer;
TopGap bestimmt den Abstand zwischen dem oberen Rand des Graphen und des Controls.

property VertGridGap: Integer;
Diese Eigenschaft bestimmt die Abstände der vertikalen Gitterlinien.

property ViewRot3D;
Diese Eigenschaft enthält einen Dialog zur Rotation von 3D-Graphen.

property Visible: Boolean;
Die Eigenschaft Visible bestimmt, ob eine Komponente auf dem Bildschirm sichtbar ist (True) oder nicht (False).

property WallWidth: Integer;
Diese Eigenschaft bestimmt die Breite der Wände in 3D-Graphen.

property Width: integer;
Die Eigenschaft bestimmt Width die Breite einer Komponente, gemessen in Pixeln.

Ereignisse:

property OnChangeColor: TNotifyEventy;
OnChangeColor tritt immer dann auf, wenn die Farbe des Controls geändert wird.

OnChangeColor ist vom Typ

```
TNotifyEvent = procedure (Sender: TObject) of object;
```

TNotifyEvent weist also auf eine Methode, die dieses Ereignis behandelt.

property OnChangeFont: TNotifyEventy;
OnChangeFont tritt immer dann auf, wenn die Schiftart des Controls geändert wird.

OnChangeFont ist vom Typ

```
TNotifyEvent = procedure (Sender: TObject) of object;
```

TNotifyEvent weist also auf eine Methode, welche dieses Ereignis behandelt

property OnChangePalette: TNotifyEventy;
OnChangePalette tritt immer dann auf, wenn die Palette des Controls verändert wird.

OnChangePalette ist vom Typ

```
TNotifyEvent = procedure (Sender: TObject) of object;
```

TNotifyEvent weist also auf eine Methode, welche dieses Ereignis behandelt.

property OnChangePattern: TNotifyEventy;
OnChangePattern tritt immer dann auf, wenn die Füllmuster des Controls verändert werden.

OnChangePattern ist vom Typ

```
TNotifyEvent = procedure (Sender: TObject) of object;
```

TNotifyEvent weist also auf eine Methode, welche dieses Ereignis behandelt.

property OnChangePattPal: TNotifyEventy;
OnChangePattPal tritt immer dann auf, wenn die Füllmuster-Palette des Controls verändert wird.

OnChangePattPal ist vom Typ

```
TNotifyEvent = procedure (Sender: TObject) of object;
```

TNotifyEvent weist also auf eine Methode, welche dieses Ereignis behandelt.

property OnChangeString: TNotifyEventy;
OnChangeString tritt immer dann auf, wenn ein String des Controls verändert wird.

OnChangeString ist vom Typ

```
TNotifyEvent = procedure (Sender: TObject) of object;
```

TNotifyEvent weist also auf eine Methode, welche dieses Ereignis behandelt.

property OnChangeType: TNotifyEventy;
OnChangeType tritt immer dann auf, wenn ein Typ des Controls verändert wird.

OnChangeType ist vom Typ

```
TNotifyEvent = procedure (Sender: TObject) of object;
```

TNotifyEvent weist also auf eine Methode, welche dieses Ereignis behandelt.

property OnChangeValue: TNotifyEventy;
OnChangeValue tritt immer dann auf, wenn ein Wert eines Graphen verändert wird.

OnChangeValue ist vom Typ

```
TNotifyEvent = procedure (Sender: TObject) of object;
```

TNotifyEvent weist also auf eine Methode, welche dieses Ereignis behandelt.

property OnDestroy: TNotifyEventy;
OnDestroy tritt immer dann auf, wenn der Graph terminiert wird.

OnDestroy ist vom Typ

```
TNotifyEvent = procedure (Sender: TObject) of object;
```

TNotifyEvent weist also auf eine Methode, welche dieses Ereignis behandelt.

property OnEnter: TNotifyEvent;
OnEnter tritt ein, wenn eine Komponente aktiviert wird. Wenn Sie eine besondere Behandlung festlegen möchten, wenn eine Komponente aktiviert wird, verwenden Sie die Ereignisbehandlungs-Routine OnEnter.

OnEnter erscheint nie, wenn Sie zwischen Formularen oder einer anderen Windows-Anwendung und Ihrer Anwendung umschalten. OnEnter für eine Komponente des Typs TPanel oder THeader tritt nie ein, da Bedienfelder oder Header keinen Fokus erhalten können. Somit ist dort OnEnter vollkommen nutzlos. Sie haben diese Ereignisbehandlung aber geerbt.

OnEnter ist vom Typ

```
TNotifyEvent = procedure (Sender: TObject) of object;
```

Der Typ TNotifyEvent weist also auf eine Methode, welche das Doppelklicken eines Objekts behandelt. Der Parameter Sender ist das Dialogelement, das mit einem Doppelklick bearbeitet wurde.

property OnExit: TNotifyEvent;
OnExit erscheint, wenn der Eingabefokus einer Komponente an eine andere übergeben wird. OnExit tritt nicht ein, wenn Sie zwischen Formularen oder zwischen einer Windows-Anwendung und Ihrer Anwendung umschalten. OnExit tritt bei den Komponenten Panel und Speedbutton nicht ein, da diese niemals den Fokus erhalten.

OnExit ist vom Typ

```
TNotifyEvent = procedure (Sender: TObject) of object;
```

Der Typ TNotifyEvent weist also auf eine Methode, welche das Doppelklicken eines Objekts behandelt. Der Parameter Sender ist das Dialogelement, das mit einem Doppelklick bearbeitet wurde.

property OnLButtonDblClk: TNotifyEvent;
OnLButtonDblClk tritt immer dann auf, wenn die linke Maustaste einen Doppelklick auslöst.

OnLButtonDblClk ist vom Typ

```
TNotifyEvent = procedure (Sender: TObject) of object;
```

TNotifyEvent weist also auf eine Methode, welche dieses Ereignis behandelt.

property OnRButtonDblClk: TNotifyEvent;
OnRButtonDblClk tritt immer dann auf, wenn die rechte Maustaste eine Doppelklick auslöst.

OnRButtonDblClk ist vom Typ

```
TNotifyEvent = procedure (Sender: TObject) of object;
```

TNotifyEvent weist also auf eine Methode, welche dieses Ereignis behandelt.

property OnReadFile: TNotifyEvent;
OnReadFile tritt immer dan auf, wenn eine Datei eingelesen wird.

OnLButtonDblClk ist vom Typ

```
TNotifyEvent = procedure (Sender: TObject) of object;
```

TNotifyEvent weist also auf eine Methode, welche dieses Ereignis behandelt

property OnUserScroll: TNotifyEvent;
OnUserScroll tritt immer dann ein, wenn der Anwender das Scrollbar benutzt.

OnUserScroll ist vom Typ

```
TNotifyEvent = procedure (Sender: TObject) of object;
```

TNotifyEvent weist also auf eine Methode, welche dieses Ereignis behandelt.

Stichwortverzeichnis

A
Alignment 15

B
BatchMove 630
Bevel 507
BiGauge 1156
Bildposition 280
BiPict 1161
BiSwitch 1145
BitBtn 277
Bitmap 277
Btrieve 623
Button 92, 284

C
ChartFX 1167
Checkbox 112
Client/Server-Anwendungen 582
Color 24
ColorDialog 932
ComboBox 179, 798
ComboBox 798

D
Database 621
DataSource 553
Datenbank 553
dBASE 582
DBCheckboxen 823
DBEdit 702
DBGrid 641
DBImage 752
DBListBox 773
DBLookupCombo 888
DBLookupList 866
DBMemo 727
DBNavigator 666
DBRadioGroup 846
DBText 684
DDEClientConv 1117
DDEClientItem 1129
DDEServerConv 1133
DDEServerItem 1138
Diagramm 1167
DirectoryListBox 1003
DrawGrid 449
DriveComboBox 1027

E
Edit 41
Erscheinungsbild
ExecSQL 619

F
Farbe 24
FileListBox 979
FilterComboBox 1049
FindDialog 948
fkCommand 21
fkHandle 21
fkShortCut 21
FontDialog 927

G
GroupBox 222

H
Handle 17
Hauptmenü 12
Header 518
Hilfebildschirm 280

I
Image 476
INSERT 619
InterBase 584

K
Kontextnummer 14

L
Label 22
ListBox 154
Login 627

M
MainMenu 11
MaskEdit 369
MediaPlayer 1072
Memo 66
Menüleiste 11

N
Notebook 333

O
ODBC 623
OLEContainer 1096
OpenDialog 913
Outline 395

P
PaintBox 961
Panel 259
Paradox 582
PasswordChar 50
PopupMenu 15
PrintDialog 938
PrintSetupDialog 944

Q
Query 553; 582

R

RadioButton 133

RadioGroup 241

ReadOnly 51

ReplaceDialog 953

Report 634

S

SaveDialog 920

Schalterzustände 280

Schnellhinweis 280

ScrollBar 203

ScrollBox 532

SELECT 588; 619

Shape 493

SpeedButton 284; 296

SQL-Abfrage 553

SQL-Anweisungen 582

Stiftobjekt 456

StoredProc 601

StringGrid 421

T

TabbedNotebook 353

Table 557

TabSet 313

Tasten 56

Timer 959

TLabel 22

TMenuItem 11

TPopupMenu 15

U

UPDATE 589; 619